工芸菓子

①クロカンブッシュ（p.131）
②③④あめ細工（p.18）

①

③

④

②

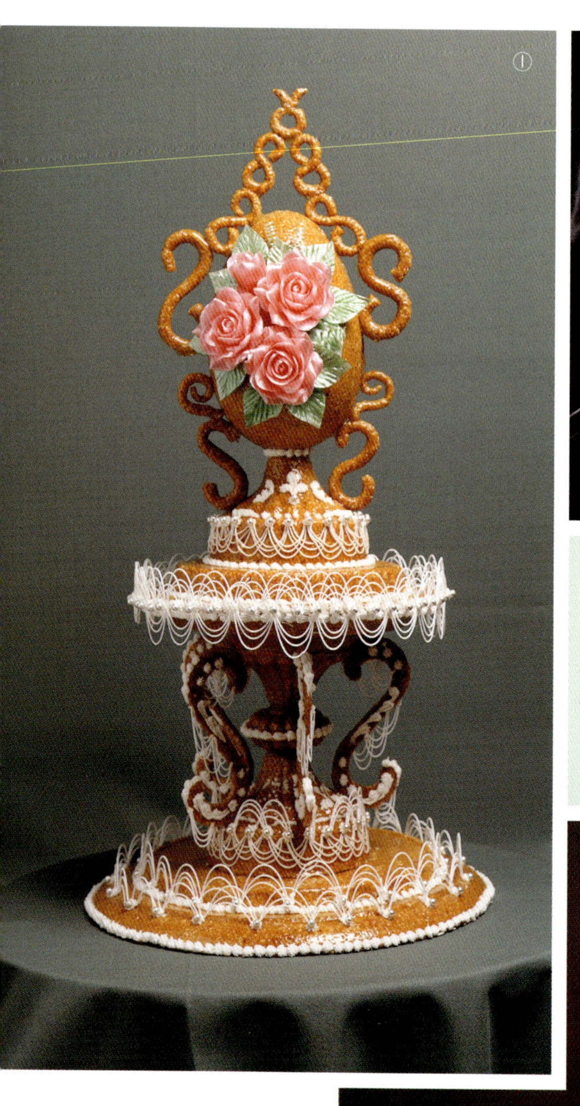

①ヌガー細工（p.143）
②ビスケット細工（p.143）
③パスティヤージュ細工（p.143）

工芸菓子

①アプフェルシュトゥルーデル（p.196）
②バウムクーヘン（p.311）
③コンヴェルサシオン（p.154）
④リンツァー・トルテ（p.508）
⑤シュヴァルツヴェルダー・キルシュトルテ（p.192）
⑥エスターハーツィ・シュニッテン（p.49）
⑦カーディナルシュニッテン（p.75）
⑧バガテル（p.313）

パティスリー

⑨シャルロット・リュス（p.188）
⑩ムース・オ・パッション（p.471）
⑪ムース・オ・フロマージュ（p.474）
⑫ムース・オ・シトロン（p.470）
⑬ムース・オ・カシス（p.470）

①フリュイ・デギゼ（結晶化）(p.402)
②フリュイ・デギゼ（飴包み）(p.402)
③フール・ポッシュ（p.408）

プティ・フール

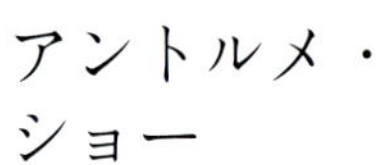

④ラング・ド・シャ（p.502）
⑤シガレット（p.179）
⑥ポルボロン（p.428）
⑦ウォールナッツクッキー（p.105）
⑧テーブロート（p.269）
⑨ダービー・ビスキット（p.232）
⑩サブレ・ポッシュ（p.165）
⑪ジュー・ド・ダームと応用（p.197）

アントルメ・ショー

⑫スフレ・オ・グラン・マルニエ（p.218）
⑬クレープ・シュゼット（p.125）
⑭ゴーフル（p.148）

①ヌガー・ド・モンテリマール（p.304）
②パート・ド・フリュイ（p.327）
③ヌガー・デュール（p.305）
④キャラメル（p.96）
⑤ドラジェ（p.286）
⑥マロン・グラッセ（p.458）
⑦あめ細工の指輪（p.18）

コンフィズリー

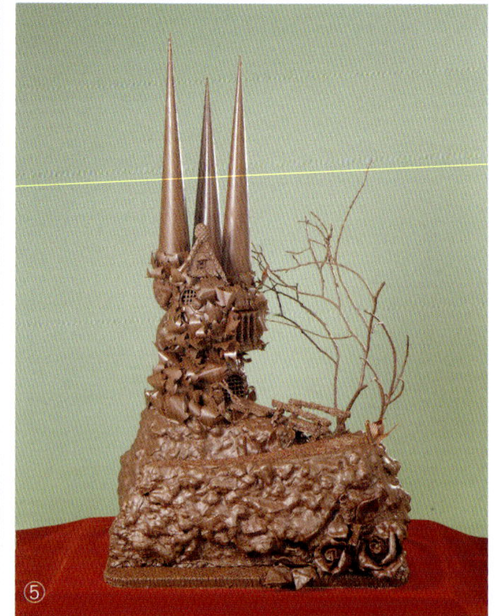

①スリーズ・ア・ロー・ド・ヴィ（p.222）
②リキュール・ボンボン（p.504）
③アマンド・ショコラ（p.16）
④エギュイエット・ドランジュ（p.46）
⑤⑥チョコレート細工（p.142）
⑦ボンボン・オ・ショコラ（p.435）
⑧トリュフ（p.287）

チョコレート

グラス

①ソルベ各種（p.108）
②マルキーズ（p.454）
③ブール・ド・ネージュ（p.407）
④ヴァシュラン・グラッセ（p.33）

①クロック・ムッシュー（p.132）
②コキーユ・サン・ジャック（p.145）
③キシュ（p.92）
④テリーヌ（p.271）
⑤ニョッキ（パリ風）（p.302）
⑥ブシェ・ア・ラ・レーヌ（p.380）

トレトゥール

洋菓子
百科事典

吉田菊次郎　著

白水社

装丁：細野綾子

序

わが国のお菓子文化は、およそ他国に見られぬ多様性に富んでいます。何ごとによらず先ずは受け入れるという柔軟性と好奇心、加えて持ち続けたさらなる向上心等、私たち日本民族が古来より備えている常なる前向きの姿勢がそれを育んだ何よりの大きな要因と申せましょう。そうしたことは特にお菓子の分野に限ったことでもありますまいが、これこそが日本人の持つ懐の深さであり、長年にわたって養われてきたアイデンティティーでもあるのでしょう。かつて中国大陸より伝えられた唐菓子を足がかりに、和菓子の世界を完成に導き、西欧よりの南蛮菓子、和蘭菓子を西洋菓子、洋菓子へと道筋を付けていったように……。後者の過程を振り返るに、開国後の明治以降、ランダムに入ってきた各国菓子をみごとなまでに取り入れ、咀嚼し、さらにはショートケーキやスウィートポテトなどに見られる日本独自の洋風秀菓を生み出し、結果、今日あるエキサイティングなわが国の洋菓子の世界が構築されていったのです。かようなることをひとつにまとめんと、1991年に主婦の友社より『洋菓子事典』なる書を上梓させていただきました。しかしながら顧るにあれからすでに四半世紀が経過しております。その間の状況も驚くほどの変化を見せ、特にインターネット等の普及により、情報の量はかつてないほど膨大になりました。

そして新しいニュースや次々と生み出される流行は、私達の生活に更なる変化をもたらしました。また、その一方では、記憶の彼方に押しやられようとするものもないではありません。そうしたことを書き留め、今あるものを出来る限り収めんと、ここに洋菓子百科事典を編むべく、あらためて拙筆をとらせていただいた次第です。

内容につきましては、先ずは分かる範囲でのエピソードを添えた様々なお菓子類の紹介と作り方を、しかと押さえさせていただきました。またその範囲においては、欧米はもとよりロシア、中東、豪州、インドからアジア圏にまで筆を及ばせ、且つ、洋菓子の原点ともいえるエジプト、ギリシア、ローマといった古代社会や中世、近世等のお菓子類にまでも、時空を遡って訪ね、加えて日本における、かつてのまぎれもない洋風菓子たる南蛮菓子をもカヴァーいたしました。次いでお菓子作りに必要な原材料や機器類、製菓用語、さらにはこの分野に貢献した名だたる製菓人や料理人、そうした職業における守護聖人に至るまで、洋菓子文化を構築するおよその分野の語彙を網羅し、本書の充実を図りました。かてて加えて、巻末には、甘き世界の流れの把握として、洋菓子の世界史並びに日本史といった歩みの概略をも附記いたしました。

なお、編纂に際しては、これまでの各自著に加え、時代を問わぬ内外の優れた先刊の書や周辺の諸文献を参考にさせて頂き、より正しい情報を記すべく留意し、出典も明記させていただきましたことをお断りさせていただきます。それらに関わりを持たれた多くの関係者の皆様方には、紙面をお借りして、本書上梓の趣旨のご理解とご寛容のほどのお願いをいたすとともに、ご厚情に対する感謝の意を表させていただきます。

本書をもってわが国洋菓子界の発展にいささかなりと寄与することができましたら、それこそが著者の喜びとするところです。

行き届かぬところ、至らぬ点など多々あろうかと存じます。あまねくご批判を甘受いたすとともに、読者諸氏諸嬢のご指導、ご教示を広く仰ぐ所存でございます。

著者　吉田菊次郎

凡　例

- 見出し項目の排列は五十音順とし、長音は除外した。
- カタカナ表記の見出し項目のうち、原音に近いものは原語表記を付記した。和製外国語として通用しているものは、すぐ下に原語表記と原音に近いカタカナ表記を並べた。
- 原語表記につづく（　）内は、その項目名が通用する国名および地域名である。なお（　）内の国名の省略記号は以下のとおりである。

仏：フランス	英：イギリス	独：ドイツ	露：ロシア
西：スペイン	伊：イタリア	米：アメリカ	印：インド

- 見出し項目の下に並列する欧文とカタカナ表記は、見出し項目にほぼ相当するものである。国や地域によって分類や素材の違いがあり、見出し項目に必ずしも完全に一致するものではない。
- 見出し項目の綴りは、基本的に各国の表記に従ったが、東欧、北欧、アラブ圏、インドなどの菓子は、西欧諸国を通じて紹介されているものもあるため、紹介した国の綴りに従っている場合もある。
- 発音の表記と綴りは、広く認知されるものにし、筆者とフランス語情報センター（フランス語、ドイツ語、スペイン語、イタリア語、英語、ラテン語）によるものである。
- 「→」は関連項目を示し、その項目をあわせ読むと、より深い理解に役立つよう配慮した。関連項目につづく（　）内は、関連項目中の下位項目を示した。
- 材料の中で、バターは原則として無塩バターを、小麦粉は薄力粉をあらわす。

あ　ア

アイアーシェッケ　Eierschecke（独）

ドイツのドレスデン地方の銘菓。この国を代表するチーズ味の菓子。アイアー Eier とは卵を表す Ei の複数形、シェッケ Schecke とは焼き上がったときにできる斑模様をさす。

なおドレスデンは、東部に位置する古都で、バッハがこの都の宮廷に仕えていたことで知られている。

アイアーシェッケ

〈配合〉

中力粉……………………………… 300g
砂糖……………………………… 35 ＋ 150g
バター…………………………… 35 ＋ 200g
塩………………………………… 少々
イースト………………………… 15g
牛乳…………………………… 125 ＋ 700mℓ
全卵…………………………… 150 ＋ 100g
カッテージチーズ……………… 800g
薄力粉…………………………… 70 ＋ 25g
レーズン………………………… 100g
マルツィパンローマッセ……… 40g
カスタードクリーム…………… 100g

〈製法〉

① 中力粉、バター 35g、砂糖 35g、塩、少量の水で溶いたイースト、牛乳 125mℓを混ぜて、テンパンに敷き、発酵させる。
② 卵 150g と砂糖 150g を混ぜ、カッテージチーズ、牛乳 700mℓ、薄力粉 70g、レーズンを混ぜたものと一緒にして、60℃くらいに熱をつける。
③ ①の上に②を流す。
④ バター 200g とマルツィパンローマッセを合わせ、卵 100g を加え、これにカスタードクリーム、薄力粉 25g を加える。
⑤ ④を③の上に絞る。
⑥ 中火のオーブンで焼く。
⑦ 表面にバターを塗り、グラニュー糖をまぶして供する。

アイヴァイスグラズール　Eiweißglasur（独）

▶ glace royale（仏）グラス・ロワイヤル / royal icing（英）ロイヤル・アイシング

→グラス・ロワイヤル

アイゲルプマクローネ　Eigelbmakrone（独）

ドイツで広く親しまれているマカロンの一種。通常マカロンはナッツ類やマジパンに卵白を混ぜて作られるが、これは卵黄を使うところに特徴がある。

〈配合〉

マルツィパンローマッセ……………… 500g
卵黄…………………………………… 50g

〈製法〉

① マルツィパンローマッセに卵黄を加え、なめらかな状態に練り合わせる。
注：この種にはあとから砂糖を加えない。糖分が多いと、焼いた場合吹き上げてしまう。好みによりレモン果汁を加える。
② 口金をつけた絞り袋に種を詰め、任意の形に絞る。ドレンドチェリーやアンゼリカ等をのせて飾ってもよい。
③ 200℃ほどの強火のオーブンで、さっと焼く。

アイシュネー　Eischnee（独）

卵白に砂糖を加えて泡立てたもので、いわゆるメレンゲのこと。同じものをベゼー Baiser、またはベゼーマッセ Baisermasse、あるいはシャオムマッセ Schaummasse ともいう。

アイシング　icing（英・米）

菓子の表面を、グラス・ア・ローまたはゆるく溶いたフォンダンなどで被覆すること。フランスにおける製菓用語のグラッセにあたる。

またグラス・ロワイヤルを絞って飾ることもさす。さらに、こうした目的で使われるグラス・ア・ローやフォンダンそのものも、この言葉で呼ばれる。

→グラス・ア・ロー
→グラス・ロワイヤル

あ

アイスカチャン　ice kacang（シンガポール・マレーシア）

シンガポールやマレーシアで親しまれている氷菓。カチャンはマレー語で豆の意味。

小豆やゼリー等を中に包み込んだかき氷で、スイートコーンや色とりどりのシロップやコンデンスミルクなどを上からかけて供する。なお詰めるゼリーには、タピオカや米粉、緑豆粉などを混ぜてパンダンリーフ（甘い香りを持つ緑色のハーブ）で緑に色付けしたチェンドルというゼリーや、日本語名で仙草と呼ばれるグラスゼリーなどがある。

アイスクリーム　ice cream（英・米）

▸glace（仏）グラス / Eis（独）アイス、Cremeeis（独）クレームアイス、Gefrorenes（独）ゲフローレネス / gelato（伊）ジェラート、crema ghiacciata（伊）クレーマ・ギアッチアータ / helado（西）エラード

乳製品を使用した冷凍菓子。ときとして、乳脂肪類を含まないものも同様の名称で呼ばれる場合もある。

現在日本でも多種多様なアイスクリーム類が販売されているが、これを乳等省令および公正競争規約にもとづき、成分規格によって整理すると、表のように分類される。

使用原料による分類

■ **カスタード・アイスクリーム**

卵黄の多い配合で作るアイスクリーム。味もまろやかで、グレードの高い手作り風な味として好まれている。

■ **コンポジット・アイスクリーム**

添加する香料や着色料などが、ミックス容量の5%以上のアイスクリームをいう。すなわち果物やナッツ、チョコレートなどを混入したアイスクリームで、それぞれフルーツアイスクリーム、ナッツアイスクリーム、チョコレートアイスクリームなどと呼ばれている。

日本独特の、小倉アイスと呼ばれる小豆入りのものも、この部類に入る。

■ **シャーベット**

乳固形分が少なく、果汁や果肉を用いたもの。成分規格上は氷菓に入るものが多い。

■ **パフェ・アイスクリーム**

カスタード・アイスクリームより脂肪分が高く、かつ卵黄分を多く含んだもの。

■ **ビスク・アイスクリーム**

スポンジケーキなどと組み合わせて作るもの。

■ **フラッペ**

いろいろな果汁を混ぜて作る氷菓で、氷粒が粗く、みぞれ状に凍らせて作る。

■ **プレーン・アイスクリーム**

アイスクリームミックスに添加する香料や着色料が、その容量の5%以下のアイスクリームで、最も標準的なもの。ヴァニラが代表的だが、チョコレート、コーヒー味などがあげられる。

■ **ポンチ**

フラッペの一種で、果汁の一部または全部を洋酒にしたもの。

■ **ムース・アイスクリーム**

卵白や生クリームを泡立て、他の素材と合わせて軽く仕上げ、凍結させたもの。

■ **メロリーン**

アイスクリーム中の脂肪分の一部または全部を乳脂肪以外の脂肪でおきかえたもの。イミテーション・アイスクリームの一つであり、この名称はアメリカで用いられている。

形態による分類

■ **カップ**

紙またはプラスチックの容器に詰められたもの。50～200mℓのものが多い。近年は家庭用冷凍庫の普及もあって、470～2000mℓの大型のカップがふえてきている。

■ **コーン**

円錐形のコーンカップにアイスクリーム類を詰めたもの。

■ **スティック（バー）**

柄のついた棒状の製品。

■ **ソフトアイスクリーム類**

フリーザーからコーンに直接充填して、半凍結の状態で供されるもの。

完全に凍結させた普通のものは、ハードアイスクリームと呼ぶ。

■ **バルク**

4～20ℓの大型容器に入った業務用製品。

■ **ファンシータイプ**

人形型、果物型、ケーキタイプ、数種のアイスクリーム類の組み合わせなど、特殊な形態の製品類をまとめて、ファンシータイプと呼ぶ。

■ **モナカ、シュー**

モナカのケースやシューの皮にアイスクリームを詰めたもの。

→グラス

アイスクリームの成分規格

種類別	成分規格				備考
	乳固形分	乳脂肪分	大腸菌群	一般細菌	
アイスクリーム	15.0%以上	8.0%以上	陰性	1gあたり10万以下	乳製品
アイスミルク	10.0%以上	3.0%以上	陰性	1gあたり5万以下	
ラクトアイス	3.0%以上	—	陰性	1gあたり5万以下	一般食品
氷菓	—	—	陰性	融解水1mℓあたり1万以下	

氷菓の歴史

紀元前4世紀ごろ、アレクサンドロス大王が、パレスチナの南東ペトラに30の穴倉を作り、雪や氷を詰めて食べ物を保存していたといわれている。これが発展して今日の氷菓につながってゆく。紀元前1世紀には、ローマの英雄ユリウス・カエサルや皇帝ネロが足の速い若者をアルプスに走らせ、氷や雪を運ばせて、それに乳や蜜、酒などを混ぜたり、あるいは冷やして飲んでいたという。遡ればこれが氷菓の原点といえよう。

他方、中国やアラビアにおいても、すでにこうした天然の氷雪を使った氷菓を知っていたといわれ、次第にインドやペルシアに伝わっていった。フランス語のソルベ、英語のシャーベットという語は、アラビア語の「飲む」という意味のシャリバが変化したシャルバート（冷たい飲み物）から出ている。

古代ローマの最盛期であるA.D.150年ごろには、氷や雪に硝石や粗塩を混ぜると温度が下がることが発見されていて、物を冷やすだけでなく、凍らせることもおぼろげながらわかっていたようだ。中世に入り、十字軍が東方の文物をヨーロッパに持ち込んだころ、アラビアやペルシアからこのような技術がイタリアの各都市に入り、果汁やワインを入れた容器を氷雪と塩を混ぜたものの中で揺り動かし、冷やしたり凍らせたりした。これが人工的な冷凍法の始まりと考えられる。

16世紀の初め、ヴェネツィアにほど近いパドヴァのマルクス・アントニウス・ジマラという教授が、水に硝石を入れると、それが溶ける際の吸熱作用で水の温度が著しく低下することを発見。このことを利用してワインや果汁等を心地よいほどに冷やすことが可能となった。続いて同世紀前半、フィレンツェのベルナルド・ブオンタレンティにより、氷に硝石を加えてさらに低く冷却する技術が開発された。こうして人類は初めて人工的に、そして本格的に食べ物を凍らせることに成功した。

やがてこの技術は、1533年にメディチ家の息女カトリーヌがのちのフランス国王、アンリ二世に輿入れするときにフランスに伝えられ、その後次第にヨーロッパ各地に広まっていった。1603年には、イギリスの文献にシャーベットという言葉があらわれている。

このように、はじめは主に上流社会において、果汁やワイン、リキュールなどを冷やしたり、凍らせて飲んでいた。のちにイタリアの商人によって、南国産のレモンやオレンジを材料とした冷たいレモネードが、庶民向けにパリで売り出された。17世紀の初めに、フランチェスコ・プロコピオというシチリア人は、さらにこのレモネードを凍らせて売り出し、人気を集め、次第に広まっていった。

その後、氷水にクリームを加えるとバター状になるところから、バターアイスやクリームアイスと呼ばれるようになり、転じてアイスクリームといわれるようになった。ちなみに、フランス語のグラスは氷の意味もある。

フランスの宮廷では、17世紀の終わりごろから18世紀の初めにかけての、ルイ十四世や十五世の治世には、アイスクリーム専門の料理人をかかえて、クリーム、砂糖、香料を混ぜたものを作らせていた。そのころ、パリ市内でも冬の間だけはこうした製品が市販されていた。

やがて氷雪を一年じゅう保存する方法が工夫され、1760年ごろプトソンによって、初めて一年じゅう売られるようになった。18世紀の終わりごろに、フランスのクレールモンが、ロンドンで『甘い氷の製法』という本を書いており、アントルメとしての氷菓が完成されていった。フランスにおける正式の献立に加えられるようになったのもこのころである。18世紀の初め、イギリスを経由してアメリカ大陸にも伝わった。

フリーザーと呼ばれる冷却機の発明は1775

年で、イギリスのウィリアム・コール博士によるといわれている。そして1834年にはアメリカのジェイコブ・パーキンスが温度を零下20度まで下げることのできる機械を開発。次いで1867年ドイツで製氷機が発明されるや、酪農の発達と冷凍技術の進歩があいまって一気に量産態勢が推し進められていった。それを成功へと結びつけたのはミカエル・ファラディで、彼は1873年に液化アンモニアの利用を思いついた。液化アンモニアが元の状態であるガスに戻る時に熱の形で必要なエネルギーを調達し、結果周囲を冷却する。このことの発見によって、大量のアイスクリームの製造が可能になった。第二次世界大戦後には、科学の急速な進歩とともに、冷凍ケースの普及も目覚ましいものがあり、菓子店、レストラン、ホテル等どこでも四季を通じて、口にできる商品として完全に定着し、昨今さらにグレードの高いもの、内容の豊富なものが見られるようになった。

日本では1869（明治2）年、横浜の馬車道において町田房造が、日本で初めてアイスクリームを製造販売した。しかし非常に高価であったため、すぐには普及しなかったという。翌年の伊勢神宮大祭において、ようやく評判をとり、これを機に少しずつ広まり始め、1878（明治10）年ごろ東京に登場し、明治の末ごろになって、次第に庶民のものになっていった。

アイスクリーム・ディッシャー

▶ice-cream scoop（英）アイスクリーム・スクープ / cuillère à glace（仏）キュイエール・ア・グラス / Eisportionier（独）アイスポルツィオニーア

アイスクリームやシャーベットなどを一定量すくいとり、カップや皿などの容器に半球体に盛るための道具。バネのついた握り手の先に半球のボウルがついていて、ここでアイスクリームをすくいとり、バネを握ると中のクリームがえぐられてはがれる仕組みになっている。一般的には丸だが、楕円のものもある。

アイスクリーム・フリーザー　ice-cream freezer（英）

アイスクリームやシャーベットを作る機械。電動式で原料液を入れたタンクを冷やし、回転させながらタンクの内側の、冷えて凍ってきた部分をそぎ落としてゆく。15～20分ででき上がる。

なお攪拌の度合いによって、種は気泡を含んで比重が軽くなり、ソフトな仕上がりになる。これをオーヴァー・ランという。ハードタイプを好む場合には、オーヴァー・ランは抑えめにしておく。

アイスゲベック　Eisgebäck（独）

紙のように薄く焼いたクッキーの一種。主にヒッペンマッセと呼ばれるやわらかい種で作る。アイスクリームなどの氷菓に添えてよく供される。

→ヒッペンマッセ
→デュシェス

アイストルテ　Eistorte（独）

▶biscuit glacé（仏）ビスキュイ・グラッセ、entremets glacé（仏）アントルメ・グラッセ

ビスキュイ生地に、香りづけをして泡立てた生クリームを塗り、フィリングとしてアイスクリーム、生クリーム等をはさんだトルテ。その中に砂糖漬けあるいは洋酒漬けにした果物またはマカロン等を混ぜ込んでもよい。このトルテは凍結して供する。

アイスベッヒャー　Eisbecher（独）

彩りのよい添え物で飾ったアイスクリーム。果物、マカロン、果物のピューレや果汁、リキュール等をあしらい、さらに生クリームやアイスゲベック（アイスクリームに添える焼き菓子）を添えたり、チョコレート等で飾って供される。

アイスボンベ　Eisbombe（独）

▶bombe glacée（仏）ボンブ・グラッセ

半球形、円筒形、その他の型で成形したアイスクリームで、各種のアイスクリームを組み合わせて作る。マカロン、果物等にリキュールをしみ込ませ、混ぜ込むことができる。

アイリッシュ・アップル・ケイク　Irish apple cake（英）

アイルランド風アップルケーキ。焼いて裏返しにする菓子で、アメリカでいうアップサイドダウンケーキのアイルランド版。

〈配合〉

りんご…………………………………… 2個
レモン果汁…………………………… 1個分
薄力粉………………………………… 110g

ベーキングパウダー………………………… 4g
塩……………………………………………… 少々
バター…………………………………………110g
グラニュー糖…………………………………110g
卵……………………………………………… 2個

カラメル
グラニュー糖…………………………………125g
水……………………………………………… 45mℓ

〈製法〉
① グラニュー糖に水を加えて火にかけ、カラメルを作る。
② 丸いケーキ型の底と側に紙を二重に敷き、底にカラメルを流して冷やし固める。
③ りんごの芯を抜き、厚さ3cm程のクシ形に切り、レモン果汁をまぶして、カラメルの上に並べる。
④ 卵とグラニュー糖を一緒にしてミキサーで泡立てる。
⑤ 薄力粉、ベーキングパウダー、塩を一緒にしてふるい、④に加え混ぜる。
⑥ バターを溶かして⑤に混ぜ、③の上に流し入れ、180℃のオーブンで約30～40分焼く。
⑦ 焼き上がったら裏返しにして型からはずし、紙をはがす。

アイリッシュ・アップル・ケイク

アインバック　Einback（独）

細長い棒状に焼き上げた発酵生地を、しばらくおいたのち薄くスライスして焼いたドイツの菓子。これを二度焼きすると、ツヴィーバック（ラスク）になる。

アヴィス、ジャン　Avice, Jean（仏）

フランスの製菓人の名。生没年不詳。
天才製菓人と謳われたアントナン・カレーム（1784-1833）と同時代の著名な製菓人で、当時第一級に評価されており、特に「シュー生地作りの名人」と称されていた。政治家タレイラン＝ペリゴールの屋敷で働いていたおり、マドレーヌを考案したといわれている。

アオフザッツ　Aufsatz（独）

フランス菓子でいうピエス・モンテのこと。マクローネン（マカロン）、ヒッペンマッセ、ベゼーマッセ（ムラング）、ミュルベタイク、チョコレート、飴細工などを用いて、高く積み上げて作る飾り菓子。各種のパーティーなどのテーブル・デコレーション、あるいはさまざまな行事のために作られる。
→ピエス・モンテ

アオフラオフ　Auflauf（独）

フランス菓子でいうスフレ。
→スフレ

アオフラオフクラップフェン　Auflaufkrapfen（独）

▶ beignet soufflé（仏）ベーニェ・スフレ / soufflé fritter（英）スフレ・フリッター

油で揚げてふくらませた菓子。シュプリッツクーヘンとも呼ばれる。

アガベシロップ

メキシコに生育する竜舌蘭と呼ばれる多肉植物から作る天然甘味料。スペイン人が入植する以前のメキシコでは、これはテオメトルと呼ばれ、これから採れる蜜は宗教上でも大切な役割を担っていた。すなわち神々に捧げる「カカオと水」にもこの蜜を使っていたという。また現地人たちはこれを食品や飲料に加えるなど、日常生活にも大切に利用してきた。近年は天然由来の健康的な甘味料として、日本においても注目されるまでになってきた。

アシエット

▶ assiette（仏）アスィエット

フランス語で皿という意味だが、調理、特にスイーツの世界では皿盛りデザートを指す言葉として定着してきた。1枚の皿に、例えばアイスクリーム、焼き菓子、フルーツなどを盛り、クリームやソースをあしらって、一枚の絵のごとくに仕上げる。これをアシエットと表現している。

アズヴィアシュ　azevias（ポルトガル）

16～18世紀にポルトガル・モンフォルテのボン・ジェズーシュ修道院で作られていた揚げ菓子。小麦粉生地の中にエジプト豆やサツマイモ、あるいは白いんげん、ドース・デ・オヴォシュ（卵黄入りの種）といったものを詰め、折り返して餃子のような形にして揚げる。今日でもアレンテージョ地域の人々のクリスマスには欠かせないものとなっている。

〈配合〉

皮（直径18cmのもの12～13個）

- 薄力粉……250g
- オリーブ油……50mℓ
- ラード……60g
- 卵黄……1.5個分
- 塩……少々
- ラム……15mℓ
- レモン果皮……1/2個分
- アニシード……少々
- サラダ油……適量
- シナモンシュガー……適量
- 水……適量

フィリング

- 砂糖……250g
- 水……100mℓ
- 卵……2.5個
- 卵黄……2個分
- 刻みアーモンド……35g

〈製法〉

① 水にレモン果皮とアニシードを入れて沸騰させ、冷ましておく。
② ふるった小麦粉の中に熱したオリーブ油、溶かしたラード、卵黄、ラム、塩を入れて軽く混ぜ、さらに①を少しずつ加えて、柔らかい状態にまとめる。
③ 約1時間休ませた後、12～13個に分ける。

フィリング

① 砂糖に水を加え、約3分煮る。
② 全卵と卵黄を混ぜて①に加え、アーモンドも加え混ぜる。
③ 再び火にかけ、攪拌しながらトロミがつくまで煮た後冷ます。
④ マーブル台の上に少量のサラダオイルを塗り、その上で生地を延ばして楕円に整形する。
⑤ ④の上に適量のクリームを置き、卵白を生地のふちにつけて折り曲げ、上下を付着させる。
⑥ 熱したサラダ油で揚げ、熱いうちにシナモンシュガーをふりかける。

アスパラガス　asparagus（英）

▶ asperge（仏）アスペルジュ / Spargel（独）シュパルゲル / asparago（伊）アスパラゴ

地中海の東部から小アジアにかけての地域を原産地としたユリ科の植物。

ギリシア時代から野生のものを採取していたが、ローマ時代には美味な野菜として好まれ、食用として栽培され、広まっていった。日本には江戸時代の末期に、オランダ人によって伝えられた。

ホワイトアスパラガスとグリーンアスパラガスの2種類がある。料理の分野ではメインディッシュの添え物やオードヴルなどに用いられ、またトレトゥール（仕出し料理）としても、幅広く使われる素材である。

アスピック　aspic（仏・英）

▶ Sulz（独）ズルツ、Sulze（独）ズルツェ、Sülze（独）ズュルツェ

ゼリー寄せを表す。

冷製料理の一種。野禽、家禽を問わず、各種の肉や魚などゼラチン質を含んだブイヨンから作る。肉、魚、卵、野菜などのゼリー寄せがある。

語源は肉汁の色がへびの一種コブラ（asp）を連想させるところからだといわれる。

アップサイド・ダウン・ケイク　upside-down cake（英・米）

アップサイド・ダウン・ケイク

スポンジケーキ型の内側の底にさまざまな果物を置き、上からバターの含有量の比較的多い種を流して焼く。裏返しにして型からはずすと、表面に果物の模様があらわれる。名称もここに由来する。上面からシロップを打ち、ゼリーや

ジャムを塗って仕上げる。

〈配合例〉 18cm 1 台分

トッピング

バター………………………………… 30g
ブラウンシュガー…………………… 40g
パイナップル………………………… 5 枚
チェリー……………………………… 適量
レーズン……………………………… 適量

バターケーキ

卵……………………………………… 2 個
砂糖…………………………………… 65g
パイナップル缶詰のシロップ……… 100mℓ
バター………………………………… 100g
薄力粉………………………………… 165g
ベーキングパウダー………………… 6g
パイナップル………………………… 3 枚

〈製法〉

① トッピングを作る。ブラウンシュガーと溶かしバターをすり混ぜ、ケーキ型の底に塗って、パイナップル、チェリーを並べる。
② バターケーキを作る。卵、砂糖、缶詰のシロップを入れてよく混ぜ、溶かしバターも混ぜる。
③ 薄力粉とベーキングパウダーを一緒にしてふるい、②に混ぜる。
④ パイナップルを刻んで③に混ぜる。
⑤ ④をケーキ型に詰め、170℃のオーブンで約45 分焼く。
⑥ 型のまま粗熱を取り、裏返しにして型からはずす。

アップフェル・イム・シュラーフロック

Apfel im Schlafrock（独）

▶ pomme en cage（仏）ポンム・アン・カージュ／apple ball（英）アップル・ボール

「ナイトガウンをまとったりんご」の意味のドイツ菓子。フランス語では「かごの中のりんご」の呼称で親しまれている。

皮をむき、芯をとったりんごの中にバター、砂糖、シナモン等を詰め、薄く延ばしたフイユタージュで包み込んで焼く。いわばりんごまるごとの立体的なアップルパイである。その姿がちょうど寝間着かナイトガウンをまとったようだということでの命名で、ドイツやオーストリアなどのドイツ語圏の国でよく作られている。

〈配合〉

りんご………………………………… 1 個
バター………………………………… 10g
砂糖…………………………………… 10g
シナモン……………………………… 少々
レーズン……………………………… 10 粒
フイユタージュ……………………… 適量

〈製法〉

① りんごの皮をむき、底を抜かないように芯をとる。
② バター、砂糖、シナモンを混ぜて練り、りんごの中に詰める。
③ レーズンを②の中に詰める。
④ フイユタージュを厚さ 3mm に延ばし、18cm の正方形に切って、りんごを包む。
⑤ フイユタージュの残りの生地を、小さな円形やリング、葉の形などに抜き、上面にのせて飾る。
⑥ 冷蔵庫で休ませたのち、全体に卵黄を塗り、200℃のオーブンで約 30 分間焼く。

アップフェル・イム・シュラーフロック

アップフェルクーヘン　Apfelkuchen（独）

りんごを敷きつめて作るドイツの焼き菓子。発酵させてガス抜きしたヘーフェタイク（発酵生地）を薄く延ばしてカスタードクリームを塗り、その上にブレーゼル（ケーキクラム）を敷いて、薄切りりんごを密度高く並べて焼く。上面に熱したアプリコットジャムを塗って適宜な大きさに切り分ける。

アップフェルシュトゥルーデル

Apfelstrudel（オーストリア・独）

りんごを主にしたフィリングで作るシュトゥルーデル。シュトゥルーデルとは小麦粉の生地を薄く延ばして広げ、りんごやレーズン、シナモン等のフィリングをのせて巻き、焼き上げた菓子。

オーストリアの銘菓の一つだが、広くドイツ語圏、東欧、アラブ・イスラム圏において親しまれている。
→シュトゥルーデル

アップル　apple（英）
▶pomme（仏）ポンム / Apfel（独）アップフェル
→りんご

アップル・タート　apple tart（英）
りんごを詰めて焼いたタルト。パイ・ディッシュと呼ばれる陶製の容器にりんごを詰め、砂糖をまぶす。薄く延ばしたフイユタージュ（通称パイ生地）をかぶせて焼く。陶製の器のまま供する。

アップル・ターンノーヴァー　apple turnover（英・米）
▶chausson aux pommes（仏）ショソン・オ・ポンム
フイユタージュに煮りんごをはさみ、焼いた菓子。フイユタージュ生地を丸く抜き、中央にりんごのプリザーヴを置く。二つ折りにして重ね、オーブンで焼く。
→ショソン

アップルパイ　apple pie（英・米）
フイユタージュに煮りんごを詰めて焼き上げる皿状の菓子。りんごの皮をむき、芯をとって、小切りにして煮、シナモン、レモン果汁等で味を調えて用いる。

〈配合〉

フイユタージュ……………………… 適量
りんご……………………………… 5 個
砂糖……………………………… 200g
水………………………………… 50mℓ
バター……………………………… 15g
小麦粉……………………………… 20g
レーズン…………………………… 15g
シナモン…………………………… 5g
レモン果汁………………………… 5g

〈製法〉

① フイユタージュを厚さ 2mm に延ばし、パイ皿に敷く。
② りんごの皮をむき、芯をとって小切りにし、砂糖、水、バター、小麦粉、レーズン、シナモン、レモン果汁を混ぜてやわらかく煮る。
③ ②のフィリングを①のパイ皿に詰める。
④ 延ばしたフイユタージュで蓋をする。
⑤ フイユタージュを厚さ 5mm に延ばし、細い帯状に切って、パイの上面の縁にのせる。
⑥ 卵黄を塗り、200℃のオーブンで焼く。
⑦ 上面に熱したアプリコットジャムを塗る。

アッペンツェラービーバー
→ビーバー

アトゥル　atr（アラブ圏）
沸騰させた砂糖水にレモン果汁を少量落として煮詰め、花の液か蜂蜜で香りをつけたもの。アラブ・イスラム圏の菓子作りに広く用いられる一種の製菓副材料。

アトレ　hatelet（仏）
飾り串。料理やデザートを刺して飾る。語源はラテン語のハスタ hasta で、槍や投げ槍を意味する言葉。フランス語の古語では hetelet といっていた。18 世紀後半から 19 世紀にかけて活躍した名調理人アントナン・カレームの時代には、装飾の施された串が食卓の饗宴で大いにもてはやされた。近年はあまり用いられなくなっている。

あなじゃくし　穴杓子
▶écumoire（仏）エキュモワール / skimmer（英）スキマー / Schaumlöffel（独）シャオムレッフェル
長い柄の先に、やや湾曲した形の穴のあいた受け皿がついた器具。シロップなどさまざまな液体のものを煮ているとき、浮き上がってくる泡や異物をすくいとったり、またシロップ漬けの果物、サヴァラン、ババなどをシロップ等の水分を切りながらすくいとるときに用いる。流動状の種を混ぜるときにも使われる。

アニス　anis（仏）
▶anise（英）アニス / Anis（独）アニース
芳香性の高いセリ科の植物。地中海沿岸のエジプトやその付近の島々を原産地とするが、現在では気候の温暖な各地で栽培されている。50cm から 1m 未満ほどの高さに生長し、上部が多数に枝分かれする。先端に 5mm ほどの小さな実を二つで 1 組ずつつけ、その種子をアニシードと呼び、多用する。
独特の香りにより、葉はサラダに、あるいは煮て食用にするなど、古くから利用されてきた。アニシードは、揮発性のアニス精油を含み、甘い香りを放つため、料理、製菓面を問わず広く利用され、これを用いてアニゼットと呼ぶリキュールも作られている。

アニスプレッツヒェン　Anisplätzchen（独）

ビスキュイ種で作る硬貨大の、アニス風味の焼き菓子。このビスキュイは、ワックスを塗り、アニスを振りかけたテンパンに絞って焼く。あるいは種の中にアニスの粉末やオイルを混ぜることもある。焼く場合は表面をさわっても、べとつかなくなるまで乾燥させてから、オーブンの蓋を開いて焼く。その結果、表面がなめらかな淡黄色になり、軽く浮き上がって、底にピエ（足）と呼ばれる縁が出る状態になる。また焼き上がったものの内部は空洞になってはならない。

〈配合〉

全卵…………………………………………600g
砂糖…………………………………………900g
アニス………………………………………40g
小麦粉………………………………………750g

〈製法〉

① 全卵と砂糖を湯煎にかけながら泡立てる。
② アニスを細かく刻んで入れ、小麦粉を手早く混ぜる。
③ テンパンにバターを塗って打ち粉をし、その上に太めの口金で直径2～3cmに絞る。
④ 約1時間休ませたのち、140℃のオーブンで蓋をあけたまま焼く。

アニゼット　anisette（仏）

アニスの種子アニシードから作られたリキュール。アペリティフ（食前酒、食欲増進剤）として、あるいは、製菓用として広く利用されている。

アニョー・パスカル　agneau pascal（仏）

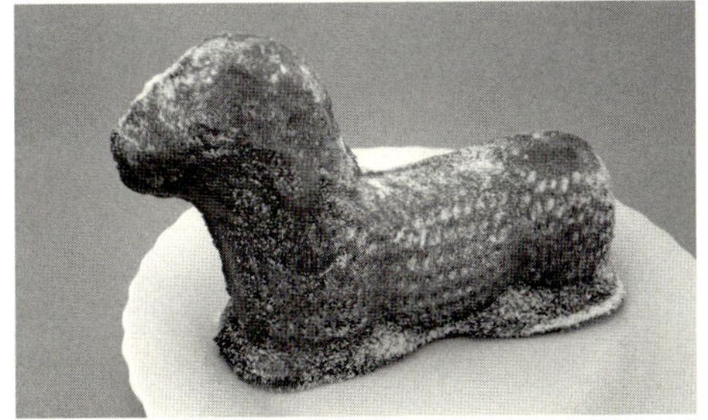

アニョー・パスカル

アニョーは子羊、パスカルは復活祭を表わすパーク Pâques からきた語で、その祭りを祝う小羊形のフランス・アルザス地方の焼き菓子。

なおこの他に同じく小羊形のチョコレートも作られる。

アパレイユ　appareil（仏）

製菓用語。菓子や料理を作るため、下ごしらえとして各材料をあらかじめ混合したもの。

一つの菓子を作る場合に、さまざまな材料を用いるが、それらの一部をあらかじめ混ぜて用意しておくと便利な場合がある。たとえばマカロンあるいはそれに類したものの場合には、粉末アーモンドと砂糖を一定の割合で混ぜて準備しておく。そして作るときには、それを何グラムというように使用する。こうしたものをアパレイユと呼ぶ。

アプランティサージュ　apprentissage（仏）

▸apprentice（英）アプレンティス / Lehrling（独）レーアリング

見習い、および見習い期間をさす。

ヨーロッパでは職業にもよるが、たとえば菓子や料理の分野では、それに従事する人に対して見習い期間というものが設けられており、これを修めたのち、国によっては国家試験を受けて一人前の職人になる。この職業訓練期間をアプランティサージュという。またこの間の見習い生をアプランティ apprenti(e) と呼んでいる。

フランスの製菓業界のシステムは次のようになっている。

義務教育は16歳までであるが、日本のように画一的に4月になると一斉に社会に出るという形はとっていない。実際は14歳からすでに、スタージュ stage と呼ばれる、いわゆる企業内における研修というものがあり、実際に仕事場に入り、大人に交じって作業に従事する。あえていうなら「見習いの見習い」ということになる。

次に15歳から16歳までに、プレ・アプランティサージュ pré-apprentissage と呼ばれる「前・見習い実習」に入る。この段階になると半日は学校に通い、半日は仕事場という生活になる。こうして16歳になると完全に義務教育を修了し、正式のアプランティサージュ apprentissage として、各雇用者のところへ勤める。この契約期間は2年で、この間労働に従事しながら、週に18時間、職業訓練学校に通って実習をし、講義を受ける。

すなわち菓子屋に勤めたら、菓子の職業訓練学校に通い、菓子に関する教育を受け、さらに講義に沿って技術実習が週3回、午後に行われる。このようにして、フランスの青年たちは16〜18歳までの間に、一応社会に出て一人立ちできるように技術指導を含めた教育を受け、養成される。

だがこれで一人前になったわけではない。これらの段階をへて、次はコミ commis という中間的な待遇になる。その後何年かの修業を重ね、その店の主人の判断のもとに、技術的にも人格的にもりっぱに一人前と認められたときに、初めてウーヴリエ ouvrier（職人）として扱われる。

ちなみにドイツなどでは、定められた国家試験があり、これを通ると初めてマイスター Meister（資格を持つ職人）となる。最後に人間的な判断にゆだねるフランスと、あくまでマニュアルに従うドイツの方式は、ともに双方の国柄を顕著に表しているといえよう。

アプリコーゼンクーヘン　Aprikosenkuchen（独）

ドイツ語圏で好まれているアプリコットを使った焼き菓子。ミュルベタイクの上にブッターマッセを塗り、アプリコットをのせて焼き上げる。上面にアプリコットジャムを塗り、適宜な大きさに切り分ける。

アプリコット

→あんず

アプリコット・クランブル・ケイク　apricot crumbre cake（英）

アプリコットをあしらい、そぼろをまぶして焼き上げるバターケーキ。

〈配合〉 22cm 角 1 台分

バター……………………………………… 110g
グラニュー糖………………………………… 110g
卵……………………………………………… 2 個
薄力粉……………………………………… 170g
ベーキングパウダー…………………………… 8g
塩……………………………………………… 1g
牛乳………………………………… 30 〜 40mℓ
アプリコット………………………………… 450g

クランブル（そぼろ）

バター………………………………………… 75g
グラニュー糖………………………………… 75g
薄力粉………………………………………… 75g
粉末アーモンド……………………………… 75g

〈製法〉

① バターを撹拌してクリーム状にし、グラニュー糖、卵を加え混ぜる。
② 薄力粉、ベーキングパウダー、塩を一緒にしてふるい、①に混ぜて、牛乳も加え混ぜる。
③ ②を型に流し、上にアプリコットを並べる。
④ クランブルを作る。バターをクリーム状にし、グラニュー糖をすり合わせる。そこにふるった薄力粉と粉末アーモンドを加え、そぼろ状にする。
⑤ ③の上に④をふりかけ、180℃のオーブンで約 30 分焼く。

アブリコテ　abricoter（仏）

製菓用語。アントルメやプティガトーなどの上面に、煮詰めたアプリコットジャムを塗る動作を表すフランス語の動詞。

アーヘナー・クロイタープリンテン　Aachener Kräuterprinten（独）

レープクーヘンの生地から作る平らな焼き菓子。単にアーヘナー・プリンテンという場合もある。生地にスパイスをきかせ、粗いざらめ糖か氷砂糖、あるいは赤砂糖を加える。これをぬらしたテンパンの上に並べて焼く。シュニッテン（切り菓子）の形でも作られる。アーヘナーとは「アーヘンの」という意味で、アーヘンはドイツ西部の古都である。

→レープクーヘン

アペリティフ　apéritif（仏）

食欲を増進させる食前酒。

一般には、さまざまな香りの、苦みのあるアルコール濃度の高いリキュールが用いられる。ただ現実にはそれに限らず、シャンパンや白ワイン、シェリー、キール、あるいは辛口のヴェルモット、甘みの強いリキュール類、ときにはウイスキーも用いられ、その幅を広げている。

アボカド

▶ avocado（英）アヴォカド / avocat（仏）アヴォカ / Avocado（独）アヴォカード

南アメリカが原産地の、鰐梨の木の果実。現在では西インド諸島、イスラエル、カメルーン等でも栽培されている。ブラジル産が最も上等とされている。

洋梨の形をし、表面は緑がかった褐色または紫色をしている。割ると中に大きな種があり、これをとり除いた厚い果肉の部分を食す。味はやや酸味を含んで甘みが少なく、はしばみの実の味がする。およそ2%のタンパク質と20%の脂肪分を含み、森のバターと称されるほど栄養価が高い。アメリカ人に好んで食されており、またヨーロッパでもさまざまな調理法で供されている。

この果実は、普通そのままか、あるいはソース・ヴィネグレットで味つけをして食べるが、ペースト状にしてパンに塗り、カナッペにしたり、甘みのない料理用のタルトレット・フール（一口タイプのタルトレット）に絞り込んだり、盛りつけるなど、その利用法も広い。

アポテガノイ　apoteganoy（古代ギリシア）

古代ギリシアの菓子。「ローストした、鍋で煎り焼きした」という意味のアポテガニクソから転じた名称で、テガニテスという深い鍋を使って作ったごま入りのチーズケーキの一種である。

ア・ポワン　à point（仏）

「ちょうどよい」状態を表す調理用語。

肉の焼きかげんを表す言葉から、スポンジケーキやチョコレートケーキに串を刺してみて、ちょうどよい焼き上がりの状態をà pointという。

アマレッティ　amaretti（伊）

粉末アーモンドとメレンゲを混ぜて作るマカロンの一種。今日各地で作られているマカロンの原形ともいわれている。

アマレッティ

〈配合〉約40～50個

粉末アーモンド……………………… 200g
ベーキングパウダー……………………… 2g
卵白……………………………… 2個分
グラニュー糖……………………… 200g
アーモンドオイル…………………… 少々
グラニュー糖（ふりかけ用）………… 適量

〈製法〉

① 卵白に砂糖を2～3回に分けて加えながら泡立て、しっかりしたメレンゲを作る。
② 粉末アーモンドとベーキングパウダーを一緒にしてふるい、①に混ぜ、アーモンドオイルも混ぜる。
③ 一口大の大きさにまるめてテンパンに置き、手で軽く押さえる。
④ 上からグラニュー糖をふりかけ、170℃のオーブンで約20分焼く。

アマレット　amaretto（伊）

あんずの核にアーモンドの香りを移して作られたリキュール。ミラノの近くのサロンノという町の名物で、500年の伝統あるアマレット・ディ・サロンノが名高い。アントルメやプティガトーなどの風味づけに利用される。

アマンディーヌ　amandine（仏）

アマンディーヌ

粉末アーモンドの風味を生かしたタルト。パート・シュクレ（ビスケット生地）を薄く延ばして型に敷き込み、その器の中にクレーム・ダマンド（アーモンドクリーム）を絞り込んで焼き上げたフランス菓子。上面には薄切りアーモンドを振りかけ、煮詰めたアプリコットジャムを塗って仕上げる。大きなタルトから小さなタルトレット、さらには一口菓子としてのタルトレット・フールまで、さまざまな大きさのものがある。

一説によると、17世紀の製菓人ラグノーによって初めて作られたという。

→パート（パート・シュクレ）
→クリーム（アーモンド・クリーム）

あ

アマンド　amande（仏）

アーモンドのフランス語の呼称。

アーモンド（アマンド）は、さまざまな状態に加工され、それぞれフランス菓子に利用されている。その種類と呼称については以下のとおりである。

■ **アマンド・アッシェ　amandes hachées**

刻みアーモンド。

薄皮をむき、目的に応じて細かく刻んだアーモンド。アントルメにまぶしたり、煮詰めた糖液に混ぜてヌガーを作る。あるいはそれをすりつぶしてプラリネなどのペーストを作る。用途に応じて細かさの種類がある。

■ **アマンド・アメール　amandes amères**

苦種のアーモンド。リキュールやボンボン、あるいはブラン・マンジェの香りづけのためにエッセンス用として用いる。

■ **アマンド・ヴェルト　amandes vertes**

細かく刻んだアーモンドに緑の着色をして乾燥させたもの。

菓子の装飾に緑色を求めるときには、ピスタチオまたは着色したアーモンドを用いる。この鮮やかな色は菓子を引き立たせるためにたいへん効果的である。

■ **アマンド・エフィレ　amandes effilées**

薄切りアーモンド。

薄皮つきのものもあるが、通常はそれをむいた白い状態のものを薄く切る。アントルメや小型菓子の上に振りかけたり、まぶして用いる。また煮詰めた糖液とからめてヌガーを作るときなどに用いる。

■ **アマンド・ドゥース　amandes douces**

甘種のアーモンド。

通常菓子製造に、また食用には、この種のものが多用されている。

■ **アマンド・プードル　amande poudre**

粉末アーモンド。

薄皮をむいたアーモンドを粉末にしたもの。焼き菓子に混入したり、バターや砂糖、卵と合わせてクレーム・ダマンドというクリームを作るなど、菓子作りに幅広く用いられている。

■ **アマンド・ブリュット　amandes brutes**

皮つきアーモンド。

殻から取り出したままの、褐色の薄皮のついた状態のアーモンド。

■ **アマンド・モンデ　amandes mondées**

薄皮をむいた白い状態の一粒のまるごとのアーモンド。通常アーモンド・ホールと呼ばれている。

→アーモンド

アマンド・キャラメリゼ　amandes caramélisées（仏）

▸gebrannte Mandeln（独）ゲブランテ・マンデルン

キャラメルがけしたアーモンド。

薄皮つきのまるごとのアーモンドを少量の糖液の中に入れて攪拌しながら煮詰めてゆき、アーモンドの周り全体をキャラメルで覆う状態にしたもの。これにチョコレートをかけ、ココアをまぶすとアマンド・ショコラになる。

→アマンド・ショコラ

アマンド・サレ　amandes salées（仏）

塩味のアーモンド。

薄皮をむいた白いアーモンドに、卵白、塩、香料などをからめて煎った、おつまみ風のオードヴルの一種。

〈製法〉

① アーモンドをゆでて皮をむき、軽く焼く。
② 卵白を攪拌し、五分立てにする（卵白の量はアーモンド全体につく程度でよい）。
③ ②に適量の塩を加え、①のアーモンドにからめる。
④ テンパンにあけ、低温のオーブンに入れて色がつくまで焼く。

アマンド・ショコラ　amandes chocolat（スイス・仏）

キャラメルがけしたアーモンドをチョコレートで被覆し、ココアをまぶしたもの。スイスやフランスで広く親しまれている。特にスイスのバーゼルやチューリッヒの銘菓として知られている。

〈配合〉

グラニュー糖……………… 250g
水……………… 85mℓ
皮つきアーモンド……………… 1000g
バター……………… 35g
チョコレート……………… 適量
ココア……………… 適量

〈製法〉

① 鍋にグラニュー糖と水を入れ、106℃まで煮詰める。
② 軽く焼いた皮つきアーモンドを粒のまま加える。
③ スパテュールで混ぜながら、さらに煮詰めると、糖液が結晶化してくる。
④ そのまま煎り続けると、砂糖は再び溶けて飴状になってくる。
⑤ アーモンドがはぜ始めたら、火を止め、バターを入れて混ぜ、油を塗ったマーブル台にあける。
⑥ 熱いうちに一つずつ離して冷ます。この状態になったものをアマンド・キャラメリゼという。
⑦ ⑥をボウルに入れ、温度調節をしたチョコレートをスパテュールで少量とり、混ぜる。
⑧ ⑦が完全に固まってから、再び少量のチョコレートを加えて攪拌する。
⑨ この作業を4～5回繰り返して行う。
⑩ 最後に、ふるったココアを入れ、全体にまぶす。

アマンド・ショコラ

あめ　飴

一般的な概念では、煮詰めた糖液を冷却したもの。プレーンなものから、種々の香味や着色をしたものまで、さまざまなものがある。形も大小長短バラエティーに富んでおり、人々の口を楽しませている。また広義には菓子の製作上いろいろな形で用いる糖液の状態をも含めて「飴」と呼んでいる。さらには、製菓用語で、水飴をさす場合がある。

糖液は煮詰め温度が高くなればなるほど、冷却したときのかたさが増大する。用途に応じていろいろな温度設定がなされる。

飴の歴史は、当然のことながら砂糖の発見から始まる。

インドを中心に自生していたさとうきび（甘蔗）は、はじめはそのまま噛まれていたが、その茎からしたたり落ちる汁が太陽の熱で乾き、白く固まったことから砂糖が発見された。やがてアラビア人によって精製法が発明され、イタリア人によって地中海に運ばれて広まっていった。この地で果物との出会いがあり、レモンの皮の砂糖漬け、レモンピールができ上がる。これはその後「イタリアの皮」と呼ばれて親しまれていった。その他各種砂糖漬けの果物（フリュイ・コンフィ）が生まれた。これらを乾燥させた状態がいわゆるキャンディード・フルーツである。

砂糖の生産量が多くなるにつれ、砂糖そのものを利用したキャンディーが登場してくる。最初のころの乳白色に固まったものは、もろく砕けやすいものであったが、技術が進み、固まる前に造形が可能になり、アルフェロア（ポルトガルでいう砂糖菓子）が作られた。これが日本に伝えられ、有平糖（あるへいとう）と呼ばれて親しまれた。

温度による飴の形態

煮詰め温度（度）	冷却後の状態	利用例
110 ～ 113	細い糸状（thread）	シロップ
115.5 ～ 118.5	羽毛状からやわらかい玉状（feather or soft ball）	フォンダン
121 ～ 124	玉状（ball）	ファッジ
126.5 ～ 129.5	ややかたい玉状（hard ball）	キャラメル
129.5 ～ 132	かたい玉状（stiff ball）	タフィー
135 ～ 138	ややもろい状態（low crack）	ヌガー
138 ～ 154	もろく割れやすい状態（crack）	ドロップ
168 ～ 178	溶融して黄褐色から黒褐色に変化した状態（caramel）	カラメル

あ

今日では洋の東西を問わず、いろいろな種類の飴が市場をにぎわしている。

あめざいく　飴細工

文字通り飴を細工することによって造形物を作り出す、菓子における工芸技法の一つである。数ある工芸技法の中でも、華やかさにおいては随一の分野といえる。

飴細工を技術的見地から大別すると、引いて作る飴細工シュクル・ティレ、流して作るシュクル・クーレ、中に空気を吹き込んで作るシュクル・スフレの3種類に分けることができる。その他、煮詰めた糖液を上からたらすと切れずに落ちてゆく粘性を利用して、細く長い糸状にし、アントルメやアイスクリーム等各種デザートの飾りつけに利用するシュクル・フィレや、岩状に固まらせるシュクル・ロシェなどの細分化されたテクニックもある。

こうした糖液に着色と造形の変化を与える手法は、日本においても江戸時代から有平（あるへい）、あるいは有平細工として親しまれ、今日に至っている。

■ シュクル・クーレ　sucre coulé（仏）

流し飴細工。

クーレとはフランス語で「流す」の意味。すなわち流し込みの飴細工である。

〈基本配合と製法〉

砂糖……………………………………　1500g
水………………………………………　600mℓ
水飴……………………………………　250g
沈降炭酸…………………………　50 ～ 60g

① 砂糖と水を混ぜて沸騰させる。
② 水飴を加え、105℃まで煮る。透明の飴を作るときはそのまま何も加えずに148 ～ 150℃まで煮詰める。白色にする場合にはこの時点で、水に溶いた沈降炭酸を適量加え、148 ～ 150℃まで煮詰める。また着色の場合には、沈降炭酸を加えたあとに水で溶いた色素を加え、148 ～ 150℃まで煮詰める。
③ マーブル台にデザインを描き、それに沿って粘土などでわくどりをする。その内側にはオイルを筆で塗っておく。
④ 鍋の流し口のところに白墨をつけ（飴のきれをよくするため）、デザインに従って飴を流してゆく。
⑤ 飴が固まってきたらわくをとりはずす。
⑥ 冷えたあと、上面にチョコレートやグラス・ロワイヤルなどを絞って飾る。
⑦ 煮詰めた糖液を接着剤として、それぞれの作品を組み立ててゆく。

■ シュクル・スフレ　sucre soufflé（仏）

吹き飴細工。

スフレとはフランス語で「吹く」の意味で、すなわち吹いてふくらませる飴細工である。作り方にはふたとおりあり、それぞれの用途に応じて使い分ける。日もちはともかく作品に光沢の美しさを求める方法と、あえて光沢を必要とせず、製作後色を吹きつけたり、粉状のものをまぶしたりして写実的に作り、長く保存させる方法である。

前者の場合はシュクル・ティレの基本配合をもとにして行う。この場合は、煮詰め温度は152 ～ 155℃ほどのやや低めにしたほうが、作業しやすい。後者は糖化を防ぎ、光沢を保たせるための重酒石酸カリウムを全く加えず、空気を送り込んでふくらませたのち、そのままの形でわざと糖化させ、長くその形状を保たせる方法である。

〈基本配合と製法〉

砂糖……………………………………　1500g
水………………………………………　500mℓ
水飴……………………………………　250g

① 砂糖と水を混ぜて沸騰させる。
② 水飴を加える。
③ 148 ～ 150℃まで煮詰める。
④ オイルを塗ったマーブル台に流す。
⑤ 少し冷えてきたら、一度パレットナイフを飴の下に通す。
⑥ ローラーカッターで適当な四角形に筋をつける。
⑦ 割って小片にし、缶に収める。
⑧ 必要量取り出し、何回か引いたあと、赤外線ランプで温めてやわらかくし、球状にする。
⑨ 指でくぼみを作り、送風ポンプのノズルの先を挿して、空気を送り込み、ふくらませてゆく。
⑩ 果実、動物等求める造形を行い、成形する。
⑪ 霧吹き、エアブラシ、筆などで色づけを行う。

■ シュクル・ティレ　sucre tiré（仏）

引き飴細工。

シュクルとはフランス語で飴、あるいは砂糖、ティレとは「引く」を意味する。すなわち引いて作る飴細工である。飴細工の中でもこのシュクル・ティレの美しさは特にその光沢にある。光沢を出す原理は、回数を重ねて飴を引くことにより、空気を含有させ、その無数の空気と飴の層により光が乱反射することにある。なお、近年は配合の調節の必要のないパラチニットという砂糖を使い、それを煮詰めるだけで飴細工を行うことが多いが、基本的な作り方として、以下にその配合と製法を記す。

〈基本配合と製法〉

砂糖……………………………………… 500g
水……………………………………… 150mℓ
水飴……………………………………… 50g
重酒石酸カリウム
（水と 1：1 で溶いたもの）………… 8 滴

① 砂糖と水を混ぜて沸騰させる。
② 水飴を入れる。着色をする場合は、この時点で求める色づけを行う。
③ 150℃ほどになったら、重酒石酸カリウムを加える。
④ 155 ～ 158℃で火から降ろす。
⑤ オイルを塗ったマーブル台に流し広げる。
⑥ パレットナイフで周りからまくり上げて、全体の温度を落としてゆく。
⑦ ある程度冷えたら手に持ち、数十回引く。
⑧ 光沢が出てきたら、台の上に置き、赤外線のランプなどで温めながら、指先で飴を引き出し、花びらなどを作り、細工してゆく。

→パラチニット

■ シュクル・フィレ　sucre filé（仏）

糖液を 142 ～ 143℃に煮詰め、フォークの先かホイッパーの先を切ったものにつけ、間隔をおいて平行に並べた 2 本の鉄棒の上に振りかけて作る細い糸状の飴。アイスクリームや各種アントルメ類および工芸菓子などを飾ったり、まとめて鳥の巣のように形づくったりする。白色の糸飴はこの温度で、黄色あるいは褐色にするときは、さらに煮詰め温度を高くして作業を行う。

■ シュクル・ロシェ　sucre rocher（仏）

岩飴。

工芸菓子などで、岩石やそれに類したものを模すときに作られる。以下のふたとおりの方法がある。

〔A〕砂糖を水を煮詰めて、熱いところにグラス・ロワイヤルを加えて攪拌する。岩を形づくり、固まるまでおく。

〔B〕砂糖に卵白を入れ、少量のレモン果汁か酢酸を加えて混ぜ、ややかためのグラス・ロワイヤルを作る。これに数滴のアルコールを加え、オーブンに入れるか熱を加えると水分が抜け、全体に気孔ができて岩らしくなる。

〈基本配合〔A〕と製法〉

砂糖……………………………………… 1000g
水……………………………………… 400mℓ
グラス・ロワイヤル…………………… 50g

① 砂糖と水を 140℃くらいに煮詰める。
② グラス・ロワイヤルを加え、手早く攪拌する。
③ 泡立ってきたらパラフィン紙の上にあけるか、型に入れて固め、岩らしくする。
注：あらかじめ糖液かグラス・ロワイヤルに着色をしておくか、できたあとに好みの色を吹きつけて古い感じを出したりし、より本物らしく仕上げることもできる。

アーモンド　almond（英）

▶amande（仏）アマンド / Mandel（独）マンデル

菓子に多用されるナッツの一つで、バラ科に属し、実はその形から扁桃（へんとう）と呼ばれる。原産地は地中海から東方にあたる地で、南ヨーロッパに広く生育する。また現在ではアメリカのカリフォルニア、オーストラリア、南アフリカでも多く栽培されている。種類としては、スウィートアーモンド（甘種）とビターアーモンド（苦種）に大別されている。ビターアーモンドは微量の青酸を含有しているものもあり、そうしたものは食用には適さないが、アーモンドオイルなどの採取に用いられる。

このアーモンドは、さまざまな形で利用されており、特にフランス菓子の美味なる秘訣はこの使用法にあるといわれている。そのままはもちろん、砕いたり、薄切りにして菓子にまぶしたり、粉末にしてクリーム（クレーム・ダマンド）としたり、すりつぶしてペースト状にしてマジパンやプラリネ、ジャンドゥーヤなどにする。あるいはローラーを通してアーモンドミルク（レ・ダマンド）を絞りとって、ブラン・マンジェという菓子を作るなど、その利用法は際限がない。

→アマンド

アーモンドクリーム　almond cream（英）

▶crème d'amandes（仏）クレーム・ダマンド / Mandelcreme（独）マンデルクレーム

→クリーム

あ

アーモンド・タフィー　almond toffee（英）

アーモンド入りのタフィー。

〈配合〉18cm 1 枚分

薄切りアーモンド	80g
グラニュー糖	450g
バター	30g
フルーツヴィネガー	10mℓ
塩	少々
ヴァニラエッセンス	少々

〈製法〉

① 鍋に全部の材料を入れ、火にかけ、きつね色まで煮つめる。
② 油を塗ったバットに流し、冷やし固める。
③ 好みの大きさに切り分ける。
注：薄切りアーモンドを刻みアーモンドに置き替えてもよい。

アラキしゅ　―酒・阿剌吉酒

→アラック

アラザン

▸perle argentée（仏）ペルル・アルジャンテ / silver dragée（英）シルヴァー・ドラジェ / Silberperlen（独）ズィルバーペルレン

チョコレートなどの小さな粒を核にして糖衣を重ね、球状あるいは楕円にし、表面を銀色に着色したもの。大きさもいろいろあり、さまざまな菓子の飾りに使われる。

アラージ　оладьи（露）

ロシア版ホットケーキ。いくつかのタイプがあるが、メレンゲ仕立てでフワフワのソフトなものも好まれている。

〈配合〉12cm 8 枚分

強力粉	250g
ベーキングパウダー	6g
レモン果汁	15mℓ
牛乳	300mℓ
卵黄	2 個分
卵白	2 個分
砂糖	12g
塩	2.5g
サラダ油	15mℓ
バター	適量
蜂蜜	適量
サワークリーム	適量

〈製法〉

① 卵黄、塩、砂糖、牛乳を一緒にして混ぜ、強力粉、ベーキングパウダー、レモン果汁を加え混ぜて、休ませる。
② 卵白を泡立て①と混ぜる。
③ フライパンに油をひき、②を流し、両面焼く。
④ 皿に盛り、バター、蜂蜜、サワークリームなどを添える。

アラージ

アラック　arrack（仏）

▸arrack（英）アラック / Arrak（独）アラック

なつめやしなどの汁から作るスピリッツ。東ヨーロッパ、中東、東南アジアにかけての広大な地域で作られている。なつめやし、さとうきびの汁液などを発酵させて作る。紀元前 800 年にすでにインドで作られていたという。発音に合わせた漢字をあてて阿剌吉(あらき)酒と呼ばれる。

アラビアゴム

▸gomme arabique（仏）ゴム・アラビック / gum arabic（英）ガム・アラビック / Gummiarabikum（独）グンミアラビクム

アカシア属のさまざまな木の分泌物から作ったもので、水に溶けると粘性を呈する。この性質は薬剤や料理、菓子等の分野で、ゴム糊の役割として利用されている。

たとえば菓子作りにおいては、粉糖を卵白で練ったあとこれを加えてもみ込み、パスティヤージュ（ガムペイスト）を作る。乾くと固まる性質を利用して、これを細工して造形を行い、各種の工芸作品を作ることができる。ただし、最近ではその手軽さから、アラビアゴムよりゼラチンを用いることのほうが多くなっている。

アリュメット　allumette（仏）

フイユタージュの生地にグラス・ロワイヤルを塗り、長方形に切って焼き上げるフランスの伝統的な菓子。なおアリュメットとはマッチ棒の意味。

料理の分野でも同生地を用いて詰め物をし、焼いたものが同名で呼ばれ、また名前のごとくマッチ棒のように細く刻んだじゃがいものフライもアリュメットと呼ばれている。察するにこの菓子も以前はその名のように細く作られていたものと思われる。

歴史的には、19 世紀の中ごろ、フランスのイル・エ・ヴィレーヌ県のディナールに住んでいた、スイス出身の菓子職人によって考案されたといわれているが、菓子作りにおける沿革を書いたピエール・ラカンによると、「それを作ったのはプランタである。彼は余ったグラス・ロワイヤルを何に使おうか考え、それをもう一度練ってやわらかくし、砂糖がオーブンから流れ出さないように、ひとつまみの小麦粉を混ぜてフイユタージュの上に塗り、オーブンで焼いた」とある。いわば余り物の処理から生まれた銘菓である。

〈製法〉

① フイユタージュを厚さ 5mm の長方形に延ばす。
② かために練ったグラス・ロワイヤルに微量の小麦粉を混ぜ、①の表面に厚さ 1mm にきれいに塗る。
③ 鋭利なナイフで両端を切り落とし、適当な幅に切り分ける。
④ 軽く霧を吹いたテンパンに、ずれないように③をのせる。
⑤ 220℃のオーブンで、15 ～ 20 分間焼く。
⑥ 2 枚に切り分け、ラム入りクレーム・パティシエール（カスタードクリーム）を星形口金で絞ってはさむ。

→フイユタージュ
→グラス・ロワイヤル

アルカザール　alcazar（仏）

タルトの一種。アルカザールとはスペインにあるイスラム教の城塞の名称である。ただしこの菓子とのつながりについては不詳。

〈配合〉

パート・シュクレ……………………… 適量
アプリコットジャム…………………… 適量
粉末アーモンド………………………… 750g
砂糖……………………………………… 750g
卵黄…………………………………… 12 個分
全卵……………………………………… 8 個
グランマルニエ……………………… 180mℓ
溶かしバター………………………… 375g
タン・プール・タン…………………… 適量
卵白……………………………………… 適量

〈製法〉

① パート・シュクレを厚さ 3mm に延ばし、タルト型に敷く。
② 底にアプリコットジャムを塗る。
③ 粉末アーモンドと砂糖を混ぜ、卵黄、全卵、グランマルニエを加え、さらに溶かしバターを加えてフィリングを作る。
④ ③を型の高さの半分まで流し込む。
⑤ 200℃のオーブンで焼く。
⑥ タン・プール・タン（砂糖と粉末アーモンドが 1：1 の混ぜ物）に卵白を適量加え、星形口金で⑤の上に網目状に絞る。
⑦ 再びオーブンに入れて焼く。
⑧ 表面にアプリコットジャムを塗り、ピスタチオで飾る。

→パート（パート・シュクレ）
→タン・プール・タン

アルカザール

アルコモニーアシュ　alcomonias（ポルトガル）

ポルトガルのサンティアゴ・ド・カセンの街の銘菓。毎年 12 月のサント・アンドレ Santo André の市の時に売られる同地だけのもの。茶褐色で厚さ 5mm ほどの菱形をした松の実入りの干菓子。

〈配合〉

水……………………………………… 125mℓ
赤砂糖………………………………… 250g
松の実………………………………… 60g
薄力粉………………………………… 400g

〈製法〉

① 薄力粉はふるって、オーブンで軽く焼いておく。
② 鍋に水と赤砂糖を入れて火にかけ、沸騰したら松の実を入れ混ぜ、火から降ろす。
③ ①の中に②を入れて混ぜ、厚さ5mmに延ばす。
④ 縦に切り、次いで菱形になるように切る。

アルコモニーアシュ

アルコール　alcohol（英）

▸ alcool（仏）アルコール / Alkohol（独）アルコホール

発酵作用と蒸留によって得られる液体。代表的なものとしてメチルアルコールとエチルアルコールがあり、食品としては後者が用いられる。エチルアルコールは、主に糖分を含んだ液体の発酵によって作られ、酵母菌の働きでぶどう糖が分解されて形成される。

りんご、ぶどう、さとうきびなど糖分を含んだ天然の果汁を発酵させて作られるほか、あらかじめ糖化発酵を受けているもので、デンプンがぶどう糖に変化しているデンプン質の植物液でも同様に作られる。ビールの類がこれにあたる。なお各種ブランデー（オー・ド・ヴィ）は、これらの植物液を蒸留して作ったものである。

アルコールには防腐性があり、菓子および食品全般に広く利用されている。

各種リキュールやワイン、ブランデー等のアルコール飲料は、味つけや芳香づけで菓子作りに欠かすことのできない存在となっている。

アルコールせいざい　―製剤

脱酸素剤同様、菓子ができ上がった後に用いる品質保持剤。脱酸素剤がエージレスの名で親しまれているように、これはアンチモールドの名で広く知られるところとなっている。

これは粉末状にしたエタノールというアルコールである。小袋に入れ、菓子とともに袋々の中に入れて個包装をすると袋の中でそのエタノールが徐々に気化して菓子のまわりを包む。これによりカビの発生を大幅に抑えることができる。菓子の大きさや求める保護の期間と、それに添えるアルコール製剤の量とのバランスの問題もあるが、適正に用いれば大きな効果があり、万が一ピンホールがあって脱酸素剤が効力を発揮できなくても、これを併用することによって、ある程度の期間は品質を保持することが可能となる。

アルコール・ランプ　alcohol lamp（英）

▸ lampe à alcool（仏）ランプ・ア・アルコール / Alkohol Lampe（独）アルコホール・ランペ

飴細工などで、部品同士あるいは他の作品同士を接着させるために用いるランプ。芯のついているびんにアルコール（無水エタノール）を入れ、芯を通してしみ出てくるアルコールに点火する。薬局で購入できる。

アルトクレアス　artocreas（古代ローマ）

古代ローマ時代の皿状の菓子。美味であったとされ、散文文学の祖ともいわれている当時の政治家大カトー（前234-前149）が、これについて幾度も述べているほどである。残念ながら、製法について詳細が伝えられていない。

アルトドイチェマッセ　Altdeutschemasse（独）

バターの含有量の多いスポンジ種の名称。ザントマッセまたはヴィーナーマッセとも呼ばれる。
→ヴィーナーマッセ
→ザントマッセ

アルトロガノン　artologanon（古代ギリシア）

古代ギリシアの発酵菓子。酸化発酵させたアルトスというパンから派生してこの名がつけられたという。非常に風味がよく、当時多くの人に親しまれていたものの一つであったという。おそらくパンに果物あるいは蜜といったものを混ぜて味つけしたか、そうしたものをのせて作られたものと思われる。

アルヘイとう　―糖・有平糖

ヨーロッパから日本に伝えられた南蛮菓子の一つで、飴の一種である。アルヘイの語源はポルトガル語のアルフェロア alfeloa である。有平糖と記されるが、その他ではアルヘル、アルヘイ、アルヘイルなどの記述もある。また 1638（寛永15）年 3 月 17 日の『日野資勝卿記』にはアルヘイタウの記がある。さらには 1700（元禄 13）年 10 月 22 日に、日光の輪王寺門跡弁法親王が柳沢吉保の招待を受けた際、吉保への賜り物として阿留赫乙糖を用いた旨『柳沢系図』に記載されている。

これは他の南蛮物と同様、長崎に発祥を持ち、各地に伝播し、細工菓子として発展していった。さまざまなものに模して作られる作品は、慶弔祭礼等いろいろな儀式に用いられて親しまれ、作り手もまた精進を重ねていった。なお『倭漢三才圖會』には次のようにその作り方を記している。

「水四合と氷砂糖一斤を煎じ、その中に鶏卵一個の白身を投じ、砂糖の塵を去って飴の如く固まらせ、形は円く、胡桃の如くに筋をつけ云々」

同様に『古今名物御前菓子秘伝抄』には、「あるへい糖は、上々氷砂糖、一ぺん洗い捨て、砂糖一斤に水二斤入れ、砂糖の溶け申すほど煎じ、絹にて濾し、其後せんじつけ、匙にて少しすくい、水に冷やし、薄く延ばし、パリパリと折れ申す時、平銅鍋に、胡桃の油をぬり、その中に移し、鍋ごしに水にて冷やし、手につき申さぬ程にすまし、其後、なる程（できるだけの意味）引きのばし候らえば白くなり申し候を小さく切り、いろいろに作るなり」とある。

今日の有平細工、またはヨーロッパ風のいわゆる飴細工では、水飴を入れたり、糖化防止に重酒石酸カリウムなどを加えているが、作り方の大局においては、今も当時も大差はない。長崎においては、今もなおこれを細工菓子と呼んでいるが、関東では金花糖や押し物菓子などを細工菓子と呼び、アルヘイに関しては「有平細工」として区別している。

「有平細工」は二つの方向性を持って発展してきた。一つは京菓子などに見られるように、芸術性の高い工芸作品などの技法であり、他方では、祭りや縁日などに見られる大道芸人的な、見るも鮮やかな手ぎわのよさによる技術である。

アルマーシ・ピテ　almás pite（ハンガリー）

ハンガリーで好まれているアップルパイの一種。ビスケット生地をタルト型に敷き、ムラングにりんごのすりおろしを混ぜたものを詰めて焼き上げる。

アルマーシ・ピテ

〈配合〉

ビスケット生地

小麦粉	320g
塩	1g
ベーキングパウダー	10g
砂糖	120g
バター	190g
卵黄	2 個分
レモン果皮	1 個分

フィリング

りんご	3 個
レモン果汁	30g
レモン果皮	1 個分
砂糖	120g
シナモン	30g
刻んだくるみ	60g

ムラング

卵白	2 個分
砂糖	60g

〈製法〉

① 小麦粉に塩、ベーキングパウダーを混ぜて一緒にふるう。
② 砂糖、バター、卵黄、削ったレモン果皮を加えてよくこねる。
③ ②を延ばしてタルト型に敷き、オーブンで半焼きにする。
④ りんごをすりおろし、レモン果汁とレモン果皮、刻んだくるみ、シナモン、砂糖を混ぜる。
⑤ 卵白を泡立て、砂糖を加えてムラングを作り、④と合わせる。
⑥ ⑤のフィリングを③のタルトの中に流し入

れ、溶いた全卵を上面に塗って、中火のオーブンで焼く。

アルマニャック　armagnac（仏）

フランス南西部のアルマニャック地方で作られる高級ブランデー。

コニャックやカルヴァドスとともに、フランスを代表する銘柄の一種。コニャックが単式蒸留機を使って作られるのに対し、アルマニャックは半連続式蒸留機を使って作られる。

熟成させる年数により格付けの表示がなされる点はコニャックと同様で、2.5年以上で三つ星、4.5年でVSOP、6.5年でXO、あるいはナポレオンとされている。

パティスリー全般の他、ボンボン・オ・ショコラ（一口チョコレート菓子）や氷菓類に幅広く利用されている。

アルルカン　arlequin（仏）

寄せ集めた雑色の布地で作った服を着た道化師の意味。

いろいろなデザイン、色彩で作られたアントルメなどによくこの名がつけられる。

料理の例では、昔、あちこちのレストランの皿洗い人から余った料理を買い集め、あまり裕福でない人たちに売っていた。こうしたいわゆる残飯としての料理は、行きあたりばったりの寄せ集めであるところから道化服になぞらえてアルルカンと呼ばれていた。今日では社会的に豊かになったこともあって、ほとんど見られなくなった。

アローシュ・ドース　arroz doce（ポルトガル）

ポルトガルで好まれている「甘い米」の意味のデザート菓子。沸騰させたレモン水に米、塩、バターを入れておかゆ状にし、牛乳、卵黄を加えて煮る。お米のカスタードソース煮。

〈配合〉

米	40g
グラニュー糖	45g
水	250 mℓ
塩	少々
牛乳	150 mℓ
レモン果皮	1/2 個分
バター	12g
卵黄	1 個分
シナモンパウダー	少々

〈製法〉

① 水にレモン果皮を入れて沸騰させ、レモン果皮を取り除く。
② ①に洗った米、バター、塩を入れてふたをし、弱火でおかゆ状に炊く。
③ 水分がなくなってきたら牛乳（少し取り置く）と砂糖を加え、混ぜながらトロッとするまで煮て火から降ろす。
④ 卵黄を少々の取り置いた牛乳で溶き、③に混ぜ、熱いうちに皿に盛る。
⑤ 少し冷めたらその表面に木彫りの判子につけたシナモンパウダーを軽く押しつけて飾る。

アローシュ・ドース

あわだてき　泡立て器

▶ fouet（仏）フエ / whisk（英）ウィスク / Schneebesen（独）シュネーベーゼン

生クリームや卵白あるいはスポンジ種などを撹拌して泡立てたり、いろいろな種を混ぜるための器具。日本では和製英語でホイッパーとも呼ばれている。

ステンレス製で、ワイヤーの本数の密度があまり粗くなく、つけ根の部分がしっかりとし、水のたまらない構造のものがよい。また、撹拌するボウルの直径と同じくらいの長さのものを選ぶと使いやすい。これがなかった時代、製菓人はせいたかあわだち草や柳、ねこ柳といった、細くてしなる枝を束にして使用していた。

アングレ（ーズ）　anglais, *e*（仏）

「イギリスの」という意味だが、菓子や料理においては一般にソース・ア・ラングレーズ、またはクレーム・アングレーズといった形で用いられる語である。これは、卵黄、砂糖、牛乳で作り、菓子に添えて供したり、混ぜて用いたりする。

→クレーム・アングレーズ
→ソース（ソース・ア・ラングレーズ）

あんざいまつお　安西松夫

（1918-2006）第二次世界大戦等で後れをとっていた日本の洋菓子界をまとめ、業界全体を短期間に国際レベルにまで押し上げた菓業界中興の祖。吉田平次郎営む東京神田の近江屋洋菓子店に務め、後、六本木クローバーの立ち上げに参画。1960（昭和35）年、杉並区高円寺に「トリアノン洋菓子店」を開業。1976年より10年の長きにわたり、社団法人日本洋菓子協会連合会会長を務め、日本の洋菓子業界の体質の強化に務めた。池田文痴菴共々、日本の洋菓子界の足跡を留めるべく『日本洋菓子史』の編纂に協力する一方で、フランスよりクロード・ボンテを招いて、全国でフランス菓子講習会を開催し、また、フランス菓子のバイブルとされる『トレテ・デ・パティスリー・モデルヌ Traité de pâtisserie moderne』を菓業界全体に呼びかけて完訳し、フランスに赴いてまでその再現を行い、1980（昭和55）年、同協会より刊行。その他多くの書物を刊行し菓業界の発展に尽力した。

アンザッツ　Ansatz（独）

発酵生地を作るとき、イースト菌を急速に増殖させるために作る前生地のこと。フォアタイクともいう。日本語の中種にあたる。またこのほかにヘーフェシュテュックあるいはダンプフェルルという呼び名もある。

あんず　杏

▶apricot（英）アプリコット / abricot（仏）アプリコ / Aprikose（独）アプリコーゼ

原産地は中国で、その存在は紀元前3000～紀元前2000年頃から知られていた。後漢の張騫（ちょうけん）が使節として西域（中央アジア）に派遣されたとき（前138～前126および前121～前115の2回）に中国より西アジアに伝わった。そこから紀元直前ごろギリシア、ローマ等の各地に伝わっていったので、ヨーロッパ人はこの原産をアルメニアと考え、学名を「アルメニアの桃」という意味の Prunus Armeniaca とした。ただし実際にヨーロッパに広まったのは15世紀といわれている。

現在ではヨーロッパ南部やアメリカのカリフォルニアなどで多く栽培されている。

生食でも美味だが、傷みやすく輸送や長期保存がきかないため、多くはシロップ漬けの缶詰やドライフルーツ、煮詰めてジャムに加工したりして利用されている。またアルコールに漬けてリキュールやブランデーも作られている。

製菓面では、旬のときには生を用いたタルトやタルトレットなども作るが、ほとんどの場合は、缶詰を用いたり、ジャムにしたものをアントルメの上面や間に塗ったりしている。

アンゼリカ

▶angelica（英）アンジェリカ / angélique（仏）アンジェリック / Angelika（独）アンゲリカ

芳香性を持つセリ科植物。ヨーロッパのアルプス地方を原産とする。

アンゼリカは、その香りと味覚が解毒作用や病に対する治癒の霊力があると信じられていたところから、天使の草、または聖霊の根という意味のラテン語のヘルバ・アンゲリカ helba angelica を語源としている。

この草の砂糖漬けは、その味と香りからフルーツケーキ等にも使われ、鮮やかな緑色を生かして、菓子の装飾にも利用される。根は粉末にして香料に、茎はキャンディーに使われるなど、そのすべてに商品価値を持っている。なお、日本では脱色したフキを砂糖漬けにし、アンゼリカの名を与えて製菓材料のひとつとしている。

アンチモールド

▶antimold（英）アンティモールド

かびを防ぐ薬剤。

→アルコール製剤

アンチョヴィー　anchovy（英）

▶anchois（仏）アンショワ / Sardelle（独）ザルデレ

ヒコイワシまたはカタクチイワシと呼ばれる、長さ12～15cmほどの小さな海魚。料理用としては塩漬けにして多用される。スペインのバスク地方の言葉で、いわしの一種を指すアンチョア antxoa から転じた語である。

菓子の世界においては、プティ・フール・サレ（塩味の一口菓子）や仕出し料理（トレトゥール）などに使用される。

アンティパスト　antipasto（伊）

イタリアの前菜。オードヴルのことで、仕出し屋で扱うアンティパストは、フイユタージュで作った塩味のものが多い。

アントルメ　entremets（仏）

おおむねデザート菓子と解してよい。具体的な例としては、スフレやクレープ・シュゼットのように温かいうちに供するアントルメ・ショー（温菓）、バヴァロワやゼリー、ムース類といったアントルメ・フロワ（冷菓）、その他あまり温度を厳密に指定しないタルトやプティガトー、グランガトーなどがある。詳細は各項参照。

古くは、ロースト料理のあとに食卓に出されるすべての料理をさす言葉であった。したがって甘みのものに限られていたわけではなく、野菜料理も含まれていた。語源からたどると、はじめは全く別のことを意味する言葉であった。アントルメとは、アントル・レ・メ entre les mets、つまり「料理と料理の間」という意味の語である。レ・メ les mets とは最初はサーヴィスを意味していたが、次第にサーヴィスする料理、あるいはそれをのせる皿を表すように変わっていった。中世半ばのヨーロッパ上流階級の食事の様式は、ローマ式の華やかな宴であった。それが時とともに贅をこらしたものになり、皿数もふえていった。当然それに費やす時間もかかるようになり、料理と料理の間にいろいろなショーをもって盛り上げ、それをつなぐような趣向になってきた。この「宴会の幕間」が、いわゆるアントルメと呼ばれるもので、踊りや軽わざ師の妙技が楽しまれた。

こうしたショーを見ながらの食事は、現在でもパリのムーラン・ルージュやリドなどに見られるレストラン・シアターの形式に残っている。

これが時がたつにつれて充実し、時間もかかるようになると、食事の間というよりも、その終わりにもってこられるようになり、ひいては最後に出されるデザートの菓子を表す言葉になっていった。このような形で現在の姿に変わっていったのは17世紀以降である。

アントルメ・ヤウール　entremet yahourt（仏）

ヨーグルトを使った冷製アントルメ。

製品例

〈配合〉 15cm セルクル1台分

ヨーグルト種

ゼラチン……………………………… 6g
水……………………………………… 30mℓ
卵…………………………… 1個（約50g）
砂糖…………………………………… 60g
レモン果皮すりおろし………… 1/4個分
ヨーグルト（プレーン）……………… 125g
生クリーム…………………………… 280mℓ
スポンジケーキ（厚さ1cm）………… 1枚

ゼリー

粉ゼラチン…………………………… 4g
水……………………………………… 20mℓ
水……………………………………… 15mℓ
砂糖…………………………………… 5g
クランベリージュース……………… 15mℓ

仕上げ

生クリーム…………………………… 100mℓ
砂糖…………………………………… 10g
好みのフルーツ……………………… 適量

アントルメ・ヤウール

〈製法〉

① 粉ゼラチンを水に入れてふやかし、湯煎で溶かす。
② ボウルに卵と砂糖を入れて湯煎にかけながらしっかり泡立てる。
③ レモン果皮とヨーグルトを加え混ぜ、①を加えて、ボウルの底を冷水につけて混ぜながら、とろみをつける。
④ 生クリームを六分立てにし、③と合わせる。
⑤ セルクルにスポンジを敷き、④を流し入れて表面を平らにし、冷やし固める。

ゼリー

① 粉ゼラチンを水でふやかす。
② 水に砂糖を加え、火にかけて溶かし、①を加えて冷ます。
③ クランベリージュースに②を加え混ぜる。

仕上げ

① セルクルのまわりを手で温めて生地を2～3mm下に落とし、ゼリーを流して、冷蔵庫で冷やし固める。
② ①の型のまわりを熱湯につけたタオルで温めて型をはずす。
③ 生クリームに砂糖を加えて7分立てに泡立

て、星口金を付けた絞り袋に入れて、②のまわりに絞る。
④ 上面に好みのフルーツをのせて飾る。

アントレ　entrée（仏）

料理コースにおける一部分の呼称。料理数が減少傾向にある現代の献立では、オードヴル（またはスープ）あるいはアントレ、次いで主な料理と続く。この場合アントレは魚料理、キャビアやフォアグラ、スフレなどがこれにあたる。フランスでは仕出し料理として菓子店で商っている。

古くは三番目に供される料理、すなわちオードヴル（またはスープ）、魚料理に続くもので、ローストの前に供される料理であった。宴席では現在でもこの形が継承されている。

アメリカではメインディッシュをさす。

アンナトルテ　Annatorte（オーストリア）

オーストリアの首都ウィーンの銘菓。この地の菓子の特徴の一つに、チョコレートをふんだんに、しかも味や香り、配合のヴァリエーションをさまざまに組み合わせて作ることがあげられる。この菓子もその一つで、オレンジ味とチョコレートのハーモニーに定評がある。香りの高いコワントローなどのオレンジリキュールをたっぷり使い、全体を重厚にチョコレートで包んで仕上げる。

〈配合〉

ビスキュイ
- 卵黄……3個分
- 砂糖……60＋40g
- 卵白……3個分
- コーンスターチ……15g
- 小麦粉……60g
- チョコレート……20g
- バター……30g

シロップ
- 水……120mℓ
- 砂糖……60g
- コワントロー……20mℓ

クリーム
- 生クリーム……150mℓ
- チョコレート……100g
- コワントロー……20mℓ

カヴァー用チョコレート
- スウィートチョコレート……85g
- ミルクチョコレート……50g
- プラリネマッセ……100g

〈製法〉

① 卵黄に砂糖60gを加えて湯煎にかけ、泡立てる。
② 卵白に砂糖40gを少しずつ加えながら泡立ててムラングを作り、コーンスターチを加える。
③ ①と②を合わせる。
④ 小麦粉を加えて混ぜる。
⑤ 溶かしたチョコレートとバターを④に混ぜ、スポンジ型に流して中火のオーブンで焼く。
⑥ 水に砂糖を加えて火にかけ、沸騰させてシロップを作り、コワントローを加える。
⑦ ⑤を4枚に切り、それぞれに⑥のシロップを打つ。
⑧ 生クリームを沸騰させて火から降ろし、刻んだチョコレートを加えて溶かし、コワントローを加えてクリームを作る。
⑨ ⑦の各段に⑧のクリームを塗って重ね、全体にも同じクリームを塗る。
⑩ スウィートチョコレート、ミルクチョコレート、プラリネマッセを湯煎にかけて溶かし、マーブル台に流して薄く延ばす。
⑪ 固まりかけてきたら三角べらではぎとり、⑨の周りを包む。
⑫ 上から軽く粉糖を振りかける。

アンナトルテ

あんにんどうふ　杏仁豆腐（中国）

中国の代表的なデザートのひとつ。きょうにんどうふ、またはシンレンどうふとも呼ばれるが、近年はあんにんどうふの呼び方が一般的になっている。そもそもは杏の中の仁が喘息等の治療に効果があるとのことで、それを用いた薬膳料理の一種であったというが、今やすっかり定番デザートとして定着した。なお、現在杏仁

い

豆腐として売られているものは、実質的には杏の仁によく似た香りを持つアーモンドのフレーバーを使ったものが多く、厳密には現物とそぐわないところもあるが、現代中国語ではアーモンドを杏仁と表記しており、このあたりの取り決めがあいまいとなっている。すなわち杏の仁で作られるもの、アーモンドの香りで作られるもの、双方とも正調杏仁豆腐として認められている。なお、フランス菓子では、同様のものとしてブラン・マンジェが知られている。

→ブラン・マンジェ

〈配合〉 4 人分

杏仁霜（きょうにんそう）……………………………… 16g
砂糖…………………………………………… 30g
牛乳………………………………………… 310mℓ
寒天（粉）…………………………………… 2g
水…………………………………………… 60mℓ
生クリーム………………………………… 40mℓ

シロップ
水…………………………………………… 80mℓ
砂糖………………………………………… 40g
杏リキュール……………………………… 適量

仕上げ用（例）
ライチ、メロン、杏、パイナップル等
好みのフルーツ、クコの実、
ミントの葉……………………………… 適量

注：杏仁霜：粉末にした杏の仁、砂糖、ブドウ糖、コーンスターチ、粉乳等を混ぜたもの。製菓、調理材料の一種。

〈製法〉

① ボウルに杏仁霜と砂糖を入れて混ぜ合わせ、牛乳を加えてダマができないように混ぜる。
② 鍋に粉寒天と水を入れて沸騰させる。
③ ②に①を入れて沸騰直前になったら火から降ろし、生クリームを加え、泡立てないように混ぜる。
④ 器に流し入れ、冷蔵庫に入れて冷やし固める。
⑤ 鍋に水と砂糖を入れて沸騰させ、火から降ろして冷ます。
⑥ ⑤に杏リキュールを加え、冷やしておく。
⑦ 好みのフルーツを適当な大きさに切る。
⑧ 固まった杏仁豆腐を適当な大きさに切り、⑥のシロップを入れ、フルーツを加えてミントの葉で飾る。

アンビベ　imbiber（仏）

「浸す」の意味から、菓子にシロップなどの液体を与える製菓用語。たとえばスポンジ生地をベースにアントルメを作るとき、生地を数枚に切り分け、リキュールあるいはシロップを刷毛につけ、スポンジに打って、甘みや風味と水分を与える。この作業をアンビベという。

アンモニア　ammonia（英）

▶ammoniac（仏）アンモニアック / Ammoniak（独）アンモニアック

膨張剤の一種。アンモニアガスは、加熱されると膨張する。アンモニアの性質を利用したものとしては炭酸水素アンモニウムと塩化アンモニウムがある。

炭酸水素アンモニウムは、熱を加えると炭酸ガスとアンモニアと水になる。この水も生地の温度が 100℃以上になると蒸発するため、結果としてすべて気体となり、生地の中には何も残らない。ただし、熱が充分でなかったり水分の多い生地の場合には、アンモニア臭が残ることがある。

塩化アンモニウムは、アルカリと反応して炭酸ガスとアンモニアを発生するので、膨張剤として使用する場合は、アルカリ性である重曹と併用する。なおこれは 100℃になるまでガスの発生を持続するため、前者よりよい結果が得られる。

い　イ

いいじまとうじゅうろう　飯島藤十郎

（1910-1989）日本の製パン製菓業界のリーディング・カンパニー「山崎製パン」の創業者。

千葉県船橋市のマツマル製パンで修業した飯島藤十郎は、第二次大戦後まもない 1948 年、千葉県市川市に「山崎製パン所」を独立開業。わずか 12 坪からのスタートであった。当時の製パン業はまだ食糧管理制度下にあって厳しく統制されており、別の団体で製パン業に携わっていた飯島藤十郎には、飯島の名で認可は降りなかった。やむなく義弟の「山崎」の名で許可を取り、それを社名としたため、創業者の姓たる飯島ではなく山崎となった由。

独立当初は配給される小麦粉をパンに加工して利益を得る委託加工で、まずはコッペパンから始まり、次いでロシアパンや菓子パンなども手がけていった。

製菓の分野については、1947年に和菓子の製造に踏み出している。また1955年には、当時としては珍しい、ナイロン包装のスライス食パンの商品化を行ない、消費者の心をしっかりとつかんでいった。このころから事業のウェイトはますます製パン業に傾斜していくが、一方では1970年に、アメリカのナビスコ社及びニチメン（現・双日）と合弁で、製菓会社「ヤマザキ・ナビスコ」を設立する。また1977年にはコンビニエンスストア「サンエブリー」を設立し、パン以外の商品も積極的に扱う多角的経営に歩を進める。ちなみに同ストアは後年「ヤマザキデイリーストア」と統合し、現在は「デイリーヤマザキ」となっている。

さらには後年、パリの高級住宅地として知られる16区に「パティスリー・ヤマザキ」の名で菓子店を出店。お菓子の本場フランスでの、日本の洋菓子の展開は内外の大きな注目を浴びた。また2007年には製菓業界の名門不二家と深い縁を持つなど、パン業界のガリバーと称されるまでになった製パン業に加えて、和洋を含めた菓子の分野でも、大きなシェアを占めるまでに成長していく。

イエター　椰達（香港）

香港で親しまれているココナッツのタルトレット。椰子撻とも書いて、イエツーターとも呼ばれる。なお現地ではタルトレットもタルトと呼んでいる。

〈配合〉 8個分

ビスケット生地

薄力粉……………………………… 100g
粉糖………………………………… 25g
バター……………………………… 60g
卵…………………………………… 20g

フィリング

バター……………………………… 30g
砂糖………………………………… 35g
卵…………………………………… 50g
塩…………………………………… 少々
ココナッツミルク………………… 20mℓ
ココナッツ（ロング）…………… 60g
ドレンドチェリー………………… 4粒

〈製法〉

① 薄力粉、粉糖を一緒にふるい、ボウルに入れる。
② ①にバターを入れて混ぜ、そぼろ状にする。
③ 卵を加えて混ぜ、まとめてラップに包み、冷蔵庫で休ませる。
④ ③を厚さ2mmに延ばし、タルトレット型に敷いて、空気抜きの穴をあける。

フィリング

① バターを室温に戻し砂糖とすり合わせる。
② 卵を数回に分けて加え混ぜる。
③ 塩、ココナッツミルク、ココナッツを順に混ぜる。

仕上げ

① 生地を敷いた型にフィリングを詰め、半分にカットしたドレンドチェリーをのせる。
② 180℃のオーブンで約15分焼く。

イエター

いけだでんぞう　池田傳三

（1923-1985）総合製菓材料問屋の雄、池傳創業者。

1948（昭和23）年、東京港区新橋に、製菓材料問屋の池田屋を創業。物資困窮の当時、貴重なココアやチョコレートといった品々を米軍関係から入手するなど、乏しい菓子作りの原料をかき集めた。そしてそれをもって、甘いものに飢えていた人々に安らぎを届けんとする菓子店の後押しをする。1951（昭和21）年、社名を池傳と改称。その後同社は直接的な原材料のみならず、包装資材等にまで扱い品目を広げ、製菓製パン関連材料の総合卸売問屋として充実を図り、全国をカヴァーする、我が国を代表する企業に成長した。

いけだぶんちあん　池田文痴菴

（1901-1972）本名は池田信一。

1901（明治34）年東京に生まれ、明治薬学専門学校卒業後、海軍造船廠を経て森永製菓に勤

い

務。社史編纂のかたわら東京高等製菓学校で教鞭をとり、校長も務める。趣味の雑学が高じて池田文化史研究所を立ち上げ、庶民文化の研究にいそしむ。『キャラメル芸術』『森羅万象録』『羅毎連多雑考』（ラブレター・コレクションの本）等を著わすが、その中の『日本洋菓子史』（日本洋菓子協会・1960年刊）は特筆に価する。消えゆかんとする明治、大正の菓業界の有り様を詳細に書き留め、証言を記録し、神代にまで遡り、今日につなげた大書である。この著作がなかったら、史実のおおかたが消えていたことと思われる。

イーゲル　Igel（独）

「針ねずみ」の意味で、それを模した菓子。ドイツでよく見られるものだが、フランスやスイスなどでも作られている。

トップフクーヘンまたはナップフクーヘンと呼ばれる生地を、ビスケット生地の上にのせ、細く切ったアーモンドを突き刺す。溶かしてテンパリングをしたチョコレートをかけ、クリームで目鼻をつけて、それらしく仕上げる。

のせる生地を、バターケーキやスポンジケーキの生地などさまざまに変えることもある。形のおもしろさを打ち出した代表的なものの一つ。

〈トップフクーヘン生地の配合と製法〉

砂糖……………………………………… 220g
バター…………………………………… 220g
卵………………………………………… 5個
牛乳……………………………………… 少々
マルツィパンローマッセ……………… 100g
小麦粉…………………………………… 330g
塩………………………………………… 3g
ココア…………………………………… 120g
ベーキングパウダー…………………… 10g

① 砂糖とバターをよくすり合わせる。
② 卵を少しずつ混ぜてゆく。
③ 少量の牛乳でゆるくしたマルツィパンローマッセを加える。
④ 小麦粉、塩、ココア、ベーキングパウダーを一緒にふるって混ぜ、③に加える。
⑤ 型に流して中火のオーブンで焼く。

イースター　Easter（英）

→復活祭

イースト　yeast（英）

▸levure（仏）ルヴュール / Hefe（独）ヘーフェ

酵母菌。糖分のあるところで生きる。発酵しやすい糖分を分解し、炭酸ガスとアルコールを発生し、芳香を発する。

この働きを利用した代表的なものはパンである。イーストが小麦に含まれている糖分を分解し、アルコールと炭酸ガスを発生する。この炭酸ガスによる気泡が生地を持ち上げてパンをふくらませる。次にこれを焼き上げると、気泡の炭酸ガスは空気と入れかわり、アルコール分も熱によって揮発し、あとにはパン独特のすばらしい香りが残る。その他菓子としては、サヴァランやババ等に利用される。

このイーストは細かく分けると無数の種類があるが、アミノ酸、無機塩類、ビタミン類等が含まれているものは体によく、消化管で酵素の働きをし、新陳代謝をよくするといわれている。

イーストの歴史は、酒造りが始まったころにさかのぼるといわれている。ぶどうの果汁を貯蔵しておくと、果実についているイーストが活動を始め、発酵が起こってぶどう酒ができる。この発酵して浮いてくる泡をとって小麦粉に混ぜたのが、人為的にイーストを利用して作るパンの始まりである。今日ぶどうパンというものがあるが、これもその名残りだろうといわれている。年代的には今から5000年ほど前の古代エジプト時代、あるいはエジプト文明が頂点に達するはるか以前に、すでにクレタ島にも酵母を使った痕跡があったともいわれている。

イスパタ

膨張剤の一種で、イーストパウダーを略した呼び名。アンモニア系の膨張剤。重曹に塩化アンモニウムを混ぜて化学変化を起こさせるもの。このことによって炭酸ガスとアンモニアが発生する。このふたつのガスの力が菓子の生地を膨らませるのである。主に蒸し物に適している。重曹が焼き色を良くするのに対し、これは早く仕上げる性質を持っている。よって求めるものにより、重曹と併用して使われることもある。白い粉末状をしており、使用時には水に溶いて用いる。

イタリエーニッシャー・ヴィントマッセ
italienischer Windmasse（独）

▸meringue italienne（仏）ムラング・イタリエンヌ

/ Italian meringue（英）イタリアン・マラング、boiled meringue（英）ボイルド・マラング

卵白を泡立て、攪拌を続けながら、煮詰めた糖液を注ぎ入れて作る。糖液は、冷えると固まって卵白の気泡を支えるため、しっかりとしたムラングになる。

→ムラング

イタリエンヌ　italienne（仏）

通常、前置詞と冠詞をつけて à l'italienne ア・リタリエンヌとされ、「イタリア風の」という意味で用いられる。ときにはそれを省いた形でも用いられている。ムラング・イタリエンヌが代表的。

また調理においては家禽、野禽、魚、野菜などに、小さなさいの目切りやみじん切りのマッシュルームを使うものにイタリエンヌが付される料理が多い。さらにマカロニやパスタの類の料理にもこの語が付される。

いちご　苺

▶ strawberry（英）ストロベリー / fraise（仏）フレーズ / Erdbeere（独）エアトベーレ

バラ科のオランダイチゴ属。さまざまな品種がある。実はブツブツした部分で、やわらかいところは発達した花托である。

日本、ヨーロッパを問わず、形や粒の大きさと、食欲をそそる赤のかわいらしさ、さわやかな甘みから、広く洋菓子一般に使われている。特に泡立てた生クリームとスポンジケーキで作られるショートケーキが主流を占める日本の洋菓子界においては、欠かすことのできない素材といえる。またジャム、ジュースなどにも広く利用される。

温暖な地域を中心に、寒冷地域、熱帯にまで、各大陸に広く分布し、無数の品種が作られている。

ヨーロッパ種のいちごは、パリあたりで4月ごろ出回り始める、小粒で香りの高いかたい果肉のフレーズ・ド・ボワ（森のいちご）と呼ばれるものがもとになっているといわれ、ヨーロッパで栽培され始めたのは13世紀ごろからである。フレーズ・デ・ザルプ（アルプスのいちご）、フレーズ・デ・カトル・セゾン（四季のいちご）などもこの変種である。

日本には江戸時代の後半に伝わり、明治時代に入って、栽培が始まった。品種改良が著しく、現在、女峰、とちおとめ、あまおう、佐賀ほのか、紅はっぺ、章姫、ももいちごなど多くの品種があり、毎年新しい品種が生まれている。

いちじく　無花果

▶ fig（英）フィッグ / figue（仏）フィーグ / Feige（独）ファイゲ

クワ科のイチジク属の果実。

古くからシリアを中心にイラン、アフガニスタンに、また地中海沿岸諸国からカナリア諸島に広く分布している。旧約聖書の創世記第三章七節にアダムとイヴが「いちじくの葉をつづり合わせ、腰を覆うものとした」とあるほど、古来より人々とはかかわり深い。

生食、シロップ缶詰、ジャムなどに利用。欧米では乾果の利用が多い。

また医学の祖、医師の父と呼ばれている紀元前5～4世紀の、古代ギリシアの医師ヒポクラテスは、このいちじくの汁で動物の乳を凝固させ、チーズを作っていたという。さらにその実を固めて膏薬を作り、皮膚病の薬として用いたという。この強い甘みは、古今を問わず菓子作りに大いに用いられている。ワイン煮が有名。

いとうけいぞう　伊藤景造

（1893-1972）製菓用パッケージの先駆者、伊藤景パック産業の創始者。

1910（明治43）年、東京神田に割り箸および経木の販売店を開いた。第二次世界大戦後、社会の急速な復旧とともに乳製品が普及し、それに伴いアイスクリーム類が急伸。時代の変化を読み取った伊藤はアイスクリームのパッケージに取り組む。原材料の充足とともに洋菓子店が息を吹き返していく中、よりよくかつファッショナブルなパッケージの必要性を感じた伊藤は、付加価値を高めるべき贈答用の菓子箱やクリスマスケーキ箱などを次々と提案。続いて夏季の贈答品としてゼリーや水羊羹が注目を集めると、そのカップ充填からヒートシール、さらには滅菌して長期保存できるシステムを作り上げ、多くの菓子店や製造メーカーからの支持を得ていく。

イドゥリ　idli（印）

米を使ったインドのスナック菓子。

米を水に浸して石臼ですりつぶし、発酵させたものをパンケーキ型に詰め、蒸して作る。

い

イル・ド・フランス　Île-de-France（仏）

パリを首都とした旧県名であり、いわゆる現在のフランスの中心部をなす地方である。豊かな材料供給地になっている。

ちなみに北側ではモンモランシーのさくらんぼ、アーティチョーク、シャンティーイの生クリーム、東ではソワソンの川ます、ざりがに、ヴィレル・コトレの穴兎のテリーヌ、南のコルベイユのシャトー・ブリアン、エスカルゴ、ムランのドラジェ、ブリ（チーズ）、アルパジョンのいんげん豆、西に移っては、ランブイエのいちご、ウダンの野禽類、マーントやトリエル付近のアンズ等々が知られている。

イル・フロッタント　île flottante（仏）

「浮き島」という名のデザート菓子。卵白を泡立てたメレンゲを主体にして作るお菓子に、ソース・ア・ラングレーズ（カスタード・ソース）をあしらったもの。その形がいかにも水の中に浮かぶ島のように見えるとして付けられた名前。同様のものにウ・ア・ラ・ネージュ œufs à la neige がある。

イル・フロッタント

いわせまさお　岩瀬正雄

（1917-1995）製菓材料商社の雄、現・イワセ・エスタの創業者。

1947（昭和22）年、大阪に岩瀬練乳大阪営業所を設立。終戦直後の物資困窮当時、製菓業を含む食品関係にとって、乳製品は貴重この上もないものであった。また栄養不足による母乳の出にくい状態にあった母親にとっても、常温で流通可能な練乳はことのほか貴重品であり、必需品でもあった。そうした要望をいち早く察知した岩瀬正雄は練乳を中心とした食品卸問屋を興した。同社はその後順調に発展し、1955（昭和30）年、岩瀬商事と改称。製菓材料商社として陣容を整える。そして高度成長期の洋菓子業界を支え、その発展に大きく寄与していく。後、イワセ・エスタと改称。総合食品商社として成長した同社は、製菓製パンレストラン業を含む食品業界の大きな後ろ盾となる。

インヴェルターゼ　Invertase（独）

▶ invertase（仏）インヴェルターズ / invertase（英）インヴァーテイズ

酵素の一つ。蔗糖を加水分解して転化糖にする働きがある。水飴の製造などに用いられる。

イングヴァーツンゲン　Ingwerzungen（スイス）

粉末アーモンド、ジンジャーを入れて細長く絞り出して焼いたスイスのクッキー。

イングヴァーとはジンジャーの意味、さわやかな香りと味わいが特徴である。

〈配合〉

バター	100g
砂糖	100g
卵白	100g
粉末アーモンド	130g
粉末ジンジャー	5g
小麦粉	50g

〈製法〉

① ボウルにバターと砂糖を入れ、泡立てるように混ぜる。
② 卵白をときほぐして、少しずつ加えながら泡立てる。
③ 粉末アーモンド、粉末ジンジャー、ふるった小麦粉を加え、軽く混ぜ合わせる。
④ 絞り袋に波型口金をつけて生地を詰め、テンパンに 6 ～ 8cm の長さに絞る。
⑤ 200℃のオーブンで約 15 分焼く。

イングヴァーツンゲン

イングリッシュ・マフィン

→マフィン

インディアーナー　Indianer（オーストリア）

プティフールの一種。モーレンコップフと同じ種を使って作る。

いろいろな形に絞って焼き、中に詰めるフィリングを変えることによって、さまざまなプティフールに仕上げる。通常フォンダンで被覆する。こうした一口サイズの小型菓子を、オーストリアでは、フランス語を使ってデセール・デュ・ジュール desserts du jour（今日のデザート）と呼んでいる。この菓子は別にオセロ、またはオテロ、あるいはロザリンドの名でも親しまれている。

〈配合〉

卵黄……………………………………4 個分
水…………………………………………45mℓ
小麦粉……………………………………80g
卵白……………………………………8 個分
砂糖………………………………………80g
コーンスターチ…………………………80g

〈製法〉

① 卵黄に水を加え、少量の小麦粉（約 10g）を混ぜる。
② 卵白に砂糖、コーンスターチを加え、泡立ちすぎないように泡立てる。
③ ②と①を合わせ、残りの小麦粉を加えて混ぜ、絞って焼く。

→モーレンコップフ
→オセロ

インディアーナー･テースタ　Indianer Tészta（ハンガリー）

プティフールの一種、モーレンコップフのハンガリー版。隣国オーストリアのインディアーナーとほぼ同じと考えてよい。ビスキュイ・ア・ラ・キュイエールに似た軽い種を小さなドーム状に絞って焼き、好みのクリームやフィリングを詰めて二つはり合わせ、マジパンで包んだり、クリームを塗ったりして、いろいろな形に仕上げる。

〈種の配合と製法〉

卵白……………………………………200g
砂糖………………………………………80g
卵黄……………………………………100g
水…………………………………………30mℓ
小麦粉…………………………………150g

① 卵白に砂糖を加えて充分泡立てる。
② 卵黄に水を加え、少量の小麦粉を入れて混ぜる。
③ ①と②を合わせる。
④ 残りの小麦粉を加えて混ぜる。
⑤ 絞り袋にこの種を詰め、好みの形に絞って焼く。

〈仕上げ〉

スプーンで中身をくりぬき、好みのクリームを詰めてはり合わせる。

う　ウ

ヴァシュラン　vacherin（仏）

ムラングを乾燥焼きにして作る王冠状の菓子の容器。単体で使うことはあまりない。中に好みのアイスクリーム類を詰め、加糖し、泡立てた生クリーム等で飾って供する。「食べられる容器」として使用する。アイスクリームを詰めたものをヴァシュラン・グラッセという。伝えられるところによると、パリにおいて料理人にして製菓人のギュスターヴ・ギャルランが作ったものという。

〈配合〉

卵白……………………………240g（8 個分）
砂糖……………………………………500g

〈製法〉

① 卵白を泡立て､砂糖を加えてムラングを作る。
② 丸口金で渦巻き状に絞って 1 枚の円板を作り、その他同じ外寸の数個のリングを絞る。ムラングは接着剤用、飾り用などを残しておく。
③ いずれも低温のオーブンで乾燥焼きにする。
④ ムラングを接着剤にし、円板の上にリングを重ねてつけ、外側にパレットナイフでムラングを塗り、平らにする。
⑤ さらに縁と側面に星形口金等でムラングを絞って飾り、再び低温のオーブンで乾燥焼きにする。

ヴァーゾ　vaso（伊）

「壺」という意味のイタリア菓子。その名のごとく、上から見ると水の入った壺のように見えるところからの命名。

〈配合〉

全卵……………………………………300g

砂糖……………………………………… 150g
小麦粉…………………………………… 140g
水………………………………………… 50mℓ
チョコレート………………………… 適量
バタークリーム……………………… 適量
アプリコットジャム………………… 適量

〈製法〉
① 卵と砂糖を混ぜて泡立てる。
② 小麦粉をふるって加える。
③ 水を加えて混ぜる。
④ テンパンに薄く流して焼く。
⑤ バタークリームを塗って、直径3cmぐらいのロール状に巻き、適当な長さに切り分ける。
⑥ 切り口を上下にし、高さ半分ほどにチョコレートをつけて固める。
⑦ 縁に口金でバタークリームを丸く絞る。
⑧ 中にアプリコットジャムを絞る。

ヴァッハオアートルテ　Wachauertorte（オーストリア）

アプリコットを使ったチョコレート味のトルテ。あんずの産地として名高いヴァッハウにちなんだ菓子として広く知られている。

ヴァトルーシュカ　vatrouchka（仏）

ロシア風チーズケーキの一種。
タルト型にサブレ生地を敷き、フロマージュ・ブランと砂糖漬けの果物を混ぜたフィリングを詰め、上面に底敷きと同じ生地を格子模様にかけて焼いたもの。

ヴァニラ　vanilla（英）

▸vanille（仏）ヴァニーユ / Vanille（独）ヴァニーレ

菓子によく使われる香料。メキシコ原産。蔓性の、ラン科植物のさやで、中に細かい多数の黒い種子が詰まっている。現在ではメキシコの他に中南米、アフリカのマダガスカル島などの熱帯地方で栽培されている。
秋、実が熟する前に摘みとり、熱湯につけて乾かす。ただし完全に乾燥する前に缶などに入れて貯蔵する。こうすると中で発酵してバニリンと称する芳香族アルデヒドを生じ、あの独特の甘美な香りが出てくる。
すばらしい芳香性から、生菓子、各種クリーム類、焼き菓子、アイスクリーム等、菓子の分野において欠かせないものである。
さやに入った状態の、ヴァニラ・スティックと呼ばれるもの、使いやすくするためにヴァニラ・ビーンズを砂糖に混ぜたヴァニラシュガー、さらに天然や化学合成されたヴァニラエッセンス、ヴァニラオイルなどがある。
一般に販売されているものを分類すると次のようになる。

■ ヴァニーユ・フィーヌ　vanille fine
上質のヴァニラ。長さ20～30cmのさやで、表面は黒くつやがあり、白い粉をふいている。

■ ヴァニーユ・リニューズ　vanille ligneuse
上質のヴァニラ。長さは13～20cmで、赤褐色をし、表面は乾いていてつやがなく、白い粉は少ない。

■ ヴァニヨン　vanillon
長さ10～12cmでやや厚みを持ち、少しつぶれた形をしており、茶褐色で白い粉はふいていない。
その他、最上級とされるメキシコ産のレッグ・ヴァニラや、ギアナ、ガドループ、レユニオン島のブルボン・ヴァニラなどがある。

ヴァニラアイスクリーム　vanilla ice cream（英・米）

▸glace à la vanille グラス・ア・ラ・ヴァニーユ / glace à la crème（仏）グラス・ア・ラ・クレーム / Vanilleeis（独）ヴァニーレアイス

ヴァニラ風味のアイスクリーム。

〈配合〉
ヴァニラビーンズ…………………… 1/4本
牛乳……………………………………… 250mℓ
卵黄……………………………………… 4個
グラニュー糖………………………… 110g
生クリーム…………………………… 250mℓ

〈製法〉
① ヴァニラビーンズを切りさき、ナイフで中身を削り取る。
② 牛乳にヴァニラビーンズのさやと中身を入れて火にかけ、沸騰させる。
③ 卵黄に砂糖を加えてよく混ぜ、沸騰した②を少しずつ加えて混ぜ、裏ごしする。
④ ③を弱火にかけて、混ぜながらとろみをつける。
⑤ ④を冷水にあて、10℃ぐらいに冷やす。
⑥ 生クリームを五分立てに泡立て、⑤と合わせる。
⑦ フリーザーにかける。

→グラス（フリーザーで攪拌凍結）

→アイスクリーム

ヴァニーレキプフェル　Vanillekipfel（独）

ヴァニラ風味の三日月形のクッキー。キプフェルとは、ドイツ南部やオーストリアで三日月形のパンを指す語。

ヴァニーレキプフェル

〈配合〉 70 ～ 80 個

バター……………………………… 250g
塩………………………………………… 1g
ヴァニラビーンズ…………………… 1 本分
砂糖…………………………………… 125g
薄力粉………………………………… 250g
粉末アーモンド……………………… 125g
仕上げ
粉糖…………………………………… 適量

〈製法〉

① バター、塩、ヴァニラを混ぜ、粉糖を加え混ぜる。
② 薄力粉と粉末アーモンドを一緒にしてふるい、①に加え混ぜて生地をまとめる。
③ 直径 3cm の棒状にまるめて紙で包み、冷蔵庫で休ませる。
④ ③を 1cm 幅に切り、両端を細くした後、三日月形に整形する。
⑤ 180℃のオーブンで約 20 分焼く。
⑥ 冷めたら上から軽く粉糖をふる。

ヴァニーレクレーム　Vanillecreme（独）

カスタードクリームのこと。

→クリーム（カスタードクリーム）

ヴァーノチカ　vánočka（チェコ・スロバキア）

レーズン、アーモンド、レモンなどを入れたチェコやスロバキアの発酵菓子。棒状に生地を延ばし、三つ編みに成形して焼く。

〈配合〉

牛乳………………………………… 200mℓ
砂糖………………………………… 120g
イースト……………………………… 30g
卵黄………………………………… 4 個分
塩……………………………………… 少々
小麦粉……………………………… 500g
バター……………………………… 120g
レモン果皮………………………… 1/2 個分

〈製法〉

① 牛乳を温め、その一部でイーストをとき、砂糖少量を混ぜて、発酵させる。
② 残りの牛乳と砂糖、卵黄、塩を混ぜて①と合わせる。
③ 小麦粉を加え、バター、レモン果皮を混ぜて練り合わせる。
④ 発酵させてガス抜きし、再度発酵させる。
⑤ 棒状に細く延ばし、三つ編みにし、卵黄（分量外）を塗る。
⑥ 中火のオーブンで焼き、粉糖（分量外）を振って供する。

ウ・ア・ラ・ネージュ　œufs à la neige（仏）

「雪のようにととのえた卵」という意味のフランス菓子。卵白の軽くふんわりとした性質を利用した上品なデザートで、ソース・ア・ラ・ヴァニーユとともに供する。

〈ムラングの配合と製法〉

卵白………………………………… 1 個分
砂糖………………………………… 30g
卵白を泡立て、砂糖を加えてムラングを作る。

〈ソース・ア・ラ・ヴァニーユの配合と製法〉

牛乳………………………………… 500mℓ
ヴァニラ・ビーンズ………………… 1 本
卵黄………………………………… 6 個分
砂糖………………………………… 75g

① 牛乳にヴァニラ・ビーンズを入れて沸騰させる。ヴァニラ・ビーンズをとり除く。
② 卵黄と砂糖を攪拌し、①を少しずつ加える。
③ 再び火にかけ、スパテュールでかき混ぜながら煮る。
④ とろみが出てきたら火から降ろす。

〈仕上げ〉

① ムラングを絞って、沸騰した湯の中にすべり落とし、火を通す。
② 充分熱が通ったら湯から上げて、水気を切

り、器に用意したソース・ア・ラ・ヴァニーユの上に浮かべる。煮詰めてカラメル状にした糖液や砕いたプラリネを上から少量かけることもある。

ヴァレーニキ　вареники（ウクライナ・露）
練り粉の延ばし生地にいろいろなものをのせて包んでゆでたウクライナの菓子。語意は「ゆでたもの」。中国の餃子に近いもので、13 ～ 15 世紀にモンゴルから伝わったといわれている。
カッテージチーズに砂糖、卵などを入れて練ったものがフィリングとしてよく使われる。これを小麦粉、卵、ミルク、バター、砂糖、塩などで作った生地で包み、沸騰した湯に入れてゆで上げる。バターやサワークリームを添えて食べる。

ヴァレンタインデー
▸ St. Valentine's Day（英・米）セイント・ヴァレンタインズ・デイ
2 月 14 日の聖ヴァレンティノの祭日。日本では、女性がチョコレートを男性に贈る日になっている。聖ヴァレンティノは 2 世紀後半に現在のイタリアのテルニに生まれ、同地のヴェスコヴォ司教として活躍し、愛の守護聖人として信仰を集めた。
エピソードによると、若い兵士の結婚を禁じたローマの富国強兵政策に反して、結婚の司式を率先して引き受けたが、それがためにローマ政府の反感を買い、ヴァレンティノは捕らえられて、269 年 2 月 14 日処刑されたという。なおヴァレンティノが司式をして結ばれたカップルはみな末永く幸せに暮らすことができたとも伝えられている。
そして死後 1400 余年ののち、1664 年 3 月 15 日の宗教会議で聖人に列せられ、テルニの守護聖人に任命された。こうしたエピソードをへて、愛の守護聖人としていっそう親しまれていった。
チョコレートとの結びつきは、日本のとあるメーカーがこれらの話をとり入れ、1936 年に「ヴァレンタインデーにチョコレートの贈り物を」という販売促進の新聞広告を出したのが始まりといわれている。いわば商品戦略の一つとしてスタートした。ヴァレンタインデーの習慣は、チョコレート菓子の売り上げ増加に貢献し、現在ではチョコレート業界の最大イベントになっている。近年は日本のみならず各国にも波及し、大きな広がりを見せている。
→ホワイト・デー

ヴィエノワズリー　viennoiserie（仏）
フランスにおける菓子店が扱うパンの部門のことで、クロワッサンやパン・オ・ショコラ・ブリオッシュといった発酵生地や発酵折り生地を使って作る製品郡を指す。ルイ十六世妃となったマリー・アントワネットが、ウィーンを都とするハプスブルク家から嫁いできた時に、ともにこうしたものがパリに入ってきたとして、ウィーン風のもの、すなわちヴィエノワズリーと称されるようになった。フランスの菓子店の扱う分野として、パティスリー、コンフィズリー、グラスリーとともに、このヴィエノワズリーも大きな要素のひとつとなっている。

ういきょう　茴香
▸ fennel（英）フェンネル / fenouil（仏）フヌイユ / Fenchel（独）フェンヒェル
→フェンネル

ウィークエンド　week-end（仏）
週末の意味の英語名を持つフランス菓子。
卵、砂糖、小麦粉、バターで焼き上げたレモン風味のパウンドケーキである。
パウンドケーキ型で焼いた生地全体に熱したアプリコットジャムを塗って、グラス・ア・ローをかける。
→パウンドケーキ

ウィークエンド

ヴィジタンディーヌ　visitandine（仏）
フランス・ロレーヌ地方のナンシーに生まれた半生焼き菓子。焼き上げた後も中がしっとりしていることを特徴としている。フィナンシエと同系統のものだが、フィナンシエは卵白をそのまま加え混ぜて作るのに対し、ヴィジタンディーヌは卵白を泡立てて加え混ぜることを特徴としている。また形はフィナンシエが金塊型であるのに対し、こちらは花柄の丸い型で作られる。なお同菓の誕生は1610年に創設されたロレーヌ地方の「聖母訪問会」（L'ordre de la Visitation Sainte-Marie）という修道院にあり、同院の修道女たちによって作られたという。よってこの名もここに由来する。フィナンシエは1900年頃生まれたというが、その起源はヴィジタンディーヌではないかと言われている。

ヴィジタンディーヌ

ウイスキー　whisky（英·仏）、whiskey（英·米）

▶Whisky（独）ヴィスキー

穀物を主な原料とする蒸留酒。スコットランドとカナダはwhisky、アイルランドとアメリカではwhiskeyと綴る。菓子全般の風味づけに用いる。

起源は定かではないが、中世のアイルランドで作られたようだ。現在でも使われているケルト語にuisge-beathaという言葉がある。これはラテン語のアクア・ウィタエaqua-vitae（生命の水）をさす。このuisgeがウイスキーに転訛したと考えられる。北アイルランドの厳しい気候にかなった強い飲み物として農民たちに好まれた。発芽させた大麦（モルト）を原料として素朴な単式蒸留装置で作られるモルトウイスキーである。これは次第にスコットランド西部に伝わっていった。

スコットランドにおいて、19世紀の中ごろ、産業革命の影響による大規模連続蒸留装置の開発実用化、輸出並びに消費の拡大、大麦麦芽の不足などから、ライ麦、とうもろこしなどの穀物（グレーン）を原料とするグレーンウイスキーが、かなりの規模で作られるようになった。その結果、スコッチ・ウイスキーにおいては、モルトウイスキーとグレーンウイスキーを混合したブレンドウイスキーが主流となった。

■ アイリッシュ・ウイスキー　Irish whiskey

アイルランド産のウイスキー。主としてモルトウイスキー。スコッチのようなスモーキーフレーバーはないが、アイリッシュコーヒーなどには欠かせない独自の風味がある。

■ スコッチ・ウイスキー　Scotch whisky

スコットランド産のウイスキー。この地の水とピート炭による乾燥と、燻煙によるスモーキーフレーバーをつけた単式蒸留のモルト原酒を、シェリー酒を入れていた樫の木の樽で熟成させる。これと連続蒸留で作られたグレーンウイスキーをブレンドする。

■ バーボン・ウイスキー　bourbon whiskey

小麦麦芽ととうもろこしを原料にして、内部を焦がした新しい樽で熟成が行われる、まろやかでこくのあるウイスキー。

■ ライ・ウイスキー　rye whisky

ライ麦を主体にした力強いウイスキー。カナダ、アメリカなどで作られる。なお、カナダではグレーンウイスキーとブレンドしたカナディアン・ブレンドウイスキーが主流。これはライトタッチのウイスキー。

ヴィーナー・ヴァッフェル　Wiener Waffel

（オーストリア）

「ウィーン風のワッフル」という意味を持つが、クッキーの一種。

マジパンにバター、小麦粉を練り込み、薄く延ばして焼き上げる。バタークリームをはさんで2枚はり合わせる。表面にグラス・ロワイヤルを格子模様に絞り、焼き上げたワッフルの表面に似せる。

ヴィーナー・ヴァッフェル

〈配合〉

生地
　マジパン……………………………… 250g
　バター………………………………… 250g
　牛乳…………………………………… 50mℓ
　小麦粉………………………………… 375g
　ヴァニラシュガー…………………… 少々
グラス・ロワイヤル
　卵白…………………………………… 10mℓ
　粉糖…………………………………… 50g
仕上げ用
　アプリコットジャム、粉糖………… 各適量

〈製法〉

① マジパンにバターを少量入れて練る。
② 残りのバターを①に加えてホイッパーですり合わせる。
③ 牛乳を少量ずつ②に加えて混ぜる。
④ 小麦粉をふるってヴァニラシュガーを加え、③に混ぜる。
⑤ まとめてラップに包み、冷蔵庫に入れて休ませる。
⑥ 厚さ4mmに延ばして2枚作り、それぞれをテンパンにのせて、空気抜きの穴をあける。
⑦ 1枚を170℃のオーブンで約20分間焼く。
⑧ 卵白に粉糖を加えて練り、グラス・ロワイヤルを作る。
⑨ もう1枚の生地をテンパンにのせ、⑧のグラス・ロワイヤルを細く格子模様に絞って、170℃のオーブンで焼く。
⑩ ⑦の上に煮詰めたアプリコットジャムを塗って⑨をのせる。
⑪ ナイフで5cm角に切る。
⑫ 粉糖を上から軽く振りかける。

ヴィーナー・キルシュシュトロイゼル

Wiener Kirschstreusel（オーストリア）

さくらんぼを用い、そぼろを振りかけたウィーン風の半生菓子。ミュルベタイク（ビスケット生地）の上にブッターマッセと呼ばれる生地をのせ、サワーチェリーを並べて、そぼろ（ブッターシュトロイゼル）をかけて焼く。

〈配合〉

ミュルベタイク………………………… 600g
サワーチェリー………………………… 100g
ブッターマッセ
　バター………………………………… 160g
　砂糖…………………………………… 200g
　マルツィパンローマッセ…………… 80g
　全卵…………………………………… 160g
　小麦粉………………………………… 200g
　塩……………………………………… 少々
　レモン果皮…………………………… 少々
ブッターシュトロイゼル
　バター………………………………… 90g
　砂糖…………………………………… 65g
　ヴァニラオイル……………………… 少々
　塩……………………………………… 少々
　小麦粉………………………………… 190g

〈製法〉

① ブッターシュトロイゼルを作る。室温にもどしたバターと砂糖をボウルに入れ、決して泡立てないように泡立て器ですり混ぜ、ヴァニラオイルと塩を入れる。続いて小麦粉を加え、両手ですり合わせるようにしてそぼろ状にし、冷蔵庫で冷やしておく。
② ミュルベタイクを厚さ2mmに延ばし、30cm×30cmのテンパンに敷き込んで、フォークで一面に穴をあけ、180℃のオーブンで約10分間半焼きにする。
③ ブッターマッセを作る。バターと砂糖をボウルに入れて、泡立て器ですり合わせる。
④ マルツィパンローマッセをやわらかくほぐして加え、次に卵を溶いて少しずつ加え、全体を泡立てる。
⑤ 塩とレモン果皮のすりおろしを加えて混ぜ、最後にふるいにかけた小麦粉を加え、ゴムべらで手早く混ぜる。
⑥ テンパンに敷いたままの②に、⑤を平らにのせ、水気をきったサワーチェリーを散らす。
⑦ その上に①を振りかけ、180～200℃のオーブンで30～40分間焼く。

ヴィーナー・キルシュシュトロイゼル

ヴィーナー・トルテ　Wiener Torte（オーストリア）

「ウィーン風のトルテ」という名のオースト

リアの菓子。ミュルベタイクを敷いたタルトあるいはパイ皿に、マンデルマッセを詰めて焼き、グラス・ア・ローをかけて仕上げる。

ヴィーナートルテ

〈配合〉

ミュルベタイク

バター	230g
水飴	30g
粉糖	50g
小麦粉	460g
ベーキングパウダー	6g
全卵	30g
ヴァニラ	少々
レモン果皮	少々

マンデルマッセ

マルツィパンローマッセ	750g
全卵	600g
粉糖	150g
コワントロー	45mℓ
ヴァニラ	少々
塩	少々
レモン果汁と果皮	各少々
ノワゼット・キャラメリゼ	225g
小麦粉	75g
コーンスターチ	75g
バター	300g

上塗り用

グラス・ア・ロー	適量

〈製法〉

① ミュルベタイクを作る。バターに水飴、粉糖を加え、すり合わせてなめらかにする。
② 小麦粉にベーキングパウダーを加えてふるい、①に加えて混ぜる。
③ 卵にヴァニラ、レモン果皮を加え、②に混ぜる。
④ 生地をまとめ、ラップに包んで冷やす。
⑤ マンデルマッセを作る。マルツィパンローマッセに少量の卵を加えて練り混ぜる。
⑥ 残りの卵、粉糖、コワントロー、ヴァニラを加えて泡立て、塩、レオン果汁と果皮を加え混ぜる。
⑦ ノワゼット・キャラメリゼ、小麦粉、コーンスターチを混ぜ、⑥に加える。
⑧ バターを熱して加え、マンデルマッセを仕上げる。
⑨ ④の生地を薄く延ばしてタルト型に敷く。
⑩ ⑨の中に⑧のマンデルマッセを流し、中火のオーブンで焼く。
⑪ グラス・ア・ローをかける。セロファン等で包むと、ギフト仕立てになる。

〈ノワゼット・キャラメリゼの配合と製法〉

焼いたヘーゼルナッツ	125g
グラニュー糖	100g
水	30mℓ
バター	ひとつまみ

① ヘーゼルナッツを粗く刻んでおく。
② 鍋にグラニュー糖と水を入れて沸騰させる。
③ ②に①を入れて混ぜる。
④ 一度糖化してくるが、さらに攪拌しながら火にかけ続けると、再び砂糖が溶けてキャラメル化してくる。
⑤ 少量のバターを入れて混ぜ、油を塗ったテンパンにあけて冷ます。

〈グラス・ア・ローの配合と製法〉

粉糖	300g
水	75mℓ

① 水を軽く温める。
② ①に粉糖を混ぜ、よく溶かす。

ヴィーナー・マッセ　Wiener Masse (独)

▸biscuit au beurre (仏) ビスキュイ・オ・ブール

共立てのスポンジ種。ザントマッセともいう。

〈配合〉

全卵	250g
卵黄	2個分
砂糖	150g
小麦粉	100g
小麦粉デンプン	100g
バター	30g

〈製法〉

① 全卵、卵黄をとき、砂糖を加えて、湯煎にかけながら泡立てる。
② ふるった小麦粉と小麦粉デンプンを入れて

混ぜる。
③ バターを溶かして加える。
④ 型に流して、中火のオーブンで焼く。

ヴィーナー·マッセ·ショコラーデ　Wiener Masse Schokolade（独）

チョコレート味に作ったスポンジケーキのこと。

ヴィネーグル　vinaigre（仏）

▸vinegar（英）ヴィネガー / Weinessig（独）ヴァインエッシッヒ

洋酢、または西洋酢と呼ばれている。ワインを酢酸菌の作用で、酢酸発酵させて作る。同じ語でも、フランスでは vinaigre はワインからの酢をさすが、英語圏での vinegar はワインヴィネガーの他に、りんご酒から作ったサイダーヴィネガー、麦芽糖液をアルコール発酵させて、さらに酢酸発酵させたモルト・ヴィネガー、大麦麦芽の液を発酵させた、いわばビールの原液を蒸留して得られるアルコールを、適度に薄めて酢酸発酵させたディスティルド・モルト・ヴィネガーなどがある。

ヴィネーグルの歴史は古く、古代ギリシアやローマ時代には、オクシバフォンとかアケタブルムと呼ばれる盃があって、これに酢を入れてテーブルに置き、会食者はパンをこれに浸して食べていた。13 世紀になると、パリでは酢を桶に入れて街頭で売り歩く者もいたという。

調理全般に広く使われるが、銅鍋を洗うときなどに、塩とともに用いると汚れが落ちやすい。

ヴィントボイテル　Windbeutel（独）

▸cream puff（英）クリーム・パフ

シュークリームを表すドイツ語。空気袋の意味。またシュー・ア・ラ・クレームというように、ヴィントボイテル・ミット・クレームともいう。

→シュー

ヴィントマッセ　Windmasse（独）

▸meringue italienne（仏）ムラング・イタリエンヌ

糖液を加えて作るムラング。

→ムラング

ウエソ·デ·サント　hueso de santo（西）

「聖人の骨」という意味のスペインの菓子。卵黄のクリームをマジパンで細長く包むもので、11 月 1 日の諸聖人祭に作られる。

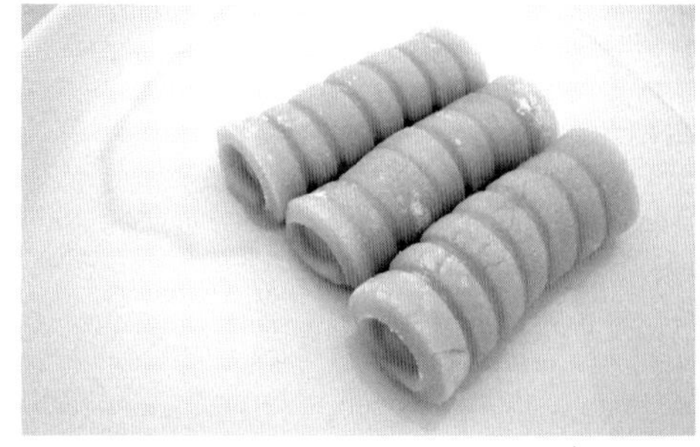

ウエソ・デ・サント

〈製法〉

マジパン

- 粉末アーモンド……150g
- グラニュー糖……50g
- 水……125mℓ

卵黄クリーム

- 卵……1 個
- 卵黄……1 個分
- グラニュー糖……60g
- コーンスターチ……1g
- レモン果汁……5mℓ
- 粉糖（ふりかけ用）……適量

〈製法〉

マジパン

① グラニュー糖に水を加えて火にかけ、120℃まで煮つめた後、冷ます。
② ①に粉末アーモンドを加え混ぜてまとめ、ラップに包んで休ませる。

卵黄クリーム

① 卵、卵黄、グラニュー糖、コーンスターチ、レモン果汁を鍋に入れ、火にかけて練る。
② クリーム状になったら、火から降ろして冷ます。

仕上げ

① マジパンを 18 × 25cm、厚さ 3mm ほどに延ばし、5 × 6cm に切り分ける。
② それぞれの上に卵黄クリームを絞ってロール状にまるめる。
③ 上面に軽く粉糖をふる。

ウェディングケーキ

▸wedding cake（英）ウェディング・ケイク / gâteau de noce（仏）ガトー・ド・ノス / Hochzeitstorte（独）ホッホツァイツトルテ

結婚式に用いる華麗に飾られたケーキ。近年は新郎新婦によるナイフの入刀など、宴席を彩るセレモニーに欠かせないものとなっている。各国さまざまなスタイルがあり、平面で大きなものもあるが、何段かに重ねて作るものも多い。

起源をたどると、数千年の昔に遡るといわれている。古代シュメール人は北方よりメソポタミアに進出してきた。彼らは高い丘に神を祀る習わしがあったが、メソポタミアは広々とした平地である。そこで人工的な塔を立てた。階段というものを知らなかったため、らせん状で登るように工夫された。天への接近は神への道でもあった。この思想が尖塔状のウェディングケーキに引き継がれ、象徴されているといわれている。

ウェディング・ケーキの例

また材料についていえば、イスラエル建国の祖といわれるモーゼが、神に約束された地、カナンの「乳と蜜の流れる地」の蜂蜜に起因するという。この蜂蜜がキリスト教の布教、伝道とともにヨーロッパに広まり、これで作ったハネーケーキはフランスでも貴重なものとなった。さらにブランデー漬けのプラムやレーズンが加わり、プラムケーキとなった。これを土台として周りを飾り、ウェディングケーキとなっていった。飾りには、ばらや唐草の文様が施される。ばらの花言葉は「愛」であり、人を祝福する意味を持つ。特に純白のばらは、純潔の象徴の聖母マリアを表し、デコレーションのモチーフとして用いられる。絞り出すクリームの唐草紋様は、ギリシアが発祥の地。交互に広がる巻き枝は、二人の幸せ、繁栄、未来への発展などを表している。

イギリスでは1840年にヴィクトリア女王とアルバート公の結婚式において三段のものが作られた。以来その形式がウェディングケーキの標準となっていった。なお、その三段には意味がある。すなわち一段目は当日出席してくれた方々に切り分けるもの、二段目は当日来られなかった方々に後日さし上げるもの。一番上のものは、1年後に二人で食べるためのもの。フルーツにたっぷり漬けたお酒と、しっかりカヴァーするシュガーペーストは、ともに防腐の効果があり、これを冷暗所に保管しておけば、1年間日持ちがするとされている。

フルーツケーキ

〈配合〉 24 × 18 × 9cm 3段分

漬け込みフルーツ
- レーズン…………1500g
- オレンジピール…………100g
- レモンピール…………100g
- ドレンドチェリー…………100g
- アンゼリカ…………100g
- ブランデー…………適量

カラメル
- 砂糖…………100g
- 水…………30g

その他
- バター…………200g
- 赤砂糖…………200g
- 卵…………小6個(300g)
- 薄力粉…………240g
- 強力粉…………60g
- ベーキングパウダー…………5g
- ブランデー…………適量

〈製法〉

① フルーツ類の大きなものは適宜な大きさに

刻み、すべてを一緒にして、約2～3週間ブランデーに漬けておく（急ぎの場合は鍋に入れて湯がき、水気を切ってブランデーに漬け一晩置く）。
② 砂糖と水を一緒にして電子レンジに入れてカラメルを作る。
③ バターを室温に戻して赤砂糖を混ぜ、泡立てるように攪拌し、卵を加えてさらに泡立てる。
④ ③にカラメルを加え、①を混ぜる。
⑤ 薄力粉、強力粉、ベーキングパウダーを一緒にしてふるい、④に加え混ぜる。
⑥ 紙を敷いた型に⑤を流し入れ、160℃のオーブンで24cmのものは約70分、18cmのものは約60分、9cmのものは40～50分焼く。

シュガーペースト

〈配合〉

粉糖…………………………………… 1000g
卵白……………………………2個（約60g）
ゼラチン……………………………………4g
水………………………………………… 50mℓ

〈製法〉

① ゼラチンを水に入れてふやかし、湯煎で溶かす。
② 粉糖をふるい、卵白と混ぜる。
③ ②に①のゼラチンを入れてよくもみ、均質の状態にする。

グラスロワイヤル

〈配合〉

粉糖…………………………………… 500g
卵白………………………………………20mℓ
レモン果汁………………………… 2～3滴

〈製法〉

① 粉糖をふるい、卵白を少しずつ加え混ぜる。
② レモン果汁を数滴加えて固さを調節する。

仕上げ

① 焼き上がったケーキの表面にブランデーを刷毛でたっぷり塗る。
② 粉糖（分量外）を手粉代わりに使いながらシュガーペーストを延ばし、①の上からかぶせる。
③ 3台とも同様にした後、大中小の順に重ねる。
④ グラスロワイヤルで唐草模様などに絞る。
⑤ シュガーペーストでバラや葉を作り、乗せて飾る。
⑥ 最上段にウェディング人形をのせる。

ウェファース　wafers（英）

気泡を多く含んだ非常に軽い焼き菓子。やわらかい種を、通常は格子あるいは縞などの模様のある鉄板に流し、上から合わせ型の鉄板ではさんで焼く。そのままあるいはクリームやジャムなどをはさんで供される。やわらかく軽い口当たりから、子供のおやつやアイスクリームの添え物に使われる。

オランダ語由来のワッフルも同意語で、蜂の巣を意味する。

ウエボ・イラード　huevo hilado（西）

スペインの銘菓の一つ。

卵黄に適量の水を加え、ボーメ35度くらいの熱したシロップの中に、細く絞り落としてゆく。熱せられて凝固した卵黄をすくいとり、冷水につけて網の上に上げ、水気を切って供する。日本にも室町時代末期、南蛮菓子として伝えられ、今日でも玉子そうめん、あるいは鶏卵ぞうめんの名で親しまれている。

〈配合〉

卵黄………………………………………100g
グラニュー糖…………………………500g
水…………………………………… 2000mℓ

〈製法〉

① 卵黄を溶いて目の細かいふるいでこす。卵黄の濃度に応じて適量の水を加える。
② グラニュー糖と水を混ぜて火にかけ、ボーメ35度まで煮詰める。
③ ①の卵黄を②の中に、専用のじょうごで流し落とす。
④ 熱のため1分間ほどで、卵黄が糸状のまま固まる。
⑤ 固まった卵黄をすくいとり、網の上にあけて水気を切る。

→玉子素麺
→フィオシュ・デ・オヴォシュ

ヴェリーヌ　verrine（仏）

そもそもは脚のついていないガラスの器を指す語で、ドリンク用ではなく、液状あるいは固体の食べ物を入れることに用いる。料理の世界では、調理したものあるいはデザート菓子等を詰めた一品のことを言う。ムース、クリーム、フルーツ、ソース等々、中に層状に詰められたものが外から見えるところから食欲をそそり、かつ演出上でも効果が大きいとして、近年大いにもてはやされるようになってきた。ガラス器の他にプラスチック製のものが出回り、細長いものから少々ずん胴のものまで、さまざまなサイズのものが作られている。

ヴェリーヌ

ヴェルミセル vermicelle（仏）

▶ vermicelli（英）ヴァーミセリ / vermicelli（伊）ヴェルミチェルリ

通常のスパゲッティより細いパスタ。原料や作り方は他のスパゲッティ類と変わらない。

フランスの製菓用語では、一般にいわれているスプレーチョコレートを、ヴェルミセルと呼ぶ。これはまぶしたり、振りかけたりするための細かいチョコレートだが、その形がこま切れにした細い棒状であるところからの呼称である。

ウォッカ

▶ vodka（仏）ヴォドカ / vodka（英）ウォッカ / Vodka（独）ヴォトカ

ロシアが原産地の蒸留酒で、穀類を原料とする。日本の酒税法ではスピリッツに分類されている。アルコール度数85度以上の蒸留酒を作り、これを蒸留水で薄めて精製していく。その結果、透明で無味無臭の酒ができ上がる。アルコール度数には幅があり、40～50度のものが多い。日本語では火酒の文字が当てられている。歴史を探ると、12世紀からとも15世紀からともいわれているが、いずれにせよ古くより農民たちの間で、ライ麦や蜂蜜などを原料にして作られ親しまれていたようだ。当時は大航海時代以前ゆえ、新大陸に始まりを持つとされるじゃがいもやとうもろこしはまだ使われていなかった。今日ではそうしたものも含めて、大いに作られ、世界に向けて輸出されている。なおウォッカの語源については、蒸留された酒類の呼称のジスネチャ・ワダが元になっているという。これは命の水の意味で、フランスでいうオー・ド・ヴィと発想を同じくしている。この水を意味するワダの語が転訛して、ウォッカといわれるようになったといわれている。製菓用には各種の果実の漬け込み用に用いる他、アルコール度数を上げる目的で、他の酒類に混ぜて用いることもある。

ウォールナッツクッキー

→クッキー

ヴォローヴァン vol-au-vent（仏・英）

▶ Pastete（独）パステーテ

フイユタージュ（通称パイ生地）を器状に作り、中に詰め物をする料理の名称。大きさは直径15～20cmでフイユタージュの蓋を付けることが多い。

フイユタージュは焼くと、バターと小麦粉の層が浮き上がる。この性質を利用して縁を高く浮かせ、中に山海の味覚を調理したベシャメルソース等を詰めて供する。直訳すると「風に舞う」という意味で、いかにもフイユタージュの軽さを表した名称である。またヴォローヴァンはブシェ・ア・ラ・レーヌ（王妃のブシェ）の原型になった料理でもある。

ヴォローヴァンの考案者はポーランド王のスタニスワフ・レシチンスキといわれるが、実際にはこの美食家である王付きの料理人であろう。王の娘、マリア・レシチンスキはフランス王ルイ十五世に嫁いだが、王はポンパドゥール夫人と親しく、マリアを悲しませた。レシチンスキ王はルイ十五世の心をとらえるよう、あらゆる計略を娘に与えた。その一つとしてヴォローヴァンの作り方を娘に伝えたといわれている。ところが、それでも居つかぬ王に、一人寂しく食事をとらねばならぬ王妃は、この料理を一人前の小型に作ることを命じた。これがブシェ・ア・ラ・レーヌである。ブシェは「一口」のことで、すなわち「女王様の一口の召し上がりもの」の意味である。

→ブシェ

ウガット・ダヴァシュ ugat dvash（イスラエル）

▶ honey cake（英）ハニーケイク

イスラエルでサバスと呼ぶ安息日に作って祝う菓子。フルーツケーキの一種。

〈配合〉

レーズン…………………………………… 40g

う

刻んだオレンジピール……………………　40g
小麦粉…………………………　245 + 15g
卵黄…………………………………　3 個分
サラダオイル……………………………　45mℓ
蜂蜜……………………………………　260g
砂糖……………………………………　70g
レモン果皮………………………………　3g
インスタントコーヒー…………………　4.5g
ベーキングパウダー……………　小さじ 1/4
重曹……………………………　小さじ 1/4
シナモン………………………　小さじ 1/4
オールスパイス…………………　小さじ 1/4
クローヴ………………………………　少々
塩………………………………………　少々
卵白…………………………………　3 個分
薄切りアーモンド………………………　適量
ドレンドチェリー………………………　適量

〈製法〉

① 卵黄を泡立て、サラダオイル、蜂蜜、砂糖、レモン果皮、少量の水で溶いたインスタントコーヒーを加える。
② ①に小麦粉 245g、ベーキングパウダー、重曹、シナモン、オールスパイス、クローヴ、塩を加えてよく混ぜる。
③ レーズンと刻んだオレンジピールに小麦粉 15g をまぶし、②に加える。
④ 卵白を泡立て、③と混ぜる。
⑤ パウンド型に流し、上面に薄切りアーモンドとドレンドチェリーを花形に並べて飾る。
⑥ 170℃のオーブンで焼く。

うしくぼへいさく・けいじ　牛窪平作・啓詞

平作（1910-1972）
啓詞（1945-）

ミキサー及び食品機器の専業メーカー、愛工舎の創業者父子。

1930 年、牛窪平作は弟の健蔵と協力して牛窪鉄工所を創業。1940（昭和 15）年に会社設立後、当時流行っていたかき氷に着目し、氷削機「白鶴」第一号を完成。続いて改良型の「ヨット」「ペンギン」を発売。アイスクリームが高嶺の花であった時代の、庶民の夏の楽しみに寄与した。第二次世界大戦後、地方都市の疲弊に心痛める牛窪平作は、すべての根源は食と、耕作機械に軸足を移し、1950（昭和 25）年、愛工舎と改称。不足していた甘味の充足を見越すや、いち早く製菓用ミキサーを完成。諸物資の統制解除を受けて立ち上がっていく製菓製パン業界の復興の大きな力となる。

その後同社を引き継いだ牛窪啓詞は、その流れをさらに加速させ、数々の新型ミキサーを開発する一方で、ミキサー界の世界的企業であるイギリスのケンウッド社と総代理店契約を締結し、卓上型万能調理器ケンミックスシリーズの発売を開始。製菓店から家庭での菓子作りに至るまでをバックアップする。さらには、オーストラリアからオートベイクと称する大型オーブンの輸入を手がけるなど、その活躍と発展を国内にとどめず、広く海外にまで及ばせている。

ウテン・ト　uten-t（古代エジプト）

古代エジプト時代の揚げ菓子。小麦粉を水で練ってまとめた生地に油などを塗って巻き、油で揚げたもの。ラムセス三世の墓の壁画にそれが認められる。

フイユタージュ（通称パイ生地）は、気温がある程度低温であるからこそ、油脂（バター）が固形の状態で安定し、幾層にも折ることができる。しかしエジプトのように気温の高いところでは、油脂は当然溶けた状態になっている。ゆえにウテン・トのように油を生地に塗ったあと、折らずに巻いてゆくと、仕上がりはどんな形にせよ、生地は層状になる。広い意味ではフイユタージュの原型ととらえることができる。

ウ・ド・パーク　œufs de Pâques（仏）

“復活祭の卵”の意味の焼き菓子。イースターにはいろいろなタイプの卵型やにわとり型、ひよこ型等のお菓子が作られるが、これもそのひとつ。卵の殻を利用して作るチョコレートケーキ。

製品例

〈配合〉

卵の殻……………………………………　8 個
薄力粉……………………………………　40g
ココア……………………………………　20g
粉末アーモンド…………………………　40g
粉糖………………………………………　70g
卵白………………………………………　80g
バター……………………………………　80g
チョコレート……………………………　20g

〈製法〉

① 卵に穴を開け、中身を取り出して中をよく洗い、乾かしておく。
② 薄力粉、ココア、粉末アーモンド、粉糖を合

わせてふるい、ボウルに入れる。
③ ②の中に卵白を加え混ぜる。
④ バターを湯煎で溶かして③に加える。
⑤ チョコレートを細かく刻んで④に加える。
⑥ ①に⑤を詰め、160℃のオーブンで 15 ～ 20 分焼く。
⑦ 卵の表面をスプレーで色付けしたり、フエルトペンで好みのデザインに仕上げる。

ウートル･メール　outre-mer（仏）

「海外の」という意味の、ココナッツ風味のアントルメ。ココナッツ入りのビスキュイをベースにカスタードクリームとムラング・イタリエンヌで作り上げる。

ウートル・メール

〈ビスキュイ・ド・ココの配合と製法〉

全卵……10 個
砂糖……300g
小麦粉……250g
刻みココナッツ……50g
ベーキングパウダー……5g
溶かしバター……50g

① 卵と砂糖を泡立てる。
② 小麦粉、ココナッツ、ベーキングパウダーを混ぜる。
③ 溶かしバターを入れ、型に流して、中火のオーブンで焼く。

〈その他の材料〉

ムラング・イタリエンヌ……450g
カスタードクリーム……800g
粉末アーモンド……400g
ラム……5 + 20mℓ
刻みココナッツ……75 + 100g + 適量

〈仕上げ〉

① 粉末アーモンドにラム 5mℓを入れて混ぜる。
② カスタードクリームと刻みココナッツ 75g を混ぜ、少しずつ①に加える。
③ 前記のビスキュイにラム 20mℓを刷毛で塗り、②をはさむ。
④ 砂糖 250g、水 80mℓ、卵白 4 個分でムラング・イタリエンヌを作り、100g の刻みココナッツを加える。
⑤ ④を全体に塗る。
⑥ ムラング・イタリエンヌで outre-mer の文字を書く。
⑦ 余白に刻みココナッツを振りかけ、焼き色をつける。

ウーピーパイ　woopie pie（米）

マカロンを少し大きくした形で作るソフトクッキーで、好みの色に焼き、間にクリームなどをはさみ、2 枚で一組に作る。ウーピーとは“わぁーい”とか“やったー”とかいう意味の間投詞。アメリカ北東部の家庭で古くから親しまれてきたという。

〈配合〉 10 個分

生地

バター……50g
砂糖……60g
トレハロース……6g
塩……ひとつまみ
卵……1 個
薄力粉……100g
ココア……15g
ブラックココア……5g
ベーキングパウダー……2g
重曹……2g
牛乳……50mℓ

クリーム

マシュマロ……30g
牛乳……10mℓ
バター……35g
粉糖……35g

仕上げ

洋生チョコレート……適量
カラースプレーチョコ……適量

〈製法〉

① 室温に戻したバターをボウルに入れ、砂糖、トレハロース、塩を順に入れ、よく混ぜる。
② 溶いた卵を 3 回に分けて①に混ぜる。
③ 薄力粉、ココア、ブラックココア、ベーキングパウダー、重曹を一緒にしてふるい、半量

を②に混ぜる。
④ 牛乳を半量加え、残りの③と残りの牛乳を混ぜる。
⑤ 丸口金をつけた絞り袋に④を詰め、オーブンシートを敷いたテンパン上に4cmほどの丸に絞る。
⑥ 180℃のオーブンで約8分焼く。オーブンから出したらすぐに布巾とラップをかけておく。

クリーム
① 鍋に牛乳を入れて沸かす。沸いたらマシュマロを入れて溶かし、冷ましておく。
② 室温に戻したバターをボウルに入れ、粉糖を加えて混ぜる。
③ ①を②に入れ混ぜ合わせる。
④ 丸口金をつけた絞り袋に③を入れて、1枚の生地の上に絞り、もう1枚を張り合わせる。

仕上げ例
そのままでもいいが、洋生チョコレートで線書きをしたり、カラースプレーチョコなどをつけて飾ってもよい。

ウーブリ　oublie（仏）
薄く焼いたウェファース状の生地を巻いて作る伝統的なフランス菓子。
古代ギリシア時代、オボリオスと呼ばれるシガレット風の薄い巻きせんべいがあり、その系譜を引くもので、ウーブリという名の起こりもそこにあるといわれている。またフランス語のウーブリエ（忘れる）という言葉に結びつくとの説がある。非常に軽い菓子で、口に入れるとハラハラとこわれ、そのおいしさと軽さとに思わず我を忘れる、というところからこう呼ばれるようになったという。
歴史的にはこうした命名の仕方もないわけではないので、あながち否定もできないが、これに限ってはやや無理があるようだ。おそらく後世、たまたま類似語であるために結びつけられたものと思われる。
なお、ウーブリ種はフランス語ではパータ・ウーブリ、ドイツ語ではヴァッフェルタイクまたはヒッペンマッセと呼ばれている。
→ヒッペンマッセ

え　エ

エアトベーアザーネトルテ
Erdbeersahnetorte（独・オーストリア）
ドイツやオーストリアで親しまれている、いちごとザーネクレームで作られたトルテ。日本のショートケーキに相当する。ザーネクレームとは、生クリームにゼラチンを入れて保形性を高めたクリームである。

えいせいボーロ　衛生―
ボーロとはポルトガル語で菓子の意味で、カスティーリャ・ボーロ（カスティーリャの菓子）として、同国から日本にカステラが伝わった折、カスティーリャとボーロの語が二語に分かれ、大きく焼いたものがカステラ、小さく落とし焼きにしたものがボーロと呼ばれるようになった。大正時代（正確な年は不詳）、古川梅次郎が、子供用もしくは離乳食用にと、衛生に考慮した豆粒大の軽い焼き菓子を考案し、南蛮菓子のボーロの名を取り、衛生ボーロと名付けた。

えがわたろうざえもんひでたつ　江川太郎左衛門英龍
（1801-1855）日本のパン普及の立て役者。
江川家第36代当主。幕末期の先覚者のひとり。伊豆韮山の代官。1801（享保元）年に同地の代官屋敷に次男として生まれる。剣に優れ砲術家である一方で、詩歌、書画に卓越する文化人でもあり、江川担庵と称してもいた。1835（天保6）年に代官となり、駿河、伊豆、甲斐、武蔵、相模の九万石を拝し、世直し江川大明神といわれるほどの賢政を敷いた。また軍事に明るく、品川沖に台場を造り、種痘を実施し、さらに“気を付け、前へならえ、捧げ銃（つつ）”等の号令も彼の考案という。加えて、それまでさほど重きを置かれていなかったパンに着目し、その研究、製作にいそしみ、幕臣の柏木総蔵忠俊にその製法を伝授。なお江川英龍が初めて兵糧パンを焼いたのは、1842（天保13）年4月12日であったといわれ、同日はパンの日と定められている。

エギュイエット・ドランジュ　aiguillette d'orange（仏）
「オレンジの小針」の意味の一口チョコレート

菓子。オレンジピールを細切りにし、一晩放置して乾燥させたのち、細かく刻んで焼いたアーモンド入りのチョコレートで被覆する。

エギュイエット・ドランジュ

エクルズ·ケイク　Eccles cake（英）

イギリスに古くから伝わる菓子の一つ。パフ·ペイストリー（フイユタージュ）に詰め物をし、包み込んで丸い形にして焼き上げる。

初めて作られたのは3世紀ごろで、現在のマンチェスターの郊外、ランカシャー州のエクルズの町だといわれている。エクルズとは「教会」の意味で、ラテン語のecclesia（教会）からきている。記録によると、1111年に建てられたという教会を中心に発展して町ができ、エクルスがその町名になっていったようである。

毎年この教会ではエクルズ・ウェイクスと呼ばれる、建立を記念するミサが夜を徹して行われる。そのあとで市が立ち、その中でもとりわけ人気があるのが、このエクルズ·ケイクであった。1650年になると清教徒の勢力が強くなり、エクルズ・ウェイクスやエクルズ・ケイクも異教徒的なものとして禁止になった。一説にはエクルズ・ケイクは栄養がありすぎるという理由までつけられたという。現在ではそうしたこともなく、この国の伝統的な菓子として広く親しまれている。

〈フィリングの配合と製法〉

バター……………………………… 450g
赤砂糖……………………………… 680g
全卵………………………………… 285g
りんご……………………………… 900g
すぐりの実………………………… 1360g
ピール（オレンジ、レモン）……… 680g
ナツメグ…………………………… 20g
クローヴ…………………………… 15g
レモン果皮と果汁………………… 2個分
オレンジ果皮と果汁……………… 2個分

① バターと砂糖をクリーム状にすり合わせ、卵を加えて混ぜる。
② りんごを細かく切り、すぐりの実、ピール、ナツメグ、クローヴを混ぜて①に加える。
③ レモンとオレンジの果皮と果汁を②に加えて混ぜる。

〈仕上げ〉

① フイユタージュを薄く延ばして、適当な大きさに切る。
② フィリングを①の上にのせて丸く包み、上面に卵黄を塗る。
③ テンパンに並べて、180～200℃のオーブンで焼く。

エクレール　éclair（仏）

▶eclair（英）エクレア / Liebesknochen（独）リーベスクノッヘン

フランスのポピュラーな菓子。日本では通常エクレアの名前で親しまれている。シュー種を細長く絞って焼き、中にチョコレートまたはコーヒーで味と香りをつけたカスタードクリームを詰めて、一般には上面に、中身に合わせてチョコレートまたはコーヒー入りのフォンダンを塗る。

エクレール

「稲妻」の意であり、通説としては上面に塗るフォンダンが稲妻のようにピカッと光るからだとされている。

シュー生地が定着したのは17世紀半ばだが、フォンダンが開発されたのは1822年といわれている。当然それ以降に作られた菓子ということになる。
→シュー

えざきりいち　江崎利一

（1882-1980）おまけ商法発案のグリコの創業者。

森永太一郎と同郷の江崎利一は、佐賀より弟の清六とともに上京。1921（大正10）年に清六と協力して会社を立ち上げる。先行する森永ミルクキャラメルや佐久間惣次郎が完成させたサクマ式ドロップスを追走せんと思案。そして滋養、栄養、体力増強を謳う時流を鑑みて、栄養素のグリコーゲンから転用したグリコの名を付けたキャラメルを発売。箱には両手を上げてゴールインするような健康的なランナーをデザインし、“ひとつぶ300メートル”のキャッチフレーズを添えた。さらには先発に立ち向かうにはプラスアルファーが必要と、おまけと豆文をつける創意と工夫がなされた。そして子供のジャンケンでは、パーでパイナツプルと6歩、チョキではチヨコレイトと同じく6歩、グーでグリコと3歩進む遊びができるほどに爆発的な人気を呼び、一気に先行する各社の仲間入りをし、甘味文化の向上に大いなる貢献を果たした。

エショーデ　échaudé（仏）

こね粉（パート）をゆでてからオーブンで乾燥焼きして作る菓子。

1202年の文献にすでに「エショーデといわれるパン」と出てくる。これを流行させたのは、1710年にパリに店を開いたシャルル・ポール・ファヴァールだといわれている。のちにアントナン・カレームも、エショーデの作り方について記している。

中世では葬式の日だけに作られ、教会で賛美歌を合唱するとき、鳩の足に結んで飛ばしたという。現在は伝統菓子として地方に残る。

エージレス

脱酸素剤。クッキーや半生菓子類を日もちさせるために使用する。完全密封できる袋に菓子を入れ、エージレスを同封して袋の口を加熱密封する。エージレスが中の酸素を吸収し、菓子の酸化を防ぐため、日もちがするようになる。ただし密封の仕方が不完全であったり、ピンホールがあいていたりした場合は効果がなくなる。したがって封をしたあとは時間の経過をみる必要がある。袋がへこんだ状態にあれば、エージレスがきいているが、ふくらんでいる場合は、どこかに通気孔があり、効果はない。

なお、最近はその効果を視覚的に判断できるエージレス・アイ（シールと錠剤とがある）が便利に用いられている。内部が酸欠の状態にあればピンクに、逆に効力が失われていれば青紫に変色する。

エシレバター

▶beurre Échiré（仏）ブール・エシレ

フランスのポワトゥー・シャラント地方エシレ村で作られる発酵バター。大西洋岸の温暖な気候と石灰分を多く含んだ土壌を持つ同地の、しかもエシレ村から半径30km以内で飼育された牛の乳のみで作られるもので、1894年に誕生した。現在のバターはほとんどがステンレス製チャーン（クリームからバター分を取り出す攪拌機）で作られる中、エシレバターはかたくなに昔ながらの木製チャーンで作られている。これにより生まれる独特の風味により、1979年にAOC（製造過程及び最終的な品質評価において特定の条件を満たしたもののみに与えられる品質保証）を取得し、その後EUの規定により変更になったAOPの認証を受けている。

エスカルゴ　escargot（仏）

▶snail（英）スネイル / Schnecke（独）シュネッケ

軟体動物腹足類のかたつむり。

古代ローマからかたつむりは賞味されている。紀元前50年ごろにはタルキニウムのフルヴィウス・ヒルピウスによって、ヴァン・キュイvin cuitや穀粉で人工的に肥育が始められたという。こうした方法がのちにフランスに伝えられ、今日のフランス料理の高級な材料の一つとして有名になった。

フランスでは主に黄褐色の殻のブルゴーニュ種と、それよりやや小型で灰褐色のプティ・グリという種類が食されている。調理法としてはエスカルゴ・ド・ブルゴーニュが好まれている。これは殻のまま塩水につけて煮、中身を取り出して味つけし、殻に戻すもので、バター、にんにく、刻みパセリなどを添えて供される。菓子店で商うトレトゥール（仕出し料理）でもよく作られる料理である。

エスコフィエ､オーギュスト　Escoffier, Auguste（仏）

（1847-1935）フランスの偉大な料理人の一人。

1847年、南仏のコンテ・ド・ニース地方マリティム県のヴィルヌーヴ・ルーベという小さな村に生まれた。1859年12歳のとき、彼は調理人の道に入り、1890年にはホテル業界の大物であるリッツとエリュナールの2人とともにロンドンでサヴォイ・ホテルを開業。1898年、個人的理由からここを退き、ヨーロッパでも最も著名なホテルの一つカールトン・ホテルに移った。

1920年、フランス料理の名声を高めたことにより、レジオン・ドヌール勲章のシュヴァリエ（勲五等）、さらに1928年には同じくオフィシエ（勲四等）を受けた。彼の業績はカレームを上回るとさえいわれ､「料理人の王、王の料理人」と称されるほど、世界の料理人の頂点に位置される評価を得ている。

1935年88歳でこの世を去るまでに､彼は『料理指針（Guide culinaire)』『メニューブック（Livre des menus)』『蠟花（Fleurs en cire)』『フランス料理の真髄（Ma cuisine)』『米（Riz)』『エピクロスの手帳（Carnet d'Epicure)』など、数多くの権威ある著作を残した。

その中には「シャンベルタン・ワイン入り鴨の煮込み｣、北極の氷に閉じこめられた探検船をしのんで命名された「ショー･フロワのジャネット号風｣、1890年ロンドンのサヴォイ・ホテルでオーストリアの女性オペラ歌手メルバをたたえ、彼女の名をつけた桃のデザート「ペーシュ・メルバ」など、多くの料理、菓子を世に残した。

エスターハーツィ･シュニッテン　Esterházy Schnitten（オーストリア・ハンガリー）

オーストリアの焼き菓子。エスターハーツィとは18世紀から19世紀にかけて芸術保護者として有名なハンガリーの伯爵家である。シュニッテンは切り菓子の意味。オーストリアがハンガリーを併合したときに、この高名な同国の貴族グラフ・フォン・エステルハージの名にちなんでつけられた菓子名という。

粉末ヘーゼルナッツを、しっかり泡立てたムラングと合わせ、薄く焼き上げる。5段重ねにしてキルシュ入りバタークリームをはさむ。上面にフォンダンを塗り、チョコレートで矢羽根模様をつけ、適当な幅に切り分ける。

〈配合〉

生地
- 卵白……500g
- 砂糖……500g
- 粉末ヘーゼルナッツ……500g

クリーム
- 牛乳……500mℓ
- 砂糖……250g
- 塩……少々
- ヴァニラ……少々
- 卵黄……10個分
- ゼラチン……7g
- バター……500g
- キルシュ……適量

仕上げ用
- フォンダン……適量
- チョコレート……適量

〈製法〉

① 卵白に砂糖を加えて泡立てる。
② 粉末ヘーゼルナッツを混ぜ、薄く平らに延ばして生地を焼く。
③ 牛乳、砂糖、塩、ヴァニラを混ぜ、卵黄を加えて煮る。
④ 火から降ろしてゼラチンとキルシュを加え混ぜ、冷やす。
⑤ バターを泡立てて④に加え、充分混ぜ、クリームを作る。
⑥ ②に⑤のクリームを塗り、5段重ねにする。
⑦ 上面にフォンダンを塗る。
⑧ チョコレートの線を絞り､矢羽根模様にする。
⑨ 適当な幅に切り分ける。

エスターハーツィ・シュニッテン

エストラゴン　estragon（仏）

▶tarragon（英）タラゴン / Schlangenkraut（独）シュランゲンクラオト

キク科の多年草で、香草として利用されてい

え

る。ヨーロッパの南部や東部、ロシアあたりを原産としているが、今日ではヨーロッパ全域で生育し栽培されている。この葉の持つ特有の香りとかすかな甘味は、スープやサラダの香り付け、各種冷製料理やオードヴルの香り付け、飾り付け、ソースなどの香り付けにも用いられる。菓子屋の商うトレトゥールの分野での、各種の料理の飾り付けにも、張り付けるような形で利用されている。

エダムチーズ
→チーズ（硬質、超硬質タイプ）

エッグタルト
→パステル・デ・ナタ
→パステイス・デ・ベレン

エッセンス　essence（英）
▶essence（仏）エッサンス / Essenz（独）エッセンツ

着香料の一つ。

水分を含む植物性の物質を抽出したもので、一般に油状を呈した揮発性の液体である。フレーバリング・エキストラクトともいう。レモン、オレンジ、ばら、ヴァニラ、アニスなどがあり、料理、製菓の他に、病気治療にも利用されている。

精油を取り出す方法としては圧搾法、浸出法、蒸留法があるが、これらの天然香料の他に、最近は化学的に、エーテル、エステル、アルデヒド、アルコールなどの薬品を結合させて作る合成香料が盛んになり、天然の香りはほとんど合成香料で代用されるようになっている。

通常エッセンスと呼ばれるものには、揮発性のものが多く、香りが飛び、焼き上げるものには適さない。一方オイルと呼ばれるものは、天然の植物からとった精油、あるいはそれをもとにして合成香料を加えて作ったものであり、油性で水には溶けないが、熱に強く、焼き上げても香りは飛ばないため、焼き菓子に適する。ヴァニラオイル、レモンオイルなどがある。

着香の場合には、エッセンス、オイル等をそのときどきによって使い分けるとよい。

なお、フレーバーと呼ばれる製品は、水溶性と耐熱性を備えたものとして扱われている。

エピファニー　Épiphanie（仏）
1月6日に行われる主顕節と呼ばれるキリスト教の祝日。フランスの人々は、この日に焼き菓子のガレット・デ・ロワなどを食べて楽しむ。

日本ではイエス・キリスト御公現の祝日、公現節、主顕節、三王来朝の祝日と訳されている。

東方の三博士が、突然あらわれた大きな星で救世主誕生を知り、星の導きによって、ベツレヘムを訪れ、イエスを礼拝した。これによって主の降誕を人々が知るところとなり、救世主が公にあらわれた意で、公現、主顕といわれるようになった。またその旅に12日要したことから、1月6日をトゥウェルフス・ディともいう。
→ガレット・デ・ロワ

エブルスキーヴァー　Ebleskiver（デンマーク）
小麦粉、バター、卵、生クリーム、砂糖などで作った種を、たこ焼き用の型に似た、直径3cmぐらいの半球状のエブルスキーヴァー型に入れ、きつね色に焼いた菓子。器に盛って砂糖をかけ、アップルソースを添えて供する。

エブルスキーヴァー

〈配合〉

小麦粉	500g
ベーキングパウダー	9g
溶かしバター	250g
卵黄	8個分
砂糖	適量（好みの量）
塩	少々
生クリーム	750mℓ
レモン果皮	1個分
卵白	8個分

〈製法〉

① 小麦粉にベーキングパウダーを混ぜてふるう。
② ①に溶かしバター、卵黄、砂糖、塩、生クリームを加え、レモン果皮も加えて混ぜる。
③ 卵白を泡立て、②に混ぜる。

④ たこ焼き器のような直径3cmくらいの半球の型に流し、きつね色に焼く。
⑤ 器に盛って粉糖を振りかけ、アップルソースを添えて供する。
注：イースト種にする場合もある。このときにはベーキングパウダーにかえて、イースト25gを用いる。

エメンタルチーズ

→チーズ（硬質、超硬質タイプ）

エリーゼンレープクーヘン

Elisenlebkuchen（独）

オブラートかワッフル型の上に種を絞って焼くレープクーヘン。その種はアーモンドまたはヘーゼルナッツを25%以上、小麦粉10%以下でなければならない、とされている。なおオブラートは、日本式の薄いものと異なり、ドイツ製は厚くしっかりしている。

→レープクーヘン

〈配合〉

マルツィパンローマッセ……………… 250g
アプリコットジャム…………………… 50g
卵白…………………………… 40 + 150g
粉糖……………………………………… 470g
レモンピール…………………………… 125g
粉末アーモンド………………………… 160g
シナモン…………………………………… 3g
カルダモン………………………………… 2g
小麦粉……………………………………… 50g
ベーキングパウダー……………………… 2g
ラム……………………………………… 10mℓ

〈製法〉

① マルツィパンローマッセとアプリコットジャムを練り合わせ、卵白40gを加えて軽く温める。
② 粉糖を加えて練り、火から降ろして、レモンピール、卵白150g、粉末アーモンド、シナモン、カルダモン、小麦粉、ベーキングパウダー、ラムを加える。
③ 直径5～7cmのオブラートの上にこの種を絞り、平らに整える。皮むきアーモンドをのせて飾ってもよい。
④ テンパンに並べて中火のオーブンで焼く。
⑤ 熱いうちにゆるく溶いたフォンダンを塗る。
注：チョコレート味にするときには、小麦粉の一部をココアにおきかえる。

エリーゼンレープクーヘン

エンガディナー・ヌッストルテ Engadiner Nusstorte（スイス）

スイスのグラウビュンデン地方エンガディンの銘菓。この地はサンモリッツ、ポントレジーナといった著名な観光地が数多くある。また良質のくるみを産することで名高い。かつてはここではくるみはさしてなかったが、この地にきたイタリア人の製菓人が、母国で多用していたくるみを使ってこの菓子を作ったところ大好評を得たという。以来同地の銘菓として作り続けられ、今に至っている。

くるみと煮詰めたカラメルを混ぜ、さらに煮てから冷まし、ビスケット生地（ミュルベタイク）を敷いたタルトに詰める。同じ生地で蓋をし、オーブンで焼く。重厚な味わいの菓子で、今やスイスのみならず、オーストリア、ドイツなど広くドイツ語圏の国々で好まれている。

エンガーディナー・ヌッストルテ

〈配合〉

ミュルベタイク

バター…………………………………… 200g
砂糖……………………………………… 100g
塩…………………………………………… 3g

全卵……………………………… 40g
小麦粉…………………………… 300g
卵黄（上塗り用）……………… 適量
フィリング
砂糖……………………………… 100g
水飴……………………………… 150g
牛乳……………………………… 100mℓ
生クリーム……………………… 100mℓ
塩………………………………… 3g
くるみ…………………………… 200g
バター…………………………… 25g

〈製法〉

① バターと砂糖とすり合わせ、塩を混ぜる。
② 卵を溶いて①に混ぜる。
③ ふるった小麦粉を②に混ぜ、生地をまとめて冷蔵庫で休ませる。
④ 厚さ2.5mmに延ばし、タルト型に敷き込む。
⑤ 砂糖、水飴、牛乳、生クリーム、塩を混ぜて火にかけ、107℃まで煮る。
⑥ 火から降ろしてくるみとバターを加え、冷やす。
⑦ ⑥を④のタルトの中に詰め、延ばしたミュルベタイクで蓋をする。
⑧ 上面に刷毛で卵黄を塗り、フォークの先で模様をつける。
⑨ 空気抜きの穴をあけ、中火のオーブンで焼く。

エンキトゥム　encytum（古代ローマ）

古代ローマの焼き菓子。さまざまな色調の糖衣が施されていたという。絵を描いて飾ったスクリブリタとともに、菓子を飾るデコレーションの起源として注目に価する。
→スクリブリタ

エングリッシャー・フルフトクーヘン　englischer Fruchtkuchen（独）

「イギリス風フルーツケーキ」という名のドイツ菓子。

シュヴェーレマッセまたはシュヴェーレザントマッセと呼ばれる重い種に、アーモンド、レーズン、オレンジピール、レモンピール、ドレンドチェリー等を混ぜて作るバターケーキ。

エングリッシャー・ホッホツァイツクーヘン　englischer Hochzeitskuchen（独）

イギリス風ウェディングケーキ。ドイツはもちろん、イギリスやアメリカで結婚の披露宴またはテーブルデコレーションとして用いる伝統的な菓子である。

通常、フルーツケーキの重い種で焼き、相当量のブランデーやラムをしみ込ませ、日もちするように作る。シュガーペイストやマジパンをかぶせて階段状に積み重ね、グラス・ロワイヤルやクリームを絞り出してデコレーションを施す。

エンジェル・ケイク　angel cake（米）

「天使のケーキ」の名を持つ、アメリカのスペシャリティの一つである。

通常この類の焼き菓子は全卵を用いるが、これに限っては卵白のみを使用する。したがって、焼き上がった菓子の断面は白い。そして表面も、バタークリームあるいは加糖して泡立てた生クリームを塗って白く仕上げる。

なおアメリカには、これと対をなすようにデヴィルズ・フード・ケイク（悪魔の食べ物）という黒い仕上がりのチョコレートケーキがある。

〈配合〉

卵白……………………………… 300g
砂糖……………………………… 150g
小麦粉…………………………… 200g
ベーキングパウダー…………… 5g
レモン果汁………… 少々（好みで）
溶かしバター…………………… 100g
仕上げ用
生クリーム……………………… 適量
砂糖……………………………… 適量

〈製法〉

① 卵白を泡立てながら、砂糖を加える。
② 小麦粉にベーキングパウダーを加えて一緒にふるい、①に加えて混ぜる。
③ 好みによりレモン果汁を加える。
④ 溶かしバターを入れ、混ぜて型に流す。
⑤ 160～180℃のオーブンで、40～45分間焼く。
⑥ 上面にバタークリーム、または加糖し泡立てた生クリームを塗って仕上げる。

エントリプタ　enthrypta（古代ギリシア）

鍋の中で砕いたごまと蜂蜜で作られた古代ギリシアの婚礼菓子。結婚した二人は風味のよいこの菓子をプレゼントされたという。

エンローバー　enrober（英）

チョコレート用の自動被覆機。クッキー、生菓子、パン、あるいは一口チョコレート菓子のセンターなどをコンベアにのせると、サーモスタットで一定の温度に保たれたチョコレートが上から流れて自動的に被覆してゆく量産型の機械である。

テンパリング・マシン（自動温度調節機）と連動させ、さらに出てきた製品をクーリング・トンネル（冷却トンネル）に通して、工程を一連の流れ作業にすることもできる。

お　オ

オイリヤス（日）

南蛮菓子のひとつ。オペリイ（ヲペリイ）の別表記と思われる。

→オペリイ

オーヴァー・ラン　over run（英）

製菓用語。アイスクリームやシャーベットの製造時に、攪拌して溶液に空気を含ませること。この度合いによってアイスクリームの容積は変化する。通常はその増量は 80 ～ 100％とされている。空気の含有量が多くなればそれだけ種は軽くなって、あっさりした口当たりになり、少なければ重厚なものとなる。

オヴォシュ・モーレス・デ・アヴェイロ　ovos moles de aveiro（ポルトガル）

ポルト市の南のアヴェイロという水郷都市の銘菓で、ポルトガルを代表する菓子。オブラートともなかの間のような皮に、卵黄と砂糖を混ぜたドース・デ・オヴォシュというクリームを詰めた一口大のもの。海洋王国らしくいろいろな貝などの形に作られる。

オヴォツネー・クネドリーキ　ovocné knedlíky（チェコ・スロバキア）

チェコやスロバキアのゆで菓子で、デザートとして広く好まれている。

〈配合〉

カッテージチーズ………………………… 500g
バター……………………………………… 120g
塩…………………………………………… 少々
レモン果汁………………………………… 適量
全卵………………………………………… 2 個
小麦粉……………………………………… 300g
アプリコット……………………………… 適量

〈製法〉

① カッテージチーズ、バター、塩、レモン果汁を混ぜ、卵を加える。
② ふるった小麦粉を混ぜる。
③ 薄く延ばして 5 ～ 6cm の円に抜き、上にアプリコットをのせる。
④ もう 1 枚の生地をかぶせ、縁を押さえて熱湯でゆでる。
⑤ オレンジバターのソース、粉末ナッツ、粉糖、泡立てた生クリームなどを添えて供する。
注：フィリングは他の果物に変えてもよい。

おおすみきえもん　大住喜右衛門

日本における西洋菓子のパイオニア。1747（延享 4）年大坂の難波から出てきた初代・喜右衛門は江戸の京橋・南伝馬町に腰を落ちつけた。そこで出身地の名をとって大坂屋と称する菓子商を開き、清貧にして清潔をモットーとする姿勢から、在住諸侯の愛顧を受けていたという。1789（寛政元）年、筆頭老中を辞して楽翁と称していた松平定信公よりお出入りを許された同店は、さらなる精励努力を重ね、いよいよ認められるところとなった。特に大住姓を名のった二代目喜右衛門は格別の引き立てを得、松平定信より自らの雅号である風月をもって風月堂清白の五文字を賜った。同席した水野越中守忠邦も共に喜び、書家の市川米庵に命じてこれを揮毫させたが、その折り米庵は風の中の一虫を避け、中国の古字の凬を用いた。凬が凮となったのは一と日が筆の勢いでつながったものと思われる。同店は維新後も研究怠りなく、1872（明治 5）年には五代目喜右衛門のもとに西洋菓子の製造を始め、和洋を通じて菓子の大店として充実していく。殊に五代目にあっては、なお新しいものを取り入れるという積極的な姿勢の他に、番頭の米津松造（後に松蔵、晩年は松濤と号す）にのれんを分けて独立を許した。この大住凮月堂と米津凮月堂は、その後多くの技術者を輩出し、日本の洋菓子文化の確立に多大な貢献を果たしていく。

おおむぎ　大麦

▶ barley（英）バーリー / orge（仏）オルジュ / Gerste（独）ゲルステ

イネ科オオムギ属の植物で、最も古くから栽培されている穀類である。現在でもカスピ海や紅海沿岸に生育する2種類の原生種から広がっていったといわれている。

小麦とくらべるとグルテンが少なく、パン作りにはあまり向いていない。ただ、近年は身体によいとして大麦パンも一部では好んで作られるようになってきた。市場には次の形で出回っている。

■ **パール・バーリー　pearl barley**

挽いて細く丸い粒にしたもので、玉麦、精白大麦と呼ばれている。プディング用またはクレーム・ドルジュと呼ばれるスープなどに利用されている。

■ **パテント・バーリー・フラワー　patent barley flour**

上質の大麦粉で、子供や病人用の重湯を作るのに用いられている。

おかつねきち　岡常吉

（1853-1941）日本の甘味文化を支える砂糖商、現・岡常商事の創業者。

江戸時代より貴重であった砂糖は明治に入りようやく輸入精製糖が出回るようになった。近江日野村より上京した岡常吉はここに着目し、1880（明治13）年砂糖卸売業として東京日本橋に岡常商店を開業。市中の菓子店に、加工が容易で安価な砂糖を卸し始める。質素倹約を旨とする近江の商法は高い評価を得て得意先も増え、また菓子屋側も大いなる力を得て発展。同店もそれを起点に流通業の地歩を固めていった。第二次世界大戦後には砂糖に加えて小麦粉類も扱うなど、日本の製菓製パン業界の成長と発展に多大な貢献を果たす企業となっている。

おかもとはんけい　岡本半渓

明治中期の文人。1889（明治22）年凮月堂主人題字とした『和洋菓子製法独案内』なる製菓専門書を著わす。同書にはライスプリン Rice pudding、レモンプリン Lemon pudding、パンバタプリン Panbutter pudding といった記載がある。このころから我々は耳からの音で、プディングをプリンと聞きとっていたようである。その他ホーケーキ Hoe cakes、アーモンドブラシケーキ Almond Bride cakes、アイリシユシードケーキ Irish seed cakes、ライスケーキ rice cakes、スコツトランドシヨルドブレツケーキ Scotoh short Bread cakes、ジヨン子ーケーキ Johnn cakes、デルビーシヨルドケーキ derby short cakes、インジヤンケーキ Indian cakes、パンケーキ Pan cakes、ボイルカスタケーキ Boil caster cakes、ベカーカスタケーキ Baker caste cakes、ライスボール Rice Ball、ロヲルフリン Rolled Pudding、ゼリケーキ Jzlly cakes、フルターケーキ Fruit cake、ライスチースケーキ Rice cheese cake、フラン子ルケーキ Flannel cake バックホ井ードケーキ Back wheat cake、シッガルビスキツト Sugar biscuit、ドライドラスクス dried rusks、スポンジビスキツト Sponge biscuit、ウヲツフルス Woffles、コムモンジヤンブルス Commonjumbles、麵包（パン）Bread の記載がある（欧文は原文ママ）。

オクセンアオゲン　Ochsenaugen（独）

「円窓、雄牛の目」の意味を持つドイツのクッキー。丸く抜いて焼いた生地にジャムを塗り、三つの穴をあけた同じ大きさのものを重ねる。上面には粉糖を振り、穴の中には同じジャムを絞り込んで仕上げる。

〈配合〉

バター……………………………… 300g
砂糖………………………………… 100g
全卵………………………………… 1個
ヴァニラ…………………………… 少々
小麦粉……………………………… 300g
アプリコットジャム……………… 適量
オレンジリキュール……………… 適量

〈製法〉

① バターと砂糖をすり合わせる。
② 卵とヴァニラを加えて混ぜる。
③ 小麦粉と合わせてまとめ、冷蔵庫で休ませる。
④ 厚さ2.5mmに延ばし、直径4cmの菊型で抜く。
⑤ その半数に直径5mmの丸口金で三つの穴をあける。
⑥ テンパンに並べ、180℃のオーブンで10～15分間焼く。
⑦ アプリコットジャムを煮詰め、オレンジリキュールを適量入れる。
⑧ 1枚の上にジャムを塗り、穴をあけたほうに粉糖を振って、前者に重ねる。
⑨ 穴の中にジャムを絞り込む。

オスターネスト　Osternest（独）

復活祭のころにドイツで売られる鳥の巣形の

菓子。発酵生地を巣形に編み、発酵させたあと、卵黄を塗って焼く。色彩を施してデザインした復活祭の卵を中に詰める。

オスターラム　Osterlamm（独）

復活祭のころにドイツやオーストリアで売られる仔羊の形の菓子。この季節には、鶏の他に兎や小鳥などの小動物をかたどったものがショーウインドーを飾る。これもそのうちの一つである。

ビスキュイ種を仔羊の型に入れて焼き、粉糖を振りかけて供する。あるいはマジパンやチョコレートで作られたものもある。

オスティ　hostie（仏）

薄いウェファース状の菓子。聖体拝受に用いる秘儀用のパン。パン種を入れないで作る。

フランスで中世から続いている宗教菓子の一つで、ウーブリなどとともに、四旬節にノートルダム寺院で信者の頭上にこの菓子をまいたといわれている。

オセクキョンダン

韓国で親しまれている五色団子。

→サムセクキョンダン

オセロ　Othello（英）

プティフールの一種。シェークスピアの『オセロ』に登場する人物にちなんだ菓子の名称。同種にデズデモナ、イアゴーなどの一群があり、まとめてオセロと呼ばれている。『オセロ』は1604年に書かれた悲劇で、ムーア人の将軍オセロが侍臣の腹黒いイアゴーの策略にかかり、嫉妬の末、妻のデズデモナを絞め殺してしまう話である。これらの登場人物の性格に合わせ、プティフールを形づくる。

モーレンコップフ生地の台を使い、中のクリームと仕上げのフォンダンの色を違え、三人の性格を表している。ムーア人のオセロはチョコレート入りのカスタードクリームをはさみ、チョコレートフォンダンでグラッセする。清純なデズデモナはヴァニラ風味の生クリームをはさみ、白フォンダンで仕上げる。腹黒いイアゴーはコーヒー味のカスタードクリームをはさみ、コーヒーフォンダンで仕上げる。

同系統の菓子にロザリンドがあり、これは『お気に召すまま』にちなむもの。同じモーレンコップフ生地を焼き、ロザリンドの陽気な性格をイメージしたばらの風味の生クリームをはさみ、ピンクのフォンダンでグラッセする。

おだただのぶ　小田忠信

→松田（小田）正義・小田忠信

おだまき　一巻き

おだ巻き

クリームを細いひも状に何本も一度に絞るための道具。プティガトー（小型菓子）やグランガトー（大型菓子）のモンブラン、あるいは復活祭用の鳥の巣形のアントルメなどを作るときに用いる。

筒形になったものの先端に穴あきの金属板をはめ込み、その中にクリームを詰める。筒に合わせた太さの棒を押し込むと、中のクリームが穴から押し出されてゆく。ちょうどところてんの要領で作業する。

オックスフォード·ラーディ·ケイク
Oxford lardy cake（英）

オックスフォード市で長い間親しまれてきた発酵菓子。

イギリスでは古くから、祝祭日には各町村で市がたち、特別な食べ物が並べられ、人々の楽しみの一つとなっていた。多くはジンジャーブレッドとプラムケーキなどである。ラーディ・ケイクもその一つで、特にオックスフォード市のそれは古くから評判の高いものであった。

〈配合〉

強力粉……850g
塩……14g
ラード……28 + 340g
イースト……28g
牛乳……480g
赤砂糖……170g

粉末スパイス……………………………… 少々
全卵、牛乳（上塗り用）…………… 各適量

〈製法〉

① 牛乳でイーストを溶いて、強力粉の一部を加えて混ぜる。
② 発酵してきたら一度ガス抜きし、残りの強力粉と塩を混ぜ、ラード 28g を混ぜる。
③ この発酵生地を長方形に延ばす。
④ 表面の 2/3 ほどに、ラード 340g、赤砂糖、粉末スパイスを混ぜたものの 1/2 量を塗る。
⑤ フイユタージュと同じように折りたたんで二つ折りにする。
⑥ 残りのフィリングをその上に塗り、再び二つ折りにする。
⑦ 平らにして、30cm × 15cm の大きさに 3 枚切る。
⑧ 卵を牛乳で溶いて表面に塗り、ナイフで格子模様をつける。
⑨ 強火のオーブンで焼く。

オッフェンバッハー・プフェッファーヌッス　Offenbacher Pfeffernuss（独）

フランクフルト郊外のオッフェンバッハの町の銘菓。

プフェッファーとは胡椒の実の意味だが、必ずしも胡椒のみをささず、スパイス全体をさす場合がある。シナモン、メース、クローヴなどを入れた生地を厚めに延ばし、丸口金で抜いて焼き、裏にチョコレートを塗って仕上げる。

〈配合〉

全卵……………………………………… 140g
砂糖……………………………………… 300g
蜂蜜……………………………………… 10g
小麦粉…………………………………… 360g
シナモン………………………………… 6g
メース…………………………………… 1.2g
クローヴ………………………………… 1.2g
炭酸アンモニウム……………………… 1.2g
卵黄……………………………………… 少々
チョコレート…………………………… 適量

〈製法〉

① 全卵、砂糖、蜂蜜を混ぜる。
② 小麦粉、シナモン、メース、クローヴを①に混ぜる。
③ 炭酸アンモニウムを少量の卵黄でとき、②に加える。
④ 生地をまとめて厚さ 6mm に延ばし、直径 2.5cm の型で抜く。
⑤ ホイロで乾燥させ、裏返しにしてテンパンに並べ、200℃のオーブンで焼く。
⑥ ドーム状に盛り上がって焼けたら冷まし、下の縁回りに溶かしたチョコレートをつける。

オテロマッセ　Othellomasse（独）

ドイツ菓子でいう軽いビスキュイ種で、モーレンコップフと同じ。

イギリスで親しまれている一口菓子オセロを焼く種ということで、こう呼ばれるようになった。

オー・ド・ヴィ　eau-de-vie（仏）

▶spirits（英）スピリッツ / Weinbrand（独）ヴァインブラント

蒸留酒。「生命の水」という意味。その次に続く言葉で、酒の内容を表す。いわゆるブランデーはオー・ド・ヴィ・ド・ヴァン eau-de-vie de vin、菓子の香りづけに用いるキルシュはオー・ド・ヴィ・ド・スリーズ eau-de-vie de cerises と記すのが、フランスにおける正式名称になる。

菓子作りにおいて色々な果実のオー・ド・ヴィを用いるが、漬け込み専用のオー・ド・ヴィも販売されている。

オードヴル

▶hors-d'œuvre（仏）オール・ドゥーヴル

前菜のこと。

量は多くなくてもよいが、味はリッチで、しっかりとしたものでなければならない。温製と冷製がある。冷製はスープの前、温製はときとしてスープのあとに供される。仕出し料理の一つとしてフランスの菓子店でも商われる。

オートミール　oatmeal（英）

燕麦（えんばく）の穀粉のことであるが、それを調理したかゆをさす。長い間イギリスのスコットランドで農民の主食として親しまれてきた。以前は半日近く水につけてから煮て食していたが、近年はすぐ調理できるもの、またすでにアルファ化してパックされたものが市販されている。特にアメリカで好まれている。

ミールとは、「粉を挽く」という意味の古いチュートン語マランから出た穀粉のことであり、「ひき割り」のことだが、現在では 1884 年に開発された押麦（おしむぎ）も含めてオートミールと呼んでいる。

オートミールは、はじめは病人食として扱われていたが、今ではタンパク質、脂肪、ミネラル等総合的な栄養素や食物繊維に富むことと、なによりもすぐに調理できるところから、特に朝食メニューとして一般家庭でも日常大いに親しまれている。クッキー、プディングにも利用されている。

オートミール・ビスキット oatmeal biscuits（英）

オートミールを使った家庭で作るビスケット。

〈配合〉 2.5cm 60 個分

薄力粉……170g
ベーキングパウダー……4g
塩……少々
バター……100g
グラニュー糖……70g
オートミール……65g
くるみ……50g
卵……1 個
上塗り用卵黄……適量

〈製法〉

① バターをクリーム状にし、グラニュー糖を混ぜ、溶いた卵を混ぜる。
② 粗刻みにしたくるみと軽く焼いたオートミールを加える。
③ 薄力粉とベーキングパウダーを一緒にしてふるい、②に合わせる。
④ 生地をまとめ、棒状にしてラップに包み、冷蔵庫で休ませる。
⑤ 厚さ 4mm に切り、テンパンに並べ、卵黄を塗って 180℃のオーブンで約 5 分焼く。

オーバーハルツァー・ヘクセンブロート Oberharzer Hexenbrot（独）

ハルツ高原風の蜂蜜入り菓子。ホーニッヒクーヘンタイクと呼ばれる蜂蜜入りの生地を薄く延ばし、マルツィパンローマッセ、ラズベリージャム、卵白を混ぜたものを塗り、上に同じ生地をのせて焼く。その後上面にフォンダンを塗り、適当な大きさに切り分けて供する。

オーバーラー・グップフ Oberlaa Gupf（オーストリア）

発酵生地（ヘーフェタイク）をベースにし、上からそぼろ（ブッターシュトロイゼル）を振りかけて焼くウィーンの銘菓。

オーバーラーは、ウィーン郊外の市民の憩いの場の名称である。ここには第二次世界大戦後に発見された温泉があり、またウィーン市営の一大遊園地にもなっている。

〈配合〉

牛乳……600mℓ
イースト……150g
小麦粉……1200g
バター……600g
全卵……240g
卵黄……130g
砂糖……100g
ヴァニラ……少々
塩……30g
ラム漬けレーズン……80g
オレンジピール……320g
レモンピール……100g
刻みアーモンド……200g
ブッターシュトロイゼル（そぼろ）……適量

〈製法〉

① 牛乳を温めてイーストを溶かし、小麦粉の一部を加えて混ぜる。
② 発酵してきたら一度ガス抜きし、残りの小麦粉を混ぜ、やわらかくして泡立てたバターを混ぜる。
③ 全卵、卵黄、砂糖、ヴァニラ、塩を混ぜて泡立て、②に加える。
④ 全体をまとめ、レーズン、オレンジピール、レモンピール、刻みアーモンドを混ぜ、発酵させる。
⑤ ガス抜きをし、500g ずつに分割して丸める。
⑥ 再び発酵させ、表面にナイフで十文字に切り目を入れる。
⑦ ブッターシュトロイゼルを振りかけてオーブンで焼く。

→ブッターシュトロイゼル

オハルドゥリナス hojaldrinas（西）

スペインで好まれているクリスマスの一口パイ菓子。本来はラードを使って作るが、近年はバターを使うことが多くなってきた。

〈配合〉 約 15 個

薄力粉……300g
バター……160g
オレンジ果汁……120mℓ
白ワイン……30mℓ

グラニュー糖…………………………… 60g
オレンジ果皮すりおろし…………… 1個分
粉糖（ふりかけ用）…………………… 適量

〈製法〉

① バターを小さなダイス切りにし、ふるった薄力粉、オレンジ果汁、白ワイン、グラニュー糖、オレンジ果皮すりおろしと混ぜ、生地をまとめて、冷蔵庫で休ませる。
② ①を厚さ1cmに延ばし、三つ折り2回行う。
③ ②を厚さ1cmにし、ナイフで小さな正方形に切って、テンパンに並べる。
④ 180℃のオーブンで約20分焼く。
⑤ 上面に粉糖をふりかける。

オハルドゥリナス

オプストケルプヒェン　Obstkörbchen（オーストリア）

細く切ったこね粉生地を油で揚げてかごを作り、中に好みのアイスクリームを詰め、さまざまな果物で飾ったオーストリアのデザート。

〈配合〉

強力粉…………………………………… 100g
ベーキングパウダー…………………… 2g
粉糖…………………………………… 15g
全卵…………………………………… 1個
バター………………………………… 15g
ラム…………………………………… 20mℓ

仕上げ用

薄切りのスポンジケーキ……………… 適量
好みのアイスクリーム………………… 適量
ザーネクレーム………………………… 適量
好みの果物各種………………………… 適量

〈製法〉

① 強力粉とベーキングパウダーを混ぜてふるっておく。
② ボウルに粉糖と卵を入れて混ぜ、ラムと溶かしバターも加える。
③ ②に①を加えて混ぜ、まとめて休ませる。
④ 厚さ2mmに延ばし、たっぷり打ち粉をして重ね、細切りにする。
⑤ 網状のレードルに④の生地をのせ、同じレードルを上にのせて熱した油で揚げる。
⑥ かご形に揚がった生地の底に、丸く抜いた薄いスポンジケーキを詰め、アイスクリームを盛る。
⑦ 好みの果物（いちご、キーウィなど）をのせ、ザーネクレーム（加糖し、泡立てた生クリーム）を絞る。

オブダウス（日）

南蛮菓子の一種。

発音に近いものとしてはポルトガルのチーズケーキのオベリャス（オベリヤス）、フランス菓子でいう巻きせんべいのウーブリ oublie があるが、実体は不明。

オブレアス　obleas（メキシコ）

メキシコで親しまれている菓子。日本の子供たちに人気のソース煎餅に似た薄焼き煎餅。黄色やピンク、青等のカラフルな色彩で作られる。スペインのアンダルシア地方のサンタ・カタリーナ修道院では、聖体拝領用にオスティア hostia と呼ばれる同様のものが作られている。なお、このオブレアスはオブラートにつながる語でもある。

オプワトキ　opłatki（ポーランド）

ポーランドで親しまれている小さなウェファース。

これにキリスト降誕の光景の型を押し、神父が祝別（清めること）したのち、クリスマスカードのように交換する。

オーブン

▸oven（英）オーヴン / four（仏）フール / Backofen（独）バックオーフェン

菓子やパンを焼成するためのもの。窯。昔は石窯で、薪を使用して焼いていたが、現在では、電気またはガスあるいは熱したオイルを熱源としている。また近年は内部でファンが回り、熱風を対流させて焼きむらがないように設計されたコンベクション式も広まってきた。ただしこの場合は熱風を吹きつけるため、熱の伝わり方が早く、やや乾燥ぎみになる傾向がある（注：加湿タイプのものもある）。なお、その場合には普通のオーブンより温度を10％ほど下回って設定しておくなどの配慮を要する。

人々がパン作りの技術を発明したのは古代エジプトの時代だが、はじめは小麦粉の練り粉を熱い石の上で焼いていた。しばらくすると、石で囲むか、粘土を盛ってドームのようなものを作り、そこでパンを焼くようになった。オーブンの始まりである。その後この形態は大きく変化することなく続いた。

中世に入ると、各地の修道院や教会、あるいは権力を握った封建領主たちがオーブンを独占し、一般の人々が持てるものではなかった。だからこそ早くからパンや菓子を専業とする仕組みが生まれたともいえる。

ふっくらとしたやわらかいパンを焼くには、どうしても大きなオーブンが必要である。荘園領主たちはそこに目をつけて独占し、農民たちがそれを持つことを許さなかった。彼らに使用料を課し、蜂蜜やチーズ、卵などをおさめさせた。やがて荘園制度の衰退とともに、農民たちは共有のオーブンを持つようになるのだが、それでもそのときどきに応じて種々の制約を受けた。

たとえばイギリスにおいて、ようやく世相が落ち着きを見せてきたプランタジネット朝（1154-1399）において、1266年に時の王ヘンリー三世（在位1216～1272）が制定したアッサイズ法によって、パン屋が公衆のために焼くパンは3種類のみと決められた。1614年、ジェームス一世（在位1603～1625）のときに7種類にふえたが、まだ大型のパンはクリスマスを除いて禁止されていた。またスパイス入りのパン、ケーキは葬儀のときと、復活祭の前の金曜日に限って製造が許された。

フランスにおいては、同じくオーブンは一部特権階級のものであり、独占が長く続いた。

パン代としては、バターやチーズ、蜂蜜、卵などがあてられ、パン屋はこれを使ってパンだけでなく、美味な菓子を作ることができた。おさめられた蜂蜜などによって、修道院でもマカロンをはじめとするさまざまな菓子作りが行われた。リキュール作りも盛んになり、これが菓子の味や香りを豊かにしていった。

フィリップ二世（在位1180～1223）の時代、初めてパン屋がオーブンを持つことを許されたという。このことから察すると、フランスにおいてオーブンを持って商売を行う専業が本格的になったのは、このころからのようである。修道院や教会は特権が失われることを恐れ、長い間パン屋と争ったという。

こうして近世、近代と受け継がれてきたヨーロッパのオーブンは、今日に及んでも、熱源は薪などから電気やガス等に移ったものの、基本的には石窯という構造にもとづいて作られている。

日本では、戦前はレンガのオーブンを多用していたが、戦後は鉄製のオーブンが普及していった。

オーブンの種類

■ **平窯（ひらがま）**

10kcalのものが標準タイプとされている。上下各4枚のテンパンが入る8枚取りといわれているものと、各3枚の6枚取りといわれるものがある。多品種少量の製造に最適の機種である。

■ **回転窯**

リールオーブンと呼ばれるもので、並べたテンパンが手前から上方奥へと回転してゆき、スピード調節ができる。一度取り出しそこなうともう一回転してしまい、機械にあおられる難点もあるが、場所をとらず能率が上がる。

■ **トンネル窯**

仕込んだ生地を一方の口から入れると、焼けて出口から出てくる。コンベア式で次々と焼き上げられるので、ロットの少ない場合には無駄だが、大量生産には最適なシステムといえる。近年はトンネルの途中に扉をつけて、取り出すことができるものなども作られている。

■ **ラックオーブン**

テンパンをさしたラックを、そのままオーブンの中に入れて焼成する。中でラックが回転し、熱風吹きつけによって焼かれる。コンベクション式であるため、やや乾燥ぎみになる傾向があるが、そのために蒸気を加える機種も考案されている。場所もあまりとらず、また焼きむらが少なく、一度に大量のものを焼くことができる利点がある。

オーブンシート

テンパンの上に敷くシート。この上に生地をのせたり、種を絞って焼くと、焼成後のはがれがよく、またテンパンを汚さないという利点がある。軽く蠟引きした紙製、合成繊維製、テフロン加工したものなどがある。なお名称については、ベーキングシート、クッキングシート、テフロンシート、オーブンクロス等さまざまに表現されている。

オペラ　opéra（仏）

フランスのチョコレートケーキ。菓子の歴史の中では比較的新しいもので、ビスキュイ・ジョコンドという特殊な生地と、コーヒー味のバタークリーム、ガナッシュ等を交互に重ねて、表面にチョコレートを塗る。上面には純金箔をあしらう豪華なデザインで仕上げる。

パリのオペラ座界隈の菓子店が作ったといわれているが、その起年については1920年にクリシーという菓子店によるとか、またはクリシーから店を譲ってもらったマルセル・ビュガ（ダロワイヨの店主の義兄弟）の手によるとか、あるいはその彼からその菓子を受け継いだアンドレ・ガヴィヨン（ダロワイヨの社長）が1955年にそれにオペラの名を与えた等、諸説ある。いずれにしろ華麗なオペラ座に寄せて、チョコレートの重厚さに金箔を施したそのイメージをもって、オペラの名を付したとされている。なお近年は上面の堅いチョコレートの代わりに口当たりの柔らかいチョコレートのグラサージュを塗ったり、サンドするクリームもヴァニラや抹茶のバタークリームなどを使ったり、上面にもそれに合わせた色のチョコレートをのせるなど、さまざまなタイプのオペラが作られている。

オペラ

〈ビスキュイ・ジョコンドの配合と製法〉

粉末アーモンド……………………… 120g
グラニュー糖………………………… 120g
全卵…………………………………… 3個
卵白…………………………………… 100g
小麦粉………………………………… 35g
バター………………………………… 25g

① 粉末アーモンドとグラニュー糖を混ぜ、全卵を加え、ミキサーで攪拌し、泡立てる。
② 小麦粉を加え、充分泡立てた卵白1/3とともに混ぜ合わせる。
③ 残りの泡立てた卵白を加え、合わせる。
④ 溶かしバターを加えて混ぜる。
⑤ テンパンに薄く油を塗って紙を敷き、厚さ5mmほどに流して、やや強火（200～210℃）で10～15分間焼く。

〈ラムとコーヒー入りシロップの配合と製法〉

水……………………………………… 125mℓ
砂糖…………………………………… 100g
インスタントコーヒー……………… 適量
ラム…………………………………… 適量

① 水と砂糖を鍋に入れて火にかけ、沸騰したら火から降ろす。ボーメ22度のシロップができる。
② ①にインスタントコーヒーとラムを混ぜる。

〈コーヒー入りバタークリームの配合と製法〉

バター………………………………… 200g
砂糖…………………………………… 120g
水……………………………………… 45mℓ
全卵…………………………………… 2個
インスタントコーヒー……………… 適量

① 全卵を攪拌する。
② 砂糖と水を混ぜ、121℃まで煮詰める。
③ ②が熱いうちに①に少しずつ注ぎ込み、混ぜる。
④ 熱がとれてきたら、やわらかくしたバターを入れ、さらに攪拌する。
⑤ ④に、少量の温湯で溶いたインスタントコーヒーを加える。

〈ガナッシュ・ヴァニーユの配合と製法〉

生クリーム…………………………… 35mℓ
チョコレート………………………… 70g

① 生クリームを沸騰させ、火から降ろす。
② チョコレートを刻んで①に加え、混ぜる。

〈仕上げ〉

① ビスキュイ・ジョコンドを4枚用意する。
② 1枚目に、ラムとコーヒー入りのシロップを刷毛でしみ込ませる。
③ ②の上にコーヒー入りバタークリームを塗る。
④ 2枚目を重ね、同じシロップを刷毛でしみ込ませ、その上にガナッシュを塗る。
⑤ 3枚目を重ね、同じシロップを刷毛でしみ込ませ、その上にコーヒー入りバタークリーム

を塗る。
⑥ 4枚目を重ね、同じシロップを刷毛でしみ込ませ、その上にガナッシュを塗る。
⑦ 冷まして固め、テンパリングしたチョコレートを塗る。
⑧ 好みの大きさに切る。
⑨ 表面にチョコレートで opéra の文字を書き、金箔をつけて飾る。

オペリイ（日）
南蛮菓子のひとつ。『紅毛雑話』（1787）にオランダ料理の一種として「花の形に拵へたるかすていら也。大きさかぶとの鉢ほどあり」と解説されている。これから察するに、花形をした大きな型で焼いたスポンジケーキかバターケーキの類いと思われる。なお、このオペリイはオランダ菓子のオブリ oblie（フランス菓子でいうウーブリ）からきているとの説もある。「おいりやす」と呼ばれる菓子があるが、これはオペリイの別表記と推察されている。

オベリヤス（日）
南蛮菓子のひとつ。ポルトガルで親しまれている、オベリャスと呼ばれる山羊のチーズを使用したチーズケーキと思われる。ほどなく消えてしまい、その名だけが伝えられている。
なお、天明7年（1787年）の『紅毛雑話』にヲペリイの記があるが、チーズの記載はなく、ここでいうオベリヤスとは別物のようである。またその発音や綴りの類似性からみて、フランス菓子にある巻きせんべいの類のウーブリ oublie も見逃せない。加えて発音の転訛を考慮に入れると、ポルトガルの北方のミーニョ地方にあるオベリーニャという菓子にも注意を払う必要がある。ちなみにこれは、結婚式やイースター、または1月11日に行われる子孫繁栄を願う聖ゴンサーロの祭りに欠かせぬものとなっている。

オムレツケーキ（日）
1960年代に日本で流行った、オムレツ型のケーキ。丸く平たく焼いたスポンジケーキに、加糖し泡立てた生クリームといちごをはさみ、二つ折りにして作る。
〈配合例〉 12cm 5個分
卵白…………………………………… 2個分
砂糖…………………………………… 50g
卵黄…………………………………… 2個分
ヴァニラオイル……………………… 少々
薄力粉………………………………… 50g
クリーム
生クリーム…………………………… 200mℓ
砂糖…………………………………… 20g
その他
いちご………………………………… 適量
〈製法〉
① ボウルに卵白と砂糖を入れて、しっかりしたメレンゲを作る。
② 卵黄にヴァニラオイルと①のメレンゲ1/4量を混ぜ、ふるった薄力粉を混ぜる。
③ ②に残りのメレンゲを混ぜる。
④ 直径8mmの丸口金をつけた絞り袋に③を詰め、オーブンシートの上に直径12cmの円になるようにうず巻き状に5枚絞る。
⑤ 170℃のオーブンで約10分焼く。
クリーム
生クリームに砂糖を加え、七分立てに泡立てる。
仕上げ
① スポンジケーキを紙からはがし、うず巻き状の上に泡立てた生クリームを絞り、いちごを埋め込む。
② ①を二つ折りにしてオムレツの形に整える。
注：薄力粉を米粉に置き換えてもよい。

オムレット・シュルプリーズ omelette surprise（仏）
▶ omelette norvégienne（仏）オムレット・ノルヴェジェンヌ / baked Alaska（英）ベイクト・アラスカ
びっくりオムレツの意味。
→ベイクト・アラスカ

オムレット・ノルヴェジェンヌ omelette norvégienne（仏）
→ベイクト・アラスカ

おもし 重石
▶ noyaux de cuisson（仏）ノワイヨー・ド・キュイソン / weight for pressing down（英）ウェイト・フォア・プレッシング・ダウン / Gewicht（独）ゲヴィッヒト
フイユタージュなどを焼く場合の浮き止め。延ばした生地をタルト型等に収めて紙を敷き、そこにヨーロッパではさくらんぼの種を、日本では小豆などを入れて焼いていた。近年は小さ

お

なアルミ製の粒が開発された。これはある程度重さがあって、かつ熱伝導がよく、重宝に使われている。さらには取り残しのないようにひとつひとつが数珠つなぎになっているものもある。

重石

オリーヴ　olive（仏・英）

▸Olive（独）オリーヴェ

南仏、スペイン、イタリアなどの地中海沿岸諸国やアメリカの西海岸等で広く栽培されているモクセイ科の常緑高木。地中海沿岸が原産地。

その実ははじめは緑色で、次第に黄色っぽく変色し、完熟すると濃い紫色または黒に近くなる。

大粒で果肉のしまっているものは塩漬け用に、油分の多いものはオリーヴオイルをとるために栽培されている。

塩漬け用は普通緑と黒の2種類あり、商品としてはそのままのもの、種抜きをしたもの、種抜きをして詰め物をしたものなどがある。

各種の料理や、オードヴル、サラダ、カクテルの飾りなどに幅広く使われる。

オリーヴオイル　olive oil（英）

▸huile d'olive（仏）ユイル・ドリーヴ / Olivenöl（独）オリーヴェンエール

オリーヴの実に50%前後含まれている油。主産地は南の方、つまりイタリア、スペイン、ポルトガル、ギリシアあるいは北アフリカといった地中海沿岸地域で、同地域の料理にはこれが欠かせぬほど利用されている。等級があり、もっとも純度の高いのがエキストラ・バージン・オイル、続いてバージン・オイル、さらに精製オリーヴ・オイル、単なるオリーヴ・オイルとなっている。またこれは食用、揚げ物用、ドレッシング用などの他、医療品や日焼け用等各種の化粧品にも使われている。

オリゴとう　―糖

単糖類同士の結合によって作られるものだが、多糖類というほど分子量が多くない糖類のこと。二糖類である砂糖や麦芽糖などもオリゴ糖の範疇に入る。

ビフィズス菌などを増やす効果があるとして、健康食品に利用される。

オールスパイス　allspice（英）

▸pimento（英）ピメント、Jamaica pepper（英）ジャマイカ・ペッパー / poivre de la Jamaïque（仏）ポワーブル・ド・ラ・ジャマイク / Nelkenpfeffer（独）ネルケンプフェッファー、Piment（独）ピメント

クローヴと同じくフトモモ科の植物で、西インド諸島や中南米といった熱帯地方を原産とした香辛料。スパイス界を代表するナツメグ、シナモン、クローヴの3種を合わせ持ったような香りがするということで、こう名付けられた。日本では百味胡椒と称している。この木はスペイン人によって16世紀の初め頃に西インド諸島で発見されたという。6～10m近くまで伸びる常緑の高木で、直径1cm程の実をつけ、その中に1～2個の種子が入っている。その形が胡椒を思わせるところから、ジャマイカの胡椒とも呼ばれている。ナツメグ同様香辛料として多用され、菓子の世界でもバウムクーヘンやフルーツケーキ等さまざまな場面で使われる。

オール・ドゥーヴル　hors-d'œuvre（仏）

→オードヴル

オールド・ファッション・ストロベリー・ショート・ケイク　old fashion strawberry short cake（米）

厚めに焼いたクッキー生地に泡立てた生クリームといちごをあしらったケーキ。単にストロベリー・ショート・ケイク strawberry short cake ともいう。日本のショートケーキの元になったと思われるアメリカの菓子。

〈配合〉（18cm 1台分）

クッキー生地

薄力粉……220g
ベーキングパウダー……5g
バター……50g
砂糖……50g
卵……1個

牛乳…………………………………… 50mℓ
ヴァニラオイル………………………… 少々
卵黄……………………………………… 適量
薄切りアーモンド……………………… 適量
クリーム
生クリーム………………………… 200mℓ
砂糖……………………………………… 20g
いちご…………………………………… 適量

〈製法〉

① 薄力粉、ベーキングパウダーを一緒にしてふるいにかける。
② ①にバターを入れてそぼろ状にする。
③ ②に砂糖を加え混ぜる。
④ 卵、牛乳、ヴァニラオイルを混ぜ、③に加え混ぜる。
⑤ 18cmの型に収めて、卵黄をぬり、アーモンドを散らして中火のオーブンで焼く。
⑥ ⑤が冷めたら2枚に切る。
⑦ 1枚の上に加糖し泡立てた生クリームをぬり、いちごを散らす。
⑧ ⑦の上にもう1枚の生地をのせ、加糖し泡立てた生クリームをぬり、いちごを散らす。

オレイユ　Oreille（仏）
→ビューニュ・リヨネーズ

オレイユ・ド・コション　oreille de cochon（仏）
「豚の耳」の意味で、パルミエの別の呼び名。その形からの呼称。
→パルミエ

オレッキエ・ディ・アンマン　orecchie di Aman（伊）
「アンマンの耳」という意味のイタリアの揚げ菓子。トスカーナ地方、リボルノのユダヤ系の人々が好んで食する。
昔、ペルシア王の寵臣ハマンが、王にユダヤ人の虐殺を提案したという故事から命名されたという菓子。このハマンの耳を食べながら、かつての仇敵への恨みを晴らし、同時に祖先の迫害に思いをはせたという。

オレンジ　orange（英）
▸orange（仏）オランジュ / Orange（独）オラーンジェ / arancia（伊）アランチャ
料理、菓子、デザートにと用途の広い果物で、その種類も豊富である。原産地はインド。
分類は複雑をきわめるが、だいたい以下のように分けて、とらえられている。

■ **キトルス・アウランティウム　citrus aurantium**
キトルス・シネンシスの改良型で甘い品種である。

■ **キトルス・シネンシス　citrus sinensis**
中国からヨーロッパに伝わった種類で、マルタ・オレンジ、ポルテュガル・オレンジ、コモン・オレンジと呼ばれるものがある。これらは生食用やジュースに用いられている。

■ **キトルス・ノビリス　citrus nobilis**
フランスではマンダリーヌ、それに近い種類のクレマンティーヌ、イギリスではタンジェリンと呼ばれる。日本のみかんに近い品種である。
なお、この他にこれらの最もポピュラーな品種として、ブラジルで作られ、現在カリフォルニアで盛んに栽培されているネーブル・オレンジがある。

■ **キトルス・ビガラディア　citrus bigaradia**
インドからヨーロッパに伝えられたもので、セヴィル・オレンジ、ビター・オレンジといわれる。苦みがあって香りの強い種類である。サラダやソース類の他、ママレードにしたり、砂糖煮にして、製菓用に使われる。

■ **キトルス・ベルガミア　citrus bergamia**
果皮の香りが一番強い品種で、フランスではオランジュ・ベルガモットと呼ばれ、製菓用や化粧品に使われている。

オレンジエイド　orangeade（英）
オレンジの果汁に水と砂糖を加えて作るさわやかな飲み物。オレンジの香りを高めるためにキュラソーを少量加える場合もある。また、ラムやブランデーなどを加える場合もある。なるべく冷たくして供する。

オレンジピール　orange peel（英）
▸candied orange（英）キャンディード・オレンジ / écorce d'orange（仏）エコルス・ドランジュ / kandierte Orange（独）カンディエルテ・オランジェ
オレンジの果皮の砂糖漬け。中の実を取り出した皮を、糖液で煮込んでは砂糖を加え、それを数回繰り返して次第に糖度を上げてゆく。細かく刻んでフルーツケーキの材料にしたり、細切りにしてチョコレート菓子のセンターにするなど、菓子作りにおいてその用途は広い。
完成品が市販されているが、家庭でも容易に作ることができる。

オレンジ･フルーツ･クランチ　orange fruits crunch（英）

オレンジ風味のカリカリした食感の焼き菓子。

オレンジ・フルーツ・クランチ

〈配合〉 18cm 角 1 台分

オレンジ果汁……	1 個分	合わせて 150mℓ
水……………………	適量	
デーツ……………………………………	50g	
レーズン…………………………………	25g	
オートミール……………………………	110g	
薄力粉……………………………………	40g	
ざらめ糖…………………………………	40g	
バター……………………………………	75g	

〈製法〉

① オレンジ果汁に水を加えて 150mℓにし、種を取って粗刻みにしたデーツとゆがいて粗刻みにしたレーズンを加え、火にかけてとろみをつけ、皿に移して冷ます。
② ボウルに粗刻みにしたオートミール、ふるった薄力粉、ざらめを入れて混ぜ、バターを加えて、混ざったら①とひとまとめにする。
③ ②の半量を型に敷いて指で押さえて型になじませる。残りの生地は別に取り置き、両方とも冷蔵庫で休ませる。
④ ③の敷き込んだ生地の上に、残りの生地をほぐしてふりかけ、軽く手で押さえる。
⑤ 180℃のオーブンで 35 分焼き、粗熱を取った後、4cm 角に切る。

おろしき　一器

レモンやオレンジ等香りの高い果皮を削りとったり、エダムチーズのようにかたいチーズをすりおろすための金属製の器具。金属面が平らのものと湾曲したものがあり、ともに表面にたくさんの穴があいていて、その上部は刃のように鋭く出っ張っている。この部分に材料を当ててすりおろす。

おんどけい　温度計

▶ thermomètre（仏）テルモメートル / thermometer（英）サーモメーター / Thermometer（独）テルモメーター

液体の温度を計る器具。
アルコールと水銀のものがあり、製菓用としては 1℃単位で 200℃まで計れるものがよい。通常は煮詰めた糖液の温度を計る場合に用いられる。鍋の中にさし入れた温度計の先端が鍋底にふれないように、プラスチックまたは金属製のカバーがついているものもある。
なお近年はデジタル式のものが多用されている。

か カ

カイエンヌペッパー　cayenne pepper（英）

▸poivre de Cayenne（仏）ポワーヴル・ド・カイエンヌ / Cayennepfeffer（独）カイエンヌプフェッファー

レッドペッパーともチリペッパーともいわれるもので、一味唐辛子がこれに当たる。原産地はメキシコといわれ、コロンブスがスペインに持ち帰り、世界に広まった。日本には16世紀半ばの天文年間（1532-1554）に伝えられたという。同じナス科のトウガラシ属であるパプリカは、甘味種の唐辛子といわれている。双方とも、製菓面においてはおつまみ風のクッキーやプティフール・サレ（塩味の一口菓子）などに用いられている。

→パプリカ

カイザークーヘン　Kaiserkuchen（独）

カイザー、すなわち皇帝を意味するドイツの半生菓子。ミュルベタイク（ビスケット生地）の上にマンデルブッターマッセという粉末アーモンドをベースにした種を塗り、上面に細く切ったミュルベタイクを網の目状にかけて焼く。

カイザークーヘン

〈マンデルブッターマッセの配合と製法〉

バター	400g
砂糖	400g
卵黄	240g
粉末アーモンド	280g
レーズン	40g
塩	少々
ヴァニラ	少々

① バター、砂糖、卵黄を泡立てないように練る。
② 粉末アーモンド、レーズン、塩、ヴァニラを加えて混ぜる。

〈仕上げ〉

① ミュルベタイクを厚さ3mmに延ばしてテンパンに敷く。
② マンデルブッターマッセを①の上に塗る。
③ ミュルベタイクを細く切り、②の上に網目状にかける。
④ 180℃のオーブンで約20分焼く。
⑤ 熱したアプリコットジャムを塗る。
⑥ レモン入りフォンダンを⑤の上に塗って仕上げる。

カイザーシュマーレン　Kaiserschmarren

（独・オーストリア）

パラチンケン（クレープ）より濃いめの種を用いて作る、デザート菓子。

カイザーシュマーレン

〈配合〉

牛乳	1000mℓ
卵黄	8個分
レモン香料	少々
ヴァニラ	少々
小麦粉	250g
卵白	8個分
砂糖	120g
レーズン	適量

〈製法〉

① 牛乳に卵黄を加え、レモン香料、ヴァニラを混ぜ、小麦粉を入れる。
② 卵白に砂糖を加えて泡立てる。
③ ②を①に混ぜ、レーズンを加える。
④ フライパンに薄く延ばして焼く。
⑤ ④を細かく切って炒める。
⑥ 皿に盛って粉糖を振りかけ、シロップ煮のフルーツソースなどを添えて供する。

カイザーゼンメル　Kaisersemmel（独・オーストリア）

ドイツやオーストリアで親しまれているパンの一種で、小型で丸く、通常表面には中心からカーブをつけて５本の切れ目を星形に入れてある。けしの実をまぶして飾るものもある。ドイツ語でカイザーは皇帝、ゼンメルは白い小さなパンを表す。

かいてんだい　回転台

▶plateau tournant（仏）プラトー・トゥールナン / turn table（英）ターン・テイブル / Drehplatt（独）ドレープラット

スポンジケーキやパイを飾ったり、切ったりするときにのせる円形の回転する台。

菓子の位置や体の向きを変えることなく、手早く正確に作業することが出来る。水平になめらかに動くものがよい。木製や金属製、プラスチック製のもの等がある。

カカオ　cacao（仏・英）

▶Kakao（独）カカオ

アオギリ科の小高木。その種子であるカカオ豆はチョコレートやココアの原料になる。カカオは通常6～8mで、一株に無数の花をつけるが、結実するのはわずか1%程度にすぎない。

原産地は熱帯アメリカおよびアンデス山脈近くと考えられている。15～16世紀の大航海時代に、スペイン人によって発見されアフリカ大陸に広められていった。

多くの栽培品種があり、最上種としてベネズエラ産のカラカス、エクアドル産のアリバ、西アフリカ産のアクラなどがある。

→カカオビーンズ

カカオ･カルトッフェル･シュニッテン
Kakao-Kartoffel-Schnitten（ハンガリー）

じゃがいもを使用したハンガリーの菓子。じゃがいもそのものを素材として使うものは、東欧系の揚げ菓子などに多く見られる。

〈配合〉

じゃがいも…………………………… 200g
粉糖…………………………………… 300g
全卵…………………………………… 2個
ココア………………………………… 12g
小麦粉………………………………… 550g
バター………………………………… 100g
シナモン……………………………… 2g
クローヴ……………………………… 3g
アプリコットジャム………………… 適量
ココナッツ…………………………… 適量
グラニュー糖………………………… 適量

〈製法〉

① じゃがいもをゆでて裏ごしし、粉糖、卵、ココア、小麦粉、バター、シナモン、クローヴを加えて練る。
② ①を3等分し、それぞれ厚さ3mmに延ばし、アプリコットジャムを塗って重ねる。
③ 刻んだココナッツとグラニュー糖を振りかけ、オーブンで焼く。
④ 適宜な大きさの四角形に切り分ける。

カカオバター　cacao butter（英）

▶beurre de cacao（仏）ブール・ド・カカオ / Kakaobutter（独）カカオブッター

カカオ豆に含まれている脂肪物質。カカオ豆からチョコレートを作る過程において、ペースト状のカカオマスができる。これを絞って取り出した脂肪分がカカオバターである。

バターと同様、温度によって溶けたり固まったりする。溶けたときは透明で、固まると白濁した状態になる。

チョコレートを作るときは、ベースとなるカカオマスに砂糖やヴァニラを加え、さらに取り出したカカオバターを一定量加えて全体をなめらかな状態に調節する。

カカオバターは大きく分けて四つの結晶型を持ち、γ（ガンマ）型、α（アルファ）型、β'（ベータダッシュ）型、β（ベータ）型と呼んでいる。またそれぞれ融点が異なり、γ型は16～18℃、α型は21～24℃、β'型は27～29℃、β型は34～35℃となっている。したがってチョコレート菓子を製作する場合に調温（テンパリング）が必要となる。

→チョコレート

カカオビーンズ　cacao beans（英）

カカオの木になる果実に詰まっている種子、通称カカオ豆。チョコレートの原料である。

実は縦15～20cmの楕円形で、外側が厚くてかたく、丈夫な短い柄で幹から直接ぶら下がる。最初は緑色で、次第に黄色になり、熟すとオレンジ色になる。

果実の中はやわらかい果肉で、香りの強い粘りけのある果汁を含んでいる。この果肉の中にアーモンドのような形の核が、縦5列に並んで入っている。これがカカオ豆である。熟した状態の実でだいたい300～500gほどだが、その程度だとおよそ50粒の豆（核）がある。

カカオの木は一年中実をつける。収穫の時期はいつでもよいが、最適期は6月と10月で、完全に熟した果実を、柄の長い鎌で幹に傷をつけないようにていねいに切り落とす。とり入れの時期が遅れたものは苦みをもち、風味も劣る。

果実は殻を割り、種子（カカオ豆）を取り出す。発酵、洗浄、乾燥をへると、苦みが消え、独特の香りが生じる。研磨、選別され、麻袋に詰めて出荷される。

→チョコレート

カカオマス

カカオビーンズからチョコレートを製造する過程で、カカオニブ（カカオ豆の断片）をローラーにかけて細かくすりつぶす。ローラーから出てくるとペースト状を呈する。これをカカオマスといい、カカオペーストとも呼ぶ。カカオバターを含んでいるため、冷えると固まる。

チョコレートとは砂糖等によって味つけされた食べ物という概念に従うなら、これはまだ苦いだけの、味つけ前の段階なので、厳密にはチョコレートとは呼べないが、チョコレート状を呈するところからビターチョコレート（苦いチョコレート）とも呼ばれている。

製菓においては、各種のアントルメやクリーム、フォンダン等に、甘みを加えずにチョコレート風味をつけたいとき、またチョコレート自体に苦みや色を強めるときなどに、このカカオマスを加える。

カクテル

▶ cocktail（英）カクテイル / cocktail（仏）コクテール / Cocktail（独）コックテール

ジン、ブランデー、ラム、ウイスキー、ウォッカなどの強い酒をベースに、リキュール、シロップ、果汁などを混ぜた混合飲料である。アメリカで発展した。

アメリカの開拓時代、酒を混合するのに雄鶏の尾cock tailを使ったところからカクテルの名が生まれたという。大半は冷たく作られ、カクテルグラスを用いて供する。調整はシェーカーによるもの、ミキシンググラスを用いるもの、グラスに直接注ぐものの三方法がある。

フランスの菓子店では、トレトゥール（仕出し料理）の範疇に入る。

かし　菓子

日本では、古くは木の実や果物に果子の文字が当てられ、後にクサカンムリがついて菓子となった。そしてそれらは今日おいてなお、神饌や宮廷の儀式の中に伝統として残されている。

奈良時代には、唐代の中国から穀粉を練って油で調理する「餢飳（ぶと）」などが渡来し、唐菓子（からがし、とうがし）と呼ばれた。すなわちそれらは、梅子（ばいし）、桃子（とうし）、餲餬（かっこ）、桂心（けいしん）、黏臍（てんせい）、饆饠（ひちら）、餢子（ついし）、団喜（だんき）で八種唐菓子と呼んでいる。またその他では、餢飳（ふと）、䭔餅（まがり）、結果（かくわな）、捻頭（むぎかた）、索餅（さくへい）、粉熟（ふづく）、餛飩（こんとん）、餅腅（へいたん）、餺飩（ほうとん）、魚形（ぎょけい）、椿餅（つばいもち）、餅餤（へいこう）、粔籹（こめ）、煎餅（いりもち）の十四種果餅（かへい）と呼ばれるものがある。

鎌倉、室町時代には仏教の日本への伝来が盛んになり、饅頭などが渡来する。その後、安土桃山時代には南蛮人と呼ばれたポルトガル人、スペイン人の来朝とともに、卵や砂糖を使った南蛮菓子も伝わった。金平糖、有平糖、カルメラ、カステラ、ボーロ、パンなどである。

一方室町時代から茶の湯が起こり、菓子の発達を促す。菓子の原料である砂糖は、江戸初期には輸入に頼っていたが、やがて琉球や国内でも生産されるようになり、文化文政期にはほぼ今日の和菓子ができ上がったとされる。

幕末から明治にかけては、フランスやイギリス、アメリカなどから、南蛮菓子とは趣を異にする西洋菓子が親しまれてゆくことになる。その後、西洋料理の略称である洋食と、それに対する和食というとらえ方に並んで、和菓子と対で洋菓子の言葉で呼ばれるようになった。

→菓祖神
→南蛮菓子

カシア

→シナモン

カシス　cassis（仏）

▶ black currant（英）ブラック・カラント / schwarze Johannisbeere（独）シュヴァルツェ・ヨハニスベーレ

黒すぐりの実。フランス語では別にグロゼイユ・ノワールとも呼ばれている。

黒に近い濃い赤紫色の小さな果実で、酸味が非常に強いため、生食用としてはほとんど用いられない。一般には砂糖煮かシロップ漬けにされた缶詰を用いる。

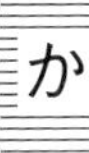

特有の香り高い酸味は、各種アントルメやプティガトー、アイスクリーム、シャーベットなど、あるいはジャム、ジュース、シロップなどに広い範囲で用いられている。またリキュールも作られ、製菓面で便利に使われている。

ガジャル・ハルワ　gajar halwa（印）

インドのデザート菓子のひとつ。ガジャルはにんじん、ハルワは、ギーと呼ぶ溶かしバターのようなものを砂糖と一緒にして長時間煮込んで作るもので、カルダモン風味に作られたキャロットのデザートである。なお、ハルワのそもそもの意味は"形がない"という意味のインドの言葉で、この語を付した菓子はインドの他、アラブ・イスラム圏、ギリシアといった広い地域に見られる。

ガジャル・ハルワ

〈配合〉4人分

にんじん	2本（約300g）
牛乳	450mℓ
生クリーム	50mℓ
砂糖	40g
カルダモン	1～2粒
バター	10g
サラダオイル	30mℓ
塩	少々
ピスタチオ	適量

〈製法〉

① にんじんを太めの千切りにする。
② 鍋に牛乳、生クリーム、砂糖、砕いたカルダモンを入れて火にかける。
③ ②に①を入れ、焦がさないようにかき混ぜながら水分がなくなる少し前まで煮詰める。
④ 別の鍋にバターとサラダオイルを熱し、③を入れて炒める。
⑤ 弱火でツヤが出るまで焦がさないように炒め、塩を少々加える。
⑥ 火を止めて器に盛り、刻んだピスタチオを飾る。温かいうちに供する。

かじゅうしぼりき　果汁絞り器

▶presse-fruits（仏）プレス・フリュイ / juice squeezer（英）ジュース・スクウィザー / Fruchtpresse（独）フルフトプレッセ

オレンジやレモン、グレープフルーツなど、柑橘類の果汁を絞る器具。円錐形で先がとがり、周りは波状になった突出部に、半割りにした果物をのせ、上から回しながら押しつけると、果汁が絞りとれる。ガラス製とプラスチック製がある。また業務用として電動式になっていて、押し当てると下が回転するものも市販されている。

カシューナッツ　cashew nut（英）

▶noix de cajou（仏）ノワ・ド・カジュー / Cashewnuss（独）カシューヌッス

西インドや南米を原産地とする、熱帯性常緑樹の種子。まが玉形で、口当たりがやわらかく、甘みを含み、料理や菓子に広く利用されている。生食はせず、一般にローストしたものを用いる。

カスクルート　casse-croûte（仏）

軽食やおやつをさし、ごく一般的なものとしては、バゲットにハムやゆで卵、野菜などをはさむサンドウィッチ・ジャンボンがある。

カスタードクリーム　custard cream（英）

▶crème pâtissière（仏）クレーム・パティスィエール

→クリーム

カスタード・プディング　custard pudding（英）

▶crème caramel（仏）クレーム・カラメル / Karamellcreme（独）カラメルクレーム

→プディング

カスターニエントルテ　Kastanientorte（独）

イタリアで好まれている栗のトルテのドイツ語呼称。

ゆでた栗をつぶし、バター、砂糖、小麦粉、卵を入れて混ぜ、型に詰め、オーブンで少し焼く。冷ましたあとに、加糖し泡立てた生クリームをかけて供する。
→トルタ・ディ・カスターニャ

カスタニャッチョ・アル・フォルノ

castagnaccio al forno（伊）

イタリアに古くから伝わる、栗を使った素朴な焼き菓子。フォルノはオーブンの意。

カスタニャッチョ・アル・フォルノ

〈配合〉

栗のシロップ煮の裏ごし……………… 250g
砂糖………………………………………… 25g
オリーヴオイル………………………… 30mℓ
水………………………………………… 80mℓ
塩………………………………………… 少々
松の実…………………………………… 10g
レーズン………………………………… 10g
ローズマリー…………………………… 10g

〈製法〉

① 栗の裏ごし、砂糖、オリーヴオイル、水、塩を混ぜて練る。
② オリーヴオイルを塗った平たい型に入れる。
③ 上に松の実、レーズン、ローズマリーを振りかけて焼く。

カステラ

南蛮菓子として、元亀年間（1570-1573）から天正年間（1573-1592）にかけて、渡来したポルトガル人によって長崎に伝えられたといわれる。その後製法については独自の工夫がこらされ、日本独特の長崎カステラが生まれ、以後、全国各地に広まった。

名称の由来は、ポルトガル語のカスティーリャ castilla にあるといわれている。カスティーリャは、当時、海運力を世界に誇る、イスパニア王国のカスティーリャ地方、イベリア半島東海岸中央から北部にかけての高地に位置する地域である。この地方で卵、砂糖、小麦粉を混ぜてふっくらと焼いたビスコッチョ bizcocho が生まれ、これがカステラの原形である。

隣国ポルトガルに伝わり、カスティーリャで作られた菓子としてカスティーリャ・ボーロと呼ばれた。ボーロとは菓子の意味である。そして、その名をもって長崎にもたらされた。

なお、呼称については次の説もある。生まれ故郷のカスティーリャからのものではなく、ポルトガル人が卵を泡立てる際に、空気を充分含ませるために言った言葉「バーテル・アス・クラーラス・エム・カステーロ」の最後の語が強く耳に残り、こう名付けられたのではないか、というものである。カステーロとは“城”、クラーラスは気泡性の高い卵白のことで、すなわち「城のようにうず高く膨れ上がるまで攪拌せよ」という意味である。ちなみに今日これをスペインではビスコッチョ、ポルトガルではパン・デ・ローと呼んでいる。

文献によると、1558（弘治4・永禄元）年刊行の『原城記事』に、やや不完全ながら角寿鉄異老（カステイラ）の作り方が記されている。その他、加須底羅、粕亭羅、糟貞良などの表記が見られる。

のち1708（宝永5）年、新井白石がイタリア人宣教師シドッティに尋ねて書いたとされる『西洋紀聞』にも、「カステリア、カステラともいう。漢に訳して加西郎（キャスライン）ともいう」と記されている。

1624（寛永元）年、福砂屋の二代店主殿村武八の祖が、ポルトガル人から製法を伝授されたという記録が残っている。同店は1775(安永4)年、初代から数えて六代目大助のときより、長崎の現在の地・船大工町に移転。一方カステラを商いとして初めて手がけたのは、1681（天和元）年に長崎で山口屋という店を開いた山口貞輔で、同店は文久年間に屋号を松翁軒と改めている。
→長崎カステーラ
→パン・デ・ロー

ガストロノーム　gastronome（仏）

フランス語で「美食家」「食通」の意味。

美食術と訳されるガストロノミーにたけた人をさすために、19世紀の初め頃に作られた言葉。

シモン・アルベロは、「美食家とは味覚を分析することができる食通」といっており、単なるグルマン（食道楽、大食漢）と区別している。すなわち真の美食家とは、よい料理を見抜くことのできる人、ということである。

歴史上の代表的な美食家としては、『美味礼賛（味覚の生理学）』を著したブリア＝サヴァラン（1755-1826）や、また自ら食味鑑定委員会を組織し、いろいろな料理を鑑定にかけ、『食通年鑑（Almanach des gourmands）』を出すほどに、食に情熱を傾けたグリモ・ド・ラ・レイニエール（1758-1838）などがよく知られている。

→ブリア＝サヴァラン

→レイニエール、グリモ・ド・ラ

カセイタ（日）

南蛮菓子の一種。ジャムまたはゼリー状にしたマルメロ羹を固めたもので、加勢以多の文字が当てられている。語源はポルトガル語のcaixa da marmelada（砂糖漬けのマルメロの箱の意味）の最初の二語「カイシャ・ダ〜」の部分が強く耳に残って、カセイタとされ、伝えられたのではと解釈されている。

なお同菓は、九州熊本の細川家において、口伝をもって代々伝えられてきたものといい、特に細川三斎（忠興）公は、茶時の折の菓子としてこれを重用したと伝えられている。そして徳川幕府や京の公卿といった高貴な人々への贈り物としても用いられていたという。

ガゼル・ホーン　gazelle horne（モロッコ）

北アフリカのモロッコで好まれている菓子。

円形に薄く延ばした練り粉生地に、アーモンドやヘーゼルナッツ、くるみ、カシューナッツ等好みのナッツ類をのせ、半月形に成形して焼き上げる。バクラヴァと呼ばれるものの一種で、ボレッキと呼ばれるトルコの菓子と同種のもの。

→バクラヴァ

→ボレッキ

かそしん　菓祖神

菓子の神様。神話では次のように伝えられている。

その昔、現在の兵庫県にあたる但馬の地に新羅（しらぎ）の王子である天日槍（あめのひぼこ）が住んでいた。彼は地名を氏とし、田道間守（たじまもり）と名乗っていた。

彼は紀元61年第十一代の垂仁天皇の勅命を受けて、常世国（とこよのくに）つまり大陸に不老不死の仙薬果とされる非時香果（ときじくのかぐのこのみ）を求めて旅に出た。10年の歳月を費やし、使命を果たして帰国したときには、天皇はすでに崩御していた。陵前に伏して慟哭した彼は食を断って命を果てたという。

このとき持ち帰ったのは、今でいう橘（たちばな）のことで、おそらく中国大陸の南方のどこかのものであろうといわれている。「ときじく」とは、「季節外」の意味で、橘は夏に実って、秋や冬に至っても木になり続け、一度橙色になるが春過ぎてからまた緑色に戻る。よってこの果実は橙（だいだい）と称される一方、回青橙（かいせいとう）の名でも呼ばれている。また二年目や三年目の実と一緒に成るところから代々の語になぞらえて、正月の縁起物のお飾りとして用いられたりもしている。

時代が下って大正時代の初期に、菓子は木の実を始まりとするという解釈と、彼を本邦最初の忠臣とする考えとが相まって、田道間守は菓祖神とされるに至った。

現在、兵庫県豊岡市の中島神社と、和歌山県海南市下津町の橘本神社の二社で、田道間守を菓祖神として祭っている。前者は田道間守出身の地、後者は持ち帰った橘の苗を初めて植えた場所と伝えられている。また和歌山はみかんの本場なので、この橘本神社は柑橘類の神様としてあがめられてもいる。

なおフランスの菓子屋にもサン・ミッシェルSt-Michel等複数の守護聖人がいる。

→サン・ミッシェル

カソナード　cassonade（仏）

▶ brown sugar ブラウン・シュガー、moist sugar（英）モイスト・シュガー / brauner Zucker（独）ブラオナー・ツッカー

完全に精製されていない砂糖。甜菜から作った粗糖はやや焦げた風味があり、またさとうきびから作った黄色みを持った粗糖には、軽いラムの香りがある。これらの独特の風味を生かして、菓子作りにもしばしば利用されている。

かた　型

菓子作りには、いろいろな「型」が用いられる。

タイプ別に見ると、生地に当てて切りとったりするアンポルト・ピエス型のようなもの、生地に押し当てて抜きとるさまざまな形の抜き型、型の周りに生地を巻きつける円筒状や円錐状のもの、その他スポンジケーキやスフレ、クグロフなどのように種を流し込んで焼く型、タルトやタルトレットのように生地を敷くタイプのもの、溶かしたチョコレートを流し込んで固めて抜きとるチョコレート型等々である。

菓子の焼き型は、古くはエジプト、ギリシア時代にまで遡ることができる。これらを駆使することにより、菓子作りも工夫され、発展し、またそのときどき必要に応じてさまざまな型が開発されて、今日に至った。

■ **アイスクリーム型**

▶ moule carré à rosace（仏）ムール・カレ・ア・ロザス / ice-cream mould（英）アイス・クリーム・モールド / Eisform（独）アイスフォルム

アイスクリーム型

フランスにおける伝統的なグラス（アイスクリーム）専用の型。正方形で上部が菊型の模様になっており、各種の大きさがそろっている。1種類または数種類のグラスを詰め、あるいは各種の果物などを混ぜ、切り分けたときの断面の美しさなどが楽しまれる。また型から抜いたグラスを、ヴァシュランと呼ばれるムラングで作った容器に詰めて、加糖し泡立てた生クリームを絞って飾られたりもする。

■ **アンポルト・ピエス型**

▶ emporte-piece à vol-au-vent（仏）アンポルト・ピエス・ア・ヴォローヴァン

生地を求める大きさに合わせて切る当て板の一種。ビスケット生地やフイユタージュ等を延ばし、これをのせて、周りにナイフを入れ、生地を切りとる。軽く湾曲した円板で、持ち上げやすいように中央に指の入る穴があいている。一回り違いの大きさで数枚1組のセットになっている。

■ **クグロフ型**

▶ moule à kouglof（仏）ムール・ア・クグロフ / kouglof mould（英）クグロフ・モールド / Kugelhopfform（独）クーゲルホップフフォルム / Gugelhupfform（独）グーゲルフップフフォルム

クグロフ型

ややねじった形の波がついている王冠状の焼き型。背が高く、中央が円筒形にあいている。金属製と陶製のものがある。クグロフの他にいろいろなタイプの焼き菓子に用いられている。

容積の大きなものは、中心部に熱が通りにくくなるが、この型を使うと種の中央部に空洞があるため、その心配がない。

機能、デザインともに、菓子の型の中では最も完成されたものといわれる。

■ **コルネ型**

▶ moule à cornet（仏）ムール・ア・コルネ / cornet mould（英）コルネット・モールド / Cornetspitzen（独）コルネットシュピッツェン

先のとがった金属製の円錐形の型。これに薄く延ばしたフイユタージュの帯などを巻きつけ、焼き上げる。

■ **サヴァラン型**

▶ moule à savarin（仏）ムール・ア・サヴァラン / savarin mould（英）サヴァリン・モールド / Savarinform（独）サヴァランフォルム

サヴァラン型

リング状の流し型。底部は丸くなっており、サヴァラン種を詰めて焼く。またその他にスポンジ状の種やゼリー、バヴァロワ用に使われたりもする。大きさも大小いろいろある。蛇の目型とも呼ばれている。

■ **スフレ型**

▶ moule à soufflé（仏）ムール・ア・スフレ / soufflé mould（英）スフレ・モールド / Souffleform（独）ズフレーフォルム

スフレ用の陶製の容器。ふくらんだ生地がしぼんでしまわないうちに、手早く食卓に供することのできるよう、保温性の高い陶器でできている。また生地がまっすぐ上方にふくれるよう、型の内側はなめらかでなければならない。

■ **スポンジ型**

▶ moule rond（仏）ムール・ロン / cake tin（英）ケイク・ティン、round baking pan（英）ラウンド・ベイキング・パン、cake mould（英）ケイク・モールド / Tortenform（独）トルテンフォルム

スポンジ型

金属製の丸い型で、主にスポンジ系統の種を焼く。マンケ型は上方が広がっているのに対し、スポンジ型は側面が垂直である。大きさは直径12～30cmくらいまであり、それぞれの目的に応じて使われている。

なお日本では尺貫法に換算して、たとえば15cm程のものを5寸、18cm程を6寸、21cm程を7寸とし、それぞれ5号、6号、7号などと呼んでいる。

■ **タルト型**

▶ moule à tarte（仏）ムール・ア・タルト、tourtière（仏）トゥールティエール / tart mould（英）タート・モールド / Obsttortenform（独）オプストトルテンフォルム

タルトやフランを作るときに用いる、浅い焼き型。側面は上方に向いてやや開き、平らに湾曲しているものと波を打っているものがある。また底は、焼けた生地をとりはずしやすいように、はずれるものもある。

タルト型

■ **タルトレット型**

▶ moule à tartelette（仏）ムール・ア・タルトレット / tartlet mould（英）タルトレット・モールド / Backförmchen（独）バックフェルムヒェン、Torteletteform（独）トルテレッテフォルム

タルトレットを作るための小さな皿状の型。大きさは5～10cmぐらいで、丸型や菊型（側面が波形になっているもの）、あるいは長方形、正方形のものなどがある。また底の深いもの、浅いもの、側面の上方への広がりが大きいもの、小さいものなど、いろいろなタイプがあり、用途に応じて使い分ける。なおこれより小さいプティフール用のものは、タルトレット・フール型と呼んでいる。

■ **チョコレート用抜き型**

▶ moule à chocolat（仏）ムール・ア・ショコラ / chocolate mould（英）チョコレート・モールド / Schokoladenform（独）ショコラーデンフォルム

チョコレート用抜き型

いろいろにかたどったチョコレート用の型。たとえば復活祭用には、卵や鶏、4月1日のポワソン・ダヴリルには魚、日本のヴァレンタインデーにはハート形などを用いる。型によって1個のもの、2個1組の組み合わせがあり、ス

テンレス製、プラスチック製のものがある。

■ **チョコレート・ボンボン用抜き型**

▶plaque à chocolat（仏）プラック・ア・ショコラ

合成樹脂系で作られた一口チョコレート菓子の型。厚手の板にいろいろな形の穴が彫ってある。ここに溶かしたチョコレートを流し、余分を外に流し出す。固まったらその中に好みのセンターを詰めて、上面にチョコレートを塗って蓋をする。

■ **テュイル型**

▶plaque à tuile（仏）プラック・ア・テュイル / Dachziegelform（独）ダッハツィーゲルフォルム

瓦をかたどった乾き焼き菓子、テュイルの型。トイ型を何本か並べて、一つの型にしている。焼き上がってまだやわらかいうちに、湾曲している底に、押しつけるようにして並べる。冷えると瓦状に丸く曲がって固まる。

■ **トイ型（トヨ型）**

▶gouttière（仏）グーティエール、moule à bûche（仏）ムール・ア・ビュッシュ / yule-log mould（英）ユール・ログ・モールド / Baumstammform（独）バオムシュタムフォルム

雨どいの形をした菓子の型。底が湾曲しているので、転がらないように足がついている。長短あるが、幅や深さはほぼ一定している。スポンジの種を焼いてビュッシュ・ド・ノエル（薪形のクリスマスケーキ）にしたり、ゼリーやバヴァロワを流して冷やし固める。

■ **ドーナッツ用抜き型**

▶doughnut cutter（英）ドーナッツ・カッター

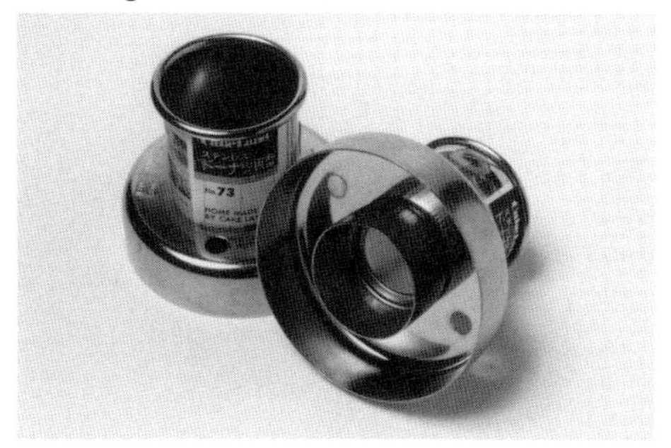

ドーナッツ用抜き型

ドーナッツを作るときに用いる抜き型。延ばした生地をこれで抜くと、形のととのったリング状のものが手早くできる。

■ **抜き型**

▶emporte-pièce（仏）アンポルト・ピエス、découpeur（仏）デクープール、découpoir（仏）デクーポワール、forme（仏）フォルム、matrice（仏）マトリス / cutter（英）カッター / Ausstecher（独）アオスシュテッヒャー

ビスケット生地などを好みの形に抜く型。丸型、縁が波打っている菊型、ハート型、菱型などがある。それぞれ一回り刻みで大きさが違うものがそろって、1セットとなっている。

■ **パイ皿**

▶pie plate（英）パイ・プレイト / moule à tarte（仏）ムール・ア・タルト / Backform（独）バックフォルム

パイ（皿状の菓子）を焼くための型。タルト型より、側面の上方への広がりは大きい。金属製と使い捨てのアルミ製がある。

■ **パウンド型**

▶moule à cake（仏）ムール・ア・ケイク / cake mold（英）ケイク・モールド / Keksform（独）ケックスフォルム

パウンドケーキと呼ばれるバターケーキなどを焼く型。底の深い長方形で、側面はやや上方に向かって開いている。長短、大小、いろいろな大きさのものがある。

■ **プティフール型**

▶moule à petit four（仏）ムール・ア・プティ・フール

プティフール用の焼き型や抜き型。一口で食べられるほどの大きさで、形は小さなタルトレット・フールの円形、正方形、長方形、三角形などと同じ他に、菊型や木の葉型などさまざまな形のものがある。

■ **舟型（ふながた）**

▶moule à barquette（仏）ムール・ア・バルケット、moule à bateau（仏）ムール・ア・バトー / boat mold（英）ボート・モールド、boat shaped tin（英）ボート・シェイプト・ティン / Schiffchenform（独）シフヒェンフォルム

小舟の形をしたタルトレット型で、バルケット型、バトー型などとも呼ばれている。側面は上方に向かって大きく広がっている。縁は平らなものや波形などがあり、大きさもさまざまである。

■ **ブリオッシュ型**

▶moule à brioche（仏）ムール・ア・ブリオッシュ / brioche mold（英）ブリオッシュ・モールド / Briocheform（独）ブリオシュフォルム

ブリオッシュ・ア・テートと呼ばれる、だるまのような形のブリオッシュを焼くための型。

側面が大きな波状になっていて、上方にやや開いた形をしている。

スポンジ種を流して焼いたり、ゼリーやバヴァロワなどを流して、冷やして固めたりすることなどにも使われる。

■ **プリン型**

▶ moule à dariole（仏）ムール・ア・ダリオール / custard cup（英）カスタード・カップ / Puddingform（独）プディングフォルム

上方のやや広がった底の深い円筒形の型。カスタード・プディングによく用いる。その他ではゼリーを流して固めたり、バターケーキの種を流してカップケーキを焼くことにも使われる。

■ **フロランタン型**

▶ plaque à florentin（仏）プラック・ア・フロランタン / florentine mold（英）フロレンティーン・モールド / Florentinerblech（独）フロレンティーナーブレッヒ

波形の刻み目のついている浅い円形の型。鉄板に数個刻み込まれているものもある。この型にチョコレートを流し、固まったあとではずし、別に焼いて、円形に抜いたフロランタン生地をはりつけ、フロランタンを仕上げる。おおむね合成樹脂で作られ、大小いろいろな種類のものが市販されている。

■ **ボンブ型**

▶ moule à bombe（仏）ムール・ア・ボンブ

砲弾の形をした型。アイスクリームを詰めるもので、古典的な型の一つ。数種類のグラス（アイスクリーム）やパルフェを詰め、その味覚のハーモニーや、切り分けたときの断面の美しさを楽しむ。

■ **マドレーヌ型**

▶ moule à madeleine（仏）ムール・ア・マドレーヌ / madeleine mold（英）マドレーヌ・モールド / Madeleineform（独）マドレーンフォルム

マドレーヌを焼くための貝殻形の型。単体のものから、たくさん並んでテンパンにはめ込まれたものもある。近年はテフロン加工製もあり、これは生地が型につかず、とりはずしやすい。貝殻の形もやや開きぎみのもの、あるいはマドレネットと呼ばれる小型の一口サイズのものもある。

■ **マンケ型**

▶ moule à manqué（仏）ムール・ア・マンケ / cake tin（英）ケイク・ティン / Tortenform（独）トルテンフォルム

ビスキュイ・マンケあるいは通常のビスキュイを焼くための上方が少し広がっているスポンジケーキの焼き型。積み重ねられるので、収納には場所を取らない。

■ **レーリュッケン型**

▶ Rehrückenform（独）レーリュッケンフォルム

底面にでこぼこの波形がついたトイ型。表面が波打ったレーリュッケンという菓子を焼くための型。いろいろな焼き菓子やゼリー、バヴァロワといった冷菓用としても用いる。

→型（トイ型）

レーリュッケン型

カダイフ　kadayıf（トルコ）

オスマン帝国の宮廷から伝わったという菓子。

パート・シュクレに近いイースト入りの生地に、刻んだくるみ、ハニーシロップなどをはさみ、3～4層に重ねて焼く。今日ではトルコ以外にも広く好まれ、アラブ・イスラム圏やブルガリア等でも作られている。なお地域によってはクナーファ、クナーフェ、クナフェ等の名で呼ばれ、親しまれている。

カッサータ　cassata（伊）

おおむねイタリアのアイスクリームをさす。半球形の型に種類の異なるアイスクリームを層状に詰めたり、また果物などの混ぜ物を詰め、切り口の美しさや味覚のヴァリエーションを楽しむ。

スイスとイタリアの国境地帯で好まれている白チーズに起源を持つといわれ、この原形は、現在でもイタリアのシチリアで作られている。白チーズをよく泡立て、粉砂糖、ヴァニラ、果物または果物の砂糖漬けなどを加えて作る。

同名のアントルメもある。シナモン、ヴァニラ、チョコレート、ピスタチオなどで味つけをした甘いリコッタチーズを土台にして、その上を強いリキュールに浸したスポンジケーキの薄切りでおおい、表面にフォンダンを塗る。さらに果物の砂糖漬けで飾る。

円形、半球形、四角形などがあるが、今日ではシチリアーナの名前で半球形のものがよく作られている。

カッセ　cassé（仏）

煮詰めた糖液を形容する製菓用語。

「こわす、砕く」という意味のフランス語の動詞 casser から派生して、こわした、砕いたの意味の製菓用語に転じた。

糖液は煮詰めの温度が高ければ高いほど、冷却したときの硬度が増す。そしてそのときの状態によっていろいろな呼び方がある。

141℃に煮詰めたとき、それを冷水に落とすとある程度固まり、噛むとそれほど歯につくことなく砕ける。この状態をカッセ、またはカッセ・モワイヤンという。これより低い 125℃ぐらいに煮詰めたものは、歯につきながらもなんとか砕けるということで、プティ・カッセという。さらに完全に砕ける 144℃のものはグラン・カッセと呼んでいる。

→糖液

カッツェンツンゲン　Katzenzungen（独）

▶ langue de chat（仏）ラング・ド・シャ

「猫の舌」の意の軽いプティ・フール・セック。また同じ形に流した薄いチョコレート製のものも同様に呼ぶ。さらにレープクーヘンの一種にもこの名を用いたものがある。

→ラング・ド・シャ

カーディナルシュニッテン
Kardinalschnitten（オーストリア）

オーストリアに古くから伝わる菓子。特にウィーンでは多くの菓子店で作られている。カーディナルとはカトリックの枢機卿のこと。シュニッテンとは「切り菓子（複数形）」の意味。

スポンジ種とムラングを交互に絞って焼き、クリームをはさむ。この菓子を切ると黄と白の2色になり、これがカトリックの旗の色を表す。

〈配合〉

ムラング

- 卵白…………………………… 3個分
- 砂糖…………………………… 110g
- レモン果皮…………………… 1/2個分

スポンジ種

- 全卵…………………………… 1個
- 卵黄…………………………… 4個分
- 砂糖…………………………… 50g
- ヴァニラ……………………… 少々
- 小麦粉………………………… 55g
- 砂糖…………………………… 適量

クリーム

- 生クリーム…………………… 140mℓ
- 砂糖…………………………… 5g
- インスタントコーヒー……… 2g
- ゼラチン……………………… 2g

〈製法〉

① 卵白に砂糖を少しずつ加えて泡立て、ムラングを作り、レモン果皮を加える。
② 全卵、卵黄、砂糖を湯煎にかけて、充分泡立てる。
③ ②にヴァニラを入れ、小麦粉を加えて混ぜる。
④ ①のムラングを 12mm ぐらいの丸口金で、テンパンの上に1本分の間隔をおいて3本、2段重ねで絞る。
⑤ ③の種を同様にしてその間に絞る。
⑥ 粉糖を軽く振って、180℃のオーブンで約20分間焼く。
⑦ 生クリームに砂糖を加えて泡立てる。
⑧ 少量の湯で溶いたインスタントコーヒーと、水に浸してやわらかくしておいたゼラチンを混ぜ、⑦に加え混ぜる。
⑨ ⑥を2組用意し、クリームをはさんで重ね、粉糖を振って適当な幅に切り分ける。

カーディナルシュニッテン

カード

▶ corne（仏）コルヌ、grattoir à pâte（仏）グラトワール・ア・パート / scraper（英）スクレイパー、dough spatula（英）ドウ・スパテュラ / Teigschaber（独）タイクシャーバー

耐熱性のプラスチックの板。鍋あるいはボウルなどについたクリームや生地、種をぬぐいとったり集めたりするために用いる製菓器具。いわゆるスケッパーのこと。縁は角になってい

るところと丸みを帯びた部分があり、鍋やボウルの壁面の形に合わせて使用する。表面を平らにならす場合にも用いられる。

か

ガトー　gâteau（仏）

日本語に訳すと「菓子」であるが、いわゆる「菓子」にくらべるとその範囲はもう少し限られてくる。すなわち、ボンボンやチョコレート、キャンディーを除いた、ほとんどすべてのパティスリーをさす語である。デザート菓子であるババヴァロワやシャルロット、プディング、スフレ、ベーニェ（揚げ菓子）、アイスクリームなどのアントルメ類も、厳密にはガトーからはずしてとらえられている。

ガトーのさす範囲は、フイユタージュやパート・ブリゼといった通称パイ生地、パート・シュクレ（ビスケット生地）、サヴァランやババを作るパート・ルヴェ（発酵生地）、ジェノワーズまたはビスキュイ（スポンジ生地）、シュー生地などで作られる菓子である。

製品は、大型のものをグランガトー、小型のものをプティガトーと呼んでいる。

さらに地方には、そこに生まれ、根づいた菓子があり、その土地に合わせてガトー・～と呼ばれるものが多くある。

ガトー・ア・ラ・ブロッシュ　gâteau à la broche（仏）

ガトー・ア・ラ・ブロッシュ

バウムクーヘンのようにして作られた円錐形の菓子。円錐形の芯棒を回しながら、上から種をかけていく。種が飛び出るような形で焼かれ、芯棒を抜くと、ツリーのようになるところから、フランスではクリスマス時季にもてはやされる。由来については、ピレネーの山奥に住みついたオーストリア出身の女性が、じゃがいもをベースにした種で作ったことが始まりという。また別説では18世紀末頃ナポレオンの軍隊が東欧からその製法を持ち帰ったという。ともあれ今日でもピレネーの奥地では同様のものを昔ながらの製法で作り続けており、よってこれを別名ガトー・ピレネーとも呼んでいる。

かとう　果糖

▸ sucre de fruit（仏）シュクル・ドゥ・フリュイ / fruit sugar（英）フルート・シュガー、fructose（英）フラクトウス / Fruchtzucker（独）フルフトツッカー

各種のフルーツや花々といった、自然界に広く存在する甘味成分。よって蜂が集める蜂蜜にも多量の果糖が含まれている。糖類の中でももっとも高い甘味を持つもので、蔗糖の1.3～1.7倍ほどもある。ただ実際に集めるのは大変で、今日では大部分が人工的に作られている。初期には菊芋に含まれているイヌリンという成分を加水分解して取り出していたが、現在では酵素やアルカリを使ってぶどう糖の分子構造を変え、それを果糖に変える方法が取られている。なお果糖は低カロリーゆえダイエット食品の分野の甘味料として注目を集めている。また吸湿性にも富んでいるため、シトリ感を求める日本人の嗜好に合い、今後の菓子作りに活用の道が広がっていくものと思われる。

ガトー・オ・ノワ・ド・グルノーブル　gâteau aux noix de Grenoble（仏）

直訳すると「グルノーブルのくるみのお菓子」。

フランスのグルノーブル地方はくるみの産地で、その名の通り、それを使った同地のスペシャリテのひとつ。チョコレート風味のスポンジ種にメレンゲを混ぜ、軽く焼いたくるみを加え、スポンジ型に流して焼く。

ガトー・オ・ノワ・ド・グルノーブル

かどくらくにてる　門倉国輝

（1893-1981）日本における本格的なフランス菓子の始祖。1893（明治26）年下谷に生まれ、横浜常盤町・馬車道の凮月堂に小僧奉公に出された。ここで一門の製造部の総帥門林弥太郎の薫陶を受け、1910（明治43）年、当時フランス料理及びフランス菓子で名を上げてきた芝・三田にある東洋軒に移った。1921（大正10）年、28歳になった国輝は、東洋軒の主人・伊藤耕之進に見込まれて、フランス菓子研究のため渡仏を敢行。彼は当時パリで一流といわれたカンボン通りの菓子店コロンバンに入店。純粋なフランス菓子を習得する。帰国後独立に際し、コロンバンの名称使用を許されるほどに仕事に励んだ。そして10年後に再び渡仏し、今度はマジェスティック・ホテルで料理菓子、糖菓、アイスクリーム等を学び、ジェックス菓子店では、妻ともどもチョコレートの何たるかを身につける。1924（大正13）年、大森に薬物化学研究所・コロンバン商店を創業。1931（昭和6）年銀座の六丁目角に、在仏中よりの知己、藤田嗣治の天上画6枚を飾った銀座コロンバンを開店し、三角堂跡をテラス・コロンバンとして、道路に椅子、テーブルをせり出した形に改装した。また日本で初めての冷蔵ショーケースを作り、銀座松坂屋に設置したり、清水利平氏と組んで電気オーブンを作ったり、電動ミキサー作りに知恵を貸したりと、次々に新しいことに挑戦。1931年には『喫茶とケーキ通』を出版。また東京都本所区会議員に当選し、副議長を務めるなど深く行政にもたずさわっている。さらには1951（昭和26）年、全国の百貨店名店街の先駆けとなる東横のれん街の設立に率先して協力。その2年後の東京駅八重洲口の名店街創設にあっては、各店に呼びかけ、渋る店主を自ら説得し、発足させた功労者でもあった。こうした名店街方式はまたたく間に全国に広がり、多くの個人商店を企業へと脱皮せしめた。加えて分散していた菓業人をまとめて全日本洋菓子工業会なる業界団体を作り、個人的な交友をもとにその会を世界洋菓子連盟に加盟させるなど、発展する商いとはまた別に、大所高所から製菓業界の発展に尽くした。

ガトー・ダノワ

→デニッシュ・ペイストリー

ガトー・ディミタシオン　gâteau d'imitation（仏）

さまざまな形に模して作った菓子。たとえばはつかねずみをかたどったスーリ、マジパンで作るいちじく形のフィグ、じゃがいもに似せたポンム・ド・テールといったものがある。

ガトー・ド・ヴォワイヤージュ　gâteau de voyage（仏）

「旅行用の菓子」という意味で、その名が示すとおり、持ち運びしやすく、かつ一定期間保存の効く菓子。パウンドケーキ、クグロフ、フルーツケーキ、マドレーヌ、フィナンシエといった半生焼き菓子類をさす。

ガトー・ド・ピクニック　gâteau de pique-nique（仏）

日もちのする焼き菓子の総称。

パウンドケーキやフルーツケーキ、マドレーヌ、パン・ド・ジェーヌ（粉末アーモンド入りの菓子）など、比較的日もちのする焼き菓子をさす。生菓子と違って、ピクニック等携帯に便利な菓子ということでの呼び名である。同じ意味で、ガトー・ド・ヴォワイヤージュ（旅行用の菓子）ともいう。

→ガトー・ド・ヴォワイヤージュ

ガトー・バスク　gâteau basque（仏）

「バスク地方の菓子」という名のフランス菓子。タルト型で作られ、食べごたえのある口当たりが特徴とされている。そもそもは17世紀にバスクのカンボ・レ・バンという温泉町で作られていた、とうもろこしの粉とラードで作られていたクッキー状の焼き菓子であった。18世紀になると、それに特産のダークチェリーのジャムなどをサンドするようになり、19世紀になって他の地に売りに行ったところ、好評を得て、バスクの菓子としてガトー・バスクと呼ばれるようになった。今日のようにカスタードクリームを入れるようになったのは19世紀末頃といわれている。

〈配合〉

小麦粉……………………………… 850g
バター……………………………… 500g
全卵………………………………… 6個
ラム………………………………… 適量
ヴァニラ…………………………… 少々

レモン果皮……………………………… 少々
クレーム・パティシエール…………… 適量
クレーム・ダマンド…………………… 適量
卵黄……………………………………… 少々
コーヒーベース（濃縮コーヒー）
　またはインスタントコーヒー……… 少々

〈製法〉

① 小麦粉とバターを合わせ、全卵、ラム、ヴァニラ、すりおろしたレモン果皮を加えて混ぜる。
② 冷蔵庫で休ませたのち、厚さ5mmに延ばし、タルト型に敷く。
③ クレーム・パティシエールとクレーム・ダマンドを1：1で混ぜ、②の中に絞り込む。
④ その上に同じ生地をかぶせ、空気穴をあける。
⑤ 卵黄にコーヒーベースまたは濃いめに溶いたインスタントコーヒーを加え、④の上に塗る。
⑥ フォークで筋をつけ、200℃のオーブンで焼く。

ガトー・バスク

かどばやしやたろう　門林弥太郎

（1884-1970）日本における近代洋菓子の育ての親。弥太郎（筆者の母方の祖父）は、長野を郷里とし、猿田家から縁あって門林家に養子に入る。12歳の時、同郷の米津松蔵に連れられて上京。以来米津恒次郎（米津松蔵次男）について製菓のすべてを習得。銀座米津凮月堂二代目職長となり、大住凮月堂本店を含む凮月堂一門全店の総師としての重責を担った彼は、「コロンバン」創業者の門倉国輝、「洋菓子のヒロタ」創業者の広田定一、「クローバー」創業者田中邦彦等々、後々近代洋菓子界を背負う多くの子弟を世に送り出した。このことにより日本の洋菓子技術は飛躍的に発展し、あまねく行き渡るようになった。そして彼の薫陶を受けた人々によって、同氏を囲むべく、凮月堂のマークをもじった扇友会が作られた。今日の業界団体のひとつである日本洋菓子協会も、その扇友会のメンバーが主力となってまとまっていったものである。

スイート・ポテトなる和風洋菓子を今日の形にまとめ上げたのも同氏である。

→スウィート・ポテト

ガトー・ピレネー

→ガトー・ア・ラ・ブロッシュ

ガトー・ランヴェルセ　gâteau renversé（仏）

ランヴェルセとは「ひっくり返した」という意味で、すなわち「裏返しにした菓子」のこと。プディングやタルト・タタンといった、でき上がってから裏返して供する菓子をさす。

カトル・カール　quatre-quarts（仏）

「4分の4」の意味のフランスの焼き菓子。パウンドケーキと同様に、卵、砂糖、小麦粉、バターが、それぞれ4分の1ずつ入って作られるため、この名がある。ただしパウンドケーキやそれに類するフルーツケーキのように、いろいろな果物を入れたり、飾ったりはしない。ト・フェ tôt-fait という別名も持っている。これは「すぐにできる」という意味で、すなわち全部同じ配合だから簡単にできるということからの呼び名である。

〈配合〉

全卵………………………………………… 500g
砂糖………………………………………… 500g
小麦粉……………………………………… 500g
溶かしバター……………………………… 500g

〈製法〉

① 卵と砂糖を充分泡立てる。
② 小麦粉を加え、溶かしバターを混ぜる。
③ 型に流し、180℃のオーブンで焼く。

ガナッシュ　ganache（仏・英）

▸Ganache（独）ガナッシュ、Canache（独）カナッシュ、Pariser Creme（独）パリザー・クレーム

チョコレートクリームの一種。生クリームを煮上げ、チョコレートを混ぜて作る。

各種の洋酒や他のクリーム類とも混合しやすいため、ボンボン・オ・ショコラ（一口チョコレート菓子）のセンターにしたり、アントルメやグランガトー、プティガトーのサンド用、上

塗り用などに用いる。ガナッシュ・ヴァニーユと呼ぶ最もオーソドックスなものから、卵黄を入れて風味をつけたもの、ホワイトチョコレートを使ったもの、カラメル入り、コーヒー風味、紅茶の香りをつけたものなどもあり、それぞれの用途に応じて使い分けている。

以下の各ガナッシュに、好みに応じて洋酒を入れて使用する。

■ **ガナッシュ・ヴァニーユ　ganache vanille**

ヴァニラの香りのついたガナッシュ。

〈配合と製法〉

生クリーム……………………………… 500mℓ
チョコレート…………………………… 1000g

① 生クリームを沸騰させる。
② 火から降ろして、刻んだチョコレートを加え、余熱で溶かす。
注1：好みに応じてリキュールを入れたり、他のクリームと合わせる。
注2：チョコレート（クーヴェルテュール・ショコラ）にはあらかじめヴァニラが入っているので、あらためて入れる必要はない。

■ **ガナッシュ・オ・ズ　ganache aux œufs**

卵の入ったガナッシュ。

〈配合と製法〉

卵黄……………………………………… 60g
砂糖……………………………………… 90g
生クリーム……………………………… 500mℓ
チョコレート…………………………… 1000g

① 卵黄と砂糖を攪拌しておく。
② 生クリームを沸騰させ、①に加えてゆく。
③ 再び沸騰させて火から降ろし、細かく刻んだチョコレートを入れて混ぜる。
注：卵入りの場合、味にまろやかさは増すが、日もちがしないので注意する。

■ **ガナッシュ・オ・テ　ganache au thé**

紅茶入りのガナッシュ。

〈配合と製法〉

生クリーム……………………………… 350mℓ
紅茶の葉………………………………… 20g
チョコレート…………………………… 200g
ミルクチョコレート…………………… 400g

① 生クリームと紅茶の葉を一緒に沸騰させて火から降ろし、ふるいを通し、紅茶の葉を除く。
② 細かく刻んだ2種のチョコレートを加えて混ぜ、全体をなめらかにする。

■ **ガナッシュ・オ・レ　ganache au lait**

ミルクチョコレート風味のガナッシュ。

〈配合と製法〉

生クリーム……………………………… 450mℓ
ミルクチョコレート…………………… 1000g

① 生クリームを沸騰させ、火から降ろす。
② 刻んだミルクチョコレートを加え混ぜる。

■ **ガナッシュ・オ・レ・オ・ズ　ganache au lait aux œufs**

ミルクチョコレートを使った卵入りのガナッシュ。

〈配合と製法〉

卵黄……………………………………… 90g
砂糖……………………………………… 125g
生クリーム……………………………… 500mℓ
ミルクチョコレート…………………… 1000g

① 卵黄と砂糖を攪拌しておく。
② 生クリームを沸騰させて①に加え、再び沸騰させて火から降ろし、細かく刻んだミルクチョコレートを入れてよく混ぜる。

■ **ガナッシュ・カラメル　ganache caramel**

カラメル入りのガナッシュ。

〈配合と製法〉

砂糖……………………………………… 300g
生クリーム……………………………… 400mℓ
チョコレート…………………………… 100g
ミルクチョコレート…………………… 600g

① 鍋に砂糖だけを入れ、火にかけて溶かし、淡いカラメル色まで煮詰める。
② 沸騰した生クリームを、カラメルの中に徐々に混入する（カラメルと生クリームの煮沸は同時進行させておくこと）。
③ 火から降ろし、細かく刻んだ2種のチョコレートを加え、全体を混ぜる。

■ **ガナッシュ・ブランシュ　ganache blanche**

白いガナッシュ。

〈配合と製法〉

生クリーム……………………………… 400mℓ
ホワイトチョコレート………………… 700g
バター…………………………………… 100g

① 生クリームを沸騰させ、火から降ろす。
② 細かく刻んだホワイトチョコレートを加えて混ぜ、続いてバターを加え、全体を混ぜる。

■ **ガナッシュ・モカ　ganache moka**

コーヒー入りのガナッシュ。

〈配合と製法〉

生クリーム……………………………… 500mℓ
水飴……………………………………… 30g
インスタントコーヒー………………… 20g

チョコレート……………………………… 200g
ミルクチョコレート…………………… 400g

① 生クリーム、水飴、インスタントコーヒーを一緒に沸騰させ、火から降ろす。
② 細かく刻んだ2種のチョコレートを加えて混ぜる。

カナペ　canapé（仏）

フランス式オープンサンドウィッチ。パンを薄切りにし、さらに小さな正方形または長方形に切り分け、パテを塗ったり、さまざまな具をのせて供する。

またオードヴル用のカナペは、別名ロシア風カナペとも呼ばれ、具のとり合わせで色とりどりに盛ったり、バターのパイピングでデコレーションをするなど、自由にデザインして作り、テーブルをにぎわす。

カーニヴァル　carnival（英）

▸carnaval（仏）カルナヴァル / Karneval（独）カルネヴァル

キリスト教国において、四旬節の直前の3日ないし1週間にわたって行われる祭り、謝肉祭のこと。

復活祭の46日前より始まる四旬節の期間はキリストが荒野で断食をしたことをしのんで肉を絶つ習慣がある。ならばその前に思い切り肉を食べて楽しもうではないかという行事。ラテン語のカルネム・レワーレ carnem levare（肉をやめる）が語源とされている。起源は古代ローマで、キリスト教の初期にあたり、この新宗教に入ったローマ人を懐柔するために、彼らの間で行われていた農神祭（12月17日～1月1日）を認めたもので、キリスト教として異教徒的な祭りであった。その後、そうした考え方がキリスト教徒によって受け継がれ、12月25日から始まって、新年の祭り（1月1日の聖母マリアの日）と主顕祭（1月6日）とを合わせ含むようになった。それが南国や一部の地域では、戸外におけるお祭り騒ぎを主としたカーニヴァルになった。カーニヴァルの行事としては、戸外での仮装、または仮面行列や繰り出す張子の偶像などが付き物だが、時代や地域によってさまざま異なり決まっていない。しかしながら農山村では、春を迎えての農作や多幸を祈念するお祭りの意味合いも強く、カーニヴァル特有の仮面や仮装も悪霊への威嚇という意味を持っていた。なおかつてはローマが中心になって行われていたが、そうした流れを引いてか、今日でもカトリックの国々が盛んで、南仏のニース、イタリアのフィレンツェ、ヴェネツィア、ドイツのケルン、スイスのバーゼルなどのカーニヴァルは世界的に名高い。また、他大陸ではアメリカのニューオリンズやブラジルのリオデジャネイロなどがよく知られている。なお、その日に祝われる菓子については、たとえばスイスの山村ではファスナハツキュッヒリやローゼンキュッヒリと呼ばれるおかしいお面やおどけた顔のマスク・ド・カルナヴァルが並べられ、子供たちも仮面の行列にはしゃぎながら、それを求めている。パン屋も同様、ピエロに似た滑稽な形のパンを焼き上げたり、そうした形の揚げパンを作っている。

ガーニッシュ　garnish（英）

▸filling（英）フィリング / Füllung フュルング

詰め物、付け合わせ。

料理においては、肉や魚などの調理されたものにつけ加えたり、周りに置くものをさす。

菓子作りでは、フイユタージュ（パイ生地）やビスケット生地等で作ったものに対し、中に何かの具や生地、種を詰める場合、この語があてられる。

カヌレ・ド・ボルドー　cannelés de Bordeaux（仏）

カヌレとはフランス語で“溝つきの”とか“波形の”の意味で、たてに12本の溝が入ったたて長の型で焼くボルドーの銘菓。いわれについては諸説あり、17世紀にボルドーの修道院で、物納された原材料をもって作られたというものや、16世紀に同じく修道院で姉妹の修道女が棒状に作った焼き菓子が元となって進化したもの、他はもう少し古く、12～15世紀頃のことで、当時はイギリスの支配下にあったため、同国のマフィンやプディングが元になって、今の形に変化していった、等々の話が伝えられている。いずれにしてもその後立ち消えていたが、1790年に復元され、今日ではボルドーのスペシャリテとして親しまれている。

〈配合〉 4個分

牛乳………………………………… 200mℓ
バター……………………………………… 10g
ヴァニラオイル………………………… 少々

ラム……………………………………… 20mℓ
粉糖……………………………………… 100g
薄力粉…………………………………… 50g
卵黄…………………………………… 2個分

〈製法〉

① 牛乳を沸騰させて火から降ろし、バターとヴァニラオイルを加えて粗熱をとり、ラムを加える。
② 粉糖と薄力粉をふるいにかけて混ぜ、①を少量加えて混ぜ、ペースト状にして卵黄を加える。
③ ②に残りの①を混ぜ、こし器を通してから冷蔵庫で12時間以上寝かせる。
④ バター（分量外）をクリーム状にして、刷毛で型の内側に塗る。
⑤ ③を型の上から5mm下ぐらいのところまで入れる。
⑥ 230～240℃のオーブンで50～55分焼き、すぐに型からはずす。

カヌレ・ド・ボルドー

かねこくらきち　金子倉吉

(1893-1971) 菓子業界の専門誌のひとつの「製菓製パン」の出版元、製菓実験社の創業者。

1925（大正14）年に、洋菓子関係の出版物として、菓友会より「菓友会報」が出版される。同誌は「菓友」と改めて洋生菓子職人の紹介斡旋を始める。同年、国粋製菓会社工場長金子倉吉が「製菓と図案社」を興し、翌1926年、菓友会の出版物「菓友」を引き継いで「製菓と図案」を創刊。1930年に同誌を「製菓製パン」と改称。1943年、国策に添う形で「菓糧」と改称したが、1950（昭和25）年1月に「製菓製パン」として復刊がなった。金子倉吉は特に和菓子に造詣が深く、「和菓子大系」「菓業講和録・和菓子全科」等、個人的にも多くの著作を残し、製菓製パン業界にたくまざる論陣を張った。

カフィー・ファッジ・ケイク　coffee fudge cake（英）

イギリスで好まれているコーヒー味の焼き菓子。本体もアイシングもコーヒーテイストにする。

〈配合〉22.5 × 30cmトレイ1枚分

薄力粉…………………………………… 170g
ベーキングパウダー……………………… 8g
ブラウンシュガー……………………… 170g
バター…………………………………… 170g
卵………………………………………… 3個
インスタントコーヒー…………………… 9g
熱湯………（インスタントコーヒーと同量）
くるみ…………………………………… 50g

コーヒーアイシング

バター…………………………………… 80g
粉糖……………………………………… 80g
インスタントコーヒー…………………… 9g
熱湯………（インスタントコーヒーと同量）
牛乳……………………………………… 15mℓ
飾り用くるみ…………………………… 50g

〈製法〉

① バターを攪拌し、クリーム状にして、砂糖を加え、卵も加え混ぜる。
② 薄力粉、ベーキングパウダーを一緒にしてふるい、①に加え、熱湯で溶いたインスタントコーヒー、粗刻みしたくるみを混ぜる。
③ トレイに流し、180℃のオーブンで約20～23分焼く。
④ アイシングを作る。バターを攪拌しクリーム状にして粉糖を加え、熱湯で溶いたインスタントコーヒー、牛乳を加え混ぜる。
⑤ ③のケーキが冷めたら、上面にアイシングをかけ、粗刻みしたくるみを散らす。

カフェ　café（仏）

フランスではコーヒーと、喫茶店の意味を持つ。初期のころはコーヒーしか出さなかったためで、現在でもカフェは原則的には飲み物だけを提供する店をさすが、軽食やアルコール類を出す店が多くなっている。同じ喫茶でも、菓子店がよく併設し、自家製の菓子等を提供しているものはサロン・ド・テといって、区別されている。

フランスでのカフェの歴史は、1672年、アルメニア人のパスカルという人が、パリのサン・ジェルマンの定期市で1杯2.5スーでコーヒーを売り出したことから始まる。

その後、各地に同様のものができ、次第に芸術家、ジャーナリスト、作家といった文化人たちの集うところとなり、今日の隆盛につながっていった。

カフェ・コンディトライ　Café-Konditorei, Kaffee-Konditorei（独）

▶salon de thé（仏）サロン・ド・テ / coffee shop（英）カフィ・ショップ、tea house（英）ティー・ハウス

ドイツやオーストリア、スイスのドイツ語圏等でいう洋菓子と喫茶の店。カフェハオスともいう。

カフェ・デル・ゴロソ　café del goloso（西）

スペインで好まれている飲み物。コーヒーに溶かしたチョコレートを加え、シナモンで味つけをしたもの。温めても冷やしてもよい。

16世紀、メキシコを征服したエルナン・コルテス（フェルナンド・コルテス 1485～1547）によって南米大陸からカカオ豆が持ち帰られ、当時の王侯貴族は原地にならってそれをすりつぶし、ヴァニラやシナモン等の香料、砂糖や蜂蜜等の甘味を加えて飲んでいたという。

カフェ・ブッセルン　Kaffee Bussern（チェコ・スロバキア）

チェコやスロバキアのムラング菓子。

充分泡立てた卵白に、角砂糖と一緒に濃く煮たコーヒーと粉糖を加え、絞って焼き上げる。

カプセルン　Kapseln（独）

薄く焼き上げたビスクヴィート、ヴィーナーマッセ等の総称。シート状の生地のこと。

カープル

→ケパー

かぼちゃ

▶potiron（仏）ポティロン / pumpkin（英）パンプキン / Kürbis（独）キュルビス

語源はカンボジアから渡来したゆえの命名という。また一方では唐茄子（とうなす）の呼び名もある。これは唐、すなわち中国から来た茄子の一種との解釈からと思われる。さらに九州ではぼうぶらと呼んでいる。これはポルトガル語のアボブラが転訛したものらしい。こうしてみると伝来経路がさまざまあったことがうかがえる。種類的には西洋種、日本種、それらの雑種、その他もろもろと数多く、各々がさらに細かく枝分かれしている。菓子との関わりについては、秋を代表する素材として認識されている。また10月31日のハロウィーンにおいては、アメリカなどではかぼちゃをくり抜いて、さらに目鼻模様に三角に切り抜き、ジャック・オ・ランタン Jack-o'-lantern などを作って遊ぶ。そのくり抜いた中身でパンプキン・パイ、パンプキン・ムース、パンプキン・プディングなどが作られ、楽しまれる。

カマンベール　camembert（仏）

フランスのノルマンディー地方の白かびタイプのチーズ。マイルドな味が特徴。

→チーズ（白かびタイプ）

ガムペイスト　gum paste（英）

粉糖に卵白を混ぜ、ゼラチン等を混入して練り込んで作る細工用の生地。工芸菓子用に使われる。

→パスティヤージュ

カメルーナー　Kameruner（オーストリア・独）

イーストを使った発酵生地を、小さな丸や四角に切って揚げたオーストリアの菓子。シナモンシュガーをふりかけて供する。中が空洞なので食感は軽い。

〈配合〉

強力粉……150g
イースト……12g
牛乳……40mℓ
砂糖……20g
塩……少々
全卵……1個
レモン果皮……1個分
バター……20g

〈製法〉

① イーストにひとつまみの砂糖と温めた牛乳を入れて発酵させる。
② 強力粉をふるってくぼみを作り、中に残りの砂糖、塩、卵、すりおろしたレモン果皮を入れ、①を加える。

③ 充分混ぜてバターを加え、再び混ぜてまとめ、倍量ほどに発酵させる。
④ ガス抜きをして薄く延ばし、四角に切るか丸く抜く。
⑤ 熱した油できつね色に揚げる。
⑥ 粉糖に適量のシナモンを加え、上から軽く振りかける。

カラク **caraque**（仏）

「カラカス産の上質なカカオ豆」のこと。チョコレート類を使用したアントルメやグランガトー、プティガトー、プティフール等の製品によくこの名称がつけられる。

カラゲーナン

▶ carraghénane（仏）カラゲナン / carrageenan（英）カラジーナン / Carrageen（独）カラゲーン

ゲル化剤の一種。海草を原料とした凝固剤。

古くはゲローズといわれていたが、現在ではカラゲーニン、カラギニン、カラギーン、アイリッシュ・モスエクストラなどの名で呼ばれている。寒天、ゼラチン、ペクチンなどとともに、製菓材料として便利に使われている。

寒天は口どけが悪く、ペクチンは特有の甘みや酸味があり、ゼラチンは多少のゼラチン臭を伴う。これらに対してカラゲーナンは、それぞれの長所を持ち、また食感や菓子の製作上の問題も少なく、重宝に使用されている。

カラゲーナンは、D- ガラクトース、L- ガラクトース、3.6 アンヒドロ・ガラクトース、そしてこれらに硫酸根がついたガラクターンなどの混合体で、分子量 10 万～ 80 万といわれる物質である。またカラゲーナンは塩化ナトリウムの添加によってゲル化する κ（カッパ）カラゲーナンと、ゲル化しない λ（ラムダ）カラゲーナンがある。なお、前者はカリウムイオンかカルシウムイオンのいずれかがあればゼリーを作り、両方あればさらに強いゼリーを形成する。また牛乳との反応では、50℃に加熱すると溶解し、43℃でどろっとしたプディング状になるので、ミルクゼリーなどを作る場合に適している。後者は強い粘性があるので、増粘剤としての効果がある。この粘性により保水性が高くなり、離水防止の効果が出てくる。

カラゲーナンは総じて、水と反応してゼリーを作る力が強く、低い温度でも透明なゼリーになる。この溶解温度は 80℃で、寒天より低く、1～2分で溶ける。ゼラチンとくらべるとゼリー化の温度は高く、糖をふやすとさらに高くなる。たとえば糖濃度 20%の場合、34℃でゼリー化し、52℃で溶解する。

製菓面では、これらの性質をそのまま利用してゼリーを作ったり、各種のタルトのつや出し等の上面処理に使われている。またジャムやママレード、さまざまなクリーム類に添加されている。

カラスむぎ　一麦

▶ avoine（仏）アヴォワーヌ / oat（英）オート / Hafer（独）ハーファー

別名を燕麦（えんばく）、すずめ麦ともいう。ロシア、ウクライナ、アメリカが生産地となっている。脂肪分に富み、タンパク質も多く、ビタミン B 類も豊かで穀物の中でも秀逸の栄養価を誇っている。アメリカではオートミールに加工したり、クッキー等多くの菓子やパン類に、あるいはスープの材料などに利用されている。

ガーラブ **gharab**（アラブ圏）

アラブ・イスラム文化圏で広く親しまれている口どけのよいクッキー。

小さな円形で、中央にアーモンドやピスタチオの粒を押し入れて焼く。地方によってはグライエバあるいはグリビーなどとも呼ばれている。

カラメリゼ **carameliser**（仏）

砂糖を焦がしてカラメル化させること、あるいはそのカラメルを加えること。キャラメリゼともいう。

プティガトーやアントルメを作る場合、さまざまな上面処理がなされる。たとえば、表面にグラニュー糖をまぶし、熱したこてやガスバーナーを当てて焦がすこともする。砂糖が溶けてカラメル化し、ほどよい色とすばらしい風味がつく。

またナッツ類に砂糖を入れて火にかけ、ナッツの周りをカラメルで包む形にして仕上げる手法がある。アマンド・キャラメリゼ（カラメリゼしたアーモンド）、ノワゼット・キャラメリゼ（カラメリゼしたヘーゼルナッツ）などの名で親しまれている。

また製菓や調理において、「型にカラメルを引く」という表現がある。これは型に、クリームなどの材料を入れるときに、カラメル状に煮詰めた砂糖を型の内側に流すことである。この場合は普通水を吸わせた角砂糖1個または数個を型に入れ、褐色になるまで火にかけ、カラメルが内側全体に回るようにする。

か

カラメリーレン　karamellieren（独）

プティフール、マジパン、果物等の表面全体に飴（糖液）をかけること。

ルカアオゲンと呼ばれるプティシューに飴がけするような場合にも、この語を用いる。

カラメル　caramel（仏）

砂糖に水を加えた糖液または砂糖のみを鍋に入れて火にかけ、焦がした茶褐色の糖液、あるいはその状態をさす語である。

砂糖の主成分である純蔗糖の溶液を加熱してゆくと、蔗糖は次第に転化して、まずブドウ糖と果糖の混合物である転化糖になる。転化糖には、果糖が含まれているので、当然甘みは増大する。糖液の温度の上昇とともに、水分も蒸発するため、濃度が増大し、さらに甘みの増大に拍車をかける。なおも煮詰めてゆくと、糖は分解して色化し、甘みは次第に減退し、酸味と苦みを伴う状態になる。これをカラメルという。さらにこれを続行すると、ついには発煙し、炭化に至る。

この変化を化学的に見ると次のようになる。蔗糖溶液の高温加熱分解生成分としては、先に述べたブドウ糖、果糖の他に、グリセルアルデヒド、ピルビン酸、ジヒドロアセトン、ヒドロキシメチルフルフラール（略してHMFと呼ばれている）、その他の有機酸などが認められている。また糖液を加熱させながら、10℃間隔で採取し、冷却後、水分、pH、着色度、還元糖、蔗糖、HMF量などを測定すると次のようになる。130℃付近から徐々に蔗糖の転化が始まり、150℃を超すと急速に転化糖の量が増加してくる。さらに160℃近くになるとやや黄色みを帯び、170℃付近では茶褐色になり、砂糖の焦げるにおいも出てくる。

着色が起こってくるのは、煮詰め温度とともに転化が進行して、150℃を超すころになると、HMF量が増大してくることによる。HMFは紫外部に特有の吸収を示すので、それを測定することによって定量できる（注：光の波長が200～300ミクロンの部分を紫外部といい、肉眼では形、色をとらえることができない）。またHMFの生成量によって糖液の分解程度を推定することもできる。一方温度の上昇とともにpHは低下し、滴定酸素は大となってくる。

こうした性質は菓子作りに大いに利用される。たとえば、その変化した状態をそのまま製品に利用したものが、いわゆる「キャラメル」である。またカラメル化させた糖液は、その風味を生かしてプディングなどのカラメルソースに、さらに食品一般の風味づけと色づけに利用する。

カランドリエ　calendrier（仏）

「暦（こよみ）」「カレンダー」の意味を持つフランス菓子。

フランスでは新年になると、菓子店のショーウインドーには日めくり式のカレンダー型の菓子が並び、新しい年を祝う。この菓子は文字どおりカランドリエと呼ばれ、ジェノワーズ（スポンジケーキ）で作ったり、ヌガーを薄く延ばしてブック形に成形したりといろいろに作られる。

カリソン　calisson（仏）

フランス南部のエクサン・プロヴァンス地方の銘菓。オレンジやレモン等の味つけをしたパート・ダマンド・クリュ（アーモンドの含有率の高いマジパン）をウェファースの上に置き、菱形に抜いて上面に糖衣をほどこした一口菓子。17世紀頃から同地で作られていたという。名前の由来については、かつてプロヴァンスを治めていたルネ王がジャンヌ姫と結婚式をあげた折、このお菓子が参列者にふるまわれ、それを口にしたジャンヌ姫がそのおいしさに打たれ、「まるでやさしい抱擁（calin）のようだ」といったところから、calissonと呼ばれるようになった由。なおこのほか、ミサの際これが聖杯（calice）に入れられていたことから等、いくつかの話が伝えられている。

ガーリック　garlic（英）

▶ail（仏）アイユ / Knoblauch（独）クノープラオホ

にんにく。強い臭いを放つユリ科の香辛料。原産地はヨーロッパ南部とも中央アジアともいわれている。身体にいいとして、古代エジプト時代には、当時のピラミッド建設に従事した人々にこれを食べさせていたという記録がある。日本へは中国大陸及び朝鮮半島を経て伝わったようで、その旨の記述が古事記や日本書紀に見られる。これは解熱や痛み止めといった薬用効果、あるいは魔除け目的での利用であった。すりおろしたり、細切りにして、臭いを可能な限り出した方がビタミンB_1の吸収率が高まり、結果、病に対する抵抗力もつくという。各種の料理、ガーリックトーストなどに使われる。

カルヴァドス calvados（仏）

りんごから作られるブランデー。フランス・ノルマンディー地方カルヴァドス県で作られるため､この名がつけられた。アップルブランデーの名でも親しまれている。同地は気温が低く、ぶどうの栽培には向いていないが、良質のりんごは採れる。りんごから作られるシードルという酒を蒸留して樽に詰め、熟成させて作り上げる。コニャック、アルマニャックと並んで、今やフランスを代表するブランデーと評されるまでになった。同じノルマンディー名物のりんごを使ったお菓子、タルト・ノルマンドをはじめ、タルト・タタン等々、さまざまな菓子の香味付けに用いられている。

ガルーシキ галушки（露）

ロシアの各地で親しまれているだんごの一種。

カッテージチーズに卵、砂糖、バター、塩を加えてよく練り、小麦粉を加えてよくもみ込む。これを細長く延ばしてくさび形に切り、塩を加えた熱湯の中に落とす。ゆで上がったらすくい上げて皿に移す。これにサワークリームやバターを混ぜてオーブンで焼くこともある。

カルダモン

▶cardamome（仏）カルダモム / cardamon（英）カーダモン、cardamom（英）カーダモム / Kardamom（独）カルダモーム

ショウガ科に属する匍匐（ほふく）植物。和名は小豆蔲（しょうずく）。種子をスパイスとして使用するが、香りを逃がさないため、使用直前まで果皮に包んで保存し、必要に応じて果皮を割り、種子を取り出す。

南インド産とセイロン島産があるが、インド産のほうが多く利用されている。他の香辛料同様に、東から広まり、インド、中東、ヨーロッパ各地域で親しまれている。『千夜一夜物語』では、媚薬として登場している。

カレー料理やガラム・マサラの混合スパイスに欠かせないもので、またインドの菓子、飲み物にも使われ、ヨーグルト飲料「ラッシー」には挽いたカルダモンを必ず添える。

カルツォンチェッリ calzoncelli（伊）

イタリアのアブルッツィ地方の菓子。

貧しい人々のためのビスケットといわれ、アーモンドやフルーツなどを入れず、ひよこ豆の粉や栗の粉などを詰めて揚げる。カッジュニッティとも呼ばれている。

カルテ･シャオムマッセ kalte Schaummasse（独）

▶meringue suisse（仏）ムラング・スイス

熱を加えないで泡立てるムラング。

→ムラング

カルテッダーテ carteddate（伊）

イタリア半島のプリア地方のクリスマス菓子。小麦粉を油と白ワインで練り、2cmぐらいの細いひもを作り、幾重にも輪を描いて形をつけ、焼いたり油で揚げる。焼いたものは、熱したワインに浸し、シナモンを振りかける。揚げたものは蜂蜜に浸し、シナモン入りの粉糖を振りかけて供する。

カルトッフェルクーヘン Kartoffelkuchen（独）

カルトッフェルとはじゃがいものことで、それを使ったザクセン地方の菓子。

発酵生地の中にゆでたじゃがいものすりつぶしたもの、卵、バターを練り込む。これをテンパンに敷き込んだあと、バターを塗り、シナモンを混ぜた砂糖を振りかけ、強火で焼き上げる。焼きたてを熱いうちに供する。

カルトッフェルクーヘン

またドイツではカルトッフェルの名で、ケーキクラムを使った菓子が作られている。これはクラムにレーズンや砂糖漬けフルーツ、ラム、

チョコレート等を混ぜて、一握り程度の大きさにまとめ、マジパンで包み、ココアをまぶしてじゃがいもの形に模したもの。フランス菓子のポンム・ド・テールにあたる。
→ポンム・ド・テール

か

カルトッフェルプファンクーヘン
Kartoffelpfannkuchen（独）

じゃがいもを使ったドイツの料理菓子。

〈配合〉直径12cm 2枚分

じゃがいも………………………………1個
薄力粉…………………………………30g
塩………………………………………1g
にんじん……………………………小1/3本
ピーマン………………………………1個
玉ねぎ………………………………小1/2個
バター…………………………………20g
グリュイエールチーズ
（またはピザ用チーズ）………………40g
パセリ…………………………………少々

〈製法〉

① じゃがいもは洗って鍋に入れ、水をかぶる位に入れて、少し堅めに芯が残るぐらいにゆでる。
② 粗熱がとれたら皮をむいて目の粗いおろし金ですりおろす。
③ ②をボウルに入れて薄力粉、溶き卵、塩を加えて混ぜる。
④ にんじん、ピーマン、玉ねぎをみじん切りにして③に加え混ぜ、2等分する。
⑤ フライパンを熱してバターを溶かし、④を入れて木杓子で形をハンバーグ形に整える。
⑥ 下側が焼けたら裏返して、上面にすりおろしたグリュイエールチーズをたっぷりとかけて焼く。
⑦ 刻んだパセリをふりかける。

カルメラ

南蛮菓子と呼ばれるものの一つ。いわゆるキャラメルを意味するポルトガル語のカラメロの転訛した語で、江戸時代にはカラメル、カルメイラ、カルメイル、軽めいら等と呼ばれていた。『倭漢三才圖會』では加留女以良と書いて、その形状から浮石糖の文字を与え、これを焼砂糖と説明している。また同書および『古今名物御前菓子秘伝抄』には、その作り方も記されている。曰く「上々の白砂糖を一遍洗い、その砂糖一斤に卵を三つ割って白身だけを入れてもみ合わせ、水を二升加えて煮溶かし、絹篩（きぬぶるい）でこす。これを煮つめ、さじですくってみて水で冷し、薄く引きのばしてはりはりと折れるようになった時、鍋を火からおろし、すりこぎですって泡立ってきたら、上に絹をかけておき、軽石のようになってからしばらく間をおいて、鍋の中でいろいろに切る」と記されている。

ちなみに今日カルメラ焼き、あるいはカルメ焼きといわれているものは、煮詰めた糖液に重曹（ソーダ）を加えて気泡を起こし、膨張させて固める。

カルルスバーダー・ツヴィーバック
Karlsbader Zwieback（独）

糖分が少なく、バターを多く含んだ糖尿病の人のためのラスク。

ガレット　galette（仏）

円形に平たく焼いた菓子の総称。語源はフランス語で小石を表すgaletに当るという。

菓子の形態としては最も古く、新石器時代のころに、砕いた穀粉などを水や動物の乳などでとき、熱した石の上にのせて焼いたものが始まりだという。

今日ではこの言葉は、主顕節または公現節（1月6日の祝日）に食される菓子の名称ガレット・デ・ロワとして知られている。その他でも、各地でガレット～と呼ばれる菓子が作られている。ちなみにクレープも丸く平たいところから同名でも呼ばれている。

ガレット・デ・ロワ　galette des Rois（仏）

「王様のガレット」の意味で、1月6日のフェート・デ・ロワ（エピファニー、主顕節、公現節）に食べる菓子。

この行事に関して作る菓子は、土地によっていろいろな形がある。ちなみに、パリ地方のものはガレット・フイユテと呼ばれている。つまりフイユタージュの別名であるパート・フイユテを用いて作る生地にクレーム・ダマンドやフランジパーヌというクリームを包み、中にフェーヴと呼ぶ陶製の小さな人形を入れて焼き上げる。切り分けて食べるときに、これに当たった人はその場で、男性なら王様に、女性なら女王様になって、紙製の金色の王冠をかぶり、周囲の祝福を受ける。

ガレット・デ・ロワ

このほか、ヨーロッパ各地で、さまざまな形で楽しまれている。スイスでは発酵生地を用いた菓子、ドイツではスポンジケーキで作るケーニッヒスクーヘンなどがある。

正式な祝日は1月6日だが、実際には家族が集まりやすいようにと、聖母マリアの日とされる1月1日を除いた1月2日から8日までの間の日曜日に、そのお祝いが行われている。

〈パリ地方のガレット・デ・ロワの製法〉

① フイユタージュを厚さ3mmに延ばして丸く切る。
② ラムを加えた適量のクレーム・ダマンドまたはフランジパーヌを、①の中央に盛る。
③ その中にフェーヴを一つ忍ばせる。
④ 縁に卵を塗り、もう1枚のフイユタージュをかぶせて蓋をする。
⑤ 側面にナイフを縦に押し当て、細かい菊形に整える。
⑥ 上面に卵黄を塗り、ナイフで筋を入れて模様をつけ、中火のオーブンで焼く。
⑦ 金色の紙製の王冠をのせる。

→クレーム・ダマンド
→フイユタージュ
→フェーヴ
→フランジパーヌ

ガレット・ブルトンヌ　galette bretonne（仏）

フランスの大西洋岸に位置するブルターニュ地方に伝わる、円形の平たい焼き菓子。

この地方にはブルトン人と呼ばれる人々が住み、独特の文化を築いている。これはこの地で好まれている菓子の一つで、厚手に焼いたざっくりとした口当たりのクッキーである。一説によると、アングロサクソンに追われてこの地に住みついたブルトン人たちが、イギリスで作っていたショートブレッドを引き継ぎ、それが元になってこの菓子につながっていったという。

〈配合〉

バター…………500g
粉糖…………300g
塩…………少々
ヴァニラ…………少々
卵黄…………5個分
粉末アーモンド…………60g
小麦粉…………500g
ベーキングパウダー…………5g

〈製法〉

① バターをやわらかくし、粉糖、塩、ヴァニラを加えて混ぜる。
② 卵黄を溶いて加え､粉末アーモンドを混ぜる。
③ 小麦粉とベーキングパウダーを加えて混ぜ、生地を一晩休ませる。
④ めん棒で厚さ1cmに延ばし、丸い型で抜く。
⑤ 上面に卵黄を塗って、フォークで節目を入れる。
⑥ 再び型に収めて焼く。

ガレット・ブルトンヌ

カレーム､マリー=アントワーヌ　Carême, Marie-Antoine（仏）

（1784-1833）通称アントナン・カレーム。偉大なる料理人、天才製菓人と謳われた。

ルイ王朝末期に生まれ、ほどなく革命を体験、さらに第一共和制、ナポレオン帝政、王制復古、七月革命と続く激動期を生きた。そしてそれまで各国各地にさまざまな形で発展してきた数々の技法を、見事に整理統合して現代に伝えた。

多くの著作を残し、後に与えた影響には計り知れないものがある。『王室の製菓人（le Pâtissier royal parisien)』（1815)、『製菓人用図案集（le Pâtissier pittoresque)』（1815)、『フランスの給仕長（le Maître-d'hôtel français)』

(1822)、『パリの料理人（le Cuisinier parisien)』(1828）をはじめ、彼の生涯の集大成ともいうべき、『19世紀のフランス料理（l'Art de la cuisine française au dix-neuvime siècle）全5巻』(1833-35、4巻・5巻は弟子により完成された）などが主な著書である。

アントナン・カレーム

伝えられるところによると、10歳のとき、大酒飲みの父に置き去りにされ、その晩あるレストランの戸をたたいた。運よく翌日から働けることになり、懸命に仕事に励んだ。17歳のときにパリの有名店の一つであるバイイの店に移る機会を得た。この店の主人は彼に非常に目をかけ、国立図書館に通って勉強することを許してくれた。

彼はこの機会を大いに利用し、古代の建築学を学び、多くのデッサンを写し、さまざまなデザインを研究した。これらはのちに多くのピエス・モンテを手がける手引きとなっている。

バイイの店に勤めて3年後、政治家、特に外交官として名高いタレイラン＝ペリゴールのもとに転職し、おかかえ料理人として、大いに腕をふるった。ナポレオン敗退後の数々の国際会議のおりの宴席等での活躍は、彼の名声を高め、のち、ヨーロッパ一の富豪であったロスチャイルド男爵夫人に仕えるなどして、その生涯を閉じた。

こうして作られた基礎は、確実に次代のエスコフィエ(1847-1935)、モンタニェ(1865-1948)、ニニョン（1865-1934）等によって引き継がれてゆくことになる。

カロテン

▶ carotene（英）カロティーン / carotène（仏）カロテーヌ / Karotin（独）カロティーン

カロテノイドの一種。従来カロチンとしてきたが、近年カロテンと表記するようになった。体内でビタミンAに変化するもので、プロビタミンAともいう。1831年ににんじんから得られることがわかり、キャロットからということでこの名がつけられた。種類としては3種類あり、α（アルファ）カロテン（黄橙色素）はにんじん、やし油、柑橘類、緑黄色野菜、さつまいも等々に多く含まれ、β（ベータ）カロテン（黄橙色素）は、にんじん、ほうれん草、かぼちゃ、緑黄色野菜、卵黄などに、γ（ガンマ）カロテン（赤色系）は、柑橘類、さつまいも、とうもろこし等に多く含まれる。なお、カロテンは抗酸化作用があるため、たとえばカロテン入りのバターを用いて焼き菓子などを作ると、酸化が遅く、日持ちを長くさせることができる。

カロリーヌ　caroline（仏）

プティ・フール・フレ（生菓子のプティフール）の一つ。細く小さく絞って焼いたシュー種で作る、小型のエクレールである。中に詰めるクレーム・パティシエール（カスタードクリーム）や上面に塗るフォンダンも、通常のエクレールと同様、通常コーヒー味とチョコレート味で作る。

カロリーヌ（キャロリーヌ）は、英語読みではキャロラインで、女性の名前である。

かわけずりき　皮削り器

▶ zesteur（仏）ゼストゥール / peeler（英）ピーラー、zester（英）ゼスター / Zestenschneider（独）ツェステンシュナイダー

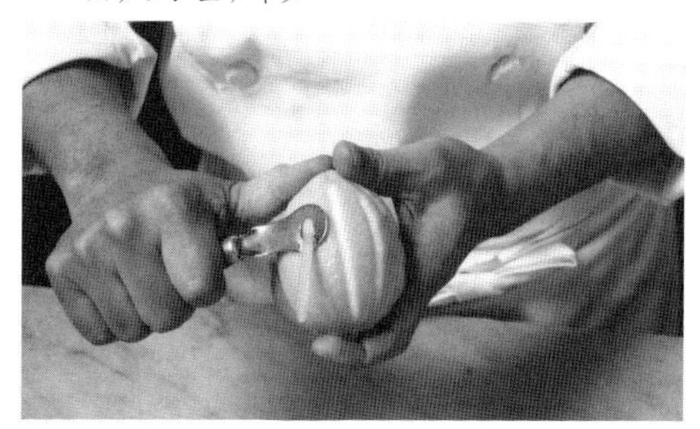

皮削り器

オレンジやレモンなどの果皮を削りとる器具。握り手の先の金属の部分に小さな穴がついており、その部分で香り高い果皮の表面を削り

とる。

かわしまこまきち　川島駒吉

（1893-1987）自動包装機開発の嚆矢、川島製作所の創業者。

1912（明治45）年、東京神田岩本町において製菓器具の製造販売を行う川島製作所を興した。1946（昭和21）年、自動包装機の研究へと会社の進むべき道を定め直し、1947年キャラメル自動包装機を開発。この成功以後、自動包装機の専門メーカーとして歩み始める。その後の経済復興とそれに伴う消費生活の向上は、商品流通の拡大や商品の多様化を生み出し、また特に菓子を含む食品においては、鮮度や品質保持の要望の高まりなど、パッケージの需要をますます多種多様なものにしていった。そして時とともにパッケージは、単に包むという機能のみならず、楽しむ要素も求められ、商品の価値そのものを左右するほど重要なものになっていった。そうしたことに応え、次々と新機種を生み出していったのが同社である。

かわむきき　皮むき器

▶ économe（仏）エコノム、éplucheur économe（仏）エプリュシュール・エコノム / peeler（英）ピーラー / Schäler（独）シェーラー、Sparschäler（独）シュパールシェーラー

果物や野菜の皮を効率よくむくための器具。握り手の先に2枚の刃がついており、皮を薄くむくことができる。また先端はとがっていて、りんごなどの芯をくりぬくことに用いる。「効率」よく作業ができるということで、フランス語では、経済的という意味のエコノムという言葉で呼ばれている。

カンディ　candi（仏）

フランス菓子製造におけるカンディは、二つの意味がある。第一は、糖液の煮詰め温度による状態の変化を表す語である。砂糖と水を鍋に入れて火にかけ、煮詰めてゆく段階で、その温度により、糖液はさまざまな状態を呈する。そのうち、107.5℃に煮詰めたときをカンディと称している。この溶液は、濃度を表す単位のボーメ度では33.5度になり、これを冷水に落としたときの状態では、真珠状に丸まるため、カンディとは別にグラン・ペルレ（大きな真珠）とも呼ばれている。

第二は砂糖が固まって、結晶化した状態をさし、砂糖漬けの果物（フリュイ・カンディ）をさす。

→キャンディード・フルート

カンディーレン　kandieren（独）

菓子の表面に砂糖の結晶膜をつけることをいうドイツ語の動詞。フォンダンなどをスターチボックス（乾燥させたスターチを平らにならし、くぼみをつけた状態）に流し込んで固め、糖化させること。あるいはマジパンや果物などをボーメ34度の糖液に沈め、一晩おいてから出して乾かし、表面を結晶化させることなどを表現する語。

かんてん　寒天

▶ agar-agar（仏）アガラガール / agar-agar（英）アガー・アガー / Agar-Agar（独）アガール・アガール

ゼリー状に固まるところから、「植物性ゼラチン」などとも呼ばれる製菓材料の一つ。和洋を問わず、各種の菓子に利用されている。

語源は「寒ざらしのところてん」の略。原料はてんぐさという海草で、これを煮て固まらせたものを心太（こころぶと）と呼んでいた。これがところてんとなったという。このところてんを凍らせてすを立て、天日にさらして水分を除去してでき上がる。

1658（万治元）年、薩摩の島津侯が江戸へ向かう途中、伏見において宿泊のおり、ところてんを捨てたところ、ちょうど厳寒の候で、それが凍り、翌朝水分が溶けて乾き、軽い乾物ができた。これを隠元禅師という明の帰化僧が、宇治の万福寺の開山のおりに、「寒天」と命名したという。

天然のものと科学的管理によって作るものとがあり、形状から角寒天、細寒天、粉寒天と3種類ある。

寒天の成分は、100gあたり、糖質74.6g、水分19.9g、ミネラル3.2g、タンパク質2.3g、脂質とビタミン類は0gとなっている。多くの部分を占める糖質は、ゲル化作用を持つガラクトースである。そのために、一度溶かしたものを冷やすと、分子同士が結合して網目構造を作る。そしてそのすき間に液体成分が入り込み、ゼリー状の形体に固まる。

寒天にはタンパク質がほとんどなく、不消化

であるため、胃を満たすためだけの意味でのダイエット食品としてもとり上げられている。

タルトなどの各種洋菓子のつや出しや上面処理に用いるアプリコットジャムやゼラチンのかわりに、寒天またはこれに類したものがヨーロッパでも使われるようになってきた。

〈**寒天ゼリーの配合**〉

寒天……20g
水……1000mℓ
砂糖……450g

〈**製法**〉

① 寒天を分量外の水に浸してふやかしておく。
② その水を一度あけ、分量の新しい水と砂糖を加えて、火にかけて煮る。
③ 全部が溶けたら火から降ろしてこし、容器に移しかえる。
④ 使うときに必要量取り出し、火にかけて溶かして使う。

カントリー・チェリー・ケイク　country cherry cake（英）

イギリスの家庭で作られる、さくらんぼを使った焼き菓子。

カントリー・チェリー・ケイク

〈**配合**〉16 × 26cm トレイ 1 枚分

薄力粉……170g
ベーキングパウダー……8g
塩……少々
バター……170g
グラニュー糖……150g
卵……3 個
ダークチェリー……400g
くるみ……40g

仕上げ用

アプリコットジャム……63g
ラム……45mℓ

〈**製法**〉

① バターを攪拌し、クリーム状にする。
② ①に砂糖、卵を加え混ぜる。
③ 薄力粉、ベーキングパウダー、塩を一緒にしてふるい、②に加え混ぜる。
④ ③に牛乳を混ぜる。
⑤ ④を型に流し、180℃のオーブンで約 10 分焼き、ダークチェリーを上面に並べ、粗刻みしたくるみを散らし、さらに 10 分焼く。
⑥ ジャムをラムで溶き、⑤の上に塗る。

カンナリクーリ　cannariculi（伊）

イタリア南部のカラブリア地方の素朴なクリスマス菓子。小麦粉に砂糖を加えて練り、円筒形にして油で揚げる。これを蜂蜜にくぐらせて供する。

〈**配合**〉

小麦粉……450g
白ワイン……250mℓ
塩……少々
砂糖……40g
蜂蜜……適量

〈**製法**〉

① 小麦粉をふるい、白ワイン、塩、砂糖を加える。
② ①の生地をまとめ、冷蔵庫で約 2 時間休ませる。
③ 厚さ 6mm に延ばし、10cm 幅に切る。
④ コルネ型に巻いて、熱した油で揚げる。
⑤ 型からはずし、全体に蜂蜜をかけて供する。

カンノーロ・アッラ・パンナ　cannolo alla panna（伊）

クリーム入りのカンノーロ。カンノーロとは円筒形の意味で、複数形はカンノーリとなる。カンノーロは揚げることが多いが、これは焼成した後泡立てた生クリームを詰める。もちろん揚げてもよい。

〈**配合**〉12 ～ 13 個分

生地

薄力粉……250g
卵黄……2 個分
バター……50g
砂糖……50g
牛乳……30mℓ

クリーム

生クリーム……250mℓ
砂糖……25g

チェリーのコンポート………………… 適量
その他
溶き卵……………………………… 1個分

〈製法〉
① 薄力粉をふるい、その中に砂糖、室温に戻したバター、卵黄、牛乳を入れて全体を混ぜ、ひとつにまとめて生地を休ませる。
② ①を厚さ1.5mmに延ばし、幅2cm、長さ20cmの帯を作る。
③ コルネ型にバターを塗り、②を巻きつけてテンパンに並べ、溶き卵を塗って180℃のオーブンで約20分焼く。
④ 生クリームに砂糖を加えて泡立て、③の中に星口金を使って絞り込み、チェリーのコンポートをつける。

カンノーロ・アッラ・パンナ

カンノーロ·シチリアーノ cannolo siciliano（伊）

イタリアのシチリア島の代表的な菓子だが、いまではイタリア全土で親しまれている。筒状になったパスタの中に、イタリア特有のリコッタクリームを詰めて作る。

〈配合〉
強力粉…………………………………… 150g
薄力粉…………………………………… 150g
砂糖……………………………………… 50g
全卵……………………………………… 1個
白ワイン……………………………… 600mℓ
リコッタクリーム……………………… 適量

〈製法〉
① 強力粉と薄力粉を混ぜ、これに砂糖、卵、白ワインを混ぜたものを加えてまとめる。
② 冷蔵庫で生地を休ませる。
③ 薄く延ばして、8～10cmの正方形に切る。
④ 油を塗った金属の円筒の型に生地を斜めにして巻きつけ、少量の水をつけて生地を止める。
⑤ 熱した油で揚げ、型をとりはずす。
⑥ リコッタクリーム（カッテージチーズに似たリコッタチーズをベースに、泡立てた生クリーム、刻んだドライフルーツ、砂糖、リキュールなどを混ぜたもの）を作り、⑤の中に詰める。

き キ

キアッキエーレ·ディ·モーナカ chiacchiere di monaca（伊）

「修道尼のおしゃべり」の意味のイタリアの庶民的な揚げ菓子。カーニヴァルの季節に家庭で作られ、楽しまれる。

〈配合〉
小麦粉…………………………………… 300g
砂糖……………………………………… 100g
バター…………………………………… 50g
全卵……………………………………… 2個
マルサラ酒……………………………… 少々

〈製法〉
① 小麦粉に砂糖、バター、卵を混ぜる。
② マルサラ酒を少々加えて丸め、冷蔵庫にねかせる。
③ めん棒で延ばし、三つ折りにしてさらに延ばし、これを5回ほど繰り返す。
④ 厚さ3mmにし、3cm × 4cmの大きさに切る。
⑤ 中央に切り目を入れ、熱した油で揚げる。
⑥ グラニュー糖をまぶして供する。

キーウィフルーツ kiwi fruit（英）

鳥のキーウィに似ている果物。細かい毛の生えた褐色がかった表皮に包まれ、中に鮮やかな緑の果肉と黒い種子がある。

原産地は中国の揚子江河口で、はじめはチャイニーズ・グーズベリーと呼ばれていた。現在ではニュージーランド産が広く出回っているが、ここに渡ったのは20世紀初めのころだといわれている。その後多くの果樹園主たちが改良を重ねて栽培に力を入れ、今日のような、形も大きく美味なものが作り上げられた。そうした中で、ヘイワードライトとブルーノがニュージーランド・キーウィフルーツの育ての親として知られており、現在でもその品種にヘイワード・ブルーノと名づけられたものがある。

ビタミンC・E、繊維質が多く、鮮やかな色とさわやかな味わいで、冷菓、焼き菓子などに大いに利用されている。

キエ Quillet (仏)

(生没年不詳) フランスの製菓人。

1865年にバタークリームを開発したといわれている。その後、このクリームは急速に広まっていった。製菓面への貢献度は計り知れず、近年は他のクリームに譲ってはきたものの、つい先ごろまでは、菓子に使われるクリームの主たるものであった。

きじ 生地

菓子を作るための混ぜ物。日本の製菓用語では、やわらかく流動的な、形をなさないものは種、ある程度形のまとまるものを生地として区別している。すなわちフイユタージュやパート・シュクレといったものは生地、ジェノワーズやシューのようなものは種としてとらえることができる。しかしジェノワーズやシューも、焼いたものについては生地という言葉で呼称される。

ドイツ菓子ではこれと似たとらえ方をしている。すなわち生地はタイク Teig、種はマッセ Masse と呼んで区別している。

ただし昨今の日本では、そのとらえ方がややあいまいとなり、やわらかいものも含めて生地と総称する傾向になってきている。

きじゃくし 木杓子

▶spatule en bois (仏) スパテュール・アン・ボワ / wooden spatula (英) ウドゥン・スパテュラ / Holzschaber (独) ホルツシャーバー

生地やクリーム、ジャム等さまざまなものを混ぜるための木製の器具。しゃもじ。

大きさも大小さまざまあり、また形も先が丸いものや角形などがある。角形は鍋の底のすみまでよくこすれるようになっている。

ものを混ぜるときに、金属製の泡立て器などを使うと鍋にこすれて色が出てくることがある。また泡立てた卵白を他の種やクリームと混ぜるとき、泡立て器を使うとかえって気泡を消してしまうことがある。こうした場合、必ず木杓子を使う。使用後はよく洗い、乾燥させて殺菌する。

キシュ quiche (仏)

フランスのロレーヌ地方に起源を持つ、タルト型や、フラン型に詰めて焼く料理。

一部では、これはドイツに発祥を持つもので、ドイツ語のクーヘン Kuchen が語源であるともいわれている。ときとして kiche とも綴られる。

キシュはアルザス地方でも作り、それぞれ自分のところを正統としているが、これについてはロレーヌに分があるようである。

また、甘味のものでこの名をつけたものもあるが、フランスの料理百科事典『ラルース・ガストロノミック』では、このアントルメは決して甘く供されることはないと言明している。

通常フイユタージュやパート・ブリゼの生地で器を作り、生クリーム、卵、塩、胡椒で味つけをしたクリームを流し、ベーコンや玉ねぎを入れて焼き上げる。前菜として温冷どちらでも供される。

〈フィリングの配合〉

牛乳……………………………… 600mℓ
生クリーム………………………… 400mℓ
全卵………………………………12個
塩、胡椒、ナツメグ……………… 各少々
ベーコン、玉ねぎ………………… 各適量

〈製法〉

① フイユタージュの2番生地を厚さ2mmに延ばし、フラン型に敷く。
② ベーコンと玉ねぎを同量ずつ適量用意して一緒に炒め、冷まして①に入れる。
③ 牛乳、生クリーム、卵を混ぜて塩、胡椒を加えて、高さ八分目まで注ぎ入れる。
④ 200℃のオーブンに入れ、溶液が固まり、表面に焼き色がつくまで焼く。

きしょうとう 希少糖

近年ダイエット甘味料として注目を集めている糖類の一種。

「自然界にその存在量が少ない単糖とその誘導体」と定義づけられている。単糖類の大部分を占め、これまでにキシリトールなど約50種類が知られている。その中のD-プシコースと呼ばれるものは、甘さについては砂糖の70%を有しながらもカロリーはほとんどゼロに近く、また内臓脂肪の蓄積を抑えたり、食後の血糖値の上昇を抑えることなどの効果があるとされている。生活習慣病やダイエット対策として注目を集めている。

キセーリ　кисель（露）

「酸っぱい」という意味を持つデザート菓子。ロシアやバルカン諸国で好まれているプディングの一種。

果物のジュースと砂糖からなり、コーンスターチなどで濃度をつける。型からはずせるほど保形性が高いもの、クリーム状のもの、飲めるほど流動的なものなど、いろいろな種類がある。

最も好まれているのは、固まりかけたくらいのキセーリで、上からクリームを流して食べる。

きたたにいちたろう・えいいち　北谷市太郎・英市

北谷市太郎（1923-2010）

北谷英市（1947-）

総合食品商社から川下産業までを貫くキタタニ創業者父子。

1949（昭和24）年、和歌山において、北谷市太郎が製菓を含む食品問屋として北谷商会を創業。人口や産業の少ない地方都市というビハインドを逆にバネとして、首都圏をも凌駕すべく、近畿圏の甘味文化を支えて、企業を確たるものとしてきた。1997（平成9）年、キタタニと改称。同時に同社を引き継いだ息子の英市は、次々と新しい事業を展開。それまでの原材料の卸しとは別に、製菓製パン用器具及び原材料の小売専門店「C&C ワカヤマ」を開業。次いで2004年に神戸スイーツハーバーに製菓材料器具店「パティス」、翌2005年神戸元町にフランス菓子店「モンプリュ」、2008年地元和歌山に研修所「スタージュ」などを次々と開く。製菓材料機器の卸しから小売り、自前の洋菓子店、そして講習会場にもなる研修所までの、いわば川上産業から川下産業までを単独でつないだ。なお北谷英市は、全国の製菓関連の食品問屋の団体である「全国製菓厨房機器原材料協同組合」（通称ゼンカチュウ）の理事長に推されてそれらを束ね、日本の甘味文化を根底から支える重責を担っている。

きっさ　喫茶

▸café（仏）カフェ、salon de thé（仏）サロン·ド·テ / coffee shop（英）カフィ・ショップ、tea house（英）ティー·ハウス / Café-Konditorei（独）カフェ·コンディトライ、Kaffeehaus（独）カフェハオス

コーヒー、紅茶、ジュースなどの飲み物、菓子、軽食などを供する店、あるいはその場所をいう。

→カフェ

きなこ　─粉

大豆を煎って挽き、粉末状にしたもの。関西では豆の粉という。大豆のタンパク質と脂肪がそのまま生かされ、また独特の香味を持っている。和菓子に多用されるが、洋菓子の分野でもバヴァロワやムース等に利用され和の風味をかもし出している。

製品例

■ きな粉バヴァロワの葛きり添え

〈配合〉

きな粉バヴァロワ

- 粉ゼラチン…… 4g
- 水…… 20mℓ
- 牛乳…… 125mℓ
- 卵黄…… 1個分
- 砂糖…… 30g
- きな粉…… 8g
- 生クリーム…… 125g

黒蜜

- 黒砂糖…… 200g
- 水…… 150mℓ

仕上げ

- 葛きり…… 適量

〈製法〉

きな粉バヴァロワ

① ゼラチンを水に入れてふやかし、湯煎で溶かす。
② 鍋に牛乳を入れて火にかける。
③ ボウルに卵黄、砂糖、きな粉を入れてよく混ぜ、沸騰した②を少しずつ加える。
④ ③を鍋に戻して火にかけ、とろみを付ける。
⑤ ④を火から降ろして①を加え混ぜ、ふるいを通してボウルに入れ、底を冷水に付けて冷ます。
⑥ 生クリームを六分立てにし、⑤とあわせて型に流し入れ、冷蔵庫で冷やし固める。

黒蜜

① 鍋に水と黒砂糖を入れて混ぜ、火にかける。
② 沸騰したら火から降ろし、冷やす。

仕上げ

① 沸騰した湯に葛きりを入れ、芯がなくなるまで湯でてざるに上げ、水にさらして冷やし、水気を切る。
② きな粉バヴァロワは型を温水に浸けて器に

抜き出し、周りに葛きりを盛る。
③ ②に黒蜜を流す。

キヌリッレ　chinulille（伊）

イタリア南部のカラブリア地方の菓子。
リコッタチーズ（カッテージチーズに似たチーズ）に砂糖を加えたものをラヴィオリ用の皮に包み、卵黄にくぐらせてラードで揚げる。ヴァニラシュガーを上から振りかける。

キプフェルコッホ　Kipfelkoch（オーストリア）

ブリオッシュをカスタード・プディング種に浸して作るオーストリアのデザート菓子。キプフェルとはオーストリアの方言で、ブリオッシュのことを表す。コッホとは元々「料理人」という意味でもあり、プディング風のデザートの総称ともなる。

〈配合〉

種
- 生クリーム……30mℓ
- 牛乳……190mℓ
- 全卵……1/2 個
- 卵黄……1 個分
- 砂糖……10g
- レモン果皮……少々
- ヴァニラ……少々
- シナモン……少々
- レーズン……10g
- りんご……100g
- ブリオッシュ……約 7 個

ムラング
- 卵白……1 個分
- 砂糖……30g

ラズベリー・ソース
- ラズベリー・ピューレ……500g
- 砂糖……250g

〈製法〉

① 生クリーム、牛乳、卵、卵黄、砂糖、レモン果皮、ヴァニラを混ぜてテンパンに入れる。
② シナモン、レーズンとともにりんごを煮て①の上に散らす。
③ 乾燥したブリオッシュを薄切りにして②に詰め、中火のオーブンで焼く。
④ 卵白に砂糖を加えて泡立てたムラングを、③の上に盛って平らに塗る。
⑤ 上面にさっと焦げ目をつけ、好みの大きさに切り分ける。
⑥ ラズベリー・ピューレに砂糖を加えてソースを作り、⑤に添えて温かいうちに供する。

キプフェルコッホ

きほうざい　起泡剤

攪拌してできる流動的な種の気泡を、より早く作り、かつ安定させるためのもので、ジェノワーズやビスキュイなどのスポンジ種を作るときに用いる。
ソルビタンエステル、モノグリセライドといった成分が含まれ、一般にはエス・ピー（S·P）と呼ばれている。これを添加することにより、泡立ちの時間が短縮され、気泡の大きさが一定になる利点がある。

きむらひろよし　木村浩祥

（1928-1991）製菓製パン用機器及び原材料の輸入商社・大和貿易の創業者。
1953 年に同社を創業。1962 年に西ドイツ（現・ドイツ）よりフランスパンの焼成オーブン“モンスーン”を輸入し、日本のフランスパンブームに火をつける。1972 年、どこにも先駆けて急速冷凍庫“イベックス”をオーストリアから輸入し、ショックフリーザーと命名し、現在のショックフリーザーの基礎を作る。オランダのコマ社から同様のものを輸入した東美デコール（現・コマジャパン）ともども、日本の製菓製パン業界に一種の革命を起こした。これにより鮮度の高い商品の提供を可能にするとともに、不安定であった労働力の平均化に大きく寄与することができたのだ。またスイスのカルマよりクーヴェルテュール・ショコラをいち早く輸入し、現在のチョコレート文化に貢献。加えてオランダより生菓子のツヤ出し剤“ジェルフィックス”を輸入し、今日のナパージュの基礎を作った。

きむらやすべえ・えいざぶろう　木村安兵衛・英三郎

安兵衛（1817-1889）

日本のあんパン生みの親。製パン業の立役者。

木村安兵衛は現在の茨城県出身の士族。英三郎はその次男。維新によって失職した安兵衛は、はじめ授産所に勤めた。そのうちにパンの魅力にひかれ、職を辞するや長崎のオランダ人の下で働いていた梅吉という男を雇い入れ,1869（明治2）年、息子・英三郎と共に東京芝・日陰町にパン屋を開業。文明開化の文と英三郎の英の字をとって文英堂と名付けた。しかし翌年、日比谷方面からの出火で焼失。銀座尾張町（現在の五丁目）に移転し、屋号も木村屋と改める。努力研鑽の末、食パンに砂糖を加えた菓子パンを考案。開通したばかりの鉄道の新橋駅構内で売り出し大評判をとる。いわゆるキオスク第一号である。さらに日本人の口に合わせるため、ホップすなわちビール酵母に変えて酒種を用いたパンを考案。続いて1874（明治7）年、和菓子に用いる小豆餡を包んで焼くことを思いつく。そして翌年には山岡鉄舟の薦めで、桜の花の塩漬けを中央に埋め込んだ桜あんパンを作り、明治天皇に献上、大ヒットとなる。なお、明治期の日本のパン屋の九割方が、木村屋の息のかかった店で占められていたという。

ギモーヴ　guimauve（仏）

フランスでいうマシュマロのこと。ギモーヴとは和名でいうウスベニタチアオイという植物のフランス語名。一般にいうマシュマロはフレーバーで香りをつけることが多いが、ギモーヴは果汁を多用し、天然の香味を特徴としている。

製品例　フランボワーズのギモーヴ

〈配合〉

ゼラチン	18g
水	45mℓ
フランボワーズのピュレ	185g
グラニュー糖	250g
トレハロース	130g
トレモリン	60g + 60g
クエン酸	2g
水	適量
粉糖	適量

〈製法〉

① ゼラチンを水でふやかす。
② フランボワーズのピュレ、グラニュー糖、トレハロース、トレモリン60gを鍋に入れて火にかけ、108℃まで煮詰める。
③ ②に①のゼラチンを入れる。
④ ミキサーにトレモリン60gと水に溶いたクエン酸を入れ、低速で攪拌しながら少しずつ③を入れ、高速で10～12分泡立てる。
⑤ オーブンシートの上に四角の枠を置いて粉糖をふり、その中に④を流し入れ、表面を平らにする。
⑥ ⑤を冷蔵庫で冷やし固める。
⑦ 枠をはずし、適宜な大きさに切り分けて、粉糖をまぶす。
注：他のテイストを作る場合、例えばマンゴーの時はそのピュレを用い、色が薄い場合は適宜色素を加える。

ギモーヴの例

キャベツ

▶chou（仏）シュー / cabbage（英）キャビッジ / Kohl（独）コール

ヨーロッパの地中海沿岸や大西洋沿岸あたりが原産といわれ、はじめの頃は葉の開いた状態のものだったという。今日のような結球タイプになったのは13世紀頃からで、日本へは1700年代初頭にオランダから長崎出島にもたらされた。栄養的にはほとんどのビタミン類を含み、特に潰瘍に効果を示すビタミンUがあるところから、ローマ時代より胃腸を整える効果が知られていた。菓子との関わりについては、素材としての直接的な使われ方はされにくい。ただこの名を付したものでは、シュークリーム、正しくはシュー・ア・ラ・クレームがある。クリーム入りのキャベツの意味で、ふくれ上がった形がキャベツに似ているとしての命名という。フランスの菓子屋が商うトレトゥール（仕出し料理）では、アルザス料理のシュークルートなども定番ではある。みじん切りにしたキャベツの塩漬けを発酵させたものにソーセージをあしらったもので、今やアルザスのみならず、フランスを代表する料理のひとつとなっている。

キャラウェイ·シード caraway seed（英）

▸cumin de prés（仏）キュマン·デ·プレ、carvi（仏）カルヴィ / Kümmelsame（独）キュンメルザーメ

キャラウェイはヨーロッパ及び北部アジアを原産とするセリ科の植物で、今日ではオランダやロシアを主産地としている。その種子がキャラウェイシード。強い香りを生かしての肉料理の臭い取りや、ドイツ料理のザウアークラウト（フランス・アルザス地方ではシュークルートと呼ばれるキャベツ料理）の味付けに独特の効果を与えるなどの使われ方がなされている。またこの種子を使ってキュンメルの名のリキュールも作られる。

なお製菓製パン面においては、焼くと香ばしさが増すことから、クッキーをはじめとした焼き菓子類に、あるいはその香味との相性の良さから、ライ麦パンに混入されるなどして利用されている。日本名は姫茴香（ひめういきょう）とされているが、キャラウェイシードの他にクミンシードやディルシードと呼ばれているものも、同じく姫茴香と称している。だが種類的にはまったくの別ものである。

キャラメリゼ

→カラメリゼ

キャラメル caramel（英・仏）

▸Karamell（独）カラメル

煮詰めた糖液、またはそれを冷まして固めたもの、焦がした砂糖をいう。またこれをもとにして作る飴類の一種、すなわち煮詰めた糖液を固めて小切りにし、製品化した糖菓「キャラメル」をさしている。本書では、煮詰めた糖液をカラメルとした。

キャラメルにはミルク、チョコレート、コーヒー、ナッツ類等を加えたものがあり、それぞれの名を付したキャラメルが製造、市販されている。フランスではこれらをキャラメル（カラメル）・ムーと呼んでいる。

江戸時代から伝わる南蛮菓子のカルメラも、ポルトガル語のカラメロ caramelo の転化であり、語源は同じである。

日本でキャラメルが発売されたのは 1914（大正 3）年で、森永製菓からであった。以来機械化による大量生産によって、低価格の大衆菓子の一つとして、人々の口を楽しませて今日に至っている。

→カラメル

〈製法例〉

かたいキャラメルは、砂糖と水飴を混ぜ、全量の 1/3 の水を加えて 135℃まで煮る。この時点になったら生クリームとバターを混ぜて煮立たせたものを加え、マーブル台にあけて、冷えたあと切り分ける。

やわらかいキャラメルは 129℃まで煮詰め、ほかは同じである。硬軟は煮詰め方による。チョコレートキャラメルの場合には、砂糖は 130℃まで煮詰めるが、ビターチョコレートは水飴 200g とともに溶かしておく。アーモンドやナッツ入りも、チョコレートのものと同様に作る。

→塩キャラメル

→ソフトキャラメル

■ クリームキャラメル

煮詰め温度と加えるものによって、さまざまなタイプのものが作られる。配合例は表のようになる。

クリームキャラメルの各種配合例

	硬	軟	チョコレート	アーモンド（ナッツ）
砂糖	1000 g	1000 g	1000 g	1000 g
生クリーム	500 g	500 g	250 g	250 g
水飴	200 g	200 g	200 g	200 g
バター	250 g	100 g	50 g	50 g
ビターチョコレート	—	—	175 g	—
アーモンド	—	—	—	150 g
食塩	10 g	10 g	10 g	10 g
ヴァニラ	適量	10 g	10 g	10 g

キャルメリット　carmélite（仏）

カルメル派の修道女が着る修道服の色が薄茶色であるため、「薄褐色」の意味を表す。チョコレートを素材としたアントルメや、プティガトー（小型菓子）、グランガトー（大型菓子）にしばしばつけられる名称。

キャロットケーキ

▸carrot cake（英）キャロット・ケイク

にんじん入りのタルト。上面ににんじんを型取ったマジパン細工をのせて飾ってもよい。

〈配合〉 18cm タルト型 1 台分

ビスケット生地

砂糖…………………………………… 50g
バター………………………………… 100g
ヴァニラオイル……………………… 少々
薄力粉………………………………… 150g

フィリング

卵黄………………………… 1.5 個（約 30g）
砂糖…………………………………… 70g
卵白………………………… 1 個分（約 30g）
にんじん……………………………… 30g
薄力粉………………………………… 50g
バター………………………………… 40g

その他

アプリコットジャム………………… 適量
マジパン……………………………… 適量
セルフイユ…………………………… 適量

〈製法〉

① 砂糖とバターをすり合わせ、ヴァニラオイルを加える。
② ふるった薄力粉を混ぜて、冷蔵庫で 1 時間ほど休ませる。

〈製法〉

① 卵黄に 1/3 量の砂糖を加えて、湯煎にかけながら泡立てる。
② 卵白に残りの砂糖を 3 回に分けて加えながら泡立て、①と合わせる。
③ にんじんをすりおろして②に混ぜる。
④ 薄力粉をふるって③に混ぜ、さらにバターを溶かして混ぜる。

仕上げ

① ビスケット生地を厚さ 2mm に延ばしてタルト型に敷き、空気抜きの穴をフォークの先であける。
② フィリングを①に流し入れ、160℃のオーブンで約 45 分焼く。
③ ②を冷ました後、熱したアプリコットジャムを表面に塗る。
④ 赤と黄の色素を合わせてオレンジ色にし、マジパンに加えてもみ込み、にんじん型に整形する。
⑤ セルフイユの葉をにんじんにつけ、③の上にのせる。

キャロットケーキ

キャンディー　candy（英）

▸bonbon（仏）ボンボン / Bonbon（独）ボンボン

糖液を煮詰めて作る飴菓子類。糖液の最終的な煮詰め温度によって、冷却したときのかたさが異なり、それぞれの状態に応じて、ソフト・キャンディー（ボンボン・フォンダン）、ハード・キャンディー（ボンボン・デュール）などと区別されている。ソフト類にはソフトヌガー、タフィーなどがあり、ハード類にはドロップやハードヌガー、各種の飴玉と呼ばれるものなどがある。

キャンディード・フルート　candied fruit（英）

▸fruit candi（仏）フリュイ・カンディ

砂糖漬けの果物のこと。

製菓用としては、チェリー、オレンジ、レモン果皮等の砂糖漬けがあり、それぞれキャンディード・チェリー、キャンディード・オレンジ・ピール、キャンディード・レモン・ピールと呼ばれている。なおオレンジピールなどは、キャンディードを省略している。各種の菓子の飾りやフルーツケーキなどに多用されている。

キュイズィニエ（ール）　cuisinier(-ère)（仏）

▸cook（英）クック / Koch（独）コッホ、Köchin（独）ケーヒン

料理人。なおこの言葉も各時代によってとらえ方が異なり、その呼称も違っている。つまり

それぞれの部門別にいろいろな呼び方をしていたのである。たとえば中世後期、料理人はクーqueuxという古語で呼ばれ、その助手はエドゥールaideur、家禽類を扱う人たちをプーライエpoulailler、ソースを作る人たちはソースィエsaucier、パンを焼く人はアスルールhasleurと呼ばれていた。

今日でも一つの職場分担として、そうした流れはくんでいるが、総じてキュイズィニエまたはキュイズィニエール（女性）としてとらえられている。

キュイズィーヌ　cuisine（仏）

▶cooking（英）クッキング / Kochen（独）コッヘン、Küche（独）キュッヒェ

料理または料理を作る技術、さらには料理をする部屋を意味する。

きゅうすけ　九助・久助

製菓業の用語で、菓子の製造過程で出るくず、すなわちクラムのことをさす言葉。また、割れたり、欠けたりした製品の呼称。由来については諸説あるようだが、一般には次のように解されている。

葛粉の最高級品に「九助葛」と称されるものがある。これにひっかけて、たとえ菓子のくずでも、ものは最高だということで、これを九助と呼んだ。現在でも製品として形が完全でないものを九助と名づけて売っている。また他の説では、完全な商品を十とすれば、それが少し欠けているということで九と呼び、その下に呼び名としての愛称、助をつけて九助というようになったという。

九を久と書くのは、そのほうが呼び名としてふさわしいので、久の字をあてたものと思われる。

ぎゅうにゅう　牛乳

▶milk（英）ミルク / lait（仏）レ / Milch（独）ミルヒ

乳牛の種類によってその成分が異なるため、飲用（製菓・料理用も含む）にはある一定の基準が定められ、それに従って調合されている。すなわち日本においては、無脂乳固形分8.0%以上、乳脂肪分3.0%以上、比重は15℃において1.028～1.034、酸度（乳酸）0.18%以下、細菌数1mℓ中50,000以下、大腸菌群陰性などである。

また成分については、タンパク質などの窒素化合物、脂質、糖質、無機質、ビタミンA·B·C·D·E、カルシウム、各種酵素などが含まれ、バランスのとれたたいへんすぐれた食品である。

製菓面では牛乳が好ましい風味を持つことから、水のかわりに用いられている。

含まれている糖質は4.5%で、その大部分が乳糖であり、微量のガラクトース、グルコースがある。乳糖はガラクトースとグルコースの結合したもので、甘みは蔗糖の1/5～1/6と低い。乳糖の乳酸菌発酵した牛乳は、害はなく、ある程度の細菌の繁殖を防ぎ、むしろその爽快な酸味が菓子や飲料に好んで用いられている。

また牛乳からは、加工乳、ヨーグルト、粉乳、練乳、バター、生クリーム、チーズなどの乳製品が作られ、そのほとんどが菓子作りに欠かすことのできない原材料となっている。

乳製品については、それぞれの項参照。

きゅうり

▶cucumber（英）キュカンバー / concombre（仏）コンコンブル / Gurke（独）グルケ

インドのヒマラヤあたりを原産とし、東西に広がっていったウリ科の野菜。日本には6世紀頃入ってきたという。江戸時代には初物食いのぜいたくが高じて、供給する側も早出し栽培をするまでになっていった。その風潮はその後も変わらず、それが早生（わせ）の研究からハウス栽培に至り、ついにはすべてを通年商品としていった。種類については長いものから瓜のような太いもの、指先ほどのものまで多彩である。小さいものは酢漬けにし、フランスではコルニション、英語圏ではピクルスと呼ばれる。オードブルやカナペには必ず使われるもので、アメリカの甘いテイストに対し、フランスのそれはほどよく酸っぱく、きゅうりの古漬けを思わせるものがある。

キュッヒライン　Küchlein（独）

菓子を表すクーヘンKuchenの縮小形で、小さな菓子の意と、調理場を表すキュッヒェKücheの縮小形で小さな調理場の意がある。前者はフランス菓子でいうプティガトーに通じる。

キュラソー　curaçao（蘭）

▶curaçao（仏·英）キュラソー / Curaçao（独）クラサーオ

香りの高いリキュール。さまざまな菓子に用いる。ベネズエラ沖にあるオランダ領キュラ

ソー島のオレンジの皮で作られたため、この名が生まれた。現在は各国で製造されている。

オレンジ色をしたオレンジキュラソー、無色のホワイトキュラソーに大きく分けられる。アルコール度の高いものにトリプルセックがある。オレンジキュラソーでは、フランス、マルニエ・ラポストール社製のグランマルニエ、ホワイトキュラソーは、同国のコワントロー社のコワントローが名高い。

フランスではブランデーをベースに、スペイン、セビリア産の苦オレンジの皮を使うことが多い。

キュルノンスキー Curnonsky（仏）

（1872-1956）20世紀初頭のフランスの偉大なる美食家。本名はモーリス・エドモン・サイヤン Maurice Edmond Sailand（1872-1956）という。『美食の国フランス（La France gastronomique）』を手がけた。また食通の王と呼ばれた彼は、1928年3月23日、アカデミー・フランセーズ（フランス学士院）にならって、40議席を持つアカデミー・デ・ガストロノームを創設した。その席には、古代ギリシアの哲学者エピクロスから始まり、19世紀の偉大なる外交官タレイラン＝ペリゴールにいたるまでの名がつけられ、当代の美食家たちをそれらの席にすわらせた。ちなみに本人はブリア＝サヴァランの席についていた。

キュンメル Kümmel（独）

キャラウェイというセリ科の植物、およびその種子。あるいはそれを使って造る酒。

アントルメやプティガトーなど、さまざまな菓子の香味づけに用いられる。

→キャラウェイ・シード

ぎょうこざい 凝固剤

菓子作りに使うクリーム類や水溶液を凝固させる働きを持つ。

日本では古くから和菓子類に寒天などが使われてきたが、ヨーロッパではゼラチンが主に用いられてきた。その他、果実に含まれているペクチンもある。また近年ではカラゲーナンも重宝に使われてきている。

→カラゲーナン

→寒天

→ペクチン

きょうにんそう 杏仁霜

杏の仁を粉末にし、砂糖、ぶどう糖、コーンスターチ、粉乳等を混ぜたもの。製菓、調理材料の一種。杏仁豆腐を作る時などに利用する。

キール kheer（印）

インドで好まれている菓子。

素材を砂糖とミルクで煮た、いわゆるミルクがゆ状のもので、家庭でよく作る。

最も一般的なものは、フィルニーと呼ばれる米のキールである。その他にバナナやココナッツ、カリフラワー、にんじん、かぼちゃ、極細の麺、アーモンドなどのキールが作られている。これらにドライフルーツやナッツ類が加えられ、香料もふんだんに用いる。南インドではこれをパーヤサムという。

キルシュ kirsch（仏・英）

ドイツ語でのキルシェ Kirsche はさくらんぼのことである。そして熟したさくらんぼの果汁を発酵させ、蒸留して作るブランデーは、キルシュヴァッサーまたはキルシュ Kirsch と呼ぶ。フランスや英語圏では、単にキルシュだけでこのブランデーをさす。

→キルシュヴァッサー

キルシュヴァッサー Kirschwasser（独）

さくらんぼから作ったブランデーを意味する。同じものをフランスでは、そのドイツ語を借りて単にキルシュといったり、オー・ド・ヴィ・キルシュ eau de vie kirsch とも呼んでいる。オー・ド・ヴィとは直訳すると命の水で、酒のこと。ドイツのシュヴァルツヴァルト地方とフランスのアルザス地方で作られるものが名高い。作り方は、まず収穫したさくらんぼを室に入れて容器の中で発酵させ、ついで種ごと砕いて蒸留する。この種の中の仁に独特の香味があり、キルシュヴァッサーの美味の秘訣もこうしたところにある。アルコール度数はだいたい40度だが、コンセントレートという濃縮されたものは60度ほどになっている。用途としてはアペリティフ、すなわち食前酒として愛飲されるが、さくらんぼを使用したアントルメやプティガトーにもよく使われ、また多くのベリー類、カラント類にもよく合う。それらとの組み合わせは、フランス菓子の素材組み立てのひとつのセオリーともなっている。

キルシュクーヘン　Kirschkuchen（オーストリア）

バターケーキ種にサワーチェリーを並べて焼く、オーストリアの素朴な菓子。

〈配合〉

バター……250g
塩……少々
粉糖……150g
卵黄……5個分
ヴァニラ……少々
レモン香料……少々
卵白……5個分
砂糖……100g
小麦粉……250g
スポンジケーキの裏ごし……20g
サワーチェリー……350g

〈製法〉

① バターに塩を加えて混ぜ、クリーム状にする。
② 粉糖を加え、なめらかな状態にする。
③ 卵黄を1個ずつ加えて混ぜ、ヴァニラとレモン香料を加える。
④ 別のボウルに卵白を入れ、砂糖を数回に分けて加えながら泡立て、しっかりしたムラングを作る。
⑤ ④を③に加えて、混ぜる。
⑥ ふるった小麦粉を加えて、混ぜる。
⑦ 型に半分量入れて、カードで平らにならす。
⑧ スポンジケーキの裏ごしを表面にまき、水気を切ったサワーチェリーをすき間なく並べる。
⑨ 残りの種を流し入れ、表面をならす。
⑩ 180℃のオーブンで約45分間焼く。
⑪ 上から軽く粉糖を振りかける。

キルシュ・ケーゼクーヘン
Kirsch-Käsekuchen（独）

キルシュ・ケーゼクーヘン

クリームチーズとさくらんぼを使って作る焼き菓子。ヘーフェタイク（発酵生地）を延ばして、その上に砂糖とレモンを混ぜたクリームチーズを塗り、さくらんぼを散らしてのせる。その上からシュトロイゼル（小麦粉とバターを混ぜたそぼろ）をふりかけ、焼き上げる。

キンダー・クレンツェン　Kinder Kränzen（ハンガリー）

「子供たちの輪」という意味のハンガリーの揚げ菓子。

〈配合〉

牛乳……400mℓ
全卵……2個
砂糖……50g
小麦粉……270g
溶かしバター……20g
塩……少々

〈製法〉

① 牛乳に全卵、粉糖、小麦粉、溶かしバターを加え、塩を入れる。
② 全体を混ぜ、ゆるい状態にする。
③ 絞り袋に入れ、熱した油の中に輪を描くように絞り込み、揚げる。
④ 粉糖を振って供する。

キンダーネールツヴィーバック
Kindernährzwieback（独）

ドイツ語圏の国々のラスクの一種。

〈配合〉

小麦粉……1000g
バター……500g
全卵……500g
グラス・ア・ロー……適量

〈製法〉

① 卵を泡立て、ふるった小麦粉を加えて、混ぜる。
② バターを溶かして①に混ぜる。
③ 型に流して中火のオーブンで焼く。
④ 適当な大きさに切り、グラス・ア・ローを塗って再び焼く。

く　ク

グァバ

▶guava（英）グァヴァ / goyave（仏）ゴヤーヴ /

Guave（独）グァーヴェ

熱帯アフリカを原産とするフトモモ科のトロピカルフルーツ。製菓面でもこの果汁をもってジェリーやムース、アントルメ、シャーベット、ジュース類が作られている。ビタミンCの含有量が非常に高く、また多量のカロテンやカリウムも含んでいる。なお果肉に赤みの強いものほどこうしたものが多い。形は種類によって球状、卵形、洋梨形といろいろあり、直径は5～7cm。長さ5～10cmほど。

クイニーアマン　kouign amann（仏）

フランス北西部のブルターニュ地方で親しまれている焼き菓子。同地ではクイニャマンと発音している。フィニステール県ドゥアルヌネ市の銘菓で、1860年頃に同地のイヴ＝ルネ・スコルディア Yves-René Scordia というパン職人によって考案されたという。

伝えられるところによると、当時小麦粉が不足し、逆にバターが余っていた。そこで彼は小麦粉を節約し、結果バターの比重が非常に高いパン生地を作った。当然うまくいかなかったが、生地を無駄にするのもしのびないとしてそのまま焼いてみた。こうしてできたのがクイニーアマンだという。ちなみにその小型のものはクイニェット kouignette とも呼んでいる。

〈配合〉

強力粉……450g
グラニュー糖……30g
イースト……18g
水……225g
塩……9g
バター……250g
シナモン……少々
塩……少々
グラニュー糖……少々

〈製法〉

① クロワッサン生地を作る。強力粉、グラニュー糖、イーストを混ぜ、水と塩を加えてこね、生地をまとめて発酵させる。
② バターをたたいて平らな四角にし、その上にシナモンと塩をふる。
③ ①の生地をガス抜きして平らに広げ、②をのせて包み、三つ折を2回おこなって、冷蔵庫で休ませる。
④ ③を厚さ4mmに延ばし、表面にグラニュー糖をまぶして、渦巻き状に巻く。
⑤ 幅3cm程に切り分け、それぞれにグラニュー糖をまぶす。
⑥ やや深めのタルトレット型の内側にクリーム状にしたバターをぬり、グラニュー糖をまぶす。
⑦ ⑥の中に⑤を詰め、生地を倍量ほどに発酵させ、200℃のオーブンで約25分焼く。

クイニーアマン

クヴァルク・トルテ　Quark-Torte（チェコ）

チェコやスロバキアで好まれている冷製のチーズケーキ。

粉末アーモンドを加えたバターケーキの生地に、カッテージチーズ入りのクリームをはさみ、同じクリームを全体に塗って仕上げる。

ドイツにも、クヴァルク・ザーネクレーム・トルテという冷製のチーズケーキがあるが、これと同様のものである。

〈配合〉

生地
卵黄……6個分
粉糖……150g
粉末アーモンド……50g
小麦粉……100g
卵白……6個分

フィリング
牛乳……200mℓ
ヴァニラシュガー……少々
砂糖……50g
小麦粉……20g
卵黄……3個分
粉糖……150g
バター……150g
カッテージチーズ……350g
レーズン……50g

振りかけ用そぼろ
バター……20g

砂糖…………………………………………… 20g
オートミール…………………………… 20g

〈製法〉

① 卵黄に粉糖を加えて泡立て、粉末アーモンドと小麦粉を混ぜ込む。
② 卵白を泡立てて①と合わせ、型に流して焼く。
③ ②を3枚に切る。
④ 牛乳、ヴァニラシュガー、砂糖、小麦粉、卵黄を混ぜ、湯煎にかけてとろみがつくまで攪拌する。
⑤ ④に粉糖、バター、カッテージチーズ、レーズンを混ぜ、③のそれぞれの間にはさむ。
⑥ ⑤を全体にも塗る。
⑦ バターと砂糖を火にかけ、オートミールを加えてきつね色に焦がす。
⑧ ⑦が冷えたらトルテの上に振りかけて、供する。

クーヴェルテュール couverture（仏）

▶ Kuvertüre（独）クヴェルテューレ / dip chocolate（英）ディップ・チョコレート

ボンボン・オ・ショコラ（一口チョコレート菓子、プラリネともいう）などのセンターを被覆したり、アントルメにかけるために調合したチョコレート。用途上ちょうどよい状態にするために、カカオバターの含有量を総体の40%前後にしてある。メーカーによる品質の差や他の成分とのバランス、製法上の問題等で多少の違いはあるが、一般的にはこれより含有量が高いと被覆したときに薄くかかり、低いと厚ぼったくかかる。

フランス語のクーヴェルテュールとは英語のカヴァーにあたり、すなわち被覆するものの意味である。したがって正確にはショコラ・ド・クーヴェルテュールと呼ぶが、一般に製菓用語としてクーヴェルテュールといえば、このチョコレートをさす。ミルク入りはクーヴェルテュール・オ・レ、ホワイトチョコレートの名で呼ばれる白いクーヴェルテュールは、クーヴェルテュール・ブランシュという。

→チョコレート

クグロフ kouglof（仏・英）

▶ Gugelhupf（独）グーゲルフップフ、Kugelhof（独）クーゲルホフ、Kugelhopf（独）クーゲルホップフ

王冠状をした発酵生地の菓子。本来ポーランドやオーストリアに古くから伝わる菓子の一つ。のちにロレーヌやアルザスをへてフランスに入ってきた。

語源はドイツ語のクーゲル（球）、あるいはグーゲル（肩おおいつきの男子帽）とされている。フランスでは一般にはkouglofと書くが、フランス語には元来Kで始まる語はないので、このことからもゲルマン系あるいは東ヨーロッパ系の菓子であることがわかる。ドイツでは上記のほか、ナップフクーヘン、ロドンクーヘンとも呼ばれ、いかにこの菓子が広く各地に根をおろし、親しまれてきたかがうかがえる。

この菓子はオーストリアのハプスブルク家からルイ十六世の妃となったマリー・アントワネット（1755-1793）がたいへん好み、それがきっかけとなってフランスでも大いに流行したといわれている。そしてこれを普及させたのは天才製菓人と謳われたアントナン・カレームだとする書物がある。それによると彼は、そのころ駐仏オーストリア大使シュヴァルツェンベルク大公の料理長ウジェースから作り方を伝授されたといわれている。別の書によれば、パリで最初にクグロフを作ったのはジョルジュという人が経営する店であるとされている。

今日のクグロフはイースト菌の発酵によって作られているが、18世紀以前はオーストリアやポーランドで使われていたビール酵母を用いて作られていたようである。

〈配合〉

牛乳……………………………… 80 + 170mℓ
イースト………………………………… 40g
薄力粉…………………………………… 250g
強力粉…………………………………… 250g
卵黄…………………………………… 4個分
塩………………………………………… 10g
砂糖……………………………………… 120g
ヴァニラ………………………………… 少々
レモン果汁……………………………… 少々
バター…………………………………… 160g
レーズン………………………………… 100g

〈製法〉

① 牛乳80mℓを人肌に温め、イーストを入れて発酵させる。
② 薄力粉と強力粉をボウルに入れ、中に卵黄、塩、砂糖、ヴァニラ、レモン果汁、牛乳170mℓを混ぜて入れる。
③ ②と①を混ぜて生地をまとめ、練って腰をつ

　ける。
④ 手につかなくなったら、クリーム状にしたバターを加えて、なめらかになるまで再び練る。
⑤ これを30℃くらいの状態に置いて発酵させ、2倍ほどにふくれたら、レーズンを加える。
⑥ 約10分間ねかせ、バターを塗ったクグロフ型に入れて発酵させる。
⑦ 縁までふくれてきたら、180℃のオーブンで約30分間焼き、粉糖を振って供する。

クグロフ

くさのひでお　草野英男
→福島功・卓次・三津夫と草野英男

クサン・ド・リヨン　coussin de Lyon（仏）
　四角いクッションの形をした一口大のリヨンの銘菓。中にチョコレート味を忍ばせたマジパン製で、フリュイ・デギゼ同様、糖液に漬けて表面に砂糖の結晶をつける。同地の名店ヴォワザン Voisin のものは緑色だが、他店では別の色でも作られている。いわれについては、リヨンで17世紀にコレラが流行った時、人々は同地の西側にあるフルヴィエールの丘の教会に祈りを捧げた。この時礼拝堂に「7つの聖書の形をしたキャンドル」と「絹のクッションの上に置かれた金貨」を納めた。リヨンの人々は疫病から無事救われたが、この時の絹のクッションを、お菓子の形として表したのがクサン・ド・リヨンといわれている。

グジェール　gougère（仏）
　チーズ風味をつけて焼いたシュー菓子の一首。中にクリームは詰めず、そのまま供する。
　水のかわりに牛乳を使って作ったシュー種に、20～25％量の細かく刻んだグリュイエールチーズを混ぜる。丸口金をつけた絞り袋に入れて、リング状に絞り、卵黄を塗り、小さく角切りにした同じチーズを振りかけて焼く。原則として冷めたものを供するが、熱いままオードヴルとして供してもよい。
　起源はフランスのヨンヌ県サンスにあるといわれているが、このブルゴーニュ地方だけでなく、シャンパーニュ地方のトロワイエその他の地方でも作られている。
→シュー

グス　Guss（独）
　卵、生クリーム、砂糖、小麦粉で作るソース状の種。生地を敷いたスポンジ型やテンパンに果物等の具を詰めたあと、これを注ぎかけてオーブンに入れて焼く。

クスクス　couscous（仏）
　北アフリカの郷土料理「クスクス」から派生して、甘く仕上げたもの。
　クスクスの材料は粟や挽きつぶした米であったが、今では、穀物のひき割り、とりわけ、硬質小麦のセモリナ粉を用いる場合が多い。蜂蜜やシナモン、レーズン、カリン、あんずなどを甘く煮て、クスクスにあしらう。

くちがね　口金
▶ douille（仏）ドゥイユ / tip（英）ティップ / Tülle（独）テュレ
　各種の菓子にクリーム類を絞って飾るときに用いる器具。絞り袋の先につけて、いろいろな形や太さに絞る。
　通常丸型、星型、帯方、ばら絞り用などの種類があり、太さも直径1mmから数cmまでいろいろなものがある。
　口金を用いるには絞り袋が必要であり、それができたのは一説によると1820年、また他説では1847年とされている。いずれにしても口金が開発されたのはその後で、19世紀半ばごろまでのことであろうと推測され、それはトロティエ Trottier という人の考案によるものともいわれている。
→絞り袋

クッキー　cookie, cooky（米）
▶ biscuit（英）ビスキット / (petit) four sec（仏）（プティ・）フール・セック / Gebäck（独）ゲベック、Teegebäck（独）テーゲベック / Konfekt（スイ

スのドイツ語圏）コンフェクト

広い意味で乾き焼き菓子であるが、定義はむずかしい。イギリスのダニエル著作の『ベーカーズ・ディクショナリー』によると、「クッキーとはプレーンなバン bun である。そしてアメリカンクッキーは小さく平らなビスケットまたはケイクである」と定義している。バンとは主として、ベーキングパウダーなどの化学膨張剤やイーストの発酵を利用してふくらませた菓子である。よってこれは今日の感覚とは少し違うところがある。またよく「アメリカでいうクッキーは、イギリスではビスケットと呼ばれる」と説明されるが、これも厳密にはそのままあてはまらない部分がある。

日本では、一般にはビスケットというと、水分や脂肪含有量がある程度抑えられた小麦粉主体の乾き焼き菓子のことをさしている。またクッキーというと、もう少し広い意味でとらえられているようで、小麦粉主体のいわゆるビスケット類、およびその水分や脂肪分の多いものから、マカロン、ムラング（メレンゲ）、フイユタージュ（通称パイ生地）などをも含めた総合的な乾き焼き菓子のことをさしている。

同様のとらえ方はフランスでも見られる。フランスではこの種の菓子はフール・セック、つまり乾き菓子、あるいは一口で食べられるサイズから小さいという意味のプティをつけて、プティ・フール・セックとも呼ばれている。このフール・セックとは、本来の意味でのクッキーやビスケットを表す菓子の範疇よりも少し広く、すなわち小麦粉主体のもののほか、マカロン、ムラング、一部のチョコレート菓子、さらには半生形態のものまで含めた菓子をさしている。

これらを包括して、製法と生地の構成の両面から分類すると、以下のようになる。まず製法別に見ると、生地を一定の厚さに延ばし、型抜きをするなり、適宜な大きさに切り分ける「延ばし生地」、生地を絞り袋に詰めて、求める形に絞り出す「絞り生地」、冷蔵庫で生地を冷やし固めてから切る「アイス・ボックス生地」の3タイプに分けることができる。また絞り生地の中でも、かなりやわらかな状態のものは、絞るというより落とすという表現に近いため、「落とし種」あるいは「水種」と呼ばれている。

その他のヴァリエーションとして、アーモンドなどの堅果類を主体としたマカロン類、卵白を主体としたムラング類、通称パイ生地と呼ばれるフイユタージュがある。また揚げ菓子や半生菓子を含め、以上の分類にあてはまらないものも多数ある。

ドイツ語圏のうち、ドイツでは一般にゲベックまたはテーゲベックと呼び、スイスのドイツ語圏ではコンフェクトと呼んでいる。しかしドイツでコンフェクトというと、いわゆるクッキー類はささず、フランスでコンフィズリーと呼んでいる糖菓（チョコレートやボンボン類）をさす。同じドイツ語圏でもとらえ方が異なる。

延ばし生地

〈配合と製法〉

小麦粉……………………………… 500g
バター……………………………… 250g
砂糖………………………………… 250g
全卵…………………… 100g（約2個）

① 小麦粉とバターをそぼろ状にし、フォンテーヌ（山形に盛った粉などのまん中にくぼみをつけること。泉の意味からの呼称）にする。
② 卵、砂糖を混ぜ、①のくぼみに入れて徐々に混ぜてゆく。
③ 生地をまとめ、冷蔵庫で休ませる。
④ めん棒で延ばし、任意の形に抜いたり、切ったりする。
⑤ テンパンに並べ、中火のオーブンで焼く。

絞り生地

〈配合と製法〉

バター……………………………… 300g
砂糖………………………………… 150g
粉末アーモンド…………………… 150g
全卵…………………… 100g（約2個）
小麦粉……………………………… 300g
ヴァニラ…………………………… 少々

① バターをクリーム状にし、砂糖と合わせる。
② 粉末アーモンドを加え、全卵を加えてすり合わせる。
③ ヴァニラを入れ、小麦粉を混ぜる。
④ 口金をつけた絞り袋に③を入れ、任意の形にテンパンの上に絞る。
⑤ 中火のオーブンで焼く。

アイス・ボックス生地

〈配合と製法〉

バター……………………………… 600g
砂糖………………………………… 300g
卵黄………………………………… 7個分
小麦粉……………………………… 800g

① バターと砂糖をよくすり合わせる。

② 卵黄を少しずつ加える。
③ 小麦粉を入れて混ぜ、全体をまとめる。
④ テンパンやバットなどに詰めたり、任意の形、丸い棒状などに成形して、冷やし固める。
⑤ ナイフで適宜な大きさ、幅に切り、オーブンシートを敷いたテンパンに並べる。
⑥ 中火のオーブンで焼く。

アメリカンタイプクッキー

アメリカで好まれているタイプのもので、ナッツ入りやチョコチップ入り、ラムレーズン入りなどがある。

■ ウォールナッツクッキー

〈配合例〉

バター……50g
ショートニング……50g
砂糖……100g
塩……1g
ヴァニラオイル……少々
卵……35g
くるみ……100g
薄力粉……100g
ベーキングパウダー……1g

〈製法〉

① バターとショートニングを合わせる。
② ①に砂糖、塩、ヴァニラオイルを加え混ぜる。
③ ②に卵を溶いて混ぜる。
④ くるみを粗刻みし、③に混ぜる。
⑤ 薄力粉とベーキングパウダーを一緒にしてふるい、④に混ぜる。
⑥ ⑤をラップに包み、冷蔵庫で休ませる。
⑦ 小さな団子状にまるめ、オーブンシートをのせたテンパンに並べて、160℃のオーブンで約15分焼く。

チョコチップクッキー、ラムレーズンクッキーも同様にして作る。

■ チョコチップクッキー

〈配合例〉

バター……50g
ショートニング……50g
砂糖……90g
塩……1g
ヴァニラオイル……少々
卵……35g
チョコチップ……65g
薄力粉……100g
ベーキングパウダー……1g

■ ラムレーズンクッキー

〈配合例〉

バター……50g
ショートニング……50g
砂糖……100g
塩……1g
ヴァニラオイル……少々
卵……35g
ラム漬けレーズン……65g
薄力粉……110g
ベーキングパウダー……1g

クナーファ　kunafa, kunafeh（アラブ圏）

中近東やバルカン半島の地域で好まれている菓子。発祥はパレスチナのナブルスといわれている。セモリナ粉にバターを加えて練り、パスタのような細麵状にして、上に山羊のチーズをのせフライパンで焼く。焼けたら裏返しにし、上からシロップをかけ、ピスタチオの粉末をかけて供する。

クネエジ・アル・ルム　cuneesi al rum（伊）

イタリアのピエモンテ州の町、クネオの銘菓。ラム酒を効かせたもので、チョコレートをかけて供するムラング菓子。

クネーデル　Knödel（オーストリア・独）

オーストリアや南ドイツで好まれているだんご状の食べ物。塩味、甘い味などさまざまな種類がある。

ゼンメルという小型のパンをつぶして卵などを練り合わせて作るもの、発酵生地で作るもの、またカルトッフェルタイク Kartoffelteig と呼ばれる、じゃがいも入りの生地のものがある。これはじゃがいもをゆでて裏ごしし、バター、卵黄、小麦粉、塩などを加えて練り、中に詰め物をしたりしてだんご状に丸め、塩水でゆでる。これにバターで炒めたパン粉をまぶして仕上げる。

かためにに焼いたシューの中にさまざまな果物を詰めたものもある。

■ フルーツ入りのクネーデル

〈配合〉

シュー種

牛乳……250mℓ
バター……20g
塩……少々
小麦粉……150g
卵黄……2個分

フィリング
- プラム（缶詰）…… 適量
- アプリコット（缶詰）…… 適量
- チェリー…… 適量

仕上げ用
- バター…… 120g
- 生パン粉…… 150g
- 粉糖…… 40g

ヴァニラソース
- 牛乳…… 350mℓ
- ヴァニラ…… 少々
- 卵黄…… 3個分
- 砂糖…… 70g

〈製法〉

① 牛乳にバターと塩を入れて沸騰させ、溶かす。
② 小麦粉を加えて混ぜる。
③ 火から降ろして卵黄を混ぜ、かためのシュー種を作る。
④ 打ち粉をしながら棒状に延ばして、適宜な大きさに切る。
⑤ めん棒で薄く円形に延ばし、果物を包んで丸める。
⑥ 湯に塩を少々入れて、⑤を入れてゆでる。
⑦ 白っぽくなって⑤が浮いてきたらすくいとる。
⑧ フライパンにバターを入れて溶かし、パン粉を入れて混ぜながら炒める。
⑨ きつね色になったら火から降ろし、熱をとったあと、粉糖を混ぜる。
⑩ ⑦を⑨の中に入れてまぶす。
⑪ 皿に盛り、ヴァニラソース（材料を全部混ぜて火にかけ、とろみをつける）をかけて供する。

クネドリーキ　knedlíky（チェコ・スロバキア）

チェコやスロバキアで親しまれている温かいデザート菓子。

プラム、アプリコット、いちごなどを包んだゆで菓子。ダンプリング、クネーデルとも呼ばれる。ゆで上がったらカッテージチーズ、溶かしバター、粉糖をかけて、温かいうちに供する。

〈配合〉
- 小麦粉…… 200g
- カッテージチーズ…… 200g
- 卵黄…… 2個分
- プラム、アプリコット、いちご…… 各適量
- カッテージチーズ、溶かしバター、粉糖…… 各適量

〈製法〉

① 小麦粉、カッテージチーズ、卵黄を混ぜる。
② めん棒で適宜な厚さに延ばす。
③ プラム、アプリコット、いちごを包み、熱湯でゆでる。
④ 皿に盛り、適量のカッテージチーズ、溶かしバター、粉糖をかけ、温かいうちに供する。

クネドリーキ

クープ　coupe（仏）

脚つきのグラスにアイスクリームやシャーベット、果物、クリーム等をあしらった冷製アントルメ。特にアイスクリームやシャーベット中心のものはクープ・グラッセと呼ばれる。

盛りつけは自由で、クリームやソース、チョコレート、ジャム、各種のトッピング等を任意に用いる。

クープ・パート　coupe-pâte（仏）

▶pastry cutter（英）ペイストリー・カッター

薄く延ばした生地から、円形や楕円形、あるいはその他の形に生地を抜きとるための器具。

大きさが段階的に小から大まで各種そろってセットになっているもの、縁がプレーンなものと菊型に波がついているものなど、いろいろある。

クーヘン　Kuchen（独）

ドイツ語の「菓子」のこと。基本的にクリーム類で飾らない菓子をさす場合が多い。バウムクーヘン、レープクーヘン等、いろいろな呼び名で用いる。

クミン・シード　cumin seed（英）

香辛料として用いられるセリ科の植物の種子。高い香りを持つ。

原産地はナイル川流域といわれ、地中海沿岸諸国やインド、中国などに広まっていった。現

在ではイタリアのシチリア島や、マルタ島で多く栽培されている。

味と香りはキャラウェイと異なるが、形は非常によく似ている。和名は姫茴香の他に馬芹（ばきん）の別名も戴いている。使い道はチーズに混ぜたり、カレーやスープ、シチュー等に用いるか、キャラウェイ同様ザウアークラウトにも利用されている。

グライエバ　ghrayeba（アラブ圏）

アラブ、イスラム文化圏で好まれている口どけのよいクッキー。

小さな丸形で、中央にアーモンドやピスタチオの粒を押し入れて焼く。地方によってはガーラブ、グリビーなどと呼ばれている。

クラクラン　craquelin（仏）

ヌガー・デュールあるいはヌガー・ブランと呼ばれる、褐色のかたいヌガーを細かく砕いたもの。マジパンやクリーム、ガナッシュ等に混ぜたり、アントルメやプティガトーの表面に振りかけて用いる。

またビスケットの類のかたいパリパリした焼き菓子にも、同名で呼ばれるものがある。

クラーシテルニー・パラチンキ　klášterní palačinky（チェコ・スロバキア）

チェコやスロバキアで好まれているデザート菓子。クレープ風のパンケーキの一種。

→パラチンケン

グラス　glace（仏）

「氷」という意味であるが、フランス菓子における「氷菓」で、その分野の業態を表す語としてはグラスリーの語をもちいている。

グラスの部門（グラスリー）は、生菓子や焼き菓子のパティスリー、チョコレートやボンボンなどの、いわゆる糖菓と訳されるコンフィズリーと並んで、菓子の分野では大きなジャンルである。

この範疇には、アイスクリーム類とシャーベット類が含まれる。フランス菓子の分類に従えば、次のように分けられる。

フリーザーで攪拌凍結

■ **グラス・ア・ラ・クレーム　glace à la crème**

いわゆるヴァニラアイスクリーム。

〈配合と製法〉

上質のもの

牛乳……500mℓ
生クリーム……500mℓ
砂糖……300g
卵黄……8～10個分
ヴァニラ……1本

普通のもの

牛乳……1000mℓ
砂糖……250g
卵黄……6個分
ヴァニラ……1本

① 卵黄に砂糖を加え、よく混ぜる。
② 牛乳にヴァニラ・ビーンズを加え、一度沸騰させてから、①に少しずつ加え、よく混ぜる。
③ 再び火にかけ、とろみをつける。
④ 火から降ろし、ふるいに通す。
⑤ 表面に膜ができないようにときどき混ぜながら、10℃以下まで冷やしてゆく。
⑥ フリーザーにかけ、攪拌凍結させてゆく。

■ **グラス・オ・フリュイ　glace aux fruits**

いろいろな果物を加えたアイスクリーム。果物は生のままでピューレにしたり、砂糖と煮詰めたものを使う。そしてこれらの果物に基本的にはボーメ17～18度の糖度のシロップを加えて用いる。しかし通常の製法としてはあらかじめボーメ36度のものを作り、半分に薄めて使っている。

〈配合と製法〉

シロップ（ボーメ36度）……1000mℓ
フルーツピューレ……1000mℓ
水……1000mℓ
生クリーム……200～300mℓ

① 全部の材料を一緒にして混ぜる。
② フリーザーにかける。
注1：フルーツピューレは好みのもの。
注2：好みによりレモン果汁を入れてもよい。

型詰めにして凍結

■ **サバイヨン・グラッセ　sabayon glacé**

パルフェ・グラッセと同様に型詰めして凍結させる。必ずワインを加える。

〈配合と製法〉

白ワイン……500mℓ
卵黄……24個分
水……500mℓ
砂糖……700g

ゼラチン…………………………………… 10g
生クリーム…………………………… 1000mℓ

① 卵黄に水を加え、混ぜる。
② ワインに砂糖を加え、一度煮立てる。
③ ②を①に少しずつ加え、湯煎にかける。
④ 充分泡立てる。
⑤ 火から降ろし、冷えるまで泡立てる。
⑥ ゼラチンを加え、泡立てた生クリームと合わせる。
⑦ 型に詰め、凍結させる。

■ **スフレ・グラッセ　soufflé glacé**

スフレとはアントルメ・ショー（温菓）であるが、その形に似せて作る氷菓のため、この名がつけられた。

果物の入らないパルフェやムースに仕上げる場合はスフレ・グラッセ・ア・ラ・クレームといい、果物入りは、スフレ・グラッセ・オ・フリュイと呼ぶ。

〈製法〉

① スフレの型の内側に、型より高く紙を巻く。
② パルフェやムースの種を紙の上まで詰め、凍結させる。
③ 紙をとりはずし、スフレのように高く持ち上がったように見せる。

■ **パルフェ・グラッセⅠ　parfait glacé**

生クリーム、卵、砂糖、シロップを主原料として、各種リキュール類で香りをつけるパルフェ類。

〈配合と製法〉

ヴァニラ入りシロップ（ボーメ36度）
…………………………………… 1000mℓ
卵黄…………………………………36個分
水………………………………………… 100mℓ
生クリーム…………………………… 2000mℓ

① 卵黄に水を加えて混ぜておく。
② ①に熱いシロップを少しずつ加え混ぜる。
③ 湯煎にかけ、とろみがつくまで煮る。
④ 火から降ろし、熱がとれるまで攪拌する。
⑤ 別に泡立てておいた生クリームを加え混ぜる。
⑥ チョコレート、コーヒー、プラリネ、フルーツピューレ、リキュール等好みのものを加え、凍結させる。

■ **パルフェ・グラッセⅡ　parfait glacé**

〈配合と製法〉

卵黄…………………………………20個分
全卵……………………………………… 10個
砂糖……………………………………… 800g
ヴァニラ・ビーンズ……………………… 1本
ゼラチン………………………………… 10g
生クリーム…………………………… 2000mℓ

① 卵黄、全卵、砂糖、ヴァニラ・ビーンズを混ぜ、弱火または湯煎にかけながら泡立てる。
② 充分かたくなってきたら火から降ろしてヴァニラ・ビーンズをとり、再び冷めるまで攪拌を続ける。
③ 水でふやかし湯煎で溶かしたゼラチンを加え、泡立てた生クリームを加え混ぜる。
④ チョコレート、リキュール等好みのものを加える。
⑤ 型詰めし、凍結させる。

■ **ムース・グラッセⅠ　mousse glacée**

フルーツピューレ、ムラング・イタリエンヌ、生クリーム等を用いたムース類。

〈配合と製法〉

卵白…………………………………10個分
砂糖……………………………………… 600g
水………………………………………… 200mℓ
生クリーム…………………………… 2000mℓ
フルーツピューレ…………………… 1000mℓ

① 卵白と砂糖と水でムラング・イタリエンヌを作り、フルーツピューレを混ぜる。
② 泡立てた生クリームと合わせる。
③ 型に詰め、凍結させる。

■ **ムース・グラッセⅡ　mousse glacée**

ムース・ヴァニーユやムース・オ・フリュイを型に詰め、凍結させる。

ソルベ　sorbet

フランス語でいうソルベは、英語ではシャーベットのこと。昔はシャーベットは飲み物として扱われていたが、最近は凍結することを基準にして、アイスクリームの仲間とする見方になった。このソルベを大きく分けると、果汁の入ったソルベ・オ・フリュイと、ワインの入ったソルベ・オ・ヴァン・ファンに分けられる。英語ではともにシャーベットとして扱われているが、前者は食後のデザートに、後者は食事の途中の舌休めとして供され、逆になることは決してない。後者の場合、会食が進み、その食事の主となる料理に入る前に出され、それまでの味に区切りをつけて舌を休めさせ、あとの料理をさらに引き立たせるために供されるものである。

■ **ソルベ・オ・ヴァン・ファン　sorbet au vin fin**

ワインを入れたシャーベット。上質になるとシャンパンを使うこともある。あまりかたくせずに仕上げる。シャンパンの場合は固まる直前に混ぜる。攪拌を長く続けると、せっかくの香りと気泡が抜けてしまう。

〈配合と製法〉

ボーメ 28 度のシロップ …………… 1000mℓ
ワイン…………………………………… 1000mℓ
レモンとオレンジの果皮と果汁… 各 1 個分
ムラング・イタリエンヌ
卵白……………………………………… 4 個分
砂糖……………………………………… 240g
水………………………………………… 80mℓ

ソルベ・オ・フリュイと同様の製法で作る。

■ ソルベ・オ・シトロン　sorbet aux citrons

レモンのシャーベット。蜂蜜風味にアレンジ。

製品例

〈配合〉 1 個分

レモン…………………………………… 1.5 個
ゼラチン………………………………… 1.5g
砂糖……………………………………… 60g
蜂蜜……………………………………… 10g
水………………………………………… 200mℓ

〈製法〉

① レモンの端を切り、中身をくり抜いて果肉をこし、果汁を取り置く。果皮は容器として使う。
② ゼラチンと砂糖を混ぜ、①のレモン果汁（約 30mℓ）でふやかす。
③ ②を湯煎で溶かし、蜂蜜と合わせる。
④ 1/2 のレモンをスライスし、水に入れて沸騰させ、香りを移す。レモンは取り除く。
⑤ ④に③を入れて混ぜ、こして粗熱を取る。
⑥ フリーザーにかけ、くり抜いたレモンの中に詰める。

■ ソルベ・オ・フランボワーズ　sorbet aux framboises

フランボワーズ味のシャーベット。

〈配合〉

グラニュー糖…………………………… 40g
水………………………………………… 40mℓ
水飴……………………………………… 10g
フランボワーズのピュレ……………… 400g
フランボワーズのリキュール………… 15mℓ
レモン果汁……………………………… 5mℓ
フランボワーズ………………………… 200g

〈製法〉

① グラニュー糖に水を加えて火にかけ、沸騰したら水飴を加えて溶かし、10℃ほどに冷やす。
② ①にフランボワーズのピュレ、フランボワーズのリキュール、レモン果汁、フランボワーズを加えて混ぜる。
③ ②をフリーザーにかけ、攪拌凍結させる。

■ ソルベ・オ・フリュイ　sorbet aux fruits

果物の果汁を加えたシャーベット。フランスではグラス・オ・フリュイともいう。

〈配合 I と製法〉

フルーツピューレ……………………… 500mℓ
レモン果汁……………………………… 2 個分
水………………………………………… 500mℓ
砂糖……………………………………… 350g
ムラング・イタリエンヌ
卵白……………………………………… 2 個分
砂糖……………………………………… 120g
水………………………………………… 40mℓ

① ピューレ、レモン果汁、水、砂糖を混ぜる。
② フリーザーにかけて凍結させる。
③ 卵白と砂糖と水でムラング・イタリエンヌを作り、②に混ぜ込む。
注：この種に対して 10％程度のリキュールを加えてもよい。

〈配合 II と製法〉

牛乳……………………………………… 1000mℓ
果汁……………………………………… 1000mℓ
砂糖……………………………………… 400g

① 果物の果肉を取り出して、中身をジュースにする。
② ①に牛乳、砂糖を混ぜる。
③ フリーザーにかける。
④ 果物の果皮等に詰めて凍結させる。

■ ソルベ・オ・ペシュ　sorbet aux pêches

桃のシャーベット。

製品例

〈配合〉 3 個分

半割りの白桃…………………………… 適量
白桃の缶詰（シロップを含む）……… 425g
水………………………………………… 125mℓ
砂糖……………………………………… 50g
水飴……………………………………… 10g
ピーチリキュール……………………… 適宜

〈製法〉

① 白桃（分量外）の中身をスプーンでくり抜き、冷蔵庫で冷やしておく。
② 白桃の缶詰は、桃とシロップをジューサーに

かけ、裏ごしする。
③ 鍋に水、砂糖、水飴を入れて火にかけ、沸騰させてシロップを作る。
④ ②に粗熱を取った③のシロップを加え、ピーチリキュールを入れる。
⑤ フリーザーにかけて冷やし固める。
⑥ 白桃のくり抜いたところに⑤を盛り、セルフイユ（分量外）で飾る。

■ **ソルベ・オ・ポンム・ヴェルト　sorbet aux pommes verte**

青りんごのシャーベット。
製品例

〈配合〉

青りんご……500g
レモン果汁……25mℓ
牛乳……100mℓ
水……75mℓ
グラニュー糖……75g
食用色素（緑・黄）……微量

仕上げ

生クリーム……適量
青りんご……適量
ウェファース……適量
ミントの葉……適量

〈製法〉

① 水、グラニュー糖を鍋に入れて沸騰させる。
② 青りんごの皮と芯を取り除き、細かく刻む。
③ ②をミキサーに入れ、レモン果汁と①を加えピュレ状にする。
④ ③に牛乳と水で溶いた色素を加え、フリーザーにかける。
⑤ 器にシャーベットをのせ、生クリーム、スライスした青りんご、ウェファース、ミントの葉などで飾る。

■ **ソルベ・オ・ポワール　sorbet aux poires**

洋梨のシャーベット（皿盛り例）。
製品例

〈配合〉 10人分

洋梨の缶詰……1缶（250g）
レモン果汁……1個分
水……250mℓ
砂糖……100g
洋梨のリキュール……少々

いちごのソース

いちご……50g
砂糖……25g

仕上げ

洋梨の缶詰……10個
砂糖……25g
生クリーム……250mℓ
いちご……20粒
キウイフルーツ……2個
香草……少々

〈製法〉

洋梨のシャーベット

① 洋梨は缶汁ごとミキサーにかける。
② ①をボウルに入れ、レモン果汁、水、砂糖、リキュールを加えて砂糖が溶けるまで混ぜる。
③ ②をボウルのまま冷凍庫に入れ、途中3～4回かき混ぜながら凍らせる。

いちごのソース

いちごを裏ごしし、砂糖を加えて混ぜる。

仕上げ

① 洋梨の底になる部分を切って安定させ、中身を少しくり抜く。
② ①を皿にのせ、ディッシャーかスプーンですくったシャーベットを詰める。
③ 砂糖を加えてゆるく泡立てた生クリーム、いちご、キウイの輪切り、香草を添え、ソースをかける。

その他のソルベ

■ **グラニテ　granité**

グラニテは「ざらざらした」という意味。いわゆるかき氷の一種である。加糖した果汁、または果物のシロップに水を加えて、ボーメ10～11度くらいの糖度にし、フリーザーで凍結させてゆく。他のソルベ類と異なり、あまり攪拌せず、粗めのざらざらした状態で仕上げる。

■ **スプーム　spoom**

ソルベの溶液をベースにして作るが、加えるムラング・イタリエンヌを基準量の2倍にする。食感はより軽くなる。

■ **マルキーズ・グラッセ　marquise glacée**

ソルベのムラング・イタリエンヌのかわりにクレーム・シャンティーイ（泡立てた生クリーム）を混ぜる。この場合ソルベの溶液1000mℓに対して300mℓの生クリームを加えて作る。

フリーザー凍結および型詰め凍結の応用

アイスクリームやパルフェを数種組み合わせたり、ビスキュイやムラング等他のものと組み合わせて形作り、生クリームなどで飾って供するもの。

■ **ビスキュイ・グラッセ　biscuit glacé**

好みのアイスクリームをビスキュイやジェノワーズに塗ったり、はさんで作る氷菓。

この他、ビスキュイ種と同様に卵に砂糖を加え、熱をつけて泡立てて作るアイスクリームもこの名で呼ぶ。

■ **ボンブ・グラッセ　bombe glacée**

ボンブとは砲弾の意味。砲弾形の容器に詰めて供するもの。

〈製法〉

① 容器の内側に好みのアイスクリームを1～2cmの厚さに塗る。

② その中にムースや生クリーム、パルフェ等を詰めて凍結する。

注：刻んだ果物や細かく切ったジェノワーズを、②の中に混ぜてもよい。

グラス・ア・ロー　glace à l'eau（仏）

▶water icing（英）ウォーター・アイシング / Wasserglasur（独）ヴァッサーグラズール

粉糖を水で溶いたもの。菓子の表面などにかけ、薄く糖膜を張る目的で使う。

目安としての基準配合は、粉糖1000g、水250mℓで、粉糖をふるいに通し、水で混ぜてとく。用途により配合比は変えることができる。カヴァーする対象物が熱いときにかけると、水分が蒸発し、薄い半透明の糖膜ができる。

グラス・ムーレ　glace moulée（仏）

「型詰めして凍結させる氷菓」の類いを表すフランスの製菓用語。

通常アイスクリーム類には、溶液を攪拌凍結してゆくものと、型に詰めてそのまま凍結させるものがある。これは後者にあたり、パルフェ・グラッセやムース・グラッセといわれるものである。

グラス・ロワイヤル　glace royale（仏）

▶royal icing（英）ロイヤル・アイシング / Eiweißglasur（独）アイヴァイスグラズール

粉糖と卵白を練ったもので、各種菓子のカヴァーや飾り物の絞りなどに用いる。

目安としての基準配合は、卵白1個分、粉糖150g、レモン果汁2～3滴。粉糖をふるい、卵白を入れてよく練る。レモン果汁あるいは2～3滴の酢酸を加えてさらに練る。

卵白の量は用途によって異なる。たとえば塗り用はやわらかめにしたほうがよく、卵白はやや多めにしなければならない。絞り用はやわらかいとだれてしまうので、逆にかためにに作る。

酢酸を入れるのは、漂白のためと早く乾かす目的もある。

クラッカー　cracker（英）

パンと菓子の中間に位置づけされるビスケットの一種。「砕ける」の意味のクラックからきた語。口当たりが軽く、パリッと砕ける類のもので、近年はスナック菓子の範疇に入る。なおアメリカでは、ビスケットをクラッカーと呼ぶことも多い。

グラハム・クラッカー、ソーダ・クラッカー、チーズ・クラッカーや、クリームをはさんだサンドウィッチ・クラッカーが知られている。

グラッセ　glacé（仏）

▶icing（英）アイシング / Glasieren（独）グラジーレン

菓子の表面にフォンダンまたはグラス・ア・ローなどをかけて、薄い膜を張らせること。代表的な使用例としてはマロン・グラッセ、プティ・フール・グラッセなどがある。

この他に、この語の本来の意味である「凍らせた」ということを表す使い方もある。例としてはムース・グラッセ（凍らせたムース）、パルフェ・グラッセ（凍らせたやわらかいアイスクリーム）、アントルメ・グラッセ（凍らせたアントルメ）などがある。またスイスでは、グラッセは、アイスクリーム類の呼び名でもある。

クラップフェン　Krapfen（オーストリア・独）

揚げ菓子を意味するプファンクーヘンのこと。

いろいろなヴァリエーションがある中で、謝肉祭に食べるファッシングスクラップフェンFaschingskrapfenが知られている。この菓子の先祖は、遠く古代ギリシア・ローマ時代にまで遡る。古代ギリシア時代にはフォトイスphotoisやグロムスglomusという円錐形をした小さな焼き菓子があり、こうしたものが油で揚げた今日のクラップフェンの原形といわれている。

〈配合〉

強力粉……………………………… 500g
牛乳……………………………… 125mℓ
イースト…………………………… 40g
砂糖……………………………… 50g

サラダオイル………………………………30mℓ
卵黄……………………………………2個分
塩…………………………………………5g
ラム………………………………………20mℓ
アプリコットジャム………………………適量

〈製法〉

① イーストを牛乳でとき、少量の砂糖を混ぜ、強力粉の中に入れて発酵させる。
② 残りの砂糖、サラダオイル、卵黄、塩、ラムを加えて全体をまとめ、よくこねる。
③ 再び発酵させ、ガス抜きをしたあと、厚さ2mmに延ばして、直径8cmの円形に抜く。
④ この生地の上にアプリコットジャム大さじ1杯をのせて包み、球状に成形して、合わせ目を下にし、しばらくおく。
⑤ 熱した油で全体をきつね色に揚げる。

グラニテ　granité（仏）

▸ frappe（英）フラッペ / Granit-Eis（独）グラニット・アイス

グラニテとは「ざらざらした」という意味で、いわゆるかき氷の一種である。

→グラス（その他のソルベ）

グラハム・クラッカー　graham cracker（米）

19世紀後半に、健康食品のひとつとして作られたクッキーの一種。名称は、食事療法の提唱者として名高いアメリカの牧師シルベスター・グラハムの名からきたもの。

〈配合〉 25×25cmのテンパン2枚分

全粒粉……………………………………120g
薄力粉……………………………………80g
ベーキングパウダー………………………2g
塩…………………………………………2g
重曹………………………………………1g
バター……………………………………50g
ブラウンシュガー…………………………30g
蜂蜜………………………………………40g
冷水………………………………………30g

〈製法〉

① 粉類を一緒にしてふるい、その中にバターを入れて細かくし、手ですり合わせてそぼろ状にする。
② ①にブラウンシュガーを加え、蜂蜜、冷水を加えて混ぜ、ひとまとめにする。
③ 厚さ3mmに延ばして、適宜な大きさに切り、テンパンに並べる。
④ 190℃のオーブンで約12～13分焼く。

グラハム・クラッカー

クラビエ　kurabiye（トルコ）

蜂蜜やナッツを使って作る円形のトルコの菓子。生地は卵や固形油脂をほとんど用いない練り粉主体のシンプルなもので、ナッツ類の味覚とばらの芳香がある。

グラーブ・ジャームン　gulab jamun（印）

インドのベンガル地方の菓子。

コアと呼ばれるトロトロに煮詰めたミルクをコーンスターチでつなぎ、ボール状にまとめて油で揚げる。シロップにつけて食べる。

クラフティ　clafoutis（仏）

さくらんぼを使った、フランスのリムーザン地方の伝統的なタルトの一種。別名タルト・ドーヴェルニュ tarte d'Auvergne ともいう。オーヴェルニュとはフランスの南部の地方名で、さくらんぼの産地として名高い。語源はフランス語の口語の clafir に由来する。なお、さくらんぼで作るもののみをクラフティといい、その他の果実を使ったものはフロニャルド flaugnarde あるいは flognarde と呼ぶ。これは柔らかいとかふわっとしたという意味で、クラフティの元となった菓子とされている。

〈配合〉

パート・シュクレ…………………………適量
キルシュ漬けさくらんぼ…………………適量
生クリーム………………………………500mℓ
牛乳……………………………………500mℓ
全卵……………………………………6個
砂糖……………………………………300g
コーンスターチ…………………………50g
ラム………………………………………適量

ヴァニラ…………………………………… 適量

〈製法〉

① パート・シュクレを薄く延ばしてタルト型に敷く。
② 種を抜いたキルシュ漬けさくらんぼを①の中に並べる。
③ 生クリーム、牛乳、全卵、砂糖、コーンスターチ、ラム、ヴァニラを全部混ぜて、タルトの中に流し込む。
④ 中火のオーブンで焼く。

クラフティ

クラミック　cramique（ベルギー）

ベルギーで好まれている菓子。

コリント産のレーズンを混ぜて作るブリオッシュの類。ブリオッシュのアレンジの一つ。

クラム　crumb（英）

▸mie（仏）ミ、miette（仏）ミエット、chute（仏）シュット / Brösel（独）ブレーゼル

ケーキくず。菓子作りにおける裁ち落としや切りくずのこと。日本の菓子業界では九助または久助とも呼ぶ。

グラン　glands（仏）

どんぐりを模したシュー菓子。シュー種を雨だれ形に絞って焼き、中にクレーム・パティシエールを詰め、フォンダンでグラッセして、雨だれ型の太い方にスプレーチョコレートをつける。

クランセカーカ　kransekaka（スウェーデン）

スウェーデンなど北欧諸国の特殊な飾り菓子。特に誕生日や結婚式等各種の行事、あるいはさまざまなレセプションの食卓の飾りつけとして用いる。リング状に作ったマカロンを積み上げながら、グラス・ロワイヤルを絞って飾る。

ノルウェーではクランセカーケ kransekake、デンマークではクランセカーゲ kransekage と、少しずつ呼び方が変わるが、作り方はほぼ同じである。

〈配合〉

マルツィパンローマッセ…………… 1000g
粉糖…………………………………… 500g
卵白……………………………… 125 ～ 250g
グラス・ロワイヤル…………………… 適量

〈製法〉

① マルツィパンローマッセに粉糖を混ぜ、卵白を少しずつ入れながらかたさを調節する。
② 絞れるほどのかたさにし、丸口金でリング状に絞り、強火のオーブンで焼く。
③ グラス・ロワイヤルを絞って飾り、大きいリングから順に積み上げてゆく。
④ 行事、催事の目的に応じた飾りを施す。

クランツクーヘン　Kranzkuchen（独）

ドイツで多く見られるリング形の菓子。クランツとは王冠状の菓子の総称として、しばしば用いられる。いろいろなタイプのものが作られているが、発酵生地を使ったものの作り方を以下に記す。

〈配合〉

プルンダータイク
（パート・ルヴェ、発酵生地）……… 350g
粗刻みのくるみ……………………… 130g
砂糖…………………………………… 40g
ケーキクラム………………………… 10g
牛乳…………………………………… 90mℓ
ヴァニラ……………………………… 少々
レモン果汁…………………………… 少々
ラム…………………………………… 少々
シナモン……………………………… 適量
刻んだオレンジピール……………… 適量
レーズン……………………………… 適量
ジャム………………………………… 適量
フォンダン…………………………… 適量

〈製法〉

① プルンダータイクを折り、35cm × 20cm の大きさに延ばす。
② 粗刻みのくるみ、砂糖、ケーキクラム、牛乳、ヴァニラ、レモン果汁、シナモン、ラムを混ぜたフィリングを塗る。
③ ②の上に適量のシナモン、刻んだオレンジピール、レーズンを振りかけ、シュトゥルーデルのように巻く。
④ 縦半分に切り分け、切り口を上に向けて編む。

⑤ テンパンの上にリング形に置く。つなぎ目は互いに下に押し込むようにする。
⑥ 30分間ほどホイロに入れて発酵させ、中火のオーブンで焼く。
⑦ 上面にジャムを塗り、フォンダンでグラッセする。

→パート

クランピット　crumpet（英）

イングリッシュ・マフィンの原型といわれるもの。

〈配合〉 8cm 18個分

強力粉……………………………………340g
生イースト………………………………15g
ぬるま湯…………………45 + 330 + 100mℓ
スキムミルク……………………………15g
塩…………………………………………5g
重曹………………………………………0.7g
サラダ油…………………………………適量

〈製法〉

① ふるった強力粉に、湯45mℓで溶き発酵させたイースト、スキムミルク、塩、ぬるま湯330mℓを加えて混ぜ、ラップをかけて温かい所に置き、発酵させる。
② 重曹をぬるま湯100mℓで溶き、①に加え混ぜ、再び発酵させる。
③ フライパンに油をひき、内側に油を塗った直径8cmのセルクルを置き、その中にサラダ油を小さじ1杯入れる。
④ ③の中に②の生地を、高さ2/3まで詰めて両面を焼く。
⑤ ジャムやバター、ヨーグルト等を添えて供する。

クランベリー　cranberry（英）

▸canneberge（仏）カンヌベルジュ / Moosbeere（独）モースベーレ

北アメリカ原産のつるこけももの果実。初夏に薄紅色の花が咲き、9月ごろ熟し、赤い、えんどう豆大の実をつける。果実は甘酸っぱく、ジャム、シロップ、ジュースなどに利用される。

クリスマス時の七面鳥料理に添える、クランベリーソースで親しまれている。色が鮮やかなため菓子の飾りや香味づけ、上がけ用のゼリー、ソース、生地や種などの色づけに利用されている。

グランマルニエ　Grand Marnier（仏）

フランスの代表的なオレンジリキュールで、フランスのグラン・マルニエ・ラポストール社製のオレンジキュラソーの商品名。特定の企業の一商品名にもかかわらず、製菓、調理業界ではそのままの呼称で通ってしまうほどに、食文化に貢献度が高い酒である。作り方は、コニャックを数年かけて熟成させ、そこにオレンジの果皮を漬け込んで香味を浸出させて蒸留し、さらにオーク材の樽に詰めて熟成させる。製菓面において、素材にオレンジを使う時には必ずグランマルニエやコワントロー、トリプルセックといったオレンジ系のリキュールを使う。これはフランス菓子を作る上でのひとつのセオリーともなっている。各種のアントルメ、プティガトー、チョコレート菓子、アイスクリーム類などにも幅広く用いられる。

くり　栗

▸marron（仏）マロン、châtaigne（仏）シャテーニュ / chestnut（英）チェスナット / castagna（伊）カスターニャ / Kastanie（独）カスタニエ

世界に広く栽培されている穀果類の一つ。さまざまな品種があり、改良もされ、多くの栽培種がある。ヨーロッパ産のマロンは大粒で、シャテーニュは、やや粒が小さい。日本の栗は丹波栗が有名だが、原生種は柴栗といわれている。

栗は、古代から人々に親しまれ、ゆで栗、焼き栗として食される。また、さまざまな調理によって、料理や菓子に利用されている。特に大粒の栗を砂糖煮にし、糖膜を張ったマロン・グラッセは、ヨーロッパで、グレードの高いものとして扱われている。日本では洋菓子とともに和菓子にも多用されている。

グリオット　griotte（仏）

酸果桜桃と呼ばれるさくらんぼの品種の一つ。黒に近いほどの濃い赤色を呈し、果肉は強い甘みを持つ。

製菓分野ではさまざまな菓子に用いている。チェリー・ボンボンと呼ばれる、一口チョコレート菓子には、この品種以外のさくらんぼを使った場合も、グリオットの名がつけられることがある。

クリスペッレ・ディ・リソ　crispelle di riso（伊）

シチリアで好まれている、お米を使った家庭

で作る揚げ菓子。蜂蜜とシナモンパウダーをかけて供する。

〈配合〉

米……………………　250g（とがずに使う）
水……………………………………… 500mℓ
塩………………………………………… 少々
レモン果皮すりおろし……………… 1個分
小麦粉…………………………………… 125g
サラダオイル…………………………… 適量
蜂蜜……………………………………… 適量
シナモンパウダー……………………… 少量

〈製法〉

① 米を水と塩でたき、レモン表皮すりおろしを加える。
② ふるった小麦粉を混ぜ、生地をまとめる。
③ 厚さ1.5cmに延ばし、6cm幅程の菱形に切り分ける。
④ 熱した油の中に③を入れ、きつね色に揚げる。
⑤ 上から蜂蜜をかけ、シナモンパウダーをふりかける。

クリスペッレ・ディ・リソ

クリスマス　Christmas（英）

▸Noël（仏）ノエル / Weihnachten（独）ヴァイナッハテン

イエス・キリストの降誕を祝う、キリスト教の行事。12月25日。前夜がクリスマス・イヴである。かつては日没から日没までを1日としていたため、数え方がずれ、結果今日のように24日のイヴの日が重要視されるようになった。

今日では、キリスト教徒のみならず、世界中の人々が祝い、楽しんでいる。世界各国で、この日のためにさまざまなスタイルの菓子が作られている。

日本やアメリカでは通常、クリスマス飾りをした丸型のスポンジケーキ、イギリスではプラム・プディング、フランスでは、ビュッシュ・ド・ノエル、ドイツやスイス、オーストリア等では、シュトレンやお菓子の家のヘクセンハウス、イタリアではパネットーネ、北欧では、さまざまな形に焼くクリスマスのクッキーなど、それぞれクリスマスを祝う。

クリスマス・プディング　Christmas pudding（英）

イギリスにおいてクリスマスを祝って食べるプラム・プディングのこと。

→プディング

クリーチ　кулич（露）

ロシアやバルカン諸国の伝統的な復活祭の菓子。発酵生地に卵、バター、レーズン、アーモンド、砂糖漬けの果物、レモン果皮、サフラン、ラムなどを入れて焼く。冷めてから糖衣をかけたり、砂糖漬けの果物などで飾る。イタリアのパネットーネに共通したものがある。

〈配合〉

強力粉…………………………………… 125g
薄力粉…………………………………… 125g
ドライイースト…………………………… 3g
バター…………………………………… 125g
卵………………………………………… 2個
牛乳……………………………………… 50mℓ
砂糖……………………………………… 125g
塩………………………………………… 少々
バニラ…………………………………… 少々
くるみ…………………………………… 50g
アーモンド……………………………… 50g
レーズン………………………………… 50g
干しあんず……………………………… 50g
薄力粉…………………………………… 10g
グラス・ア・ロー（アイシング）
粉糖……………………………………… 100g
水………………………………………… 30mℓ
レモン果汁……………………………… 少々

〈製法〉

① バターをクリーム状にして砂糖を混ぜ、卵、牛乳、ふるった2種の小麦粉、ドライイースト、塩、バニラを加え混ぜる。
② ①に布巾をかけて温かいところに40～50分置く。
③ くるみ、アーモンド、レーズン、干しあんずを粗刻みし、薄力粉をまぶして②に混ぜる。

④ 円筒形の紙型に高さ8分目まで③を流し入れ、少し発酵させる。
⑤ 180度のオーブンで40～50分焼く。
⑥ 粉糖に水とレモンを加え混ぜて、まだ温かさのある⑤の上から流す。

グリッティベンツ　Grittibänz（スイス）

クリスマスから正月にかけて欠かせない、人の形をしたスイスの発酵菓子。

聖ニコラウス（サンタクロース）にまつわるさまざまな伝説や民話とかかわっている菓子である。

他の国ではこれに似た菓子を魔除け、火災や雷除けのまじないとして、馬小屋や戸口に下げる風習もある。

〈配合〉

小麦粉	1000g
イースト	40g
砂糖	13g
牛乳	500mℓ
塩	10g
バター	160g
全卵	2個

〈製法〉

① 小麦粉をふるい、その中にイースト、砂糖、牛乳を加える。
② ①の生地をまとめて、発酵させる。
③ 上に塩をかけ、バター、溶いた卵を加える。
④ よくこね、再度発酵させる。
⑤ 人形の形に成形し、溶き卵を塗る。
⑥ 中火のオーブンで焼く。レーズンなどで目鼻をつけることもある。

くりぬきき　—器

▸cuillère à pomme pairsienne（仏）キュイエール・ア・ポンム・パリズィエンヌ / melon baller（英）メロン・ボーラー / Kugelausstecher（独）クーゲルアオスシュテッヒャー

メロン、すいか、りんご、パパイヤなど、さまざまな果物の果肉を球状にくりぬく器具。握り手の先にある金属の棒や板の先端に、半球形のものが溶接されており、縁は薄く刃のようになっている。ここを果肉に当てて回転させると、球状にくりぬくことができる。直径も大小さまざまあり、また握りの両側に大きさの異なるものがついたものもある。

グリビー　gribee（アラブ圏）

アラブ・イスラム文化圏のクッキーの一種。地方によってはガーラブ、グライエバとも呼ばれている。

クリーム　cream（英）

▸crème（仏）クレーム / Creme（独）クレーム

クリームは、洋菓子の生地や種に次いで、菓子を組み立てる大きな要素である。一般になめらかで、口当たりのよい状態のもの。五つに大別し、以下に記す。①生クリームを主体とするもの。②バターをベースにしたもの。③カスタードクリーム。④アーモンドクリーム。⑤応用のクリーム。

■ 生クリーム

▸crème（仏）クレーム、crème de lait（仏）クレーム・ド・レ、crème fleurette（仏）クレーム・フルーレット / cream（英）クリーム、dairy cream（英）デイリー・クリーム、fresh cream（英）フレッシュ・クリーム / Sahne（独）ザーネ

■ 泡立てた生クリーム

▸crème chantilly（仏）クレーム・シャンティーイ、crème fouettée（仏）クレーム・フエテ / whipped cream（英）ウィップト・クリーム / Schlagsahne（独）シュラークザーネ、Schlagobers（独）シュラークオーバース、Sahne（独）ザーネ

口当たりのよさと、泡立てたときのやわらかさと軽さが特徴。単独で用いるほか、他の素材と合わせ、流し種として焼き上げたり、チョコレートと合わせ、ガナッシュとして煮上げる。また他のクリームと合わせての混合クリームを作ったりと、その用途はたいへん広い。

生クリームは、日本の法令では牛乳から脂肪分だけを分離させたもので、添加物を含まず、18％以上の乳脂肪分を含有しているものと決められている。正式には単にクリームといい、生クリームとは通称である。

乳脂肪の含有率により、いろいろなタイプのものが市販されている。脂肪分20～30％の低脂肪のものは、コーヒーなどに用いる。脂肪分45％前後までの高脂肪のものもある。一般に製菓用の生クリームとしては、これまで脂肪分が30～45％のものが多く使われてきたが、近年植物油脂の開発で新しいタイプのものが見られる。これらは表示の上で、（生）クリームと一応区別され、「乳等を主原料とする製品」として、

分けて扱われている。また嗜好と用途の多様化により、さらに高脂肪のものから、逆に健康上の理由によるローファットのものまでさまざまなタイプのものが作られている。

泡立てた生クリームが開発されたのは1671年で、フランスのフランソワ・ヴァテルという人が発明したものだといわれている。彼はシャンティーイ城主のコンデ公付きの料理人であった。主人がルイ十四世を招いて3日間の大宴会を催したが、その時卵が傷んでクレーム・パティシエールが作れず、やむなく生クリームに砂糖を加えて攪拌したところこのクリームが出来上がったという。なおこのクリームは、フランス語では、「泡立てたクリーム」という意味でクレーム・フェテと呼んでいるが、別にクレーム・シャンティーイともいっている。

パリの北の郊外にシャンティーイという町があり、この地は昔からフランスの食料庫といわれるほど牧畜が盛んで、質のよい牛乳などの集荷地であり、生クリームの産地となっていた。このクリームの名称の起こりはここにあるという。またここにはすばらしい古城がある。高くそびえた尖塔の美しさゆえ、名城の誉れが高い。生クリームを攪拌し泡立てたとき、ホイッパーを抜くとクリームの先端がスッと伸びるところから、その城になぞらえてこの名がとられたとする説さえあるほどである。

泡立てた生クリームを使用する場合、生クリームをボウルに入れ、目的に応じて好みの量の砂糖を加える。もちろん用途に応じて甘みを全く加えない場合もある。ボウル底を冷水につけながら静かに泡立ててゆく。絞る場合は八分立てぐらいで止める。攪拌しすぎると脂肪分が水分と分離してしまう。

日本とヨーロッパではクリームの質が異なり、一般に日本のもののほうが安定性がある。ちなみにドイツでいうザーネは、保形性を与えるために1.5～3%ぐらいのゼラチンを混入している。

なお、近年フランスでは、クレーム・フルーレットと呼ばれる日本式のなめらかでかつ安定性のあるタイプのものが多用されている。

■ **バタークリーム　butter cream**（英）

▶ crème au beurre（仏）クレーム・オ・ブール / Buttercreme（独）ブッタークレーム

バターを主体として作るクリーム。製法次第で、非常にソフトな口当たりに仕上がる。さらにリキュール類、チョコレート、プラリネ等との相性もよく、すぐれたクリームである。

バタークリームが登場したのは20世紀に入ってからであり、クリーム類の中ではたいへん新しい部類に入る。ヨーロッパでも日本でも、つい先ごろまではバタークリーム全盛であった。しかし近年は、他のクリームに譲っている。

いくつかの製法がある。

ソース・ア・ラングレーズ使用のバタークリーム

■ **クレーム・オ・ブール・アングレーズ　crème au beurre anglaise**（仏）

▶ butter cream with custard（英）バター・クリーム・ウィズ・カスタード / deutscher Buttercreme（独）ドイチャー・ブッタークレーム

〈配合と製法〉

砂糖……500g
卵黄……16個分
牛乳……500mℓ
バター……1000g

① 砂糖と卵黄をよく混ぜ、沸騰した牛乳を少しずつ注ぎ、一度ふるいに通す。弱火にかけ、煮立たせないように注意してとろみをつける。
② 仕上げた①のソース・ア・ラングレーズを冷まし、やわらかくしたバターを入れて泡立てる。

ムラング使用のバタークリーム

▶ crème au beurre à la meringue（仏）クレーム・オ・ブール・ア・ラ・ムラング / Buttercreme mit Schaum（独）ブッタークレーム・ミット・シャオム / butter cream with meringue（英）バター・クリーム・ウィズ・マラング

〈ムラング・イタリエンヌ使用の配合と製法〉

バター……1000g
卵白……12個分
砂糖……500g
水……200mℓ

① 砂糖と水を混ぜて火にかけ、グラン・ブーレ（121℃）からプティ・カッセ（125℃）ぐらいまで煮詰める。
② 充分泡立てた卵白に①を少しずつ注ぎ、ムラング・イタリエンヌを作る。
③ ②の熱がとれたら、あらかじめ泡立てておいたバターと合わせる。

〈ムラング・スイス使用の配合と製法〉

バター……1000g
卵白……16個分
砂糖……500g

① 卵白を弱火で温めながら1/3の砂糖を加えて

泡立て、立ってきたら再び1/3の砂糖を加え、最後に残りの砂糖を加えて、ムラングを作る。
② クリーム状にしたバターを加え混ぜる。

糖液使用のバタークリーム

■ **アーモンドクリーム　almond cream**（英）

▶crème d'amandes（仏）クレーム・ダマンド / Mandelcreme（独）マンデルクレーム

粉末アーモンド、砂糖、油脂、全卵をクリーム状に合わせたもの。一説によると、1506年、フランスのロワレ県ピティヴィエ市にあるプロヴァンスィエールという製菓人が初めて作ったといわれている。彼はこのクリームで、同市の名をとったピティヴィエという菓子を作っている。

これは他のクリームと異なり、そのままでは用いず、必ず焼き上げて食べるクリームである。アーモンドとフランス菓子は密接な関係にあるが、これもその表れといえる。利用例としては、タルトに詰めて焼き上げるアマンディーヌや、フィユタージュに包み込んで焼き上げるガレット・デ・ロワ、前述のピティヴィエ、ダルトワ、タルト・オランデーズ、コンヴェルサシオンなどがある。またタルトやタルトレットなどの底に絞り込んで焼き上げるとすばらしい風味になり、いろいろなものの含み味にも使われる。

〈配合〉

粉末アーモンド……………………………500g
砂糖……………………………………500g
バター…………………………………500g
全卵……………………………………5～7個

〈製法〉

① 粉末アーモンドと砂糖を混ぜ、バターを入れて攪拌し、泡立てる。
② 卵を徐々に加え、最後の1～2個はかたさを調節しながら加える。
③ 好みによりラムなどを加えて混ぜる。

■ **カスタードクリーム　custard cream**（英）

▶pastry cream（英）ペイストリー・クリーム / crème pâtissière（仏）クレーム・パティスィエール、crème cuite（仏）クレーム・キュイット / Vanillecreme（独）ヴァニレクレーム、gekochter Creme（独）ゲコホッター・クレーム

卵、砂糖、牛乳、小麦粉（あるいはデンプン）、香料などを合わせ、火にかけて煮上げたもの。フランス語によると「製菓人の作るクリーム」と表現され、また煮上げて作るところから、クレーム・キュイットとも呼ばれている。単体で用いるほか、別のクリームと合わせて使うなど、たいへん用途の広いクリームである。

また各種洋酒類や副材料との相性がよい。

歴史的に見てこれがいつごろできたかは判然としないが、1655年にフランソワ＝ピエール・ド・ラ・ヴァレンヌが著した『フランスの製菓人（Le Pastissier François）』という本に手がかりがある。この書にcresme de pastissierが出てくる。このフランス語の古語を現代語に書きかえると、crème pâtissièreだが、その配合では砂糖は全く入っておらず、卵は全卵を用いている。作り方は現在の手順とほぼ同じである。かたさについてはカスタードクリームにはほど遠く、ちょうどかたすぎるシュー種の状態を呈している。

甘みがないということは、はじめは料理目的としたものだったと思われる。その昔パティシエpâtissierという語が、今日の製菓人ではなくパテ料理人をさしていた事実から見て、こうしたことは想像にかたくない。その後、パテ職人が菓子職人に変化していった過程で、砂糖が加えられ、牛乳がふえ、全卵が卵黄だけに変化して、今日のものになっていったと推測される。

〈配合〉

牛乳……………………………………1000mℓ
砂糖…………………………350g（好みで増減）
卵黄……………………………………10個分
小麦粉…………………………………80g
コーンスターチ………………………20g

〈製法〉

① 牛乳に半量の砂糖を入れて沸騰させる。
② 卵黄、残りの砂糖、小麦粉、コーンスターチを混ぜる。
③ ①の少量を②に入れて混ぜる。
④ ③を残りの①に合わせる。
⑤ 再び火にかけ、焦げつかないように攪拌しながら沸騰させる。
注1：煮上がったあと、クリームの表面にバターを塗っておくと、冷めても表面が乾かない。
注2：冷えてから好みにより洋酒を入れる。

■ **クレーム・オ・ブール・オ・シロ　crème au beurre au sirop**（仏）

▶butter cream with syrup（英）バター・クリーム・ウィズ・シラップ / Buttercreme mit Sirup（独）ブッタークレーム・ミット・ジールップ

〈配合Ⅰ〉

バター…………………………………1000g

砂糖……………………………………… 500g
水……………………………………… 200mℓ
卵黄……………………………………24 個分

〈配合 II〉

バター……………………………………… 1000g
砂糖……………………………………… 600g
水……………………………………… 230mℓ
全卵……………………………………10 個

〈製法〉

① 卵黄または全卵を攪拌する。
② 砂糖と水を混ぜ、グラン・ブーレ（121℃）まで煮詰める。
③ ②が熱いうちに①に少しずつ注ぐ。
④ 熱がとれてきたら、やわらかくしたバターを入れ、さらに攪拌する。

応用のクリーム

■ **クレーム・サン・トノレ　crème Saint-Honoré**（仏）

▶ St-Honoré cream（英）サン・トノレ・クリーム / St-Honoré-Creme（独）サン・トノレ・クレーム

カスタードクリームに溶かしたゼラチンを加え、ムラング・イタリエンヌと合わせたクリーム。非常に軽く、サン・トノレやタルト・シブーストといったアントルメに用いる。19 世紀の製菓人シブーストが考案したところから、クレーム・シブーストとも呼ばれる。

→サン・トノレ

〈基本配合と製法〉

牛乳……………………………………… 1000mℓ
砂糖…………………………………300 ～ 500g
卵黄……………………………………16 個分
小麦粉……………………………………… 100g
ゼラチン……………………………………… 60g

ムラング・イタリエンヌ

卵白……………………………………16 個分
砂糖……………………………………… 500g
水……………………………………… 200mℓ

① 牛乳に半量の砂糖を加え、沸騰させる。
② 残りの砂糖、卵黄、小麦粉を混ぜる。
③ ①と②を合わせ、攪拌しながら再び沸騰させる。
④ 火から降ろし、水に浸しておいたゼラチンを混ぜる。
⑤ 砂糖と水を 125℃まで煮て、泡立てた卵白に加え、ムラング・イタリエンヌを作る。
⑥ ④と⑤を合わせる。

■ **クレーム・ムスリーヌ　crème mousseline**（仏）

▶ Schaumcreme（独）シャオムクレーム / mousseline cream（英）ムスリン・クリーム

バタークリームとカスタードクリームを混ぜたクリーム。比率は 50%ずつを基準として、均質に混ぜ合わせる。好みにより割合は変えてもよい。各種アントルメに使われる。

■ **クレーム・レジェール　crème légère**（仏）

直訳すると「軽いクリーム」。カスタードクリームの応用である。より口当たりの軽いカスタードクリームを求めるときに用いる。

〈基本配合と製法〉

牛乳……………………………………… 500mℓ
砂糖……………………………………… 125g
小麦粉……………………………………… 20g
粉乳……………………………………… 15g
卵黄……………………………………6 個分
ゼラチン……………………………………… 10g

ムラング

卵白……………………………………6 個分
砂糖……………………………………… 50g

① カスタードクリームを作る。
② 熱いうちに、水に浸しておいたゼラチンを混ぜる。
③ 卵白を泡立て、砂糖を加えてムラングを作る。
④ ②と③を合わせる。
注：好みによりチョコレートやコーヒー、プラリネ等の味つけをする。

■ **フランジパーヌ　frangipane**（仏）

▶ frangipane（英）フランジパーン / Franchipancreme（独）フランチパンクレーム

粉末アーモンドとバター入りのカスタードクリームを合わせたもの。イギリス、アメリカではアーモンドクリームの変形としてとらえ、単にアーモンドクリームという。本来は最初から配合を決めて作るが、現実的にはほとんどの場合、あらかじめできているカスタードクリームとアーモンドクリームを合わせて作る。その割合は 50%ずつを基準とし、好みによって比率を変える。これもアーモンドクリームと同様、必ず火を通して用いる。

このクリームは、食道楽として名高いイタリアのフランジパーニという人によって作られたという。彼は香水商人であり、ルイ十三世（1601-1643）のころパリに住んでいたといわれている。

フランス王アンリ四世の妹のバール公爵夫

人に仕えていたというフランソワ＝ピエール・ド・ラ・ヴァレンヌの著書『フランスの製菓人』（1655）にはクレーム・キ・エ・プリュ・フィーヌ cresme qui est plus fine というクリームが出てくる。訳すと「より繊細で上等なクリーム」となる。製作手順はクレーム・パティシエールを作り、アーモンドクリームと合わせる、とある。再現するとまぎれもなくフランジパーヌそのものである。そのころ上等なクリームとされていた cresme de pastissier にアーモンドを混ぜ、さらに上等にしたクリームということで、そこにとり上げられたのであろう。この本の発行が1655年であり、食道楽フランジパーニの生きていた時代と合う。クリームの名については、のちの時代に彼の名が付されたものと思われる。その後、手が加えられ、今日に至っている。

〈配合 I と製法〉

牛乳……1000mℓ
砂糖……250g
卵黄……4個分
小麦粉……200g
バター……50g
粉末アーモンド……50g

カスタードクリームを作り、バター、粉末アーモンドを混ぜる。

〈配合 II と製法〉

カスタードクリーム……1
アーモンドクリーム……1～2

2種のクリームを均質に混ぜる。また好みに応じて比率を変えて用いる。

グリュイエール gruyère（仏）

→チーズ（硬質、超硬質タイプ）

グリュックスシュヴァイン Glücksschwein（独）

「幸運の豚」という意味のドイツの正月の菓子。マジパン細工の豚に、最小単位の硬貨1セントをくわえさせた形に作る。

豚は多産であり、年の始めに豊饒を願う気持ちと重なり、お金をくわえてくる幸運の使者となったとの説がある。コインは本物を金色の紙で包むか、チョコレートで作られる。

グリラーゲ Grillage（独）

クロカントの別名。

→クロカント

グリリーレン grillieren（独）

アーモンドやヘーゼルナッツを鍋に入れ、砂糖を加えて強火であぶり、砂糖を溶かしてナッツの表面に薄い糖膜をつけることをいう。

クリングル kringle（デンマーク）

デンマークの焼き菓子。ブレーツェル形に成形して焼き上げるもので、一年を通して親しまれているが、特にクリスマス時には欠かせない。

〈配合〉

生地

強力粉……600g
薄力粉……400g
牛乳……500mℓ
イースト……50g
砂糖……50g
バター……50＋600～1000g
全卵……4個
生クリーム……500mℓ

フィリング

マルツィパンローマッセ……適量
バター……適量
カスタードクリーム……適量
レーズン……適量
オレンジピール……適量

振りかけ用

砂糖……適量
薄切りアーモンド……適量

〈製法〉

① 強力粉と薄力粉を一緒にふるっておく。
② 牛乳を温め、その一部でイーストを溶かす。
③ 砂糖、バター50g、全卵を混ぜ、②と合わせる。
④ 生クリームを少しずつ加え、生地をまとめる。
⑤ ④を延ばし、平らにしたバター600～1000gをのせて包む。
⑥ 三つ折りを3回する。
⑦ ⑥を延ばし、10cm幅に切る。
⑧ 中央にマルツィパンローマッセとバターを1対1に混ぜたものを塗り、さらにカスタードクリームを塗って重ねる。
⑨ ⑧の上にレーズンやオレンジピールを散らす。
⑩ 中央を少しあけるようにして両端を折り曲げ、合わせ目を指で押さえる。
⑪ ブレーツェル形（ぬの字形）に成形し、発酵させる。
⑫ 砂糖、薄切りアーモンドを振りかけ、200～

220℃の強火のオーブンで焼く。

⑲ 焼いた上面にマジパン細工のばらの花やリボンを飾る。

グルコース glucose (英)

▶ glucose (仏) グリュコーズ / Glukose (独) グルコーゼ、Stärkesirup (独) シュテルケズィールップ

ぶどう糖。水飴。ぶどうに限らず、ほとんどの果物に存在する糖をさす。単糖類の一種。

デンプンを薄い酸で加水分解するとデキストリンになり、次いでグルコースに変わることを利用して工業的に製造される。

製菓面では、シロップやジャムを作る際、甘みを強める補助材料として用いたり、焼き菓子に混ぜて使う。

クルスタード croustade (仏)

フイユタージュかパート・ブリゼで器を焼き、中に詰め物をした料理。肉や魚の煮込みを詰める。パンの中身をくりぬいて作ることもある。

小さいものは軽いアントレや温製のオードヴルとして供される。菓子屋においてはトレトゥール（仕出し料理）、あるいは塩味のプティフールとしてよく作られる。

なお、フランス南西部のスペシャリテのひとつで、パータ・フィロという薄い小麦粉生地にりんごなどを包んで焼くパティスという菓子があるが、これもクルスタードと呼んでいる。またそれはエスティラ、あるいはトゥルティエの名でも呼んでいる。

クルスタード・オ・ポンム croustade aux pommes (仏)

パータ・フィロと呼ばれる薄い小麦粉生地をタルト型に敷き、クレーム・ダマンド（アーモンドクリーム）にりんごやプラムを乗せて包み焼き上げるフランス・アキテーヌ地方のお菓子。なお同種のものをランド県ではトゥールティエール、ラングドック地方やケルシー地方ではパスティスと呼んでいる。

クルーゾワ creusois (仏)

ヘーゼルナッツ、バター、卵白で作るタルトで、「クルーズ県の」の意味。フランス・リムーザン地方クルーズ県の銘菓。言い伝えによると14世紀に作られていたらしいが、一度歴史の舞台から消えていた。ところが1696年にクロcrocqという村の修道院から当時のレシピが発見され、それによると、平和な世の中になったらぜひ作ってほしい、とあり、瓦のへこんだ部分で焼く、とあった。

クルーゾワ

グルテン gluten (英)

▶ gluten (仏) グリュタン / Gluten (独) グルテン

穀類に含まれるタンパク質。たとえば小麦に水を加えると粘りけが出る。これを水の中でもむとデンプンが洗い流され、灰色のものが残る。これがグルテンである。水を含んだ粘りのあるかたまりをウェット・グルテンといい、乾燥させて、1/3ほどの量になったものをドライ・グルテンという。

グルテンには、グリアジン、グルテニンなどのタンパク質が多量に含まれている。グリアジンは粘りけのある流動性の物質で、グルテニンはゴム状の弾性の強い物質であり、この2種の性質があわさってグルテンの性質を作り出している。

グルテンの形成は次のようになる。小麦粉を水でこねていくと、小麦粉のタンパク質は次第に並行に配列されてゆき、互いに連なり、網目構造を作る。よくこねるとタンパク質は充分伸びて連なるため、生地はよりなめらかになる。このとき引いたり押さえたりすると、弾性があるためすぐに元に戻る。しかししばらくすると弾力は弱まり、引いても元に戻りにくくなる。パート・シュクレやフイユタージュの生地を延ばすとき、生地を休めながら行うのはこのためである。

クルトン crouton (仏)

食パンをさいの目に切り、油で揚げたり、オーブンやフライパンで焼いたりしたもの。スープ

の浮き実などに用いる。
またかためにに作ったゼリーをいろいろな形に切ったり、抜き型で抜いて菓子や料理の飾りに用いるものは、クルトン・ド・ジュレと呼ばれる。

クルフィー　kulfi（印）
ナッツや果実をたっぷり入れたインドのアイスクリーム。

グルマン　gourmand（仏）
食道楽の人、健啖家、食いしん坊の意。グルマンディーズは「食道楽」を表す。
同様の語でグルートヌリという言葉があるが、これはいわば大食の意味で、美食家として知られているブリア＝サラヴァンは、この二つは全く別の意味を持つとしている。食道楽の意でフリアンディーズという語も用いるが、これはどちらかというと甘いもの好きを表す。

グルマンディーズ　gourmandise（仏）
食道楽。
→グルマン

くるみ
▶noix（仏）ノワ / walnut（英）ウォルナット / Walnuss（独）ヴァルヌッス
これを表す語をヨーロッパでは、ところによってはナッツ類の総称としての語としても用いる。たとえばフランス語のノワやドイツ語のヴァルヌッスは、ともにくるみであると同時にナッツの意味も持っている。細かく分けると多くの種類があるが、その中でも欧米で主流とされるペルシャぐるみはヨーロッパの南東部、ギリシアから中東イランのあたりを原産としている。4世紀頃ヨーロッパ全域に広まり、17世紀になってアメリカに伝わった。今日そのアメリカは世界の大産地となっている。日本ではこれらとは別種の鬼ぐるみや姫ぐるみといったものが、古くより甲信越や東北地方に散在しており、現在では信州、長野が主産地となっている。各国各地の主産地では、これを使った銘菓が作られ、それぞれの文化の一翼を担っている。スイスのグラウビュンデン地方エンガディンの銘菓エンガディナー・ヌッストルテ、フランスのドーフィネ地方のドーフィノワ、グルノーブル地方のグルノーブロワ等々。くるみとコーヒー味のコンビネーションは、フランス菓子作りのひとつのセオリーともなっている。

クルミーロ　crumiro（伊）
イタリアのクッキーの一種。さっくりとした口当たりが特徴。
「ストライキ破り」の意味を持つが、いわれは不詳。複数形はクルミーリ。

〈配合〉
- コーンミール……250g
- 強力粉……180g
- バター……250g
- 砂糖……180g
- 卵黄……4個分

〈製法〉
① コーンミールと強力粉を混ぜる。
② バター、砂糖、卵黄を①に混ぜ、全体をまとめる。
③ 丸口金で6～7cmの長さに絞り、半月形に曲げて、中火のオーブンで焼く。

グルメ　gourmet（仏）
この言葉には二つの意味がある。第一は広く知られているように、おいしい食べ物全般に対する通人、すなわち食通、食道楽。第二は、ワインやブランデーの仲買鑑定・吟味役である。昔はこの名で同業組合を組織していた。

クレイジー・ケイク　crazy cake（米）
大恐慌時代の物のない時に作られた菓子で、卵も乳製品も使わずに作る。名称の由来もそうしたところからきたものと思われる。

〈配合〉 16×11.5×深さ3.5cmの楕円のグラタン皿1枚分
- 薄力粉……50g
- 重曹……0.8g
- 塩……少々
- ココアパウダー……10g
- グラニュー糖……40g
- りんご酢またはレモン果汁……5mℓ
- 菜種油……20g
- ヴァニラオイル……少々
- 冷水……60mℓ

〈製法〉
① 薄力粉、重曹、塩、ココアパウダー、グラニュー糖を一緒にしてふるう。
② りんご酢またはしレモン果汁、菜種油、ヴァニラオイルを①に混ぜ、冷水も混ぜる。

③ 油を塗ったグラタン皿に②を流し入れ、180℃のオーブンで約20分焼く。

グレック　grecque（仏）

フランス・ノルマンディー地方の銘菓。

平たい長方形に延ばした発酵生地に、大粒のパールシュガーを散りばめて焼き、適宜な長さに切り分ける。

グレック

〈配合〉

薄力粉……100g
強力粉……100g
牛乳……120mℓ
グラニュー糖……20g
パールシュガー……200g
イースト……16g
卵……小1個（約50g）
塩……少々
バター……40g
ヴァニラ……少々
パールシュガー（振りかけ用）……適量

〈製法〉

① イーストを少量の湯（分量外）に入れて発酵させる。
② 2種類の小麦粉を一緒にしてふるい、グラニュー糖と混ぜ、卵、塩、牛乳を加え、①と混ぜてよくこねる。
③ ②に溶かしたバター、ヴァニラを入れて混ぜ、生地を休ませて発酵させる。
④ ③にパールシュガーを混ぜ、休ませた後、適宜の量を取り、棒状にまるめ、平らの帯状に延ばす。
⑤ 上面に溶いた卵黄（分量外）を塗り、パールシュガーを散りばめて、200℃のオーブンで約20分焼く。

クレッベリー　Chräbeli（スイス）

レモン、アニスを加え、アンモニアを入れて作るスイスのクッキー。同じ生地でシュプリンゲルレも作る。

〈配合〉

砂糖……500g
全卵……4個
水……50mℓ
アンモニア……少々
小麦粉……600g
アニス……20g
レモン果汁……少々

〈製法〉

① 砂糖、卵、水を温めながら泡立てる。
② アンモニアを加えて、ふるった小麦粉の中に①を入れる。
③ アニス、レモン果汁を加えて練り、生地をまとめる。
④ ③を30分ほど休ませたあと、棒状に成形する。
⑤ 3～4cmに切って、さらに斜めに2回切り目を入れる。
⑥ 油を塗ったテンパンに、そり返らせるように並べ、3～4時間乾燥させてから、強火で焼く。
注：この菓子はできるだけ表面を白く焼き上げるほうがよいとされている。

グレナデン・シロップ

▶ grenadine syrup（英）グレナディーン・シラップ / sirop de grenadine（仏）シロ・ド・グレナディーヌ / Granatapfelsirup（独）グラナトアップフェルジルップ

ざくろの香りのついた赤いシロップ。色の鮮やかさから、カクテルに多用するが、製菓面においても、ゼリーや氷菓類等の着色、香味づけに利用する。

クレネテル　klenäter（スウェーデン）

油で揚げたスウェーデンのクリスマス菓子。ブランデーの風味をつけた小麦粉の生地を菱形に切り分け、中央に切り目を入れ、その一方の端をくぐらせて形をつけ、油で揚げ、砂糖をまぶす。12月13日のルシア祭前後から、この菓子をパーティーなどで大盛りにして供する。南部のスコーネ地方ではクレノル klenor という名でも呼ばれている。またデンマークではクレイナーの名で親しまれている。

クレネテル

〈配合〉

バター……………………………………… 45g
砂糖………………………………………… 48g
卵黄……………………………………… 5 個分
コニャックまたはブランデー………… 15mℓ
小麦粉…………………………………… 200g
レモン果皮………………………… 1/2 個分

〈製法〉

① バターと砂糖を混ぜ、卵黄を加える。
② コニャックまたはブランデーを入れ、次に小麦粉、レモン果皮を加えて混ぜ、冷蔵庫で一晩休ませる。
③ 薄く延ばし、菱形に切り分ける。
④ 中央に切り目を入れ、一方の端をその中にくぐらせて、リボンのような形に整える。
⑤ 熱した油で揚げ、砂糖をまぶす。

クレープ crêpe（仏）

▸galette（仏）ガレット / Crêpe（独）クレップ / Palatschinken（オーストリア）パラチンケン

流動状の種を薄くちりめんじわのように焼いたもので、「絹のような」という意味を持つ、中世からある菓子。

中世のクレスプ cresp、クリスプ crisp から転じたとされる。

クレープは当初、パンのかわり、あるいはおやつとして供されていたという。今日でも、添える具次第でオードヴルからメインディッシュ、デザートに至るまで幅広く活用できる。またアイスクリームを添えると冷菓になり、熱いソースとともに供すれば温菓にもなる。

パリでは、レストランでのデザート用アントルメとしてはもとより、街角でジャムやバター、粉糖などをあしらって供され、親しまれている。大西洋岸のブルターニュ地方はこれを名物としていて、街中いたるところにクレープリーと称するクレープ・ショップがある。そこでは甘いものからチーズ、ハム、ソーセージ等を入れたものまで、メニューも豊富で、生地も小麦粉のみからそば粉入りまである。

クレープは、2 月 2 日の聖母マリアお清めの日に焼いて供されたことが発端であるともいわれている。この日は聖燭祭（シャンドルール）とも呼ばれ、信者たちがキャンドルに火をともして行進する儀式が行われる。

こうした宗教的な意味あいから発展して、今日、この日は遊びの要素が大きなウェートを占めてきた。当日フランスでは、このクレープで運試しが行われる。まず左手に金貨、右手にフライパンを持つ、そして焼けたクレープを空中高くほうり上げる。それをうまくもとのフライパンに戻すことができれば、この年は幸運が訪れ、またお金に困らないとされる。

〈クレープ種の配合〉

小麦粉…………………………………… 100g
砂糖………………………………………… 40g
塩………………………………………… 少々
全卵……………………………………… 2.5 個
牛乳……………………………………… 300mℓ
バター……………………………………… 15g

〈製法〉

① 小麦粉、砂糖、塩を混ぜてふるい、ボウルに入れる。
② 溶いた卵を少しずつ加えて混ぜる。
③ 牛乳 240mℓを少しずつ加え混ぜ、こし器でこす。
④ バターを溶かし、③の中に加える。好みでブランデーも加える。
⑤ 冷蔵庫で 1 時間ほど休ませる。
⑥ 残りの牛乳を少しずつ加え、かたさを調節する。
⑦ 熱したフライパンに薄く流して焼く。

■ クレープ・サラザン crêpe sarrasin（仏）

そば粉を使ったクレープ。特有の風味を持つ。サラザンとはそば粉の意味だが、言葉の始まりはサラセンにある。中世の時代、キリスト教とイスラム教の間に長期にわたって軋轢があった。こうした宗教上の争いは、結果的にはさまざまな文物の交流を促すことになった。遠征軍の道程はそのまま交易のルートにもなり、東西の文化が各地に交差して根づいていったのである。

東方からさまざまな香辛料などとともに、それまでヨーロッパにはなかった植物や穀物も移入されていった。そばもその一つである。よってサラセンがもたらしたものということでこの名がつけられ、継承されていった。

〈配合と製法〉

そば粉……………………………………100g
小麦粉……………………………………100g
全卵………………………………………1個
塩…………………………………………少々
牛乳……………………………………165mℓ
水………………………………………220mℓ
オリーヴオイル…………………………15mℓ

① そば粉と小麦粉を一緒にふるい、塩を加える。
② 卵を割りほぐして混ぜる。
③ 牛乳を加え、水も混ぜる。
④ オリーヴオイルを加え、冷蔵庫で休ませる。
⑤ 水でかたさを調節し、熱したフライパンで焼く。
⑥ 砂糖やバター、ジャム、クリームなどをつけたり、好みの具をのせて供する。

■ **クレープ・シュゼット　crêpe Suzette**（仏）

デザート用として最も知られているクレープ。いわれについては諸説ある。

19世紀、イギリスののちのエドワード七世が皇太子のころ、お気に入りの女性を連れて、ある店で食事をした。そこの料理長がクレープに砂糖をかけ、それにコニャックをかけたものを出した。口にしたらたいへん美味であり、その名を料理長に訊いたところ、料理長は、皇太子が連れてきた女性の名を尋ねた。シュゼットだと言ったところ、料理長はすかさずクレープ・シュゼットと答えたとか。

別の本によると皇太子づきのシェフ、アンリ・シャルパンティエがオレンジとレモンの果汁、果皮とともに砂糖、バター、リキュールなどで独特のソースを考案した。そして食べる直前に食堂の明かりを落とし、ソースのリキュールを燃え上がらせた。この趣向に皇太子は歓び、同席したシュゼット嬢の名をとって、クレープ・シュゼットの名を与えたという。

また他の説では、パリの劇場で、シュゼットという女優がクレープを食べる役を演じ、毎日食べることがいささか憂鬱になっていた。それを伝え聞いたファンの一人である料理人が、彼女のために特別製のクレープを作って、毎日舞台に提供したそうである。大役を終えた彼女は、お礼にその料理人の作ったクレープに自分の名をプレゼントすることにしたという。

クレープ・シュゼット

〈オレンジソースの配合〉

粉糖………………………………………150g
バター……………………………………250g
オレンジの果皮の細切り……………1個分
オレンジの果肉の薄切り……………1個分
レモン果汁……………………………1個分
グランマルニエ…………………………50mℓ

〈製法〉

① 粉糖、バター、オレンジの果皮の細切りと果肉の薄切り、レモン果汁を混ぜ、火にかける。
② 火から降ろし、グランマルニエ40mℓを加える。
③ 焼いたクレープを1枚ずつこのソースに浸し、ナプキンのように折って皿に並べる。
④ 残りのソースを上からかける。
⑤ テーブルの上で残りのグランマルニエを振りかけ、火をつけて供する。

■ **ミル・クレープ　mille-crêpes**（仏）

ミル・クレープ

「千枚のクレープ」の意味。

他のアントルメと同様、デザート用の菓子で

ある。クレープにクリームを塗って何枚も重ねた、いわばクレープのミルフイユで、温、冷どちらで供してもよい。

〈製法〉

① クレープを焼いておく。
② 好みの洋酒を入れたカスタードクリーム、またはヴァニラを加え加糖し泡立てた生クリームをはさみ、1枚ずつ積み重ねる。アレンジでクリームとともにフルーツ類をサンドしてもよい。
③ 最後に上から軽く粉糖を振りかけて供する。

クレープ·ダンテル　crêpe dentelle（仏）

フランスのブルターニュ地方フィニステール県カンペールの郷土銘菓だが、現在ではフランスのどこの街でも販売されている。クレープ状の水種を薄く焼いて巻き、いくぶん押しつぶした形にした軽い菓子。

クレープ·テューリップ　crêpe tulipe（仏）

薄く焼いたクレープを、チューリップ形の器に見立てて、中にクリームやフルーツを盛ったデザート菓子。

クレープ・テューリップ

製品例

〈配合〉6～7個

クレープ
　薄力粉……………………………… 50g
　砂糖………………………………… 20g
　塩…………………………………… 少々
　卵…………………………………… 1個
　牛乳……………………………… 150mℓ
　バター……………………………… 8g
　ブランデー………………………… 少々
クリーム
　生クリーム……………………… 200mℓ
　砂糖………………………………… 10g
シュクル・フィレ（糸飴）
　グラニュー糖…………………… 125g
　水飴………………………………… 50g
　水………………………………… 50mℓ
仕上げ
　アプリコット（缶詰）…………… 適量
　生クリーム………………………… 適量
　砂糖漬けバイオレット…………… 適量

〈製法〉

クレープ
① 薄力粉、砂糖、塩を混ぜてふるい、ボウルに入れ、卵を溶いて加える。
② ①に牛乳、溶かしたバター、ブランデーの順に入れ混ぜる。
③ 熱したフライパンで②を6～7枚焼いて菊型に入れ、形を整えて180℃のオーブンに数分入れて乾燥させる。

クリーム
　生クリームに砂糖を加えて七分立てに泡立てる。

糸飴
① グラニュー糖に水飴と水を入れて火にかけ、褐色になるまで煮詰める。
② テーブルから飛び出るような形でナイフなどを固定し、下には紙を敷いておく。
③ フォークで①をすくい、上から左右に振るように落としていく。
④ 糸状にできた③を軽くまるめる。

仕上げ
① クレープの器にクリームを絞り出し、水気を切ったアプリコットと飴をのせる。
② 泡立て生クリームを上部に絞り、砂糖漬けバイオレットを飾る。

グレープフルーツ　grapefruit（英）

▶pamplemousse（仏）パンプルムース / Pampelmuse（独）パンペルムーゼ

ミカン科の果物。西インド諸島が原産地といわれ、16世紀の初めにスペイン人がアメリカに持ち込んだもので、実がまとまってたくさん実り、ぶどうのように見えたところからこの名がつけられた。

用途としては生食の他に、ジュースやママレード、またアントルメやプティガトー、ムースの類のデザート菓子にも多く使われる。

クレマ·カタラーナ　crema catalana（西）

カタルーニャ地方で作られたクリーム菓子で、いわばスペイン版クレーム・ブリュレ。現在ではスペイン全土で親しまれている。スペインにおいては、聖ホセ（聖ヨゼフ）の日にして父の日である3月19日は、このお菓子をもって祝われる。修道院を訪れる司教をもてなすため、修道女がプディングを作っていたが、到着が遅れた司教に急いで出そうとして失敗し、あわててコーンスターチを入れて固めようとした。が、急いでいた司教にせかされたため、まだ冷めていない熱々のものを出した。口に入れた司教はあまりの熱さに驚いたが、またそのおいしさにも心打たれた。よってこのお菓子は別名「ケマーダ」（焼けた、やけどしたの意味）とも呼ばれている。

クレマ・カタラーナ

〈配合〉 10cmの器4個分

- 牛乳……… 425mℓ
- シナモンスティック……… 1本
- レモン果皮……… 1/4個分
- 卵黄……… 2個分
- グラニュー糖……… 18g
- コーンスターチ……… 9g

仕上げ

- グラニュー糖……… 適量

〈製法〉

① 鍋に牛乳300mℓ、シナモン、レモン果皮を入れて沸騰させ、漉した後粗熱をとる。
② 卵黄とグラニュー糖を一緒にして①に加え混ぜる。
③ 別の鍋に牛乳125mℓとコーンスターチを入れて混ぜ、②を加え、火にかけトロミをつける。
④ ③を容器に注ぎ、冷やす。
⑤ 食べる直前に上面にグラニュー糖をふりかけ、ガスバーナーで焼く。

クレマ·フリッタ　crema fritta（伊）

クリームの揚げもの。コーンスターチを入れたレモン風味のカスタードクリームを一度冷やして平らに固め、笹かまぼこほどの大きさに切り取る。これに小麦粉をまぶし溶き卵をつけてパン粉の中にころがし、熱した油で揚げる。

クレマ・フリッタ

クレーム　crème（仏）

→クリーム

クレームアイス　Cremeeis（独）

ドイツの氷菓類の一種。牛乳1000mℓに対し、最低限度270gの全卵もしくは100gの卵黄を含むものをこの名で呼ぶ。香料は天然のものの使用のみが認められている。

クレーム·アングレーズ　crème anglaise（仏）

フランス語で「イギリス風のクリーム」の意味。1820年頃にフランスの宮廷料理人（姓名不詳）が考え出したクレーム・フランセーズが元になっているという。イギリスに滞在していた巨匠エスコフィエが、このクリームの材料から小麦粉等の澱粉を取り除き、流動性の高いものにしたのがソース・ア・ラングレーズである。
→クリーム

クレーム·オ·ブール　crème au beurre（仏）

バタークリームのこと。
→クリーム

クレーム·カラメル　crème caramel（仏）

▸ custard pudding（英）カスタード・プディング / Karamellcreme（独）カラメルクレーム

→プディング

クレーム・シャンティーイ　crème chantilly（仏）
泡立てた生クリームのこと。
→クリーム

クレームシュニッテ　Cremeschnitte（独）
→ミルフイユ

クレームシュパイゼ　Cremespeise（独）
クリーム菓子。冷やして供されるデザート。アイスシュパイゼ（アイスクリームの一種）と同様に作るが、凍結させるかわりにゼラチンで固める。

クレーム・ダマンド　crème d'amandes（仏）
アーモンドクリームのこと。
→クリーム

クレーム・ドゥブル　crème double（仏）
▶double cream（英）ダブル・クリーム／Doppelrahm（独）ドッペルラーム
水分が少なく、濃厚な状態の生クリーム。40 ～ 55％ほどの乳脂肪を含んでいる。菓子や料理を作る際、生クリームの風味は求めるが、水分は少ないほうがよい場合に用いる。

クレーム・ド・カシス　crème de cassis（仏）
濃縮タイプのカシスのリキュール。各種のアントルメやプティガトー、アイスクリームやシャーベット、ムース等々の菓子作りに、あるいはカクテル類に便利に使われる。

クレーム・パティシエール　crème pâtissière（仏）
カスタードクリームのこと。
→クリーム

クレーム・ブリュレ　crème brûlée（仏）
“焼いたクリーム”という名のデザート菓子。カスタードクリームと同類のものだが、牛乳の半分量を生クリームに置き換え、全卵のところを卵黄だけにして作る。いうなればぜいたくなプリンである。上面にはグラニュー糖または赤砂糖をふりかけ、コテまたはガスバーナーで焼く。
なお、この起源には諸説ある。ひとつは17世紀以前よりスペインの北東部カタロニア地方の家庭で作られていたという、クレマ・カタラーナがその元となっているというもの。他にはイギリスで17世紀に作られていたバーント・クリーム burnt cream がその元という説。その他、フランスのポ・ド・クレーム pot de crème という、つぼに詰めたクリームを、リヨンの巨匠ポール・ボキューズが皿盛りデザートにする際に手を加えたのが始まりともいわれている。

クレーム・ブリュレ

〈配合〉 5個分

牛乳	150mℓ
生クリーム	150mℓ
卵黄	5個
砂糖	50g
ヴァニラオイル	少々
赤砂糖	少々

〈製法〉
① 牛乳と生クリームを合わせて沸騰させる。
② 卵黄と砂糖を混ぜ、①と混ぜ、ヴァニラを加える。
③ ココットなどの容器に流し入れ、130℃のオーブンで約40分湯煎焼きにする。
④ 粗熱をとり、赤砂糖をかけて、熱したガスバーナーで表面を焼く。

クレーム・フルーレット　crème fleurette（仏）
なめらかで保形性の高い生クリーム。従来フランスの生クリームは一般的に酸味のあるタイプだったが、クレーム・フルーレットはそれがなく、日本の生クリームに似たタイプに作られている。

クレメ・ダンジュー　crèmet d'Anjou（仏）
フレッシュタイプのチーズケーキのひとつ。クレメは文字通りクリーム状のものを意味し、アンジューはフランス西部のロワール地方の地名で、すなわちアンジューのクリーム状の菓子という意味である。泡立てた生クリームやフロマージュ・ブランにメレンゲを合わせて、より軽い食感のものとし、ガーゼに包んで容器に収める。すべての材料が白いため、当然仕上がりもまっ白となり、加えてアンジューという地名が天使を表すアンジュ（英語でいうエンジェル）とイメージが重なり合うところから、同地のスペシャリテとして長く愛され続けている。起源をたどると1900年頃に遡るといい、アンジュー地方の酪農家が、バターを作る攪拌機の羽根についたクリームを集めて、ソースを添えて食べたのが始まりという。そのうちに生クリームと卵白のみで作られるようになり、今日のものにつながっていった。かつては町では籠に入れて売り歩くクレメ・ダンジュー売りの女性がいたと伝えられている。なお本体が白いため、添えるソースは赤い色が似つかわしいと、同地でもいちごやフランボワーズといった鮮やかなものが多く使われる。日本では、ガーゼで包む形が新鮮として、2000年頃から手がけられ出した。

クレメ・ダンジュー

〈配合〉 4人分

ムース

フロマージュ・ブラン	80g
グラニュー糖	10g
粉ゼラチン	2g
水	10mℓ
生クリーム	80mℓ
卵白	30g（1個分）

フルーツソース

フランボワーズ、いちご、ブルーベリー	合わせて100g
グラニュー糖	60g
レモン果汁	5mℓ

仕上げ

ミントの葉	適量

〈製法〉

ムース

① ボウルにフロマージュ・ブラン、グラニュー糖を入れ混ぜる。
② 水でふやかし溶かしたゼラチンを加える。
③ 生クリームを八分立てにする。
④ ボウルに卵白、グラニュー糖を入れ、ミキサーで角が立つまで泡立てる。
⑤ ②に③と④を加え、混ぜる。
⑥ ココットにガーゼを敷き、⑤を詰めて冷蔵庫で冷やし固める。

ソース

① ボウルにベリー類とグラニュー糖、レモン果汁を入れて混ぜ、火にかけ煮詰める。
② ゆるいとろみが出てきたら火を止める。

仕上げ

ガーゼを外して器に盛り、ソースを添えミントの葉をあしらう。

クレメ・フロマージュ　crèmet fromage（仏）

クレーム・ドゥーブルと呼ばれる濃い生クリームとナチュラルチーズを使った冷製デザート。

〈配合〉 直径5cmのココット7個分

粉ゼラチン	2g
水	10mℓ
クリームチーズ	80g
クレーム・ドゥーブル	80g
卵白	30g
砂糖	35g

仕上げ用

フランボワーズのピュレ	少々
フランボワーズ	少々
ミントの葉	少々

クレメ・フロマージュ

〈製法〉

① ゼラチンを水でふやかし、湯煎にかけて溶かす。
② クリームチーズを湯煎にかけて柔らかくし、①を加える。
③ ②にクレーム・ドゥーブルを加え混ぜる。
④ 卵白に砂糖を3回に分けて加えながら泡立て、しっかりしたメレンゲを作って③に混ぜる。

⑤ ココットにガーゼを敷き、④を詰めて冷やし固める。

仕上げ

ガーゼをはずして皿にのせ、フランボワーズのピュレを流し、フランボワーズとミントの葉を添える。

クレール　Kulör（独）

砂糖をカラメルの状態以上まで煮詰めて、黒く焦がすこと。カラメル風味の他に、褐色の色素がわりに用いる。

クローヴ　clove（英）

▶ clou de girofle（仏）クルー・ド・ジローフル / Gewürznelke（独）ゲヴュルツネルケ

インドネシアのモルッカ諸島を原産とした香辛料の一種で、フトモモ科の植物の花のつぼみを干したもの。日本名は丁字（ちょうじ）。

この花のつぼみは、先の方が丸く、少し太くなっていて下が細長い。釘のような形をしていて、クローヴという英語名も、釘を意味するラテン語の clavus からきている。日本語名の丁字の丁も同じく釘の形からきたもの。紀元前3世紀頃すでに中国で口の消臭剤として使われていた。ヨーロッパにおいても古代ギリシア、ローマ時代に芳香剤や香辛料として珍重されていた。重商主義の時代、胡椒やナツメグ等と同じほど貴重品扱いを受けていた。日本にも古くから中国や朝鮮半島より漢方薬として伝わっていたようだ。今日では発祥地のインドネシアの他、東アフリカのタンザニア、ザンジバルのあたりが主産地となっている。調理分野ではカレーの原料の一種となったり、各種のソースやケチャップ等の香り付けに、製菓関連では、果実入りの焼き菓子とかプディング類の香り付けや味のアクセントに、あるいは果実の酒漬けの折などに使われる。

クロカン　croquant（仏）

卵白と砂糖をすり合わせた中にアーモンド等のナッツ類を混ぜ込んで、乾燥焼きにするフランスのフールセック（乾き菓子）。風味高くザクザクとした食感が特徴の素朴な菓子。

〈配合〉25個分

アーモンド（ホール）	50g
ヘーゼルナッツ（ホール）	75g
卵白	30g
粉糖	100g

〈製法〉

① 170℃のオーブンでナッツ類を15分程焼く。
② アーモンドは3等分、ヘーゼルナッツは1/2に切る。
③ ボウルに卵白を入れ、粉糖を加えてなめらかな状態に混ぜる。
④ ③に②のナッツ類を混ぜ合わせる。
⑤ オーブンシートを敷いたテンパンに生地を等分に分けて置く。
⑥ 170℃のオーブンで約15～20分焼く。

クロカント　Krokant（独）

水を加えずに、火をかけて溶かした砂糖に、アーモンドまたは他のナッツを加えて混ぜたもの。ナッツの飴がけである。砂糖とナッツの割合は1：1が基準となる。ナッツ量の比較的多いヌガー。

ドイツでは別にグリラーゲとも呼んでいる。細かくあるいは粗く砕いた形で、いろいろな菓子にまぶしたり、混入したりして用いる。

クロカント・オ・ザマンド　croquante aux amandes（仏）

クロカントとはアーモンドに砂糖をからめて焦がしたもののことで、フランスで親しまれている一口焼き菓子。

クロカント・オ・ザマンド

〈配合〉15個分

アーモンド	50g
粉末アーモンド	60g
粉糖	60g
コーンスターチ	15g
卵白	60g
グラニュー糖	60g

〈製法〉

① アーモンドを3～5mm角に刻んで、170℃

のオーブンで約 10 分焼き、冷ましておく。
② 粉末アーモンド、粉糖、コーンスターチを合わせてふるう。
③ ボウルに卵白を入れ、グラニュー糖を 3 回に分けながら加えて泡立て、しっかりしたメレンゲを作る。
④ ③に②を加えて軽く混ぜ、①のアーモンドも混ぜる。
⑤ 両手にスプーンを持ち、④をひとかたまりずつ、オーブンシートを敷いたテンパンの上に置く。
⑥ 170℃のオーブンで約 20 分焼く。

クロカンブッシュ　croquembouche, croque-en-bouche（仏）

クロカンブッシュの例

フランス独特のシューを用いた飾り菓子。糖液を接着剤として、飴がけの小さなシューを円錐形に積み上げ、ヌガーで型取りした飾り台にのせて飾ったもの。結婚式や婚約式、洗礼式、聖体拝領などの席を飾る。またその他各種レセプションの飾り菓子として多用する。

一般には、上部にそのときの目的に合った人形や飾りをのせる。積み上げる高さはシューの数によって決まり、数は列席者 1 人につき 3 ～ 4 個が基準。セレモニーが終わったあと、喜びを分かち合う目的でそのシューを切り分けて配る。語源は、カラメルがけしたシューが croque すなわちカリッと音を立て、bouche すなわち口の中でくだけるところからこの名がつけられた。

〈製法〉
① 小さなシューを焼き、裏側に穴をあける。
② 好みの洋酒を混ぜたクレーム・パティシエールを裏側から詰める。
③ 約 160℃に煮詰めた糖液を、シューの上部につける。
④ 同じ糖液を接着剤がわりに使って、シューを円錐形に積み上げてゆく。
⑤ ヌガー・デュールで型取りした台の上にのせる。
⑥ マジパンや飴細工のばらや葉、ドラジェなどを、糖液を使ってシューにつける。
⑦ 上部に、そのときの目的に合った人形や飾りをのせる。

→シュー

クロケット・パリズィエンヌ　croquette Parisienne（仏）

“パリジェンヌ風のコロッケ”の意味を持つ揚げ菓子。クレーム・パティシエール（カスタードクリーム）を固めて、適宜な大きさに切り、卵をつけ、薄力粉とパン粉をつけて揚げる。これに粉糖をまぶし、上から刻んだピスタチオなどをふりかける。

くろざとう　黒砂糖

砂糖きびの絞り汁を煮つめて作る黒褐色をした砂糖で、黒糖ともいう。砂糖の分類上では含蜜糖にあたる。蔗糖の糖分は 80％と砂糖の中でも低く、またカルシウムや鉄分など多くのミネラルを含み、かつ独特の香味を持つため、さまざまな料理や菓子作りに用いられる。

クロスタータ・ディ・マルメッラータ　crostata di marmellata（伊）

ジャムを敷き詰め、焼き上げたタルト。マルメッラータはジャムのことで、クロスタータとは、タルトの上面に底生地と同じ生地を帯状にして網目にクロスさせるようにかけるタルトのこと。中に詰めるジャムは柑橘類、いちご、アプリコット等、好みのものを用いて作る。

クロスタータ・ディ・マルメッラータ

クロスタータ・ディ・リコッタ　crostata di ricotta（伊）

リコッタチーズを使ったイタリアのタルト。リコッタチーズは脂肪分の少ない、おだやかな風味を持つフレッシュチーズ。

〈配合〉

生地

薄力粉	100g
強力粉	100g
バター	150g
水	60mℓ
卵黄	2個分
塩	7g

フィリング

リコッタチーズ	500g
塩	少々
卵黄	2個分
小麦粉	35g
オレンジ果皮と果汁	1個分
オレンジピール	50g
レーズン	50g
卵白	2個分
砂糖	35g

仕上げ用

粉糖	少々

〈製法〉

① 薄力粉と強力粉を混ぜ、バターと混ぜてそぼろ状にする。
② ①に水、卵黄、塩を入れてまとめ、パータ・フォンセを作る。
③ ②を薄く延ばしてタルト型に敷く。
④ リコッタチーズを裏ごしし、塩、卵黄を加え、さらに小麦粉を混ぜる。
⑤ ④にオレンジ果皮と果汁を入れ、オレンジピール、レーズンを混ぜる。
⑥ 卵白と砂糖を混ぜて泡立て、ムラングを作り、⑤と合わせて③のタルト型に流す。
⑦ 薄く延ばしたパータ・フォンセを細い帯状に切り、上面に交差するようにはりつける。
⑧ 卵黄少々を塗って180℃のオーブンで焼く。
⑨ 上面に軽く粉糖を振って供する。

クロスタータ・ディ・リコッタ

グロゼイユ　groseille（仏）

▶currant（英）カラント / Johannisbeere（独）ヨハニスベーレ

すぐり類の総称。一般に種子が多く、酸味が強い。タルトなどのアントルメや氷菓を含む広範囲に用いる。またピューレやジャムなどの材料、リキュールなども作られている。

栽培地域も広く、種類も多いため、さまざまな名で呼ばれ、呼称の不統一による混乱が見られる。呼称を次ページの表にした。

クロック・ムッシュー　croque-monsieur（仏）

フランスで好まれている軽食の一つ。

バターを塗った食パン2枚にグリュイエールチーズとハムの薄切りをはさみ、上澄みバターできつね色に焼く。小切りにしてオードヴルやアントレとしても供する。名称の由来については、カリッと食べるという意味からクロックとされ、そこにムッシューが付けられたという。

なお近年はこれに対をなすようにクロック・マダムという名のサンドウィッチも作られている。これは鶏肉をはさんだもの、あるいはクロック・ムッシューの上に半熟の目玉焼きをのせたもの。

クロテッドクリーム clotted cream（英）

バターと生クリームの中間のような乳製品。乳脂肪は60％ほど。ちなみにバターは約80％なので、カロリー換算すると、バターより20％も低カロリーということになる。よってこれは自然な乳風味をヘルシーに摂れる食品のひとつといえる。

クロテッドとは英語で“固まった、凝固した”の意味。このクリームの起源を探ると、イギリス南西部のデヴォン州を原産としたものにはじまりを持つと伝えられている。イギリス人の好む朝食のスコーンには、ジャムとともに、このスコーンは欠かせないものとなっている。

グロムス glomus（古代ギリシア）

古代ギリシアの、円錐形をした小さな菓子。今日、ドイツなどで親しまれているクラップフェンという揚げ菓子の原形ともいわれている。

クロワッサン croissant（仏・英）

▶Kipfel（独）キプフェル、Hörnchen（独）ヘルンヒェン

三日月形をした巻きパンで、フイユタージュまたは酵母入り生地で作る。ブリオッシュとともに、フランスでは朝食等に欠かせない。なお、近年は三日月形に曲がったものではなく、まっすぐに巻いたものが主流となっている。

その発祥は中近東とも、ハンガリーのブダペスト、またウィーンともいわれている。

フランスに伝わったのは17世紀後半で、ウィーンからパリへ入ったようである。一方ルイ十六世の妃マリー・アントワネットがオーストリアの王室ハプスブルク家の出身で、姫の輿入れを機として、徐々にこの国に広まっていった。その後19世紀末のパリ博覧会のためにフランスに来たウィーンのパン屋によって、本格的に製法が広まった。クロワッサンには発祥にまつわる幾つかのエピソードがあり、その一つは次のようである。

1683年、ウィーンの町がトルコ軍に2か月以上も包囲されてしまった。ある日の早朝、パン屋の職人が倉庫にパン種をとりに行くと、総攻撃の準備がととのった由が壁ごしに聞こえてきた。このことを自軍に知らせ、無事撃退することができた。その手柄によりサーベルを下げて歩く特権と、ハプスブルク王家の紋章をパン屋のシンボルマークとして使用する権利などの特典が与えられた。そして彼はトルコ軍の半月の旗にちなんで、三日月形のパンと星をかたどったパンを作り、王室に献上した。一般にも同じものを売り出したところ、大いに人気を博したという。

なお三日月形の由来についても、さまざまな説がある。僧服の衿の形からという説と、古代文明発祥の地であるチグリス・ユーフラテス地域の形が三日月形であり、肥沃な三日月形 fertile crescent と呼ばれていたことからきたという説もある。

〈配合〉

イースト……………………………… 30g
牛乳…………………… 100 + 300 ～ 400mℓ
強力粉……………………………… 1000g
塩………………………………… 20g

グロゼイユ一覧

	フランス語	英語	ドイツ語
すぐり類（1）	グロゼイユ・ア・グラップ groseille a grappes	カラント currant	ヨハニスベーレ Johannisbeere
赤すぐり	グロゼイユ・ルージュ groseille rouge	レッド・カラント red currant	ヨハニスベーレ Johannisbeere
白すぐり	グロゼイユ・ブランシュ groseille blanche	ホワイト・カラント white currant	ヴァイセ・ヨハニスベーレ weiße Johannisbeere
すぐり類（2）	グロゼイユ・ア・マクロー groseille a maquereau	—	—
すぐり類（3）	—	ブラック・カラント black currant	シュヴァルツェ・ヨハニスベーレ schwarze Johannisbeere

砂糖……………………………………… 50g
バター……………………………… 200 ～ 250g

〈製法〉
① イーストを牛乳 100mℓでとき、少量の強力粉と合わせる。
② 残りの強力粉、塩、砂糖、牛乳 300 ～ 400 mℓを入れ、ミキサーにかける。
③ よく交ざったら生地をまとめて、冷蔵庫で休ませる。
④ めん棒で延ばし、たたいて平らにならして、四角形にしたバターをのせる。
⑤ ふろしき包みの要領でバターを包み、延ばして三つ折りにする。3 回行う。
⑥ 厚さ 2mm に延ばし、三角形に切る。
⑦ 丸めて三日月形に成形し、ホイロで発酵させる。
⑧ 表面に卵黄を塗り、中火のオーブンで焼く。
注：小麦粉は強力粉、または強力、薄力半々でもよい。

クーロンヌ　couronne（仏）
▶crown（英）クラウン、ring（英）リング / Kranz（独）クランツ

王冠、冠の意味。王冠状の菓子をさす名称で、リング形あるいはクグロフ形のような、中央に穴のあいたものをいう。

クーロンヌ・ノワゼット　couronne noisette（仏）

クーロンヌは王冠、ノワゼットはヘーゼルナッツの意味。フランスのロレーヌ地方の、王冠型に焼いたヘーゼルナッツ入り発酵菓子。

クーロンヌ・ノワゼット

クンストシュパイゼアイス　Kunstspeiseeis（独）

ドイツの氷菓の一種。天然素材を使わない、人工アイスクリーム。つまり卵、生鮮果実、果実の加工品、生クリーム、牛乳といったナチュラルなものを使わずに作り、人工的な風味や香料、人工着色が認められている。

ドイツでは氷菓類に関してさまざまな区分があり、これもその一つである。

け　ケ

ケイク　cake（英・仏）

英語でいうケイクは、スポンジケーキ、パウンドケーキ、クッキー等小麦粉を主体として作った菓子をさす語である。

フランス菓子においては、特にパウンドケーキ、フルーツケーキの類をさす。

→ケーキ
→パウンドケーキ

ケイク・サレ　cake salé（仏）

塩味の焼き菓子。おやつ、軽食、ピクニック、あるいはパーティー用などに好適。

ケイク・サレ

〈配合例〉パウンドケーキ型 1 台分
卵…………………………………………… 1 個
牛乳………………………………………… 40mℓ
バター……………………………………… 15g
薄力粉……………………………………… 50g
ベーキングパウダー……………………… 4g
塩…………………………………………… 少々
胡椒………………………………………… 少々
ベーコン…………………………………… 35g
チーズ（グリュイエール、ゴーダ等） 35g

オリーブの実……………………………… 5粒
トマトペースト…………………………… 10g
ミニトマト………………………… 3～4個
バジル……………………………… 好みの量
ローズマリー……………………… 好みの量

〈製法〉

① ボウルに卵、牛乳、溶かしバターを入れ、よく混ぜる。
② 薄力粉とベーキングパウダーを一緒にしてふるい、①と混ぜ合わせる。
③ ベーコンを粗いみじん切りにし、オリーブは種を抜きスライスし、塩と胡椒を加えて全部混ぜ、②に混ぜ合わせる。
④ ③を半分に分け、片方にトマトペーストを混ぜ、型に入れる。
⑤ ④の上にバジルを敷きつめ、その上に残りの③を入れる。
⑥ ミニトマト、ローズマリー、バジル等をのせて、170℃のオーブンで約25分焼く。

ケイジャーダ　queijada（ポルトガル）

南蛮菓子ケジャトとして伝えられてきたチーズケーキ。そもそもは同国のサント・アンドレー修道院で作られていたものという。伝えられるところによると、同修道院では洗濯物ののりづけに卵白を使っており、余った卵黄を利用して、牧畜が盛んな同地の牛乳と合わせてケイジャーダ作りが始まったという。

ケイジャーダ

〈配合〉

フィリング
フレッシュチーズ…………………… 500g
卵黄…………………………………… 4個分
砂糖…………………………………… 150g
塩……………………………………… 少々
粉糖…………………………………… 適量

ビスケット生地
卵……………………………………… 1個
バター………………………………… 90g
ラード………………………………… 45g
薄力粉………………………………… 適量

〈フレッシュチーズの配合と製法〉

牛乳………………………………… 1ℓ
液体レンネット……………… 2～3滴
粉末レンネット……………………… 30g

① 牛乳を人肌に温め、液体レンネットと粉末レンネットを入れて混ぜ、布をかけて温かいところに置く。
② 水分と乳固形分が分離したら布でこす。

〈製法〉

① フレッシュチーズ、卵黄、砂糖、塩を混ぜる。
② バターとラードを混ぜ、卵、薄力粉を加えて混ぜる。
③ ②を菊型のタルトレット型に敷き、その中に①を詰め、200℃のオーブンで焼く。
④ 冷めたら粉糖をふりかける。

けいりょうカップ　計量―

▶ measuring cup（英）メジャリング・カップ / verre gradué（仏）ヴェール・グラデュエ、verre doseur（仏）ヴェール・ドスール / Messbecher（独）メスベッヒャー

主として液状のものの容積を量るための目盛りのついたカップ。

菓子作りにおいては水、牛乳、生クリーム、シロップ等を量るときに用いる。ステンレス製、ガラス製、プラスチック製等があり、200mℓ、500mℓ、1000mℓ等の容量のものがある。

けいりょうスプーン　計量―

▶ measuring spoon（英）メジャリング・スプーン / cuiller(ère) pour mesurer（仏）キュイエール・プール・ムズューレ / Messlöffel（独）メスレッフェル

粉末、顆粒、液体などを量るスプーン。

通常は、量るものをスプーンに入れ、すり切りで用いる。すなわちスプーン2杯といったら、すり切り2杯のことと解釈されている。大きさは2.5mℓ～30mℓまでいろいろあるが、一般的には15mℓのものを大さじ、5mℓのものを小さじと表現し、製菓用、調理用に用いられる。

ケーキ

▶ cake（英）ケイク / gâteau（仏）ガトー / Kuchen（独）クーヘン

洋生菓子を表す言葉で、英語が日本的に転訛したもの。英語のケイクには菓子の意味と、一定の形に圧縮したかたまりをさす場合がある。

日本におけるケーキは、洋生菓子以外にも半生菓子、焼き菓子まで、広く含まれている。一方フランスでは、いわゆるパウンドケーキ、フルーツケーキの類をcakeと書き、発音も外来語としてとらえ、ケイクとしている。

→洋菓子
→洋生菓子

ケーキクーラー

▸grille（仏）グリーユ / wire net（英）ワイア･ネット / Gitter（独）ギッター

焼きたてのスポンジケーキやその他の菓子をのせて冷ます金網。脚つきと脚なしのものがある。また、アントルメやプティガトー、プティフール等に、溶かしたチョコレートやフォンダン、クリームなどを上からかけるときにも利用する。

ケーキばさみ

▸cake tongs（英）ケイク・トングズ / pince à gâteau（仏）パンス・ア・ガトー / Gebäckschere（独）ゲベックシェーレ

ケーキをはさんで取り出す器具。ケーキ・トングとも呼ばれる。すべらないように先端がギザギザになっているものと、傷つけないように平らになっているものがある。幅や長さも各種あり、小さいものは一口チョコレート菓子やプティフール用に、大きいものは洋生菓子用に使い分けている。

ケサーダ　quesada（西）

スペインの北部カンタブリア地方で好まれている、牛の乳から作ったチーズで作るチーズケーキ。羊の放牧が多いスペインにおいて、この地域は牛の酪農が盛んで、そうした背景のもとにこうしたものが作られる。

〈配合〉 18cm 1台

クリームチーズ…………………………180g
薄力粉……………………………………110g
牛乳………………………………………150mℓ
グラニュー糖……………………………100g
卵…………………………………………2個
バター……………………………………10g
レモン表皮すりおろし…………………1個分
バター……………………………………適量

〈製法〉

① クリームチーズに少量の牛乳を加えて練る。
② ①に牛乳を少しずつ加え混ぜる。
③ 卵とグラニュー糖を混ぜて②に加え、溶かしたバターとレモン果皮を加え、②を混ぜる。
④ ③にふるった薄力粉を加え混ぜ、タルト型に流し、180℃のオーブンで約30分焼く。

ケサーダ

ケサチヒナ（日）

ポルトガル菓子として伝えられるチーズケーキの一種。ケイジャーダの別表記ではないかと思われる。ちなみにケイジャーダは、フレッシュチーズ、砂糖、卵黄、シナモンを混ぜた生地を焼いて作られる。

なお、1718年に著わされた『古今名物御前菓子秘伝抄』に「けさいな餅」が記されているが、これは黄身餡を餅で包んで焼くもので、ここでいうケサチヒナとは別物とされている。

けしのみ　—実

▸poppy seed（英）ポピー・シード / graine de pavot（仏）グレーヌ・ド・パヴォ / Mohnsamen（独）モーンザーメン

ケシ科の植物の種子を菓子や料理の香りづけ、飾りつけに用いる。また油を種子から搾取する。

加熱すると、おだやかな甘みと香ばしさが出る。バンズ、プレッツェル、各種パンなどに使われる。

ケジャト（日）

南蛮菓子のひとつ。ポルトガルで親しまれているケイジャーダqueijadaというチーズケーキと同様のものと思われる。

〈配合〉 直径21cm 1台分

クリームチーズ…………………………240g

卵……………………………… 2個
砂糖……………………………… 100g
薄力粉……………………………… 20g
塩……………………………… 少々
シナモンパウダー……………………………… 少々
生クリーム……………………………… 100mℓ

〈製法〉

① クリームチーズをボウルに入れ、湯煎で柔らかくする。
② ①に卵、砂糖、ふるった薄力粉、塩、シナモンパウダーを混ぜる。
③ ボウルに生クリームを入れ、六分立てにして②に混ぜる。
④ 和風の器に③を、器の3/4まで流し入れる。
⑤ ④を160℃のオーブンで約40分焼く。

ゲステニェ･トルタ　gesztenye torta（ハンガリー）

栗を用いたハンガリーのチョコレート菓子。上面にマロンを振りかけたり、全体にチョコレートを被覆して仕上げる。

〈配合〉

マロンピューレ……………………………… 220g
チョコレート……………………………… 110g
卵黄……………………………… 8個分
砂糖……………………………… 360g
ヴァニラ……………………………… 少々
刻みアーモンド……………………………… 60g
パン粉……………………………… 100g
卵白……………………………… 8個分

仕上げ用
生クリーム……………………………… 200mℓ
砂糖……………………………… 30～40g
マロンピューレ……………………………… 100g
砂糖……………………………… 30g
ヴァニラ……………………………… 少々
ラム……………………………… 少々

〈製法〉

① マロンピューレを裏ごしし、おろし器でおろしたチョコレートを合わせる。
② 卵黄に砂糖とヴァニラを加えて①に混ぜ、なめらかな状態にする。
③ 刻みアーモンドとパン粉を入れ、卵白を泡立てて合わせ、型に流して焼く。
④ 生クリームに砂糖を加えて泡立て、冷ました③の全体に塗る。
⑤ マロンピューレに砂糖とヴァニラ、ラムを加え、裏ごし器にかけながら、上面に振りかける。

ゲステニェ･ボウシェ　gesztenye boushe（ハンガリー）

栗を使ったハンガリーの一口菓子。裏ごしした栗を丸め、チョコレートで被覆したもの。中にプンチパフェを詰めたものもある。

〈配合〉

ゆで栗……………………………… 正味1000g
ラム……………………………… 50mℓ
オレンジリキュール……………………………… 50mℓ
チョコレート……………………………… 適量

プンチパフェ
生クリーム……………………………… 450mℓ
砂糖……………………………… 50g
ラム漬けレーズン……………………………… 150g
ラム……………………………… 40mℓ

〈製法〉

① ゆで栗を裏ごしし、ラムとオレンジリキュールを加えて混ぜる。
② ①を小さな好みの形に成形し、溶かしたチョコレートで被覆する。
③ プンチパフェを詰める場合：生クリームに砂糖を加えて泡立て、ラム漬けレーズンとラムを混ぜる。好みの形に整えた②の中身をくりぬいて、プンチパフェを詰め、チョコレートで被覆する。

ケーゼ　Käse（独）

ドイツ語でチーズのことをさす。ドイツ菓子でチーズを使用した菓子は、接頭語にこの語をつける。たとえば以下のようになる。

け

■ **ケーゼクレーム　Käsecreme**

チーズ入りのクリームで、バタークリームやカスタードクリームにチーズを混ぜて作る。温製と冷製の2種類の使用法がある。

■ **ケーゼブリューマッセ　Käsebrühmasse**

ブリューマッセとはシュー種のことで、小さく切ったエメンタルチーズを混ぜ込んだシュー種のことである。これを熱した油で揚げて、ケーゼクラップフェンを作る。

■ **ケーゼブレッタータイク　Käseblätterteig**

ブレッタータイクは、フランス菓子でいうフイユタージュのことで、つまりエメンタル、パルメザン、チェダーなどのチーズを折り込んで作るフイユタージュである。この生地でケーゼシュタンゲンや、ケーゼフール等が作られる。

ケーゼクーヘン　Käsekuchen（独）

ドイツのチーズケーキ。テンパンでシート状に焼いたりトルテに仕上げる。底にはミュルベタイク（パート・シュクレ）またはヘーフェタイク（発酵生地）を敷き込み、クヴァルクマッセ（カッテージチーズ入りの種）を詰めて焼く。形は丸形、角形を問わない。

ケーゼゲベック　Käsegebäck（独・スイス）

チーズを使ったドイツのクッキー。上面にふりかけるものを変えて、さまざまな味を楽しむ。ここではキャラウェイ・シード、パプリカ、黒ごまの3種を紹介する。

〈配合〉

バター………………………………… 80g
塩………………………………………… 1g
パプリカ……………………………… 1g
胡椒…………………………………… 1g
パルメザンチーズ………………… 100g
薄力粉……………………………… 100g
卵黄…………………………………… 適量
キャラウェイ・シード………… 適量
煎り黒ごま………………………… 適量

〈製法〉

① バターを室温に戻して練り、塩、パプリカ、胡椒、パルメザンチーズを加えて混ぜる。
② 薄力粉をふるって①に混ぜ、生地をまとめてラップに包み、冷蔵庫で休ませる。
③ 打ち粉を使いながら②を厚さ4mmの長方形に延ばし、3等分して端は切り落とす。
④ ③の表面に卵黄を塗り、それぞれにキャラウェイ・シード、パプリカ、煎り黒ごまをふる。
⑤ ④をそれぞれ2×6cmの長方形に切って、オーブンシートを敷いたテンパンに並べる。
⑥ 180℃のオーブンで約15分焼く。

ケーゼザーネトルテ　Käsesahnetorte（独）

クリームチーズとゼラチン入り生クリームを使って作るトルテ。いわゆるレアチーズケーキ。延ばして焼いたミュルベタイクの上にセルクルで型抜きしたケーゼザーネクレームをのせる。

〈ケーゼザーネクレームの配合例〉

牛乳………………………………… 130mℓ
砂糖………………………………… 130g
卵黄………………………………… 70g
塩…………………………………… 2g
クリームチーズ………………… 400g
粉ゼラチン……………………… 10g
生クリーム……………………… 500g

〈製法〉

① 牛乳、砂糖、卵黄、塩を混ぜ、火にかけ、沸騰直前まで煮る。
② ゼラチンを水でふやかし、湯煎で溶かす。
③ ①に②を加え混ぜ、冷ます。
④ ③にクリームチーズを加え混ぜる。
⑤ 生クリームを七分立てに泡立て、④と合わせる。
⑥ セルクルに焼いたミュルベタイクを収め、その上に⑤を詰め、冷やし固める。
⑦ 型から抜いた後、任意で泡立てた生クリームを塗ったり、絞ってもよい。

ケーゼシュタンゲン　Käsestangen（独）

スティック状のチーズクッキー。塩味のパートあるいはフイユタージュを使って作る。

〈配合〉

バター……………………………… 300g
塩…………………………………… 3g
パプリカ…………………………… 2g
パルメザンチーズ……………… 210g
生クリーム……………………… 210mℓ
小麦粉……………………………… 360g

振りかけ用

塩…………………………………… 少々
けしの実…………………………… 少々
キャラウェイ・シード………… 少々
パプリカ…………………………… 少々

〈製法〉

① バターに塩、パプリカ、パルメザンチーズを混ぜ、生クリームを少しずつ加える。
② 小麦粉を混ぜ、冷蔵庫で休ませる。
③ 厚さ6mmに延ばし、8cm × 1cmの細い帯に切る。
④ 卵黄を塗り、塩、けしの実、キャラウェイ・シード、パプリカを振りかける。
⑤ 180℃のオーブンで焼く。

ケーゼベッケライ　Käsebäckerei（独・オーストリア）

ドイツやオーストリアで好まれているチーズ入りのクッキー。

フイユタージュを薄く延ばし、チーズを振りかけて焼く。けしの実、ごまなどを振りかけてもよい。いわば塩味の洋風せんべいともいえる。

〈配合〉

小麦粉…………………………… 1000g
牛乳…………………………… 450mℓ
バター…………………………… 750g
塩…………………………… 少々
粉チーズ…………………………… 適量

〈製法〉

① 小麦粉、牛乳、バター、塩を軽く混ぜて、一晩冷蔵庫で休ませる。
② 厚さ1mmに延ばし、テンパンに敷く。
③ 溶き卵を全体に塗り、粉チーズをまぶす。けしの実、ゴマなどをふりかけてもよい。
④ 180℃のオーブンで、約15分焼く。

ケーゼベッケライ

ゲツォーゲナー・ツッカー　gezogener Zucker（独）

▶sucre tiré（仏）シュクル・ティレ

ドイツ語でいう引き飴。煮詰めた糖液を引いて光沢を出し、いろいろな形に細工する。

→飴細工

げっけいじゅのは　月桂樹の葉

▶laurel（英）ローレル、bay leaf（英）ベイリーフ / laurier（仏）ローリエ / Lorbeer（独）ロルベーア

月桂樹は小アジアや地中海地域を原産地とするクスノキ科の常緑樹。木は15～18mに成長し、芳香を放つ葉をつける。葉を乾燥させ、多くの料理の香りづけ、風味づけに利用する。

月桂樹は古代ギリシア・ローマで、戦争や競技の勝利者の頭上に冠としてのせられることで人々に古くから親しまれてきた。

現在ではギリシアやトルコをはじめ、スペイン、ポルトガル、フランス、あるいは南米等広範囲にわたって栽培されている。

げっぺい　月餅（中国）

日本語ではげっぺいだが、中国語ではユエビンと発音する。月の餅と書くごとく満月に見立てて円形に作られ、表面にはいろいろなデザインが施され、中央には概ね月餅の文字、あるいは壽などおめでたい意味を表す文字などが浮き出るように作られる。中身は各地で異なるが、一般的なものは広式といわれる広東省スタイルで、これは皮も中身も含めて全体がソフトに作られ、フィリングとしては小豆やハス、くるみを使った餡が使われ、塩漬けのアヒルの卵の黄身なども詰められる。一方北京などでは、水分を飛ばして堅めに作られた餡が使われ、松の実やくるみといったナッツ類が詰められる。なお近年香港あたりではアイス状のものなど、新しいテイストが楽しまれたりもしている。

中秋節といわれる旧暦8月15日に家族や親類縁者が集って、上ってくる満月を愛でながら食べる習慣がある。

〈配合〉8個分

餡

こしあん…………………………… 200g
白ごま…………………………… 9g
くるみ…………………………… 20g
なつめ…………………………… 20g
水飴…………………………… 20g
ごま油…………………………… 5mℓ

皮生地

卵…………………………… 30g
グラニュー糖…………………………… 50g
水飴…………………………… 15g
バター…………………………… 25g
小麦粉…………………………… 120g

けーキングパウダー…… 1g

仕上げ

手粉…… 適量

上塗り用黄身…… 適量

〈製法〉

① 白ごまを煎り、細かくすっておく。くるみは空焼きして刻む。なつめも刻んでおく。
② 鍋にあんの材料を全て入れ、火にかけて煮る。
③ ②をふきんに移して熱を取り、8等分してまるめる。
④ 卵をほぐして砂糖を入れ、水飴を加えて湯煎にあてながら混ぜる。混ざったら水にあてて熱を取り、室温に戻したバターを混ぜる。
⑤ 小麦粉とベーキングパウダーを一緒にしてふるい、④に混ぜた後、ビニール袋に入れ、冷蔵庫で休ませる。
⑥ 手粉を使いながら、等分した生地で餡を包む。
⑦ 丸めた上面が木型の横様に当たるように、生地を型に収めて上から押さえ気味に押しつける。
⑧ オーブンシートを敷いたテンパンに生地をのせ、上塗り用の黄身を上面に刷毛で塗る。
⑨ 160℃のオーブンで約20〜25分焼く。

ケーニッヒスクーヘン　Königskuchen（オーストリア・独）

▶galette de Rois（仏）ガレット・デ・ロワ

クリスマスから新年にかけて作る公現節、主顕節用の菓子。バター、卵黄を豊富に使ったスポンジケーキの一種で、紙の王冠をつけて供される。ケーニッヒとは王のこと。すなわちキリスト降誕に際して、訪ねてきた東方の三王になぞらえて命名された。

〈配合〉

卵黄…… 6個分
砂糖…… 110g
小麦粉…… 110g
レモン果皮…… 1個分
シナモン…… 少々
溶かしバター…… 110g
レーズン…… 約15粒

〈製法〉

① 卵黄に砂糖を入れ、湯煎にかけて泡立てる。
② 小麦粉、レモン果皮、シナモンを加えて混ぜ、溶かしバターを混ぜる。
③ 型に流し、上からレーズンを15粒ほど振って、150〜160℃のオーブンで30〜40分間焼く。

ケーニッヒスベルガー・コンフェクト　Königsberger Konfekt（独）

ドイツ語圏で親しまれている小さなマジパン菓子。さまざまな形のものが作られ、必ず表面に細かい凹凸の模様をつける。表面を強火でさっと焦がすことを特徴としている。

ケパー　caper（英）

▶câpre（仏）カープル / Kaper（独）カーパー

トゲのある低木、ふうちょうぼくの蕾を摘みとり、酢漬けにしたもの。オードヴルや魚料理の味つけ、薬味として用いる。

原産地は南欧や北アフリカなど。今日ではフランス、スペイン、イタリアなどで栽培。いろいろな種類がある。

■ **カープル・カピュシーヌ　câpre capucine**

カピュシーヌは「のうぜんはれん」のことで、いわゆるケパーとは別のものである。この種子を酢漬けにしたものをカープル・カピュシーヌと呼んでいる。

■ **カープル・ノンパレイユ　câpre nonpareil**

粒の直径は4mm前後が普通だが、大きいものでは8mmくらいのものもある。若くやわらかいうちに漬けたもので、最上級とされている。

■ **コルニション・ド・カプリエ　cornichon de câprier**

ケパーの実を、まだ未熟のうちに摘みとって酢漬けにしたもの。

ゲバッケネス・アイス　gebackenes Eis（独）

▶baked Alaska（英）ベイクト・アラスカ / omelette surprise（仏）オムレット・シュルプリーズ

ドイツのデザート菓子。

ビスキュイ生地の上に盛りつけたアイスクリームに、厚くムラング（シャオムマッセ）を塗り、さらに絞って飾ったもの。表面をガスバーナーで焼き、すぐに供する。

表面が焼けているにもかかわらず、中には氷菓が入っているという、意表をつくおもしろさが特徴の菓子。「焼いたアラスカ」とか「びっくりオムレツ」などとも呼ばれる。

ゲブランテ・マンデルン　gebrannte Mandeln（独）

▶amande caramélisé（仏）アマンド・キャラメリゼ

皮つきのアーモンドの表面に糖膜を張ったもの。たとえば117～118℃に煮詰めた糖液にアーモンドを入れ、火にかけてアーモンドの周りについた糖液をシャラせる（糖化させる）方法がある。これをさらに混ぜながら火にかけ続けると、糖化したものが再び溶けてカラメル状になる。

ゲミューゼクーヘン　Gemüsekuchen（独）

ドイツの野菜のケーキ。

トマトやほうれんそう、いんげん豆、芽キャベツなどを、生クリームや卵と合わせて、砂糖の入らないビスケット生地を敷いて作ったパイ皿に流し、焼き上げる。

ゲリーベナー・タイク　Geriebener Teig（独）

▶ short paste unsweetened（英）ショート・ペイスト・アンスウィートゥンド / pâte à foncer（仏）パータ・フォンセ

ビスケット生地の一種で、甘みのない練り粉生地。

→パート

ゲリュールター・ヘーフェタイク
Gerührter Hefeteig（独）

ナップフクーヘン（クグロフともいう）に使う生地の名称。

使用する小麦粉の1/3、イースト、牛乳でやわらかな中種を作る。バター、砂糖、卵黄、塩を混ぜて泡立ててから、中種と合わせる。残りの小麦粉を加え、やわらかくなめらかな状態にする。

→ナップフクーヘン

ゲルムクネーデル　Germknödel（オーストリア）

オーストリアで好まれている発酵生地をゆでたデザート菓子。

発酵生地を50gぐらいに分け、まん中にアプリコットのジャムまたはピューレを絞り、しっかりと包み込む。約25分間発酵させて、煮立った塩水でゆでる。湯から取り出し、けしの実、粉糖、溶かしバターを添えて供する。

ケンネあぶら　一脂

牛脂の一種。牛の腎臓や心臓のまわりについている厚い脂肪で、硬く薄い膜でつながっている。これを加熱し融出して用いるのだが、日本ではあまり使われていない。よく使うのはイギリスで、当地ではスウェット suet と呼んで珍重している。ミンスミートパイやクリスマスの時に欠かせないプラム・プディング（クリスマス・プディングともいう）を作る時には、これが必需品となる。

→プディング（プラム・プディング）

ゲンファ・ツンゲン　Genfer Zungen（スイス）

「ジュネーヴの味覚」の意味を持つアーモンド風味のクッキー。

〈配合〉

卵白……………………………………… 200g
砂糖……………………………………… 300g
粉末アーモンド……………………… 60g
コーンスターチ……………………… 30g
砕いたヌガーを混ぜたガナッシュ…… 適量

〈製法〉

① 卵白に砂糖を少しずつ加えながら泡立て、しっかりしたムラングを作る。
② 粉末アーモンドとコーンスターチを一緒にふるい、①に加える。
③ テンパンに楕円形のすり込み板を当て、パレットナイフで②の種を1枚ずつすり込む。
④ 160℃のオーブンで10～15分間焼く。
⑤ 砕いたヌガーを適量混ぜたガナッシュを塗ってはり合わせ、2枚1組で仕上げる。

ゲンファ・ツンゲン

こ　コ

コアントロー

→コワントロー

こうげいがし　工芸菓子

菓子で作る工芸作品。

菓子とは人間が生活をするうえで、楽しみと夢を与えるものである。こうしたことを形に表し、具現化したものが工芸菓子である。古くからこれにたずさわる製菓人たちは、よりおいしく、より美しく華やかにするため、さまざまな努力を傾けてきた。その結果生まれた多くの技法をジャンル別にすると、以下のように分類することができる。

■ **飴細工**

煮詰めた糖液を用いて、まだ熱いうちに、さまざまな形を作り、作品として完成させていく技法である。手で引いて光沢を出し、花などを作ってゆく引き飴細工、平面に流したものを立体的に組み立てる流し飴細工、中に空気を送り込んでふくらませて作る吹き飴細工などのテクニックがある。

→飴細工

■ **雲平（えんぺい）細工**

洋菓子におけるパスティヤージュ細工と同様、和菓子における細工の技法の一つ。昔から和菓子の職人はこれを用いて松や牡丹、盆栽、生け花等を製作した。感触はパスティヤージュに似ているが、素材に大きな違いがある。日本特有の寒梅粉（みじん粉）の性質により生地は強い粘着力を持つので、パスティヤージュにくらべ、長く延ばしても折れにくく、より細く薄い作品の製作が可能である。

昨今ヨーロッパでも寒梅粉の特徴が大いに注目され、一部の技術者に愛用されている。

〈配合と製法〉

グラニュー糖……………………………1000g
コーンスターチ…………………………330g
寒梅粉……………………………………330g
水…………………………………………330mℓ

① 鍋にグラニュー糖と水を入れて火にかける。
② 112℃で火から降ろし、人肌よりやや高めまで温度を落とす。
③ 冷ましている途中で一度表面に霧を吹き、粉糖の結晶を防ぐ。
④ 43℃くらいになったら、めん棒で攪拌する。糖液は白濁してくる。
⑤ 寒梅粉とコーンスターチを混ぜ、この中に④を2～3回に分けて加え、すばやく混ぜる。
⑥ マーブル台にあけ、よくもみ込む。
⑦ ビニールシートに包み、一晩休ませる。
⑧ 使用時に再びもみ込む。着色する場合には、このときに水に溶いた色素を加え、均一になるようによく練る。

〈作品製作例──花〉

① 生地に着色をし、適量取り出してめん棒で延ばす。
② ある程度薄くなったら、めん棒か手のひらで引っぱるようにしてさらに延ばす。
③ 花びら型で抜く。
④ 押し型に押し当てて細かい筋をつけたり、そり返しをつけ、乾燥させる。
⑤ とも糊を接着剤として、1枚ずつはり合わせてゆく。
注1：とも糊とは、雲平の生地に水を加えて練り、糊状にしたもの。
注2：形の修正をするときは、その部分に熱い蒸気を吹きつけてやわらかくしてから行う。

〈寒梅粉利用のパスティヤージュの配合〉

粉糖……………………………………1000g
コーンスターチ…………………………330g
寒梅粉……………………………………250g
水…………………………………250～350mℓ
ゼラチン…………………………………15～20g

■ **氷細工**

氷を素材にしてある形を作り上げる技法で、英語ではアイス・カットと呼ばれる。テーブルデコレーションの一つ。

一般の細工菓子は、形のない材料を次第に形あるものへと作り上げてゆく手法であるのに対して、氷細工は一個のかたまりからある形を取り出してゆくいわゆる彫刻である。彫り上げる対象物も幅広く、いかにも涼しげなものから、その場の目的、たとえばなんらかの記念式典等では、それらに関連のあるものを表現して彫刻が施される。

■ **チョコレート細工**

チョコレートは温度によって溶けたり固まったりする。この性質を利用して作るのがチョコレート細工である。

たとえば溶かして流動体となったチョコレートを各種の型に流し込み、固まってからとりはずす。同じチョコレートを接着剤として複合的に組み合わせ、かなり大がかりな作品を作ることができる。

また熱したナイフで余分な部分を切りとることも可能である。

その他、削ってコポーを作ったり、スプレーガンを使って吹きつけたり、水飴と混ぜてショコラ・プラスティックを作るなど、さまざまなテクニックがある。
→コポー
→チョコレート

■ **ドラジェ細工**

ドラジェを束ねたり組み合わせたりして、一つの形を作り上げる。

ドラジェの中でも特にアマンド・ドラジェは、ヨーロッパではしばしばブーケやコサージュに利用されることが多い。

ヨーロッパの菓子業界の職業訓練校や販売テクニック等のカリキュラムには、必ずドラジェによる装飾技法が組み入れられている。

■ **ヌガー細工**

ヌガーと称する幾つかのうちで、褐色でかたいヌガーを使って作る技法。ヌガーも煮詰めた糖液と同じで、熱いうちは成形が可能であり、冷えると固まる。この性質を利用して生地を延ばしたり曲げたりし、いろいろな造形物を作る。

■ **パスティヤージュ（ガムペイスト）細工**

粉糖を卵白で練り、ゼラチンを混入してもみ込んだパスティヤージュを使って、さまざまな造形物を手がけるテクニックである。

細かいものから大がかりなものまで、幅広く製作することができる。
→パスティヤージュ

■ **バター細工**

テーブルデコレーションとして用いられるテクニックの一つ。一つのかたまりからあるものを彫り出すという点で、氷細工と共通する。食べるというより、目を楽しませることを目的としている。

大きな流し込みバターがあれば、直接彫り出してゆくが、かたまりがない場合には、芯の周りにバターを何回も塗り固めて徐々に太く大きなかたまりを作り上げてから、彫り出す。以前は、木の棒に布などを巻きつけて芯にしていたが、最近では、おおかた発泡スチロールで芯を作って大きくし、彫刻や成形をする方法になっている。

■ **パン細工**

パン生地でいろいろな形を作る細工物のテクニックである。生地の状態で成形し、焼き上げるもので、近年流行しているパンフラワーとは全く異なる技法である。

生地の性質上､精巧さを求めることは無理があるが、パン特有のほのぼのとした温かみを表現することができる。細工用の配合例を示す。

〈配合と製法〉

強力粉……………………………… 125g
薄力粉……………………………… 125g
イースト……………………………… 5g
砂糖………………………………… 15g
塩…………………………………… 5g
バター……………………………… 12g
水……………………………… 160 ～ 165mℓ

① イーストに少量の水と少量の砂糖を加え、発酵させる。
② 強力粉、薄力粉、砂糖、塩を混ぜてふるいにかけ、①に混ぜる。
③ 水の 1/5 を残して加える。生地の状態を見ながら残りを混ぜてゆく。
④ 生地をまとめてよくもみ、台に打ちつける。
⑤ やわらかくしたバターを加え、ミキサーで混ぜる。
⑥ 油脂を塗ったボウルに入れ、上からぬれぶきんをかぶせて発酵させる。
⑦ 倍量程度になったらガス抜きをし、必要量ずつ取り出して、細工成形する。

■ **ビスケット（クッキー）細工**

ビスケットやクッキー生地は、焼成以前の段階では粘性があり、ある程度の造形が可能となる。また焼成後は保形性が与えられる。ビスケット細工は、こうした性質を利用して、いろいろな形に切ったり、抜き型で抜いて焼成し、それらを組み合わせて一つの形を作り上げてゆく細工技法である。また同種の生地や種を絞って焼き、必要な部分を形づくることもできる。

素材の性質からあまり細かいものは求められないが、全体に温かくやわらかいメルヘン的な作品の構成に向いている。菓子店のウインドー・ディスプレーにも、これを使った城や家などの造形作品が作られている。ドイツのクリスマスには、こうしたお菓子の家「ヘクセンハウス」が売り出され、人々に夢を与えている。
→クッキー
→ヘクセンハウス

■ **マジパン細工**

マジパン特有の粘土のような感触、可塑性を利用し、さまざまに着色を施し、ときには写実的に、あるいはデフォルメして、花や動物などを造形する技術である。細かい部分の細工はもとより、他の素材では見られない温かい肌ざわりを作品に反映させることができる。
→マジパン

■ **ムラング細工**

卵白を泡立てて加糖したムラングはクリーム状を呈している。グラス・ロワイヤルやバタークリームなどと同様、塗ったり絞ったりする作業が可能である。また乾燥焼きにするとかたくなり、長く形を保つ。

本体が白色のため、着色の効果も大きい。これらの性質を利用してマジパン細工等に見られる立体造形を手がけることができる。反面、吸湿性が高く、多湿の状況に置くと表面が侵されるので注意を要する。

こうげんせつ　公現節

1月6日に行われるキリスト教の祭事の一つ。主顕節、三王来朝の祝日ともいう。
→エピファニー
→ガレット・デ・ロワ

こうしんりょう　香辛料

スパイスのこと。芳香性のものと辛味性のものがある。芳香性のものには、ナツメグ、メース、クローヴ（丁字）、キャラウェイ、アニス、コリアンダー、ローリエ、フェンネル、ミント、シナモンなどがある。また辛味性のものには、カイエンヌペッパー、ジンジャー、胡椒などがある。菓子や料理の香味づけに用いる。

ごうせいほぞんりょう　合成保存料

食べものを美味しい状態に保つためのもの。味覚の変質や腐敗は、食品に発生する細菌や微生物による。これを防ぐためのものが合成保存料で、ソルビン酸が汎用されている。これは不飽和脂肪酸の一種で、体内で他の脂肪酸と同様に代謝され、炭酸ガスと水に変わるものである。食品に対する利用例としては、食肉や魚介製品、うにやいかなどの海産物製品、みそ、たくわん、チーズ、ケチャップ、ジャム類、あるいは酒類、乳酸飲料等々と、広くさまざまなジャンルを横断して使われている。こうした合成保存料の使用によって、菓子を含む多くの食品の賞味期限が大幅に延長された。

ちなみに天然の保存料としては塩や蜜、あるいは砂糖などが知られている。その他ではアルコール漬けも有効である。また手段は異なるが煙でいぶす燻製や、凍結という方法もある。ただこれらの多くは本来の味覚をある程度犠牲にした上でのことである。

こうちゃ　紅茶

▸ tea（英）ティー、black tea（英）ブラック・ティー / thé（仏）テ、thé noir（仏）テ・ノワール / Tee（独）テー、schwarzer Tee（独）シュヴァルツァー・テー

茶は元々中国を起源とするもので、紅茶も緑茶も同じ葉からできる。それらは製法の違いから別のものになる。

茶の木から摘みとった葉を乾燥させると、葉の中に酵素が生じ、発酵を起こして酸化し、葉の色が黒く変化して、同時に特有の芳香が生まれる。これが紅茶である。一方緑茶は摘みとったあと、すぐに蒸すことによって酵素が破壊されるため、発酵が起こらず、酸化による色の変化もせず、緑色が保たれる。

紅茶は菓子とともに供される代表的な飲み物の一つだが、その他香りをつける目的で葉のまま、あるいは、濃くいれた紅茶を菓子に混ぜて使うこともある。
→茶

こうぼ　酵母

イースト菌のこと。
→イースト

こうりょう　香料

▸ essence（英）エッセンス、aromatic（英）アロマティック / aromate（仏）アロマート、essence（仏）エッサンス / Aroma（独）アローマ、Essenz（独）エセンツ

広い意味では芳香を放つすべてのものをさす。料理や菓子作りにおいても古くからいろいろな香料が用いられてきた。ばら花水、オレンジ花水などがよい例である。代表的なものにヴァニラ、シナモン、コリアンダー、ローリエ、ナツメグ、胡椒、オールスパイス、タイム、りゅうぜん香、アニス、クミン、ジンジャー、セージなどがある。

またエストラゴンやパセリなども香草として使われる。あるいはレモンやオレンジといった香りのよい果物も同様の使われ方がなされる。

コカ・デ・セレサス　coca de cerezas（西）

コカとはイーストを使って発酵させるピザの

ような生地の料理で、塩味に調理するものとお菓子的に甘く作るものがある。セレサスはさくらんぼの意味。夏至にあたる聖ヨハネの日の前夜祭に、スペインの人々はこれを食べて祝う。ここではさくらんぼを使った甘味のコカを紹介するが、あしらうフルーツはプラム、ベリー類等好みのものに置き換えてもよい。

コカ・デ・セレサス

〈配合〉 2枚分

強力粉……200g
イースト……5g
卵……1個
グラニュー糖……40g
オリーヴオイル……30mℓ
水……80mℓ
レモン果皮……5g
塩……少々
さくらんぼ……適量
グラニュー糖（ふりかけ用）……適量

〈製法〉

① 強力粉とイーストを一緒にしておく。
② オリーヴオイル、水、レモン果皮、塩を混ぜ、①を加え混ぜる。
③ ②をこねてまとめ、布をかぶせて倍量ほどに発酵させる。
④ ③を2つに分け、それぞれを厚さ5mmほどの円形に延ばす。
⑤ ④の表面に溶き卵を塗り、さくらんぼを適量（1枚に7～8粒）埋め込む。
注：さくらんぼは生でも缶詰でもよい。

コキーユ･サン･ジャック coquille Saint-Jacques（仏）

帆立貝を使って作る料理。フランスでは通常のレストランの他、菓子店のトレトゥール（仕出し料理）の部門で扱う。

〈配合〉

ムール貝……8個
帆立貝……8個
芝えび……100g
マッシュルーム……16個
生クリーム……100mℓ
白ワイン……300mℓ
バター……20g
エシャロット……2個
魚のだし……180mℓ
ブール・マニエ……60g
塩……少々
胡椒……少々

〈製法〉

① ムール貝の身をとり、帆立貝は貝柱と赤い身を残して他は捨てる。
② 鍋にバターを入れて火にかけ、みじん切りにしたエシャロット、四つ割りにしたマッシュルーム、貝柱を入れ、強火で炒める。
③ 白ワイン、生クリームを入れ、塩、胡椒を加え、むいたえび、①の帆立貝の赤い身、ムール貝を入れて煮る。
④ 一度中身を取り出し、残った汁に魚のだしとブール・マニエを加えて再び煮詰め、身を戻し入れて混ぜる。
⑤ 帆立貝の皿に盛る。
⑥ パセリを飾る。

ココア cocoa（英）

▶cacao（仏）カカオ / Kakao（独）カカオ

カカオ豆を焙煎して皮と胚芽を除き、カカオニブ（胚乳部分）をとり分けて、ローラーにかけてすりつぶす。こうしてできるペースト状のカカオマスを絞って取り出したものがカカオバター（脂肪分）である。そのあとの脱脂したものを粉砕するとパウダーができる。

これをフランスではカカオ、イギリスや日本ではココアと呼んでいる。またこれを温めた牛乳や湯で溶いた飲み物を、フランスではショコラ、イギリスやアメリカではチョコレートまたはチョコレート・ドリンク、日本では変わらずココアと呼んでいる。つまり日本ではココア、カカオ、チョコレートと微妙に使い分けているが、もとは皆同じで、カカオがもとになっている。

製菓面では、クリーム類や各種の生地や種をチョコレート味にするときに、これを混ぜ込んだり、上から振りかけたり、まぶし用に使ったりする。
→カカオ
→チョコレート

ココスフロッケン　Kokosflocken（独）

脂肪をとり除いていない生のココナッツを細切りにし、フォンダンと混ぜたドイツ菓子。ココナッツの分量は全体量の1/4なければならず、またデンプンなどを加えてはならないとされている。

ココソヴェー・ペチヴォ　kokosové pečivo（チェコ）

ココナッツを使ったチェコやスロバキアのクッキー。クリスマス時に食べる。

ココナッツ　coconut（英）

▸coco（仏）ココ、noix de coco（仏）ノワ・ド・ココ / Kokos（独）ココス、Kokosnuss（独）ココスヌッス

インド、ミクロネシア、西インド諸島に生育するココヤシの実からとる製菓材料。

大航海時代にスペイン人やポルトガル人がマレーで見つけた。その実がお化けの面に似ているところから、スペイン語やポルトガル語の渋面を表すココ coco という名をつけた。のちに植物学者がラテン語化して cocus とし、しばらくして coco と変えた。

形はフットボールに似た人頭大で、繊維質の殻を割ると、外果皮、中果皮、内果皮に包まれた果肉（脂肪質の胚乳）がある。この胚乳を乾かしたものがコプラで、脂肪分が多く、菓子作りに用いる。独特の口当たりと香ばしさは、焼き菓子や生菓子、アイスクリームなどに広く利用されている。

ココナッツオイル
→ヤシ油

ココナッツクッキー　coconut cookie（米）

ココナッツを使って作るクッキー。指でつまんで固まりとしたり、薄くたたいて平たくしたりと任意で作る。またプレーンのものからラムレーズンを入れるものなど、自由に作られる。ここではその2種類を紹介する。

〈配合〉約100個分
乾燥ココナッツ（細切り）……………100g
ラム漬けレーズン………………………15g
砂糖……………………………………90g
卵白…………………………………1個分

〈製法〉
① ココナッツは細かく刻み、オーブンで軽く色づく程度に焼く。
② ラム漬けレーズンは粗く刻む。
③ ボウルに①、②、砂糖、卵白を入れて、木杓子で混ぜ合わせ、2つに分ける。
④ 三角形のクッキーを作る。手に水をつけながら③の半量を適量つまんでオーブンシートを敷いたテンパンに並べ、100℃のオーブンで約60分焼く。
⑤ 薄いクッキーを作る。残りの③を適量つまみながらオーブンシートを敷いたテンパンに並べ、水でぬらしためん棒の先でたたいて薄く延ばす。100℃のオーブンで約30分焼く。

コシャフ　khoshaf（エジプト）

果物を用いた断食明けに食べるエジプトの菓子。

プルーン、干しあんず、レーズンなどのドライフルーツを、香りのついたシロップに2～3日漬け、ピスタチオ、アーモンド、松の実を混ぜて作る。

こしょう　胡椒

▸pepper（英）ペッパー / poivre（仏）ポワーブル / Pfeffer（独）プフェッファー

代表的な香辛料のひとつ。

インド南部を原産とする匍匐性の植物の種子。ギリシア、ローマ時代に、すでにアラビアの商人によってヨーロッパにもたらされていたという。胡椒は肉の臭みを消したり、その腐敗を防止するために大変効果的な働きをする。よって肉食を常とするヨーロッパでは大いにもてはやされ、ひととき金と同じ目方で取引されたという。黒胡椒、白胡椒、緑胡椒の3種類があるが、これは加工法の違いで、品質が異なるわけではない。黒胡椒は完熟前の緑色の段階で実を採り、黒くなるまで乾燥させたもの。白胡椒は完熟した実を水でふやかして皮を取り除いたもの。黒胡椒よりこちらの方がマイルドである。緑胡椒は、未熟の緑色の時点で摘み取り、水煮にしたりフリーズドライにしたもの。この他に赤胡椒と呼ばれるものもあるが、これは別の種類の植物である。古今さまざまな調理に使

われてきたが、菓子関係ではフール・サレと呼ばれるおつまみ的なものを中心に用いられる。その他キシュ・ロレーヌなどにも利用される。

コスクラン（日）

ポルトガルから伝わった南蛮菓子。語源はコシュクラオン coscorão にあるという。江戸中期に書かれた『南蛮料理書』には、「小麦粉に塩水を加えて冷麦を作り、熱した油で揚げて、煮つめた糖液の中に通す」との製法が記されている。ちなみにポルトガルで今日売られているものは、小麦粉生地をオレンジ風味にして薄く延ばした揚げ菓子で、シナモンシュガーをふりかけて食されている。

コズナック　козунак（ブルガリア）

ブルガリアの発酵菓子。特に復活祭には欠かせないものとなっている。

〈配合〉

イースト……20g
小麦粉……1000g
牛乳……250mℓ
砂糖……250g
塩……少々
全卵……6個
バター……200g

〈製法〉

① イーストに砂糖と塩各少々を加え、さらに小麦粉と牛乳各少量も加え、かゆのように溶いて発酵させる。
② ①とは別に、残りの牛乳と砂糖を煮てから冷まし、泡立てた卵と混ぜる。
③ ボウルに残りの小麦粉をふるって入れ、この中に①を入れ、続いて②を混ぜ込む。
④ バターを加えながら練ってゆく。
⑤ ホイロに入れて発酵させ、ガス抜きをして好みの形に成形する。
⑥ 油を塗り、粉を振った型に詰め、上面に卵黄を塗って焼く。

コーニッシュ・サフロン・ケイク　Cornish saffron cake（英）

イギリスのサフラン入りケーキ。イングランドのコーンウォール地方の菓子として名高い。サフランがイギリスに入ったのは、コーンウォール地方からといわれ、それにちなむ命名である。通常、コーニッシュ・クロテッド・クリームを添えて供される。

コーニッシュ・チーズケイク　Cornish cheesecake（英）

酪農の盛んなイギリスの西南部、コーンウォール地方で親しまれているチーズケーキ。

コーニッシュ・チーズケイク

〈配合〉18cm 1台分

クリームチーズ……450g
バター……110g
グラニュー糖……110g
卵……2個
レモン果汁……10mℓ
エヴァミルク……60mℓ
ヴァニラオイル……少々
薄力粉……36g
ベーキングパウダー……1.3g
重曹……1g
ビスケット生地……適量
バター……55g

〈製法〉

① バターを攪拌し、クリーム状にして、砂糖を加え混ぜる。
② 別のボウルで、クリームチーズを攪拌し、クリーム状にして、①を加え混ぜる。
③ ②に卵黄、レモン果汁、ヴァニラを加え混ぜる。
④ 別のボウルで卵白を充分泡立てる。
⑤ 薄力粉、ベーキングパウダー、重曹を一緒にして混ぜ、③と合わせ、④のメレンゲも混ぜ、エヴァミルクも混ぜる。
⑥ ビスケットを砕き、溶かしたバターを混ぜ、ケーキ型の底に敷く。
⑦ ⑥の上から⑤を詰め、180℃のオーブンで約1時間焼く。

コニャック　cognac（仏）

フランスのコニャック市を中心とする特定地域で作られるブランデーで、アルマニャックとともに同国を代表する銘柄となっている。単式蒸留機を使ってワインを蒸留し、この地方のホワイトオーク材やリムーザン地方のオーク材の樽に詰める。これを一定期間熟成させることによって独特のすばらしい香味が生まれる。熟成年数によってグレードが変わり、2.5年以上で三つ星、4.5年以上ならVSOP、6.5年以上となるとXOとなりナポレオンといった表示がなされる。製菓面では、ボンボン・オ・ショコラ（一口チョコレート菓子）のセンターや各種のアントルメ類に多用されている。

コパータ　copata（伊）

イタリアのシエナの名物菓子。

直径10cmほどの2枚のクレープに、くるみやアニスを入れた蜂蜜をはさむ。

コーヒー

▸coffee（英）カフィ / café（仏）カフェ / Kaffee（独）カフェー

世界でもっとも愛されている飲み物のひとつ。リベリカ種はアフリカ西海岸付近、アラビカ種はエチオピア、ロブスタ種はコンゴ近辺が原産地である。その後、生産地も世界各地に広がり、種類も増えていった。コーヒーの王様といわれるジャマイカ産のブルーマウンテン、コロンビア産のコロンビア、グァテマラ産のグァテマラ、エチオピア産のモカハラー、イエメン産のモカマタリ、コスタリカ産のコスタリカ等が代表的な品種である。

コーヒーの発見にはいくつかの説が伝わっている。一説では6世紀頃のエチオピアで、ある木の実を食べていた羊が興奮しているのを見た羊飼いが、試しに自分も口にしたところ同じような状態になったとか、赤い実をついばむ小鳥を見たアラビアの僧侶が自分もつまんでみたところ、みるみる全身に精気がみなぎり、それがコーヒーであった等々。ヨーロッパに伝わったのは意外と遅く、記録として残るところでは、1615年、イタリアのヴァレという旅行者が自国に持ち帰り、また1657年フランスのテヴノという人がパリにもたらしたとされ、ほどなく広まっていったという。日本には江戸中期にオランダ人が長崎に伝えたのが最初といわれるが、一般の人々が愛飲するようになるのは大正以降のこと。飲み方については、日本では各種の豆をブレンドしたものが好まれている。アメリカでは従来薄めのものが主流であったが、近年は熱した蒸気で出すエスプレッソが大幅に伸びてきている。イタリアはエスプレッソやカプチーノが中心。フランスはカフェ・ノワールやカフェ・オ・レが多く飲まれていたが、現在ではエスプレッソが中心となっている。製菓面においては、種々の味つけのひとつとして、コーヒーを多方面に用いている。フランス菓子ではくるみと合うものとして扱われている。

コーヒーベース

濃縮したコーヒー。菓子作りにおいて、水分をあまり要求せず、コーヒー風味あるいはコーヒー色を求める場合に用いる。濃いめに溶いたインスタントコーヒーで代用する。

コーヒーリキュール

▸coffee liqueur（英）カフィ・リキュール / crème de café（仏）クレーム・ド・カフェ / Kaffeelikör（独）カフェリケーア

コーヒーの香りをつけたリキュール。コーヒー味を求める各種アントルメや氷菓、小型菓子、チョコレート菓子のセンター等に用いる。濃いめに溶いたインスタントコーヒーやコーヒーフレーバーなどで代用したり、併用したりする。

コプテ　kopte（古代ギリシア）

古代ギリシアのハニーケーキの一種。小麦やごまをいろいろなものとともにつき砕き、蜂蜜で甘みをつけて作った菓子。名称の由来は、「つき砕く」という意味のコプトスからきたといわれている。今日のプフェッファークーヘンの原形と考えられる。

コブラー　cobler（米）

各種のフルーツの上にビスケット生地をスプーン等ですくって落とし、焼き上げたもの。例えば、りんご、バナナ、ラズベリー、ブルーベリー等々で、それらを陶器などに詰め、上面にビスケット生地をまんべんなく散らし、焼いた後任意の量を取り分ける。

ゴーフル　gaufre（仏）

▸waffle（英）ワッフル / Waffel（独）ヴァッフェル

ゴーフリエと呼ばれる鉄製の流し器に種を流してはさみ、焼き上げる菓子。薄く焼くウーブリという菓子が元になっているようで、その種が凹凸のある型で焼かれるようになり、浮き出る模様をつけるという意味のゴーフレ gaufrer が語源になったという。

長い柄の先に2枚の鉄板がついていて、格子模様や宗教的な図柄が浮き彫りになっている。この型に種を流して焼く。

一般にはジャムを塗ったり、粉糖を振りかけたり、バターを塗って供する。パリの街角ではわずかな場所に囲いを作り、ゴーフルを焼いて売っている。道行く人々は紙に包まれた焼きたてを歩きながら食べる。

12世紀の終わりごろの詩などにもたびたび出てくるほどで、歴史もかなり古いことがわかる。そのころも現在と同じように大道で売っていたようで、宗教的な祝祭日にはゴーフル売りが教会の入り口でそれを焼き、人々はできたての熱いものを食べていたという。

ゴーフル

〈配合〉

牛乳……………………………175 + 125mℓ
バター……………………………50g
小麦粉……………………………125g
全卵……………………………200g
生クリーム……………………………125mℓ
砂糖……………………………80g

〈製法〉

① 牛乳175mℓを火にかけ、温まったらバターを入れ、沸騰させる。
② ①を火から降ろし、ふるった小麦粉を混ぜる。
③ ②を再び火にかけ、混ぜ合わせる。水分が飛んで木杓子につかなくなったら火を止める。
④ 別の器に卵を割ってとき、③に少しずつ加え、なめらかな状態にする。
⑤ ボウルに牛乳125mℓと生クリーム、砂糖を入れて混ぜ、④の中に加えて混ぜる。
⑥ 焼き型を温めてバターを塗る。
⑦ 型に⑤を流し込み、表裏の両面を焼く。
好みにより、ジャムやバターをつけたり、粉糖を振ったり、加糖し泡立てた生クリームをつけて供する。

コペンハーゲナー　**Kopenhagener**（独）

折りたたむ発酵生地の呼称。

デニッシュ・ペイストリーなどを作るための生地で、デーニッシャー・プルンダーともいう。北欧ではヴィーナー・ブロートと呼んでいる。

→デニッシュ・ペイストリー

コポー　**copeau**（仏）

▶ shaving（英）シェイヴィング / Späne（独）シュペーネ

かんなくず、削りくずの意味だが、製菓用語では「削りチョコレート」を表す。チョコレートを削ったとき、薄くとれたり、クルッと巻いた状態になることから命名。また薄く焼いたラング・ド・シャのような生地も、焼けた直後で、まだやわらかいうちは巻くことができる。こうしたものもときとしてコポーと呼んでいる。

チョコレートのコポーは、アントルメなどの生菓子に振りかけたり、まぶしたり、またワンポイントの飾りに使う。

ごま

▶ sesame（英）セサミ / sesame（仏）セザム / Sesam（独）ゼーザム

原産地はアフリカといわれ、種類についてはその色から白ごま、黒ごま、金ごま、あるいは黄ごまなどと呼ばれるものがある。紀元前3000年ごろのエジプトでも、すでにその栄養価が認められ、薬用にしていた旨の記述が残されている。同様に中国でも不老長寿の妙薬の扱いがなされていた。日本への渡来は定かではないが、縄文の後期あたりの遺跡からの出土が認められている。奈良時代の頃より唐から伝えられた料理や菓子に用いられ、その延長線上にある和菓子の使用にとつながっていく。韓国においてはケカンジョンなる胡麻おこしがあり、白ごま、黒ごま双方が使われている。洋菓子においても、ごま入りクッキー、ごまプリン等枚挙にいとまがない。栄養価については、50%が脂肪で、20%がたんぱく質、その他鉄分、カルシウム、ビタミン B_1、B_2、E が含まれている。

ごまあぶら　—油

ごまの種子からとった油。その独特の香味を大切にすべく一応濾過はするが、あえて精製はせずに用いている。若干の異臭をもっているが、これは一度沸騰させることで、その元たる不純物を飛ばすことができる。また用途についてはテンプラ油として最上級の扱いを受けているが、その風味を生かしての炒め物など、さまざまな調理に使われている。

ごまプリン

ゼリー状のデザート菓子。2000 年に日本で流行した。白ごま、黒ごま双方で作ることができる。

〈配合例〉 6 個分

牛乳……………………………………… 450mℓ
粉ゼラチン……………………………… 10g
練りごま（白または黒）……………… 30g
砂糖……………………………………… 50g
蜂蜜……………………………………… 5g

〈製法〉

① 牛乳 50mℓにゼラチンをふり入れてふやかし、湯煎にかけて溶かす。
② 鍋に残りの牛乳を入れて火にかけ、沸騰直前に練りごまと砂糖を加え、混ぜながら再び火にかけて溶かす。
③ ②に①と蜂蜜を加え混ぜ、鍋底に冷水に当ててトロミがつくまで冷やす。
④ ③を器に入れて冷蔵庫で冷やし固める。

こむぎ　小麦

▶ wheat（英）ウィート / blé（仏）ブレ / Weizen（独）ヴァイツェン

イネ科の一、二年草。西アジアを起源としている。野生種から突然変異やさまざまな品種改良を重ね、今日の小麦に至った。

東洋が、主に米の食文化であるのに対し、ヨーロッパはパンや菓子を含めてほとんどが麦を用いた食文化である。中でも小麦は古代から現代に至るまでその中心をなしてきた。小麦は挽くと粉になり、その白さが貴ばれ、英語やドイツ語の呼び名も白という語に起因している。

→小麦粉

こむぎこ　小麦粉

▶ flour（英）フラワー / farine（仏）ファリーヌ / Mehl（独）メール、Weizenmehl（独）ヴァイツェンメール

小麦を挽いた粉。小麦は外皮、胚乳、胚芽に大別され、この胚乳が小麦粉となる。外皮、胚芽を含んだものが全粒粉である。

人類が小麦を発見し、それを粉にして水で練って加熱したものがパンであり、それが果実や蜂蜜などの甘味と出会い、発展してきたものが菓子である。それほど、小麦粉は菓子作り、また西欧の食文化にとって基本的な材料といえる。

小麦粉は水分を加えてこねるとグルテンを形成し、粘り気を出す。これが菓子作りやパン作りに大きな役割を果たす。つまりこのグルテンがからみ合って網目構造をなし、デンプンの粒子を中心に包み込んで、生地を作り上げてゆくのである。

小麦粉の種類によって、グルテンの強度及びその性質が異なり、用途に応じて使い分けている。軟質小麦は、タンパク質含有量が少なく、したがってグルテンも弱く、薄力粉の原料になる。この軟質小麦よりややかたい小麦を原料としたのが中力粉、硬質小麦からは強力粉が作られる。

小麦粉の中で、ふるいにかけて作る最も細かいものを、フランス語でフルール・ド・ファリーヌ（小麦粉の花）という。いわば特等粉である。

小麦粉の成分

小麦粉は水分、タンパク質、炭水化物、灰分、ビタミン類などから成り立っている。水分はおよそ 14 ～ 15%、タンパク質は薄力粉が 8%以下、中力粉が 9%前後、強力粉が 11.7%以上となっている。タンパク質が多いほどグルテンは強くなる。また、脂質は約 2%、炭水化物は 70 ～ 75%（このうち 70%くらいがデンプンである）。灰分は 0.3 ～ 0.6%、ビタミン類では B_1 やナイアシンが多く含まれている。

■ **薄力粉**

最も一般的に用いる粉で、軟質小麦から作る。タンパク質は 8%くらいでグルテンも弱く、焼き上げたときも、軽く、口当たりよく仕上がる。あまり強いグルテンを必要としないジェノワーズやビスキュイといったスポンジケーキ類、シュー菓子、クッキーなどに用いる。

■ **中力粉**

グルテンの強度は薄力粉と強力粉の中間である。そばやうどん等のめん類に多く使われ、洋

菓子に使う頻度はそれほど高くない。グルテンの強度を落とすために、強力粉と薄力粉を混ぜて使うことがあるが、あまり好ましいことではない。そうした場合は、中力粉を使ったほうが望ましい。

■ **強力粉**

硬質の小麦から製粉されたもので、タンパク質が11.7%以上含まれており、グルテンも最も強い。水分と混ぜると粘りが非常に強く、腰のある生地ができる。通称パイ生地と呼ばれるフイユタージュやパン生地を仕込むときに最適といえる。フイユタージュでは、バターを包んで折りたたんでゆくときに、粘りが弱いと生地が破れてはみ出してしまう。またイーストの発酵を利用する生地の場合も、ガスによる膨張を受け止めて包み込まなければならないので、グルテンの強い小麦粉のほうが適している。

■ **その他**

パスタに用いるセモリナ粉はデュラム小麦を原料としている。

なおタンパク質が10～12%くらいの、強力粉よりややグルテンの弱い準強力粉というものもあるが、通常菓子作りにおいてはそこまで厳密に選択されていない。

ゴムべら

木の柄の先にゴムのへらがついた製菓・調理用の器具。鍋やボウルの底や周りについたクリームや生地、種をきれいにすくいとったり、集めたりすることに使う。またやわらかい種を混ぜるときに用いる。

ゴムはかためで腰のあるものがよい。材質上あまり高温に熱したものには不適である。ヨーロッパではプラスチック製のカードを使っており、ゴムべらはあまり見当たらない。日本独自のたいへん便利な調理器具といってよい。

こめ　米

▶rice（英）ライス / riz（仏）リ / Reis（独）ライス

小麦、トウモロコシと並んで、世界三大穀物のひとつに数えられている。原産は東南アジアやインド、中国といろいろな説があるが、いずれにしろアジア圏で、日本には北方、南方、朝鮮半島等さまざまなルートから伝わってきた。和菓子の世界では豆類とともに餅類が大きな構成要素で、極論すれば、その餅の元たる米がなければ、和菓子そのものが成りたたない。まるめれば団子、つぶせば餅になる。またそれを葉や草で包めば椿餅や桜餅、粽（ちまき）、柏餅になり、そうしたものを餡で包んだもの等も作られている。さらには外郎（ういろう）、煎餅等もある。洋菓子においてもさまざまに利用されている。ライス・プディングや米入りキシュ、あるいはリ・ア・ラ・ランペラトリスと呼ばれる米入りババヴァロワ等があり、またイタリアなどではさらに多くの場面で使われている。

コラーチ　kolache（ハンガリー）

クリスマス時に好んで食べられるハンガリーの菓子。

けしの実、サワークリーム、蜂蜜などを入れたフィリングのほか、カッテージチーズのフィリングで作るものもある。

〈配合〉

生地

牛乳	300mℓ
砂糖	120g
イースト	30g
小麦粉	750g
塩	少々
バター	130g
全卵	2個

フィリング

けしの実	60g
サワークリーム	70mℓ
バター	12g
蜂蜜	21g
刻みアーモンド	25g
レモン果皮	3g
砂糖漬けの果物	15g
レーズン	30g
砂糖	26g
コーンスターチ	7g

〈製法〉

① 牛乳少量を温め、砂糖少量とイーストを入れ、発酵させる。
② 小麦粉の1/3に①を入れ、残りの砂糖と塩を加える。
③ 残りの牛乳とバターを弱火で熱し、②に加えて混ぜる。
④ 卵と残りの小麦粉を加えて生地をまとめ、約1時間おいて発酵させる。
⑤ ガス抜きをして再度発酵させ、延ばして四角に切る。

⑥ フィリングの材料を全部一緒に混ぜて鍋に入れ、2～3分煮てから冷ます。
⑦ ⑥のフィリングを⑤の生地の中央に塗り、四隅を中心に向かって折り合わせる。
⑧ 中火のオーブンで焼き､粉糖を振って供する。

〈カッテージチーズのフィリングの配合〉

カッテージチーズ……………………200mg
砂糖……………………………………100g
卵黄……………………………………2個分
ヴァニラ………………………………少々
レーズン………………………………50g
レモン果皮……………………………1/2個分

コリアンダー　coriander（英）

▶coriandre（仏）コリアンドル / Koriander（独）コリアンダー

セリ科の植物、日本語では胡荽（こすい）またはコエンドロと表記する。

高さ30～60cmほどになる一年草で、白または淡いピンクがかった白の花を咲かせる。葉は独特の香りを持ち、香草として料理に使う。乾燥した種子は、甘い柑橘類に似た風味を持つ。

原産地は地中海沿岸の地域だが、現在では気温の高いところを中心に、温暖なところで生育する。

カレー料理をはじめ、数多くの料理に用いる。特にギリシア料理に欠かせない。また種子から採れたオイルでエッセンスが作られ、生菓子、クッキー、キャンディーなどに利用されている。

コルヴァプースティ　korvapuusti（フィンランド）

シナモン風味の発酵菓子またはパン。フィンランドを発祥とするもので、後にアメリカに伝わり、そこを経由して後年日本でもひと時大ブレイクした。

〈配合〉20個分

生地
水……………………………………500mℓ
強力粉………………………………1250g
砂糖…………………………………150g
塩……………………………………13g
バター………………………………200g
卵……………………………………50g
イースト……………………………65g
カルダモン…………………………5g

フィリング
バター………………………………100g
砂糖…………………………………200g
シナモン……………………………10g

その他
塗り卵………………………………適量
あられ糖……………………………200g

〈製法〉

① 生地の材料を全部一緒にしてボウルに入れて低速のミキサーで4分混ぜ、その後高速で4分混ぜ、なめらかでツヤのある状態にする。
② ①を1cmの厚さに延ばす。
③ フィリングの材料を混ぜ合わせ、②の上に塗る。
④ ③を端からすき間ができないように巻く。
⑤ 4cm幅に切り、中心を2本の指で押さえる。
⑥ ③を温かい所に約45分置いて発酵させ、表面に溶き卵を塗る。
⑦ ⑥の上にあられ糖をふり､200～220℃のオーブンで約10～12分焼く。
⑧ 10分程冷ましてから供する。

ゴルガッパ　golgappa（印）

インドで親しまれている小型揚げパン。中央に小さな穴をあけて作り、そこにじゃがいものカレー煮を詰め、酸味のあるタマリンド水をたらして食べる。

ゴールデンシロップ　golden syrup（英）

砂糖を精製する過程で副産物として作られるもので、ビタミン、ミネラルを豊富に含み、黒糖に近い風味がある。ホットケーキやクレープなどによく添えられる。砂糖が高価だった時代､イギリスでは、多くの家庭でこれが使われていた。

コルニション　cornichon（仏）

酢漬けの小型きゅうり。

→ピクルス

コルヌ　corne（仏）

プラスチック製のスケッパー、カードのこと。

→カード

コルネ　cornet（仏）

▶horn（英）ホーン

フランス語で角（つの）という意味。製菓用語として、パラフィン紙あるいはセロファンを三角に切って丸め、三角錐を作り、中にクリームを詰めて使う絞り袋を表す。形が角状であるところからの呼び名である。

またフイユタージュなどをコルネ型と呼ぶ円錐の型に巻いて焼き上げ、型からはずして中にクリームを詰めた菓子もこの名で呼ばれる。

コルネ・ヌガー　cornet nougat（仏）

フランスのプティフール。

ヌガーがまだ熱いうちに、薄く延ばして円形に抜く。これを手早く丸めるようにして口金などにはめ込み、角状に固める。その中にプラリネ入りのバタークリームを星型口金で絞り込み、刻んだピスタチオなどを振りかけて飾る。

コルネ・ヌガー

コルプス　Korpus（独）

ドイツにおける、一口チョコレート菓子であるプラリネのセンター。

コロナ・ディ・パーネ　corona di pane（伊）

「パンの王冠」という意味の発酵菓子。クリスマスや公現節、あるいは誕生日などのハレの日に作り、それぞれの目的にあった飾り付けがなされる。

〈配合〉 20cm 3 個分

レーズン	280g
溶き卵	1 個分
薄力粉	250g
強力粉	250g
卵黄	4 個分
バター	100g
砂糖	70g
生イースト	60g
塩	少々
水	300mℓ

〈製法〉

① 2 種類の小麦粉をふるい、その中に生イースト、砂糖、卵黄、室温に戻したバターを入れ、少しずつ水を加えながら混ぜ、生地をまとめて、温かいところに 40 分程置く。

② ①を 3 等分し、それぞれ細長く延ばして、表面にレーズンを散りばめる。

③ ②を縦半分に切って 2 本の棒状にしたらそれをねじり、端と端をつけてリング状にする。

④ テンパンに置き、表面に溶き卵を塗って、190℃のオーブンで約 30 分焼く。

コロナ・ディ・パーネ

コロンバ・パスクワーレ　colomba pasquale（伊）

復活祭のときに食べるイタリアの菓子。「復活祭の鳩」という意味。パネットーネとほぼ同じ生地だが、鳩の形に作り、上から薄切りアーモンドと粉糖を振りかけるか、チョコレートやフォンダンで被覆する。

発祥はロンバルディア地方だが、今日ではイタリア全土に広まっている。

コロンビエ　colombier（仏）

コロンビエ

フランスのマルセイユを発祥とするプロヴァンス地方の銘菓。マジパン入りの生地の中に陶製の鳩を忍ばせ、南仏産のメロンやアプリコットを入れて焼き、薄く糖衣する。コロンビエとは、平和と純潔の象徴にして愛がん用の鳩の小屋の意味で、その名を冠したこれは、聖霊降臨祭の折に食される。

コワントロー　Cointreau（仏）

フランスを代表するオレンジリキュールの商品名。タイプは異なるが、同種のグランマルニエとともに広く知られている。独特の香りと甘い口当たりは、アペリティフとして、またアントルメ、プティガトー、ボンボン・オ・ショコラのセンターなど、多方面にわたって利用されている。

コンヴェルサシオン　conversation（仏）

「会話」という意味のフランス菓子。

タルト型やタルトレット型にフイユタージュを敷き込み、中にクレーム・ダマンドを詰める。その上に薄く延ばしたフイユタージュをもう1枚かぶせて、上面全体にグラス・ロワイヤル（粉糖を卵白で練ったもの）を塗り、細く切ったフイユタージュ生地を斜め格子にかけて焼き上げる。

名前の由来としては、食べる時にバリバリと鳴る音がまるで会話をしているようだとして付けられたといわれている。別の説では、フランス人は会話を表すしぐさとして、左右の人さし指を交差させ、バッテンを作る。よってこの菓子の上面の×印のデザインが名前の由来になっているという。また他に、これを食べると会話が弾むからなどの説もある。

コンヴェルサシオン

コンカッセ　concassé（仏）

concasser（粉砕する）という意味のフランス語の動詞の過去分詞。ゼリーをかために作り、細かく刻んだもの。アントルメやプティ・ガトーに添えて飾ると、キラキラと光を反射し、美しく映える。

〈配合〉

粉ゼラチン……………………………… 10g
水………………………………………… 50mℓ
砂糖……………………………………… 25g
水………………………………………… 75mℓ

〈製法〉

① 粉ゼラチンを水5mℓにふり入れてふやかし、湯煎で溶かす。
② 砂糖と水75mℓを混ぜて沸騰させ、冷ます。
③ ②に①を入れ、バットに流して冷やし固める。
④ ③をみじん切りにする。
注：ゼリーの堅さは好みにより調節するとよい。

こんけらとう　―糖

南蛮菓子の一種。霙（みぞれ）糖の別表記と思われる。

→霙糖

コーンスターチ　cornstarch（英）

▶ farine de maïs（仏）ファリーヌ・ド・マイス、fécule de maïs（仏）フェキュール・ド・マイス／Maismehl（独）マイスメール

とうもろこしから作るデンプン。無味無臭で微粉末状を呈している。

ジェノワーズやビスキュイ等スポンジ系統の生地の場合、小麦粉の総量のうちのいくらかをこれにおきかえて混ぜ込むと、きめの細かい仕上がりになる。クッキー等の焼き菓子にも用い、軽い口当たりに仕上げる。

また液状のものに加えるととろみがつき、各種のクリームやソース類にも用いる。この場合、熱を加えながら混ぜないと、粉っぽさの残る食感になるので注意する。

コーンスターチはそのままでは水分をはじく性質があるため、これを利用してコーンスターチボックスを用意し、リキュール・ボンボンなどを作る。充分乾燥させたコーンスターチを箱に詰め、表面を平らにする。好みの形の穴をあけ、一定の濃度にした糖液を注ぐ。糖液はしみ込まず、時間の経過とともに周囲が糖化を始め、中にシロップを抱き込む形で固まる。

その他、水分が少なくべとつかないところから、手粉がわりに使ったりと、用途は広い。

コンゼルヴェツッカー Konservezucker（独）

動物や置き物などの形を作るための糖液。

118～119℃までに煮詰めた糖液を熱いうちに木杓子でこすり合わせ、場合によっては少量のフォンダンを加えて、ぬらした石膏型に流す。糖液が再結晶し、すりガラス状の薄い膜ができて、求める形が成形される。

コンディトライ Konditorei（独）

製菓業、菓子店（喫茶を兼ねる場合が多い）、製菓工場のこと。

コンディトール Konditor（独）

▶ pâtissier（仏）パティスィエ / confectioner（英）コンフェクショナー

製菓人のこと。

コンパウンド・バター

→バター

コンパウンド・ファット compound fat（英）

→ショートニング

コンフィ confit（仏）

砂糖、ブランデー、酢などに漬けた果物やびん詰めの野菜などをいう。

果物のものは総じてフリュイ・コンフィといい、個別にはたとえばパイナップルの砂糖漬けはアナナ・コンフィと呼ばれる。

製法は、果物を糖液に入れて沸騰させ、一晩おき、前より少し濃度を高めた糖液に入れて再び沸騰させる。これを繰り返し、徐々に濃度を高めてゆく。

コンフィズリー confiserie（仏）

▶ sweet（英）スウィート / Konfekt（独）コンフェクト

砂糖を主体として作る菓子類で、日本語では糖菓。コンフィズリーは、生菓子や焼き菓子のパティスリー、アイスクリームやシャーベットのグラスと並ぶ、菓子の一分野。このジャンルに含まれるものは、砂糖の加工品、果実の加工品、堅果類の加工品、チョコレート類および砂糖・果実・堅果類とチョコレートの加工品がある。具体例をあげると次のとおりである。

■ **砂糖の加工品**

フォンダン、飴、ドロップ、リキュール・ボンボン、こんぺい糖、アラザン、ドラジェ。

■ **果実類の加工品**

ピューレ、果汁、ジャム、ママレード、パート・ド・フリュイ、缶詰。

■ **堅果類の加工品**

マジパン、ヌガー（ホワイトヌガー、ブラウンヌガー）、プラリネ、ジャンドゥヤ、ドラジェ。

■ **チョコレート類**

スウィートチョコレート、ミルクチョコレート、ホワイトチョコレート、カカオバター、洋生チョコレート。

■ **砂糖・果実・堅果類とチョコレートの加工品**

ボンボン・オ・ショコラ（一口チョコレート菓子）、ドラジェ。

コンフィテュール confiture（仏）

▶ Konfitüre（独）コンフィテューレ / jam（英）ジャム

砂糖を加えて煮詰めた果実類。ジャムまたはプリザーヴ。

コンフェクト Konfekt（独・スイス）

ラテン語のコンフェクトゥムから派生した言葉で、スイスのドイツ語圏ではクッキー類をさすが、ドイツでは、フランスにおいてコンフィズリーと呼んでいる糖果（チョコレートやボンボン類）をさす。

コンペイとう —糖・金米（平）糖

ポルトガル人によって伝えられた南蛮菓子。小さな角（つの）をたくさんつけた豆粒大の砂糖菓子。語源はポルトガルのコンフェイトスである。

日本では伝来時から、コンフイ、コンフヘイド、コンフヘイトー、コンペイタウ、あるいは漢字で金米糖、金平糖、金餅糖、渾平糖などと書き表してきた。またこうした原音からきた文字のほかに糖花、小鈴糖とも書いた。「金米糖」は、焼いた米を核（種）にして糖衣したもので、焼いた米が黄金色になるところからこの字を当てたという。ただし井原西鶴の『日本永代蔵』（1688、元禄元年）では、この種はごま、『嬉遊笑覧』（1830、天保元年）と『守貞漫稿』（1908、明治41年）にはけしの実を使用したと書かれている。『日本耶蘇教会通信』には、1569（永禄12）年、宣教師ルイス・フロイスが、ギヤマンのフラスコにコンペイ糖を詰めて織田信長に献上したことが記されている。当時は陶製の器やフラスコに詰めて防湿に配慮し、さらには一斤詰めあるいは二斤詰めといった桐箱に入れて丁重に扱っていた。ちなみに金米糖は、ごま一升を種にして二百斤でき、一斤は銀五匁であったという。その製法は『和漢三才圖會』(1712、正徳2年)にも述べられている。他の南蛮菓子同様まず長崎から始まり、次いで上方に広まった。江戸に入ったのはかなり遅れてからのようで、文化文政(1804-1829)以降といわれている。

なお1873(明治6)年、オーストリアのウィーンで開かれた万国博覧会に、三浦屋栄次郎が金米糖を出品して受賞の栄誉に輝いた。

コンポート compote(仏)

▶compote de fruit(仏)コンポート・ド・フリュイ / Kompott(独)コンポット、Früchtedose(独)フリュヒテドーゼ

果物のシロップ煮。

種々の果物を、まるごとあるいは適宜な大きさに切り、糖度の高いシロップで煮るもの。アプリコット、桃、りんご、パイナップル、さくらんぼなど、ほとんどの果物をこうした方法で調理する。

さ サ

サイダー・クランブル・ケイク cider crumbre cake（英）

シードル（りんご酒）で風味をつけ、クランブル（そぼろ）で香ばしさを与えた焼き菓子。

〈配合〉 18cm 角 1 台分

薄力粉……………………………… 225g
ベーキングパウダー……………… 10g
塩………………………………… 少々
ブラウンシュガー………………… 110g
デーツ……………………………… 70g
モラセス………………………… 22.5mℓ
シードル………………………… 135mℓ
卵………………………………… 1 個
牛乳……………………………… 15mℓ

クランブル

バター……………………………… 45g
グラニュー糖……………………… 45g
シナモン…………………………… 2g
薄力粉……………………………… 45g
くるみ……………………………… 45g
アプリコットジャム……………… 105g
ラム……………………………… 30mℓ

〈製法〉

① モラセスとシードルを混ぜて火にかけ、モラセスが溶けたら、粗熱をとる。
② デーツの種を取り、粗刻みにし、ブラウンシュガーを混ぜる。
③ 薄力粉、ベーキングパウダー、塩を一緒にしてふるい、②を加え混ぜ、①を加え、溶いた卵と牛乳を混ぜる。
④ 型に流し入れ、180℃のオーブンに入れる。
⑤ 焼いている間にクランブルを作る。バターをクリーム状にし、グラニュー糖、シナモンを加え、ふるった薄力粉を混ぜ、粗刻みにしたくるみを加え混ぜる。
⑥ 30 分焼いた④をオーブンから出し、上面にラムで溶いたジャムを塗り、クランブルを全体に散らして、再びオーブンに入れて約 10 分焼く。

ザウアークラウト Sauerkraut（独）

▶ choucroute（仏）シュークルート / sauerkraut（英）サウアークラウト、sourcrout（英）サワークロート

細切りにしたキャベツを塩漬けにして発酵させ、酸っぱくさせたもので、これにソーセージ、ハム、ベーコンなどを添えて供する。ドイツでは国民食といわれるほど親しまれている料理。フランスでは、ドイツに近いアルザス地方の料理として、シュークルートの名で広く知られている。菓子店ではトレトゥールとして扱われている。

サヴァラン savarin（仏）

発酵生地を使って作るアントルメの一種。

19 世紀中ごろ、ジュリアン・オーギュストというパリの製菓人が、ババという菓子の生地にレーズンを加えないアントルメを作り、浸すシロップに改良を加えて、ブリア＝サヴァランと名づけた。著名な食通評論家に敬意を表して命名されたこの菓子は、のちにサヴァランと短く呼ばれるようになった。

サヴァラン

サヴァランの製法は大きく二つに分けられる。一つは水で溶いたイーストを直接生地に混ぜ込む方法。他方はあらかじめ水で溶いたイーストを少量の小麦粉に加え、発酵させて中種を用意して、小麦粉に塩、砂糖、卵などを混ぜ、バターを練り込んだ生地に中種を合わせてこねる方法である。

→ババ

〈配合〉

強力粉……………………………… 500g
イースト……………………… 10 ～ 15g
微温湯……………………………… 少々
全卵……………………………… 400g
砂糖………………………………… 25g
塩…………………………………… 10g
バター…………………………… 250g

その他

ラム等好みの洋酒………………… 適量

シロップ…………………………………… 適量

〈製法Ⅰ〉

① イーストを微温湯にとく。
注：イーストは夏季には少なめ、冬季には多めにする。これはイーストは生き物なので、暑いときには発酵も活発になり、寒いときにはその逆となるためである。
② ふるった強力粉の中央にくぼみを作り、そこへ①を入れる。
③ 次に砂糖、塩、卵を入れてよく混ぜる。
④ やわらかくもんでおいたバターを加え、全体によく混ぜる。
⑤ ④を40℃くらいのホイロに入れて15～20分ほど休ませ、発酵させる。
⑥ この生地を型に詰める（型の約1/3強）。
⑦ 再び15～20分ホイロで休ませて発酵させ、型の縁近くまでふくらませる。
⑧ 中火のオーブンで約20～30分間焼く。
⑨ ラム、グランマルニエなど好みの洋酒を入れたボーメ18～20度のシロップに浸す。

〈製法Ⅱ〉

① 小麦粉をふるっておく。
② 約1/4の小麦粉をとり、中央にくぼみを作ってイーストを入れる。
③ 微温湯を注いで溶かしながらやわらかな生地を作り、そのまま15分ほど放置して発酵させ、中種を作る。
④ 残りの小麦粉に同じようにくぼみを作り、塩、砂糖を入れる。
⑤ 少量の水で塩と砂糖を溶かし、卵を加えて④をこね、充分混ぜ合わせる。
⑥ 別にもんでやわらかくしたバターを少しずつ⑤の生地に混ぜ、こねながら全部をもみ入れる。
⑦ 発酵させた③の生地を延ばし、上に⑥の生地をのせ、両手で絞るようにして、充分にまぜ合わせる。
⑧ 容器に移し、ホイロに入れて発酵させる。
⑨ 型に詰め（約1/3強）、再び発酵させる。
⑩ 縁近くまで発酵が進んだら、中火のオーブンで焼く。
⑪ 好みの洋酒を入れたボーメ18～20度のシロップに浸す。

サーヴィス　service（英）

▶service（仏）セルヴィス / Service（独）ゼルヴィース

料理を客に供すること、つまり給仕法。

フランスにおけるかつての給仕法には、一連の料理がすべて食卓に並べられるフランス式と、定められた順に1人前ずつ供されるロシア式があった。

フランス式はルイ王朝、ナポレオン第一帝政、さらに第二帝政時代まで行われ、たいへん豪華で、目を見張らせるものがあった。しかしこの方法は、温かい料理が冷めてしまうなど、本来の味覚を維持することがそこなわれる給仕法でもあった。一方ロシア式は名料理人、カレームがロシアから取り入れたもので、それを引き継いだユルヴァン·デュボワ（1818-1901）が広め、定着したといわれる。食卓の豪華さは消えたが、料理、デザートを問わず、温かいものは温かいうちに、冷やして美味なものは冷たいうちに客は口にすることができる。

今日では、おおむね、このロシア式にのっとっている。

なお、給仕法とは別にこの語は一そろいの食器、たとえばa service of glass（ガラス食器一式）の意から食卓に用いるすべての食器類をさす場合もある。

さぎょうだい　作業台

▶worktable（英）ワークテイブル / table de travail（仏）ターブル・ド・トラヴァイユ / Küchentisch（独）キュッヘンティッシュ、Arbeitstisch（独）アルバイツティッシュ

製菓、調理をするためのテーブル。日本ではステンレス製のものが多用されている。単にテーブルだけのもの、下に物を置く台がついているもの、戸つき、引き出しつき、あるいは下が冷蔵庫になっているものなど、いろいろなタイプのものがある。

さくまそうじろう　佐久間惣次郎

日本でドロップの商品化に初めて成功した人。

ドロップ作りには多くの菓業人が挑んだが、商品化するまでには至らなかった。そうした中、桐沢桝八が、1875（明治8）年に新杵の屋号で横浜仲町に菓子店を開業。1893（明治26）年、アメリカへ視察に出かけ、シカゴの博覧会でドロップ製造機を見つけ購入。研究に取り組む。翌1894年、日本橋の分店にこの機械をそなえつけ、製造に着手したが、なかなかうまくいかない。ここに佐久間惣次郎が勤めており、ドロッ

プにかける情熱を受け継ぐ。彼は1907（明治40）年、長らく勤めた同店を辞して独立を果たし、神田八名川町に三港堂を開いた。ここでドロップの製作に取りかかり、ついに大成功を収める。サクマ式ドロップスが誕生した。

さくらいげんきち・ひのこうき　桜井源喜知・日野光記

桜井源喜知（1888-1970）
日野光記（1908-1983）

総合製菓材料問屋の草分けたるサクライとその精神を受け継ぐひの一創業者。

洋菓子が定着し、さらに普及のきざしを見せ始めた1915（大正4）年、桜井源喜知商店を東京港区西新橋の地に立ち上げた。菓子作りに必要なバターを調達し、また輸入や国産のマーガリン及び製菓製パン材料の販売に着手。材料調達に苦労する多くの菓子店がその恩恵に浴す。金融恐慌から戦時体制に入るに及んで苦難の道を歩むが、第二次世界大戦後はいち早く物資の調達に動き、洋菓子ブームの到来に備えた。昭和30年代の高度成長期には、いち早く渡欧を敢行。どこにも先駆けてキルシュヴァッサーを輸入し、製菓業界に新風を吹き込む。その後も日本にとって珍しくかつ必要と思われる材料を探し、紹介し続けてきた。1992（平成4）年、桜井源喜知商店は社名をサクライに変更。現在に至る。なお同社からは多くの人材を輩出したが、日野光記もそのひとりで、彼は12歳で同店に入店。1930（昭和5）年東京港区元麻布の地に、製菓材料卸売商・日野商店を独立開業。途中戦時により休業するが、1950（昭和25）年シベリアより復員後東京目黒で再興。その後社名をひの一に変更する。一徹にして実直な桜井源喜知の精神を受け継ぎ、製菓製パン業界に多大な貢献を果たし続けている。

さくらんぼ

▸cerise（仏）スリーズ / cherry（英）チェリー / Kirsche（独）キルシェ

バラ科の果実。

酸味種と甘味種の2種類が世界じゅうの温帯地域で栽培されている。

生食、缶詰、リキュールなどさまざまな使い道があり、製菓用として、アントルメやチョコレート菓子などに広く使われている。

■ **酸味種（サワー・チェリー　sour cherry）**

実がやわらかく多汁で、酸味が強い。加工品、料理に適する。約300種があるが、アマレル種、モレロ種、ダマスカ種の3種が代表的。ダマスカ種は、マラスキーノ・リキュールの原料となる。

■ **甘味種（スウィート・チェリー　sweet cherry）**

約600種あるが、多くはジーン種とビガロー種のグループに属する。

注：これらのほかに、酸味種と甘味種の交配種として、デューク・チェリーもある。フランスではロワイヤルと呼んでいる。

■ **日本におけるさくらんぼ**

明治の初期に、アメリカやフランスから移植され、東北などの寒冷な地域で栽培が試みられた。現在もなお、山形県、福島県といった東北地方を生産地としている。

主な種類としてはナポレオン（別名ロイヤル・アン）、佐藤錦が知られているが、近年ナポレオンはほとんど姿を消している。ともに甘味種で、6月半ばから7月初めにかけて収穫されるが、佐藤錦のほうがやや早く出回り、その後ナポレオンが市場に出てくる。甘みは佐藤錦のほうがやや強いが、日もちの点ではナポレオンがまさっている。

サクリスタン　sacristain（仏）

▸sacristan（英）サクリスタン / Sakristan（独）ザクリスターン

フイユタージュを延ばして細く切り、ねじって焼いた菓子。

サクリスタンとは「堂守」「聖堂係」の意味。

サクリスタン

普通はグラニュー糖かざらめ糖をまぶしたサクリスタン・オ・シュクルや、刻みアーモンドをまぶしたサクリスタン・オ・ザマンドを作るが、粉チーズなどまぶすものを変えることによって、風味の違ったものを作ることができる。

ざくろ

▶grenade（仏）グルナード / pomegranate（英）ポミグレナット / Granatapfel（独）グラナートアップフェル

原産はペルシャ。日本にはシルクロードを経て鎌倉時代に入ってきた。製菓面では、グレナデン・シロップの鮮やかな色を生かして、さまざまなアントルメや氷菓に使われている。

サッカリン

▶saccharin（英）サカリン / saccharine（仏）サカリン / Saccharin（独）ザハリーン

人工甘味料。ファールベルクとレムセンが1879年にトルエンから精製した化合物で、栄養価は皆無だが、その甘みは砂糖の約300倍とされている。

日本では1901（明治34）年に「人工甘味料取締規則」が設けられ、糖尿病患者のための甘味料の他は、食品への添加が禁じられた。これは当時日本領となっていた台湾の精糖産業保護や砂糖消費税確保の目的もあったという。第二次世界大戦後は台湾の返還および総体的な物資の不足により、人工甘味料の需要が増大していった。しかしその後の経済復興とともに、砂糖の供給量もふえ、加えて健康上の理由からもその使用は制限された。今日ではチューインガム以外はサッカリンの添加は禁止されている。

これに類似するサッカリン・ナトリウムは、菓子類について、1kgに対し、残存0.1g以内なら使用を認められている。また近年の低糖、低カロリーを求めるヘルシー志向から、コーヒー、紅茶などを飲むときに、ダイエットを目的としての使用は増大しつつある。

ザッハトルテ　Sachertorte（オーストリア）

こくのあるどっしりとした趣のチョコレートケーキで、オーストリアを代表する銘菓。

フランツ・ザッハという製菓人が16歳の時、1832年に創作したといわれている。彼の次男のエドヴァルト・ザッハは1876年にウィーンにザッハホテルを開き、父フランツの手がけたザッハトルテをホテルの名物にした。後に経営が苦しくなったザッハホテルは、同市内のデメル菓子店に援助を仰いだ。そうした事情から門外不出であったザッハトルテの製法が流出し、デメルでも同じ名前で販売されるようになった。これに対してホテル側はその差し止めを求め、裁判で争うことになった。長い論争の末、1962年に決着がつき、双方ともそのお菓子を作ってもよいが、オリジナル・ザッハトルテの名称はホテル側の専有に、デメルでは単にザッハトルテとして売るように、との判決が下った。なお、現在ではどちらも本家ということで双方繁盛しており、今も世界各地から来る多くの人々がこの菓子を求めている。

ちなみにホテル側のトルテは2段にスライスし、間にアプリコットジャムをはさんでいるのに対し、デメルのそれは間にジャムをはさまない点が違うだけで、生地の配合はほとんど同じである。表面にかけるチョコレート・フォンダンも違いはない。

〈配合〉

生地

バター……600g
砂糖……500g
溶かしたチョコレート……600g
卵黄……540g
卵白……850g
砂糖……500g
小麦粉……600g

コンセルヴェグラズール（チョコレート・フォンダン）

砂糖……1500g
水……600mℓ
刻んだチョコレート……1250g

仕上げ用

アプリコットジャム……適量

〈製法〉

① バター、粉糖、溶かしたチョコレートを混ぜて充分泡立てる。
② 卵黄を少しずつ加え、さらに泡立てる。
③ 卵白に砂糖を加えて泡立て、八分立てのムラングを作って②と合わせる。
④ 小麦粉を加え混ぜる。
⑤ 型に流して180℃のオーブンで約1時間焼く。
⑥ 砂糖に水を加えて煮立て、刻んだチョコレートを加えて110℃まで煮詰める（大きめの鍋でないと吹きこぼれる）。
⑦ マーブル台の上にあけ、パレットナイフでこすり、粘りけが出てきたら鍋に戻す。この

作業を数回繰り返し、表面に薄い皮ができ始め、にぶいつやが出るまで行う。これをコンセルヴェグラズールという。

⑧ トルテ全体に煮詰めたアプリコットジャムを塗り、コンセルヴェグラズールをかける。
注：間にジャムをはさむときは、生地にしみ込まないように冷たいジャムを使う。

ザッハトルテ

ザッヘル・トルタ　Sacher torta（ハンガリー）

クリーム入りの、ハンガリーのザッハトルテ。チョコレート・スポンジケーキを4枚に切り、1枚にチョコレートクリーム、2枚にレモンクリームを塗って重ねる。残りの1枚を上にのせ、全体にチョコレートクリームを塗る。

〈チョコレート・スポンジケーキの配合と製法〉

全卵……………………………………… 6個
砂糖……………………………………… 200g
溶かしバター…………………………… 260g
小麦粉…………………………………… 240g
ココア…………………………………… 60g
水………………………………………… 100mℓ

① 全卵と砂糖を泡立て、溶かしバターを混ぜる。
② 小麦粉を混ぜ、最後にココアを水で溶いて加え混ぜ、型に流して焼く。

さつまいも

▶ sweet potato（英）スウィート・ポテイト / patate douce（仏）パタート・ドゥース、patate sucrée（仏）パタート・スュクレ / Süßkartoffel（独）ズュースカルトッフェル

原産はメキシコあたりといわれ、紀元前3000年頃にはすでに作物として栽培されていたという。その後15世紀にコロンブスによってスペインにもたらされ、16世紀末に同国から中国に伝えられた。そして1605年に中国福建省から琉球に、続いて種子島を経由して薩摩に上陸している。呼び名の由来もそこに始まりを持つ。その後江戸中期には蘭学者・青木昆陽が薩摩からこれを取り寄せて栽培を試み、これを機に急速に広まっていった。ほどなくおこる享保や天明の飢饉等では空腹にあえぐ人々の大いなる助けとなり、これをもって昆陽はその後親しみと尊敬の念を込めて甘藷先生と称されていく。また第二次世界大戦でも人々はこれによって大いに助けられることになる。菓子作りにあっては、明治中期に銀座の米津凮月堂がこれをもって芋料理と称するものを作り、後にスイート・ポテトを完成させる。また大正から昭和にかけては、これに飴をからめて大学芋として大いにもてはやされるなど、スイーツ文化の一端を担う貢献を果たしていく。

さとう　砂糖

▶ sugar（英）シュガー / sucre（仏）シュクル / Zucker（独）ツッカー

さとうきび、甜菜から抽出して精製する甘味調味料。蔗糖を主成分とする。

紀元前325年、アレキサンドロス大王がインドに遠征軍を送ったとき、「インドでは蜂の力を借りず、葦から蜜をとっている」との報告を受けている。これがさとうきびであった。ギリシアの医師ガレーヌス（130-200）に「インドの塩」と処方されたこの砂糖は、のちに6世紀ごろ、ペルシア、アラビアに伝わった。地中海沿岸国にまで行き渡ったのは8世紀になってからである。9～10世紀において、エジプトでの生産が盛んになり、その輸出は大いにエジプト経済を助けた。

13世紀末中国へ行ったマルコ・ポーロは、そこに砂糖工場があり、安い値で売られていることを記している。ジャムの前身である果実の砂糖煮もあったと伝えている。新大陸への伝来は、1493年コロンブスの第二回の航海のとき、カナリア諸島のさとうきびの苗を西インド諸島に移植したのが始まりである。

1947年、ドイツの化学者マルクグラーフが甜菜（砂糖大根）の根に砂糖が含まれていることを発見し、1801年、アシャールが砂糖製造に成功した。しかし品質、価格などの点でさとうきびには及ばなかった。1806年、ナポレオンの大

陸封鎖令によってさとうきびのヨーロッパ輸入が禁止された。当時、コーヒーやチョコレート、茶などの飲用が一般化され、砂糖の需要が急増していただけに、ヨーロッパ各国は、砂糖の欠乏に困窮するようになった。ナポレオンは甜菜の栽培の一大奨励策を発したほどであった。

ドイツでは、甜菜糖の発達改良を推進するなどして、19世紀の中ごろになりようやく軌道に乗ってきた。それでもヨーロッパ中に豊富に砂糖が行き渡るようになったのは、やっと20世紀になってからである。

今日、一般に使用されている砂糖はさとうきびを原料とする甘蔗糖と砂糖大根を原料とする甜菜糖に大別される。また製法上から分類すると、分蜜糖、含蜜糖に分けることができる。

製造過程上からの分類

■ 含蜜糖

糖蜜を含んだ糖で、赤砂糖、黒砂糖、再製糖がある。再製糖は含蜜糖に粗糖を混入して風味を強めたもので、和菓子に用いられている。

赤砂糖や黒砂糖は顆粒状あるいは塊状をしており、ビタミン類やミネラルが多く、味も濃い。吸湿性は高い。

■ 分蜜糖

原料のさとうきびから糖蜜を振り分け、砂糖の結晶だけを取り出したものをいう。この分蜜糖を精製し、白双（ざら）、車糖、加工糖が作られる。白双には上双（ざら）、中双（ざら）、グラニュー糖があり、ハードシュガーと呼ばれている。上双は蔗糖分が最も高く純度が高い。グラニュー糖は上双に次いで高い純度を持ち、粒も小さく溶けやすいため、洋菓子製造のほぼ全般にわたって利用されている。中双は前記の2種よりやや純度が落ち、粒も約3mmと大きい。

車糖は、白双よりやや質的に落ちる。上白糖、中白糖、三温糖に分けられ、上記のものに対してソフトシュガーと呼ばれる。上白糖は吸湿性が高く、家庭や製菓用に広く用いる。中白糖は俗に赤砂糖とも呼ばれ、三温糖も上白糖にくらべると純度は劣るが、いずれも独特の風味を持つ。中白糖や三温糖はその特徴を生かした菓子作りに使用される。ちなみに「温」とは白の度合いを示す語で、三温、四温、五温となるほどに色は白くなる。

加工糖とは、さまざまな用途に合わせて文字どおり加工したもので、角砂糖、粉糖、コーヒーシュガー、あるいは顆粒糖、その仲間のフロストシュガー、液糖などがある。角砂糖はグラニュー糖をもとにして、飲み物に混入しやすい形に固めたものである。粉糖はグラニュー糖をさらに細かく挽いたもので、そのままではケーキング（固まる現象）を起こすので、1～2%のコーンスターチを混入してある。コーヒーシュガーは細かい氷糖にカラメルなどで着色着香する。顆粒糖は砂糖の結晶に微粉末をつけて多孔質にし、溶けやすくしたものである。また液糖は還元糖、ぶどう糖、あるいは蔗糖に近いものなどいろいろあり、原料、製法ともさまざまある。

■ 和三盆

赤砂糖や黒砂糖より純度が高く、含蜜糖と分蜜糖の中間ぐらいである。ほどよい甘みと香りを持ち、和菓子に用いられる。

洋菓子作りによく用いる砂糖

■ グラニュー糖

さらさらした状態で、計量しやすく、ふるいを通さずに使えることから、洋菓子全般に用いる。また精製度も高く吸湿性も低いため、あとからべとつくことを嫌うキャンディーやヌガー、あるいは飴細工などには好適である。

結晶状をしているため、クッキー、ドーナッツ、マジパン等のまぶしにも用いられる。ただしスポンジケーキややクリーム類に混ぜるときは、上白糖や粉糖にくらべると溶けにくいため、充分混ぜ込むことが必要である。

■ 粉砂糖

英語ではコンフェクショナーズ・シュガー、フランス語ではシュクル・グラスと呼ばれるもので、日本では粉末状をしているため、粉砂糖または単に粉糖（ふんとう）と呼ばれている。

グラニュー糖をさらに細かく微粉末状にしたもので、粒子が細かいため溶けやすく、クリーム類に混ぜるには最適である。ふわっとした雪のように見えるところから、各種のお菓子の上に振りかけることによく使われる。

水に溶いてグラス・ア・ローを作り、焼きたての菓子の上からかけて薄い糖膜を張らせたり、卵白を練ってグラス・ロワイヤルを作り、菓子の被覆に使ったり、線描きや文字絞りに用いたりもする。また、溶かしたゼラチンを加えてよくもみ込み、細工用のガムペイストを作る。

固まることを防ぐために通常1～2%のコーンスターチを混入しているが、それ以上に加えて、より湿気を帯びにくいタイプに仕立てたものも開発されている。

■ **上双（上ざらめ）**

精製度が高い砂糖で、グラニュー糖より大きな結晶体をしている。

グラニュー糖同様吸湿性が低く、キャンディー、ヌガー等に用いるほか、クッキー等のまぶしに使う。

■ **上白糖**

しとりを持った砂糖で、ヨーロッパには見られないタイプである。

吸湿性に富んでいるため、キャンディー類や飴細工等、湿気を避けたいものには不適だが、逆にしとりを重んじるスポンジケーキやフルーツケーキ、パウンドケーキ、ブランデーケーキといったバターケーキ類に向いている。

さとみむねつぐ　里見宗次

（1904-1996）渡仏する日本人パティシエを一手に引き受け、就労からビザの手続き等、あらゆることの世話をし続けたパリ在住の国際商業デザイナー。1904（明治37）年、大阪に生まれ、1922年18歳で渡仏。パリの国立美術学校に入学。数々のコンクールで受賞し、フランスを代表する商業デザイナーとなる。同時期渡仏修業をしていたコロンバン創業者の門倉国輝と親交を結び、パリの製菓人組合たるサン・ミッシェル協会をはじめ、フランスの製菓業会とも深く通じるようになる。そうした縁で、次々に渡仏してくる日本人パティシエの面倒を見続けた。彼なくしては邦人のフランスでの製菓修業はかほどにスムースには行えず、レベルアップにさらなる時を要したものと思われる。なおパリのモットドール（Motte d'or・後にレ・メートル・パティスィエ・ド・フランス Les Maîtres-Pâtissiers de France に改称）なる“純良材料のみをもって作る菓子店主の会”のマークも、彼の手になるものである。

ザーネ　Sahne（独）

ドイツ語での生クリームのこと。泡立てたものはシュラークザーネ Schlagsahne と呼んでいるが、単にザーネでもそれを指す。

→シュラークザーネ

ザーネアイス　Sahneeis（独）

▶ parfait glacé（仏）パルフェ・グラッセ

ドイツ菓子における氷菓の分類の一つ。全体量のうち生クリームの使用量が60％以上を占めるもの。天然の香料または風味料のみの使用が認められる。ラームアイスともいう。

ザーネトルテ　Sahnetorte（独）

泡立てた生クリームをフィリングとするトルテの総称。果物等を併用することも多い。ドイツの生クリームは腰が弱いので、溶かしたゼラチンを入れて保形性を与えている。日本の場合、一般的に生クリームはしっかりしているので、ゼラチン混入の必要性はないようである。

サバイヨン　sabayon（仏）

▶ zabaione（伊・英）ザバイオーネ / Sabayon（独）ザバイヨーン

卵黄、砂糖、ワインなどで作るクリームの一種。イタリアのザバイオーネは卵黄、マルサラ酒かマデラ酒、砂糖、香料を混ぜて火にかけ、濃度をつけたもの。これがフランスに伝えられた。

通常ソース・サバイヨンとして温かいプディングにかけたり、他の生菓子類や果実類に添えたりするが、単独で供することもある。

サバイヨンの使用例

〈配合〉

卵黄	3個分
砂糖	40g
白ワイン	75mℓ
マデラ酒	75mℓ
レモン果皮	少々

〈製法〉

① 材料全部を一緒に混ぜる。
② 弱火にかけて泡立て、下から小さな気泡が上がってきたら火から降ろす。
③ 熱いうちにグラスに注ぐ。
注：マデラ酒の他、マルサラ酒、辛口ワインなどでも作る。またレモンの他、ヴァニラ、シナモンなどの香りづけもされる。

さ

サバイヨン・グラッセ

→グラス（型詰めにして凍結）

サフラン　safran（仏）

▶saffron（英）サフロン / Safran（独）ザフラン

泪夫藍の文字が当てられるサフランは、アヤメ科の一種で、この花のめしべを乾燥させて作るのが香辛料としてのサフランである。流通している形体としては、糸状のものと粉末状のものがある。用途としては、スペインのパエリャやイタリアのリゾットといった米料理、あるいはブイヤベースといったものの香味付け及び着色などに用いられる。

サブレ　sablé（仏）

▶shortbread（英）ショートブレッド

クッキーの一種。

サブレとはフランス語で「砂」を表すサーブルからきた言葉である。口に含むとボロボロと砂のようにくずれるもろさからこの名がついた、と伝えられている。これは通常のパート・シュクレよりバターと卵の量が多いためである。ノルマンディー地方が起源といわれている。

フランスの中部地方では、この菓子は「砕いた」という意味のブロワイエという名でも呼ばれている。

延ばし生地に限らず、絞り生地、アイスボックス生地等の手法で作られた、同様の口当たりの菓子にもサブレという名がつけられる。たとえば絞るという意味のポッシュの語をつけたサブレ・ポッシュは、絞り生地で作るサブレのことである。

■ サブレ・オ・ヴァニーユ　sablé au vanille

ヴァニラ風味のサブレ。

〈配合〉 40 枚分

バター	175g
粉糖	75g
卵白	10g
塩	少々
ヴァニラオイル	少々
薄力粉	250g
上塗り用卵白	少々
グラニュー糖	少々
仕上げ	
チョコレート	少々
ホワイトチョコレート	少々

〈製法〉

① ボウルに室温に戻したバターを入れ、粉糖を混ぜる。

② ①に卵白、塩、ヴァニラオイルを入れて混ぜる。

③ 薄力粉をふるって②に入れ、さっくりと混ぜる。

④ 打ち粉（分量外）をしながら、めん棒や板を使って四角に整形する。

⑤ ④をラップで包み、冷蔵庫で冷やし固める。

⑥ ⑤の表面に上塗り用卵白を塗ってグラニュー糖でまぶし、5mm の厚さに切る。

⑦ 140℃のオーブンで約 25 分焼く。

⑧ 仕上げ例・⑦が冷めたら、温度調節をした 2 種類のチョコレートをサブレの半分につける。

■ サブレ・オ・フロマージュ　sablé au fromage

延ばし生地のチーズ風味のサブレ。

サブレ・オ・フロマージュ

〈配合〉 直径 5cm　25 枚

バター	75g
砂糖	25g
卵	1 個分（約 50g）
卵黄	1 個（約 20g）
牛乳	10mℓ
薄力粉	150g
塩	0.5g
ベーキングパウダー	0.5g
粉末エダムチーズ	30g
上がけ用エダムチーズ	適量

〈製法〉

① バターを室温に戻し、砂糖をすり合わせる。

② 卵と卵黄を溶き、牛乳を加えて①と混ぜる。

③ 薄力粉、塩、ベーキングパウダーを合わせてふるい、粉末エダムチーズを混ぜる。

④ ②に③を混ぜ、生地をまとめて冷蔵庫で 1 ～ 2 時間休ませる。
⑤ 厚さ 3mm に延ばして型で抜き、テンパンに並べる。
⑥ すりおろしたエダムチーズを上からふりかけ、170℃のオーブンで 15 ～ 20 分焼く。

■ **サブレ・ディアマン　sablé diamant**

側面にグラニュー糖をまぶし、カットして焼くと、ダイヤモンドのように光るとしてこの名がつけられている。加える具次第でさまざまなものが作られる。ここではプレーンなもの、レーズン入り、ミックスフルーツの 3 種を紹介する。

〈配合〉 直径 4cm のもの各 15 枚

バター……150g
粉糖……80g
ヴァニラオイル……少々
薄力粉……200g
グラニュー糖……適量
ドレンドチェリー……10g
オレンジピール……10g
アンゼリカ……10g
レーズン……10g

〈製法〉

① 室温にもどしたバターをボウルに入れ、粉糖を加えて混ぜる。
② ①にヴァニラオイルを加え、ふるった薄力粉を混ぜる。
③ プレーンなもの：②の生地の 1/3 量をまとめて丸め、直径 3cm ほどの棒状にし、グラニュー糖の上でころがした後、紙で巻いて冷蔵庫で 1 ～ 2 時間冷やし固める。
④ ミックスフルーツ入り：ドレンドチェリー、オレンジピール、アンゼリカを刻んで②の生地の 1/3 量に混ぜ、あとはプレーンなものと同様にする。
⑤ レーズン入り：②の残りの生地に刻んだレーズンを混ぜ、あとはプレーンなものと同様にする。
⑥ ③～⑤を 7mm 幅に切り、テンパンに並べて 180℃のオーブンで 15 ～ 20 分焼く。

■ **サブレ・ナンテ　sablé nantais**

フランスのナント地方の銘菓として知られるサブレ。

→ナンテ

■ **サブレ・ポッシュ　sablé poche**

絞り生地のサブレ。

〈配合〉

バター……150g
粉糖……150g
粉末アーモンド……150g
卵……2 個（約 100g）
ヴァニラオイル……少々
薄力粉……150g
ドレンドチェリー、レーズン等……適量

〈製法〉

① バターを室温に戻し、粉糖をすり合わせる。
② 粉末アーモンドを混ぜる。
③ ②に卵を数回に分けて加え混ぜる。
④ ヴァニラオイルを混ぜる。
⑤ 薄力粉をふるって④に混ぜ、星口金をつけた絞り袋に詰めて、ローゼット型に絞り、ドレンドチェリー、レーズン等好みのフルーツをのせる。
⑥ 200℃のオーブンで約 10 ～ 15 分焼く。

サブレ・ポッシュ

ザペカネー・パラチンキ　zapekané palačinky（チェコ・スロバキア）

チェコやスロバキアで親しまれている、風味のあるデザート菓子。パラチンキとはクレープまたはパンケーキのことである。

レモン、レーズンなどを加えたカッテージチーズをクレープで焼き、ムラングを塗って焼き色をつける。ブランデーをかけて火をつけ、炎を燃え上がらせる演出も行われる。

〈配合〉

クレープ

全卵……2 個
牛乳……500mℓ
小麦粉……200g

フィリング
カッテージチーズ…………………………200g
卵黄……………………………………2個分
砂糖……………………………………150g
レモン果皮のすりおろし……………1個分
レーズン………………………………40g
セモリナ粉……………………………20g
オレンジキュラソー…………………15mℓ
ヴァニラ………………………………少々
ムラング
卵白……………………………………1個分
砂糖……………………………………10g

〈製法〉

① 全卵、牛乳、小麦粉を泡立てないように混ぜ、クレープを焼く。
② カッテージチーズ、卵黄、砂糖、レモン果皮のすりおろし、レーズン、セモリナ粉、オレンジキュラソー、ヴァニラを混ぜてフィリングを作り、クレープで包む。
③ 卵白に砂糖を加えて泡立て、ムラングを作って全体に塗り、強火のオーブンで焼く。
④ 上から粉糖を振って供する。

サムセクキョンダン（韓国）

韓国の菓子。日本語に訳すと三色団子の意味。文字通り三つの彩りをもって作るものだが、五つの味覚や彩りで作れば五色団子で、オセクキョンダンとなる。彩りとするものは自由で、好みをもってなされる。ここでは例として桜のフレークを使ったピンクと、スポンジケーキの裏ごしをまぶした黄色、すりおろした黒ゴマを使った黒の三色を紹介する。ちなみに五色にする場合はシナモンやココアパウダーをまぶして茶色、栗の粉をまぶす薄黄色などを加えれば五色になり、また白ゴマをからめて白色、梅シソを刻んでまぶして赤紫等々、アレンジ次第でさまざまな色の団子を作ることができる。

〈配合〉 約30個分

団子
もち米粉………………………………200g
米粉……………………………………50g
塩………………………………………2g
グラニュー糖…………………………25g
ぬるま湯………………………………150mℓ
まぶし粉
桜のフレークとグラニュー糖…………適量
ふるいにかけたスポンジケーキ………適量
黒ゴマとグラニュー糖…………………適量

〈製法〉

① もち米粉、米粉、塩、グラニュー糖をよくすり合わせる。
② ①にぬるま湯を少しずつ、様子をみながら加えて、耳たぶほどの柔らかさにする。
③ よくこねた②を10g位ずつ丸める。
④ 鍋にたっぷりの水を入れ、沸騰したら塩（分量外）を少し加えて団子を入れる。浮き上がってきたら少量（100mℓ位）の水を加えて再度沸騰させ、再び浮き上がってきたら取り出す。
⑤ 氷水で充分冷やして水気を切る。
⑥ ⑤にまぶし粉をそれぞれまぶす。

サモサ　samosa（印）

野菜や肉を使ったインドの有名な菓子的料理。

練った小麦粉の生地でカレー煮にした肉や野菜をくるみ、三角形にして揚げたもの。

中身によってキーマー・サモサ（挽き肉のサモサ）、アルー・マター・サモサ（じゃがいもとグリンピースのサモサ）などいろいろな種類のものがある。

サラダ

▶ salad（英）サラード / salade（仏）サラード / Salat（独）ザラート

レタス、トマトなどの生野菜または肉、魚などを加え、ソースであえた料理。

仕出し料理の中の一品として、フランスの菓子店でも手がける。

サラダあぶら　―油

▶ salad oil（英）サラード・オイル / huile de salade（仏）ユイル・ド・サラード / Salatöl（独）ザラートエール

野菜サラダに振りかける油。塩、胡椒、酢などと混ぜてドレッシングを作るときに用いる。フランスやイタリアなどでは、オリーヴオイルが最上級とされている。しかしこれは高価なので、通常は綿実油、ピーナッツ油、ごま油、大豆油などを精製したものを使用している。日本では2～3種の油を混合したものが多い。

製菓面では、スポンジ生地に混ぜ込んで挽き上げたりする。また飴やヌガーなど煮詰めた糖液状のものを扱うときには、付着防止上、器具やマーブル台に塗るために欠かすことができない。

サラード･ド･フリュイ salade de fruits（仏）
▶fruits salad（英）フルーツ・サラード／
Fruchtsalat（独）フルフトザラート、Obstsalat（独）オープストザラート

生のもの、缶詰のものも含め、いろいろな果実を混ぜたデザート。シロップやリキュールに浸したり、振りかけたりする果物のサラダである。

ザラビア zalabia（アラブ圏）

アラブの菓子。

小麦粉を水で練って適宜な大きさに切り、平らにして熱した油で揚げ、シロップに漬ける。

サランボー salammbô（仏）

シュー菓子のヴァリエーションの一つ。サランボーとは古代カルタゴを描いたフロベールの歴史小説「サランボー」の主人公の名前である。

やや楕円形またはエクレール型に焼いたシューにクレーム・パティシエール（カスタードクリーム）を詰め、上面に煮詰めた糖液をつける。カラメル化した糖液の香ばしさと、飴特有のカリッとした歯ざわりは、中に詰めたクリームのやわらかさと相まって、不思議な食感を与える。クリームには好みの洋酒やヴァニラ等を混ぜてもよい。

→シュー
→クリーム

サリー･ラン Sally Lunn（英）

レモンやナツメグで味つけした発酵種の菓子。

8世紀ごろ、南イングランドのバスという町で初めて作られたという。呼称の由来は、考案者がサリー・ランという製菓人であったという説がある。

バスの町の発展とともに広く知られていったといわれる。

〈配合〉

牛乳……………………………… 570mℓ
砂糖……………………………… 15 ＋ 140g
イースト………………………… 43g
強力粉…………………………… 115 ＋ 1135g
バター…………………………… 140g
全卵……………………………… 140g
レモン果皮……………………… 1個分
粉末ナツメグ…………………… 少々

〈製法〉

① 人肌に温めた牛乳でイーストをとき、砂糖15g、強力粉115gを入れて発酵させる。
② バターと強力粉1135gをすり合わせる。
③ 卵、砂糖140g、レモン果皮、粉末ナツメグを②に混ぜ、①の種と合わせて、やわらかくなりすぎないように注意しながら生地をまとめる。
④ 発酵させたのち、一度ガス抜きし、さらに発酵させて230gくらいずつに分割する。
⑤ 再度発酵させ、丸めて型に収める。
⑥ 表面に卵（分量外）を塗り、発酵させて220℃のオーブンで焼く。横にスライスし、バターやジャム、蜂蜜等をつけて食べる。トーストしてもよい。

サルシッチャ･アッラ･トゥルカ salsiccia alla turca（伊）

「トルコ風ソーセージ」という意味のイタリアの菓子。切り口がサラミソーセージを思わせるところからの命名という。ビスケットを砕き、砂糖、バター、卵、オレンジリキュール、ココアパウダーなどを手で混ぜ、丸い棒状にまとめて、全体をココアパウダーでまぶし、アルミホイルで包む。これを冷蔵庫で冷やし固め、適宜な幅で切り分ける。

ザルツシュタンゲン Salzstangen（オーストリア）

オーストリアおよびドイツ語圏で親しまれているパンの一種。ザルツは塩、シュタンゲンは棒の意味で、白い生地を薄く延ばしてロール状に巻き細長く整形し、表面には名前にあるごとく岩塩をまぶすが、時にその岩塩にキャラウェイシードやアニシード等を混ぜるものもある。

ザルツタイク Salzteig（独）

塩味の発酵生地またはフイユタージュのこと。

ザルツブルガー･トルテ Salzburger Torte（オーストリア）

オーストリアで好まれているホワイトチョコレートのケーキ。

命名にちなむザルツブルクは風光明媚な街で、遠くにはヨーロッパの屋根といわれるアルプスが見える。そのような景色を菓子に託し、白いケーキに仕上げている。

全体を細かく削ったホワイトチョコレートで覆う。台はジェノワーズを薄く切って、ホワイ

トチョコレートのガナッシュを塗ってはさむ。

ザルツブルガー・トルテ

〈配合〉
ジェノワーズ
　卵黄……………………………………3個分
　砂糖………………………………80＋130g
　卵白……………………………………3個分
　小麦粉…………………………………135g
　コーンスターチ…………………………15g
　溶かしバター……………………………45g
　グランマルニエ入りシロップ…………適量
ガナッシュ・ブランシュ
　ホワイトチョコレート…………………120g
　生クリーム……………………………180mℓ
　グランマルニエ…………………………20mℓ
仕上げ用
　ホワイトチョコレートのコポー………適量
〈製法〉
① 卵黄に砂糖80gを入れて泡立てる。
② 卵白に砂糖130gを入れて泡立て、ムラングを作り、①と合わせる。
③ 小麦粉、コーンスターチを混ぜ、溶かしバターを混ぜ、型に流して焼く。
④ 4枚に切り、それぞれにグランマルニエ入りシロップを打つ。
⑤ 生クリームを沸騰させて火から降ろし、刻んだホワイトチョコレートを入れ、ガナッシュ・ブランシュを作り、グランマルニエで風味をつける。
⑥ ガナッシュ・ブランシュを各段に塗って重ね、全体にもこれを塗る。
⑦ 周りに波形カードで筋をつける。
⑧ 上面にコポーを振りかける。

ザルツブルガー・ノッケル　Sarzburger-Nockerl（オーストリア）

ザルツブルクの山々に見立てた、オーストリアのスフレタイプのデザート菓子。
〈配合〉幅17cm×長さ23cm×高さ4.5cmの深皿1枚分
ミルクソース
　牛乳……………………………………200mℓ
　砂糖………………………………………30g
　バター……………………………………20g
スフレ生地
　卵白…………………………4個分（約120g）
　砂糖………………………………………80g
　レモン果汁…………………………1/3個分
　レモン果皮すりおろし………………1個分
　卵黄…………………………4個分（約80g）
　薄力粉……………………………………20g
　ヴァニラエッセンス……………………少々
フランボワーズソース
　フランボワーズ…………………………250g
　砂糖………………………………………80g
　水…………………………………………50mℓ
　コーンスターチ……………………………8g
仕上げ
　粉糖………………………………………適量

ザルツブルガー・ノッケル

〈製法〉
ミルクソース
　鍋に牛乳、砂糖、バターを入れて沸騰させ、深皿に流す。
スフレ生地
① 卵白に砂糖を3回に分けて加えながら泡立てて、しっかりしたメレンゲを作る。
② ①にレモン果汁と果皮を混ぜ、卵黄を加えて混ぜる。
③ 薄力粉をふるって②にさっと混ぜ、ヴァニラエッセンスも加える。

④ ミルクソースを流した皿に③を山を4つ作るように盛る。
⑤ ④を200℃のオーブンで約15分焼く。

フランボワーズソース

① 鍋にフランボワーズと砂糖を入れて、火にかける。
② 水とコーンスターチを混ぜ、①に加えて混ぜ、沸騰させる。

仕上げ

焼きたてのスフレ生地に粉糖をふり、フランボワーズソースを添えて供する。

サロン・ド・テ　salon de thé（仏）

紅茶、コーヒー、自家製菓子、およびサンドウィッチやクロック・ムッシューなどの軽食を供する場所。

→カフェ
→喫茶

サワークリーム　sour cream（英）

▶ crème aigre（仏）クレーム・エーグル / saure Sahne（独）ザオレ・ザーネ、Sauerrahm（独）ザオアーラーム

サワーとは「酸っぱい」あるいは「酸敗した」という意味で、酸味の効いたさわやかな風味を持ったクリーム。生クリームに乳酸菌を加えて発酵させるもので、でき上がりの状態はペースト状を呈している。いわばヨーグルトの一種といえる。これは生クリームを母体とするが、ヨーグルトは牛乳や脱脂乳に乳酸菌を加えて作る発酵乳である。なお、日本の法ではヨーグルトは「発酵乳」、サワークリームは「乳等を主原料とする食品」として区別されている。発酵乳とは、乳等省令の定めにより無脂乳固形分8%以上で、乳酸菌数1mℓ中1000万以上と定められている一方、サワークリームは無脂乳固形分は4%ほどゆえ、発酵乳の規定からははずれる。

用途としては、各種料理の他、製菓面ではチーズケーキや各種のムース類をはじめ、パウンドケーキのような焼き菓子類、アイスクリームやシャーベットといった冷菓・氷菓等々、さまざまなデザート類に幅広く用いられている。

→乳製品

さんかくカード　三角―

▶ peigne à décor trois côtés（仏）ペーニュ・ア・デコル・トロワ・コーテ / Zackenschaber（独）ツァッケンシャーバー

三角形の薄い板状の道具で、三つの縁にそれぞれ幅の違うギザギザの歯がついている。菓子の表面に塗ったクリームに筋をつけて飾ることなどに利用する。プラスチック製とステンレス製のものがある。

さんかくべら　三角―

▶ palette triangle（仏）パレット・トリアングル / putty knife（英）パティ・ナイフ / Spachtel（独）シュパハテル

ステンレスや鉄で作られた三角形のへらで、テンパンや作業台、マーブル台等についた生地などを削りとる道具。三角パレットとも呼ぶ。比較的力を入れる作業に使うことが多いため、金属の根元が柄の中まで入っている丈夫なものがよい。あるいは衛生面から見ると汚れが入り込まないようなすべてが一体となっているものが望ましい。

サンガプール　singapour（仏）

シンガポールのフランス語読み。パイナップルを使う伝統的なアントルメ。ジェノワーズをベースにし、上面や間にパイナップルを豊富に使い、全体をアプリコットジャムで覆う。シンガポールはパイナップルの産地として名高いことによる命名。

〈製法〉

① ジェノワーズを2枚に切る。
② それぞれにキルシュ入りシロップを打つ。
③ パイナップルのシロップ煮を刻んで間にはさむ。
④ 全体をゆるめたアプリコットジャムで覆う。
⑤ パイナップル、チェリー、アンゼリカ等で飾る。

サンガプール

さんかぼうしざい　酸化防止剤

酸化による食品の劣化を防ぎ、食品の安定を保つための食品添加物。酸化に抗うということで、抗酸化剤とも呼ばれている。食品が空気中の酸素に触れると酸化が進む。また酸化酵素が働いても同じく酸化は進行する。酸化すると、視覚的には変色したり、また脂質が変化して香味が著しく劣化し、時には毒性物質が生じたりもする。特に脂質にあっては不飽和度の高いものほど酸化が進みやすく、そのため、たとえば大豆油や魚油などは要注意となる。その他、脂溶性のビタミンAと水溶性のビタミンCがことのほか酸化しやすい。これらの進行に抗うものが酸化防止剤だが、各国それぞれに基準が定められている。日本では多くの場合、抽出トコフェロールと呼ばれるビタミンEが使われる。対象物としてはバターや油脂類、及びそれらを使用した製品、魚介類等がある。またビタミンCも変色を防ぐという意味では、代表的な酸化防止剤といえる。その他では、同じような働きをするクエン酸やリン酸塩なども酸化防止剤のひとつとして利用されている。

サングイナッチョ・ナポレターノ　sanguinaccio napoletano（伊）

チョコレートのような色とどろっとした食感の菓子。サングイナッチョはナポリ特産の腸詰め。

豚の新鮮な血、ミルク、砂糖、チョコレート、バター、シナモン、片栗粉などを混ぜて湯煎にかけて作る。中に刻んだ果物の砂糖漬けを入れることもある。

ザンクト・ガラー・ビーバーリ　Sankt Galler Biberli（スイス）

スイス東部にある、著名なザンクト・ガレン修道院が建つ町のクリスマス菓子。

白いマルツィパンローマッセを黒っぽいレープクーヘンの生地で巻き、三角形に小切りにして焼く。表面にはデキストリンを塗る。巻いた形が、聖書である巻き物を表しているといわれる。

〈配合〉

蜂蜜……1250g
砂糖……500g
強力粉……925g
薄力粉……925g
クローヴ……8g
アニス……25g
ピメント……2.5g
コリアンダー……2.5g
アンモニア……25g
マルツィパンローマッセ……300g
キルシュ……40mℓ

仕上げ

デキストリン……適量

〈製法〉

① 蜂蜜と砂糖を火にかけて80℃まで熱し、冷まして1日おく。
② これに強力粉、薄力粉を加え、クローヴ、アニス、ピメント、コリアンダー、アンモニアを加えてレープクーヘンの生地を作る。
③ 生地を薄く延ばす。
④ マルツィパンローマッセにキルシュを加えてこね、細い棒状にし、レープクーヘン生地の上にのせて巻く。
⑤ 三角形に小切りにして焼く。
⑥ 表面にデキストリンを塗る。

ザンクト・ガラー・ビーバーリ

サン・セバスティアン　saint-sébastien（仏）

一口チョコレート菓子。緑色のマジパンで棒状のフィリングを包み、チョコレートで被覆する。まん丸の切り口に鮮やかな緑色が出る。名称の由来はサン・セバスティアンの入り江がまん丸であるため、その見た目からきているともいわれている。

〈配合〉

プラリネ……300g
カカオバター……50g
マジパン……400g
緑の色素……少々
シロップ……適量
ピスタチオ……適量

チョコレート…………………………… 適量

〈製法〉

① カカオバターを溶かし、プラリネを混ぜる。
② 冷めたら丸口金で棒状に絞り、固める。
③ マジパンに少量の水で溶いた緑の色素を混ぜてもみ、厚さ 2mm に延ばす。
④ 表面にシロップを塗り、②をのせて包み込む。
⑤ 溶かしたチョコレートで被覆し、上面にチョコレートで細い線描きをする。
⑥ 刻んだピスタチオを振りかけ、両端を切り落とし、適宜な長さに切り分ける。

サン・セバスティアン

サンデー sundae（米）

アイスクリームにチョコレートやシロップをかけたり、フルーツやクリームを添えたアメリカ発のデザート菓子。起源は諸説あり、各地が自らをその発祥の地と自称している。例えばウィスコンシン州のトゥーリバーズでは、1881年にエド・バーナーズというアイスクリーム店主が、当時日曜日にクリームソーダを売ることが禁じられていたため、その代わりにチョコレートソースをかけたアイスクリームを売ったのが始まりとの説がある。また、同州のマニトワックという町でも同じくアイスクリーム店主のジョージ・ギフィーが、日曜日だけこうしたものを売り出したところ好評で、ある少女の希望により毎日売るようになったという説もある。綴りについては、書き間違え説の他に、安息日の日曜と同じことを避け、あえて sundae としたとも。また他説では、ニューヨーク州のイサカで 1892 年 4 月 3 日にユニテリアン派のジョン・M・スコットという牧師と、プラット＆コルト薬局の店主チェスター・C・プラットが、アイスクリームにチェリーシロップをかけ、シロップ漬けチェリーを飾り、その日が日曜だったためにサンデーと名付けたという。なお同年 4 月 5 日のイサカ・デイリー・ジャーナルにチェリーサンデーの広告があり、これが活字にされたサンデーの最古の記録とされている。その他では、1890 年にイリノイ州のエヴァンストン説があり、同地では宗教上の理由から日曜日にソーダ水を売ることを禁じる条例があったが、エヴァンストンのドラッグストアや菓子店ではアイスクリームにシロップをかけただけのソーダ抜きのソーダを、サンデーソーダと名打って販売した。しかしながら市民から安息日と同じ名称に反対意見が出て、綴りを変えたというもの。

サンデーはその後各種のフルーツやホイップクリームが盛られるなどどんどん進化し、今に至っている。なお同じようなものでも、横に広くせず、背の高いグラスに盛られたものはパフェと呼ばれている。

→パフェ

サンデッシュ sandesh（印）

インドで好まれている菓子。

パニールと呼ばれる、ミルクから作ったカッテージチーズの一種に、砂糖を混ぜて溶かし、平らに流して固めたもの。

アーモンドやピスタチオなどのナッツを混ぜて、好みの形に抜く。軽い口当たりで、彩りが美しい。この菓子は頭の働きをよくすると信じられ、試験のシーズンには飛ぶように売れる。揚げたものをチャムチャムという。

サンドウィッチ sandwich（英）

薄く切ったパンの間に具をはさんだ軽食。

イギリスのケント州の町、サンドウィッチの第四代目の領主ジョン・モンタギュ・サンドウィッチ伯爵（1718-1792）の考案によるもの。

彼は無類のカード好きで、なんとかゲームを中断することなく食事ができないものかと考え、ナイフもフォークも使わず、手もそれほど汚さずに口に運べるこの調理法を思いつき、召使に作らせて食べていたという。最初は薄切りのローストビーフやハムをはさんでいたが、そのうちにいろいろなものをはさむようになっていった。

フランスでは外来語をそのまま用い、オードヴル用の小さなものやバゲットにハムやゆで卵、野菜などをはさんだサンドウィッチ・ジャンボンが軽食として親しまれている。

北欧には、1 枚のパンの上にさまざまな具をのせたオープン・サンドウィッチがある。カナッペもこの類である。

サンドウィッチ·ジャンボン　sandwich jambon（仏）

バゲットなどの細長いフランスパンにハムをはさんだサンドウィッチ。フランスの代表的な軽食。

パンに切り目を入れ、バターを塗り、サラダ菜、薄切りにしたゆで卵、ロースハム、トマト、チーズ等をはさむ。

さ

サンドウィッチ·シュルプリーズ　sandwich surprise（仏）

ライ麦製のパン・ド・カンパーニュの中身をくり抜いて仕立てるサンドウィッチ。パーティー用によく作られる。

〈製法〉

① パン・ド・カンパーニュの皮の上下を切り離し、中身をそのままくりぬいて取り出す。上の皮は蓋に、下は底にし、周囲の皮はケースにする。
② 中身のパンを薄切りにし、バターを塗る。
③ ハム、サラミ、トマト、サラダ菜等をはさんでサンドウィッチを作る。
④ 重ねて6～8等分に切り、底を敷いたパンのケースの中に再び収める。
⑤ 蓋をかぶせ、リボンで結んで飾る。

サン·トゥーリス　Saint Eurice（仏）

フランスのいくつかの町で、オブライユール oblayeurs と呼ばれるウーブリ（巻きせんべい）を焼く職人が選んだ、自らの職業の守護聖人。祝日は11月27日。ちなみにウーリスとは、小麦を意味するギリシア語に由来し、オブライユールたちが自らの職業のパトロンに選んだのもそうしたところに起因したものと思われる。なお、サン・トゥーリスは542年頃フランスのペリグー地方の貧しい家庭に生まれて、ほどなく修道院に売られ、後に司祭になった。祈りと孤独を旨とした修道者として知られている。

ザントクーヘン　Sandkuchen（独）

バターケーキの一種で、ドイツ語でパウンドケーキのこと。

→パウンドケーキ

ザントシュトライフェン　Sandstreifen（オランダ）

オランダのサブレ。

さっくりとした味わいの絞り生地の一種で、お茶うけの菓子として親しまれている。

〈配合〉

バター……100g
ショートニング……25g
砂糖……100g
牛乳……30mℓ
食塩……少々
ヴァニラ……少々
小麦粉……175g
コーンスターチ……15g
ベーキングパウダー……少々
チョコレート……適量

〈製法〉

① バターとショートニングをよく混ぜる。
② ①に砂糖と食塩を加えてすり合わせる。
③ 牛乳とヴァニラを加えて混ぜる。
④ 小麦粉、コーンスターチ、ベーキングパウダーを一緒にしてふるい、③に加えて混ぜる。
⑤ 星型口金で4～5cmの長さに絞る。
⑥ 180℃のオーブンで焼く。
⑦ 冷えてから溶かしたチョコレートを細く絞って飾る。

サン·トノレ　Saint-Honoré（仏）

聖オノーレ。製パン職人及びパン屋の守護聖人。祝日は5月16日。フランスのピカルディ地方ソンム県のアミアンの司教。聖人伝説によれば、当時の名家とされるポンティユ伯爵家に生まれ、幼い頃から断食をするなどして自らを律していたという。パン作りを職業としていた彼は、554年に死去したアミアンの司教から自分の跡を継ぐように指名されていたが、謙虚な彼は固辞していた。が、ある時、神秘的な香油によって際だった神の光が天から送られ、彼は聖別させられた。この時たまたまパンを焼いていた彼の乳母は、そのことを目のあたりにし、あまりのことに驚き、パン焼きのヘラを足元に落としてしまった。するとそれはそのまま地中に入り、そして芽を吹き、たちまち育って枝が伸び、みるみるうちに木の葉や花に被われたという。

後、1536年、製パン職人たちが寄進した大ステンドグラスがコルブレ神父によってポントドメールのサントゥアン Saint-Ouen 教会に掲げられたが、そこにはその情景が描写されている。そしてそこではオノーレが腰と頭を白い布で被った裸の姿で描かれ、パン焼きのヘラは炎と対峙するように、無数の花を咲かせた小灌木となっている。

このことはまた、1877年に刊行したヴィクトル・ボヴィルによっても裏付けられている。それは14世紀の文献より引用した資料に基づくものだが、そこにはラテン語による次のような記述がある。オノーレは成人すると、神職という慈善事業とパン作りの仕事に没頭していた。この仕事はフルニエ fournier、すなわちパン焼き屋と呼ばれていた。彼はあらゆる誘惑に目もくれず、名誉を望まず常に断食を行うなど信仰に厚く、徹夜仕事もいとわず、自らの体を自らの魂の奉仕者としていた。また宗教上の実践にこだわりながら、神と隣人に対する愛の炎を燃やし、生活の糧とするパン作りの仕事を通し、この手によって生み出すものをもって隣人を助けつつ、心安らぐ犠牲を神に捧げた。

パン作りという職業を通してのオノーレの信仰は、アミアンからコルビ・ソワソン、サン・ヴァレリ、ノワイヨン・ナミュール、そしてパリへと流れるごとく広まっていった。以上のことから彼は今日花屋及びパン屋、製パン職人の守護聖人とされている。またパン屋はお菓子も手がけることから、菓子職人の守護も兼ねているといわれている。

なお同名を付したフランス菓子もある。

飴がけした小さなシューをリング状に並べ、クレーム・サン・トノレと呼ぶやわらかいクリームを中に絞り込んだもの。

1840年ごろ、パリのサン・トノレ通り（現在とは異なる）にあった菓子店のシェフ、シブーストがやわらかいクリームを用いた独特の菓子を作り、これが評判となって、その通りの名称がこの菓子の呼び名となった。

この菓子に使うクリームは、クレーム・サン・トノレ、また考案者の名をとってクレーム・シブーストと呼ばれている。

現在のサン・トノレは、フイユタージュの周囲に小さなシューをリング状に並べているが、考案者のシブーストはスイスのフランをヒントにしたといわれ、当時、リング状に並べたのは手で丸め、発酵させて焼いたブリオッシュであったという。

〈製法〉

① フイユタージュを薄く延ばし、円形に切る。
② この縁に沿って、丸口金でシュー種をぐるりと絞り重ね、表面に卵黄を塗って焼く。
③ 小さなシューを焼き、その上部の表面に、145℃に煮詰めた糖液をつける。さらに同じ糖液を接着剤として、②のシュー生地の上にぐるりと並べる。
④ 内側にヴァニラ入りのカスタードクリームを絞り込む。
⑤ その上からクレーム・サン・トノレを山形に絞って飾る。

注：小型は小さなシューを3個つける。

→クリーム（クレーム・サン・トノレ）
→シュー

サン・トノレ

サン・トベール　Saint Aubert（仏）

ベルギーの製パン職人たちが選んだ、自らの職業の守護聖人。祝日は12月13日。

7世紀のカンブレの司教で、669年または670年に死去したといわれている。伝承によると、彼が焼いたパンをロバが自分で街に運び、売りにいったという。そしてその代金で施しを行い、数々の修道院を建てることに役立てたと伝えられる。そうした逸話により、製パン職人たちは彼を自分たちの守護聖人に戴いたという。

ザントマッセ　Sandmasse（独）

バター入りスポンジ種。ヴィーナーマッセともいう。

重いタイプと軽いタイプの2種類あり、重いタイプのものはバター、砂糖、卵をよく泡立て、小麦粉を混ぜて作る。軽いタイプのものは、卵と砂糖をよく泡立て、小麦粉を加えてから、熱い溶かしバターを加える。

→ヴィーナーマッセ

サンブーサク　sambusak（トルコ）

薄く延ばした練り粉生地で作る菓子で、ミルフイユに似たバクラヴァの一種。

→バクラヴァ

サン・マケール・ル・ジュヌ　Saint Macaire le Jeune（仏）

パティシエたちによって選ばれた、その職業の守護聖人。祝日は1月2日。

エジプトのアレクサンドリアの聖者で、若いという意味のル・ジュヌの語がついているのは、兄のサン・マケール・デジプト Saint Macaire d'Égypte との区別のためと思われる。アレクサンドリアの町で、パティスリーや甘味菓子、果実などを売って生活をしていたという。その後、40歳の頃修道院に入り、エジプト各地の修道院で暮らした。そして動物たちと心が通じるようになったという。

伝承によると、信仰上の理由によって、自らの魂の罪をあがなおうと、食欲を節すべく、薄く切ったパンを鐘形をしたテラコッタ製のガラス器に入れ、指で取れる分だけを口にすることを思いついた。こうして3年を過ごした。それは一日に5オンスのパンがせいぜいであったという。この克己と恵みへの感謝の精神をもち、彼はアレクサンドリアのマケールと呼ばれて、ブランジェ（製パン職人）、オブライユール（ウーブリ職人）、パティシエ、ロティスール（焼き肉担当製菓人）、そして今日いうところのパティシエ（製菓人）の同業組合の守護聖人とされるに至った。

サン・マルク　Saint-Marc（仏）

聖マルコの名をつけたアントルメ。名称の由来については不詳。

粉末アーモンド入りのビスキュイにヴァニラとチョコレートの2種の生クリームをはさみ、上面をキャラメリゼ（砂糖を熱したこてで焼くこと）して仕上げる。ややかためのビスキュイとやわらかいクリームの口当たりの対比、及びキャラメリゼの香ばしさを特徴とする。

〈ビスキュイの配合と製法〉

粉末アーモンド……85g
粉糖……70＋20g
全卵……135g
小麦粉……25g
バター……20g
卵白……65g

① 粉末アーモンドと粉糖70gを混ぜてふるい、卵に混ぜて充分泡立てる。
② 卵白を泡立て、粉糖20gを加えてムラングを作る。
③ ①に②の半量を混ぜる。
④ ふるった小麦粉を加える。
⑤ 残りの②を加え合わせる。
⑥ 溶かしたバターを加える。
⑦ テンパンに厚さ5mmに流し、190℃のオーブンで約15分間焼く。

〈パータ・ボンブの配合と製法〉

卵黄……2個分
ボーメ30度のシロップ
（砂糖30g、水22mℓで沸騰させる）…50mℓ

① 卵黄を湯煎にかけながら、少しずつシロップを加える。
② 充分泡立ったら火から降ろす。

〈クリームの配合と製法〉

生クリーム……450mℓ
ヴァニラシュガー……15g
ビターチョコレート……10g
砂糖……15g

① 生クリーム225mℓにヴァニラシュガーを加えて泡立て、白いクリームを作る。
② ビターチョコレートを湯煎で溶かし、残りの生クリームを少しずつ加えて泡立てる。最後に砂糖を加え、黒いクリームを作る。

サン・マルク

〈仕上げ〉

① ビスキュイを2枚用意し、1枚の上にパータ・ボンブを塗って、オーブンで乾かす。
② パータ・ボンブを塗った上にグラニュー糖をまぶし、熱したこてで焼く。

③ もう1枚のビスキュイの上に黒いクリームを塗り、その上に白いクリームを塗り重ねる。
④ ②のキャラメリゼしたビスキュイをのせ、冷まして固める。
⑤ 適宜な大きさに切る。

サン・ミッシェル Saint-Michel（仏）

フランスの菓子職人の守護聖人。フランスの製菓人協会の名にもなっている。

サン・ミッシェルは、大天使の長、聖ミカエルのフランス語読みで、常に悪を打ち破る勇者である。古今の絵画などにもしばしばあらわれ、多くは若く清らかな美青年として描かれ、天使の象徴の翼を持ち、甲冑に身を固めた勇ましい騎士の姿をしている。そして剣をつけ､槍を持って悪の象徴である醜い怪物を踏みつけている。一方の手には、善霊と悪霊とを計り分けるための天びん秤を持っている。

13世紀ごろに菓子屋の同業組合がサン・ミッシェルを自らの職業の守護聖人と定め、その祝日を9月29日とした。当時の製菓人たちは、この日行列をつらね、彼らの守護聖人を祭るバルテルミー教会に繰り出す習慣を持っていた。ある者は天使に、ある者は悪魔に扮し、行列の中央には大きな秤を持ったサン・ミッシェルがいる。しかし、毎年大混乱を起こすため、ついに1636年、パリの大司教によって、この行列は禁止されてしまった。

サン・ミッシェルの祝日である9月29日は、かつて農業に従事する人たちが出来高の査定を受け、賃金の支払いを受けとる日であった。彼らにとっては最も大事な日である。一方菓子の原点は小麦と計量であり、菓子はこうしたものを踏まえた上での農産物の加工品である。つまりサン・ミッシェルは農業に関する守護が発展し、その農業に結びつく菓子屋の守護聖人となるに至ったというわけである。

現在パリにある製菓人相互扶助協会も、これらの背景にもとづいて、名称は「サン･ミッシェルフランス製菓人協会（La société des pâtissiers français “La Saint-Michel”）としている｡1868年、職業紹介所のあり方とその方針に不満をいだいた製菓人たちが結集し、相互扶助の精神を基盤に製菓業の発展と繁栄を目標にして団結し、職業団体を作り、サン・ミッシェル協会を興した。そして当時の皇帝ナポレオン三世の承認を得、パトロン（雇用主)、製菓人および従業員の区別なく、400人が入会して発足をみた。

以来この協会には、パリのほとんどの菓子店主、従業者が会員となり、会員相互の扶助と業界のレベル向上に寄与し、名実ともに製菓業を代表する団体に成長していった。

サン・ミッシェル協会のマーク

さんみりょう 酸味料

菓子や料理等さまざまな食品に酸味を与えるもの。食品衛生法ではいくつか定められているが、比較的頻度高く菓子に使われるものはクエン酸、酒石酸等がある。クエン酸は、フルーツや野菜に多く含まれる有機酸の一種で、特にレモン、オレンジといった柑橘類やいちごなどに感じる酸味の主成分。口当たりもさわやかで清涼感があるため、キャンディーやゼリー類、多くの清涼飲料水等に用いられている。

酒石酸は酸味のあるフルーツに含まれる有機酸で、特にぶどうに多く含まれている。クエン酸に比べると、少々渋味が加味されるが、同種のものといっていい。使い道についても同様でキャンディーやジュースの類に利用されている。

その他、重酒石酸カリウム、りんご酸、乳酸、リン酸、あるいは穀類や糖類を発酵させて作る酢なども、酸味料として、折々に応じて用いられている。

→重酒石酸カリウム

サン・ルイ Saint Louis（仏）

製菓人の同業組合から選ばれた、その職業の守護聖人のひとり。祝日は8月25日。恐らくパティシエを含めたあらゆる職業に対して横暴を極めていた憲兵隊が、彼によって厳しく制せられたことによると思われる。

ルイ9世は1258年に止めさせていたはずの権力の濫用の元となる憲兵隊を心ならずも抱えていたが、その隊長に裕福なブルジョワのシャルル・ボワロを任命した。ボワロはそれまで明らかにされていなかった各同業組合の組織立てや習慣、あるいはそれらの職業の手法等の成文化を行った。そのガイドラインは、今もシャルトルの古文書館に保管されている。著名な「職業の書」は、こうしてでき上がった。なお、同書の大部分は、同業組合の仕事内容における習慣についての記述であるが、その詳細は語られていない。

ルイ9世は死後、サン・ルイ（聖ルイ）の名をもって聖人に叙列された。

サン・ローラン　Saint Laurent（仏）

ローマ皇帝によって処刑された殉教者。パティシエ・ロティスールと呼ばれる焼肉担当製菓人の職業の守護聖人に選ばれている。祝日は8月10日。

焼き網の上に身体を横たえた彼は、獄吏に向かってこう言ったという。「私の身体の半分は焼けた。もう半分を焼くために身体の向きを変えてくれ。そして焼き上がったらそれを食べるがよい」と。

1850年にシャリルで、15世紀の鉛板が発見されたが、そこには右手にグリルを左手に本を持った、光臨に輝くサン・ローランがあらわされている。そして足元には一本の焼き串と二羽のひな鳥が描かれていた。このことにより、彼はパティシエ・ロティスールの守護聖人とされるに至った。

し　シ

シウメッテ　sciumette（伊）

カーニヴァルのときに食べるイタリアの菓子。卵白を泡立て、ミルク、ピスタチオ、砂糖、ヴァニラ、シナモンなどで作るデザートの一種。

シェイク　shake（英）

振動、振ることの意味だが、製菓用語では牛乳や卵を撹拌した甘い冷たい飲み物をさす。ミルク・シェイク、ストロベリー・シェイクなどがある。

シェッケ　Schecke（独）

ドイツ語圏の製菓用語。「ぶちの馬」「まだらの牛」の意味だが、菓子の場合は、焼き上げたときにできる自然のまだら模様のことをいう。

ジェノア・ケイク　Genoa cake（英）

→フルーツケーキ

ジェノワーズ　génoise（仏）

スポンジケーキのこと。ビスキュイともいう。

卵を撹拌するときに全卵で行うのがジェノワーズで、卵白と卵黄を別々に泡立てて混ぜる作り方がビスキュイとの説がある。しかし実際には共立てでもビスキュイの名がついたり、別立てのジェノワーズもある。またバターが入るものがジェノワーズで、入らないものがビスキュイとする区別の仕方もあり、バターの入るビスキュイに関してはビスキュイ・オ・ブールと断っている。卵、砂糖、小麦粉の配合比、作り方を見ても、大きな違いは実際のところあまりないといってよい。慣例で呼び名が変わるととらえてもよいくらいである。

ジェノワーズは、イタリアのジェノアが発祥の地とされ、そこから伝わって現在の形になったことからジェノワーズという名がついたといわれている。しかしイタリアでは、この生地をパン・ディ・スパーニャと呼んでいる。この生地の発祥はスペインで、それがイタリアに渡り、のちに多くの文化がフランスへ集中的に流れ込んだとき、こうした技術もフランスへ渡ったのであろう。それがイタリアのジェノアを経由したことからか、またジェノアの製菓人が持ち込んだことによる命名と推測される。

→ビスキュイ

注1：ココアを加える場合には、小麦粉の30％以内まで混入でき、同量以内の小麦粉を減じてもよい。これはジェノワーズ・ショコラとも呼ばれる。

注2：上記の材料の他に、生地のかたさを調節するために水や牛乳を加えることもある。

注3：水飴や蜂蜜を入れる配合もあるが、これは焼き上がった後にしっ取り感を持たせるためと、生地の老化（ぼろつき）を防ぐために使われる。ただし水飴を使った場合、切り口が風に当たったり、時間がたつと、かえってかたくなることもある。

〈共立ての基本的製法〉

① 卵を軽く攪拌し、ほぐしておく。
② 砂糖を加えて、湯煎にかけるか弱い直火にかけて攪拌する。
③ 砂糖が溶けたら、手早くなるべく同一方向に攪拌を続ける。ミキサーの場合ははじめは中速、次に高速で回す。
④ 指ですくって種の上に落としたとき、筋になって残るくらいまで泡立てる。
⑤ ふるった小麦粉を加え混ぜる。
注：牛乳または水を加える場合は、小麦粉を混ぜ終わったあと加える。水飴や蜂蜜を加える場合も同じで、このときは牛乳や水とともに温めて混ぜておいてから加えてもよい。
⑥ バターを湯煎にかけて溶かし、⑤に混ぜる。
⑦ 型に流し、中火のオーブンで焼く。
注 1：型はあらかじめ内側に、クリーム状にしたバターを塗り、その上から小麦粉をまぶしておく。
注 2：型に合わせて切った紙を敷いてもよい。

■ ジェノワーズ・オルディネール　génoise ordinaire

〈配合〉

砂糖……………………………………1000g
全卵…………………………32 個（1600g）
小麦粉…………………………………1000g
バター……………………………250 ～ 500g

基本の製法と同様に作る。

■ ジェノワーズ・フィーヌ　génoise fine

〈配合〉

砂糖……………………………………1000g
全卵…………………………32 個（1600g）
小麦粉…………………………………1000g
バター…………………………………1000g

基本の製法と同様に作る。

■ ジェノワーズ・ブランシュ　génoise blanche

卵白のみを使用する白いジェノワーズ。

〈配合〉

砂糖……………………………………1000g
卵白……………………48 個分（1440 g）
小麦粉…………………………………400g
コーンスターチ………………………400g
粉末アーモンド………………………200g
ヴァニラ………………………………少々

〈製法〉

① 卵白と砂糖を、とろ火または湯煎で熱をつけながらかたく泡立てる。
② 泡立ったら熱源をとり、冷めるまで攪拌を続ける。
③ 小麦粉、コーンスターチ、粉末アーモンド、ヴァニラを混ぜる。
④ ②と③を混ぜ合わせる。

■ ジェノワーズ・レジェール　génoise légère

〈配合〉

砂糖……………………………………1000g
全卵……………………………40 個（2000 g）
小麦粉…………………………………800g
コーンスターチ………………………400g
レモンの果汁と果皮……………各 2 個分

基本の製法と同じ。小麦粉とコーンスターチは一緒に混ぜ、ふるっておく。果汁などは粉類を入れる前に混ぜ込む。

別立ての基本的製法

卵は卵黄と卵白に分け、それぞれに砂糖を振り分けて泡立てる。卵黄側に粉類、バターなどを混ぜ込み、次に砂糖の入った卵白と合わせる。細かいテクニックは共立てと同じ。

■ ジェノワーズ・オ・ザマンド　génoise aux amandes

ジェノワーズの基本的な配合（共立て・別立て共通）　単位＝ g

	卵	砂糖	小麦粉	バター	その他
重いジェノワーズ	1000	1000	1000	1000	バターは小麦粉に対し 10％まで減ずることができる
標準ジェノワーズ	1000	600	600	600 ～ 0	砂糖をこれより多くしてゆくと巻きやすくなる
軽いジェノワーズ	1000	—	700	400 ～ 0	
粉末アーモンド入りジェノワーズ	—	800	500	150	粉末アーモンド 250

〈配合〉

砂糖……………………………… 600 ＋ 150g
卵黄………………………… 12 個分（240g）
卵白………………………… 12 個分（360g）
全卵…………………………………4 個（200g）
小麦粉………………………………………… 200g
粉末アーモンド…………………………… 500g

〈製法〉

① 砂糖 600g と卵黄を攪拌する。
② 全卵を加え、攪拌する。
③ 小麦粉と粉末アーモンドを一緒にしてふるい、②に加え混ぜる。
④ 卵白を泡立て、砂糖 150g を加えてしっかりしたムラングを作る。
⑤ ③と④を合わせる。

■ **ジェノワーズ・レジェール・プール・アントルメ génoise légère pour entremets**

〈配合〉

砂糖………………………………………… 360g
卵黄………………………… 24 個分（480 g）
卵白………………………… 12 個分（360 g）
小麦粉………………………………………… 200g
バター………………………………………… 200g

〈製法〉

① 卵黄に砂糖の 3/4 を入れ、攪拌する。
② 小麦粉を混ぜる。
③ バターを溶かして混ぜる。
④ 卵白を泡立て、残りの砂糖を加える。
⑤ ③と④を合わせる。

ジェマ　yema（西）

ジェマとは卵黄のことで、それを使って作る一口菓子。15 世紀頃セビリアの聖レアンドロ修道院で作られたと伝えられている。

〈配合〉

卵黄………………………………………… 6 個分
レモン果皮すりおろし…………… 1/2 個分
グラニュー糖……………………………… 100g
水………………………………………… 250mℓ
溶いたフォンダン………………………… 適量

〈製法〉

① グラニュー糖に水 250mℓを加えて火にかけ、120℃に煮詰めて粗熱をとる。
② 卵黄、レモン表皮を混ぜて①に加え混ぜる。
③ ②を弱火にかけながらよくこねる。
④ ③がまとまってきたら、粉糖をふったバットにあけ、冷ます。
⑤ 手に少量の水をつけながら、一口サイズにまるめる。
⑥ 溶いたフォンダンをくぐらせる。

ジェマ

ジェマス・デ・セゴビア　yemas de Segovia（西）

スペインの中心部のセゴビアの、卵黄を使って作る菓子。

卵黄と砂糖を混ぜて火にかけ、凝固させる。これを冷やして氷砂糖と混ぜて供する。シンプルだが個性の強い、スペインらしさを感じさせる菓子といえる。

ジェラート　gelato（伊）

イタリアのアイスクリーム。

→アイスクリーム
→グラス

ジェロ・ディ・ムルーニ　gelo di muluni（伊）

メロンのアイスクリーム。シチリアのパレルモ地方の方言からの命名である。

メロンやすいかの果肉をこして果汁をとり、砂糖と片栗粉を加えて煮たあと凍らせる。上からシナモンを少量振りかけて食べる。この地方の夏の名物として人気がある。

しお　塩

▶salt（英）ソルト / sel（仏）セル / Salz（独）ザルツ

人間の身体の中には塩分を含む血液が流れており、塩分が含まれたものにはおいしいと身体が反応を示す。塩味の入ったパイ生地（フイユタージュ）と甘いカスタードクリームの段重ねのミルフイユなどは絶妙のハーモニーを奏でる。シュー生地にも塩が加味されているから美味に感じる。一見塩味は甘みの対極にあるように見えるが、実は息の合った共演者でもある。なお、近年は食卓塩と称する塩化ナトリウムだけではなく、天然塩が脚光を浴びてきた。それにはニガリと呼ばれる塩が本来備え持っている特質や、ただ塩辛いだけではないうまみがあり、また多くのミネラルが含まれている。フランス・ブルターニュ地方の塩、日本の明石の塩等々と銘打ったものが注目を集めている。

→食塩

しおキャラメル　塩―

塩味を効かせたソフトタイプのキャラメル。

〈配合〉 3cm × 3cm 角 24 個分

グラニュー糖……200g
水飴……60g
生クリーム……200mℓ
塩……4g
バター……10g

〈製法〉

① グラニュー糖、水飴、塩、生クリームを鍋に入れて火にかける。
② あまりかき混ぜず、110℃になったらバターを加え、123℃まで煮詰める。
③ オーブンシートを敷いたバットの中に②を流し入れる。
④ 冷蔵庫に入れて冷やし固める。
⑤ 3cm 角、または好みの大きさに切り分ける。

シガラボレイ　sigara böreği（トルコ）

春巻きのようなトルコの菓子。薄く延ばした小麦粉生地に、クリームチーズや、パセリなどのハーブ入りのそれを包むが、その他マッシュポテト等好みでさまざまなフィリング（具）が楽しまれている。大きさは中華料理の春巻き大から小指の先ほどの一口サイズまでいろいろに作られ、オーブンで焼いたり、熱した油で揚げたりして供される。シガラはタバコの意味で、形が葉巻きに似ているところからの呼び名で、ボレイはボレッキというトルコの代表的な料理名の複数形で、薄い小麦粉生地を使って作るパイ状のものをいう。なお、このシガラボレイの小形の小指の先ほどのものはパスティスとも呼ばれ、パーティーなどのおつまみ、すなわち塩味のプティフール的な用いられ方がなされる。薄く延ばした小麦粉生地はパータ・フィロと呼ばれるが、元をたどると古代ギリシア時代に生まれたといい、それで何かの具を包む方法は世界各地へと広がっていき、行く先々でさまざまな料理や菓子に変身している。たとえば前述の中国の春巻き、ドイツやオーストリアのシュトゥルーデル、あるいは巻いてはいないがギリシアやトルコといった地のバクラヴァなどもその類いのひとつと見られている。

〈配合〉 10 個分

パータフィロ　10cm × 10cm……20 枚
クリームチーズ……50g
塩……少々
胡椒……少々
レモン果皮……適量
レモン果汁……適量
薄力粉……30g
水……30mℓ

〈製法〉

① パータフィロを 10cm × 10cm に切っておく。
② ボウルに薄力粉と水を混ぜて糊を作る。
③ 別のボウルに室温にもどしたクリームチーズを入れて柔らかくする。
④ ③に塩、胡椒、レモン果皮、レモン果汁を入れて味を整える。
⑤ ①のパータフィロを 2 枚重ね、上に④を適量のせて包む。あまりきつく巻かないようにして、包み終わりは②の糊を塗って留める。
⑥ 表面にサラダオイル（分量外）を薄く塗り、オーブンシートを敷いたテンパンにのせて、180℃のオーブンに入れ、きつね色になるまで焼く。温かいうちに供する。

シガラボレイ

シガレット　cigarette（仏）

ラング・ド・シャのようなタイプの軽いクッキー生地を、焼き上がってすぐ、熱くやわらかいうちに棒に巻きつけて丸め、紙巻きたばこの形に成形した菓子。

〈配合〉

バター……………………………… 400g
粉糖…………………………… 300 + 100g
卵白……………………………… 14 個分
小麦粉…………………………… 300g
ヴァニラ………………………… 少々

〈製法〉

① バターと粉糖 300g を混ぜる。
② 卵白を泡立て、粉糖 100g を加えてムラングを作る。
③ ①と②を混ぜる。
④ 小麦粉とヴァニラを混ぜる。
⑤ 厚さ 2mm の円形のすり込み板で、テンパンの上に④をすり込む。
⑥ 中火のオーブンで焼く。
⑦ 熱いうちに棒に巻きつける。固まったら棒を抜きとる。

シクテ　chiqueter（仏）

フランスの製菓用語。フイユタージュやパート・シュクレなどの生地を成形後、縁にナイフで切り込みや筋を入れて、形を整えつつ飾りをつけること。

しげみつたけお　重光武雄

ガムから始まったロッテ製菓の創業者。

重光武雄（本名辛格浩）は、1947 年、ジープに乗った進駐軍の米兵に群がり、“ギブ・ミー・チョコレート、ギブ・ミー・チューインガム” とせがむ子供たちを見て、その需要を強く感じとり、チューインガムの製造に着手する。その思惑は的中し、1948（昭和 23）年、株式会社ロッテを設立して本格的に取り組む。原料の調達にあっては、当時輸入規制の対象であった天然チクルの解禁を日本国政府に働きかけ、チクル使用のチューインガムの製造販売を始めた。続いてスペアミントガムやグリーンガムが大ヒットとなり、企業としての足元が固まってゆく。1959（昭和 34）年、TBS テレビで「ロッテ歌のアルバム」の放送が開始。同番組で、ロッテの名は一気に広く知られるところとなる。1964 年、ガーナチョコレートの名でチョコレートの製造販売を開始し、チューインガムに続く大きな柱として育っていく。1966 年、母国韓国でロッテ製菓を設立。今日では同国を代表する多角的経営の大企業に成長している。また同年、プロ野球チームの冠スポンサーとなり、東京オリオンズをロッテオリオンズと改名。多くのファンを引きつける。さらに 1970 年、東京錦糸町駅前にロッテ会館なる複合商業施設を建設するなど、サービス業にもビジネスの幅を広げていく。

しじらとう　—糖

南蛮菓子の一種。チチラアトの別表記と思われる。
→チチラアト

シチリアーナ

→カッサータ

じどうほうそうき　自動包装機

でき上がった製品を自動的に包む機械。いろいろなタイプのものがあるが、菓子店では三方シール機と角折り包装機が便利に使われている。

■ **三方シール機**

つめのついたコンベアに菓子をのせると、フィルムがこれを包み、下側と前後が加熱によって密閉され、1 袋ずつ切り離されて流れ出てくる。センサーによって長さを感知し、位置が狂わないように設計されている。

■ **角折り包装機**

菓子を定位置にのせると、上からフィルムで包み、下側で密閉される。饅頭などに多用されるが、洋菓子ではマロン・グラッセやそれに類する形のものに使われる。

シドーニオ　sidónios（ポルトガル）

パイ生地を敷いたタルトレット型（丸や四角や長方形等）に粉末アーモンド入りの種を詰めて焼く菓子。元々はラマーリョシュ ramalhos という名であったが、後に暗殺された政治家シドーニオ・パイシュにちなんで彼の名がつけられた。

〈配合〉

フィリング
水………………………………… 250mℓ
グラニュー糖…………………… 500g
卵………………………………… 5 個
粉末アーモンド………………… 150g

その他
粉糖……………………………… 少々

〈製法〉

① 水とグラニュー糖を混ぜて火にかけ、120℃まで煮る。
② ①に溶いた卵と粉末アーモンドを入れ混ぜ、

弱火でトロミがつくまで、混ぜながら煮る。
③ ②をバットにあけて冷ます。
④ パイ生地を延ばして型に敷き、その中に③を詰めて、180℃のオーブンで焼く。
⑤ 軽く粉糖をふりかける。

シドーニオ

シードル　cidre（仏）

▶cider, cyder（英）サイダー / apple wine（米）アップルワイン / Zider（独）ツィーダー

りんごから醸造する酒。いつのころ造られたかは定かでないが、カール大帝（742-814）の法令集の中にすでに記されており、13 世紀にはノルマンディー地方で作られていた。

発酵させたものと発酵させないものがあり、発酵させたものの中に、非発泡性と発泡性の 2 種がある。

シナモン　cinnamon（英）

▶cannella（伊）カネッラ / cinnamome（仏）シナモム、cannelle（仏）カネル / Zimt（独）ツィムト、Zimmet（独）ツィメット

香辛料の一種。

スリランカを原産としたクスノキ科の常緑木の皮をはいで乾燥させたもの。その利用も古く、紀元前 2000 年頃から種々の料理に生かされてきた。大航海時代には他のスパイス同様、各海洋大国がこれを巡って争奪戦をくり広げてきた。

カシアと呼ばれるこれに似たスパイスがあるが、シナモンはカシアに比して厚みがなく、色は明るい黄褐色である。そして味覚的には辛味がなく、わずかだが甘みを感じ、加えて上品な香りを放つ。対してカシアの方は濃い紅褐色で強い香りを持っている。原産の地の中国では、古来より口臭消しに用いられてきたという。なお、ともに持つ独特の香りや味は、桂皮アルデヒトという成分によるもので、シナモンはカシアの約倍量を含んでいる。ただ、粉末にすると見分けがつきにくいため、シナモン・カシアと呼んでひとくくりに捉えようという現実的な動きもある。菓子についてみると、クッキーやフルーツケーキ等どんなものにも合うが、特にりんごを使ったものには欠かせない相方になっている。

→カシア
→ニッケ

シナモンブレッド

→コルヴァプースティ

シナモンロール

→コルヴァプースティ

シーニュ　cygne（仏）

▶swan（英）スワン / Schwan（独）シュヴァーン

白鳥に見立てて作ったシュー菓子。シーニュとは「白鳥」の意味。

シーニュ

シュー種を細い S 字形と雨だれ形に絞って焼く。雨だれ形のシューを上下 2 枚に切り、中にカスタードクリームや加糖し泡立てた生クリームなど好みのクリームを絞る。上蓋を縦に 2 枚に切り、羽に見立てて開きぎみに挿す。S 字形のシューを首に見立ててつけ、上から軽く粉糖を振って供する。

→シュー

シノワ　chinois（仏）

目の細かい円錐形のこし器。

ソースやブール・ノワゼット（焦がしバター）などをこすときに用いる。料理用、製菓用に便利に使用される。

シヒトトルテ　Schichttorte（オーストリア）

「層状をなしたトルテ」の意味のオーストリアの菓子。

カスタードクリームに生クリームを混ぜたシャルロッテ・クレームをはさんだフイユタージュを重ね、上面にアプリコットジャムを塗り、さらに生クリームを全体に塗る。フランス菓子でいうミルフイユの変形といえる。

〈配合〉

フイユタージュ……適量
アプリコットジャム……適量
フォンダン……適量
シロップ……適量
チョコレート……適量

シャルロッテ・クレーム
カスタードクリーム……300g
生クリーム……300mℓ
ゼラチン……9g

ザーネクレーム
生クリーム……300mℓ
粉糖……30g

〈製法〉

① フイユタージュを薄く延ばして焼き、丸く切りとる。4枚作る。
② ボウルにカスタードクリームを入れ、湯煎にかけてやわらかくしたゼラチンを加え、泡立てた生クリームを混ぜる。
③ 3枚のフイユタージュの上にこれを塗り、3段重ねにする。
④ 生クリームに粉糖を加えて泡立てたザーネクレームを全体に塗る。
⑤ 残った1枚のフイユタージュの上にアプリコットジャムを塗り、その上にシロップでゆるく溶いたフォンダンを塗る。
⑥ フォンダンの固まらないうちに⑤を12等分に切り、上面に溶かしたチョコレートで細い線描きをする。
⑦ ⑥を③の上にのせ、円形に整える。
⑧ 12片の上面に残りのザーネクレームを星型口金で丸く絞り、削ったチョコレートをのせて飾る。
注：フォンダンは時間がたつと固まり、きれいに切れないので注意する。

シフォンケーキ

▸chiffon cake（米）シフォン・ケイク

シフォンとは「薄い絹織物」という意味で、その呼称のごとくソフトでなめらかな食感を特徴とした焼き菓子。アメリカ・カリフォルニア州のハリー・ベーカー Harry Baker（1884-1984）の考案といわれている。1948年にそのレシピは大手食品会社のゼネラル・ミルズ社に売却され、それを機に広く知られるところとなった。軽い食感は卵白の起泡性にあり、なめらかさはバターではなく、固まらないサラダオイルの使用による。また焼いてもしぼまないふわふわ感は、型の内側の表面の横目の肌合いによるもので、中央に穴をあけ、生地を外側と内側の両方から支えている。

〈配合〉直径20cm 1台分

卵黄……110g
牛乳……100mℓ
サラダオイル……80mℓ
卵白……220g
砂糖……90g
薄力粉……110g

〈製法〉

① 溶いた卵黄に牛乳とサラダオイルを混ぜる。
② 卵白に砂糖を加えて泡立て、メレンゲを作る。
③ ①に少量の②を混ぜ、ふるった薄力粉を混ぜた後、残りのメレンゲも混ぜる。
④ ③を型に流し入れ、180℃のオーブンで約50分焼く。
⑤ 焼けたら冷まし、ナイフを型の内側に入れて、生地を型からはずす。

粉糖をふったり、加糖し泡立てた生クリームを添えてもよい。

シフォンケーキ

シブースト　Chiboust（仏）

19世紀のフランスの著名な製菓人。

一説によると、彼は1840年ごろサン・トノレ通り（現在のフォブール・サン・トノレとは別）に菓子店を構えていたといわれている。

彼は1846年、カスタードクリームにゼラチンを入れ、ムラングと合わせた独特のクリームを作り出した。彼はスイスのフランから思いつき、底生地の周りにブリオッシュをリング状に飾り、中にそのクリームを詰めた菓子を作った。これが評判を呼び、サン・トノレ通りの菓子ということで、サン・トノレと呼ばれるようになった。クリームはクレーム・サン・トノレ、または彼の名からクレーム・シブーストとも呼ばれ、今日に伝えられている。

このクリームを使ったタルト・シブーストも近年親しまれている。

しぼりぶくろ　絞り袋

▶ poche à douille（仏）ポッシュ・ア・ドゥイユ、cornet（仏）コルネ、poche（仏）ポッシュ、sac à dresser（仏）サック・ア・ドレッセ / forcing bag（英）フォーシング・バッグ、squeeze bag（英）スクウィーズ・バッグ、icing bag（英）アイシング・バッグ、pastry bag（英）ペイストリー・バッグ / Spritzbeutel（独）シュプリッツボイテル、Dressierbeutel（独）ドレッシーアボイテル

丈夫な布などで作った円錐形の袋。先端にいろいろな形の口金をつけ、生地や種、クリーム等を絞り出す料理・製菓用器具。

考案者にまつわるエピソードは諸説ある。発端は1710年ごろビスキュイ・ア・ラ・キュイエールやマカロンを作るために、受け口のある注射器のような道具が開発されたことによる。しかしこの方法は作業があまりはかどらず、使いこなすまでにかなりの時間を要した。その後1808年、フランスのボルドー地方ラルサで、円錐形の紙袋が開発され、今日のように絞り出すようになり、便利になってきた。しかし紙は破れやすく、特に先端の切り口の合わせ目である糊づけの部分が弱いため、たいへん使いづらかったようである。

これを改良し、布製の袋ができたのは1820年で、天才製菓人といわれたアントナン・カレームの考案とされる。丈夫で破れにくくなるとともに、多くの変わった絞り菓子が作られるようになった。

また別の説ではやはりカレームが、1811年に、彼が仕えていたシャルル・モーリス・タレイラン＝ペリゴール（ナポレオン一世の外相を務めた人）に、もっと細長く美しいビスキュイ・ア・ラ・キュイエールを絞るように命ぜられ、こうした絞り袋を使うことを思いついたともいう。

さらに別書によると、フランス西南部ランド地方の菓子職人ロルサが、いろいろな形のシュー菓子を作るために、絞り袋を考案したとも伝えられている。

現代フランス菓子界を代表するイヴ・テュリエスは、1847年、オブリオが袋に生地を詰めて絞ることを考えたとしている。そして口金はトロティエという人の製作によるといっている。

さまざまな説があるが、いずれにしても、絞り出す道具、技法ともにそれほど古いものではなく、19世紀に考案され、発達したものである。

しみずりへい　清水利平

（1892-？）国産初の電機オーブンを作り上げた電気の専門家。

1892（明治25）年、大阪の船場に生まれ、東京の菓子道具店瀬村に入店。後に独立して清水電機製所を興す。フランスの製菓修業を終えて帰国した門倉国輝の指揮のもと、ニクロム線を配した電機オーブンを完成させた。1924～26年頃と推量される。それまではカマに薪をくべ、火加減を調節しながら焼かねばならず、ゆえに個人の能力差が出たり、仕上がりのムラができたりし、また名人技が競われもした。しかしながら電機オーブンの出現により、焼き上がりが平均化され、製菓業のレベルが一挙に向上した。清水製作所と改称された同社の作るオーブンは、清水式ベスター号と名付けられ、多くの菓子店がこぞって利用するようになっていった。なお、この命名は淡路町風月堂当主・二代目穂積峯三郎によるもので、ローマ神話のカマドの女神Vestaからとったものという。

シムネル・ケイク　simnel cake（英）

イギリスの伝統的なレーズン入りのバターケーキ。昔、マザーリング・サンデー（四旬節の第四日曜日）に、この菓子を持って父母を訪れる習慣があった。シムネルは15世紀の「ばら戦争」で暗躍した人の名前ともいわれるが、詳細は不明。

〈配合〉

バター……………………………………… 450g
赤砂糖……………………………………… 450g

全卵……………………………………… 570g
カラメル（着色用）………………… 30g
ラム………………………………………… 30mℓ
粉末アーモンド……………………… 110g
小麦粉…………………………………… 570g
すぐりの実…………………………… 680g
レーズン………………………………… 450g
オレンジピール……………………… 170g
レモンピール………………………… 170g
粉末スパイス………………………… 30g
その他
アプリコットジャム………………… 適量
フォンダン…………………………… 適量
クッキー………………………………… 適宜
マジパン………………………………… 適宜

〈製法〉

① バターと赤砂糖を約倍量になるほど泡立てる。
② 卵を加え、続いてカラメル、ラムを混ぜる。
③ 粉末アーモンド、小麦粉、すぐりの実、レーズン、オレンジピール、レモンピール、粉末スパイスを一緒にして②に加える。
④ スポンジケーキ型に半分ほど流す。
⑤ 延ばして丸く切ったマジパンの円盤をのせ、その上にまた③を流して焼く。
⑥ 冷めたら上面にアプリコットジャムを塗り、フォンダンをかける。
⑦ 上にリングに焼いたクッキーをのせ、マジパン細工などで飾る。

ジャヴァネ　javanais（ベルギー）

ジャヴァネとは「ジャワの、ジャワ人」の意味。薄いビスキュイ生地にコーヒー風味のクリームを塗り、何層にも重ねた菓子。19世紀頃、ジャワはオランダ領にあってコーヒーの栽培が盛んであった。そうしたところからこの菓子ができ、このネーミングとなったと思われる。

シャヴオット・ブレッド　shavuot-bread（イスラエル）

イスラエルで好まれる、三つ編みにして焼いたパン。

〈配合〉

イースト………………………………… 23g
微温湯……………………… 100 + 450mℓ
砂糖…………………………… 15 + 160g
強力粉………………………………… 600g
薄力粉………………………………… 300g
塩………………………………………… 10g
全卵……………………………………… 2個
サラダオイル………………………… 100mℓ

〈製法〉

① イーストを微温湯100mℓでとき、砂糖15gを加えて発酵させる。
② 強力粉、薄力粉、砂糖160g、塩、全卵、微温湯450mℓを混ぜ、サラダオイルを加えてまとめる。
③ 発酵させ、ガス抜きして再発酵させる。
④ 生地をひも状に延ばし、三つ編みにして焼く。けしの実を振りかけることもある。

シャオムクレーム　Schaumcreme（独）

▶crème mousseline（仏）クレーム・ムスリーヌ

→クリーム（クレーム・ムスリーヌ）

シャオムマッセ　Schaummasse（独）

▶meringue（仏）ムラング

→ムラング

じゃがいも

▶potato（英）ポテイト / pomme de terre（仏）ポンム・ド・テール / Kartoffel（独）カルトッフェル

原産はアンデス山脈付近。16世紀の終わり頃スペイン人によってヨーロッパにもたらされたが、広く普及するにはしばらくの時を要した。芽や緑になった皮の部分にはソラニンという有毒物が含まれている。18世紀中頃になってその認識も一般に及び、それからは広く食されるようになる。そして今や小麦、大麦、米、とうもろこしと並んで世界五大食用作物のひとつに数えられるまでになった。日本へは17世紀の初め頃、オランダ人によってジャカルタから運ばれてきたという。当時の日本人にはそこはジャガタラと呼ばれており、そこからきたということでジャガタラいもとなり、縮まってジャガいもとなった。菓子との関わりについてはさして目につくほどでもないが、間接的にはデンプン原料として重要な素材であり、菓子の分野のみならず食品全般にわたって大きな貢献をしている。またこの名を付した菓子が各地で作られてもいる。

→ポンム・ド・テール

ジャッファ　Jaffa（仏）

地中海沿岸で栽培されるオレンジの銘柄名。

オレンジを使用したアントルメやプティガトー、アイスクリームなどによくこの名を付す。

ジャノ　jeannot（仏）

ジャノ

フランス南部のミディ・ピレネー地方で親しまれている焼き菓子の一種。ふるった小麦粉にアニスを加えて堅めにこね、平らに延ばして三角に小切りにし、ゆでた後、灰にくべて焼く。当初は主食まではいかない副食的なものとして作られていたが、そのうちに菓子的な扱いに変わっていったものと考えられる。

シャフハオザーツンゲン　Schaffhauserzungen（スイス）

「シャフハウゼン地方の味覚」という意味のクッキー。

ムラングに粉末ヘーゼルナッツを入れてラング・ド・シャのように焼き、プラリネなどをはさむ。

シャフハオザーツンゲン

〈配合〉

- 卵白……200g
- 砂糖……240g
- 小麦粉……60g
- 粉末ヘーゼルナッツ……200g
- ココア……10g
- 溶かしバター……60g
- レモン果汁……少々
- ヴァニラ……少々
- 刻みアーモンド……適量
- プラリネ……適量
- チョコレート……適量

〈製法〉

① 卵白に砂糖を加えて泡立てる。
② 小麦粉、粉末ヘーゼルナッツ、ココアを一緒にふるい、①に加える。
③ 溶かしバター、レモン果汁、ヴァニラを加えて混ぜる。
④ 楕円形に抜いたすり込み板を使って、テンパンの上に③をすり込む。
⑤ 刻みアーモンドを振りかけて中火のオーブンで焼く。
⑥ 2枚1組にしてプラリネをはさみ、上から溶かしたチョコレートで細い線を絞り出す。

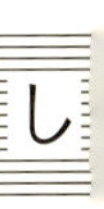

シャフハオザー・ロシセリ　Schaffhauser Rossiseli（スイス）

ドイツとの国境に近い、スイスのシャフハウゼン地方に古くから伝わる塩味のクッキー。パート・ブリゼに似た生地をスティック状に切って焼く。

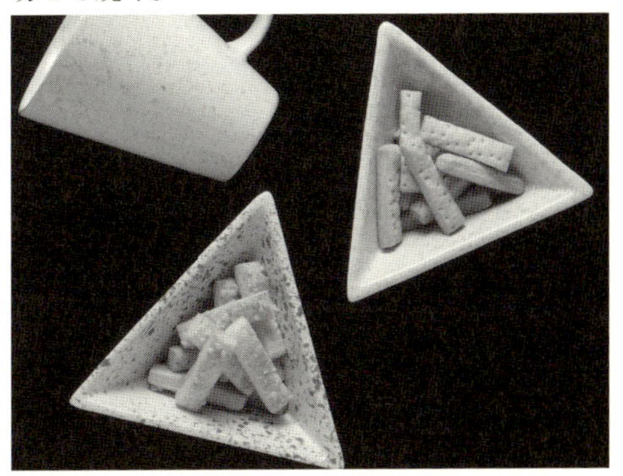

シャフハオザー・ロシセリ

〈配合〉

- 小麦粉……500g
- バター……250g
- 塩……15g
- 水……100mℓ

〈製法〉

① ふるった小麦粉とバターをもんでそぼろ状にする。
② 塩と水を加えて、こねすぎないように混ぜて

まとめる。

③ 冷蔵庫で1～2時間ねかせてから、厚さ3～5mmに延ばし、空気穴をあける。

④ 長さ5cm、幅1cmに切り、テンパンに並べてオーブンで焼く。

シャブローネ **Schablone**（独）

ヒッペンマッセと呼ぶ薄く焼く種や、ゆるい種をテンパンに流したり、すり込んだりするための型。ゴム製、金属製などがある。またデコレーション用のすり込み型紙のこともシャブローネという。

シャーベット **sherbet**（英）

▸sorbet（仏）ソルベ、granité（仏）グラニテ / Sorbett（独）ゾルベット、Scherbett（独）シャーベット

果汁などに砂糖を加え混ぜ、凍らせたもの。クリームなどの乳製品を含まない氷菓である。アラビア語の飲むという意味のシャリバが変化した、飲み物を表わすシャルバートから派生したといわれている。

→グラス（ソルベ）

ジャポネ **japonais**（仏・スイス）

「日本人、日本の」という意味の、菓子および生地の名称。

卵白に粉末アーモンドを混ぜて焼き上げた素材、またはそれで作った菓子で、フランスやスイスで作られ、親しまれている。

以前は卵白とアーモンドで焼いた生地の中央に赤いジャムを丸く絞って供していた。白っぽい生地に赤い丸のデザインから日章旗を連想しての命名である。最近では、ピンクに着色したホワイトチョコレートやクリームを配して、日の丸の名残りをとどめている。

また、これを作るときの生地そのものもジャポネと呼ぶ。

ジャポネと同系統のものにシュクセ、プログレといった生地や種もある。

製法の一例

〈ジャポネ生地の配合と製法〉

卵白	480g
砂糖	200 + 300g
粉末アーモンド	300g

① 卵白に砂糖200gを加えて充分泡立てる。

② 砂糖300gと粉末アーモンドを混ぜて、①に加えて混ぜる。

③ 任意の厚さにならして焼く。

〈製品としてのジャポネの製法〉

① ジャポネ生地を直径5～6cmの円形に抜く。

② ①を同じ寸法のセルクルに収め、プラリネ入りバタークリームを厚さ1cmに塗り、もう1枚かぶせる。

③ 同じクリームを詰めて型から抜き、ジャポネ生地を乾燥させて砕いたもの、あるいはケーキクラムをまぶす。

④ 上面中央に、ピンクに着色したフォンダンまたはチョコレートを丸く小さく絞る。

ジャポネの製品例

ジャーマンズ・チョコレート・ケイク **German's chocolate cake**（米）

ペカンナッツとココナッツをあしらったチョコレートケーキ。

ベイカーズ・チョコレートという会社に勤めていたサミュエル・ジャーマンが、1852年に自分の名を付した「ベイカーズ・ジャーマンズ・スウィート・チョコレート」を使って作ったことから、この名がつけられたという。

〈配合〉 15cm 1台分

ケーキ生地

バター	50g
チョコレート	45g
グラニュー糖	70g
卵	2個
ヴァニラオイル	少々
薄力粉	90g
ココアパウダー	10g
ベーキングパウダー	2g
牛乳	100mℓ

フィリング
卵黄……………………………………… 2 個分
エヴァミルク……………………………… 125g
グラニュー糖……………………………… 100g
バター……………………………………… 35g
ヴァニラオイル…………………………… 少々
刻みココナッツ…………………………… 65g
ペカンナッツ……………………………… 55g

〈製法〉

① チョコレートを刻み、バターとともに湯煎にかけて溶かして粗熱を取り、グラニュー糖を加えて泡立てた卵を混ぜ、ヴァニラオイルを加える。
② 薄力粉、ココアパウダー、ベーキングパウダーを一緒にしてふるい、①に混ぜ、牛乳も加える。
③ ②を型に流し入れ、180℃のオーブンで約 30 分焼く。
④ フィリングを作る。
卵黄、エヴァミルク、グラニュー糖を一緒にして混ぜ、バター、ヴァニラオイルを加えて火にかけ、混ぜながらとろみをつける。
⑤ ④を火から降ろし、刻んだココナッツ、軽くローストして粗刻みしたペカンナッツを加える。
⑥ ケーキ台が冷めたら 2 枚に切り、⑤をサンドし、上面にも塗る。

ジャーマンズ・チョコレイト・ケイク

ジャム jam (英)

▸ confiture (仏) コンフィテュール / Konfitüre (独) コンフィテューレ

果実の加工品で、砂糖とともに煮詰めて作る。果実はそのまま、あるいは刻んだり裏ごしして鍋に入れ、適量の砂糖を加えて火にかける。砂糖の量は果実の糖分を考慮して増減する。

果実にはとろみをつけるペクチンが含まれているが、含有量はそれぞれ異なる。必要な場合には相応のペクチンを別に加えることもある。また糖化防止や味覚上から酒石酸やクエン酸を加えたり、人工香料、着色料を加えることもある。国によって異なるが、多くの場合、こうした添加物に対しては表示の義務がある。

種類としては、あんず、いちご、りんご等のジャムが多く作られる。またオレンジ等から作るママレードもこの類に入る。

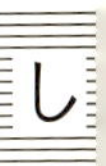

そもそも果実の保存のために作られたと思われるが、その歴史はかなり古い。ヨーロッパに砂糖が伝わったのはおよそ 2000 年前で、インドから入っていったが、量的には少なく、絹や金に次いで貴重なものであった。したがって、砂糖を使ったジャムも王侯貴族など、ごく限られた人たちのものであった。16 世紀になると航海術が発達し、また植民地政策により、相当量の砂糖が消費された。

しかし一般家庭に普及するようになったのはもっとあとで、ナポレオン戦争後である。この戦争で一時砂糖の輸入が途絶えたとき、寒い土地でも栽培できる砂糖大根から砂糖を作る方法が奨励された。果物の貯蔵方法としてこの砂糖を使い、一般家庭でもジャムが作られるようになった。

現在では菓子、デザートに広く使われている。

シャルキュトリー charcuterie (仏)

豚肉の加工品を中心としたフランスの惣菜屋。ソーセージやパテ、ときとしてフランやタルトなど、調理された料理を商っている。

ジャルーズィー jalousie (仏)

「窓のよろい戸」の意味のフイユタージュ菓子。

帯状に整形したフイユタージュの上に、クレーム・ダマンドを絞り、その上にりんごを並べ、上からフイユタージュをかぶせて、細い切り込みを入れて焼く。その焼き上がりの姿がよろい戸に見えるところからの命名。

シャルトルーズ chartreuse (仏)

130 種の香草、薬草類から香味を抽出して作られるリキュール。1767 年にシャルトルーズという名のシャルトル会の修道院で手がけられたもの。

シャルロット　charlotte（仏）

大型のデザート菓子。その形が、リボンやレースをあしらったボンネット風の婦人帽シャルロットに似ているところから、この名がついた。

シャルロットには、冷たくして供するものと、温かくして供するものの2種類がある。今日では、冷たいシャルロット・リュス（ロシア風シャルロット）が一般的となっている。

温かいほうはシャルロット・ド・フリュイ、または、主にりんごを使うところからシャルロット・ド・ポンムと呼ばれる。シャルロット・ド・ポンムは、シャルロット・リュスより前に考案されたものだが、ともにアントナン・カレームによるとされている。シャルロット・リュスは、ロシア皇帝との縁で作ったのでロシア風と呼ばれるようになったといわれている。

彼の著書にたびたびシャルロット・ア・ラ・パリジェンヌという名前が出てくるが、これはシャルロット・リュスと同じ製法で、自分がつけた名称であると述べている。

彼は著書『王室の製菓人』の中で、「私がパリに店を構えているときに思いついたもので、最初に作ったものは警察長官と外務大臣の家に届けた」と述べている。当時のシャルロット・リュスを再現してみると、ビスキュイの中に流し込まれたバヴァロワのゼラチン量は、現在の標準の約2倍である。冷蔵設備のととのっていなかったころで、かなりかために作る必要があったと思われる。あるいは、ゼラチンの効力そのものが異なるのかもしれない。また当時の感覚として、このくらいかたい状態を美味と感じたということも考えられる。甘みも現代の味覚でいえば約3倍である。砂糖は出回ってきたとはいえ、まだ貴重品であり、甘ければ甘いほどぜいたくだと思われた時代である。

現代のシャルロット・リュスは、ビスキュイ・ア・ラ・キュイエールで囲んだ中に、ゼラチン量3%ほどのバヴァロワや、とろけるようにやわらかいムースの類を流して、冷やし固めたもので、プレーンのほかに、洋梨やフランボワーズなどの果物と組み合わせて供されている。

■ **シャルロット・ド・ポンム　charlotte de pomme**

〈配合〉

りんご……6個
砂糖……180g
バター……50g
シナモン……少々
レモン果汁……少々
アプリコットジャム……80g
キルシュ……少々
食パンまたはジェノワーズ……適量
その他
アプリコットジャム……適量
りんご、チェリー、オレンジ、
　フルーツソース、泡立てた生クリーム
　……任意で適宜

〈製法〉

① りんごの皮と芯をとり、薄切りにして砂糖をまぶす。
② バターとともに①を鍋に入れ、りんごがやわらかくなるまで煮る。
③ シナモン、レモン果汁、アプリコットジャムを加え、粗熱がとれたら、キルシュを加える。
④ シャルロット型の内側にバターを塗り、耳を落とした食パンの薄切りを長方形に切って、縁と底にはりつける。
⑤ ③のりんごのフィリングを詰め、強火のオーブンで25～30分焼く。
⑥ 熱いうちに皿にあけ、表面にアプリコットジャムをかけ、砂糖煮のりんごやオレンジ、チェリーなどを飾りつける。
フルーツソースや泡立てた生クリームを添えてもよい。

■ **シャルロット・リュス　charlotte russe**

シャルロット・リュス

〈製法〉

① ビスキュイ・ア・ラ・キュイエールを、高さをそろえてシャルロット型またはマンケ型の内側にはりつけるように入れ、渦巻き状に焼いた生地を底に収める。

② 好みの味つけをし、ゼラチンを加えたバヴァロワまたはムースを流し入れる。
③ 冷やして固め、型からはずす。
④ 花形に絞って焼いたビスキュイ・ア・ラ・キュイエールの蓋をのせる。
⑤ 上面に粉糖を振りかけ、飴細工またはマジパン細工の花などをのせて飾る。

ジャレービー jalebi（印）
北インドの名物菓子。
小麦粉と米粉を合わせて練り、発酵させ、渦巻き状に絞り出して揚げる。シロップをかけて供する。

ジャンドゥーヤ gianduia（伊）
▶gianduja（仏）ジャンデュージャ / Giandujamasse（独）ジャンドゥヤマッセ
アーモンドと砂糖で作る製菓副材料。発祥はイタリア。
ローストしたナッツに砂糖を加えて、ローラーですりつぶし、溶かしたチョコレートやカカオバターを加えて、全体を一つのなめらかなペースト状にしたもの。火にかけて溶かさないので、砂糖はきめの細かい粉糖を用いたほうがよい。同じ材料で作るプラリネマッセは、砂糖を火にかけて溶かし、あとからアーモンドを加え混ぜる。

■ **ジャンデュージャ・オ・ザマンド gianduja aux amandes**
最も一般的なアーモンドのジャンドゥヤ。
〈配合〉
アーモンド……………………………… 1000g
粉糖……………………………………… 500g
ヴァニラ………………………………… 少々
カカオバター…………………………… 100g
〈製法〉
① アーモンドを軽く焼いて刻み、粉糖、ヴァニラを加えて混ぜる。
② ①をローラーにかけて数回挽き、ペースト状にする。
③ 溶かしたカカオバターを加えて混ぜ、冷えてから再びローラーにかけ、なめらかにする。

■ **ジャンデュージャ・オ・ノワゼット gianduja aux noisettes**
ヘーゼルナッツのジャンドゥヤ。
〈配合〉
焼いたヘーゼルナッツ………………… 1000g
粉糖……………………………………… 650g
カカオバター…………………………… 130g
アーモンド入りのものと同様に作る。

■ **ジャンデュージャ・オ・レ・オ・ザマンド gianduja au lait aux amandes**
ミルクチョコレート入りジャンドゥヤ。
〈配合〉
焼いたアーモンド……………………… 600g
焼いたヘーゼルナッツ………………… 400g
粉糖……………………………………… 600g
ミルクチョコレート…………………… 280g
カカオバター…………………………… 40g
アーモンド入りのものと同様に作る。

シャンドルール chandeleur（仏）
聖燭祭。2月2日に行われるキリスト教祭事の一つで、「聖母マリアお清めの日」である。クレープを食べる習慣がある。
→クレープ

シャンパン
▶champagne（仏）シャンパーニュ / champagne（英）シャンペイン / Champagner（独）シャンパニャー
フランスのシャンパーニュ地方で産する発泡性のワイン。同地方以外で作るものはスパークリングワインと呼ぶ。同地方のベネディクト派の修道士、ドン・ペリニョン Don Pérignon（1639-1715）によって作られたという。一度発酵させた白ワインに、糖分と酵母を加えてビン詰めし、中で人工的に二次発酵を起こさせる。これをシャンプノワーズと呼ぶ。すると内部では炭酸ガスが発生してワインの中に溶け込む。そして通常は概ね1年ほど熟成させた後、ビンの上下を逆さにしてオリをビンの口の方に溜め、その部分を凍結させて取り出し、代わりに特殊なリキュールを加える。このリキュールの度合いによりエクストラ（特別辛口）、ブリュット（極辛口）、セック（辛口）、ドゥー（甘口）といった段階に分けられる。製菓面においては、ボンボン・オ・ショコラ（一口チョコレート菓子）のセンターなどに加えられて、シャンパン・オ・トリュフが作られるなど、グレードの高い香り付けに用いられる。なお、そうした場合、コンセントレートと呼ばれる濃縮されたものを使うが、これもシャンパーニュ地方で作られたものであれば、シャンパンと表示してもよいことになっている。

シャンピニョン　champignon（仏）
→マッシュルーム

シュー　chou（仏）
シュー種
▶ pâte a chou（仏）パータ・シュー / chou paste（英）シュー・ペイスト、puff paste（英）パフ・ペイスト / Brandmasse（独）ブラントマッセ、Brühmasse（独）ブリューマッセ
シュークリーム
▶ chou à la crème（仏）シュー・ア・ラ・クレーム / cream puff（英）クリーム・パフ / Windbeutel（独）ヴィントボイテル、Windbeutel mit Creme（独）ヴィントボイテル・ミット・クレーム

シューとはフランス語で「キャベツ」という意味である。シュー・ア・ラ・クレームすなわちシュークリームの形が、ふっくらとしてキャベツに似ていることからの命名といわれている。

シュー種は生地の中でも大分類に入るもので、煮揚げてのち加熱し、そのことによってふくらみ、中が空洞になる。しかし、最初から中が空洞になる種を考案したとは思えない。あるとき菓子なり料理なりを作る際、失敗したはずみにできたのであろうといわれている。

原料は小麦粉、油脂、卵、水で、ふくらむ原因は、温めた水蒸気による力である。それには種の充分な弾力が必要であり、かつ一度ふくらんだら、ふくらんだままの状態を保たなければならない。シューの弾力は小麦粉を加熱したときにできる糊と、小麦粉に含まれるグルテンによる。さらに弾力を与える油脂と、油脂をうまく乳化させるとともに、ふくれ上がったシューを固める卵という素材が総合的に働いている。

以上の素材で作った種をテンパンに絞ってオーブンに入れると、内部の水蒸気が膨張する。これを弾力ある小麦粉と油脂の生地が受け止めると、割れずに大きくふくれる。ある程度ふくれると、生地に含まれている卵が焼けて固まるので、しぼむことなく空洞を保つことができるわけである。

シューはもったりとした、ルー状の重い種であり、熱を加えるとふくれるところから、ベーニェ・スフレという揚げ菓子が始まりであるようだ。オーブンのなかった時代、生地や種に熱を加えるもっとも手っとり早く、確実な方法は、熱湯あるいは熱した油の中に入れることだった。記録によると1581年、料理人マルクス・ルンポルトという人の本の中に、クラップフェンという菓子が出てくる。ちょうどシューを思わせるやわらかい種を、底に穴をあけた壺の中に入れ、沸騰した油の中に落として揚げる方法が記されている。

また、カトリーヌ・ド・メディシスの製菓長のポプランが、「オーブンで乾燥焼きにしたパート」すなわちパータ・シューの作り方を会得していたという説もある。この場合は種を半焼きにして半分に切り、中身を取り出して何かの詰め物をしたという。もしそうであるなら、現代のシューに非常に近い形態といえる。

このように類似したものはかなり以前から存在はしていた。しかし名称については、そのときによってさまざまであった。本格的にシューという名が出てくるのは17世紀になってからである。ちなみにそのころに発表された『フランスの製菓人（le Pastissier françois）』（フランソワ・ピエール・ド・ラ・ヴァレンヌ著1655）という本には「ププラン」という名の菓子の作り方が記され、この説明の中にシューという言葉が記述されている。いずれにしろ17世紀には、ルー状の種を油で揚げるというだけでなく、オーブンに入れて、焼成する方法がとられていたことがわかる。その後さまざまな手を持って改良が重ねられていったが、今日の形に整えたのは一説によると1760年ジャン・アヴィスJean Aviceによってであるという。

ところで、そこに行きつくまでに、以下のことが推測される。17世紀頃のクレーム・パティシエールを再現すると、でき上りはシューそっくりになる。今日のシューは、ベースの種を煮上げてから卵を加えるが、こちらは卵を加えた後に煮上げるため、実際にそのまま焼いても膨れることはない。が、卵を加える順を変えるとシューのようになる。したがってかの昔、卵を入れる順を間違え、捨てるのも忍びないとオーブンに入れてみたところ、膨れて中が空洞に焼きあがったと推測される。もうひとつ推測すれば、俗にいうホワイトソースもある。これはバターと小麦粉で作ったルーを牛乳で伸ばしたもので、ここに卵を入れれば今様のシューの誕生となる。ちなみにこのソースは17世紀半ばにルイ・ド・ベシャメイユ侯爵の手によってなされたといわれており、年代的にも1655年刊『ル・

パータ・シューの基本配合と応用配合

単位＝g

	水	バター	塩	砂糖	小麦粉	卵	その他
基本配合	1000	500	12		500	15～16個	
応用配合Ⅰ							
上等なパータ・シュー	1000	730	約10		835	1700（34個）	
標準的なパータ・シュー（1）	1000	415	約10		635	1100～1400（22～28個）	
標準的なパータ・シュー（2）	1000	520	約10		625	1100～1400（22～28個）	
標準的なパータ・シュー（3）	1000	415	約10		835	1100～1400（22～28個）	
応用配合Ⅱ							
パータ・シュー・オルディネール	1000		10～12		500	800（16個）	ヴァニラ　オレンジ香料
パータ・シュー・コンミューヌ	1000	—	10～12		500	900（18個）	ヴァニラ　オレンジ香料
パータ・シュー・プール・プティ・フール	1000		10～12		500	800（16個）	ヴァニラ　オレンジ香料
パータ・シュー・フィーヌ	1000		10～12		600～625	600～700（12～14個）	ヴァニラ　オレンジ香料
応用配合Ⅲ							
パータ・シュー・オルディネール（1）		400	10～12	60	500	800（16個）	
パータ・シュー・オルディネール（2）		375	10	25	500	800（16個）	
パータ・シュー・フィーヌ	—	600		180	600	800～900（16～18個）	
パータ・シュー・コンミューヌ		360	10～12	100	500	700～800（14～16個）	
パータ・シュー・プール・パン・ド・ラ・メック		490		130	660	800（16個）	
パータ・シュー・プール・パン・ド・ラ・デュシェス		500		65	625	1000（20個）	
その他の配合							
パータ・ペ・ド・ノンヌ（1） （パータ・ベーニェ・スフレ）	1000	200	10	20	600	700（14個）	
パータ・ペ・ド・ノンヌ（2） （パータ・ベーニェ・スフレ）	1000	200	10	120	625	600～700（12～14個）	レモン果皮少量
パータ・ニョッキ	1000	200	10		500	600～700（12～14個）	胡椒少量

パティスィエ・フランセ』と一致する。ともあれ本格的なシュー菓子の登場はそれ以降の話で、以来延々時を継ぎ、ヴァリエーションも豊かになって、世界の各地に根を下していった。

今日では、シュー・ア・ラ・クレームのほかに、はつかねずみをかたどったスーリや、仕上げにフイユタージュを十文字にかけたポン・ヌフ、エクレール、またその小さなものでカロリーヌなど、いろいろなシュー菓子が作られている。この種は細く絞って焼くこともできるため、S字状に細く絞り出して焼き、白鳥の首の形を作る、シーニュ（白鳥）と呼ぶシュー菓子もある。

さらにシュー種を油で揚げるペ・ド・ノンヌ、フランスで親しまれている熱湯で煮るニョッキなど、シュー種でいろいろな形の菓子や料理が作られている。

シュークリームの基本製法

〈パータ・シューの配合〉

水	1000mℓ
バター	500g
塩	12g
小麦粉	500g
全卵	15～16個

〈製法〉

① 水にバターと塩を入れて沸騰させる。
② 小麦粉を混ぜる。
③ 火にかけたまま混ぜて、水分を飛ばす。
④ 火から降ろして、卵を少しずつ加える。最後のほうでかたさを調節する。木杓子で種をすくい、つながって落ちるくらいにする。
⑤ 絞り袋に口金を入れて④を詰め、軽く油を引いたテンパンに、求める形、大きさに絞る。
⑥ 190～220℃のオーブンに入れ、表面に焼き色がついたら170℃くらいに落として乾燥ぎみに焼き上げる。
⑦ 好みの味のカスタードクリームを詰める。
注：シュー種は用途に応じていろいろな配合がある。

シュヴァイネオーレン　Schweineohren（独）

▸palmier（仏）パルミエ

「豚の耳」の意味の焼き菓子。

砂糖を折り込んだフイユタージュを両側から軽く巻き、冷やして固めてから薄く切って焼いたもの。

→パルミエ

シュヴァルツ・ヴァイス・ゲベック

Schwarz-Weiß-Gebäck（独）

白と黒（チョコレート入り）の生地を市松模様に組み合わせ、スライスして焼くクッキー。フランス菓子のジュー・ド・ダームと同じ。

→ジュー・ド・ダーム

シュヴァルツヴェルダー・キルシュトルテ

Schwarzwälder Kirschtorte（独）

さくらんぼをあしらったチョコレートケーキで、ドイツを代表する銘菓。ドイツのシュヴァルツヴァルト地方は、昔から良質のさくらんぼの産地として知られている。キルシュの香り高いこのトルテは、ドイツをはじめスイス、オーストリアなどドイツ語圏の国々で好まれている。

シュヴァルツヴェルダー・キルシュトルテ

〈スポンジケーキの配合と製法〉

全卵	175g
砂糖	125g
小麦粉	115g
ココア	20g

① 全卵をときほぐし、砂糖を入れて泡立てる。
② 小麦粉とココアを混ぜてよくふるい、①に混ぜ合わせる。
③ 型に流し、180℃のオーブンで約30分焼く。

〈キルシュ入りザーネクレームの配合と製法〉

生クリーム	400mℓ
砂糖	25g
キルシュ	40mℓ
ゼラチン	8g

① 生クリームに粉糖を入れて泡立てる。

② ボウルにキルシュを入れ、泡立てた生クリームを少し合わせて、溶かしたゼラチンを入れて混ぜる。
③ 残りの生クリームを合わせる。

〈さくらんぼのコンポートの配合と製法〉

サワーチェリー（缶詰）……………… 380g
上記の缶詰のシロップ……………… 150mℓ
コーンスターチ……………………… 15g
砂糖………………………………… 50g

① コーンスターチとシロップを混ぜ、火にかける。
② 砂糖を加えて混ぜる。
③ 煮立ったらチェリーを加え、しばらく煮て火から降ろし、冷やす。

〈仕上げ〉

① スポンジケーキを3枚に切り、キルシュ1、シロップ2の割合で作った香りのよいシロップ100mℓをしみ込ませる。
② 1枚を底にし、その上にさくらんぼを二重のリング状に並べる。
③ さくらんぼの間と周りにザーネクレームを絞る。
④ 2枚目を重ね、その上にザーネクレームを塗る。
⑤ 残った1枚を重ね、全体にザーネクレームを塗る。
⑥ 上面の縁にも同じザーネクレームを星型口金でロゼット形に絞り、その上にさくらんぼをのせて飾る。
⑦ 中央にチョコレートのコポーを円形に振りかける。
⑧ 上から軽く粉糖を振りかける。

シュヴェーレマッセ　Schweremasse（独）

重いバターケーキの種をさすドイツの製菓用語。

シュヴェーレザントマッセや、テークーヘンマッセ、ドボスマッセなどの種がある。エングリッシャー・フルフツクーヘン、バウムクーヘンといった菓子の種もこの範疇に入る。

じゅうしゅせきさんカリウム　重酒石酸—

▶acide tartrique（仏）アシード・タルトリック、crème tartre（仏）クレーム・タルトル / tartaric acid（英）タータリック・アシード、cream of tartar（英）クリーム・オブ・ターター / Weinsteinsäure（独）ヴァインシュタインゾイレ、Weinsäure（独）ヴァインゾイレ

酒石酸水素カリウム、あるいは単に酒石酸とも呼ばれる。糖液の糖化を防ぐ働きを持つため、キャンディー等飴類の製造、あるいは飴細工を行うとき、糖液を作る場合などに、微量混入する。
→酸味料

じゅうそう　重曹

▶bicarbonate de soude（仏）ビカルボナート・ド・スード / bicarbonate（英）バイカーボネイト / doppelkohlensäures Natrium（独）ドッペルコーレンゾイレス・ナトリウム、Natriumbikarbonat（独）ナトリウムビカルボナート

膨張剤の一種。正しくは炭酸水素ナトリウムというが、重炭酸ナトリウム、重炭酸ソーダとも呼ばれる。

ふくらむ力はベーキングパウダーより強い。焼き色もよくなるため、和菓子、洋菓子を問わず便利に使われている。さらに生地のやわらかさを保つ性質もある。

同様の膨張剤ベーキングパウダーやイーストパウダーを作る原料にもなっている。

シュガー・デコレイション　sugar decoration（英）

卵白と砂糖で練ったグラス・ロワイヤルを使って、さまざまな菓子の上面に絞ったり、ガムペイストを用いて花などを作り、菓子を飾るテクニックの総称。
→グラス・ロワイヤル
→パスティヤージュ

シュガーペースト　sugar paste（英）

粉砂糖を水、水飴、ゼラチンで練ったもの。ウェディングケーキ等のカヴァーに使ったり、ケーキを飾る花などを作る製菓副材料。卵白で作るパスティヤージュ（ガムペースト）より粘性があり、細かい細工に向いている。

〈配合〉

粉ゼラチン…………………………… 2g
水…………………………………… 15mℓ
水飴………………………………… 30g
粉砂糖……………………………… 200g

〈製法〉

① ゼラチンを水に入れてふやかし、レンジで溶かす。
② 人肌に温めた水飴を混ぜ、粉砂糖の中に加え

る。
③ なめらかな状態になるまでよくもみこむ。

シュクセ　succès（仏）

卵白、粉末アーモンドと砂糖を混ぜて焼き上げる生地の名称で、語意は「成功」を表す。

焼いた生地はそのままでも乾き菓子となるが、多くは各種アントルメの基本材料として、さまざまなクリーム類とともに用いるいわゆる「アントルメの底生地」としての使い方がある。

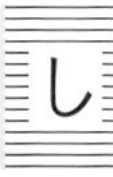

配合例は幾つかあるが、一例を記す。

〈パータ・シュクセの基本配合〉

卵白…………………………………………480g
砂糖…………………………………………500g
粉末アーモンド……………………………500g

〈製法〉

① 卵白を泡立てる。
② 砂糖と粉末アーモンドを混ぜ、①と合わせる。
③ 任意の大きさ、厚さに絞り、乾燥ぎみに焼く。

シュクセ・オ・ノワゼット　succès aux noisettes（仏）

ヘーゼルナッツの風味を生かした、シュクセがベースの軽い焼き菓子。

〈パータ・シュクセの配合と製法〉

卵白…………………………………………360g
砂糖………………………………200 ＋ 300g
粉末アーモンド……………………………500g

① 卵白を泡立て、砂糖200gを加えてムラングを作る。
② 粉末アーモンドと砂糖300gを一緒にしてふるい、①と合わせ、パータ・シュクセを作る。
③ パータ・シュクセを丸口金で渦巻き状に絞り、表面に薄切りアーモンドを振りかけて2枚作り、乾燥焼きにする。

〈プラリネ・ノワゼットを使ったバタークリームの配合と製法〉

卵白………………………………………3個分
砂糖…………………………………………125g
水……………………………………………50mℓ
バター………………………………………250g
プラリネ・ノワゼット……………………50g

① 砂糖と水を混ぜて火にかけ、121～125℃まで煮詰める。
② 充分泡立てた卵白に①を少しずつ注ぎ、ムラング・イタリエンヌを作る。
③ バターを泡立て、プラリネ・ノワゼットを混ぜる。
④ ③に②を加えて混ぜる。

〈仕上げ〉

乾燥焼きにしたシュクセ1枚にプラリネ・ノワゼット入りのバタークリームを塗りつけ、もう1枚の生地をのせ、粉糖を振りかける。

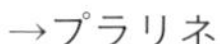
→プラリネ

シュクセ・オ・ノワゼット

シュークリーム

→シュー

シュクル・クーレ　sucre coulé（仏）

流し飴細工のこと。
→飴細工

シュクル・スフレ　sucre soufflé（仏）

吹き飴細工のこと。
→飴細工

シュクル・ティレ　sucre tiré（仏）

引き飴細工のこと。
→飴細工

シュクル・フィレ　sucre filé（仏）

糸状にした飴細工のこと。
→飴細工

シュクル・ロシェ　sucre rocher（仏）

岩状に固めた糖液。
→飴細工

シューケット　chouquette（仏）

シュー種を小さなドーム型に絞り、上からあられ糖をふりかけて焼いた菓子。中は空洞で、シュー生地の風味とあられ糖とハーモニーを楽しむプティフールの一種。

シューケット

しゅけんせつ　主顕節
→ガレット・デ・ロワ

しゅごせいじん　守護聖人
■ **カヴィスト（酒蔵係）の守護聖人**
サン・ヴァンサン　Saint Vincent
サン・リュバン　Saint Lubin
■ **キュイズィニエ（料理人）の守護聖人**
サント・マルトゥ　Sainte Marthe
サン・フォルテュナ　Saint Fortunat
サン・ローラン・ド・ローム
Saint Laurent de Rome
■ **ソムリエ（酒の給仕係）の守護聖人**
サン・ヴァンサン　Saint Vincent
サン・タルシトゥリクラン　Saint Architriclin
■ **タヴェルニエ（居酒屋経営者）の守護聖人**
サン・ヴァンサン・ド・サラゴス
Saint Vincent de Saragosse
サン・フィアクル　Saint Fiacre
サン・マルタン　Saint Martin
■ **トレトゥール（仕出し料理屋）の守護聖人**
サン・リュバン　Saint Lubin
サン・ローラン　Saint Laurent
→サン・ローラン
■ **パティシエ（製菓人）の守護聖人**
サン・トゥーリス　Saint Eurice
→サン・トゥーリス
サン・トノレ　Saint Honoré
→サン・トノレ
サン・フィリップ・ラポートル
Saint Philippe l'Apôtre
サン・マケール・ル・ジュヌ
Saint Macaire le Jeune
→サン・マケール・ル・ジュヌ
サン・ミッシェル　Saint Michel
→サン・ミッシェル
サン・ルイ　Saint Louis
→サン・ルイ
サン・ローラン　Saint Laurent
→サン・ローラン
■ **ブシェ（ミートパイ作りの職人）の守護聖人**
サン・タドリアン　Saint Adrien
サン・タントワース　Saint Antoine
サン・トレリアン・ド・リモージュ
Saint Aurélien de Limoge
サン・ニコラ・ド・ミール
Saint Nicolas de Myre
サン・バルテルミ　Saint Barthélemy
サン・リュク・レヴァンジェリスト
Saint Luc l'Évangéliste
■ **ブランジェ（製パン職人）の守護聖人**
サン・テリザベス・ド・オングリ
Saint Élisabeth de Hongrie
サン・トノレ　Saint Honoré
→サン・トノレ
サン・トベール　Saint Aubert
→サン・トベール
サン・フィアークル　Saint Fiacre
サン・ミッシェル・ラルカンジュ
Saint Michel l'Archange
サン・ラザール　Saint Lazare
■ **レストラン（料理屋）の守護聖人**
サン・ジュリアン・ロスピタリエ
Saint Julien l'Hospitalier
サント・マルトゥ　Sainte Marthe
サン・ローラン　Saint Laurent
→サン・ローラン
■ **ロティスールの守護聖人**
サン・ローラン・ド・ローム
Saint Laurent de Rome

ジュース　juice（英）
▶jus（仏）ジュ / Saft（独）ザフト
汁、果汁。
果物や野菜を絞った汁や肉汁のこと。
製菓面では、オレンジやレモン、りんご、いちごなどさまざまな果物のジュースを、アイスクリームやシャーベット、生菓子、コンフィズリー（糖菓）など、全般にわたって利用している。

しゅせきさん　酒石酸
→重酒石酸カリウム

シュタオプツッカーグラズール
Staubzuckerglasur（独）
▶glace à l'eau（仏）グラス・ア・ロー / water icing（英）ウォーター・アイシング、sugar icing（英）シュガー・アイシング
ドイツの製菓用語。
粉糖に水を加えて混ぜ、どろっとする状態に溶いたもの。焼き菓子のグラッセ用に使う。

シュトゥルーデル　Strudel（オーストリア）
中世から伝わるオーストリアの銘菓。広く東欧やイスラム文化の及んだ地域でも親しまれている。原義は「渦」で、切り口が渦巻きになるところからの呼称。
小麦粉を練って薄く延ばした生地に、果物やカッテージチーズなどのフィリングを散らして巻き、焼き上げた菓子。りんごを主にしたフィリングのアップフェルシュトゥルーデル、他のヴァリエーションとしてミルヒラームシュトゥルーデル、モーンシュトゥルーデルなどがある。
こね粉を延ばして、何かを包んだり、はさむ手法は古くからあり、フランス南西部のクルスタード、トゥールティエールなどがある。またトルコやギリシア等の菓子でバクラヴァというパイ風菓子があり、その形にシュトゥルーデルと類似した点が見られる。おそらく15世紀までイベリア半島を支配したイスラム文化圏の食べ物が、広がって伝わり、その土地の気候、風土、農産物などによって変化し、今日のシュトゥルーデルができ上がったと思われる。

■ **アップフェルシュトゥルーデル　Apfelstrudel**

〈配合〉

生地
小麦粉……250g
全卵……2個
塩……4～5g
サラダオイル……15mℓ
微温湯……50～100mℓ
バター……適量

フィリング
りんご……500g（中3個くらい）
レーズン……100g
砂糖……100g
シナモン……適量
レモン果皮……2～3個分

その他
粉糖……適量

アップフェルシュトゥルーデル

〈製法〉

① ふるった小麦粉をフォンテーヌ(泉)状にする。
② 卵、塩、サラダオイルを混ぜて①の中央に入れ、周りをくずして混ぜ合わせる。
③ 微温湯を少量ずつ加えて混ぜ、よくこねて弾力を出す。
④ ラップに包んで冷蔵庫で休ませる。
⑤ 手粉を使いながら透き通るほどに薄く延ばす。
⑥ 60cm × 60cmほどに延ばしたら、表面に溶かしバターを塗る。
⑦ りんごの皮をむき、芯をとって6等分し、さらに厚さ3mmくらいに切る。
⑧ ⑦をボウルに入れ、レーズン、砂糖、シナモン、レモン果皮のすりおろしを加える。
⑨ ⑧のフィリングを⑥にのせ､巻き込んでゆく。
⑩ 左右の余分な生地を下に折り込み、両端をきちんと包み込む。
⑪ 油を薄く引いたテンパンにのせ、表面の粉を払い落とす。
⑫ 表面に溶かしバターを塗る。
⑬ 220℃程のオーブンで、15～20分間焼く。
⑭ 粉糖を振って、適宜な幅に切り分ける。

■ **ミルヒラームシュトゥルーデル Milchrahmstrudel**
クリームテイストのシュトゥルーデル。
生地はアップフェルシュトゥルーデルと同じ。

〈フィリングの配合〉

バター……200g
砂糖……100g
牛乳に浸したパン……400g
卵黄……9個分
生クリームまたはサワークリーム……1000mℓ

ムラング
卵白……………………………… 9個分
砂糖……………………………… 100g
レモン果皮………………………… 少々

〈グース（流し種）の配合〉
牛乳……………………………… 1000mℓ
砂糖……………………………… 100g
全卵……………………………… 4個

〈製法〉
① バターに砂糖を加えて泡立てる。
② 牛乳に浸しておいたパン、卵黄、生クリームまたはサワークリームを①に混ぜる。
③ 卵白に砂糖を加えて泡立て、レモン果皮を加えて②と混ぜる。
④ 薄く延ばしたシュトゥルーデルの生地の上に③のフィリングを塗って巻く。
⑤ 油を塗ったアルミケースの中に、④を適宜な大きさに切って詰め、表面に溶かしバターを塗る。
⑥ グースの材料全部を混ぜて火にかけ、80℃くらいで火から降ろす。
⑦ ⑥のグースを⑤に流し込み、200℃のオーブンで焼く。

■ **モーンシュトゥルーデル　Mohnstrudel**
けしの実を使ったシュトゥルーデル。生地はアップフェルシュトゥルーデルと同じ。

〈フィリングの配合〉
牛乳……………………………… 400mℓ
蜂蜜……………………………… 30g
けしの実…………………………… 500g
バター……………………………… 60g
ケーキクラム……………………… 250g
レモン果皮………………………… 少々
レーズン…………………………… 100g

〈製法〉
① 牛乳と蜂蜜を煮る。
② けしの実をローラーで挽きつぶし、バター、ケーキクラム、レモン果皮とともに①に加える。
③ 薄く延ばしたシュトゥルーデルの生地の上に②を塗る。
④ レーズンを散らして巻き込み、バターを塗った適宜な大きさのアルミケースに入れる。
⑤ 200℃のオーブンで焼く。

ジュー･ド･ダーム　jeux de dames（仏）
「貴婦人の遊び」の意味を持つフランスのクッキー。
プレーンな白とチョコレート入りの黒の生地を交互に重ね、市松模様になるようにして焼き上げる。

ジュー・ド・ダーム（中央）

〈白い生地の配合と製法〉
バター……………………………… 250g
砂糖……………………………… 200g
卵黄……………………………… 2個分
小麦粉……………………………… 360g
① バターに砂糖を加えてすり合わせる。
② 卵黄を少しずつ加え、なめらかな状態にする。
③ 小麦粉をふるい、②に加え混ぜる。
④ 生地をまとめ、ラップに包んで冷蔵庫で休ませる。

〈黒い生地の配合と製法〉
バター……………………………… 250g
砂糖……………………………… 200g
卵黄……………………………… 2個分
小麦粉……………………………… 290g
ココア……………………………… 70g
① ココアと小麦粉と一緒にふるい合わせてから、白い生地と同様に作り、冷蔵庫で休ませておく。

〈仕上げ〉
① 白い生地の約1/3をとり分けておく。残りの白い生地と黒い生地をそれぞれ厚さ約5mmに延ばす。
② 幅1cmのひも状に切る。
③ 表面を水でぬらして白と黒の生地を合わせて、市松模様になるように組み合わせて冷やし固める。
④ とり分けた白い生地を薄く延ばし、表面をぬらして③をのせ、転がすようにして全体を包み、棒状にする。再び冷やして固める。
⑤ ナイフで適宜な幅に切ると、切り口が市松模様になる。中火のオーブンで焼く。

し

シュトレン　Stollen（独）

レープクーヘンと並んで、ドイツで親しまれているクリスマス菓子。

細長い形状で、キリストが生まれた時、東方からきた三博士がついていたつえの形に由来するとの説もある。またそれはキリストのおくるみとかキリストのゆりかごの形になぞらえたもので、上からかける粉糖は生誕の日に降っていた雪を表しているとの説もある。

記録によると14世紀の初め、ドレスデンにこの菓子の存在が記されているが、多くの人々が口にしたのは15世紀前半からで、以後、この町の銘菓といわれている。はじめは丸形だったようだが、いつのころからか、オーブンの焼成効率を高めるために細長い形になっていったといわれている。ドレスデンのほかに、ライプツィヒのものも名高い。中のフィリングもいろいろ工夫されている。

シュトレンの焼く前の生地はシュトレンタイクという。また油脂にバターのみを使うものをブッターシュトレンという。

シュトレン

■ ドレスデナー・クリストシュトレン Dresdner Christstollen

基本的なシュトレン。キリストにまつわるものとしてこう呼ばれる。ドレスデナーシュトレンともいう。発酵生地に多量のドライフルーツを加え、細長い形に成形する。

〈配合〉

強力粉……………………………… 1100g
粉末スパイス（メース、カルダモン等）15g
牛乳……………………………… 540mℓ
砂糖……………………………… 150g
塩……………………………… 10g
バター……………………………… 225g
イースト……………………………… 100g
レーズン……………………………… 1000g
レモンピール……………………………… 125g
オレンジピール……………………………… 125g
刻みアーモンド……………………………… 100g
くるみ……………………………… 100g
白ワイン……………………………… 100mℓ
ラム……………………………… 60mℓ
レモン果皮……………………………… 4個分
マルツィパンローマッセ……………… 420g
キルシュ……………………………… 10mℓ

仕上げ用

バター……………………………… 450g
シナモン……………………………… 5g
砂糖……………………………… 250g
シナモンシュガー……………………… 適量

〈製法〉

① 強力粉に粉末スパイスを混ぜておく。
② 牛乳、砂糖、塩を混ぜた中にバターを入れて火にかけ、バターを溶かしてその中にイーストを入れる。
③ ②と①を混ぜる。
④ レーズン、レモンピール、オレンジピール、刻みアーモンド、くるみ、白ワイン、ラム、レモン果皮を③に加え、全体をよく混ぜ、均質にする。
⑤ 生地を250～260gずつに分け、めん棒で延ばし広げる。
⑥ 両端を折り返して再び延ばし広げる。
⑦ マルツィパンローマッセにキルシュを加えて混ぜ、30gくらいずつに分け、棒状にして⑥の上にのせ、両端を折って包む。表面を三つの段々の形になるように成形する。
⑧ 霧を吹いて発酵させ、再度霧を吹いて中火のオーブンで焼く。
⑨ 焼き上がったら、竹串でたくさんの穴をあける。
⑩ バターを溶かして、シナモンと砂糖を混ぜてシュトレンの上に塗り、中にしみ込ませる。
⑪ 上からシナモンシュガーをたっぷり振りかける。

■ ヌッスシュトレン　Nussstollen

シュトーレンの生地を四角に延ばし、ヘーゼルナッツ入りのフィリングを塗り、両側から巻いて、長方形の焼き型に入れて焼いた菓子。

■ ブッターシュトレン　Butterstollen

バターをたっぷり使い、焼き上がった後もたっぷりのバターを染み込ませるシュトレン。

■ マルツィパンシュトレン　Marzipanstollen

シュトレンの生地に対して、キルシュでゆるくした同量のマルツィパンローマッセを用いる。

両者をそれぞれ7.5mmの厚さに延ばし、重ねてからロール状に巻く。以下の工程はドレスデナー・クリストシュトレンと同じでよい。

■ マンデルシュトレン　Mandelstollen

アーモンドの風味が引き立つシュトレン。混ぜ物が少ない。

〈配合〉

牛乳……………………………… 300mℓ
イースト……………………………… 80～90g
薄力粉……………………………… 125＋375g
強力粉……………………………… 125＋375g
砂糖……………………………… 120g
バター……………………………… 400g
塩……………………………… 10g
刻みアーモンド……………………………… 300g
マルツィパンローマッセ……………… 280g
溶かしバター……………………………… 適量
グラニュー糖……………………………… 適量
粉糖……………………………… 適量

〈製法〉

① 牛乳を人肌に温めてイーストをとき、薄力粉125g、強力粉125gと合わせて生地をまとめ、30分間ほど発酵させる。
② 薄力粉375g、強力粉375g、砂糖、バター、塩を①に加えてよく練り、30～45分発酵させる。
③ ガス抜きをし、刻みアーモンドを加え、適宜な量に分け、楕円形に成形する。
④ マルツィパンローマッセを棒状にしたものを生地の長さよりやや短く切り、生地の中央をめん棒で押さえ、中に埋め込み、包む（ローマッセは生地の10％くらいにする）。
⑤ 15～20分発酵させ、220℃のオーブンで約10分間焼く。次に190～200℃に温度を下げて45～60分焼く。
⑥ 溶かしバターを表面に塗り、グラニュー糖を振りかける。
⑦ 冷めたあと、粉糖を振りかける。

■ モーンシュトレン　Mohnstollen

けしの実を使ったシュトレン。シュトレンの生地を薄く四角形に延ばし、けしの実入りのフィリングを塗る。これを両側から巻いて、長方形の型に入れて焼く。

シュトロイゼル　Streusel（独）

ドイツの製菓用語。小麦粉とバターをもんで作ったそぼろ状のもの。クッキーなどの焼き菓子に振りかける。バターを使うため、ブッタ―シュトロイゼルともいう。

→ブッターシュトロイゼル

シュトロイゼルクーヘン　Streuselkuchen（独）

ドイツの焼き菓子の一種。バターと小麦粉を混ぜたそぼろをふりかけて焼く。薄く延ばしたヘーフェタイク（発酵生地）の上にヴァニレクリームを塗ってそぼろをふりかけて焼き、適宜な大きさに切り分ける。

シュトロイゼルクーヘン

シュニッツブロート　Schnitzbrot（独・オーストリア）

シュヴァーベンやチロル地方の銘菓。主にクリスマスの期間に作る。

温湯に浸してやわらかく煮た洋梨とプラムを、イースト、ライ麦粉、小麦粉を混ぜた生地に加え、さらにいちじく、アーモンド、くるみ、ドレンドチェリー、果物の煮汁を加える。

棒状に細長く成形して焼き、アプリコットジャムを塗って、溶いたフォンダンなどをかける。その上に砂糖漬けフルーツやアーモンド類をのせて飾る。この菓子は長期間おくと風味が出てくる。

シュニッテ　Schnitte（独）

▸tranche（仏）トランシュ / cake slice（英）ケイク・スライス

切り菓子、切り分ける菓子。和菓子の棹物の分野にあたる。種類は生菓子、半生菓子から焼き菓子まで幅広く含んでいる。長方形で切って供されるものであれば、たいていのものはシュニッテの部類に入る。菓子の命名としては複数形を用い、～シュニッテンと表記することが多い。

シュネーバレン　Schneeballen（独・オーストリア・スイス）

▶ boule de neige（仏）ブール・ド・ネージュ / snowball（英）スノーボール

シュネーバレン

南ドイツからスイス、オーストリアにかけて広く作られている揚げ菓子で、直訳すると「雪の玉」である。球状に揚げ、粉糖を振りかけた形からつけられた。

〈配合〉

卵黄	6個分
砂糖	30g
塩	3g
ラム	75mℓ
レモン果皮	1個分
ヴァニラ	少々
溶かしバター	40g
小麦粉	300g

〈製法〉

① 卵黄、砂糖、塩、ラム、レモン果皮、ヴァニラを混ぜ、溶かしバターを加える。
② ふるった小麦粉と合わせて生地をまとめる。
③ 1時間ほど休ませたのち、40cm × 60cm、厚さ1mmに延ばす。
④ ③を横長に置いて縦に24等分し、それぞれに、ギザギザのついたルレットで上下を1cmほど残して4本の長い切り目を入れ、手で適当にからませて丸める。
⑤ 茶こしを二つ合わせたような形の専用の型に入れ、160～170℃に熱した油で揚げる。
注：ラムを使って生地をこねるため、揚げてもあまり油を吸わず、軽い仕上がりになる。

シュピースクーヘン　Spießkuchen（独）

槍のような細長い棒を軸にして生地を巻きつけ、直火の上で回しながら焼く菓子。シュピースとは「槍」または「串」を意味する。

15世紀半ばごろからの菓子で、1581年にマルクス・ルンポルトの著作『新しい料理書』にも登場してくる。今日のバウムクーヘンの原形である。

シュピッツクーヘン　Spitzkuchen（独）

上質のホーニッヒクーヘンやレープクーヘンの生地を三角に切り、棒状または板状に焼き、チョコレートでコーティングしたもの。フィリングを使うもの、使わないものの両方がある。

シュピッツブーベン　Spitzbuben（独）

いたずらっ子という意味のクッキー。ミュルベタイクを菊型で2枚抜き、1枚の上に、中央に丸い穴をあけたもう1枚を重ね、上から粉糖をふりかけて、穴の中にラズベリージャムを絞り込む。オクセンアオゲンと同様のもの。

→オクセンアオゲン

シュピッツブーベン

シュピンツッカー　Spinnzucker（独）

▶ sucre filé（仏）シュクル・フィレ / spun sugar（英）スパン・シュガー

ドイツの製菓用語。糸飴。

→飴細工（シュクル・フィレ）

シューフライ・パイ　shoofly pie（米）

アメリカ・ペンシルバニアで好まれているモラセス風味のパイ。おいしそうな甘い蜜からハエを追い払うということからshooflyの名がついたといわれている。

〈配合〉

パイ生地（フィユタージュ）	適量
薄力粉	90g
ブラウンシュガー	50g

バター……………………………………… 25g
フィリング
卵………………………………………… 1個
モラセス………………………………… 120g
熱湯……………………………………… 120g
重曹………………………………………… 2g
〈製法〉
① パイ生地を厚さ2mmに延ばして、パイ皿に敷く。
② 薄力粉とブラウンシュガーを混ぜ、バターを加えてすり合わせ、そぼろ状にする。
③ ボウルに卵を入れて溶き、モラセスを加え混ぜ、別のボウルで重曹を熱湯で溶き、②の半量を混ぜる。
④ ③を①のパイ生地に流し、残り②を上面にのせる。
⑤ 180℃のオーブンで約20分焼く。

シューフライ・パイ

シュプリッツクーヘン　Spritzkuchen（独）
▶beignet soufflé（仏）ベーニェ・スフレ / soufflé fritter（英）スフレ・フリッター
リング状に絞って、油で揚げたシュー菓子。アオフラオフクラップフェンともいう。

シュプリッツゲベック　Spritzgebäck（独）
絞り出しクッキー。
→シュプリッツミュルベタイク

シュプリッツザントゲベック
Spritzsandgebäck（独）
絞り出しクッキー。
→シュプリッツミュルベタイク

シュプリッツミュルベタイク
Spritzmürbeteig（独）
絞って焼くタイプのクッキー生地。焼いたものはシュプリッツザントゲベックあるいはシュプリッツゲベックという。チョコレート味のものはショコ・シュプリッツミュルベタイクといい、ココアを小麦粉の5～10%ほど加える。
〈配合〉
バター……………………………………… 300g
塩…………………………………………… 少々
ヴァニラ…………………………………… 少々
粉糖………………………………………… 60g
小麦粉……………………………………… 360g
〈製法〉
① バターを泡立て、塩とヴァニラを加える。
② 粉糖を加え、小麦粉を入れて混ぜる。

シュプリンゲルレ　Springerle（独・スイス）
ドイツやスイスを中心としたドイツ語圏の国々で作る焼き菓子。
全卵、粉糖、小麦粉にアニスをきかせた生地を作り、ローラーや木型に押し当てて模様をつける。焼成は、表面に焦げ目をつけず、白さが残るようにする。また焼いた側面が持ち上がり、いわゆる足ができていないといけない。アニスシュプリンゲルレと呼ばれるものはテンパンに並べたのち、表面にアニシードを振りかけてから焼く。
いつでも気軽に食べるが、特にクリスマスのころは、シュプリンゲルレを大皿いっぱいに盛りつけてクリスマスツリーの下に置き、パーティーが始まる。

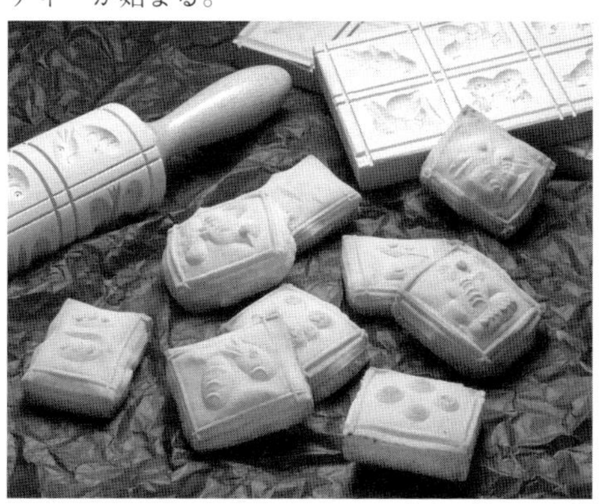
シュプリンゲルレと型

〈配合〉
粉糖………………………………………… 200g

全卵……………………………………… 80g
アニス…………………………………… 10g
小麦粉…………………………………… 200g

〈製法〉

① 粉糖に卵を混ぜる。
② アニスを小麦粉に混ぜ、①と合わせて練る。
③ 木型に押し当て、模様をつけて切り分ける。
④ 油を塗ったテンパンに並べ、一晩乾燥させて、130 ～ 140℃のオーブンで乾燥焼きにする。

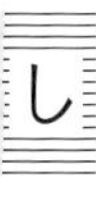

シュペクラーツィウス

→スペキュラース

シュマフスケー・コラーチェ　Šumavské koláče（チェコ・スロバキア）

チェコ及びスロバキアの焼き菓子。発酵生地を延ばし、チーズや果物のフィリングを包んだり、詰めたりして焼く。チェコやスロバキアでは結婚式の招待客が持ち寄るという祝い菓子である。

チェコ南部のシュマヴァ地方の名を付したパイ菓子。コラーチェはパイの意味。

〈配合〉

生地

牛乳…………………………………… 500mℓ
イースト……………………………… 25g
卵黄…………………………………… 3 個分
バター………………………………… 170g
レモン果皮すりおろし……………… 1 個分
ヴァニラ……………………………… 少々
小麦粉………………………………… 1500g

フィリング

カッテージチーズ…………………… 200g
レーズン……………………………… 20g
砂糖…………………………………… 80g
セモリナ粉…………………………… 50g
ヴァニラ……………………………… 少々
プラムジャム………………………… 150g
レモン果皮すりおろし…………… 1/2 個分
レモン果汁………………………… 1/2 個分

そぼろ（ブッターシュトロイゼル）

小麦粉………………………………… 100g
粉糖…………………………………… 100g
バター………………………………… 50g

〈製法〉

① 微温の牛乳でイーストをとき、これに卵黄、バター、レモン果皮のすりおろし、ヴァニラを一緒にして混ぜる。
② 小麦粉を加えてよくこね、しばらく休ませる。
③ 発酵してきたら二度ほどガス抜きをして延ばし、5cm 角に切る。
④ カッテージチーズ、レーズン、砂糖、セモリナ粉、ヴァニラ、プラムジャム、レモン果皮のすりおろし、レモン果汁を混ぜてフィリングを作り、③の上にのせて四方から包む。
⑤ 上から小麦粉、粉糖、バターを混ぜて作ったそぼろを振りかけて焼く。

シュミゼ　chemiser（仏）

▶ coat（英）コート / ankleben（独）アンクレーベン

「ゼリーを張る」の意味の製菓用語。

アントルメや料理用のさまざまな型の内側に、ゼリーの薄い膜を張ること。型にゼリーを流して急速に冷やし、ただちにゼリーを外にあける。こうすると型の内側にゼリーを薄く張ることができる。

また、料理や菓子の上からゼリーをかけることもシュミゼという。

シュラークオーバース　Schlagobers（独）

▶ crème fouettée（仏）クレーム・フエテ / whipped cream（英）ウイップト・クリーム

泡立てた生クリームのこと。シュラークザーネともいう。

→クリーム

シュラークザーネ　Schlagsahne（独）

泡立てた生クリームのこと。単にザーネとも呼んでいる。トルテなどに用いる場合、クリームが分離しないよう、または保形性を高めるために若干量のゼラチンを混入する。

→シュラークオーバース
→クリーム

ジュレ　gelée（仏）

→ゼリー

しょうちゅう　焼酎

米や麦、さつまいも、そばといったデンプン質、あるいは黒糖といった糖質を原料としてアルコール発酵させ、これを蒸留して作る酒。醸造酒と違って蒸留したものゆえ、不純物も取り除かれている。15 世紀に琉球(沖縄)にシャム(タイ）から伝えられ、それが薩摩に伝わった。これが今に至る薩摩焼酎の始まりという。なお今日の酒税法では、連続式蒸留によって得られるアルコール分36%未満のものを焼酎甲類、単式蒸留によって得られるアルコール分45%未満のものを焼酎乙類としている。甲類はホワイトリカーとして親しまれ、梅酒作りを始めとした多くの果実酒作りに使われている。乙類は原料の個性や特徴を残したもので、芋焼酎、そば焼酎、沖縄の泡盛といったものがこれに含まれる。

ショギ・レッカリー　Schoggi-Leckerli（スイス）

レッカリーは小型のレープクーヘンのスイスにおける呼び名。粉末アーモンド、キルシュ、粉糖、チョコレート、レモン、ヴァニラなどを混ぜた生地を延ばして、レープクーヘンの木型に押し当てて模様をつけ、焼き上げてからアイシングを塗る。バーゼラー・レッカリーなどと並んで、スイスの銘菓に数えられる。

〈配合〉

粉糖……………………………… 250g
粉末アーモンド………………… 250g
キルシュ……………………… 30 ～ 45mℓ
チョコレート…………………… 100g
レモン果皮…………………… 1/2 個分
シナモン………………………… 15g
ヴァニラシュガー……………… 3g
アイシング
粉糖……………………………… 18g
水………………………………… 15mℓ
ヴァニラシュガー……………… 2g

〈製法〉

① 粉糖、粉末アーモンド、キルシュを鍋に入れて温め、かための生地にする。
② 細かく削ったチョコレート、レモン果皮、シナモン、ヴァニラシュガーを①に混ぜ込む。
③ 厚さ1cmに延ばし、レープクーヘンの木型に押し込む。
④ 余分な生地をナイフで切り落とし、粉をまぶしたテンパンに並べる。
⑤ 数時間乾かしたのち、180℃のオーブンで焼く。
⑥ 粉糖、水、ヴァニラシュガーを混ぜてアイシングを作り、刷毛で塗る。

しょくえん　食塩

▶ salt（英）ソルト / sel（仏）セル / Salz（独）ザルツ

食用に適するように精製した塩。塩化ナトリウムを主成分とする。食生活に不可欠な塩分は、製菓面においても重要な役割を果たす。パイ生地と呼ばれるフイユタージュやシュー生地にあっても、含まれている塩味によって味覚も引き締まり、カスタードクリーム等の甘み感も引き立つ。これを「味の対比効果」と呼んでいる。

酵母の働きを抑える性質があり、製パン作業の面で生地発酵の調節ができる。さらに小麦粉に水を加えたときに出るグルテンの弾力と粘り気を強める働きがある。

ショーケース

▶ showcase（英）ショウケイス、display case（英）ディスプレイ・ケイス / vitrine（仏）ヴィトリーヌ / Vitrine（独）ヴィトリーヌ

ガラス製の陳列棚、ケース。冷蔵、冷凍、非冷蔵のものがある。冷蔵ショーケースは洋生菓子用で、庫内を10℃前後以下に保つように設計されている。10℃を超えると細菌の繁殖度が急激に上昇するためである。

アイスクリームやシャーベット用には、－12℃以下の冷凍ショーケースを用いる。それより温度が高いと、氷菓は溶けなくともやわらかくなってしまう。乾き菓子などの日もちするものは、非冷蔵のショーケースでよい。

日本では、ショーケースの長さも、尺貫法にもとづいて1本が通常6尺（1.8m）を基準として1尺刻みで長短の変化がつけられている。

ショコラ・クラシック　chocolat classique（仏）

クラシックの呼称と裏腹に、現代的ななめらかな口当たりのチョコレートケーキ。口溶けの良さは小麦粉の割合の低さと、卵白の気泡性による。

〈配合〉

チョコレート…………………… 55g
生クリーム……………………… 30mℓ
バター…………………………… 30g
卵黄………………… 30g（1.5 個分）
ココア…………………………… 30g
薄力粉…………………………… 7g
卵白…………………… 60g（2 個分）
砂糖……………………………… 60g
粉糖……………………………… 少々

〈製法〉

① チョコレートを湯煎で溶かす。
② 生クリームを35℃ほどに温め、少量の①を

加える。
③ 残りの生クリームに溶かしたバターを入れ、②に少しずつ加え混ぜる。
④ 卵黄を③に入れて混ぜる。
⑤ ココアと薄力粉を合わせてふるい、④に入れて混ぜる。
⑥ 湯煎にかけながら、卵白に砂糖を3回に分けて加え泡立ててメレンゲを作る。
⑦ ⑤に少量のメレンゲを加えて混ぜ、続いて残りのメレンゲを混ぜる。
⑧ 型に流し、160℃のオーブンで約35～40分焼く。
⑨ 上面に粉糖を軽くふりかける。

ショコラ・クラシック

ショコラーデンシュプリッツグス

Schokoladenspritzguss（独）

ドイツの製菓用語。

ビターチョコレートにシロップを加えたり、クーヴェルテュールにごく少量の水とアルコールを加え、絞れる程度のかたさに練り合わせたもの。

ショコラーデン・フェッヒャートルテ

Schokoladen Fächertorte（オーストリア）

波形に削りとったチョコレートを花形に飾った、オーストリアの華麗なチョコレートケーキ。

〈配合〉

生地
- バター……50g
- 砂糖……115＋75g
- 溶かしたチョコレート……50g
- 卵黄……4個分
- 卵白……4個分
- 小麦粉……100g
- グランマルニエ入りシロップ……少々

ガナッシュ
- チョコレート……200g
- 生クリーム……300g

仕上げ用
- チョコレート……適量

〈製法〉

① バターと砂糖115gをすり合わせ、溶かしたチョコレートを加え、卵黄を混ぜる。
② 卵白に砂糖75gを少しずつ加え、泡立てて、ムラングを作り、①と合わせる。
③ 小麦粉を加えて混ぜ、トルテ型に流して180℃のオーブンで焼く。
④ 3枚に切り、それぞれにグランマルニエ入りシロップを打つ。
⑤ チョコレートを刻み、沸騰させた生クリームに加えてガナッシュを作る。
⑥ ⑤のガナッシュを④にはさみ、上から流すようにして全体に塗る。
⑦ 温度調節したチョコレートをマーブル台に流し、三角べらではぎとり、⑥のケーキの上に花のように並べてゆく。
⑧ 上から軽く粉糖を振りかける。

ショコラーデン・フェッヒャートルテ

ショコラ・プラスティック　chocolat plastique（仏）

▶ modelling chocolate（英）モデリング・チョコレート / Plastikschokolade（独）プラスティックショコラーデ

チョコレートに水飴、シロップを加えて練ったもの。粘性があり、マジパンと同じように造形ができるため、細かい細工物に適している。またホワイトチョコレートで作ると、着色も可能で、カラフルな作品ができる。マジパンは水分の多いものの上にのせると溶けることがあるが、ショコラ・プラスティックは、油性なのでその心配がない。ただし素材がチョコレートなので熱に弱く、細工の際手早くしないと、だれて作業がしにくくなるので注意を要する。

〈配合〉

チョコレート…………………………… 200g
水飴……………………………………… 60g
ボーメ30度のシロップ ……………… 40mℓ

〈製法〉

① チョコレートを溶かす。
② 水飴とシロップを混ぜる。
③ ①と②を混ぜ、冷ます。使用時に必要量を取り出し、任意の形にする。
　注1：あまり熱をつけすぎないこと。生地がまとまりにくくなり、成形が困難になる。
　注2：かたすぎる場合はシロップを入れて調節する。

〈着色の場合の配合と製法〉

カラーチョコレート…………………… 15g
ホワイトチョコレート………………… 185g
水飴……………………………………… 60g
ボーメ30度のシロップ ……………… 40mℓ

① カラーチョコレートとホワイトチョコレートを溶かして混ぜる。
② 水飴とシロップを混ぜる。
③ ①と②を混ぜ、冷まして任意の形にする。

ショーシ・テアシュテメーニェク　sós teasütemények（ハンガリー）

ハンガリーの料理菓子。

塩味のきいたフイユタージュをいろいろな型で抜き、焼き上げる。挽いたハムを塩とからし入りのバタークリームであえて詰める。大きさはプティフールぐらいに作る。オードヴルとして扱う。

ショソン　chausson（仏）

▶turnover（英）ターンノーヴァー / Taschen（独）タッシェン

フイユタージュに何かをのせ、二つ折りにして焼き上げた菓子。クロワッサンやパン・オ・ショコラと並び、特に焼きたてが美味である。

ショソンとは上靴、スリッパ、運動靴の意味で、形が半月形なので、スリッパや木靴の先のようだというところから、この名がついた。

現在のフランスの菓子店の商品構成では、ごく一般的なもの、あるいはややグレードの低いほうに扱われかねないが、かつてはグレードの高い部類に属していた。

りんごを包んだショソン・オ・ポンムがポピュラーであるが、この他にもプラムやアプリコットを包んだり、地方によってその土地の果物を用い、町の名物になっている。

〈ショソン・オ・ポンムの製法〉

① フイユタージュを厚さ2mmに延ばす。
② 円形に抜き、少し楕円に延ばす。
③ 生地の中央にりんごの甘煮をのせ、縁に薄く水をつけ、二つ折りにして接着させる。
④ 表面に溶いた卵黄を塗り、ナイフで飾りとして葉脈の筋を入れる。
⑤ 葉脈の2～3か所に目立たぬように空気抜きの穴をあける。
⑥ 強火のオーブンに入れる。
⑦ 焼き上がる直前に出して粉糖を振り、再びオーブンに入れて光沢をつける。

ショソン・オ・ポンム

ショック・フリーザー　shock freezer（英）

急速冷凍機。−40℃前後の冷気を吹きつけ、瞬間的に凍結させる機械。対象物にもよるが、30分以内に表面温度が−8℃ほどに達するまで冷気を吹きつけ、その後−30℃前後で冷凍保存をすると、タンパク質の劣化はほとんどないという結果も出ており、少量多品種の傾向が強い洋生菓子製造業には必要不可欠な機械といえる。

なお急速に凍結させたものは、時間をかけて、すなわち緩慢解凍させていかないと、水滴が表面について結露し、状態が悪くなる。

ショートケーキ（日）

日本で創作された洋生菓子。

スポンジケーキを土台にして泡立てた生クリームを絞り、いちごなどの果物をはさんだり、のせたりしたケーキ。

ショートとは「さくさくした」という意味で、元来クッキーに用いる語であった。いわれについては諸説あるが、アメリカのストロベリー・ショートケイクが元になったという説が有力とされている。これは厚めに焼いたショートブレッドと呼ばれるクッキー生地に生クリームといちごをあしらって段重ねにしたもの。日本人には柔らかい口当たりの方が合っているとして、このクッキー生地をスポンジケーキに置き換えてアレンジし、名前をそのままに作り続けられてきたものが今日のショートケーキであるという。

〈配合〉

ジェノワーズ（直径 18 cm）………… 1 個
シロップ……………………………… 適量
生クリーム………………………… 400mℓ
砂糖……………………………… 50 ～ 70g
いちご……………………………… 適量

〈製法〉

① 焼き上がったジェノワーズを 2 枚ないし 3 枚に切る。
② それぞれにシロップを刷毛で打つ。好みによりキルシュを適量混ぜてもよい。
③ 生クリームに砂糖を加えて泡立て、ジェノワーズの 1 枚の上に塗っていちごを並べ、また生クリームを塗って他のジェノワーズを重ねる。
④ 全体にも同じクリームを塗り、口金をつけた絞り袋に詰めたクリームを、上面に絞って飾る。
⑤ いちごをのせて飾り、好みによりジャムまたは寒天液をつや出しとして、その上に塗る。

ショートニング　shortening（英）

▶ produit blanc（仏）プロデュイ・ブラン / Hartfett（独）ハルトフェット

硬化油の一つで、製菓・製パン用にアメリカで開発された無水脂肪。バターの代用として使われ、バターが水分約 16％なのに対し、これは 3％ほどで極端に少ない。たとえば練り粉に混ぜた場合、脂肪であるため水に溶けず、かつ水分を含んだ粒子をよくつなぐ役割を果たす。また微細な気泡を多く作り、焼き上がりが軽い。バターにくらべて風味はないが、酸化することもなく、鮮度は保たれる。

ビスケットやクッキー状のものに使用すると、口当たりは砕けやすい感じになる。この状態をショートという。

用途としては、クッキー、ビスケットをはじめ、パウンドケーキ等各種焼き菓子など、バターを使うものの多くに、代用または一部おきかえて用いられる。

ショートブレッド　shortbread（英）

イギリスで親しまれているクッキー、ビスケットの一種。

ショートブレッド

基本的なショートブレッド

〈配合〉 20cm 1 台分

薄力粉……………………………… 255g
バター……………………………… 170g
グラニュー糖……………………… 85g

〈製法〉

① バターとグラニュー糖をすり合わせる。
② 薄力粉をふるって、①に 3 回に分けて加え混ぜ、生地をまとめて冷蔵庫で 15 分ほど休ませる。
③ ②を直径 20cm の円形に延ばす。
④ 縁を指先でつまんで飾り、ナイフで 8 等分の筋をつけ、フォークの先で空気抜きの穴をあける。
⑤ 170℃のオーブンで約 20 ～ 25 分焼く。

ジョー・フロッガー　Joe Froggers（米）

1800 年代初め頃、マサチューセッツ州のマーブルヘッドという町でバーを営む、ジョー・ブラウン夫妻がこのクッキーを手がけ、同店の名物にしたことに始まりを持つ。なおこの名称はジョー氏と近くの池に住むカエルにちなんで付けられたという。ショートニングで作ることにより、酸化しにくく日持ちがするため、船乗りたちが航海に出る時に好んで持っていったと伝えられている。

〈配合〉
バター……60g
ブラウンシュガー……80g
モラセス……120g
薄力粉……240g
重曹……2g
塩……2.5g
粉末ジンジャー……2g
粉末ナツメグ……1g
粉末クローヴ……1g
熱いブラックコーヒー……30mℓ
ラム……20mℓ

〈製法〉
① バターをクリーム状にし、ブラウンシュガーを加え、モラセスも加え混ぜる。
② 薄力粉、重曹、塩、粉末ジンジャー、粉末ナツメグ、粉末クローヴといった粉類を一緒にし、そのうちの半量を①に加え、コーヒーと残りの粉類を混ぜ、ラムも加え混ぜる。
③ ②をまとめて冷蔵庫で休ませた後、厚さ6mmほどに延ばし、直径7cmの丸い抜き型で抜く。
④ ③をテンパンに並べ、190℃のオーブンで約8分焼く。

ジョー・フロッガー

ショレザード　sholezard（アラブ圏）
ライスプディングの一種。サフランの香りが高く、デザート菓子などで親しまれている。

シラバブ　syllabub（英）
加糖した生クリームに、各種のリキュールやワインなどで香りをつけたイギリスのデザート。
かつて牛乳の表面に浮く脂肪分をねこ柳などの小枝で泡立て、甘みを加えたことがこのデザートの始まりといわれている。これに果汁、ピューレなどを混ぜたものは、フール、スノーなどと呼ぶ。

〈配合〉
生クリーム……200mℓ
砂糖……100g
シェリー酒……75mℓ
レモン果汁……1個分

〈製法〉
① 生クリームに砂糖を加えて軽く泡立てる。
② シェリー酒とレモン果汁を加える。
③ ガラスの器などに移し入れ、冷やして供する。

シラーロッケン　Schillerlocken（独）
▶cornet à la crème（仏）コルネ・ア・ラ・クレーム / cream horn（英）クリーム・ホーン、cornet（英）コルネット
フイユタージュの菓子。意味は「シラーの巻き毛」。シラーはドイツの有名な詩人。薄く延ばして細く切ったフイユタージュのひもを、コルネの型に巻きつけ、卵を塗って焼き、内部にクリームを詰める。

シリカゲル
防湿剤。湿気を帯びさせたくないものは、密閉性の高い容器に入れ、このシリカゲルを入れておく。

シルバー・コイン・パンケイク　silver coin pancake（英）
コインに見立てて、小さな丸い形に焼いたパンケーキ。

〈配合〉6cm 20枚分
薄力粉……110g
ベーキングパウダー……4g
塩……1g
卵……1個
牛乳……140mℓ
ヴァニラエッセンス……少々
生クリーム……適量
蜂蜜……適量
ジャム……適量

〈製法〉
① 薄力粉、ベーキングパウダー、塩を一緒にしてふるい、溶いた卵、牛乳、ヴァニラエッセンスを加え混ぜる。
② 熱したフライパンに油をひき、①をスプーンで流して直径6cmほどに延ばし、中火で両

面焼く。

③ ②を皿に数枚のせ、ゆるく泡立てた生クリーム、蜂蜜、ジャムを添える。

シロップ

▶syrup（英）シラップ / sirop（仏）シロ / Sirup（独）ズィールップ

砂糖液、糖液、砂糖蜜、糖蜜あるいは単に蜜と訳される。いわゆる甘味液であるが、作り方と成分により、呼び方が異なる。

■ **ケイン･シュガー･シラップ　cane sugar syrup**

グラニュー糖や上白糖を水で溶いたもので、ごく一般的なもの。

■ **フルート・シラップ　fruit syrup**

果実の香りをつけたシロップ。ざくろ風味で赤い着色をしたグレナディン・シラップや、アラビア・ゴム入りで無色のガム・シラップなどがある。

■ **メイプル・シラップ　maple syrup**

砂糖かえでのシロップで、ホットケーキ（パンケーキ）などに使われる。

ジン　gin（英）

▶genièvre（仏）ジュニエーブル / Gin（独）ジン

とうもろこしや大麦、ライ麦といった穀物を原料とした蒸留酒に、ジュニパーベリー（ゆずの実）で香りをつけたもの。ジュニパーベリーは利尿効果があるとして広く知られている。1660年、オランダのライデン大学の医学者フランツ・レ・デ・ボエは、ジュニパーベリーをアルコールに漬けた後蒸留して、利尿や解毒作用を目的とした薬用の酒を作った。それはジュニエーブルと名付けられて市内の薬局で販売され、一般市民に大受けしたという。それまでの蒸留酒というのは味も香りも悪く、安ものの酒のイメージしかなかったが、これは本来の薬用目的はさておき、一気にファンを増やした。間もなくそれは海を渡ってイギリスに伝わり、名称もジンと短縮されて今の呼び名になった。今もオランダとイギリスがジンの生産国となっている。辛口のものは、特にドライジンと称されているが、現在ではこれが主流で、単にジンといった場合、たいがいがこれを指す。さまざまなカクテルのベースに用いられたり、各種のアントルメやデザート菓子のアクセントに用いられている。

シンケンヘルンヒェン

Schinkenhörnchen（独）

ハムを巻いて焼き上げたフイユタージュの料理菓子。オードヴルに使う。シンケンとはハムのこと。

ジンジャー　ginger（英）

▶gingembre（仏）ジャンジャンブル / Ingwer（独）イングヴァ

生姜。熱帯アジアを原産とするショウガ科の植物。中国やインド、さらにはローマやギリシアといった地中海地方にまで広域にわたって分布しており、その利用も紀元前から今に至っている。日本にも3世紀前にはすでに伝わっていたらしく、他国同様に食用の他、薬用としての効用も認められていたようだ。これを含むと身体が温まるとして、これを入れた生姜湯やあめ湯なども作られてきたが、この発汗作用が風邪などに効果的なことが分かっていたものと思われる。これはジンゲロンとショウガオイルという辛味成分によるもので、これが身体を中から温める。またこの成分は消臭や殺菌の作用もあって、肉や魚の臭みを消したり、肉を柔らかくする働きも持っている。菓子関係ではジンジャーブレッドやジンジャークッキーなども作られている。

ジンジャーケイク　ginger cake（英）

イギリスや北欧諸国で親しまれている焼き菓子。生クリームやソース、フルーツなどを添えてもよい。

〈配合〉直径15cm 1台分

薄力粉	110g
ベーキングパウダー	2g
粉末ジンジャー	4g
卵	1個
砂糖	65g
バター	50g
蜂蜜	10g

〈製法〉

① 薄力粉、ベーキングパウダー、粉末ジンジャーを一緒にしてふるう。

② ボウルに卵と砂糖を入れ、湯煎にかけながら充分泡立て、①を混ぜる。

③ バターを柔らかくし、蜂蜜を混ぜて②に加える。

④ 型の内側にバター（分量外）を塗り、薄力粉

（分量外）をまぶしておく。
⑤ ③を④に流し入れ、160℃のオーブンで約45分焼く。

ジンジャースナップ　gingersnap（米）
ジンジャー入りのスパイシーなクッキー。
〈配合〉 5cm 25個分
ショートニング……………………………80mℓ
グラニュー糖………………………………80g
卵黄……………………………………1個分
モラセス……………………………………40g
薄力粉……………………………………140g
重曹………………………………………2.7g
塩……………………………………………1g
粉末ジンジャー……………………………2.5g
粉末シナモン…………………………………2g
粉末クローヴ………………………………0.5g
仕上げ用グラニュー糖……………………適量
〈製法〉
① ショートニング、グラニュー糖を混ぜ、卵黄、モラセスを加え混ぜる。
② 粉類を一緒にしてふるい、①に混ぜる。
③ ②を25等分して手でまるめ、グラニュー糖をまぶしてテンパンに並べる。
④ 180℃のオーブンで約14分焼く。

ジンジャースナップ

ジンジャー・ブレッド　ginger bread（英）
イギリスで親しまれているジンジャー入りのクッキー。この場合のブレッドはパンではなく焼き菓子の意味。
〈配合〉
薄力粉……………………………………400g
粉末ジンジャー……………………………2.5g
シナモン……………………………………1g
バター……………………………………150g
ブラウンシュガー…………………………150g
モラセス……………………………………50g
卵……………………………………………1個
〈製法〉
① 薄力粉、粉末ジンジャー、シナモンを合わせてふるう。
② バターを室温に戻し、ブラウンシュガーを加えて混ぜる。
③ モラセスと溶いた卵を②に加え混ぜる。
④ ①を③に加え混ぜ、全体を均質にして生地をまとめる。
⑤ ④をラップで包み、冷蔵庫で一晩休ませる。
⑥ 打ち粉（分量外）をしながら厚さ3mmに延ばす。
⑦ 星や動物、花など好みの形に抜く。
⑧ 170℃のオーブンで約15分焼く。

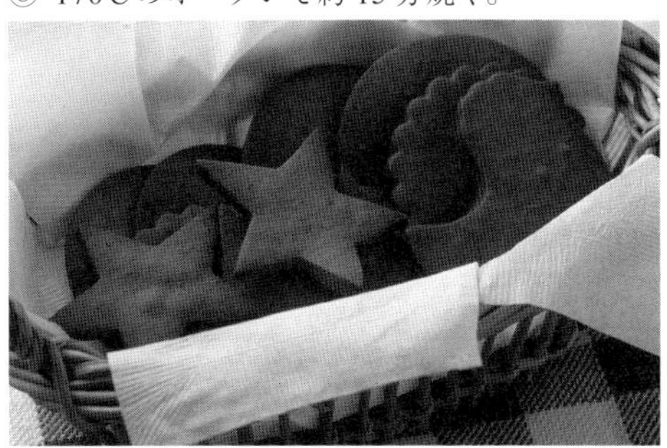
ジンジャー・ブレッド

しんぬきき　芯抜き器
▶ vide-pomme（仏）ヴィド・ポンム / apple corer（英）アップル・コアラー / Apfelentkerner（独）アップフェルエントケルナー、Apfelausstecher（独）アップフェルアオスシュテッヒャー
りんごなどの果芯を抜きとる器具。握り手の先の金属が筒状になっており、先端は刃のように薄い。これをりんごの上から突き刺して引き抜くと、芯が円筒状にきれいに抜ける。

す　ス

すいか
▶ watermelon（英）ウォーターメロン / melon d'eau（仏）ムロン・ドー、pastèque（仏）パステーク / Wassermelone（独）ヴァッサーメローネアフリカを原産とし、そこから世界に広まっていった。形も丸いものや長いもの、色も深いもの浅いものといろいろある。なお、すいかはフルーツと認識されているが、ウリ科の野菜である。製菓面ではムースやゼリーに重宝に使われている。

スイス　suisse（仏）

フランス・ドローム県ヴァランスの街のスペシャリテ。人の形に作ったオレンジ風味のサブレ。

14 世紀頃、ローマ法皇がヴァランスを訪れたことを記念して作られたという。その折の衛兵がスイスの双角帽を被っていたことから、このサブレの人形もこの帽子を乗せて作られ、この菓子自体もスイスと呼ぶようになった。

スイス

〈配合〉 2 ～ 3 枚分

バター……………………………… 500g
砂糖………………………………… 400g
オレンジピール…………………… 250g
オレンジリキュール……………… 少々
レモン表皮すりおろし…………… 1 個分
卵…………………………………… 150g
薄力粉……………………………… 1000g
ベーキングパウダー……………… 5g

その他

上ぬり用卵黄……………………… 適量

〈製法〉

① バターと砂糖をすり合わせ、刻んだオレンジピール、オレンジリキュール、レモン表皮すりおろしを混ぜる。
② ①に溶いた卵を混ぜる。
③ 薄力粉とベーキングパウダーを一緒にしてふるい、②と合わせて冷蔵庫で休ませる。
④ ③を厚さ 1cm に延ばす。
⑤ 抜き型やナイフで④を人の形に抜き、双角帽をかぶせて卵黄を塗り、180℃のオーブンで約 30 分焼く。

スイスロール（日）

スポンジ生地にクリーム類をぬり、ロール状に巻いた菓子。イギリスでの呼称 Swiss roll からの転用。
→ロールケーキ

スィルヴァーシ·ゴンボーツ　szilvás gombóc（ハンガリー）

ハンガリーで好まれているゆで菓子。

角砂糖を詰めた生のプラムをじゃがいも入りの生地で包み、ゆで上げる。これにバターで焦がしたパン粉をまぶす。いわゆるプラム・ダンプリングである。通常ダンプリングの生地は、小麦粉を使用するが、これはじゃがいもを多く使っているところに特徴がある。

〈配合〉

じゃがいも………………………… 1000g
塩…………………………………… 7g
小麦粉……………………………… 430g
全卵………………………………… 3 個
バター……………………………… 75 + 45g
プラム……………………………… 適量
角砂糖……………………………… 適量
パン粉……………………………… 120g

〈製法〉

① じゃがいもを塩ゆでにし、皮をむいて裏ごしする。
② 塩と小麦粉を①に混ぜ、卵を加える。
③ クリーム状にしたバター 75g を少しずつ加え、しばらく休ませる。
④ 手粉を使って厚さ 7 ～ 8mm に延ばし、12 ～ 15cm の正方形に切る。
⑤ 種をとったプラムに角砂糖を詰め、正方形の生地で包むように丸める。
⑥ 塩水を沸騰させた中に落としてゆで、バター 45g を加えて炒めたパン粉をまぶす。

スィルニキ　сырники（露）

ロシア風ベイクド・チーズケーキ。カッテージチーズを使用する。

〈配合〉 直径 5cm のもの 12 個分

カッテージチーズ………………… 200g
砂糖………………………………… 50g

卵………………………………… 1/2 個
強力粉……………………………… 27g
ベーキングパウダー………………… 2g
レモン果汁………………………… 15mℓ
その他
サラダ油…………………………… 適量
粉糖……………………………… 適量

〈製法〉

① カッテージチーズと砂糖をよく混ぜる。
② ①に溶き卵、強力粉、レモン果汁、ベーキングパウダーを混ぜる。
③ ②を 12 等分してまるめ、打ち粉をしながら厚さ 5cm に延ばし、直径 5cm に整形する。
④ フライパンにサラダオイルを熱し、③を入れて弱火で両面を焼く。
⑤ 冷めたら粉糖をふりかける。

スィルニキ

スウィート·ポテト (日)

さつまいもに種々の味つけをし、オーブン焼きにした菓子。

さつまいもをベースに、砂糖、バター、卵、ラムなどを加え、火にかけてペースト状に練り、これをさつまいもの皮、あるいはビスケット生地で作ったケースに盛る。表面に卵黄を塗って、オーブンで焼く。1887 年（明治 20）末、東京銀座の米津凬月堂によって芋料理として売り出された。

後、同店の職長を務めていた門林弥太郎がそれを菓子として今日の形に整えた。1914（大正 3）年 11 月 21 日の報知新聞にはベイクド・スイート・ポテトの名でその作り方が記されている。それはくり抜いた焼き芋の中に芋のペーストを詰め、その上面に卵黄をぬってもう一度焼いたものであった。よってスイートポテトの名が付されたのは明治後期から大正に入る頃のことと推察される。

スウィート・ポテト

〈配合〉

さつまいも…………………………… 500g
砂糖………………………………… 125g
バター……………………………… 8g
卵黄……………………………… 1 個分
塩………………………………… 0.5g
生クリーム………………………… 25mℓ
ラム……………………………… 25mℓ

〈製法〉

① 水分の少ない大きめのさつまいもを焼き、縦半分に切って皮をきれいに残して中身を取り出し、裏ごしする。
② 砂糖、バター、卵黄、塩、生クリーム、ラムを合わせ、①と混ぜ、鍋に入れる。
③ 火にかけ、練りながら水分を蒸発させる。
④ パレットナイフで③を皮に盛りつける。
⑤ 表面に卵黄を塗って、180℃のオーブンで焼く。

スカルチェッダ scarcedda (伊)

南イタリアで復活祭に食べるケーキ。スポンジケーキの台にクリームを絞って鳥の巣をかたどり、マジパンで作った卵やうずらのゆで卵を飾る。台は発酵生地のパン種で作ることもある。

スキアッチャータ schiacciata (伊)

イタリアのトスカーナ地方で復活祭のときに食べる菓子。

イーストを入れたパン種に、砂糖、レーズン、ラード、オレンジ果皮のすりおろしたものなどを入れてオーブンで焼く。

スクリブリタ scriblita (古代ローマ)

平たい円形をした菓子。「描く」という意味から転じた語である。思い思いの絵などを描いて飾ったという。今でいうデコレーションケーキの始まりともいわれる。

スケッパー

▶ scraper（英）スクレイパー / raclette（仏）ラクレット / Teigschaber（独）タイクシャーバー

ビスケット生地やフイユタージュを上から押し切ったり、まとめたりする製菓器具。丈夫にできており、テンパンやめん台にこびりついた生地を削りとるときにも使う。ステンレス製と鉄製がある。

スコッチ・バン　Scotch bun（英）

スコットランドの伝統的なクッキー。多量のレーズンとアルコール類を加えて作るため保存性がよく、1年間程はもつ。祝いの席や新年、来客時に供する。かつては1月6日の主顕節にフェーブを入れて焼かれていた。

スコッチ・パンケイク　Scotch pancake（英）

楕円形に焼いたパンケーキ。元々スコットランドで作られていたという。

〈配合〉 7～8cm 15枚分

薄力粉……55g
ライ麦粉または全粒粉……55g
ベーキングパウダー……4g
塩……1g
卵……1個
牛乳……140mℓ
ヴァニラエッセンス……少々
モラセス……30mℓ

その他

生クリーム、サワークリーム、蜂蜜、ジャム……好みで適量

〈製法〉

① 薄力粉、ライ麦粉（または全粒粉）、ベーキングパウダー、塩を一緒にふるい、溶いた卵、牛乳で溶いたモラセス、ヴァニラエッセンスを混ぜる。
② 大きめのスプーンですくい、熱したフライパンに流して楕円に延ばす。
③ 両面焼き、皿に移して、生クリームまたはサワークリーム、蜂蜜、ジャムを添える。

スコティッシュ・ショートブレッド

→ショートブレッド

スコティッシュ・バップ　Scottish bap（英）

スコットランドで食べる朝食用のパン。バップという語の源は定かでない。16世紀にはバップ9個が12ペンスで売られていたという記録がある。

16世紀スコットランドのレンフルーシャーに住むバート・センフィル卿あるいは息子フランシスの著作といわれる『ブライスサム・ブライダル（Blythesome Bridal）』に、大麦の粗挽きで作ったバップに関する記述がある。

〈配合〉

強力粉……910g
バター……55g
砂糖……15g
塩……14g
イースト……28g
水……約650mℓ

〈製法〉

① 強力粉、バター、砂糖、塩、イースト、水を混ぜて生地をまとめる。
② 発酵させてガス抜きする。
③ 85gほどに分割して丸める。
④ 再発酵させたのち、あまり薄くならないようにして、楕円に成形する。
⑤ 小麦粉（分量外）を振りかけ、テンパンにのせる。
⑥ 250℃くらいの強火のオーブンで焼く。

スコティッシュ・ブラック・バン　Scottish black bun（英）

スコッチ・バンと同系統のクッキー。発酵生地を用いる。

〈配合〉

生地

強力粉……450g
塩……7g
イースト……21g
水……約310mℓ
バター……130g

フィリング

ソーダフラワー……170g
塩……3.5g
ミックススパイス……21g
シナモン……3.5g
粉末ジンジャー……3.5g
シロップ……28mℓ
赤砂糖……43g

全卵……………………………………… 60g
溶かしバター…………………………… 28g
粉末アーモンド………………………… 28g
牛乳……………………………………… 70mℓ
皮つきアーモンド……………………… 170g
レーズン………………………………… 680g
ラム漬けすぐりの実…………………… 910g
刻んだしょうが………………………… 57g
ラム……………………………………… 70mℓ
着色用カラメル………………………… 少々
ヴァニラ………………………………… 少々

〈製法〉

① 強力粉、塩、イースト、水を混ぜて生地を作り、発酵させる。
② ①の710gに対し（残りはフィリングに使う）、バターと分量外のソーダフラワー少々を加えて、生地を作る。
③ ソーダフラワー、塩、ミックススパイス、シナモン、粉末ジンジャー、①の残り、シロップ、赤砂糖、卵、溶かしバター、粉末アーモンド、牛乳、皮つきアーモンド、レーズン、ラム漬けすぐりの実、刻んだしょうが、ラム、着色用カラメル、ヴァニラを混ぜてフィリングを作る。果物類はあらかじめ、ラムに漬けておく。
④ 発酵生地②を延ばし、小さい丸や四角などの型に敷き、フィリングを詰め、上に生地をかぶせて包み込む。
⑤ 上面に溶き卵を塗り、1時間ほど休ませたのち、中火のオーブンで焼く。

スコーン　scone（英）

小型のやわらかいパンの一種。

本来はスコットランドに伝わる菓子で、粗挽きした大麦粉を使ってオーブンで焼いたバノックと呼ぶ古い菓子の系統を引くものである。最初は薄くかたいビスケットであったが、重炭酸ナトリウムを使い、さらにバター、ミルクやひき割小麦などが使用されだして、ふっくらとした菓子に変わっていった。

スコットランドのバースのスコーン城にある国王の戴冠式に使われるイスの土台の石をThe stone of destiny（運命の石）、またはThe stone of sconeと呼び、名称はそれに由来するという。よってスコーンは丸い石の形に作られ、また聖なる石ゆえ、ナイフを使って縦に切るのではなく、手で横に割って食べることがマナーとされている。そしてこれは横に割りやすいように2段に割れて焼き上げることを良しとし、その割れ口はギザギザであるため、ワニの口とも称される。

現在では各種の果物や蜂蜜、ポテト、ココナッツ、チョコレートなどを入れたスコーンがある。なお、このスコーンには、ジャムとともにクロテッドクリームがつきものとなっている。

スコーン

〈基本配合〉

小麦粉…………………………………… 910g
ベーキングパウダー…………………… 50g
バター…………………………………… 115g
砂糖……………………………………… 115g
牛乳…………………………………… 約570mℓ
ナツメグ………………………………… 少々

〈リッチな配合Ⅰ〉

小麦粉…………………………………… 910g
ベーキングパウダー…………………… 50g
バター…………………………………… 140g
砂糖……………………………………… 140g
全卵……………………………………… 170g
牛乳…………………………………… 約430mℓ
ナツメグ………………………………… 少々

〈リッチな配合Ⅱ〉

小麦粉…………………………………… 910g
ベーキングパウダー…………………… 50g
バター…………………………………… 230g
砂糖……………………………………… 200g
全卵……………………………………… 60g
牛乳…………………………………… 約540mℓ
ナツメグ………………………………… 少々

〈製法〉

① 小麦粉とベーキングパウダーを一緒にふるい、バターを細かくすり混ぜて、まん中をく

ぼませ、フォンテーヌにする。
② その中に砂糖、牛乳、ナツメグ、卵を混ぜたものを入れる。
③ 周囲からくずしてゆき、全部混ぜてまとめる。
④ 適宜な大きさに分けて丸め、テンパンに並べる。
⑤ 表面に卵黄（分量外）を塗って焼く。

す

すじつけき　筋つけ器

▶canneleur（仏）カヌルール

オレンジやレモンの果皮を削りとり、飾りのための筋をつけたり、細い果皮そのものを得るための器具。握り手の先の金属に三角のとがった部分があり、ここで果皮を削りとる。

たとえばレモンの表面全体に上から下に筋をつけてからレモンを薄く切ると、その一片の縁は波を打った花模様のようになる。タルト・オ・シトロン（レモンのタルト）やサラダの添え物などに使用すると美しい。

スターフルーツ　star fruit（英）

台湾やフィリピン、中国南部を原産とするトロピカルフルーツの一種。中国語では羊桃と書いてヤンタオと呼んでいる。日本語では五斂子（ごれんし）という。日本でも九州南部や沖縄で栽培がなされている。

輪切りにすると、断面が星の形になるところからこう呼ばれるようになった。栄養的にはビタミンCが豊富で、従来からジャムやゼリー、砂糖漬けにして食されていたが、近年フランス菓子でも使われ始めてきた。

ズッコット　zuccotto（伊）

イタリアのフィレンツェの冷製デザート菓子。

聖職者のかぶり物に似たドーム型の中に詰め物をして凍らせる。

ズッパ・イングレーゼやズッパ・ロマーナは、ズッコットのヴァリエーションである。これらは、ムラングを塗ってオーブンで焼き色をつけたり、ブランデーを振りかけて火をつけ、燃え上がらせたりすることもある。

〈配合〉

スポンジケーキ………………………… 適量
好みのリキュール……………………… 適量
生クリーム…………………………… 500mℓ
砂糖…………………………………… 150g
ゼラチン………………………………… 10g
ドライフルーツ……………………… 100g
ココア…………………………………… 12g
水または牛乳………………………… 少々
チョコレート………………………… 100g

ズッコット

〈製法〉

① スポンジケーキを厚さ1cmに切ってボウルにはりつけ、好みのリキュールを振っておく。
② 生クリームに砂糖を加えて泡立て、二つに分けておく。
③ 一方のものに溶かしたゼラチンの半量とドライフルーツを加え、もう一方にはココアを少量の水または牛乳で溶いたものと、ゼラチンの残り、チョコレートを加えたものの2種を作る。
④ ①の上にココアのクリームを詰め、その上に白いクリームを詰めて、さらにスポンジケーキをのせてリキュールを打つ。
⑤ 冷凍庫で凍らせ、ボウルからとりはずす。上にココアを振ったり生クリームを絞ったり、チョコレートで飾ってもよい。

ズッパ・イングレーゼ　zuppa inglese（伊）

ズッパ・イングレーゼ

イタリアのデザート菓子。ズッパとはスープ、イングレーゼとはイギリス風のこと。ドーム型のボウルに、薄いスポンジケーキを貼りつけ、シロップを全体がすっかり濡れるほど浸して、カスタードクリームを絞り、スポンジケーキをかぶせてまたシロップを浸し、カスタードクリームを絞る。表面にムラングを絞り、オーブンまたはバーナーで焼き色をつける。

スティンケッティ　stinchetti（伊）
イタリアのウンブリア地方のクッキー。アーモンドをすりつぶしたマジパン、小麦粉、卵白、砂糖などを混ぜ、練り上げたもので作る。

ステファン　stephan（仏）
▸food processor（英）フード・プロセッサー / Stephan（独）シュテファン
鋭い刃が超高速で回転する、単に混ぜるというより、切り混ぜ砕くための機械。回転を続けると、入れたものはさらに微細になり、ペースト状になる。ローラーによるすりつぶし効果ほどではないが、それに近い状態が短時間で手軽に得られる。菓子作りに便利な機器。

すどうときいちろう　須藤時一郎
（1841-1903）幕末から明治にかけての文人。1873（明治6）年、当時のミニ百科事典ともいうべき『万宝珍書』を著わし、9種類の洋菓子を書き残す。すなわちライスチースケーキ、ライスケーキ、フラン子ルケーキ、ボックホウヰートケーキ、シッガルビスキット、ヅラード・ラスクス、スポンジビスキット、ウヲッフルス、コモンジャンブルスである。

スートホート（日）
南蛮菓子の一種。ズボートウの別表記と思われる。
→ズボートウ

ストルッフォリ　struffoli（伊）
イタリアのナポリ地方で親しまれているクリスマス菓子。
サブレに似た種を絞り袋に入れ、絞り出しながらはさみで切り、丸く整えて熱した油に落として揚げる。また8～9cmくらいの長さにしてラードで揚げ、熱した蜂蜜の中に入れ、いばらの冠のように形づくる場合もある。
〈配合〉
生地
小麦粉……………………………600g
砂糖……………………………13g
すりおろしたレモンピール……………少々
塩……………………………ひとつまみ
全卵……………………………8個
卵黄……………………………2個分
ショートニング……………………150g
ソース
蜂蜜……………………………250g
すりおろしたレモンピール……………125g
オレンジ果皮……………………3個分
レモン果皮……………………1/2個分
ショートニング……………………50g
〈製法〉
① 小麦粉に砂糖、すりおろしたレモンピール、塩を混ぜる。
② これに全卵、卵黄、ショートニングを加えて練り、生地をまとめる。
③ 絞り袋に詰め、熱した油の中に落として揚げる。
④ 蜂蜜を熱して液状にし、すりおろしたレモンピール、オレンジ果皮、レモン果皮を加え、ショートニングを加え混ぜてソースを作り、③に添えて供する。

ストロープワッフル　stroopwafel（オランダ）
オランダで親しまれているワッフル。ストロープとは糖蜜のこと。ワッフルは各地にさまざまな形で根付いているが、オランダのものはやや堅めの生地を薄く平たく細かい格子模様に焼き、2枚1組でキャラメル風味のクリームなどをサンドする。

ストロベリー・ショート・ケイク
→オールド・ファッション・ストロベリー・ショート・ケイク

ストロベリー・ショートブレッド
strawberry shortbread（英・米）
イチゴと生クリームをのせたビスケット。日本のショートケーキの元になったとも考えられる。焼き上げたショートブレッドの上に加糖し泡立てた生クリームを絞り、いちごをあしらう。上から軽く粉糖をふりかけてもよい。

スパイス　spice（英）
▸épice（仏）エピス / Gewürz（独）ゲヴュルツ、

Würze（独）ヴュルツェ
香辛料の意。
調理をする材料または料理そのものに、味や香りをつけるために加える芳香性のもの。
一般に用いられている種類としては、オールスパイス、アニス、キャラウェイ・シーズ、カルダモン、シナモン、カイエンヌペッパー、クローヴ、コリアンダー、クミン、ういきょう（フェンネル）、ジンジャー、ペパーミント、マスタード、ナツメグ、パプリカ、胡椒、サフラン、セージ、タラゴン、タイムなどがある。
今日では料理はもちろんのこと、菓子にも多用され、特に焼き菓子、クッキー類などには、ジンジャー、シナモン、ナツメグ等を使い、味に変化をつけている。

スパテュール　spatule（仏）

▸spatula（英）スパチュラ / Spatel（独）シュパーテル
へら。生地などをすくったり、延ばしたりならしたりする製菓器具。
スパテュール・アン・ボワと呼ぶ木製のもの、すなわちしゃもじと、スパテュール・アン・フェールと呼ぶ鉄製あるいはステンレス製のものがある。
木製のものは、主に流動的な種または生地をすくったり混ぜたりすることに適している。鉄製、ステンレス製のものは、クリームやジャム類を塗ったり、菓子の表面を平らにする作業に用いる。日本では木製をスパテラ、金属製をパレットナイフとも称している。

スパナーチニク　спаначник（ブルガリア）

ブルガリアで好まれているパイ。
ほうれんそう、チーズ、玉ねぎ、卵などを詰めて作るもので、バニツァ・サス・スパナクとも呼ばれる。

スピリッツ

▸spirit（英）スピリット
醸造して作った酒をさらに蒸留して、アルコール度数を上げた酒類の総称。そのまま飲むことはもちろん、各種のカクテルのベースに使われたり、いろいろなリキュール類を作る際のベースにも用いられる。ウィスキーやブランデーの他、ジン、ウォッカ、テキーラ、ラム、焼酎などがある。

スーピール・ド・ノンヌ　soupir de nonne（仏）

「尼さんのため息」の名を持つシューの揚げ菓子。シュー種を小さく絞って熱した油の中に落とす。きつね色に揚がったら、中にいろいろな果物入りのカスタードクリームを詰めて供する。別名をペ・ド・ノンヌともいう。
→ペ・ド・ノンヌ

スファ　seffa（モロッコ）

モロッコで親しまれているデザート菓子。蒸したクスクスや短くしたパスタを砂糖で甘く味付けし、上から砂糖とシナモンパウダーをふりかけ、焼いた丸ごとアーモンドを散らす。そしてミルクを注いで供する。

スフォリアテッラ　sfogliatella（伊）

イタリア南部のカンパーニャ地方の焼き菓子。リコッタチーズに砂糖、フルーツの砂糖漬け、シナモン、ヴァニラなどを混ぜてフイユタージュ（パイ生地）に詰め、高温で焼くか油で揚げたもの。複数形はスフォリアテッレ。
このお菓子は17世紀、同国サレルノ県コンカ・デイ・マリーニにある「リマの聖ローサ修道院」で生まれたという。そもそもは同修道院の傷みかかったセモリナ粉にドライフルーツや砂糖、リモンチェッロなどを混ぜ、それをフイユタージュ（パイ生地）で包んで焼いたことに始まる。これは評判になり「サンタローサ（聖ローサ）」と呼ばれるようになった。1818年ナポリのパスクワーレ・ピンタウロがこれをアレンジして貝の形に作り、今日に至っている。

スプーマ・ディ・ザバイオーネ　spuma di zabaione（伊）

イタリアで広く好まれている菓子。スプーマとは泡の意味。マルサラ酒を使ったデザートで、家庭でよく作る。
〈配合〉
卵黄……………………………… 4個分
砂糖……………………………… 36g
マルサラ酒……………………… 75mℓ
〈製法〉
① 卵黄に砂糖を入れて泡立てる。
② マルサラ酒を少しずつ加えて混ぜる。
③ 弱火の湯煎にかけ、とろみがついたら容器に注ぎ入れる。
注：温冷どちらでも供することができる。

スプーム　spoom（英）

氷菓の一種。軽い口当たりのシャーベット。

ベースはシャーベットと同じ配合で作り、その倍量のムラング・イタリエンヌを混ぜる。

ズブリゾロナ　sbrisolona（伊）

ポレンタというとうもろこし粉と粉末アーモンドを使ったクッキーの一種。非常にもろく砕ける生地で、好みの大きさに割って食す。

ズブリゾロナ

〈配合〉

薄力粉	125g
粉末アーモンド	125g
ポレンタ粉	80g
粉糖	125g
バター	50g
ショートニング	50g
塩	少々
卵黄	2 個分
レモン表皮すりおろし	1/2 個分
ヴァニラオイル	少々
ポレンタ粉	適量

〈製法〉

① バターとショートニングをすり合わせ、塩、卵黄、レモン表皮、ヴァニラオイルを加え混ぜる。
② 薄力粉、粉末アーモンド、ポレンタ粉、粉糖を一緒にしてふるい、①に混ぜる。
③ オーブンシートを敷いたテンパンに、②を広げ、上からポレンタ粉を軽くふる。
④ 170℃のオーブンで約 30 分焼く。
⑤ 好みの大きさに割って食す。

スフレ　soufflé（仏・英）

▶ Soufflee（独）ズフレー、Auflauf（独）アオフラオフ

熱いうちに供するアントルメ・ショーの一つ。また製菓用語で糖液の煮詰めの温度をさす。スフレとはフランス語で「ふくれる」という意味を持つ。

「スフレは人を待たせる」という言葉がある。泡立てた卵白の気泡を利用して焼き上げるため、焼き上がったときは、気泡が膨張してみごとにふくれるが、オーブンから出すと見る間にしぼんでしまうので、人は焼き上がりを待ち、焼きたてをタイミングよく食べなければならないその特徴が人気を呼んでいる。

スフレにはクリーム味のスフレ・ア・ラ・クレームと、フルーツ入りのスフレ・オ・フリュイの二つのタイプがある。洋酒はグランマルニエやコワントローのようなオレンジ系のリキュールが好まれる。

糖液の煮詰め温度の呼称としては、たとえば 111.5℃はプティ・スフレ、112.5℃はグラン・スフレという。糖液に小さな輪をくぐらせ、息を吹きつけると糖膜がふくれる。その状態の表現である。

→糖液

■ スフレ・ア・ラ・クレーム　soufflé à la crème

〈配合〉

バター	20g
小麦粉	30g
牛乳	200mℓ
塩	1g
ヴァニラ	少々
〈卵黄	3 個分
砂糖	70g
卵白	4 個分
コーンスターチ	10g
型ぬり用バター	適量
まぶし用砂糖	適量

製法〉

① 鍋にバターを入れて溶かし、小麦粉を加えて練り上げ、火から降ろす。
② 牛乳、塩、ヴァニラを一緒に沸騰させ、①に注ぐ。
③ これを再び火にかけ、攪拌してゆく。スパテュールに生地がつかなくなったら火から降ろす。
④ 粗熱をとり、卵黄を少しずつ加えてゆく。
⑤ 卵白に砂糖、コーンスターチを加え、充分泡立て、④と合わせる。
⑥ 型にバターを塗り、砂糖をまぶし、⑤の種を

流し込む
⑦ 湯煎しながら中火のオーブンで焼く。

■ スフレ・オ・グラン・マルニエ　soufflé au Grand Marnier

スフレ・オ・グラン・マルニエ

〈配合〉

牛乳……200mℓ
全卵……1個
卵黄……1個分
卵白……3個分
小麦粉……30g
砂糖……80g
ヴァニラ……少々
グランマルニエ……20mℓ
型ぬり用バター……適量
まぶし用砂糖……適量
ふりかけ用粉糖……適量

〈製法〉

① 全卵に砂糖の3/4量を入れて充分攪拌する。
② 小麦粉を入れ、合わせる。
③ 牛乳にヴァニラを入れて沸騰させ、②と混ぜる。
④ 再び火にかけ、攪拌する。
⑤ 火から降ろして粗熱がとれたら卵黄を加え混ぜ、グランマルニエも加える。
⑥ 卵白に残りの砂糖を加えて泡立て、⑤と合わせる。
⑦ 型にバターを塗り、砂糖をまぶして⑥を流し込む。
⑧ 湯煎しながら中火のオーブンで焼く。
⑨ 焼けたら上面に粉糖を振って供する。

■ スフレ・オ・フリュイ　soufflé aux fruits

〈配合〉

砂糖……70g
水……適量
ヴァニラ……少々
フルーツピューレ……50g
卵黄……1個分
卵白……3個分
粉糖……10g
コーンスターチ……10g
型ぬり用バター……適量
まぶし用砂糖……適量

〈製法〉

① 砂糖に適量の水を加え、ヴァニラも混ぜて145℃まで煮詰める。
② 好みのフルーツピューレを温め、①のシロップを加える。
③ 粗熱がとれたら卵黄を加え、よく混ぜる。
④ 卵白に粉糖、コーンスターチを混ぜ、充分泡立てる。
⑤ ③と④を合わせる。
⑥ 型にバターを塗り、砂糖をまぶして種を流し込む。
⑦ 湯煎にかけ、中火のオーブンで焼く。

■ スフレ・オ・フロマージュ　soufflé au fromage

スフレタイプのチーズケーキ。

〈配合例〉

スポンジケーキ……適量
クリームチーズ……110g
薄力粉……35g
牛乳……160mℓ
卵黄……2個分
ブランデー……15mℓ
レモン果汁……15mℓ
生クリーム……20mℓ
卵白……4個分
砂糖……85g
ラム漬けレーズン……適量

〈製法〉

① クリームチーズを湯煎にかけてやわらかくする。
② ①に薄力粉を混ぜ、沸騰した牛乳を少しずつ混ぜて火にかけ、煮る。
③ 卵黄、ブランデー、レモン果汁、生クリームを混ぜ、②と合わせる。
④ 卵白に砂糖の1/3を混ぜて泡立て、再び1/3量の砂糖を加えてさらに泡立て、最後に残りの砂糖を加えて泡立て、しっかりしたメレンゲを作って③に混ぜる。

仕上げ

① 焼き型の底に紙を敷き、側面内側にクリーム状にしたバター（分量外）を塗っておく。

② 1cmの厚さに切ったスポンジケーキを①に入れ、ラム漬けレーズンを散らす。
③ ②にチーズ種を流し入れる。
④ テンパンに湯を入れ、③を置いて、140℃のオーブンで約40分焼く。
→チーズケーキ

スプレーガン

▶pistolet à chocolat（仏）ピストレ・ア・ショコラ / sprayer（英）スプレイヤー / Spritzpistole（独）シュプリッツピストーレ

電動式の吹きつけ器。本来はペンキなど塗料用の器具だが、製菓用には主にチョコレートの吹きつけに用いる。チョコレート（クーヴェルテュール）は溶かしてもそのままではかなり重く、ノズルから吹き出してこない。そのため、チョコレートの総量に対してだいたい50～100％の溶かしたカカオバターを混ぜる。ただしテンパリング（温度調節）は正しく行わないと、ブルームが出てしまう。

アントルメやプティガトー、グランガトーなどの表面に吹きつけたり、工芸的作品の吹きつけ、装飾などに使う。
→ブルーム現象

スフレ・グラッセ　soufflé glacé（仏）

▶iced soufflé（英）アイスト・スフレ / Eisauflauf（独）アイスアオフラオフ

冷たく供するアントルメ。

スフレは焼きたてでふくらんでいるうちに供するものだが、スフレ・グラッセはその形に思わせて作る冷菓である。多くの場合、陶製の容器の内側に高く紙などを巻き、焼けてふくらんだような高さまでクリーム種を詰めて凍結させる。固まってから紙をはがし、ちょうどふくらんだ形に見立てる。

詰めるものはやわらかなムース状のもの、あるいはアイスクリームの場合もある。仕上げの形にこだわる冷菓である。

■ スフレ・グラッセ・オ・ゾランジュ　soufflé glacé aux oranges（仏）

オレンジ風味の静置凍結の氷菓。

製品例

〈配合例〉直径6cmのココット8個分

水……30mℓ
砂糖……40g
卵黄……3個分
ヴァニラオイル……少々
グランマルニエ……50mℓ
卵白……3個分
砂糖……150g
生クリーム……300mℓ
オレンジ……1～2個
ミントの葉……適量
ナパージュ……適量

〈製法〉

① 鍋に水と砂糖40gを入れて火にかけ、沸騰したら火から降ろしてシロップを作る。
② 卵黄を攪拌しながら①を少しずつ注ぎ入れる。
③ ②にヴァニラオイルを加え、白っぽくなるまでさらに攪拌する。
④ ③にグランマルニエを加える。
⑤ 卵白に砂糖を加え、泡立ててメレンゲを作って④に合わせる。
⑥ 生クリームを六分立てにして⑤に混ぜる。
⑦ ⑥に皮をむいたオレンジの実80gも混ぜる。
⑧ ココットに、ココットの高さより3～4cm高く厚紙を巻いて、⑦を流し入れ、冷凍庫で固める。
⑨ 上面にナパージュをぬり、任意でオレンジやミントの葉を飾る。

スプレーチョコレート

▶vermicelles au chocolat（仏）ヴェルミセル・オ・ショコラ / chocolate vermicelli（英）チョコレイト・ヴァーミセリ / Schokoladenstreusel（独）ショコラーデンシュトロイゼル

長さ5mm前後の細い小さなチョコレートの粒。菓子の飾りやまぶしに使う。別にフォンダンで形づくり、赤や緑、黄、オレンジ、白などさまざまな色をつけたカラフルなものもある。

スフレ・フリオ・デ・ナランハ　suflé frío de naranja（西）

スペインのデザート菓子。オレンジ風味のスフレ。ナランハはオレンジをさすスペイン語。

〈配合〉

砂糖……250g
水……適量
卵黄……8個分
ゼラチン……20g
オレンジ果皮……10g
レモン果皮……5g

オレンジ果汁…………………………… 25mℓ
レモン果汁…………………………… 25mℓ
生クリーム………………………… 500mℓ
卵白………………………………… 8 個分
泡立てた生クリーム………………… 適量
オレンジのジャム…………………… 適量

〈製法〉

① 砂糖に適量の水を入れて火にかけ、シロップを作る。
② 冷めた①に卵黄を混ぜ、弱火にかけながら泡立てて、火から降ろす。
③ 水につけて柔らかくしておいたゼラチンを、熱い②に加えて溶かし混ぜる。
④ さらにオレンジ果皮と果汁、レモン果皮と果汁を加える。
⑤ 生クリームと卵白をそれぞれ泡立て、④に加えて混ぜ合わせる。
⑥ 型に流し入れ、冷やして固める。
⑦ 型からはずして皿に盛り、泡立てた生クリームを絞り、オレンジのジャムを添えて供する。

スペキュラウス

→スペキュラース

スペキュラース　speculaas（オランダ）

▸Spekulatius（独）シュペクラーツィウス

特殊なミュルベタイク（ビスケット生地）を模様のある木型に押しつけて、形をつけて焼くクッキー。

ネーデルランド（現在のオランダ）に古くから伝わるものだが、今日ではベルギーやドイツのラインラント地方等周辺の多くの地で作られている。ベルギーではスペキュラウス、ドイツ語圏では広くシュペクラーツィウスと呼ばれている。

風味がよくかた焼きのこのクッキーは、特にクリスマスのために多く焼かれ、ツリーに飾る。木型は、古くはいろいろな聖人や聖堂など宗教的な題材、あるいはそれにちなんだ物語の場面を彫ったものが多い。そして時代とともに宗教以外のモチーフに広がっていった。

基本的には小麦粉 100 に対して砂糖 50、バターやマーガリンなどの油脂 25 とその他、卵や天然のスパイスなど 25 で配合される。この名を付すときは、人工的なエッセンスの使用は認められていない。

またドイツでは、特にバターのみを使用する場合にはブッターシュペクラーツィウスと表示する。このときのバターの量は小麦粉の 10%以上と決められている。

スペキュラースと木型

〈配合〉

バター………………………………… 1000g
砂糖…………………………………… 500g
混合スパイス………………………… 50g
全卵…………………………………… 4 個
小麦粉………………………………… 3000g
粉糖…………………………………… 1000g
塩……………………………………… 15g

〈製法〉

① バター、砂糖、混合スパイスを充分すり合わせ、卵を少しずつ加える。
② 小麦粉、粉糖、塩を加え、かための生地にまとめる。
③ 木型に押しつけ、成形してとりはずし、テンパンに並べて焼く。

〈混合スパイスの配合例〉

シナモン……………………………… 120g
クローヴ……………………………… 20g
カルダモン…………………………… 15g
ピメント……………………………… 30g
ヴァニラ……………………………… 少々

必要量をそのつど取り出す。

ズボートウ（日）

南蛮菓子の一種。実体ははっきりしないが、売り出し元は日本橋橘町の大坂屋平吉といわれ、「ズボートウは痰に妙なり」と宣伝して人気を得ていたという。『蘭説弁惑』なる書に「ズボートウは蘭名ドロップス、スートホート。甘草を煎じ詰めて膏となしたるものなり、痰、諸病すべて胸膈をゆるめる効あり」と記されている。同時代、甘いものにはおおむね“糖”の字を当てて表現する習慣があるが、このトウも同様に糖と思われる。なお、スートホートについてはこの別表記とされているが、よく分かっていない。甘草を煎じて冷やし固め、キャンディー状にしたもので、のどによいとされていることから、今様にいうハーブキャンディーの類と推察される。

スポンジケーキ

→ビスキュイ

スモアパイ　s'more pie（米）

語彙は It's more delicious pie イッツ・モア・デリシャス・パイ、すなわち“よりおいしいパイ”という意味の略語。上面を覆ったマシュマロの表面をバーナー等で焼くと、よりおいしく食べられる。

スモア・パイ

〈材料〉 直径 12cm のパイ皿 1 台分

パイの底生地

全粒粉のビスケット（市販のもの）	70g
溶かしバター	12g
牛乳	10mℓ

フィリング

生クリーム	60mℓ
チョコレート	55g
グラニュー糖	8g
インスタントコーヒーパウダー	0.2g
バター	10g

トッピング

マシュマロ（市販のもの）	50g
牛乳	12mℓ

〈製法〉

パイの底生地

① ビニール袋に市販のビスケットを入れて、めん棒などでたたいて砕く。
② 溶かしバターと牛乳を①に加えてよく混ぜる。
③ ビニール袋のまま薄く延ばし、パイ皿に敷いて、そのまま冷蔵庫で冷やし固める。
④ 固まったら形を崩さないようにビニール袋から出して型にはめ込む。

フィリング

① 生クリームを鍋に入れて沸かし、火を止めてから刻んだチョコレートを入れて溶かす。
② ①にグラニュー糖、インスタントコーヒーパウダー、バターを加えてなめらかになるまで混ぜる。
③ パイ皿に流し入れて冷やし固める。

仕上げ

① 市販のマシュマロと牛乳を耐熱容器に入れて電子レンジで 1 ～ 2 分加熱する。
② 1 分ほど置いてからハンドミキサーで攪拌し泡立てる。
③ 熱が冷め、しっかりホイップできたら、フィリングの上にのせて、全体を覆う。
④ バーナーで上面に軽く焼き色をつける。

スーリ　souris（仏）

「はつかねずみ」の意味を持つシュー菓子。

シュー種をしずく形に絞って焼き、クリームを詰めて上面にフォンダンを塗る。先のとがったほうにチョコレートなどで目をつけ、丸みを帯びたほうにしっぽを描く。

欧米、特にフランスでは、はつかねずみは愛玩動物として好まれている。スーリはその形に似せて作り、かわいらしく仕上げる。

すりこみいた　すり込み板

▶ pochoir（仏）ポショワール / stencil（英）ステンスィル / Schablone（独）シャブローネ

製菓器具。デコレーションケーキなどの上にのせ、クリームやチョコレートをすり込む板。銅製とステンレス製があり、細かい絵やデザイン、文字などが彫ってある。延ばしたマジパンなどに当てがってすり込むと効果的である。

また上から粉糖やココアを振りかけ、そっとはずすと、模様が浮き出る。

スリーズ・ア・ラルコール　cerise à l'alcool（仏）

フォンダンで糖衣した酒漬けさくらんぼ菓子。

〈配合〉 35 個分

酒漬けチェリー	200g
フォンダン	500g
キルシュ	50mℓ
食用色素（赤）	微量

グラスロワイヤル
　粉糖…………………………………… 50g
　卵白…………………………………… 少量
　食用色素（緑）……………………… 微量

〈製法〉

① 酒漬けチェリーを乾いた布の上に置き、水気をとる。
② フォンダンをもんで鍋に入れ、少量のキルシュを加えて湯煎にかける。
③ ②が少し柔らかくなってきたら、さらに少量のキルシュと水少々で溶いた赤の色素を加え、やや重い感じの流動体に調節する。
④ バットに粉糖をたっぷりふっておく。
⑤ ①を③にくぐらせ、④の上に置く。

グラスロワイヤル
① 粉糖をふるい、卵白を少量入れて練る。
② 水少々で溶いた緑の色素を①に加えて練る。

仕上げ
① パラフィン紙を三角形に切り、筒状に丸めてグラスロワイヤルを詰める。
② 先端をＶ字形に切り、チェリーの枝のつけ根に葉の形に絞る。

スリーズ・ア・ロー・ド・ヴィ　cerise a l'eau de vie（仏）

▶cherry bonbon（英）チェリー・ボンボン／Cognackirschen（独）コニャックキルシェン

ボンボン・オ・ショコラの一種で、さくらんぼを使っている。

スリーズ・ア・ロー・ド・ヴィ

さくらんぼを水洗いし、アルコール度数45度くらいのオー・ド・ヴィ（スピリッツ）に漬ける。これをキルシュでゆるめたフォンダンで包み、上からチョコレートで包む。1週間ほどすると、中のフォンダンが漬け込んださくらんぼの水分で浸蝕され、シロップにかわって、果実入りの一種のリキュール・ボンボンができ上がる。オー・ド・ヴィがない場合にはキルシュやブランデー等で代用してもよい。

漬けるときは、さくらんぼの柄のつけ根の丸くなっている部分は、渋みが強いのであらかじめはさみで切っておくとよい。

スール・マカロン　sœur macaron（仏）

「修道女のマカロン」の意味。多くのマカロンは修道院において修道女たちによって作られたところからこの名がついた。中でも名高いのがマカロン・ド・ナンシーである。

→マカロン（マカロン・ド・ナンシー）

せ　セ

せいしょくさい　聖燭祭

→シャンドルール

せいれいこうりんさい　聖霊降臨祭

▶Pentecost（英）ペンテコスト／Pentecôte（仏）パントコート／Pfingsten（独）プフィングステン

主の昇天から10日後、予言通りに聖霊が現れたとされる日で復活祭から50日後にあたる7度目の日曜日と定められている。復活祭に基いて日が決められるため、毎年その日は一定しない。こうした祝日を移動祝日という。当日を祝うにあたって、菓子店ではコロンビエという、鳩をあしらった菓子が作られ、中には鳩形の小物（陶製またはプラスティック製）が忍ばされる。そして切り分けた時、それに当った人は、その年に結婚ができる、あるいは幸運が訪れるといわれている。

セーグル　seigle（仏）

▶rye（英）ライ／Roggen（独）ロッゲン

ライ麦、黒麦。

パン作りや菓子作りには、主として小麦を使うが、その他の麦も古来からいろいろな形で使われており、そのうちの一つである。セーグル粉を使ったパンは、フランスではパン・ド・セーグルあるいはパン・ド・カンパーニュと呼ばれ、また英語圏ではライ・ブレッドなどの名で各地で親しまれている。

→ライ麦

セージ　sage（英）

▶sauge（仏）ソージュ / Salbei（独）ザルバイ

香りづけに用いるシソ科の多年草。白い毛のある肉厚の葉を用いる。南欧原産。豚や家鴨など、脂の多い肉料理、加工肉などの芳香づけに用いる。

ゼスト　zeste（仏）

▶zest（英）ゼスト / Zeste（独）ツェステ

オレンジやレモン等柑橘類の色のついている果皮をさす。この部分は特に香りが強いので、すりおろして生菓子やアイスクリームの生地や種に混入し、フレーバーとして用いる。各種クリーム類にも同様に使う。おろし器ですりおろすか角砂糖で表面をこすり、角砂糖側に果皮をすり込ませて、それを種や生地に混ぜ込んで使う。

セドラ　cédrat（仏）

▶citron（英）シトロン / Zitronatzitrone（独）ツィトロナートツィトローネ

柑橘類の一種。

地中海沿岸で栽培されている。日本では枸櫞（くえん）と呼ばれている。

この果実は香りが非常に強いが、オレンジのように生食することはほとんどない。果皮は厚く、砂糖漬けにして製菓用に使う。

セドラを盛んに栽培しているコルシカ島では、セドラティーヌというリキュールを作り、製菓用にもしばしば用いている。

セバダス　sebadas（伊）

イタリアのサルデーニャ島の菓子。

チョコレート入りのラヴィオリを揚げて蜂蜜をかけたもの。

セミフレッド·アイ·サヴォイアルディ
semifreddo ai savoiardi（伊）

スポンジケーキとアイスクリームを組み合わせたデザート菓子。

セミフレッドとは「半分冷たい」の意味で、冷たくないスポンジケーキと冷たいアイスクリームのとり合わせである。

セモリナこ　—粉

デュラム小麦を粗く精製した小麦粉の一種。また、この他の小麦粉やトウモロコシといった穀類の粗挽きしたものを指す語としても用いられている。セモリナという語は、ラテン語で小麦粉を意味するsimilaからきているという。用途としてはアラブ・イスラム圏やギリシア、インド等で好まれているハルワという菓子や、北アフリカ地域でクスクスを作る際に用いられる。

ゼラチン

▶gelatin, gelatine（英）ジェラティン / gélatine（仏）ジェラティーヌ / Gelatine（独）ジェラティーネ

ゲル化させる凝固剤の一種。ゲル化剤のgelはゼラチンgelatineの綴りの一部からきたもので、かくいうゼラチンは凝固剤の代表格といえよう。これは諸動物の骨や軟骨、腱、筋などに含まれているコラーゲンやエラスチンといったタンパク質を熱処理して、不純物を取り除いた後乾燥させたもの。状態としては板状と粉末状の形で流通しているが、扱い方はどちらも同じ。昨今は、計量しやすく、また水に溶けやすくて使い勝手がいい粉末状のものが主流となっている。こうして作られたゼラチンは、水を加えるとそれを含んでふやけ、温めると溶け、冷やすとゲル化して固まる。そうした性質を利用してゼリーやバヴァロワといった口どけのいい冷菓が作られる。またザーネクレームと呼ばれるドイツ式の泡立てた生クリームや、フランスのクレーム・サン・トノレ（クレーム・シブースト）等にも用いる。

ゼリー

▶gelée（仏）ジュレ / jelly（英）ジェリー / Gelee（独）ジェレー、Gallert（独）ガラート

製菓用語では、さまざまな果汁やワイン、コーヒーなどに砂糖を入れて、ゼラチンを混入して固めたものを呼んでいる。

大型のアントルメから、プティガトー（小型菓子）に至るまで広く親しまれている。またゼリーは透明でつややかに固まるため、各種の生菓子の上面に流し、美しく仕上げるのに用いられる。

料理用語では、冷えて固まった肉汁や魚汁をさす。

現代のゼリーは口当たりや口どけの点で、夏の常温で溶けるくらいの状態、すなわち水分に対して3％くらいのゼラチンを混ぜて作ったものが美味とされている。アントナン・カレームが活躍していた18世紀後半から19世紀ごろに

は、現代のほぼ1.5倍から2倍ほどのゼラチン量を用いている。当時は冷蔵する方法が一般的でなかったので、保形性を与えるために、食感を犠牲にしてでもかたく作る必要があったものと思われる。また凝固力の相違も考慮に入れる必要がある。味覚、食感にも流行や好みがあるように、これが当時、好まれていた食感とも推察できる。

■ **基本ゼリー**

〈配合〉

ゼラチン……………………………… 30 ～ 40g
水………………………………………… 1000mℓ
砂糖……………………………… 200 ～ 300g
卵白（アクとり用）…………………… 30g
レモン果汁……………………… 1 ～ 2 個分
レモン果皮……………………… 1 ～ 2 個分

〈製法〉

① ゼラチンを分量外の水に浸してやわらかくしておく。
② 水を沸騰させ、①のゼラチンを加えて溶かす。
③ 粗熱をとる。
④ 砂糖、レモン果汁、削ったレモン果皮、卵白を入れ、軽く混ぜ合わせて約10分間放置しておく。
注1：卵白は泡立てず、軽くときほぐす程度でよい。
注2：卵白は沸騰したところへ急に入れたり、入れたあと急に沸騰させると、すぐに固まってしまい、充分にアクとりができない。
⑤ 再び火にかけ、絶えずゆっくり攪拌しながら沸騰させる。
⑥ 沸騰したら弱火にして10分間煮る。
⑦ 火から降ろし、蓋をして2～3分放置しておく。
⑧ 湿らせた布でこす。透明度が低かったら再度こす。
注1：ゼラチン強度については、その場で食べる場合はやわらかくしてもよいが、持ち帰りの商品の場合にはややかために するとよい。
注2：基本液に加える洋酒の種類や量、果物の種類等によってもゼラチン量を加減する必要がある。また容器に詰めたものをそのまま食べる場合と、型から取り出して他に移す場合にも、それぞれの条件に合わせて配慮する必要がある。

■ **ジュレ・オ・ゾランジュ　gelée aux oranges**

オレンジのゼリー。

〈配合〉 3個分

粉ゼラチン………………………………… 15g
水………………………………………… 75mℓ
オレンジ……………………………………3 個
粒入りオレンジジュース…………… 400mℓ
コワントロー…………………………… 15mℓ
緑の色素……………………………………微量
水……………………………………………微量
マジパン……………………………………少量
粉糖…………………………………………少量

〈製法〉

① ゼラチンを水にふり入れてふやかし、湯煎で溶かす。
② オレンジをよく洗い、上部を切り取る。
③ ②のオレンジの実をスプーンでくり抜いて取り出し、果汁を絞る（オレンジ1個から約50mℓ、3個で150mℓの果汁を用意する）。果皮は容器として使う。
④ 鍋に粒入りオレンジジュースと③の果汁を加えて火にかける。
⑤ ④が沸騰する前に火を止め、①のゼラチン液を加える。
⑥ ⑤を冷まし、コワントローを加える。
⑦ くり抜いたオレンジの皮の器に⑥を流し入れ、冷やし固める。
⑧ 緑の色素を水で溶き、マジパンに加えてよくもみ込む。
⑨ 粉糖を手粉代わりに薄く延ばし、葉型で抜いて葉脈をつける。
⑩ オレンジの皮の上部に⑨をつけ、ゼリーの上に置いてふたをする。

■ **ジュレ・ド・ヴァン・ブラン　gelée de vin blanc**

白ワインのゼリー。

〈配合〉

基本ゼリー液………………………… 500mℓ
白ワイン……………………………… 100mℓ

〈製法〉

材料を混ぜ、ワイングラスに注ぐ。好みにより、皮をむいたマスカットなどを沈めてもよい。
注：果物が浮き上がるときは、果物を覆う程度に基本ゼリー液を注いで一度固め、さらに注ぎ足す。細かく刻んだゼリーを、飾りとして散らすこともある。

■ **ジュレ・ド・ヴァン・ルージュ　gelée de vin rouge**

赤ワインのゼリー。

前項の白ワインを赤ワインにかえる。

■ **ジュレ・ド・フリュイ　gelée de fruit**

フルーツのゼリー。

〈配合〉

基本ゼリー液……………………………500mℓ
好みの果物または果汁…………………適量
果物に合わせたリキュール……………少々

注：リキュールはアルコール度数30～40度なら、20mℓ前後を基準に増減するとよい。

セリカイア　sericaia（ポルトガル）

ポルトガル・アレンテージョ地方エルヴァスの銘菓。同地のサンタ・クララ修道院の修道女によって作られたという焼いたスフレタイプのデザート菓子。さかのぼるとブラガンサ家のコンスタンティーノ副王によってインドからもたらされたともいわれている。

セリカイア

〈配合〉直径25cm 1台分

卵…………………………………………4個
牛乳……………………………………250mℓ
グラニュー糖……………………………90g
コーンスターチ…………………………12g
シナモン…………………………………少々
レモン果皮すりおろし………………1個分
バター……………………………………少々
薄力粉……………………………………少々

〈製法〉

① タルト型にクリーム状にしたバターを塗り、薄力粉をまぶしておく。
② 卵黄4個と1/2量のグラニュー糖をよくすり混ぜ、コーンスターチを加え、牛乳を少しずつ加え混ぜる。
③ ②を火にかけながら混ぜ、カスタードクリームを作る。
④ 別のボウルに卵白4個分を入れて泡立て、残りの砂糖を加えてメレンゲを作る。
⑤ ③と④を合わせ、すりおろしたレモン果皮とシナモンを混ぜる。
⑥ ⑤を①のタルト型に流し入れ、200℃のオーブンで約40～50分焼く。
好みによりエルヴァス名産のシロップ漬けのプラムを添える。

セルカーク・バノック　Selkirk bannock（英）

スコットランドのセルカークの町で作られてきた丸い形のパンで、サルタナ種の干しぶどうや砂糖漬けフルーツを入れて焼く。ロビー・ダグラスという人が、1859年に初めて売り出したもので、今日では同地の名物になっている。バノックとは、発酵させずに熱した石の上で焼いた平たいパンが発展したものである。

〈配合〉

中種
牛乳……………………………………570mℓ
砂糖………………………………………15g
イースト…………………………………43g
小麦粉…………………………………113g

生地
小麦粉…………………………………910g
バター…………………………………170g
砂糖……………………………………170g
塩…………………………………………15g
サルタナ………………………………800g
オレンジピール………………………115g
上塗り用卵黄…………………………適量

〈製法〉

① 温めた牛乳、砂糖、イースト、小麦粉を混ぜて中種を作り、発酵させる。
② 小麦粉、バター、砂糖、塩、サルタナ、オレンジピールを混ぜて、①と合わせ、生地をまとめる。
③ 発酵させてガス抜きし、再度発酵させて450gずつ分割する。
④ 丸い形に成形し、テンパンにのせて少し発酵させ、表面に溶き卵を塗って、強火のオーブンで焼く。

セルクル　cercle（仏）

▸ring（英）リング / Kreis（独）クライス、Ring（独）リング

リング、輪、サークルとも呼ばれる。製菓用の器具。

菓子を作るとき、生地やクリームを入れて成形するためのもの。大小、高低のあるもので、円形、楕円形、正方形や長方形等々、さまざま

な種類がある。

大きくて高さの低いものはタルトやフラン用に、背の高いものはグランガトーに用いる。また小さいものはプティガトーなどを作るときに用いる。生菓子に使う場合には、衛生上継ぎ目のないもののほうがよい。

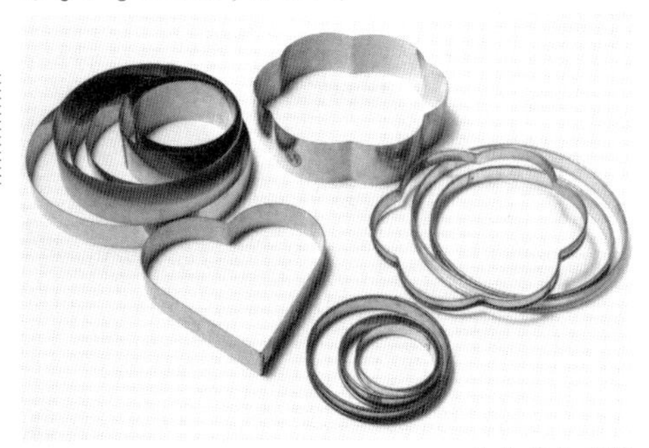

セルクルの例

セルペ　serpe（伊）

イタリアのマルケ州南部のマチェラータの山岳地帯の銘菓。セルペとは「蛇」という意味。

アーモンドを炒ってつぶし、砂糖、卵、バター、レモン果皮、シナモンなどを入れて練り、小さな蛇の形に作り、小麦粉で作った薄い円板の上にのせてオーブンで焼く。

上面にグラス・ロワイヤルかフォンダンを塗って仕上げる。

せんれいしき　洗礼式

▸ baptême（仏）バッテーム / baptism（英）バプティズム / Taufe（独）タオフェ

キリスト教における信者になるための儀式。

フランスでは、幼児洗礼の場合、小さなシューを積み上げて作るクロカンブッシュで祝う。上に、洗礼用の人形をのせて飾り、シューのすき間に男児の場合にはブルー、女児にはピンクを主体としたアーモンドのドラジェをはりつけて飾る。そして同じドラジェを親類縁者に配って祝う。

そ　ソ

そうふうポンプ　送風―

▸ pompe à souffler le sucre（仏）ポンプ・ア・スフレ・ル・シュクル、pompe à sucre（仏）ポンプ・ア・シュクル / sugar pump（英）シュガー・パンプ、candy pump（英）キャンディー・パンプ / Zuckerpumpe（独）ツッカープンペ

吹き飴細工（シュクル・スフレ）用のポンプ。

飴を丸めてノズルをさし込み、手で押しながら中に空気を送り込む。飴はまだ熱を持っているうちはやわらかいため、ふくらんでゆく。送風を加減しながら果物、動物その他の形を作る。

そうまあいぞう　相馬愛蔵

日本における食文化の向上に務めた食のエンターティナー。

長野から妻・良（後の黒光）を伴って上京した相馬愛蔵は、1901（明治34）年、本郷の一角の中村屋というパン屋の売り物を購入して独立開業。1907（明治40）年､手狭になった同店は、激戦区の本郷を離れて新宿に移転。アイデアマンの彼はシュークリームからクリームパンを編み出し、続いてワッフルのジャムをクリームに替えたクリームワッフルを発売、大ヒットとなる。なお彼にはさまざまな逸話が残されている。インドの革命家ラース・ビハーリー・ボースがインド総督のハーディング卿暗殺事件に関与したとの疑いで日本に亡命。その事情を知る相馬は、犬養毅や頭山満といった有力な政治家の要請を受け入れ､自宅に匿う。そのことあってボースは後に相馬の娘と縁を持ち､本物のカリー（カレー）を紹介。また、ロシア生まれの盲目詩人にして童話作家のエロシェンコは、アナーキストとして知られていたが、来日中に本国の革命騒ぎで送金が途絶えるなど困窮に陥る。見かねた相馬は、かつてボースを匿った部屋に彼を住まわせ面倒を見ていた。過激派の嫌疑をかけた警察は相馬宅に踏み込み、エロシェンコの逮捕に踏み切った。相馬はその狼藉に対し敢然と抗議し、時の警察署長に謝意を表させた。当時としては希有な、リベラルにしてインターナショナルな感覚を持つ商人であったといえる。彼の店は、柱であるパンに加えて中国の月餅、中華饅頭、ボース由来のインドのカリー、エロシェンコに機縁を持つロシアのボルシチ、加えて和菓子、洋菓子、レストランと、間口もインターナショナルに、日本を代表する食の世界の担い手に成長し、日本の食文化向上に貢献を果たすべく発展をとげる。

ソース　sauce（仏・英）
▶Sauce, Soße（独）ゾーセ

液体の調味料の総称。日本ではウスターソースが広く知られているが、液体状であればそのほとんどすべてがこの語で称され、料理用、菓子用など、その種類は数百種に及ぶ。

料理用ソースは肉、魚、野菜などの料理に付随して、さまざまに変化する。基本のソースとして、温かいものはソース・ベシャメル、ソース・ヴルーテ、ソース・エスパニョル、ソース・トマト、ソース・アメリケーヌ、ソース・オランデーズなどがある。冷たいソースとしてはソース・マヨネーズ、ソース・ヴィネグレットなどがある。

製菓用ソース

さまざまな果汁、液状のクリーム、チョコレートなどが、ソースとしてそれぞれの菓子に添えて供される。よく使うソースを記す。

■ **ソース・ア・ラ・ヴァニーユ　sauce à la vanille**

ヴァニラ風味のソース。ヴァニラ・ビーンズを用いるのが望ましい。

〈配合〉

砂糖……100g
卵黄……8個分
牛乳……500mℓ
ヴァニラ・ビーンズ……1本
生クリーム……500mℓ

〈製法〉

① 卵黄と砂糖を混ぜる。
② 牛乳にヴァニラ・ビーンズを加えて煮る。香りが出たあとヴァニラ・ビーンズを取り出す。
③ ①と②を混ぜる。
④ 弱火の湯煎でとろみをつけ、火から降ろして生クリームを加えて混ぜる。

■ **ソース・ア・ラングレーズ　sauce à l'anglaise**

「イギリス風のソース」の意味。ソース・アングレーズともいう。

〈配合〉

卵黄……8個分
砂糖……250g
牛乳……1000mℓ
ヴァニラ……少々

〈製法〉

① 卵黄と砂糖をよく混ぜる。
② 牛乳にヴァニラを入れて沸騰させ、①に少しずつ注ぎ混ぜる。
③ 一度ふるいに通したあと、弱火にかけて、煮立たせないように注意しながらとろみをつける。

■ **ソース・オ・カラメル　sauce au caramel**

カラメル風味のソース。

〈配合〉

砂糖……200g
水……適量

〈製法〉

① 砂糖に、その1/3量の水を加えて火にかけ、焦げ茶色のカラメルを作る。
② さらに少量の水を加え、ゆるめて煮る。

■ **ソース・オ・ショコラ　sauce au chocolat**

チョコレートのソース。

〈配合〉

生クリーム……1000mℓ
チョコレート……350g
砂糖……300g

〈製法〉

① 生クリームと砂糖を火にかけて沸騰させる。
② 火から降ろし、刻んだチョコレートを混ぜる。

■ **ソース・オ・ゾランジュ　sauce aux oranges**

オレンジのソース。

オレンジの果汁を絞り、好みの量の砂糖を加えて煮る。濃度が足りない場合には、若干のゼラチンまたは水に溶いたコーンスターチを加えてもよい。温かいデザートには温かくし、冷たいデザートには冷やして供する。グランマルニエやコワントローといったオレンジリキュールを加えてもよい。

■ **ソース・オ・フランボワーズ　sauce aux framboises**

フランボワーズのソース。

フランボワーズを裏ごしし、その半量の砂糖を加えて混ぜる。キルシュなどを加えてもよい。

■ **ソース・オ・フリュイ　sauce aux fruits**

各種の果汁のソース。好みの果物の果汁を絞るか裏ごしをする。少量の水と砂糖を加えて煮る。とろみの少ない場合には、若干のゼラチンまたは水で溶いたコーンスターチを加える。

■ **ソース・オ・フレーズ　sauce aux fraises**

いちごのソース。作り方は、ソース・オ・フランボワーズのフランボワーズをいちごにかえる。

■ **ソース・オ・ロム　sauce au rhum**

ラム風味のソース。

〈製法〉

① 砂糖にその1/3量の水を加えて、薄いカラメル色まで煮詰める。
② ラムとレモン果汁を適量加える。

③ 少量のバターを加える。

■ **ソース・サバイヨン　sauce sabayon**

白ワインを使ったソース。

〈配合〉

卵黄……………………………… 6個分
粉糖……………………………… 250g
白ワイン………………………… 250mℓ

〈製法〉

① 卵黄と粉糖を湯煎にかけて泡立てる。
② 少しずつ白ワインを加える。
③ 充分泡立ってきたら、好みにより、リキュール類やヴァニラ、レモン果皮などを加えてもよい。

ソース・ア・ラングレーズ

→ソース

ソーダ　soda（仏・英）

▸soda water（英）ソーダ・ウォーター / Soda（独）ゾーダ、Sodawasser（独）ゾーダヴァッサー

炭酸ガスが混入されている飲料。加糖のものと無糖のものとがある。無糖のものは、通常ウイスキーや果汁等に加えて用いる。

ソーニョス　sonhos（ポルトガル）

ポルトガルで好まれている揚げたシュー菓子。ソーニョスとは「夢」の意味。日常でも食べるが、特にクリスマス時期に多く求められる。シナモンシュガーをふりかけたり、ポートワインに浸して食される。基本的に、中にクリーム類を詰めたりはしない。

ソーニョス

そば　蕎麦

▸sarrasin（仏）サラザン、blé noir（仏）ブレ・ノワール / buckwheat（英）バックウィート / Buchweizen（独）ブーフヴァイツェン

タデ科の一年生の植物で寒冷地でも育成する。原産地は中央アジアといわれ、日本には古く渡来した。種子を挽いてそば粉を作り、そばにする。そば粉には65%ほどの澱粉が含まれており、小麦粉澱粉の約8倍の粘性がある。製菓面ではクレープ・サラザンというそば粉入りのクレープが名高い。そば粉特有の食感と風味で、軽食またはデザートとしても人気が高く、クレープの本場ブルターニュ地方で多く見られる。

ソーパ・ドウラーダ　sopa dourada（ポルトガル）

直訳すると「金のスープ」。長崎平戸の名物カスドースのルーツといわれている。中世から修道院で作られていたというデザート菓子で、おそらく堅くなったパンやパン・デ・ローの二次使用として作られていたものと思われる。

配合や製法、仕上げ方は各修道院により少しずつ異なる。

ソーパ・ドウラーダ

〈配合例〉 直径22cmのスープ皿1枚分

グラニュー糖…………………… 50g
水……………………………… 125mℓ
カステラ……………………… 125g
卵黄…………………………… 2個
牛乳…………………………… 30mℓ
レモン果皮すりおろし……… 1個分
バター………………………… 4g
シナモンパウダー…………… 少々

〈製法〉

① 水とグラニュー糖を混ぜて火にかけ、沸騰したら火から降ろしてほぐしたカステラを加え混ぜる。
② 卵黄と牛乳を混ぜて①と合わせ、再び火にかける。
③ ②に火が通ったらバターとレモン果皮すりおろしを加え、スープ皿に移して冷ます。
④ シナモンパウダーをふりかける。好みにより

焼いた薄切りアーモンドや松の実を散らしてもよい。

ソフトキャラメル

柔らかいキャラメルの意味の手作りキャラメル。硬さは煮詰め温度により調節する。煮詰め温度が高ければ高いほど冷やした時の凝固力は高まる。2008年から日本で流行ったものは113℃ほどまでのもので、口に入れるとほどなく溶ける食感が新鮮さを与えた。フランスなどで売られているキャラメル・ムー caramel mou（柔らかいキャラメルの意味）はもう少し高い温度まで煮詰めている。

〈配合〉 2cm角60個分

グラニュー糖……………………………… 270g
水飴………………………………………… 200g
塩…………………………………………… 少々
バター……………………………………… 55g
牛乳……………………………………… 500mℓ

〈製法〉

① グラニュー糖、水飴、塩、バターを鍋に入れ、牛乳の1/3量を加えて混ぜ、120℃まで煮詰める。
② 1/3量の牛乳を沸騰させて①に加え、113℃まで煮詰める。
③ 残りの1/3量の牛乳を沸騰させて②に加え、再び113℃まで煮つめて、オーブンシートを敷いたバットに流し、冷やし固める。
④ ③を2cm角程度に切り、セロファンで包む。

ソフト・ドリンク　soft drink（英）

清涼飲料。ジュースやサイダー類に代表される、洋酒などのスピリットの入らないものをさす。度数の高いアルコールの入っている飲み物は、ソフトに対してストロングと表現している。

なおソフト・ドリンクという語自体の定義については、各国さまざまな見解があり、いまのところ確立したものはない。

ソフトプリン（日）

口当たりの柔らかいカスタードプディング。

〈配合〉 直径7.5cmのココット7個分

カラメルソース

砂糖………………………………………… 50g
水……………………………………… 50mℓ
湯……………………………………… 10mℓ

プディング溶液

卵黄………………………………………… 60g
卵…………………………………………… 1個
砂糖………………………………………… 65g
牛乳……………………………………… 315mℓ
生クリーム……………………………… 135mℓ
ヴァニラオイル…………………………… 少々

〈製法〉

カラメルソース

① 砂糖と水を鍋に入れ、火にかける。
② 濃い褐色になったら熱湯を加え、再び煮る。冷水に数滴落とし、つまんで形が変わる程度になったら火を止める。
③ 型に②を等分して入れ、冷蔵庫で冷やす。

プディング仕上げ

① 卵黄と卵をボウルに入れてほぐし、砂糖を加え混ぜる。
② ①に牛乳、生クリーム、ヴァニラオイルを入れて混ぜる。
③ カラメルを入れた容器に②を流し入れる。
④ テンパンに並べ、湯を張って130℃のオーブンで約35分焼く。
⑤ 冷蔵庫で冷やす。

ソムリエ　sommelier（仏）

ワインの貯蔵庫の監督。レストランにおいては、ワインのサーヴィスを専門に行う人をさす。一連のフランス料理において、ワインはたいせつな役割を果たすもので、ソムリエはそのときの料理に合うワインを選定し、組み合わせる術を心得ていなければならない。そのためにはワインの種類、特質、値段等ワインのすべてに精通している必要がある。

ソルベ　sorbet（仏）

▸sherbet（英・米）シャーベット

→グラス

ゾンネンブルーメンブロート
Sonnenblumenbrot（オーストリア）

ひまわりのパンという意味の、オーストリアで親しまれている黒パン。ライ麦、オートミール、ゴマ、カボチャの種等も練り込んで作る。概ね小さな四角形に作られ、名前にあるごとく、練り込んだ各穀粒の他にひまわりの種を表面にふりかけて焼かれる。

た タ

タイク Teig（独）

菓子作りに必要な生地。生地にもいろいろな状態があるが、そのうちでも形をなしているものをいう。すなわちヘーフェタイク（発酵生地）、ブレッタータイク（フイユタージュ）、ミュルベタイク（パート・シュクレ）等である。

なお流動的で形をなさないもの、すなわち日本の製菓用語でいわれている種（たね）は、マッセという語があてられる。

だいず 大豆

▸soyabeans（英）ソヤビーンズ、soybeans（英）ソイビーンズ / soja（仏）ソジャ / Sojabohnen（独）ゾーヤボーネン

日本人の食生活の中では五穀のひとつとして重きを置かれてきた。五穀とは米、麦、粟、ひえ、豆で、この豆がすなわち大豆である。日本へは弥生時代には伝わっていたようで、各地の古墳や遺跡からその痕跡が見つかっている。欧米への伝播は遅く、1739年にフランスで試作された記録がある。ところがヨーロッパの土にはなじまず、失敗に終わる。大豆が育つには根粒バクテリアが必要だが、同地にはそれがなかったのだ。他方アメリカではしっかりと根付き、今日では世界の半分以上を産するまでになっている。製菓面においては、和菓子では粉末にしたきな粉餅、豆大福、豆入り煎餅、豆入りかき餅等、枚挙にいとまがない。洋菓子の分野でもきな粉バヴァロワが作られたり、ムース等への利用もなされている。

なお、これから採れる大豆油を分析すると、主なる脂肪酸はリノール酸が53%、次いでオレイン酸が24%、リノレン酸が8%となっている。

タイム thyme（英）

▸thym（仏）タン / Thymian（独）テューミアーン

シソ科の香草で、日本ではタチジャコウソウと呼ばれている。原産は地中海沿岸地帯で、今日でもフランス、イタリア、スペイン、ギリシアあたりが主産地となっている。利用法としては生のまま、もしくは乾燥させて葉も茎も一緒に粉末にして香辛料とする。やや苦味を感じる味とさわやかな香りが、魚や肉の臭い消しに役立ち、また少なからぬ殺菌力も持つため、各種の調理品やその材料などの腐敗や変質の防止にも効果があるとされ、古来よりいろいろな料理に使われてきた。ムニエル等の魚料理、シチューをはじめとする煮込み料理、パテやソーセージ等、幅広く食卓の饗宴を支えている。製菓業においてもトレトゥールで多用する。

タイユヴァン Taillevent

（1312ころ～1395）フランスの著名な料理人。本名はギョーム・ティレル Guillaume Tirel。

ヴァロワ朝を創設したフィリップ六世の料理人を1346年から務め、以後、急速に昇格し、1381年には、ついに料理人としての最高位である、シャルル六世の料理長にまで上り詰めた。

彼はその間、フランス語で記述された初の料理書といわれる『le Viandier ル・ヴィアンディエ』を著した。書かれたのは1373年から1380年の間とされているが、印刷されたのは15世紀半ばといわれている。

だいりせきだい 大理石台

→マーブル

ダオアーゲベック Dauergebäck（独）

日もちのする菓子の総称。

特に長時間おいても味覚、品質に変化のない日もちする菓子のことをいう。

ターキッシュ・デライト Turkish delight

→ロクム

ダコワーズ

→ダッコワーズ

ダッコワーズ dacquoise（仏）

泡立てた卵白に粉末アーモンドを混ぜた生地をベースにしたアントルメ、またはその生地名。ダッコワーズとは、「ダクスの」という意味でフランス西南部ランド県ダクス地方の名がその起源。フランスのものは、軽い食感に作られる大型のアントルメで、日本で流行している同名のものは、アレンジしたフール・セックである。

■ **アントルメとしてのダッコワーズ**

〈配合〉

粉末アーモンド……………………… 250g
砂糖………………………………… 250g

卵白……………………………………12 個分
バタークリーム………………………… 適量
コーヒーベース………………………… 少々
コーヒー豆形ボンボン
　またはチョコレート………………… 適量

〈製法〉

① 粉末アーモンドと砂糖を混ぜる。
② 卵白を泡立て、①と合わせる。
③ ②を丸口金で渦巻き状に絞り、乾燥焼きにする。
④ ③の1枚の上に、コーヒーベースを入れたバタークリームを絞り、コーヒー豆形のリキュールボンボンまたはチョコレートをクリームの中に適当な間隔をあけて埋め込む。
⑤ ④の上に③のもう1枚をのせる。
⑥ 上から軽く粉糖を振りかける。

アントルメのダッコワーズ

■ アレンジした生地で作るフール・セック（乾き焼き菓子）としてのダッコワーズ

〈配合〉

卵白…………………………………… 175g
砂糖…………………………………… 25g
粉末アーモンド……………………… 125g
粉糖…………………………………… 100g

〈製法〉

① 卵白を充分泡立て、砂糖を加えて腰のあるしっかりしたムラングを作る。
② 粉末アーモンドに粉糖を混ぜて二度ふるいにかける。
③ ①に②を加えて静かに混ぜる。
④ 厚さ 7mm ほどの楕円のすり込み板に、③の種をすり込む。
⑤ 上面に粉糖を振りかけ、160℃のオーブンで焼く。
⑥ 冷めたら、プラリネ入りバタークリーム、あるいはコーヒー入りバタークリーム等をはさむ。

フール・セックのダッコワーズ

だつさんそざい　脱酸素剤

食品にじかに混入しない品質保持剤。エージレス等の製品名で呼ばれているもの。鉄が空気中の酸素を吸収すると酸化する、つまり錆びるという現象を利用して作られた。粉末状の鉄が小袋に詰められ、加えて袋内が無酸素状態になったことを確認するための錠剤もしくはシールが添えられていて、万一空気もれがあった場合にはそれが変色して危険を知ることができるようになっている。菓子とともにこの脱酸素剤を入れ、封にピンホールがないよう個包装すると含まれている鉄分が中の酸素を吸収し、菓子のまわりは無酸素状態になる。すなわち酸化しようにもできなくなる。こうすることによって、菓子自体の中に酸化防止剤などを入れたりすることなく、日持ちをさせることが可能となる。

ただしこの脱酸素剤の効力の及ばないものもある。嫌気性菌という酵母の一種で、これは酸素なしでも生きていられる。特に洋梨などに含まれているサッカロミセス酵母菌だが、こうしたものは他の果実でも少なからず含んでいるため、充分な注意が肝要となる。

タート　tart（英）

皿状あるいは平たい形の丸い菓子で、いわゆるパイを含めたすべての総称。パイとは、上面に生地やクリーム等で蓋をして中身の見えないものを特定する呼称である。

たね　種

日本の製菓用語で、やわらかく流動的で、形をなさない状態の生地を呼ぶ。現在ではそれらをも含めて生地と総称している場合が多いが、おおまかにいえば形をなすものは生地、そうでないものは種と使い分けている。たとえば、焼成前のスポンジ生地やシュー生地は種である。

そして厳密にいうと、焼成後は生地となる。

ドイツ語でも同様のとらえ方をしており、流動的なものはマッセにあたり、ビスケット生地やフイユタージュのような形をなしているものはタイクとして区別している。

たねぬきき　種抜き器

▸ dénoyauteur（仏）デノワィヨトゥール / nut corer（英）ナット・コアラー / Entkerner（独）エントケルナー、Entsteiner（独）エントシュタイナー

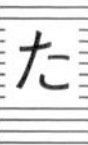

さくらんぼやオリーブの中の種を抜きとる器具。先端に果実をはさんで力を入れると、一方の先の突出した部分が、中の種を押し出し、穴のあいた他方の先端から飛び出す。

ダービー・ビスケット　derby biscuit（英）

イギリスのビスケット。レーズンをたっぷり混ぜ込んだ生地に、グラニュー糖を振りかけて焼く。

ダービー・ビスケット

〈配合〉

バター	280g
砂糖	225g
全卵	70g
小麦粉	450g
レーズン	170g
卵黄	適量
グラニュー糖	適量

〈製法〉

① 室温にもどしたバターに砂糖と卵を加え、軽く泡立てる。
② 小麦粉をふるい、レーズンを混ぜて①に加える。
③ 軽く混ぜ、そぼろ状にし、冷蔵庫で休ませる。
④ 厚さ4mmに延ばし、直径5～6cmの菊型で抜く。
⑤ 上面に溶いた卵黄を塗り、グラニュー糖をまぶす。
⑥ 200℃のオーブンで約15分間焼く。

タフィー　toffee（英）、taffy（米）

▸ caramel au beurre（仏）カラメル・オ・ブール / Butterkaramell（独）ブッターカラメル

飴菓子の一つ。

砂糖、水飴、バターなどを鍋に入れ、火にかけて煮詰め、マーブル台の上に流して、一定の形に切り分ける。この中にアーモンドやピーナッツ等のナッツ類を加えることもある。

また糖液の煮詰め温度で129.5～132℃の状態がタフィーを作る適温とされている。

たまご　卵

▸ egg（英）エッグ / œuf（仏）ウフ / Ei（独）アイ

製菓面で卵といった場合、ほとんど鶏卵をさす。

卵は殻を除いては白身と黄身からなっており、50gぐらいの小玉から60g以上の大玉まである。内外の製菓書では、慣例として全卵1個の正味は通常50g、そのうち卵白は30g、卵黄は20gとしてとらえる。しかし現実にはそれよりやや大きいようである。卵黄は固形分が約50％で、その1/3はタンパク質、2/3は脂質であり、無機質、ビタミン類を多く含有している。

卵白は88％が水分である。タンパク質は約10％で量的にはさほどではないが、タンパク価は高い。また有機質は少ないが、ビタミンB群を含有している。

卵は料理や菓子作りに広く利用され、パティスリーやグラス（氷菓）の分野では、なくてはならない素材である。

卵の性質

卵は熱を加えると凝固する性質を持っている。卵白は約58℃、卵黄は約65℃になると固まってくる。これは双方に含まれるタンパク質が異なるためである。カスタードプディングやソース・ア・ラングレーズなどは、凝固する性質を利用して作るものである。

焼いた場合には、他の素材をつなげて固める、いわゆる「つなぎ」の役割を果たす。クッキーなどはそのよい例である。また、酸を加えると固まりやすくなる性質もある。

卵黄は乳化性があり、この性質を利用してマ

ヨネーズなどを作る。糖蜜を混入し、攪拌して作るパータ・ボンブもその類といえよう。

一方卵白は、攪拌すると空気を含み、多くの気泡ができ、その泡は消えにくい。この性質を利用して、共立て、別立てを問わず、フワッとした持ち味を出すビスキュイやジェノワーズと呼ばれるスポンジケーキなどを作る。

この気泡ができる性質は、特に卵白のみで作るムラングに顕著にあらわれ、ムース類やスフレなどにも応用されている。

たまごそうめん　玉子素麺

玉子素麺あるいは鶏卵素（索）麺とも記される南蛮菓子の一つで、現在、九州博多の名物として伝えられ、親しまれている。

スペインあるいはポルトガル人によって長崎に伝えられたが、江戸の上菓子商を除いて各地に広まることはあまりなかった。

享保年間（1716-1735）の天文学者、西川如見（じょけん）の見聞録『長崎夜話草』にタマゴソウメンを食べたという記述が見られる。

作り方は、卵黄を煮立った糖液の中に細く流し込んでゆき、加熱凝固させるという単純なものだが、その手法は現在スペインでウエボ・イラード、ポルトガルではフィオシュ・デ・オヴォシュという名で親しまれている。ちなみにタイでは「金の糸」の意味のフォイトーンの名で、同様のものが食されている。おそらく南蛮の宣教師たちの手で、日本より前に伝えられたものと思われる。

玉子素麺

〈配合〉

卵黄……………………………… 6個分
砂糖…………………………………… 600g
水……………………………… 250mℓ

〈製法〉

① 卵黄を裏ごしした後、細い丸口金をつけた絞り袋に入れる。
② 水に砂糖を加えて火にかけ、110℃になったら火を止める。
③ ①を②の中に、円を描くように絞り入れる。
④ 再び加熱し、卵黄に火を通す。
⑤ 箸で静かに手繰り寄せてバットに移す。
⑥ 冷めたら皿に盛りつける。

→ウエボ・イラード
→フィオシュ・デ・オヴォシュ

たまじゃくし　玉杓子

▶louche（仏）ルーシュ / ladle（英）レイドル / Schöpflöffel（独）シェップフレッフェル

長い柄の先に液体をすくいとる器がついているステンレス製の器具で、通称お玉と呼ぶ。先の器は半球形のものと、先端がとがっていてシロップやソース類を流しやすくなっているものがある。

たまねぎ　玉―

▶oignon（仏）オニョン / onion（英）オニオン / Zwiebel（独）ツヴィーベル

原産地は中央アジアから地中海とされる。菓子との関わりについては、フランスのキシュ・ロレーヌには欠かせないものとなっており、ドイツのシュヴァビッシャー・ツヴィーベルクーヘンにはこれをぎっしりと詰め込む。料理でも多用されるが、中でもスープ・ドニオンなどはその特性をもっとも生かしたメニューのひとつといえよう。

タラッリ　taralli（伊）

イタリアのナポリからシチリア島までの、昔の「西シチリア王国」の領土ならどこでも見られるビスケット的な堅焼きパン。場所により形や味が異なる。

タラッリは一般に中心に穴のあいたドーナツ形が多い。ナポリでは塩味で胡椒が少しきき、中にフェンネルの実が入っている。ソレント半島のものは甘く、上にフォンダンが塗ってある。

〈配合〉 10個分

強力粉……………………………… 80g
セモリナ粉………………………… 20g
塩………………………………… 1～2g
ぬるま湯…………………………… 50mℓ
オリーヴオイル…………………… 40mℓ
キャラウェイシード……………… 5g
黒胡椒……………………………… 少々

ドライイースト……………………………… 5g

〈製法〉

① 強力粉、セモリナ粉、ドライイースト、塩を一緒にしてふるい、オリーブオイルを加えて混ぜていく。
② ①にぬるま湯を少しずつ加え混ぜる。
③ 生地がまとまったら、キャラウェイシードと黒胡椒を加え、充分こねて均質にする。
④ ③をボウルに入れて布をかけ、温かい場所に置いて倍ほどの大きさに発酵させる。
⑤ ④を 10 等分し、10cm の長さの棒状にまるめながら伸ばす。
⑥ ⑤を曲げて両端を少し交叉させるかドーナッツ型に成形する。
⑦ 200℃のオーブンで約 10 分、焼き色がつくまで焼く。

ダリオール　dariole（仏）

円筒形の小さな型で、ババ型ともいう。ババ、カスタードプディングなどに使用。

昔は菓子の名前でもあった。この型の内側に折り込んだフイユタージュを敷き、キルシュまたは他のリキュールを加えたフランジパースを詰めて強めのオーブンで焼き、オーブンから出したらすぐに砂糖を振りかけて供された。現在は型の名のみが残っている。

また中世に好まれた菓子のこともさす。これは食べられる器とクリームでできたもので、ピュイ・ダムールにつながるといわれている。

タルタ（日）

南蛮菓子。スペインから入ってきたトルテ。タルトもトルテも源は同じで、ビスケット生地の菓子だったが、15、6 世紀頃に分かれた。ビスケット生地のまま引き継がれてきたものがタルトで、一方スペインでビスコッチョと呼ばれるスポンジケーキが開発されて、柔らかい菓子となったのがいわゆるトルテである。ここでいうタルタとはその後者で、その名をもってイベリア半島から日本にやってきた、あくまでも柔らかいスポンジ菓子の方をいう。

タルタ･エラーダ　tarta helada（西）

スペインで好まれている冷製タルト。

エラーダは凍ったという意味。果物、キルシュ、卵黄、生クリーム、砂糖で作ったクリーム状の種を、ビスケット生地を敷いて焼いたタルト型に流し、冷やして供する。

〈フィリングの配合〉

卵黄……………………………………13 個分
砂糖…………………………………… 250g
水…………………………………… 200mℓ
生クリーム…………………………… 80mℓ
好みの果物…………………………… 適量
キルシュ……………………………… 適量

〈製法〉

① 卵黄を充分泡立て、砂糖と水で作ったシロップを注ぎ入れる。
② ①が冷めたら､生クリームを泡立てて加える。
③ 適当な大きさに切った好みの果物を入れ、キルシュを加えて風味をつける。
④ ビスケット生地を敷いてから焼きし、その中に③を流し込み、凍結して供する。

タルタ･デ･アロス　tarta de arroz（西）

米を使ったスペインのタルト。

アロスは「米」の意味。米を牛乳とレモン果皮で煮たものに卵黄を加えて、タルト型に流し焼く。

タルタ・デ・アロス

〈配合〉

米……………………………………… 200g
牛乳………………………………… 750mℓ
水…………………………………… 250mℓ
レモン果皮…………………………… 1 個分
粉末アーモンド……………………… 120g
砂糖………………………………… 100 ＋ 50g
卵黄………………………………… 4 個分
卵白………………………………… 4 個分
パン粉……………………………… 適量

〈製法〉

① 米を洗い､牛乳､水､レモン果皮と一緒に煮る。
② 粉末アーモンドを軽く焼き、砂糖 100g、卵黄を混ぜ、①に加える。

③ 卵白に砂糖 50g を加えてしっかり泡立て、②に加える。
④ タルト型などに油を塗り、内側にパン粉をまぶして、③を流し、弱火で焼く。

タルタ・デ・ケソ　tarta de queso（西）

スペインのクリームチーズのタルト。ケソはチーズのこと。

クリームチーズ、砂糖、小麦粉、卵を混ぜ、タルト型に流して焼く。チョコレート風味にして焼いたものはタルタ・デ・ケソ・コン・カカオという。

〈配合〉

クリームチーズ…………………………500g
砂糖………………………………………450g
小麦粉……………………………………170g
全卵………………………………………12 個

〈製法〉

① クリームチーズを、湯煎にかけて弱火でやわらかくする。
② 砂糖を加えて混ぜる。
③ ふるった小麦粉を入れ、全卵を少しずつ加える。
④ タルト型にバターを塗り、③を流して弱火のオーブンで約 1 時間半焼く。
注：チョコレート味の場合は、小麦粉を 120g にして、残り 50g をココアにかえる。

タルタ・デ・ケソ・クルード　tarta de queso crudo（西）

生のチーズを用いたスペインのタルト。クルードとは、「生」の意味。

シナモン入りのビスケット生地でタルトを作って焼き、クリームチーズ、生クリーム、砂糖、キルシュ、卵などを混ぜた種を流し、冷やして固める。

〈フィリングの配合〉

クリームチーズ…………………………600g
卵黄……………………………………3 個分
キルシュ…………………………………少々
レモン果皮……………………………1 個分
シロップ…………………………………少々
ゼラチン…………………………20 ～ 25g
生クリーム……………………………200mℓ
レモン果汁………………………………少々
卵白……………………………………3 個分

〈製法〉

① クリームチーズを湯煎でやわらかくする。
② ほぐした卵黄、キルシュ、レモン果皮、シロップを加える。
③ 水に浸してやわらかくしたゼラチンを加えて溶かし混ぜる。
④ 生クリームを泡立てて③に加え、レモン果汁とシロップを少々加える。
⑤ 卵白を泡立て、④と合わせる。
⑥ あらかじめ焼いておいたタルトの中に流し入れ、冷やして固める。

タルタ・デ・サンティアゴ　tarta de Santiago（西）

サンティアゴとは聖ヤコブのことで、その名を戴いた半生菓子。聖ヤコブを祀った地、サンティアゴ・デ・コンポステーラは大西洋側の北にあり、ローマ、エルサレムと並ぶ三大聖地とされ、年間を通して世界中から巡礼者が絶えない。

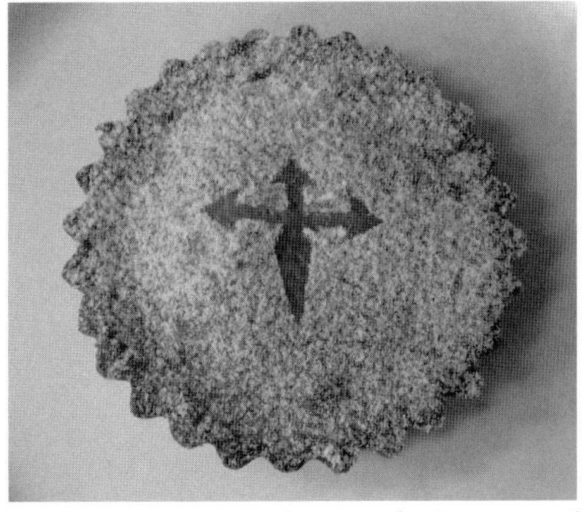

タルタ・デ・サンティアゴ

〈配合〉 直径 11cm 3 台分

粉末アーモンド…………………………120g
グラニュー糖……………………………100g
レモン表皮すりおろし…………… 1/4 個分
シナモン……………………………………2g
卵…………………………………………2 個
粉糖（ふりかけ用）……………………少々

〈製法〉

① ボウルに粉末アーモンド、グラニュー糖、レモン表皮すりおろし、シナモンを入れ、卵を加えて混ぜる。
② ①をタルト型に流し入れ、180℃のオーブンで 20 分程焼く。
③ ②が冷めた後、サンティアゴの十字形に切った紙を置いて粉糖をふりかけ、紙を取り除く。

た

タルタ·デ·サン·マルコス　tarta de San Marcos（西）

スペイン・レオンの街の旧「聖マルコス修道院」で作られたというケーキ。

この建物は12世紀頃造られたもので、現在ではパラドールという国営ホテルになっている。

〈配合〉18cm 1台

スポンジ生地
- 薄力粉…… 60g
- 卵…… 2個
- グラニュー糖…… 60g

シロップ
- 水…… 50mℓ
- グラニュー糖…… 25g
- ラム…… 5mℓ

クリーム
- 生クリーム…… 300mℓ
- グラニュー糖…… 35g

チョコレートクリーム
- 生クリーム…… 100mℓ
- チョコレート…… 10g
- グラニュー糖…… 12g

卵黄クリーム
- 水…… 45mℓ
- 卵黄…… 6個
- グラニュー糖…… 100g

仕上げ用
- 薄切りアーモンド…… 30g

〈製法〉

① スポンジ生地を作る。卵にグラニュー糖を入れて充分泡立て、ふるった薄力粉を混ぜて型に流し、180℃のオーブンで焼く。

② シロップを作る。水にグラニュー糖を入れて火にかけ、沸騰したら火から降ろして粗熱をとった後、ラムを加える。

③ クリームを作る。生クリームにグラニュー糖を加えて七分立てに泡立てる。

④ チョコレートクリームを作る。生クリームにグラニュー糖と溶かしたチョコレートを加えて泡立てる。

⑤ 卵黄クリームを作る。水にグラニュー糖を加えて120℃まで煮詰め、粗熱をとった後、卵黄を加えて混ぜながら弱火にかける。もったりとしてきたら火から降ろして粗熱をとる。

仕上げ

① スポンジケーキを3枚に切り、それぞれにシロップを打つ。

② 一枚の上に1/2量の生クリームをぬり、もう一枚を重ねてチョコレートクリームをぬり、残りの一枚をのせてその上に卵黄クリームをぬる。

③ ②の側面に残りの生クリームをぬり、軽く焼いた薄切りアーモンドをまぶす。

タルタ・デ・サン・マルコス

タルタ·デ·ジェマ　tarta de yema（西）

卵黄と砂糖を混ぜて作ったスペインの代表的な菓子。ジェマとは卵黄のこと。

型に流し、固めて抜いたものと、シューの皮に詰めて供するものがある。またそうめん状に作ったものはウエボ・イラードと呼ばれ、玉子素麺の祖型である。

〈配合〉
- 砂糖…… 750g
- 水…… 250mℓ
- 卵黄…… 500g
- 全卵…… 2個
- 加糖し泡立てた生クリーム…… 適量

〈製法〉

① 砂糖は水を加えて火にかけ、シロップを作る。

② 卵黄と全卵を一緒にして泡立てる。

③ ②がクリーム色になってきたら、①のシロップを注ぎ入れながら、さらに充分泡立てる。

④ タルト型などに流し入れ、オーブンの中で弱火の湯煎にかける。

⑤ 焼けたら型からはずし、裏返しにして皿に移す。

⑥ 砂糖を加えて泡立てた生クリームを添えて供する。

タルト　tarte（仏）

▸tart（英）タート

タルトとはフランス菓子を代表する菓子のひとつで、ビスケット生地（パート・シュクレ）

やフイユタージュで器を作り、中にクリームや果物などを詰めた菓子である。

この菓子の原形は古代ギリシア、古代エジプト時代にまで及ぶ。食べられる素材で皿状のものを作り、中に美味な何かを詰めるという手法は、形をなさないものをひとつにまとめ上げる方法である。

製法別に見ると、焼いた器にフィリングを詰めるものと、フィリングを詰めたあとに共焼きするものがある。

代表的なものを以下に列挙する。

■ **タルト・アルザシエンヌ　tarte alsacienne**

フランスのアルザス地方のりんごを使ったタルト。アルザスはさまざまな特産物の地として名高く、りんごもそのひとつ。パート・シュクレ（ビスケット生地）で器を作り、りんごを並べて、卵入りの流し種を満たし、オーブンで焼き上げる。

またりんごを使わない場合もある。砕いたアーモンド入りのパート・シュクレを厚さ1cmほどの丸い形に延ばして型に敷き、同じ生地を帯状にして縁にはりつけ、上面にも格子にはる。それぞれのくぼみにジャムやママレードを絞って焼く。

〈流し種の配合〉

小麦粉……………………………… 100g
砂糖………………………………… 250g
卵黄……………………………… 3個分
全卵………………………………… 2個
牛乳……………………………… 1000mℓ

〈製法〉

① パート・シュクレを厚さ2～3mmに延ばして型に敷き、アプリコットジャムを塗る。
② 皮をむいたりんごを適宜に切り、①の上に並べる。
③ 流し種を作る。小麦粉と砂糖を混ぜ、卵黄と全卵を加え、最後に牛乳を混ぜる。
④ ③を②の中に流し入れる。
⑤ 中火のオーブンで焼く。
⑥ 粉糖を振りかけて供する。

■ **タルト・オ・シトロン　tarte au citron**

レモンのタルト。オーソドックスなフランス菓子の一つ。

〈流し種の配合〉

バター……………………………… 200g
砂糖………………………………… 400g
卵黄……………………………… 3個分
全卵………………………………… 6個
レモン果汁……………………… 3個分
レモン果皮……………………… 3個分

タルト・オ・シトロン

〈製法〉

① パート・シュクレを厚さ3mmに延ばし、タルト型に敷く。
② 流し種を作る。材料のバター、砂糖、卵黄、全卵、レモン果汁、レモン果皮などを全部一緒に混ぜ、鍋に入れて火にかける。
③ とろみがついてきたら火から降ろし、タルト型の中に流し入れる。
④ 180℃のオーブンで焼く。
⑤ 薄切りのレモン、チェリー等で飾り、熱したアプリコットジャムを塗る。

■ **タルト・オ・シュクル　tarte au sucre**

「砂糖のタルト」の意味の、フランス北西部の銘菓。ブリオッシュ生地をタルト型に敷き、ヴェルジョワーズという北フランス特産の砂糖とバターを詰めて焼く。

■ **タルト・オ・ピニョン　tarte aux pignons**

松の実を使ったタルト。

タルト・オ・ピニョン

〈配合〉

パート・シュクレ……………………… 適量
クレーム・ダマンド…………………… 380g

コワントロー漬けレーズン……………… 20g
松の実……………………………………… 30g
コワントロー……………………………… 20mℓ

〈製法〉

① パート・シュクレを厚さ2～3mmに延ばし、タルト型に敷く。
② 仕上げに振る松の実適量をとりおき、フィリングを全部一緒にして混ぜ、①に流し込む。
③ 上面に適量の松の実を散らす。
④ 中火のオーブンで焼く。
⑤ 熱したアプリコットジャム（分量外）を塗る。

た

■ **タルト・オ・フリュイ　tarte aux fruits**

各種の果物を彩りよく盛り合わせたタルト。いちご、キーウィ、パイナップル、オレンジなどがよく使われる。

〈製法〉

① パート・シュクレを厚さ2～3mmに延ばし、タルト型に敷く。
② 縁を3mmほどつまみ上げて形を整え、ピンセットでつまみ、模様をつける。
③ 底にアーモンドクリームを丸口金で、押しつぶすように渦巻き状に絞る。
④ 中火のオーブンで焼く。
⑤ キルシュで香味づけをしたカスタードクリームを絞り込む。
⑥ いちご、キーウィ、パイナップル、オレンジなど好みのフルーツをのせる。
⑦ つや出しのゼリーを塗って仕上げる。

■ **タルト・オ・フロマージュ　tarte au fromage**

タルト型に焼き上げたチーズケーキ。

〈配合〉18cm 1台分

パート・シュクレ（ビスケット生地）
バター……………………………………… 60g
砂糖………………………………………… 60g
卵…………………………………… 1/2個分
薄力粉…………………………………… 125g

チーズ種
クリームチーズ………………………… 160g
卵………………………………………… 小2個
砂糖………………………………………… 65g
薄力粉……………………………………… 15g
塩…………………………………………… 少々
レモン果汁……………………………… 少々
生クリーム……………………………… 65mℓ

〈製法〉

パート・シュクレ
① バターと砂糖をすり合わせ、溶き卵を加え混ぜる。
② ふるった薄力粉を①に加え、混ぜる。
③ 生地をまとめ、冷蔵庫で休ませた後、厚さ2mmに延ばし、タルト型に敷いて、縁をピンセットでつまみ、模様をつける。
④ ③の底にフォークで、空気抜きの穴をあける。

チーズ種
① クリームチーズをボウルに入れ、湯煎にかけて柔らかくする。
② ①に卵、砂糖、ふるった薄力粉、塩、レモン果汁を入れて混ぜる。
③ ボウルに生クリームを入れ、軽く泡立てて②に入れ、合わせる。

仕上げ
① パート・シュクレを敷いたタルト型に、チーズ種を流し入れる。
② 175℃のオーブンで約35分焼く。

■ **タルト・オ・マロン　tarte aux marrons**

アーモンドクリームで焼き上げたマロンのタルト。

〈配合〉18cmのタルト1台分

ビスケット生地
バター……………………………………… 50g
砂糖………………………………………… 50g
卵……………………………… 1/2個（約30g）
薄力粉…………………………………… 100g

マロンクリーム
栗の甘露煮…………………………… 4～5個
粉末アーモンド…………………………… 80g
砂糖………………………………………… 80g
バター……………………………………… 80g
卵………………………………………… 小1個
ラム………………………………………… 8mℓ

仕上げ
栗の甘露煮…………………………… 5～6個
アプリコットジャム…………………… 少々

〈製法〉

ビスケット生地
① バターと砂糖をすり合わせる。
② ①に卵を入れて混ぜる。
③ ②にふるった薄力粉を混ぜる。
④ ③がそぼろ状になったら生地をまとめ、ラップに包んで冷蔵庫で休ませる。
⑤ 厚さ2mmに延ばして型に敷く。

クリーム
① 栗は粗く刻んでおく。
② 粉末アーモンドと砂糖を混ぜ、室温に戻した

バターを混ぜる。
③ 卵を②に加え、ホイッパーで混ぜる。
④ ③にラムを加え混ぜる。
仕上げ
① ビスケット生地をもんで均質にし、2mm の厚さに延ばして型に敷く。
② 空気抜きの穴をフォークであける。
③ マロン入りクリームを②の型の高さ 3/4 まで詰め、半分に切った栗をのせる。
④ 170℃のオーブンで約 30 分焼く。
⑤ 型からはずし、熱したアプリコットジャムを塗る。

■ **タルト･オ･ミルティーユ　tarte aux myrtilles**

ブルーベリーのタルト。フィリング（具）は好みによるがここではチーズを使う。

タルト・オ・ミルティーユ

製品例
〈配合〉 18cm 1 台分
ビスケット生地
バター……50g
砂糖……40g
卵……1/2 個
薄力粉……100g
チーズのクリーム
粉ゼラチン……1g
水……5mℓ
クリームチーズ……100g
粉糖……25g
レモン果汁……少々
生クリーム……60mℓ
仕上げ
ブルーベリー……適量
アプリコットジャム……適量
〈製法〉
ビスケット生地
① バターと砂糖をすり合わせる。
② 卵を溶いて①に混ぜる。
③ 薄力粉をふるって②に加え混ぜる。
④ ③を冷蔵庫で 1 ～ 2 時間休ませる。
⑤ ④を 2mm の厚さに延ばしてタルト型に敷き、フォークの先で空気抜きの穴をあける。
⑥ ⑤を 180℃のオーブンで約 15 分焼く。
チーズのクリーム
① ゼラチンを水に入れてふやかし、湯煎で溶かす。
② クリームチーズを湯煎にかけて柔らかくする。
③ ②に①を加え混ぜ、粉糖、レモン果汁を混ぜる。
④ 生クリームを七分立てにし、③に混ぜる。
仕上げ
① 焼き上がったビスケット生地の中にクリームチーズを詰める。
② ブルーベリー（缶詰でもよい）を①の上に並べ、熱したアプリコットジャムを塗る。

■ **タルト・オランデーズ　tarte hollandaise**

オランダ風という名のフランスのタルト。名前の由来は、形が同国の名物の風車に似ているからといわれている。フイユタージュにクレームダマンド（アーモンドクリーム）を詰め、上面に風車を思わせる切り込みのデザインをする。

タルト・オランデーズ

〈配合〉 直径 18cm 1 台分
フイユタージュ
強力粉……140g
薄力粉……60g
バター……200g
塩……3g
水……110mℓ
クレームダマンド（アーモンドクリーム）
粉末アーモンド……60g
砂糖……60g
バター……60g
溶き卵……1/2 個（約 30g）
ブランデー……10mℓ

仕上げ
卵黄……………………………… 1個分
卵白……………………………… 1個分
粉末アーモンド…………………… 50g
粉糖……………………………… 適量

〈製法〉

① 強力粉と薄力粉を混ぜてふるい、バター50gを加えてそぼろ状にする。
② ①に塩を混ぜた水を加えてひとまとめにし、ラップに包んで冷蔵庫で休ませる。
③ 残りのバターは冷やしてたたき、平たい四角にし、四角に延ばした②で包む。
④ ③を長方形に延ばして3つ折りにし、横向きにして再び3つ折りにし、冷蔵庫で冷やす。
⑤ ④を延ばして3つ折りにし、再び冷蔵庫で冷やす。

クレーム・ダマンド
① 粉末アーモンドと砂糖を混ぜ、柔らかくしたバターを混ぜる。
② ①に卵を加え混ぜる。
③ ②にブランデーを加える。

仕上げ
① フイユタージュを厚さ2mmに延ばし、直径18cmのセルクルで2枚切り取る。
② 1枚をテンパンにのせ、丸口金をつけた絞り袋にクレームダマンドを詰めて、中央にドーム状に絞る。
③ まわりに卵黄を塗り、もう1枚をかぶせて縁を接着させる。
④ 縁のまわりに1cm間隔にナイフを当てて菊形のふち取りをする。
⑤ 卵白に粉末アーモンドを混ぜてペースト状にし、パレットナイフでドームの上に塗る(縁は塗らない)。
⑥ ⑤の全体に粉糖を厚さ2mmほどふりかけてナイフで8等分に筋をつけ、185℃のオーブンで約35分焼く。

■ **タルト・カンパニャールド　tarte campagnarde**

「田舎風のタルト」の意味。郷愁を込めた命名である。

フイユタージュで器を作り、中にアーモンドクリームを絞って、好みの果物を並べ、中火のオーブンで焼く。上面には煮詰めたアプリコットジャムを塗って仕上げる。

フィリングには通常ミラベル、さくらんぼ、りんご等を使う。

■ **タルト・シブースト　tarte Chiboust**

クレーム・シブーストを用いたタルト。パータ・フォンセをタルト型に敷き、りんごを並べ、卵と砂糖入りの生クリームを流して焼く。クレーム・シブーストを絞り込んで仕上げる。

タルト・シブースト

〈流し種の配合と製法〉

全卵……………………………… 2個
砂糖……………………………… 60g
生クリーム………………………… 250mℓ

① 卵をときほぐし、砂糖を加えて混ぜる。
② 生クリームを加え、全体を混ぜ合わせる(泡立てないようにする)

〈クレーム・シブーストの配合と製法〉

牛乳……………………………… 125mℓ
卵黄……………………………… 2個分
砂糖……………………………… 35g
小麦粉…………………………… 15g
ゼラチン………………………… 15g

ムラング・イタリエンヌ
卵白……………………………… 2個分
砂糖……………………………… 125g
水………………………………… 60mℓ

① 鍋に牛乳を入れて沸騰させる。
② 卵黄、砂糖、小麦粉を混ぜ、①を少しずつ加えてゆき、全体を混ぜ合わせる。
③ あらかじめ水につけてやわらかくしておいたゼラチンを②に加え、溶かし混ぜる。
④ 鍋に水と砂糖を入れて火にかけ、120℃に煮詰める。
⑤ 卵白を充分泡立て、④を少しずつ加えて混ぜ、ムラング・イタリエンヌを作る。
⑥ ③に⑤を加え、混ぜ合わせ、クレーム・シブーストを作る。

〈仕上げ〉

① パータ・フォンセを厚さ 2mm に延ばし、タルト型に敷く。
② りんごの皮をむき、芯をとって適宜に切り、①の中に詰める。
③ 流し種を②に流し入れ、180 ～ 200℃のオーブンで焼く。焼成後冷ましておく。
④ 丸口金をつけた絞り袋にクレーム・シブーストを詰め、③の上に絞る。
⑤ パレットナイフで表面を平らにし、冷やし固めた後、グラニュー糖をまんべんなくまぶす。熱したこてを当て、表面を焼く。

■ **タルト・タタン　tarte Tatin**

タタン姉妹のタルト。りんごを使った伝統的なフランス菓子。

タルト・タタン

フランスのオルレアネ地方のラモット・ブーブロンという町にステファニー・タタンとカロリーヌ・タタンという名の老姉妹がいた。彼女たちは小さな旅籠屋を営み、そこに来るハンターたちに食事を提供していた。一説によると、1888 年のあるときデザートにりんごのタルトを作り、オーブンから出そうとしたときに、ひっくり返してしまった。がっかりしながら口に入れてみると、香ばしいすてきな味になっていた。裏返しになった面がカラメル状になり、よい風味がかもし出されていたのだ。

別説では、一人がパイ生地を敷き忘れてりんごを型に詰めてオーブンに入れようとした時、もう一人が気付き、あわててその上にパイ生地をかぶせて焼いたとも伝えられている。

以来この菓子は最初からひっくり返して焼き、タタン姉妹のタルトということでタルト・タタン tarte Tatin、あるいはタルト・デ・ドゥモワゼル・タタン tarte des Demoiselles Tatin と呼ばれ、現代に受け継がれている。なおプディングなども含め、このように裏返しにして供されるものは、ガトー・ランヴェルセと呼ばれている。

〈配合〉

りんご………………………………… 6 個
砂糖…………………………………… 120g
バター………………………………… 120g
レモン果汁………………………… 1 個分
シナモン…………………………… 少々
フイユタージュ…………………… 適量

〈製法〉

① りんごの皮をむき、芯をとって適宜に切る。
② 砂糖を鍋に入れて火にかけ、カラメル状にする。
③ バター、レモン果汁、シナモンを②に入れて混ぜ、①のりんごを入れて充分火を通す。
④ タルト型にバターを塗り、③をあけて平らに並べる。
⑤ 上に同じ大きさの円に切った厚さ 2mm ほどのフイユタージュをかぶせ、強火のオーブンで焼く。
⑥ 焼き上がったら少し間をおいて粗熱をとり、りんごの各片がくっつき合うようにする。
⑦ フイユタージュが下側になるように、裏返しにして皿にあける。
⑧ 上面にグラニュー糖をまぶし、熱したこてを当てて焼き目をつける。

■ **タルト・ノルマンド　tarte normande**

フランスのノルマンディー地方のタルト。ノルマンディーはりんごの産地として名高い。作り方が単純であるため、素材が生きる菓子である。

タルト・ノルマンド

〈配合〉

パート・シュクレ………………… 適量
アプリコットジャム……………… 適量
レーズン…………………………… 適量
りんご……………………………… 適量
バター……………………………… 40g
砂糖………………………………… 70g
ヴァニラ…………………………… 少々

シナモン…………………………………… 少々

〈製法〉

① パート・シュクレを薄く延ばしてタルト型に敷く。
② アプリコットジャムを塗ってレーズンを振る。
③ りんごを四つ切りか八つ切りにし、皮をむいて芯をとる。バター、砂糖、ヴァニラ、シナモンを加えて煮込み、②の中に詰める。
④ 中火のオーブンで焼く。

■ **タルト・ブルダルー　tarte Bourdaloue**

クレーム・ダマンド（アーモンドクリーム）またはフランジパースの中に洋梨をのせて焼き上げたタルト。

1824年、パリのブルダルー通りに店を構えていたファスケルという製菓人によって作られたといわれている。なおこれを共焼きせず、タルトのケースを先に空焼きし、そこにクレーム・パティシエールなどを詰めて洋梨をのせたものは、単にタルト・オ・ポワール tarte aux poires と呼んでいる。

■ **タルト・ポムパイユ　tarte pommes paille**

フランス・アルザス地方のりんごのタルト。粉末アーモンド入りのパート・シュクレ（ビスケット生地）に、細切りにしバターとカルヴァドスでソテーしたりんごを山盛りに詰めて焼き、上から粉糖をふる。

タルト・ポムパイユ

タルトレット　tartelette（仏）

▶tartlet（英）タートレット / Tortelette（独）トルテレッテ、Törtchen（独）テルトヒェン

タルトの小型のもの。大きさの厳密な規定はないが、デザートとして1人分くらいの大きさのものをいう。これよりさらに小さく、一口で食べられる大きさのものは、タルトレット・フールという、いわゆるプティフールの一群である。

タルトは種類によってはフランとも呼ばれていたように、タルトレットも16世紀には小さいフランという意味でフラネと呼ばれていた。

作り方はタルトと同じで、パート・シュクレなどのビスケット生地やフイユタージュ等で器を作り、中にさまざまな果物やクリームを詰める。

またタルトレットは料理用として塩味のものを作り、オードヴルやアントレとして用いる。

ダルトワ　dartois（仏）

フランスの古典的な菓子。ピティヴィエやガレット・デ・ロワと同系統で、フイユタージュにクレーム・ダマンドあるいはフランジパースをのせて、上からフイユタージュをかぶせて焼く。

オードヴルや軽いアントレとして供される料理もある。その場合のフィリングは、アンチョビー、えび、牛肉などである。

語源は、フランス国王シャルル十世になったアルトワ伯、または19世紀の喜劇作家フランソワ・ヴィクトル・ダルトワに由来するといわれている。

〈製法〉

① フイユタージュを厚さ2mmの長方形に延ばし、2枚作る。
② 1枚を底に使い、中央にラムあるいはヴァニラで味つけをしたクレーム・ダマンドまたはフランジパースを絞る。
③ 縁に卵または水を、はみ出さないように塗って、もう1枚のフイユタージュをかぶせる。
④ 上面に卵黄を塗り、ナイフで切り込みを入れて模様をつける。
⑤ 両端に薄切りアーモンドをはりつけ、強火のオーブンで焼く。
⑥ 焼き上がる直前に粉糖を振りかけて、再びオーブンに入れ、焼き色をつける。
⑦ 適当な幅に切り分ける。

タレイラン=ペリゴール　Talleyrand-Périgord（仏）

（1754-1838）フランスの著名な政治家であり、かつ美食家である。正式な名はベネヴェント公シャルル・モーリス・ド・タレイラン=ペリゴールという。伯爵家に生まれ、聖職につき、外交官として活躍した。

特に宮廷時代には華麗な食卓を演出し、みご

となる主人役を演じた。ナポレオン第一帝政時代には、外相として、料理人アントナン・カレームをかかえ、豪華な晩餐を主催し、外交交渉などを巧みに有利に導いたといわれている。ナポレオン失脚後のウィーン会議には、ルイ十八世の外相として出席した。

料理人アントナン・カレームを通しての、彼の料理、菓子などの食文化への貢献は、はかり知れないものがある。

ダンシメートル　densimètre（仏）

→糖度計

ダンディー・ケイク　Dundee cake（英）

ダンディーとはスコットランドの東海岸にある町で、その町でできた菓子といわれている。この町には古くからママレードを作っている会社があり、その製造過程に生じる半端なオレンジピールを利用し、19世紀にこの菓子が作られたという。

〈配合〉

バター………………………………… 450g
赤砂糖………………………………… 450g
全卵…………………………………… 560g
粉末アーモンド……………………… 60g
小麦粉………………………………… 600g
ベーキングパウダー………………… 3.5g
レーズン……………………………… 900g
オレンジピール……………………… 110g
ラム…………………………………… 30mℓ
カラメル……………… 少々（着色のため）

仕上げ用

アーモンド…………………………… 適量
シロップ……………………………… 適量

〈製法〉

① バターと赤砂糖をすり合わせ、卵を加える。
② 粉末アーモンド、小麦粉、ベーキングパウダーを一緒にふるい、レーズン、オレンジピールを混ぜて、①に加える。
③ ラム、カラメルを②に加えて混ぜる。
④ 丸い焼き型に入れる。
⑤ 飾りとして、上面に二つ割りにしたアーモンドを花のように円形に並べ、粉糖をかけて焼く。
⑥ オーブンから出したら、すぐにシロップを刷毛で塗る。

ターンノーヴァー　turnover（英）

▸chausson（仏）ショソン

焼き菓子。フイユタージュ等を延ばして円形に抜いて、クリーム、あるいは果実などのフィリングをのせ、折り返して包み込み、焼き上げる。りんごのコンポートを包んで焼くアップル・ターンノーヴァーがよく知られている。

→ショソン

ダンプリング　dumpling（英）

ゆで菓子。

スウィート・ドウと呼ばれる甘い生地を丸めて、熱湯でゆでたもの。溶かしバターをかけ、砂糖を振りかけて食べる。

タン・プール・タン　tant pour tant（仏）

フランスの製菓用語。粉末アーモンドと砂糖を同量ずつ混ぜ合わせたもの。菓子を作るときに、タン・プール・タンを何グラムという形で使う。頭文字をとり、TPTともいう。

ち　チ

チェスナット・タート　chestnut tart（米）

マロンの砂糖煮あるいはマロングラッセのこわれ等を利用して作るタルト。チェスナットは栗のこと。

チェスナット・タート

〈配合〉

生地

バター………………………………… 600g
粉糖…………………………………… 200g

マジパン……………………………… 50g
卵黄………………………………… 30g
小麦粉……………………………… 770g
塩…………………………………… 少々
レモン果汁……………………… 1/3 個分
フィリング
クレーム・ダマンド……………… 100g
マロングラッセのこわれ………… 200g

〈製法〉
① バターと粉糖を混ぜてクリーム状にする。
② マジパンと卵黄を混ぜて①と合わせる。
③ 小麦粉をふるって②と合わせ、塩、レモン果汁を混ぜて冷蔵庫で休ませる。
④ 厚さ 2mm に延ばしてタルト型に敷く。
⑤ マロングラッセのこわれを裏ごしする。
⑥ クレーム・ダマンドと⑤を混ぜる。
⑦ 生地を敷いたタルト型にフィリングを詰める。
⑧ 残りの生地を⑦の上からかぶせる。
⑨ 卵黄（分量外）を塗り、フォークで筋模様をつける。
⑩ 180℃のオーブンで焼く。

チェメゲ　csemege（ハンガリー）

デザート類一般をさすハンガリーの製菓用語。

チェルシー･バンズ

→バン

チェンチ　cenci（伊）

“ボロキレ”という意味の、イタリア･トスカーナ地方の揚げ菓子。その名のごとく、薄く延ばした生地を思い思いの形に切って揚げる。

〈配合〉
バター……………………………… 20g
砂糖………………………………… 70g
卵…………………………………… 1 個
オレンジ果皮すりおろし………… 1/2 個分
オレンジ果汁……………………… 1/2 個分
薄力粉……………………………… 300g
重曹………………………………… 1g
白ワイン………………………… 20 ～ 30mℓ
粉糖………………………………… 少々

〈製法〉
① バターと砂糖をすり合わせ、溶いた卵を加え、オレンジ果皮とオレンジ果汁を加え混ぜる。
② 薄力粉と重曹を一緒にしてふるい、①に混ぜてそぼろ状にする。
③ ②に白ワインを加えて混ぜ、まとめてラップに包み、冷蔵庫で休ませる。
④ ③を厚さ 1mm に延ばし、好みの形に切って、160℃のオーブンできつね色に揚げる。
⑤ 上から砂糖をふりかける。

チェンチ

チクウトウ（日）

南蛮菓子の一種。チチラアトの別表記と思われる。ちくら糖、知偶糖とも記される。
→チチラアト

ちくらとう　一糖

南蛮菓子の一種。チチラアトの別表記と思われる。
→チチラアト

チーズ　cheese（英）

▶ fromage（仏）フロマージュ / Käse（独）ケーゼ

動物の乳汁を乳酸菌やレンネットなどで凝固させて圧縮し、一定の形状を与えて加塩し、新鮮な状態で、または発酵させて作る乳製品。ラテン語のカーセウスが転じて英語のチーズ、ドイツ語のケーゼになった。

フランス語のフロマージュは「形成する」を意味するフォルメの変化。でき上がったチーズが形をくずすことなく、一定の形を保つということからついた名といわれる。

チーズの始まりは、定かでない。一説によると古代アラビアの牧畜民が山羊の乳汁を乾燥した羊の胃袋に詰め、持ち運んでいたところ、夜、その袋をあけると乳汁が白いかたまりに変化しているのを発見したのが始まりといわれている。

チーズは、ヨーロッパに伝えられ、古代ギリシアでは神からの授かり物と考えられ、嗜好品として記述されている。この地の牧童たちは羊や山羊の乳を、切ったばかりのいちじくの枝でかき混ぜ、あざみの花や種子を入れて凝固させていたという。

時代が進むと、チーズ作りを職業とする人たちがあらわれ、動物の胃液などを使って乳を固め、チーズを作り出した。これは胃液などに含まれている消化酵素によって、乳が凝乳の状態になるためである。彼らはこれを草で編んだかごに入れて水分（乳漿）を切り、残りをもんでまとめ、発酵させて固めていた。これはかなりかたい状態のものだったようである。

古代ローマ時代にはチーズは重要な生産物になり、ローマ帝国の植民地へ広く伝えられていった。中世には、チーズの製法を教会で保持し、人々は僧侶からその処方を教えられた。次第に種類もふえ、現在では1000種類以上にもなる。

チーズは大きくとらえてナチュラルチーズとプロセスチーズに分けられる。そして前者はフレッシュタイプ、白かびタイプ、ウォッシュタイプ、シェーブル（山羊）、青かびタイプ、半硬質タイプ、硬質タイプ、超硬質タイプに分けられる。プロセスチーズにおいてはさまざまな種類があるが、おおむねひとつにくくられている。

なお、チーズの世界にはAOCという表示がある。これは卓越した伝承的な製法や技術、秀逸な品質を法的に保護し規制するための原産地呼称制度である。そこにおいてはチーズの原料乳の生産地域や製造法、熟成法、チーズの色等々が細かく定められ、その条件を満たしていないとAOCの表示をつけることができない。以下に紹介するものの中での、それらを付すべきものについては、その旨を付記する。

フレッシュタイプ

熟成させない生タイプのチーズのことで、クリームチーズやカッテージチーズに代表されるものである。

国別にみると、フランスのフロマージュ・ブラン、イタリアのマスカルポーネ、東欧やドイツ語圏のクワルクなどがよく知られている。食べ方としてはそのままのほか、スパイスや香草を加えたり、蜂蜜やジャム等の甘みを加えてデザート菓子的にも食される。また柔らかいため各種の料理に便利に使われたりするが、お菓子作りにあっては、レアタイプのチーズケーキ作りには最適な素材といえる。味もクセがなくニュートラルなため、いろいろな副材料とのマッチングが幅広く可能。

主なものを個別に取り上げ、以下五十音順に記す。

▪ **カッテージチーズ　cottage cheese**

アメリカで普及。国産もある。乳種は牛乳。固形分中乳脂肪分21％。脱脂乳で作る高たん白低脂肪食品。サラダ、デザートに用いられる。

▪ **クリームチーズ　cream cheese**

デンマーク産、フランス産、オーストラリア産、アメリカ産、国産などがある。乳種は牛乳。固形分中乳脂肪分60～70％。パンに塗ったり、レアタイプのチーズケーキに好適。

▪ **バノン　Banon**

フランス産。乳種は牛乳と山羊乳。固形分中乳脂肪分45％。栗の木の葉の香りを持ち、熟成するに従い香味が増す。オードブル、デザート菓子に用いられる。

▪ **フェタ　Feta**

原産地はギリシア。乳種は牛乳、羊乳、山羊乳。デンマーク等北欧産は乳種は牛乳。固形分中乳脂肪分40％。サラダや料理に用いられる。塩分が強い。ギリシアの羊飼いが最初に造ったという。

▪ **ブルサン　Boursin**

フランスのイル・ド・フランス地方及びノルマンディー地方産。乳種は牛乳。固形分中乳脂肪分70～75％。脂肪分を高めたトリプル・クリーム・チーズ。プレーンの他に粒胡椒やにんにく入りなどもある。軽い酸味を持つ。2週間の短期熟成。

▪ **ブルソー　Boursault**

フランスのイル・ド・フランス地方及びノルマンディー地方産。乳種は牛乳。固形分中乳脂肪分75％。このタイプを代表するフランスの高級クラス。食後のデザートに好適。

▪ **フロマージュ・ブラン　fromage blanc**

フランス産。乳種は牛乳。固形分中乳脂肪分45％。広義ではフレッシュタイプを総じてフロマージュ・ブランと言うが、狭義ではブルソーのように水分の多いフレッシュチーズを指す。さわやかな酸味がある。

▪ **マスカルポーネ　Mascarpone**

イタリア・ロンバルディア地方産。乳種は牛乳。固形分中乳脂肪分80％。スパゲッティ・カルボナーラ、お菓子のティラミス等に不可欠。

▪ **モッツァレッラ　Mozzarella**

イタリア中南部原産。乳種は牛乳。固形分中乳脂肪分40～52%。各種の料理、サラダ等に使う。

■ **リコッタ　Ricotta**

イタリア産。乳種は牛乳、羊乳。固形分中乳脂肪分15～40%。チーズ製造中に出る乳清（ホエー）のたん白質を加熱凝縮させて造る。ソフトなフレッシュタイプと熟成タイプがある。ミルキーな風味を持ち各種料理、サラダ等に使う。

■ **ロール　Roll**

デンマーク産。乳種は牛乳。固形分中乳脂肪分60%。ラムやコニャック風味のクリームチーズを棒状に整形し、ヘーゼルナッツをまぶす。食後のデザートに好適。

白かびタイプ

軟質で表面が白いかびで覆われているチーズ。このかびの繁殖がチーズの熟成をうながす。熟成期間は各種のチーズの中では短い方で、この種の代表格とされるカマンベールで、だいたい3～4週間で食べ頃を迎える。

こうした白かびタイプはフランスを原産とし、ブリーと呼ばれるものは中世に登場した。カマンベールは18世紀末にノルマンディー地方のマリー・アレルという農婦の手によってなされ、広くその名が知られるようになった。デリケートなため、遠方への移送は困難だったが、1890年にポプラの木で作られた容器が開発されてそれが可能となり、一気に広まっていった。なおブリーとカマンベールは大きさと原産地が異なるだけで、ほとんど変わりはないといってよい。今日これらは、フランス以外のさまざまな地で造られている。なお白かびは中身をおいしくするためのものゆえ、そのまま食べることができる。ただ完熟したものは、その役目をすでに終えているので美味とはいえなくなる。

■ **エクスプロラトゥール　Explorateur**

フランス、イル・ド・フランス地方産。乳種は牛乳。固形分中乳脂肪分は75%。円筒形で1個280～300g。固形分中乳脂肪分75%以上のトリプル・クリームのチーズの代表格。マイルドでクリーミー。

■ **カプリス・デ・ディウー　Caprice des Dieux**

フランス産。乳種は牛乳。固形分中乳脂肪分60%。シュプレームに似ている。おだやかで食べやすい。

■ **ガプロン　Gaperon**

フランス原産。乳種は牛乳。固形分中乳脂肪分は30～45%。熟成期間は1～2か月。形は半球形をしており、つるして熟成させていた名残りを引いて、ひもが巻いてある。ガーリックや胡椒を加えてあり、スパイシーな風味。

■ **カマンベール　Camembert**

原産地はフランス、ノルマンディー地方。今日ではフランス各地及びスイス、ドイツ、デンマーク、オーストラリア、日本等各国で造られている。乳種は牛乳。固形分中乳脂肪分45～52%。熟成期間は約1か月。おおむね殺菌乳による工場製。

■ **カマンベール・ド・ノルマンディー　Camenbert de Normandie**

フランス、ノルマンディー地方のAOCチーズ。乳種は牛乳。固形分中乳脂肪分は45%。熟成期間は約1か月。白かびタイプの代表的チーズ。塩気が強く、コクがあってクリーミー。オードブル、デザートに好適。メドックなどのワインとよく合う。

■ **カレ・ド・レスト　Carré de l'Est**

フランス、シャンパーニュ地方、ロレーヌ地方産。乳種は牛乳。固形分中乳脂肪分45～50%。四角形で1個150～250g。フランスの東部で造られるため、“東の四角”の名がつけられている。カマンベールに似た味。軽い赤、辛口のフルーティーな白、ロゼに合う。

■ **クータンス　Coutances**

フランス、ノルマンディー地方産。乳種は牛乳。固形分中乳脂肪分60%。円筒形で1個200g。おだやかで芳醇。オードブル、デザートに好適。

■ **サン・タンドレ　Saint-André**

フランス原産。乳種は牛乳。固形分中乳脂肪分75%。熟成期間1～3週間。高脂肪でクリーミーな食感。最初はアメリカへの輸出用に造られたという。

■ **シャウールス　Chaource**

フランス、シャンパーニュ地方のAOCチーズ。乳種は牛乳。固形分中乳脂肪分50%。円筒形で1個400g。熟成期間は約1か月。シェーブル（山羊）チーズに似た造り方で、クリーミーでコクがあり、風味も似ている。

■ **シュプレーム　Suprême**

フランス産。乳種は牛乳。固形分中乳脂肪分62%。熟成期間は2週間。楕円形で1個125g。乳脂肪分を高めたダブルクリームのチーズゆえ、なめらかな口当たりでおだやかな味。オードブルに好適。シュプレームとはフランス語で"最高"の意味。

■ **ヌーシャテル　Neufchâtel**

フランス産。乳種は牛乳。固形分中乳脂肪分45%。熟成期間は1〜3週間。円筒形、四角、ハート形などがあり、1個100〜300g。AOCに指定されたブレイ地区以外で造られるもの。若いうちはさっぱりしているが、熟成が進むにつれコクが出てくる。

■ **ヌーシャテル・ド・ブレイ　Neufchâtel de Bray**

フランス、ノルマンディー地方ブレイ産のAOCチーズ。乳種は牛乳。固形分中乳脂肪分45%。小さな円筒形、四角、ハート形などがある。熟成期間は約3週間。さっぱりとして食べやすい。フルーティーな赤ワインに合う。

■ **バラカ　Baraka**

フランス、イル・ド・フランス地方産。乳種は牛乳。固形分中乳脂肪分60%。幸運を呼ぶとされる馬蹄形で、贈答用に使われる。なめらかで優しい味。オードブル、デザートに好適。

■ **プティ・ブリー　Petit Brie**

フランス、ノルマンディー地方産。乳種は牛乳。固形分中乳脂肪分60%。円盤形で1個1kg。牛乳とクリームを混ぜて造る新しいタイプのブリーチーズ。クリーミーでマイルド。

■ **ブリー・ド・クーロミエ　Brie de Coulommiers**

フランス、イル・ド・フランス地方産。乳種は牛乳。固形分中乳脂肪分は45%。農家製と工場製がある。ブリー・ド・モーよりおだやかな味。チーズ・コロッケ等の料理やデザートに好適。

■ **ブリー・ド・ムラン　Brie de Melun**

フランス、イル・ド・フランス産のAOC（原産地呼称制度）チーズ。乳種は牛乳。固形分中乳脂肪分45%。熟成期間は1.5〜2か月。しっかりした風味。オードブル、デザートに好適。

■ **ブリー・ド・モー　Brie de Meaux**

フランス、イル・ド・フランス地方産のAOCチーズ。乳種は牛乳。固形分中乳脂肪分45%。熟成期間は約1か月。風味は一般の殺菌乳製ブリーより力強い。カマンベール同様中身が柔らかく味はまろやか。

■ **ボニファッツ　Bonifaz**

ドイツ、バイエルン地方産。乳種は牛乳。固形分中乳脂肪分は70%。ベネディクト派修道院ボニファティス枢機卿にちなんで付けられた名前。クリーミーな口当たり。グリーンペッパーが入っている。

ウォッシュタイプ

ウォッシュとは洗うことで、チーズの外皮を水やその地の地酒等で洗いながら熟成させることからつけられた名称。主にフランスで造られ、中世の時代に修道院で手がけられた。この種のものは、まずチーズの表面に菌を植えつけて熟成させるが、その菌が繁殖するとネバネバした状態になり、その繁殖を押さえるために表面を洗う。ちなみにノルマンディー地方ではカルヴァドスやシードルで、アルザス地方ではビールで、ブルゴーニュ地方ではワインの絞りかすで造るマールという酒で洗うなど、地方によりいろいろな造り方がされている。白かびタイプに比べて熟成期間が長く、強烈な香りを特徴とするが、中身は非常に柔らかくてコクがあり、熟成度によって味の差が大きく異なる。

■ **ヴァシュラン・モン・ドール　Vacherin Mont d'Or**

フランス、ジュラ地方産のAOCチーズ。乳種は牛乳。固形分中乳脂肪分45%。円盤形で1個約500g〜3kg。熟成期間は2〜4か月。ヴァシュラン・デュ・オ・ドゥとモン・ドールの2種類のAOCがあるが、中身は同じ。一般にはヴァシュラン・モン・ドールと呼ばれる。スイスにも同名のものがある。トロトロになった中身を、湯で温めたスプーンで取り分けて食べる。

■ **エポワス　Époisses**

フランス、ブルゴーニュ地方産。乳種は牛乳。固形分中乳脂肪分45〜50%。熟成期間は約3か月。円筒形で1個300〜400g。表面を地酒のマールで洗う。熟成したものはねっとりとし強烈な風味で通好み。

■ **タレッジオ　Taleggio**

イタリア原産。乳種は牛乳。固形分中乳脂肪分48%。熟成期間は1.5〜2か月。マイルドなテイスト。

■ **ピエ・ダングロワ　Pié d'Angloys**

フランス原産、乳種は牛乳。固形分中乳脂肪分62%。熟成期間は3週間。クリーミーでなめらかな食感。

■ **ポン・レヴェック　Pont l'Évêque**

フランス、ノルマンディー地方産のAOCチーズ。乳種は牛乳。固形分中乳脂肪分50%。熟成期間は1〜2か月。塩水で洗って熟成させる。

四角形で1個200～350g。マイルドで食べやすい。弾力があってプリッとした状態の柔らかさが食べ頃。表皮は食べない。中は柔らかくまろやか。

■ **マンステール・ジェロメ　Munster Géromé**

フランス、アルザス地方産のAOCチーズ。乳種は牛乳。固形分中乳脂肪分50%。円盤形で1個200g～1kg。熟成期間は1～3か月。AOCのない小型のマンステールもある。中身はとろけるように柔らかい。

ち

■ **リヴァロ　Livarot**

フランス、ノルマンディー地方産のAOCチーズ。乳種は牛乳。固形分中乳脂肪分40%。熟成期間は約4か月。厚みのある円筒形で1個200g。臭いもきつく、通好み。クリーミーな食感。

■ **リンバーガー　Limburger**

ベルギー原産。乳種は牛乳。固形分中乳脂肪分30～40%。熟成期間は1～2か月。立方形で1個約1kg。中身は柔らかく、表面はネバついている。シャープな風味。

■ **ルイ　Rouy**

フランス原産。乳種は牛乳。固形分中乳脂肪分50%。熟成期間は1～2か月。柔らかくまろやかなテイスト。

■ **ルブロション　Reblochon**

フランス、サヴォワ地方産のAOCチーズ。乳種は牛乳。固形分中乳脂肪分50%。円盤形で1個約500g。熟成期間は4～5週間。このタイプの中では比較的固め。口当たりはなめらかでクリーミー。これはウォッシュタイプでありながら半硬質タイプにも属する。

シェーブル

シェーブルとはフランス語で山羊のことで、山羊から造られるチーズを総称してこう呼ぶ。

チーズは牛の乳より前に山羊や羊から造られたといわれており、いわばチーズの原点ともいえるもの。そもそもはギリシアやシチリア、コルシカといった牧草の少ない地域での山羊の乳から造られていた。そうしたところの山羊は急斜面に生える養分の凝縮した荒地の牧草を食べるため、その乳は独特の風味とコクがある。また牛の乳に比べて山羊の乳は酸味が強いため、熟成にも時間がかかる。未熟のものはボソついているが熟成が進むにしたがって風味が増し、いわゆる通好みになってくる。なおシェーブルはたんぱく質も上質ゆえ、たくさん食べるものではなく、少量で十分。よって製品も小型のものが多く、薄く切ってサラダに添えたり、ワインとともに口に運ぶと味がいっそう引き立つ。

■ **ヴァランセ　Valençay**

フランス原産。乳種は山羊。固形分中乳脂肪分45%。熟成期間5週間。台形に造られ、表面は黒灰がまぶしてある。中身は白く、食感はなめらか。酸味と塩味のさわやかな味。

■ **クロタン・ド・シャヴィニョール　Crottin de Chavignol**

フランス、ベリー地方産のAOCチーズ。乳種は山羊。固形分中乳脂肪分45%。熟成期間は2～3か月。小型の円型で、1個50～60g。ミルキーで酸味とほのかな甘みを持つ。熟成が進むとシャープな風味になる。ロワール産の赤、白ワインが合う。

■ **サント・モール　Sainte Maure**

フランス、トゥーレーヌ地方産。乳種は山羊乳。固形分中乳脂肪分45%。熟成期間は1か月。細長い円筒形で1個約300g。塩味と酸味があり、まっ黒な木炭をかけたものはドライな風味を持つ。

■ **シャビー　Chabis**

フランス原産。乳種は山羊乳。固形分中乳脂肪分45%。熟成はさせない。栗の葉で包むため、栗の香りが移り、軽い酸味と適度なコクを感じさせる。

■ **シャビシュー　Chabichou**

フランス、ポワトー地方産。乳種は山羊乳。固形分中乳脂肪分45%。熟成期間は3週間～数か月。円筒形で1個約85g。白かびに包まれ、シェーブル独特の香りが強い。塩味、酸味とともにかすかな甘みも感じる。フルーティーな赤ワインに合う。

■ **シャブルー　Chavroux**

フランス原産。乳種は山羊。固形分中乳脂肪分45%。熟成はさせない。山羊乳特有の風味を持つクリーミーでソフトなチーズ。

■ **シュヴリッタ　Chevrita**

フランス原産。乳種は山羊乳。固形分中乳脂肪分45%。熟成期間は3週間。外側は白かびに覆われていて、中はカマンベールのように柔らかくなめらかで、風味はおだやか。

■ **セル・シュール・シェール　Selles-sur-cher**

フランス、ベリー地方産のAOCチーズ。乳種は山羊。固形分中乳脂肪分45%。熟成期間は約3週間。小型の円筒形で1個約150g。外側は灰がまぶしあり、中身はまっ白。なめらかな口当たり。塩味と酸味のおだやかな香味がある。

■ **ピコドン・ド・ラルデッシュ　Picodon de l'Ardèche**

フランス、アルデッシュ産とドゥローム産のAOCチーズ。乳種は山羊。固形分中乳脂肪分45％。熟成期間は1～3か月。小さな円筒形で1個70～80g。きめ細かくなめらかでおだやかな酸味と塩味がある。腰の強いコート・デュ・ローヌの白、赤ワインが合う。

■ **ピラミッド　Pyramide**

フランス産。乳種は山羊。固形分中乳脂肪分45％。熟成期間は3～4週間。ベリー地方のヴァランセーという山羊チーズがピラミッド形をしているところからその名がつけられた。

■ **プリニー・サン・ピエール　Pouligny-Saint-Pierre**

フランス、ベリー地方産のAOCチーズ。乳種は山羊。固形分中乳脂肪分45％。熟成期間4～5週間。ピラミッド形で1個300g。サンセールの赤、白ワインまたはブーブレなどが合う。

■ **ペラルドン　Pélardon**

フランス、ラングドック地方産。乳種は山羊。固形分中乳脂肪分45％。小さな円筒形で1個70～80g。おだやかな風味。フルーティーな辛口の赤、白ワインが合う。

青かびタイプ

青かびによって熟成させるもので、一般的にはその色みからブルーチーズとも呼ばれている。この種の歴史は古く、たとえばフランスのロックフォールは紀元0年頃からあったといい、イタリアのゴルゴンゾーラも9世紀頃まで遡るといわれている。このふたつにイギリスのスティルトンを加えて、世界3大ブルーチーズと呼ばれている。造り方としては、牛乳や羊乳から造るカードと呼ばれる凝乳の中に青かびを植えつける。これが成長して、内部全体にマーブル状に行き渡り、チーズを熟成させていく。ただ他のチーズと異なるところは、中心部の熟成が先に進み、外側の方の熟成が遅くなる点である。味覚的には青かび特有の香味とやや強めの塩味が特徴。塩は外側にすり込むため、若いうちは中心部は薄味だが、時の経過とともに均質になっていく。なおこのタイプのものは、乳脂肪分の高いものほど、口当たりもなめらかになる。

■ **カンボゾラ　Cambozola**

ドイツ原産。乳種は牛乳。固形分中乳脂肪分70％。熟成期間4～5週間。表面は白かびで、中身に青かびが点在している。クセがなくクリーミーなテイスト。

■ **ゴルゴンゾーラ　Gorgonzola**

イタリア、ロンバルディア地方産。ゴルゴンゾーラは村名。乳種は牛乳。固形分中乳脂肪分50％。熟成期間3か月。世界3大ブルーチーズのひとつ。クレモゾーラと呼ばれるクリーミーでソフトなテイストのものもある。クリーミーで甘みのあるものはドルチェ、辛味を感じるものはピカンテという。オードブル、各種料理、デザートに広く使われる。

■ **スティルトン　Stilton**

イギリス産。乳種は牛乳。固形分中乳脂肪分55％。熟成期間4～6か月。ゴルゴンゾーラ、ロックフォールと並ぶ、世界3大ブルーチーズのひとつ。ピリッとした刺激と粘りのあるコクが特徴。ホワイト・スティルトンと呼ばれる青かびの入らないものもある。ポートワインと合い、エリザベス女王が毎朝召し上がるという。

■ **ダナブルー　Danablu**

デンマーク産。乳種は牛乳。固形分中乳脂肪分50％。熟成期間2～3か月。特にアメリカではサラダ用に大量に消費されている。塩分が強くクリーミーだが、シャープなテイスト。オードブル、デザート、あるいはブルーチーズドレッシングに使われる。

■ **バヴァリア・ブルー　Bavaria Blu**

ドイツ、バイエルン（バヴァリア）地方産。乳種は牛乳。固形分中乳脂肪分50～70％。熟成期間6～8週間。バヴァリアン・アルプス山麓地方の、コクのある牛乳から造られる。高脂肪でクリーミーな食感。オードブル、デザート、サラダ等に好適。

■ **ブルー・デ・コース　Bleu des Causses**

フランス、アキテーヌ地方産のAOCチーズ。乳種は牛乳。固形分中乳脂肪分50％。熟成期間は約3か月。石灰岩の高原の洞窟で熟成させる。ロックフォールよりやさしいテイスト。シャトー・ヌフ・デュ・パプのような腰の強い赤ワインが合う。

■ **ブルー・デュ・オ・ジュラ　Bleu du Haut-Jura**

フランス、ジュラ地方のAOCチーズ。ブルー・ド・ジェックスBleu du Gexとも呼ばれる。乳種は牛乳。固形分中乳脂肪分45％。熟成期間は2～3か月。ジュラ山脈南部の高地の農家や専門工場で古くから造られている。

■ **ブルー・ドーヴェルニュ　Bleu d'Auvergne**

フランス、オーヴェルニュ地方産のAOCチーズ。乳種は牛乳。固形分中乳脂肪分50%。熟成期間は3か月。刺激的な強い風味。シャトー・ヌフ・デュ・パプ、マルゴー、エミルタージュといったバランスのとれたコクのある重い赤ワインと合う。

■ **ブル・バイユ　Blu Bayou**

ドイツ、バイエルン地方産。乳種は牛乳。固形分中乳脂肪分60%。熟成期間3週間。クリーミーでおだやかなテイストだが、ピリッとした青かび特有の刺激がある。オードブル、軽食、デザートに好適。

■ **フルム・ダンベール　Fourme d'Ambert**

フランス、オーヴェルニュ地方産のAOCチーズ。乳種は牛乳。固形分中乳脂肪分50%。熟成期間は約3か月。上品で個性的な香味から"高貴なブルーチーズ"とも呼ばれる。ボージョレやコート・ドーヴェルニュといったフルーティーな軽い赤ワインがよく合う。

■ **ブレッス・ブルー　Bresse Bleu**

フランス、ブレッス地方産。乳種は牛乳。固形分中乳脂肪分50%。熟成期間は1～2か月。1950年に造られたもので、外側が白かびで中身は青かびのソフトなテイスト。軽食やデザートに好適。おだやかさを好む日本人に人気がある。

■ **ロックフォール　Roquefort**

フランス、アキテーヌ地方産のAOCチーズ。乳種は羊乳。固形分中乳脂肪分52%。熟成期間は約3～5か月。フランスの代表的なブルーチーズにして、世界3大ブルーチーズのひとつ。ロックフォールの洞窟で熟成させる。熟成が進むと緑のかびが青みを帯び、青灰色に変わってくる。シャトー・ヌフ・デュ・パプ、カオールといった芳香でコクのある赤ワインが合う。

半硬質タイプ

前5種は食品としては生ものの範疇に入るが、ここに取り上げる半硬質と次にあげる硬質及び超硬質タイプは、ナチュラルチーズの中でも保存性が高い。

造り方も異なり、前5種は牛乳や羊乳を固めた凝乳（カード）から、水分である乳清（ホエー）を自重により取り去るが、半硬質や硬質、超硬質タイプは凝乳を作る過程で加温して水分を蒸発させ、さらにプレスして乳清を取り除くため、より水分の少ない硬い状態に仕上がる。一般に半硬質タイプは硬質タイプより小さめで、1個6～10kgほどの中型が多く、プロセスチーズの原料にも多用される。また硬質タイプよりソフトでなめらかでしっとりとし、中に穴があいたものも多く見られる。熟成の違いにより風味も異なり、ヤング、ミディアム、マチュアー（テーブル用）と3段階に分けて売られてもいる。

■ **アッペンツェラー　Appenzeller**

スイス、アッペンツェル州産。乳種は牛乳。固形分中乳脂肪分50%。熟成期間3～4か月。大豆大の穴が点在し、食感はなめらか。熟成途中に白ワインや香辛料で風味付けを行うため、ピリッとしたテイストがある。シャルルマーニュ大帝時代（在位768～814）から造られているという。辛口の白ワインが合う。

■ **オソー・イラティ　Ossau-Iraty**

フランス、ピレネー山麓産のAOCチーズ。乳種は羊乳。固形分中乳脂肪分は45%。熟成期間は約3か月。スペインとの国境近くの農家で造られてきたもの。個性的で深みのある味だが、臭いはさほどに強くない。カオール、エルミタージュといったワインに合う。

■ **カンタル　Cantal**

フランス、オーヴェルニュ地方産のAOCチーズ。乳種は牛乳。固形分中乳脂肪分45%。熟成期間は3～6か月。フランス最古のチーズで、古代ローマのプリニウスの『博物誌』にも登場する。おだやかなコクを持ち、フルーティーな軽い赤ワインに合う。

■ **ゴーダ　Gouda**

オランダ産。乳種は牛乳。固形分中乳脂肪分48%。熟成期間は普通6～8週間。長いもので2年。原産地は同国のロッテルダム近郊のゴーダ村だが、現在は各地で作られている。マイルドでクセのない味が特徴。長期熟成のものは栗を思わせる風味を持つ。テーブル用の他、加熱するとよく伸びるため料理にも幅広く用いられる。

■ **サムソー　Samsø**

デンマーク産。乳種は牛乳。固形分中乳脂肪分45%。熟成期間3～4か月。大豆大の穴があいている。マイルドでおだやかな味。やや硬めで薄切りにしやすく、テーブル用や料理用に広く使われる。また料理のシュレッド用にされたり、プロセスチーズの原料にも用いられる。

■ **ダンボー　Danbo**

デンマーク産。乳種は牛乳。固形分中乳脂肪分は45%。同国では熟成度別にヤング、ミディアム、マチュアーと分けて売られる。ダニッシュビールとよく合う。

■ **トム・ド・サヴォワ　Tomme de Savoie**

フランス、サヴォワ地方産。乳種は牛乳。固形分中乳脂肪分20〜40%。熟成期間は約1か月。赤、黄、灰色のかびが外皮を覆うが、中身はクリーム色で軟らか、くるみのようなテイスト。軽くてフルーティーなサヴォワ地方のワインと合う。

■ **ハヴァーティ　Havarti**

デンマーク産。乳種は牛乳。固形分中乳脂肪分は45%。熟成期間は2〜3か月。不ぞろいの小さな穴がたくさんあいている。クリーミーでコクがあり、食べやすい。ハヴァーティとは、このチーズの製法に功績のあった農場主の名前。

■ **フォンティーナ　Fontina**

イタリア原産。乳種は牛乳。固形分中乳脂肪分は45〜50%。熟成期間は4か月。小豆大の穴が点在する。刺激臭はあるが、わずかに甘みを感じるあっさりとしたテイスト。

■ **フルール・デュ・マキ　Fleur du Maquis**

フランス原産。乳種は羊乳。固形分中乳脂肪分45〜50%。熟成期間1か月。表面にローズマリーや赤唐辛子といったハーブやスパイスをまぶして熟成させる。弾力があってマイルドな食感。

■ **プロヴォローネ　Provolone**

イタリア南部産。乳種は牛乳。固形分中乳脂肪分44%。熟成期間は、大きさにより異なり、2〜6か月。ひもを巻きつけて燻製室につるしてスモークする。軟らかめのものから硬質に近いタイプのものまである。軟らかいものはテーブル用に、硬いものはおろして料理に用いる。

■ **ベル・パエーゼ　Bel Paese**

イタリア産。乳種は牛乳。固形分中乳脂肪分45〜50%。熟成期間2か月。"美しい国"という意味の名で、表面を洗いながら造るウォッシュタイプの一種でもある。1920年頃造られた新種。甘みがあり、おだやかでクリーミーな口当たりを特徴とする。

■ **マリボー　Maribo**

デンマーク産。乳種は牛乳。固形分中乳脂肪分は45%。熟成期間は3〜4か月。やや硬めで不規則な小さい穴がたくさんあいている。クセがなくマイルドで美味。テーブル用やグラタン料理などに好適。

■ **マンゼル・バベット　Mamsell Babette**

ドイツ原産。乳種は牛乳。固形分中乳脂肪分45%。熟成期間3〜4か月。中に細く切ったハムを入れている。クセがなくおだやかなテイストで、デザートに好適。

■ **モントレー・ジャック　Monterey Jack**

アメリカ原産。乳種は牛乳。固形分中乳脂肪分45%。熟成期間1〜2か月。なめらかでクセがない。アメリカでは薄切りにしてチーズバーガーに使われる。

■ **ルブロション　Reblochon**

フランス原産。乳種は牛乳。固形分中乳脂肪分50%。熟成期間4〜5週間。熟成が進むにつれ表面がオレンジ色に変化し、口当たりはクリーミーになる。これは半硬質タイプでありながらウォッシュタイプにも属する。

■ **ロイヤルプ　Royalp**

スイス産。乳種は牛乳。固形分中乳脂肪分45%。熟成期間は2〜4か月。小豆大の穴があいている。マイルドでクリーミー。スライスしてパンと共に食したり、デザート用のチーズプレートにも多用される。

硬質、超硬質タイプ

強力にプレス器で圧搾して水分を抜き、さらに長期間熟成させて造る硬質のチーズ。大きさも直径70cm、重さ45kgなどという特大のものもあり、長期にわたって保存が可能なものもある。よく知られているところではイタリアのパルミジャーノやイギリスのチェダー、赤玉と呼ばれるオランダのエダムなど。こうした硬質タイプは、時間の経過とともに外側が硬い外皮となり、内部を保護しながら熟成していく。この外皮はリンドと呼ばれるが、近年では真空のフィルムで覆って熟成させるリンドレスタイプのものも造られている。用途としてはテーブル用の他、粉末にしてさまざまな料理に用いられる。こうした粉末は造りおきをすると風味が落ちるので、その都度おろししたてを使うことをすすめる。外側と中心部では硬さが異なるので、外側をすりおろしに使い、中心部をテーブル用にするなどして使い分けをするとよい。なお、どこまでが硬質でどこからが超硬質かは決めかねるのでここでは取り混ぜて紹介する。

■ **エダム　Edam**

オランダのエダム町が原産。乳種は牛乳。固形分中乳脂肪分40%。輸出用は赤いワックスが塗られた球体で赤玉の名で親しまれている。国内はそのまま。ゴーダより脂肪分が少なく、ダイエット向きとしてされている。熟成期間は2か月から1年、2年といった長いものもある。熟成の若いものはテーブル用、長いものはすりおろして料理や菓子用に使われる。

■ **エメンタール　Emmental**

スイス原産。乳種は牛乳。固形分中乳脂肪分45％。熟成期間6～7か月。1個60～130kg。その大きさと風味のすばらしさからチーズの王様といわれている。大きなガス孔も特徴のひとつ。エメンタール渓谷のエメンタール村からの命名。くるみのような香ばしいコクと甘味がある。テーブル用、料理用に多用される。

■ **グラナ・パダーノ　Grana Padano**

イタリア原産。乳種は牛乳。固形分中乳脂肪分45％。熟成期間は1～2年。薄い塩味と甘さを持つ香ばしさが特徴。すりおろして料理に使う。

■ **グリュイエール　Gruyère**

スイス原産。乳種は牛乳。固形分中乳脂肪分45％。熟成期間は4～10か月。中身は乳白色でわずかな酸味とコクのある風味。テーブル用、チーズ・フォンデュ、オニオン・スープなどに用いられる。

■ **コンテ　Comté**

フランス、コンテ地方産のAOCチーズ。乳種は牛乳。固形分中乳脂肪分45％。熟成期間は4～8か月。ジュラ山岳地帯で造られる。熟成にしたがいナッツのような甘みとねっとりとしたコクが出てくる。地元ジュラの地ワインや軽くてフルーティーなサヴォワ、ボージョレ、マコンといったワインに合う。

■ **スブリンツ　Sbrinz**

スイスで最も古いチーズといわれているAOCチーズ。乳種は牛乳。固形分中乳脂肪分45％。熟成期間2～4年。粉末にして料理に使ったり、薄く切って食される。コクのある風味と少しの刺激がある。スイスの白ワインやアルザスのゲヴュルツトラミネールが合う。

■ **チェシャー　Cheshire**

イギリス原産。乳種は牛乳。固形分中乳脂肪分45％。チェシャーはイギリスの州名で、チェダーと並ぶイギリスの銘品。6か月以上熟成させた物はヘーゼルナッツの風味を持つ。

■ **チェダー　Cheddar**

イギリス原産。乳種は牛乳。固形分中乳脂肪分45％。熟成期間は5～8か月。チェダーという町で造られての命名だが、現在はチェダーでは造られておらず、世界各国で造られている。甘みとナッツの風味がある。6か月以上熟成させるとより美味なものとなる。やや赤味を帯びたレッドチェダーと呼ばれるものもある。

■ **テート・ド・モワーヌ　Tête de Moine**

スイス原産。乳種は牛乳。固形分中乳脂肪分50％。熟成期間6か月。中身は白く密度が高い。特有の香りと強いコクがある。

■ **パルミジャーノ・レッジャーノ　Parmigiano Reggiano**

イタリアの代表的な超硬質チーズ。乳種は牛乳。固形分中乳脂肪分32％。熟成期間は2年。モデナ、パルマ、レッジオ・エミリア、マントヴァ、ボローニャの各地区のみで、4月15日から11月11日までの間だけ造られる。甘みを感じる上品で深い味わいを持つ。厳しい審査に合格したものだけにこの名が刻印される。粉末にする他、中心部はテーブル用に用いられる。

■ **ペコリーノ・ロマーノ　Pecorino Romano**

イタリア産。乳種は羊乳。固形分中乳脂肪分36％。熟成期間8～12か月。最も古いタイプのチーズといわれる。塩味と酸味があり、粉末の他、テーブル用に使われる。フルボディのイタリアワインに合う。

■ **ボーフォール　Beaufort**

フランス、サヴォワ地方のAOCチーズ。乳種は牛乳。固形分中乳脂肪分50％。熟成期間は6か月。1個40kg。アルプス高地の牧場の牛乳で造る代表的な山のチーズ。コクがあり、深い味わい。フルーティーで辛口の赤、白ワインとよく合う。

■ **マースダム　Maasdam**

オランダ産。乳種は牛乳。固形分中乳脂肪分45％。内部にいくつもの大きな穴があいている。軟らかな風味。オードブル、チーズ・フォンデュなどに好適。

■ **ミモレット　Mimolette**

フランス原産。乳種は牛乳。固形分中乳脂肪分45％。熟成期間は3～6か月。オレンジの球形で、中身は引き締まっている。塩味が効いているがおだやかな香りを持っている。

■ **ラクレット　Raclette**

スイス、バレー州原産。固形分中乳脂肪分45～50％。熟成期間6か月以上。おだやかなテイストの中にナッツのようなコクがある。チーズの切り口を熱で溶かし、ナイフで削り落とし

ち

てゆでたじゃがいもにつけて食べる。

プロセスチーズ

1種類または2種類以上のナチュラルチーズを溶かし、乳化剤で乳化させて造るチーズ。熟成を進める微生物や酵素の働きがないため、品質が安定し、長期保存が可能。また異質のチーズを混合したり、香辛料やナッツ、果実類等を混ぜ込むことで、さまざまな風味や柔らかさを造り出すことができる。1910年にあるスイス人がこの技術を開発し、その10年後くらいからこの造り方が広まった。すなわちこれ以降、大量に造られたチーズを、品質を安定させたまま遠隔地に運ぶことが可能になった。こうしたプロセスチーズの造り方はまずアメリカに伝わって広まった。日本へも伝わったが、本格的に造られるようになったのは第二次世界大戦後のことである。ヴァリエーションとしては欧米ではレーズン入りやくるみ入り等があるが、日本ではわさびや梅しそ風味等が造られ、また形や柔らかさもさまざまになされ、味覚や食感の幅を広げている。

チーズケーキ

古今、菓子にはさまざまな乳製品が使われてきたが、中でも奥行きが深いのがチーズで、土地柄、国柄によりいろいろなタイプのものが生まれた。そしてそれを使って作られる菓子もまた各所に華を咲かせて今日に至った。いわゆるチーズケーキの手がかりを、古代ギリシアに訪ねることができる。当時の人々はトリヨンなるものを好んでいたというが、これは今日いうところのチーズケーキの先駆けで、どうやらプディング風のしゃれたデザートである。その後長い年月を経てチーズ造りも各地に伝わり、その先々で製法も多岐にわたり、種類も増え、チーズ使用の菓子もまたそれにつれ多数作られ、人々の口を楽しませてきた。フランスを見るに、同国の菓子の聖典と呼ばれる『トレテ・デ・パティスリー・モデルヌ』という大書では、ブリーやグリュイエールを使ったアントルメなどが紹介されている。ドイツに目を移せば、ケーゼクーヘン、ケーゼトルテ等がある。同じドイツ語圏でもオーストリアでは、カッテージチーズを思わせるトプフェンと呼ばれる生チーズが好まれていて、これを用いたトルテが作られている。イタリアを覗けば、リコッタチーズのアントルメ、マスカルポーネのティラミス等々がある。アメリカに目を移せば、焼いたもの、レアタイプを問わず、いかなる種類でもチーズを使えばチーズケーキと呼ばれている。ヨーロッパ各国のように個々の歴史は感じないが、質量種類決してひけは取らない。このあたりは今の日本を思わせるものがあるが、その一方で日本は各国の伝統も押さえており、アメリカ型とヨーロッパ型とのミックスタイプといえる。

日本のチーズケーキ

奈良時代に酥(そ)なるものが作られ、これが今でいう生クリームやチーズの類であったことはよく知られた事実である。その後は、徳川八代将軍吉宗がことのほか酥に興味を示してこれを作らせたという逸話の他、さしたる進展もないままに明治の世を迎える。開国によりいろいろなものが、いちどきに堰を切ったように私たちの生活に流れ込んできた。チーズを含めたさまざまな素材またしかり。特に欧米人好みに調整されたチーズなどは、初めの頃はかなり抵抗があったものと思われる。しかしながら、その後の順応ぶりは驚くほどで、むしろ積極的に人々はチーズを生活に取り入れていく。例えば1889(明治22)年の『和洋菓子製法独案内』という書では、すでにパンケーキやプリンと並んでライスチースケーキの名を挙げ、その配合や蒸し焼きにする作り方を記している。また1903(明治36)年の村井弘齋の手になる『食道楽』には、チースソフレーとしてスフレタイプのチーズケーキを紹介。「大急ぎで食卓の上に持って行って直ぐ食べて貰わないと縮まって不可ません」と、食べ方に細かな注意まで与えている。なお、その頃の表記は濁らなかったものとみえ、一様にチースとしているところに興味が持たれる。1925(大正14)年、古川梅次郎著の『あづま錦』なる手引書では、チースパイが登場。カラーのイラスト入りでチーズのパイ包みを取り上げている。第二次世界大戦後、1955(昭和30)年頃、電気冷蔵庫がお目見得し、菓子屋にも冷蔵ショーケースが入り、情況は一変する。生クリームやカスタードクリームといった日持ちのしないケーキ類も楽しまれるようになった。そうした中1960年代半ばにカッテージチーズが紹介された。菓子業界は、生タイプのこれに新鮮さを感じ、一斉に飛びつく。まずこれを使って焼いたもの、続いて1970年代にはクリームチーズが登場し、冷蔵設備の機能をフルに活かしてのレアタイプが生まれる。折からブームの女性週刊誌もこぞってチーズの菓子を取り上げ盛り上げる。業界も菓子愛好家もこうしたものを追い求め、“チーズケーキ”という語がひとつの市民権を得て、定着していったのもこの頃からのことである。

→ベイクト・チーズケーキ
→レアチーズケーキ
→スフレ（スフレ・オ・フロマージュ）
→タルト（タルト・オ・フロマージュ）

ち

チチラアト（日）

17世紀後期に著わされた『南蛮料理書』には「白胡麻を使った飴」とされている。その実体はよく分かっていない。なお、この後のいろいろな文献に、ちぢら糖、しじら糖、知偶糖（ちくうとう）、ちくら糖といったものが登場するが、これらも一様にチチラアトの別表記にして、同種のものと推察されている。

ちぢらとう　一糖

南蛮菓子の一種。チチラアトの別表記と思われる。

→チチラアト

ちゃ　茶

▶tea（英）ティー / thé（仏）テー / Tee（独）テー

ツバキ科に属する常緑植物の葉を採取して乾燥させ、飲料用にする。原産地は東アジア。喫茶の起源は中国で、3世紀半ばころだと記録されている。日本には仏教の伝来とともに伝わり、遣唐使たちが茶樹の実を持ち帰り、寺院の境内で栽培が始まった。しかし喫茶の風習が広まったのは13世紀である。紅茶の国、イギリスへは、15世紀の半ばころ伝わったといわれている。スペインのフェルナンド五世の娘、カトリーヌがイギリスのヘンリー五世に輿入れの際、持ち込んだといわれるが、一般に広まったのは16世紀の末、オランダ人を通じてであった。

茶は緑茶と紅茶、ウーロン茶に大きく分けられるが、茶葉は同じである。緑茶は収穫後ただちに葉を火で加熱し、発酵を止め、乾燥させて作る。紅茶は収穫した葉をしばらく乾燥させ、酵素の作用を利用し、発酵させて作る。ウーロン茶は、その中間である。

茶には芳香成分、タンニン、カフェイン、テアニンなどが含まれており、興奮作用や消化作用がある。

コーヒーなどとともに、世界各地で楽しまれている。日本でも一般に食事には緑茶、ケーキなどには紅茶が多く飲まれている。また緑茶を細かく挽いて微粉末状にした抹茶も、菓子作りに大いに利用されている。使用例としてはバヴァロワ、ムース、ゼリー、クッキー、ビスキュイ生地等がある。

ちゃくしょくりょう　着色料

色彩をつける材料。色素、色粉（いろこ）ともいう。着色料には天然のものと合成のものがあり、加えて水性と油性のものが作られている。なお、合成香料同様、合成着色料の場合は、国によって独自の規制がなされているため、たとえば海外製の菓子類を輸入する折には、日本で許可されていない色素が使用されていることも考慮に入れるなど、充分な注意を必要とする。天然色素に関しては、食品衛生法上でも特別な規制はほとんどなく、内外とも心配の必要はないといっていい。また社会の風潮としてナチュラルなものを求める傾向が強まっており、年々天然色素の需要が高まっている。

天然色素には次のようなものがある。カロチノイド系は黄、橙、赤。アントシアン系は青、赤紫、赤。フラボノイド系は褐色、茶褐色。クロロフィル系は緑。キノン系は赤紫。ベタシニアン系は赤。クロシン系は明るい黄色。カプサイシン系は橙赤色等々である。

合成着色料については、世の中の動きに合わせて衛生法規も改定がくり返されているが、おおまかな種類を記すと、タール系色素、同じくタール系アルミニュームレーキ色素、銅クロロフィル色素、同系の銅クロロフィリンナトリウム系、ベータカロテン系などがある。それぞれで作られる色に何色何号と法定色素名が付され、同じ赤でも赤色何号といった区別がなされる。随時見直しが行われているため、使用者は常にそうした情報に注意を払い、しかるべき指導に従って適切な行動をとらなければならない。

チャムチャム　chamcham（印）

インドで好まれている揚げ菓子。

ミルクから作ったパニールというカッテージチーズに、砂糖を入れて溶かし、ナッツ類を加えて平らに流して固める。これを好みの形に抜き、油で揚げる。

チャラミーコラ　ciaramicola（伊）

イタリアの揚げ菓子。

アニスのリキュールなどを練り粉に加え、ドーナツ形にして揚げる。上にフォンダンを塗り、色とりどりのコンペイ糖の一種を散らす。かつて、ウンブリア地方では、娘たちが復活祭のときにこれを作って婚約者に贈る習慣があった。

チャンベッラ·ディ·ナターレ　ciambella di Natale（伊）

イタリアのバターケーキ。

チャンベッラとはリング状をしたもの、ナターレはクリスマスのこと。クリスマスには欠かせない菓子。ドーナツのような菓子は単にチャンベッラと呼ばれる。

〈配合〉

バター	120g
オレンジ果皮	2個分
レモン果皮	1個分
砂糖	少々
マルサラ酒またはブランデー	100mℓ
全卵	4個
小麦粉	200g
ベーキングパウダー	10g
牛乳	適量
ざらめ糖	少々

〈製法〉

① バター、すりおろしたオレンジ果皮、レモン果皮に砂糖少々を加えて湯煎で溶かす。
② 火から降ろしてマルサラ酒またはブランデーを入れる。
③ 卵に小麦粉、ベーキングパウダーを入れ、②と合わせる。
④ 牛乳を入れて耳たぶほどのやわらかさに調節し、リング型に入れる。
⑤ 上からざらめ糖を振りかけ、弱火のオーブンで焼く。

チュリー·レッカリー　Züri Leckerli（スイス）

スイスのチューリッヒの銘菓。

マジパンを薄く延ばし、アルプスの高山植物などをかたどった木型に押しつけて模様をつける。同じように延ばしたマジパンに、オレンジやアプリコットのジャムを塗り、前者とはり合わせる。軽く焼き色をつけ、グラス・ロワイヤルを塗る。

チューリンガー·ブロート　Thüringer brot（独）

ドイツのチューリンゲン地方の銘菓。ブロートといってもパンではなく、平らに焼いた切り菓子。

チューリンガーブロート

〈配合〉

ミュルベタイク	適量
すぐりまたはアプリコットのジャム	適量
砂糖	240g
バター	240g
牛乳	200mℓ
塩	少々
シナモン	少々
薄切りヘーゼルナッツ	240g
薄切りアーモンド	80g
レーズン	60g

〈製法〉

① ミュルベタイクを厚さ2mmに延ばし、50cm × 30cmにして2枚用意し、空気抜きの穴をあけて半焼きにする。
② 1枚にすぐりまたはアプリコットのジャムを塗り、もう1枚をのせる。
③ 砂糖、バター、牛乳、塩、シナモンを一緒にして火にかけ、煮る。
④ 薄切りのヘーゼルナッツとアーモンド、レーズンを加え、再び煮る。
⑤ ②の生地の上に④を塗り、平らにする。
⑥ 別にミュルベタイクを延ばして帯状に切り、⑤の上に格子模様にかける。
⑦ 220℃くらいの強火のオーブンで焼き、適宜な長方形に切り分ける。

チューロ　churro（西）

スペインの代表的なスナック菓子。複数形はチュロス churros、これを提供する店はチュレリア churrería という。

材料としては、小麦粉と水という単純なもの、卵や牛乳を加えたもの等がある。生地を絞り袋に入れ、よく熱した油の中に中央から外側に向かって円を描いて絞り出す。棒状、U字、あるいはU字の先を交叉させた形に揚げる。温かいうちに砂糖をまぶして食べる。

スペインでは朝食によく食べる。かつては各家庭で作っていたが近年は少なくなり、主に街の屋台やカフェで供されている。同地の人々はこれをホットチョコレートドリンクに浸しながら食べる。

〈配合〉

小麦粉	500g
水	500mℓ
塩	少々
砂糖	適量

〈製法〉

① 水に塩を混ぜ、小麦粉を混ぜてゆく。
② 絞れるくらいのかたさにして絞り袋に入れ、熱した油の中へ、棒状あるいはU字状等に絞り出してゆく。
③ きつね色に揚がったら、油をきり、砂糖をまぶす。温かいうちに供する。

チューロ

チューロ·マドリレーニョ　churro madrileño（西）

マドリード風のチューロ。揚げ菓子。

小麦粉、オリーヴオイル、水、塩で練った種を、絞り袋またはクローバー形に穴のあいた絞り器で、熱した油の中に絞り出し、きつね色に揚がったら粉糖を振りかけて供する。

〈種の配合〉

小麦粉	140g
水	200mℓ
オリーヴオイル	25mℓ
塩	少々

〈製法〉

① 水とオリーヴオイル、塩を沸騰させる。
② 小麦粉を入れて混ぜ、鍋肌から種が離れるまでよく練る。
③ 絞り袋またはクローバー型に入れ、熱した揚げ油に細く絞り出して揚げ、適宜に切って粉糖を振りかける。

チュングリ　Züngli（スイス）

スイスで好まれている薄く焼いたクッキー。すり込み板などを使って、いろいろな形に作ることができる。種はチュングリマッセという。

〈配合〉

卵白	250g
砂糖	150 + 200g
粉末アーモンド	500g
バター	80g

〈製法〉

① 卵白を泡立て、砂糖150gを加えて、しっかりしたムラングを作る。
② 砂糖200gと粉末アーモンドを混ぜて、①と合わせる。
③ 溶かしたバターを加えて混ぜる。
④ すり込み板などを使って薄くすり込み、オーブンで焼く。

チョコチップクッキー

→クッキー

チョコレート　chocolate（英）

▸chocolat（仏）ショコラ / Schokolade（独）ショコラーデ

カカオ・ビーンズから作るカカオペーストを原料にした菓子。また飲み物のココアをさす。

チョコレートの伝説と歴史

チョコレート誕生の地は、アステカ人の住むメキシコとされている。アステカの地ではカカオ豆の粉末にとうもろこしや胡椒を加え、煮たり、すりつぶし、ヴァニラの香りをつけたショコラートル（苦い味の意）というものが飲用されていた。アステカの最後の王モンテスマ二世（1480-1520）はこれをたいそう好み、1日に50

杯以上も飲んだという。ショコラートルは飲み物であり、薬用でもあり、チョコレートを表す語源である。ショコラートルは一般民衆に手の届くものではなかった。貴重なカカオ豆は貨幣のかわりにもなり、4粒でかぼちゃ1個、100粒もあれば奴隷が買えたという。

アステカ人の信ずる神々にケツァルコアトルという神がいた。この神は、白い顔にひげを生やし、翼を持った蛇の姿をし、神の食べ物とされていたショコラートルととうもろこしを人々に与えたという。ところがケツァルコアトルは、闇の世界を支配する戦いの神テスカトリポカに毒を飲まされ、遠い土地へ旅立つことになった。彼は住民たちに、「いつの日か必ず戻ってくる」と言い残し、はるか遠くに消えていった。この言い伝えを住民たちはかたく信じていた。

1518年、アステカの地にフェルナンド（エルナン）・コルテス率いるスペインの船がやってきた。白い肌とひげを見た住民たちは、彼らの神、ケツァルコアトルの再来と考え、さらに侵略者による国の滅亡という予言があり、モンテスマは戦意を失っていた。戦いの末、鉄製の武器の前に屈したアステカ軍は、コルテスの入城を許した。宮殿でショコラートルの供応にあずかったコルテスは、それを兵士に飲ませ、行軍の疲れを回復させたという。

スペイン人たちも現地人からショコラートルの製法を習い、愛飲するようになった。1526年、コルテスがスペイン王カルロス一世にショコラートルを献上した。

カカオ豆がヨーロッパに渡った最初はこれより以前、1502年にコロンブスが4回目の航海でニカラグアに着き、カカオが飲料になっていることを確認しているが、その貴重さが分からぬまま通り過ぎている。

カカオ豆は大航海時代の到来とともに次第に広まった。しかしその利用価値を知っているのはスペイン人だけで、彼らを拿捕したオランダ船やイギリス船は、スペイン船に積み込まれていたカカオ豆をシープス・ダング（羊の糞）といい、海に投げ捨てていた。

1560年、スペイン宮廷に仕えるイタリアのアントニオ・カルレッティがイタリアにチョコレートを伝えた。1615年、スペインのフェリペ三世の娘アンヌ・ドートリッシュがルイ十三世と結婚し、このときチョコレートは、初めてフランスに入った。続いて1660年、スペインのフェリペ四世の娘マリア・テレサがルイ十四世に輿入れする際、一行の中にチョコレートを調理する侍女が加えられた。これを契機として、フランス宮廷や上流社会でチョコレートが賞味され、流行し始めた。1760年には、フランスでチョコレート工房、フランス王室チョコレート調進所が設けられた。

イギリスでは1652年ごろコーヒーハウスができ、続いて1657年、チョコレートハウスが誕生し、以後、こうしたチョコレートハウスはヨーロッパ全体に広まっていった。

チョコレートの発達

チョコレートが人々に賞味されるようになって、さまざまな工夫がされた。飲むものから食べるもの、すなわち固形になったのは、19世紀の初頭である。

スイスで初めてチョコレートを作ったのは1819年、フランソワ・ルイ・カイラーである。彼はイタリアの行商人が扱っていたチョコレートを知り、ジュネーヴで製造を始めた。また今日の一口チョコレート、すなわちボンボン・オ・ショコラのもととなったフォンダン・ショコラは1820年代、同じくスイスのルドルフ・リントによって作られた。彼はチョコレートを長時間攪拌し、さらにカカオバターを加えることよって、よりなめらかな口どけのものを作り出すことに成功した。

1842年になって初めて、メーカーのキャドバリーの定価表にイーティング・チョコレートの名称が登場した。1848年、イギリスのフライ・アンド・サン社は、カカオペーストに適量のカカオバターを加え、できるだけ細かく挽いた砂糖を混ぜ込み、型に流して固めた。いわゆる今でいう板チョコレートの原型を作り出した。そしてこれをデリシウー・ア・マンジェ（フランス語で「食用の美味なチョコレート」の意味）と名付けて売り出した。

またジャン・トブラーは、蜂蜜などを混合することに成功した。一方アンリー・ネッスルがコンデンスミルクを開発し、現代のチョコレートに近づいてくる。ダニエル・ピーターが、チョコレート界の先達カイラー家の長女ファニー・カイラーと結婚し、ネッスル社の助けを借り、コンデンスミルクとチョコレートを結びつけ、1876年、初の固形ミルクチョコレートが誕生した。

アメリカにはオランダ人によってチョコレー

トが持ち込まれたといわれている。1765年にはジョン・ハノンがイギリスからボストンに来て、飲み物のチョコレートを商い、これをきっかけにチョコレートは広がり始めた。19世紀半ばには、ドミンゴ・ギラルディがサン・フランシスコにイーティングのチョコレート工場を造り、大成功をおさめている。1900年にはハーシーがペンシルヴァニア州デリー・チャーチに工場を造り、またたく間に急成長し、今日に至った。

日本にチョコレートが初めて入ってきたのは18世紀後半で、オランダ人の手によって、長崎に他の南蛮菓子とともに渡来した。日本で最初にチョコレートを作ったのは、東京両国、若松町の米津凮月堂で、1878（明治11）年のことであった。そのころは知古辣（平賀源内著『本草会物品目録』『薬草示要』、橋爪松園著『世界商売往来』）、猪口冷糖（凮月堂・米津松蔵）などと書かれていた。その他では貯古齢糖、叔箇齾度などとも表記された。1918（大正7）年になって、森永太一郎（森永製菓）がアメリカから機械を輸入し、技術者を招いてチョコレートの一貫機械生産が始まった。明治製菓は少し遅れて1926（大正15）年に一貫生産するようになった。

チョコレートの製造過程

原料のカカオ豆から不良豆や砂、ゴミなどの異物をとり除き、チョコレート独特の香りと風味を引き出すため焙煎する。次に豆を砕いて皮と胚芽を除き、カカオニブをとり分ける。それぞれ特徴あるカカオニブをチョコレートの種類に応じてブレンドする。そしてローラーにかけてすりつぶし、ペースト状のカカオマスにする。

これに砂糖、粉乳、カカオバターを一定の配合で加え混ぜ、再びローラーにかけて、きめ細かくすりつぶす。数日間よく練ってなめらかな風味と口当たりにする。温度調節（テンパリング）をした後、型に流し、振動を与えて気泡を抜いたあと、冷却して型からはずす。包装したあと、3～4週間おいてカカオバターの結晶を安定させてから出荷する。

チョコレートの規格

日本においては全国チョコレート業公正取引協議会が定めた規約がある。表にすると次ページのとおりである。

こうした規約にもとづいて、一般に用いるチョコレート類について解説する。

■ **カカオマス　cacao-mass**

通称ビターチョコレートと呼ばれている。

カカオ豆からチョコレートを製造する過程で、カカオニブをローラーにかけて細かくすりつぶすとペースト状になる。これをカカオマスという。カカオバターを含んでいるため、冷えると固まる。チョコレート状を呈するところからビターチョコレート（苦いチョコレート）という。製菓面では各種のアントルメやクリーム、フォンダン等に、甘みを加えずにチョコレート風味をつけるとき、またチョコレート自体に苦味や色を強めるときなどに、このビターチョコレートを加える。

なおカカオマスの成分は、カカオ成分とカカオバターがおよそ半々である。下記の数字はおよそのパーセントを示す。なお右の［ 内の数字はカカオ成分とカカオバターの割合である。

■ **スウィートチョコレート　sweet chocolate**

カカオマス（ビターチョコレート）に砂糖を加え、ヴァニラで香りをつけたもの。メーカーや種類によっていろいろな配合のものがある。

〈配合Ⅰ〉

配合	内訳
カカオマス　60%	カカオ成分　30%
砂糖　40%	カカオバター　30%

〈配合Ⅱ〉

配合	内訳
カカオマス　40%	カカオ成分　20%
カカオバター　10%	カカオバター　30%
砂糖　50%	(20 + 10)

■ **ミルクチョコレート　milk chocolate**

スウィートチョコレートに粉乳などを加え、まろやかな味にしたもの。

配合	内訳
カカオマス　15%	カカオ成分　7.5%
カカオバター　20%	カカオバター　27.5%
砂糖　45%	(7.5 + 20)
粉乳　20%	

■ **クーヴェルテュール　couverture**

厳密な規格はないが、カカオバターが全体の40%前後含まれているものを、通常クーヴェルテュールと呼んでいる。

ボンボン・オ・ショコラ（一口チョコレート菓子）などのセンターを被覆したり、アントルメにかけるために調合したチョコレート。用途上ちょうどよい状態にするために、カカオバターの含有量を全体の30～40%前後にしてある。メーカーによる品質の差や他の成分とのバランス、製法上の技術等で多少の違いはあるが、一般的にはこれより含有率が高いと薄くかか

チョコレートの規格

単位＝％

原料＼名称・品目		純チョコレート				チョコレート				準チョコレート			
		純チョコレート生地		純ミルクチョコレート生地		チョコレート生地		ミルクチョコレート生地		準チョコレート生地		準ミルクチョコレート生地	
カカオ分	非脂肪カカオ分	35 以上	(17 以上)	21 以上	(3 以上)	35 以上	(17 以上)	21 以上	(3 以上)	15 以上	(12 以上)	7 以上	(4 以上)
	カカオバター		18 以上		18 以上		18 以上		18 以上		3 以上		3 以上
(食用油脂) 他の脂肪		0(入ってはならない)		0（入ってはならない）		—		—	35 以上	15 以上		13 以上	
乳固形分	乳脂肪	—		14 以上	3.5 以上	—		14 以上	3 以上	—		12.5 以上	2 以上
	非脂肪乳固形分	—			(10.5 以上)	—			(11 以上)	—			(10.5 以上)
糖類		(蔗糖のみ) 55 以下		(蔗糖のみ) 55 以下		—		—		—		—	
レシチン		0.5 以下		0.5 以下		—		—		—		—	
水分		3 以下		3 以下		3 以下		3 以下		3 以下		3 以下	
添加物		ヴァニラ系香料のみ		ヴァニラ系香料のみ		香料等		香料等		香料等		香料等	

り、低いと厚ぼったくかかってしまう。

クーヴェルテュールとは、フランス語で被覆するものの意味である。一般に製菓用語としてクーヴェルテュールといえば、それだけでこのチョコレートをさす。

一般的な配合比は次のようになる。

〈クーヴェルテュールⅠ〉

カカオマス　60%	カカオ成分　30%
カカオバター　10%	カカオバター　40%
砂糖　30%	(30 + 10)

〈クーヴェルテュールⅡ〉

カカオマス　45%	カカオ成分　22.5%
カカオバター　15%	カカオバター　37.5%
砂糖　40%	(22.5 + 15)
粉乳　20%	

〈クーヴェルテュール・オ・レ〉

ミルク入りクーヴェルテュール。

カカオマス　15%	カカオ成分　7.5%
カカオバター　25%	カカオバター　32.5%
砂糖　40%	(7.5 + 25)

〈クーヴェルテュール・ブランシュ〉

ホワイトチョコレートの名で呼ばれる。

カカオバターに砂糖や粉乳を加えたもの。色のついたカカオ成分が含まれていないため白色を呈する。チョコレートとはカカオ豆の加工品であるという観点に立てば、カカオバターをベースに作られるので、いわゆるチョコレート色ではないが、これもチョコレートの中に入る。

カカオバター　35 ～ 55%
砂糖　50 ～ 40%
粉乳　15 ～ 5%

■ 洋生用コーティングチョコレート

洋生用とは、特に生菓子すなわちケーキ類の被覆を目的として、硬化油などを添加したものである。カカオバターが入っていないか、あるいは入っていても少量のため、テンパリングやブルーム現象の心配がなく、溶かすだけで使えるので非常に便利である。しかし、風味、芳香などの点ではカカオバターを多く含んだクーヴェルテュールに及ばず、風味を重んじるボンボン・オ・ショコラなどには全く不適である。近年、洋生用でも、テンパリングを必要とするほどのグレードの高いものなども開発され、用途に応じてさまざまな使い分けがされている。これは、表示の上では「準チョコレート」となっている。

その他

■ カラーチョコレート

カカオバターから作るホワイトチョコレートに色をつけたもの。チョコレート自体は油性のため、通常菓子作りに用いる粉末状の水溶性色素は使えない。チョコレートは水分を含むと、カカオ豆に含まれる繊維質が水分を吸って「締まった状態」になってしまう。したがって、必ず油性色素を用いなければならない。

カラーチョコレートはこの手間を省いたもので、赤（ピンク）、黄、緑などが市販され、フレーバー入りのものもある。たとえば赤はストロベリー、黄はバナナ、緑はメロンのフレーバーが添加されている。これらは色もかなり濃く、溶かしてからホワイトチョコレートに適量混ぜ、好みの色合いにするとよい。

■ プラスチック・チョコレート

ショコラ・プラスティックともいい、細工用のチョコレート。チョコレートは、水分が入ると、カカオ豆の繊維質が水分を吸って、締まった状態になる。この性質を利用して、溶かしたチョコレートにシロップや水飴を入れて練り、一種のペースト状のかたまりにする。でき上がった状態はマジパンに似て、細工しやすい。扱い方も、マジパンとほぼ同じである。

素材がチョコレートなので、マジパンと異なって熱にはあまり強くない。ただマジパンでは菓子の上に飾った場合、水分が多いと「泣いてくる」が、プラスチック・チョコレートで作ったものは油脂が多いため、だれることがなく、その心配はない。工芸的な作品を作るとき、クーヴェルテュールでは時間がかかったり、扱いにくいような細かい部分を作る場合によく用いる。

現在ではあらかじめ作られたプラスチック・チョコレートが市販されている。作る場合には、以下の配合と製法で行うとよい。

〈配合〉

クーヴェルテュール……………………… 200g
水飴………………………………………… 60g
ボーメ 30 度のシロップ ……………… 40mℓ

〈製法〉

① クーヴェルテュールを溶かす。
② 水飴とシロップを混ぜる。
③ ①と②を混ぜ、冷やして固める。
　注 1：あまり熱をつけすぎないこと。生地がまとまりにくくなり、成形が困難になる。
　注 2：かたすぎる場合にはシロップを入れ、

かたさを調整する。

注 3：着色の場合はホワイトチョコレートに適量のカラーチョコレートを混ぜるか、油性色素を加える。あとは上記と同じ。

■ **チョコレート・シロップ**

流動状のチョコレート溶液。缶詰やチューブ入りで市販されている。チョコレートが少量必要な場合、もしくは急ぎの場合などに便利である。

チョコレート・ファッジ chocolate fudge（英）

チョコレートテイストのファッジ。ミルクファッジの応用。

〈配合〉 18cm 1 枚分

グラニュー糖……………………………… 170g
ブラウンシュガー………………………… 130g
ダークモラセス…………………………… 80g
生クリーム………………………………… 200g
ビターチョコレート……………………… 60g
バター……………………………………… 60g

〈製法〉

① 全部の材料を一緒にして火にかけ、125℃まで煮つめる。
② 鍋を冷水につけて、混ぜながら温度を落とす。
③ 冷水からはずし、強く攪拌し、白濁したクリーム状にする。
④ バットに流し、固まりかけてきたら、好みの大きさに切り分ける。

チョコレート・ボンボン chocolate bonbon（英）

▸ bonbon au chocolat（仏）ボンボン・オ・ショコラ

→ボンボン・オ・ショコラ

チョコレートようフォーク —用—

▸ chocolate fork（英）チョコレート・フォーク / broche à tremper（仏）ブロッシュ・ア・トランペ、fourchette pour chocolat（仏）フールシェット・プール・ショコラ / Pralinengabel（独）プラリーネンガーベル

一口チョコレート菓子専用のフォーク。センターにチョコレートを被覆させたり、ココア等をまぶしたり、あるいは金網の上で転がして角を出させたり、すくい上げたチョコレートの上面にさまざまな模様をつけるためのフォーク。二本歯、三本歯、丸、渦巻き等さまざまなタイプのものがあり、用途によって使い分ける。フォークは細く弾力があって、根元が丈夫なものがよい。

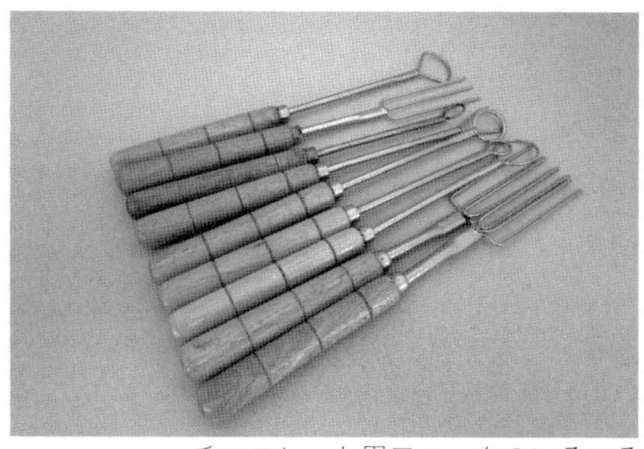

チョコレート用フォークのいろいろ

チョッコラータ・コン・ソルプレーザ cioccolata con sorpresa（伊）

復活祭に売る卵形のチョコレート菓子。中に小さな食べられるお楽しみの菓子が入っている。ウオーヴォ・ディ・パスクァ uovo di Pasqua ともいう。

つ ツ

ツィーゲル Ziegel（独）

▸ tuile（仏・英）テュイル

薄く焼いて、熱いうちに曲げ、かわら状に成形したクッキー。ツィーゲルとは「かわら」の意味。

→テュイル

ツィゴイナーシュニッテン Zigeunerschnitten（オーストリア）

「ジプシー風の切り菓子」の意味のオーストリア菓子。ザッハトルテと同じチョコレート生地に、ガナッシュをはさみ、上面にチョコレートをかける。適宜な大きさに切って供する。

ツィムトシュテルン Zimtstern（独・スイス）

ドイツやスイスでクリスマス時期によく作るクッキー。ツィムトとはシナモン、シュテルンは星の意味で、星形に抜いたシナモン入り生地はマカロンの変形といってよい。上面にグラス・ロワイヤルを塗って焼く。

〈配合〉
刻みアーモンド………………………… 200g
砂糖……………………………………… 170g
マルツィパンローマッセ……………… 50g
シナモン………………………………… 5g
卵白……………………………… 約 60g
グラスロワイヤル…………………… 適量

〈製法〉
① 刻みアーモンド、砂糖、マルツィパンローマッセ、シナモンを軽く混ぜる。
② 卵白を加えてかたさを調節する。
③ 7～8mm の厚さに延ばし、表面にグラス・ロワイヤルを塗る。
④ 星型の抜き型で抜き、テンパンに並べて充分乾かす。
⑤ 強火のオーブンでさっと焼く。
注：この菓子は焼いたあとも充分しっとりしていなければならない。

ツヴィーバック　Zwieback（独）

▶biscotte（仏）ビスコット / rusk（英）ラスク

パン屋で売るラスクの類の菓子。ツヴィーバッケンブロートともいう。

そのまま、あるいはスープに浸したりして食べる。形態についても、グースと呼ばれる卵入りの流し種を塗ったり、フォンダンやグラス・ロワイヤルを塗って焼くものなど、さまざまである。

■ **キンダーツヴィーバック　Kinderzwieback**
幼児用のツヴィーバック。卵やバター、乳脂を多く含み、滋養豊かに作られる。

■ **ズッペンツヴィーバック　Suppenzwieback**
スープに浸して食べるツヴィーバック。発酵生地をかために仕込み、もろい口当たりに焼き上げる。

ツヴィーベルクーヘン　Zwiebelkuchen（独）

「たまねぎのお菓子」の意味。フランスにおけるキシュ・ロレースと同様、ちょっと小腹がすいた時、あるいは軽い食事代わりに食されるドイツの料理菓子。

〈配合〉
生地
強力粉………………………………… 100g
砂糖……………………………………… 15g
塩………………………………………… 2g
ドライイースト…………………………… 5g
溶き卵……………………………… 1/2 個分
牛乳……………………………………… 50mℓ
バター…………………………………… 20g
フィリング
たまねぎ………………………………… 220g
薄切りベーコン……………………… 2 枚
サラダオイル………………………… 15g
卵………………………………………… 1/2 個
生クリーム…………………………… 20mℓ
薄力粉…………………………………… 8g
塩………………………………………… 2g
胡椒…………………………………… 少々

〈製法〉
① 強力粉をふるい、砂糖、塩、ドライイーストと混ぜる。
② ①に溶き卵と人肌に温めた牛乳を混ぜる。
③ ②にバターを加え、手でよくこねて生地を均質な状態にする。
④ ③をボウルに入れ、ぬれ布巾をかけて温かい所に置き、倍ほどの大きさに発酵させる。
⑤ 上から押しつぶしてガス抜きをし、めん棒で延ばす。
⑥ 型の内側にバター（分量外）を塗り、⑤を敷いた後、再び温かい所に置いて、厚さが 2 倍になるくらいまで 2 次発酵させる。

フィリング
① たまねぎを薄切りにし、ベーコンを 1cm 角に切り、少し取り置く。
② 鍋にサラダオイルを敷き、①を入れて透明になるまで炒める。
③ 卵を溶き、生クリーム、薄力粉と混ぜて、②を加え、塩、胡椒を入れてよく混ぜる。

仕上げ
生地の中にフィリングを入れ、取り置いたベーコンを上に散らして、180℃のオーブンで約 20 分焼く。

ツヴィーベルクーヘン

ツェッポレ·ディ·サン·ジュゼッペ
zeppole di San Giuseppe（伊）

シュークリームの上にクリームとチェリーの砂糖漬けを飾った菓子。3月19日のサン・ジュゼッペの祝日に、ナポリ近くで売り出される。

ツェルテン　zelten（伊）

イタリア北部トレンティーノ地方の菓子で、クリスマス時によく食べるフルーツケーキの類い。同地で採れるフルーツやナッツ類をふんだんに使って作られる。地理的な関係でドイツ語系の名称である。

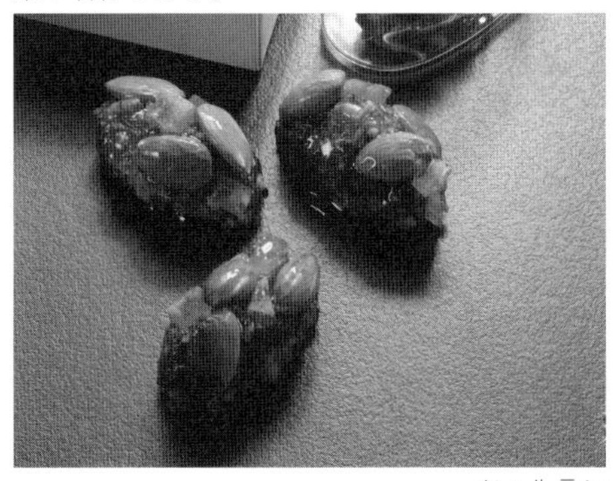

ツェルテン

〈配合〉

レーズン……500g
乾燥なつめ……250g
乾燥いちじく……175g
オレンジピール……175g
レモンピール……175g
くるみ……100g
松の実……100g
グラッパ……60mℓ
コニャック……120mℓ
シナモン……適量
塩……少々
ライ麦のパスタ……125g
蜂蜜……適量

飾り用

オレンジピール……少々
皮つきアーモンド……少々

〈製法〉

① 湯がいてやわらかくしたレーズン、乾燥なつめ、乾燥いちじく、オレンジピール、レモンピール、くるみ、松の実を粗刻みして混ぜる。
② グラッパ、コニャック、シナモン、塩、ライ麦のパスタを加えてよく練る。
③ 厚さ3cm、長さ5cmの楕円に成形し、皮つきアーモンドとオレンジピールを周りにつける。
④ 小麦粉を振ったテンパンに並べ、中火のオーブンで焼く。
⑤ 蜂蜜をかけ、冷まして供する。

ツォプフ　Zopf（スイス・独）

発酵生地を用いて三つ編み、四つ編みなどに成形して焼く菓子。普通の発酵生地かプルンダータイクと呼ばれる発酵折り生地が使われる。

ツーガーキルシュトルテ　Zugerkirschtorte
（スイス）

さくらんぼの産地として名高いツークという町の銘菓。キルシュをきかせたトルテ。ジャポネの生地にピンクに着色したキルシュ入りバタークリームを塗り、ジェノワーズを重ねてキルシュをたっぷりしみ込ませる。表面全体にも同じクリームを塗り、側面に刻んだアーモンドをまぶす。上面には粉糖を振りかけ、ナイフで格子模様をつけ、チェリーやピスタチオをのせて飾る。

〈ジャポネ生地の配合と製法〉

卵白……80g
砂糖……40＋60g
粉末アーモンド……50g
粉末ヘーゼルナッツ……50g
溶かしバター……20g

① 卵白に砂糖40gを加えてかたく泡立て、ムラングを作る。
② 砂糖60g、粉末アーモンド、粉末ヘーゼルナッツを①に混ぜる。
③ 溶かしバターを②に加えて混ぜる。
④ 丸口金を入れた絞り袋に生地を詰め、渦巻き状に絞って円形に焼く。

〈ジェノワーズの配合と製法〉

全卵……300g
砂糖……150g
小麦粉……150g

① 卵と砂糖を泡立てる。
② 小麦粉を加えて混ぜる。
③ 型に流して焼く。

〈バタークリームの配合と製法〉

バター……225g
卵白……60g
砂糖……100g

キルシュ……適量

① バターを室温にもどして充分泡立てる。
② キルシュを加える。
③ 卵白を泡立て、砂糖を加えてムラングを作る。
④ ②に③を入れて混ぜる。

〈仕上げ〉

① バタークリームに淡いピンクの着色をする。
② ジャポネの生地に①のクリームを塗る。
③ ②の上にジェノワーズをのせ、キルシュを刷毛で充分しみ込ませる。
④ 表面全体に①のクリームを塗る。
⑤ 側面に刻んだアーモンドをまぶす。
⑥ 上から粉糖を振りかけ、ナイフで格子模様に筋をつける。
⑦ ドレンドチェリーをのせて飾る。

ツーガーキルシュトルテ

ツッカークーヘン　Zuckerkuchen（オーストリア）

発酵生地にレーズンを加えて焼き、フォンダンをかけた菓子。中の果物を変えたり、上面にシュトロイゼルを振りかけたりしたものもある。

〈配合〉

中種
強力粉……100g
イースト……18g
水……100mℓ

生地
強力粉……200g
砂糖……40g
全卵……1個
水……50mℓ
塩……少々

フィリング
レーズン……70g
ラム……適量

上塗り用
牛乳……適量
バター……70g

仕上げ用
アプリコットジャム……適量
フォンダン……適量

〈製法〉

① イーストを水にとき、強力粉を入れて混ぜ、発酵させ、中種を作る。
② 生地の材料に①を入れて混ぜ、まとめて発酵させる。
③ ガス抜きし、レーズンとラムを混ぜてもむ。
④ 発酵してきたら、厚さ1cmに延ばし、テンパンにのせて約倍量に発酵させる。
⑤ 生地の上面に刷毛で牛乳を塗り、バターをちぎるようにして少しずつ生地に埋め込む。
⑥ 200℃のオーブンで約20～30分焼く。
⑦ 上面に熱したアプリコットジャムを塗り、フォンダンを塗り重ねる。
⑧ 適宜な大きさに切り分けて供する。

ツッカータイク　Zuckerteig（独）

▸pate sucrée（仏）パート・シュクレ / sweet short paste（英）スウィート・ショート・ペイスト

甘みのあるビスケット生地。ミュルベタイクとも呼ばれる。

て　テ

ディオーシ・ロラード　diós rolád（ハンガリー）

ハンガリーで好まれているくるみ入りのロールケーキ。ディオーシとは「くるみ（入り）の」、ロラードはロールの意味。

〈配合〉

卵黄……4個分
砂糖……120g
牛乳……420mℓ
ゼラチン……30g
生クリーム……420mℓ
ローストしたくるみ……200g
ラム……少々

チョコレート・スポンジケーキ……… 適量
飾り用くるみ、バタークリーム、
　チョコレート……………………… 各適量

〈製法〉

① 卵黄と砂糖を攪拌し、沸騰させた牛乳とふやかしたゼラチンを加え混ぜる。
② 生クリームを泡立て、くるみを挽いて混ぜ、①と合わせてラムを加える。
③ シート状に焼いたチョコレート・スポンジケーキに②を塗ってロール状に巻く。
④ 上部にバタークリームを塗り、くるみを飾り、両側にチョコレートを塗る。

ティグル　tigre（仏）

虎という意味の焼き菓子。フィナンシエと同じ種をサヴァラン型で焼き、へこんだ部分にチョコレートクリームを詰める。生地にチョコレートを入れるため、焼くとまだら模様となり、虎のようだとして名付けられたという。

ディネ　dîner（仏）

▶dinner（英）ディナー

正餐。日本では英語のディナーが一般的である。

ディネは一日のうちで最も重きをなす昼か夜の食事。

ディプレッション·ケイク　depression cake（米）

「大恐慌のケーキ」の意味。大恐慌の物のない時に作られた菓子で､「戦時中の菓子」とか「卵、ミルク、バターなしの菓子」などとも呼ばれている。

ディプレッション・ケイク

〈配合〉15cm 1 台

水…………………………………… 145mℓ
菜種油……………………………… 55g
ブラウンシュガー………………… 75g
レーズン…………………………… 60g
シナモン…………………………… 4g
薄力粉……………………………… 120g
ベーキングパウダー……………… 2g
重曹………………………………… 2g

〈製法〉

① 水、菜種油、ブラウンシュガー、レーズンを一緒にして火にかけ、沸騰させる。
② シナモン、薄力粉、ベーキングパウダー、重曹を一緒にしてふるい､①と混ぜて型に流す。
③ 170℃のオーブンで約 30 ～ 35 分焼く。

ディプロマート　diplomate（仏）

ディプロマート

「外交官」という意味のフランス菓子。

プディング状のもので伝統的なアントルメの一つ。湯煎にしてオーブンで焼き、冷やして供する。円形、四角形、プディング型、リング型とさまざまな形に作られる。名称のいわれについては、1856 年、マルセリュスという外交官付きの料理人モンミレルが､シャトーブリアン（政治家にして著名な美食家）風プディングを作ったところ、外交官風プディング（pudding au diplomate）と呼ばれてたいそうな評判をとった。後にこれがクレーム・ディプロマート、または単にディプロマートと呼ばれるようになった。

〈配合〉

牛乳………………………………… 1000mℓ
砂糖………………………………… 200g
全卵………………………………… 8 個
キルシュまたはラム……………… 少々
ジェノワーズ……………………… 適量
アプリコットジャム……………… 適量

〈製法〉

① 牛乳と砂糖を混ぜ、卵を加える。

② キルシュまたはラムを混ぜ、ふるいでこす。
③ ジェノワーズの小片を型に詰め、②を流し込む。
④ 湯煎にして中火のオーブンに入れる。
⑤ 型からはずし、冷めてから全体にアプリコットジャムか上がけ用ゼリーを塗る。好みにより果物や生クリーム等で飾ることもある。

ティラミス　tiramisù（伊）

1980年代から流行したイタリアのデザート菓子。同年代後半より日本でも多く見られるようになった。スプーンですくって食べるデザートタイプ、セミフレッド式のアイスクリームタイプ、大きく固めて作り、カットしたものがある。いずれもエスプレッソに浸したビスキュイをベースに、イタリアのロンバルディア地方で作られるマスカルポーネというチーズを使う。

tiraはイタリア語で「引っぱれ」、miは「私を」、suは「上に」で、私を上に引き上げる、つまり私を元気にし、陽気にさせるという意味を持つ。

一説によると、18世紀のヴェネツィアで、夜の街で遊ぶための栄養補給源のデザートであったと伝えられている。別の説では、この菓子に含まれる強いエスプレッソのカフェインが興奮をもたらすための命名ともいわれている。

〈クリームの配合と製法〉

卵黄……2個分
砂糖……200g
マスカルポーネ……500g
生クリーム……800mℓ

① 卵黄と少量の砂糖を湯煎にかけて、白っぽくなるまで攪拌する。
② やわらかくしたマスカルポーネを①に加えて混ぜる。
③ 生クリームに残りの砂糖を加えて泡立て、②と合わせる。

〈ビスキュイの配合と製法〉

全卵……200g
砂糖……100g
小麦粉……100g
コーンスターチ……20g

① 全卵と砂糖を泡立てる。
② 小麦粉とコーンスターチを一緒にしてふるい、①に混ぜる。
③ テンパンに流して180℃のオーブンで焼く。

〈シロップの配合〉

エスプレッソ……200mℓ
砂糖……40～50g

〈仕上げ〉

① シート状に焼いたビスキュイを2枚用意し、長方形や楕円形などの容器に1枚を敷いて、エスプレッソのシロップを刷毛でしみ込ませる。
② 器の半分くらいまでクリームを流し込み、もう1枚のビスキュイをのせて、再びシロップを打つ。
③ クリームを流して平らにし、冷蔵庫で冷やす。
④ 上面にココアを振りかけ、大きなスプーンで皿にとり分けて供する。
注：クリームにオレンジ果汁を加えたり、シロップにブランデーを入れたものなどもある。

ティルゲリ　Tirggeli（スイス）

スイス、チロル地方の代表的なクリスマス菓子だが、クリスマスに限らず楽しまれている。17～18世紀に大流行したという。菓子の系統としてはレープクーヘンの一種とみなすことができる。宗教的な絵柄を施した木型を用いる。

〈配合〉

蜂蜜……400g
粉糖……70g
ジンジャーパウダー……少々
アニス……少々
コリアンダー……少々
クローヴ……少々
ばらの花水……45～60mℓ
小麦粉……適量

〈製法〉

① 蜂蜜を温め、粉糖、ジンジャーパウダー、アニス、コリアンダー、クローヴ、ばらの花水を加える。
② ①が冷えたら、小麦粉を少しずつ加えてもみ、かための腰のある生地にする。
③ 厚さ2mmに延ばし、油を塗った木型に押し込む。
④ 余分な部分を落とす。
⑤ 型からはずし、バターを塗って、小麦粉を振ったテンパンに並べて中火で焼く。

ディル・シード　dill seed（英）

キャラウェイによく似ており、含まれる精油も同様のものが認められるが、別種のもの。産地はロシアから南欧にかけてと大変広く、また中東からスリランカあたりにもまたがっている。各種の菓子やパンの香味付けの他に、チーズに混ぜたり、肉や魚料理の臭み取りにも使われる。加えて鎮静効果があるとして薬用にも利用されている。

デヴィルズ・フード・ケイク devil's food cake（英・米）

「悪魔の食べ物」の意味の、アメリカやイギリスで親しまれているチョコレートケーキ。

チョコレート味のスポンジケーキにチョコレートクリームをはさみ、全体も同じクリームでカヴァーする。上面にはチョコレート・コポーをまぶしたり、あるいは溶かしたチョコレートでコーティングをして仕上げる。黒い色からの連想で、この名がつけられたという。

フランスにもチョコレートをベースにしたアントルメで、ディアーブル・ノワールと呼ばれるものがある。「黒い悪魔」という意味で、同じ発想による命名である。

〈配合〉

生地

砂糖……400g
全卵……360g
小麦粉……380g
塩……4g
重曹……6g
ココア……70g
ヴァニラ……少々
溶かしバター……200g
牛乳……60mℓ

クリーム

砂糖……470g
バター……460g
生クリーム……30mℓ
ヴァニラ……少々
溶かしたチョコレート……120g

〈製法〉

① 砂糖、卵をよく泡立てる。
② 小麦粉、塩、重曹、ココアを混ぜ、①と合わせる。
③ ヴァニラ、溶かしバター、牛乳を加えて混ぜ、型に流して、中火のオーブンで焼く。
④ 3枚に切り分ける。
⑤ 砂糖、バターをよくすり混ぜ、生クリームとヴァニラを加え、溶かしたチョコレートを混ぜてクリームを作る。
⑥ ⑤のクリームを④の間に塗って重ね、周り全体にも塗る。
⑦ パレットナイフで表面をたたいて角を出したり、チョコレート・コポーを振りかけて飾る。

テキーラ tequila（メキシコ）

ジン、ウォッカ、ラムと並ぶ四大スピリッツのひとつに数えられる酒。他の酒が概ね穀類や果実から作られるのに対し、これはメキシコでアガベと呼んでいる竜舌蘭という植物を原料としている。巨大なパイナップルの実のような形をしているこの株をいくつかに割って蒸気釜に入れて熱すると、含まれているデンプン質が糖質に変化し、甘い液が得られる。これを発酵させた後蒸留すると、テキーラの原酒ができ上がる。これをオーク材製の樽に詰めて2～3週間ほど熟成させ、アルコール度数を整えて製品化がなされる。

テークーヘン Teekuchen（独）

ケーニッヒスクーヘンやイギリス風のパウンドケーキ、フルーツケーキなどいわゆるバターケーキをさしていう呼び名で、ドイツの多くの地方で親しまれている。

テーゲベック Teegebäck（独）

絞ったり、延ばしたり、型抜きしたりして焼き上げるクッキーのこと。間にジャムやプラリネをはさんだり、粉糖を振ったり、チョコレートをかけたりするものなどいろいろある。同系統でアイスゲベックと呼ぶものは、アイスクリーム等の氷菓に添える。

テーゲベックやアイスゲベックにする生地は比較的バターの多いミュルベタイク生地である。

シュプリッツ・ミュルベタイクという、いわゆるアイスボックス・タイプの生地で焼いたものやチーズ風味のケーゼシュタンゲン生地もこのテーゲベックの一つである。

デコレーション decoration（英）

▶décoration（仏）デコラシオン / Dekoration（独）デコラツィオーン

装飾、飾り。

欧米における食の分野では、主にテーブル・デコレーションをさす。すなわち食卓の上の食器、置き物、花などの選択と配置、また料理や菓子の盛りつけ、さらに工芸的な料理や菓子を用いて飾る総合的な演出を意味する。

デコレーションケーキ（日）

飾りを施したケーキ。

日本の一般的な解釈では、スポンジ生地をベースとして、誕生日やクリスマスなど、さまざまな目的に応じて飾りを施したケーキをさす。

飾る方法としては、クリームやマジパン、アイシング等でカヴァーされた表面に、各種のクリームを絞ったり、マジパンやチョコレートの細工物をのせたりしてデザインする。

菓子におけるデコレーションの起源をたどると、遠く古代ローマにまで遡ることができる。たとえば思い思いの絵を描いて飾ったというスクリブリタという皿状の菓子、いろいろな色調の糖衣で飾ったエンキトゥムと呼ぶ菓子などが楽しまれていたという。古代ローマの後期には、饗宴などでは、飾り菓子や何かをかたどった工芸菓子さえあらわれ、食卓をにぎわしていたと伝えられる。

デザート　dessert（英）

▶dessert（仏）デセール / Nachspeise（独）ナハシュパイゼ、Dessert（独）デセーア、Süßspeise（独）ズュースシュパイゼ

フランス語のデセールは、食べたあとの皿を下げる意味のデセルヴィール desservir からきた語で、英語のデザートは、フランス語を借用してそのまま英語読みにしたもの。

現在ではデザートは食後にサーヴィスされるものをさし、チーズ、甘みアントルメ、果物が含まれる。甘みアントルメについては、昔の宮廷料理などでは、ロースト料理のあとに続く野菜料理から甘みまで、幅の広いものをさす言葉であった。

デザート用の菓子、すなわち甘みアントルメとしては、プディングやスフレなどの熱いもの、アイスクリームやシャーベット、バヴァロワ、ムースなどの冷たいもの、あるいは通常ケーキという言葉でとらえられているパティスリーなど、ほとんどの菓子が含まれる。特に切り分けて供する大型の菓子をさすことが多い。

デーツ

▶date（英）デート / datte（仏）ダート / Dattel（独）ダッテル

なつめやしの実。

北アフリカ、エジプト、アラブなどに産する。干し柿に似たねっとりとした食感と味覚を持つ。蜂蜜などとともに、古代エジプト時代からたいせつな甘味源であった。当時なつめやしは、財産目録にも上るほど重きをなすものとして扱われていた。ペルシア湾口にある小島で、貿易港として有名なホルムズでは、「なつめやしと魚は王者の食べ物」といわれていたという。10世紀半ば、イスラム教徒はこれを海路ペルシア湾、アラビア海、インド洋をへて、広東へ、陸路では中央アジアをへて西安、重慶へ伝えた。

旅行家として名高いアラビアのイブン・バトゥータ（1304-1377）は、「バラス（イラク南東部）ではなつめやしでサライーンという蜜を作るが、その味はシロップのようである」と書いている。デーツはヨーロッパにも広く伝わっていった。今日でもフランス菓子のフリュイ・デギゼ（果物の砂糖がけ）には必ず使われる素材である。

栄養的にはビタミンA・B、リン、カルシウムを含み、またブランデーやアルコール飲料にも利用される。

テート・ド・ネーグル　tête de nègre（仏）

ムラングをセンターにしてチョコレートをまぶす軽い口当たりの菓子。「黒人の頭」という意味。

〈製法〉

① 卵白を泡立てて加糖し、ドーム状に絞って乾燥焼きにしたムラングを2個用意する。
② チョコレートのムースまたはガナッシュ入りバタークリームをムラングの平らな面に塗って2個をはり合わせる。
③ 同じクリームを全体に塗る。
④ スプレー・チョコレートまたはチョコレート・コポーをまぶす。

デニッシュ・ペイスト　Danish paste（英）

▶pâte levée feuilletée（仏）パート・ルヴェ・フイユテ / Plunderteig（独）プルンダータイク

発酵生地でバターを包み、フイユタージュと同じように折りたたんだ生地。菓子タイプのパン、デニッシュ・ペイストリーを作る。

デニッシュ・ペイストリー　danish pastry（英）

▶Dänischer Plunder（独）デーニッシャー・プルンダー、Plundergebäck（独）プルンダーゲベック

発酵折り生地デニッシュ・ペイストで作る菓子タイプのパン。

デニッシュ・ペイストをさまざまに成形し、カスタードクリームやいろいろな果物を詰めたり、のせたりして焼き上げる。あるいは生地を焼き上げたあと、果物をのせて仕上げる。

生地を延ばして層状に重ねて焼くという、いわばフイユタージュの形態は、遠く古代エジプトまで遡ることができる。時代とともにいろいろな形で発展してきた。デニッシュ・ペイストはフイユタージュとイーストを使った発酵生地の中間のもので、これを用いて作るペイストリーは、その名のとおりデンマークやスウェーデンなどの北欧において親しまれている。

ちなみにフランスではこの種のものをガトー・ダノワ（デンマーク風菓子）、ドイツではデーニシャー・プルンダー（デンマークのパン）と呼んでいる。ただし、当のデンマークではヴィエナブロート（ウィーン風のパン）といっている。実はこれらはそもそもウィーンを発祥とするもので、それがデンマークに伝わり、そこから各地へと広がっていったのだ。ちなみにフランスではガトー・ダノワの他にこうしたものをヴィエノワズリー（ウィーン風のもの）とも呼んでいる。

〈配合〉

イースト……40g
牛乳……270mℓ
全卵……50g
卵黄……20g
レモン果皮……1個分
砂糖……50g
塩……7g
バター……50 + 600g
強力粉……500g

〈製法〉

① イーストを牛乳でとき、全卵、卵黄、レモン果皮、砂糖、塩、バター50g、強力粉を混ぜて練る。
② 室温で15分ほど休ませる。
③ ②を延ばし、たたいて形をつけたバター600gを包む。
④ 三つ折りを2回行い、休ませたあと、再び三つ折りを2回行う。
⑤ 求める形に成形し、カスタードクリームや好みの果物などをのせて焼く。アプリコットジャムを塗って仕上げることもある。

テー・フール　Tee-Fours（独）

▸ petits fours secs（仏）プティ・フール・セック

プティフールの中でも乾き菓子のみをさす。お茶受け用の乾き菓子を表した言葉。

テーとは茶、フールはフランス語からの借用で、かまの意味から転じた焼き菓子のこと。

テーブロート　Teebrot（スイス）

イギリスでいうティー・ビスケットのスイス版。粉末アーモンドとシナモンパウダーを加えて風味豊かに焼き上げる、格子模様の小粋なクッキー。

〈配合〉

バター……250g
砂糖……300g
全卵……2個
小麦粉……500g
粉末アーモンド……200g
シナモンパウダー……少々
アンモニア……2g

〈製法〉

① 室温にもどしたバターと砂糖をボウルに入れ、よくすり合わせる。
② ときほぐした卵を①に少しずつ加えながら混ぜ合わせる。
③ 小麦粉、粉末アーモンド、シナモンパウダーを合わせてふるい、②に加える。
④ アンモニアを加えて生地をまとめる。
⑤ 厚さ2mmに延ばし、卵黄を塗る。
⑥ フォークの先で格子模様の筋をつける。
⑦ 2.5cm × 5cmの長方形に切り分け、200℃のオーブンで約20分間焼く。

デポジッター　depositor（英）

流動状の種やある程度かたさを持った生地を、型や容器、テンパンなどに自動的に絞り込む機械。

絞り込む容器やスピードは調節できる。これにより、計量の手間や人手、時間が大幅に合理化され、誤差が解消される。用途によりさまざまなタイプがある。

デメテル

▸ Demeter（英）ディミテール

ギリシア神話に登場する大地、穀物の女神。

トリプトレモスを人間のもとにつかわし、パンの作り方を教えさせたという。人々は感謝の念とともに、デメテルの神殿にパンをささげた。

テュイル　tuile（仏）

▶Ziegel（独）ツィーゲル

「屋根がわら」の意味のクッキー。

薄く焼き、熱くやわらかいうちに曲げて成形し、かわらの形にする。薄いため、もろくこわれやすいフール・セック。普通は薄切りアーモンドを使うので、正しくはテュイル・オ・ザマンドと呼ぶが、通常テュイルと省略している。

またチョコレート菓子でテュイルと呼ぶものもある。紙の上に円形または楕円形に穴をあけたすり込み板をのせ、刻みアーモンドを混ぜたチョコレートをすり込む。次にすり込み板をはずして、紙ごとめん棒のような丸いものの上に置いて固める。紙からはがしたあと、湾曲して、かわらのようになる。これはテュイル・オ・ショコラと呼ぶ。

て

■ テュイル・オ・ザマンド

テュイル・オ・ザマンド

〈配合〉

砂糖	500g
薄切りアーモンド	500g
全卵	4個
卵白	4個分
小麦粉	175g
オレンジ香料	少々

〈製法〉

① 砂糖と薄切りアーモンドを混ぜ、全卵と卵白を加えてよく混ぜる。
② 小麦粉とオレンジ香料を入れて混ぜる。
③ 油を引いたテンパンに、スプーンですくった種を一かたまりずつ置いてゆく。
④ フォークに水をつけながら③を丸く薄く押しつけて成形する。
⑤ 中火のオーブンで焼き、まだ熱いうちにトイ型の底に並べ、曲げて固まらせる。

デュシェス　duchesse（仏）

女領主、公妃、公爵夫人などの意味。

菓子の分野ではクッキーの一種をいう。

料理の分野では洋梨を使ったものや、じゃがいも料理によくこの名がつけられる。

絞り種というより水種に近い粉末アーモンド入りの種を、小さな円形に絞って焼き、2枚1組にし、プラリネ入りのバタークリームなどをはさんで仕上げる。

〈配合〉

小麦粉	80g
タン・プール・タン	240g
卵白	5個分
牛乳	100mℓ
バター	80g
プラリネ	適量
バタークリーム	適量
チョコレート	適量

〈製法〉

① 小麦粉とタン・プール・タン（砂糖と粉末アーモンドが1：1の混ぜ物）を混ぜる。
② 卵白を泡立て、①と合わせる。
③ 牛乳でバターを煮溶かし、これも混ぜる。
④ テンパンに丸口金で、小さな円形に絞り、強火でさっと焼く。
⑤ プラリネ、バタークリーム、チョコレートを合わせたクリームをはさむ。

デュボワ、ユルバン=フランソワ　Dubois, Urbain-Francois（仏）

（1818-1901）フランスの著名な料理人。

パリのレストラン「カフェ・トルトーニ」で技術をみがき、ロシアではオルロフ公爵の料理人を務めた。またプロシアではエミール・ベルナール（1826-1897）とともに『古典料理（La Cuisine classique）』（1856）を著した。その他『世界の料理（La Cuisine de tous les pays）』（1870）、『製菓人の必携書（Le Grand Livre des pâtissiers et des confiseurs）』（1883）、『現代の菓子（La Pâtisserie d'aujourd'hui）』（1894）、など多数の著作を残した。

てらじまりょうあん　寺島良安

（1654～享保年間〈1716～1736〉末期頃）

江戸中期の医師で大坂城医を務めた。明の時代に広まった易医論の影響を受け、天地人の三才に通じてこそ真の医師であるとして自らを磨いたという。そしてその考えのもとに中国の「三才圖會」にならい、1712（正徳3）年に、日本で最初の図入りの百科事典『和漢三才圖會』（全130巻）を著した。その第百五巻に果子として、加須底羅（かすていら）、浮名糖・加留女以良（かるめいら）、糖花・渾平饋（こんぺいとう）といった南蛮菓子を記している。

テリーヌ　terrine（仏）

鉢、陶製の浅い器の意味。肉や魚のすり身を詰めて焼くために用いる。またこれで作った料理をこの名で呼ぶ。たとえばフォアグラのテリーヌ、仔鴨のテリーヌ、家禽のテリーヌ等がある。いずれもオードヴルとして供する。

テルテット・ナランチ　töltött narancs（ハンガリー）

ハンガリーで好まれている菓子。詰め物をしたオレンジ。オレンジの中身をくりぬき、中にオレンジの果汁、白ワイン、砂糖、卵などを混ぜたクリームを詰める。

〈フィリングの配合〉

卵黄……8個分
粉末クリーム……30g
砂糖……少々
レモン果汁……1個分
オレンジ果汁……3個分
白ワイン……250mℓ

ムラング

砂糖……120g
卵白……8個分

〈製法〉

① 卵黄、粉末クリーム、砂糖を混ぜる。
② この中にレモン果汁、オレンジ果汁、白ワインを加えて火にかける。
③ 卵白を泡立て、砂糖を加えてムラングを作り、②と混ぜる。
④ くりぬいたオレンジに詰める。

てんかぶつ　添加物

さまざまな目的で、菓子を含む食品に添加されるもの。大別すると以下のとおりである。

(1) 保存期間を延ばすためのもの
防腐剤、酸化防止剤、保湿剤、被膜剤。
(2) 栄養を高めるもの
各種ビタミン類、アミノ酸類、カルシウムなど。
(3) 組織を変化させるもの
膨張剤、起泡剤、乳化剤、粘稠剤など。
(4) 嗜好向上のためのもの
着香料、着色料、調味料、つや出し料など。
(5) 品質を改良するもの
漂白剤、小麦粉改良剤など。

テンパリング　tempering（英）

▶temperieren（独）テンペリーレン / tempérage（仏）タンペラージュ

チョコレートの調温作業。

チョコレートに含まれているカカオバターは大きく分けて四つの結晶型を持ち、γ（ガンマ）型、α（アルファ）型、β'（ベータダッシュ）型、β（ベータ）型と呼んでいる。そしてそれぞれが融点を異にし、γ型は16～18℃、α型は21～24℃、β'型は27～29℃、β型は34～35℃となっている。

溶かしたチョコレートを急速に冷やすと、まず不安定なγ型の結晶ができ、瞬時にα型に変わった後、β'型に変化し、さらに最も安定したβ型へと移行する。β型の結晶体になると融点が高く、多少気温が高くなっても変化しにくくなる。しかしどうしても一部にβ'型の結晶が残るので、これをβ型に転移させるには、自然にまかせると室温で少なくとも4週間は完全に保管する必要がある。

製菓用としては、固形のチョコレートを一度溶かして流動体にしてから、手を加えて菓子にしたり、型取りしたりするが、その際、それぞれの結晶体を転移させる温度調節の作業が必要である。35℃以上にして流動体にすると、それまで均質に交じり合っていたカカオの固形物、砂糖、カカオバターなどの結合が失われ、カカオバターが他のものと分離してしまう。このまま被覆作業や流し込みを行うと、冷えて固まったあと、表面にカカオバターの結晶が出て、全体に白くぼやけたり、斑点や縞模様が出る。これをブルーム現象という。

カカオバターの分離は粘稠性を失ったために起こるわけで、再び凝固点付近まで冷やして粘稠性を与え、もう一度30℃前後まで温め直すと、半流動状の、適当な粘稠性のある、作業に適した状態のチョコレートになる。

作業を要約すると、以下のとおりである。

① チョコレートを刻み、35℃以上の温度で溶かす。
② 27℃前後まで温度を落とす。
③ 29～32℃まで再び温度を上げる。

テンパン

▶plaque de four（仏）プラック・ド・フール、plaque à pâtisserie（仏）プラック・ア・パティスリー / baking sheet（英）ベイキング・シート、flat pan（英）フラット・パン / Backblech（独）バックブレッヒ

オーブンに種や生地等をのせたり、並べて焼くための板。おおむね鉄製であったところから鉄板とも呼ばれている。現在では鉄製、アルミ製、あるいは油を塗る必要のないテフロン加工を施したものなどがある。一般的には長方形だが、タルト用の丸いものもある。

なお語源については鉄板が転訛してテンパンになったとの説と、天火用の板ということで天板になったとの説がある。日本ではひらがな、カタカナ、漢字などさまざまな表記がなされ、統一が見られていない。ただ近年、製菓業界の諸機関紙ではテンパンの表記にまとまる傾向にある。

デンプン　澱粉

▶starch（英）スターチ / amidon（仏）アミドン / Stärkemehl（独）シュテルケメール

穀類から抽出される炭水化物。澱粉の澱はおりのことで、原料を粉末にし、水にさらして底にたまったものを乾燥させたことからつけられた名称である。乾燥した状態では粉末状で、味はなく冷水には溶解しない。沸騰した水に溶け、デンプン糊を形成し、冷えるとゼリー状に固まる。

デンプンの性質は菓子作りに非常に深い関係がある。デンプンの種類によって、糊化の始まる温度は異なる。じゃがいもや米は比較的低温で始まり、とうもろこしや小麦は温度が高い。

小麦粉のデンプンは、87℃以上にならないと完全に糊化しない。たとえばシュー種を作るときは、デンプンを完全に糊化させるために、充分な熱と水が必要になる。また、冷えると糊化したデンプンが元の状態に戻ってしまうので、練り上げたシュー種はすぐ絞り出さなければならない。

糊化したデンプンが時間の経過とともに生の状態に戻る現象を老化という。菓子やパンを放置しておくと、かたくて口当たりの悪い状態になるのはこのためである。老化を防ぎ、糊化した状態を保たせるには、乳化剤の混入が効果的である。また、水分が老化を促進させるので、その作用を止める凍結も効果がある。

と　ト

ドイッチャー・ブッタークレーム

deutscher Buttercreme（独）

ドイツ風バタークリームの意味。

バターを泡立て、冷まして裏ごししたカスタードクリームを混ぜ合わせたクリーム。

ドウ　dough（英）

▶pâte（仏）パート / Teig（独）タイク

生地のこと。小麦粉に水を入れて練ったもの、水のほかに油脂や砂糖などを入れたものもこの名で呼ぶ。水分が多いやわらかいものはスラック・ドウ、かたいものはタイト・ドウと呼んでいる。

トゥウェルフス・デイ・ケイク　Twelfth-day cake（英）

▶galette des Rois（仏）ガレット・デ・ロワ

主顕節、公現節に食べるさまざまな菓子。

キリストが生まれたときにあらわれた赤い星に導かれて東方からやってきた3人の博士が、その旅に12日間を要したことから、その到着日すなわち1月6日の主顕節をトゥウェルフス・デイという。この日に食べる菓子は国により、土地によってさまざまに異なる。

一説によると、この時食べられる菓子ははじめはジンジャー・ブレッドか平らな丸いケーキのようなものであったとしている。17世紀のオランダでは、ワッフルやトルテなどを焼いてこの日に食べていたという。

スイスではイーストを使った発酵生地で丸く作り、周りに小さなボール状の生地をのせて焼く。ボール状の一つに陶製の人形が入り、これを引き当てた人が、その場の王様になるという風習があった。フランスのパリ地方ではフイユタージュを使って焼き上げたガレット・デ・ロワがある。

→ガレット・デ・ロワ

とうえき　糖液

砂糖入りの水。砂糖の量によって溶液の濃度は変化する。また煮詰めてゆくと水分が蒸発し、濃度が高まってゆく。

糖液は煮詰め温度が高ければ高いほど、温度

を下げた場合の粘度は増大する。この冷却凝固の度合いを、そのときの糖液の状態から表現した呼び名がある。糖液を煮詰めてゆく過程で、温度が上昇するにつれさまざまに変化してゆく状態を言葉で表したものである。

正確な糖度計がなかったころ、製菓人たちが、一応の目安として使用していた言葉だが、今日でも便利に使われている。

フランス菓子のシロップと糖液

呼　称	温度（摂氏）	ボーメ度(Bé)
プティ・ペルレ	105	32～33
グランペルレまたは カンディ	107	33～35
プティ・スフレ	111.5	37
グラン・スフレ	112.5	38～39
プティ・ブーレ	115	39～40
ブーレ・モワイヤン	117.5	以下 計測不能
グラン・ブーレ	121	
プティ・カッセ	125	
カッセまたは カッセ・モワイヤン	141	
グラン・カッセ	144	
プティ・ジョーヌ	155	
ジョーヌまたは シュクル・ドルジュ	160	

■ **プティ・ペルレ　petit perlé**
糖液を人さし指の先端につけ、親指で軽く押さえてすぐ離すと、短く糸を引いてすぐ切れ、指先に小さく丸まる。あるいは糖液を冷水に落とすと、水にすぐ混じらず、やわらかくまとまる。この状態をいう。ペルレは真珠の意。

■ **グラン・ペルレ　grand perlé**
プティ・ペルレと同様に2本の指につけて離すと、細く長く糸を引く。また冷水に落とすとはっきりとまとまりを見せる。

■ **プティ・スフレ　petit soufflé**
小さな輪のついた棒、あるいは穴のあいたスプーン（泡すくい用）で糖液をすくい、息を吹きかけると、穴の向こう側にシャボン玉のような気泡ができるが、すぐにこわれて消える。この状態をいう。スフレとは「ふくれた」の意味。

■ **グラン・スフレ　grand soufflé**
プティ・スフレと同様の方法で、それより大きな気泡ができて、すぐに消えない状態。

■ **プティ・ブーレ　petit boulé**
人さし指を冷たい水に浸し、煮詰めた糖液の中にすばやく入れて少量の糖液をすくいとり、すぐに冷水の中に入れる。このとき、指でやっと丸められる程度のかたさに達している状態をいう。ブーレとは球のように転がる状態という意味。

■ **グラン・ブーレ　grand boulé**
上記と同様の方法で、糖液を指先で丸めると、小さな球ができる状態。

■ **プティ・カッセ　petit cassé**
上記と同様の方法で、糖液を冷水に落として固め、歯で嚙んでみると、やや粘りけがあり、やっとこわれる状態をいう。カッセとは「こわれる」という意のcasserからきた。

■ **カッセまたはカッセ・モワイヤン　cassé, cassé moyen**
冷水に落とした糖液を歯で嚙むと、それほど粘りつくこともなく、こわれる状態。

■ **グラン・カッセ　grand cassé**
冷水に落とした糖液のかたまりを歯で嚙むと、歯につくことなく割れて砕ける状態。

■ **プティ・ジョーヌ　petit jaune**
糖液にやや黄色みがかった色がつき始めてくる状態。ジョーヌとは黄色のこと。

■ **ジョーヌまたはシュクル・ドルジュ　jaune, sucre d'orge**
完全に黄色または大麦色になった状態。

■ **カラメル　caramel**
糖液を普通の状態で煮詰め続け、155℃以上になってくるとやや黄色みを帯び、さらに煮詰めると次第に褐色になり、砂糖の焦げる香ばしいにおいとともに、煙を立てて焦げてくる状態。

ドイツ菓子のシロップと糖液

呼　称	温度（摂氏）	ボーメ度(Bé)
ロイターツッカー	100	28～30
シュヴァッハー・ファーデン	105	32
シュタルカー・ファーデン	107.5	35
シュヴァッハー・フルーク	112.5	39
シュタルカー・フルーク またはカッテンフルーク	117.5	
バーレン	125	
ブルーフ	135	
カラメル	142.5～147.5	
クレール	155	

■ **ロイターツッカー　Läuterzucker**
砂糖を水に溶いて、アクをとり除いた糖液。ボーメ 28 ～ 30 度の濃度を保ち、水分が蒸発しないようにすれば、保存しておいても結晶することがない。

■ **シュヴァッハー・ファーデン　schwacher Faden**
煮詰めてアクをとり除いた糖液をさらに煮詰め、103.7 ～ 105℃に達したあと、親指と人さし指の間にとって指を広げたとき、糸が生ずるが、すぐ切れる弱い糸ができる状態。

■ **シュタルカー・ファーデン　starker Faden**
107.5 ～ 108.7℃まで達した糖液。指先にとって、親指と人さし指を広げたとき、長い糸ができる状態。

■ **シュヴァッハー・フルーク　schwacher Flug**
針金の先についた小さな輪に、糖液をすくいとって息を吹きつけると、シャボン玉のようなものが一つできる状態。

■ **シュタルカー・フルーク　starker Flug**
冷水の中に落とすと、糖液の玉が鎖のようにつながってできる状態。
カッテンフルークとも、単にシュタルカーともいう。

■ **バレン　Ballen**
冷水に落とすと、完全な小さな球状にまとまる状態。バレンプローベともいう。

■ **ブルフ　Bruch**
132 ～ 148℃くらいまで煮詰めた糖液で、冷水に落とすと固まり、歯で嚙むとこわれる状態。

■ **カラメル　Karamell**
ドイツ菓子でいうカラメルとは、煮詰め温度 142.5 ～ 147.5℃までの糖液のこと。この段階ではまだ色づくまでに至っていない。日本でいうカラメルの認識とやや異なる。

■ **クレール　Kulör**
糖液をカラメル度以上に煮詰め、黒く焦がしたもの。これを褐色の色素がわりに使う。
また、Couleur とも表記する。これは色を表すフランス語のクルールからきた語である。

また糖液の濃度は「g/cm²」という容積あたりの糖液の重量によって表すことができる。糖度を表すボーメ度（Bé）との対比を表にすると次のようになる。

水 1 ℓに対し、溶かした砂糖の分量とその比重度およびボーメ度の対比（熱いシロップの場合）

比重 (g/cm²)	ボーメ度 (Bé)
1.000	0
1.0359	5
1.0434	6
1.0509	7
1.0587	8
1.0665	9
1.0747	10
1.0825	11
1.0907	12
1.0989	13
1.1074	14
1.1159	15
1.1244	16
1.1335	17
1.1425	18
1.1515	19
1.1609	20
1.1699	21

比重 (g/cm²)	ボーメ度 (Bé)
1.1799	22
1.1896	23
1.1996	24
1.2095	25
1.2194	26
1.2301	27
1.2407	28
1.2515	29
1.2624	30
1.2736	31
1.2850	32
1.2964	33
1.3082	34
1.3199	35
1.3319	36
1.3830	40
1.4530	45
1.5300	50

参考までに、水と砂糖を沸騰させた時点でのボーメ度を記すと次のようになる。ただしあくまでも目安であり、条件によって変化するので、最終的には糖度計を使用すること。

水と砂糖を沸騰させた時点のボーメ度

砂　糖	水	ボーメ度 (Bé)
1000 g	500 mℓ	32
1000	750	30
1000	1000	25
1000	1250	22
1000	1500	20
1000	2000	17

ドゥシェス　Duchess（独）

粉末アーモンド入りのラング・ド・シャタイプの種を薄く焼いたクッキー。チョコレートまたはプラリネをサンドして 2 枚 1 組にする。フランス菓子のデュシェスと同じ。
→デュシェス

トゥシーノ・デ・セウ tucino de céu（西）

粉末アーモンド入りのスポンジ生地をベースにしたスペインの菓子。

〈配合〉

生地

卵白……6個分
砂糖……150g
卵黄……8個分
アーモンドエッセンス……少々
小麦粉……100g
粉末アーモンド……300g

仕上げ用

生クリーム、砂糖……各適量
ムラング……適量
薄切りアーモンド……少々
粉糖……少々
チェリーの砂糖漬け……少々

〈製法〉

① 卵白を泡立てて砂糖を加える。
② ①に卵黄、アーモンドエッセンスを混ぜる。
③ 小麦粉、粉末アーモンドを一緒にふるい合わせて、②に混ぜる。
④ 型に流して、中火のオーブンで焼く。
⑤ 冷めたら2枚に切り、加糖して軽く泡立てた生クリームをはさむ。
⑥ 上面にはムラングを塗り、薄切りアーモンドをはりつけ、粉糖を振ってチェリーを飾る。

トゥッティ・フルッティ tutti frutti（伊）

全ての果実の意味。すなわちさまざまなフルーツを思いのままに混ぜて詰めたイタリアのタルト。フランスではこれをそのままフランス語読みにしてテュティ・フリュッティと呼んでいる。

作り方の一例を記す。

製品例

〈配合〉 18cmタルト1台分

ビスケット生地

バター……50g
砂糖……50g
卵……1/2個（約25g）
薄力粉……100g

フィリング

粉末アーモンド……30g
グラニュー糖……30g
卵……1/2個

フルーツ

パイナップル……10g
ドレンドチェリー……10g
アンゼリカ……10g
オレンジピール……10g
レモンピール……10g
ラム漬けレーズン……10g

その他

薄切りアーモンド……適量
粉糖……適量

〈製法〉

ビスケット生地

① 室温に戻したバターに砂糖を加え、卵を入れて混ぜる。
② ①にふるった薄力粉を混ぜ、生地をまとめてラップに包み、冷蔵庫で1時間休ませる。

フィリング

① 粉末アーモンドとグラニュー糖を混ぜて卵を加え、充分泡立てる。
② レーズン以外のフルーツを粗く刻み、レーズンと一緒にして①に混ぜる。

仕上げ

① ビスケット生地を厚さ2mmに延ばしてタルト型に敷き、フォークで空気抜きの穴をあける。
② ①にフィリングを詰め、上に薄切りアーモンドをふりかける。
③ 上面に粉糖をふり、170℃のオーブンで約20分焼く。
④ ③が冷めたら、再び粉糖をふる。

トゥトゥマニック тутманик（ブルガリア）

ブルガリアで好まれている焼き菓子。ヨーグルトやチーズなどを入れて焼く。テンパンの上で平らに焼き、適宜な大きさに切り分ける。軽食としてヨーグルトとともに食べる。

〈配合〉

小麦粉……500g
イースト……3g
水……300mℓ
塩……少々
全卵……4個
ヨーグルト……200g
植物油……200mℓ
カッテージチーズ……200g
重曹……3g

〈製法〉

① 小麦粉、イースト、水、塩を混ぜて発酵させる。
② 卵とヨーグルトを混ぜ、植物油とカッテージ

チーズを加えて、重曹を混ぜる。
③ ②を①に混ぜ込み、濃いかゆ状のものを作る。
④ 油を引いたテンパンで焼き、適宜な大きさに切り分ける。

とうどけい　糖度計

▸ syrup hydrometer（英）シラップ・ハイドロメーター / densimètre（仏）ダンシメートル、pèse-sirop（仏）ペーズ·シロ / Zuckerwaage（独）ツッカーヴァーゲ

液体の比重を計る器具で、比重計または密度計とも呼ばれる。

鉛または水銀のおもりをつけたガラス製で、中に目盛りがついている。液体の中に浮かせ、沈んだ目盛りの位置で濃度を計る。製菓面では主に糖液の中の砂糖の割合や液体中のアルコールの濃度を計るときに用いる。

糖液については「g/cm^2」という「容積あたりの糖液の重量」によって砂糖の含有量を計る。また糖度はボーメ度によって、その濃度を計ることができる。

とうぶんき　等分器

▸ cake divider（英）ケイク・ディヴァイダー / découpage（仏）デクーパージュ / Tortenteiler（独）トルテンタイラー

アントルメやタルト、トルテ、デコレーション・ケーキなどを等分に切るための歯のついた器具。分割器ともいう。

6、8、10、12 カット用などがあり、これを菓子の上に置き、カット数の筋をつける。線に従ってナイフを入れると、等分に切り分けることができる。

等分器

とうぶんようカッター　等分用—

延ばし広げたフイユタージュやビスケット生地、煮詰めて流した糖液やヌガーなどを、一定の幅に一度にたくさん切り分ける道具。幾つかの歯車がついていて、幅は自在に広げたり縮めたりすることができる。飴状のものに使用するときは、歯車にオイルを塗っておく。

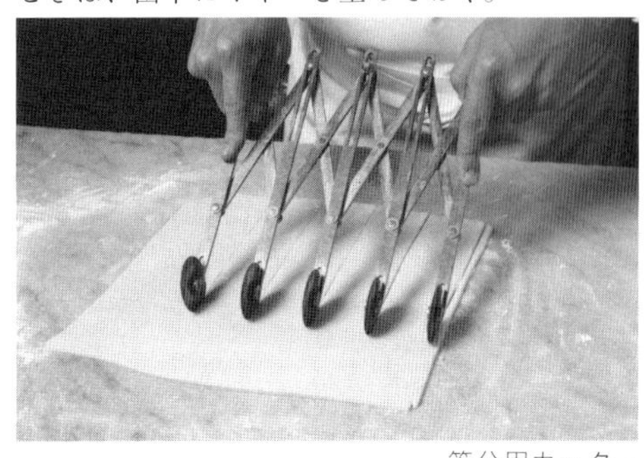

等分用カッター

ドゥミ·タス　demi-tasse（仏）

「半分のカップ」の意味。形の小さなコーヒーカップで、エスプレッソコーヒーという蒸気で抽出する苦みの強いコーヒーを飲むときに使われる。

トゥルタ　turta（ルーマニア）

クリスマス・イヴに食べるルーマニアの焼き菓子。

〈配合〉

生地

小麦粉……150g
塩……1.5g
水または牛乳……60 ～ 100mℓ
酢……10mℓ
溶かしバター……適量
挽いたくるみ……少々
砂糖……適量

シロップ

砂糖……450g
水……100mℓ
ヴァニラ……少々

〈製法〉

① 小麦粉と塩をふるい、水または牛乳、酢を加えてよくこねる。
② しばらくおいて二つに分け、好みの厚さにそれぞれを延ばす。1枚をテンパンにのせ、溶かしバターを塗り、挽いたくるみと砂糖を振りかける。
③ その上にもう1枚の生地を重ね、最後に溶

かしバターを塗る。

④ 180℃のオーブンで焼く。

⑤ 砂糖、水、ヴァニラを混ぜてシロップを作り、きつね色に焼き上がったケーキに打つ。

⑥ 再びオーブンに数分間入れる。

⑦ 焼き上がったらオーブンから出し、小さな角形に切り分け、大皿にのせてシロップをかけ、冷ましてから供する。

トゥールティエール

→クルスタード・オ・ポム
→パスティス

トゥールト　tourte（仏）

タルトの原形的な皿状の菓子で、古代ローマ時代から作られていた。

語源は「ねじれた、曲がった」を意味するラテン語のトルトゥス tortus。

食べられる材料で器を作り、何かを詰めるという発想は、古代ローマからあったようで、のちにいろいろと手が加えられ、現在のフランス菓子のタルトという形に完成されていった。

トゥールト・デ・ピレネー　tourte des Pyrénées（仏）

ピレネー地方の伝統菓子。上が開いた形の大きな花形に焼くが、その形はピレネー山脈を表しているという。生地はカトルカール（バター、卵、砂糖、小麦粉が同量の菓子）より小麦粉量が多いため、やや重く堅めの食感となる。

トゥルトー・フロマージュ　tourteau fromage（仏）

→トゥルトー・ポワトゥヴァン

トゥルトー・ポワトゥヴァン　tourteau poitevin（仏）

フランス中部ポワトゥー＝シャラント地方ポワティエ市のスペシャリテで、表面を真っ黒のドーム型に焼くチーズケーキ。トゥルトー・フロマージュともいう。そもそもは19世紀にポワトゥー＝シャラント地方で作られたという。トゥルトーはやや深めのタルト型のことだが、カニという意味もあり、焼き上がりがカニの甲羅のようだとしての命名との説もある。そもそもはこれを作る際、誤って高温のオーブンに入れてしまい、まっ黒に焦がしてしまったことに始まりを持つという。

ポワティエ市にほど近いリュジニャンで作られる山羊のチーズを用いて作らなくては本物ではないとされている。

トゥルトー・ポワトゥヴァン

〈配合〉

パート・ブリゼ

- 薄力粉……250g
- グラニュー糖……15g
- バター……150g
- 卵黄……6個分（120g）
- 水……45㎖
- 塩……5g

フィリング

- 山羊のナチュラルチーズ……70g
- グラニュー糖……30g
- 卵黄……1個分（20g）
- 塩……ひとつまみ（0.8g）
- レモン表皮すりおろし……1/2個分
- レモン果汁……少々
- 薄力粉……10g
- コーンスターチ……10g
- 卵白……2個分（60g）
- グラニュー糖……30g

〈製法〉

① パート・ブリゼを作る。
薄力粉とグラニュー糖を合わせてふるい、ダイス切りしたバターを加えてそぼろ状にする。

② ①をまとめて冷蔵庫で休ませる。

③ ②を厚さ2mmに延ばしてタルト型に敷き、フォークで空気抜きの穴をあけ、紙を敷き重石をのせて空焼きする。

④ フィリングを作る。
チーズとグラニュー糖をすり合わせ、卵黄、レモン果皮、レモン果汁を加え混ぜる。

⑤ コーンスターチと薄力粉を一緒にしてふる

い、④に混ぜる。

⑥ 卵白にグラニュー糖を3回に分けて加えながら泡立て、しっかりしたメレンゲを作る。

⑦ ⑤に⑥を合わせ、空焼きしたタルトに深さ8分目まで流し入れて、220℃のオーブンで約20分焼く。

トゥルンバ　tulumba（トルコ）

トルコの代表的な揚げ菓子。

トゥルンバは「ポンプ」、タトゥルスは「甘い菓子」の意味。生地を押し出す型がポンプに似ているのでこの名がつけられたという。

砂糖と塩を混ぜた水を沸騰させ、植物油脂かバターを加え、水と同量の小麦粉を加えて練る。冷ましてから卵を入れてこね、12時間ほどねかせた種を、筒形の押し出し型に入れ、約5cmの長さに押し出す。高温の油で揚げ、シロップや蜂蜜に浸して食べる。

トゥーローシュ・ピテ　túrós pite（ハンガリー）

ハンガリーやチェコ、スロバキアで好まれている、カッテージチーズを使ったタルト。

〈配合〉

ビスケット生地……………………………適量
カッテージチーズ………………………450g
卵黄………………………………………4個分
砂糖………………………………………240g
ヴァニラ…………………………………少々
レモン果汁………………………………適量

〈製法〉

① カッテージチーズを裏ごしし、溶いた卵黄と砂糖、ヴァニラを加える。

② ①にレモン果汁を加えて混ぜる。

③ ビスケット生地を敷いたタルト型に流し込んで、中火のオーブンで焼く。

トゥロン　turrón（西）

スペインで好まれているヌガー。

卵、砂糖、ナッツで作る。レモン、オレンジ、ヴァニラなどで香りをつけ、8cm × 15cmくらいの板状に固め、適宜な大きさに切り分ける。

〈配合〉

粉末アーモンド…………………………600g
砂糖………………………………………600g
ヴァニラ…………………………………少々
全卵………………………………………3個
水…………………………………………25mℓ
（チョコレート …………………………225g）
焼いた粒アーモンド……………………適量

〈製法〉

① 粉末アーモンド、砂糖、ヴァニラをよく混ぜ、全卵と水を加えて混ぜ、まとめる。

② チョコレート味にする場合には、ここで溶かしたものを加え、焼いた粒アーモンドを加えて練る。

③ 延ばして平らな型に詰める。

④ 冷蔵庫で休ませたあと、適宜な大きさに切り分ける。

トゥロン

トゥンクマッセ　Tunkmasse（独）

▸couverture chocolat（仏）クーヴェルテュール・ショコラ

カカオバターを多めにして、被覆用に調合したチョコレート。クーヴェルテューレ Kuvertüre ともいう。

ドーサイ　dosai（印）

米を使ったインドのクレープ。

ドーサともいう。

米を水に浸してすりつぶし、酸味の味つけをしたあと、鉄板で薄く焼き上げる。しっとりとした舌ざわりとさわやかな酸味を特徴とする。

ポテトカレーや甘味のジャムなどと一緒に食べる。

トシーノ・デ・シエロ　tocino de cielo（西）

「天の豚脂」という名の、濃厚な口当たりのプディング。牛乳を使わず卵黄とシロップだけで作る。ゆえに濃厚な口当たりとなり、命名の由来もそうしたところにあるという。

〈配合〉直径5cm ×高さ2.2cm 8個分

卵黄………………………………………4個分

卵……………………………………………… 1個
グラニュー糖……………………………… 60g
レモン表皮………………………… 1/4個分
水…………………………………………… 125mℓ

キャラメルソース
グラニュー糖……………………………… 25g
水…………………………………………… 15mℓ

〈製法〉

① キャラメルソースを作る。
鍋にグラニュー糖と水を入れて火にかけ、カラメル色まで煮詰め、水大さじ1杯を加えて再び煮詰め、熱いうちに型に流す。
② 鍋にグラニュー糖、レモン果皮、水125mℓを入れて火にかけ、120℃になったらレモン果皮を取り除き、粗熱をとる。
③ ボウルに卵黄、全卵を入れて混ぜ、②を少しずつ加え、①の中に流し入れる。
④ テンパンに湯を張り、③を置き、150℃のオーブンで約20分焼く。
⑤ 型からはずして冷蔵庫で冷やす。

トシーノ・デ・シエロ

ドース・デ・オヴォシュ　doce de ovos（ポルトガル）

卵黄と砂糖を混ぜたクリーム。ポルトガル特有のもので、オヴォシュ・モーレス・デ・アヴェイロという菓子の中などに用いる。

〈配合〉

卵黄…………………………………… 15個分
グラニュー糖……………………………… 500g
水…………………………………………… 250mℓ
コーンスターチ………………………………… 4g
水…………………………………………… 少々

〈製法〉

① 砂糖に水を加えて約115℃まで煮立たせ、濃いシロップを作る。
② ボウルに卵黄と少々の水で溶いたコーンスターチを混ぜ、①を少しずつ加え混ぜる。
③ ②を再び火にかけ、混ぜながら煮る。初めは強火で行い、煮たってきたら弱火にして、1分ほど煮る。
④ ③をバットにあけて冷ます。

トッピング　topping（英・米）

英語圏の製菓用語。

菓子やパンあるいは料理等の仕上げに、上面に塗ったり、振りかけたり、のせたりして飾るもの。

菓子を例にとると、刻みアーモンドやピスタチオなどのナッツ類、チェリー、アンゼリカなど果物等の砂糖漬け、振りかけるための砂糖や粉糖、スプレーチョコレート、アラザン、各種ソース類などが含まれる。

ドーナッツ

▶doughnut（米・英）ドーナット / Berliner Pfannkuchen（独）ベルリーナー・プファンクーヘン

アメリカを中心として各国で親しまれている揚げ菓子。

古くからオランダの家庭では、フェトクッカとかオリーケイクと呼ぶ、中央にくるみをのせた円形の揚げ菓子を作り、チーズやバターとともに食べていた。17世紀、イギリスを出てしばらくオランダに滞在したメイフラワー号の新教徒たちが、その間にこの菓子を食べ、製法を習得したといわれている。

語源をたどると、ドウ dough とナット nut（くるみ）という言葉の合成語とも思われる。そしてのちにくるみを中央に置かず、リング形に変わっていったと考えられている。その形は丸やねじれた棒状のものなどさまざまあるが、リング形が最も一般的とされている。リング形はアメリカに始まったといわれているが、揚げる時間が短く、揚げむらがないという利点がある。作り方としてはベーキングパウダーを用いる方法とイーストを使う方法がある。

■ ベーキングパウダー使用例

〈配合〉

バター…………………………………… 60g
砂糖…………………………………… 100g
全卵…………………………………… 2個
小麦粉………………………………… 400g

ベーキングパウダー……………………… 20g
牛乳…………………………………… 130mℓ
ヴァニラ………………………………… 少々

〈製法〉
① ボウルにバターと砂糖を入れてすり合わせる。
② 卵を割りほぐして少しずつ加え、ふるい合わせた小麦粉とベーキングパウダーを混ぜる。
③ ②に牛乳とヴァニラを加える。
④ 生地をまとめて厚さ1cmに延ばす。
⑤ ドーナッツ型で抜き、熱した油で揚げる。
⑥ 油を切ってグラニュー糖でまぶす。

■ **イースト使用例**

〈配合〉
強力粉………………………………… 210g
薄力粉………………………………… 90g
イースト……………………………… 12g
砂糖…………………………………… 45g
塩……………………………………… 4.5g
スキムミルク………………………… 15g
バター………………………………… 35g
全卵…………………………… 1個（約60g）
水……………………………………… 120mℓ

〈製法〉
① 強力粉、薄力粉、イースト、砂糖、塩、スキムミルクを一緒にしてふるう。
② 卵と水を混ぜ、①に混ぜ合わせる。
③ ②にバターを入れてよくこねる。
④ ボウルに入れ、ふきんをかぶせて30℃程のところに置き、40分ほど発酵させる。
⑤ ガス抜きをして、適度の大きさに分割し、まるめる。
⑥ 生地を手で軽く押えてめん棒で平らにし、リング型で抜く。
⑦ テンパンに並べ、再び発酵させる。
⑧ 160℃に熱した油で揚げる。
⑨ 粗熱がとれたら仕上げをする。

仕上げ例
① シナモンシュガーをまぶす。
② コーティングチョコレートをかけ、薄切りアーモンドをまぶす。
③ アイシングする。
④ 粉糖をふりかける。

とのむらぶはちのそ　殿村武八の祖

（生没不詳）日本におけるカステラ製造の始祖のひとり。伝えられるところによると、福砂屋二代目店主・殿村武八の祖が、1624（寛永元）年に、長崎でポルトガル人よりカステラの製法を伝授されたという。そして1775（安永4）年、初代から数えて六代目の大助の時より、現在の地、長崎市船大工町に移り、今日に及んでいる。

ドーフィノワ　dauphinois（仏）

フランスのアルプス山脈とローヌ渓谷の間に広がる「ドーフィネ地方の」という意味。この地方はくるみの木が多く、その実を使った菓子によくこの名がつけられる。

くるみはコーヒー風味とのとり合わせがよいとされ、しばしばこの二つを組み合わせて用いている。くるみとコーヒーを素材に使ったアントルメやチョコレート菓子などに、この名称で呼ばれるものが多い。

■ **グランガトーの製品例**（プティガトーも同様にして作る）

〈製法〉
① ジェノワーズを3枚に切り、それぞれにコーヒー入りシロップを打つ。
② 台紙を底に敷いたセルクルを用意し、ジェノワーズの1枚を敷く。
③ セルクルの内側にコーヒーで味つけをしたバタークリームを薄く塗る。
④ コーヒー風味のバタークリームにその1/3量のムラング・イタリエンヌを混ぜ、ジェノワーズの上に塗る。
⑤ 細かく刻んだくるみを散らす。
⑥ ジェノワーズをのせる。
⑦ 同じ作業をもう1段繰り返す。
⑧ 上面にコーヒー入りバタークリームを塗り、冷やして固める。
⑨ セルクルの周りを手で温めて中身を抜きとる。
⑩ 全体にもう一度コーヒー入りバタークリームを塗る。
⑪ 上面に波刃のナイフで波形の飾りをつけたり、コーヒー豆形チョコレートやくるみをのせて仕上げる。dauphinoisの文字を書いたりして飾ることもある。上面にコーヒーで風味と色を付けたマジパンを平らに延ばしてのせてもよい。

■ **ボンボン・オ・ショコラの製品例**

〈配合〉
A
細かく刻んだアーモンド……………… 300g

細かく刻んだくるみ…… 300g
砂糖…… 500g
ボーメ30度のシロップ…… 450mℓ

B
砂糖…… 900g
水飴…… 200g
水…… 350mℓ

仕上げ用
フォンダン…… 適量
くるみ…… 適量
チョコレート…… 適量

〈製法〉
① Aの材料を混ぜて、ローラーで挽き、ペースト状にする。
② Bの材料を混ぜ合わせ、131℃まで煮る。
③ ①をミキサーに入れて攪拌しながら、②を注ぎ込む。
④ ③をまとめて冷ます。これをマスパン・オ・ノワという。
⑤ ④を厚さ4mmに延ばし、楕円形に抜く。
⑥ 適量のシロップでゆるめたフォンダンで被覆し、四つ割りのくるみをのせる。
⑦ 上面を残して、チョコレートで被覆する。

ト・フェ　tôt-fait（仏）
パウンドケーキの別名。「すぐにできる」という意味。
パウンドケーキは卵、砂糖、バター、小麦粉を1ポンドずつ入れて作ったため、ポンドのお菓子ということでパウンドケーキと呼ばれるようになった。フランスでは単にケイクと呼ぶ。そして配合が簡単で「すぐにできる」ということで、ト・フェとも呼ばれるようになった。

トプフェン　Topfen（オーストリア）
カッテージチーズに似た風味を持つチーズ。オーストリアではサラダやその他多くの料理、菓子に使われている。トプフェンが入手しにくい場合はカッテージチーズで代用する。

トプフェンオーバーストルテ　Topfenoberstorte（オーストリア）
レアータイプのチーズケーキ。

〈配合〉
スポンジケーキ
全卵…… 3個
砂糖…… 80g
小麦粉…… 70g
バター…… 30g

クリーム
カッテージチーズ…… 120g
砂糖…… 70g
サワークリーム…… 50g
卵黄…… 1個分
レモン果皮…… 1/2個分
レモン果汁…… 1/2個分
ヴァニラ…… 少々
生クリーム…… 160mℓ
牛乳…… 30mℓ

〈製法〉
① 全卵と砂糖を湯煎にかけて泡立てる。
② 小麦粉を加えて混ぜ、溶かしバターを入れて型に流し、中火のオーブンで焼く。
③ カッテージチーズに砂糖を加えてすり合わせ、サワークリームを混ぜ、卵黄を入れる。
④ ③にレモン菓子と果汁、ヴァニラを加える。
⑤ 生クリームを軽く泡立て、牛乳を入れて④と合わせる。
⑥ ②のスポンジケーキを3枚に切り、各段に⑤を塗って重ねる。
⑦ 適量の砂糖を入れて泡立てた生クリームを全体に塗って仕上げる。

トプフェンオーバーストルテ

トプフェンクネーデル　Topfenknödel（オーストリア）
クネーデルとはだんごである。トプフェンに少量の小麦粉とレモン果汁、卵を混ぜて練り、だんごにしてゆでたもの。クネーデル自体はあまり味がない。温かいうちにフランボワーズなどのソースをつけて食べる。

〈配合〉
カッテージチーズ（トプフェンの代用）

……………………………………………… 250g
砂糖……………………………………… 10g
サワークリーム………………………… 75g
全卵……………………………………… 1個
小麦粉…………………………………… 50g
塩………………………………………… 少々
レモン果皮…………………………… 1/2個分
レモン果汁…………………………… 1/2個分
ヴァニラ……………………………… 少々
パン粉………………………………… 120g
粉糖…………………………………… 適量
バター………………………………… 45g
ソース
フランボワーズ……………………… 150g
砂糖…………………………………… 30g
コーンスターチ……………………… 4g
レモン果汁…………………………… 少々

〈製法〉

① カッテージチーズを裏ごしし、砂糖をすり合わせる。
② サワークリームを混ぜ、溶き卵を加える。
③ 小麦粉を混ぜ、塩、レモン果皮と果汁、ヴァニラを混ぜる。
④ 冷蔵庫で冷やす。
⑤ 丸口金をつけた絞り袋に④を詰め、水をつけたへらの上に丸く絞って、湯の中に落としてゆでる。
⑥ テンパンにパン粉を敷き、粉糖を振り、溶かしバターを加えてもみほぐす。これを中火のオーブンで約15分焼いてきつね色にする。
⑦ ⑥の中にゆだった⑤を入れて全体にまぶす。
⑧ フランボワーズ、砂糖、コーンスターチ、レモン果汁を混ぜて煮立てたフランボワーズ・ソースを添えて供する。

トプフェンクネーデル

トプフェンクーヘン　Topfenkuchen（オーストリア）

ハプスブルク家が好んだというなめらかに焼き上げたチーズケーキ。

〈配合〉

バター………………………………… 100g
砂糖…………………………………… 200g
塩……………………………………… 少々
ヴァニラ……………………………… 少々
卵……………………………………… 4個
カッテージチーズ
（またはクリームチーズ）………… 250g
薄力粉………………………………… 300g
ベーキングパウダー………………… 6g
生クリーム…………………………… 125mℓ
レーズン……………………………… 150g
粉糖…………………………………… 適量
パン粉………………………………… 少々

トプフェンクーヘン

〈製法〉

① バター、砂糖、ヴァニラ、塩を一緒にして撹拌する。
② ①に卵を加え、混ぜ合わせる。
③ カッテージチーズを裏ごししてなめらかなクリーム状にし、②に加える。
④ 薄力粉とベーキングパウダーを一緒にしてふるい、③に加え混ぜる。
⑤ 生クリームを軽く泡立てて④に加え、レーズンも加える。
⑥ ケーキ型の内側にバターを塗り、パン粉をまぶして、⑤を流し入れる。
⑦ 180℃のオーブンで約1時間焼く。
⑧ 冷ましてから、軽く粉糖をふる。

トプフェンヌーデルアオフラオフ
Topfennudelauflauf（オーストリア）

薄く延ばしてひも状に切ったパートと、チーズ入りのフィリングを合わせて焼いた温かいデザート。ヌーデルはいわゆるヌードル、アオフラオフはフランス菓子でいうスフレのこと。これはスフレのようにふくらまないが、口当たりはスフレのようにソフトになる。

〈配合〉

生地

強力粉……………………………… 200g
全卵………………………………… 1 個
水………………………………… 100mℓ
塩………………………………… 少々

フィリング

バター……………………………… 100g
砂糖………………………………… 80g
カッテージチーズ………………… 140g
レモン果皮……………………… 1/2 個分
卵黄……………………………… 2 個分
ラム………………………………… 60mℓ
ケーキクラム……………………… 100g
レーズン…………………………… 100g

ムラング

卵白……………………………… 2 個分
砂糖………………………………… 20g

① 強力粉をふるい、卵、塩、2/3 量の水を加えて混ぜる。
② 残りの水を少しずつ加えながら、耳たぶほどのやわらかさにして、生地をまとめる。
③ 冷蔵庫で 30 分以上休ませる。
④ 厚さ 2mm ほどに延ばし、打ち粉をして折りたたみ、細く切る。
⑤ 塩を入れた湯で、④をゆでる。
⑥ 冷水にとって冷やし、水気を切る。
⑦ ボウルにバターを入れ、練ってやわらかくし、砂糖を加える。
⑧ さらにレモン果皮、裏ごししたカッテージチーズ、卵黄、ラムを加える。
⑨ ケーキクラムの裏ごしとレーズンを混ぜる。
⑩ 別のボウルで卵白を泡立て、砂糖を加えてムラングを作る。
⑪ ⑩と⑨を混ぜる。
⑫ 陶製の容器などに⑥のヌードルを入れ、⑪のフィリングを塗り重ねる。この作業を数回繰り返し、重ねてゆく。
⑬ 180 ～ 200℃のオーブンで焼く。

トプフェンパラチンケン Topfenpalatschinken（オーストリア）

パラチンケンとはクレープのこと。すなわちトプフェンを用いたクレープのデザートである。

クレープを焼き、皿にのせてトプフェンを添え、好みのソースや果物をあしらう。

→クレープ

トプフェンブフテル Topfenbuchtel（オーストリア・独）

オーストリアやドイツで親しまれているパン菓子の一種。トプフェンはナチュラルチーズの一種。チーズやラズベリージャムを加えたクリームをパン生地に包み、型にいくつも並べる。

ドボシュ・セレト dobos szelet（ハンガリー）

ハンガリーで好まれている切り菓子。

スポンジケーキとクリームを交互に 4 ～ 5 段に重ね、全体に同じクリームを塗って、冷やし固める。さらに全体にカラメルを塗り、冷めないうちに切り分ける。

ドボシュトルタ dobos torta（ハンガリー）

ココア風味のクリームを使ったトルテ。

発祥はハンガリーであるが、今日ではオーストリアやドイツなどでも広く親しまれている。オーストリアやドイツではドボス・トルテと呼ばれている。

ドボシ・C・ヨージェフという人が 1887 年に考案したもので、名称は彼の名にちなむといわれている。彼はハンガリーのブダペストで食べ物屋を営み、美食家でもあったと伝えられている。またこの菓子の形が太鼓（ハンガリー語で dob）に似ているところから、この名がつけられたという説もある。

ドボシュトルタ

〈配合〉

スポンジケーキ

全卵………………………………… 3 個
砂糖……………………………… 105g
小麦粉…………………………… 105g
バター……………………………… 60g

と

チョコレートクリーム
バター…………………………………… 300g
ココア…………………………………… 100g
カカオバター………………………………… 30g
全卵………………………………………… 5個
砂糖……………………………………… 250g
ヴァニラ…………………………………… 少々
仕上げ用
ラム入りシロップ…………………………… 適量
カラメル…………………………………… 適量

〈製法〉
① 卵に砂糖を加え、湯煎にかけながら攪拌し、泡立てる。
② 小麦粉を加えて混ぜる。
③ バターを湯煎で溶かし、②に加える。
④ 丸型に流し、中火のオーブンで焼く。
⑤ 次にチョコレートクリームを作る。まずバターとココアを混ぜて泡立てる。
⑥ 溶かしたカカオバターを加える。
⑦ 卵に砂糖、ヴァニラを混ぜて人肌に温め、冷めるまでミキサーで攪拌する。
⑧ ⑥を⑦に加えて混ぜ、チョコレートクリームを作る。
⑨ スポンジケーキを5枚に切る。
⑩ 4枚のスポンジケーキに、ラム入りシロップを打ち、⑧のチョコレートクリームを塗って重ねてゆく。
⑪ 表面全体にも同じクリームを塗り、側面は波形カードで筋をつけるか刻みアーモンドをまぶす。
⑫ 残りの1枚のスポンジケーキの上に、熱いカラメルを流し、バターを塗ったナイフで12等分に切り分ける。カラメルが固まると切りにくい。
⑬ 台となる⑪の上に、12か所チョコレートクリームを丸く絞る。
⑭ 扇形に切った⑫を1枚ずつチョコレートに斜めに立てかけながらのせて仕上げる。

トマト

▶tomato（英）トメイト / tomate（仏）トマート / Tomate（独）トマーテ

原産はアンデスの山地といわれ、16世紀になってヨーロッパに伝えられた。本格的に栽培されるようになったのは、18世紀になってからのことである。それからは一気に広まっていき、各国それぞれの代表料理に尽きることなく使われて、今日に及んでいる。日本へは江戸末期に入ってきたが、本格的な栽培は明治以降で、第二次世界大戦以降、とりわけビニール栽培がなされるようになってからといってよい。菓子屋の商うトレトゥール（ケータリング）の料理やプティフール・サレ（塩味のプティフール）にもトマトテイストははずせないほどのものとなっている。

ドミノ・オ・キルシュ　domino au kirsch（仏）

ジェノワーズとバヴァロワを組み合わせたアントルメ。ドミノには「仮面舞踏会用の服」と「聖職者用の防寒服」の意味がある。中に詰めるバヴァロワやムースは好みにより変えるが、その場合はキルシュにこだわらずそれに合うリキュールなりブランデーを用い、またそれに準じて呼称も変える。

ドミノ・オ・キルシュ

〈配合例〉18cmの深めのタルト型1台分
ジェノワーズ
卵………………………………………… 1個
砂糖……………………………………… 50g
薄力粉…………………………………… 50g
バター…………………………………… 20g
フランボワーズのジャム……………… 適量
バヴァロワ
粉ゼラチン……………………………… 15g
水……………………………………… 75mℓ
卵黄…………………………………… 3個分
牛乳…………………………………… 200mℓ
砂糖……………………………………… 45g
キルシュ……………………………… 15mℓ
ヴァニラエッセンス…………………… 少々
生クリーム…………………………… 200mℓ
仕上げ
アプリコットジャム…………………… 適量

〈製法〉
ジェノワーズ
① 卵と砂糖を混ぜ合わせ、湯煎にかけながら泡立てる。
② 薄力粉をふるい、①に混ぜる。
③ バターを湯煎で溶かし、②に混ぜる。
④ テンパンに紙を敷き、③を流し平らにして180℃のオーブンで約15分焼く。
⑤ ④の表面にフランボワーズのジャムを塗り、ロール状に巻く。
⑥ ⑤を薄切りにし型の内側に貼りつける。
バヴァロワ
① ゼラチンを水でふやかし、湯煎で溶かす。
② ボウルに卵黄を入れ、分量の牛乳から少量加えて混ぜ、砂糖を加え混ぜる。
③ 残りの牛乳を沸騰させ、②を少しずつ注いで混ぜる。
④ ③を鍋に移して弱火にかけ、底が焦げないようにゴムベラでこすりながらとろみをつける。
⑤ ④を火から降ろし、①を加える。
⑥ ⑤にキルシュとヴァニラを加え混ぜる。
⑦ 生クリームを⑥と同じくらいのとろみまで泡立て、⑥と合わせる。
仕上げ
① ジェノワーズを貼りつけた型にバヴァロワを流し、冷蔵庫で冷やし固める。
② ①を型からはずし、熱したアプリコットジャムを全体に塗る。

ドライアイス　dry ice（英）

▸ glace sèche（仏）グラス・セーシュ、neige carbonique（仏）ネージュ・カルボニック / Trokeneis（独）トロッケンアイス

冷却剤。固形炭酸。強力な冷却力を持ち、生菓子や氷菓類の保冷用として広く用いられている。

炭酸ガスを冷やしながら圧力をかけて液化炭酸ガスを作り、小さな穴から噴出させると、気化熱を奪われて冷やされ、固形物ができる。これがドライアイスである。

トライフル　trifle（英）

イギリスの冷製デザート。トライフルとは“つまらないもの”とか“あり合わせ”という意味。家庭、レストランを問わずどこでも気軽に作られるもので、通常は、スポンジケーキに果汁やゼリーをあしらい、カスタードクリームや泡立てた生クリームを塗って、さまざまなフルーツをのせたり段重ねにして仕上げる。フルーツの種類等についても特に決まりはなく、文字通りありあわせのもので作る。なおスポンジケーキに浸す果汁やジュースもかなり自由で、近年はそうしたものの代わりにゼリーやワイン、シェリー等々が使われることが多くなっている。

製品例
〈配合〉18cmの容器1個分
　カスタードクリーム…………………… 適量
コンポート
　水……………………………………… 120mℓ
　グラニュー糖………………………… 50g
　白ワイン……………………………… 30mℓ
　レモン果汁…………………………… 20mℓ
フルーツ
　マンゴー……………………………… 1/2個
　キウイ………………………………… 1個
　パパイヤ……………………………… 1/2個
　いちご………………………………… 15粒
　メロン………………………………… 1/8個
仕上げ
　生クリーム…………………………… 120mℓ
　グラニュー糖………………………… 6g
　スポンジケーキ（直径18cm厚さ1cm）2枚
〈製法〉
① 鍋に水とグラニュー糖を入れて沸騰させる。
② 火をとめて一口大に切ったフルーツ、白ワイン、レモン果汁を入れ、冷ます。
③ ガラス容器にカスタードクリームを1/3量入れ、スポンジケーキをのせる。
④ ③の上にコンポートのシロップを刷毛で塗り、水気を切ったフルーツを1/3量のせる。
⑤ 同じ作業をもう一度くり返して段重ねにする。
⑥ ⑤の上に残りのカスタードクリームを塗り、加糖し泡立てた生クリームを塗り、残りのフルーツをのせる。

トラヴセイロ　travesseiro（ポルトガル）

「まくら」という意味の、ポルトガルの中心都市のひとつシントラの銘菓。粉末アーモンド入りの卵黄クリームをパイ生地で包み、グラニュー糖をふりかけて焼く。

〈配合〉10個分
　パイ生地（フイユタージュ）………… 適量
　卵黄…………………………………… 6個分

グラニュー糖……………………………… 70g
水………………………………………… 40mℓ
コーンスターチ………………………… 2g
水………………………………………… 5mℓ
粉末アーモンド………………… 大さじ 3 杯
グラニュー糖……………………………… 適量

〈製法〉

① 鍋に水 40mℓとグラニュー糖 70g を入れ、火にかけて沸騰させる。
② 水（小さじ 1 杯）でコーンスターチを溶いて卵黄と混ぜ、そこへ熱した①のシロップを少しずつ加える。
③ ②を鍋にもどし、火にかけて混ぜながら煮立てる。
④ ③が煮立ったら粉末アーモンドを加え混ぜ、バットにあけて冷ます。
⑤ パイ生地を厚さ 2.5mm ほどに延ばし、10cm × 8cm に切ってクリームを塗って巻く。
⑥ 軽く霧を吹いてグラニュー糖をまぶし、適宜な幅に切って 200℃のオーブンできつね色に色付くまで焼く。

トラヴセイロ

ドラジェ　dragée（仏・英）

▶ Dragée（独）ドラジェー

ナッツ類、マジパン、チョコレートなどを糖衣した菓子の総称。その中でも特に有名なのが、大粒のアーモンドにピンク、白、ブルー等のカラフルな着色糖衣がなされているアマンド・ドラジェである。一般にドラジェというと、これをさすほどであり、上品でグレードの高い糖菓である。その他に、ヘーゼルナッツやピスタチオ、リキュール、チョコレート、マジパンなどを糖衣で包み込んだものがある。ヨーロッパでは誕生、洗礼、婚約、結婚などの祝い事に使う習慣がある。

同様の菓子は古代ローマまで遡る。甘みの意味を持つドゥルキアというヌガーの前身に似た菓子がある。これがドラジェとつながりがあるか否か判然としないところだが、当時すでにローマ人はドラジェの原形、つまりアーモンドに蜂蜜などの衣をつけた菓子を知っていた。紀元前 177 年、ローマの貴族のファビウス家では、自分の家に子供が生まれたときや家族のだれかが結婚したときに、喜びの印として多くの民に蜂蜜まぶしのナッツを配ったといわれている。

今日において、祝いの際や、その他一般の贈り物として、欠かすことができないものである。陶製の容器や金箔で名をつけた布張りの箱などに、宝石のように美しく収められている。ときには針金に通して、花のように束ねてレースに包み、ブーケのように整え、花嫁の手に持たれることもある。

トランシュ　tranche（仏）

▶ Schnitte（独）シュニッテ / cake slice（英）ケイク・スライス

切り菓子のこと。

細長く作った菓子を、適宜な幅に切り分けたものをさす。生菓子から半生菓子、焼き菓子まで、この切り菓子の形態で扱っている。

トランペ　tremper（仏）

▶ dip（英）ディップ、soak（英）ソーク / eintauchen（独）アインタオヘン

「浸す」という意味から生まれた製菓用語。主にボンボン・オ・ショコラと呼ばれるチョコレート菓子などを作る場合に、センターを溶かしたチョコレートの中に落とし、被覆する作業をいう。

ドリアン

▶ durian（英）ドゥリアン

インドからマレー半島あたりを原産とするトロピカルフルーツの一種。現在は東南アジア一帯で手がけられている。ラグビーボールほどの大きさで堅いトゲに覆われており、“果実の王様”の異名をとっている。中身の種のまわりについている果肉はチーズに蜂蜜を混ぜたような味覚を持っているが、強烈な個性を持っている。果汁はさほどなく、粘り気があり、物の腐ったような酸っぱいような臭いがする。

とりいた　取り板

製造中のもの、あるいはでき上がった菓子を並べるための足つきの板。しばしばまな板がわりなどにも使われる。木製とプラスチック製のものがある。ヨーロッパではほぼ金網を使用しており、こうしたものはあまり見かけない。

トリーハ　torrija（西）

食パンを牛乳あるいは赤ワインなどに浸し、溶き卵をつけ、油で揚げて砂糖をまぶしたもの。スペインのアンダルシア地方で、毎年3～4月に行われる聖週間（復活祭前の1週間）のときに作る。

トリュフ　truffe（仏）

きのこの一種をさすが､菓子の分野ではその形態から命名された一口チョコレート菓子をさす。

きのこのトリュフは西洋松露と呼ばれ、フォアグラ、キャビアと並んで、世界三大珍味とされている。1825年ごろ、美食家ブリア＝サヴァランはトリュフを「黒いダイヤモンド」と称した。昔からぜいたくな食卓にはなくてはならないものとされてきた。トリュフには、白や灰色などいろいろな種類がある。その中でも黒いトリュフが一番よいとされる。

チョコレート菓子のトリュフは、ガナッシュというチョコレートクリームを丸めてセンターを作り、球形あるいは楕円形に成形し（近年はホールクーゲルンと呼ばれる球形のチョコレートケースの中にガナッシュを絞り込んでいる）、ココアや粉糖などをまぶして、地中から掘り出したトリュフの感じを出す。その他、金網の上で転がしてチョコレートの角を出すものもある。センターのガナッシュは、好みによりラム、キルシュ、ブランデー、ウイスキー、シャンパン、オレンジリキュールなどさまざまな洋酒で風味づけをする。

製品例

■ **エクスキ・フォンセ　exquis foncé**

好みの洋酒を入れたガナッシュを丸く絞り、丸めて固める。チョコレートで被覆し、金網の上に置く。少し固まり始めたらフォークで転がす。表面が網について引っぱられ、全体にチョコレートの角ができる。ミルクチョコレートで作るものは、エクスキ・クレールと呼ばれる。

■ **トリュフ・ヴェルミセル　truffe vermicelle**

好みの洋酒入りガナッシュを丸く絞り、丸めて固める。チョコレートで被覆し、スプレー・チョコレートをまぶす。

■ **トリュフ・ナテュール　truffe nature**

グランマルニエなどのリキュールやブランデーを入れたガナッシュを丸口金でドーム状に絞り、丸めて固める。溶かしたチョコレートで被覆し、ココアの中に転がしてまぶす。

■ **トリュフ・フリヴォリテ　truffe frivolité**

好みの洋酒入りガナッシュを丸く絞り、丸めて固める。チョコレートで被覆し、細かいチョコレート・コポーの中に転がし、全体にまぶす。

■ **トリュフ・ミュスカディーヌ　truffe muscadine**

好みの洋酒入りのガナッシュを丸く絞り、やや楕円形に丸めて固める。チョコレートで被覆し、粉糖の中に転がす。ナツメグの形に似ているところからの命名。

■ **ブール・ド・ネージュ　boule de neige**

ガナッシュ･ブランシュ（ホワイトチョコレートをベースに作った白いガナッシュ）を丸く絞り､丸めて固める。溶かしたホワイトチョコレートで被覆し、金網の上に転がして角を出させる。

トリュフの例

トリヨン　triyon, theriyon（古代ギリシア）

古代ギリシアで好まれた菓子。今日のプラム･プディングの原形といわれている。

エジプトで生まれ、ギリシアで没した学者で修辞家のポリュクスは、トリヨンの作り方を次のように書き残している。「トリヨンはラード、ミルク、小麦胚芽の粉、卵、新しいチーズ、仔牛の脳みそなどを一緒にしてよくこねる。これをいちじくの葉で包む。鶏のスープか仔牛、羊肉のスープでよくゆでる。ゆだったらいちじくの葉をとって、煮立っている蜂蜜を入れる」。

かなり手のこんだものであったようで、また当時の美味なる材料をふんだんに使っていることがよくわかる。

トルコロ　torcolo（伊）

イタリアのウンブリア地方で好まれている大きな王冠形のパンケーキ。レモンの砂糖漬け、レーズン、松の実、アニスなど中に入れるフィリングは好みによって変えられている。日常的にも食べるが、特にペルージャの守護聖人サン・コスタンツォの祭日である1月29日やクリスマスには欠かせないものとなっている。

トルシュ・オ・マロン　torche aux marrons（仏）

フランス・アルザス地方で好まれている、モンブランのようなマロンの菓子。「マロンの松明」の意味のごとく、マロンペーストが上に向かって絞り出されている。

トルタ・ジャッポネーゼ　torta giapponese（伊）

「日本のタルト」の意味。ヘーゼルナッツを用いた菓子。

名称の由来は不明。あえて推測すれば粉末アーモンドを使うジャポネという、スイスやフランスの菓子からヒントを得てヘーゼルナッツの使用を思いつき、この菓子が生まれたのではないかと推察される。

〈配合〉

小麦粉……400g
イースト……10g
全卵……5個
卵黄……10個分
砂糖……350g
バター……100g
細かく砕いたヘーゼルナッツ……適量

〈製法〉

① 小麦粉とイーストを混ぜてふるいにかける。
② 全卵、卵黄、砂糖をボウルに入れ、攪拌して泡立てる。
③ ②に①を少しずつ混ぜてゆく。
④ バターを溶かし、③に少しずつ加える。
⑤ 直径21 cmくらいの型の内側にバターを塗り、ヘーゼルナッツを全体にまぶす。
⑥ 型の中に④の種を流し入れる。
⑦ 160℃のオーブンで30～40分間焼く。
⑧ 型から取り出し、裏返しにして冷ます。
⑨ 上面に格子模様の当て紙を置き、軽く粉糖を振りかけて、当て紙をとり除く。
⑩ 任意のデコレーションをする。
　チョコレートを上面に絞り、クッキーをつけたり、また2段に切り、間にいちごジャムを塗ってもよい。

トルタ・ディ・ウヴァ　torta di uva（伊）

イタリアで好まれているマスカットのタルト。ウヴァとはぶどうのこと。

トルタ・ディ・ウヴァ

〈製法〉

① パート・シュクレを延ばしてタルト型に敷き、重石をのせて空焼きする。
② 好みのクリームを詰め、マスカットを並べる。彩りにいちごやチェリーなども飾る。上面にアプリコットジャムまたはつや出しのゼリーなどを塗る。

トルタ・ディ・カスターニャ　torta di castagna（伊）

栗の粉のタルト。ファリーナ・ディ・カスターニャと呼ぶ栗の粉と松の実入りの焼き菓子。イタリアは栗や松の実を使うものが多いが、これはその両方を使ったタルト。

〈配合〉 20cm 1台分

栗の粉……250g
グラニュー糖……35g
塩……少々
牛乳……450mℓ
松の実……100g

〈製法〉

① 栗の粉、グラニュー糖、塩を一緒にしてふるう。
② ①に牛乳を少しずつ加え混ぜ、トロトロの状態にする。
③ バター（分量外）を塗ったタルト型に②を流し、上面に松の実を散らす。
④ 180℃のオーブンで約30分焼く。

トルタ・ディ・ピノーリ　torta di pinoli（伊）
松の実入りのトルテ。松の実やレーズンとココアの味覚のコンビネーションもよく、家庭でも気軽に楽しまれている。

〈配合〉 24cm 1 台分

松の実…… 75g
レーズン…… 25g
薄力粉…… 250g
卵…… 2 個
バター…… 100g
粉糖…… 150g
牛乳…… 100mℓ
ヴァニラ…… 少々
ココアパウダー…… 6g

〈製法〉

① 松の実とレーズンを水につけて柔らかくしておく。
② 溶かしたバター、粉糖、ヴァニラ、卵、牛乳を一緒にして、ふるった薄力粉と混ぜる。
③ ②に水気を切った松の実とレーズンを混ぜ、スポンジ型に詰め、180℃のオーブンで 40 ～ 50 分焼く。

トルタ・ディ・フルッタ　torta di frutta（伊）
フルーツのタルト。ビスケット生地をタルト型に敷き、空焼きした後りんご、アプリコット、バナナ、チェリー等、好みのフルーツを彩りよく並べてアプリコットジャムを塗る。フランス菓子でいうタルト・オ・フリュイと同じ。

トルタ・ディ・マンドルレ　torta di mandorle（伊）
アーモンドのトルテ。フェーコラ fecola というじゃがいもの粉を使うところに特徴がある。

〈配合〉 24cm 1 台分

レーズン…… 200g
アーモンド…… 200g
薄力粉…… 175g
フェーコラ…… 125g
卵…… 3 個
卵黄…… 5 個分
バター…… 250g
粉糖…… 200g
ヴァニラ…… 少々
ココアパウダー…… 12g
ベーキングパウダー…… 3g

〈製法〉

① 薄力粉、フェーコラ（じゃがいも粉）、ベーキングパウダー、ココアパウダーを一緒にしてふるっておく。
② バターと砂糖をすり合わせ、卵と卵黄を加えて混ぜる。
③ ②に①の粉類を混ぜてよくこね、レーズンを混ぜ込む。
④ バターを塗り、小麦粉をまぶしたスポンジ型に③を詰め、焼いて薄皮をむいたアーモンドを表面に散らす。
⑤ 180℃のオーブンで約 40 ～ 50 分焼く。

トルタ・ディ・マンドルレ

トルタ・ディ・メーレ　torta di mele（伊）
▶tarte au pomme（仏）タルト・オ・ポンム
りんごのタルト。ビスケット生地をタルト型に敷き、薄切りにしたりんごを重ねるように並べて焼く。上面にアプリコットジャムを塗る。

トルタ・ディ・リソ　torta di riso（伊）
お米のタルト。パスタ・フローラと呼ぶパイ生地に、牛乳と砂糖で煮た米とチーズなどを混ぜたフィリングを流して焼いたもの。イタリアはヨーロッパの中では米を使うほうだが、スパゲッティと同様少し堅めのアルデンテにすることを好む。このあたりが日本のテイストと異なる点といえよう。

〈配合〉

パスタ・フローラ（パイ生地）…… 280g
フィリング
牛乳…… 1000mℓ
砂糖…… 160g
米…… 200g
卵黄…… 2 個分
リコッタチーズ…… 200g
コニャック…… 45mℓ

レーズン……………………………………… 100g
レモン表皮すりおろし……………… 1個分
卵白…………………………………… 2個分
砂糖……………………………………… 40g

〈製法〉

① パスタ・フローラを厚さ2.5mmに延ばし、タルト型に敷く。
② フィリングを作る。牛乳と砂糖を一緒にして火にかけ、沸騰したら米を加え、弱火で煮る。かゆ状になったら火から降ろして冷ます。
③ ②にリコッタチーズ、コニャック、レーズン、レモン表皮を加える。
④ 卵白に砂糖を加えて泡立て、メレンゲを作る。
⑤ ④と③を合わせ、①のタルト型に流す。
⑥ パスタ・フローラを細長い帯状に切り、⑤の上に格子状に置く。
⑦ 180℃のオーブンで約15分焼き、温度を落としてさらに10分焼く。

トルタ・ディ・リソ

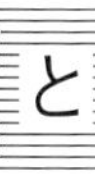

ドルチェ　dolce（伊）

イタリアで「菓子」、または「甘い」という意味を表す語。

ドルチェ・トゥッティ・フルッティ　dolce tutti-frutti（伊）

「いろいろな果物を使った菓子」の意味である。よって定形というものはなく、いろいろなスタイルでこの名が付される。

製品例

〈配合〉

卵黄…………………………………… 5個分
砂糖……………………………… 50＋150g
小麦粉………………………………… 125g
卵白…………………………………… 5個分
好みのリキュール…………………… 適量
生クリーム……………………………… 適量
いちご…………………………………… 適量
オレンジ………………………………… 適量
洋梨……………………………………… 適量
ブルーベリー…………………………… 適量
チェリー………………………………… 適量

〈製法〉

① 卵黄に砂糖50gを加え混ぜ、小麦粉を加える。
② 卵白に砂糖150gを加えて泡立て、ムラングを作り、①と合わせる。
③ 丸口金で渦巻き状に絞って3枚焼く。
④ 別に、一番上にのせる小型のものを、ドーム状につなげて絞り出して焼く。
⑤ 円形の③に好みのリキュールを振りかけ、泡立てた生クリームを塗っていちごをはさみ、3枚を重ねる。
⑥ 上段にはオレンジ、洋梨、ブルーベリー、チェリー、いちごなどを並べて飾る。
⑦ 果物の上にアプリコットジャム、またはつや出しのゼリーを塗る。
⑧ 焼いたドーム形の④をのせる。

トルテ　Torte（独）

スポンジの生地に、ジャムやクリームをはさんだもので、ドイツ菓子の主流をなす菓子。

フランス菓子のタルトとは語源は同じだが、意味するものは全く異なる。

トルテの形態が定まったのは、15世紀後半から16世紀にかけてのようである。スポンジケーキが生まれる前は、ビスケット生地のタルトが中心で、中に種々のクリームやジャム、果物などを詰めていた。今でもフィリングによって、タルト〜と名がついている。

トルテとタルトの分岐点にタルト・リンゼルあるいはリンツァートルテという菓子がある。

これはビスケット生地にジャムをのせ、同じ生地をかぶせたものだが、いつしかそれがやわらかい生地になっていった。これがトルテの始まりといわれている。

トルテがいろいろな味と形のヴァリエーションをとって発展していったのは19世紀からである。今日ドイツを中心としたドイツ語圏では、さまざまなタイプのトルテが作られている。

トルテッリ・ドルチ　tortelli dolci（伊）

甘味仕立てにしたパスタの一種。薄く延ばした小麦粉生地にジャムを包み、熱した油で揚げる。中になにも詰めずに、帯状のまま揚げるものはクロストリ crostoli と呼ぶ。

〈配合〉

生地

- 小麦粉……200g
- 砂糖……25g
- オリーブオイル……15mℓ
- グラッパ……15mℓ
- 牛乳……30mℓ
- 卵……1個

フィリング

- 好みのフルーツのジャム……100g
- レモン表皮すりおろし……1個
- 砕いたクッキー……10g

〈製法〉

① ふるった小麦粉に砂糖、オリーブオイル、グラッパ、牛乳、卵を入れて混ぜ、ひとまとめにしてこねる。
② ①を薄く延ばす。
③ 7cm 角に切り分け、中央に好みのジャム、レモン表皮、砕いたクッキーを混ぜたものを置いて三角形に折り、端に水をつけて合わせて閉じる（クッキーはジャムの余分な水分を吸わせるため）。
④ 熱した油で揚げ、上から軽く粉糖をふる。

トルテリーニ　tortellini（伊）

パスタの一種。薄く延ばしたこね粉生地を小さく切り分け、ひき肉などを包んで煮る。クリスマスから正月にかけてよく食べる。スープに入れることもある。

ドーレ　dorer（仏）

「金色にする」という意味のフランス語から派生した製菓用語。

フイユタージュやパート・シュクレなどの生地の上に、溶いた卵黄を刷毛で塗ること。焼き上がったときに表面がおいしそうな黄金色になるようにするための作業である。

トレス・レチェス・ケイク　tres leches cake（英・米・西）

▶ torta de leches（西）トルタ・デ・レチェス、pastel de tres leches（西）パステル・デ・トレス・レチェス

3種の牛乳を使ったケーキの意味。無糖練乳、加糖練乳、生クリームの3種類の乳製品に漬けたバターケーキ。

ドレッシーレン　dressieren（独）

製菓用語。絞り袋を用いて種や生地を絞り、形をつけること。

クリーム類で仕上げをするときの絞りはガルニーレンといい、区別している。

トレトゥール　traiteur（仏）

フランスにおける菓子屋が扱う仕事の一分野。出張料理、仕出し料理といわれるいわゆるケータリングの部門である。商売上でも大きなウエートを占めている。

フランスでは日常さまざまなパーティーが催されるが、こうした場合なじみの菓子屋に何人前という形で頼むことが少なくない。菓子屋は人数に合わせて料理、デザートをはじめ、果物、チーズ、ジュース、カクテルに至るまで、すべてをとりそろえて納入する。この形態をトレトゥールという。

トレトゥールは、元々は旅行者のための宿屋で、はじめは宿泊客のための食事を提供していた。18世紀以前、人々はこのトレトゥールに出かけ、食事を楽しんでいた。その延長として宴会も受けていたものと思われるが、料理だけを商うことはなかったようである。これが発展して、料理部門が独立してレストランが誕生した。

一方、宴会目的の形式が菓子屋に引き継がれ、結婚式や洗礼式、クリスマスの集いなどでは、この種の商いは菓子屋の独擅場となっている。なお近年はトレトゥールを専門とする企業も現れている。

トレハロース

さっぱりとした上品な口当たりの甘味料。

甘さが長持ちし、かつ切れの良さを特徴としている。1832年にウィガーズ Wiggers がライ麦から発見し、1859年にマルセラン・ベルテロが象虫（ぞうむし）が作り出すトレハラマンナからその甘味成分を取り出し、トレハロースの名を与えた。昆虫類やひまわりの種、あるいはきのこ類等、自然界のさまざまな動植物などに存在する。

保水効果や品質保持効果を持つことから、和洋菓子、パン、惣菜等多くの加工食品に用いられる。

トレモリン

転化糖の一種。甘味度については砂糖より低い。また保湿性に富み、砂糖の結晶化を防ぐ働きがある。

各種の菓子やパン作りに用いられる。

ドレンド・チェリー

▶ cherry drained（英）チェリー・ドレインド、candied cherry（英）キャンディード・チェリー / cerise glacée（仏）スリーズ・グラッセ、bigarreau rouge（仏）ビガロー・ルージュ / kandierte Kirsche（独）カンディエールテ・キルシェ

砂糖漬けのさくらんぼ。通常は赤に着色し、製菓一般に主に飾り用として広く用いている。緑や黄色のものもある。

日本の製菓用語ではドレンド・チェリーだが、通称ドレンチェリーともいっている。イギリスでは法規上はチェリー・ドレインドだが、一般にはキャンディード・チェリーと呼ぶ。

さくらんぼはナポレオン種、ビガロー種などを使う。生のさくらんぼを一度漂白し、その後、赤や緑に着色する。

ドロッパー

▶ entonnoir à fondant（仏）アントノワール・ア・フォンダン / syrup funnel（英）スィラップ・ファネル / Fondantrichter（独）フォンダントリヒター、Gießtrichter（独）ギーストリヒター

リキュールや溶かしたフォンダンなどを、粉の中にあけた穴などにすばやく落とし込むための道具。じょうごの一種。木の棒やゴムの栓で蓋ができ、定量落としたらすぐに止めることができる。ゼリーやバヴァロワなどの型への充塡にも便利に使われる。

ドロップ　drop（英・米）

▶ pastille（仏）パスティーユ / Pastille（独）パスティレ

ハード・キャンディーの一種。

いろいろな果汁、香料入りのものがあり、色や形もさまざまに作られている。

〈製法〉

① 砂糖 10 に対して水飴 1 を入れ、全体の 1/3 量の水と適量の果汁を加えて、145℃くらいまで煮詰める。

② このときに好みの香料や着色料を入れる。少量のクエン酸を加えると口当たりのよいものとなる。

③ 油を塗ったマーブル台に流し、型抜きローラーで抜く。冷えてから手袋をした手でコーンスターチなどを振りかけながら、もむようにしてバラバラに取り出す。

ドロップクッキー　drop cookie（米）

色々な材料をまとめ、まるめるかスプーンで落として焼くクッキー。日本では一般にアメリカンタイプとされるクッキー類を指す。種類としてはラムレーズン、チョコチップ、ウォールナッツ等々がある。

トロニア、エティエンヌ　Tholoniat, Etienne（仏）

（1905-1987）パリのシャトー・ドーに店を構えた飴細工の名人。

ヨーロッパじゅうの数々のコンクールに優勝し、飴細工によって今日のフランス菓子の芸術性を高めた功績ははかり知れない。彼の作品を求めて、ロスチャイルド家をはじめ、各国の王侯貴族が店を訪れていた。

トロニア

トローネ　torrone（伊）

イタリアで好まれているヌガー。クレモナ市の銘菓として名高い。

アーモンドやヘーゼルナッツ入りの菓子で、イタリアではパネットーネやパンドーロといったパン菓子を食べるときに添える。

アーモンドの粉末と砂糖を用い、マジパンのようにしたものを固めて作る。スペインのトゥロンに通じるものである。

トロピカルフルーツ

南北回帰線近辺をはさんだ、いわゆる熱帯地方で採れる果実の総称ということで理解されている。おおむね多肉質で果汁も多く、またねっとりとした食感のものが多い。かつてはバナナやパイナップルなどしか認知されていなかったが、近年衛生面や流通機構の整備とともに、それ以外のものにも一気に汎用の道が開かれた。その代表が、マンゴー、パパイヤ、グァバといったものであった。その成功例に続いて、パッションフルーツ、マンゴスチン、ドリアン、キワノ、パパコ、フェイジョア、チェリモヤ、ペピーノ等々が次々に紹介されていった。ちなみにキワノは"つのにがうり"とも呼ばれ、つのの生えた黄色いラグビーボールほどのもの。パパコはおくらを大きくしたような緑の表皮のもので、輪切りにすると五角の星形になり、別名マウンテンパパイヤと呼ばれる。フェイジョアは長さ8cmほどの楕円で、味がパイナップルに似ているところからパイナップルグァバとも呼ばれる。チェリモヤは直径10cmほどの球状で、カスタードアップルの名もついている。ペピーノは黄色っぽい地に赤紫のしま模様があり、果汁が多くて香りがよい。

トロペジェンヌ　tropézienne（仏）

南仏のサントロペの銘菓。ブリオッシュを丸くドーム状に整形し、上面にやや大粒のあられ糖をふりかけて焼き、2枚に切って、間にオレンジリキュール入りのクレーム・パティシエール（カスタードクリーム）、またはクレーム・ムスリーヌ（カスタードクリームとバタークリームを混ぜたもの）を絞る。かつて名女優のブリジット・バルドーが好んだことで知られる。

トロワ・フレール　trois frères（仏）

「三人兄弟」の意味を持つ菓子。

19世紀の有名な製菓人であるジュリアン三兄弟によって作られた。これを作る型はトロワ・フレール型と呼ばれている。ねじったようなリング状で、いわば背の低いクグロフ型である。マラスキーノで味つけをし、細かく刻んだアーモンドを混ぜた米粉使用のバター生地を型に流し込んで焼く。これをパート・シュクレ（ビスケット生地）の上に置き、アプリコットジャムを塗り、アーモンドとアンゼリカで飾る。

これとは別に、チョコレート菓子（ボンボン・オ・ショコラ）の分野でも、この名のものがある。カラメリゼしたヘーゼルナッツを3粒まとめ、チョコレートで被覆したもので、これはジュリアン三兄弟とは関係なく、3粒そろっているところからの命名と思われる。

トロンコ　tronco（西）

スペインの、薪形の菓子。フランスのビュッシュ・ド・ノエルに相当するもの。

ドワ・ド・フェ　doigt de fée（仏）

「仙女の指、妖精の指」の意味。

ムラングで作ったプティ・フール・セック（一口サイズの乾き焼き菓子）。

〈配合〉

卵白……………………………………… 180g
砂糖……………………………………… 360g

〈製法〉

① 卵白に砂糖を加えて泡立て、しっかりしたムラングを作る。
② テンパン上に丸口金で細長く絞り、乾燥焼きにする。
　注：好みにより、さまざまな香りや味、色をつけてもよい。

ドワ・ド・フェ

な　ナ

ナイフ

▸kitchen knife（英）キッチンナイフ / couteau（仏）クトー / Messer（独）メッサー

包丁。

さまざまな形、大きさがあり、製菓用においても目的に応じて使い分けをしている。

スポンジ生地用には薄刃の長めのもの、チョコレートのブロックなどを切り刻むためには厚手で丈夫なもの、フイユタージュ等には波状の刃のものが使われる。また小さな菓子にはそれぞれ専用の小型のものがある。

ナヴェット　navettes（仏）

小舟を表わす形に焼いた、フランス南東部の堅焼きクッキー。丸い棒状に整形した後、その中程にナイフを入れて、左右に開いた形に焼き上げるが、その形が小舟を表わしているという。地域によって形も大きさも多少異なって作られている。いわれについては、13世紀頃、緑に塗られ金の冠をかぶったマリア像が小舟に乗ってマルセイユに流れ着いた。市民はそれを自分たちの守り神としてあがめるようになり、マリア像が乗ってきた小舟に模した菓子を作り、特に2月2日の聖母マリアお清めの日にこれを食べてその日を祝うようになった。

ナヴェット

なかがわやすごろう·みやざきじんざえもん　中川安五郎・宮崎甚左衛門

日本におけるカステラ普及の立て役者。

長崎県南高来郡に大工の子として生まれた中川安五郎は、長崎に出てカステラの作り方を覚え、1900（明治33）年、22歳の時に文明開化にあやかって、文明堂と名乗り独立を果たした。1909（明治42）年には実弟の宮崎甚左衛門が同店に入店し修業に入る。後年カステラ甚左と呼ばれる彼も努力を重ね、1916（大正5）年に佐世保に店を興し、兄弟力を合わせた結果、開業30年後には文明堂一家のみで全国のカステラ生産高の過半数を占めるまでに成長した。また三越の中で実演販売を行うなど、今日のデパート食品売り場のひとつのモデルを作る。こうしてカステラを日本のあまたある菓子類の中の大きな柱のひとつに育て上げた。

ながさきカステーラ　長崎—

ポルトガルより伝わり、長崎で育った日本風スポンジケーキ。

〈配合〉

卵……………………………………… 280g
上白糖………………………………… 260g
薄力粉………………………………… 135g
水…………………………………… 約90mℓ
水飴…………………………………… 35g
ざらめ糖……………………………… 30g

〈製法〉

① 20cm × 20cm × 6cmの木枠を2枚用意し、1枚の上にクッキングペーパーを張る。
② ①を裏返しにして軽く霧を吹き、ざらめ糖を撒く。
③ 卵と上白糖を中速のミキサーで攪拌し、ゆるめに泡立てる。
④ 水に水飴を入れ、約40℃に温めて溶かし、③に加える。
⑤ 薄力粉をふるって④に加え混ぜる。
⑥ テンパンの上に新聞紙を3枚敷き、その上に②の木枠をのせて、⑤を流し入れ、180℃のオーブンに入れる。
⑦ 生地の上に薄く膜が張ったらオーブンから引き出して、奥の方から手前へとゴムベラ（またはパレットナイフ）で、底の深いところから上へと円を描くように混ぜて泡を消す。
⑧ ⑦を再びオーブンに入れ、また表面に膜が張ってきたら引き出し、深さの中程のところから、同じように混ぜて泡切りをし、オーブンに入れる。
⑨ 表面に膜が張ってきたら、また引き出し、今度は浅いところから同様に混ぜて泡切りをする。

⑩ ⑨の表面に板を当ててなぞり、表面を平らにしてオーブンに入れる。
⑪ 七分ほど色がついたら、前後を回転させて、もう1枚の木枠をのせ、同じ寸法のブリキ板をのせる。
⑫ 九分ほど色がついたら、ブリキ板の上に新聞紙を3枚のせ、その上にもう1枚のブリキ板をのせる。
⑬ 焼けたらオーブンから出し、サラダオイルをぬった白布を上にのせ、裏返しにして木枠とクッキングペーパーの間にナイフを入れる。
⑭ ⑬を裏返しにし、白布をはがす。
⑮ 冷めたら適宜な大きさに切り分ける。

→カステラ
→パン・デ・ロー
→ビスコッチョ

長崎カステーラ

なかざわそうじろう　中澤惣次郎

日本の乳製品製造の先覚者。

兵庫県屏風出身の彼は､時代の変化を読み取った父親とともに一家で幕末の江戸に移り住む。江戸が東京と改まるなど混乱の中、時代は変る、生活も変る、これからは洋食だとの思いに至る。そして洋食には牛の乳やそれから作るクリームがつきものと、先ずは牛から飼うことを思いつく。そして1868（慶応4・明治元）年、現在の東京新橋駅前から汐留あたりにかけて牧場を開いた。東京での牧場第一号となる。牛も当初よりイギリスからホルスタインを輸入するという本格派でのスタートであった。その後ほどなく鉄道が敷かれるなどして、牧場は京橋小田原町、広尾、さらには目黒競馬場へと度々移転を余儀なくされ、1912年ようやく拠点を同社発祥の地たる新橋烏森に設けることができた。鹿鳴館の頃よりの洋食ブームに乗って需要も高まり、西洋人との接点も多いホテル関係や洋食屋、一部の進んだ菓子店からの引き合いも日増しに増えていったという。1915年には、日本初の畜産に関する中央団体が作られ、主要委員に選出される。技術的には、それまでは牛乳の上に浮いてくる乳脂より細々と作っていた生クリームやバターを遠心分離機を用いて作り出したり、さらに1927（昭和2）年には新橋にミルクプラントを建設し、従来の高温殺菌を覆して、味、栄養分を落とさぬ低温殺菌による牛乳生産システムを開発するなど、品質向上につとめていく。

なく　泣―

菓子の表面が湿気を帯びてぬれてくることをさす製菓用語。

たとえば、上面に糖衣でグラッセしたり、粉糖、ココアなどを振りかけて仕上げたものなどは、湿気を帯びると表面がぬれてくる。こうした場合「泣いてきた」という。

なし　梨

▶ poire（仏）ポワール / pear（英）ペア / Birne（独）ビルネ

おおまかにいって西洋梨、中国梨、日本梨の三種に分けられる。西洋梨は通常洋梨といわれている、ややひょうたん形をしているもの。糖分の含有量は西洋梨が一番多く、だいたい10～15％ほど含まれている。また当然ながら洋菓子にもっとも多く使われるのも西洋梨となっている。使用例としては洋梨のタルト、赤ワイン煮、シャルロット、シャーベット等々枚挙にいとまがない。一方の日本梨は、遠く弥生時代の遺跡から種子が発見されているところからみて、古来より好まれていたことが分かる。

ただ、欧米人から見ると、この和種の評判はあまり高くないようで、砂のようだとしてサンドペアと呼んでいる。

なす

▶ eggplant（英）エッグプラント / aubergine（仏）オーベルジーヌ / Aubergine（独）オベルジーネ

インドを発祥地として､東は中国を経て7～8世紀には日本に伝わり、西はギリシア等地中海世界よりイタリア、フランス、そしてヨーロッパ各地へと広がっていった。行く先々で根を下ろし､さまざまな郷土料理に変身していく。菓子についてはあまり目につかないが、洋梨の赤ワイン煮ならぬ茄子の赤ワイン煮なども悪くない。

ナタ･デ･ココ　nata de coco

ナタはスペイン語で「液体の表面にできる皮膜」のことで、ココナッツの上澄みの皮膜の意味。ココナッツの胚乳の部分をナタ菌で腐らせ、ブヨブヨになったものをいう。フィリピンでは広く親しまれていたが、食感が寒天に似たようなところがあり、日本人のテイストにも合ったことから、これを使ったデザート菓子が1993年に日本で大流行した。

なたねあぶら　菜種油

菜種とはアブラナ科に属する植物で、科名のごとくその種子に油を多量に含んでいる。その含有量は38～45%。主産地としては中国、インド、カナダである。従来の菜種はエルシン酸という、少々毒性をもった脂肪酸が含まれていたが、主産地のカナダで精力的な改良が行われ、ついにはそれをほとんど含まない品種の開発に成功した。これまでのものと区別するために、それはカノーラ種と名付けられ、現在日本に入っているものはすべてがこの品種となっている。飽和脂肪酸の含有量は、主な植物油脂の中でも最も低い6%である。主なる脂肪酸はオレイン酸がもっとも多く59%で、リノール酸が22%となっている。

ナッツ

▶nut（英）ナット / noix（仏）ノワ / Nuss（独）ヌッス

一般にはかたい殻を持つ木の実や種実。

菓子類は生菓子、焼き菓子を問わず、多種多様のナッツ類を使う。中でもアーモンド、ヘーゼルナッツ、くるみ、カシューナッツ、ココナッツ、ピスタチオ、マロン（チェスナッツ）、ペカン、ピーナッツ、マカダミア・ナッツなどが多用されている。

ナップフクーヘン　Napfkuchen（独）

クグロフ型を用いて焼いた発酵菓子。別名ロドンクーヘンともいう。またアルトドイチェマッセというバターケーキ種（ザントマッセの一種）を、同じくクグロフ型に詰めて焼いた菓子も、この名で呼んでいる。

〈配合〉

イースト	80g
牛乳	500mℓ
小麦粉	1000g
塩	10g
砂糖	250g
全卵	250g
バター	350g
サルタナ	400g
アーモンド	100g
レモンピール	100g
ラム	少々
レモン果汁	少々
ヴァニラ	少々
メース	少々
カルダモン	少々

〈製法〉

① イーストを牛乳でとき、小麦粉、塩、砂糖、卵、バター、サルタナ、アーモンド、レモンピールを混ぜる。
② ラム、レモン果汁、ヴァニラ、メース、カルダモンなどを加えて型に流す。
③ 中火のオーブンで焼き上げる。

ナッペ　napper（仏）

「塗る、ソースをかける」などの意の製菓用語。

スポンジなどで作った大型菓子の表面にクリームを塗る作業をいう。日本の製菓用語では、「ナッペする」などと表現する。ただしフランスでは、ナッペは主に下塗りの作業で、上塗りすなわち仕上げ塗りについては別にマスケという。

ナツメグ　nutmeg（英）

▶muscade（仏）ミュスカド/Muskat（独）ムスカート

スパイスの一種。

インドネシアやモルッカ諸島を原産とする熱帯性の植物の種子で、日本名では肉荳蔻（にくずく）と称する香辛料の一種。ナツメグの木には小さな桃のような形をした5～6cmの実がなる。この実からは、ナツメグとメースという2種類のスパイスが採れる。これが熟すと果肉が割れて、中から仮種皮と呼ばれる赤い網状の膜に包まれた種が現われる。その中にある黒褐色の種子を乾燥させた後、外側の殻を砕くと仁が出てくる。これがナツメグである。メースと比べると、メースの方がナツメグよりマイルドな傾向がある。今日では原産地でもあるインドネシア近辺の他、西インド諸島やスリランカでも盛んに栽培されている。歴史的にみると、6世紀頃になってようやくその存在が知られるようになる。ヨーロッパには中世以降に伝わり、その上品な甘い香りは人々の心をたちまち捉え、他の香辛料とともにスペイン、ポルトガル、オランダといった列強の奪い合うところとなった。クッキーのような焼き菓子、パウンドケーキやフルーツケーキ、プラムプディング、バウムクーヘンといった半生菓子、ドーナッツに代表される揚げ菓子などに重宝に使われ、また卵と牛乳で作るエッグノックという飲み物には必需品となっている。
→メース

なつめやし
→デーツ

ナティジャス·マドリレーニャス natillas madrileñas（西）

フィンガービスケットとともに供されるクリーム状の菓子で、食後のデザートとして作る。フィンガービスケットを皿にとり、このクリームをかけて食べる。軽いお茶菓子の一つ。

〈配合〉

牛乳…… 200mℓ
全卵…… 2個
卵黄…… 3個分
粉糖…… 100g

① 牛乳、全卵、卵黄、粉糖を混ぜて火にかける。
② クリーム状になったら火から降ろし、器に移す。

ナパージュ nappage（仏）

アントルメなどの生菓子、あるいはパウンドケーキのような焼き菓子の上面に塗る素材。

従来は主にアプリコットジャムや、ラズベリージャム等で行っていたが、近年は専用のゼラチン系、海草系、あるいは化学的に作られたものが開発され、多用されている。

なべ 鍋

▸casserole（仏）カスロール / pan（英）パン / Kasserolle（独）カッセロレ

クリームやソース、ジャムその他のものを煮るときに用いるもの。熱伝導の面では銅製のものがすぐれているが、高価であることと、手入れがたいへんなことから一般的にはアルミ製が多用されている。両手鍋、側面が垂直な片手鍋、底に丸みを帯びたやや浅めの雪平鍋、ずんどうと呼ばれる深いものなど多種多様のものがある。また揚げ物用の鍋は、厚手の鉄製で、底も深くなっている。

フランス語による各種の鍋の名称を以下に記す。

カスロール casserole（片手鍋）
マルミット marmite（両手つきずんどう）
バッシーヌ bassine（底が丸く平らなボウル、口広がりの両手鍋）
ポワロン poêlon（小型片手鍋）
ロンドー rondeau（両手の浅鍋）
ソトワール sautoir（ソテー用片手鍋）

なまクリーム 生—
→クリーム

なまクリームあわだてき 生—泡立て器

▸aérobatteur à crème（仏）アエロバトゥール·ア·クレーム

生クリームを入れてスイッチを入れると、中の羽根が回転し、下から空気が送り込まれて、短時間に多量の気泡を含ませることができる器具。泡立て器や普通のミキサーの攪拌では得られない軽さを与えることができる。

ナンテ nantais（仏）

フランス、ナント地方の銘菓、クッキーをさす。またナント風のという意味で、料理の名称にも使われる。

ナントはフランスの西部、大西洋岸に面したブルターニュ半島の南側にある町。

オレンジジャム入りの生地を作り、延ばして菊型で抜く。上面に濃縮コーヒー入りの卵黄を塗り、フォークで筋をつけて模様にし、焼き上げるクッキーはサブレ・オ・ナンテという。

■ サブレ·オ·ナンテ

〈配合〉

小麦粉…… 1000g
粉糖…… 550g
アンモニア…… 6g
オレンジジャム…… 150g
バター…… 500g
全卵…… 4個
卵黄…… 少々
コーヒーベース…… 少々

〈製法〉

① 小麦粉、粉糖、アンモニアを混ぜる。
② バター、卵、オレンジジャムを入れて混ぜる。
③ 生地をまとめて冷蔵庫で休ませる。
④ 厚さ5mmに延ばし、菊型で抜く。

⑤ 卵黄にコーヒーベースを入れて、④の表面に塗り、フォークの先などで筋の模様を入れる。
⑥ 中火のオーブンで焼く。

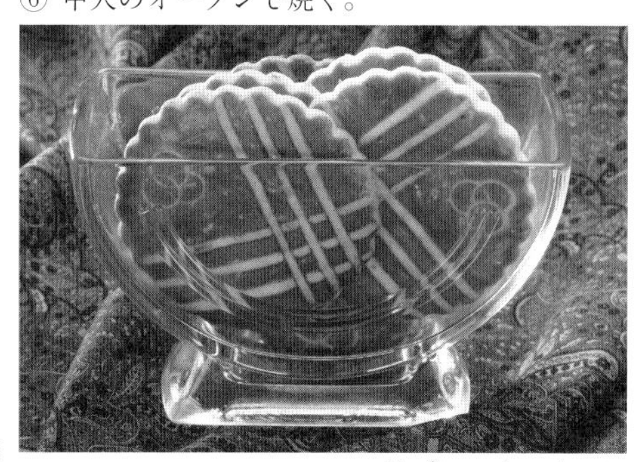

サブレ・オ・ナンテ

なんばんがし　南蛮菓子

明治以前における西洋菓子の呼び名。

南蛮菓子の歴史は、1543年にポルトガル船が種子島に漂着し、鉄砲などとともに伝えられたことから始まる。1558（永禄元）年、天主教（キリスト教）関係の書『原城記事』に南蛮菓子として初めてカステーラ（角寺鉄異老）、ボーロ（復鳥留）、カルメール（華留滅比留）、コンペイ（哥目穴伊）、アルヘイ（掩留皿令）の作り方が記された。1569（永禄12）年には、宣教師ルイス・フロイスが足利義昭、織田信長に謁見。信長にコンペイ糖を献上している。

また1682（天和2）年の京都の桔梗屋の目録には、かるめら、なんばん飴、あるへい糖、うんぺい糖、かすていら、はるてい、胡麻ぼうろ、花ぼうろ、丸ぼうろなどが記されている。これらの南蛮菓子は、当時すでに日本のものとして定着していたことがうかがわれる。

1712～1715年（正徳2～5年）に書かれた寺島良安著『和漢三才圖會』には各種が掲載されており、1720（享保5）年西川如見の『長崎夜話草』にも多くのものが登場する。これらを含めた他書とも合わせると、ハルテイ、コスクラン、ケサチヒナ、ボール、ケジャト、カステイラ、コンペイト、アルヘル、カルメル、ヲベリヤス、パァスリ、ヒリョウス、オブダウス、玉子索麵、ビスカウト、ハン（パン）、チチラアト、タルタ（タルト）、チクウトウといった南蛮菓子の記述が認められる。現在は消えたものもあるが、今日まで残っているものもある。

に　ニ

ニウール　nieule（仏）

フランドル地方の郷土菓子。中世の宗教菓子、ニウリュールから発達したクッキー風の菓子。バター、砂糖、卵、小麦粉を混ぜて菊型で抜いて焼く。小型の郷土菓子として人気を集めている。

にしかわじょけん　西川如見

（1648-1724）江戸中期の天文学者にして食文化研究家。

長崎に生まれ、正式名は英忠、通称次郎右衛門。1720（享保5）年に著した『長崎夜話草』の中に南蛮菓子いろいろとして、ハルテ、ケジヤァド、カステラボウル、花ボウル、コンペイト、アルヘル、カルメル、ヲベリヤス、パァスリ、ヒリョウス、ヲブダウス、タマゴソウメン、ビスカウト、パンの記述がある。

にしかわたきこ　西川多紀子

（1923-2013）パンニュース社の創業者。食関係の情報紙（誌）のひとつの「パンニュース」を発行する。日本のフランスパンの祖たるレイモン・カルヴェル氏を日本に紹介する労を取るなど、日本のパン文化の向上に務めた。またパンのみならず洋菓子分野にまで守備範囲を広げ、その啓蒙と技術の進展に多大な功績を残した。パンニュース紙以外にも、『ヴィヴ・ラ・バゲット』（野村二郎・野村港二訳）、『新しい製パン知識』（竹谷光司著）、『ドイツのパン技術詳論』（オット・ドゥース著）、『ようこそパンの世界へ』（リオネル・ポワラーヌ著）等々、幾多の書籍を刊行。その業績により、2003年にはフランス政府より農事功労章オフィシエを受章している。

ニ・ダベイユ　nid d'abeille（仏・独）

「蜂の巣」の意味の、フランス東部アルザス地方やドイツで親しまれている菓子。ビール酵母で作ったブリオッシュ生地の上に蜂蜜、アーモンド、バター等を混ぜたクリームを塗って焼き、2枚に切って、間にクレーム・パティシエールを絞って詰める。

ニッケ

中国南部原産のカシアを日本に移植して作ら

れた香辛料。シナモンやカシアのように樹皮ではなく、根の部分を用いる。なお、日本ではこれらを微妙に区別して、シナモンを桂皮、カシアをカシア桂皮、日本産ニッケを肉桂としている。ただ使い方についてはほとんど区別なく扱われている。
→シナモン

ニド·デ·アベハ　nido de abeja（西）

「蜂の巣」という意味の、薄いクッキー。

小麦粉、刻みアーモンド、砂糖、バター、生クリーム、ヴァニラを混ぜ、テンパンに絞って焼く。加熱するとバターが沸騰して、生地が網目状の薄い状態になる。熱いうちに湾曲させ、上から粉糖を振る。形はフランス菓子のテュイルに似ている。

ニド・デ・アベハ

〈配合〉

砂糖……………………………… 100g
バター…………………………… 75g
生クリーム……………………… 75mℓ
刻みアーモンド………………… 100g
小麦粉…………………………… 25g

〈製法〉

① 鍋に砂糖、バター、生クリームを入れて火にかけ、沸騰させる。
② 火を止めて刻みアーモンド、ふるった小麦粉を加え混ぜる。
③ テンパンに薄く油を引き、②をスプーンで丸く落とす。
④ 200～220℃のオーブンで15～20分間焼く。
⑤ 表面がブクブクとして全体がきつね色になったらオーブンから出す。
⑥ パレットナイフでテンパンからはがし、まだやわらかいうちに手で曲げて、かわら状に形を整える。

ニ·ド·パーク　nid de Pâques（仏）

鳥の巣をかたどった復活祭用の菓子。

復活祭の時期になると菓子屋のウインドーには、生命のよみがえり、すなわち復活ということで、鶏と卵をかたどった型抜きのチョコレートやヌガーを飾る。そのほかよみがえりのイメージで小鳥、卵や鳥の巣などの形の菓子がある。

ニ・ド・パーク

〈製法〉

① 円形のジェノワーズを2枚に切り、1枚の中央を丸型で抜いてリング形にする。
② 2枚に好みのリキュール入りシロップを刷毛でしませる。
③ バタークリームを塗ってリング形を上にして重ね、全体にも塗る。
④ 上からバタークリームを混ぜた栗の裏ごし、またはマロンペーストを細く絞り出し、全体を飾って鳥の巣形にする。
⑤ 中にマジパンで作った小鳥や卵、ボンボンなどを置く。

ニニョン、エドゥアール　Nignon, Edouard（仏）

（1865-1934）フランスの料理人。

「メゾン・ドレ」「カフェ・アングレ」「マニー」あるいはロンドンの「クラリッジ」など、当時の名だたるレストランのシェフを務め、またロシア皇帝のニコライ二世やオーストリア皇帝フランツ・ヨーゼフなどにも仕えた。カレームによって形づくられた料理や菓子の基礎を、エスコフィエ、モンタニエらとともに受け継ぎ、発展させた。

著書に『Heptameron des gourmets エプタメ

ロン・デ・グルメ』(1919)、『Les Eloges de la cuisine française レ・ゼロージュ・ド・ラ・キュイズィーヌ・フランセーズ』(1933)、またベルナール・ゲガンと共著で『Les Plaisirs de la table レ・プレズィール・ド・ラ・ターブル』(1926)がある。

ニピテッディ　nipiteddi（伊）

イタリア、カラブリア地方のタルトに似た菓子。

練り粉を円形に延ばし、つぶしたくるみやレーズン、カカオなどをのせて焼いたもの。

にほんしゅ　日本酒

米から作る醸造酒。紀元712年に書かれた古事記によると、米をもってする酒作りの技術は、応神天皇の頃に中国から朝鮮半島の百済を経て伝わったとされる。推量するに紀元390年頃ということになる。まず米を蒸して麹を作り、さらに蒸した米をふりかけ、菌を増殖させる。次いで蒸し米と麹に水を加えて酛（もと）というものを作るが、この酵母の培養が進むともろみができる。このもろみは容器の中で発酵と糖化が進み、次第に酒になっていく。そしてさらに圧搾して滓（かす）を取り除く。こうして作られたのが生酒や新酒と呼ばれるもので、搾り滓の残っているものが、いわゆる濁り酒である。このままでも飲まれるが、一般には火入れと言って一度加熱し、樽に貯蔵して熟成させてからビンや樽に詰めて出荷される。この香味はいろいろな食品作りに用いられる。知られているところではあんパンがある。通常使う酵母に替え、酒種を使ったところ、たちまち大評判となった。洋菓子の分野ではリキュールを日本酒に替えたボンボンや、ブランデーケーキならぬ日本酒ケーキが作られている。

にほんしゅケーキ　日本酒―

ブランデーケーキ風に日本酒を使ったケーキ。

製品例

〈配合〉

スポンジケーキ

- 卵……2個
- 砂糖……80g
- 薄力粉……80g
- バター……80g

シロップ

- 水……150mℓ
- 砂糖……50g
- 日本酒……80mℓ
- レモン果汁……15mℓ

日本酒のサバイヨンソース

- 卵黄……1個分
- 砂糖……20g
- 日本酒……40mℓ
- 生クリーム……40mℓ

その他の材料

- セルフイユ……適量
- フランボワーズ……適量
- いちご……適量

〈製法〉

① 溶いた卵に砂糖を加え、充分泡立てる。
② ふるった薄力粉を①に混ぜる。
③ バターを溶かし、②に3回位に分けて混ぜ入れる。
④ オーブンシートを敷いたトイ型に③を流し入れ、170℃のオーブンで約20分焼く。
⑤ 型から取り出し、オーブンシートをはずす。

シロップ

① 鍋に水、砂糖を入れて火にかけ、沸騰させる。
② ①を火から降ろし、日本酒、レモン果汁を加える。

日本酒のサバイヨンソース

① ボウルに卵黄と砂糖を入れすり合わせる。
② ①を湯煎にかけながら日本酒を少しずつ加え泡立てる。
③ 90℃位になったら湯煎からはずし、冷めるまで泡立て続ける。
④ 生クリームを八分立てに泡立て、③と合わせる。

仕上げ

① シロップの1/2量を型に流し入れる。
② ①に焼き上がった生地を入れる。
③ ②に残りのシロップを全部入れ、粗熱がとれたら型から取り出す。
④ ③を適宜な幅に切り分けて皿に盛り、サバイヨンソースを流して、セルフイユ、フルーツを飾る。

にほんしゅのサバイヨン　日本酒―（日）

日本酒も他の洋酒類と同様に、さまざまな洋菓子作りに使われるようになってきた。その一例を記す。

製品例

〈配合〉（10 個分）
日本酒使用のサバイヨン
日本酒………………………………… 120mℓ
砂糖……………………………………… 100g
卵黄……………………………………… 2 個
生クリーム…………………………… 200mℓ
ゼラチン……………………………………… 6g
水………………………………………… 30mℓ
フルーツのコンポート
日本酒………………………………… 300mℓ
シナモンスティック…………………… 1 本
レモン………………………………… 1/2 個分
砂糖…………………………………… 80g
白桃、いちご、キウイ、さくらんぼ
…………………………… 好みのもの適量
仕上げ
ミントの葉……………………………… 適量
〈製法〉
サバイヨン
① ボールに日本酒、砂糖、卵黄を入れて湯煎に当て、80℃になるまで泡立て続ける。
② 湯煎からはずし、冷めるまで攪拌を続ける。
③ 生クリームを 8 分立てに泡立て、②に加えて軽く混ぜ合わせる。
④ 水にゼラチンを入れて混ぜ合わせる。
⑤ ③に④を入れて混ぜ合わせる。
コンポート
① 白桃の皮をむき、種を取り適宜な大きさに切る。他のフルーツも同様、適宜な大きさにに切る。
② 鍋に日本酒、シナモンスティック、レモン果汁、砂糖を入れて火にかける。
③ 沸騰したら 1 の果実を入れ、軽く煮てから火にかけ降ろし、そのまま冷ます。
仕上げ
コンポートの果実とシロップを器に入れサバイヨンを入れて冷蔵庫で冷やし固め、ミントの葉を飾る。

にゅうかざい　乳化剤

乳化とは､互いに溶け合わない 2 種の液体（水と油など）に界面活性剤を与えてなじませること。乳化剤は、油と結合しやすい親油基と、水分と結合しやすい親水基を持っているので、これを混入すると、水と油の境い目、界面といわれるところに入り込み、水の方には親水性の部分を、油の方には親油性の部分を向けて並び、両者を結びつける。この状態を乳化といい、乳化されたものをエマルジョン、化学用語ではコロイド溶液と呼んでいる。また界面といわれる二者の境界面をなじませるものを界面活性剤といっているが、乳化剤はこの一種である。こうして作られたエマルジョン、すなわち乳化させたものには、水の中に油が入ったオイル・イン・ウォーター型と、油の中に水が入ったウォーター・イン・オイル型がある。前者は略して OW といい、製品例としてはアイスクリームや牛乳、マヨネーズなどがある。また後者の WO と略されるものには、マーガリンやチョコレートといったものがあげられる。卵の卵黄の部分に多く含まれるレシチンは天然の乳化剤である。このレシチンの働きによって、たとえばマヨネーズも均質にして安定した状態を保つことができる。またバタークリーム作りなどにも大いに役立っている。ただ、卵に多量に含まれているとはいうものの、改めて添加物として加える場合、現実にはとてもまかない切れず、多くの場合大豆から抽出されたレシチンが便利に使われている。また、同じく菓子作りに用いる乳化剤のひとつとしてモノグリセライドも利用されている。これは卵白の起泡性を助けるもので、スポンジケーキなどを作る時に使われる。これを用いると、きめの細かい安定した気泡が短時間に得られる。大量に作る製菓会社では早くから使用されてきたが、近年は一般化し、多くの菓子店でも使われるようになってきた。

にゅうせいひん　乳製品

ミルクから作る各種製品。加工乳、ヨーグルト、粉乳、練乳、バター、生クリーム、チーズ等がある。

■ **加工乳**

添加物を混入した牛乳のこと。「牛乳」として表示する場合には、生乳の均質化と殺菌の目的以外には、添加物を入れたり、他の加工手段を用いてはならないとされている。したがって、それ以外のものはすべて加工乳という。加工乳には成分規格に乳脂肪分と比重の制限がないため、濃厚牛乳や逆に低脂肪のローファットミルクのようなものもある。

■ **クレーム・ドゥーブル　crème double**（仏）

濃厚な状態の生クリーム。生クリームを煮詰めてゆき、余分な水分を蒸発させて得る。

菓子、料理の分野では、生クリームの風味はほしいが水分がじゃまであるという場合に用いる。ヨーロッパでは特に焼き菓子などに利用されている。

■ **サワークリーム**

生クリームに乳酸菌を混入して、乳酸発酵させたもの。さっぱりとした口当たりとさわやかな酸味があり、ムースやバヴァロワなどの冷菓をはじめ、各種の生菓子に好んで用いられる。

■ **乳飲料**

フレーバーミルクともいわれるもので、乳固形分3%以上という規格がある。しかし乳脂肪には規定がないため、主に脱脂乳、脱脂粉乳などが用いられる。チョコレートミルク、コーヒーミルク、フルーツミルクなどがある。

■ **粉乳**

粉末状にしたミルク。すなわち牛乳から水分をとり去った全粉乳。糖分を加えた加糖粉乳、脱脂乳の水分をとり除いた脱脂粉乳、ビタミン類を強化した調整粉乳などの種類がある。このほかクリームパウダー、ホエーパウダー、バターミルクパウダーなどもこのジャンルに含まれる。

■ **練乳**

牛乳をそのまま原料として作る無糖練乳。それに糖を加えた加糖練乳（コンデンスミルク）、脱脂牛乳をもとにした無糖脱脂練乳、それに糖を加えた脱脂加糖練乳などがある。

練乳は一般に次のような工程で作られる。まず原料乳を加熱して殺菌と酵素破壊を行う。次に加糖練乳の場合にはここでグラニュー糖を加える。これを真空の蒸発釜で濃縮する。

このうち、製菓面でよく用いられるのは、コンデンスミルクである。これは牛乳に16%前後の蔗糖を加え、30～40%の量に濃縮したもので、糖分が多いため保存性がよい。成分的には乳糖が15%、蔗糖が40～43%含まれている。

→クリーム
→チーズ
→バター
→ヨーグルト

ニューヨーク·チーズケイク　New York cheesecake（米）

その名の通り、ニューヨークで好まれている湯煎焼きタイプのチーズケーキ。

〈配合〉

ビスケット……………………………… 80g
バター…………………………………… 30g
クリームチーズ………………………… 400g
砂糖……………………………………… 90g
卵………………………………………… 2個
生クリーム…………………………… 200mℓ
レモン果汁…………………………… 30mℓ
コーンスターチ………………………… 12g
レモン果皮すりおろし…………… 1/2個分

〈製法〉

① ビスケットを砕き、溶かしバターを加えてよく混ぜ、ケーキ型の底に敷き詰める。
② 種を作る。クリームチーズを混ぜて柔らかくし、砂糖、卵、生クリーム、レモン果汁、コーンスターチ、レモン果皮のすりおろしを加えて混ぜる。
③ テンパンに湯を張り、②を置いて、160℃のオーブンで約1時間焼く。

ニューヨーク・チーズケイク

ニョッキ　gnocchi（伊・仏）

広義では練り粉を丸め、ゆでた料理であるが、フランスの菓子屋で扱うトレトゥールは、シュー種を熱湯で煮上げて作る。

ニョッキの起源はイタリアにあり、当地では小麦粉などの練り粉に卵、じゃがいものピューレを混ぜたものが多い。ここではフランスのパリ風ニョッキを紹介する。

〈配合〉

シュー種………………………………… 適量
小麦粉…………………………………… 150g
バター…………………………………… 100g
牛乳…………………………………… 1000mℓ
水……………………………………… 200mℓ
ブイヨンキューブ……………………… 1個
ナツメグ………………………………… 少々
胡椒……………………………………… 少々
グリュイエールチーズ………………… 100g

マッシュルーム……………………………… 100g
パータ・パテ……………………………… 適量
振りかけ用グリュイエールチーズ…… 適量
パセリ……………………………………… 少々

〈製法〉

① シュー種を丸口金をつけた絞り袋に入れて押し出し、ナイフで切って熱湯の中に落として煮る。
② 小麦粉とバターを弱火にかけて混ぜる。
③ 牛乳と水で溶いたブイヨンを②に加え、ナツメグ、胡椒、グリュイエールチーズ 100g、マッシュルーム等を混ぜる。
④ ①のニョッキを③のソースであえる。
⑤ パータ・パテ（塩味の生地）あるいはフイユタージュを薄く延ばし、タルトレット型に敷いて空焼きしてケースを作り、④を山盛りにする。
⑥ チーズを振りかけ、オーブンでさっと焼く。
⑦ 刻んだパセリを中央に少し振りかけて飾る。

ニョッキ・アル・ミエーレ　gnocchi al miele（伊）

蜂蜜がけのニョッキ。イタリアにおいて、特にクリスマスに食べられる菓子。

〈配合〉

小麦粉……………………………………… 500g
オリーヴオイル………………………… 120mℓ
白ワイン………………………………… 250mℓ
オレンジ果皮のすりおろし………… 1 個分
シナモン…………………………………… 6g
蜂蜜………………………………………… 150g
オレンジ果汁…………………………… 1 個分

〈製法〉

① 小麦粉にオリーヴオイル、白ワイン、オレンジ果皮、シナモンを加えて練る。
② 丸口金で細長く絞り、2 ～ 3cm の長さに切る。
③ おろし器の上に転がして模様をつけ、熱した油で揚げる。
④ 鍋に蜂蜜とオレンジ果汁を入れて火にかけ、沸騰させる。
⑤ その中に③を入れてからませる。

にんじん

▶ carotte（仏）キャロット / carrot（英）キャロット / Karotte（独）カロッテ、Möhre（独）メーレ

ヒンズークシ山脈とヒマラヤ山脈の合わさるあたりを原産とし、東西に分かれて伝わっていったらしい。大きく分けて太く短い形が西洋系、細長いのが東洋系。日本には初めに 16 世紀頃中国から東洋系が入ってきたが、江戸の末期に西洋系が入ってくると、こちらの方が扱いやすく収穫量も多いとして西洋系に取って代わられ、今ではほとんどが西洋系で占められるに至った。菓子との関わりについては、欧米各国でそれぞれ、自国語の名を持つにんじん入りのキャロットケーキが作られている。またおつまみ的な塩味のプティフールやクッキー類にもこれを入れたものが楽しまれている。ついでながら朝鮮にんじんについて。形が似ているところから同じにんじんの名が付けられているが、これは種類もまったく別ものでウコギ科の薬用植物である。

ぬ　ヌ

ヌーヴェル・パティスリー　nouvelle pâtisserie（仏）

新しい流れの菓子。

1980 年代に提唱された料理の分野における新しい流れ、ヌーヴェル・キュイズィーヌと同様、現代の生活環境に合った食文化と、それに伴う味覚、食感を持った菓子。

飽食の時代といわれる今日だが、たとえお腹が一杯でも、食後のデザートは欠かせない。こうした状況下においては「より軽く、口当たりよく、胃に負担をかけないもの」が求められてくるのは当然の流れといえる。それに応じた菓子がヌーヴェル・パティスリーといわれるものである。具体的には軽さということで、圧倒的にムース系統のものが中心となっている。そのほかバヴァロワ、ブランマンジェ、パルフェ、セミフレッド・タイプ、さらには細かい気泡を持つビスキュイ生地の見直し、軽いジャポネ（泡立てた卵白に砂糖と粉末アーモンドを加えて焼いた生地）系統の生地などがあげられる。

冷却手段が著しく発達した現在、冷やして固めるムース類などの菓子の製造は容易になった。冷却凝固なので口に入れればすぐにやわらかくなる。これが現代人の求める嗜好に一致する。バヴァロワやゼリー類は、種そのものは重い部類に属するが、口当たり、口どけのよさと

いう点において、ヌーヴェル・パティスリーとしての条件を満たしているといえよう。

素材的に見ると、昔なかったもの、手に入りにくかったもの、たとえばトロピカル・フルーツなどを多用したものなどが、ヌーヴェル・パティスリーの一群として登場してくる。そしてさらに、これまでにない素材の組み合わせによるものなども、やはり新しい手法としてこの範疇に入れることができる。

ただし、ヌーヴェル・パティスリーを、単に文字どおり「新しい菓子」と限定してはならない。新しいものも含めて、カレームの時代の古典に見られるシャルロットをはじめ、多くの伝統的な菓子でも、それが現代の求める嗜好に添うべく仕立てられているものであるならば、それがすなわちヌーヴェル・パティスリーなのである。

ヌガー　nougat（仏・英）

▶Nugat（独）ヌーガト

煮詰めた砂糖とアーモンドで作る菓子。語源はくるみやナッツ類を意味するラテン語のヌックスからヌガーに転じたといわれている。このことから素材は当初くるみやその他のナッツ類であったようだが、現在ではおおむねアーモンドで作られている。別の説によると、それを食べた人々があまりのおいしさに「われわれを堕落させる」という意味でいったフランス語のイル・ヌー・ガート il nous gâte からきたというもので、それが縮んでヌガーになったともいわれる。

このナッツ類と甘味によって作るヌガー状の菓子は、中央アジア、中国の奥地あたりに起源を持つといわれ、古代ギリシア・ローマ時代にはすでに作られていたという。

フランスには北方経路、南方経路をたどって入った。北方からは茶色でかたいヌガー、南からは南仏ラングドック地方のモンテリマールをへて、北上した。これは白くてやわらかいヌガーで、ヌガー・ド・モンテリマールと呼ばれるものである。

■ ヌガー・ド・モンテリマール　nougat de Montélimar

ヌガー・ブラン nougat blanc（白いヌガー）あるいはヌガー・タンドル nougat tendre（柔らかいヌガー）とも呼ばれる。

命名の由来は、1701年、ブルゴーニュ侯がスペインからの帰途、モンテリマールの町を通ったときに、住民から贈られたことによるとされている。今でもこのタイプのヌガーは同市の名物となっている。

なお、今日ヌガー・ド・モンテリマールと呼ぶには、全体量に対してアーモンドが28%以上、ピスタチオが2%以上、蜂蜜が25%以上含まれていなければならない、との規定が設けられている。

〈配合例と製法〉

グラニュー糖……300g
水飴……80g
水……100mℓ
卵白……2.5個分
蜂蜜……300g
焼いたアーモンド……330g
ピスタチオ……30g
ドレンドチェリー……30g

① グラニュー糖、水飴、水を147.5℃まで煮詰める。
② 卵白と温めた蜂蜜をミキサーにかけ、充分泡立てる。
③ ①を②に少しずつ注ぎ入れる。
④ 沸騰している湯煎にかけ、ホイッパーをビーターにかえて、さらに攪拌を続ける。
⑤ 余分な水分が蒸発し、ねっとりとした飴状になってきたらミキサーからおろし、ナッツ類とチェリーを加える。
⑥ 粉糖を振ったマーブル台に流す。
注：ナッツ類はあらかじめ、温めておくとよい。冷たいまま加えると生地がかたくなり、混ざりにくくなる。

ヌガー・ド・モンテリマール

■ ヌガー・ド・モンテリマール・ショコラ　nougat de Montélimar chocolat

チョコレート入りのヌガー。

〈配合と製法〉

ヌガー・ド・モンテリマールの配合に溶かしたチョコレート100g、ココア25gを加える。

卵白と蜂蜜をミキサーで泡立て、糖液を加えて混ぜたあとに、チョコレートとココアを加える。

■ **ヌガー・デュール　nougat dur**

ヌガー・ブラン nougat brun（褐色のヌガー）とも呼ばれる。

褐色の堅いヌガー。

〈配合と製法〉

グラニュー糖……………………………… 500g
レモン果汁………………………………… 少量
刻みアーモンド………………… 300 ～ 350g
（薄切りアーモンドの場合は少なめにする）

① グラニュー糖にレモン果汁を入れ、混ぜながら溶かし、褐色になるまで煮詰める。
② 刻みアーモンドを加えて混ぜる。
③ オイルを塗ったマーブル台にあけ、パレットナイフで広げて粗熱をとる。
④ 成形する場合は熱の残っているうちに行う。
注1：アーモンドの量は用途によって増減してもよい。たとえば薄く延ばしたいときはやや少なめにする。
注2：かたくなったら、オーブンに入れればまたやわらかくなる。

ヌガー・グラッセ　nougat glacé（仏）

ムラング・イタリエンヌという、煮詰めた糖液を使って作るメレンゲをベースにした氷菓。そのメレンゲの中に砕いた褐色のヌガーや砂糖漬けフルーツ、各種のナッツなどを混ぜ、容器に入れて冷やし固めたもの。いろいろなものが入っているヌガー・ド・モンテリマールを思わせるところから、この名がつけられた。

ヌガー・グラッセ

ヌガティーヌ　nougatine（仏）

単にヌガーとも呼ばれる。細かく刻んだアーモンドを砂糖とともに煮て、固めたもの。熱いうちに曲げたり、切ったりしていろいろな細工を行い、造形物を作る。またそのまま食べてもおいしく、ボンボン・オ・ショコラ（一口チョコレート菓子）のセンターに使ったり、砕いていろいろな生地やクリームに混ぜ込んだりもする。一説によると1850年頃、フランスのネヴェールで、ルイ・ジュール・ブリュモという製菓人によって初めて作られたという。

ヌッスクロカント　Nusskrokant（独）

火にかけて溶かした砂糖にヘーゼルナッツかくるみ、アーモンドなどを加えたもの。熱いうちに成形して使う。冷えて固まってから砕き、いろいろな菓子に混ぜたり、まぶしたりして使う。砂糖とナッツ類の割合は1：1が基本とされている。

ヌッスボイゲル　Nussbeugel（独・オーストリア）

オーストリアやドイツで親しまれているパンの一種。ヌッスはナッツ、ボイゲルは曲がったものという意味で、その名が示すとおり、ナッツ類やそのパウダー等をパン生地で包み、棒状にした後VやUの字形に曲げ、卵黄を塗って焼き上げる。

〈配合例〉

生地
強力粉……………………………………… 50g
薄力粉……………………………………… 50g
イースト…………………………………… 2.5g
砂糖………………………………………… 15g
塩…………………………………………… 0.5g
バター……………………………………… 60g
卵黄………………………………………… 10g
牛乳………………………………………… 20mℓ
バニラオイル……………………………… 少々

フィリング
粉末アーモンド…………………………… 50g
くるみ……………………………………… 25g
グラニュー糖……………………………… 25g
卵…………………………………………… 15g
オレンジピール…………………………… 6g
グランマルニエ…………………………… 5mℓ
ケーキクラム……………………………… 10g

〈製法〉

① 35℃程に温めた牛乳（分量外）にイーストとひとつまみの砂糖（分量外）を入れて溶か

しておく。
② 柔らかくしたバターに砂糖、塩を入れて白っぽくなるまで混ぜる。
③ イーストを溶かした牛乳に卵黄を混ぜる。
④ 2種類の小麦粉を合わせてふるい、③を加え混ぜて、つやが出るまでよくこねる。
⑤ ④を棒状にしてラップで包み、冷蔵庫で1時間休ませる。
⑥ ⑤を8等分（1個約25g）し、それぞれをまるめる。
⑦ ⑥をめん棒で楕円状に延ばし、フィリングを包んで閉じる。
⑧ 三日月形に整形し、卵黄（分量外）をはけで表面に2度ぬり、フォークで模様をつけ、表面に数か所空気抜きの穴をあける。
⑨ オーブンシートを敷いたテンパンにのせ、温かい所に置いて30分ほど発酵させる。
⑩ 170～180℃のオーブンで約15分焼く。

ヌーデルタイク　Nudelteig（オーストリア）

オーストリアの銘菓シュトゥルーデルなどを作るときに用いるこね粉生地の名称。強力粉に卵と水を加えて練ったもので、グルテンの強い弾力性が特徴の生地。

〈配合〉

強力粉……200g
全卵……1個
水……100mℓ
塩……少々

〈製法〉

① 強力粉をふるって、中央にくぼみをつける。
② その中に卵、塩、2/3量の水を入れて混ぜる。
③ 残りの水を少しずつ加えながら混ぜ、耳たぶくらいのやわらかさにする。
④ 生地をまとめて冷蔵庫で30分以上休ませたあと、目的に応じて作業にとりかかる。
注：シュトゥルーデルのときには、少しやわらかめに仕込んだほうがよい。

ね　ネ

ネクタリン　nectarine（英）

▶nectarine（仏）ネクタリース / Nektarine（独）ネクタリーネ

果皮に細かい毛のない品種の桃。油桃、ひかり桃などともいう。生食用としてそのままデザートに用いたり、缶詰、ジュース等に加工される。生菓子や料理にも利用される。

ネグリート　negrito（西）

スペインで好まれている一口サイズのチョコレート菓子。フランス菓子におけるテート・ド・ネーグル tête de négle と同様の名付け方といえる。

〈配合〉

チョコレート……200g
ラム……適量
リキュール……適量
粉末ピーナッツ……5g
砕いたビスケット……100g
リキュール・ボンボン……適量
スプレーチョコレート……適量

〈製法〉

① 溶かしたチョコレートにラム、リキュールなどを入れ、軽く焼いた粉末ピーナッツと砕いたビスケットを混ぜる。
② これを充分練り、小切りにして中にボンボンを埋め込み、球状に丸める。
③ 周りにスプレーチョコレートなどをまぶして仕上げる。

ネッセルロード　Nesselrode（仏）

冷たくして供するアントルメの一種であり、通常プディング・グラッセ・ネッセルロードと呼ばれる。名称の由来は、ウィーン会議のロシア全権代表の外交官、ネッセルロード（1780-1862）にちなむ。このほか、栗を使った菓子にもよくつけられる名称である。

ねりこ　練り粉

▶paste（英）ペイスト、dough（英）ドウ / pâte（仏）パート / Teig（独）タイク

小麦粉を水、または水気を含む他のものと混ぜて練ると、小麦粉に含まれるグルテンの働きにより粘りが生じて、一つのまとまりあるものになる。これを練り粉といい、こね粉ともいう。パン生地やクッキー生地などがあげられる。練り粉の歴史は古く、遠く古代エジプト時代にまで遡る。すべてのパンやパティスリーの歴史はここに始まるといわれている。
→パート

の ノ

ノエル Noël（仏）

クリスマスのこと。フランスでは、クリスマスに、薪の形をしたビュッシュ・ド・ノエルという菓子を作る。
→ビュッシュ・ド・ノエル

ノルマン(ド) normand, *e*（仏）

フランス菓子につける名称の一つ。「ノルマンディーの」という意味。

この語の前に à la をつけて、ア・ラ・ノルマンドというと「ノルマンディー風の」の意味になる。

フランスのノルマンディー地方は美食の地として名高い。特に果樹栽培が盛んで、りんごは良質で知られ、りんごを用いた菓子によくこの名がつけられる。

たとえば、りんごを詰めたタルト・ノルマンド、まるごとのりんごをパートに包んで焼くブールドロ・ア・ラ・ノルマンド、その他にガレット・ノルマンド、サブレ・ノルマンなど、いろいろな菓子がある。

ノワ noix（仏）

くるみ、または木の実など堅果類の総称。カシューナッツはノワ・ド・カジュー、やしの実はノワ・ド・ココ、ナツメグはノワ・ド・ミュスカドという。
→くるみ

ノワゼッティーヌ noisettine（仏）

ノワゼット（ヘーゼルナッツ）を使った小型のフランス菓子。

〈製品例 I〉

サブレ生地を延ばして、円形または楕円形に抜いて焼き、ヘーゼルナッツ入りのフランジパーヌ（アーモンドクリームとカスタードクリームを合わせたもの）をはさむ。

〈製品例 II〉

焼いたシュクセの生地にヘーゼルナッツのプラリネ入りのバタークリームをはさみ、上に焼いたヘーゼルナッツを刻んで散らす。プティガトーの一種。

ノワゼット noisette（仏）

▸hazelnut（英）ヘイゼルナット / Haselnuss（独）ハーゼルヌッス

はしばみの実。ヘーゼルナッツのこと。ヨーロッパに広く分布している。先のとがった小さな丸い形をしていて、脂肪分が多く、高い香りと風味を持つ。特に焼くと香りが強まる。

菓子作りにおいては、パティスリー、コンフィズリーを問わず、まるごとはもちろん粉末、ペーストなど、アーモンドと同様に多用されている。たとえばマス・プラリーヌ（プラリネマッセ）を作る場合、アーモンドのみで作るが、ときには、香りを高めるためにアーモンドとヘーゼルナッツの半々で作る。あるいはヘーゼルナッツだけで作ることもある。

ノンパレイユ nonpareille（仏）

アントルメやプティガトーを飾るための着色した砂糖。また酸味の強い洋梨の一種や、アーモンドの一品種にも同名で呼ばれるものがある。

は　ハ

パアスリ（日）

南蛮菓子のひとつ。ポルトガルのパステル pastel が転訛したもので、ハステイラの別表記と思われる。
→ハステイラ

パイ　pie（英）

皿状にした生地に、詰め物をした菓子や料理。
はじめのころは肉や魚を詰めていたようで、15世紀末になってりんごを詰めたアップルパイなどが表れる。
パイと同様のものにタートがある。厳密な区別はないが、イギリスでは、タートは中身が見えるものをさしている。アメリカでは、中身が見えても見えなくてもパイといい、中身の見えるものだけをタートと呼んでいる。

パイきじ　—生地

日本ではこの言葉をフイユタージュに限定して使っているが、正確にパイ生地として限定されているものは、欧米にはない。パイは完成された製品名であって、皿状の生地の上にクリームや果物をのせたり、それを焼いたりしたものである。したがってその台の素材はフイユタージュ（通称パイ生地）のほかビスケット生地やスポンジ生地等何でもよい。誤りが生じたのはおそらく明治時代、ある人がパイ菓子の生地について問うたところ、聞かれた方はパイと菓子名を答えたことによると思われる。以来、そのときたまたま使っていた素材生地のフイユタージュを称して、この名がつけられたまま、今日に至る。かなり以前からこの誤称については指摘され、過去、何度か改正が試みられたが、製菓人および一般消費者に至るまで、完全に浸透しているため、現在もフイユタージュに限定して通称パイ生地という呼び名が使われている。

ハイデルベアザーネシュニッテ
Heidelbeer-Sahneschnitte（独）

泡立てた生クリームにブルーベリーをあしらった切り菓子。
ミュルベタイクに粉末にしたヘーゼルナッツあるいはアーモンドの種を流して焼き、その上にブルーベリーのピュレ入りの泡立てた生クリームを盛り、上にブルーベリーをのせて飾る。

ハイデルベアザーネシュニッテ

パイナップル　pineapple（英）

▶ananas（仏）アナナ / Ananas（独）アナナス

パイナップル科パイナップル属の植物。原産地は中米、南米北部。
パインは松、アップルはりんごおよび丸い果実を表す語であり、この果実の形が松かさに似ていて、風味がりんごに似ていたので、この名がつけられた。
製菓の分野ではパティスリー、コンフィズリー、グラスを問わず、多方面で使われている。

パイばさみ

▶pince à pâte（仏）パンス・ア・パート / pastry pincher（英）ペイストリー・ピンチャー / Teigkneifer（独）タイクナイファー、Marzipankneifer（独）マルツィパンクナイファー

フイユタージュやビスケット生地、あるいはマジパンなどの縁をはさんで模様をつける菓子用のピンセット。はさむ幅が広く、先にギザギザの歯や波形の溝がついていて、はさんだ部分に跡がつくようになっている。

パイピング　piping（英）

ケーキの上にクリーム類を絞って飾ること。またバースデーケーキやクリスマスケーキに名前や文字を入れること。

パイブレンダー（日）

▶pastry blender（英）ペイストリー・ブレンダー

フイユタージュ（通称パイ生地）やビスケット生地などを混ぜるときに使う道具。和製英語。
ゆるいカーブの金属製の刃が数枚ついており、取っ手を持って押し切りながら材料を混ぜ

る。小麦粉とバターを混ぜるとき、手で行うと体温が伝わってバターが溶けてくるが、これを使うと、手を汚さず、バターが溶けることもなく、手早く混ぜ合わせることができる。

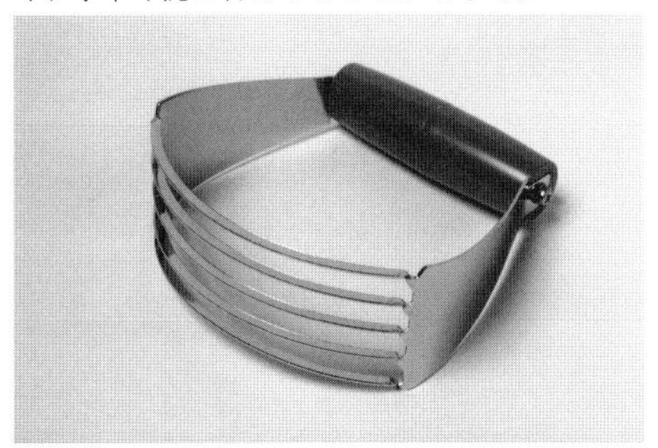
パイブレンダー

パイユ　paille（仏）

ワラや麦ワラ、あるいはひびという意味を持つフイユタージュ（パイ生地）の菓子。折ったフイユタージュを縦に四角に切って焼く。層状に焼き上がった姿がそれを表しているというところから、その名が付いたとされている。

バヴァロワ　bavarois（仏）

▶ Bayerische Creme（独）バイエリッシェ・クレーム /Bavarian cream（英）バーヴェリアン・クリーム

軽く泡立てた生クリームと卵黄、砂糖を混ぜて、ゼラチンで固めた冷たいアントルメ。好みの果物や洋酒を入れ、さまざまなヴァリエーションができる。

古くはフロマージュ・バヴァロワと呼ばれていた。フロマージュとはチーズのことであるが、チーズ入りの菓子ではなく、流動状の種が固まった様子がチーズに似た状態を呈しているところからの呼び名と思われる。

起源は、名前が示すようにドイツのバイエルン（バヴァリア）地方にあるという。一説では、バイエルンの大貴族の家で腕をふるったフランス人の料理人によって作られ、命名されたものであろうとされている。

昔作られていたものは、今とはかなり違った方法で、ゼラチンで種をつないではいたが、卵黄は用いなかった。カレーム時代のものを再現すると、およそ今日の3倍量の砂糖が混入され、当時貴重品であった砂糖を豊富に使ったぜいたく品であることがわかる。またゼラチン量もほぼ2倍となっている。ゼラチンの質による効力の違いも考えに入れねばならないが、ほぼ今日のものと変わらないと仮定すると、かなりかためのものである。冷蔵設備の未発達を考えあわせると、この程度のかたさは必要であったのか。あるいはこのかたさを好んでいたということも考えられる。ちなみに今日のものは、夏の常温で溶け出すほど、すなわち水分量の3%程のものを良しとしている。

■ バヴァロワ・ア・ラ・クレーム　bavarois à la crème

〈配合〉

ゼラチン……50g
卵黄……16個分（320g）
砂糖……250g
牛乳……1000mℓ
ヴァニラ……少々
生クリーム……1000mℓ

〈製法〉

① ゼラチンを水に浸して柔らかくし、少量の水を加えて湯煎で溶かす。
② 卵黄と砂糖を混ぜる。ヴァニラを入れて沸かした牛乳を少しずつ加えて混ぜる。
③ ②をふるいに通し、もう一度弱火にかける。沸騰させず、とろみが出てきたら火から降ろす。
④ ①のゼラチンを③に加える。
⑤ ボウルに入れ、氷または冷水で冷やし、固まり始める前に、泡立てた生クリームを入れて混ぜる。
⑥ 型に流して固める。

■ バヴァロワ・オ・テ・ヴェール　bavarois au thé vert

抹茶風味のバヴァロワ。

製品例

〈配合〉5個分

粉ゼラチン……10g
水……50mℓ
卵黄……2個分（約40g）
牛乳……120mℓ
砂糖……60g
抹茶……5g
生クリーム……130mℓ

〈製法〉

① ゼラチンは水でふやかし、湯煎で溶かす。
② 卵黄に少量の牛乳を入れて混ぜる。
③ 砂糖と抹茶を混ぜ、②に加えて混ぜる。

④ 残りの牛乳を沸騰させ、③に少しずつ加える。
⑤ ④を鍋に入れて弱火にかけ、底が焦げないようにゴムベラでこすりながらとろみをつけ、火から降ろして冷ます。
⑥ ⑤に①のゼラチン液を加え混ぜる。
⑦ 生クリームを軽く泡立て、⑥と同じぐらいのとろみをつけて合わせる。
⑧ 型を水でさっとぬらし、⑦を注いで冷蔵庫で冷やし固める。
⑨ ⑧を湯につけて型からはずし、皿にのせる。
⑩ 加糖し泡立てた生クリームを絞って飾る。

■ **バヴァロワ·オ·フリュイ　bavarois aux fruits**

フルーツ入りのババロワ。

〈配合〉

ゼラチン……………………………………… 40g
シロップ（ボーメ 30 度）………… 500mℓ
レモン果汁……………………………… 1 個分
果物のピューレ……………………………… 500g
生クリーム……………………………… 1000mℓ

〈製法〉

① ゼラチンを水に浸して柔らかくし、少量の水を入れて溶かす。
② 果物のピューレに、レモン果汁とシロップを混ぜる（果物の酸味や糖度、粘性度等によりレモン果汁やシロップは増減する）。
③ ②に①のゼラチンを加える。
④ 冷水で冷やしながら、泡立てた生クリームと合わせる。
⑤ 型に流す。
⑥ 固まったら型からはずし、皿などに移す。加糖して泡立てた生クリームなどを飾ってもよい。

パヴェ　pavé（仏）

正方形に焼いたジェノワーズを 2 ～ 3 枚に切り分け、風味づけをしたバタークリームをはさんで重ねたもの、または角形に作った香料入りのパンなどをさす。

料理分野では冷製料理の一種。正方形または長方形の型にゼリーをはりつけ、トリュフやムースで飾ったもの。

またパヴェは敷石、舗石の意を持つゆえ、その形を思わせるごとく、固めて小さな四角形またはサイコロ型に切った一口チョコレート菓子などにこの名を付している。

パヴェ·ショコラ　pavé chocolat（仏）

パヴェとはフランス語で“敷き石”を意味し、その形になぞらえたチョコレート菓子。

ガナッシュというチョコレートクリームを固めて四角に切り、ココアをまぶす。

パヴェ・ショコラ

〈配合例〉 1.0 × 2.5 × 2.5cm 90 個分

生クリーム……………………………… 200mℓ
チョコレート……………………………… 400g
ミルクチョコレート……………………… 100g
好みのリキュールまたはブランデー… 20mℓ
ココア……………………………………… 適量

〈製法〉

① 生クリームを鍋に入れて火にかけ沸騰させる。
② 火から降ろし、刻んだ 2 種類のチョコレートを加え混ぜる。
③ 粗熱がとれたら好みのリキュールまたはブランデーを加え混ぜる。
④ パラフィン紙を敷いたバットに流し、冷蔵庫で固める。
⑤ バットからはずし、2.5cm 角に切り、ココアをまぶす。

ハーヴェスト·ローフ　harvest loaf（英）

イギリスの伝統的なパン。ハーヴェスト・ブレッドともいう。収穫期に行われる、神の恵みに感謝する祭りのときに作る。ハーヴェストは、収穫、収穫期の意味。

通常のパンのほか、職人が、特別な型を用いて作る装飾的な大きなパン、あるいは編み模様をつけたものもある。装飾的なパンは、普通のものよりかための生地で、いろいろなデザインを施して作る。

〈配合〉

小麦粉……………………………………… 2000g

イースト……………………………… 18g
砂糖……………………………… 10g
塩……………………………… 30g
粉乳……………………………… 30g
水……………………………… 900mℓ

〈製法〉

① 小麦粉をふるい、少量の水で溶いたイースト、砂糖、塩、粉乳、水を加えてよくこねる。
② 発酵させたあと、好みのデザインに成形してゆく。
③ 卵黄（分量外）を少量の水（分量外）で溶いて表面に塗り、中火のオーブンで焼く。

バウムクーヘン　Baumkuchen（独）

切り口が木の年輪のような模様になっているドイツの焼き菓子。

この菓子が今日のような形に完成されたのは、1800年頃といわれている。

バウムクーヘンは丸い芯棒に流れるような柔らかな種をかけ、直火に当ててぐるぐる回しながら焼いてゆく。表面が焼けたら再び種をかけて焼く。これを何回も繰り返して徐々に太くしていく。この焼成方法の原点を探ると、たいへん古いものとなる。

人類が火を使い始めたころから、材料に棒を刺し、火にかざして回しながら焼いたであろうことは容易に推測できる。古代ギリシアでは、パン生地のようなものを巻きつけて焼いていたというが、これが事実であったとするなら、バウムクーヘンの原形といえよう。

15世紀半ばになると、シュピースクーヘンという菓子が出てくる。これは、焼き串を用いて焼く菓子と伝えられている。しかし生地をかけて焼く方法でなく、ひも状の生地を棒に巻きつけて焼いていたようである。

16世紀になると、生地を平らに延ばして棒に巻きつけるようになった。17世紀末になってようやく流れる状態の種（生地）を棒の周りにかけて焼く形が現れた。シュピースクラップフェンやプリューゲルと呼ばれるものである。しかしこれも、切り口ははっきりとした年輪状ではなかった。

こうして徐々に手が加えられて変化し、18世紀になってようやく現在の形になってきた。この時期は、砂糖をはじめ、卵、小麦粉、バターなど、菓子の材料がある程度豊富に手に入るようになったときでもある。同時に製法も工夫され、配合についても改良が進み、今日ドイツやルクセンブルクといった地域の銘菓といわれる菓子に成長していった。

バウムクーヘン

〈基本的なバウムクーヘンの配合〉

マルツィパンローマッセ……………… 125g
水飴……………………………… 55g
バター……………………………… 475g
卵黄……………………………… 450g
砂糖……………………………… 425g
卵白……………………………… 650g
小麦粉……………………………… 225g
コーンスターチ……………………… 200g
ヴァニラ……………………………… 少々
塩……………………………… 3.5g
レモン果皮……………………………… 8g

〈製法〉

① マルツィパンローマッセに水飴、バターを加えて泡立てる。
② 卵黄に砂糖ひとつかみを加えて泡立てる。
③ 卵白に残りの砂糖を加えながら泡立てる。
④ ①に②と③を加えて混ぜる。
⑤ 小麦粉とコーンスターチを一緒にしてふるい、④に加える。
⑥ ヴァニラ、塩、レモン果皮を加える。
⑦ バウムクーヘン用のオーブンの回転軸に⑥の種をかけ、ゆっくり回しながら焼く。何回もかけて太いものにしてゆく。

は

注：表面にはアプリコットジャムを塗ったあと、フォンダンを塗ったり、スイートチョコレートやホワイトチョコレートなどをかけてもよい。

その他のバウムクーヘン

■ **コットブサー・バウムクーヘン　Cottbusser Baumkuchen**

軽く焼いたアーモンドまたはヘーゼルナッツの粉末、または粉末プラリネ、プラリネのペーストおよびスパイス類を加えて作る。

■ **ザルツヴェデラー・バウムクーヘン Salzwedeler Baumkuchen**

コーンスターチのみで作るバウムクーヘン。全体に乾燥しやすい傾向はあるが、中身はソフトな仕上がりとなる。

■ **シュテッティナー・バウムクーヘン　Stettiner Baumkuchen**

バターの分量が多く、卵の量が少ないバウムクーヘン。

■ **ドレスデナー・バウムクーヘン　Dresdner Baumkuchen**

通常のバターケーキのように、共立ての卵で作るバウムクーヘン。小麦粉とコーンスターチは同量。仕上がりは不ぞろいなこぶができやすい特徴がある。

バウムクーヘンシュピッツ Baumkuchenspitz（独）

焼き上がったバウムクーヘンを適宜な厚さに輪切りにし、さらに6～8等分に切り分けてピラミッド形にし、チョコレートで被覆した菓子。

バウムクーヘントルテ Baumkuchentorte（独）

バウムクーヘンを5～8cmの厚さに切り、中央の穴に適宜に切ったバターケーキやクリームを詰め、さらにその上面にアイシングやチョコレートをかけて仕上げる菓子。

バウムベハング　Baumbehang（オーストリア）

オーストリアのクリスマスツリーの飾り菓子。ムラングをいろいろな形に絞って乾燥焼きし、ひもでつるして楽しむ。

このムラングには着色したり、でき上がったあと、グラス・ロワイヤルで模様を描いたりする。

パヴロヴァ　Pavlova（オーストラリア・ニュージーランド）

オーストラリア及びニュージーランドで親しまれている菓子。

名前の由来は、世界ツアーを行った最初のバレーダンサーとして知られるロシアのアンナ・パヴロヴァからきている。彼女がそのツアーの途中に立ち寄ったオーストラリアで、1926年にこの菓子を口にしたとされている。ただ、同じ年にニュージーランドのウェリントンのホテルでこれを食べたともいわれている。どちらが先かの詳細はわからないが、今日では双方の地の銘菓として扱われている。焼いたメレンゲに生クリームとフルーツをあしらったものだが、そのメレンゲにほんの少しワインビネガーを入れるところに特徴がある。口にした瞬間にふわっとしたかすかな酸味と香味が広がる。

〈配合〉直径12cm×高さ5cmのセルクル1台分

メレンゲ生地

- グラニュー糖……………………………100g
- 卵白………………………………………80g
- 白ワインビネガー…………………………7mℓ
- 粉糖………………………………………60g
- コーンスターチ……………………………2g

フィリング

- 生クリーム………………………………100mℓ
- グラニュー糖………………………………10g
- ブルーベリー………………………………適量
- ラズベリー…………………………………適量
- いちご………………………………………適量
- ミントまたはセルフイユ……………………適量

〈製法〉

① ボウルに卵白とグラニュー糖を入れ、湯煎にかけながら泡立て、しっかりしたメレンゲを作る。

② 白ワインビネガーを加え混ぜる。

③ 粉糖とコーンスターチを一緒にしてふるい、②に2～3回に分けて入れながら、さらにしっかり泡立てる。

④ ③をセルクルに詰めてすり切りにし、スプーンなどで中央をくり抜き、くぼみを作って、セルクルから抜きとる。

⑤ 85℃のオーブンで、約2～3時間焼き、その後冷ます。

⑥ 生クリームにグラニュー糖を加え、七分立てに泡立てる。

⑦ メレンゲ生地の窪みの中に⑥を入れ、フルー

ツ類やミントの葉などを飾る。

パヴロヴァ

パウンドケーキ

▶pound cake（英）パウンド·ケイク、loaf cake（英）ローフ・ケイク / cake（仏）ケク / Englischer Kuchen（独）エングリッシャー・クーヘン / Sandkuchen（独）ザントクーヘン

バターケーキの一種。

バター入りの重い口当たりのケーキで、時にドレンド・チェリーやレーズンなどのフルーツを加えて作られる。

この菓子の基準配合は、材料の小麦粉、卵、砂糖、バターが1：1：1：1で、製菓用語で四同割といわれている。現在ではいろいろな菓子店で、特色を出すために配合を多少変えて作っている。

イギリスでこの菓子が作られた当初、材料はそれぞれ1ポンドずつの配合で作っていた。このことから、ポンドケーキ、パウンドケーキといわれるようになり、日本でもこの名で通るようになった。フランスでは、省略して cake と書き、ケクと英語流に呼んでいる。なおこれとは別に4分の1が4つであるため4分の4ということでカトルカール quatre quart ともいっているが、これはケイクのように種々のフルーツを入れたり、それで飾ったりはしない。配合が簡単ですぐにできるということからト・フェ tôt fait とも呼ばれている。

ドイツでは、その発祥に従って「イギリス風の菓子」と呼んでいる。

なお、近年のイギリスでは、ローフケイク loaf cake と呼んでいる。

〈配合〉

バター………………………………… 200g
砂糖………………………………… 200g
全卵………………………………… 200g
小麦粉……………………………… 200g

〈製法〉

① バターと砂糖を泡立てる。
② 溶き卵を少しずつ加えてゆく。
③ 小麦粉をふるって混ぜる。
④ パウンド型に流し、中火のオーブンで焼く。
注:好みにより、果物の洋酒漬けや砂糖漬けを混ぜ込んだり、上面にのせて飾ることもある。

→カトル・カール
→ト・フェ

はがた　葉型

金属製で葉脈の模様のついた押し型。飴細工の葉や、葉型に抜いたマジパンをこの上に押し当てると、葉脈が浮き出て、実物の葉に似た形になる。

バガテル　bagatelle（仏）

バガテル

いちごを使った明るい色合いのアントルメ。

ジェノワーズにキルシュを刷毛で打ち、キルシュ入いりのバタークリームといちごをはさむ。上面に緑に着色したマジパンを薄く延ばしてのせる。バガテルは小品、形式にとらわれない小曲、情事などの意。なお、いちごを使うところから、そのフランス語のフレーズ fraise の語をもってフレージエ fraisier と呼ばれたり、ニーナ Nina という女性の名が付けられたりもしている。春先のいちごの旬に、パリの店頭を飾る。

はかり　秤

▶balance（仏）バランス / scales（英）スケイルズ / scale（米）スケイル / Waage（独）ヴァーゲ

分量、目方を計る道具。

菓子作りにおいては材料の計量は大切な作業である。針で数値をさすものと分銅をのせて目盛りを合わせるものがある。近年はデジタル式で、数字が表示されるものもある。

小麦粉、砂糖、バターなどの主要原材料を計るときは2～10g単位で計れるもの、またベーキングパウダーや塩、各種添加物など、ごく少量を計るときは、1gあるいはそれ以下の単位で計れる秤を使用する。

パーク　Pâques（仏）

▸Easter（英·米）イースター / Ostern（独）オースターン

キリスト教の祭事のひとつである復活祭。
→復活祭

バクラヴァ　baklava, baklawa（ギリシア・トルコ・アラブ・イスラム圏）

トルコをはじめ、アラブ・イスラム圏で好まれている菓子。中世以来の菓子である。西欧諸国の中では、そうしたところと接点を持つギリシアに根付き、バクラヴァそのままあるいはそのアレンジメントとしてのガラクトブレコの名で親しまれている。

紙のように薄く延ばしたパータ・フィロと呼ぶ小麦粉の生地に、溶かしたバターや油を塗り、刻んだくるみやピスタチオ、アーモンドなどのナッツ類あるいはそれらのペーストを塗り、層状に積み重ねて型に入れ、菱形や長方形の切り目をつけて黄金色に焼き上げる。

パータ・フィロで作ったバクラヴァは、大別すると焼き菓子と揚げ菓子に分けられる。はさむ物の種類や形はさまざまで、サウジアラビアではバナナの薄切りを包んで揚げている。米を挽いた粉をミルクで溶いたものを塗ることもある。パータ・フィロはのちの製菓書で「スペイン風の生地」と呼ばれている。

〈配合例〉

軽く焼いたクルミ	30g
湯がいたピスタチオ	30g
焼いたアーモンド	30g
焼いたカシューナッツ	30g
パータ・フィロ	5枚
バター	70g
シロップ	100g
水	100mℓ
レモン果汁	少々

〈製法〉

① ナッツ類を細かく砕く。
② パータ・フィロを容器の大きさに合わせて切る。
③ オーブンシートを敷いた容器にパータフィロを一枚敷き、上に溶かしたバターを塗る。
④ 細かくしたナッツ類を散らす。
⑤ ④の上にパータ・フィロをのせ、同じ作業を繰り返して4段にする。
⑥ ⑤を約5cm角に切り、180℃のオーブンで約20分焼く。
⑦ 砂糖と水を合わせて鍋に入れ110℃まで混ぜ煮つめたらレモン果汁を加え､冷ましておく。
⑧ ⑥がきつね色に焼けたら、⑦をかけて全体にしみ込ませる。

バクラヴァ

はけ　刷毛

▸pinceau（仏）パンソー / brush（英）ブラッシュ / Pinsel（独）ピンゼル

持ち手の先に毛のついた道具。スポンジケーキの表面にシロップやリキュールを浸み込ませたり、ジャムや溶き卵、バターを塗ったりするときなどに用いる。

動物の毛のものとナイロン製がある。ナイロン製は抜けにくいが熱に弱いので注意する。また毛質にも柔らかいものとかたいものがあり、用途に応じて使い分ける。刷毛は毛の抜けない、つけ根の丈夫なものを選ぶ。近年は刷毛のように作られた合成樹脂のものが使われている。

バゲット　baguette（仏）

箸や細い棒のこと。またはそれを意味するところから、細長いフランスパンをさす。なお同じ生地でも、太さや長さ、大きさ、形により、呼び名も異なり、バゲットと呼ばれるものは、中程度の大きさで、長さ 55 ~ 75cm 位のものをいう。

パスティス pastis（仏）

フランスのラングドック地方やケルシー地方のスペシャリテ。パータ・フィロという薄い小麦粉生地で、りんごやプラムなどを包み焼く。トゥールティエールやクルスタードなど、地域によって呼び方が異なる。

→クルスタード・オ・ポム

パステイス・デ・テントゥガル pastéis de tentúgal（ポルトガル）

ポルトガルのコインブラ地方で好まれている焼き菓子。ウィーンの銘菓シュトゥルーデルのポルトガル版で、中身にはポルトガル人の好む卵黄のクリームが詰められる。

〈配合〉

生地

薄力粉	110g
強力粉	110g
サラダオイル	30mℓ
ぬるま湯	100mℓ
塩	少々
溶かしバター	100g

フィリング

オヴォシュ・モーレス・デ・アヴェイロに使うドース・デ・オヴォシュ参照。

〈製法〉

① 2種の小麦粉を一緒にしてふるい、その中にサラダオイル、塩を加えたぬるま湯を入れてよく混ぜる。
② ①をまとめ、生地の表面に薄くサラダオイルを塗り、ボウルに入れて布巾をかぶせ、約1時間休ませる。
③ 布に打ち粉（分量外）をして②を置き、厚さ3mmほどに延ばす。
④ ③の表面に溶かしたバターを塗り、布と生地の間ににぎりこぶしを入れて、生地を薄く延ばし、100cm × 50cm に広げる。生地の下に新聞紙などを差し入れて、その文字が読めるほどにする。
⑤ ④を 10cm × 15cm の長方形に切り、4枚1組とする。
⑥ 1枚の上に溶かしバターを塗り、もう1枚を重ね、同じようにして4枚重ねる。
⑦ 4枚目の上に溶かしバターを塗ったら、その上に卵黄のクリーム（ドース・デ・オヴォシュ）を置き、両端から折りたたむようにして包む。
⑧ 200℃のオーブンで約25分焼く。
⑨ 粗熱がとれたら粉糖をふる。

パステイス・デ・テントゥガル

パステイス・デ・ベレン pastéis de Belém（ポルトガル）

ポルトガルの銘菓。正しくはパステル・デ・ナタ pastel de Nata だが、リスボンのベレンにある老舗菓子店アンティガ・コンフェイタリア・デ・ベレン Antiga confeitaria de Belém ではこれをパステイス・デ・ベレンの名で売り、同店の名物としている。ベレンとは、テージョ河岸の地域の名称。

→パステル・デ・ナタ

パスティセ・ド・ボニアト pastissets de boniato（西）

スペインの地中海側やアラゴン地方、バレンシア地方で好まれているさつまいものパイ包み。復活祭前の聖週間によく食べられるもののひとつ。

〈配合〉 4個分

フィリング

さつまいも	200g
水	200mℓ
砂糖	50g
レモン果皮	1/4 個分
シナモン	少々

生地

オリーブオイル	50mℓ
砂糖	12g
白ワイン	30mℓ

は

レモン果皮……………………………1/4 個分
シナモン……………………………………少々

仕上げ

粉糖…………………………………………適量

〈製法〉

① フィリングを作る：さつまいもを 2cm 程の輪切りにしてゆでる。柔らかくなったら皮をむいてつぶし、水、砂糖、レモン果皮、シナモンを入れて混ぜ、火にかけてもったりするまで練った後冷ます。
② 生地を作る：フライパンにオリーブオイルと砂糖を入れて火にかけ、砂糖が溶けたら火から降ろす。
③ ②に白ワイン、レモン果皮、シナモンを加えて混ぜ、薄力粉を少しずつ加え、30 分程休ませる。
④ ③をめん棒で厚さ 2mm 程に延ばし、直径 12cm の円に抜く。
⑤ ④の中央にフィリングを置き、半分に折って端をフォークの先で押さえる。
⑥ オーブンシートを敷いたテンパンに並べ、180℃のオーブンで約 30 分焼く。
⑦ 粗熱をとり、軽く粉糖をふる。

パスティセ・デ・ボニアト

パスティッチーニ·コン·ノーチ　pasticcini con noci（伊）

くるみをまぶしたクッキー。イタリアは良質なくるみを産するため、それを使った菓子も多い。

〈配合〉6cm 約 20 枚

くるみ……………………………………100g
溶き卵……………………………………1 個分
薄力粉……………………………………500g
卵黄………………………………………3 個分
バター……………………………………300g
砂糖………………………………………150g
ヴァニラ…………………………………少々

〈製法〉

① 薄力粉をふるい、その中に卵黄、砂糖、ヴァニラを加えて混ぜ、続いて室温に戻したバターも混ぜて、生地を休ませる。
② ①を厚さ 2mm に延ばし、菊型で抜いた後、表面に溶いた卵を塗る。
③ あらかじめ焼いて粗刻みしたくるみの上に②をのせ、裏返しにしてテンパンに並べる。
④ 180℃のオーブンで約 15 分焼く。

パスティッチーニ・コン・ノーチ

パスティヤージュ　pastillage（仏）

▶gum paste（英）ガム·ペイスト / Gummiteig（独）グンミタイク

粉糖と卵白にゼラチンやトラカント・ゴムを混入して練り込んだもの。装飾菓子に使う。成形後乾燥させると、材質が堅固となり、かなりの長期保存が可能となるため、工芸作品に好適な素材といえる。

マジパンなどが小型でほのぼのとした暖かい細工に向いているのに対し、パスティヤージュは、かたく固まる性質があるので、大がかりな工芸菓子を作ることができる。

純白な肌合いが特色であり、その特徴を生かした作品が多いが、着色した効果も大きい。きめの細かい写実的なものからモダンアート的なものまで幅広く製作されている。

一説によると、16 世紀にジャン·パステーリャというイタリア人の糖菓職人によって考案されたという。しかし、さまざまな工芸的作品が作られるようになったのは、多くの製菓職人の技術の積み重ねによるもので、特にこうしたものを集大成させたアントナン・カレーム以後の技術には瞠目するものがある。

華やかな宴席や催し事の演出の一部として、

さまざまな形が考案された。それらの資料の多くが今日にも伝えられている。

〈配合〉

粉糖……………………………… 1000g
卵白……………………………… 約45g
ゼラチン…………………………… 8g

〈製法〉

① ゼラチンをあらかじめ水に浸して柔らかくし、湯煎で溶かしておく。
② 粉糖をふるいに通してマーブル台の上に置き、中央に穴をあけて泉状にする。
③ ②の中に①と卵白を入れ、周囲の粉糖を少しずつくずして混ぜ込んでゆく。
④ 生地をまとめ、粉糖を手粉がわりに使ってよくもみ込む。
注1：青の色素を水で溶いて微量加えると、より白さを強調できる。
注2：冬期などは、粉糖を温めておくとよい。冷えすぎているとゼラチンのかたまりが残ることがある。
注3：卵白や粉糖の量は、求めるかたさに応じて適宜増減する。

パスティーユ　pastille（仏）

円形で平たい糖菓。ドロップやトローチの類。
糖液に香料、着色料を加えて煮詰め、1滴ずつコーンスターチボックスなどに落として固める。

ハステイラ（日）

南蛮菓子のひとつ。ポルトガル語のパステル pastel が転訛したものと思われる。“小鳥か魚を細かく切って料理し、生地の中に包み込む”とされていることから、菓子というよりは料理の一種で、今日のミートパイの如きものと思われる。パアスリも、pastel の別表記と思われる。

バースデーケーキ

▶ birthday cake（英・米）バースデイ・ケイク / gâteau d'anniversaire（仏）ガトー・ダニヴェルセール

誕生日を祝うケーキ。
通常スポンジケーキを台にして、いろいろなデザインに仕上げ、クリームやチョコレートなどで Happy Birthday、あるいはフランス語なら Bon Anniversaire などと書き、名前を記す。年齢の数の蠟燭を立てて灯し、吹き消して誕生日を祝う。

パステーテ　Pastete（独）

フイユタージュで作った器に、肉や野菜などを詰めた料理。フランス菓子でいうヴォローヴァンやブシェと同系統のもの。大きな半球形のパステーテは、パステーテンハオスという。

■ パステーテンハオス　Pastetenhaus

〈製法〉

① 1ℓまたは1/2ℓのボンブ型にアルミ箔を敷き、紙などを詰めて型取りをし、アルミ箔を型からはずす。
② フイユタージュの二番生地を厚さ2mmに延ばして空気抜きの穴をあけ、①のアルミ箔上にかぶせる。
③ 厚さ3mmに延ばした同じ生地で、縁の部分と適宜な飾りを切りとり、水をつけて②にはりつける。
④ 全体に卵黄を塗り、強火で焼く。
⑤ アルミ箔からはずし、中に好みの詰め物をする。フイユタージュの台にのせて供する。

パステライザー（日）

▶ pasteuriser（英）パスタライザー

食品に低温殺菌を施す機械。低温殺菌法の発見者パストゥールの名前からこう呼ぶ。製菓業では、アイスクリームの製造等に用いる。

パステル・デ・ナタ　pastel de Nata（ポルトガル）

ポルトガルの銘菓。皿状にしたフイユタージュ（パイ生地）にカスタードクリームを詰めて焼き、シナモンパウダーを振りかけて供する。フイユタージュは、延ばした後うず巻き状に巻いて、薄く輪切りにして型に敷く。こうすることで層が縦目となり、火通りがよくなる。
ポルトガル領であったマカオが中国に返還される際に、同地が注目を浴びた。そこではこれがエッグタルトとして売られており、日本でもひと時流行した。

パステル・デ・ナタ

〈配合〉

練りパイ生地（フイユタージュ・ラピド）

薄力粉…………………………… 65g
強力粉…………………………… 65g
バター…………………………… 90g
塩………………………………… 3g
水………………………………… 45mℓ

カスタードクリーム

牛乳……………………………… 200mℓ
グラニュー糖…………………… 70g
卵黄……………………………… 2個分
薄力粉…………………………… 15g
コーンスターチ………………… 5g

〈製法〉

① 2種類の粉を一緒にふるい、細かく刻んだバターを混ぜ、そぼろ状にする。
② ①の中に塩を溶いた水を入れ混ぜる。
③ 生地をまとめ、ラップに包んで冷蔵庫で休ませる。
④ 長方形に延ばして三つ折りにし、向きを変えて延ばし、再び三つ折りにし、冷蔵庫で休ませる。
⑤ ④の作業をもう一度行い、冷蔵庫で休ませる。
⑥ ⑤を厚さ2mmに延ばし、表面に軽く霧を吹いて端から巻いてゆく。

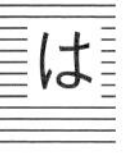

カスタードクリーム

① 牛乳を少し取り置き、残りの牛乳に1/2量のグラニュー糖を加えて沸騰させる。
② 別のボウルに卵黄、取り置いた牛乳、残りのグラニュー糖、薄力粉、コーンスターチを入れ混ぜる。
③ ②に①を少しずつ注ぎ入れて混ぜ、鍋に戻して再び火にかけ、混ぜながらとろみをつける。

仕上げ

① 練りパイ生地を7～8mmの幅に切りタルトレット型に敷き込む。
② カスタードクリームを①の中に絞り込み、180℃のオーブンで約25分焼く。
③ シナモンパウダーをふりかけて供する。

→パステイス・デ・ベレン

パスハ　пасха（露）
　▶Paskha（ハンガリー）

ロシア、ハンガリー、あるいはバルカン諸国で親しまれている復活祭の折のチーズケーキ。

生クリーム、カッテージチーズ、バター、卵、レーズン、アーモンド、ヴァニラ、砂糖漬け果物類などを混ぜ、煮立てずに温める。穴のあいた型に流し、上から重しをして、穴から余分な水気をとる。型から取り出し、果物やナッツで飾る。型にはキリストの復活を表すXBの文字を彫り刻み、菓子の表面に浮き出させる。

バス・バンズ

→バン

バーゼラー・レッカリー　Baseler Leckerli（スイス）

スイスのクッキー。バーゼルの銘菓。元々レッカリーという名前だが、同市の名物ゆえ、地名も入れてバーゼラー・レッカリーと呼んでいる。蜂蜜や香辛料、キルシュなどの洋酒が入っているため、保存性が高い。

バーゼラー・レッカリー

〈配合〉

蜂蜜……………………………… 500g
砂糖……………………………… 250g
水………………………………… 50mℓ
小麦粉…………………………… 750g
オレンジピール………………… 75g
レモンピール…………………… 75g
刻みアーモンド………………… 250g
シナモン………………………… 5g
ミックススパイス……………… 15g
レモン果皮……………………… 2個分
キルシュ………………………… 100mℓ
アンモニア……………………… 10g
フォンダンまたはグラス・ア・ロー… 適量

〈製法〉

① 蜂蜜、砂糖、水を混ぜて火にかけ、80℃くらいにする。
② 小麦粉を加えてよく練る。

③ オレンジピール、レモンピール、刻みアーモンド、シナモン、ミックススパイス、レモン果皮、キルシュを加え、さらに水を溶いたアンモニアを入れてまとめ、厚さ5～6mmに延ばす。
④ 油を引き、粉をまぶしたテンパンに③の生地を敷き、強火のオーブンで焼く。焼き上がりは1cmくらいの厚さになる。
⑤ 上面にゆるく溶いたフォンダンまたはグラス・ア・ローを塗ってグラッセし、長方形に切り分ける。

パセリ

▶parsley（英）パースリー / persil（仏）ペルスィ / Petersilie（独）ペターズィーリエ

日本ではオランダゼリとも呼ばれる香草。地中海沿岸を原産地とするものだが、現在では各地に行き渡っている。

葉、茎ともにいろいろな料理の香味づけに用いられており、特に葉の鮮やかな緑は種々の料理の彩りに、細かく刻んで振りかけたりまぶすなどして、重宝に用いられている。

バター　butter（英）

▶beurre（仏）ブール / Butter（独）ブッター

乳製品のひとつ。今日の製菓の分野において、砂糖、小麦粉、卵等と並んで、最も主要な原料。牛乳から分離したクリームで作る。

語源はギリシア語から転用したラテン語のブテュルムbutyrumで、これが転じて各国語になっていった。

バターの起源は、さまざまな説があるが、遊牧の民によって作られたと推察される。

バターには、製造過程において発酵させた発酵バターと、それをしない非発酵バターとがある。後者は通常食卓で用い、有塩（加塩）のものと、塩を入れない無塩バターとがある。有塩バターには約2%の塩分が添加されている。

菓子作りでは、おおむね非発酵の無塩バターを使い、塩味が必要なときには、必要量だけ塩を加える。なお昨今では、独特の芳香と風味から、発酵バターも意欲的に使われるようになってきた。

焼き菓子などには、バターの代用として、マーガリンやショートニングも使われており、またバターに植物油脂を混入したコンパウンドバターも便利に用いられている。

バターの成分

バターは約81%の脂肪分を含み、平均34℃くらいで溶け出す。水分は約16%で、脂肪中に分散している。ビタミンAに富み、すぐれた食品といえるが、コレステロールも多く、摂取には注意を要する。

空気中の酸素を吸収して酸化しやすく、酸化の度合いが進行すると著しく風味をそこなう。なるべく製造後6か月以内の鮮度の高いものを使用するようにする。普通は冷蔵庫で保存するが、長期の保存には零度以下が望ましい。

■ **コンパウンドバター**

バターに植物油脂を混入して作ったもの。配合比は30～90%くらいまでと幅があり、用途によってさまざまな使い分けがされている。

これはバターと比較した時の価格面と酸化の速度を抑える目的から開発されたもので、バターより風味は劣るが、コストダウンが可能である。また昨今は味も向上し、かつヘルシー志向に支えられるなど、需用も増大している。酸化の度合いもフレッシュバターより遅いため、ある程度保存を要する菓子作りには便利に使われている。

■ **発酵バター**

製造過程でバターの含むクリームを乳酸菌で発酵させてからバターにしたもので、普通のバターにはない深みのある芳醇なフレーバーを持っている。特にバターの風味が最も重視されるマドレーヌやフィナンシエ、クッキー類など、各種焼き菓子にその特性が生かされる。また伸展性にもすぐれているため、フイユタージュの製造にも好適である。

バター・カーラー　butter curler（英）

▶coquille de beurre（仏）コキーユ・ド・ブール / Butterformer（独）ブッターフォルマー

固まったバターの表面を削って、丸めとる器具。握り手の先の金属の先端が湾曲し、その内側にギザギザの歯がついている。ここをバターの表面に当て、削りとるように手前に引く。板状のチョコレートの表面をやや温め、これを削りとるときにも使う。

バタークリーム　butter cream（英）

▶crème au beurre（仏）クレーム・オ・ブール / Buttercreme（独）ブッタークレーム

バターを主体にして作ったクリーム。

→クリーム

バターケーキ（日）

日本の製菓用語。パウンドケーキやフルーツケーキなど、バターを多量に用いたケーキをさす。

パータ・フィロ

薄く延ばした小麦粉生地。元をたどると古代ギリシア時代に生まれたといい、それで何かの具を包む方法は世界各地へと広がっていき、行く先々でさまざまな料理や菓子に変身している。たとえば中国の春巻き、ドイツやオーストリアのシュトゥルーデル、あるいは巻いてはいないがギリシアやトルコといった地のバクラヴァなどもその類いのひとつと見られている。

バターもち　—餅（ハワイ）

ハワイの日系人の間で生まれ、親しまれている焼き菓子。アメリカ文化のコンデンスミルクや現地のココナッツミルクに日本文化の餅粉を加えた創作菓子。

バター餅

〈配合〉 16cmパウンド型2台分

餅粉	120g
グラニュー糖	95g
塩	少々
ベーキングパウダー	1.5g
卵	1個
コンデンスミルク	90g
バター	80g
ココナッツミルク	125g

〈製法〉

① 餅粉、グラニュー糖、塩、ベーキングパウダーを一緒にしてふるい、ボウルに入れる。
② 別のボウルに溶いた卵、コンデンスミルク、溶かしたバター、ココナッツミルクを入れて混ぜる。
③ ②を①に入れてよく混ぜる。
④ 紙を敷いた型に③を入れ、180℃のオーブンで約40分焼く。
⑤ ④が冷めたら好みの大きさに切る。加糖し泡立てた生クリームやトロピカルフルーツを添えてもよい。

バーチ・ディ・ダーマ　baci di dama（伊）

「婦人のキス」という意味の、チョコレートをサンドしたクッキー。

バーチ・ディ・ダーマ

〈配合〉 約25組

薄力粉	250g
卵黄	2個分
バター	150g
砂糖	100g

〈製法〉

① 薄力粉をふるい、その中に卵黄、室温に戻したバター、砂糖を入れて混ぜ合わせる。
② 手粉（分量外）を使いながら丸い棒状にし、小切りにして手でまるめる。
③ テンパンに並べ、170℃のオーブンで約10分焼く。
④ ③が冷めたら、湯煎で溶かしたチョコレートを使って2枚1組に張り合わせる。

はちみつ　蜂蜜

▶ honey（英）ハニー / miel（仏）ミエル / Honig（独）ホーニッヒ

蜂が花から採集してきて備蓄した食物。花の種類によって香りが異なる。糖度は砂糖の約80％だが、砂糖にはないビタミン類、酵素を含み、体によいとされている。

人類が古くから用いた甘味は果実と蜂蜜であったといわれている。そして、果実類を蜂蜜で蜜漬けすることによって、より長く保つことができるようになった。これがコンフィズリーの始まりである。蜂蜜の利用について、紀元前6000年頃の壁画にすでに蜂が描かれ、紀元前3000年頃の古代エジプトの王は、蜜蜂を彫った印を使用していた。その遺跡からは蜂蜜も発掘されている。これらを見てもいかに貴重であったかがわかる。

今日の菓子の甘味には、多くの場合砂糖が使われているが、レープクーヘンなど、古来の手法を継承しているものは、蜂蜜を用いて作られている。

はっか　薄荷

▶mint（英）ミント / menthe（仏）マント / Minze（独）ミンツェ

→ミント

バックマッセ　Backmasse（独）

代用マジパン。

マルツィパンローマッセに似ているが、アーモンドのかわりに桃やあんずの苦味を抜いた核を用いて作る。同種のものにペルジパンマッセがある。

ドイツにおいては、法的にはこれらバックマッセまたはペルジパンマッセなどに0.5%のじゃがいもデンプンを混ぜることが許されている。

→ペルジパン

はっこうきじ　発酵生地

■ **折らない発酵生地**

▶pâte levée（仏）パート・ルヴェ / yeast dough（英）イースト・ドウ / Hefeteig（独）ヘーフェタイク

■ **折る発酵生地**

▶pâte levée feuilletée（仏）パート・ルヴェ・フイユテ / Danish paste（英）デニッシュ・ペイスト / Plunderteig（独）プルンダータイク

イースト菌の働きで発酵させる生地。サヴァランやババを作るための、型詰めにして焼き上げるものと、クロワッサンやデニッシュ・ペイストリーのように折り上げて成形して焼くものとがある。

→パート（パート・ルヴェ、パート・ルヴェ・フイユテ）

パッションフルーツ　passion fruit（英）

ブラジルを原産地とするトロピカル・フルーツ。パッション・フラワーの果実。現在ではハワイ、東南アジアなどでも多く栽培されている。

強い酸味と独特の芳香から、飲料としての利用のほか、近年菓子の分野でも大いに使うようになってきた。特にムースやシャーベットなどに多用する。

バット（日）

▶plaque à débarrasser（仏）プラック・ア・デバラセ / plate sheet（英）プレイト・シート / Teller（独）テラー

製菓用具。角盆のような容器。

材料や生地、クリームなどを置いたり、広げたりするのに使う。鉄、ステンレス、アルミ製などがある。

ハッラー　hallah, challah（イスラエル）

ユダヤ教徒がサバスと呼ばれる安息日や祝祭日に作って祝う菓子パン。イギリスのプレイテッド・ホワイト・ブレッドに似ている。

〈配合〉

水…… 90mℓ
イースト…… 28g
小麦粉…… 400 + 200g
砂糖…… 13g
塩…… 7g
全卵…… 3個
サラダオイル…… 50mℓ
薄切りアーモンド…… 少々

〈製法〉

① 水でイーストをとき、発酵させる。
② 小麦粉400g、砂糖、塩を混ぜ、その中に卵、サラダオイルを入れ、①を加えて全体を混ぜる。
③ 小麦粉200gを加えながら生地をまとめ、よくもみ込む。
④ 45分ほど放置して発酵させ、再びこねて10分ほど休ませる。
⑤ 4等分し、それぞれひも状に延ばしてこれを編む。
⑥ 表面に卵黄（分量外）を塗り、薄切りアーモンドを振りかけて200℃のオーブンで焼く。

パテ　pâté（仏）

パータ・パテかパータ・フォンセ、フイユタージュを型に敷き、中に肉や魚、野菜などの具を詰めて焼いたもの。オードヴルとして供する。

陶製の器に豚の背脂を敷き、中にさまざまな具を詰めて焼いた、いわゆるテリーヌもパテという。しかし厳密には、テリーヌは冷製で供するものをいう。

パテは冷製でも温製でも供することができる。いずれも菓子店の商うトレトゥール（出張料理）として扱う。

■ **パテ・ド・カナール　pâté de canard**

鴨のパテ。

〈配合〉

鴨肉……………………………… 300g
豚肉……………………………… 100g
タイム…………………………… 少量
コニャック……………………… 適量
塩………………………………… 少々
胡椒……………………………… 少々
フイユタージュ………………… 適量

〈製法〉

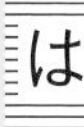

① 鴨肉と豚肉を、ミンチで挽く。
② タイムを入れたコニャックを①に振りかける。
③ 塩、胡椒を加えてもむ。
④ フイユタージュ、パータ・パテ、またはパータ・フォンセなどの生地を延ばし、型の底と内側に張る。
⑤ 中に③を詰め、上に④の生地をかぶせて蓋をする。
⑥ ④と同じ生地をいろいろな形の抜き型で抜いて上に貼り、模様をつける。
⑦ 表面に卵黄（分量外）を塗って焼き、薄切りにして供する。

■ **パテ・ド・シャンピニオン　pâté de champignon**

マッシュルームのパテ。

〈配合〉

マッシュルーム（粗刻み）…………… 300g
エシャロット…………………… 2個
ハム（粗刻み）………………… 50g
塩………………………………… 少々
胡椒……………………………… 少々
バター…………………………… 適量
生クリーム……………………… 適量
フイユタージュ………………… 適量

〈製法〉

① マッシュルーム、エシャロット、ハムを混ぜる。
② 塩、胡椒を加え、バターと生クリームを入れてよくもみ、混ぜる。
③ フイユタージュを厚さ5mmに延ばし、丸い抜き型で抜く。
④ 1枚を底にし、中央に②を球状に丸めて置き、少し押しつぶす。
⑤ 縁に卵（分量外）を塗り、もう1枚をかぶせて周りを接着させる。
⑥ 周りに1回りナイフを入れて、菊形にする。
⑦ 上面に卵黄（分量外）を塗り、ナイフで筋を入れて焼く。

パティシエ

▸ pâtissier（仏）パティスィエ / confectioner（英）コンフェクショナー / Konditor（独）コンディトーア

製菓人。菓子を作る職人。女性はパティシエール pâtissière という。製菓人の呼び方は、時代によって異なっていた。

→パティスリー

パティスリー　pâtisserie（仏）

▸ pastry（英）ペイストリー / Konditorwaren（独）コンディトーアヴァーレン

小麦粉を主体として作った菓子とそれを売る菓子店との意味がある。菓子について現在では範囲が拡大し、小麦粉を使わないゼリーやババロワ等の冷菓も含んでいる。すなわちチョコレートやボンボンなどのコンフィズリー（糖菓）、アイスクリームやシャーベットなどのグラス（氷菓）を除いたほとんどすべての菓子をさしてパティスリーと呼んでいる。

小麦粉を水でこねたいわゆるこね粉をパート pâte という。これは、ギリシア語のパスティという大麦がゆから派生した言葉のひとつである。このパスティがラテン語のパスタ（小麦粉の練り粉）となり、イタリアのパスタにつながる。また、さらに現在のパート、英語のペイストになる。これらで作ったものがパティスリーであり、ペイストリーである。ちなみにフランス語のパート pâte の古語は paste で、pâtissier という語は少なくとも17世紀半ば過ぎまでは pastissier と表記していた。またパティスリーの動詞形はパティセ pâtisser（こねる）である。

具体的にパティスリーとしては、次のようなものがある。シュー生地、スポンジ生地、フイユタージュ、ムラング、イーストを使った発酵生地、ビスケット生地等を使って作る菓子、温かくして供する菓子（アントルメ・ショー）、冷菓（アントルメ・フロワ）およびクッキー類である。

またこの語は、製菓人の技術および菓子を作り販売する場所、すなわち「菓子店」もさす。

菓子店の歴史は古代ギリシアにまで遡る。この時代すでに、なま物や焼いたものも含めて100種類近い菓子があらわれていた。これを引き継いだ古代ローマでは、パンや菓子を作ることが男性の仕事として確立し、内容は次第に充実していった。そして紀元前171年にはその職業が法的に承認されるにいたった。パン屋はピストル、菓子屋はプラケンタリウスと呼ばれていた。

中世に入ると、製菓人はウーブリエと呼ばれた。ウーブリ（巻き煎餅）という菓子を作る人という意味であり、ウーブリがそのころの菓子の代表的な存在であったことを示している。一方、現在の製菓人をさすパティシエは、パステーテを作る料理人をさした。このパステーテは食べられる素材（多くはこね粉を用いる）で作った器に、肉や野菜、卵等を詰めたもので、今日のパテである。これは中世を通じて、最も好まれたもののひとつであった。このパステーテがパティスリーにつながったといわれている。そしてパテ料理人から製菓人へ、パテ屋から菓子屋に、呼称が移っていった。

バトー　bateau（仏）

小舟、小舟形容器、小舟の形をした焼き型。バルケットと同意。

→バルケット

パート　pâte（仏）

▶paste（英）ペイスト、pastry（英）ペイストリー / dough（米）ドウ / Teig（独）タイク

小麦粉等を水でこねたこね粉、練り粉のこと。あるいはいくつかの材料を混ぜて練った生地または種。フランスの古語ではpasteという。語源的には、大麦がゆの意味のギリシア語パスティにつながりを持つ。この言葉から派生した名前の食べ物は各地にあり、互いに近い関係にあるが、それぞれの時代や地域によって少しずつその意味するところやニュアンスが異なっている。

たとえば、パスタというと多くはマカロニ形態のものをさし、パートは菓子やパンの生地を表し、ペーストは粘性を持ったもの、あるいはレバーや魚のすりつぶしたものとして解釈されている。

パートpâteを用いた生地（種）には次のようなものがある。

■ **パータ・グジェール　pâte à gougère**

グジェール用のシュー種。水の代わりに牛乳を用い、適量のチーズを加える。

→グジェール

■ **パータ・グラッセ　pâte à glacer**

コーティング用に調製されたチョコレート。風味はクーヴェルテュールより劣るが、温度調節の必要がなく、便利に使える。日本でいう洋生チョコレートにあたる。

■ **パータ・クレープ　pâte à crêpes**

クレープ用の種。

→クレープ

■ **パータ・サヴァラン　pâte à savarin**

サヴァラン用の生地。

→サヴァラン

■ **パータ・ジェノワーズ　pâte à génoise**

ジェノワーズ（スポンジ）種のこと。

→ジェノワーズ

■ **パータ・パテ　pâte à pâtés**（仏）

▶Pastetenteig（独）パステーテンタイク / pie pastry（英）パイ・ペイストリー

塩味のビスケット生地。

〈配合〉

バター……………………………… 400g
小麦粉……………………………… 1000g
全卵……………………………… 200g
水……………………………約250mℓ（上限）
塩……………………………… 20g

〈製法〉

① バターと小麦粉を混ぜてそぼろ状にする。
② 卵と水、塩を加え混ぜて全体をまとめ、冷蔵庫で休ませる。
③ 均質にもんで、求める厚さに延ばして使用する。

■ **パータ・ババ　pâte à baba**

発酵菓子のババを作る種。

→ババ

■ **パータ・ビスキュイ　pâte à biscuit**

ビスキュイを作る種。ビスキュイの種類によって、パータ・ビスキュイ～と呼ばれる。ドイツ語ではビスクヴィートマッセ、英語ではスポンジ・ミクスチャーという。

→ビスキュイ

■ **パータ・フォンセ　pâte à foncer**

パート・シュクレなどすべての底敷き用の生

地の総称と、甘みの少ないビスケット生地としての呼称の意味がある。表にまとめると右のようになる。続いてこの中からよく使う生地をとり上げて解説する。

■ **パータ・フォンセ・フィーヌ　pâte à foncer fine**

甘みの少ないビスケット生地。

〈配合〉

バター……600g
砂糖……40g
卵黄……6個分
小麦粉……1000g
水……500mℓ
塩……25g

〈製法〉

① バターと砂糖をすり合わせ、卵黄を加える。
② 小麦粉をふるって加え混ぜる。
③ 水と塩を加えてまとめる。以下、前項と同じ。

■ **パータ・プディング　pâte à pudding**

プディング用の種。

→プディング

■ **パータ・ベーニェ・スフレ　pâte à beignets soufflés**

揚げ菓子のペ・ド・ノンヌなどのシュー種。

→シュー

■ **パータ・ボンブ　pâte à bombe**

卵黄とシロップを攪拌して作る製菓副材料。アントルメやグラス（氷菓）に用いる。

〈配合〉

砂糖……1000g
水……300mℓ
卵黄……580g

〈製法〉

① 砂糖と水を120℃まで煮詰め、シロップを作る。
② 卵黄を攪拌しながらシロップを加えてゆく。

■ **パート・シュクレ　pâte sucrée**（仏）

▸ Mürbeteig（独）ミュルベタイク、Mürbteig（独）ミュルプタイク、Zuckerteig（独）ツッカータイク / sweet short paste（英）スウィート・ショート・ペイスト

甘みのあるビスケット生地。

〈配合〉

バター……500g
砂糖……500g
全卵……200g
小麦粉……1000g

〈製法〉

① バターと砂糖をすり合わせる。
② 卵を加えて混ぜる。
③ 小麦粉をふるい、②を入れて混ぜ、全体をまとめる（あまり混ぜすぎてはいけない）。
④ 冷蔵庫で休ませ、もんで均質な状態にする。
⑤ めん棒を使って求める厚さに延ばして用いる。

■ **パート・フイユテ　pâte feuilletée**

フイユタージュ（通称パイ生地）の別の呼び名。

→フイユタージュ

■ **パート・ブリゼ　pâte brisée**（仏）

▸ Mürbeteig（独）ミュルベタイク / short pastry（英）ショート・ペイストリー

フイユタージュに近い塩味の生地。

〈配合〉

小麦粉……1000g
バター……700g
水……少量
塩……25g

〈製法〉

① 小麦粉にバターを混ぜてそぼろ状にする。
② 少量の水に塩を溶いて①と混ぜる。生地の状態により、水は加減しながらまとめる。
③ 冷蔵庫で休ませる。
④ 求める厚さに延ばして使用する。フイユタージュのように折る場合と、折らずにそのまま使う場合がある。

■ **パート・ルヴェ　pâte levée**（仏）

▸ Hefeteig（独）ヘーフェタイク / yeast dough（英）イースト・ドウ

発酵生地ともイースト生地とも呼ぶ。イースト（酵母）の発酵を利用して作るもので、性質から見るとパンの領域と重なる。

大別すると、「柔らかい生地」と「折りたたむ生地」に分けられる。前者はサヴァランやババ類のような柔らかいものを、容器に入れて焼き上げたりするもの。後者はパート・ルヴェ・フイユテ pâte levée feuilletée、プルンダータイク Plunderteig、デニッシュ・ペイスト Danish paste といい、クロワッサンやデニッシュ・ペイストリーに見られるように、ある程度かたくし、折って成形して作るものである。これらは、「生きている」ということに特徴がある。

発酵の起因となる酵母は微生物の一種である。人類は数千年前から、自然発酵という形で

パータ・フォンセ（底生地としてのビスケット生地）の基本配合と応用配合

単位＝g

	小麦粉	バター	砂糖	卵	水	塩	その他
基本配合							
パート・シュクレ1	1000	500	500	200	（150 卵の代用）		
パート・シュクレ2	1000	750	250	100			
パート・シュクレ3	1000	250	750	300			
応用配合Ⅰ							
パート・シュクレ・プール・タルト	1000	500	400	150	100	20	
パート・シュクレ・ア・フロール	1000	500	300	全卵4個 卵黄4個	少量		＊水は調節用
パート・シュクレ・スペシアル	1000	500	450 （粉糖）	200			アーモンドパウダー 450 レモン果汁 2/3 個分
パート・シュクレ・オルディネール	1000	300	400	200	牛乳少量		＊牛乳は調節用
パート・シュクレ・コンミューヌ	1000	200		100	少量		クラム 500 ＊水は調節用
パート・シュクレ・フィーヌ（パート・セーシュ）	1000	500	500	250			＊かために作る
パート・サブレ	1000	660	300	卵黄8個			ヴァニラ
応用配合Ⅱ							
パータ・フォンセ・フィーヌ	1000	600	40	卵黄6個	約 500	25	
パータ・フォンセ・オルディネール	1000	500	25		約 600	25	
パータ・フォンセ・コンミューヌ	1000	350			約 600	25	
パータ・フォンセ・プール・アントルメ	1000	500	250	300		25	
パータ・タルト	1000	500	125		250	15	
パータ・フォンセ・ルヴェ・オルディネール	1000	300	40		600 （微温湯）	25	イースト 60 ＊粉の 1/4 とイースト、水で中種を作る
応用配合Ⅲ							
パータ・パテ	1000	400		200	約 250	20	＊水はこれを上限とする
パータ・パテ・オルディネール	1000	250			約 500	25	
パータ・タンバル	1000	360		全卵4個 卵黄4個	約 200	25	
応用配合Ⅳ							
パート・ブリゼ	1000	700			少量	25	

パート・ルヴェの基本配合

単位＝g

	強力粉	イースト	水または牛乳	卵	砂糖	塩	バター	レーズン	その他
サヴァラン	1000	20～30	少量（イースト溶解用）	800（16個）	50	20	500		
パータ・ババ	1000	20～30	少量	800（16個）	50	20	500	150	
クグロフ	1000	80	200（牛乳）	400（8個）	500	10	500	500	レモン果皮10
ブリオッシュ	1000	20～30	約100	700（14個）	60	20	700		
クロワッサン	1000	30	400～500		50	20	200～250		
プティパン	1000	30	少量	200（4個）	100	25	200		
〈参考〉 シュトレン	1000	100	125		150	12	500	700	粉糖250、上塗り用バター200、アーモンド250、オレンジピール150、メース、ヴァニラ、カルダモン、ラム、ブランデー
デニッシュ・ペイストリー	1000	40	300	（150）	120～150	10	50～150		油分の少ないときはイーストを90とする

＊小麦粉は任意により強力粉、薄力粉あるいは半々で使用する。

利用してきたが、化学的には1857年、パスツールが発酵の意義を確立した。菓子やパンの生地においての酵母の力は、それが発酵し、炭酸ガスを発生して膨張させることにある。パン酵母の発酵力はある時点から温度の上昇とともに急に強くなる。たとえば30℃では20℃のときの3倍ほどにもなる。したがって酵母の発酵力をコントロールするためには、温度と時間を厳密に管理しなければならない。これが発酵生地を扱うとき最大のポイントとなる。

■ **パート・ルヴェ・フイユテ　pâte levée feuilletée**（仏）

▶Danish paste（英）デニッシュ・ペイスト／Plunderteig（独）プルンダータイク

イースト菌の働きで発酵させる生地。クロワッサンやデニッシュ・ペイストリーのように折り上げて成形して焼くもの。

パート・ダマンド　pâte d'amandes（仏）

マジパン。アーモンドのペーストである。アーモンドの薄皮をむき、砂糖、シロップとともにすりつぶしてペースト状にしたもの。そのまま食べるか、生地や種に混ぜて風味を加えることにも用いる。また感触が粘土状なので、各種の造形を行い、菓子の世界を広げている。

→マジパン

パート・ド・フリュイ　pâte de fruits（仏）

果物のゼリー。果物の果汁を絞り、ペクチンの粘性を利用して、ゼリー状に固める一口サイズの菓子をさす。果物の種類によってパート・ド・〜という。

〈配合例〉

アプリコット……………………………… 600g
水煮のりんご……………………………… 400g
フランボワーズ…………………………… 500g
レモン果汁と果皮…………………… 4個分
砂糖…………………………………… 1000g
水飴……………………………………… 100g
ペクチン………………………………… 100g
グラニュー糖またはざらめ糖………… 適量

〈製法〉

① アプリコットの果肉、水煮のりんご、フランボワーズを一緒に火にかけて煮る。
② レモンの果汁と果皮、水飴、砂糖を加え、さらに煮詰める。
③ 100℃になったらペクチンを加え、混ぜる。
④ 強火にして攪拌しながら約30分煮て、火から降ろす。
⑤ 裏ごしして、紙を敷いた容器に流す。
⑥ 固まったら小片に切り分け、40℃ほどのホイロで一晩乾燥させる。
⑦ ホイロから出し、少し湿気を戻して、グラニュー糖またはざらめ糖をまぶす。
⑧ 再び乾燥させる。
注：果物の種類によってペクチンの強度が異なるため、配合として加えるペクチンの量も増減する。

バトン　bâton（仏）

「棒」の意味。文字どおり棒状に作られた菓子や料理によくこの名がつけられる。

小さなものはバトネ bâtonnet と呼ばれる。

■ **バトネ・オ・ザヴリーヌ　bâtonnets aux avelines**

ヘーゼルナッツを入れた細長い小さなクッキー。

■ **バトネ・オ・ザマンド　bâtonnets aux amandes**

「アーモンドの小棒」の意味。アーモンド入りの生地で作った細長く小さなクッキー。

■ **バトネ・オ・ショコラ　bâtonnets au chocolat**

アーモンドとココアを入れて作った細長く小さなクッキー。

■ **バトン・ド・ジャコブ　bâtons de Jacob**

「ヤコブの棒」の意味。シュー種を細長く絞って焼き、中にカスタードクリームを詰め、上面に煮詰めた糖液をつける。

■ **バトン・フイユテ・グラッセ　bâtons feuilletés glacés**

フイユタージュを薄く延ばして細切りにし、上面にグラス・ロワイヤルを塗ってオーブンで焼く。

バトン・ド・マレショー　bâtons de maréchaux（仏）

バトンは杖、マレショーは元帥、すなわち元帥の杖の意味のフランスの乾き焼き菓子。ガナッシュをサンドした軽いメレンゲクッキー。

〈配合〉 25個分

バトン生地

卵白………………………… 50g（1.5個分）
グラニュー糖………………………… 15g
粉糖…………………………………… 40g
粉末アーモンド……………………… 40g

刻みアーモンド……………………… 100g
ガナッシュ
スイートチョコレート………………… 120g
牛乳……………………………………… 25mℓ
バター…………………………………… 60g
ラム……………………………………… 5mℓ

〈製法〉

バトン生地

① 卵白にグラニュー糖を加えて泡立て、しっかりしたメレンゲを作る。
② ①に一緒にふるった粉糖と粉末アーモンドを加え、軽く混ぜ合わせる。
③ 丸口金をつけた絞り袋に②を詰め、オーブンシートを敷いたテンパンに7cmずつ50本絞り、刻みアーモンドをかけて180℃のオーブンで約10分焼く。

ガナッシュ

① 鍋に牛乳と生クリームを入れて沸騰させ、火から降ろして刻んだチョコレートを加え混ぜて、粗熱をとる。
② 室温に戻したバターをクリーム状に練り、①に加えて混ぜ、ラムを加える。

仕上げ

ガナッシュを星口金をつけた絞り袋に詰め、バトン1本に絞り、もう1本でサンドする。

バトン・ド・マレショー

バナナ　banana（英・米）

▸banane（仏）バナーヌ / Banane（独）バナーネ

東アジアの熱帯地方が原産地といわれるバショウ科の果実。主産地は東南アジア、中南米、アフリカ等。

そのままでもデザートになるが、スライスしたり、ペースト状にしてタルトやアントルメにも利用される。焼いたり、揚げたりなどの調理もなされる。アメリカではバナナケーキやバナナパイも好まれ、乾燥させてバナナチップなども作っている。

バナナ・ナッツ・ブレッド　banana nuts bread（米）

アメリカで親しまれている焼き菓子。ブラウンシュガーを使った生地にバナナやナッツ類、レモン果汁を加えて焼いたもの。

〈配合〉

バター…………………………………… 90g
ブラウンシュガー……………………… 110g
全卵……………………………………… 2個
バナナ…………………………………… 200g
レモン果汁……………………………… 15mℓ
小麦粉…………………………………… 200g
ベーキングパウダー…………………… 9g
塩………………………………………… 2.5g
刻んだナッツ類………………………… 適量

〈製法〉

① バター、ブラウンシュガーを混ぜ、卵を加える。
② バナナをつぶし、レモン果汁を加えて①に混ぜ、小麦粉、ベーキングパウダー、塩を混ぜ入れる。
③ 刻んだナッツ類を加え、型に流して焼く。
④ 上から粉糖をふりかける。

パナリェッツ　panellets（西）

さつまいもまたはじゃがいもを用いセンターに松の実をまぶした団子状の菓子。カタルーニャ地方を中心に地中海に面した地域で好まれ、特に11月1日の諸聖人祭の折には欠かせないものとなっている。

〈配合〉約15個分

さつまいも……………………………… 100g
粉末アーモンド………………………… 100g
グラニュー糖…………………………… 60g
卵黄……………………………………… 1個分
レモン果皮すりおろし………………… 1/2個分
ヴァニラ………………………………… 少々
全卵……………………………………… 1個
松の実…………………………………… 100g

〈製法〉

① さつまいもをゆでて皮をむき、フォークで押しつぶす。
② 粉末アーモンド、グラニュー糖、卵黄、レモン果皮すりおろし、ヴァニラを一緒にして混ぜ、①と合わせて、小さな団子状にまるめる。
③ 全卵を卵黄と卵白に分け、卵白を溶いて②をくぐらせて松の実をまぶす。

④ ③を手でしっかりまるめ、溶いた卵黄を全体に塗る。
⑤ 150℃のオーブンで約15分、色がつくまで焼く。

パナリェッツ

パニエ　panier（仏）

「かご」「ざる」の意味。
パンを入れる容器ということから、パンかごをパニエと呼ぶようになった。
ケーキ類の菓名でも、器状に成形されたものは、この名がつけられることがよくある。

■ **パニエ・ド・フリュイ　panier de fruits**
各種の果物入りのかご型の菓子。かごは、薄いすり込み用の生地などを焼いて、熱いうちに曲げて形づくる。チョコレートなどを使って固めたものもある。中に好みのクリームと果物を盛り込む。

ハニー・ケイク　honey cake（英）

スパイスを使った焼き菓子で、テーブルに出す直前に蜂蜜をかけて供する。
一般的なハニー・ケイク
〈配合〉 20 × 30cm のトレイ1枚分
卵…………………………………… 2個
グラニュー糖……………………… 110g
蜂蜜………………………………… 225g
インスタントコーヒー…………… 4g
熱湯………………………………… 70mℓ
サラダ油…………………………… 100mℓ
薄力粉……………………………… 225g
ベーキングパウダー……………… 2g
重曹………………………………… 2g
シナモン…………………………… 1g
ナツメグ…………………………… 1g
ジンジャーパウダー……………… 1g
蜂蜜（仕上げ用）………………… 適量
〈製法〉
① 卵にグラニュー糖を混ぜてミキサーで攪拌し泡立てる。
② ①に蜂蜜、熱湯で溶いたコーヒー、サラダ油を順に入れ混ぜる。
③ 薄力粉、ベーキングパウダー、重曹、シナモン、ナツメグ、ジンジャーパウダーを一緒にしてふるい、②に加えて混ぜる。
④ ③を型に流し、180℃のオーブンで約30分焼く。
⑤ 冷ました後、適宜な大きさに切り、蜂蜜をかけて供する。

ハニー・ケイク

バニツァ　баница（ブルガリア）

ブルガリアで親しまれている塩味の焼き菓子。チーズ入り、果物入りなどがある。チーズ入りはバニツァ・サス・シレネと呼ぶ。
〈配合〉
生地
小麦粉……………………………… 1000g
塩…………………………………… 10g
レモン果汁………………………… 30mℓ
サラダオイル……………………… 30mℓ
水…………………………………… 600mℓ
チーズのフィリング
カッテージチーズ………………… 225g
全卵……………………………… 1～2個
塩…………………………………… 少々
フルーツのフィリング
りんご…………………………… 2～3個
砂糖…………………………… 100～200g
パン粉……………………………… 適量
〈製法〉
① 小麦粉、塩、レモン果汁、サラダオイル、水

を練り合わせる。
② 生地を6等分し、それぞれ1～2cm厚さに延ばし、油を塗って積み重ね、休ませる。
③ ②を再びこね、3等分して延ばし、重ねる。
④ 2～3mmの厚さに延ばし、2枚に切る。
⑤ チーズのフィリングのものには、カッテージチーズ、卵、塩を混ぜたものを間に塗って重ね、中火のオーブンで焼き上げ、5cm×7cmほどに切る。
⑥ フルーツのフィリングのものには、りんごを粗くすりおろし、果汁を軽くとり除いて砂糖を加え、パン粉を適量混ぜて水気を吸収させたものを作る。これを間に塗って焼く。

バニラ

→ヴァニラ

は

ハヌカー・ドーナッツ　Hanukkah donuts（イスラエル）

イスラエルで好まれている揚げ菓子。ハヌカーとは紀元前168～141年のマカバイ戦争でユダヤの人々がエルサレム神殿を奪回したことを記念する祭りで、この時に食べられるのがこの菓子である。キリスト教のクリスマスとほぼ同時期だが、このふたつは全く異なるもの。

イーストを使って仕込んだ発酵生地を手ごろな大きさに丸め、油で揚げる。

揚がったら、中にアプリコットジャムを絞り込み、上から粉糖を振る。

〈配合〉

中種

微温湯	100mℓ
イースト	23g
砂糖	15g

生地

強力粉	600g
薄力粉	300g
砂糖	160g
塩	10g
全卵	2個
微温湯	450mℓ
サラダオイル	100mℓ
アプリコットジャム	適量
粉糖	少々

〈製法〉

① 微温湯でイーストをとき、砂糖を加えて発酵させる。
② 強力粉、薄力粉、砂糖、塩、卵、微温湯を混ぜて①と合わせ、サラダオイルを混ぜる。
③ 発酵させてガス抜きし、再び発酵させる。
④ 30gずつとって丸め、2倍量に発酵させてから油で揚げる。
⑤ 中にアプリコットジャムを絞り込む。
⑥ 粉糖を振る。

ハヌカー・ドーナッツ

パヌケ　pannequet（仏）

クレープにクリームやジャムを塗り、巻いたり、たたんで粉糖をかけ、もう一度焼いたもの。果物を包み込むものもある。英語のpancakeの転用。

ハヌム・ギョベイ　hanım göbeği（トルコ）

トルコで好まれている揚げ菓子。

ハヌムは婦人、ギョベイはへその意味で、菓子の形から名づけられたもの。カドゥン・ギョベイともいう。

水、砂糖、塩、バターを沸騰させた中に、小麦粉を加えて練り、卵を加えてこねる。これを丸め、中央にくぼみをつけ、高温で揚げる。シロップに浸して食べる。

パネットーネ　panettone（伊）

菓子とパンの中間的なもので､形はドーム形でイタリアで親しまれている。日常よく食べるが、祝い事や集まり、休日などの食卓には必ず出されるもので、特にクリスマスには欠かせない。

『現代洋菓子全書』によると、これは3世紀ごろ作られたもので、生地は焼く数日前からねかせておいたという。

また別の説によると、16世紀、ミラノの製菓所のウゲットという人が初めて焼いたもので、パネ・ディ・トーネと呼んだものだという。これは「トーネのパン」という意味で、トーネとはその製菓店主の名前であったとされている。

パネットーネは別名「ミラノのドーム状の菓子」ともいわれ、ミラノに起源を持つものであることが想像される。

〈配合〉

小麦粉…… 320g
イースト…… 25g
微温湯…… 少々
卵黄…… 6 個分
砂糖…… 75g
塩…… ひとつまみ
バター…… 100g
レーズン…… 75g
レモンピール…… 少々
レモン果皮…… 1/2 個分

〈製法〉

① 小麦粉をふるい、微温湯で溶いたイースト、卵黄、砂糖を入れる。
② 塩、柔らかくしたバターを①に加えて、混ぜ合わせる。
③ レーズン、レモンピール、レモン果皮を加え、①のボウルに入れて発酵させる。
④ 約 2 倍量にふくらんだらガス抜きして、紙製の型に詰める。
⑤ 再び発酵させ、表面に溶かしバターを塗って焼く。

パネットーネ

バノック bannock（英）

スコットランドで長年親しまれているバター風味の丸いパン。押しつぶしたような形に作り、生地の中にレーズンを大量に入れる。

熱した石の上で焼いた平たい無発酵のパンが発展したもの。はじめは大麦、豆、からす麦などの粉を、塩水で練って作っていたという。のちのスコーン、オートケイクなども、初期のころのバノックから始まったものといわれている。その後バノックは工夫され、キリスト教や国の祝祭日、記念日に作られていった。

特に名高いものがスコットランドのセルカークという町のバノックである。

→セルカーク・バノック

ババ baba（仏）

イースト菌の働きを利用して作るレーズンの入った発酵菓子。形がワインなどのコルクの栓（ブーション）に似ているところから、ババ・ブーションとも呼ばれている。またラムがよく使われるところから、ババ・オ・ロムといわれている。

この菓子を考案したのは、ポーランド王のスタニスワフ・レシチンスキ付きの料理長シュヴリオだといわれている。フランスのランベールという町で作られていたクグロフの新しい食べ方として、ラムを上から振りかけてフランベ（火をつけて炎を上げさせる）する方法を考えついたという。

この菓子は、たいそうスタニスラワフ王のお気に召すところとなり、王は愛読書である『千夜一夜物語』に出てくるアリ・ババの名前をとって命名した。

19 世紀初頭、ストレールという製菓人がその作り方を知り、この菓子を作って広めた。やがて、アリ・ババを略してババと呼ばれるようになった。ストレールは、売るときに刷毛でシロップを塗って供していた旧来の方法をやめ、あらかじめシロップに浸す方法をとった。ババもサヴァランもクグロフという菓子を出発点としたその変化形である。現在でもババにはレーズンを加え、サヴァランには加えない。

〈配合〉

強力粉…… 1000g
イースト…… 20 ～ 30g
水または牛乳…… 少々
全卵…… 800g
砂糖…… 50g

塩……………………………………………… 20g
レーズン……………………………………… 150g
バター………………………………………… 500g
シロップ……………………………………… 適量
ラム…………………………………………… 適量
アプリコットジャム………………………… 適量

〈製法〉
① 水または牛乳でイーストを溶く。
② 強力粉の半量を混ぜる。
③ 残りの強力粉に卵、砂糖、塩、レーズンを混ぜ合わせ、②と混ぜる。
④ 柔らかくもんだバターを生地に混ぜ込む。
⑤ ボウルに移し、40℃くらいのホイロに入れて発酵させる。
⑥ 約倍量になったらガス抜きをして型に詰める。
⑦ 再び発酵させて、中火のオーブンで焼く。
⑧ ボーメ18度のシロップにラムを混ぜ、浸す。
⑨ 熱したアプリコットジャムを塗り、チェリーやアンゼリカで飾る。

パパイヤ　papaya（英）

▸papaye（仏）パパイ / Papaya（独）パパーヤ

トロピカルフルーツ。原産はコスタリカやメキシコ南部といった熱帯アメリカといわれ、大航海時代の16世紀にスペインの探検家によってその存在が知られた。その後アフリカやアジアの熱帯地方に広まって栽培されるようになっていった。日本に伝えられたのは明治中期の1895年頃といわれている。マーケットへの登場は遅かったが、現在では各種アントルメ、ムース、氷菓等広く使われている。パパインという強力なたんぱく質分解酵素が含まれていて、つや出しのためのゼラチンを溶かしてしまうので注意を要する。ただしその酵素は、果肉に熱を加えて不活性化させると、ゼラチンも溶けずにきれいに仕上げることができる。

パパゲーノ・トルテ　Papageno Torte（オーストリア）

マルツィパンローマッセと生クリームをたっぷり用いたオーストリアで好まれているチョコレートケーキ。

パパゲーノはモーツァルト作曲のオペラ『魔笛』に登場する準主役の名前で、命名の由来は定かではないが、音楽の都にふさわしい菓子といえる。

〈配合〉
ジャポネ種
卵白…………………………………………… 120g
砂糖…………………………………………… 120g
粉末アーモンド……………………………… 120g
マンデルマッセ
マルツィパンローマッセ…………………… 720g
水……………………………………………… 100mℓ
卵黄…………………………………………… 400g
卵白…………………………………………… 420g
砂糖…………………………………………… 400g
コーンスターチ……………………………… 100g
小麦粉………………………………………… 270g
缶詰のみかん………………………………… 600g
溶かしバター………………………………… 適量
その他
バタークリーム……………………………… 適量
コワントロー入りシロップ………………… 適量
泡立てた生クリーム………………………… 適量
削ったミルクチョコレート………………… 適量
ガナッシュ
生クリーム…………………………………… 1200mℓ
チョコレート………………………………… 300g

パパゲーノ・トルテ

〈製法〉
① 卵白に砂糖を入れ、粉末アーモンドを混ぜてジャポネ種を作り、直径23cmの薄い円板にすり込んで、オーブンで焼く。
② マンデルマッセを作る。水でゆるめたマルツィパンローマッセと、卵黄を混ぜて泡立てる。
③ 卵白と砂糖を泡立て、コーンスターチを加えたムラングを作り、②と合わせる。
④ 小麦粉を加え、缶詰のみかん、溶かしバターを加え、直径23cmの型4台に流して焼く。
⑤ ①のジャポネ生地にバタークリームを塗り、

④を重ねる。
⑥ コワントロー入りシロップを塗る。
⑦ 生クリームを沸騰させ、刻んだチョコレートを加えて作ったガナッシュを全体に厚く塗る。
⑧ 冷蔵庫で固めたあと、泡立てた生クリームを全体に塗って、削ったミルクチョコレートを振りかける。

ははのひ　母の日

▶ Mother's Day（英）マザーズ・デイ / fête des mères（仏）フェト・デ・メール / Muttertag（独）ムッターターク

イギリス、アメリカ、日本では5月の第2日曜日。フランスでは5月の第2日曜日はフランス救国の戦士ジャンヌ・ダルクの日ゆえ、その日をずらして5月の最終日曜日、もしくは聖霊降臨祭（復活祭後の第7日曜日）と重なる年は、6月の第1日曜日となる。

四旬節の最初の日から4度めの日曜日に、亡くなった両親の霊に感謝の意を表すために、教会を訪れるというイギリスやギリシアの風習と、1908年ごろアメリカのウエストバージニア州で教師をしていたアンナ・ジャービスという女性が母の追憶のために教会で白いカーネーションを配ったことが結合したものといわれている。1914年にウィルソン大統領が制定し、続いてイギリスが追随。28年にはフランスが、32年にはドイツがそれにならった。日本でも第二次世界大戦後広まった。

フランスでは、菓子屋の店頭に子供たちが母親に贈るプレゼントとして、Mamanの文字入りや、ハートのデザインのアントルメ、デコレーションケーキ、それ用にあしらったボンボンやチョコレート菓子などが並ぶ。日米等では花はカーネーションと決まっているが、フランスでは彼らの最も愛するバラの花などを贈っている。

パピヨン　papillon（仏）

「蝶」の意味。

フイユタージュで作る菓子。パルミエと同じようにグラニュー糖をまぶしながらフイユタージュの生地を折る。生地を重ねて断面を1cm幅に切り、半回転ねじってテンパンの上に置いて焼く。熱いうちに片面にシロップを塗る。

ねじって焼き上げた形が蝶に似ているところからの命名。

パピヨン

パフェ　parfait（英）

フランス語からの転用語で、本来凍結させた菓子であるパルフェから変化した。アイスクリームにフルーツ、シロップ、泡立てた生クリームなどをあしらった冷製デザートである。サンデーが幅の広い器で作られるのに対し、パフェはたて長の器で作られる。

→パルフェ
→サンデー

パフ･ペイストリー　puff pastry（英）

日本でパイ菓子といわれているもので、折りパイ生地（フイユタージュ）、練りパイ生地（フイユタージュ・ラピッド）などで作った菓子。フレキー・パフ・ペイストリー、フレキー・ペイストリーともいわれる。生地自体をさす語はパフ・ペイスト、フレキー・パフ・ペイストである。

パプリカ　paprika（英）

辛くないとうがらしで作るさわやかな香りの赤いの粉末。数種類のとうがらしを細かく挽いて作る。塩味の菓子や、料理の香りづけ、色づけに用いる。辛いものにはカイエンヌペッパーがある。

パポッシュ･デ･アンジョ　papos de anjo（ポルトガル）

“天使ののどぼとけ”という意味のポルトガルの焼き菓子。フワッとした食感を特徴としている。

〈配合〉 直径12～13cmのもの15個分

種

卵黄……………………………………10個分
砂糖……………………………………50g
型塗り用バター………………………適量

シロップ
水…… 360mℓ
砂糖…… 100g
レモン果皮…… 1/2 個分
オレンジ果皮…… 1/2 個分
オレンジ果汁…… 1/2 個分
コワントロー…… 30mℓ

〈製法〉

① 卵黄を泡立て、砂糖を加えてさらにクリーム状になるまで泡立てる。
② 型にバターを塗り、①を流し入れ、160℃のオーブンで 15 ～ 20 分、きつね色に焼く。
③ 鍋に砂糖、水、レモン果皮、オレンジ果皮を入れて火にかけ、沸騰したら弱火にしてさらに 5 分煮て、果皮を取り出し、火から降ろして粗熱をとる。
④ ③が冷めたらオレンジ果汁とコワントローを加え、冷蔵庫で冷やす。
⑤ 深めの皿に焼いた②の生地をのせ、冷えた④のシロップを流し入れてヒタヒタの状態にする。

パポッシュ・デ・アンジョ

バーボフカ　bábovka（チェコ・スロバキア・ポーランド他）

チェコやスロバキア、ポーランドなど東欧諸国で好まれているクグロフ型の焼き菓子。地域によって少しずつ作り方や味覚が異なる。

〈配合例〉

バター…… 360g
粉糖…… 360g
卵黄……21 個分
卵白……21 個分
砂糖…… 360g
小麦粉…… 570g
ベーキングパウダー…… 6g
ココア…… 70g
レーズン…… 200g

〈製法〉

① バターと粉糖を攪拌し、卵黄を少しずつ加えてゆく。
② 卵白に砂糖を加えて泡立て、①と合わせる。
③ ベーキングパウダーと小麦粉を混ぜてふるい、②と合わせる。
④ ③の約 1/4 量をとり分けて、ココアを混ぜる。
⑤ 白、黒両方の生地に適量のレーズンを混ぜる。
⑥ クグロフ型にバターを塗り、小麦粉を振って白の生地を半量流し、次に黒の生地、残りの白の生地を流す。
⑦ 150℃くらいの低めの温度のオーブンでゆっくり焼く。

ハーミット　hermit（米）

レーズンとくるみをたっぷり入れ、スパイスを効かせたクッキーの一種。ハーミットとは「隠者」の意味。

〈配合〉20 本分

バター…… 30g
ブラウンシュガー…… 30g
卵…… 1 個
モラセス…… 60g
薄力粉…… 100g
重曹…… 1g
ベーキングパウダー…… 1g
塩…… 2g
シナモン…… 2g
オールスパイス…… 2g
ナツメグ…… 2g
クローヴ…… 2g
レーズン…… 50g
くるみ…… 50g
シュガーアイシング
粉糖…… 40g
水…… 5mℓ
レモン果汁…… 1mℓ

〈製法〉

① バターをクリーム状にし、ブラウンシュガーを混ぜて攪拌して、溶いた卵、モラセスを加え混ぜる。
② ①に粉類と塩と刻んだレーズン、焼いて刻んだくるみを混ぜる。
③ ②を 2 等分し、テンパンに置いて、ラップをかぶせたままやや細長い山形に整形し、冷蔵庫で休ませる。

④ ラップをはがし、180℃のオーブンで13分焼く。
⑤ 冷めたら2～3cm幅に切り、練って作ったアイシングを、細い線状に絞る。

ハーミット

ハミングバード・ケイク　hummingbird cake（米）
直訳すると「ハチドリのケーキ」。
アメリカ南部で19世紀から親しまれているもの。パイナップル、バナナ、ペカンナッツ等をあしらったクリームケーキで、1978年にサザンリビングという雑誌に、ノースカロライナ州のL.H.ウィギンスという人が紹介し、人気が広がっていったという。
〈配合〉 15cm 1台分
ケーキ生地
菜種油…… 65g
ブラウンシュガー…… 60g
卵…… 1個
薄力粉…… 120g
重曹…… 1g
シナモン…… 少々
バナナ…… 正味100g
パイナップル…… 70g
ペカンナッツ…… 40g
クリームの配合
クリームチーズ…… 200g
ヨーグルト…… 80g
粉糖…… 60g
飾り
ペカンナッツ…… 適量
〈製法〉
① 菜種油、ブラウンシュガー、卵を一緒にして混ぜる。
② 薄力粉、ベーキングパウダー、重曹、シナモンを一緒にしてふるい、①に混ぜる。
③ フォークでつぶしたバナナ、刻んだパイナップル、ローストして刻んだペカンナッツを一緒にして②に混ぜ、ケーキ型に詰めて180℃のオーブンで約40分焼き、冷めてから3枚に切る。
④ クリームチーズ、ヨーグルト、粉糖を混ぜ、③のケーキの間に塗って、3段重ねにし、上面にも塗る。
⑤ 上面に軽くローストしたペカンナッツを散りばめる。

ハミングバード・ケイク

パームかくゆ　―核油
アブラヤシの実の核から採れる油。同じ木の実から採ったパーム油とは異なる性質を持っている。パーム油に比べると融点が低く、25～30℃ほどで、これを超えると液状になる。カカオバターと同様、温度変化に敏感で口溶けはシャープである。マーガリン等への利用の他、洋生チョコレートといわれるコーティング用チョコレートやアイスクリームなどに使われている。

バームクーヘン
→バウムクーヘン

バームブラック　barmbrack（英）
果物入りのアイルランドの丸いパン。最初はバターまたはラード、砂糖、卵を混ぜて生地を作っていたようで、混ぜるものはキャラウェイ・シードぐらいのものであったという。その後、レーズン、ピールといったドライフルーツが多く加えられるようになっていった。
バームブラックという名称は、アイルランドでいう bairín breac が転訛したものといわれている。bairín は自家製の小さなパン、breac は斑点のあることを意味し、まだら模様のパンの意である。

クリスマスやハロウィーンによく作る。

〈配合〉

中種

牛乳	570mℓ
水	570mℓ
砂糖	60g
イースト	115g
小麦粉	230g

生地

全卵	285g
砂糖	230g
塩	21g
小麦粉	1815g
ラード	340g
レーズン	2950g
オレンジピール	225g
レモンピール	225g
レモン果皮	3 個分

〈製法〉

① 温めた牛乳、水、砂糖、イースト、小麦粉を混ぜて中種を作り、発酵させる。
② 卵、砂糖、塩を混ぜ、①と合わせる。
③ 小麦粉を加えて生地をまとめる。
④ ラードを混ぜて発酵させ、レーズン、オレンジピール、レモンピール、レモン果皮を加えて再度発酵させる。
⑤ 生地を分割して丸め、少し平たくしてテンパンに並べ、表面に卵黄を塗る。
⑥ もう一度発酵させてから 210℃のオーブンで焼く。

パームゆ　—油

▶ palm oil（英）パーム・オイル / huile de palme（仏）ユイル・ド・パルム / Palmöl（独）パルムエール

アブラヤシの実から採れる油。融点は 30 ～ 40℃ゆえ、常温では固型を保っている。ふつうのヤシの実と異なり、3 ～ 5cm の小さな卵形をしており、1 本の木に 1000 個以上結実し、それぞれが 50 ～ 60％の油を含んでいる。性質がラードに似ているため同じような使い方がなされ、ショートニングの原料になったり、マーガリン製造に利用されたりする。しかもラードに比して酸化しにくいという利点もある。

はやしとらひこ　林虎彦

（1926-）自動包餡機および製菓用ロボットの草分け、レオン自動機創業者。

台湾・高雄で製糖会社の技師長の三男として生まれ、第二次世界大戦後に日本に帰国。1950（昭和 25）年、石川県金沢で株式会社虎彦として菓子店を開業。和菓子作りの基本は餡と餅であり、これらを包むことの大変さから自動化を志す。1962（昭和 37）年、R-3 型包餡機という自動で餡を包むシステムを完成。この包餡機の登場は、それまで手包みに頼っていた和菓子業界に革命を起した。1963 年にレオン自動機を設立。1966 年には、さらに進化させた包餡機 105 型を開発。和菓子のみならず洋菓子を含む食品全般に利用可能とあって、1967 年には早くも輸出を開始した。1974（昭和 49）年にはアメリカ・ニュージャージー州やドイツのデュッセルドルフに現地法人を設立。1977 年アメリカ・カリフォルニア州に工場を開設するなど、海外展開を進める。また 1987（昭和 62）年に製菓機械関連企業として初の東証二部、1989 年に東証一部に上場するなど、順調に発展を続ける。その後コンピューター搭載の包餡機「火星人」等次々と新機軸を打ち出す。また日本の和菓子のみならず、洋菓子や世界の民族食の自動化に成功し、食品機械の国際企業として成長を続けている。

はやしまさお　林正夫

菓子製造に不可欠な電動ミキサーを、日本で初めて開発した人。

1918（大正 7）年、東京板橋に、菓子型作りをもって林鋳造所を創業。コロンバンを興した門倉国輝の指示に従い、また清水利平という電気の専門家の指導を仰ぎ、電動ミキサーの研究に没頭。1929（昭和 4）年、ついに国産初の電動ミキサーの製作に成功した。

製菓業とは材料や生地を混ぜる、泡立てるといった作業が多くを占める。それまではサワリと呼ばれる大きなボウルに入れた種を、職人が泡立て器をもって掛け声とともに代わる代わる攪拌していた。電動ミキサーの開発により、多くの製菓人が助けられた。この重労働からの菓子職人の解放こそが近代製菓法への脱皮の第一歩といっても過言ではない。なお同社は 1949（昭和 24）年に、ミキサーの専門メーカーとして関東混合機工業として改組、改称し、今日に至っている。

パラチニット（日）

還元パラチノースのこと。パラチニットは通常の砂糖に比べカロリーが約半分の白色粒状の砂糖で、すっきりした甘さを特徴とし、虫歯になりにくいとして知られている。また水を加えずに高温の糖液を作ることができ、しかもカラメル化しにくいため、飴細工には好適といえる。細かい作業をせずとも、パラチニットを鍋に入れて150℃ほどに煮詰めるだけで、求める糖液を作れることから、初心者でも容易に美しい光沢の飴を引くことができる。またパラチニットの糖液は水を加えていないため、製作後の作品は、従来の糖液のものと比べ、保存性も格段によくなった。

パラチンキ　palačinky（チェコ・スロバキア）

チェコやスロバキアでのクレープの呼び名。
→パラチンケン

パラチンケン　Palatschinken（オーストリア）

オーストリアのデザート菓子。クレープからパンケーキの類まで含んでいる。添えるものやソースなどによって、いろいろなパラチンケンが作られる。

〈配合〉

小麦粉……………………400g
牛乳……………………750mℓ
卵黄……………………２個分
全卵……………………４個

〈製法〉

① 小麦粉に牛乳を混ぜる。
② 卵黄と全卵を①に加え、柔らかな種を作る。
③ 熱したフライパンに流して焼く。ソースや果物を添えて供する。

パラチンケンの例

バラ・ブリス　bara brith（英）

イギリスのウェールズ地方で作るパン。

この地のパン職人が、粗挽きの小麦粉で仕込んだ生地に、ドライフルーツや香料を混ぜ、独特のフルーツ・パンを作ったのが始まりという。バラとはウェールズ語でパン、ブリスはまだらという意味である。

〈配合〉

中種
牛乳……………………570mℓ
砂糖……………………15g
イースト……………………43g
小麦粉……………………115g

生地
小麦粉……………………1135g
バター……………………340g
砂糖……………………340g
粉末スパイス……………………7g
全卵……………………140g
すぐりの実……………………450g
レーズン……………………450g
オレンジピール……………………60g
レモンピール……………………50g
塩……………………21g

〈製法〉

① 温めた牛乳、砂糖、イースト、小麦粉を混ぜて中種を作り、発酵させる。
② 小麦粉、バター、砂糖、粉末スパイス、卵、すぐりの実、レーズン、オレンジピール、レモンピール、塩を混ぜる。
③ ②と①を混ぜ、発酵させる。
④ 一度ガス抜きをして再度発酵させ、少量に分割する。
⑤ 長方形の型に入れ、テンパンに並べる。
⑥ 表面に少し薄めた溶き卵を塗り、210～220℃のオーブンで焼く。

ハラワ　halawa（アラブ圏）

アラブ文化圏で親しまれている、蜂蜜と砂糖で作ったごま入りの粉菓子。この他、ハルワ、ハルヴァ、ヒルワ、ハラウィなど地域によって呼び名が少し変わる。イランから西では固形だが、それより東のバングラデシュあたりにかけては、バターを加えたプディング状のものが作られている。

なお蜂蜜は、気温が高いアラブ地域で菓子の日もちをよくするためによく使われる。また、古来の作り方による菓子は、甘味として蜂蜜を使うものが多い。

パリザーヴュルフェル　Pariser Würfel（オーストリア）

ガナッシュを用いたチョコレートケーキ。

ヴュルフェルはさいころ、パリザーはガナッシュを指す。四角に切り分けて供するところからこの名がついた。

〈配合〉

全卵……15個
砂糖……450g
熱いシロップ（ボーメ28度）……185mℓ
ココア……80g
小麦粉……450g
バター……150g
ヴァニラ……少々
レモン果汁……少々
アプリコットジャム……適量
ガナッシュ……適量
チョコレート……適量

〈製法〉

① 卵、砂糖を泡立てる。
② 熱いシロップにココアを加えて①と混ぜる。
③ 小麦粉を加え、溶かしたバターを加え、ヴァニラ、レモン果汁を混ぜる。
④ テンパンに流し、180℃のオーブンで焼く。
⑤ 2枚に切り、アプリコットジャムを塗る。
⑥ ガナッシュをはさみ、上面にも塗る。
⑦ 上に溶かしたチョコレートを塗って、四角に切り分ける。

パリザークレーム　Parisercreme（オーストリア）

▶ganache（仏）ガナッシュ / Ganache（独）ガナッシュ、Canache（独）カナッシュ

チョコレートと生クリームで作るクリーム。ドイツでもこの語を使うが、一般にはガナッシュまたはカナッシュと呼んでいる。

パリ・ニース　Paris-Nice（仏）

パリ・ブレストと同様にリング形に型取って焼いたシュー菓子。クレーム・シブーストを用いて作る。

パリ・ブレスト　paris-brest（仏）

▶Brühmassenkranz（独）ブリューマッセンクランツ

アントルメとして供されるシュー菓子。日本においてリング・シューと呼ばれているもの。

1891年、パリとブレスト（ブルターニュの町）間で第一回の自転車競技が行われた。伝えられるところによると、この競技を記念して、コース沿いのロングイユ通りのメゾン・ラフィットという菓子屋のパティシエのルイ・デュランが自転車のリングに模したこの形の菓子を作り、パリ・ブレストと名付けたという。

数人分の大型と、1人用の小さなものがある。

パリ・ブレスト

〈製法（大型のもの）〉

① ややかために作ったシュー種を、丸口金でリング状に絞り、さらにその上からもう一度絞る。
② 上面に卵黄を塗り、薄切りアーモンドを振って、中火のオーブンで焼く。
③ 横半分に切り分ける。コーヒーとプラリネマッセで味つけをしたカスタードクリームまたはクレーム・ムスリーヌを、星型口金をつけた絞り袋に詰め、下側のシューに、絞り目が出るように絞り、上側を重ねる。
④ 上から軽く粉糖を振りかける。

バルケット　barquette（仏）

小舟の意味。小舟形のタルトレット。バトーともいう。

小舟形の容器に、パート・シュクレやフイユタージュの生地を敷き込み、いろいろなクリームやフィリングをのせて作る菓子や料理をいう。

■ **バルケット・オ・ザブリコ　barquette aux abricots**

アプリコットのバルケット。

アプリコットのコンポートをのせ、アプリコットジャムを塗って仕上げる。

■ **バルケット・オ・フランボワーズ　barquette aux framboises**
フランボワーズのバルケット。果物がフランボワーズにかわる。

■ **バルケット・オ・フレーズ　barquette aux fraises**
いちごを用いたバルケット。

〈製法〉
① パート・シュクレまたはフイユタージュを厚さ1.5mmに延ばして、バルケット型に敷く。
② 底にアーモンドクリームを少量絞って、中火のオーブンでから焼きする。
③ キルシュ入りのカスタードクリームを絞り、いちごを並べる。
④ 煮詰めたアプリコットジャムまたはフランボワーズジャムを上面に塗る。

■ **バルケット・オ・マロン　barquette aux marrons**
マロンのバルケット。

バルケット・オ・マロン

〈製法〉
① パート・シュクレを厚さ1.5mmに延ばしてバルケット型に敷く。
② アーモンドクリームを①の中に、1/2ほどの高さに絞って焼く（焼き上がったときにふくらんで縁の高さになる）。
③ ラムまたはラム入りシロップを刷毛で②に打つ。
④ マロンペーストとラム入りのバタークリームを同量くらいで混ぜ、③の上に山盛りにして、パレットナイフで山型の両側面を平らにならす。
⑤ 片側にコーヒー入りフォンダンを、片面にビターチョコレート入りフォンダンを塗り分ける。
⑥ 稜線に沿って、小さな星型口金を使ってバタークリームを絞って飾る。シロップ煮のマロンをのせてもよい。

バルケット・オ・ザマンド　barquette aux amandes（仏）

舟形のアーモンドクッキー。好みによりプラリネペーストのクリームをサンドしてもよい。

〈配合〉 長さ10cm×幅4.5cm 10組分20枚

卵白	2個分
砂糖	50g
粉末アーモンド	50g
薄切りアーモンド	適量
バター	40g
プラリネペースト	10g

〈製法〉
① 卵白に砂糖の1/2量を3回に分けて加えながら泡立てる。
② ふるった粉末アーモンドと残りの砂糖を混ぜ、①に加え混ぜる。
③ テンパンにオーブンシートを敷いて舟型を当て、②をスプーンで流し入れ、20枚作る。
④ ③の表面を平らにし、半量には薄切りアーモンドをのせて160℃のオーブンで約10分焼く。
⑤ ④が冷めたら、アーモンドをのせていない生地にバターとプラリネペーストを混ぜたクリームを塗り、その上にアーモンドをのせた生地をのせて、2枚1組にし張り合わせる。

バルケット・オ・ザマンド

ハルツァー・ザーネクーヘン　Harzer Sahnekuchen（独）

ドイツの北部から中部にかけてそびえるハルツ山脈地方の銘菓。同地方は昔から湯治場や風光明媚な観光地として名高く、ゲーテやハイネの紀行文でも知られている。

〈配合〉

は

ヘーフェタイク……………………… 740g
バター……………………………… 140g
卵黄………………………………… 20g
砂糖………………………………… 160g
生クリーム………………………… 200mℓ

〈製法〉

① ヘーフェタイクを30cm × 50cmに延ばして、テンパンに敷き、指先で軽く押して、表面にくぼみを一定の間隔をあけて作る。
② バターと卵黄を泡立てて、くぼみの中に少しずつ絞る。
③ 砂糖を振りかけ、220℃のオーブンで焼く。
④ 生クリームをしっかり泡立てて充分冷やし、半量を熱い菓子の表面に塗る。
⑤ クリームが充分しみ込んだあと、残りのクリームを塗る。
⑥ 適宜な大きさに切り分ける。

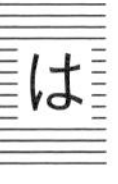

ハルテ（日）

南蛮菓子のひとつとして伝えられているが実体は不明。波留大伊とも記される。『嬉遊笑覧』には「ハルテ、マガリ、ボウル、以上はみな花ボウルの類なり」とあるが、マガリとともに今は消えている。ハルテに似た名称を持つ菓子としては、『南蛮料理書』には、はるていすという“煮つめた砂糖に、焼いて粉にした麦粉や、胡椒の粉、肉桂の粉をまるめ、麦粉をこねて焼く”というものがあるが、ボウル（ボーロ）とは異なるため、別の菓子と思われる。

パルドゥラス　pardulas（伊）

イタリアのサルデーニャ島で復活祭のときに作られる小さなかごのような形の菓子。

サフランで色あざやかに着色した新鮮なチーズをセモリナ粉やラードをベースにしたビスケット生地などに詰め、砂糖や蜂蜜をかける。

パルファン　parfum（仏）

▸perfume（英）パーフューム / Parfüm（独）パルフューム

香料。

菓子や材料に使う香りづけのためのもの。各種の果実や草木類から抽出されたものの他に、多くのリキュールやワイン、ブランデーなどもこの類として用いられる。

バルフィー　barfi（印）

インドで好まれているミルク風味のナッツ菓子。コアと呼ばれるとろとろに煮詰めたミルクに、アーモンドやカシューナッツ、ココナッツなどの木の実類をたっぷりすり入れて、砂糖を加えて煮詰め、型に流して固める。

パルフェ　parfait（仏）

▸parfait（英）パフェ / Parfait（独）パルフェ

かつてはコーヒー味のクリームをもとにして作ったアイスクリームのみをさす言葉であったが、現在では、香りをつけた生クリーム、砂糖などを混ぜ、攪拌凍結せずに、型詰めして凍結させた氷菓をさす。フランス語ではパルフェ・グラッセとも呼ぶ。

→グラス（型詰めにして凍結）

■ パルフェ・オ・ショコラ　parfait au chocolat

チョコレート味の静置凍結式アイスクリーム。

製品例

〈配合〉グラス3個分

水………………………………… 40mℓ
砂糖……………………………… 40g
ヴァニラエッセンス…………… 少々
卵黄……………………………… 4個分
水………………………………… 10mℓ
チョコレート…………………… 50g
生クリーム……………………… 200mℓ

仕上げ

生クリーム……………………… 少々

〈製法〉

① 鍋に水と砂糖を入れて沸騰させ、ヴァニラエッセンスを加える。
② 卵黄に水を加え、①の熱いシロップを少しずつ注ぎ入れ混ぜる。
③ ②を湯煎にかけ、とろみがつくまで煮て火から降ろし、粗熱がとれるまで泡立てる。
④ チョコレートを湯煎で溶かし、その半量を③に混ぜる。
⑤ 生クリームを泡立て、④に加えて混ぜ、残りのチョコレートも加えて手早く混ぜる。
⑥ ⑤をグラスに流し入れ、冷凍庫で凍結させる。
⑦ 仕上げ：加糖し泡立てた生クリームを、星口金で絞って飾る。

■ パルフェ・グラッセ　parfait glacé

型詰めして静置凍結させるアイスクリーム。ゼラチンを入れる場合もある。

生クリーム、卵、砂糖、シロップを主原料とし、好みにより各種リキュール類で香りをつける。
→グラス（型詰めにして凍結）

■ **パルフェ・グラッセ・オ・ゾランジュ　parfait glacé aux orange**

静置凍結で作ったオレンジ風味のアイスクリーム。

製品例

〈配合〉

卵……………………………………………… 1個
卵黄……………………………………… 2個分
砂糖…………………………………………… 80g
ヴァニラオイル…………………………… 少々
みかんの缶詰……………………………… 80g
グランマルニエ…………………………… 5mℓ
生クリーム……………………………… 200mℓ

〈製法〉

① 卵、卵黄、砂糖、ヴァニラオイルを混ぜ、湯煎にかけながら充分泡立てる。
② ①にみかん7～8房とグランマルニエを加え混ぜる。
③ 生クリームを泡立てて③と合わせ、容器に詰める。
④ 上面に残りのみかんをのせ、冷凍庫で凍らせる。

ハルプゲフローレネス　Halbgefrorenes（独）

▸ mousse glacée（仏）ムース・グラッセ / iced mousse（英）アイスト・ムース

攪拌凍結ではなく、型詰めし、凍結させるアイスクリームの一種。

型に沿って内側にアイスクリームを詰め、センターにさまざまな味つけをしたクリーム、あるいはパルフェの種を詰めて凍結させる。口当たりがなめらかで軽い氷菓。ハルプアイスともいう。

パルミエ　palmier（仏）

▸ Schweineohren（独）シュヴァイネオーレン

フイユタージュで作る焼き菓子。パルミエとは「やし」または「しゅろの木」の意味で、形がその葉に似ているのでこの名がついたとされているが、実際のやしの葉はこの形をしていない。またこれとは別に、豚の耳に似ているとして、そのフランス語の「オレイユ・ド・コション」の名でも呼ばれている。古くからパリの名物菓子とされてきた。フイユタージュの特性と独特の歯ざわりを楽しむ菓子である。

パルミエ

〈製法〉

① 手粉がわりにグラニュー糖をまぶしながらフイユタージュを折ってゆく。三つ折りを6回行う。
② 幅30cm、長さ110cmに延ばす。
③ 6回目に延ばしたとき、表面に好みにより、シナモン入り砂糖等を振りかけてもよい。
④ 両端から中央に向かって巻きつけ、形をつける。
⑤ 冷蔵庫で冷やし、生地がかたくなったら1cm幅に切る。
⑥ 180～200℃のオーブンで両面を焼く。
⑦ 熱いうちに、シロップまたはラムなどでゆるめたフォンダンを片面に塗る。

→オレイユ・ド・コション

パルミジャーノ・レッジャーノ

→チーズ（硬質、超硬質タイプ）

パールミルクティー　pearl milk tea（台湾）

1983年に台湾で生まれたタピオカ入りのミルクティー。

シンガポールを経由して、2000年東京の原宿に伝播した。深めの容器に入ったものを太めのストローで吸うと、口の中にタピオカごと吸い込まれる感覚が面白いと、ひとときブームとなった。

パレ　palet（仏）

クッキーの一種。

パレとは「投球戯に用いる円盤」の意味で、その形を思わせるところからの命名。通常フランスの菓子屋ではラム風味のパレ・オ・ロム、レーズン入りのパレ・オ・レザン、レモン風味のパレ・オ・シトロンなどを作っている。

■ **パレ・オ・シトロン　palet au citron**

レモン入りパレ。

パレ・オ・ロムの配合のラムをレモン果汁にし、フォンダンもレモン果汁を入れて溶く。製法はパレ・オ・ロムに準じる。

■ **パレ・オ・レザン　palet aux raisins**

レーズン入りパレ。

〈配合〉

バター……………………………… 500g
砂糖………………………………… 500g
ラム漬けレーズン………………… 250g
小麦粉……………………………… 600g
全卵………………………………… 8～9個

〈製法〉

① バターをクリーム状にし、砂糖と混ぜる。
② 卵を加え合わせる。
③ レーズンに小麦粉を少し加えて刻み、小麦粉全部と混ぜる。
④ ②と③を合わせる。
小さな丸に絞り、中火のオーブンで焼く。

■ **パレ・オ・ロム　palet au rhum**

ラム入りパレ。

〈配合〉

バター……………………………… 500g
砂糖………………………………… 500g
全卵………………………………… 8個
小麦粉……………………………… 650g
ラム………………………………… 適量
アプリコットジャム……………… 適量
フォンダン………………………… 適量

パレ・オ・ロム

〈製法〉

① バターを練ってクリーム状にし、砂糖を加え、混ぜ合わせる。
② 卵を混ぜる。
③ ふるった小麦粉を合わせ、ラムを加える。
④ オーブンシートの上にやや小高く小さな丸に絞って、中火のオーブンで焼く。
⑤ まだ熱いうちに、上面に熱したアプリコットジャムを塗り、ラムで溶いたフォンダンまたはグラス・ア・ローを塗る。

ハーレキン　Harlekin（スイス）

スイスのクッキー。「道化師」とか「おどけ者」の意味。

2枚で1組とし、ジャムをはさむ。上面には2種類のジャムを色分けして塗り、フォンダンをかける。フォンダンを通して透けて見える2色のジャムは、道化師の左右の色が違うおどけた服に通じる。

ハーレキン

〈配合〉

バター……………………………… 350g
砂糖………………………………… 200g
全卵………………………………… 1個
卵黄………………………………… 1個分
塩…………………………………… 少々
レモン果汁………………………… 少々
小麦粉……………………………… 500g
アプリコットジャム……………… 適量
ラズベリージャム………………… 適量
フォンダン………………………… 適量

〈製法〉

① バターと砂糖をすり合わせる。
② 全卵、卵黄、塩、レモン果汁を加える。
③ 小麦粉を混ぜて生地をまとめ、冷蔵庫で休ませる。
④ 厚さ2～2.5mmに延ばし、直径3cmの丸型で抜く。
⑤ 中火のオーブンで焼く。
⑥ 焼いたクッキーのうち半量の上面半分にアプリコットジャム、もう半分にラズベリージャムを塗る。もう半量のクッキーにはアプリ

コットジャムのみを塗る。2種類のジャムを塗ったクッキーを上にして重ねて1組にし、上からゆるく溶いたフォンダンをかける。

パレットナイフ（日）

▶ palette（英）パレット / spatule en fer（仏）スパテュール・アン・フェール / Palette（独）パレッテ

製菓用器具。生地や種を平らにならしたり、ケーキの表面のクリームを平らにするために用いるへら。鋼鉄製とステンレス製のものがある。通常は平らな形のものを使うが、テンパンやトレイの縁より低い生地（種）をならすときに用いる、かぎ形に曲がったものもある。

バレンシア　Valencia（西）

地中海沿岸のスペインの町の名。気候温暖にして、バレンシア・オレンジと呼ばれる良質のオレンジを産する。

オレンジまたはオレンジリキュールを使ったアントルメや菓子類にはバレンシア、あるいはヴァランシアン（バレンシアの形容詞）という名称がつけられることが多い。

パロ　palo（西）

▶ éclair（仏）エクレール

シュー種にカスタードクリームや生クリームを詰め、上面にチョコレートをつけた菓子。パロとはスペイン語で棒を指す。

ハロウィーン　Halloween（米）

10月31日に行われる祭事。11月1日の諸聖人祭の前夜祭だが、元々はキリスト教以前の慣習を受け継いだものとされている。古代ケルト人たちは果樹の神ポーモーナを祀る収穫の祭りと幸運を祈念する行事を行っており、またその日、地上に迷い出ると信じられた死者の魂を追い払い、鎮める行事などを行っていたが、それらが諸聖人祭の前夜祭と重なり、ハロウィーンになっていったと思われる。

アメリカでは、かぼちゃの収穫と重なるこの時期、子供たちはかぼちゃをくりぬいて目鼻をつけて遊んだり、魔女やお化けの扮装をして、隣近所の家を訪ねる。そして「お菓子をくれなきゃ、いたずらするよ（Trick or treat）」と言って菓子やキャンディーをねだり、集めたものでハロウィーン・パーティーを開く。しかし最近はいたずらが激しくなってきたため、全米菓子協会などが、「皆で集まってごちそうを食べよう」のキャンペーンを打ち出している。菓子店ではこの祭に合わせて、パンプキン・パイやパンプキン・ムース、パンプキン・プディングを作ったり、キャンディーなどの袋詰めを店頭に置く。

パロワーズ　paloise（仏）

パロワーズとは「ポーの」という意味で、フランス南西部アキテーヌ地方のポー Pau という町の銘菓。粉末アーモンド入りの生地で作ったダッコワーズという大型アントルメと同じもので、隣町のダックスではそれをダッコワーズ（ダックスの）と呼び、ポーでは同じものをパロワーズと呼んでいる。

ハン（パン）（日）

南蛮菓子のひとつとされたパンのこと。日本は米食ゆえ、菓子のジャンルに組み入れたものと思われる。日本人がパンという食べものを初めて知ったのは、室町時代の末期、1543（天文12）年で、ポルトガル船が種子島に漂着した時とされている。当時はこれを飯にかけてハンと呼び、“飯”や“波牟”の文字を当てたり、餛飩、蒸餅または麦餅と書いてハンと読ませていた。明治に入ってからは、麵麭、麵包、麪包といった書き方にまとまり出した。今日のようなカタカナ書きのパン表記がなされるようになったのは、明治末頃からである。

1609（慶長14）年、スペイン船の乗組員の仮長官ドン・ロドリゴ・デ・ビベロが家康に謁見した際に、「日本人はパンを果物扱いにしているが、江戸のパンは世界最高と信ず」と述べたという。果物扱いとは菓子扱いのことと思われる。また、1718（享保3）年の『製菓集』に、「はん仕様」としてパンの製法が記されている。著者は不明ながら、かなり細目にわたり研究がなされている。

また大槻玄沢（江戸後期の仙台藩士で蘭方医）の書いた『環海異聞』には、ケレブの製法として、詳しく製パン法が述べられている。ケレブとはロシア語でパンを表すフリェーブが転訛したものと思われる。さらに『亜墨新話』では、「小麦の粉を鶏卵にて練り、カステーラの如く焼くものなり」と伝えている。これは俗にいうたまごパンとも見られる。江戸後期には伊豆韮山の代官、江川太郎左衛門英龍が兵糧としてパンに注目し研究。初めて兵糧パンを焼いたのは1842

（天保 13）年 4 月 12 日といわれ、現在同日は「パンの日」と定められている。

バン　bun（英）

イギリスに発祥を持つパン菓子。伝統的なものは水種で作られるが、現在ではこねて作るものもある。バス・バン（ズ）、チェルシー・バン（ズ）、ホット・クロス・バン（ズ）など種類も多い。通常これらは複数形で、s をつけ、～バンズと呼ばれている。なおイギリスのダニエル著の『ベイカーズ・ディクショナリー』によると、クッキーとはひとつのプレーンなバンである、と定義している。

■ チェルシー・バンズ　Chelsea buns（英）

イギリスのテムズ川沿いのチェルシー地区で、18 世紀初めから作られているパン菓子。元々ジューズ街のチェルシー・バン・ハウスという店で作られたといわれる。王室、貴族、上流階級の人々がここを訪れ、コーヒーと一緒に食べることを楽しみにしていたという。

チェルシー・バンズ

〈配合〉

中種

牛乳……………………………… 570mℓ
砂糖……………………………… 30g
イースト………………………… 60g
小麦粉…………………………… 170g

生地

ナツメグ………………………… 2g
小麦粉…………………………… 1360g
バター…………………………… 285g
全卵……………………………… 170g
砂糖……………………………… 170g
レモン果皮……………………… 1 個分

その他

シナモン………………………… 少々
赤砂糖…………………………… 少々
すぐりの実……………………… 適量
溶かしバター…………………… 少々
アイシング……………………… 適量
粉糖……………………………… 適量

〈製法〉

① 牛乳、砂糖、イースト、小麦粉を混ぜて中種を作り、発酵させる。
② ナツメグと小麦粉をふるい合わせ、バターを混ぜて、卵、砂糖、レモン果皮を加え、①と混ぜる。
③ 発酵させたあと、生地を二つに分け、それぞれ正方形にし、再発酵させる。
④ 幅 25 ～ 30cm に長く延ばす。
⑤ 表面に溶かしバターを塗り、シナモンを混ぜた赤砂糖を振りかけ、適量のすぐりの実を散らす。
⑥ ロール状に巻き、全体に溶かしバターを塗って、幅 5cm ほどに切り分け、切り口を下にしてテンパンに並べる。
⑦ 210℃のオーブンで焼き、熱いうちにアイシングを塗り、粉糖を振る。

■ バス・バンズ　Bath buns（英）

イギリスのバースという町で作る名物の甘いパン。

18 世紀ごろ、フランスから入ってきたブリオッシュ生地が発展して、バス・バンズが完成されていったといわれている。当初は、生地を丸型に詰め、卵を塗ってキャラウェイ・シーズを振りかけて焼いていた。そのうちにキャラウェイ・シーズにかわってすぐりの実とざらめ糖を混ぜたものを振りかけるようになっていった。

現在の形になったのは 19 世紀で、今ではイギリス各地でこのスタイルのものが作られている。

〈配合〉

中種

牛乳……………………………… 285mℓ
砂糖……………………………… 30g
イースト………………………… 43g
小麦粉…………………………… 115g

生地

小麦粉…………………………… 910g
全卵……………………………… 285g
卵黄……………………………… 45g
レモン果皮……………………… 少々
ナツメグ………………………… 少々
バター…………………………… 450g

ざらめ糖…………………………………… 510g
刻んだレモンピール…………………… 170g
刻んだオレンジピール………………… 110g
仕上げ用
卵黄………………………………………… 少々
ざらめ糖…………………………………… 少々

〈製法〉

① 牛乳、砂糖、イースト、小麦粉を混ぜて中種を作り、発酵させる。
② 小麦粉、全卵、卵黄、レモン果皮のすりおろし、ナツメグを混ぜて①と合わせる。
③ ②にバターを加えて、めん台などに数回たたきつける。
④ 1時間ほど発酵させてガス抜きし、再度発酵させる。
⑤ ざらめ糖、レモンピール、オレンジピールを、生地に切り込むように加える。
⑥ 丸めずに手で適量とり分け、ごつごつした形のままテンパンに並べる。
⑦ 卵黄を塗り、ざらめ糖を振りかけて、強火のオーブンで焼く。

■ **ホット・クロス・バンズ　hot cross buns**（英）

上面に十字の模様をつけて焼く発酵菓子。古代の人々は、生命の源を太陽と考え、これを火の神としてあがめていた。古代バビロニアの拝火教の信者たちの紋章は丸に十の字で、儀式などのときに用いていた。パンも例外ではなかったようである。ギリシアでは、満月の夜に女神ヘカテを拝む習慣があったが、このとき丸い菓子に十字の印をつけてささげた。

後年ブリテン島では、サクソン人たちが春の訪れを祝う祭りで、春の女神エストレに、十字模様をつけたパンや菓子をささげた。

初期のキリスト教では、布教にあたってこれらの習わしを、丸は永遠、十字はキリストの象徴としてとり入れていった。

ホット・クロス・バンズもこうした流れをくむもので、昔から宗教的な意味と結びつけてきた。たとえば病気を治すまじないに用いたり、またグッド・フライデー（復活祭の前の聖金曜日）に焼いたものは船を難破から守ると言われている。

〈配合〉

中種
イースト…………………………………… 60g
牛乳……………………………………… 600mℓ
砂糖………………………………………… 30g
小麦粉…………………………………… 125g
生地
小麦粉…………………………………… 1125g
バター…………………………………… 175g
全卵……………………………………… 120g
塩…………………………………………… 7g
砂糖……………………………………… 175g
レーズン………………………………… 350g
オレンジおよびレモンピール………… 125g
絞り種
小麦粉…………………………………… 350g
サラダオイル…………………………… 75mℓ
水……………………………………… 300mℓ

〈製法〉

① イーストを牛乳で溶き、砂糖、小麦粉を混ぜて発酵させる。
② 小麦粉とバターをすり合わせ、卵、塩、砂糖を混ぜて、①と合わせる。
③ レーズン、オレンジおよびレモンピールを刻んで混ぜ込み、全体をまとめる。
④ 発酵させてガス抜きし、60gずつに分割して丸める。
⑤ テンパンに並べて、再び発酵させる。
⑥ 絞り種の小麦粉とサラダオイルを混ぜ、水を少しずつ加え、絞り袋に入れる。
⑦ ⑥を⑤の表面に十文字に絞り、200～220℃のオーブンで焼き、熱いうちにシロップを塗る。

ホット・クロス・バンズ

パン

▶pain（仏）パン / pan（西）パン / pão（ポルトガル）パン / bread（英）ブレッド / Brot（独）ブロート

小麦粉または他の穀物を主原料にし、加熱製造した食べ物。日本にはポルトガルから伝えられたため、ポルトガル語があてられた。

パンの語源はラテン語のパニス panis、パネム panem から出ており、フランス語やスペイン語などの綴りになっていった。

パンの歴史はたいへん古く、古代エジプトやメソポタミアなどが発祥地とされ、紀元前3000～紀元前2000年ごろといわれている。おそらく小麦を粗挽きにしたかゆ状のものが、濃度のついたものになり、ある程度形を保ち続けるものになったとき、加熱方法も煮ることから熱い石などにのせて焼く方法がとられたようだ。また、それを放置することなどによって天然の発酵を知り、ふくらんだ原始的パンが誕生した。

そしてワインを知った人々は、その泡（酵母）や絞りかすなどをパン生地に混ぜると、早くふくらむことに気づいた。人為的な発酵である。ちなみにぶどうパンはその名残りであるといわれている。

古代ギリシアでは石やレンガのかまでパンを焼くようになり、古代ローマには職業的なパン屋が生まれた。

やがてその土地に合ったさまざまなパンが作られ、さらにキリスト教とのかかわりが持たれていく。キリストは弟子たちにパンとぶどう酒をさして、自らの肉と血であると説き、これがミサにおける聖体拝領の儀式となっていった。

日本では、パンは当初南蛮菓子の一種と考えられていた。

材料上の分類

■ **小麦パン**

小麦粉を中心に作る白パン。各国によって特色がある。

アメリカタイプ：型を使って焼成。

ヨーロッパタイプ：中力粉などを用い、型を使わずに成形焼成。

イギリスタイプ：アメリカとヨーロッパの中間型。

■ **ライ麦パン**

ライ麦（粉）を混入して作る黒パン。配合比によってタイプが異なる。

アメリカ式：ライ麦混入比20～30％。

ドイツ式：ライ麦混入比30～50％。

ロシア式：ライ麦混入比50～75％。

■ **その他**

小麦粉以外のもの（いも粉、小豆粉など）を混入して作るもの。

全粒粉、粗挽き粉使用のもの。

砕き粉使用のもの。

形態別分類

食パン類、ロール類、ラスク類、スウィート・ドウ類、ドーナッツ類、バンズ類、マフィン類、スコーン類、菓子パン類などがある。

その他の分類

形状分類、焼成法分類、配合分類、含水量分類、あるいは、発酵もしくは無発酵に分ける方法、リーンパン（ほとんど小麦粉、塩、水のみで作る）とリッチパン（小麦粉に砂糖や油脂、ミルクなどを混入して作る）などで分けるさまざまな分類法がある。

パンケーキ

▶pancake（英）パンケイク

パンとはフライパンのことで、これで焼くケーキ。日本ではホットケーキの名でも親しまれている。フランスのクレープ、チェコやスロバキアのパラチンキ、オーストリアのパラチンケンなども、この仲間に入る。

一説によると、新大陸アメリカに渡った人々が、オーブンがないためフライパンを使ってケーキを焼いたことから始まったという。この手法自体は非常に古く、古代に熱した石の上に種々の生地や種を置いたり流したりして焼いたことから始まる。石は鉄板に置きかえられ、今日に至っている。この鉄板の呼び名については、イギリスのウェールズ地方ではベイクストーン、スコットランドやイングランドの北部ではガードルと呼ぶ。南部ではグリドルといい、ホットケーキをグリドル・ケイクとも呼んでいる。

イギリスでは、四旬節の前の懺悔の火曜日に罪を告白してパンケーキを食べる習慣がある。

→ホットケーキ

パンケーキ

パン・コン・ルヴェッタ　pan con l'uvetta（伊）

レーズン入りのパン。いわゆるぶどうパンだが、しっかりとしたこしがあって、食べ応えのある食感を持っている。パネットーネにみられるようにイタリアではレーズンがことのほか好まれている。

〈配合〉 15 ～ 16 個

レーズン……………………………… 300g
溶き卵……………………………… 1 個分
薄力粉……………………………… 500g
強力粉……………………………… 500g
卵黄……………………………… 6 個分
バター……………………………… 200g
砂糖……………………………… 150g
生イースト……………………………… 200g
塩……………………………… 少々
水……………………………… 180mℓ

〈製法〉

① 2 種の小麦粉を一緒にしてふるい、その中に室温に戻したバター、砂糖、卵黄、生イースト、塩を入れてよく混ぜ、水を少しずつ加えながらよくこねる。
② ①にレーズンを混ぜ、均質な状態にする。
③ ②を温かいところに置き、30 分程休ませ発酵させる。
④ ③を適宜な大きさに切り、ボール状にまるめて、テンパン上に置き、再び発酵させる。
⑤ 表面に溶き卵を塗り、カミソリで十字に切り込みを入れて、200℃のオーブンで約 30 分焼く。

ばんじゅう　番重

ケーキ類を入れて保管したり、運んだりするための容器。日本独特の器具。

明治時代、菓子を入れていた箱を、番号を振って重ねていたことから番重と呼ぶようになった。和菓子屋、洋菓子屋ともに、それぞれの用途に合った大きさ、深さのものを使っている。はじめはすべて木製であったが、今日ではアルミニウム製、プラスチック製のものも多用される。それぞれが長所短所を持っている。

木製のものは吸湿性、保温性に富んでいるが、汚れやすい欠点もある。

アルミニウム製は、通称カナバンとも呼ばれる。これは傷がつきにくく、汚れがとれやすい。反面、へこんだりすると重ねにくく、くずれやすい。

プラスチック製は、通称プラバンともいう。変形することが少ないため、重ねやすくくずれにくい。しかし傷もつきやすく、一度傷がつき汚れると、見た目も見苦しくなる。また重ねるときすべりやすいので注意を要する。

パンセ　pincer（仏）

タルトなどを作るとき、周りにはみ出たパート・シュクレなどの縁を、細かい歯のついたピンセットでつまみ、模様をつける。この動作、作業をパンセという。また専用の器具の呼称。

パン・デ・イゴ　pan de higo（西）

「いちじくのパン」という名のスペインの菓子。いちじくを中心にアーモンドや蜂蜜を混ぜて作る古典的なスイーツ。

〈配合〉 1 個分

乾燥いちじく……………………………… 200g
くるみ……………………………… 15g
刻みアーモンド……………………………… 30g
オレンジ果皮すりおろし………… 1/2 個分
蜂蜜……………………………… 20g
ブランデー……………………………… 15mℓ
シナモン……………………………… 少々
クローヴ……………………………… 少々

仕上げ用

アーモンドホール……………………………… 適量
松の実……………………………… 適量
乾燥あんず等……………………………… 適量

〈製法〉

① 乾燥いちじくを粗刻みする。
② くるみ、アーモンドを①と一緒にしてすり鉢ですりつぶす。
③ ②に他の材料を全部入れ混ぜる。
④ 手でまるめて平らに押しつぶし、アーモンドホール、松の実、乾燥あんず等をのせて飾る。

パン・デ・イゴ

パン・デピス　pain d'épice（仏）

スパイスを使ったパンの意味だが、この場合のパンとは菓子のことを表す。

古くから親しまれているもので、小麦粉、蜂蜜のほかに、アニス、シナモン、オレンジ、クローヴなどの各種スパイスを混ぜて作る。

パウンドケーキのようにソフトに焼き上げるタイプと、平たくクッキー状に焼くタイプとがある。そもそもは10世紀頃、中国で軍隊の保存食として作られていたミ・コンというパンのようなものから発しているという。それがモンゴルを経て中東に伝わり、十字軍を通じてヨーロッパに伝わったという。フランスへは、フランドルのマルグリットがブルゴーニュ公国のフィリップ二世に嫁いだ時に伝わったとされている。また別説ではフィリップ二世が遠征先のフランドル地方から持ち帰ったともいわれている。

クッキータイプのものは、スペキュラース、あるいはジンジャーブレッドと呼ばれるものと同種のもので、各地で同様のものが作られている。

〈クッキータイプの配合と製法〉

蜂蜜……500g
小麦粉……500g
ベーキングパウダー……12g
炭酸アンモニウム……5g
アニス……少々
シナモン……少々
メース……少々
砂糖……100g
刻みアーモンド……50g
オレンジピール……30g
レモンピール……30g

① 蜂蜜を煮て、泡をとり除く。
② 小麦粉とベーキングパウダーを混ぜ、その中に①を入れて練る。
③ 炭酸アンモニウムを加え、残りの材料をすべて加えて混ぜる。
④ 型に詰めて中火のオーブンで約1時間焼く。

〈ソフトタイプの配合と製法〉

18cmパウンド型1台分

卵……55g
ブラウンシュガー……55g
蜂蜜……125g
塩……1g
バター……55g
薄力粉……90g
ライ麦粉……55g
ベーキングパウダー……3g
シナモン……4g
ジンジャーパウダー……2g
ナツメグ……2g
クローヴ……2g
蜂蜜……適量

① 卵にブラウンシュガー、蜂蜜、塩を加え、混ぜ合わせる。
② 溶かしバターを加える。
③ 薄力粉、ライ麦粉、ベーキングパウダー、シナモン、ジンジャーパウダー、ナツメグ、クローヴを一緒にしてふるい、②に混ぜて型に入れる。
④ 160℃のオーブンで約30分焼く。
⑤ 熱いうちに表面に蜂蜜を塗る。

パン・デ・ロー　pão de ló（ポルトガル）

ポルトガルでのスポンジケーキの呼び名。

パン・デ・ローのローとは、修道女や修道士たちが神を賛美する歌のロア（称賛）という語から派生しているとの説もあるが定かでない。

中心を生焼け状態に焼き上げることを特徴としている。

パン・デ・ロー

〈配合〉 直径21cm 1個分

全卵……3個
卵黄……10個分
グラニュー糖……180g
薄力粉……60g

〈製法〉

① 直径21cmのケーキ型に紙の器を入れておく。
② 全卵と卵黄をボウルに入れてよくほぐす。
③ ②をミキサーで混ぜながらグラニュー糖を少しずつ入れていく。7～8分でもったりとしてくる。
④ ふるった薄力粉を入れ、混ぜる。
⑤ ④を①の中に入れ、180℃のオーブンで約15

分前後、表面がきつね色になるまで焼く。
⑥ 半生状態に焼けたら紙ごと取り出す。中の生焼け部分が流れないように箱などに入れ冷ます。

→カステラ
→長崎カステーラ
→ビスコッチョ

バンド・オ・ポンム　bande aux pommes（仏）

帯状に作るりんごの焼き菓子。パイ生地と呼ばれるフイユタージュを延ばして、両脇に帯状の同生地をのせる。次いでその間にクレーム・ダマンド（アーモンドクリーム）またはフランジパーヌというクリームを絞り、その上に薄切りにしたりんごをのせて焼く。

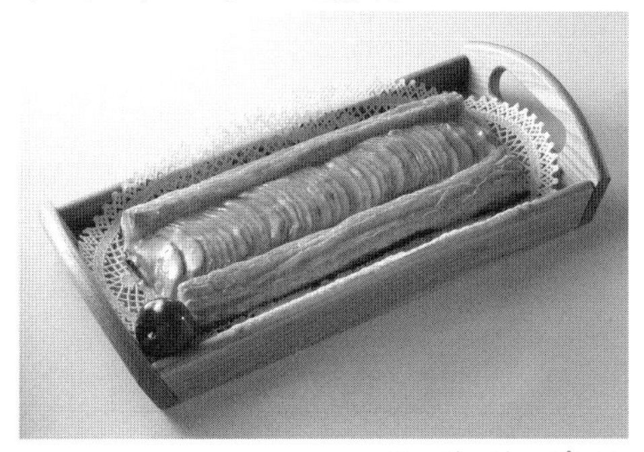

バンド・オ・ポンム

パン・ド・ジェーヌ　pain de Gênes（仏）

▸Genuakuchen（独）ゲーヌアクーヘン / almond Genoese（英）アーモンド・ジェノウィーズ

砂糖、バター、小麦粉、粉末アーモンドで作るビスキュイ生地の菓子。底の浅い菊型で焼く。

ジェーヌとはイタリアのジェノアのことで、「ジェノアのパン」の意味である。なおいわれについては次のような話が伝わっている。1855年パリのサン・トノレ通りのシブーストの店でシェフをしていたフォーヴェルがアーモンドの香りを活かした菓子を考案し、ガトー・ダンブロワジーと名付けた。アンブロワジーとは古代ギリシアのオリンポスの神々の食べ物アンブロシアのことで、これを口にすると不死身になるとの言い伝えがある。フォーヴェルは1865年、これを持って敬愛するフラスカティの店を訪ねたが、フラスカティはこの菓子をいたく気に入り、1800年にジェノヴァが敵に囲まれ窮地に陥った時、備蓄してあった大量のアーモンドと米で3か月も持ちこたえたことを思い出した。そしてその時の指揮官のマセナ元帥に敬意を込めて、この菓子にパン・ド・ジェーヌの名を与えたという。

〈配合〉 18cmのタルト型1台分

卵	2個
卵黄	1個分
砂糖	100g
コーンスターチ	50g
粉末アーモンド	50g
薄力粉	20g
卵白	1個分
バター	75g
粉糖	適量

〈製法〉

① 型に溶かしバター（分量外）をぬり、薄力粉（分量外）をまぶす。
② 卵と卵黄を混ぜ、砂糖80gを加えて、もったりするまで充分に泡立てる。
③ コーンスターチ、粉末アーモンド、薄力粉を一緒にふるい、②に混ぜる。
④ 卵白に砂糖20gを加えて泡立て、③に加えて混ぜる。
⑤ 溶かしバターを加え、①に流し入れる。
⑥ 表面を平らにし、170℃のオーブンで約15分焼く。
⑦ 焼けたら型からはずし、逆さにして軽く粉糖をふりかける。

パン・ド・ジェーヌ

パン・ド・ラ・メック　pain de La Mecque（仏）

「メッカのパン」という意味のフランス菓子。

シュー種をテンパンの上に楕円形に絞り、表面に卵黄を塗って、上からざらめ糖を振りかけて焼く。

あまりふくらまないように、中央にナイフで切り目を入れることもある。

→シュー

パンドーロ　pandoro（伊）

イタリアのヴェローナ市でクリスマスに食べるパン菓子であったが、今ではイタリア全土に広がっている。そもそもの名称はパネ・デ・オーロで金色のパンの意味に由来するという。また、かつてその作り方はオーストリアで研究され、「ウィーンのパン」といわれていたとも伝えられている。

小麦粉、卵黄、バター、砂糖にイーストを入れてふくらませ、焼いたもの。卵黄を使うので、中身が黄金色になるところからこの名がついた。

〈配合〉

中種

イースト	30g
卵黄	1個分
砂糖	10g
小麦粉	75g
水	少々

生地

小麦粉	160 + 370g
砂糖	90 + 100g
バター	25 + 40 + 175g
卵黄	3 + 3個分
全卵	1個
生クリーム	150mℓ
レモン果皮	1個分
ヴァニラ	少々

〈製法〉

① 中種の材料を混ぜ、発酵させる。
② 小麦粉160g、砂糖90g、バター25g、卵黄3個分を混ぜ合わせ、①を加えてこねたあと、発酵させる。
③ 残りの小麦粉、砂糖、バター40g、全卵、卵黄3個分を②に加えて混ぜ、再度発酵させる。
④ 生クリーム、レモン果皮、ヴァニラを③に加えてよくこねる。
⑤ ④を四角形に延ばし、その中央に薄く延ばしたバター175gをのせて、包むようにたたむ。
⑥ 再び延ばして三つ折りにし、さらに二つ折りにする。
⑦ 休ませてからこの作業を二度繰り返し、30分間休ませる。
⑧ 生地を丸め、バターを塗って砂糖を振りかけた型に収めて、縁まで発酵させる。
⑨ 中火のオーブンに入れ、15分ほどで弱火にし、40～50分焼く。
⑩ 型からはずし、粉糖を振りかけて供する。

パンナ・コッタ　panna cotta（伊）

イタリア発のミルク風味の冷製デザート。パンナは生クリーム、コッタは煮たという意味の冷製デザート。イタリア北部ピエモンテ州ランゲ地方で作られていた家庭菓子。そもそもは20世紀初め頃、ハンガリー出身のとあるバレリーナが、想いを寄せた人のために作ったものという。ベースがシンプルな乳テイストゆえ、コーヒーやチョコレート、フルーツソース等をもっていろいろな味付けが行いやすく、また好みのフルーツを添えてもよく、自由な組み合わせで楽しむことができる。1993年頃から日本でもひとときブームとなった。

〈配合例〉

牛乳	100mℓ
ゼラチン	13g
生クリーム	500mℓ
砂糖	200g
ヴァニラ	少々
加糖し泡立てた生クリーム	適量
好みのフルーツ	適量

〈製法〉

① 牛乳を温め、ゼラチンを加える。
② 生クリームに砂糖を入れて火にかけ、沸騰したら火から降ろして①を加える。
③ 冷ました後型に流して固める。
④ ③を皿に盛り、上から好みのフルーツソースをかけて、泡立てた生クリームや好みのフルーツを添える。

パンフォルテ　panforte（伊）

パンフォルテ

イタリアのトスカーナ地方、シエナの銘菓。アーモンドやいろいろな果実の砂糖漬けを、砂糖と小麦粉と蜂蜜で練り、飴のように固めたもの。

ナイフも入りにくいほどかたく、中世風の模様をあしらった八角形の箱詰めで売っている。

■ **パンフォルテ·ディ·カーサ panforte di casa**

イタリアで好まれているタルトの一種。

〈配合〉

砂糖……………………………………… 150g
蜂蜜……………………………………… 150g
水………………………………………… 50mℓ
卵白…………………………………… 3 個分
砂糖……………………………………… 50g
刻みアーモンド………………………… 250g
刻みくるみ……………………………… 150g
刻みヘーゼルナッツ…………………… 100g
刻みレモンピール……………………… 200g
刻みオレンジピール…………………… 100g
刻みドレンドチェリー………………… 100g
シナモン…………………………………… 8g
ナツメグ……………………………………少々
胡椒…………………………………………少々
粉末ジンジャー……………………………少々
ラムまたはグラッパ………………………適量
ウェファース………………………………適量

〈製法〉

① 砂糖、蜂蜜、水を一緒にして火にかけ、シロップを作る。
② 卵白に砂糖を加えて泡立て、①のシロップを少しずつ加えてムラングを作る。
③ 刻んだアーモンドなどの木の実、ピール類、ドレンドチェリー、スパイス、ラムまたはグラッパを加えて混ぜる。
④ 型の底にウェファースを敷き、周りにバター（分量外）を塗って小麦粉（分量外）を振る。
⑤ この中に③の種を詰め、150℃のオーブンで約 40 分焼く。

パンプキン·パイ pumpkin pie（英・米）

アメリカ、イギリスで好まれているかぼちゃのパイ。特に、感謝祭などに好んで食される。

〈配合〉 18cm 1 台分

パート・ブリゼ
強力粉…………………………………… 160g
バター…………………………………… 120g
水………………………………………… 75mℓ
塩…………………………………………… 3g

フィリング
かぼちゃの裏ごし……………………… 150g
卵………………………………………… 1 個
黒砂糖…………………………………… 60g
シナモン……………………………………少々
ジンジャーパウダー………………………少々
クローヴ……………………………………少々
生クリーム…………………………………少々
牛乳……………………………………… 60mℓ
カルヴァドス（ブランデー）………… 30mℓ

〈製法〉

① 強力粉に刻んだバターを混ぜてそぼろ状にする。
② 水に塩を入れて溶かし、①に混ぜてラップに包み、冷蔵庫で 1 時間休ませる。
③ かぼちゃに卵、黒砂糖、シナモン、ジンジャーパウダー、クローヴを加えて混ぜる。
④ ③に生クリーム、牛乳、カルヴァドスを加え混ぜる。
⑤ ②のビスケット生地を厚さ 2mm に延ばし、型に敷いて紙をのせ、重石をのせて 180℃のオーブンで 20 分焼き、紙と重石を取り除いて軽く焼く。
⑥ ⑤の中にフィリングを高さ 3/4 まで流し、180℃のオーブンで約 35 分焼く。
⑦ 焼き上がったら粗熱を取り、マジパンでかぼちゃを作って飾る。

パンプキン·プディング pumpkin pudding

（英・米）

かぼちゃを使ったプディング。

〈配合〉 直径 6cm のココット 13 個分

かぼちゃの裏ごし……………………… 350g
砂糖……………………………………… 120g
卵………………………………………… 4 個
シナモン……………………………………少々
牛乳……………………………………… 100mℓ
生クリーム……………………………… 100mℓ
カラメル……………………………………少々

仕上げ
マジパン……………………………………少々

〈製法〉

① かぼちゃの裏ごしに砂糖、卵、シナモンを加えて全体を均質に混ぜる。
② 牛乳と生クリームを鍋に入れ、沸騰直前まで煮て①に混ぜる。
③ ココットにカラメルを少量入れ、②を流し入れる。
④ 150℃のオーブンで約 25 分、湯煎にかけて焼く。
⑤ マジパンを延ばして目や口の形に切り、冷や

したプディングの上にのせて飾る。
→プディング

パンプキン・ムース　pumpkin mousse（英・米）

かぼちゃで作るムース。日常的にもさりながら10月31日のハロウィーンの時に多く作られる。

〈配合〉 8個分

かぼちゃ	小4個
牛乳	300mℓ
バター	10g
グラニュー糖	50g
卵黄	3個分
粉ゼラチン	10g
水	50mℓ
生クリーム	200mℓ
ラム	10mℓ

は

〈製法〉

① かぼちゃを縦1/2に切って種を取り、ラップをかけて電子レンジで堅めに火を通す(500Wなら約5分)。
② 中身をくり抜いて裏ごしをする。
③ 鍋に牛乳、バター、1/2量のグラニュー糖を入れて沸騰させる。
④ 卵黄に残りのグラニュー糖を入れて泡立て、③を少しずつ加える。
⑤ ④を鍋にもどして火にかけ、底が焦げないように注意しながら混ぜ、とろみをつける。
⑥ 水でふやかし湯煎で溶かしたゼラチンを⑤に加えて裏ごしする。
⑦ ⑥に②の裏ごししたかぼちゃを混ぜ、粗熱をとる。
⑧ 生クリームを⑦と同じほどの状態に泡立て、ラムを加えて⑦と合わせる。
⑨ くり抜いたかぼちゃの皮の中に流し入れ、冷蔵庫で冷やし固める。
⑩ 1/2のかぼちゃを、それぞれ1/4に切り分ける。

パンプキン・ムース

パン・プディング　pan pudding（英）

パンで作ったプディング。
→プディング

パンペパート　panpepato（伊）

イタリアのエミリア゠ロマーニャ州やウンブリア州テルニ地方の銘菓。アーモンド、松の実、クルミ、胡椒、レモンなどが入った王冠型のパン菓子で、クリスマス時によく食される。

バンベリー・ケイク　Banbury cake（英）

イギリスのオックスフォードシャーに伝わるフイユタージュの名物菓子。バターやレーズン、ピール、香辛料などを混ぜ合わせて、フイユタージュで包み、平たい楕円形に整えて焼く。

一説には、十字軍が聖地パレスチナから持ち帰ったという。のちにこれがオックスフォードシャーのバンベリーという町で発展し、町の名が菓子の名になった。ヘンリー二世によって市（いち）を立てる許可を与えられたバンベリーの町では、特に家畜の市の日にこの菓子を多量に作り、多くの人々が故郷に持ち帰って、イギリス全土に広まっていった。

〈製法〉

① フイユタージュを厚さ3mmに延ばし、円形に抜いて楕円に延ばす。
② 好みの果物と香料で作った詰め物を置いて包み込み、とじ目を下にして楕円形に成形する。
③ 卵白を塗り、砂糖を振りかけ、表面に三つの切り目をナイフで入れる。
④ 休ませてから強火のオーブンで焼く。

パンペルデュ　pain perdu（仏）

▶French toast（英）フレンチ・トースト

フランス語で「ダメになったパン」の意味。時間が経過して堅くなったパンを、卵と牛乳を混ぜた溶液に浸してバターで焼く。

バン・マリー　bain-marie（仏・英）

▶double saucepan（英）ダブルソースパン／Wasserbad（独）ヴァッサーバート

湯煎鍋。また湯煎にかけること。

熱い湯を入れ、ソースや生地、種、クリーム、調理したものなどが冷めないように保つ調理器具の名称、またはその加熱方法。名称の由来は、伝説上の錬金術師マリー・ラ・ジュイヴ Marie-la-Juive、または調理がやさしく仕上がるところから聖母マリアにちなんで名付けられたともいわれている。

ひ　ヒ

ビアリッツ　biarritz（仏）

フランスのクッキー。美しい海岸で有名な、フランス南西部のリゾート地ビアリッツに由来する。

粉末アーモンド入りの柔らかい種を、テンパンに円形に絞って焼く。この種はデュシェスというクッキーのものと同じである。平らな裏面に溶かしたチョコレートを塗り、波形のナイフで模様をつける。このデザインが海を表すということで、この名がつけられた。

→デュシェス

ビアリッツ

ピエス・モンテ　pièce montée（仏）

▶Aufsatz（仏）アオフザッツ / tree cake（英）トゥリー・ケイク、pyramid cake（英）ピラミッド・ケイク

積み上げて作る大型菓子。

ピエスとは英語でいうピースで、「1個、部品」のこと。モンテは「積み上げた」という意味である。日本でもなじみの深いものにウェディングケーキがあるが、大型で高く積み上げられた飾り菓子や、菓子の素材で作るさまざまな部品を組み立てた作品などは、すべてピエス・モンテと呼ぶ。代表的なものに、ヌガーの台座に糖液をつけたシューを積み上げたクロカンブッシュがある。

アントナン・カレームはこの分野を得意とし、多くのモデルを残した。今日では素材も手法も豊かになっている。素材としては、パスティヤージュ（ガムペイスト）、ヌガー、チョコレート、シュー、あめ細工などがある。

→クロカンブッシュ

ピエルニキ　pierniki（ポーランド）

クリスマスのときによく食べるポーランドのトルンの銘菓で、一種のジンジャーブレット。14世紀頃から作られているという。

〈配合〉

全卵	5個
砂糖	285g
レモン果皮	1個分
オレンジ果皮	1個分
粉末アーモンド	285g
オレンジ果汁	1/2個分
ヴァニラ	少々
粉末クローヴ	少々
刻んだフルーツピール	140g
シナモン	少々
オブラート	適量
グラス・ロワイヤル	
砂糖	230g
卵白	1個分
レモン果汁	適量
飾り用	
ドレンドチェリー	適量
刻みアーモンド	適量

〈製法〉

① 卵と砂糖をかたく泡立て、オレンジ果皮、レモン果皮をすりおろし、粉末アーモンド、オレンジ果汁を加え混ぜる。
② ヴァニラ、粉末クローヴ、刻んだフルーツピール、シナモンを加えて混ぜる。
③ テンパンにアルミホイルを敷き、オブラートでカヴァーし、その上に厚さ1.2cmに②を流す。
④ 190℃のオーブンで焼く。
⑤ 四角や人の形等好みの形に切り、冷ましたあと、あらかじめ作りおいたグラス・ロワイヤルで糖衣する。
⑥ 中央に刻んだアーモンド、ドレンドチェリーをのせて飾る。

ビガロー　bigarreau（仏）

果肉のかたいさくらんぼ。ビガロー種と呼ぶ。白色、赤色、緑色のものがある。ともに脱色したあと、たとえば赤く着色し、砂糖漬けにしたものは、ビガロー・ルージュと呼ぶ。いずれも菓子の飾りに使ったり、パウンドケーキの中に混ぜ込むなどして用いる。いわゆるドレンドチェリーになるさくらんぼである。

ビクトリア･サンドウィッチ　Victoria sandwich（英）

イギリスのヴィクトリア女王が好んだ菓子。ビクトリア・サンドウィッチ・ケイクともいう。女王が後半生に長く過ごしたワイト島の宮殿においてティータイムの時に、好んでパウンドケーキにジャムをはさんで食べたことからこの名が付されたという。

なお当初は小麦粉だったが、そのうちに一部をコーンスターチやじゃがいも粉に置き換え、よりよい食感のものにアレンジされたものも作られていく。また20世紀に入ってからは、このサンドウィッチに生クリームも加えてサンドするようになっていった。

ビクトリア・サンドウィッチ

〈配合〉 18cm 1個分

薄力粉	170g
ベーキングパウダー	8g
塩	少々
バター	170g
グラニュー糖	170g
卵	3個
牛乳	45～60mℓ
ブラックベリージャム	126g
仕上げ用粉糖	適量

〈製法〉

① バターを室温にし、ミキサーでクリーム状に攪拌する。
② ①にグラニュー糖を加え、卵を加えて攪拌する。
③ 薄力粉とベーキングパウダーを一緒にしてふるい、①に3回に分けて加え混ぜる。
④ ③に牛乳を混ぜ、なめらかな状態にし、型に流して焼く。
⑤ ④を2枚に切り、1枚の上に裏ごししたジャムを塗り、もう1枚を重ねる。
⑥ 上から軽く粉糖をかける。
注：加糖し泡立てた生クリームをジャムの上にぬってサンドしてもよい。

ピクルス

▶pickle（英）ピクル / cornichon au vinaigre（仏）コルニション・オ・ヴィネーグル / saure Gurken（独）ザウレ・グルケン

小さいきゅうりの酢漬け。イギリスでは小玉ねぎの酢漬けをさすこともある。

主に料理のつけ合わせとして用いるほか、カナッペやサンドウィッチに使われる。ヨーロッパのものは酸味が強く、アメリカのものは甘口のものが多い。

ピケ　piquer（仏）

▶make holes（英）メイク・ホールズ / Löcher stechen（独）レッヒャー・シュテッヒェン

製菓用語、調理用語で、刺すこと。

フイユタージュやパート・シュクレなどの延ばし生地を、タルトなどに敷き込んで焼く場合、空気が型と生地の間に入って、その部分だけふくらみやすい。これを防ぐために、フォークの先やくぎ状のものがついているローラーで、適当な間隔で穴をあける。これをピケという。

製菓用語として定着し、生地に穴をあけることを「ピケする」という。調理用語では、かたまり肉などに豚の背脂やにんにくを突き刺すため、穴をあけることをいう。

ピケローラー（日）

▶pique-vite（仏）ピック・ヴィット / docker（英）ドッカー、picker（英）ピッカー / Stipproller（独）シュティップロラー

生地などにピケするためのローラー。

とげつきのローラーを回転させながら用いるため、効率よくピケすることができる。フイユタージュやパート・シュクレなどを焼くときに使う。

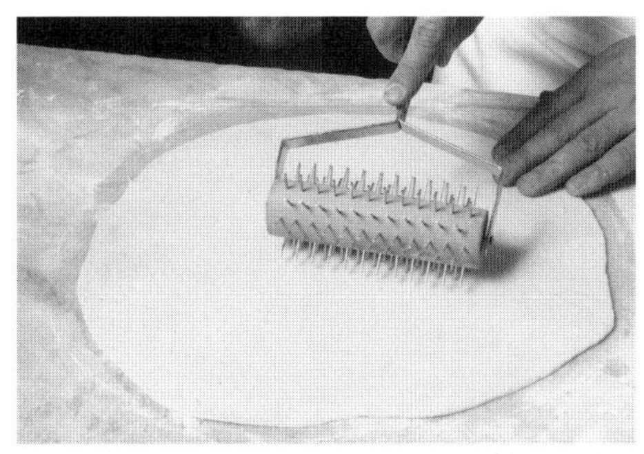
ピケローラー

ビゴ、フィリップ Bigot, Phillippe

（1942-）正式名はPhillippe Camille Alphonse Bigot。

フランスパン普及の功労者。

フランス・ノルマンディー出身。この道のエキスパートのレイモン・カルヴェル氏のすすめで、1965年東京で開かれる見本市のパン焼き職人として来日。見本市終了後、ドンクに務め、1972年独立して芦屋に“ビゴの店”を開店し、続いて各所に展開。本物のフランスパンのすばらしさを日本に紹介していった。その功績が認められ、フランス本国より農事功労章シュヴァリエ及びオフィシエ受章、2008年にはレジオン・ドヌール勲章を受章。

ビション bichon（仏）

ショソンと同様に作り、形もまた同じに作る。ただしショソンは表面に葉型の筋をつけるが、ビションは粉糖をたっぷりふりかけて焼く。焼成後は砂糖の粒が残り、それが白く短くカールしたビション犬の毛に似ているとしてこの名がつけられたという。

ビスカウト（日）

南蛮菓子の一種。ポルトガル語のビスコイトbiscoito、英語のビスキットbiscuitで表される焼き乾き菓子で、日本では現在ビスケットで統一されている。それまでは、南蛮菓子のひとつとしてビスクイト、あるいはビスカウトの呼び名でなじまれていた。

ビスキュイ biscuit（仏）

いわゆるスポンジケーキの別名。またその生地（種）名をさしている。同系統にジェノワーズがある。

卵を攪拌するとき、卵白と卵黄に分けて泡立てて混ぜる方法の生地がビスキュイで、全卵を泡立てるものがジェノワーズだとする説がある。ところが実際には共立てでもビスキュイの名がついたり、別立てのジェノワーズもある。

また、バターが入るものがジェノワーズで、入らないものがビスキュイとする区別の方法もある。バターが入るビスキュイは、あえてビスキュイ・オ・ブール（バター入りのビスキュイ）といっている。しかし、卵、砂糖、小麦粉の配合比、作り方をくらべても、大きな違いはなく、慣例に従って呼び名が変わっていると見てよいほどである。

ビスキュイの語源はラテン語のビス・コクトゥム（bis coctum二度焼きした）である。ジョアンヴィル（1224ごろ～1317）の著書では、これをパンと呼んでいるが、当時の人々はベスキと呼んでいた。のち、1690年ごろ、この語はフランス語に入り、ビスキュイと呼ぶようになった。二度を意味するbisと、焼くという意味の動詞cuireの過去分詞cuitの二語が合成されて一語になった。

二度焼きの手法は、旅での保存食や兵士たちの携行食糧や保存食として工夫されたようである。小麦粉を水やミルクでこねて焼いた酵母なしのパンを薄く切り、乾かしたりした後、もう一度焼いていた。

時代が進むに従い、小麦粉に卵やバターを加えて焼く方法が考え出された。さらにイベリア半島のカスティーリャでは、卵を泡立てて加えるという画期的な技術が考案され、ふっくらとしたビスコッチョ（スポンジケーキ）ができ上がった。卵を攪拌すると泡が立ち、放置しておいてもその泡は消えない。この発見が菓子の発展に大きく寄与したのである。

ジェノワーズgenoiseという呼称は、イタリアのジェノヴァGenovaから伝えられたことに依拠する。

なお、ビスキュイの発祥をフランスだとする説もある。『現代洋菓子全書（The International confectioner）』で多くのページを執筆したワルター・ビッケルによると、真のビスキュイはフランスで生まれたといい、また『Occasional confectionary』（1699）の著者、シェルハマー女史は、17世紀、フランスではビスキュイの原形ともいうべき、ビスキュイ・ド・ロワと呼ぶ菓子があったことに言及している。

さまざまに推測されているが、そのころのスポンジ生地は、まだまだきめが粗かったようで、ばらの花水やばらの精油、マラガ産ワインなどを加えて、改良が試みられている。1700年以降に、ようやく卵白と卵黄を別々に泡立てて作るようになり、だいぶ柔らかく、軽いものができるようになった。

アメリカではスポンジケイクと呼ばれる。見た目がスポンジ状であることから名づけられた。

→ジェノワーズ

基本製法

別立ては卵を卵黄と卵白に分け、卵黄に砂糖を加えて攪拌し、小麦粉とバターを混ぜる。バター入りの場合は、このときに溶かして加える。別に卵白に砂糖を加えて泡立て、前者と混ぜて焼く。共立ては、全卵に砂糖を加えて湯煎にかけながら攪拌し、火からはずし、小麦粉を加える。

いずれにしても、気泡の周りはグルテンを含む小麦粉によって包み込まれ、焼き上がっても消えずに残る。しかしグルテンが強すぎると生地に粘りが生じ、スポンジケーキ特有のふくらみをそこねることになる。よってこの種の生地には薄力粉を用いる。砂糖は焼成時の生地の保形性という点でも大切な役割を果たしている。

焼成の場合、型にあらかじめバターを塗り、小麦粉をまぶし、余分は払い落としてから種を入れる。テンパンに流す場合は、薄くバターを塗っておくか、オーブンシートを敷き、その上に種を流す。

各種のビスキュイ

■ **ビスキュイ・ア・ラ・キュイエール　biscuit à la cuillère**（仏）

▶ Löffelbiskuit（独）レッフェルビスクヴィート / Biskotte（オーストリア）ビスコテ / sponge-finger（英）スポンジ・フィンガー、finger-biscuit（英）フィンガー・ビスキット、lady-finger（英）レディ・フィンガー

卵白と卵黄を別立てにして仕込むビスキュイの代表的なもの。キュイエールとはスプーンの意味である。絞り袋のなかった時代には、種をスプーンですくってテンパンや紙の上に置いて焼いていた。命名の由来もここにあり、「スプーンで作るビスキュイ」と名づけられて、今日に及んでいる。

淑女の指のようだということからフィンガー・ビスケットやレディーフィンガーなどとも呼ばれる。現在では丸口金を入れた絞り袋で絞り、粉糖を振って焼き上げる。

ビスキュイ・ア・ラ・キュイエール

〈配合Ⅰと製法〉

砂糖	1200g
卵黄	40個分（800g）
全卵	4個（200g）
卵白	40個分（1200g）
小麦粉	1000g

① 砂糖1000gと卵黄を攪拌する。
② 泡立ったら全卵を加え、再び攪拌する。
③ 小麦粉を混ぜる。
④ 卵白を泡立て、残りの砂糖200gを加える。
⑤ ③と④を合わせる。
⑥ 丸口金で紙またはテンパンの上に絞り出す。
⑦ 粉糖をかけ、逆さにして余分なものを落とす。
⑧ 中火のオーブンで焼く。
⑨ 熱いうちに紙またはテンパンからはがす。

〈配合Ⅱと製法〉

砂糖	1100g
卵黄	32個分（640g）
全卵	4個（200g）
卵白	32個分（960g）
小麦粉	1000g
ヴァニラ	少々

製法はⅠと同じ。砂糖200gを別にとりおき、卵白と一緒にして泡立てる。

■ **ビスキュイ・オ・ザマンド　biscuit aux amandes**

粉末アーモンドを大量に使ったビスキュイ。配合は小麦粉の一部あるいは大部分を粉末アーモンドにおきかえている。

〈配合〉

砂糖	1000g
卵黄	28個分（560g）
全卵	8個
小麦粉	240g
粉末アーモンド	1000g
卵白	28個分（840 g）

〈製法〉
① 砂糖800gと卵黄を攪拌する。
② 全卵を加え、さらに攪拌する。
③ 粉末アーモンドと小麦粉を一緒にして②に加える。
④ 卵白を泡立て、残りの砂糖を加えてムラングを作る。
⑤ ③と④を合わせ、型やテンパンに流す。
⑥ 中火のオーブンで焼く。

■ **ビスキュイ・サッシェ　biscuit sacher**

サッシェとはオーストリアの銘菓ザッハトルテのこと。チョコレート味のビスキュイ。

〈配合〉
バター……………………………550g
粉糖………………………………275g
チョコレート……………………550g
卵黄………………………………20個分
卵白………………………………20個分
砂糖………………………………275g
小麦粉……………………………550g
ヴァニラ…………………………少々

〈製法〉
① バターをクリーム状にして粉糖を加え、充分泡立てる。
② 卵黄を少しずつ加え、さらに泡立て、ヴァニラを加える。
③ 溶かしたチョコレートを②に加える。
④ 卵白に砂糖を加えてかたく泡立て、③に混ぜる。
⑤ 小麦粉を加える。
⑥ 型に流し、中火のオーブンで焼く。

■ **ビスキュイ・ジョコンド　biscuit Joconde**

アーモンド風味のビスキュイ。オペラというチョコレートケーキのベースに用いたり、プティフールや各種のアントルメなどに使う。ジョコンドとは、フィレンツェの名士であったデル・ジョコンドの夫人のリザ・デル・ジョコンドのこと。彼女は名画モナ・リザのモデルと言われている。イタリアはアーモンドの産地として名高く、アーモンドを使った菓子や料理に、イタリアにちなんだ名前が付されることが多い。

〈配合〉
タン・プール・タン…………1200g
全卵………………………………15個
小麦粉……………………………170g
卵白………………………………500g
バター……………………………130g

〈製法〉
① タン・プール・タンに全卵を加え、ミキサーで攪拌し、泡立てる。
② 小麦粉を加え、かたく泡立てた卵白1/3とともに混ぜ合わせる。
③ 泡立てた卵白の残りを加え、合わせる。
④ 溶かしたバターを加え混ぜる。
⑤ テンパンに薄く油を塗って紙を敷き、厚さ5mmほどに流し、強火で焼く。
注：タン・プール・タンとは、粉末アーモンドと砂糖を同量にして合わせたもの。

■ **ビスキュイ・ド・サヴォワ　biscuit de Savoie**

サヴォワ風ビスキュイ。焼き上がりはきめが細かく、軽い。サヴォワとはフランスのスイス、イタリア側の地方名。由来については次のような話が伝わっている。一説では1348年、後の神聖ローマ帝国皇帝カール四世が、フランスのシャンベリーのサヴォワ伯爵の城を訪ねた。その時まだ14歳だったサヴォワ伯爵マメディオ六世の側近はあることを思いついた。食後のデザートの折、馬に乗った騎士が、領地と城を型取ったお菓子の上に王冠をのせたものを食卓に運んでいった。自らの領地と城をカール四世に捧げるという意味を含んだものだった。

心打たれたカール四世は、サヴォワ伯爵をローマの司教総代理の要職につけた。その時の菓子がビスキュイ・ド・サヴォワだという。

他の説では1416年にサヴォワの地でアメデ八世が、自分の城を型取った菓子をジャン・ド・ベルビルという製菓職人に作らせ、それに王冠をのせて神聖ローマ帝国皇帝に献上したところ、大いに気に入られ、公爵の位を賜った。その製菓が今に伝わるビスキュイ・ド・サヴォワの元になったという。ただ双方の説ともに、年代的にはまだスポンジケーキもバターケーキも開発されておらず、同様の生地であったとするなら少々無理がある。あるいはその時の菓子が違う形の生地で作られたものであり、それが後に今様の生地に変わっていったとも考えられる。

サヴォワ型に種を流して焼く。種はコーンスターチ入りで、卵白を別立てにして加える。ヴァニラ風味をつけてもよい。

〈配合〉
砂糖………………………………1000g
卵黄……………………32個分（640g）
全卵…………………………4個（200g）
（ヴァニラ…………………………少々）

小麦粉…… 400g
コーンスターチ…… 400g
卵白…… 32 個分（960 g）

〈製法〉

① 砂糖800gと卵黄を混ぜ、全体が白っぽくなったら全卵を加える（ヴァニラを加えるときはこの時点で）。
② 充分泡立ってきたら、ふるい合わせた小麦粉とコーンスターチを混ぜる。
③ 卵白を泡立て、残りの砂糖を加える。
④ ③と②を合わせる。
⑤ 型に流し、中火で焼く。

■ **ビスキュイ・マンケ　biscuit manqué**

マンケとはフランス語で「くずれた」とか「できそこない」の意味。19 世紀、パリの有名な菓子屋のシェフのフェリックスが、ビスキュイ・ド・サヴォワを作っていたときに、卵白が充分泡立たず、生地に粒々ができてしまったことがあった。店の主人がそれを見て「この菓子はできそこないだ(Le gâteau est manqué)」と言った。シェフは、この生地に一定量のバターを加えて作り直し、表面にプラリネをまぶしてみた。これを店に出したところ、買った女性が、おいしいと言って数回来店した。こうして評判が立ち、ビスキュイ・マンケが世に知れ渡っていったといわれている。

この生地は最初ブリオッシュ型で焼かれていたが、のちに縁がやや広がった型が工夫され、マンケ型と呼ばれて今日に伝わっている。

〈配合〉

粉糖…… 1000g
小麦粉…… 750g
バター…… 360g
卵黄…… 28 個分（560g）
卵白…… 28 個分（840g）

〈製法〉

① 卵黄と粉糖 750g を泡立てる。
② 小麦粉を混ぜる。
③ 溶かしたバターを加える。
④ 卵白を泡立て、残りの粉糖と混ぜる。
⑤ ③と④を合わせる。
⑥ 型に流し、中火のオーブンで焼く。

その他のビスキュイ――別立て法

■ **ビスキュイ・プール・アントルメ　biscuit pour entremets**

アントルメ全般に用いる。パート・ダマンドを混入して風味をつける。

〈配合〉

砂糖…… 1000g
卵黄…… 40 個分（800g）
卵白…… 40 個分（1200g）
パート・ダマンド…… 500g
小麦粉…… 1200g

〈製法〉

別立て法の基本どおり。パート・ダマンド（マジパン）はあらかじめ卵黄とよく混ぜ、柔らかい状態にし、砂糖 750g と混ぜる。残りの砂糖は卵白に混ぜる。

■ **ビスキュイ・プール・フォン・ダントルメ　biscuit pour fond d'entremets**

アントルメの底生地用ビスキュイ。

〈配合〉

粉糖…… 1000g
卵黄…… 32 個分（640g）
卵白…… 32 個分（960g）
小麦粉…… 1000g

〈製法〉

別立て法の基本どおり。卵白には粉糖の 1/4 を分量からとり分けて加える。

■ **ビスキュイ・プラ　biscuit plat**

テンパンに流して焼くシート状の種。

〈配合〉

砂糖…… 1000g
卵黄…… 40 個分（800g）
卵白…… 32 個分（960g）
小麦粉…… 500g
コーンスターチ…… 500g

〈製法〉

別立て法の基本どおり。小麦粉とコーンスターチは混ぜておく。

■ **ビスキュイ・ムスリーヌ　biscuit mousseline**

アーモンド風味を強めたビスキュイ。

〈配合〉

粉末アーモンド…… 250g
卵黄…… 28 個分（560g）
砂糖…… 800g
小麦粉…… 750g
粉末プラリネ…… 250g
バター…… 250g
卵白…… 28 個分（840g）

〈製法〉

① 粉末アーモンドに卵黄を加え、砂糖の 3/4 とともに泡立てる。
② 小麦粉、粉末プラリネを加え、溶かしバター

を混ぜる。
③ 卵白を泡立て、残りの砂糖を混ぜ、②と合わせる。
④ 型に流して、中火のオーブンで焼く。

その他のビスキュイ——共立て法

■ **ビスキュイ・シアモワ　biscuit siamois**

卵黄が多量に入るため、切り口が黄色になる。

〈配合〉

粉糖…… 1000g
全卵…… 16個（800g）
卵黄…… 16個分（320g）
小麦粉…… 1000g
ラム…… 200mℓ

〈製法〉

① 粉糖、全卵、卵黄、ラムを熱を加えずに攪拌する。
② 小麦粉を混ぜる。
③ 型やテンパンに流して焼く。

■ **ビスキュイ・シュル・ル・フー　biscuit sur le feu**

〈配合〉

砂糖…… 1000g
全卵…… 24個（1200g）
小麦粉…… 1000g
ヴァニラ…… 少々

〈製法〉

① 砂糖と全卵を温めながら充分泡立て、ヴァニラを加える。
② ふるった小麦粉を混ぜる。
③ 型やテンパンに流して焼く。

■ **ビスキュイ・ド・シャンパーニュ　biscuit de champagne**

フランス・シャンパーニュ地方で親しまれているビスキュイ・ア・ラ・キュイエール（フィンガー・ビスケット）。ビスキュイ・ド・ランスともいう。

■ **ビスキュイ・ド・ランス　biscuit de Reims**

粉糖を振りかけて乾燥ぎみに焼くフィンガー形のビスキュイ。ブードワール型かランス型（フィンガーの形が幾つか並ぶ）に種を絞り込む。1690年頃、同地の製パン職人がパンを焼いた後の熱を利用して、シャンパンにも合うような軽いものをと作ったのが始まりという。当初は白い生地だったが、この土地らしく特徴を出そうとして淡いピンク色になった。ビスキュイ・ド・シャンパーニュともいう。

〈配合〉

粉糖…… 1000g
全卵…… 20個（1000g）
小麦粉…… 1000g
アンモニア…… 4g
ヴァニラ…… 少々

〈製法〉

① 粉糖と全卵を充分泡立てる。
② アンモニアとヴァニラを加える。
③ ふるった小麦粉を混ぜ淡いピンク色に着色する。
④ 型に流して焼く。

■ **ビスキュイ・メキシカン　biscuit mexicain**

チョコレート風味のビスキュイ。

〈配合〉

粉糖…… 1000g
全卵…… 20個（1000g）
卵黄…… 10個分（200g）
チョコレート…… 500g
ヴァニラ…… 少々
小麦粉…… 500g
コーンスターチ…… 500g

〈製法〉

① 粉糖、全卵、卵黄、ヴァニラを混ぜて充分泡立てる。
② 溶かしたチョコレートを加える。
③ 小麦粉とコーンスターチを一緒にしてふるい、②に混ぜる。
④ 型やテンパンに流して焼く。

■ **ビスキュイ・リュス　biscuit russe**

〈配合〉

粉糖…… 1000g
全卵…… 30個（1500g）
蜂蜜…… 200g
紅茶の葉…… 20g
アンモニア…… 4g
小麦粉…… 500g
コーンスターチ…… 500g

〈製法〉

① 粉糖、卵、蜂蜜を混ぜ、少量の湯で濃く出した紅茶を加えて充分泡立てる。
② アンモニアを入れる。
③ 小麦粉とコーンスターチを一緒にして②に混ぜ、型やテンパンに流して焼く。

■ **ビスキュイ・ルレ　biscuit roulé**

ロール状に巻きやすい、しなやかな生地。

〈配合〉

粉糖…… 900g
全卵…… 18個（900g）

卵黄……………………………6個分（120g）
小麦粉……………………………………900g
バター……………………………………300g

〈製法〉
① 全卵と卵黄を一緒にし、粉糖を混ぜて充分泡立てる。
② ふるった小麦粉を混ぜる。
③ 溶かしバターを加える。
④ 紙を敷いたテンパンに流して焼く。

ビスキュイ・グラッセ　biscuit glacé（仏）

▸Biskuit-Eis（独）ビスクヴィート・アイス／bisque ice cream（英）ビスク・アイスクリーム

アイスクリームの一種。

ビスキュイ種と同様に、卵に砂糖を加え、熱をつけて泡立てて種を仕込むところから、この名がつけられた。

好みのアイスクリームを焼いたビスキュイに塗ったり、はさんで仕上げる場合もこの名で呼ぶ。

ビスクヴィートマッセ　Biskuitmasse（独）

卵と砂糖を泡立てたものに小麦粉を加えて作るもので、バターやそれにかわる油脂を加えない軽いスポンジ生地。シート生地のものやロール、モーレンコップフ等に利用される。

〈配合〉
卵黄…………………………………… 2個分
砂糖………………………………… 75 + 75g
ヴァニラ………………………………… 少々
レモン果皮……………………………… 少々
小麦粉…………………………………… 100g
小麦粉デンプン………………………… 100g
卵白…………………………………… 2個分
塩………………………………………… 少々

〈製法〉
① 卵黄、砂糖75g、ヴァニラ、レモン果皮を混ぜて泡立てる。
② 小麦粉、小麦粉デンプンをふるって加える。
③ 卵白と砂糖75g、塩を泡立て、②と合わせる。
④ 用途に応じ、焼成する。

ビスケット

▸biscuit（英）ビスキット

小型の乾き焼き菓子。クッキーのこと。

卵、砂糖、小麦粉、バター等からなり、日もちのする菓子である。

イギリスではビスケット、アメリカではクッキーと称されるといわれるが、はっきりと決められないところもある。日本では、クッキーはバターの含有量が多く、リッチな配合のものをさし、それに対しバターの少ない製品をビスケットとしている。

ビスケットは、昔、小麦粉と水だけの乾パン状のものであったが、次第に卵や油脂が加わり、配合も豊かになってきた。

日本に伝えられたのは16世紀後半といわれている。平戸、長崎あたりではかなり作られていたようで、慶長から元和（1596-1623）にかけて、ルソン（呂栄）に輸出までしていたことが、『呂栄諸島情況報告』や『通航一覧』に記述されている。しかし国内に広まるまでには至らなかった。製法については、幕末のころ、1855（安政2）年、水戸の蘭方医、柴田方庵の日記に、長崎で外国人から教えられたことが記されている。明治直前の慶応4（1867）年には老舗菓子店の凮月堂が薩摩藩にビスケットを納入している。これは同店の特製品ということでなく、軍用に兵糧として研究していた同藩の指導によって製造し、命令に従って納めたものである。明治初期、重焼麵麭の訳語があてられた。

ビスコッチョ　bizcocho（西）

スペインにおけるスポンジケーキの呼称。

ビスコッティ　biscotti（伊）

イタリア・トスカーナ地方を発祥とする堅焼きビスケット。ビスコッティとはイタリア語で二度焼きした、という意味。トスカーナ地方ではカントゥッチョと呼んでいる。

〈配合〉20枚分
薄力粉………………………………… 90g
ベーキングパウダー…………………… 2g
粉糖…………………………………… 15g
塩……………………………………… 1g
くるみ………………………………… 75g
アーモンド…………………………… 75g
卵……………………………………… 1個

〈製法〉
① くるみ、アーモンドは焼いて粗く刻む。
② ボールに薄力粉、ベーキングパウダーをふるい入れ、粉糖、塩、くるみ、アーモンドを入れ混ぜる。
③ 卵をほぐして②に加え混ぜ、生地をひとつに

まとめる。
④ 手粉（分量外）を使いながら 8 × 20cm の大きさにする。
⑤ ④をテンパンにのせて 160℃のオーブンで約 20 分焼く。
⑥ 1cm の厚さに切り、テンパンに並べ、再度 160℃のオーブンで約 20 分焼く。

ビスコッティ・アッラ・ミラネーゼ biscotti alla milanese（伊）

“ミラノ風ビスケット” という名の、ごく一般的なビスケット。抜き型を使っていろいろな形のビスケット作りが楽しまれている。

〈配合〉

薄力粉……250g
卵黄……2 個分
バター……50g
砂糖……125g
水……約 60mℓ
溶き卵……1 個分

〈製法〉

① ふるった薄力粉の中に、卵黄、室温に戻したバター、砂糖を入れてよく混ぜ、水を加えて堅さを調節する。
② ①をまとめて冷蔵庫で休ませた後、厚さ 3mm に延ばす。
③ ハート形、丸、星等さまざまな形の抜き型で生地を抜き、テンパンに並べる。
④ 溶き卵を塗って、180℃のオーブンで約 15 分焼く。

ビスコッティ・コン・フィノッキ biscotti con finocchi（伊）

フィノッキとはフェンネルの名で知られる茴香の実の香辛料で、それを使ったクッキーの一種。

〈配合〉 約 40 個分

強力粉……150 ＋ 250g
生イースト……50g
水……50 ＋ 50mℓ
薄力粉……250g
バター……150g
砂糖……200g
フェンネル……15g

〈製法〉

① 中種を作る：イーストを温めた湯に入れ、ふるった強力粉 150g と合わせ、温かいところに 1 時間ほど置き、発酵させる。
② 強力粉 250g と薄力粉を一緒にしてふるい、その中に室温に戻したバター、砂糖、フェンネルを入れ混ぜ、よくこねる。
③ ②を約 1 時間温かい所に置いて発酵をうながす。
④ ③を厚さ 4 ～ 5mm に延ばし、幅 2.5cm、長さ 6 ～ 7cm の長方形に切ってテンパンに並べる。
⑤ 190 ～ 200℃のオーブンで約 20 ～ 25 分焼く。

ビスコッティ・サヴォイアルド biscotti savoiardo（伊）

イタリアのサヴォナ地方のクッキー。卵黄と卵白を別々に泡立てて作るもので、ビスキュイ・ア・ラ・キュイエールの原形的なもの。

〈配合〉 約 25 枚

薄力粉……100g
じゃがいも粉……50g
卵黄……3 個分
卵白……3 個分
砂糖……100g
粉糖……少々

〈製法〉

① 薄力粉とじゃがいも粉を一緒にしてふるう。
② 卵黄と 1/2 量の砂糖をよく混ぜておく。
③ 卵白に残りの砂糖を加えて泡立て、しっかりしたメレンゲを作る。
④ ③のメレンゲと②の卵黄種を混ぜ、①を混ぜる。
⑤ 丸口金をつけた絞り袋に④を詰め、テンパン上に、細長く絞る。
⑥ 上面に粉糖をふり、180℃のオーブンで約 15 分焼く。

ビスコッティ・サヴォイアルド

ビスコッティ・サラーティ　biscotti salati（伊）

塩味のおつまみ的なビスケット。クミン入りで少々大人向きの菓子で、イタリアのみならずドイツあたりでも好まれている。日本の煎餅を思わせるもので、ビールによく合う。

〈配合〉

薄力粉	150g
卵	1個
バター	50g
塩	5g
生イースト	10g
水	90mℓ
クミン	15g
溶き卵	1/2個分

〈製法〉

① 薄力粉をふるい、その中に卵、室温に戻したバター、塩、イースト、クミンを入れてよく混ぜる。

② ①に水を少しずつ加えてよくこね、休ませる。

③ ②の生地を少しずつ取り分け、それぞれを厚さ2mmに延ばして、四角、三角、星、三日月等の形にしたり、細長く切ってひらがなの“め”のようなブレッツェル形にする。

④ 表面に溶き卵を塗って、200℃のオーブンで約5～6分焼く。

ビスコッティ・サルディ　biscotti sardi（伊）

イタリア・サルデーニャ地方の厚手のビスケット。香辛料を効かせたざっくりタイプのテイスト。

〈配合〉約25個分

薄力粉	400g
卵	2個
バター	125g
砂糖	125g
生イースト	40g
シナモン	4g
フェンネル	2g
アニシード	2g

〈製法〉

① 薄力粉をふるい、その中に室温に戻したバター、卵、イースト、砂糖、3種の香辛料を入れて混ぜ、よくこねて生地をまとめ、約1時間休ませる。

② ①を厚さ7～8mmに延ばして、バターを塗ったテンパンの上に置く。

③ 180℃のオーブンで約15～20分焼く。

④ 少し冷めたら、幅2.5cm、長さ6cm程の長方形に切る。

⑤ ④を再びテンパンに並べ、160℃のオーブンで約10分焼く。

ビスコッティ・ディ・パスタ・フロッラ　biscotti di pasta frolla（伊）

イタリアで日常食べられているクッキーの一種。パスタ・フロッラはタルトなどの底生地と同じだが、絞れるように少し柔らかく、かつ甘味を少し強くしてある。

〈配合〉約20個分

薄力粉	250g
卵黄	2個分
バター	150g
砂糖	100g

〈製法〉

① 薄力粉をふるい、その中に室温に戻したバター、卵黄、砂糖を入れて混ぜ、生地をまとめる。

② 帯口金をつけた絞り袋に①を詰め、テンパン上に、4cm程の長さに絞る。

③ 180℃のオーブンで約15分焼く。

ビスコット・アッレ・マンドルレ　biscotto alle mandorle（伊）

アーモンド入りの焼き菓子。ビスケット生地に粒アーモンド、レモン果汁、イーストなどを入れて練り、太い棒状にしてテンパンにのせ、上から少し押してかまぼこ形にする。焼いてから適宜な幅に切り分けて供する。

ビスコテン　Biskotten（オーストリア）

▸ biscuit à la cuillère（仏）ビスキュイ・ア・ラ・キュイエール / Löffelbiskuit（独）レッフェルビスクヴィート

卵白と卵黄を別々に泡立てて作る、軽い持ち味のスポンジ菓子。

→ビスキュイ

ピスタチオ　pistachio（英）

▸ pistacchio（伊）ピスタッキオ / pistache（仏）ピスターシュ / Pistazie（独）ピスターツィエ

東地中海諸島または西アジア原産の堅果。

ローマ皇帝ウィテリウス（15-69）によってローマに伝えられたという。果実は長さ2cm、種子の中の緑色の部分を食べる。

緑色を生かしてアントルメ等の飾りつけや、その色と香ばしさから、ペーストにして生菓子やボンボン・オ・ショコラのセンター、アイスクリーム類に用いる。

ビターチョコレート　bitter chocolate（英）

▶cacao en pâte（仏）カカオ・アン・パート／Kakaomasse（独）カカオマッセ

チョコレートを作る過程において、砂糖を加えていない状態のカカオマスをさす。菓子を作るときに、甘みを加えずチョコレートの色と風味を求める場合に用いる。

ピチェーニェ　печенье（露）

日本において、かつてロシアケーキとしてなじまれたもの。各種のジャムやフルーツ、ナッツ類などをのせて焼く少々大振りのクッキー。

〈配合〉約15～16個分

強力粉……200g
砂糖……48g
バター……130g
卵……1/2個
各種のジャム……適量

〈製法〉

① 強力粉をふるって砂糖と一緒にし、ダイス切りしたバターを混ぜてそぼろ状にする。
② ①に溶き卵を混ぜ、ひとまとめにしてラップに包み、冷蔵庫で休ませる。
③ ②をもんで、棒状に整形し、16等分に切る。
④ ③をタルトレット型に収め、中央をへこませる。
⑤ ④の中に好みのジャムを絞り、180℃のオーブンで約20分焼く。

ピチェーニエ

ピーチ・メルバ　peach Melba（英）

桃を使ったデザート。

→ペーシュ・メルバ

ピッコロ・パーネ　piccolo pane（伊）

小さなパン。フランスでいうプティパン。丸、クーペ、ねじり形等、さまざまな形に作られる。

〈配合〉22～23個

薄力粉……150g
強力粉……150g
卵黄……2個分
バター……100g
砂糖……50g
牛乳……200mℓ
生イースト……100g
塩……少々
溶き卵……1個分

〈製法〉

① 2種の小麦粉を一緒にしてふるい、その中に室温に戻したバター、卵黄、砂糖、塩、生イーストを入れて混ぜ、牛乳を少しずつ加えてよくこねる。
② 生地をまとめて40分程休ませる。
③ ②を少しずつ取り、丸めたり、長く伸ばして二つ折りにしてねじったり、思い思いの形に整形する。
④ テンパンにのせ、温かいところで発酵させて表面に溶き卵を塗る。
⑤ 200℃のオーブンで約15～20分焼く。

ピッツァ　pizza（伊）

小麦粉をこねた生地、またはそれにイーストを入れて発酵させた生地を丸く成形し、その上にトマトや香辛料をのせて焼くイタリアの料理。好みに応じていろいろな野菜やアンチョビー、オリーヴをのせ、チーズを振りかける。

ピッツァ・マルゲリータ　pizza margherita（伊）

統一イタリアの最初の王、ヴィットーリオ・エマヌエーレ二世の妃マルゲリータ・ディ・サヴォイア・ジェノヴァが、ナポリで当地の名物を望み、そのとき供されたピッツァである。トマトの赤、バジリコの緑、モッツァレッラチーズの白でイタリアの国旗を表している。以来、マルゲリータのピッツァと呼ぶようになった。

ビッテレ・マクローネンマッセ bittere Makronenmasse（独）

ビターアーモンドを細かくすりつぶし、これを少量加えて作るマカロンの種。

ヒッペンローレン Hippenrollen（独）

薄く焼いてロール状に丸める菓子。

すり込みの場合には、すり込み板を用いてテンパンまたはオーブンシートの上に薄くすり込んで焼く。フランス菓子でいうシガレットタイプの菓子。

〈配合〉

マルツィパンローマッセ……………… 375g
卵白……………………………………… 適量
砂糖……………………………………… 500g
小麦粉…………………………………… 250g

〈製法〉

① マルツィパンローマッセに少量の卵白を入れてもむ。
② 砂糖を加えて混ぜ、かたさ調節のためさらに卵白を入れる。
③ ふるった小麦粉を加え、流れるくらいの柔らかさにする。
④ 目の粗いこし器に通してなめらかな状態にする。
⑤ テンパンにオーブンシートを置き、任意のすり込み板の上からパレットナイフで種をすり込む。
⑥ すり込み板をはずし、200℃のオーブンで焼く。

→シガレット

ピティヴィエ pithiviers（仏）

フランスのオルレアネー地方の都市ピティヴィエ市の銘菓。焼き菓子。正しくはガトー・ド・ピティヴィエという。

かつてはひばりの肉が詰め物として使われ、食通の垂涎の的であったという。それが変化し、1506年、同市のプロヴァンスィエールという菓子屋が初めてアーモンドのクリームを用い、菓子に仕上げた。これがのちに、フイユタージュで包む現在の形になったという。由来については次のような話が伝わっている。

国王シャルル九世がマリー・トゥシェという女性を訪ねた帰途、ピティヴィエの近くのオルレアンの森で窃盗団に襲われ囚われてしまった。その折王はその野盗たちからある菓子を与えられ、たいそう気に入った。解放された後、それを手がけたピティヴィエの製菓人に王室御用達の特権を与えたという。そのことがあって後、彼はその菓子を、王が乗っていた馬車の車輪の形になぞらえて作るようになったという。

〈製法〉

① フイユタージュを厚さ2mmに延ばして円形に切り、その上にアーモンドクリームを置く。
② 周りに少量の水を塗って、もう1枚のフイユタージュをかぶせる。
③ 中央から縁にかけて、湾曲した形にナイフで筋を入れ、側面に筋を入れて押さえるとともに上面に風車模様の筋をつける。
④ 上面に卵黄を塗って焼く。

ピティヴィエ

ピーナッツ peanut（英）

▸arachide（仏）アラシード / Erdnuss（独）エーアトヌッス

落花生。原産地は南米のブラジルだが、日本には中国をへて伝わったため、南京豆とも呼ばれていた。中国では明の時代から食されるようになった。

受精が完了すると子房が下方に向かって伸び、地中に入ってから結実する。この鞘の中の種子を食用とする。

製菓材料としては、さやをとり、種子を包む薄皮をむいて使う。多量の油脂を含むため、すりつぶしてピーナッツバターとしても利用される。

ピーナッツ・バター・クッキー peanut butter cookie（米）

ピーナッツバターの風味を効かせたクッキー。

〈配合〉 7cm 8枚

ピーナッツバター（クリームタイプ） 90g
卵黄…………………………………… 1個分
ヴァニラオイル……………………… 少々

ブラウンシュガー………………………… 65g
塩………………………………… ひとつまみ
薄力粉……………………………………… 3g

〈製法〉
① ピーナッツバター、卵黄、ヴァニラオイルを一緒にして混ぜる。
② ①にブラウンシュガー、塩、薄力粉を加えて練り、ひとまとめにする。
③ ②を8等分してまるめ、テンパンの上に置き、手で押しつぶして、フォークの背を押しつけて少し深めに筋をつける。
④ 170℃のオーブンで約8分焼く。

ピーナッツ・ブリットル peanut brittle（米）

ピーナッツ入りのキャンディー菓子。フランス菓子でいうヌガー・デュール（ハードヌガー）の一種。

〈配合〉25 × 25cm 1枚分
グラニュー糖…………………………… 100g
コーンシロップ………………………… 60g
ピーナッツ……………………………… 60g
バター……………………………………… 5g
ヴァニラオイル………………………… 少々
重曹………………………………………… 6g

〈製法〉
① グラニュー糖とコーンシロップを煮つめ、ピーナッツ、バター、ヴァニラオイルを手早く混ぜ、テンパンに広げる。
② 冷めたら適宜な大きさに割る。

ピーナッツ・ブリットル

ビーネンシュティッヒ Bienenstich（独）

発酵菓子の一種。「蜂の刺し傷」の意味。

発酵生地を延ばしてテンパンに敷き、その上にバター、砂糖、蜂蜜、生クリーム、薄切りアーモンドなどを混ぜて煮たフィリングを塗って焼いた菓子。2枚に切ってバタークリームや生クリーム、カスタード系のクリームなどをはさむことが多い。

〈配合〉
発酵生地
小麦粉………………………………… 375g
牛乳…………………………………… 150mℓ
イースト………………………………… 20g
全卵……………………………………… 50g
バター…………………………………… 60g
砂糖……………………………………… 60g
塩………………………………………… 5g
ヴァニラ……………………………… 少々
レモン果皮…………………………… 少々
フィリング
バター………………………………… 100g
砂糖…………………………………… 100g
生クリーム…………………………… 100mℓ
蜂蜜……………………………………… 50g
薄切りアーモンド…………………… 100g
ヴァニラ……………………………… 少々
シナモン……………………………… 少々
クリーム
牛乳…………………………………… 400mℓ
粉乳……………………………………… 40g
卵黄……………………………………… 85g
卵白……………………………………… 90g
砂糖…………………………………… 100g
ゼラチン………………………………… 4g
ヴァニラ……………………………… 少々
レモン………………………………… 少々

〈製法〉
① 発酵生地の材料全部をミキサーにかけて混ぜ、まとめる。
② 30cm × 40cmほどのテンパンに①を敷き、発酵させる。
③ 薄切りアーモンドを除いたフィリングの材料を全部混ぜて106℃まで煮詰め、最後に薄切りアーモンドを加え、②の上に塗って、180℃のオーブンで約30分間焼く。
④ ③を横に2枚に切り、フィリングののっている方のみ、5～8cm幅に切る。
⑤ クリームを作る。牛乳、粉乳、卵黄を混ぜて火にかけ、とろみがついたらゼラチン、レモン、ヴァニラを入れる。次に卵白と砂糖を混ぜて泡立て、ムラングを作り、先のものと合わせる。

ひ

⑥ ④の下の方の生地に⑤を塗り、上の生地をのせる。元の形に整える。
⑦ 上の生地の切り目に合わせて切り分ける。

ビーネンシュティッヒ

ひのこうき　日野光記

→桜井源喜知・日野光記

ピノ・ディ・ナターレ　pino di Natale（伊）

イタリアのクリスマス時に食べる松かさ形の菓子。ナターレはクリスマス、ピノは松の意味。

ジェノワーズ（スポンジ生地）を大きな卵形に焼き、ガナッシュをはさみ、周り全体にも塗る。全体にアマンド・ショコラを突き刺し、松かさ形に整える。上からココアと粉糖を振りかけて仕上げる。

ビーバー　Biber（スイス）

蜂蜜やスパイスを使ったスイスの銘菓。幾つかのスタイルがあるが、おおむね生地を延ばして木型に押し当て、表面にレリーフ模様をつけて焼く。デザインが浮き出るようにするため、膨張剤も少量にとどめたかなり重い生地で作る。生地はビーバータイクと呼ぶ。

スイスの代表的なビーバーとしては、絵付けをしたマジパンの板を飾るアッペンツェラー・ビーバーがある。

〈配合〉

生地

蜂蜜……………………………… 1200g
砂糖……………………………… 400g
水………………………………… 100mℓ
混合スパイス…………………… 90g
小麦粉…………………………… 2000g
レモン果皮……………………… 3 個分
炭酸カリウム…………………… 20g
アンモニア……………………… 10 ~ 15g
牛乳……………………………… 150mℓ

フィリングⅠ

アーモンド……………………… 250g
砂糖……………………………… 200g
シロップ………………………… 50mℓ
水………………………………… 50mℓ
キルシュ………………………… 25mℓ
レモン果皮……………………… 1 個分
オレンジ花水…………………… 少々

フィリングⅡ

ケーキクラム…………………… 250g
砂糖……………………………… 350g
シロップ………………………… 200mℓ
ヘーゼルナッツ………………… 250g
アーモンド……………………… 250g
レモン果皮と果汁……………… 1 個分

〈製法〉

① 蜂蜜、砂糖、水を混ぜて火にかける。
② スパイスと小麦粉を混ぜ、①と合わせて練る。
③ 1 週間ほど休ませてから、レモン果皮、少量のぬるま湯で溶いた炭酸カリウム、少量の冷水で溶いたアンモニア、牛乳を混ぜてできるだけ薄く延ばす。2 枚用意する。
④ いずれかのフィリング用材料を全部混ぜる。
⑤ ④を③に塗る。
⑥ 縁に水をつけてもう 1 枚生地をかぶせ、軽く押さえる。木型に生地を押し当て、レリーフ模様をつける。
⑦ 型をはずし、余分な縁を切りとる。
⑧ 油を引いたテンパンにのせて 1 日休ませ、強火で焼く。
⑨ 冷めてから、つや出しのために表面にアラビアゴム（分量外）を塗る。

ピパルカック　piparkakku（フィンランド）

フィンランド風ジンジャーブレッド。ピパルは香辛料、カックはケーキの意味。気候の寒い地には、身体を内側から温めるこうした香辛料を用いたものが好まれている。

〈配合〉

モラセス………………………… 25g
ゴールデンシロップ…………… 25g
砂糖……………………………… 25g
薄力粉…………………………… 90g
重曹……………………………… 1.2g

シナモン……………………………… 少々
クローヴ……………………………… 少々
ジンジャー…………………………… 少々
バター………………………………… 30g
卵……………………………………… 5g

〈製法〉

① ボウルにモラセス、ゴールデンシロップ、砂糖を入れてよく混ぜ合わせる。
② ①に薄力粉、重曹、スパイス類を合わせてふるい入れ、角切りにしたバターを加え混ぜる。
③ 溶いた卵を②に加え、生地をひとまとめにする。
④ ③をラップに包んで一晩冷蔵庫で休ませる。
⑤ ④を厚さ3mm程に延ばし、好みの抜き型で抜き、テンパンに並べる。
⑥ 160～170℃のオーブンで約8～10分焼く。

ひまわりのたね　一種

ひまわりはアメリカ、メキシコ近辺を原産とするキク科の植物。その実の欧米での食用の歴史は長く、多くの人々に親しまれてきた。必須脂肪酸のリノール酸を多く含んでおり、絞って食用油が抽出される。これがサンフラワー油である。これを用いてショートニングやマーガリンも作られ、いろいろな菓子の原材料にもなっている。たんぱく質、鉄分、カルシウム、ビタミンB_1、B_2などを豊かに含んでいる。

ピーマン

▶ piment doux（仏）ピマン·ドゥー、poivron（仏）ポワヴロン / pimento（英）ピメント / Paprika（独）パプリカ

とうがらしの一種で、甘み種と辛み種のうちの甘み種のひとつ。メキシコ等熱帯地方を原産とし、その栽培は南米や中央アメリカでは古くよりなされていた。コロンブスが持ち帰ってからは世界中に広まり、品種も各地でさまざまに改良されていった。日本へは明治になってからアメリカより伝えられたが、本格的にピーマンの名で知られていくのは第二次世界大戦以降のことである。種類も多彩で、色も緑のみならずまっ赤なクイーンベル、オレンジ色のサンセットベル、鮮やかな黄色のキングベルがある。またこうしたベル群と呼ばれるものの他に、やや小型でずんぐりとした球状のチーレ・ネグロといった別種もある。さらには日本でもにしき、京みどり、エース、ニューエース、あきの、京波といった品種を産み出している。菓子屋の商うトレトゥールでも、カラフルなものがそのメニューを彩っている。

ピュイ·ダムール　puits d'amour（仏）

フイユタージュを用いた焼き菓子。

直訳すると「愛の井戸」。

フイユタージュでブシェを作り、中にカスタードクリームを詰め、上面にグラニュー糖をまぶす。熱したこてで焼き上げると、表面が溶けてグラニュー糖がカラメルに変化し、黄金色になる。

中世において、ダリオールという菓子が好まれていた。これは食べられる器とクリームでできたもので、のちのピュイ·ダムールにつながっていったといわれている。なお、ブシェというフイユタージュの器が作られたのは、ルイ十五世妃のマリー・レシチンスキによるものゆえ、これがつくられたのも、年代的には18世紀後半頃と思われる。この名称については、18世紀、パリのグランド・トリュアンドリー通りにあった、人々が小銭を投げ込んでいた井戸の名にちなむともいわれている。また、これとは別に、1843年にオペラ・コミック座において上演された喜歌劇「ピュイ・ダムール」にちなんでその名がつけられたとの説もある。

ピュイ・ダムール

ビュッシュ·ド·ノエル　bûche de Noël（仏）

薪の形をした、フランスの代表的なクリスマスケーキ。

ジェノワーズ（スポンジ生地）を薪形に作り、切り株をつけ、その上からクリームを塗り、樹皮に似せて筋目をつける。緑に着色したクリームで蔦をからませたり、ムラングで作ったきのこをのせて飾る。今日のこの形に作られたのは、1879年で、シャブラーというパリの菓子店においてであるといわれている。

薪形の由来については、前の年の丸太の燃え残りに火をつけて燃やしたその灰が、雷や火事よけのおまじないになるという、古いリトアニアの民話からきたといわれる。

12月の寒さのころ、家の中では、薪をくべ、暖かい暖炉に集い、なごやかに楽しむ生活習慣から、祝い菓子も薪形になったともいえる。

飾るきのこについては、種をまかずに生えてくることから、生命の誕生、神秘の象徴として、キリストの生誕になぞらえたものといわれている。今でこそ胞子菌によることは知られているが、昔は不思議な現象に思えたことであろう。

今日、この薪形はジェノワーズから、ムース、アイスクリームのものまで、多種多様な素材で作っている。

ビュッシュ・ド・ノエル

〈製法〉

① ジェノワーズをトイ形に焼き、両端を斜めに切りとって横2枚に切る。

② それぞれに好みのリキュール入りシロップを打ち、同じリキュール入りのバタークリームを塗って重ねる。

③ 同じクリームで下塗りをし、①で切りとったジェノワーズの切り端をのせて切り株とする。

④ 両側の切り口と切り株の上面に、ココア等を混ぜて色をつけたクリームと白のクリーム2種を、丸口金で、渦巻きになるように絞って飾る。

⑤ 帯の口金で全体にクリームを絞り出し、冷やして固める。

⑥ ナイフを湯につけながら、両端と切り株のクリームの上面を少し切りとり、切り口をきれいに整える。

⑦ 緑色のクリームを細く絞って蔦に見立て、チョコレートのプレートやムラングのきのこ、その他のクリスマスの飾り付けをする。

ビューニュ・リヨネーズ　bugnes lyonnaises（仏）

ビューニュ・リヨネーズ

「リヨン風のビューニュ」と呼ばれる、フランス南部の揚げ菓子。ビューニュの語源は、中世フランス語のこぶという意味の buignet にあるという。イースト入りの発酵生地を薄く延ばして長方形に切り、中央に切り込みを入れて揚げ、粉糖をふって供する。なお単にビューニュとも呼ばれるが、シャラント地方やペリゴール地方ではメルヴェイユ merveille（すばらしいの意味）で呼ばれ、またラングドック地方ではオレイユ oreille（耳の意味）とも呼ばれている。

ビュルガーマイスター　Bürgermeister（独）

発酵生地で作った菓子。折ったプルンダータイクを3枚に切り、それぞれにけしの実、チーズ、フランチパンフュルングを混ぜたものを巻き込み、棒状に整える。これら3本を三つ編みにする。これをアルミホイルに包んで焼き、アプリコットジャムを塗る。さらにフォンダンをかけ、アーモンドを振りかけて飾る。

→プルンダータイク
→フランチパンフュルング

ビュルビュル・ユヴァシ　bülbül yuvası（トルコ）

薄く延ばした練り粉生地で作るバクラヴァの一種。くるみやアーモンドなどの風味が特徴。バクラヴァ用の生地を18cm角に切り、その上に細かく砕いたくるみやアーモンドを散らし、1枚ずつ巻いてテンパンに並べて焼く。シロップをかけ、粉末のピスタチオを振りかけて供する。トルコをはじめ中近東で好まれている。

ビュルリ Bürli（スイス）

ドイツ語圏から伝わったスイスの田舎パン。焼成後、ざるなどを用いて、粉をきれいな網目模様につける。中身はソフトで日もちがする。

〈配合〉

イースト…… 70g
小麦粉…… 3400g
水…… 2800mℓ
塩…… 77g
麦芽シロップ…… 50g

〈製法〉

① イーストを少量の水で溶く。
② 小麦粉、水、塩、麦芽シロップを混ぜてこねる。
③ 約2時間発酵させる。
④ ガス抜きして100gずつに分割する。
⑤ 小麦粉をたっぷり振りかけて、4個を1組にしてクローバー型に詰め、ホイロに入れる。
⑥ 再度発酵させ、210℃のオーブンで約30分焼く。
⑦ 冷めてから、粉をまぶす。

ピュレ purée（仏）

▶purée, puree（英）ピュレイ / Püree（独）ピュレー

食品の素材をつぶして裏ごししたもの。

製菓では、果物や野菜を裏ごししたものを多用する。生地やクリーム類に混ぜ込んで使うか、他の材料を加えてソースとし、菓子に添える。

ひらいまさつぐ 平井政次

（1939-）フランス美食術のオールラウンド・プレイヤー、シェ・リュイ創業者。

1939年兵庫県但馬に生まれる。1954年藤井幸男率いる神戸のドンク製菓部に入社。フランスから来日したフィリップ・ビゴやピエール・プリジャン等を束ねて活躍。1971年独立を果し、株式会社ガストロノミー研究所を設立。シェ・リュイの屋号で東京・代官山に開いた店は、ドンクで培ったフランス菓子をさらに磨き上げた。加えてヴィエノワズリーの範疇を超えたパンの専門店のブランジュリーを並行して商う。さらにバール（バー）をも備えたフランス風のカフェを開設。またトレトゥールと呼ばれる仕出し料理に収まり切らず、本体とは別に本格的フランス料理のレストランを開業。続いてフランスの名門製パン会社のグルニエ・ア・パンと提携して、広くその展開にも踏み出す。東京都洋菓子協会の会長職在任中に、ジャパン・ケーキショーという日本最大の洋菓子展示会及びコンテストを開催し、毎年実施するなど、業界の技術的なレベルアップと地位向上に努めた。

ビリゲ Billige（オーストリア）

オーストリアで好まれているクッキーの一種。こね粉生地を使ったもので、リング形、ブレッツェル形、ねじり形等々、さまざまな形にして焼く。

〈配合〉

強力粉…… 150g
砂糖…… 125g
蜂蜜…… 5g
レモン…… 1/2個
全卵…… 1個
アンモニア…… 少々

〈製法〉

① 強力粉をふるって中央にくぼみを作り、他の材料をそのくぼみに全部加える。
② 混ぜてよく練り、冷蔵庫で休ませる。
③ 棒状に丸めて延ばし、適当な幅に切る。
④ 8の字形、ブレッツェル形、ねじり形、渦巻き形など好みの形に成形する。
⑤ テンパンに並べて、2～3時間おいて乾燥させる。
⑥ 160℃くらいのオーブンに入れ、あまり色がつかないように焼く。
⑦ 熱いうちに表面にグラニュー糖をつける。

ヒリョウズ（日）

南蛮菓子として伝えられたもののひとつ。現存していない。『長崎夜話草』（西川如見著・1720、享保5年）に、「コンペイト、アルヘル、カルメルなどと共にヒリョウズを教え居り候」と記されているところから、菓子の一群として捉えている。

一方現代、関東でいうがんもどきが、関西ではひりょうず、ひろうずと呼ばれている。文字は飛龍豆、飛龍頭とされている。

ちなみに今日ポルトガルには、小麦粉に卵を混ぜて揚げ、砂糖をまぶしたフィリョーシュ filhós なるものがある。これをみるにおでん種になる前は甘みを持つ菓子であったことがわかる。

ビール

▶beer（英）ビア / bière（仏）ビエール / Bier（独）ビーア

麦芽を原料としたアルコール飲料。

人類最古の文明が開かれたといわれているメソポタミア地方で、シュメール人たちによって農耕が行われ、ビールの発祥もそのあたりに求められるという。最古の記録としては紀元前3000年頃のことと推察される。また同時代、エジプトでもビールが作られ、ピラミッド作りの労働の代価も果たしていたという。ほどなくメソポタミアではホップが使われだし、またエジプトでは容器を密閉して、発生した炭酸ガスを閉じ込めたものが造られたという。今様のホップビールができ上がったのは、12世紀頃のドイツとされている。製菓面では、日本ではビールのゼリーなどが作られている。

ビールゼリー（日）

▶beer jelly（英）ビア・ジェリー / gelée au bière（仏）ジュレ・オ・ビエール

ビールのゼリー。ジョッキ型の器に流し入れ、ゼラチン液を泡立てて泡に見立てる。

製品例

〈配合例〉 7個分

ゼリー

ビール……320mℓ
りんごジュース……160mℓ＋80mℓ
粉ゼラチン……13g
砂糖……65g
水……160mℓ

泡

粉ゼラチン……4g
ビール……30mℓ＋100mℓ
砂糖……15g

〈製法〉

ゼリー

① ビールをボウルに入れ、泡立て器で混ぜて少しガス抜きをする。
② ①にりんごジュース160mℓを入れる。
③ ゼラチンをりんごジュース80mℓでふやかす。
④ 砂糖と水を混ぜて火にかけ沸騰させ、③を加えて混ぜ、粗熱をとる。
⑤ ④と②を合わせて器に七分目ほど入れ、冷蔵庫で冷やし固める。

泡と仕上げ

① ゼラチンにビール30mℓを入れてふやかし、湯煎で溶かす。
② ①に砂糖とビール100mℓを加えてよく泡立てる。
③ ②をスプーンでゼリーの上にのせ、再び冷蔵庫で冷やし固める。

ビルネンブロート　Birnenbrot（スイス）

ビルネンは「洋梨」の意味だが、ここではフルーツ全体を示している。ブロートはパンだけではなく、広く食べ物全般の意。スイスだけでなく、ヨーロッパで広域に親しまれている。

〈配合〉

乾燥洋梨……850g
乾燥いちじく……250g
レーズン……375g
ヘーゼルナッツ……125g
レモンピール……30g
オレンジピール……30g
松の実……75g
ワイン……60mℓ
キルシュ……100mℓ
砂糖……50g
好みのスパイス……30g
パンの生地……1500g

〈製法〉

① 乾燥洋梨、いちじく、レーズンは水に浸して柔らかくもどす。いちじく、洋梨は細かく刻む。
② ヘーゼルナッツ、レモンピール、オレンジピール、松の実を①に混ぜる。
③ ワイン、キルシュ、砂糖、好みのスパイスを②に加えて混ぜ、一晩漬けておく。
④ パン生地に③を混ぜ、4等分して細長い形に整える。
⑤ テンパンにバターを塗って④を並べ、200℃のオーブンで約45分間焼く。

ひろたさだいち　廣田定一

（1901-1985）後々シュークリームで大をなす"洋菓子のヒロタ"の創業者。

家庭の事情から小学校卒業を待たずに、生地の千葉の和菓子店に入店。1917（大正6）年横浜の菓子店を経て、翌年銀座の米津凮月堂に入店。ここで凮月堂全店製造部総帥の門林弥太郎と出会い、師事して洋菓子の基礎を身につける。1920年大阪凮月堂開店に伴い、製造責任者として大阪に転任。その後なだ万等で働き、1924年に自宅を改造した工場をもって卸しながら独立を果す。次いで大阪高麗橋に自店を持つがほどなく閉店。1935（昭和10）年戎橋の菓子店の入り口の一部を借りて、シュークリームの実演販売を行い、ようやく評判を取って道が開ける。以来シュークリームに軸足を置き、東京に進出を果した後、念願のパリ支店を開設するなど、一世を風靡するまでになる。

びわ

▶ néfle du Japon（仏）ネーフル・デュ・ジャポン / loquat（英）ロゥクァート、Japanese medlar（英）ジャパニーズ・メドラー / Mispel（独）ミスペル、Wollmispel（独）ヴォルミスペル

中国を発祥とするバラ科の果実。日本には江戸時代の終わり頃、食用に適する種類のものが中国から入ってきた。カロテンを多く含む。製菓面の利用はヨーロッパでは見かけないが、日本ではタルトやゼリーが作られ、またジャムや缶詰も広く親しまれている。

ふ　フ

ファーヴル、ジョゼフ　Favre, Joseph（仏）

（1849-1903）フランスの料理人。フランス料理アカデミーの設立者。『万有料理栄養辞典（Le dictionnaire universel de cuisine et d'hygiene alimentaire）』や『実用料理百科事典（Le dictionaire universel de cuisine pratique）』などを著した。

ファスナハツキュッヒリ
Fasnachtschüechli（スイス）

かためのの練り粉生地を延ばし、円形に型抜きして揚げるスイスの郷土菓子。カーニヴァルのときなどは、店先に積み上げて売っている。

揚げる途中で、専用の花形の型を押しつけ、花の形に揚げる。粉糖を軽く振って供する。

〈配合〉

全卵	6個
砂糖	30g
塩	少々
生クリーム	100mℓ
レモン果汁	少々
溶かしバター	60g
小麦粉	900～1000g

〈製法〉

① 卵、砂糖、塩をよく混ぜる。
② 生クリーム、レモン果汁、溶かしバターを加え混ぜる。
③ 小麦粉を混ぜてかための生地を作る。
④ 薄く延ばし、円形の抜き型で抜く。
⑤ 熱した油の中に④を入れる。
⑥ 押し型を上から押しつけ、花形に整えて揚げる。
⑦ 油を切り、軽く粉糖（分量外）を振って供する。

ファスナハツキュッヒリ

ファッシングスクラップフェン
Faschingskrapfen（独・オーストリア）

ドイツやオーストリアで食べる円形の揚げ菓子。ファッシングとは謝肉祭で、その折には欠かせないもの。発酵生地にアプリコットジャムを詰め、ヴァニラシュガーをふりかけたり、カスタードクリームを詰めて糖衣したものなどがある。

→クラップフェン

ファー・ブルトン　far breton（仏）

フランス・ブルターニュ地方で親しまれている菓子。ファーとはかゆのことで、ブルトン人のおかゆの意味。その名が示すとおりそもそもは小麦粉を牛乳で煮込んだかゆだったが、時とともに生クリームや卵などが加わり、そこにプラムやレーズンなどが入っていき、今日の菓子に完成されていった。なお、入れるフルーツはりんご等地方により異なったものも使われている。もっちりとした独特の食感が目新しいとして、1998年頃日本でも同じブルターニュ地方の銘菓クイニーアマンとともに流行をみた。

〈配合〉 18cm × 24cmのバット1枚分

卵	2個（約100g）
グラニュー糖	90g

薄力粉……………………………… 90g
牛乳……………………………… 500mℓ
バター……………………………… 10g
ブランデー………………………… 15mℓ
プラム……………………………… 10 個
ヴァニラオイル…………………… 適量

〈製法〉
① 卵にグラニュー糖を加えて混ぜる。
② ①にふるった薄力粉を加え混ぜる。
③ ②に牛乳を少しずつ加え、ブランデー、ヴァニラオイルも混ぜる。
④ バットに流しダイス切りしたバターとプラムを沈める。
⑤ 170℃のオーブンで約 35 分焼く。
注：フルーツはプラムの他にレーズン等好みのものを用いてもよい。

ふ

ファー・ブルトン

ファリネ　fariner（仏）
▸bemehlen（独）ベメーレン / flour（英）フラワー
菓子の焼き型やテンパンなどに小麦粉を振りかけたり、生地に打ち粉をすること。

ファルス　farce（英）
▸Farce（独）ファルセ / filling（英）フィリング
パテやミートパイなどの中身。カナッペなどの上に塗る肉、魚、野菜、果物などを細かく刻んで調味したもの。ドイツ語ではパステーテ用の肉の詰め物をさす。

ファーンキ　fánky（スロバキア）
スロバキアの一般的な揚げ菓子。

〈配合〉
卵黄……………………………… 2 個分
白ワイン………………………… 30mℓ
生クリーム……………………… 70mℓ
粉糖……………………………… 50g
小麦粉…………………………… 250g
塩………………………………… 少々
バター…………………………… 50g
レモン果皮……………………… 少々

〈製法〉
① 卵黄に白ワインを加える。
② 生クリーム、粉糖、小麦粉、塩、バター、レモン果皮を①に加え、全体をまとめる。
③ 厚さ 4mm に延ばし、4cm の正方形に切る。
④ 表面に対角線に切り目を入れ、熱した油で揚げる。
⑤ グラニュー糖（分量外）をまぶす。

ファンショネット　fanchonette（仏）
フランスの焼き菓子。多くの場合、タルトまたはタルトレット型で作る。パート・シュクレを敷いた型にカスタードクリームかフランジパーヌを詰め、ムラングをきれいに塗って、ラズベリージャムで飾る。
当初は上面にムラングを塗り、ざらめ糖を振りかけて焼く程度の素朴なものであったが、次第に華やかなデザインになっていった。かつてはかなり流行したというが、現在では見かけることが少なくなった。
語源については、1800 年に上演されたブイイとパンの演劇『ヴィエル弾きのファンション』のヒロインの名前からきたという。

ファンショネット

〈配合〉
パート・シュクレ
　またはフイユタージュ……………… 適量
砂糖……………………………… 500g
卵黄……………………………… 10 個分
全卵……………………………… 5 個
粉末アーモンド………………… 250g
小麦粉…………………………… 300g
塩………………………………… 少々
溶かしバター…………………… 150g

ラズベリージャム……………………… 少々
ムラング………………………………… 少々
粉糖……………………………………… 少々

〈製法〉

① パート・シュクレまたはフイユタージュを薄く延ばして、タルトまたはタルトレット型に敷く。
② 砂糖、卵黄、卵、粉末アーモンド、小麦粉、塩、溶かしバターを混ぜ、①の中に詰める。
③ 中火のオーブンで焼く。
④ 表面にラズベリージャムを塗り、ムラングを塗ったあと、同じムラングを絞って飾る。
⑤ 再びオーブンに入れて、軽く表面を焼く。
⑥ さらにラズベリージャムを絞って、粉糖を振る。

フィアドーヌ fiadone（仏）

ブロッチュというコルシカ産のチーズを使ったチーズケーキ。このチーズは山羊または山羊と羊の乳を混ぜて作られるもので、同地の特産となっており、春から秋にかけて限定的に作られる。フィアドーヌはそのチーズに砂糖、卵、少量の小麦粉を混ぜて型に流し入れて焼くだけのシンプルな工程で作られる。

フィアドーヌ

フィアンサイユ fiançailles（仏）

婚約式のこと。フランスではそれを祝う菓子をガトー・ド・フィアンサイユという。ジェノワーズやビスキュイで作る。婚約指輪をデザインしたり、Fiançailles の文字や二人の名前をクリームで絞ったデザインが多い。家族や親しい友人が集まり、この菓子をもって２人の慶事を祝う。

フィオシュ・デ・オヴォシュ fios de ovos（ポルトガル）

日本にたまごそうめんまたは鶏卵そうめんとして伝わっているポルトガルの菓子。スペインではウエボ・イラードの名で知られている。

〈配合〉

グラニュー糖…………………………… 1000g
水………………………………………… 500mℓ
卵黄……………………………………30 個分
全卵…………………………………… 1 個

〈製法〉

① 卵黄、全卵を混ぜ、2～3回裏ごしして、1～2時間休ませる。
② 水にグラニュー糖を入れて火にかけ、沸騰させる。
③ ②に水 50mℓに小さじ 1～2 杯の卵黄液を溶き混ぜ、沸騰している②の中に回しながら入れていくと、シロップの表面が泡立ってくる。この泡がクッションの役目をする。
④ ①の卵黄液をじょうごを使って③の中に、円を描くように落としていく。
⑤ 穴あきお玉で④をすくい取り、水にくぐらせて網の上に置く。

→玉子素麺
→ウエボ・イラード

フィグ figue（仏）

いちじくの意味。その形を模したプティガトーも同じ名で呼ぶ。

緑に着色して薄く延ばしたマジパンでジェノワーズやクリームなどを包み、いちじくの形に成形する。センターにはいちじくのシロップ煮を入れる場合もある。

フィスティック・エズメシ fıstık ezmesi（トルコ）

ピスタチオをすりつぶし、蜂蜜で練り固めたもので、トルコの高級菓子のひとつ。ピスタチオの主産地であるトルコの南東部ガジアンテプの銘菓として知られている。

フィナンシエ financier（仏）

フランスの焼き菓子。

語意は「財政家、資本家」で、形は金の延べ板になぞらえてか長方形に作られるが、正方形や舟形に作られることもある。これについてはピエール・ラカン著『フランス菓子覚え書』（1890）にサン・ドゥニ通りの証券取引所の近くで店を営んでいた製菓人ラヌ Lasnes が考案したとの記述があり、証券取引所の金融家、つまりフィナンシエたちが手をさして汚さずに食べられるよう工夫されたものといわれている。

焦がしバターの香りとアーモンドの風味を特色としている。

フィナンシエ

〈配合〉

粉末アーモンド……………………… 250g
砂糖………………………………… 750g
小麦粉……………………………… 400g
卵白………………………………… 600g
バター……………………………… 1000g

〈製法〉

① 粉末アーモンド、砂糖、小麦粉を混ぜる。
② ①に卵白を混ぜる。
③ バターをきつね色に焦がし、シノワでこしながら②に入れる。
④ 長方形やバルケット型、角型などに流して焼く。

フイユタージュ　feuilletage（仏）

▶ Blätterteig（独）ブレッタータイク / flaky puff paste（英）フレイキー・パフ・ペイスト

小麦粉を水で練ったものでバターを包み、折り上げる生地。パート・フイユテともいう。日本では通称パイ生地。

最初から刻んだバターを混ぜ込んで、折ってゆく速成法の作り方もある。これをフイユタージュ・ラピドまたはフイユタージュ・ア・ラ・ミニュットと呼ぶ。ドイツ語ではホレンディッシャー・ブレッタータイクまたはブリッツブレッタータイクと呼んでいる。日本では総称してパイ生地と呼んでいるが、バターを包んで折ってゆくものをフレンチ・パイあるいは折りパイ、後者の速成法をアメリカン・パイあるいは練りパイとして区別している。

フイユタージュは練り粉とバターが層状をなし、独特の食感がある。小麦粉は水で練るとグルテンと呼ばれる粘性が生じる。かなり弾力を持った状態になるため、なかなか破れない。この生地で平らに延ばしたバターを包み、めん棒を使って何回も折り上げてゆく。回数に応じてバターと生地の層は累進的にふえ、数十層、ときには数百層ほどになる。この生地に熱を加えると、含まれている油脂が沸騰状態になる。加熱された油脂と水分を含んだ生地が互いに反発して層を持ち上げ、1枚1枚の間に空間ができる。こうして焼成後のパリパリとした独特の生地ができ上がるのである。

フイユタージュは、甘い菓子全般のほか、塩味の料理風の菓子やおつまみ、オードヴルにも使われる多様性を持つ。

フイユタージュの原点は、古代エジプトにまで遡るといわれている。この時代のウテン・トという菓子は、生地に油を塗って巻き、揚げたものである。エジプトのように、気温の高いところでは、油脂は溶けた状態となる。ウテン・トのように油脂を生地に塗ったあと、巻いてゆく作業で層状になるものも、広い意味ではフイユタージュの原形としてとらえることができる。古代ギリシアの菓子に類似したものがあり、またトルコのバクラヴァという菓子にも共通したものがある。

時代は下って14世紀、シャルル五世（在位1364-1380）の時代にカオール（フランスの南西部の町）でフイユタージュ・ア・ルイユが作られ、この地の特産物であったという。さらに、アミアンの司教であったロベールの文書（1311）にフイユタージュを使った菓子の記述がある。これを現在の形にしたのは、17世紀の画家クロード・ジュレであったという説や、コンデ家の製菓長であったフイエによって考案されたという説もある。

クロード・ジュレは一般にはル・ロランの名で知られている画家だが、若い頃に菓子製造見習いをしていた。あるとき、当時を想い出して菓子作りをしていたが、生地にバターを入れ忘れてしまい、あわててあとからバターを入れ、生地を折っていったということである。

他方、フイエは製菓人であり、その名がフイユタージュに似ているところから、彼が作ったのではないかとの説がある。多くの書物ではこの結びつきは無理があるとしているが、料理人ジョゼフ・ファーヴル（1849-1903）は著書『万有料理事典』の中で、フイエがパート・フイユテの創作者であるとしている。

1653年、フランソワ・ピエール・ド・ラ・ヴァレンヌが書いたとされる『フランスの製菓人（Le Pastissier françois）』にパート・ア・ルイユという生地が出てくる。これは固形のバターを使わずに、液状の油を混ぜ込む生地である。再現から推しはかるに、液状の油脂では作業上都合が悪く、だんだん固形のバター等におきかえられ、今日のパート・ブリゼやフイユタージュ・ラピドなどのバター混ぜ込み式の速成法の生地に変わっていったものと思われる。

基本の折り生地

〈配合〉

強力粉……………………………… 1000g
水…………………………… 500 ～ 600mℓ
塩……………………………………… 25g
バター……………………………… 1000g

〈製法〉

① 強力粉に、塩を入れた水を混ぜる。このとき、バターの10％くらいを混ぜ込んでおくと、生地がべとつかずに作業を能率的に進めることができる。
② バターをビニールなどで包んで、めん棒でたたきながら、四角形に成形する。
③ ①を球状にまとめ、上にナイフを十文字に入れて広げる。この上に②のバターを置いて四方から包む。
④ 三つ折りを1回行い、生地の向きを変えてもう一度三つ折りを行う。冷蔵庫で休ませる（三つ折り計2回）。
⑤ これを3回繰り返し､求める菓子に使用する。注：折る回数は求める菓子により適宜調整する。

基本の混ぜ込み生地

〈配合〉

上記と同じ。

〈製法〉

① 強力粉に角切りにしたバターを混ぜ、そぼろ状にする。
② 塩を入れた水を①に混ぜる。
③ 延ばして、必要に応じて三つ折りあるいは四つ折りを数回行う。

フイユ･ドートンヌ　feuille d'automne（仏）

「秋の葉」という意味のチョコレート菓子。チョコレートを木の葉形の薄いすり込み板で紙の上にすり込み、固まらないうちにナイフで葉脈に模した節目を入れる。これをめん棒などの上に置いて湾曲させ、固まった後紙からはがす。細かく刻んで軽く焼いたアーモンド入りのものもある。

秋風が立つと、フランスの菓子屋のウインドーにはこうしたものが飾られる。

フイユ・ドートンヌ

フィリョーシュ　filhós（ポルトガル）

ポルトガルにおいて、クリスマスや復活祭といったキリスト教の祭事に欠かせない揚げ菓子。南蛮菓子ヒリョウスとして伝えられているもの。作り方には三通りあり、お好み焼きの種のようなゆるめの種を型に付けて揚げるもの、イーストを使った発酵生地を薄く延ばして揚げるもの、イーストを使わない生地を薄く延ばして長方形に切って揚げるものがある。ちなみにリスボン近郊においては、フィリョーシュはイースト生地をもって作る揚げ菓子で、イーストを使わない揚げ菓子はコシコロインシュという。またベイラ・バイシャ地方では型に入れて揚げるフィリョーシュをコシュコロインシュと呼んでいる。推測するに、同じ地域において異なるタイプの揚げ菓子があった場合、一方をフィリョーシュ、他方をコシュコロインシュ等と呼んで区別したとも考えられる。そのふたつの語がともに南蛮菓子として日本に入り、フィリョーシュはヒリョウスやヒロウズ、飛龍豆として、コシュコロインシュまたはコシュクラオンはコスクランとして親しまれていった。

■ 型に種を付けて揚げるタイプ

〈配合〉

薄力粉…………………………………… 230g
卵…………………………………… 2 ～ 3 個
オレンジ果皮……………………… 1 個分
砂糖………………………………………… 6g
ポートワイン…………………………… 15mℓ
水………………………………………… 適量
塩………………………………………… 適量

サラダオイル……………………………… 適量

〈製法〉

① 薄力粉に卵黄、砂糖、塩、水を加えて混ぜ、もったりとした状態にする。
② ①にオレンジ果皮のすりおろし、ポートワインを加え、約1時間休ませる。
③ 卵白を充分泡立て、①と合わせる。
④ サラダオイルを熱し、型を油に浸して油切りをし、その型に種をつけて油の中に入れて揚げる。種は揚がってフワッと型からはずれる。
⑤ シナモンシュガーをまぶすか蜂蜜入りシロップをつける。

■ **イースト生地にして揚げるタイプ**

〈配合〉

中力粉…………………………………… 500g
生イースト……………………………… 15g
オリーブ油…………………………… 125mℓ
卵………………………………………… 3個
塩………………………………………… 少々
牛乳……………………………………… 適量
サラダオイル…………………………… 適量
グラニュー糖…………………………… 適量
シナモンパウダー……………………… 適量

〈製法〉

① オリーブ油を熱して中力粉と混ぜる。
② ①に少量の牛乳で溶いた生イースト、塩、人肌に温めた牛乳を入れる。
③ ②に溶いた卵を加え、牛乳で調節しながら生地をこねる。
④ 生地が手に付かなくなったら、約2倍の大きさに発酵させる。
⑤ 生地を少量ずつちぎって直径10cmほどに薄く延ばす。
⑥ 熱したサラダオイルで揚げ、グラニュー糖とシナモンパウダーをまぶす。

■ **イーストを使わないタイプ**

〈配合〉

強力粉…………………………………… 125g
薄力粉…………………………………… 125g
ラード…………………………………… 30g
卵………………………………………… 1個
オレンジ果汁……………………… 1個分
ベーキングパウダー…………………… 2g
シナモンパウダー……………………… 1g
グラニュー糖…………………………… 18g
アグアルデンテ（ラムで代用可）…… 25mℓ
シナモンシュガー……………………… 適量
サラダオイル…………………………… 適量

〈製法〉

① 2種の小麦粉、ベーキングパウダー、シナモンパウダー、砂糖を一緒にしてふるい、その中に溶かしたラード、卵、オレンジ果汁、アグアルデンテを加え混ぜる。
② ①を手につかなくなるまでよくこねる。
③ ②にぬれ布巾をかけて1時間ほど休ませる。
④ 生地を少量ずつ切り、薄く延ばし、手の平大の三角や四角形に切って、熱したサラダオイルで揚げる。
⑤ シナモンシュガーをふりかける。

フェーヴ　fève（仏）

そら豆の意味だが、菓子の分野では、1月6日の主顕節の日に食べるガレット・デ・ロワの中に入れる陶製の人形のこと。地方や国によって形が異なる。

この日に食べる菓子の中にこれを入れ、切り分けたときに当たった人がその場の王様あるいは女王となり、紙製の冠をいただき、皆の祝福を受ける。

フェーヴの起源は古代ローマにまで遡る。ローマでは投票にそら豆を用い、収穫祭でもそら豆を引いた者が王様になる習わしがあった。のちにキリスト教が広まったとき、この習慣が主顕節の菓子に引き継がれ、そら豆はキリストを表すという意味で、菓子の中に入った。今では宗教的な意味より、クジ運を試しながら食べて楽しむという意味合いが強くなり、フェーヴもさまざまな動物をかたどったもの、抽象的なものなど、いろいろな形のものが使われる。

いろいろなフェーヴ

フェッヒャー　Fächer（独）

ドイツの製菓用語。うちわ、扇子、扇、広げ

た尾羽の意味。トルテなどの上にのせる花形にまとめたチョコレートの飾り。
チョコレートをマーブル台の上にパレットナイフで薄く広げ、三角べらなどで、ヒラヒラした帯状に削りとる。これをトルテの上面の周りからのせ、花形にまとめてゆく。

フェトクック　vetkoek（南アフリカ）
南アフリカで親しまれているドーナッツ。リング型のアメリカ風ではなく、楕円または棒状に作って揚げる。シロップや砂糖をかけた甘いものと、中にひき肉等を詰めた食事用のものがある。大航海時代にオランダあたりから伝えられたものと思われる。

フェルゼンツッカー　Felsenzucker（独）
▶sucre rocher（仏）シュクル・ロシェ
岩状に固めた飴のこと。
→飴細工（シュクル・ロシェ）

フェンネル　fennel（英）
▶fenouil（仏）フヌーイユ / Fenchel（独）フェンヒェル
和名は茴香（ういきょう）。セリ科の多年草で、ヨーロッパの南部から西アジアにかかるあたりを原産の地としている。葉はハーブとして香りを楽しむ他、肉料理の香り付けや臭い消しに活用される。種子は香味を生かしてスパイスとしての利用がなされる。各種のケーキやドロップ、キャンディーなどに、あるいはパンにも使い、またこれでリキュールを作ったり、チーズに混ぜたりと、その幅も広きに渡っている。語源は"干し草"という意味の faenum から派生したラテン語の faeniculum に由来するという。近縁種のフローレンス・フェンネルは、茎の部分を生または煮るなどして、野菜感覚で食用にされてもいる。

フォアタイク　Vorteig（独）
ドイツの製菓用語。
ホーニッヒクーヘンなどの生地を仕込み、木製の桶や陶製容器に入れて1～2か月休ませる。この段階の生地をいう。

フォガッサ　fogaça（ポルトガル）
リスボンの対岸のアルコシェテ市だけで1400年代から作られている、大型のビスケット。
〈配合〉
中力粉……500g
赤砂糖……325g
シナモン……10g
レモン表皮すりおろし……1個分
バター……150g
水……約50mℓ
卵黄……1個分
〈製法〉
① 中力粉、砂糖、レモン表皮すりおろし、シナモンを一緒にして混ぜる。
② ①にバターを溶かして混ぜ、水も加え、よくこね混ぜる。
③ 200gずつ取り分けてまるめ、表面に十字の切れ目を入れ、少量の水で溶いた卵黄を塗って、200℃のオーブンで約25分焼く。

フォガッサ

フォラール　folar（ポルトガル）
ポルトガルで親しまれている、復活祭を祝うパン菓子。
〈配合〉
中力粉……1000g
バター……300g
砂糖……150g
卵……3個
牛乳……250mℓ
塩……15g
生イースト……60g
シナモンパウダー……少々
ゆで卵……2～4個
つや出し用卵……1個
〈製法〉
① 生イーストを少量のぬるま湯で溶き、100gの中力粉を混ぜて、丸めて温かい所で20分程休ませる。
② 残りの中力粉とシナモンパウダーを混ぜて

①と合わせる。
③ ②に柔らかくしたバター、卵、砂糖、塩、牛乳を加え混ぜ、よくこねてなめらかな状態にする。
④ ③を約2倍の大きさに発酵させる。
⑤ ④の生地を少し取り置き、残りを4等分する。
⑥ ⑤を丸めて上にゆで卵をのせ、取り置いた生地を細くまるめて伸ばし、ゆで卵のまわりに巻く。
⑦ つや出し用卵を少量の水で溶き、⑥の表面に塗って、180～200℃のオーブンで焼く。

フォレ・ノワール　forêt noir（仏）

黒い森という意味の、フランスのチョコレートケーキ。チョコレート味のビスキュイ、クリームで作り、全体にチョコレート・コポーをまぶす。ドイツのシュヴァルツヴェルダー・キルシュトルテをはじめ、各地で同様の意味あるいは同様の組み立てのものが作られている。

フォレ・ノワール

〈配合〉 18cm 1台分

チョコレート・スポンジケーキ（ジェノワーズ・ショコラ）
- 卵……………………………… 2個
- 砂糖……………………………… 75g
- 薄力粉……………………………… 60g
- ココア……………………………… 15g
- バター……………………………… 40g

チョコレートバタークリーム（クレーム・オ・ブール・オ・ショコラ）
- 卵……………………………… 2個
- 水……………………………… 40mℓ
- 砂糖……………………………… 120g
- バター……………………………… 200g
- チョコレート……………………………… 100g

仕上げ
- シロップ（水：砂糖＝2：1）………… 適量
- チョコレートコポー……………………… 適量
- 粉糖……………………………… 適量

〈製法〉

チョコレート・スポンジケーキ
① 卵を溶き、砂糖を混ぜて湯煎にかけながら泡立てる。
② 薄力粉とココアを混ぜてふるい、①に混ぜる。
③ バターを溶かして②に加え混ぜる。
④ 型に流し、180℃のオーブンで約35分焼く。

チョコレートバタークリーム
① 卵を攪拌する。
② 水と砂糖を混ぜ、120℃に熱して①に少しずつ注ぎ入れる。
③ ②の粗熱が取れたらバターを入れ、攪拌する。
④ ③に溶かしたチョコレートを入れる。

仕上げ
① スポンジケーキを3枚に切り、表面に刷毛でシロップを浸す。
② ①にクリームを塗り広げて重ね、全体にも塗って、チョコレートコポーを全体にまぶす。
③ そのままでもよいが、目的に応じて任意に飾ってもよい。例えばバースデー、クリスマス等好みの飾りをのせ、上から軽く粉糖をふりかける。

→シュヴァルツヴェルダー・キルシュトルテ

フォンダン　fondant（仏）

▶Fondant（独）フォンダント / fondant（英）フォンダント

結晶化させた糖液。

砂糖は水に入れて攪拌すると溶解するが、ある一定量に達すると、それ以上は溶解せず沈殿してゆく。その溶液に熱を加えると、溶解しなかったものも溶け始める。その状態を「不飽和」「飽和」「過飽和」という段階に分けることができる。一定の濃度以上に達した過飽和糖液は、条件によって余分な砂糖が再び結晶化する。これを糖化現象という。

フォンダンは、こうした性質を利用した菓子の副材料である。糖液を攪拌したり、すり合わせることによって砂糖を結晶化させ、白濁化させて作る。

フォンダンが作られたのは1823年といわれそれによって甘さをそこに止め置くことが可能となった。こうした効用がのちの菓子に与えた影響は大きい。今日ではエクレールのチョコレートやカフェのフォンダン、プティフール、プティガトーやアントルメの上面処理、ウェディングケーキのアイシングなど、菓子全般に広く使われている。同様のものに和菓子のすり蜜がある。

〈配合〉

砂糖……………………………… 1000g
水………………………………… 400mℓ
水飴……………………………… 150g

〈製法〉

① 砂糖、水、水飴を混ぜて115℃まで煮る。
② 軽く霧を吹いたマーブル台の上にあけ、糖液の結晶化防止のため、上から再び霧を吹く。
③ 人肌程度に冷めてきたら、木杓子で台の上をすべらせるように練ってゆく。
④ 一度かさかさな状態になるが、そのまま続けると、再びしっとりしたフォンダンができる。

フォン·ダントルメ　fond d'entremets（仏）

アントルメの底の意味。

アントルメを作る場合、底に敷いたり、クリーム類をはさむための生地の総称。例としてはパート・シュクレ、パータ・フォンセ（甘みの少ない生地）、パート·ブリゼのほか、菓子によって、フイユタージュ、ムラング、ジャポネ、シュクセあるいはジェノワーズなどがフォン・ダントルメとして使われる。

フォンテーヌ　fontaine（仏）

練り粉の生地やフイユタージュなど、小麦粉を主体としたものを仕込む際、ふるいにかけて台の上に山盛りにし、この山の中央に噴火口のように穴を作り、そのくぼみの中に卵や液体のものを注ぎ、周りの山をくずしながら、少しずつ全体を混ぜる作業をする。このときの穴をあけた山盛りの状態をフォンテーヌ（泉）という。

ふくしまいさお·たくじ·みつおとくさのひでお　福島功・卓次・三津夫と草野英男

近代製菓に不可欠なショックフリーザーを日本に紹介し導入した東美デコール（現・コマ・ジャパン）の創業者兄弟。

1968（昭和43）年、父・福島健次が東京蒲田にスマトラ洋菓子店を開業。しばし後同社は日本で初めてマジパンカードを発売。全国の洋菓子店がその恩恵に浴す。それを機に長男・功は同社を東美デコールと改称し、1974（昭和49）年、オランダのコマ社と提携してショックフリーザーを導入。これにより各菓子店は、より鮮度の高い商品の提供が可能となり、また不安定な労働時間を平均化することに成功した。1993年、同社は次男の卓次に引き継がれてコマ・ジャパンと改称。三男の三津夫、創業時からの役員の草野英男とともにその販路を日本国内のみならず、韓国、台湾、中国等々に拡大。広く洋菓子文化の向上と発展に尽くすとともに、ショックフリーザーを含めた製菓製パン機器をもって、広く国際貢献を果たすところとなる。

ふくりんとう　福輪糖

南蛮菓子の一種。大田南畝（なんぽ）の書、『半日閑話』によると、オランダから伝わった菓子で、焼き栗ほどの大きさの胡麻煎り煎餅と説明している。詳細不明だが、他の南蛮菓子同様、それに似た語の音訳と思われる。

ふじいゆきお　藤井幸男

日本における本格的なフランスパン文化を広げた功労者。

南仏から来日したレイモン・カルヴェル氏の薫陶を受けた彼は、自らの営むドンクを通してフランスパンの啓蒙に務め、パリの地図入りの細長い紙袋を抱えて歩くことがひとつのファッションになるほどのブームを作った。加えて本場に忠実にして日本においては斬新なフランス菓子を紹介。洋菓子界に新風を吹き込んだ。それを機に多くの若いパティシエが、パリを始めスイス、ドイツ、オーストリア等に旅立っていった。また彼はフランスより、フィリップ・ビゴ、ピエール・プリジャン、セルジュ・フリボーといったフランス人のブランジェ（パン職人）やパティシエを招聘し、本場の製菓製パン技術の紹介に務めた。また別会社を起こしてフランスを始めとするヨーロッパの食材から製菓製パン機器の輸入にたずさわるなど、ソフトウェア、ハードウェアを通じて、日本の美食文化の向上に尽力。その流れは多岐にわたって波及し受け継がれていった。

ふじいりんえもん　藤井林右衛門

アメリカに目を向け、お菓子の持つ楽しさを追求した不二家の創業者。

1885年（明治18）、愛知県の農家に生まれた岩田林右衛門は、6歳の時藤井家の養子に入り、1900年、15歳の折りに横浜に出る。杉浦商店という銅鉄商に入店後、1910（明治43）年に義兄の世話で横浜市中区元町2丁目に西洋菓子店を開業。藤井姓を日本一の富士にかけ、ふたつとない家、不二家とした。店内にお茶場と呼ぶ喫茶室を設けてコーヒーや紅茶を出し、当時としてはまだ珍しかったシュークリームやデコレーションケーキを並べ、一律3銭という抑えた値付けをした。1912（大正元）年9月、渡米して各地を視察。ソーダ・ファウンテンの構想はこの時固まったという。多くの菓子屋がフランスを目指す中、アメリカ指向を貫き、彼の地特有のお菓子の持つ楽しさ、ハピネスの追求を心がけていった。みやげに持ち帰ったレジスターを備えた明朗会計に基づく近代的な店舗経営は一躍話題となり、大繁盛する。1923年8月5日待望の銀座出店が叶い、以降同店は銀座不二家としてあまねく知れわたるようになる。

ブシェ　bouchée（仏）

フイユタージュ生地に詰め物をした、一口という意味の菓子や料理。

焼くと層になって浮き上がるフイユタージュの性質を利用して作る。2枚の生地を重ねて焼くが、上の生地はリング形にしてのせるため、焼成後中央に空間ができる。この空間に、料理などの具または各種のクリーム、果物などを詰める。

特に､ブシェ･ア･ラ･レーヌ（女王風のブシェ）が知られている。

〈製法〉

① フイユタージュをていねいに折り上げ、厚さ2mmほどに延ばして菊型で抜く。
② 厚さ8mmほどに延ばした生地を同じ大きさの菊型で抜く。
③ これより一回り小さい同形の抜き型で、②の生地の中をくりぬき、リング形にする。
④ ①の上に薄く卵を塗り、③の縁をそろえて重ねる。
⑤ 上面の縁に卵黄を、はみ出ないように塗り、焼き上げる。くりぬいたものも、ともに卵黄を塗って焼き、蓋にする。
⑥ 中に好みの具を詰める。
注：ブシェ、ヴォローヴァンは大きさが違うだけで、作る工程は同じ。

→ヴォローヴァン

ブシェ･ア･ラ･レーヌ　bouchée à la reine（仏）

「女王風のブシェ」。ブシェの中では最も知られた料理。ルイ十五世の妃マリー・レシチンスキ付きの料理人が考案したもので、彼女の気に入り料理のひとつ。フイユタージュの器に美味な詰め物をする。

〈配合〉

ブシェ……適量
詰め物
バター……150g
小麦粉……150g
牛乳……500mℓ
卵黄……8個分
魚のブイヨン……1000mℓ
レモン果汁……1個分
マッシュルーム……適量
塩……少々
胡椒……少々

〈製法〉

① バターと小麦粉を弱火にかけ、焦げないように注意しながら混ぜる。
② 牛乳と卵黄を混ぜて①に合わせ、再び火にかけて練り上げ、火から降ろす。
③ ブイヨンを加えて混ぜ、レモン果汁、火を通したマッシュルーム、塩、胡椒を加え、再び火にかけて混ぜ合わせ、詰め物を作る。
④ 焼き上げたブシェに詰める。

ブシェ・ア・ラ・レーヌ

ブション　bouchon（仏）

びんなどの栓のこと。その形に似た菓子の名称に用いる。

発酵生地で作るババは、ワインなどのコルクの栓に似ているところから、ババ・ブションとも呼ばれている。

ふっかつさい　復活祭

▶ Pâques（仏）パーク / Easter（英）イースター / Ostern（独）オースターン / Pasqua（伊）パスクア / Pascua（西）パスクア

イエス・キリストの復活を祝うキリスト教の春の最大の行事。春分後の満月の次に迎える日曜日で毎年その日が変わる移動祝日。フランス、イタリア、スペインなどの呼び名は、ヘブライ語のユダヤ教の過ぎ越しの祝いからきており、英語とドイツ語の呼称は神話の春の女神の呼称からきている。

聖書によれば、キリストは金曜日に十字架にかけられて、その三日後の日曜日に復活したとされる。一方､ユダヤ教には過ぎ越しの祭り（エジプト脱出を記念した祭り）があり、この祭りとキリストの復活を記念する祭り、さらに異教の春分祭とが重なり合って、現在の復活祭が成立した。

復活祭の菓子として、鶏形やその卵の形のチョコレートやヌガー、鳥の巣をかたどった中に卵や雛鳥の形の菓子がおさまっているものなど、生命の復活にちなむものが多い。またうさぎ形のチョコレート菓子もあるが、これは春の野山を駆けめぐるうさぎが幸運の卵を持ってくるという言い伝えによるもの。その他近年は犬や猫、リス等々かわいいものなら何でもいいという楽しい祭事になってきている。

ブッセ　（日）

1960年代に日本で流行った菓子。フランス語の「一口」という意味のブシェから取った呼称と思われる。軽いスポンジ生地を小振りのドラ焼きほどの大きさに落とし焼きし､バタークリームまたはショートニングクリームをサンドする。

ブッタークーヘン　Butterkuchen（独）

イーストを使った発酵生地で作る、ドイツのハノーファー地方の銘菓。ヘーフェタイクの生地にクリームを塗り、シナモンシュガーを振りかけて焼く。バター以外の油脂を使ったものは、この名は使えない。

〈配合〉

ヘーフェタイク………………………… 1000g
マルツィパンローマッセ……………… 75g
カスタードクリーム…………………… 75g
フォンダン……………………………… 75g
バター…………………………………… 180g
シナモンシュガー……………………… 150g
薄切りアーモンド……………………… 180g

〈製法〉

① ヘーフェタイクを 50cm × 30cm に延ばしてテンパンに敷き、指先で表面をポツポツと押してへこませ、模様をつける。
② マルツィパンローマッセ、カスタードクリーム、フォンダン、バターをよく混ぜて、生地の上に塗る。
③ シナモンシュガーを振りかけ、薄切りアーモンドを振りかける。
④ 180℃のオーブンで焼く。

ブッタークーヘン

ブッタークレーム　Buttercreme（独）

▶ crème au beurre（仏）クレーム・オ・ブール / butter cream（英）バタークリーム

バタークリームのこと。

→クリーム

ブッターゲベック　Buttergebäck（独）

バター入りクッキー。さらにドイツにおける市販品のクッキー類の品質表示に関する語。小麦粉 1kg に対してフレッシュバター 100g 以上を配合したもののみを表す。他の油脂を使ったものはこの語を使えない。

ブッターシュトロイゼル　Butterstreusel（独）

ブッターは「バター」、シュトロイゼルは「振りかけるために顆粒状にしたもの」の意味で、バター、砂糖、小麦粉を混ぜて、そぼろ状にしたもの。単にシュトロイゼルともいう。生地の上に振りかけて焼く。ドイツ菓子における上面処理や飾りのための方法。

〈配合〉

バター…………………………………… 450g
砂糖……………………………………… 325g

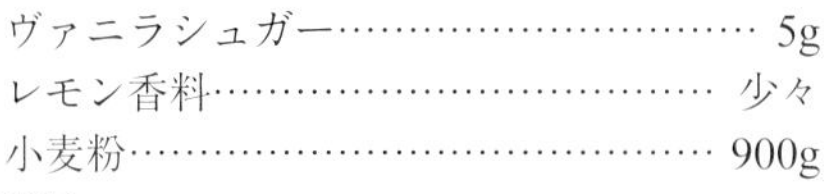
ヴァニラシュガー……………………………… 5g
レモン香料………………………………… 少々
小麦粉……………………………………… 900g

〈製法〉

① バター、砂糖、ヴァニラシュガー、レモン香料、小麦粉を全部混ぜる。
② 手でもむようにしてそぼろ状にする。作りおきをしておき、必要量ずつ使用する。

ブッターマッセ　Buttermasse（独）

バターとマルツィパンローマッセ入りのペーストで、焼いて食すクリーム。

〈配合〉

マルツィパンローマッセ……………… 150g
バター……………………………………… 350g
砂糖………………………………………… 350g
塩…………………………………… 少々（2g）
レモン果皮………………………………… 少々
ヴァニラ…………………………………… 少々
卵…………………………………………… 390g
薄力粉……………………………………… 450g
ベーキングパウダー……………………… 9g

〈製法〉

① マルツィパンローマッセとバターをすり合わせる。
② ①に砂糖を混ぜる。
③ すりおろしたレモン果皮、塩、ヴァニラを加え、攪拌する。
④ 卵を少しずつ加え混ぜる。
⑤ 薄力粉をふるって、④に少しずつ加え、なめらかな状態になるまで混ぜる。

フッツェルブロート　Hutzelbrot（独）

南ドイツ地方のクリスマス菓子。ライ麦粉の発酵生地に果物やスパイスなどを混ぜて焼き上げる。

フルフトブロート、クレッツェンブロートとも呼ぶ。

プティフール　petit four（仏）

プティは「小さい」、フールは「オーブン」のこと。つまりオーブンで焼いた小さいものの意味だが、現在では焼き菓子以外のものまで含めた小さな一口菓子をさす。

製菓人アントナン・カレームによると、「この菓子は、最初大型のアントルメを焼いたあと、温度の下がったオーブンで焼いて作った」とある。そして「乾いた焼き菓子と、糖液で被覆したものの２種類のほかに、果実やマジパンなどを糖衣したものが含まれる」と定義している。

パーティーなどでは大きなものは食べにくいということで小さく、口元を汚さずに食べられるようにと作られたものであり、かつ、形のかわいらしさから生まれたものともいわれている。またおいしいものを少しずつでもたくさんの種類を食べたいとの欲求を満たしたものでもある。

1533年、イタリアのメディチ家のカトリーヌが、後のアンリ二世となるオレルアン公に嫁ぐときに、パリに連れてきたフィレンツェの菓子職人たちにより、多くのプティフールの技術がフランスに持ち込まれた。ビスキュイ・ア・ラ・キュイエールなどもそのひとつである。その後マカロン、ムラングから作ったロシェ、マジパン菓子、焼いたシュー菓子などが加わり、種類が豊かになっていった。1823年にはフォンダンが創作され、プティフールのつや出し等に変化がつき、種類が多くなった。

プティ・フール・セックの例

現在のプティフール群を分類すると次のようになる。

■ **パート・ド・フリュイ　pâte de fruits**

果物をペースト状にしてペクチンで固め、小切りにして砂糖をまぶしたもの。

■ **フール・ポッシュ　four poche**

マジパンを絞って焼いたもの。

■ **プティ・フール・アン・パート・ダマンド**

petit four en pâte d'amande
マジパンを利用して、さまざまな果物や野菜等をかたどったもの。

■ **プティ・フール・グラッセ　petit four glacé**
フォンダンやチョコレートで被覆したもの。

■ **プティ・フール・サレ　petit four salé**
塩味のおつまみ。オードヴル的なもの。

■ **プティ・フール・セック　petit four sec**
乾き一口菓子。クッキー類のこと。

■ **プティ・フール・フレ　petit four frais**
フレッシュな果物やクリーム類などを中心にしたもの。

■ **フリュイ・デギゼ　fruit déguisé**
果物やナッツ類を糖液で包んだり、糖液に漬けて砂糖の結晶を付着させたもの。

プディング　pudding（英・仏）

▶ Pudding（独）プディング

大航海時代のイギリスに生まれた蒸し菓子。

船には、積む食糧に限りがある。ある船の料理人が、パンくずや小麦粉、卵、肉の脂身など、あり合わせの材料を混ぜて味つけし、ナプキンで包んでひもで結び、蒸し焼きにしてみた。これにチーズなどを振りかけて食べたらしいのだが、これがプディングの始まりで、いわば船乗りの生活の知恵から生まれたものだった。

この菓子は陸に上って次第に一般家庭にも入り、牛乳と卵で作ったカスタード・プディングをはじめ、パン・プディング、ライス・プディング、イギリスのクリスマスに食べるプラム・プディング等いろいろな形に変化してゆく。

■ **カスタード・プディング　custard pudding**（英）
▶ crème caramel（仏）クレーム・カラメル / Karamellcreme（独）カラメルクレーム

牛乳と卵で作り、カラメルソースを用いる。日本でもカスタードプリン、または単にプリンともいって広く好まれている。

〈配合〉

カラメル用砂糖……適量
砂糖……250 ～ 300g
全卵……8 個（400g）
牛乳……1000mℓ
ヴァニラ……少々

〈製法〉

① カラメルを作る。砂糖 6、水 4 の割合で鍋に入れて火にかける。濃い褐色になったら少し熱湯を入れて再び煮る。冷水に落としてみて、つまんで形が変わる程度になったら火から降ろす。
② 型の底にカラメルを絞り込み、冷やしておく。
③ 砂糖と卵を混ぜる。
④ 牛乳を沸騰させ、ヴァニラを加えて混ぜる。
⑤ ③と④を混ぜ、ふるいでこす。
⑥ ②の型の中に注ぎ入れ、テンパンに並べる。
⑦ 型の 1/3 くらいの高さまで湯を入れ、中火のオーブンに入れる（湯を煮立たせないようにする。煮立たせると、中に気泡ができやすくなる）。
⑧ 型から出し、皿にのせる。カラメルソースを上から流して添えてもよい。

■ **パン・プディング　pan pudding**（英）
▶ pudding au pain（仏）プディング（プダン）・オ・パン

パンを使ったプディング。

パン・プディング

〈配合〉

食パン……200g
バター……適量
牛乳……500mℓ
ヴァニラ・ビーンズ……1 本
砂糖……125g
卵黄……2 個分（40g）
全卵……3 個（150g）

〈製法〉

① 食パンを薄切りにし、バターを塗って小さな三角形に切る。
② オーブンに入れ、焼き色をつける。

③ グラタン皿に重ねるように並べる。
④ 牛乳にヴァニラ・ビーンズを入れて沸騰させ、卵黄、全卵、砂糖を混ぜた中へ少しずつ注ぎ込み、混ぜ合わせる。
⑤ ③のパンをパレットナイフでそっと押さえつけながら、④を注ぎ入れる。
⑥ グラタン皿ごと湯煎にかけ、強火のオーブンに入れる。
⑦ 焼けたら、適宜切り分けて供する。温・冷どちらで供してもよい。好みにより果実のソースなどを添える。

■ **プラム・プディング　plum pudding**（英）
▸plum pudding anglais（仏）プリュム・プディング・アングレ / Plumpudding（独）プルムプディング

小麦粉、パン粉、レーズン、その他の果物、卵、各種スパイスを入れたもので、クリスマス・プディングまたはクリスマス・プラム・プディングとも呼ぶ。

この場合のプラムとはプラム1種類だけでなく、果物全体に対する語である。大航海時代に使ったケンネ脂をあえて用いるところに、イギリス人のこの菓子に寄せる思いが伝わってくる。

〈配合〉
生地
ケンネ脂……250g
パン粉……250g
ラム漬けレーズン……350g
オレンジピール……250g
薄切りアーモンド……250g
シナモン……7g
レモン果汁……1/2個分
ヴァニラ……少々
全卵……2個
砂糖……130g
強力粉……70g
ラム……60mℓ
コニャックまたはブランデー……適量
カラメル……適量
ハードソース
砂糖……150g
バター……250g
オレンジ果皮と果汁……3個分
レモン果皮と果汁……1個分
オレンジキュラソー……30mℓ
ブランデーソース
砂糖……500g
熱湯……250mℓ
コーンスターチ……10g
コニャックまたはブランデー……125mℓ
ラム……125mℓ

〈製法〉
① ケンネ脂（牛脂）を刻み、パン粉と混ぜる。
② ラム漬けレーズン、オレンジピール、薄切りアーモンド、シナモン、レモン果汁、ヴァニラ、卵を①に混ぜる。
③ 砂糖、強力粉、ラム、ブランデー、カラメルを加えて練る。
④ 型にガーゼを敷き、③の生地をすき間なく詰める。
⑤ 型からとりはずし、ガーゼをかけたまま冷暗所に1週間ほどねかせる。
⑥ ガーゼをはずし、型の内側にバターを塗って再度これを詰める。
⑦ 鍋に入れ、湯を八分目まで注いで、オーブンで約2時間蒸し焼きにする。
⑧ テーブルに出したあと、上からコニャックやブランデーなどをかけ、火をつけて香りづけと演出をする。
⑨ 下記に記したハードソースまたはブランデーソースを添えて供する。

〈ハードソースの製法〉
① 砂糖、バターを溶かし混ぜる。
② オレンジとレモンの果皮と果汁を加え、オレンジキュラソーを混ぜる。

〈ブランデーソースの製法〉
① 砂糖をきつね色に熱し、熱湯を混ぜる。
② 少量の水で溶いたコーンスターチを加えてから、コニャックまたはブランデーとラムを加える。

■ **ライス・プディング　rice pudding**（英）
▸pudding au riz（仏）プディング（プダン）・オ・リ

米を使ったプディング。

〈配合〉
米……60g
牛乳……250mℓ
全卵……1個
レーズン……50g
ラム……適量

〈製法〉
① 米を洗い、柔らかくなるまでゆでて水分をきる。
② 沸騰した牛乳を入れ、約20分間煮る。
③ 火から降ろし、レーズン、ラム、卵を入れて

混ぜる。

④ 内側にバターを塗った陶製の容器に③を詰め、湯煎にかけながらオーブンに入れる。

⑤ 型からはずして皿に移し、レーズンなどをあしらって飾る。

ブディン・デ・マデイラ　budín de Madeira（西）

マデイラ酒入りのプディング。酒をきかせたソースや六分立ての生クリームを添えることが多い。

ぶどう

▸ grape（英）グレイプ / raisin（仏）レザン / Traube（独）トラオベ

つる性の落葉果樹。果実は球形か楕円形で、房になって下垂。ペルシア原産。大別するとヨーロッパ在来種と新大陸のアメリカ種がある。中国から伝わった日本の甲州ぶどうはヨーロッパ種である。

そのまま食べるほか、ワイン、ブランデー、ジュースなど、あるいは菓子、パンなどの材料として広く使われている。特にワインは有史以前にその製法が発見され、以来人々に広く親しまれてきた飲み物である。ヨーロッパではこのワインをキリストの血とみなした宗教上の儀式と相まって、大いに普及した。

その昔人々はぶどうが酒精分に富み、発酵の働きを持つことを知った。この発酵した泡かぶどうの絞りかすを練り粉に混ぜると、生地そのものが発酵しふくらむことを発見した。今日のぶどうパンはその名残りであるといわれている。

なお果実の収穫後、天日乾燥による干しぶどうも作られた。干しぶどうは、酸味があるため、のどの乾きを防ぐことができ、長期の旅には必携品であった。そしてこの干しぶどうも菓子作りに大いに利用されるところとなった。

プードル・ア・クレーム　poudre à crème（仏）

乾燥卵黄や砂糖、コーンスターチを主体として、ヴァニラや粉乳で香りと味をつけたミックスパウダー。カスタードクリームやフランの溶液を作るときに用いる。

ブニュエロ　buñuelo（西）

▸ beignet（仏）ベニェ

スペインの揚げ菓子一般をさす。油で揚げたシュー菓子もこの名で呼ぶ。ブニュエロ・デ・クレーマは、シュー種とカスタードクリームを混ぜ合わせ、油で揚げたもので、グラニュー糖をまぶして供する。

ブニュエロ・デ・ビエント　buñuelo de viento（西）

「風のブニュエロ」の意味。フランス菓子でいうペ・ド・ノンヌ。諸聖人祭に食べる習慣がある。

→ブニュエロ
→ペ・ド・ノンヌ

ブニュエロ・デ・ビエント

プファンクーヘン　Pfannkuchen（独・スイス）

ドイツやスイスで好まれている揚げ菓子。普通より多量の卵やバターを配合し、柔らかく、しかも腰のしっかりした発酵生地を分割して丸め、発酵させてから油で揚げたもの。中にママレードを注入し、粉糖を振るかフォンダンで糖衣する。ベルリーナー、ベルリーナー・プファンクーヘン、あるいはクラップフェンともいう。また同名で呼ぶ、クレープやパンケーキのように薄く焼いた菓子もある。揚げ菓子の配合と製法を以下に記す。

〈生地の配合〉

中力粉	600g
バター	120g
砂糖	80g
卵黄	2個分
全卵	2個
塩	5g
ラム	10mℓ
レモン果皮	1/2個分
牛乳	100mℓ
生クリーム	50mℓ

イースト……………………………… 20g
レモン果汁…………………………… 少々

〈製法〉

① 上記の材料を全部混ぜてひとつにまとめ、30℃で発酵させる。
② ガス抜きを二度ほどしてから、30～35gくらいにとり分け、手粉を使いながら丸めて、再度発酵させる。
③ 180℃に熱したサラダオイルで揚げる。
④ 側面に穴をあけて、ママレードかアプリコットジャムを注入し、粉糖かグラニュー糖をまぶす。

プファンクーヘン

プフェッファークーヘン　Pfefferkuchen（独）

シロップや蜂蜜にスパイスを加えて作る菓子。蜂蜜を使ったものはホーニッヒクーヘンという。

→ホーニッヒクーヘン

プフェッファーヌッス　Pfeffernuss（独・オーストリア）

スパイスを入れて作るドイツやオーストリアのクッキー。古くから家庭で作られていた。

生地を延ばして、小さな円で抜いたり、丸めて焼く。焼いた後上面にアイシングやチョコレートをかけることもある。

〈配合〉

全卵……………………………………… 200g
砂糖……………………………………… 450g
小麦粉…………………………………… 450g
シナモン………………………………… 2g
ナツメグ………………………………… 2g
ゼラチン………………………………… 1g
レモン果汁……………………………… 5mℓ
レモン果皮……………………………… 1個分
粉末アーモンド………………………… 110g
クローヴ………………………………… 3g
グラス・ア・ロー……………………… 適量

〈製法〉

① 全卵と砂糖を泡立て、これに小麦粉、シナモン、ナツメグを混ぜる。
② 続いて水にふやかしたゼラチン、レモン果汁、レモン果皮、粉末アーモンド、クローヴを加えて混ぜ、一晩ねかせる。
③ 生地を薄く延ばして抜き型で抜く。あるいは、くるみの大きさに生地をとって丸める。
④ グラス・ア・ローを上に塗り、150℃くらいのオーブンで焼く。

ブフテル　Buchtel（オーストリア）

シュトゥルーデルの生地またはイーストを使った発酵生地を少量ずつ分け、平らに延ばしてポヴィドゥルというプラムのジャムあるいはクリームチーズなどを中央に絞り込んで包み、型に並べる。倍量程に発酵させてから焼く。

〈配合〉

生地
微温湯…………………………………… 50mℓ
イースト………………………………… 6g
薄力粉…………………………………… 55g
強力粉…………………………………… 225g
砂糖……………………………………… 25g
牛乳……………………………………… 120mℓ
卵黄……………………………………… 2個分
バター…………………………………… 60g
レモン果皮……………………………… 1/4個分
ヴァニラ………………………………… 少々
塩………………………………………… 2.5g

フィリング
クリームチーズ………………………… 100g
砂糖……………………………………… 40g
卵黄……………………………………… 1個分
ヴァニラ………………………………… 少々
レモン果汁……………………………… 1/2個分
溶かしバター…………………………… 適量

ヴァニラソース
卵黄……………………………………… 2個分
砂糖……………………………………… 50g
牛乳……………………………………… 225mℓ
コーンスターチ………………………… 4g
ヴァニラ………………………………… 少々

〈製法〉

① 微温湯にイーストを入れ、薄力粉と強力粉を

混ぜたうちのひとつまみ分と、砂糖25gのうちのひとつまみを入れ、発酵させる。
② 残りの小麦粉と砂糖、温めた牛乳、卵黄、バター、レモン果皮、ヴァニラ、塩を加える。
③ 充分こねてまとめ、湯煎にかけて発酵させる。
④ 倍量になったらガス抜きをする。
⑤ めん棒で42cm × 28cmに延ばし、7cm四方に切り、24枚にし、切り口に溶き卵を塗る。
⑥ クリームチーズに砂糖、卵黄、ヴァニラ、レモン果汁を加えてフィリングを作り、それぞれの中央に絞る。
⑦ 四方から包み、溶かしバターを塗る。
⑧ パウンド型の内側に溶かしバターを塗り、生地の閉じ目を下にして8個を並べる（3本分）。
⑨ 発酵させてから、200℃のオーブンで20分ほど焼く。
⑩ ヴァニラソースを作る。卵黄と砂糖を混ぜ、牛乳225㎖のうちの少量とコーンスターチを混ぜて加え、残りの牛乳を沸かして合わせる。
⑪ これを火にかけ、とろみがついたらヴァニラを加える。
⑫ ヴァニラソースを菓子に添えて供する。

プフラスターシュタイン　Pflasterstein（独）

▶ pavé（仏）パヴェ

舗道の敷き石の意味。

ホーニッヒクーヘンかレープクーヘンの生地を四角に切って焼き、フォンダンで糖衣する。

フュルステンシュニッテ　Fürstenschnitte（独）

「侯爵の切り菓子」の意味。フュルストとは侯爵、シュニッテとは切り菓子をさす。ミュルベタイクの延ばし生地の上に、マルツィパンローマッセで作るマンデルマッセという種をのせて焼き上げ、適宜な大きさに切り分けて供する。

〈ミュルベタイクの配合と製法〉

砂糖……125g
バター……250g
卵黄……2.5個分（50g）
レモン果皮……少々
塩……少々
ヴァニラ……少々
小麦粉……375g

① バターと砂糖をすり合わせる。
② 卵黄を加えて混ぜ、レモン果皮、塩、ヴァニラを加えて混ぜる。
③ 小麦粉を加え、全体をそぼろ状にする。
注：この生地は砂糖、バター、小麦粉の量が1:2:3の割合のため「1·2·3のミュルベタイク」と呼ばれる。

〈マンデルマッセの配合と製法〉

マルツィパンローマッセ……120g
バター……190g
砂糖……190g
全卵……約3個
レーズン……75g
塩……少々
レモン果皮……少々
小麦粉……150g

① マルツィパンローマッセをよくもみ、バターと練り合わせる。
② 砂糖を加えて混ぜる。
③ 卵を数回に分けて加え、分離しないように気をつけながら泡立てる。
④ 塩とレモン果皮のすりおろしを加える。
⑤ レーズンに少量の小麦粉を混ぜたものと、残りの小麦粉を加え、よく混ぜる。
注：レーズンに小麦粉をまぶしておくと、焼いているときにレーズンが沈まない。

〈仕上げ〉

① ミュルベタイク350 gをめん棒で延ばし、30cm × 30cmのテンパンに敷く。フォークで空気孔をあけ、180℃のオーブンで焼く。
② マンデルマッセ800gを①の上に平らに盛る。
③ ミュルベタイク100gほどを厚さ2mmに延ばし、幅1cmの帯状に切る。
④ ③を②の上に格子状にかけ、格子の部分に卵黄を溶いて刷毛で塗る。
⑤ 160 ～ 170℃のオーブンで約30分焼く。
⑥ 冷めてから、食べやすい長方形に切り、両端に粉糖を振りかける。

フュルスト·ピュックラー·アイス　Fürst-Pückler-Eis（独）

泡立てた生クリームをベースとして作る三色アイスクリーム。1871年に他界したピュックラー侯爵にちなんで命名されたといわれている。

チョコレート、ヴァニラ（白）、ストロベリー（赤）の三色三味のものを3層に詰めて固めて凍結したもの。チョコレート入り生クリーム、マカロンを混ぜたマラスキーノとヴァニラ入り生クリーム、いちごなどを加えた生クリームの三色を組み合わせて作る。

フライパン（日）

▶poêle（仏）ポワール / frying pan（英）フライング・パン / Pfanne（独）プファンネ

ものを焼いたり炒めたりする調理道具。

用途に合った大きさ､形がある。例えばクレープ用フライパンは、種がまんべんなく平らに広がるように底は平らで、返しやすいように縁も開いている。テフロン加工を施し、焦げつかないようになっているものもある。

ブラウニー　brownie（英）

イギリスで古くから親しまれ、また伝えられたアメリカでも人気のある焼き菓子｡バターケーキとクッキーの中間のようなもの。ブラウンがかった焼き色からの命名といわれているが、スコットランドの伝説に登場する妖精の名前からきたという説もある。その妖精は、人の家に住みついていて、夜中にそっと家事をしておいてくれるという。ブラウン色の毛で覆われているというところからブラウニーと呼ばれており、その名がこの菓子に付けられたと言われる。

チョコレート味、ミント味のほか、さまざまなナッツやフルーツを入れたブラウニーがある。

■ **チョコレート･ブラウニー　chocolate brownie**

〈配合〉

チョコレート……………………………… 110g
バター……………………………………… 110g
ブラウンシュガー………………………… 110g
小麦粉……………………………………… 110g
ベーキングパウダー……………………… 4.5g
塩…………………………………………… 少々
全卵………………………………………… 2個
くるみ……………………………………… 60g
牛乳………………………………………… 15mℓ

〈製法〉

① チョコレートを刻み、バターとともに湯煎にかける。
② 火から降ろし、ブラウンシュガーを加えて冷ます。
③ 小麦粉、ベーキングパウダー、塩を混ぜてふるい、②に加える。
④ 卵、刻んだくるみ、牛乳を加えて混ぜる。
⑤ テンパンに流し、カードで平らにならして180℃のオーブンで焼く。
⑥ 適宜な大きさに切り分けて供する。

ブラジルナッツ　Brazil nut（英）

▶amande du Brésil（仏）アマンド･デュ･ブレズィル / Brasilnuss（独）ブラズィルヌッス

南米ブラジル、アマゾン流域に生育する、サガリバナ科に属する常緑種の高木になる実。同国のパラ港から世界に向けて輸出されているため、別にパラナッツとも呼ばれている。50m もの木になるこのナッツは、直径 20cm ほどの球状の堅い殻に包まれていて、その中に約 2 ダースの種子が入っており、中の仁を食用としている。特に脂肪分が多く、その他たんぱく質やビタミン B 類が含まれていて、一見くるみを思わせる風味を持っている｡製菓面ではフルーツケーキやプラム・プディング等を作る際に多くのフルーツやナッツ類とともに使われたり、タルトやアントルメ、クッキー類にも用いられている。

プラスチックマッセ

▶Plastikmasse（独）プラスティックマッセ

ガムペイストによく似た細工用の生地。

ショーウインドーに飾る、アイスクリームやトルテなどのイミテーション作りに利用する。卵白、粉糖、コーンスターチ、水飴、グリセリンなどを原料として作る。

ブラスリー　brasserie（仏）

ビールやシードル（りんご酒）を作る工場、またはそれらを売る店。また、洋酒を主にサーヴィスする気軽なフランス料理を提供する店。

ブラソ･デ･ヒターノ　brazo de gitano（西）

「ジプシーの腕」という意味のロールケーキ。褐色の肌を持つジプシーの腕に似ているとしてこの名がついたという。なお、これはかつて修道士がエジプトからもたらしたもので、その名も当初は「エジプト人の腕」と呼ばれていたともいう。ソフトな口当たりが特徴。

〈配合〉

生地
卵白…………………………………… 10個分
砂糖…………………………………… 400g
卵黄…………………………………… 15個分
小麦粉………………………………… 290g
ラム…………………………………… 少々

クリーム
卵黄…………………………………… 6個分
粉糖…………………………………… 300g

ヴァニラ……………………………… 少々
シェリー……………………………… 50mℓ
牛乳………………………………… 250mℓ

〈製法〉

① 卵白を泡立て、砂糖、卵黄を加えてさらに泡立てる。
② 小麦粉を入れて混ぜ、テンパンに流して焼き上げる。
③ 上面にラムを打つ。
④ クリームを作る。卵黄、粉糖、ヴァニラをよく混ぜ、シェリー、牛乳を加えて湯煎にかけてクリームを煮上げる。
⑤ ③の上に④を塗って巻く。
⑥ 粉糖を振り、焼いた鉄の棒を押し当てて適宜焼き目模様をつける。あるいは粉糖をふってそのまま供する。

プラタノ·ケイク　plátano cake（西）

バナナ入りのバターケーキ。プラタノはバナナの意味。

〈配合〉

バター（またはショートニング）…… 130g
砂糖………………………………… 120g
卵黄………………………………… 2 個分
バナナ……………………………… 3 本
水…………………………………… 100mℓ
小麦粉……………………………… 600g
ベーキングパウダー……………… 3g
ベーキングソーダ………………… 3g
塩…………………………………… 少々
卵白………………………………… 2 個分

〈製法〉

① バターと砂糖を合わせて泡立てる。
② 卵黄にバナナをつぶして混ぜ、①に加える。
③ 水を入れて混ぜる。
④ 小麦粉、ベーキングパウダー、ベーキングソーダ、塩を入れて混ぜる。
⑤ 卵白を泡立て、④と合わせる。
⑥ 紙を敷いたパウンド型に流し入れ、180℃のオーブンで焼く。

ブラックベリー　blackberry（英）

▸ mûre（仏）ミュール / Brombeere（独）ブロンベーレ

アメリカ原産の黒い木いちご。とげのある小さな灌木の実ではじめは赤く、熟すると黒くなる。

そのまま食べるほか、缶詰にしたり、ジャムやゼリー作りに利用される。菓子作りにもよく使われる。

プラッセルクーヘン　Prasselkuchen（独）

ザクセン地方の銘菓。フイユタージュにマルツィパンローマッセと卵白を混ぜたものを塗り、上からブッターシュトロイゼル（そぼろ）を振りかけて焼く。

〈配合〉

フイユタージュ…………………… 適量
マルツィパンローマッセ………… 80g
卵白……………………………… 1/2 個分

ブッターシュトロイゼル

小麦粉…………………………… 50g
砂糖……………………………… 50g
バター…………………………… 50g

〈製法〉

① フイユタージュを厚さ 5mm、18cm × 24cm に延ばし、4 ～ 6 等分に切る。
② マルツィパンローマッセに卵白を加えて混ぜ、①の上に塗る。
③ 小麦粉、砂糖、バターを混ぜてそぼろ状にしたブッターシュトロイゼルを上から振りかける。
④ 200℃のオーブンで約 15 分焼く。
⑤ 上から軽く粉糖（分量外）を振りかける。

プラットクーヘン

→ブレッヒクーヘン

プラツニ　pracny（チェコ・スロバキア）

チェコやスロバキアでクリスマスのときなどによく作られる小型菓子。

小麦粉にくるみ、ココア、レモン、シナモンなどを混ぜた種を型に入れて焼き、粉糖を振って供する。

〈配合〉

バター…………………………… 140g
砂糖……………………………… 110g
全卵……………………………… 1 個
小麦粉…………………………… 250g
刻んだくるみ…………………… 70g
ココア…………………………… 2g
レモン果皮……………………… 少々
シナモン………………………… 少々

〈製法〉

① バター、砂糖をすり混ぜ、卵を加える。

② 小麦粉、くるみ、ココア、レモン果皮、シナモンを加えて混ぜる。
③ タルトレットなどの型に詰め、中火のオーブンで焼く。
④ 冷めてから粉糖（分量外）を振る。

フラップジャックス　flapjacks（英）
イギリスで親しまれている家庭菓子。日本のおこしに似た食感を持つ。
〈配合〉 18cm角1枚分

バター	100g
ブラウンシュガー	100g
ゴールデンシロップまたはモラセス	15mℓ
オートミール	50g
薄力粉	50g
ベーキングパウダー	2.7g

〈製法〉
① バター、ブラウンシュガー、ゴールデンシロップを鍋に入れ火にかける。溶けたら火から降ろして粗熱をとる。
② 薄力粉、ベーキングパウダーを一緒にしてふるい、①に加えて混ぜ、粗挽きしたオートミールを混ぜる。
③ ②を型に流し、冷凍庫で冷やし固める。
④ ③を180℃のオーブンで約35分焼く。
⑤ 冷ました後、3 × 2cm角に切り分ける。

フラップジャックス

フラッペ　frappe（英・米）
▸granité（仏）グラニテ
「冷やした」という意味からフルーツシロップを半ば凍らせたもの、また細かく砕いた氷にリキュールを注いだもの。

フラーデン　Fladen（スイス・独）
スイスやドイツで作る平たい焼き菓子。蜂蜜、シナモン、種々のスパイスを使う。生地はフラーデンタイクと呼び、クラオゼン・レープクーヘンと呼ばれるものも、同じ生地を用いて作られる。
ふっくらと軽く焼き上げることを特徴としているため、小麦粉に対する蜂蜜の割合は比較的少ない。蜂蜜の一部を砂糖におきかえてもよい。なお、同名のパンもある。こちらはライ麦を多用したやや重い生地で、形は丸くドーム状に整形し、メロンパンのように表面に筋目をつけて焼く。ここでは前者を紹介する。
〈配合〉

小麦粉	3800g
ミックススパイス	100g
シナモン	10g
牛乳	200mℓ
蜂蜜	1600g
砂糖	1200g
水	300mℓ
全卵	6個
砂糖	100g
アンモニア	60g
水	100mℓ

〈製法〉
① 小麦粉、ミックススパイス、シナモン、牛乳を混ぜる。
② 蜂蜜、砂糖、水を一緒にして火にかけ、溶かしてから①に混ぜて練り合わせる。
③ 卵と砂糖を泡立てて②に加える。
④ アンモニアを水で溶いて③に加える。
⑤ 丸く平らに延ばして焼く。適宜に切って供する。

ブラネック・トルテ　branek torte（チェコ・スロバキア）
チェコやスロバキアで好まれているチョコレートのトルテ。
削りチョコレートの入った生地にココア入りのバタークリームをはさみ、表面全体にも同じクリームを塗る。全体に削りチョコレートを振りかける。
〈配合〉

卵白	6個分
卵黄	6個分
粉糖	150g
小麦粉	150g
削りチョコレート	50g
ココア入りバタークリーム	適宜

飾り用削りチョコレート……………… 適宜

〈製法〉

① 卵白を泡立て、卵黄を加えてさらに攪拌する。
② 粉糖と小麦粉を加え、削りチョコレートを混ぜて型に流して焼く。
③ 2枚に切り分け、ココア入りバタークリームを塗って重ねる。全体にも塗りつけ、チョコレートを振りかける。

ブラバンター・シュニッテ Brabanter Schnitte（オーストリア）

ブラバンターとはベルギーの「ブラバント地方の」の意味。同地で作られたゆえの命名と思われる。シュニッテとは切り菓子のこと。シュー種をテンパンに薄く延ばしてシート状に焼き、バター入りのカスタードクリームとブラックカラントのジャムをはさんで、適宜な大きさに切って供する。

〈配合〉

シュー種

バター……………………………………… 30g
塩…………………………………………… 少々
水………………………………………… 125mℓ
小麦粉……………………………………… 60g
全卵………………………………… 2～3個

フィリング

カスタードクリーム…………………… 390g
バター…………………………………… 200g
ブラックカラントジャム……………… 100g

仕上げ用

バター……………………………………… 適量
グラニュー糖……………………………… 適量

〈製法〉

① 水、塩、バターを沸騰させ、小麦粉を入れて混ぜる。
② 火から降ろして卵を加え、シュー種を作る。
③ テンパン（25cm × 28cm）にシュー種をのせ、全体に薄く広げて、180℃のオーブンで焼く。
④ フィリングを作る。ボウルにバターを入れてよく練り、カスタードクリームを混ぜる。
⑤ ③を長方形に切り、2枚用意する。
⑥ 1枚の上にクリームの1/2を塗り、ブラックカラントジャムを適宜散らし、再び残りのクリームを塗る。
⑦ 上にもう1枚の生地をのせて、両側にはみ出たクリームをきれいにならす。
⑧ 上面に溶かしたバターを塗り、グラニュー糖をふりかける。適宜な大きさに切り分けて供する。

プラム plum（英）

▶prune（仏）プリューヌ / Pflaume（独）プフラオメ

西洋すもも。

原産地はペルシア、アナトリア（小アジア）といわれ、そこからギリシア、ローマをへて広がっていった。プラムのうちの一品種がプルーンで、乾果に適している。

生食もされるが、乾果としていろいろな形で菓子に用いる。干したものはフランス語ではプリュノーという。

プラム・ケイク plum cake（英）

いろいろな果物を入れて焼いたバターケーキ。イギリスの代表的な菓子のひとつ。

サリー州ギルフォード市の記録によれば、プラムを混ぜて焼いたケーキを大きな木の皿に盛り、州の長老が市を訪問する著名人や王室の人たちに献上したという。今日同国の菓子として有名なフルーツケーキも、はじめはこの古いプラム・ケイクであった。したがってプラムという言葉は、プラムのみに限らず、いろいろなフルーツの代表としても捉えられている。

→フルーツケーキ

プラム・プディング plum pudding（英）

いろいろなフルーツやナッツを入れたプディング。クリスマス・プディングともいう。

→プディング

プラリーヌ praline（仏）

アーモンドに煮詰めた糖液をからませて作った糖菓。

呼び名については次のようなエピソードがある。

ルイ十三世からルイ十四世に移る時代、元帥のショワズール・プララン侯爵（1598-1674）は、戦場の他にもある武勇伝で名をはせるところとなった。彼の司厨長クレマン・ジュリュゾが作ったコンフィズリー（糖菓）が、同席した貴婦人たちを魅了したのである。

貴婦人たちは菓子の名を尋ねたが、プラランは名前を知らないのでおまかせするというと、列席者の中から「プラリーヌ」の声が上がった。

プラリースとは侯爵の名「プララン」の女性形である。

その後、この司厨長は、プラリースの店、メゾン・ド・プラリースを開き、のちに宮廷の御用達菓子店となったという。当時のプラリースは、アーモンドにいろいろな色や香りをつけて、砂糖をかけたものだった。

のちに砂糖をカラメル化させてアーモンドにからめ細かく挽いたものをプラリネと呼び、それをすりつぶしてペースト状にしたものも同じ名で呼ぶようになった。

プラリネ　praliné（仏）

砂糖を溶かしてカラメル化させ、アーモンドを混ぜて細かく挽いたもの。またそれをすりつぶしてペーストにしたものもプラリネと呼ぶ。すりつぶしたものはマス・プラリネ、ドイツ語ではプラリネマッセ、英語ではプラリネ・ペイストともいう。ドイツでは一口チョコレート菓子をプラリーネと総称しているが、このことからも、この素材がチョコレート菓子作りにおいて、いかに大切な素材であるかがわかる。アーモンドのみで作るほか、ヘーゼルナッツのみ、あるいはアーモンドとヘーゼルナッツを半々に混ぜて作るものもある。

なお、細かく挽かずそのまま固めたものは、ヌガーまたはヌガー・デュール（堅いヌガー）またはヌガー・ブラン（褐色のヌガー）と呼んでいる。

■ **マス・プラリネ・オ・ザマンド　masse praliné aux amandes**

アーモンドで作るマス・プラリネ。

〈配合〉

グラニュー糖……650g
水……250mℓ
刻みアーモンド……1000g
カカオバター……100g
ヴァニラ……少々

〈製法〉

① グラニュー糖と水を118℃に煮詰める。
② ①にアーモンドを加えて混ぜてゆくと、溶液は糖化した状態になり、アーモンドの周りに白くまつわりついてくる。
③ さらに攪拌を続けると、再び砂糖が溶けてきて、きつね色になる。
④ 火から降ろしてオイルを塗ったマーブル台の上にあけ、冷まして固める。
⑤ 小片に砕いてローラーに数回通し、ペースト状にする。
⑥ 溶かしたカカオバターとヴァニラを加え、もう一度ローラーに通す。

■ **マス・プラリネ・クレール　masse praliné clair**

ヘーゼルナッツとアーモンドのマス・プラリネ。

〈配合〉

グラニュー糖……750g
水……200mℓ
アーモンド……500g
ヘーゼルナッツ……500g

〈製法〉

① グラニュー糖と水を118℃に煮詰める。
② 細かく刻んだアーモンドとヘーゼルナッツを加える。
③ マーブル台にあけ、冷まして砕く。
④ ローラーに通してペースト状にする。

■ **マス・プラリネ・フォンセ　masse praliné foncé**

ヘーゼルナッツで作るマス・プラリネ。

〈配合〉

グラニュー糖……760g
水……200mℓ
ヘーゼルナッツ……1000g

〈製法〉

マス・プラリネ・クレールと同様に作る。

プラリーネ　Praline（独・スイス）

スイスやドイツでは、チョコレート・ボンボン（一口チョコレート菓子）の総称としてこの語を用いている。アーモンドと砂糖をペースト状にしたものはプラリネマッセと呼ぶ。フランスでは、一口チョコレート菓子の総称としては、ボンボン・オ・ショコラの名称を用いている。

プラリネ・ノワゼット　praliné noisette（仏）

ノワゼットはヘーゼルナッツのこと。ヘーゼルナッツのプラリネを使って作るアントルメやプティガトーにつけられる名称。

プラリネ・マスコット　praliné mascotte（仏）

プラリネを使ったアントルメ。

→マスコット

プラリネ・レジェ　praliné léger（仏）

プラリネ（アーモンドと砂糖を焦がしてペーストにしたもの）風味のアントルメ。口当たりの軽さが特徴。

プラリネ・レジェ

〈配合〉 直径 15cm 1 台分

アーモンド生地

卵白……………………………… 80g
グラニュー糖…………………… 80g
粉末アーモンド………………… 80g
薄切りアーモンド……………約 5g

プラリネ風味のバタークリーム

バター…………………………… 110g
プラリネペースト……………… 25g
ヴァニラエッセンス…………… 少々
卵白…………………1 個分（約 30g）
砂糖……………………………… 50g

仕上げ

粉糖……………………………… 少々
リラの砂糖漬け………………… 少々
薄切りアーモンド……………… 適量

〈製法〉

① 卵白にグラニュー糖を 3 回に分けて加えながら泡立て、しっかりしたメレンゲを作る。
② ①にふるった粉末アーモンドを加える。
③ オーブンシートを敷いたテンパンに丸口金を使ってうず巻き状に、2 枚絞る。
④ ③の 1 枚に薄切りアーモンドをふりかける。
⑤ 150 ～ 160℃のオーブンで約 40 分焼く。

プラリネ風味のバタークリーム

① バターを室温に戻し、プラリネとヴァニラエッセンスを混ぜる。
② 卵白に砂糖を 3 回に分けて加えながら泡立てる。
③ ①に②を混ぜる。

仕上げ

① 丸口金をつけた絞り袋にバタークリームを詰め、アーモンドをふりかけていない生地に絞って、アーモンドのついた生地をのせる。
② ①に軽く粉糖をふってリラの砂糖漬けを飾る。

フラン　flan（仏・英）

皿状の食べられる器に詰め物をした菓子や料理。タルトとの違いは､詰め物がよりクリーミーで形が必ず円形である点である。詰め物は、ひき割り小麦のかゆ状のものをベースに、ミルクを加えたものが始まりであったといわれ、さらに語源を調べると、フランとは貨幣やメダルの刻印する前の円形の地板をさす。以上の 2 点から推察すると、フランは円形でクリーム状の詰め物をした菓子や料理をさし、タルトは詰め物についてはクリーム状、固形を問わず、また形についても、円形に限らず、角形、長方形などの平らなものをさす。

最も典型的なフラン・ア・ラ・クレームのほか、今日ではいろいろなものがある。

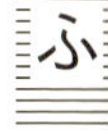

フラン各種

■ **フラン・ア・ラ・クレーム　flan à la crème**

〈配合〉

パータ・フォンセ………………… 適量

流し種

生クリーム……………………… 800mℓ
牛乳……………………………… 200mℓ
砂糖……………………………… 250g
小麦粉…………………………… 40g
粉末アーモンド………………… 40g

全卵……………………………………… 6 個
卵黄…………………………………… 8 個分
塩………………………………………… 少々
ヴァニラ……………………………… 少々

〈製法〉

① 流し種を作る。牛乳、生クリームを混ぜる。
② 別の容器に砂糖、小麦粉、粉末アーモンド、塩を混ぜる。
③ 全卵と卵黄を合わせて、少しずつ②に加えて混ぜる。
④ ③に①を少量混ぜ、次いで②を混ぜ合わせ、ヴァニラを加える。
⑤ パータ・フォンセを厚さ 2mm に延ばす。
⑥ セルクルかフラン型に敷き、縁を整えてピンセットでつまみ模様をつける。
⑦ 流し種④を型の 4/5 の高さまで流し込む。
⑧ 中火のオーブンで焼く。
⑨ 上から粉糖（分量外）をかける。

■ **フラン・オ・リ　flan au riz**（ルクセンブルク）

米を使ったフラン。フラン・ド・リ flan de riz ともいう。

〈配合〉

パータ・フォンセ…………………… 適量
流し種
　米……………………………………… 100g
　牛乳………………………………… 500mℓ
　砂糖…………………………………… 30g
　卵黄…………………………… 40g（2 個分）
　バター………………………………… 30g
　蜂蜜…………………………………… 30g
　塩……………………………………… 1.5g
　卵白…………………………… 60g（2 個分）

〈製法〉

① 米を水で洗い、水分を切る。
② ①を牛乳に入れて火にかけ、混ぜながら牛乳の水分がなくなるまで煮る。
③ ②を火から降ろし、布をかぶせて米を蒸らしながら冷ます。
④ ③に砂糖、卵黄、バター、蜂蜜、塩を加える。
⑤ 卵白を泡立て④と合わせる。
⑥ パータ・フォンセを厚さ 2mm に延ばしてタルト型に敷き、⑤を流し入れる。
⑦ 160℃のオーブンで約 35 ～ 40 分焼く。
⑧ 上面に煮つめたアプリコットジャム（分量外）を塗る。

■ **フラン・オ・レ　flan au lait**

ミルク種のフラン。

〈配合〉

パータ・フォンセ…………………… 適量
流し種
　砂糖………………………………… 150g
　卵黄……………………………… 7 個分
　牛乳………………………………… 300mℓ
　生クリーム………………………… 200mℓ
　ヴァニラ…………………………… 少々
　バター………………………………… 20g

〈製法〉

① 砂糖と卵黄をすり合わせる（泡立てない）。
② 鍋に牛乳、生クリーム、ヴァニラを入れて火にかけ、沸騰直前に降ろす。
③ ①に②を少しずつ加え、バターを入れる。
④ ふるいで裏ごしする。
⑤ パータ・フォンセを敷いたタルト型に④の流し種を流す。
⑥ 中火のオーブンで焼く。
⑦ 表面に軽く粉糖（分量外）を振りかける。

フランクフルター・クランツ　Frankfurter Kranz（独）

王冠状に作られるドイツのフランクフルトの銘菓。今日ではドイツ語圏の各地で親しまれている。バターケーキにクリームを塗って作られる。

〈製法〉

① リング型にバターを塗り、小麦粉をまぶしておく。
② ヴィーナーマッセを詰めて 190℃で焼く。
③ 2 ～ 3 枚に切り分け、それぞれにラム入りシロップを打つ。
④ ラム入りバタークリームをはさみ、全体も同じクリームで塗る。
⑤ ヌガーを砕いたクロカントを全体にまぶす。
⑥ 同じクリームを上に絞り、チェリーや刻んだピスタチオなどで飾る。

フラン・コントワ　franc-comtois（仏）

フランスの菓子や料理に用いる言葉。フランスのフランシュ＝コンテ地方のという意味。この地域はワインや乳製品、果実などたいへん質のよい素材に恵まれている。よってこの名称は特定の素材ではなく、「おいしい」という形容詞として用いられている。たとえばクレープ・フラン・コントワーズというと当地の名産のおいしいりんごをたっぷりと使ったクレープを指す。

ブランジェ　boulanger（仏）

パン職人またはパン屋。フランスでは、製菓人にもいろいろなタイプがある。菓子屋で働く製菓人をパティシエと呼び、パン屋で菓子を作る製菓人をブランジェ・パティシエと呼んで区別している。パン屋はブランジュリーという。一般に、パン屋はパン作りが専門で、パン屋の菓子は、菓子屋のものほど専門的ではないとされているための区別である。

フランジパーヌ　frangipane（仏）

▶frangipane（英）フランジパーン / Franchipancreme（独）フランチパンクレーム

粉末アーモンド入りカスタードクリーム、またはアーモンドクリームとカスタードクリームを合わせたもの。

→クリーム

ブランシール　blanchir（仏）

▶blanch（英）ブランシ / blanchieren（独）ブランシーレン

あらかじめ、材料のアクやにおいを消すために下ゆでをすること。

本来の意味は「白くする」あるいは「白くなる」。たとえばチョコレートのテンパリング（温度調節）の不備などで、ブルーム現象が起き、カカオバターの結晶体により、表面に白っぽい縞模様や斑点が出たり、全体が薄く膜がかかったような状態になることがある。これもブランシールと表現する。

フランチパンクレーム　Franchipancreme（独）

▶frangipane（仏）フランジパーヌ

→クリーム

フランチパンフュルング　Franchipanfüllung（独）

マルツィパンローマッセにバターを混ぜたフィリング。ビュルガーマイスターに用いる。

〈配合〉

マルツィパンローマッセ……150g
バター……60g
小麦粉……30g
全卵……1個
卵黄……1個分
塩……少々
ヴァニラ……少々
レモン……少々

〈製法〉

上記の材料を全部一緒にして混ぜ、なめらかな状態にして用いる。

フランツェジッシャー・ブッタークレーム　Französischer Buttercreme（独）

バタークリームの一種。

全卵と砂糖を温めながら泡立て、完全に冷めてから泡立てたバターと混ぜ合わせて作る。このクリームは必ず必要量だけ作って使い切るようにする。練り直したり、温め直すと気泡が消えて量が減り、重たいものになってしまう。

〈配合〉

全卵……8個
砂糖……200g
バター……600g

〈製法〉

① 卵に砂糖を加えて、熱をつけながら泡立てる。
② 完全に冷めてから、バターを泡立てて混ぜる。

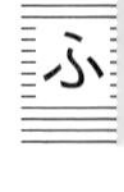

フランツェジッシャー・ブレッタータイク　Französischer Blätterteig（独）

ドイツ菓子でいう「フランス式フイユタージュ」。バターでパートを包み込んで折り上げる方法。しかしフランスではほとんどこの方法をとらず、パートでバターを包み、折っている。

ブランデー（日）

▶brandy（英）ブランディー / eau-de-vie（仏）オー・ド・ヴィ / Weinbrand（独）ヴァインブラント

果実から作った酒を蒸留して作った酒類の総称。一般にはぶどうを原料とするものを単にブランデーといい、それ以外の果実を元に作るものをフルーツ・ブランデーとして区別している。まず白ワインを蒸留して蒸留液を得る。次にこれを樫の木の樽に詰めて5年から10年、長いもので50年以上かけて熟成させる。そしてこの原酒を他の原酒と混合してさまざまなブランデーが作られる。

なお、熟成させる年数、期間によって表示が変わってくる。若い順では、三つ星、VO、VSO、VSOP、XO、そしてもっとも長いもの、すなわち最上級品には、EXTRAやNAPOLEONの名が付される。ちなみにVはvery、Oはold、Sはsuperior、Pはpaleの略。pale（青い）は、時を重ねて色が青みを帯びて落ちついたという意味で、X は extra。これを定める年数はメーカーによって異なっているが、フランスを代表する銘柄のコニャック、アルマニャック、カルヴァドスといったものは、基準は明確になされている。フルーツ・ブランデーで名高いものには、りんごからのカルヴァドス、さくらんぼからのキルシュ、洋梨からのポワール・ウィリアムス、その他ミラベル、フランボワーズ等々から作るものがある。フランスでは、オー・ド・ヴィ・〜といわれ、後ろに果実名をつける。それぞれに風味があり香りがよいため、製菓面では、各種アントルメ、プティガトー、ムース、氷菓等の製作には欠かせないものとなっている。

12 〜 13 世紀頃に初めて作られたようだが、本格的に手がけられたのは 16 世紀に入ってからといわれる。大航海時代に活躍したオランダ人たちが、フランスのコニャック地方のワインを蒸留してブランデウェイン brandewijn と称して、ヨーロッパ各国に売っていた。熟したワインという意味で、これがブランデーの語源になった。

ブランデーケーキ（日）

ブランデー漬けのフルーツをたっぷり使ったリッチなケーキ。

ブランデーケーキ

〈配合〉直径 18cm 1 台分

- レーズン……300g
- オレンジピール……50g
- レモンピール……50g
- ドレンドチェリー……50g
- アンゼリカ……50g
- ブランデー……適量
- 砂糖……40g
- 水……10mℓ
- バター……100g
- 三温糖……100g
- 卵……3 個
- 薄力粉……120g
- 強力粉……30g
- ベーキングパウダー……2g
- ブランデー……適量

〈製法〉

① ドライフルーツ類は 2 週間前から、材料が浸るくらいのブランデーに漬けておく。ペーパータオルで水気を拭いてレーズンくらいの大きさに刻む。

② 耐熱ボウルに砂糖と水を入れて、500W の電子レンジで 4 分加熱し、カラメルを作る。

③ ボウルに室温に戻したバターと三温糖を入れて泡立て、溶き卵を少しずつ加えてさらに泡立てる。

④ ③に②のカラメルを加えて混ぜる。

⑤ 薄力粉は大さじ 1 杯を取り置いて、強力粉、ベーキングパウダーと一緒にふるい、④に加えて混ぜる。

⑥ ①に⑤の取り置いた薄力粉をまぶして⑤に混ぜる。

⑦ 型の側面と底にオーブンシートを敷いて⑥を流し、160℃のオーブンで約 1 時間焼く。

⑧ 表面にブランデーを刷毛でたっぷり浸す。

ブラントマッセ　Brandmasse（独）

▶ pâte à choux（仏）パータ・シュー

シュー種。ブリューマッセともいう。

→シュー

フランネル・ケイク　flannel cake（米）

焼き菓子。グリドル・ケイクとも呼ぶ。ちょうつがいのついた（ゴーフル焼き器に似た）、片方のみがへこんでいる鋳物の型で焼く菓子。ゴーフルとクレープの中間のような菓子である。

〈配合〉

- 小麦粉……125g
- 塩……少々
- 砂糖……25g
- ベーキングパウダー……5g
- 全卵……4 個
- 卵黄……2 個分
- 牛乳……250mℓ
- バター……適量

〈製法〉

① 小麦粉、塩、砂糖、ベーキングパウダー、卵

2個、卵黄を混ぜて練る。
② 牛乳を少しずつ加え、ゆるめてゆく。
③ 卵2個を充分泡立てて、②に混ぜる。
④ 熱した型に油を引き、③を流す。
⑤ 両面を焼き、バターを添えて供する。
すぐりのジャムやりんごのジャムなどとともに供することもある。

フランベ　flamber（仏）

料理や菓子の分野では、食卓に供したものにアルコール度数の強い酒類を振りかけ、客の目の前で火をつけて燃え上がらせる演出をする。これは酒の香りを料理や菓子に移す役目を持っている。この行為をフランベという。たとえば、ムラングで包んだアイスクリーム類や、クレープ・シュゼット、プラム・プディングなどをサーヴィスするときなどに行われる。

フランボワーズ　framboise（仏）

▶raspberry（英）ラズベリー / Himbeere（独）ヒンベーレ

日本語では木いちご、蝦夷（えぞ）いちごと呼ばれるが、フランボワーズやラズベリーの方が通りがいい。欧米いずれの地でもポピュラーなものとして、生のままあるいはジャムに、また菓子となって人々の口を楽しませてきた。アメリカ、カナダ、オーストラリア等各地で大規模な栽培が行われている。タルトやタルトレット、ムース、バヴァロワ、アイスクリーム、シャーベット等々さまざまなジャンルで広く便利に使われている。フランス菓子を構成する大きな要素のひとつに、エーグル・ドゥース（甘酸っぱい）ということがあるが、フランボワーズはいちごやカシス、ブルーベリー等と共々、それらを体現する代表的なもののひとつとなっている。

ブラン・マンジェ　blanc-manger（仏）

▶Mandelsulz（独）マンデルズルツ / blancmange（英）ブラマンジュ

冷製アントルメのひとつ。直訳すると「白い食べ物」の意味で、その名のとおりアーモンドミルクで作る白いゼリー。

ブラン・マンジェははじめ、肉の入った料理の一種として扱われていたが、中世後半ごろから肉を入れず、今日のようなアーモンドを挽いて絞り出した液を用いるようになった。

14世紀に記述されたヴュルツブルクの手書きによる羊皮紙文書にもblamenserの語が見られ、かなりポピュラーなものであったことがうかがえる。世に広めたのはアントナン・カレームであったが、すでにそれより以前、世に認められていた。

フランスのグリモ・ド・ラ・レイニエールという美食家によると、この起源はラングドック地方にあり、またモンペリエという町にいる素朴な料理女たちがすばらしいブラン・マンジェを作ったという。そしてパリで作られるもので口にあうものはめったにないともいっている。旧体制下でもほんの数人の料理人しかたくみに作ることができないといわれていたため、革命以来その秘訣が失われてしまわないか心配している、とも述べている。

ブラン・マンジェ

現在フランスでも日本でも、牛乳を用いてアーモンド風味をつけ、ゼラチンで固めて作ることも少なくないが、古典的な製法はアーモンドを使用したものである。

まずアーモンドを細かく砕き、さらに石のローラーを使って細かく挽きつぶしてゆくと、白い液が絞り出される。このアーモンドミルクを用いて作るのが、ブラン・マンジェである。今日でも、アーモンドを挽いて作ったマジパンを牛乳などで溶いて、本来のアーモンドの風味を失わずに作ることも多い。同じような方法で作るものに、中国料理の杏仁豆腐がある。

カレームは、著書『パリの料理人』の中でこういっている。「これらのすばらしいアントルメは大いに美食家たちから評価されてはいるが、そのためには充分白く、口当たりもよくなければならない。めったに兼備することのないこの二つの特性により、他のクリームやゼリーより人々に好まれるだろう。これはアーモンドが滋養に富み、その苦みをやわらげるに適した多くの油脂と香りを含んでいるためである」。

「白い食べ物」の名にもかかわらず、チョコレート味やコーヒー味、いちご味等いろいろな白くないブラン・マンジェも工夫され、カレームの著書にも数多く登場してくる。

〈アーモンドミルクの配合と製法〉

アーモンド……………………………… 500g
水…………………………… 250 + 900mℓ

① アーモンドを細かく刻み、水250mℓと混ぜてローラーで挽く。
② さらに水900mℓを加えて混ぜる。
③ 三角の木綿の袋で絞り出す。この配合で普通1100mℓのアーモンドミルクがとれる。

アーモンドミルクと生クリーム併用

〈配合Ⅰ〉

アーモンドミルク…………………… 1000mℓ
砂糖……………………………………… 185g
ゼラチン……………………………… 28g
生クリーム…………………………… 145mℓ
ビター・アーモンド・フレーバー…… 1滴

〈配合Ⅱ〉

アーモンドミルク…………………… 720mℓ
砂糖……………………………………… 200g
ゼラチン……………………………… 37g
生クリーム…………………………… 1000mℓ
キルシュ……………………………… 22mℓ
ビター・アーモンド・フレーバー…… 1滴

〈製法Ⅰ・Ⅱ〉

① アーモンドミルクと砂糖を80℃まで煮る（砂糖の溶解と殺菌のため）。
② 45℃まで温度を下げる。
③ 水に浸して柔らかくしたゼラチンを加えて混ぜ、裏ごしする。
④ ビター・アーモンド・フレーバー、生クリームを加える。配合Ⅱでは、ここで洋酒を加える。
⑤ 型に流して冷やし固める。

生クリームを加えないゼリー状のブラン・マンジェ

〈配合〉

アーモンドミルク…………………… 700mℓ
砂糖……………………………………… 200g
ゼラチン……………………………… 15g
ラムまたはキルシュ、マラスキーノ
……………………………… 25～50mℓ

〈製法〉

① アーモンドミルクに砂糖を加え、80℃まで煮る。
② 45℃まで冷ます。
③ ゼラチンを加え、裏ごしする。
④ 洋酒を加え、型に流して冷やし固める。

アーモンド、牛乳、生クリーム併用

アーモンドを牛乳で挽き、生クリームを加え、ゼラチンで固めたもの。

〈配合〉

アーモンド……………………………… 250g
牛乳……………………………………… 1000mℓ
砂糖……………………………………… 250g
ゼラチン……………………………… 50g
生クリーム…………………………… 1000mℓ

〈製法〉

① アーモンドをローラーですりつぶす。
② ①に牛乳と砂糖を加えて煮る。
③ ゼラチンを加えて混ぜ、布でこす。
④ 熱をとり、泡立てた生クリームと合わせる。
⑤ 型に流して冷やし固める。

マルツィパンローマッセ、生クリーム併用

〈配合〉

マルツィパンローマッセ……………… 350g
牛乳……………………………………… 1000mℓ
砂糖………………………………… 200～220g
ゼラチン……………………………… 25g
生クリーム…………………………… 800mℓ

〈製法〉

① マルツィパンローマッセと牛乳を混ぜる。
② 砂糖を加えて煮る。
③ ゼラチンを混ぜる。
④ ふるいでこす。
⑤ 熱をとり、泡立てた生クリームを混ぜる。
⑥ 容器に流し、冷やし固める。

ブリー　brie（仏）

フランス産のチーズ。
→チーズ（フレッシュタイプ）

プーリー　puri（印）

北インドに多く見られる薄い揚げパン。中にに野菜のカレー煮などをはさむ。

ブリア=サヴァラン、ジャン・アンテルム
Brillat-Savarin, Jean Anthelme（仏）

（1755-1826）フランスの有名な料理評論家、美食家。

フランスのブルゴーニュ地方アン県ベレー生まれの弁護士。1789年に国民議会の代議士に、1793年ベレイ市長および国民軍司令官になった。革命時にアメリカに亡命したが、3年後にパリに戻り、最後は最高裁判所の判事を務めた。

その間『経済学概論と諸計画』『司法論』『最高法院論』『決闘に関する歴史的考察および批判』などの本を出版している。

しかしなによりも彼の名声を高めたのは、最後に出された『味覚の生理学（La Physiologie du goût）』であり、日本では『美味礼賛』の訳で知られている。これにより、偉大なる美食家として語り継がれるところとなった。

ブリア＝サヴァラン

フリアン　friand（仏）

「食通の」「食い道楽の」「美味な」の意味。パテや小型のミートパイの名称に使われる。ときに焼き菓子のフィナンシエもこの名で呼ぶ。

フリアンディーズ　friandise（仏）

食道楽、美食好みの意味。飾り菓子やプティ・フール・グラッセをさすときもある。

ブリオッシュ　brioche（仏）

イーストの発酵を利用して作るパン菓子。製法はパンに近いが、卵やバターの含有量が多いため、菓子に入れる場合もある。名称の由来は、昔はバターのかわりにブリー（チーズの一種）を用い、オシュは、オッチという古代ペルシアに産するいちじくに形が似ているとして、この名が付けられたとの説がある。またブルターニュ地方のサン・ブリューという町の人々をブリオシャンと呼んでいるが、そこの製菓人たちとかかわりがあるという説もある。

現在、形の違いで3種類のブリオッシュがあるが、配合は同じ。

〈配合〉

中種

- イースト…… 30g
- 小麦粉…… 200g
- 水または牛乳…… 100mℓ

生地

- 小麦粉…… 800g
- 砂糖…… 60g
- 塩…… 20g
- 全卵…… 700g
- バター…… 700g

■ **ブリオッシュ・ア・テート　brioche à tête**

生地をひょうたん形に成形し、菊型に詰め、だるまのような形にして焼き上げる。最も一般的。

ブリオッシュ・ア・テート

〈製法〉

① 水または牛乳でイーストを溶く。
② 小麦粉を合わせて中種を作る。
③ 小麦粉と塩、砂糖を混ぜ、卵を入れて混ぜる（卵、塩、砂糖を一緒に溶いて入れてもよい）。
④ 中種を③に混ぜる。
⑤ バターを柔らかくし、④に少しずつ混ぜてゆく。なめらかなパートに仕上げる。
⑥ 約30～40℃のホイロで2時間ほど休ませて発酵させる。

⑦ 一度ガス抜きし、5℃の冷蔵庫に入れて約10時間休ませる。このとき生地はすべすべした状態になっている。
⑧ 生地を台の上でまとめて小さく切り分け、手で転がしながら小さく丸めて、ひょうたん形に整える。
⑨ バターを薄く塗った型に詰めて、だるま形に成形する。
⑩ 卵黄を塗り、30～40分休ませてから中火のオーブンで焼く。
温かいうちに型から取り出す。

■ **ブリオッシュ・クーロンヌ　brioche couronne**
王冠状のブリオッシュ。

〈製法〉
① サヴァラン型のようなリング型を用意する。
② 型の内側にバターを塗る。
③ 生地をねじるようにして詰めるか、ボール状にまるめたものを並べて詰める。
④ 発酵し、型の上1cmほど持ち上がったら、表面に卵を塗り、中火のオーブンで焼く。
⑤ 粗熱をとってから、型から取り出す。

■ **ブリオッシュ・ムスリーヌ　brioche mousseline**
円筒形のブリオッシュ。

〈製法〉
① 円筒型の内側と底にバターを塗り、二重に巻いた紙を型の内側にぴったりと入れてはりつける（紙は発酵後のふくらみを考慮して、型の縁より高くする）。
② 紙の内側にもバターを刷毛で塗る。
③ ブリオッシュ生地を丸めて型に詰め、しばらくおいて発酵させる。
④ 充分発酵し、型の上1cmほど持ち上がったら表面に卵を塗り、ぬらしたはさみで十文字に切り目を入れる。
⑤ 200℃のオーブンで焼き、粗熱をとってから、型から取り出す。

ブリオッシュ・サン・ジュニ　brioche St-Genix（仏）

サン・ジュニという女性聖人の名を戴いたブリオッシュ。フランスのサヴォワ地方のラビュリーという製パン職人が作り、評判を呼んで広まっていったという。由来については以下の話が伝わっている。3世紀頃今のイタリア・シチリアでローマの執政官がアガトという女性（後に聖人に列せられる）に結婚を迫るが断られた。怒った彼は彼女を捕らえてその乳房を切断してしまうが、翌日にはそれが再生していたという。後、18世紀にシチリアが属していたサヴォワ公国で、聖アガトの生誕の日の2月5日に乳房形の菓子を作り、彼女を偲ぶようになった。その菓子には赤く着色した砂糖をからめたアーモンドを散らすが、それは聖アガトの流した清らかな血を表わすものともいわれている。なお各地により彼女を偲ぶ菓子はそれぞれ異なる。

フリーザー　freezer（英）

▸ congélateur（仏）コンジェラトゥール／Gefrierschrank（独）ゲフリアーシュランク

冷凍庫。庫内が氷点下の温度となり、さまざまなものを凍結貯蔵するためのもの。冷気を吹きつけて急速に温度を下げるショック・フリーザー（急速冷凍庫）もある。

プリザーヴ　preserve（英）

ジャムの一種。一般に果肉の形状が形として残存するジャムをさす。日本農林規格によると、ジャムのうち、プリザーヴスタイルとして、いちごその他のベリー類は全形の果実、ベリー以外の果実を使う場合は、5mm以上の果肉片を原料とし、その形を保持するようにしたものをさす、としている。

パイやタルトのフィリングとして利用される。

ブリジディーニ　brigidini（伊）

アニスの種子の入った少し甘い薄焼きの菓子。イタリア、ピストイアのサンタ・ブリジダ修道院で初めて作られたため、この名称で呼ばれている。

プリジャン、ピエール　Prigent, Pierre

フランスパン、フランス菓子、フランス料理といったフランス食文化の啓蒙とレベル向上に尽くした功労者。ドンクの藤井幸男社長の招聘でフランスより来日。ドンクで腕を振るった後、1973年南青山に“シェ・ピエール”を開業。本職のフランスパンは元より、パリ生まれながらブルターニュをこよなく愛する彼は、彼の地の名物たるクレープ各種を紹介し、また伝統に基づくフランス菓子や地に足のついたフランス料理を作り続けて今日に至っている。また在日フランス人料理人、製菓人、製パン職人たちで作る親睦の会を長年にわたって取りまとめ、異国で働く同胞たちを支える大きな力となっている。そうした功績に対しフランス本国は彼にいくつもの叙勲を行っている。

ブリダ　blida（仏）

フランスの乾き一口菓子のこと。ブリダとはかつてフランス領であったアルジェリアの町の名。

ムラングにタン・プール・タン（粉末アーモンドと砂糖を同量に混ぜたもの）を加えて混ぜ、型を使って成形し、焼いた菓子。

ブリダ

〈配合〉

卵白……………………………………10個分
砂糖……………………………………50g
タン・プール・タン…………………500g
薄切りアーモンド……………………適量
粉糖……………………………………適量

〈製法〉

① 卵白を泡立て、最後に少しずつ砂糖を加えてしめる。
② タン・プール・タンを①に静かに合わせる。
③ テンパンに油を引き、小麦粉少々（分量外）をふるう。
④ 楕円形の円筒が幾つかあいている、底のないブリダ専用の型を③の上に置き、中に種を絞り込む。
⑤ パレットナイフで表面をならす。
⑥ 薄切りアーモンドを振りかけ、粉糖を振る。
⑦ 型を抜きとり、低温のオーブンで焼く。

フリードリッヒスドルファー・ツヴィーバック　Friedrichsdorfer Zwieback（独）

フリードリッヒスドルフという町で作るラスク。ツヴィーバックとはラスクのこと。はじめはフランス人の新教徒ユグノーの手によって作られていたといわれている。

ブリヌイ　блины（露）

ロシア版クレープ。このお菓子の円形は太陽を意味するといい、日常的にも食べるが、特にめでたい催しの時などには好んで食される。

〈配合〉 15cm 15枚分

強力粉……………………………………250g
ドライイースト…………………………5g
牛乳………………………………………500mℓ
卵…………………………………………1個
砂糖………………………………………12g
塩…………………………………………2g
サラダ油…………………………………15mℓ

〈製法〉

① 強力粉、ドライイースト、砂糖を一緒にし、牛乳、卵、塩を混ぜ、サラダ油を加え混ぜて一度漉し、布巾をかけて温かい所で発酵させる。
② フライパンに油をひき、①を流して両面焼く。
③ サワークリーム、ジャム、あるいはサーモン、ジャガイモ等好みのものを添える。

ブリヌイ

プリャーニキ　пряники（露）

蜂蜜と香辛料使用の古典的なビスケット。語源も香辛料にある。

〈配合〉 直径3～4cmのもの約20個分

薄力粉……………………………………150g
ライ麦粉…………………………………100g
オールスパイス…………………………3g
蜂蜜………………………………………150g
サワークリーム…………………………50g
バター……………………………………50g
塩…………………………………………1g
卵…………………………………………1/2個

ふ

レモン果汁…………………………………… 7mℓ
重曹………………………………………… 2g
フィリング
レーズン…………………………………… 100g
くるみ……………………………………… 50g
プラムジャム……………………………… 40g
グラス・ア・ロー（アイシング）
粉糖………………………………………… 70g
水…………………………………………… 45mℓ

〈製法〉

① 薄力粉、ライ麦粉、オールスパイスを一緒にしてふるう。
② 鍋に蜂蜜、サワークリーム、バター、塩を入れて火にかけ沸騰させる。
③ ①に②を混ぜ、卵も溶いて加え混ぜる。
④ レモン果汁と重曹を一緒にして③に混ぜ、冷蔵庫で休ませる。
⑤ レーズンとくるみを細かく切り、プラムジャムと混ぜる。
⑥ ④を20等分して丸め、平らに延ばして適量の⑤をのせて包み、丸める。
⑦ 170～180℃のオーブンで約20分焼く。
⑧ 粉糖に水を加えて混ぜ、グラス・ア・ロー（アイシング）を作り、まだ温かみのある⑦の上に塗る。

プリャーニキ

フリュイ・コンフィ　fruit confit（仏）

砂糖漬けの果物。

果物を糖液で煮詰め、一度冷やしてから、再び前回より少し糖度を上げて煮詰める。これを数度繰り返すと、形がしぼんだり、くずれたりすることなく、充分糖液がしみ込んだ砂糖漬けの果物ができ上がる。種類によって、果肉だけを煮る、皮を煮る、まるごと煮るものなどがある。これらは、そのままで完成された菓子である。各種のアントルメや焼き菓子、チョコレートのセンターなどにも幅広く使われる。

オレンジピール、レモンピール、パイナップルのコンフィ、ドレンドチェリー、アンゼリカ、あるいはまるごとのオレンジ、まるごとのパイナップルなどがある。

フリュイ・デギゼ　fruit déguisé（仏）

果物の砂糖がけ。

デギゼとは「変装した」の意味で、姿を変えた果物という名の一口菓子。ふたとおりの作り方がある。ひとつは透明な飴で包んだもの、他は糖液の糖化現象を利用して、砂糖の結晶で包むものである。センターにはいちごやマスカット、オレンジなど、1粒で適度な大きさの果物、またはマジパンにプラムやデーツ、くるみ、パイナップルなどをのせたり、はさんだりしたものが使われる。

飴包みは、糖液を145～150℃に煮詰め、針金を通したセンターをこの中にくぐらせ、固まってから針金を抜き、余分な飴を切りとって作る。

結晶化のほうは、沸騰時ボーメ33.5～34度の糖液が冷えてからセンターを沈ませ、一晩おく。これを網に上げて乾かすと、センターの周りに砂糖の結晶がつき、キラキラ光った状態になる。この手法を日本の製菓用語でシャリがけという。

ボーメ33.5～34度は、きれいに結晶化するかしないかの境目でもある。これより低いと、いつまでもべとついて乾きがおそかったり、美しい結晶ができなかったりし、これより高いと、結晶化しすぎてゴツゴツした感じになり、見た目に美しく仕上がらない。

フリュイ・デギゼの例

プリューゲル Prügel（独）

ドイツの17世紀の焼き菓子。芯棒に流れる状態の種をかけて焼いたもので、シュピースクラップフェンとも呼ぶ。これが発展して、今日のバウムクーヘンが完成したといわれている。

フリュヒテブロート Früchtebrot（独）

ドライフルーツやナッツ類を少量の小麦粉でつないで固めた、ドイツ語圏の重い焼き菓子。フリュヒテとは各種のフルーツやナッツ類の総称である。ブロートはパンではなく菓子を表す。今様のソフト感はない、古典的な菓子。

フリュヒテブロート

〈配合例〉 20cm 1本分

ヘーフェタイク

イースト	6g
塩	3g
キルシュ	85mℓ
ライ麦粉	60g
薄力粉	30g
強力粉	30g
シナモン	1g
ナツメグ	1g
クローヴ	1g
ジンジャー	1g

フルーツ類

乾燥いちじく	190g
乾燥アプリコット	150g
乾燥洋梨	100g
レーズン	150g
カレンズ	50g
オレンジピール	25g
レモンピール	25g
ドレンドチェリー	25g
粗刻みの焼いたアーモンド	30g
キルシュ	10mℓ

〈製法〉

① イースト、キルシュ、塩を混ぜ、ライ麦粉、2種の小麦粉、香辛料を一緒にして混ぜる。
② ①をこねて15分休ませる。
③ フルーツ類を一緒にして②に加え混ぜて、27℃ほどのところで約20分休ませる。
④ 手を水でぬらして③を楕円形に整形する。
⑤ 上面にアーモンドやドレンドチェリーをのせて押し込むようにして飾る。
⑥ 約1時間休ませて発酵させる。
⑦ 220℃のオーブンで約40～50分焼く。
⑧ 熱いうちに、熱した水飴（分量外）を刷毛で塗る。

ブリューマッセ Brühmasse（独）

▸ pâte à choux（仏）パータ・シュー

→シュー

プリン（日）

蒸し菓子のひとつでプディングの発音が転訛したもの。代表的なものにカスタードプリンがある。

→プディング

プリン・ア・ラ・モード（日）

カスタードプリンに泡立てた生クリームやフルーツ類をあしらったデザート菓子。第二次世界大戦後、GHQが接収していた横浜のホテルニューグランドのザ・カフェが、米軍将校や同夫人たち用にと提案したことが始まりとされている。

プリンセストータ prinsesstårta（スウェーデン）

スウェーデンで一般的に親しまれているトルテ。スポンジケーキとバタークリームを土台にし、全体を緑色のマジパンでカヴァーして仕上げた菓子。1930年代、当時カール王子の娘の教師だったイェンニ・オーケシュトレム Jenny Åkerström が書いた料理書『Prinsessomas kokbok』にこの菓子が初めて登場している。当初はその色あいから緑色の菓子という意味でグレントルタと呼ばれていたが、後にカール王子の3人の娘たちが好んだとして、プリンセス・トルタと呼ばれるようになった。

〈配合〉

全卵	8個
砂糖	250 + 40g
小麦粉	250g
カスタードクリーム	適量

バタークリーム…………………………　適量
ブランデー入りシロップ………………　適量
生クリーム……………………………　500mℓ
ヴァニラ………………………………　少々
ゼラチン…………………………………　5g
緑に着色したマジパン…………………　適量

飾り用

生クリーム……………………………　適量
ドレンドチェリー………………………　適量

〈製法〉

① 卵と砂糖250gを泡立て、小麦粉を混ぜて、型に流し、スポンジケーキを焼く。
② 3枚に切り、1枚の上にカスタードクリームまたはバタークリームを塗り、もう1枚をのせる。
③ ②の上にブランデー入りシロップを刷毛で打つ。
④ 生クリームに砂糖40g、ヴァニラを入れて泡立て、ゼラチンを加えて、③の上に厚めに塗る。
⑤ もう1枚のスポンジケーキをのせ、ブランデー入りシロップを刷毛で打つ。
⑥ 全体にバタークリームを塗り、緑に着色したマジパンを延ばしてかぶせる。
⑦ 上面に泡立てた生クリームを星型口金で8～10か所に絞り、その上にチェリーをのせる。

プリンセス・トルタ

プリンセッサカック　prinsessakakku（フィンランド）

フィンランドのマドレーヌMadeleine王女が好んだことから“王女様のケーキ”の意味でこの名がついた。なお、当地では王女の名をとってマドレーヌとも呼ばれている。シロップをスポンジ生地にたっぷり浸み込ませ、仕上げのマジパンを美しく整える。またこの菓子はシャンパンまたはスパークリングワインが良く合うとされている。

〈配合〉

スポンジケーキ

卵……………………………………　180g
砂糖…………………………………　100g
薄力粉…………………………………　45g
コーンスターチ…………………………　45g

シロップ

水……………………………………　230mℓ
砂糖…………………………………　100g

フィリング

牛乳…………………………………　200mℓ
片栗粉…………………………………　10g
砂糖……………………………………　20g
卵………………………………………　40g
バター…………………………………　20g
ヴァニラ………………………………　1本

仕上げ

ラズベリージャム………………………　350g
ラズベリー（生）………………………　150g
生クリーム……………………………　500mℓ
マジパン………………………………　500g
赤または緑の色素………………………　微量
水………………………………………　微量
粉糖……………………………………　少々

〈製法〉

スポンジケーキ

① 卵と砂糖を泡立て、合わせてふるった粉類を混ぜる。
② 18cmのセルクルに①を流し、180℃のオーブンで約30分焼く。
③ ②を型からはずし、冷蔵庫に入れて冷ます。

シロップ

水と砂糖を一緒にして火にかけ、沸騰させた後、冷ます。

フィリング

① 牛乳にヴァニラを入れて火にかけ、沸騰したらバターを加えて再び沸騰させる。
② 砂糖と片栗粉を混ぜ、卵を加え混ぜる。
③ ②に①を混ぜて、再び火にかけ沸騰させる。
④ ③の中からヴァニラを取り出した後、使用するまで冷蔵庫に入れておく。

仕上げ

① スポンジケーキを3枚に切り、そのうちの1枚に刷毛でシロップを浸し、ラズベリージャムとヴァニラのフィリングをのせる。

② ①の上に半量のラズベリーを散らした後、1/3 量の泡立てた生クリームをのせ、スポンジケーキを重ねる。
③ 再度同じ作業を繰り返し、残りのスポンジケーキをのせる。
④ 表面にシロップを打った後、残りのクリームを全体にぬり、パレットナイフで丸みのある形に整える。
⑤ ピンクまたは緑に着色したマジパンを厚さ 3mm に延ばし、ケーキ全体を覆う。
⑥ 余分なマジパンを切り取る。
⑦ 上から軽く粉糖をふって飾る。

プリンツレゲンテントルテ

Prinzregententorte（独）

バイエルンの摂政王子ルイトポルトのために作られたチョコレートケーキ。別立てスポンジケーキを薄く焼き、溶かしたチョコレートを塗って、6 ～ 7 段重ねにし、全体にもチョコレートをかけて仕上げる。

プリンツレゲンテントルテ

プリンテン　Printen（独）

レープクーヘンの生地で作る扁平なドイツの菓子。切り菓子にしたものもある。スパイスをきかせ、粗いざらめ糖か氷砂糖、あるいは赤砂糖を振って、テンパンに並べて焼く。

〈配合〉

レープクーヘンの生地…………………… 450g
ミックススパイス…………………………… 5g
炭酸カリウム……………………………… 2.5g
炭酸アンモニウム………………………… 0.5g
氷砂糖……………………………………… 80g
レモンピール……………………………… 20g
オレンジピール…………………………… 10g
刻んだくるみ……………………………… 10g
卵黄……………………………………… 適量
赤砂糖…………………………………… 適量
牛乳……………………………………… 適量

〈製法〉

① レープクーヘン生地を一晩ねかせて、ミックススパイス、炭酸カリウム、炭酸アンモニウム、氷砂糖、レモンピール、オレンジピール、くるみを混ぜ込む。
② 厚さ 5mm に延ばし、10cm × 2.5cm に切り分ける。
③ 油を塗ったテンパンに並べ、卵黄と赤砂糖を混ぜた牛乳を塗る。
④ 15 分ほど休ませ、表面が乾いたらオーブンに入れ、中火で焼く。

ふるい

▶ tamis（仏）タミ / sieve（英）シーヴ / Sieb（独）ジープ

粉末あるいは粒状のものを、目的に合わせてほぐしたり、ふるい分けるために使用する道具。金属製、合成樹脂製の網があり、目の大きさもさまざまある。用途に応じて使い分ける。電動式のものや、取手がついていて、それを握ると底の部分が動き、片手で作業ができる型もある。

ふるかわうめじろう　古川梅次郎

（1860-1925）衛生ボーロの考案者にして、秀逸なる製菓書の著者。彼は何度も商いを試みるが、その都度挫折をくり返す。そうした逆境の中、衛生ボーロ（ボール）を開発し、後の世の幼児食に多大な貢献を果たした。また彼は文筆にたけ、『あづま錦』（全 3 巻･1925）の他、『十二月菓帖』や『勅題干支新年菓帖』（全 24 巻）を著している。ちなみにあづま錦のカラーの挿絵などは圧巻で、大正時代における最先端のケーキ類も著わされている。また､1922（大正 11）年、製菓業界の指導書である『菓友』発行元の木村吉隆と、製菓と図案社を興した金子倉吉を結び付け、金子に『菓友』を引き継がせて『製菓と図案』の創刊に至らせた。これがのちに『製菓製パン』と改称され、製菓業界に大きな影響を与えることになる。商人としては名を成し得なかったが、菓業界における優れた教育者、文化人として高い評価を与えられる人物といえる。

プルースト､シャルル　Proust, Charles（仏）

（1877-1952）フランスの著名な製菓人。

1925年から1952年まで、パリにある製菓人相互扶助協会である「サン・ミッシェルフランス製菓人協会（La société des pâtissiers français "La Saint-Michel"）の会長を務めた。長年にわたる功績をたたえるべく、同協会では1952年から毎年、シャルル・プルーストの名を冠したアントルメのコンクールを行っている。パリ地方では、権威ある催しとして定着している。

フール・セック　four sec（仏）

乾き焼き菓子。フールはオーブン、セックは乾いたものをさす語で、クッキー類を総称した言葉。小型の一口タイプのものは、小さいという意味のプティをつけてプティ・フール・セックと呼称している。

ブールダルー　bourdaloue（仏）

洋梨をあしらって焼いたタルトの一種。1824年に、パリのブールダルー通りに店を構えていたファスケルという製菓人によって作られたという。パート・シュクレ（ビスケット生地）で作った器にクレーム・ダマンドを詰め、洋梨をのせて焼き上げる。クレーム・パティシエールを使ったものは、単にタルト・オ・ポワールと呼んでいる。

ブールダルー

〈製法〉

① パート・シュクレを厚さ3mmに延ばし、タルト型に敷く。
② 底にアプリコットジャムを塗り、アーモンドクリームを、縁の高さの半分まで渦巻き状に絞る。
③ 半割りの洋梨を放射状に並べる。
④ 180℃のオーブンで焼き、洋梨のリキュールまたはキルシュを刷毛で打つ。
⑤ 熱したアプリコットジャムを塗る。もしくは、グラニュー糖をまぶし、熱したこてで焼き色をつけてもよい。

フルーツ　fruit（英）

▶ fruit（仏）フリュイ / Frucht（独）フルフト、Obst（独）オープスト

果物。製菓面では、小麦粉、卵、乳製品に次いで用いる、主たる材料。

生食のほか、ピューレにしたり、ジュースやジャムにしたり、用途は多岐をきわめている。日本では国産品のほか輸入品、とりわけトロピカルフルーツがかなり出回り、ムース類や氷菓などに用いるようになってきた。

フルーツケーキ

▶ fruit cake（英）フルート・ケイク、plum cake（英）プラム・ケイク / englischer Früchtekuchen（独）エングリッシャー・フリュヒテクーヘン / plum-cake（仏）プリュム・ケイク

レーズン、チェリー、プラムなどの果物をブランデーなどに漬け込み、それを種に混ぜて焼き上げるバターケーキ。

漬け込みの果物が入っていれば、一般にフルーツケーキという。配合も少しずつ異なっていても、すべてフルーツケーキの仲間といえる。たとえばイギリスにおいては、マムズ・ケイク、フルート・スラブ・ケイク、ジェノア・ケイク等と呼ばれているものがある。

■ **一般的なフルーツケーキ**

〈配合〉

バター……420g
砂糖……320g
全卵……7個
オレンジピール、レモンピール、
　レーズン、セドラの砂糖漬け……計420g
ラム漬けレーズン……420g
干しあんず……200g
ドレンドチェリー……150g
小麦粉……360g

〈製法〉

① バターと砂糖をすり合わせ、卵を混ぜる。
② オレンジピール、レモンピール、レーズン、セドラの砂糖漬けを刻んだもの、ラム漬けレーズン、干しあんず、ドレンドチェリーを混ぜる。
③ 小麦粉を混ぜ、型に詰める。
　上面にアプリコットジャムを塗り、チェリーやアンジェリカで飾ることが多い。

■ **ジェノア・ケイク　genoa cake**（英）

〈配合〉

バター……………………………… 1000g
砂糖………………………………… 1000g
薄力粉…………………………700 + 270g
強力粉…………………………300 + 130g
脱脂粉乳……………………………… 50g
全卵………………………………… 1250g
ソルビトール………………………… 60g
ヴァニラ………………………………… 2g
レモン香料……………………………… 2g
アーモンド香料………………………… 1g
カラメル………………………………少々
水…………………………… 80 + 80mℓ
スコーンフラワー…………………… 160g
サルタナ…………………………… 1250g
カレンズ……………………………… 400g
レモンピール………………………… 150g
ドレンドチェリー…………………… 700g

〈製法〉

① バター、砂糖、薄力粉700g、強力粉300g、脱脂粉乳を撹拌し、そぼろ状にする。
② 卵、ソルビトール、ヴァニラ、レモン香料、アーモンド香料、カラメルを混ぜる。
③ 水80mℓを加え、薄力粉270g、強力粉130g、スコーンフラワーを混ぜて、再び水80mℓを加える。
④ サルタナ、カレンズ、レモンピール、ドレンドチェリーを加えて混ぜる。
⑤ 型に流して焼く。

■ **フルート・スラブ・ケイク　fruit slab cake**（英）

〈配合〉

バター………………………………… 750g
砂糖…………………………………… 600g
ゴールデンシロップ……………… 100mℓ
塩………………………………………… 13g
薄力粉…………………………210 + 560g
強力粉…………………………… 90 + 240g
全卵………………………………… 1000g
ベーキングパウダー…………………… 7g
牛乳……………………………… 100mℓ
サルタナ…………………………… 1200g
カレンズ……………………………… 800g
レモンピール………………………… 200g

〈製法〉

① バター、砂糖、ゴールデンシロップ、塩、薄力粉210g、強力粉90gを撹拌し、そぼろ状にする。
② 卵を加える。
③ 薄力粉560g、強力粉240g、ベーキングパウダーを加える。
④ 牛乳を加えて生地をまとめる。
⑤ サルタナ、カレンズ、レモンピールを加え、型に流して焼く。

■ **マムズ・ケイク　mum's cake**（英）

〈配合〉

バター……………………………… 1000g
砂糖…………………………………… 850g
塩………………………………………… 15g
カラメル……………………………… 20g
薄力粉……………………………… 1020g
強力粉………………………………… 430g
レーズン……………………………… 850g
カレンズ……………………………… 700g
ミックスピール……………………… 150g
全卵………………………………… 1000g
牛乳……………………………… 430mℓ
ゴールデンシロップ……………… 140mℓ

〈製法〉

① バター、砂糖、塩、カラメル、薄力粉、強力粉を一緒に撹拌し、そぼろ状にする。
② レーズン、カレンズ、ミックスピールを混ぜて加える。
③ 全卵、牛乳、ゴールデンシロップを加えて混ぜる。
④ 型に流して焼く。
注：ゴールデンシロップとは、特別の精製糖から作られた黄金色の糖液で、転化糖の一種。

フルート・スラブ・ケイク

→フルーツケーキ

ブール・ド・ネージュ　boule de neige（仏）

雪の球の意味。

球状に作ったアイスクリームや、ホワイトチョコレートで作った一口菓子など、白い球状の菓子によくこの名をつける。

ドイツ語では同じ意味で、シュネーバレンという。ただこれに関しては上記のものをさすほか、帯状にした生地を丸い器具に入れ、油で揚げて全体を球状にしたものもさす。

→シュネーバレン

■ **アイスクリームのブール・ド・ネージュ**

〈製法〉

① 半円の型の内側に好みのアイスクリームを薄く詰める。その中に好みのパルフェを詰め、平らにならす。
② これを二つ作り、凍結させる。
③ 型からはずして二つを合わせて球状にし、加糖し泡立てた生クリームを星型口金で全体に絞る。
④ 砂糖漬けの小花で飾る。

■ **一口チョコレート菓子のブール・ド・ネージュ**
〈製法〉
① ガナッシュ・ブランシュ（白いガナッシュ）を丸く絞り、固めて丸める。
② ホワイトチョコレートで被覆し、金網の上に置く。
③ やや固まり始めてきたら、フォークで転がし、チョコレートの角を出す。

ブールドロ・ノルマン　bourdelot normand（仏）
りんごを丸ごとフイユタージュ（パイ生地）で包み焼き上げたフランス・ノルマンディー地方の銘菓。ポンム・アン・カージュ pomme en cage ともいう。
ドイツ語圏におけるアップフェル・イム・シュラーフロック（ナイトガウンを着たりんご）にあたる。
→アップフェル・イム・シュラーフロック

ブール・ノワゼット　beurre noisette（仏）
焦がしバターのこと。
バターを鍋に入れて火にかけ、きつね色に焦がしたもの。ノワゼットとはヘーゼルナッツのこと。ヘーゼルナッツの色と香ばしさから、焦がして香ばしさを出したバターを、この名で呼ぶようになった。

フルフトザラート　Fruchtsalat（独）
▶salade de fruits（仏）サラド・ド・フリュイ、macédoine de fruits（仏）マセドワーヌ・ド・フリュイ / fruit salad（英）フルート・サラド
生または煮た各種の果物を混ぜたものに、シロップを加えて甘みをつけ、リキュールで香りをつけたデザート。充分冷やして供する。

フルフトブロート
→フッツェルブロート

ブルーベリー　blueberry（英）
▶myrtille（仏）ミルティーユ / Heidelbeere（独）ハイデルベーレ
コケモモ属に属する小さな実。森に生育する背の高い植物で、紺に近い紫色の実は軽い酸味とわずかな渋みがあり、さっぱりした味覚である。
シロップ煮や水煮にして缶詰にしたり、ジャムやフルーツ・ブランデーなどを作る。製菓では、タルトやタルトレット、ムース、シャーベットなどに幅広く使われている。

フール・ポッシュ　four poche（仏）
▶Eigelbmakrone（独）アイゲルプマクローネ
一口菓子。
フールはオーブン、ポッシュは絞り袋の意から、絞り出して形を作り、焼いた菓子。フランス菓子では一口サイズの菓子としてプティフールに入れているが、ドイツ菓子ではナッツの加工品と卵の組み合わせという材料の組成から、マカロンの一種としている。
〈製法〉
① パート・ダマンド・クリュ（マルツィパンローマッセ）に適量の卵白を加えて、絞りやすいかたさに調節する。
② 口金を入れた絞り袋に詰め、渦巻きや動物などいろいろな形に絞り出す。
③ 必要に応じてドレンドチェリーやアンゼリカをのせて飾る。
④ 一晩放置して乾かし、強火のオーブンで表面をさっと焼く。
⑤ 好みで上から洋酒を振りかけたり、つや出しにシロップを塗ってもよい。

フール・ポッシュの例

ブルームげんしょう　—現象
チョコレート菓子の製菓用語。
ブルームとは、英語で「蠟粉」の意味があり、チョコレートの表面に白い斑点や縞模様、ある

いは全体にぼんやり灰白色の膜がかかったような状態を呈する現象をいう。ファット・ブルームとシュガー・ブルームがある。

■ **シュガー・ブルーム　sugar bloom**

固まったクーヴェルチュールの表面に、小さな灰白の斑点ができる現象。チョコレート製品を湿度の高いところに置いたり、冷えた状態のものを、急に常温のところに出したときに起こる。

チョコレートに急激な温度変化を与えたり、多湿の外気に触れさせることにより、表面が結露して水滴がつく。それがチョコレートの中の砂糖を溶かしてしまう。水分が蒸発すると砂糖が表面で再結晶し、斑点状を呈する。また、湿気を発散しないときには表面はべとつき、飴化して、状態を著しくそこねる。

■ **ファット・ブルーム　fat bloom**

チョコレートの中の油脂（カカオバター）が溶け、そのまま固まったもの。ブルームの多くがこれによるものである。チョコレートのテンパリング（温度調節）が正しく行われていないと生ずるもので、全体に斑点が出たり灰白色になる。また保管される際、高温になってしまった結果生ずることもある。粉を吹いたようになったり、極端なものはカカオバターの組織が粒状化してくる。これは表面が一度溶解し、テンパリング以前の状態に戻ったあと固まって、β（ベータ）型結晶が粗大化するためである。

→テンパリング

プルンダーゲベック　Plundergebäck（独）

デニッシュ・ペイストリーのこと。デーニッシャー・プルンダーともいう。プルンダータイクという発酵生地で作る。

→デニッシュ・ペイストリー

プルンダータイク　Plunderteig（独）

▶ pâte levée feuilletée（仏）パート・ルヴェ・フイユテ / Danish paste（英）デニッシュ・ペイスト

発酵折り生地のこと。

→パート（パート・ルヴェ・フイユテ）

ブーレ　beurrer（仏）

菓子の焼き型やテンパンにバターを塗ることを表すフランス菓子の製菓用語。バターを意味するブールの動詞化した言葉。

ブーレ　boulé（仏）

糖液を煮詰める段階における呼称。球のように転がる、丸まる意味の動詞から派生して、ボールのようになったものをさす。煮詰めた糖液をすくって冷水に落とすと、水になじまずにまとまり、指先で丸めると球状になる。この状態をブーレという。ちなみに115℃に煮詰めたものをプティ・ブーレ、117.5℃のものをブーレ・モワイヤン、121℃のものをグラン・ブーレという。

→糖液

フレージエ　fraisier（仏）

ジェノワーズにキルシュをしみ込ませ、キルシュ入りバタークリームといちごをサンドし、上面を緑のマジパンでカヴァーするフランスのアントルメ。バガテル bagatelle（恋愛遊戯）とかニーナ Nina という女性の名でも呼ばれている。

→バガテル

プレズィール　plaisir（仏）

「楽しみ」「喜び」の意味だが、菓子においては小型のゴーフル、またはウーブリを巻いて角笛形にしたものを、この名で呼ぶ。

ブレストワ　brestois（仏）

バターケーキの一種。

フランスのブルターニュ地方のブレストに発祥を持つ。アーモンド、レモン、キュラソーをきかせて作る。

〈配合〉

全卵	15個
砂糖	500g
粉末アーモンド	125g
レモン香料	少々
ビターアーモンドエッセンス	少々
キュラソー	5mℓ
小麦粉	375g
バター	375g

〈製法〉

① 卵12個と砂糖を混ぜて、湯煎にかけながら泡立てる。
② 粉末アーモンドに卵3個を加えてローラーで挽き、ペースト状にして①に加える。
③ レモン香料、ビターアーモンドエッセンス、キュラソーを②に混ぜる。
④ さらに小麦粉を加えて混ぜ、溶かしバターを入れる。

⑤ バターを塗ったブリオッシュ型に流し、弱火のオーブンで焼く。

ブレーゼル　Brösel（独）

ドイツ菓子でいうケーキクラム、あるいはパン粉のこと。またズューセ・ブレーゼル süße Brösel というと、"甘いクラム"のことを指す。ヴィーナーマッセ、ザントマッセ、あるいはミュルベタイクといった焼いた菓子の断ち落としや余り生地を細かく砕いたもので、各種の菓子の混ぜものやクッキー、まぶし用に用いる。

ブレーツェル　Brezel（独）

日本ではブレッツェルと呼んでいるが、正しくはブレーツェルと発音する。ひらがなの「め」の字のような、独特な形をしたドイツ系の乾き焼き菓子。この形をブレーツェル形という。

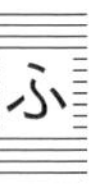

名称の由来は、ラテン語の「前腕」を表すブラーキウムにあるという。元々ウィーンで作られたパンの一種に源があるといわれている。

一般的なブレーツェルは、発酵生地で作り塩をまぶすが、この他サブレやクッキー生地、あるいはフイユタージュなど、いろいろな種類の生地で作る。フイユタージュで作ったものは、ブレッタータイク・ブレーツェルとなる。

棒状の生地の両端を内側に曲げ、中でクロスさせる。その先端は、へびの頭の形に作られていた。

とぐろを巻いたへびの姿は神秘の象徴であり、また初めも終わりもない永遠、つまり不死を表すものと信じられていた。それゆえブレーツェルの形は、今日でもパン屋や菓子屋を表す象徴的な形として使われている。

ブレッタータイク　Blätterteig（独）

▸ feuilletage（仏）フイユタージュ / puff dough（英）パフ・ドウ

パイ生地。ブレッターとは「葉」の意味で、水、塩、小麦粉を練って延ばし、バターを包んで折りたたんでゆく。

フランスの即席法で作る生地、フイユタージュ・ラピドは、ドイツではホレンディッシャー・ブレッタータイクという。

〈配合〉

強力粉……………………………… 1500g
水…………………………………… 850mℓ
塩…………………………………… 10g
卵黄………………………………… 2個分
バター……………………………… 1500g

〈製法〉

① 強力粉をふるい、その中に、あらかじめ混ぜ合わせた水、塩、卵黄を入れる。
② 生地をまとめ、丸めて十文字にナイフを入れて広げ、延ばす（一晩おくと扱いやすい）。
③ バターをたたいて四角に成形し、②で包む。
④ 三つ折り1回、四つ折り1回を行い、再度三つ折り1回、四つ折り1回ずつ行う。

ブレッツェル

→ブレーツェル

プレッツヒェン　Plätzchen（独）

ドイツ菓子でいう丸く平らな菓子。たとえばアニスを入れたクッキーは、アニスプレッツヒェンという。

→アニスプレッツヒェン

プレット　plätt（スウェーデン）

スウェーデンで好まれているクレープ、またはパンケーキの類の菓子。

プレット

〈配合〉

小麦粉……………………………… 125g
砂糖………………………………… 50g
全卵………………………………… 3個
牛乳……………………………… 70＋310mℓ
バター……………………………… 20g
塩…………………………………… 少々

〈製法〉

① 小麦粉と砂糖を混ぜる。
② 卵に牛乳70mℓを混ぜ、①と合わせる。
③ 牛乳310mℓを②に加えて裏ごしし、溶かしバターと塩を混ぜる。

④ フライパンに薄く流して両面を焼く。
⑤ ジャムやクリームチーズなどを添えて供する。

ブレッヒクーヘン　Blechkuchen（独）
　ヘーフェタイク（発酵生地）やミュルベタイク（ビスケット生地）、またはブレッタータイク（フイユタージュ）などをテンパンに敷き込み、上にいろいろな果物をのせたり、他の生地や種などを塗ったりしてシート状に焼き上げ、切り分けるドイツ語圏の菓子。プラットクーヘンとも呼ばれる。ブレッヒは「テンパン」、プラットは「平たい」という意味。

ブレンテン　Brenten（独）
　ドイツの上等なマジパン菓子。元々はフランクフルトで作られていたといわれている。
　マルツィパンローマッセに少量のグラニュー糖を加え、薄く延ばしたあと、木型に押しつけてから 4cm × 3cm に切り分ける。強火のオーブンできつね色に焦がす。中がしっとりと湿り気を保っていなければならない。上面にアラビアゴムを薄く塗って仕上げる。

フロインドリーブ、ハインリヒ　Freundlieb, Heinrich
　（1884-1955）日本で活躍し、本格的なドイツパン及びヨーロッパパンを紹介したドイツ人パン職人。1884 年にドイツのテューリンゲン州に生まれ、15 歳からパンの道に入る。1902 年から 10 年間ドイツ海軍でパン製造。退役後 1912 年に青島でパン店を開業。第一次世界大戦で日本軍の捕虜となり、名古屋に移送された。1919 年解放後、敷島製パンの初代技術長に就任し、1921 年退社後、大阪のなだ万を経て 1924（大正 13）年、神戸市山手通りにパン屋「フロインドリーブ」を開店する。パン店、洋菓子店、レストラン等 10 店舗を展開するが第二次世界大戦で焼失。終戦後 1948 年にパンと洋菓子をもって再開した。ドイツより帰国した息子のハインリヒ・フロインドリーブⅡ世が、有限会社ジャーマン・ベーカリーを設立。
　1977 年の NHK の連続テレビ小説「風見鶏」は、同氏をモデルとしたストーリーとなっている。

プログレ　progrès（仏）
　泡立てた卵白に、砂糖、粉末アーモンド、小麦粉を混ぜて焼いたもの。プログレは「進歩」という意味。
　いろいろなアントルメやグランガトー、プティガトーの台として用いる。
　シュクセやジャポネと同系統のもの。

〈配合〉
卵白……360g
砂糖……100g
タン・プール・タン……500g
小麦粉……50g

〈製法〉
① 卵白を泡立て、砂糖を加える。
② タン・プール・タンと小麦粉を入れて混ぜる。
③ 平らに延ばしたり、絞り袋で求める形に平面に絞り、オーブンで焼く。

プログレ・オ・ショコラ　progrès au chocolat（仏）
　プログレの生地とムースを組み合わせた、口当たりの軽いチョコレートケーキ。

〈ムース・オ・ショコラの配合と製法〉
バター……250g
チョコレート……125g
ビターチョコレート……25g
ココア……25g
卵黄……4 個分
卵白……4 個分
砂糖……250g
水……60mℓ

① バターを柔らかくし、チョコレート、ビターチョコレートを溶かして加える。
② ココアを加えて混ぜ合わせる。
③ 卵黄を加え混ぜる。
④ 砂糖と水を火にかけ、115℃に煮詰め、泡立てた卵白に合わせて、ムラング・イタリエンヌを作る。
⑤ ③と④を合わせる。

〈仕上げ〉
① セルクルの底に台紙を置き、円盤状に焼いたプログレをのせる。
② ムース・オ・ショコラを渦巻き状に絞る。
③ その上にプログレをのせ、再びムース・オ・ショコラを絞って平らにし、冷蔵庫で冷やし固める。
④ セルクルから抜き、表面にココアを振りかける。

→プログレ

フロッケンザーネトルテ Flockensahnetorte (独)

シュー種を使ったドイツ語圏の菓子。シュー種を薄く焼き、サワーチェリーと加糖して泡立てた生クリームを間にはさみ、3層に重ねて、サブレ生地の上にのせる。

フロッケンザーネトルテ

ブロートマッセ Brotmasse (独)

ドイツ語圏でいうビスキュイ種の一種。ビスキュイ種に粉末アーモンド、ドレンドフルーツ、焼いたパン粉、ココア、シナモンやクローヴなどのスパイスを加える。

フロニャルド flognarde (仏)

フランス・リムーザン地方の焼き菓子。原形はブルターニュ地方のクレープだと考えられ、厚めに焼かれたそれは、伝えられる先々で少しずつ趣きを変え、異なった名前がつけられていった。同様のものをオーヴェルニュ地方ではクラフティと呼び、ブルターニュ地方ではファーブルトンとなる。このフロニャルドは、やや深めのバットに流され、プラムやりんご等好みのフルーツなどを混ぜるか散らして焼く。

フロニャルド

プロフィトロール profiterole (仏)

シュー種を用いた菓子、または料理。丸く小さく絞って焼いたシューに、種々のクリームを詰める。料理の場合は野禽などのピューレやチーズ入りのクリームを使う。いずれも幾つかのシューをひとつにまとめ、ソースをかけて供する。宴会などでは高く積み上げて供し、華やかな雰囲気に仕上げる。語源は「プロフィト（利益）を生む生地」すなわち〝膨らむ生地〟からきているという。

■ **菓子のプロフィトロール**

〈製法例〉

① 小型のシューにヴァニラのアイスクリームを詰める。
② ボウルの内側に沿って、底からシューをすき間なく並べ、シューの間に加糖して泡立てた生クリームを絞る。
③ 冷凍庫で固める。
④ ボウルを返し、シューを形ごと皿に移す。いずれのシューにもソースがかかるようにするため、すべてを外側（内側を空洞）にする。
⑤ チョコレートソースを上からかけて供する。

プロフィトロール

フロランタン florentin (仏)

▶ Florentiner (独) フロレンティナー / Florentine (英) フローレンティーン

イタリアを発祥とするアーモンド風味の菓子のひとつ。フロランタンとはイタリアの都市「フィレンツェの」という意味。フィレンツェの名家メディチ家の息女カトリーヌが、フランス王アンリ二世に嫁ぐときに、他の菓子とともにフランスに伝わったといわれている。

フロランタン・オ・サブレとフロランタン・オ・ショコラの2種類があり、サブレ生地またはチョコレートの台に、フロランタン種を重ねる。

〈フロランタン種の配合〉

生クリーム…… 175mℓ
水飴…… 75g
砂糖…… 150g
蜂蜜…… 40g
バター…… 45g
オレンジピール…… 45g
薄切りアーモンド…… 175g
細切りアーモンド…… 25g
ドレンドチェリー…… 25g

〈製法〉

① 生クリームに水飴、砂糖、蜂蜜を加えて混ぜる。
② バターを加えて火にかけ、106℃まで煮詰める。
③ オレンジピール、薄切りアーモンド、細切りアーモンド、ドレンドチェリーを入れて混ぜ、フロランタン種を作る。

■ **フロランタン・オ・サブレ　florentin au sablé**

〈サブレ生地の配合〉

粉糖…… 125g
粉末アーモンド…… 68g
グラニュー糖…… 68g
バター…… 300g
ヴァニラオイル…… 少々
薄力粉…… 500g
卵……2個（100g）

〈製法〉

① 粉糖、粉末アーモンド、グラニュー糖を一緒にしてふるい、室温に戻したバターを加えてよくすり合わせ、ヴァニラを加える。
② ふるった薄力粉のうちの125gを①に加え、溶き卵を加え混ぜる。
③ 残りの薄力粉を②に混ぜて生地をまとめる。
④ 打ち粉をしながら厚さ1.5mmに延ばし、好みの大きさの菊型で抜く。
⑤ サブレ生地の上にフロランタン種を適量のせて焼く。

■ **フロランタン・オ・ショコラ　florentin au chocolat**

テンパンにフロランタン種を少量ずつ置いて、平らにならして焼く。抜き型で抜き、形を整え、裏側にチョコレートを塗り、波刃のナイフで波模様をつける。あるいは、チョコレートを波形のチョコレート型で抜いて、焼いたフロランタンとはり合わせる。

フロランタン・オ・ショコラ

プロンビエール　plombières（仏）

冷たいアントルメ。氷菓。グラス・プロンビエールともいう。

プラリネペースト入りのアイスクリームを作る。これを岩に模して盛りつけ、上からアプリコットのジャムをかけて供する。

プンチ・コストゥカ　punč kostka（チェコ・スロバキア）

洋酒をたっぷり浸み込ませ、生クリームやフルーツをあしらって作る冷製デザート。卵黄と卵白を別立てにしたビスキュイ種をテンパンでシート状に焼き、3枚に切って、マラスキーノ、チェリーブランデーを刷毛で打ち、重ねて切り分け、泡立てて加糖した生クリームやチェリーで飾る。

プンチトルタ　puncstorta（ハンガリー）

ハンガリーで好まれているトルテ。

プンチとは酒を用いることの意。

〈配合〉

卵白…… 7個分
卵黄…… 7個分
小麦粉…… 140g
粉糖…… 140g
ヴァニラ…… 少々
ココア…… 20g
シロップ…… 150mℓ
ラム…… 50mℓ
ラズベリーシロップ…… 50mℓ
焼いて刻んだヘーゼルナッツ…… 150g
バタークリーム…… 適量

〈製法〉

① 卵白を泡立て、卵黄、小麦粉、粉糖、ヴァニラを加えて種を作る。
② ①の2/3はそのまま、1/3の種にココアを加えてそれぞれ型に入れ、焼く。
③ ココア入りは2cm角ほどに刻み、シロップ、ラム、ラズベリーシロップ、ヘーゼルナッツを加えて混ぜ合わせ、フィリングにする。
④ 白いスポンジケーキを2枚に切り、③のフィリングをはさむ。
⑤ 全体にバタークリームを塗って、上面にクリームを絞るなどして適宜に飾る。

ブンディ　bundi（印）

祭りに欠かせないインドの菓子。

豆の粉を水と砂糖で練って揚げ玉のように軽く揚げ、シロップをかけたもの。庶民に親しまれている。

ふんとう　粉糖

粉末状の砂糖。

→砂糖

ふんにゅう　粉乳

粉末状のミルク。

→乳製品

プンパーニッケル　Pumpernickel（独）

ライ麦パンの一種。粗く挽いたライ麦を使う。しっかりした歯ごたえで、黒っぽい色をしている。ドイツ全土やフランスのアルザス地方で好まれている。

へ

ペア・リキュール

▶pear liqueur（英）ペア・リカー

洋梨を原料としたリキュール。

ウィリアム種の梨から作るポワール・ウィリアムなどがある。タルト・オ・ポワールやブールダルー、シャルロット・オ・ポワールなど、洋梨を使ったアントルメやグランガトー、プティガトー類に利用される。フルーツサラダにも用いる。

ベイクウェル・タート　Bakewell tart（英）

イギリスの伝統的な焼き菓子。いちごジャムを用いたタルトの一種。

ダービーシャーのベイクウェルにあったラトランド・アームズ・ホテルの女性料理人が作ったといわれる。彼女はいちごジャムを詰めたタルトを作るつもりでいたが、順序をまちがえ、いちごの上に卵や砂糖、バターなどの混ぜ物をかけて焼いてしまった。ところがこの菓子がたいへん美味で評判になり、以来このホテルの名物となった。

ベイクト・アラスカ　baked Alaska（英）

▶omelette norvégienne（仏）オムレット・ノルヴェジェンヌ / gebackenes Eis（独）ゲバッケネス・アイス

ベイクト・アラスカ

薄いビスキュイの台にアイスクリームをのせ、ムラングで全体をおおい、ガスバーナーなどで焼き色をつけたデザート。焼き上げた形の中に氷菓が入っているということで、食べる人に意外な驚きを与える。氷に閉ざされたアラスカを焼いたものという意味の名称。ちなみにフランス語でいうオムレット・ノルヴェジェンヌは、「ノルウェーのオムレツ」の意味。

ベイクト・チーズケーキ

▶baked cheese cake（英）ベイクト・チーズ・ケイク

焼いたチーズケーキ。

製品例（直径9cmのココット4個分）

〈配合〉

クリームチーズ……240g
卵……2個
砂糖……100g
薄力粉……20g
塩……少々
レモン果汁……少々

生クリーム……………………………　100mℓ

〈製法〉

① クリームチーズをボウルに入れ、湯煎にかけて柔らかくする。

② ①に卵、砂糖、ふるった薄力粉、塩、レモン果汁を入れ、混ぜる。

③ 別のボウルに生クリームを入れて軽く泡立て、②に加え混ぜる。

④ ココットの高さ 3/4 まで③を流し入れる。

⑤ 150℃のオーブンで約 1 時間焼く。

注：ビスケット生地（パートシュクレ）を敷いたタルト型に流して焼いてもいい。

ベイグリ　beigli（ハンガリー）

けしの実を使ったハンガリーの焼き菓子。いわばポピーシーズ入りのロールケーキである。

〈配合〉

生地

小麦粉……………………………………　1280g

バター……………………………………… 500g

卵黄……………………………………　3 個分

全卵………………………………………　1 個

塩…………………………………………　少々

砂糖………………………………………… 5g

サワークリーム…………………………… 400g

フィリング

水…………………………………………　400mℓ

砂糖……………………………………… 240g

サルタナ…………………………………　25g

けしの実………………………………… 600g

すりおろしたりんご…………………　1 個分

つや出し用

卵黄………………………………………　少々

コーヒーベース…………………………　少々

〈製法〉

① 小麦粉とバターを混ぜてよくこねる。

② 卵黄、全卵、塩、砂糖を加え、サワークリームを混ぜる。

③ ②の生地を長方形に延ばす。

④ 水、砂糖、サルタナを鍋で煮詰め、けしの実を混ぜ、すりおろしたりんごを加えて、フィリングを作る。

⑤ ④のフィリングを③の上に塗る。

⑥ ロール状に巻き、表面にコーヒーベース入りの卵黄を塗って焼く。

ペイストリー　pastry（英・米）

▸pâtisserie（仏）パティスリー

いわゆるケーキ類の総称と、小麦粉を水や卵で練った練り粉生地、すなわちパートのことをさす。

べいふん　米粉

▸farine de riz（仏）ファリーヌ・ド・リ / rice flour（英）ライス・フラワー / Reismehl（独）ライスメール

粉末状にした米。コメコ、ベイコとも呼ばれる。主に餅や煎餅、団子、麺類などに使われるが、近年アレルギー問題から、小麦粉に替わるものとして注目を集め、各種の菓子やパン類に多用されるようになった。なお微細粉末状にしたものは小麦粉より軽く空気中に浮遊し、空気の流れで各部屋間を移動する場合があるので、製造面においては注意を要する。

ペカン

▸pecan（米）ピカーン

クルミ科の落葉高木になる実。ミシシッピ川流域が原産地。木の高さは 40 ～ 50m にもなり、楕円形の堅果をつける。なめらかで、縦筋のある殻の中に、くるみをやや細長くした実がある。くるみの渋みを除いた味覚を持つ。脂質含有量が高く、約 72％の脂質を含む。

ペカンをローストし、糖液をからませた糖菓や、ペカン・パイはアメリカで大いに好まれている。

ペカン・パイ

▸pecan pie（米）ピカーン・パイ

ペカンを使って作るアメリカのパイ菓子。ビスケット生地またはパイ生地を使う。

〈配合例〉

ビスケット生地

バター……………………………………… 60g

砂糖………………………………………… 60g

全卵………………………………… 1/2 個分

小麦粉…………………………………… 120g

フィリング

全卵………………………………………　2 個

砂糖……………………………………… 120g

塩…………………………………………… 3g

バター……………………………………… 60g

モラセス………………………………… 175mℓ

半割りのペカン………………………… 175g

〈製法〉
① バターと砂糖をすり合わせる。
② 卵を加える。
③ 小麦粉を混ぜてそぼろ状にし、まとめて冷蔵庫で休ませ、ビスケット生地を作る。
④ ③を厚さ 2mm に延ばし、パイ皿に敷く。
⑤ フィリングの材料を混ぜ、④に流し入れる。
⑥ 200℃のオーブンで焼く。

ベーキングパウダー　baking powder（英·米）
▶ levure chimique（仏）ルヴュール・シミック、levure en poudre（仏）ルヴュール・アン・プードル / Backpulver（独）バックプルファー

膨張剤。略して BP とも書かれる。かつてはふくらし粉と呼ばれていた。焼き菓子類をふっくらさせたい時に生地に少量混入すると、ふわっと仕上がる。主剤は炭酸水素ナトリウムで、これは重炭酸ソーダ、略して重曹といわれるものである。重曹は水に溶けやすく、また加熱すると水と炭酸ガスを放出して炭酸ナトリウムとなる。この性質を利用して菓子の種に混入して焼き上げると、発生する炭酸ガスによって生地が膨らむ。ただし、重曹のみの使用では炭酸ナトリウムが生地に残り、味覚上若干ながら違和感を与えることになる。そこで重曹に酸性剤を混ぜて中和する。なお、重曹は酸性剤と直接触れるとすぐに反応を起こしてしまうので、これを防ぐための遮断剤としてスターチ類を混入しておく。さまざまな不都合が生じないように、あらかじめ調合しておいたものがベーキングパウダーである。

ヘクセンハウス　Hexenhaus（独・スイス）
「魔女の家」という意味の、クリスマスの菓子。
蜂蜜入りの菓子（レープクーヘン）を用い、家の形に作る。
グリム童話『ヘンゼルとグレーテル』に出てくるなど、ドイツやスイスで親しまれている。
焼き上げて組み立てたレープクーヘンに、グラス·ロワイヤルを絞って飾り、クッキーやチョコレート、キャンディーなどをはりつけて作る。家の中に豆電球を配する手の込んだものもある。なお､近年はレープクーヘン以外のビスケット生地でも作られている。
→レープクーヘン

ヘクセンハウス

ペクチン（日）
▶ pectin（英）ペクティン / pectine（仏）ペクティーヌ / Pektin（独）ペクティン

野菜や果物の細胞膜中に含まれる酸性多糖類。水に溶けやすいものをペクチン、溶けにくいものをプロトペクチンといい、総称してペクチンという。柑橘類やりんごなど酸味の強いものに含まれる。
酸味のある果物を裏ごしして加熱し、冷ますととろみがついてゼリー状に固まる。この性質を利用して、ジャムやパート・ド・フリュイが作られる。果物の種類によってペクチンの含有量や強度が異なる。天然のペクチンだけではジャムやゼリーになりにくい果物には、化学的に抽出、精製したペクチンを適宜加えて、求める食感のジャムやパート・ド・フリュイを作る。
製品のペクチンは粉末であるが、水などになじみにくいので、使う砂糖から同量をとり、ペクチンに混ぜてから用いると他の材料によく溶け、混ざりやすくなる。

ベシャメルソース（日）
▶ sauce béchamel（仏）ソース・ベシャメル / white sauce（英）ホワイト・ソース

牛乳とルーで作る白いソース。料理および料理菓子などに用いる。
ルイ十四世の料理長ルイ・ド・ベシャメイエ（1630-1703）が作ったといわれる。考案された

当時は生クリームを大量に用い、かたさや調理法もだいぶ違っていた。現在のごく基本的なものを示す。

〈**配合**〉

小麦粉…………………………………… 120g
バター…………………………………… 150g
牛乳…………………………………… 1000mℓ
塩………………………………………… 少々
胡椒……………………………………… 少々
ナツメグ………………………………… 少々

〈**製法**〉

① 鍋に小麦粉とバター、牛乳少量を入れて火にかけ、泡立て器で混ぜる。
② 残りの牛乳を少しずつ加え、泡が上がってくるまで煮る。牛乳を加えるたびに練らないとダマになりやすい。
③ 塩、胡椒、ナツメグを入れて味を整える。

ペーシュ　pêche（仏）

桃。菓子の例としては、タルト・オ・ペーシュ、ペーシュ・メルバなどがある。
→桃

ペーシュ・メルバ　pêche Melba（仏）

アイスクリームにシロップ煮の桃をあしらった冷菓の一種。日本ではピーチ・メルバの名で親しまれている。ヴァニラ・アイスクリームに半割りにしたシロップ煮の桃をのせ、上からフランボワーズのピュレをかける。メルバは19世紀に活躍したオペラ歌手ネリー・メルバにちなむ。1892年、ロンドンのサヴォイ・ホテルのシェフをしていたエスコフィエが、彼女のために作ったことによりこの名が付けられた。

ペスティーニョ　pestiño（西）

オレンジとレモン風味の揚げ菓子。かつてアラブ・イスラム圏から伝わったものを、当地の修道女たちが白いワインなどを入れて今の形にしたと伝えられている。

〈**配合**〉約10個分

薄力粉…………………………………… 150g
オレンジ果皮………………………… 1/4個分
レモン果皮…………………………… 1/4個分
オリーブオイル………………………… 60mℓ
アニシード………………………………… 3g
白ワイン………………………………… 60mℓ
オリーブオイル（揚げ用）…………… 適量
グラニュー糖（ふりかけ用）………… 適量

〈**製法**〉

① フライパンにオリーブオイル、オレンジ果皮、レモン果皮を入れて火にかけ、熱した後火を止めてオレンジとレモンを取り除きアニシードを入れて冷ます。
② ふるった薄力粉に①と白ワインを加えて混ぜ、生地をまとめる。
③ ②をめん棒で厚さ2.5mmほどに延ばし、6cmの正方形に切って、左右の角を合わせるように丸め、指で押さえて付ける。
④ 熱したオリーブオイルで③を揚げる。
⑤ グラニュー糖を全体にまぶす。

ペスティーニョ

ヘーゼルナッツ　hazelnut（英）

はしばみの実。
→ノワゼット

ヘーゼルナッツ・クッキー　hazelnut cookie（米）

ヘーゼルナッツを用いたドロップ式のクッキー。

〈**配合**〉

バター…………………………………… 200g
砂糖……………………………………… 300g
塩…………………………………………… 2g
ヴァニラ………………………………… 少々
全卵……………………………………… 2個
小麦粉…………………………………… 200g
粉末ヘーゼルナッツ…………………… 100g
刻みヘーゼルナッツ…………………… 300g

〈**製法**〉

① バターと砂糖をすり合わせ、塩、ヴァニラを加える。

② 卵を少しずつ加える。
③ 小麦粉と粉末および刻みヘーゼルナッツを加えて混ぜる。
④ 冷蔵庫で休ませる。
⑤ 25gずつに分けて丸め、平らにしてテンパンに並べる。
⑥ 160℃のオーブンで焼く。

ヘット（日）

▶fat（英）ファット / graisse de bœuf（仏）グレース・ド・ブフ / Fett（独）フェット

牛の脂肪層から採取した脂で牛脂と呼ばれるもの。ラード同様近年需要が少なくなっている。融点はラードより高く40～50℃で、口溶けの点で調理や製菓に使いにくい状況にある。ただ、クリーミング性という点ではラードよりヘットの方が優っている。またマーガリンやショートニングの業務用原料としては便利に使われている。

ヘットの他にタローtallowの名でも呼ばれることがある。タローとは正しくは牛脂、羊脂の総称としての呼称で、はっきりと区別する時にはビーフタロー、マトンタローとしているが、現実にはマトンタローは、羊特有の臭いが消し去りにくく、食用にはあまり積極的には使われていない。したがって、タローといえばほとんどが牛脂を指すようになっている。

ペッパルカーカ　pepparkaka（スウェーデン）

ペッパルカーカ

香辛料を使って焼き上げるスウェーデンのクッキー。ペッパルは香辛料の意味で、ジンジャー、シナモン、クローヴなどが好んで用いられる。カーカはケーキやクッキー状のものを指す。日常的にも食されるが、特にクリスマス時、スウェーデンではこの焼いたペッパルカーカをクリスマスツリーに提げて飾り、子供たちは聖夜を過ごす。

〈配合〉

コーンシロップ……75mℓ
砂糖……135g
バター……150g
卵……1.5個（約80g）
薄力粉……350g
ベーキングパウダー……2g
粉末ジンジャー……0.5g
粉末シナモン……0.5g
粉末クローヴ……0.5g

〈製法〉

① コーンシロップ、砂糖、バターを一緒にして火にかけ溶かす。
② ①を火から降ろして冷まし、卵を溶いて加え混ぜる。
③ 薄力粉、ベーキングパウダー、ジンジャー、シナモン、クローヴを一緒にしてふるう。
④ ③に②を注ぎ入れて混ぜ、生地をまとめて冷蔵庫で休ませる。
⑤ ④を厚さ3～4mmに延ばす。
⑥ 星、ハート、リング、もみの木、葉などの型で抜く。
⑦ 180～200℃のオーブンで約10分焼く。
好みに応じてグラスロワイヤルを絞って飾ってもよい。

ペテナイフ（日）

▶petit couteau（仏）プティ・クートー

日本独特の製菓用語。小さいナイフの意味。ペテとは､フランス語の「小さい」を表すプティの転訛。これと英語のナイフを結びつけたものと思われる。

ペ・ド・ノンヌ　pet-de-nonne（仏）

シュー菓子の一種。ベニェ・スフレbeignet souffléともいう。

シュー種を少しずつ油に落として揚げ、中に果物などを混ぜたカスタードクリームを詰めるデザート。粉糖を振りかけ、色鮮やかなフルーツソースなどを添えて供する。

直訳すると「尼さんのおなら」。

いわれについては、スイスに近いドゥ地方にあるマルムティエ大修道院ポム・レ・ダムの若い修道尼アニェスがシュー生地を作っているときについうっかりそれをしてしまった。彼女はあまりの恥ずかしさに、思わず手にしていたシュー種を煮立った油の中に落としてしまった。すると見る間にふくれ上がり、とてもおいしい菓子になったと言われている。

このような名前など口に出せないという向きには、スーピール・ド・ノンヌ「尼さんのため息」という呼び名もついている。

〈製法〉

① シュー種を、丸口金をつけた絞り袋に詰めて、熱した油の中に少しずつ絞り入れる。
② ふくれてきつね色に揚がったら、引き上げて油を切る。
③ 好みの果物、洋酒などを混ぜたカスタードクリームを②の中に詰める。
④ 皿に盛り、粉糖を振りかける。好みのフルーツソースを添えて供する。

ペ・ド・ノンヌ

ベトメンヒェン　Bethmännchen（独）

クッキーの一種。

もとはドイツのフランクフルトの銘菓であったが、現在ではドイツ各地で作られている。クリスマス時によく作られる。

マジパンに、オレンジピールや蜂蜜を加えて混ぜ、成形してから上にアーモンドをのせて一晩乾かした後、焼き上げる。

〈配合〉

マジパン……………………………… 500g
オレンジピール……………………… 50g
キルシュ……………………………… 適量
蜂蜜…………………………………… 50g
粉末アーモンド……………………… 適量
半割りアーモンド…………………… 適量

〈製法〉

① マジパンにオレンジピールを刻んで混ぜる。
② キルシュを適量加えて、風味をつける。
③ 蜂蜜を加える。
④ 粉末アーモンドをまぶしながら、直径2cmほどの球形にし、テンパンに押しつけて平らにする。
⑤ 上面に半割りのアーモンドをのせる。
⑥ 一晩放置して乾かし、中火のオーブンで焼く。

ベニェ　beignet（仏）

▶ fritter（英）フリッター / Krapfen（独）クラップフェン

広い意味で、野菜、肉、果物などの衣揚げ。菓子として扱うものは、バナナ、りんご、アプリコットなどのフレッシュな果物を衣揚げしたものと、シュー種を揚げたペ・ド・ノンヌ、ブリオッシュ種を揚げたヴィエノワなどをさす。

ベニェ・アルザシアン　beignet alsacien（仏・独）

アルザスや南仏、ドイツ等でカーニヴァルの折などに作られる揚げ菓子。発酵させた柔らかいパン生地の中に、フランボワーズのジャムを詰めて揚げ、グラニュー糖をまぶす。

ベニェ・ヴィエノワ　beignet viennois（仏）

ブリオッシュ種の中にジャムを詰めて丸め、熱した油の中に落として揚げたもの。ジャム入りの丸いドーナツである。

ベニェ・スフレ　beignet soufflé（仏）

▶ soufflé fritter（英）スフレ・フリッター / Spritzkuchen（独）シュプリッツクーヘン、Auflaufkrapfen（独）アオフラオフクラップフェン

熱した油で揚げたシュー。シュー種を丸く絞り出して油の中に落とし、きつね色に揚げる。中に刻んだ果物などを混ぜたカスタードクリームを詰め、上から粉糖を振って供する。ペ・ド・ノンヌともいう。

→ペ・ド・ノンヌ

ベネディクティーヌ　Bénédictine（仏）

▶ Benedictine（英）ベネディクティーン / Benediktiner（独）ベネディクティーナー

古くから伝わるフランスのリキュール。ノルマンディー地方のフェカンにあるベネディクト派の修道院で、1510年ごろ修道士ドン・ベルナルド・ヴァンセリによって作られた。フランス革命時にレシピが失われたが、1863年に復刻された。ブランデーをベースにアンゼリカ・ルート、山よもぎ、ミント、ジンジャー、クローヴ、

シナモン、アルニカ花など27種のエッセンスが配合されたもので、黄緑色をなし、アルコール度数は40%。現在もこの地で作られており、製菓一般に用いられる。

ペパーミント　peppermint（英）

→ミント

ヘーフェゲベック　Hefegebäck（独）

イースト入りの発酵生地で作る菓子の、ドイツでの総称。

ヘーフェタイク　Hefeteig（独）

▶ pâte levée（仏）パート・ルヴェ / yeast dough（英）イースト・ドウ

発酵生地。さまざまな菓子に使われる。

〈配合〉

牛乳……600mℓ
砂糖……130g
卵黄……4個分
イースト……80g
小麦粉……1000g
バター……150g
塩……8g

〈製法〉

① 牛乳を温め、砂糖を加えて溶かす。
② 卵黄を加え、イーストをほぐして混ぜる。
③ 小麦粉を加えて、バター、塩を加えて練る。
④ 生地をまとめて、約10分間発酵させる。
⑤ ガス抜きをして、求める厚さに延ばし、それぞれの菓子を作る。

ヘーフェ・ビスクヴィートシュニッテン　Hefe-Biskuitschnitten（チェコ・スロバキア）

チェコやスロバキアで好まれている焼き菓子。

イースト入りの生地にアプリコットジャム入りのフィリングをのせて焼き、切り分けて供す。

〈配合〉

生地
卵黄……4個分
バター……200g
粉糖……100g
牛乳……500mℓ
イースト……20g
小麦粉……350g

フィリング
卵白……4個分
粉糖……100g
アプリコットジャム……適量

〈製法〉

① 卵黄、バター、粉糖を泡立てる。
② 温めた牛乳少々でイーストを溶かし、残りの牛乳と合わせて①に加え、小麦粉を混ぜる。
③ テンパンに流し、中火のオーブンで半焼きにする。
④ 卵白を泡立てて粉糖を加え、アプリコットジャムを入れてフィリングを作る。
⑤ 半焼き生地の上に④を塗って再び焼く。
⑥ 好みの大きさに切り分ける。

ベラヴェッカ　berawecka（仏）

フランス・アルザス地方に伝わる焼き菓子。特にクリスマス時に作られる。

スパイスを効かせた発酵生地に、好みのドライフルーツやナッツを練り込み、細長く整形した後、表面にもフルーツやナッツ類をつけて焼く。

ベラヴェッカ

〈配合〉長さ12cm 4本分

発酵生地
薄力粉……90g
イースト……8g
水……75mℓ
グラニュー糖……60g
サラダオイル……5mℓ
塩……1g

フィリング
セミドライいちじく……200g
セミドライプラム……200g
オレンジピール……30g
干しぶどう……100g
アーモンド……50g
くるみ……25g
ピスタチオ……20g

黒胡椒…………………………………………… 1g
シナモンパウダー………………………… 5g
グラニュー糖……………………………… 70g
キルシュ………………………………… 100mℓ
その他
アプリコットジャム…………………… 適量

〈製法〉

① 薄力粉をふるい、水とイーストを混ぜて加え、グラニュー糖、サラダオイル、塩を加えて、全部をひとまとめにする。
② ①をつやが出るまでこねてまるめ、ボウルに入れて刷毛で水を塗り、ぬれせた布巾をかぶせて温かい所に置き、倍ほどの大きさになるまで発酵させる（約1時間）。
③ アーモンドとくるみを焼いて刻み、ドライフルーツは7～8mm角の大きさに切る。
④ ③を混ぜ、そのうちの半量を取り置く。
⑤ 発酵生地を突いてガス抜きし、ドライフルーツ、ナッツを混ぜ、さらにグラニュー糖、香辛料、キルシュを加えて混ぜ合わせる。
⑥ ⑤を4等分し、細長く伸ばし、温かい場所で再び発酵させる。
⑦ テンパンに並べた⑥を170℃のオーブンで約20分焼く。
⑧ ⑦を冷まし、表面に煮つめたアプリコットジャムを塗り、残りのフルーツ、ナッツ類をのせて飾り、ジャムを塗る。

ヘルヴァ helva（トルコ）

トルコで好まれている菓子。

粗挽きの小麦粉を油で炒めた中に、水または牛乳と砂糖で作ったシロップを混ぜ、加熱して冷まし、固めたもの。ヘーゼルナッツまたはアーモンド、ごまなどをつぶして加えたものもある。

ベルヴェデーレ Belvedere（オーストリア）

ウィーンの中心部にある宮殿の名。チョコレートなどを使った重厚な趣きの菓子に、よくこの名がつけられる。

ベル・エレーヌ belle-Hélène（仏）

フランスのデザート菓子。ベルは美しい、エレーヌはギリシア神話のヘレネ。絶世の美女であったという彼女はスパルタ王メネラウスの妻であったが、トロイの王子パリスに奪われ、それによってトロイ戦争が起こったといわれている。後、ジャック・オッフェンバックがその話を基に、1864年に全3幕の「美しきエレーヌ」というオペレッタを作曲した。この名を冠したお菓子が作られたのは1865年頃といわれている。通常よく紹介されているものは、ヴァニラアイスクリームの上にシロップ煮にした洋梨のコンポートをのせ、熱いチョコレートソースをかけ、刻んだ薄切りアーモンドをふりかけて供される。熱いソースと氷菓のコントラストが特徴だが、近年はあえて冷やしたものを供する場合も少なくない。

〈配合〉 4個分

洋梨のコンポート
洋梨……………………………………… 1.5個
砂糖……………………………………… 100g
水………………………………………… 300mℓ
シナモンスティック…………………… 1/3本
レモン…………………………………… 1/3個

チョコレートソース
粉ゼラチン……………………………… 2g
水………………………………………… 10mℓ
生クリーム……………………………… 40mℓ
水………………………………………… 50mℓ
砂糖……………………………………… 60g
ココア…………………………………… 20g

仕上げ
コーンフレーク………………………… 適量
洋梨……………………………………… 1/2個
ヴァニラアイスクリーム……………… 適量
軽く焼いた薄切りアーモンド………… 適量
グロゼイユ……………………………… 適量
ミントの葉……………………………… 適量

〈製法〉

洋梨のコンポート
① 皮をむき4等分して芯を取った洋梨と他の材料を鍋に入れ、強火にかける。
② ①が沸騰したら火を弱くし、パラフィン紙の落としぶたをして、約3分煮る。
③ ②を火から降ろし、冷やす。

チョコレートソース
① 粉ゼラチンを水に入れてふやかし、湯煎で溶かす。
② 鍋に生クリーム、水、砂糖、ココアを入れて混ぜ、火にかけて沸騰させる。
③ 火から降ろし、粗熱をとってから①を加える。

仕上げ
① グラスにチョコレートソースを少量入れ、そ

の上にコーンフレーク、コンポート、洋梨、コンポート、アイスクリームの順に詰める。
② ①の上からチョコレートソースを流し、上面に軽く焼いた薄切りアーモンド、グロゼイユ、ミントの葉をのせる。

ベルガモット　bergamote（仏）
オレンジの一品種。酸味が強く生食はできないが、果皮に芳香がある。果皮から精油をとり、香料として菓子の香りづけに用いる。またこの果皮を砂糖漬けにして糖菓が作られる。ナンシー産のベルガモットを使った砂糖菓子が名高い。

ベルギーワッフル（日）
ベルギーで好まれている菓子。日本ではベルギーワッフルの名で流行した。
ベルギーでは大きく分けて2種類のものが作られている。首都ブリュッセルあたりのものは、イーストを用いたゆるい種で作り、外はパリッとしているが中はフワッとした食感で、四角く焼き、バターや粉糖等さまざまなものをつけて楽しむ。もう一方のリエージュタイプは、同じくイーストを用いた発酵種だが、中に大粒のざらめ糖を入れて重く堅い食感で焼き上げる。このリエージュタイプにも2種類あり、やや堅めのクッキータイプと、クリームなどを間にはさむソフトタイプがある。
→ワッフル

ペルジパン　Persipan（独）
桃やあんずの種で作るマジパンの代用品。バックマッセともいう。
桃などの仁を挽き、苦味をとってから砂糖と混ぜ合わせる。こうした代用品は、マルツィパン（マジパン）という呼称は使えない。

ベルリーナー·プファンクーヘン　Berliner Pfannkuchen（独）
▸Berliner doughnut（英）ベルリーナー·ドーナット
揚げ菓子の一種。単にベルリーナーともいう。
→プファンクーヘン

ペルル　perle（仏）
真珠の意味。製菓用語。
ビスキュイ・ア・ラ・キュイエールなどの種を焼くとき、粉糖を振って焼くと、ところどころ砂糖が溶けて固まった跡ができる。これを真珠のようだということでペルルと呼ぶ。

ペルレ　perlé（仏）
ペルルから出た言葉で「真珠のようになったもの」の意味。糖液の煮詰めた状態を示す製菓用語。
糖液をある温度まで煮詰めて、冷水に落とすと、水とはなじまず、真珠のようにまとまる。これをペルレという。
105℃（ボーメ32～33度）まで煮詰めた状態はプティ・ペルレ、107.5℃（ボーメ33～35度）はグラン·ペルレ（またはカンディ）という。
→糖液

ヘレントルテ　Herrentorte（独）
男性のトルテの意味。薄く焼いたスポンジ状の生地にワインをたっぷり加えたクリームを塗って、4～5段重ねにし、全体を溶かしたチョコレートでカヴァーする。

ヘレントルテ

ほ　ホ

ホイッパー
→泡立て器

ホイップ·クリーム（日）
泡立て用の生クリーム。純粋な動物性の生クリームではなく、植物性またはそれに準ずるものをさすことが多い。

ほ

ホイロ（日）

ある一定の高温を保つ箱または部屋。乾燥タイプと加湿タイプがあり、用途、目的に応じて使われる。

たとえばパンなどのイースト菌の発酵を促すためには加湿タイプがよく、リキュール・ボンボンやフリュイ・デギゼ、パート・ド・フリュイ等、砂糖の結晶化を目的とするときには乾燥タイプが用いられる。

ポヴィドゥルタッシェルン Powidltaschern（オーストリア）

カルトッフェルタイクと呼ぶじゃがいも入りの生地をゆでて作る菓子。中にプラムのジャムを詰める。ポヴィドゥルはプラムのジャムやピューレをさす。オーストリアのほか東欧圏で好まれている。

〈配合〉

つぶしたじゃがいも	500g
バター	50g
強力粉	250g
全卵	1個
塩	少々
プラムのジャム	適量

〈製法〉

① つぶしたじゃがいもにバター、強力粉、卵、塩を加えて、練り混ぜる。
② 薄く延ばし、10cm角の正方形に切り、中央にジャムを絞る。
③ 三角形に折り、縁を合わせる。
④ 熱湯に少量の塩を入れて③をゆで、フルーツソースや生クリーム、砕いたナッツなどを添えて供する。

ボーヴィリエ、アントワーヌ Beauvilliers, Antoine（仏）

（1754-1817）フランスの料理人。偉大なる料理人の一人といわれているが、晩年はあまり恵まれなかったという。のちのルイ十八世になるプロヴァンス伯の料理長を務めていた。

ブリア゠サヴァランによると、彼は1782年もしくは1786年、パリにおける最初のレストラン「グランド・タヴェルヌ・ド・ロンドゥル」を開業したという。同レストランには知識人や文人が集い、大いに繁盛したと伝えられている。

著書の『料理人の芸術（l'Art du cuisinier）』（1824）は名著として長く権威を保っている。

ぼうちょうざい 膨張剤

食品添加物。主に焼き菓子、パンをふくらませる働きを持つ。

焼き菓子やパンがふくらむのは、第一に材料を混ぜるときに生ずる気泡によるもの。第二はイースト菌などの発酵によるもの。第三は化学反応を利用する方法によるものである。この化学反応の役割を果たすものが膨張剤である。

膨張剤にはアンモニア（炭酸アンモニウム、塩化アンモニウム）、重曹（正しくは炭酸水素ナトリウム、重炭酸ナトリウムまたは重炭酸ソーダともいう）、ベーキングパウダー、イースト、イスパタ（イースト・パウダーの略）などがある。

ボウル bowl（英）

▶ bol（仏）ボル、bassine（仏）バシーヌ / Schüssel（独）シュッセル

製菓に欠かせない器具。ほうろう製、ステンレス製、ガラス製、銅製のものなどがある。材料の保存、混合、泡立てや加熱、湯煎など、用途はきわめて広い。大きさや形、深さもいろいろある。

ガラス製は保温性は高いが、放熱を目的とする場合には熱が抜けにくく、銅製のものは熱伝導性にすぐれているが、使用の前後に特に清潔を心がける必要があるなどの特徴がある。目的に応じて使い分ける。

特に大きなボウルは、和菓子作りの道具の呼び名から「さわり」などと呼ぶこともある。

ほうれんそう 菠薐草

▶ épinard（仏）エピナール / spinach（英）スピナッチ / Spinat（独）シュピナート

漢字で書くと菠薐草と綴るが、この菠薐とはペルシャのことで、今のイランのあたりで生まれた。11世紀頃ヨーロッパに伝わり、アメリカには19世紀になってから伝わった。日本へは17世紀に伝わったが、その時はさして広がらず、明治になって改めて持ち込まれた。フランスの菓子屋の定番商品のひとつのキシュ・ロレーヌのアレンジによく使われたり、調理菓子にも多用される。栄養的にはカロテン、鉄分、ビタミン B_1、B_2、C などを豊富に含んでいる。

ほさかていぞう 保坂貞三

電気冷蔵ショーケースを率先して開発し、洋生菓子文化の向上と発展に貢献した保坂製作所の創業者。

1939（昭和14）年、製菓製パン用の機器及び型類の製造販売をもって、東京浅草に創業。1948年、保坂製作所を設立。製菓用ショーケースに軸足を置き、同社の基盤を作る。1954年、保坂開放型冷凍機及びアイスクリーム用ストッカーを開発。続いて家庭用電気冷蔵庫の普及に合わせるように、1955年、同業他社とも手を携えつつ、電気冷蔵ショーケースを開発。これにより、各菓子店も安心して洋生菓子を作り、売り、来店者も安心して求め、食べたい時に食べられるようになった。その後義貞、貞雄と引き継がれる同社は、1971年、神奈川県津久井湖畔に工場を新設し、全国の洋菓子店並びに各百貨店等の需要に応えられる体勢を整えた。続いてアイスクリームフリーザー、チョコレート用及びサンドウィッチ用ショーケース、さらにはコンピューター制御付、低温多湿制御式、高透過クリスタルガラス使用等々のショーケースを次々と開発。絶えることなく技術革新を重ね、安全と安心、衛生をモットーとする洋生菓子文化を支えて今日に至っている。

ほしぶどう　干—

→レーズン

ボストック　bostock（仏）

円筒状に作ったブリオッシュ・ムスリーヌを使って作る菓子。通常売れ残ったブリオッシュの二次使用として作られる。ブリオッシュを輪切りにし、クレームダマンド（アーモンド）を表面に塗って薄切りアーモンドを散らし、再び焼く。

ボストン·クリーム·パイ　Boston cream pie（米）

マサチューセッツ州ボストン市で親しまれているケーキ。

〈配合〉

スポンジケーキ

薄力粉……70g
コーンスターチ……20g
卵……3個
グラニュー糖……100g
バター……20g
牛乳……20mℓ

カスタードクリーム

卵黄……2個分
牛乳……150mℓ
グラニュー糖……40＋5g
薄力粉……10g
コーンスターチ……4g
ヴァニラ……少々
生クリーム……70mℓ

ガナッシュ

チョコレート……100g
生クリーム……60mℓ

ボストン・クリーム・パイ

〈製法〉

スポンジケーキ

① 卵にグラニュー糖を加えて泡立て、薄力粉とコーンスターチを一緒にしてふるって混ぜる。
② バターを溶かし、牛乳と一緒にして①に混ぜ、180℃のオーブンで焼く。

カスタードクリーム

① 卵黄、グラニュー糖40g、薄力粉、コーンスターチを混ぜ、沸騰させた牛乳と混ぜる。
② ①を鍋に戻して火にかけて練り、ヴァニラを加えて冷ます。
③ 生クリームにグラニュー糖5gを加えて泡立て、②と合わせる。

ガナッシュ

生クリームを沸騰させ、火から降ろして刻んだチョコレートを加える。

仕上げ

① スポンジケーキを2枚に切り、1枚の上に丸口金でクリームを外側から内側に向けて菊形のように絞ってもう1枚をのせる。
② ①の上からガナッシュをかけ、側面途中まで流れるようにする。
③ 任意でその上面にアイシングをうず巻き状に絞り、中心から外側に竹グシで筋を引く模様をつけてもよい。

ホーゼンクネップフェン　Hosenknöpfen

（スイス）

クッキーの一種。

ボタンに似た形。「ズボンのボタン」の意味を持つ。

〈配合〉

小麦粉……500g
砂糖……250g
バター……60g
全卵……1個
レモン果皮……1個分
ばらの花水……100～150mℓ

〈製法〉

① 小麦粉に砂糖、バター、卵、レモン果皮、ばらの花水を加え、生地をまとめて休ませる。
② 棒状に成形し、1.5cm幅に切り分ける。
③ 手のひらで丸めてボタンの形に押しつぶし、テンパンに並べる。
④ 150℃のオーブンに10～15分間入れ、なるべく色のつかないように焼く。

ホット·クロス·バンズ

→バン

ホットケーキ（日）

▸pancake（英）パンケイク / Pfannkuchen（独）プファンクーヘン

小麦粉、卵、牛乳、砂糖などを混ぜて、フライパンなどで焼いたもの。バターやメープルシロップを添えて食べる。

→パンケーキ

〈配合〉

全卵……1個
砂糖……35g
脱脂粉乳……6g
牛乳……100mℓ
ヴァニラ……少々
小麦粉……100g
ベーキングパウダー……3～4g
メープルシロップ……適量
バター……適量

〈製法〉

① ボウルに卵を割りほぐし、砂糖と脱脂粉乳を加えて泡立てる。
② 牛乳を加えて、ヴァニラを入れる。
③ 小麦粉とベーキングパウダーを一緒にしてふるい、②に混ぜる。
④ フライパンを熱して油を引き、種を流す。
⑤ 表面にぶつぶつができたところで裏返しにして、両面焼く。
⑥ メープルシロップをかけ、バターをのせて供する。

ホットチョコレート　hot chocolate（英）

▸chocolat chaud（仏）ショコラ·ショー

温かくして供するチョコレートドリンク。

〈配合〉5人分

チョコレート……100g
生クリーム……100＋約100mℓ
牛乳……500mℓ
ココア……10g
グランマルニエ……20mℓ
シナモンパウダー……適量
シナモンスティック……5本

〈製法〉

① チョコレートを細かく刻む。
② 鍋に生クリーム100mℓと牛乳を入れて沸騰させる。
③ ②を火から降ろして①とココアを加えて混ぜる。
④ ③を再び火にかけて沸騰させ、完全に溶かす。
⑤ ④を火から降ろしてグランマルニエを加える。
⑥ ⑤をカップの高さ八分目まで注ぎ入れる。
⑦ 生クリーム約100mℓを泡立てて⑥に浮かべ、シナモンパウダーをふってシナモンスティックを添える。

ポティツェ　Potitze（オーストリア）

イーストを使った発酵生地を薄く延ばしてクリームを塗り、くるみとココアを振ってロールにし、クグロフ型に入れて焼く。レーズンや、チョコレート、白チーズなどの風味のあるポティツェもある。

〈配合〉

生地

微温湯……50mℓ
イースト……6g
薄力粉……55g
強力粉……225g
砂糖……5＋20g
牛乳……120mℓ
卵黄……2個分
バター……60g

レモン果皮…………………………… 1/4個分
ヴァニラ………………………………… 少々

バタークリーム

バター…………………………………… 50g
砂糖……………………………………… 50g
卵黄…………………………………… 1個分

振りかけ用

粉末くるみ……………………………… 適量
刻んだチョコレート…………………… 60g
シナモン………………………………… 少々

ポティツェ

〈製法〉

① 微温湯でイーストを溶く。
② 薄力粉と強力粉をふるい合わせ、そのうちの少量の粉と砂糖5gを①に加えて発酵を促す。
③ 倍量くらいになったら、残りの粉と砂糖20g、人肌に温めた牛乳、卵黄、バター、レモン果皮、ヴァニラを混ぜる。
④ 充分こねて生地をまとめ、湯煎にかけて発酵させる。
⑤ 倍量になったらガス抜きをする。
⑥ ⑤を30cm × 40cmに延ばす。
⑦ バターと砂糖を混ぜ、卵黄を加えてバタークリームを作り、⑥の上に塗る。
⑧ 粉末にしたくるみ、刻んだチョコレート、シナモンを混ぜて全面に振る。
⑨ 生地を巻き込んでロールにし、バターを塗ったクグロフ型に詰め、倍量に発酵させる。
⑩ 180℃のオーブンで約45分焼く。

ポ・ド・ミュゲ　pot de muguet（仏）

フランスで5月1日のすずらん祭り（Fête du Muguet）の折に作られる、すずらんの鉢植え形のお菓子。ヌガー・デュール（堅いヌガー）で作った鉢の中にスポンジケーキやバタークリームを詰め、飴細工または造花のすずらんを飾る。

ヌガー・デュール

〈配合〉

グラニュー糖…………………………… 250g
レモン果汁……………………………… 少々
刻みアーモンド………………………… 125g

〈製法〉

① グラニュー糖にレモン果汁を入れて火にかけ、混ぜながら溶かし、褐色になるまで煮詰める。
② 刻みアーモンドを加えて、手早く混ぜる。
③ サラダオイルを塗ったマーブル台にあけ、パレットナイフで返しながら粗熱を少し取る。
④ サラダオイルを塗った金属製のめん棒で厚さ2mmに延ばし、扇形の型で抜く。
⑤ ④が熱いうちに曲げて筒状に整形する。
⑥ ④のヌガーを帯状に切り、④の上部に巻く。

コーヒー味のバタークリーム

〈配合〉

バター…………………………………… 100g
粉糖……………………………………… 15g
インスタントコーヒー………………… 3g
水………………………………………… 少々

〈製法〉

① バターを室温に戻し、粉糖を混ぜる。
② インスタントコーヒーを少量の水で溶き、①に混ぜる。

仕上げ

① スポンジケーキを薄く切り、丸く抜いてコーヒーシロップを浸す。
② ヌガーの筒の中に①のスポンジケーキとコーヒー入りバタークリームを段々に詰める。
③ 表面に赤砂糖を撒く。あるいは緑に着色したマジパンをのせる。
④ 飴細工または造花のすずらんを差す。

ポート・ワイン

▶porto（ポルトガル）ポルト / port（英）ポート

ポルトガル産のワイン。積み出し港のポルトが名称になっている。原則はブレンデッドであり、酒精強化酒である。製菓面ではゼリーやフルーツポンチなどに用いる。

ホーニッヒクーヘン　Honigkuchen（独）

ホーニッヒとは蜂蜜の意味で、ドイツ語圏の人々に古くから親しまれている蜂蜜入りの乾き焼き菓子。レープクーヘンの一種。蜂蜜は古くから食され、このタイプの菓子も相応の歴史を持つが、ホーニッヒクーヘンと呼ばれ、親しまれるようになったのは、中世に入ってからといわれる。

甘味料の50%以上は天然の蜂蜜を使用しなければならず、膨張剤としてアンモニアと炭酸カリウムが添加される。しかし厚めに焼く場合には、アンモニアを使ってはならないという決まりがある。

この菓子の生地をホーニッヒタイクまたはホーニッヒクーヘンタイクと呼ぶ。

〈ホーニッヒタイクの配合〉

蜂蜜……500g
強力粉……250g
薄力粉……250g
ココア……10g
シナモン……5g
クローヴ……2g
ナツメグ……2g
アニス……2g
炭酸カリウム……6g
アンモニア……6g

〈製法〉

① 蜂蜜を80℃に熱して溶かし、冷ます。
② 強力粉と薄力粉を混ぜてふるい、木製の桶または陶製の容器に入れて1～2か月ねかせる。この段階のものをフォアタイクという。
③ ココア、シナモン、クローヴ、ナツメグ、アニスを混ぜて②のフォアタイクに加える。
④ 水で溶いた炭酸カリウムとアンモニアを加える。
⑤ 0.5～1cmの厚さに延ばしてオーブンで焼き、適宜な大きさに切り分ける。

ボネ　bonet（伊）

イタリア・ピエモンテ州で親しまれているチョコレート風味のプディング。

〈配合〉

チョコレート……30g
生クリーム……160mℓ
ココア……30g
卵黄……4個分
卵白……4個分
グラニュー糖……100g
ブランデー……60mℓ
アマレッティ（マカロン）……100g

〈製法〉

① チョコレートを刻んで湯煎で溶かす。
② 生クリームを沸騰させ、火から降ろして①を加え混ぜて、ココアも混ぜる。
③ 卵黄にグラニュー糖40gを加えて白っぽくなるまで混ぜ、②と合わせる。
④ 卵白に残りのグラニュー糖を加えて混ぜ、②に混ぜてブランデーも加える。
⑤ アマレッティ（マカロン）を砕いて3/4量を④に混ぜてパウンドケーキ型に1/2量流し、上から残りのアマレッティをふりまき、残りの溶液を流す。
⑥ テンパンに湯を張り、⑤を置いて、160℃のオーブンで40～50分焼く。

ボーベス　Bobes（独）

ミュルベタイク（甘いビスケット生地、パート・シュクレ）に似た生地で作るクッキー。生地にフルーツやケーキクラムを散らしてロール状に巻き、ブッターシュトロイゼル（そぼろ）を振りかけ、切ってからオーブンで焼く。

ホーベルシュペーネ　Hobelspäne（独）

薄く巻いた焼き菓子。ヒッペンマッセ（すり込み板を使って薄く焼く菓子の種）を、細長く帯状に焼き、熱いうちに細い棒に巻いてカールをつける。棒を抜き取るとカンナくずのように巻いた形に仕上がる。

ボーメ　baumé（仏）

糖液の濃度を計る単位。濃度が高くなるほど度数の数値は高くなる。その濃さにより、ボーメ何度のシロップと表現する。

この測定法の発明者、アントワーヌ・ボーメ（1728-1804）の名にちなむ。

→糖液

ポルカ　polka（仏）

シュー菓子のひとつ。1830年頃に生まれたボヘミアのポルカという民族舞曲に由来するといわれている。パート･シュクレまたはフイユタージュを延ばして7～8cmの円形に抜き、上面に卵を塗る。縁に沿って、丸口金でシュー種を絞る。シューの上にも卵を塗り、オーブンに入れて焼く。中にヴァニラまたはコワントローを入れたカスタードクリーム、あるいはクレーム・シブーストを絞る。上面にグラニュー糖をまぶし、熱したこてを当てて焦げ色をつける。

ホールクーゲル　Hohlkugel（独）

チョコレート・ボンボン用の副材料。チョコレート製で中が空洞になっている球状のケース。中にセンターのガナッシュなどのクリームを絞り込み、チョコレートでふさぎ、あらためて被覆する。センター作りの作業が手早く清潔にでき、一定の形や大きさになるため、スイスやドイツなどでは大いに利用されている。

日本でも同様にチョコレート菓子作りに便利に使われている。スウィートチョコレート、ミルクチョコレート、ホワイトチョコレートなどの各種があり、センターや被覆するチョコレートに合わせて使い分ける。

ポルボロン　polvorón（西）

スペインを代表する菓子。元々はアンダルシア地方のクッキーで、主にクリスマスから正月にかけて作られていたが、今日では時期を問わず、どこでも求められるようになった。

小麦粉をあらかじめ焼いておくところに特徴がある。その結果、小麦粉のグルテンが消え、この菓子特有の砕けやすさ、もろさが出る。本来油脂にはラードを用いるが、近年はバター使用のものが増えてきた。各種スパイスを使うなどして独特の風味をつけ、バリエーションも豊かで、庶民の菓子として広く親しまれている。

ポルボロン

〈基本配合〉

小麦粉……500g
粉糖……250g
粉末アーモンド……100g
シナモン……少々
レモン果皮……少々
バター……125g
ショートニング……125g
全卵……1個

〈製法〉

① 小麦粉をオーブンでよく焼いておく。
② 粉糖、粉末アーモンド、シナモン、レモン果皮を①に混ぜる。
③ さらにバター、ショートニングを混ぜる。
④ 全卵を加えてよく練る。
⑤ 粉糖を手粉がわりに使いながら、1.5 ～ 2cmの厚さに延ばす。
⑥ 上面に粉糖を振り、丸い抜き型で抜く。
⑦ テンパンに並べ、弱火のオーブンで焼く。

■ **ポルボロン・デ・アホンホリ　polvorón de ajonjolí**

ごま風味のポルボロン。

〈配合〉

小麦粉……600g
砂糖……500g
黒ごま……少々
レモン果皮……1 ～ 2 個分
ラード……350g
全卵……1個

〈製法〉

黒ごまはそのまま、あるいはすりつぶして加える。製造過程は基本と同じ。

■ **ポルボロン・デ・アルメンドラ　polvorón de almendra**

アーモンドの風味をより生かしたポルボロン。

〈配合〉

小麦粉……500g
砂糖……250g
粉末アーモンド……150g
ショートニング……300g
全卵……1個

〈製法〉

基本配合に対し、粉末アーモンドをふやし、油脂分はバターを使わず、ショートニングのみにし、アーモンドの風味を生かす。製造過程は基本と同じ。

■ **ポルボロン・デ・カネーラ　polvorón de canela**

シナモンの風味をより生かしたポルボロン。

〈配合〉

小麦粉……500g
砂糖……250g
シナモン……適量
ショートニング……250g
全卵……1個
ブランデー……10mℓ

レモン果汁……………………………… 1個分

〈製法〉

シナモンは好みに合わせて適量入れ、また卵を加えるときにブランデーを加え、全体を風味よく仕上げる。製造過程は基本と同じ。

ボレイマ　boleima（ポルトガル）

ポルトガルのアルト・アレンテージョ地方のポルタレグレという街にある、サンタクララ修道院に伝わる焼き菓子。

〈配合〉

パン生地……………………………… 500g
ラード………………………………… 125g
りんご………………………………… 1個
グラニュー糖………………………… 適量
シナモン……………………………… 適量

〈製法〉

① 一次発酵させたパン生地にラードを混ぜ込み、2等分する。
② 半分の生地を厚さ2mmに延ばしてテンパンに敷き、その上にグラニュー糖とシナモンをまぶした薄切りのりんごを敷きつめる。
③ 残りの生地を厚さ2mmに延ばして②の上にかぶせ、端は下の生地を上側に押し込むようにして合わせる。
④ ③の上面にシナモン入りグラニュー糖をふりかけ、空気抜きの穴をあける。
⑤ 200℃のオーブンで約30分焼き、10 cm角ほどに切る。

ボレイマ

ボレッキ　börek（トルコ）

薄く延ばした練り粉生地で作るバクラヴァの一種。ナッツを詰め、半月形などに成形して焼いて、シロップなどをかける。

ポレンタ・ドルチェ　polenta dolce（伊）

栗の粉で作る甘い食べ物。ポレンタとはとうもろこし粉で作るピューレ状の食べ物。クリーム色の状態が共通しているための命名と思われる。トスカーナ地方の菓子。

ホレンダリ　Holländerli（オランダ）

オランダで好まれているタルトレット。

ホレンダリ

〈配合〉

マルツィパンローマッセ……………… 200g
バター………………………………… 100g
全卵…………………………………… 100g
塩……………………………………… 少々
ラム…………………………………… 10mℓ
小麦粉………………………………… 50g
フイユタージュ……………………… 適量
アプリコットジャム………………… 適量
フォンダン…………………………… 少々

〈製法〉

① マルツィパンローマッセとバターを混ぜ、卵を入れ、塩も加える。
② ラムと小麦粉を①に混ぜて種を作る。
③ フイユタージュを薄く延ばしてタルトレット型に敷き、底にアプリコットジャムを絞り込む。
④ ②の種を七分目まで絞り込む。
⑤ フイユタージュを延ばして細い帯を作り、上に2本ずつ格子状にかける。
⑥ 180℃のオーブンで約20分間焼く。
⑦ 上面に熱したアプリコットジャムを塗り、ゆるく溶いたフォンダンで被覆する。

ほ

ホレンディッシャー·ブレッタータイク

Holländischer Blätterteig（独）

▶ feuilletage rapide（仏）フイユタージュ・ラピド

即席法で作るフイユタージュ。小麦粉とバターを混ぜ込み、折りたたんで作る生地。

→フイユタージュ

ボーロ（日）

カステラとともに長崎に伝えられた南蛮菓子。カステラの系統に属する。小麦粉、卵、砂糖または蜂蜜などを混ぜ、丸い形に焼き上げる。

九州、福岡や佐賀の銘菓。

『嬉遊笑覧』（1830）によると、「南蛮菓子はボウルの類なるべし、万治年間（1658-60）振り売りの内にあり」と記されるほど、南蛮菓子の代表格として親しまれていた。

ポルトガルから長崎に伝わり、佐賀で丸ボーロとなって九州全域に広がり、ほどなく江戸にまで伝わった。名前も、はじめは芳露、園の露、稲の露など日本風に呼ばれ、親しまれていた。その後、大型の丸ボーロ、角ボーロ、甘食ボーロ、小型の芥子ボーロ、瓢ボーロと呼ばれるものが作られるようになった。『嬉遊笑覧』には、「ハルテ、マガリ、ボウル。以上はみな花ボウルの類なり」とあるが、ボーロの一種とみなされているハルテやマガリは消えてしまった。なお花ボウルとあるのは、ボーロの表面にすり蜜（フォンダン）などで装飾したものか、花形に成形したための呼び名と思われる。

ちなみに、離乳食に用いる「衛生ボーロ」は大正年間に古川梅次郎によって作られた。

ボーロ　bolo（ポルトガル）

「お菓子」という意味の素朴なポルトガルの焼き菓子。南蛮菓子として伝えられている九州の佐賀ぼうろか甘食を思わせるもの。日本で作られているいろいろなボーロの原点的な菓子。

〈配合〉

牛乳……………………………… 100mℓ
オリーブオイル………………… 100mℓ
卵………………………………… 2.5 個
グラニュー糖…………………… 200g
重曹……………………………… 2g
薄力粉…………………………… 400g
上塗り用卵……………………… 1 個

〈製法〉

① 上塗り卵を除いて、全部の材料を混ぜる。
② 油をひいたテンパンに、①を大きなスプーンで落としていく。
③ 溶き卵を②の上に塗り、180℃のオーブンで約 20 分焼く。

ボーロ

ボーロ·デ·エスピリット·サント　bolo de espírito santo（ポルトガル）

エスピリット・サント祭（サンタ・イザベル女王によって 14 世紀頃に始められた宗教的な祭）の折に作られる大きな平たい焼き菓子。常に自然災害に見舞われているアソーレス諸島などではこうした祭りが大切にされ、その折にこの菓子がカゴに山盛りにされて祝われる。

〈配合〉

強力粉…………………………… 3kg
卵………………………………… 9 個
砂糖……………………………… 125g
バター…………………………… 125g
ラード…………………………… 125g
牛乳……………………………… 750mℓ
塩………………………………… 適量
ドライイースト………………… 30g

〈製法〉

① 少量のぬるま湯にドライイーストと少量の砂糖を加え、発酵させる。
② ボウルに卵、砂糖、牛乳、塩、溶かしバター、ラードを入れて混ぜ、1/2 量のふるった強力粉を加え混ぜる。
③ ②に残りの強力粉と①を混ぜ、生地がつかなくなるまで充分こねて、布などをかぶせ、2 倍くらいの大きさまで発酵させる。
④ ③をガス抜きし、数個に分け、直径 35cm ほどの平たく丸い形に整えて生地を休ませる。
⑤ フォークで空気抜きの穴を数か所開け、木型

の判を生地の上に5個押しつける。
⑥ 180℃のオーブンで、きつね色に焼く。

ボーロ・デ・ジェーマ　bolo de gema（ポルトガル）

丸く焼いた菓子で、佐賀ぼうろや丸ボーロと呼ばれているものの祖先的な菓子。リスボン近辺ではこの名で呼ばれるが、北部では同じものをカバッカと呼んでいる。キリスト教のロマリア祭や復活祭には欠かせないものとなっている。

〈配合〉 直径7cm 20個分

卵	6個
砂糖	300g
薄力粉	400g
卵白	少量
レモン果汁	少量
粉糖	少量

〈製法〉

① 卵と砂糖を混ぜ泡立てる。
② ふるった薄力粉を混ぜる。
③ ②を絞り袋に詰め、小麦粉（分量外）を撒いたテンパン上に、直径5cmほどの大きさに絞り、テンパンを台の上に軽く落として空気抜きをする。
④ 160℃のオーブンで焼く。
⑤ 卵白、粉糖、レモン果汁を混ぜ、焼き上がったボーロの上に塗り、3本の指でうず巻き状にすじをつける。ゆるくしたフォンダンで行ってもよい。また上にこうした飾りをせず、焼いたままでもよい。

ボーロ・デ・ジェーマ

ボーロ・デ・マルテーロ　bolo de martelo（ポルトガル）

オベリーニャとも呼ばれる。口当たりの堅いクッキー。ポルトガルの北方にあるミーニョ地方の銘菓。結婚式や復活祭、あるいは1月11日と6月に行われる聖ゴンサーロの祭りには欠かせないものとなっている。聖ゴンサーロはアマランテの街の守護聖人にして縁結び及び子孫繁栄を司どっている。その日には、形はその目的ゆえ、男性の象徴に模して作られる。

ポロネーズ　polonaise（仏）

ブリオッシュを利用して作るフランス菓子。ブリオッシュ・ア・テート（だるま形のブリオッシュ）を熱いシロップにつけ、頭の部分を切りはずし、下の中身を少しくりぬく。中にチェリーやアンゼリカなどの砂糖漬けの果物を混ぜたカスタードクリームを詰める。頭の部分をかぶせ、上からムラングを塗り、薄切りアーモンドを振りかけてオーブンに入れ、軽い焼き色をつける。

この菓子は、前日のブリオッシュの売れ残りを利用して作ることが多く、いわば再生品である。

ポロネーズ

ボーロ・レイ　bolo rei（ポルトガル）

クリスマスから正月、1月6日の公現節までを祝うポルトガルのお菓子。クリスマスケーキとガレット・デ・ロワを兼ねて作られるリング状の発酵菓子。上面にはいろいろなフルーツがのせられ、中にはファヴァ（そら豆・フランスでいうフェーブ）とブリンデ（景品・人形や動物を型取った金属製のもの）が、各1個ずつ忍ばされる。切り分けた時にファヴァが当たった人は、もうひとつボーロ・レイを買わなければならない。

〈配合〉 直径30cmのもの3個分

中力粉	100 + 1000g
バター	200g
砂糖	150g
全卵	3個
塩	15g

牛乳……………………………… 100mℓ
洋酒漬けドライフルーツ……………… 500g
くるみ……………………………… 50g
松の実……………………………… 50g
アーモンド…………………………… 50g
生イースト…………………………… 40g
飾り用
オレンジピール……………………… 適量
レモンピール………………………… 適量
ドレンドチェリー…………………… 適量
いちじくの砂糖漬け………………… 適量
そら豆……………………………… 1個
ブリンデ（景品）…………………… 1個

〈製法〉
① 少量の水でイーストを溶き、中力粉100gを入れてひとまとめにし、発酵させる。
② ボウルに中力粉1000g、バター、砂糖、卵、塩、牛乳を入れ、①を加えて手につかなくなるまでよくこねて約30分発酵させる。
③ ②をガス抜きし、ドライフルーツやナッツ類を加え混ぜて約1時間発酵させる。
④ ③にそら豆とブリンデを入れて3等分し、丸くまとめて、中央に穴をあけ、リング状に整形する。
⑤ 表面に水で溶いた卵を塗り、ドライフルーツをのせて30分発酵させる。
⑥ 200℃のオーブンで20～30分焼く。
⑦ 冷めたら3か所ほどに粉糖をふる。

ボーロ・レヴェド　bolo lêvedo（ポルトガル）

ポルトガル版ホットケーキ。同国アソーレス諸島のサン・ミゲル島の温泉地フルナス名産のデザート菓子。イーストを使って作るもので、直訳すると“発酵させた菓子”の意味。

〈配合〉直径25cm5枚分
薄力粉……………………………… 500g
砂糖……………………………… 125g
バター……………………………… 60g
卵……………………………… 1個
生イースト…………………………… 25g
塩……………………………… 少々
牛乳………………… 適量（180～200mℓ）

〈製法〉
① 生イーストに少量のぬるま湯を混ぜて溶き、ふるった薄力粉を混ぜて生地をまとめる。
② 残りの薄力粉、砂糖、塩を一緒にしてふるい、その中に溶いた卵、溶かしバター及び①を入れ、牛乳を少しずつ加えながらよくこねる。
③ ②の生地がつかなくなったらボウルに入れて布巾をかぶせ、温かいところに置いて2倍ほどの大きさまで発酵させる。
④ ③を150gずつに取り分けてまるめ、再度発酵させて再び2倍ほどになったら、直径25cmの円型に整形し、セルクルに収めるか直接フライパンに置いて弱火で両面焼く。
⑤ 好みによりジャム、バター、フレッシュチーズなどを添えて供する。

ボーロ・レヴェド

ホワイト・デー（日）

2月14日のヴァレンタイン・デーに対応して菓子業界が主導した行事。2月14日の1か月後、3月14日とされている。ヴァレンタイン・デーのチョコレートと同様さしたる根拠はないが、プレゼントに対するお返しという意味で、1980年代ごろから広まっていった。

当初はヴァレンタイン・デーのチョコレートの爆発的売れ行きに刺激され、1977年に福岡の菓子店・石村萬盛堂が、「チョコレートのお返しはマシュマロで」との企画でキャンペーンを始めた。続いてキャンディー業界が、キャンディー・デーと名づけて参入してきた。そのうちにこれらも含め、クッキーやチョコレートなどさまざまな菓子がその対象となり、当日の呼称もホワイト・デーというようになった。

ポワソン・ダヴリル　poisson d'avril（仏）

フランスで4月1日に行われる、「四月の魚」の意味の行事。

フランスの菓子屋では、この時期、魚をかたどったチョコレートやフイユタージュの菓子などを作る。チョコレート製は中に小魚や貝の形をしたチョコレートが入っている。人々は春の訪れを知り、親しい人たちとこれらを贈り合う。

いわれについては諸説あるが、ひとつはこの頃太陽が魚座を離れるためといわれる。他は、この魚はマクロー（さば）を指し、四月になるといともたやすく釣れるところからともいわれる。マクローには“女性をだまして働かせる男”の意味もあり、ここから人をだましてもいい日になったともいわれている。

なお魚については以下のような話もある。

初期の頃の教会では、魚はキリスト教を表すシンボルであり、迫害されたキリスト教徒はこの魚を暗号として使っていたという。ヨーロッパではアルファベットの文字を並べ替えて別の言葉を表すアナグラムという遊びがあるが、その遊び心をもって魚を表すギリシア語の文字からイエス・キリストの意味を読み取っていたというものである。

続いて起源は16世紀にあるという説。フランス王シャルル九世が、1564年にヨーロッパで初めてグレゴリオ暦を採用し、旧暦の1月1日が新暦の4月1日になり、当日は新年を祝う行事が禁止されたが、これに反発した人々が嘘の新年を祝い、冗談で祝賀を述べ合ったという。このことから4月1日は冗談や嘘が許される日になったといわれている。フランスに始まったこの風習が、イギリスに伝わったのは17～18世紀といわれ、オール・フールズ・デイ（万愚節）として親しまれるようになったという。

ポワソン・ダヴリルの菓子

かように諸説つきないが、いずれにせよポワソン・ダブリールは、この時期になると草花はよみがえり、川底や海底に眠っていた魚たちも目を覚まして水面に躍る、つまり森羅万象すべての生きものが息を吹き返す、いわば春本番の行事というわけである。

ポワール　poire（仏）

▸pear（英）ペア / Birne（独）ビルネ

→梨

ポンチェ・セゴビアーノ　ponche segoviano（西）

スペインのセゴビアで好まれているアントルメの一種。

ビスキュイ生地に泡立てた生クリームをはさみ、リキュールで風味をつける。マジパンで全体を包み、上面に粉糖を振って、焼いた金串を押し当て、格子模様に焼き色をつける。

ポンチキ　pączki（ポーランド）

ポーランドで親しまれている揚げ菓子。

宗教上の行事である「脂の木曜日」のための揚げ菓子。小麦粉に卵、牛乳などを入れ、ウォッカで香りをつけた発酵生地に、ジャムを詰め、油で揚げて全体を糖衣でグラッセする。

〈配合〉10個分

強力粉	300g
ドライイースト	5g
牛乳	180mℓ
溶き卵	1/2個
砂糖	25g
塩	3g
ウォッカ	10mℓ
バター	20g
アンズジャム	適量
シナモンパウダー	適量
粉糖	適量
サラダ油	適量

〈製法〉

① 強力粉、ドライイースト、砂糖を混ぜ、牛乳、溶き卵、塩、ウォッカを加えて混ぜ、生地がまとまったらバターを入れてこね混ぜ、なめらかな状態にする。

② 生地をまとめてボウルに入れ、布巾をかぶせて発酵させる。

③ ②を10等分し、直径10cm程の円に延ばす。

④ ③の中にジャムをのせて生地で包む。
⑤ 布巾をかけて再び発酵させ、熱した油で揚げる。
⑥ 上からアイシングを塗るか、シナモンパウダー入りの粉糖をふって供する。

ポンチキ

ポン・ヌフ　pont-neuf（仏）
シュー菓子のひとつ。セーヌ川にかかる同名の橋にちなむ。
フイユタージュの細切りを十文字にはりつけて、表面にひび割れが入らないように焼き上げる。この十文字の帯が、シテ島を横切ってセーヌにかかる橋に見えるところから、この名がついたといわれている。

ポン・ヌフ

〈製法〉
① フイユタージュを1.5mmに延ばし、タルトレット型に敷く。
② シュー種とカスタードクリームを半々に混ぜたものを①の中に絞る。
③ フイユタージュを細切りにし、②の上に十文字にはりつける。
④ 150℃のオーブンで、ゆっくりときれいに焼く。
⑤ ふくらんだ部分を縁に沿って上下に切り離し、ラム入りのカスタードクリームを詰めて重ねる。
⑥ 上面に、ラズベリージャムと粉糖を向かい合わせにあしらう。

ポンプ・ア・ルイユ　pompe à l'huile（仏）
ポンプとは「華麗な」「壮麗な」という意味。オリーブオイルで作ったブリオッシュで、木の葉を型取った南フランスの発酵菓子。

ポンプ・ア・ルイユ

ボンブ・グラッセ　bombe glacée（仏）
▶ice bombe（英）アイス・ボンブ / Eisbombe（独）アイスボンベ
アイスクリームの一種。ボンブとは砲弾という意味。昔は名前のとおり、砲弾の形に作られていたが、現在では円錐形なども多い。
通常、型の内側の壁にアイスクリームを塗り、気泡を含んだ軽いアイスクリームやパルフェなどを詰めて凍結する。切ったときの断面を楽しむために、種類の違ったものを幾層にも詰める。

ボンベ・デ・マラゲーニャ　bombe de malagueña（西）
スペインのマラゲーニャ風のボンブ形アイスクリーム。テキーラ、レーズンを加えたアイスクリームを砲弾型に詰めて凍結させる。皿に盛り、加糖して泡立てた生クリームを絞って飾り、供する。ボンベはフランス菓子用語からの転用。

ポンポネット　pomponette（仏）
帽子などの先についている玉房の意味から、一口タイプの小さなサヴァランをさす。プティフールの一種。小さなタルトレット・フールの丸い型に、サヴァラン種を絞って焼き、シロップに漬けて、上面にアプリコットジャムを塗る。小さな丸いふっくらとした形から連想された命名。

ボンボリーネ・ドルチェ・ディ・リソ bomboline dolce di riso（伊）

米を使ったイタリアのチョコレート・ボンボン。ごく家庭的なものである。イタリアの北部は米の生産地であり、菓子や料理によく利用される。

〈配合〉

牛乳	500 + 500mℓ
砂糖	50g
バター	25g
水	200mℓ
米	200g
ドライフルーツ	50g
ブランデー	少々
チョコレート	150g

〈製法〉

① 米を牛乳 500mℓ、砂糖、バター、水で煮る。
② ドライフルーツ、ブランデーを①に入れて混ぜ、一口大に丸めて冷やす。
③ チョコレートと牛乳 500mℓを煮たものを②の上からかけ、再び冷やして固める。

ボンボローニ bomboloni（伊）

ボンボローニ

小さなボール状に揚げたドーナッツ。イースト入りの発酵生地を厚さ 2 ～ 3mm に延ばし、丸抜き型で抜いて揚げる。ふくれてボール状にあがったらグラニュー糖をまぶす。

ボンボン bonbon（仏）

糖菓。甘くて小さい菓子。ボンは「よい」「おいしい」の意味。ボンボンはその連語で、おいしいものを表す幼児語からの転用。

日本では中にシロップまたはリキュール、ウイスキーなどの液体の入っている一口菓子を呼ぶが、フランスのボンボンはドラジェが始まりといわれる。製菓技術が発展し、材料の種類もふえ、現在では、チョコレート菓子や糖菓一般の一口菓子の総称となっている。

現在この語は、広義には次の 4 種とその他に分けられている。

- ドラジェとプラリネ：糖衣されたもの。
- ボンボン・フォンダン：ソフト・キャンディーの類。
- ボンボン・デュール：ハード・キャンディー。
- パスティーユ、タブレット菓子：円盤状をした香料入りの砂糖菓子。

その他、いわゆるキャラメルやパート・ド・フリュイ、各種のマジパン菓子、フリュイ・デギゼ、リキュール等水溶液入り糖菓なども、この言葉に含まれている。

ボンボン・オ・ショコラ bonbon au chocolat（仏）

▸ Praline（独）プラリーネ / chocolate bonbon（英）チョコレート・ボンボン

一口サイズのチョコレート菓子。コンフィズリー系のさまざまなセンターに、チョコレートで被覆したもの。形が美しく、味わいはバラエティーに富む。

センターの種類には、ガナッシュ、マジパン、ヌガー、プラリネ、ジャンドゥヤ、フォンダン、カラメル、フルーツ、ナッツ、リキュールなどがある。これらは単独で用いたり、組み合わせて用いる。

カヴァーするチョコレートは、通常のチョコレートのほかに、ミルクチョコレート、ホワイトチョコレートなどを使う。形は、丸めたもの、カットしたもの、型抜きしたもの、アルミケースを利用したものなど、さまざまである。

ポンム pomme（仏）

▸ apple（英）アップル / Apfel（独）アップフェル

→りんご

ポンム·アン·カージュ　pomme en cage（仏）
→ブールドロ・ア・ラ・ノルマンド
→アップフェル・イム・シュラーフロック

ポンム·ド·テール　pomme de terre（仏）
▶Kartoffel（独）カルトッフェル

「じゃがいも」という意味であるが､菓子では、じゃがいもに模した形のケーキをさす。

菓子を作る際は、往々にして生地の切れ端や余りが出る。これをまとめて、シロップやラム、レーズン、その他のフルーツ、プラリネなどを加えて、一握りくらいの大きさにする。薄く延ばしたマジパンで包み、じゃがいもに似せて形づくる。全体にココアをまぶし、ところどころに穴をあけ、細く切ったアーモンドを突き刺して、伸びてきたじゃがいもの芽に見立てる。

楕円形や細長い円筒形にする場合もある。いずれにしても余り物を利用した小型菓子である。

ポンム・ド・テール

ま　マ

マアモール　maamoul（アラブ圏）

薄く延ばした練り粉生地に、デーツやナッツをはさんだり、包んで焼いたアラブ文化圏の菓子。バクラヴァの一種。丸くして砂糖をまぶす。

→バクラヴァ

マイケーファ　Maikäfer（独）

ドイツの黄金虫形のチョコレート菓子。ドイツでは5月になると、この菓子が菓子店のショーウインドーを飾る。春本番から初夏のきざしを感じ出すころ、黄金虫も盛んに活動を始める。これはそうした時期に作られる。

プラスチック製の型に、溶かしたチョコレートを流して型取りをする。中にプラリネを詰め、チョコレートで蓋をする。下側には紙製の足をチョコレートでつける。頭の部分と羽の部分は、スウィートチョコレートとミルクチョコレートで色分けして作る。近年はかわいらしいてんとう虫やかなぶん型のチョコレート菓子も作られ、店頭を楽しく飾っている。

マイケーファ

マイスブロート　Maisbrot（スイス）

スイスのパンの一種。とうもろこしの粉を混ぜた、甘く、わずかに酸味のあるパンである。

マウステカック　maustekakku（フィンランド）

フィンランドで好まれている菓子。

〈配合〉

型塗り用バター………………………… 適量
薄切りアーモンド……………………… 適量
卵……………………………………… 2個
ブラウンシュガー…………………… 400g
バター……………………………… 100g
粉末シナモン………………………… 5g
粉末クローヴ………………………… 5g
カルダモン…………………………… 10g
サワークリーム……………………… 200mℓ
薄力粉……………………………… 300g
ベーキングパウダー………………… 7g
レーズン…………………………… 100g
粉糖………………………………… 適量

〈製法〉

① 型の内側に溶かしたバターを塗り、薄切りアーモンドを張りつける。
② 卵を攪拌し、ブラウンシュガーを混ぜる。
③ バターを溶かして②に混ぜ、さらにシナモン、クローヴ、カルダモン、サワークリーム、ふるった薄力粉、ベーキングパウダー、レーズンを次々に加え混ぜる。
④ ③を型に流し入れ、180℃のオーブンで30～40分焼く。
⑤ 冷めたら型からはずして裏返しにし、上から軽く粉糖をかける。

まえだとめきち　前田留吉

（1840～？）日本の牧場経営の第一号。

1840（天保11）年千葉県長生郡に生まれ、農業を営んでいた彼は、1861（文久3）年に横浜に出て、スネルというオランダ人のもとに勤め、そこで搾乳法と牧畜法を身につける。時代の変化、食生活の変貌を感じ取った彼は、1867（慶応3）年横浜太田町、現在の中区山下町に土地を求め、房州産の牛を購入して牧場経営に着手し、牛乳の販売を始めた。この種の販売店としては邦人第一号となる。その後彼は東京芝新銭座に活躍の場を移す。記録によると、1869（明治2）年から1887年の間に、途中同業に加わって麹町区飯田町に牧場を開いた甥の前田喜代松の分と合わせて、320頭の乳牛をアメリカから購入したという。

マカダミア・クッキー

▶macadamia nut cookies（米）マカデイミア・ナット・クッキーズ

ハワイで豊富にとれるマカダミア・ナッツを用いたアメリカのクッキー。

〈配合〉

バター……………………………… 300g
砂糖………………………………… 300g

塩……………………………………………… 2g
ヴァニラ……………………………………… 少々
全卵…………………………………………… 2個
小麦粉………………………………………… 160g
粉末マカダミア・ナッツ…………………… 150g
刻みマカダミア・ナッツ…………………… 400g
ベーキングパウダー………………………… 4g

〈製法〉

① バターと砂糖をすり合わせる。
② 塩、ヴァニラを混ぜる。
③ 卵を少しずつ加える。
④ ふるった小麦粉、粉末と刻みのマカダミア・ナッツを加えて混ぜる。
⑤ ベーキングパウダーを加える。
⑥ 20gずつに分けて丸め、平らにしてテンパンに並べる。
⑦ 160℃のオーブンで約15分焼く。

マカダミア・ナッツ

▶macadamia nut（米・英）マカデイミア・ナット

オーストラリアの南部を原産地とするヤマモガシ科の植物の木の実で、かたい殻に包まれている。中の球状の種子がマカダミア・ナッツである。

高脂肪で、軽く焼くと美味で、そのままでも食べられるが、製菓用としても広く使われている。ハワイでは大規模に栽培され、これをミルクチョコレートにからめたマカダミア・ナッツ・チョコレートは、この地の名物である。

その他の地域では、原産地オーストラリアや、東南アジアなどで広く栽培されている。

マガリ（日）

南蛮菓子のひとつとして伝えられているが実体は不明。『嬉遊笑覧』に「ハルテ、マガリ、ボウル、以上はみな花ボウルの類なり」とあるが、ハルテと同様に不詳。貝原益軒は、「マガリは唐菓子の䭔餅（まがり）に似たもの」としている。䭔餅とは中国大陸から伝わった揚げものの一種のことで、ボーロ（ボウル）、すなわちクッキー状のものとはだいぶ趣きを異にしている。

マーガリン

▶margarine（英）マージャリン、oleomargarine（米）オリーオマージャリン / margarine（仏）マルガリーヌ / Margarine（独）マルガリーネ

バターの代用品として開発された油脂。

1813年フランスの化学者シュヴルール（1786-1889）が、豚からとった脂肪酸の一つにマーガリン酸という名をつけた。この脂肪酸が真珠のような光沢を持っていたため、ギリシア語の「真珠」をさすマルガロンからとった名である。のちにこの脂肪酸はパルミティックとステアリックの二つの酸が混ざったものであることがわかり、マーガリン酸という語はなくなったが、マーガリンという語は残った。

1869年、フランス人のメージュ＝ムーリエが乳化脂肪食品を発明し、当時、バターの代用品を懸賞募集していたナポレオン三世により、賞を受けた。これがマーガリンの誕生である。

その後、発明当時の動物性油脂に加えて、植物性油脂が用いられ、健康的な食品として認識されるようになった。近年は栄養価の面でも評価され、風味もよくなり、バターと並ぶ油脂加工食品となってきた。

製菓では、低価格であるために利用されてきたが、近年、酸化の早いバターにかわるものとして、利用範囲が拡大している。最近では各メーカーの研究が進み、フイユタージュ、バターケーキ、クッキーなどの用途別に開発され、製菓技術の発達を促している。なお、昨今は健康面においての異論も出て、その評価の再検討もなされている。

マカロン　macaron（仏）

▶Makrone（独）マクローネ / macaroon（英）マカルーン

小型の乾き焼き菓子及び半生菓子のプティ・フール。一般には卵白と砂糖、ナッツを混ぜ、小さく丸く絞ってオーブンで焼いたもの。卵白にかえて卵黄あるいは全卵を用いる場合もある。ナッツはアーモンドが多用されるが、ヘーゼルナッツやココナッツ、くるみなどもよく使う。

仕上げに熱を加えたものと、加えないものとに分けられる。通常、熱を加えたものは軽く、加えないものは重厚に仕上がる。素材の入手が容易であるため、各地方で作られている。また、マカロンと名はついていないが、フランス菓子のフール・ポッシュ（絞り一口菓子）なども、素材と手法から明らかにマカロンの仲間であり、ドイツではマカロンの一種としている。

発祥はイタリアといわれている。原形は蜂蜜とアーモンドと卵白で作られていたようだ。語源はイタリア語の方言maccaroneで、17世紀

頃甘味菓子のこれをマカロンと呼ぶようになった。フランスへは、メディチ家のカトリーヌがアンリ二世となるオルレアン公に嫁いだ際に伴った料理人によってもたらされた。その後フランスの各地で作られ、それぞれの地で銘菓として評価を得ていった。

マカロンは修道院で作られることも多く、ナンシーのスール·マカロン（修道女のマカロン）、ムランの聖母マリア修道院のマカロン、コルメリ修道院のものや、大聖堂のあるアミアン市などのものが名高い。銘菓として知られているものを以下に記す。

■ **ヴァルヌッスマクローネ　Walnussmakrone**（スイス）

くるみ入りのスイスのマカロン。香ばしいくるみの香りが特徴。ガナッシュをはさむ。

〈配合〉

粉末くるみ…………………………… 100g
砂糖…………………………………… 250g
卵白…………………………………… 125g
ガナッシュ…………………………… 適量

〈製法〉

① 材料全部を鍋に入れて混ぜる。
② 弱火か湯煎にかけて、混ぜながら70℃ほどまで熱をつける。
注：卵白が煮えてしまわないよう火はごく弱めにし、攪拌作業も注意しながら行う。
③ オーブンシート上に小さな丸に絞る。
④ 150℃のオーブンで焼く。
⑤ 冷めたらガナッシュを塗って2枚をはり合わせる。

→ガナッシュ

■ **ツィトローネンマクローネ Zitronenmakrone**（スイス）

マルツィパンローマッセをベースに、厚手に焼き上げたレモン風味のスイスのマカロン。

〈配合〉

マルツィパンローマッセ……………… 225g
粉糖…………………………………… 75g
卵白…………………………………… 25g
レモン果汁…………………………… 1個分
レモン果皮…………………………… 少々
薄切りアーモンド…………………… 適量

〈製法〉

① マルツィパンローマッセに粉糖を加え、よくもむ。
② 卵白、レモン果汁、レモン果皮を少しずつ加えて混ぜる。
③ 内側にバターを塗った小さいセルクルをテンパンに並べ、厚さ1～1.5 cmくらいの厚さで種を詰める。
④ 上面に薄切りアーモンドを振りかけ、150℃のオーブンで焼く。

■ **マカロン·クラシック　macaron classique**

古くから親しまれてきたマカロンの典型で、表面に亀裂が入るのが特徴。

マカロン·クラシック

〈配合〉

粉末アーモンド……………………… 250g
砂糖………………………………… 250＋250g
卵白………………………………… 100＋75g
グラニュー糖………………………… 適量

〈製法〉

① ボウルに粉末アーモンド、半量の砂糖、卵白100gを入れ、木杓子でよく混ぜ合わせる。
② 残りの砂糖、卵白を①に加えて混ぜ、少し温める。
③ ミキサーで5～6分攪拌してなめらかにする。少し白っぽくなる。
④ テンパンに紙を敷き、2cmくらいの丸に絞る（腰が高くなるように絞る）。
⑤ 表面にグラニュー糖を軽く振りかけ、160～170℃のオーブンに入れる。
⑥ 途中、短時間オーブンの蓋をあけて温度を下げ、約15分で、表面にきれいな亀裂が入るように焼く。
注：グラニュー糖を振りかけることにより、きれいなひびが全体に入る。

■ **マカロン·デ·ココ　macaron des cocos**

アーモンド以外のナッツを使ったヴァリエーションの一つで、刻んだココナッツとラム漬けレーズンを加える。カリッとした香ばしさが特徴のマカロン。

〈配合〉

ココナッツ……………………………… 200g
卵白……………………………………… 75g
砂糖……………………………………… 180g
ラム漬けレーズン……………………… 30g

〈製法〉

① ココナッツを細かく切り、半焼きにしておく。
② ①に粗刻みのレーズン、砂糖、卵白を合わせて軽く混ぜる。
③ 手に水をつけながら、テンパンの上につまんで置いてゆく。
④ 弱火のオーブンで焼く。充分に乾燥焼きする。

■ **マカロン・ド・ナンシー　macaron de Nancy**

マカロン・ド・ナンシー

17世紀初め、カトリーヌ・ド・メディシス（アンリ二世妃）の孫のカトリーヌ・ド・ロレーヌがナンシーに修道院を建てたが、病に伏せった。その折修道女たちが彼女の祖母の母国であるヴェネツィアのマカロンを再現して食べさせたのがマカロン・ド・ナンシーの始まりという。その後、1789年のフランス革命の折、旧体制派と密接な関係にあったとして、そのナンシーの修道院からマルグリット・グリヨットとエリザベート・モルローという二人の修道女が追われた。彼女たちは同教会の信者であったゴルマン医師の家にかくまわれ、その御礼として修道院で手がけていたマカロンを作って差し出したところ、その美味が街の評判となり、その作り方がエリザベート・モルローの姪に伝えられ、次いでアプテル家、そしてジャン・マリー・ジェノ家に伝えられて今日に至っている。こうしたものをスール・マカロン、すなわち修道女のマカロンと呼んでいる。

〈配合〉

粉末アーモンド………………………… 500g
砂糖…………………………………… 750 + 100g
卵白…………………………………… 7個分
粉糖……………………………………… 60g
水………………………………………… 30mℓ

〈製法〉

① 粉末アーモンドと750gの砂糖を混ぜ、卵白を加えてやわらかくする。卵白は少し残しておく。
② 粉糖に、残した卵白を加えて練り、グラス・ロワイヤルを作る。
③ 100gの砂糖に水を加えて115℃まで煮る。
④ ③を②に加えて混ぜる。
⑤ ④と①を混ぜ、絞れるくらいのやわらかさにし、種を冷蔵庫に入れて休ませる。
⑥ 紙の上に丸く絞り、160℃くらいの弱火のオーブンに入れて焼く。

■ **マカロン・リス　macaron lisse**

リスとは「なめらかな」「つやのある」という意味である。名のとおり表面がなめらかなドーム状で、下側にピエといういわゆる足が出ることを特徴としている。近年はマカロン・パリジアンの名で呼ばれている。特に焼成にテクニックを要する。ヴァニラ、レモン、フランボワーズ、チョコレート、コーヒーなどで風味をつけ、同系統のバタークリームやジャムをはさみ、2枚はり合わせる。

マカロン・リス

〈基本配合と製法〉

粉末アーモンド………………………… 250g
粉糖……………………………………… 500g
卵白…………………………………… 6個分
バタークリーム、ジャムなど………… 適量

① 粉末アーモンドと粉糖をふるいにかける。

② ボウルに入れ、卵白3個分を加え、手でなじむくらいに練る。香りづけの素材を好みに応じて加える。
③ 卵白3個分を少しとり分けてから充分泡立て、②に加えてしっかり混ぜる。この作業をマカロナージュという。
④ つや出しのために残りの卵白をさっと混ぜる。
⑤ テンパンにオーブンシートを敷き、丸く絞る。注：絞るとき、種の切り口があとで割れることがあるので、種の真上で切るようにする。
⑥ テンパンをラックに差してしばらく静置し、表面を乾かす。
⑦ オーブンに入れる。このとき、下にテンパンをもう1枚入れ、最初280℃で3分くらい表面を焼き、乾かしたあと180℃のオーブンで15分くらい焼き、きれいに「足」が出るようにする。
⑧ 香りづけと同系統のバタークリームまたはジャムをはさむ。

■ **マカロン・リス・ア・ラ・ヴァニーユ macaron lisse à la vanille**
ヴァニラのマカロン。同じ種にヴァニラを加えて焼き上げ、ヴァニラ入りバタークリームをはさむ。

■ **マカロン・リス・ア・ラ・フランボワーズ macaron lisse à la framboise**
フランボワーズ風味のマカロン。同じ種にピンクの着色をして焼き上げ、フランボワーズのジャムをはさむ。

■ **マカロン・リス・オ・カフェ macaron lisse au café**
コーヒー風味のマカロンである。上記のマカロン・リスの種にコーヒー・ベースで色をつけて焼き上げ、コーヒー・ベース入りバタークリームをはさむ。

■ **マカロン・リス・オ・ショコラ macaron lisse au chocolat**
チョコレートのマカロン。同じ種にビターチョコレートを加えて焼き上げ、ガナッシュをはさむ。

マコヴィエッツ makowiec（ポーランド）

ポーランドのロールケーキ。

小麦粉、バター、卵、砂糖漬けの果物、アーモンドなどを、イーストを入れた発酵生地でうず巻き状に巻き、けしの実を振りかけて焼く。

ポーランドでは、特にクリスマス時には欠かせないものとなっている。

マサパン・デ・トレド mazapán de Toledo（西）

アーモンドの産地であるスペインのトレド地方の菓子。マサパンとはマジパンのこと。粉末アーモンド、砂糖、卵白、水などを練った種を絞って焼く。スペイン中部以南はアーモンドがとれ、特にトレド産のアーモンドは有名で、当地のマサパンは名物になっている。

〈配合〉
水…………………………………… 50mℓ
砂糖………………………………… 適量
粉末アーモンド…………………… 250g
卵白……………………………… 3個分
グラニュー糖……………………… 適量

〈製法〉
① 水に適量の砂糖を入れて火にかけ、シロップを作る。
② 粉末アーモンドを混ぜて火から降ろす。
③ 卵白を少しずつ混ぜてゆき、熱をとる。
④ 絞り袋に入れて、円、葉、かたつむり、半月等の形に絞る。
⑤ 上からグラニュー糖を振りかけ、強火のオーブンで焼く。

マサリネル mazariner（スウェーデン）

タルトレットの一種。

マサリネル

〈配合〉
マルツィパンローマッセ…………… 1000g
バター……………………………… 500g
全卵……………………………… 10個
小麦粉……………………………… 75g
パート・シュクレ………………… 適量
アプリコットジャム……………… 少量
フォンダン………………………… 適量
ピスタチオ………………………… 適量

〈製法〉
① マルツィパンローマッセ、バター、卵、小麦

粉を一緒にしてミキサーにかける。

② パート・シュクレを薄く延ばしてタルトレット型に敷き、①の種を詰め、中火のオーブンで焼く。

③ 熱したアプリコットジャムを塗り、ゆるめたフォンダンで被覆する。または粉糖を振る。

④ 上面中央に刻んだピスタチオをのせる。

マジパン

▶pate d'amandes（仏）パート・ダマンド / Marzipan（独）マルツィパン、Marzipanmasse（独）マルツィパンマッセ、Mandelmasse（独）マンデルマッセ / almond paste（英）アーモンド・ペイスト、marchpane（英）マーシュパーヌ、marzipan（英）マージパン / massepain（スイスのフランス語圏）マスパン

砂糖とアーモンドを挽きつぶして作ったペースト状のもの。日本では一般にマジパンと呼ぶ。ドイツ語ではマルツィパンのほか、マルツィパンマッセ、マンデルマッセともいう。

フランスでは、原則としてアーモンド以外のナッツ類を混入したものに対しては、パート・ダマンドの呼称を用いてはならないと定められている。アーモンド以外のナッツ類を用いた場合、スイス菓子の言葉を借用し、たとえばくるみなどを使ったものは、マスパン・オ・ノワという。素材として適度なやわらかさを保持するために、適量の液体を混入することができる。普通ボーメ28度ぐらいのシロップを用いるが、場合によってはリキュールその他の洋酒を使うこともある。

ヨーロッパでは、マジパンの成分について一定の規格が定められている。国によって多少異なるが、だいたい糖分68%以下（10%以下の転化糖の添加は認めている）、水分12.5%以下である。アーモンドの含有量が、全体の約1/3以下ではマジパンと呼んではならないことになる。マジパンの持つやわらかさがちょうど粘土ぐらいで、色づけも可能なところから、花や動物を作るなど、いろいろの造形を楽しむこともできる。

アーモンドを練った食べ物の記録は、たいへん古い。古代ギリシアの地理学者、ストラボン（前65～24）によると、メソポタミア地方の北部に定住したといわれるメディア人たちが、アーモンドを粉にして食べ物を作っていたという。現在でも中近東では、ナッツ類を用いたパンが残っている。ちなみにマジパンを表すマスパンは、「パンのかたまり」という意である。

『現代洋菓子全書』（W.J.ファンス編）によると、マルツィパンの言葉の由来について、1940年にオランダの言語学者クルイヴェールの説にもとづき、「十字軍の活動していた当時、東地中海沿岸諸国で、マウタバンというアラビア語の刻印されている銀貨が流通していた。その名前が高価な医薬品を入れる木箱にもつけられ、13世紀に入ると、アーモンドと砂糖とばら花水で作ったものの箱として使われるようになった。そしてのちに容器の名前が中身と入れかわっていった」と説明している。言葉が別の意味に変わることも少なくはないが、これについてはやや無理があるようだ。

なおマルツィパンについては次のような話が伝えられている。17世紀の三十年戦争で、現在のドイツの町、リューベックが敵軍に包囲され、食糧がつきたとき、ある倉庫から大量の蜂蜜とアーモンドが見つかった。パン屋の機転で、これらでパンを焼き、飢えをしのいだという。しかし、アーモンドは当時、高価であったため、一般に広まるようになったのは18世紀に入ってからである。

配合は、マジパンを焼き菓子などに用いるときは、アーモンドと砂糖の割合は1：1から2:1が基準であり、細工用の場合は砂糖がふえ、1：2ぐらいがよいとされている。

製法については、基本的なものにドイツ式とフランス式の2種類がある。

ドイツ式マジパンの製法は、まずマルツィパンローマッセ（省略してローマッセ、日本ではローマジパンとも呼ぶ）を作る。

その後、砂糖を混入して基準の割合に仕上げる。すなわちアーモンドと砂糖の割合は2:1で、ローラーにかけてペースト状にする（このままで、副材料として用いることもある）。次にある一定量の粉糖を混入して、基準の割合にし、マルツィパンにする。

フランス式マジパンの製法は、最初からアーモンドと砂糖の割合を1：2にして仕上げる。フランス式とドイツ式を比較すると、フランス式のほうがアーモンドと砂糖の結合が緊密で、きめ細かく、色も白く仕上がる。したがって着香や着色の効果はドイツ式よりよい。しかし、アーモンドの含有量の多いものを求める場合には、マルツィパンローマッセにあたるものを作らねばならない。

ドイツ式マジパン

■ **マルツィパンローマッセ**

〈配合〉

皮つきアーモンド……………1000g（667g）
砂糖……………………………　500g（333g）

注：（　）内の数字は1kgのローマッセを作る場合の配合。なおアーモンドは乾燥しているとローラーで挽いた際、油脂分が出てしまうので、アーモンドの状態に注意する。

〈製法〉

① アーモンドをゆでて皮をむき、水に浸したあと、水気を切っておく（ある程度水分を含ませるため）。
② 半量の砂糖を加え混ぜ、ローラーで粗めに挽く。
③ 残りの砂糖を少しずつ加えながら、生地を2～3回ローラーに通す。アーモンドが乾燥ぎみなら少量のシロップまたは卵白を混入する。
④ 生地のきめが細かくなり、シート状になって出てくるようになったら鍋に入れ、湯煎で温めながら、脂が混ざり切るまで木杓子で攪拌する。
⑤ 生地が乾いて鍋の縁からはがれるようになったら、湯煎からおろす。
⑥ マーブル台にあけ、薄く平らに延ばして冷ます。
注：保存するには、一かたまりにし、少量のシロップを加えてビニール袋などに入れておく。

マルツィパンに仕上げる

上記のローマッセをもとに砂糖（粉糖を用いる）を加えて仕上げる。アーモンドと砂糖が同量の1：1のマジパンを作ることとして記述する。なおローマッセの製造過程で、ゆでたり、ローラーで挽くため、最初の2：1の割合は変化している。

〈マルツィパン1：1の配合と製法〉

■ **マルツィパンローマッセ　1000g**

アーモンド分…………………　60%（600g）
水分……………………………　5%（50mℓ）
砂糖分…………………………　35%（350g）
粉糖……………………………………… 250g

アーモンド600gに対し、砂糖350gがすでに含まれているので、不足分の250gを加え、アーモンドと同量にする。規定に従い、全体の68%まで糖分を含ませることができるため、菓子に応じ、適宜加減する。

細工用のマジパンの場合は、砂糖がアーモンドの倍量であるから、1200gの砂糖が必要であり、したがって850gの砂糖を加える。かたさの調節には、ボーメ28度のシロップを用いる。

フランス式マジパン

基本的には、アーモンドと砂糖の割合は1：2であるが、用途によって多少変えることができる。その場合は、1：1.5くらいまでが限度のようである。

基本的な製法と、その他の製法によるものを記述する。

基本的なパート・ダマンド

〈配合〉

1：2の場合
皮つきアーモンド……………………… 500g
砂糖……………………………………… 900g
水………………………………………… 300mℓ
水飴……………………………………… 100g

1：1.5の場合
皮つきアーモンド……………………… 500g
砂糖……………………………………… 675g
水………………………………………… 225mℓ
水飴……………………………………… 75g

〈製法〉

① アーモンドをゆでて皮をむいておく。
② ①をローラーに通して粉状に挽く。最初は間隔を大きく、次第にせばめて数回挽く。手に握って脂がしみ出るくらいがよい。
③ 砂糖と水を鍋に入れて火にかけ、沸騰した水飴を入れ、さらに煮詰める。
煮詰めかげんは、パティスリー用に使用するときは118℃、細工物に使用するときは122℃、コンフィズリーに使用するときは125℃にする。
④ ミキサーボウルに②を入れ、攪拌しながら③のシロップを加えてゆく。
⑤ 全体が均質になったらマーブル台にあけて広げ、熱をとる。
注：かたすぎたら適量のシロップを混ぜてもみ、再びローラーで挽く。

■ **パート・ダマンド・クリュ**

焼成する菓子やチョコレートのセンターに用いるマジパン。

〈配合〉

粉末アーモンド………………………… 500g
砂糖……………………………………… 500g

卵白……………………………… 5～6個分

〈製法〉

① 粉末アーモンドと砂糖を混ぜ、ローラーで挽く。
② 卵白を合わせてかたさを調節しながら、さらにローラーに通して均質なペーストにする。

■ **パート・ダマンド・ド・コンフィズリー**

製菓用のパート・ダマンド。

〈配合〉

A

アーモンド…………………………… 1000g
砂糖………………………………………… 500g
ボーメ30度のシロップ …………… 400mℓ

B

砂糖…………………………………… 1000g
水飴……………………………………… 250g
水……………………………………… 400mℓ

〈製法〉

① アーモンドを刻み、Aの残りの材料と混ぜ、ローラーで数回挽いてペースト状にする。
② Bの材料を全部一緒にし、131℃まで煮詰める。
③ ①のペーストをミキサーに入れ、下から弱火を当てながら②を注ぎ込む。
④ 冷めるまで攪拌し、マーブル台にあける。
⑤ かたすぎたらシロップを加えてもみ、調節する。

■ **パート・ダマンド・ド・パティスリー**

パティスリー用のマジパン。

〈配合と製法〉

A

アーモンド……………………………… 500g
砂糖………………………………………… 500g
ボーメ30度のシロップ …………… 400mℓ

B

砂糖…………………………………… 1000g
水飴……………………………………… 150g
水……………………………………… 400mℓ

パート・ダマンド・ド・コンフィズリーと同様に作る。

■ **マスパン・オ・ノワ**

くるみ入りのマジパン。

〈配合と製法〉

A

アーモンド……………………………… 300g
くるみ…………………………………… 300g
砂糖………………………………………… 500g
ボーメ30度のシロップ …………… 450mℓ

B

砂糖………………………………………… 900g
水……………………………………… 350mℓ

パート・ダマンド・ド・コンフィズリーと同様に作る。

■ **マスパン・オ・ノワゼット**

ヘーゼルナッツ入りのマジパン。

〈配合と製法〉

A

アーモンド……………………………… 300g
ヘーゼルナッツ………………………… 300g
砂糖………………………………………… 500g
ボーメ30度のシロップ …………… 450mℓ

B

砂糖…………………………………… 1000g
水飴……………………………………… 200g
水……………………………………… 400mℓ

パート・ダマンド・ド・コンフィズリーと同様に作る。

マジパンスティック

▸ébauchoir（仏）エボショワール

マジパン細工用に使うスティック。先端が丸くなっていたり、とがっていたりと、いろいろな形をしている。目的に合わせて使い分け、細かい作業を行う。プラスチック製と金属製のものがある。

マジフルール　magyfleur（仏）

マジフルール

花や葉の形をした金属製の型。手についた部分を持ち、溶けたチョコレートや煮詰めた糖液に型の部分をつけ、固まったあとはずす。糖液の場合には軽く油を塗っておき、チョコレートの場合には型を低温で凍結させておくと、型からすぐはがれる。

さまざまな形に作った部品を組み合わせて仕上げる工芸菓子などによく用いる。

マシュマロ

▶marshmallow（英）マシュマロウ / pâte de guimauve（仏）パート・ド・ギモーヴ

泡立てた卵白を主体として、ゼラチン、砂糖、香料で作られる、ふわっとした感触の菓子。マシュマロウおよびギモーヴという語は、アオイ科のウスベニタチアオイをさす。この植物の根は粘性の強い物質を含み、以前はそれを使ってこの菓子を作っていたためこの名がつけられた。

〈配合〉

砂糖……130g
水……70＋75mℓ
ゼラチン……15g
卵白……1個分
好みの洋酒……10mℓ
好みの香料……少々

〈製法〉

① 鍋に水70mℓと砂糖を入れて混ぜ、沸騰させる。
② 火から降ろしたあと、水75mℓにつけてふやかしておいたゼラチンを混ぜる。
③ 卵白をよく泡立て、攪拌しながら②を少しずつ加えてゆく。
④ 好みの洋酒と香料を入れる。
⑤ 鍋の底を冷水につけて冷やしながら、とろみをつける。
⑥ 深いバットに乾燥させたコーンスターチを入れて平らにし、適宜な押し型で穴をあけ、⑤を入れる。
⑦ 冷蔵庫に入れて固める。
⑧ ほどよく固まった⑦を取り出して、粉をはらう。

→ギモーヴ

マスカット　muscat（英）

▶muscat（仏）ミュスカ / Muskateller（独）ムスカテラー

ぶどうの一品種。この品種で作るヴァン・ド・ミュスカというワインは、甘口ワインとして定評がある。

粒のままフォンダンで被覆してプティ・フール・グラッセにしたり、タルトやタルトレットなどに使われる。

マスク・ド・カルナヴァル　masque de carnaval（仏）

カーニヴァルの折に売られる仮面形の揚げ菓子。おどけたピエロ風に作られる。

マスク・ド・カルナヴァル

ブリオッシュの生地

〈配合〉 15cm約6枚分

中種
イースト……7g
ぬるま湯……25mℓ
薄力粉……25g
強力粉……25g

生地
卵……175g
塩……5g
砂糖……15g
薄力粉……100g
強力粉……100g
バター……175g

その他
卵黄……1個分
サラダ油……適量
粉糖……適量

〈製法〉

① イーストをぬるま湯で溶いて発酵させる。
② 中種用の薄力粉と強力粉を合わせてふるい、ボウルに入れて①を加え混ぜる。
③ 別のボウルで生地を作る。卵を溶き、塩と砂糖を混ぜる。
④ ③にふるった薄力粉と強力粉を混ぜる。
⑤ ④の生地に②の中種を混ぜる。
⑥ バターを湯煎で溶かし、しゃもじで混ぜながら⑤の生地に少しずつ加え、なめらかな状態にする。
⑦ ⑥にぬれた布巾をかぶせ、温かい場所で約2時間ねかせて発酵させる。
⑧ ⑦の生地をたたいてガス抜きをし、約5℃の冷蔵庫で10時間ほどねかせる。この時生地

はすべすべの状態になっている。
⑨ ⑧を冷蔵庫から出し、台の上でまとめ、適当な大きさに分け、再び冷やす。
⑩ ⑨を厚さ 1.5mm に延ばし、冷凍庫で固める。
⑪ ナイフで仮面の形に切り、ナイフや抜き型を使って目や口の部分を抜く。仮面の中央に卵黄を塗り、丸い抜き型で生地を抜いて卵黄を塗った場所に付け、鼻とする。
⑫ フライパンにサラダ油を入れて 150 ～ 160℃に熱し、⑪を入れて表も裏もよく揚げる。
⑬ 上から軽く粉糖をふる。

マスケ　masquer（仏）
「マスク（仮面）をつける」という意味から転じて、アントルメやグランガトー、デコレーションケーキなどの表面にクリームを塗って仕上げること。
これに対し、下塗りをする語をナッペといい、区別している。

マスコット　mascotte（仏）
ジェノワーズにプラリネまたはヌガーをあしらったアントルメ。マスコットは「お守り」の意。

マスコット

〈製法〉
① ジェノワーズまたはジェノワーズ・オ・ザマンドを 2 ～ 3 枚に切る。
② それぞれにキルシュ入りシロップを打つ。
③ バタークリームに適量のプラリネペーストを混ぜて、②に塗って重ね、全体にも同じクリームを塗る。
④ 表面全体に、焼いた薄切りアーモンド、または砕いたヌガーをまぶすか、薄く延ばしたヌガーをのせて飾る。

ますだふみひこ　増田文彦
（1925-）オーブンを始めとする製菓機械メーカーの雄、現・マスダックの創業者。
1957（昭和 32）年、新日本機械工業を創業、ドラ焼き機を発売。すべてはここから始まり、さまざまなタイプの直焼機、充塡機から各種のオーブンに至るまでの製菓製パン機械のトップブランドに成長。特にトンネル式オーブンでは、業界のリーディング・カンパニーとなっている。この開発により、多くの製菓製パン業者が、商店から企業へと脱皮を計り、商品の均質化と労働環境の改善に取り組むことができるようになった。社名をマスダックと改称した同社を引き継いだ息子の増田文治は、オランダ・アムステルダムに海外拠点を構えるなど、さらなる事業の発展に取り組み、製菓製パンを含む、広く食品業界全般に多大なる貢献を果たしている。

マスパン　massepain（スイスのフランス語圏）
スイスのフランス語圏でいうマジパンのこと。
→マジパン

マスレンキ　масленки（ブルガリア）
ブルガリアで好まれている焼き菓子。こね粉生地を作り、ピーナッツやジャムを包んで焼く。上から砂糖をたっぷり振りかけて供する。

〈配合〉

ヨーグルト	200mℓ
サラダオイル	400mℓ
小麦粉	1000g
ベーキングパウダー	1.5g
ジャム	300g
刻みピーナッツ	100g

〈製法〉
① ヨーグルト、サラダオイル、小麦粉、ベーキングパウダーを混ぜてまとめ、適宜に分けて丸める。
② ①を延ばし、細長い三角形に切る。
③ ジャム、刻みピーナッツを混ぜてフィリングを作り、三角形の生地の上にのせてクロワッサンの要領で巻く。
④ 先端をジャムで止め、中火のオーブンで焼く。
⑤ 皿に盛り、上から砂糖（分量外）を振る。

マセドワーヌ　macédoine（仏）
いろいろな果物や野菜を刻んで混ぜ合わせたもの。その意から 1cm 程度のさいの目切りをさす調理用語になっている。

語源については、古代マケドニアは、アレクサンダー大王（前356～前323）の死後、統一国家が分裂し、数多くの民族による支配になった。この寄せ集めの状態にちなむという。

マセドワーヌ・ド・フリュイ（フルーツポンチ）などのように表現される。

マセドワーヌ・ド・フリュイ　macédoine de fruit（仏）

▸macedonia（伊）マチェドニア

マセドワーヌ・ド・フリュイ製品例

〈配合〉

パパイヤ……………………………… 1個
水…………………………………… 100mℓ
砂糖………………………………… 30g
白ワイン…………………………… 30mℓ
マラスキーノ……………………… 20mℓ
キルシュ…………………………… 10mℓ
フルーツ（ぶどう、パイナップル、メロン、キウイ、グレープフルーツ、ブルーベリー、フランボワーズ）… 適量
卵白………………………………… 2個分
砂糖………………………………… 50g

〈製法〉

① パパイヤはよく洗って縦半分に切り、種を取り除く。中身をスプーンで取り出してさいの目に切り、皮はケースとして利用する。
② 鍋に水と砂糖を入れて火にかけ、沸騰させる。
③ ②をボウルに移して粗熱を取り、白ワイン、マラスキーノ、キルシュを加えて冷やす。
④ ぶどうは半分に切って種を取り、他のフルーツはさいの目くらいの大きさにそろえて切る。
⑤ ③に④と①のパパイヤを加えて混ぜ、冷蔵庫でよく冷やし、パパイヤの皮に詰める。
⑥ 卵白に砂糖を加えて泡立て、しっかりしたメレンゲを作り、星口金でパパイヤの縁に絞り、220℃のオーブンに入れて、さっと焼き色をつける。

マチェドニア　macedonia（伊）

▸macédoine de fruits（仏）マセドワーヌ・ド・フリュイ

イタリアのフルーツポンチ。マセドワーヌのイタリアの呼び方。

〈配合例〉

メロン……………………………… 3/4個
桃…………………………………… 2個
バナナ……………………………… 2本
マスカット………………………… 280g
レーズン…………………………… 100g
砂糖……………………………… 40～50g
レモン果汁……………………… 1/2個分
ワイン……………………………… 適量
ブランデー………………………… 適量
マラスキーノ……………………… 適量

〈製法〉

大きい果物はさいの目にして全部混ぜ、レモン果汁、砂糖、ワイン、ブランデー、マラスキーノなど好みの洋酒と混ぜて器に盛る。

まちだふさぞう　町田房造

（1844-？）日本のアイスクリーム製造の始祖。

幕臣の家に生まれ、1860（万延元）年16歳の時、勝麟太郎等とともに咸臨丸で渡米した。この時彼はマッチや石けん、輪ゴム、氷などの製法を見学し、二度目の渡米でそれらの技術を身につけて帰国。幕府崩壊後の1869（明治2）年、横浜の馬車道において氷水屋を開業。アメリカで習い憶えたあいすくりんの製造販売を試みる。ところが一人分が当時の女子工員の半月分の給金に相当する高額であったため、まれに外国人が求めるぐらいで、ほとんど売れなかったという。しかし翌年の伊勢神宮の遷宮祭では、お祭り気分も手伝ってか大人気となり、それを機にあいすくりんを手がける人も陸続と現れたという。その後彼自身はそれに執着することなく手を引き、国家的プロジェクトのひとつである造船方面の仕事に就いている。その陰には、かつて太平洋横断で運命をともにした勝海舟（麟太郎）の強い働きかけがあったと思われる。

マッケローニ·ディ·ナターレ　maccheroni di Natale（伊）

クリスマスに食すパスタを用いた甘味料理。ひもかわうどんに似たパスタの一種に、砂糖、レモン、刻んだくるみなどを入れる。ウンブリア地方の名物。

マッケロンチェッリ　maccheroncelli（伊）

イタリアで好まれているマカロンの一種。

マッケロンチェッリ

〈配合〉

卵黄……………………………… 1個分
卵白……………………………… 4個分
粉末アーモンド………………… 250g
砂糖……………………………… 300g
バター…………………………… 20g
オレンジ果皮…………………… 少々
ヴァニラ………………………… 少々
じゃがいもデンプン…………… 8g

〈製法〉

① 卵黄と卵白を混ぜる。
② 粉末アーモンドと砂糖を混ぜて、①と合わせる。
③ バター、オレンジ果皮、ヴァニラ、じゃがいもデンプンを加える。
④ 星形口金で細長く絞り、140℃のオーブンで20～30分焼く。

マッサ·ソヴァーダ　massa sovada（ポルトガル）

ポルトガルのアソーレス諸島で親しまれている発酵菓子。島によって多少レシピが異なる。ソヴァーダとは打つとかなぐることで、すなわち「たたきつける生地」の意味。いわゆるブリオッシュ生地で、バターの含有量が多いため、通常のパン生地より回数多く生地をたたきつけて仕込むためにこの名がついた。キリスト教にまつわる祭事の折々に食べられる。

〈配合〉

強力粉…………………………… 500g
卵………………………………… 3個
バター…………………………… 60g
レモン果皮……………………… 1個分
牛乳……………………………… 250mℓ
イースト………………………… 10g
水………………………………… 少々
グラニュー糖…………………… 250g
打ち粉用強力粉………………… 少々

〈製法〉

① ふるった強力粉の中に溶いた卵、室温に戻したバター、水で溶いたイースト、グラニュー糖、レモン果皮、牛乳を入れて混ぜ合わせる。
② ①をボウルの中で、握りこぶしでたたきながら生地をこね、こしを出していく。
③ ②がなめらかになったら、布巾をかぶせて温かいところに約1時間置き、2倍ほどの大きさに発酵させる。
④ ③の生地を少し切り取り、スポンジ型に入れたり、人形や動物など好みの形に整形する。
⑤ 190～200℃のオーブンで約30分～1時間（大きさによる）焼く。

マッサ・ソヴァーダ

マッシュルーム　mushroom（英）

▸champignon de Paris（仏）シャンピニョン·ド·パリ / Champignon（独）シャンピニョン

きのこの一種。かさは白または薄茶色の半球形で、直径3cm前後。形がかわいらしいので、食べられる素材で模し、飾りに用いたりする。フランスのクリスマスケーキのビュッシュ·ド·ノエルには、ムラングなどで作ったマッシュルームを好んで仕上げに用いている。

〈ムラング製マッシュルームの製法〉

① かたく泡立てたムラングを円錐形とドーム状に絞る。
② ドームのほうには上からココアを振り、ともに乾燥焼きする。
③ 円錐形のムラングの上にクリームなどを絞り接着剤としてドームをのせ、マッシュルーム形にする。

マッセ　Masse（独）

菓子を作る素材で、流動状の混ぜ物のこと。日本の製菓用語では種（たね）と呼ぶ。固形状のものはタイクと呼び、日本では生地という。

まつだけんいち　松田兼一

（1902-1983）“菓子作りは化学である”を実証した製菓技術研究者。1923（大正12）年大阪明治屋製菓部に入社して製菓畑の人生を歩む。1934（昭和9）年不二家に入り製品開発に従事。そのキャリアを見込まれて農林省農村工業指導所にて食品化工の研究、指導に当たる。戦後松田製菓を設立し、アーモンド・ドラジェの製造に着手。続いてローズバットなる名のキスチョコ、生姜の砂糖漬け等次々と斬新なアイデアを披露。また明治製菓より依頼を受けてマーブルチョコレートを開発し空前の大ヒットを飛ばし、北海道のホワイトチョコレートでは大ブームを起こす。後年、日本洋菓子協会という組織にあって指導的な立場から業界を俯瞰し、日本の長い洋菓子史にあって、勘と経験を頼りにそれを良しとしてきたこの道を、ケミカルにしてサイエンスの世界であると立証し、ひとつの学問として捉え高めていった数少ない先達であったといえる。

まつだ(おだ)まさよし･おだただのぶ　松田（小田）正義・小田忠信

松田（小田）正義（1905-1974）

小田忠信（1951-）

近代養蜂産業の立役者。クインビーガーデン創業者父子。松田正義は成人して後、東京市の建築課に奉職していたが胸を患い退職。身体にいいとされる蜂蜜にひかれてこの研究に没頭。1931（昭和5）年に蜜群飼育（養蜂）を開始する。第二次世界大戦に突入後、蜂蜜に起因した国家プロジェクトに参画することになる。内閣府技術院嘱託の任命を受け、満州に渡り、株式会社東亜養蜂を設立。一方日本国内においても甘味の不足は日を追って増し、その需要は増大していった。加えて海軍において魚雷のすべりを良くし発火性の少ない蜜ろうの需要もおこってくる。そうしたことに応えているうちに終戦。内地に帰った松田は公家で大納言の家柄の烏丸家の系譜を引く小田美稲（よしな）と縁を持ち、同家に籍を移す。1953年、世界に先駆けてローヤルゼリーの量産方式を開発し、日本養蜂家協会を通じてその生産産学を興す。翌1954年、戦前まで薬用及び民間滋養食であった蜂蜜を食パンの普及に対応させるべく、日本初のテーブルハネーを発売。1959年静岡県清水市馬走にて日本初の王乳（ローヤルゼリー）生産を開始。1968年農業組合法人クヰンビーガーデン養蜂組合設立。跡を継いだ息子の小田忠信もまた蜂蜜を含めた甘味文化一筋の道を歩む。1980年には生産蜜蜂5000群をもって国内産王乳生産量日本一となる。また彼は積極的に海外とも結びついていく。加えてそれ以外の天然甘味料にも目を向ける。1995年にはカナダ・ケベック州の業者と直接契約を結んで、日本の製菓製パン業界に本物のメープルシロップ及びメープルシュガーを紹介。2006年からは日本において毎年メープルスイーツコンテストを開催。2014年にはメキシコに自社の出張所を開設し、同地の蜂蜜及びアガベシロップ、アガベシュガーの紹介を始める。蜂蜜、メープルシュガー、アガベシュガー等、砂糖にとどまらない甘味文化の裾野を広げた功労者である。

まつのみ　松の実

▶pignon（仏）ピニョン / pine nut（英）パイン･ナット / Pinienkern（独）ピーニエンケルン

松カサの中にある実。食用とするに足る実がとれるのはシベリアから中国東北部、朝鮮半島にかけて広く分布している朝鮮五葉松、地中海沿岸に広がるイタリア笠松などで、これらは種子が大きいことで知られる。その他ではアメリカのアロカビアン、台湾やベトナムに自生している台湾赤松、メキシコのナットパインと呼ばれる種類がある。一般的な日本の松は、松カサが小さく、種子もそれに準じるため、食用には適さない。

製菓面での利用は、朝鮮半島などでは、松の実の本場とあって、かなり古くよりなされていた。おつまみやお茶うけの他に、団子や焼き菓子等に広く用いられている。中国も同様で、焼き菓子や蒸し菓子に、そして月餅のフィリングなどにも使われている。他方ヨーロッパでは、産地であるイタリアはさすがに多く、いろいろな形態のタルトや焼き菓子、チーズケーキに使われ、フランスでも松の実ドラジェやタルト・オ・ピニョンなどが伝統的に作られている。また中国や朝鮮半島では、"古来より仙人の霊薬"と呼んで珍重されていた。48%の脂肪、31%のタンパク質に加えてビタミン、ミネラル、鉄分、カリウム、カルシウムと、栄養満点の食べ物ゆえ、不老長寿の妙薬と思われての呼称という。

まつもといたろう　松本猪太郎

(1888-1978) お菓子を入れる化粧缶の先駆者。金方堂松本工業創業者。1901（明治34）年夏、島根県大田市より上京。港区の製缶店に入店するが、同店が倒産。1905年、東京下谷区に金方堂ぶりき製缶製作所を設立。防湿性や保存性を考慮した製缶業のスタートを切る。1935年、東京鉱力缶組合（現・東日本一般缶工業組合）が結成され、理事長に就任。1941年戦時体制に入るや軍需工場の指定を受け、兵糧たる乾パン缶や砲弾薬函などを製造。終戦の年、物質困窮の中、特に金属払底の折、「紙＋アスファルト缶」を考案。その後、いぶし缶の特許を申請したりと歩を休めず、1969年には業界に先駆けて組上（くみあげ）缶の技術を導入し、内外から好評を博す。また1976年スイスのスードロニック社製溶接機を導入。それによる結合部分処理の技術は、従来のハンダ付けと比べて、缶の機密性を飛躍的に高めた。今日同社の作る化粧缶は、和洋を問わぬ全国の菓子店の進物用の他、薬、文具、雑貨、ファンシー、アパレル、化粧品等、あらゆるジャンルをカヴァーするまでにマーケットを広げている。

マデイラ　madeira（ポルトガル・英）

▶madère（仏）マデール

上質の甘口ワイン。大西洋にあるポルトガル領、マデイラ島産。独特の香気とデリケートな風味がありながら、力強い味わいを持つ。食前酒として好まれるほか、マデイラケーキ、ムースやババヴァロワ、各種アントルメに広く使われている。

ちなみにこの島は15世紀に発見されたとき、島全体が巨大な森林でおおわれていたことから、ポルトガル語で木材を表すマデイラという名が与えられたといわれている。

マデイラ・ケイク　Madeira cake（英）

マデイラ酒で香りをつけたイギリスの焼き菓子。プラム・ケーキと同じ種で作る。

マドレーヌ　madeleine（仏・英）

マドレーヌ

貝殻形に焼いたバターケーキの一種。これにまつわる由来は数多くある。各書によると以下のとおりである。

ラカン著『パティスリー覚え書』によると、アヴィスという菓子職人が作り出したという。彼が政治家タレイラン＝ペリゴール（1754-1838）の館で働いていたとき、カトル・カール用の種を用いて、ゼリーの寄せ型で小さな菓子を作ったところ、一躍評判になり、アントナン・カレームなどの称讃を得た。軽い口当たりと形が小さく、かわいらしいことからマドレーヌと名づけた。

別説ではこれよりはるか以前にフランスで作られていたという。製法は長い間秘密にされていたが、ある時ドイツに近いロレーヌ地方ムーズ県のコメルシーという町の菓子屋に非常に高い値で売られた。買った彼らは自分たちの町の名物にしたという。そして1703年頃ヴェルサイユで、次いでパリで流行ったという。また『The International Confectioner』という書では、発明者はコメルシーの町の料理人をしていたマドレーヌ・ポールミエ Madeleine Paulmier という人で、彼はこれをドゥブージ・ブレイ Debouzie Brey 家に伝え、同家が美味なお菓子として売り出しに専念するようになったとしている。どの説も起源はコメルシーとしており、事実今なお、マドレーヌはコメルシーの町の銘菓として知られている。この他に、ルイ十五世の義父である元ポーランド王スタニスワフ・レシチンスキ付きの女性料理人が考案したとの説もある。彼女は主人のためにババというお菓子を作っていた時、オレンジとベルガモットの香りを加えるアレンジを試みた。たいそう気に入った王は、ヴェルサイユ宮殿にいる娘、ルイ十五世妃のマリー・レシチンスキに届けさせた。彼女もたいそう気に入り、考案した料理人の名誉をたたえ、彼女の名を採って、マドレーヌと名付けたという。

貝殻形については、古くよりサンティアゴ・デ・コンポステーラ（スペインの大西洋岸）にある大聖堂への巡礼者たちが、ほたて貝の殻を携帯する風習を引き継いでいるともいわれている。

一般的なマドレーヌ

〈配合〉

小麦粉…………………………………… 100g
ベーキングパウダー…………………………… 3g
砂糖……………………………………… 100g
全卵……………………………………… 80g
レモンオイル…………………………… 少々
ヴァニラ………………………………… 少々
アーモンドエッセンス………………… 少々
バター…………………………………… 100g

〈製法〉

① 小麦粉、ベーキングパウダー、砂糖を混ぜ、卵を入れて混ぜる。
② レモンオイル、ヴァニラ、アーモンドエッセンスを入れる。
③ バターをきつね色に焦がし、少しずつ加える。
④ 型に流し、180℃のオーブンで約20分焼く。

■ **マドレーヌ・ド・コメルシー madeleine de Commercy**

〈配合〉

砂糖……………………………………… 500g
小麦粉…………………………………… 500g
全卵……………………………………… 10個
バター…………………………………… 500g
レモン果汁……………………………… 少々
ベルガモット（香料）………………… 少々

〈製法〉

① 砂糖、小麦粉、卵を人肌に温めておく。
② 温めた砂糖と卵8個を混ぜ、小麦粉を入れて、温かいところで10分間休ませる。
③ 卵2個を加えて再度休ませる。このときあまり攪拌しない。焼き上がったとき、中身がかたく締まった状態でなければならないためである。
④ バターを鍋に入れて火にかけ、きつね色に焦がす。
⑤ ④を人肌に冷ましてから③に入れる。
⑥ レモン果汁、ベルガモットを混ぜ、涼しいところで休ませる。
⑦ 型に流し、中火のオーブンで焼く。

マナ manna（英）

聖書の世界で、神から恵まれた食べ物。マンナともいう。

→マンナ

マナラ mannala（仏）

12月6日、子供たちの守護聖人の祝日である聖ニコラの日に食べられるフランス・アルザス地方の発酵菓子。パン生地で人の形に作られる。mannela、manele、Männele等、地域によってさまざまな呼び方、書き方がなされている。

マフィン muffin（英・米）

イギリス生まれの発酵菓子。ヴィクトリア王朝時代に広まったと言われている。当時はマフィン・トレイと呼ぶ器にマフィンをのせて緑色の布をかぶせ、これを頭にのせたマフィン売りが街に回ってきたといい、その出現は人々の楽しみでもあったようだ。基本生地はイーストかベーキングパウダーを使ったものだが、さまざまなタイプのものが楽しまれている。発祥国のイギリスではパンケーキのようにテンパンで両面を焼いたものが作られているが、アメリカでは、パウンドケーキ状の生地をベースに、型やカップを使用して焼いている。種類もチョコチップやアーモンドなどのナッツ類を混ぜたもの、ラムレーズン入り等が作られている。

語源については、フランス語で柔らかいパンを表す語パン・ムフレ pain moufflet からきたとの説がある。

■ **アメリカンマフィン**

アメリカンマフィン

〈配合例〉
薄力粉……………………………… 100g
砂糖………………………………… 60g
バター……………………………… 60g
卵…………………………………… 80g
ベーキングパウダー……………… 6g
牛乳………………………………… 40mℓ
チョコレートチップ……………… 35g
オレンジママレード……………… 20g
ラムレーズン……………………… 20g

〈製法〉
① バターをボウルに入れて柔らかく練り、砂糖を加えてすり合わせる。
② 卵を溶いて3～4回に分けて加え混ぜる。
③ 薄力粉とベーキングパウダーを一緒にしてふるい、②に加えて混ぜる。
④ ③に牛乳を加えて4等分し、ひとつはそのまま、ひとつにはチョコチップ、他にはオレンジママレード、残りにラムレーズンを加え混ぜる。
⑤ それぞれを紙カップの中に詰め、170℃のオーブンで20分焼く。

■ 一般的なイングリッシュマフィン

〈配合〉
砂糖………………………………… 7g
イースト…………………………… 22g
水……………………………… 70＋500mℓ
バター……………………………… 7g
小麦粉……………………………… 800g
塩…………………………………… 14g

〈製法〉
① 水70mℓに砂糖とイーストを入れてとき、湯煎にかけて発酵させる。
② バターを溶かして①に入れる。
③ 水500mℓを温めて②に入れる。
④ 小麦粉と塩を一緒にしてふるい、この中に③を入れて混ぜ、再び発酵させる。
⑤ 約70gに計り分けて、丸める。
⑥ ⑤を平らにしてテンパンにのせ、中火のオーブンに入れる。片面が焼けたら裏返しにし、両面を焼く。

■ スウィート・マフィン

やや甘みのあるマフィン。

〈配合〉
牛乳………………………………… 285mℓ
砂糖………………………………… 30g
イースト…………………………… 22g
小麦粉…………………………… 115＋285g
バター……………………………… 30g
塩…………………………………… 5g

〈製法〉
① 牛乳、砂糖、イーストを混ぜ、小麦粉115gを加える。
② バターを溶かして①に入れ、発酵させる。
③ 小麦粉285gと塩を混ぜてふるい、②に混ぜて発酵させる。
④ 50～70gほどに計り分け、テンパンに直接のせ、両面を焼く。

マーブル　marble（英）

▸marbre（仏）マルブル / Marmor（独）マルモア

大理石。製菓では菓子やパンを作るときに用いる大理石の台を指す。表面が冷たいので、熱を持たせたくない生地を延ばしたり、仕込むときに用いる。

また天然のマーブルは、それぞれ独特な模様がある。このことから、白と黒（チョコレート）の種を混ぜて焼いたバターケーキを、切り口の模様からマーブルケーキと呼ぶ。クッキーなどで、表面がこうしたデザインになったものを、マーブル模様ということもある。

ママレード　marmalade（英）

▸marmelade（仏）マルムラード / Marmelade（独）マルメラーデ

ジャムの一種。柑橘類に砂糖を加えて、ドロッとした状態に煮詰めたもの。元々マルメロ（marmelo 西洋かりん、ポルトガル語）で作ったもので、名前もここに由来する。フランスやイタリアでは柑橘類に限らず、ジャム一般をさす。なお、果実を全てつぶさず、原形を保たせたものをプリザーヴという。日本農林規格（JAS）では、柑橘類の果実を原料とし、その果皮を含むものをママレードとしている。

マムズ・ケイク　mum's cake（英）

フルーツケーキの一種。
→フルーツケーキ

マヨネーズ　mayonnaise（仏）

▸mayonnaise（英）メイヨネーズ / Mayonnaise（独）マヨネーゼ

卵黄とオイルを主体として、酢などで味つけをし、充分攪拌して乳濁化させたソース。

語源については、地中海にあるメノルカ島の港、マオンの形容詞の女性形が変化したものと言われる。この地は鶏卵の産地として名高く、これと地中海沿岸で産するオリーヴオイルが一緒になって、卵黄のソースが誕生したといわれている。

オードヴルや料理菓子などに用いる。

マラガ　málaga（西）

スペインのアンダルシア地方マラガで産する甘口のワイン。デザートワインとして、また料理や菓子作りの折に用いる。色は黄金色に近いものと、赤いものがある。

マラコフ　malakoff（チェコ・スロバキア・オーストリア）

チェコやスロバキア、オーストリアなど、中欧や周辺地域で好まれている菓子。

ビスキュイにリキュール入りの果汁をしみ込ませ、バタークリームをはさみ、さらに同じクリームを全体に塗る。マラコフとはロシアの将軍の名前で、命名もそれにちなむという。

〈配合〉

バタークリーム

- 卵黄……9個分
- 牛乳……1500mℓ
- 砂糖……750g
- コーンスターチ……225g
- バター……250＋1000g

ビスキュイ

- 卵黄……10個分
- コーンスターチ……30g
- 卵白……10個分
- 砂糖……120g
- 小麦粉……250g
- 好みのリキュール入り果汁……適量

〈製法〉

① 卵黄に牛乳少量を入れてよく混ぜ、砂糖、コーンスターチを加える。
② 残りの牛乳を火にかけ、沸騰直前に①を入れて手早く混ぜ、しばらく攪拌してから火から降ろす。
③ バター250gを加えて混ぜる。
④ 冷めてから、クリーム状にしたバター1000gを加えて混ぜ、バタークリームを作る。
⑤ トイ型に紙を敷き、④を厚さ5mmに塗る。
⑥ ビスキュイを作る。卵黄を泡立ててコーンスターチと合わせる。
⑦ 卵白と砂糖を混ぜて泡立て、ムラングを作り、⑥と合わせる。
⑧ 小麦粉を混ぜ、長さ8cmの棒状に絞り出して焼く。
⑨ ⑧に好みのリキュール入り果汁をしみ込ませ、⑤のクリームの上に敷く。
⑩ またクリームを塗って、ビスキュイを重ねる。これを2～3回繰り返す。
⑪ 最後にビスキュイをのせ、冷ましてから取り出す。適宜に切って供する。

マラスキーノ　maraschino（伊・英）

▶marasquin（仏）マラスカン

さくらんぼのリキュール。クロアチアのダルマチア地方を原産地とする小粒のマラスカ種（ブラックチェリー）を原料とする。甘みの強い独特の風味を特徴としている。他のリキュール類と同様、各種の菓子に用いられている。

マリトッツィ　maritozzi（伊）

首都ローマのあるラツィオ州の、細長い軽いパン菓子。松の実、干しぶどう、オレンジピールなどを入れる。簡便な朝食として、立ち飲みスタンドなどで焼きたてが供される。

マリニャン　marignan（仏）

発酵生地で作るプティ・ガトー。

サヴァラン生地をバルケット型に詰めて焼き、シロップを含ませる。側面から薄くナイフを入れ、バスケットの蓋のように切り開く。キルシュやマラスキーノを入れて煮詰めた糖液でマリニャン風ムラングと呼ぶムラングを作り、間に詰める。上面にはアプリコットジャムを塗り、半ば蓋が開きかけた状態に仕上げる。カスタードクリームや泡立てた生クリームでも作られる。

マリネ　mariner（仏）

調理用語。製菓においては、果物類などをリキュールやシロップ等に漬けておき、香りや味をつけること。「～をマリネする」といった表現で使う。

マリレンクネーデル　Marillenknödel（オーストリア）

じゃがいも入りの生地であんずを包んだクネーデル（だんご形の菓子）。

〈配合〉

じゃがいも……………………………… 1000g
小麦粉…………………………………… 400g
バター…………………………………… 100g
卵黄………………………………… 4 個分
塩………………………………………… 少々
あんず…………………………………… 適量
角砂糖…………………………………… 適量
パン粉…………………………………… 適量
バター…………………………………… 適量

〈製法〉

① じゃがいもをゆでて皮をむき、裏ごしして冷ます。
② 小麦粉、バター、卵黄、塩を加えてよく練る。
③ 棒状にし、同じ大きさに小切りにする。
④ あんずの種を抜き、角砂糖を詰めて、平らに延ばした③で包み、丸く整える。
⑤ 塩水で約 10 分間ゆでる。
⑥ パン粉をバターで炒めてきつね色にし、ゆでた⑤にまぶす。

マルガレーテンクーヘン Margaretenkuchen（オーストリア）

ひな菊の模様のオーストリアの菓子。粉末アーモンド入りのスポンジケーキ種で作り、周りに薄切りアーモンドをまぶして焼く。表面にアプリコットジャムを塗って仕上げ、上面中央にローストしたアーモンドを並べて飾る。オーストリアをはじめ、広くドイツ語圏で親しまれている。

〈配合〉

全卵…………………………………… 3 個
砂糖…………………………………… 150g
薄力粉………………………………… 80g
粉末アーモンド……………………… 40g
溶かしバター………………………… 40g
薄切りアーモンド…………………… 適量
アプリコットジャム………………… 適量
ヴァニラ入りバタークリーム……… 適量

〈製法〉

① 卵に砂糖を加えて泡立てる。
② 薄力粉、粉末アーモンドを加えて混ぜ、溶かしたバターを混ぜる。
③ スポンジ型の内側に溶かしバターを塗って薄切りアーモンドをはりつけ、その中に②の種を流し込む。
④ 180℃のオーブンで約 30 分焼く。
⑤ 上面に熱したアプリコットジャムを塗る。
⑥ 2 枚に切って、ヴァニラ入りバタークリームを塗って重ね、上面にアーモンドを花のように並べる。

マルガレーテンクーヘン

マルキーズ marquise（仏）

侯爵夫人の意味で、いろいろなアントルメやアイスクリームにつけられる名称。たとえばアントルメでは、渦巻きに絞って乾燥焼きした台をベースに、ガナッシュ入り生クリームをはさみ、全体も同じクリームを塗って、表面にコポーをまぶす。

マルキーズ（グラス）

グラス（アイスクリーム）では、ボンブ型にグラスとパルフェを詰め、型からはずし、プラスチック製の人形の上半身をのせる。ボンブ型の部分にはクリームなどを絞り、スカートのデザインに整える。この形は、ビスキュイなど、他の素材で作ることもある。

この語は別にマルキーズ種の西洋梨をさす言葉でもある。これは11月から12月にかけて熟すもので、果肉は汁を多く含み甘みが多い。

マルグリット　marguerite（仏）

ひな菊を型取ったアーモンド風味の焼き菓子。

マルグリット

〈配合〉直径15cmのマルグリット型1台分

アーモンド入り生地

薄切りアーモンド……………………… 適量
卵……………………………………… 1.5個
砂糖…………………………………… 75g
薄力粉………………………………… 40g
粉末アーモンド……………………… 20g

クリーム

卵白…………………………………… 30g
砂糖…………………………………… 60g
バター………………………………… 120g
ラム…………………………………… 少々
ヴァニラエッセンス………………… 少々

仕上げ

アプリコットジャム………………… 適量

〈製法〉

① 型の内側にクリーム状にしたバター（分量外）を塗り、全体に薄切りアーモンドを張りつける。
② ボウルに卵と砂糖を入れて湯煎にかけながら泡立てる。
③ 薄力粉と粉末アーモンドを一緒にしてふるい、②に混ぜる。
④ バターを湯煎にかけて溶かし、③に混ぜる。
⑤ ①に④の生地を流し入れ、180℃のオーブンで約25～30分焼く。

クリーム

① 卵白に砂糖を3回に分けて入れながらしっかり泡立て、柔らかくしたバターを混ぜる。
② ①にラムとヴァニラエッセンスを加える。

仕上げ

① 焼けた生地の粗熱をとって、厚み半分に切り、表面に熱したアプリコットジャムを塗る。
② 丸口金をつけた絞り袋にクリームを詰め、①の下側の生地の外側から内側に向かって丸く絞り出し、中央部分はうず巻き状に絞る。
③ ②の上側の生地をのせる。

マルケッサ　marquesa（西）

フランス語でいうマルキーズ、侯爵夫人という名の焼き菓子。

〈配合〉12個分

粉末アーモンド……………………… 200g
薄力粉………………………………… 40g
ベーキングパウダー………………… 4g
卵黄…………………………………… 2個分
蜂蜜…………………………………… 21g
卵白…………………………………… 1個分
グラニュー糖………………………… 30g
粉糖（ふりかけ用）………………… 適量

〈製法〉

① 粉末アーモンド、薄力粉、ベーキングパウダーを一緒にしてふるう。
② 卵黄と蜂蜜を混ぜる。
③ 卵白にグラニュー糖を加えて泡立て、しっかりしたメレンゲを作る。
④ ③に②を加えて混ぜ、①も加えて混ぜる。
⑤ マフィン型の紙カップに高さ3/4まで④を詰め、180℃のオーブンで10～12分焼く。
⑥ 上面に粉糖をふりかける。

マルケッサ

マルジョレーヌ　**marjolaine**（仏）

レストラン「ピラミッド」を創業したフランスの名料理人フェルナン・ポワン（1897-1955）創作による菓子。ガナッシュと泡立てた生クリームとプラリネ入り生クリームの3種のクリームの絶妙なバランスで、美食家たちの絶賛を得た。

〈マルジョレーヌ生地の配合と製法〉

粉末アーモンド……………………………150g
粉末ヘーゼルナッツ………………………50g
砂糖…………………………………………200g
小麦粉………………………………………20g

ムラング

卵白…………………………………………250g
砂糖…………………………………………100g

① 粉末アーモンドと粉末ヘーゼルナッツを軽く焼き、砂糖を混ぜる。
② ふるった小麦粉を混ぜる。
③ 卵白と砂糖を一緒にして泡立て、ムラングを作る。
④ ③と②を混ぜる。
⑤ 大型のテンパンに、厚さ2～3mmに流し、200℃のオーブンで焼く。
⑥ 焼けたら、手早く10cm×50cmに切り、5枚用意する。

〈クレーム・シャンティーイの配合と製法〉

生クリーム…………………………………500mℓ
粉糖…………………………………………40g
溶かしバター………………………………40g

① 生クリームに粉糖を加えて泡立てる。
② 溶かしバターを加える。

〈プラリネ入りクレーム・シャンティーイの配合と製法〉

生クリーム…………………………………500mℓ
プラリネ……………………………………80g
溶かしバター………………………………40g

① 生クリームを泡立てる。
② プラリネと溶かしバターを加える。

〈ガナッシュの配合と製法〉

生クリーム…………………………………200mℓ
チョコレート………………………………220g

① 生クリームを沸騰させ、火から降ろす。
② 刻んだチョコレートを混ぜる。

〈仕上げ〉

① 焼いたマルジョレーヌ生地の上にガナッシュの1/2を塗り、もう1枚を重ねる。これを2組作り、冷蔵庫で冷やす。
② ①の1組の上にプラリネ入りのクリームを平らに塗り、残りの焼いたマルジョレーヌ生地を1枚のせる。
③ ②の上にクレーム・シャンティーイを塗り、もう1組の①をのせて冷蔵庫で冷やす。
④ 両端を切り落として整え、周りにスプレーチョコレートをまぶす。
⑤ 上に店のロゴマークを切り抜いた紙を置き、その上から粉糖を振る。
⑥ 紙をはずして供する。

マルジョレーヌ

マルツィパンコンフェクト
Marzipankonfekt（独）

マルツィパンローマッセで作るプティフール。さまざまな形に整え、表面をガスバーナーで焼いて、つや出しにアラビアゴムを塗る。

マルツィパンローマッセ
Marzipanrohmasse（独）

アーモンド2に対して砂糖1の割合で作る、ペースト状の生地。マルツィパンマッセ、または単にローマッセともいう。

ドイツでは、2：1の割合で作ることが法律で定められている。これをもとにして粉糖を加え、砂糖の比率を高めてマジパンを作る。またこのままでも製菓材料として菓子に使う。

→マジパン

マルトース

▶maltose（仏）マルトーズ / maltose（英）モルトー

ス / Maltose（独）マルトーゼ

麦芽糖ともいう。水飴の主成分。

デンプンをアミラーゼで加水分解して作る。蔗糖の約 3 分の 1 の甘味を持つ。また身体のエネルギー源となる働きをするため、食事によって栄養を摂取できない人の栄養補給用として、点滴などに使われる。

マルメラーダ　marmelada（ポルトガル）

ポルトガルで好まれているカリンのジャム（ママレード）。同地の朝食には欠かせないものとなっている。南蛮菓子カセイタとして伝わったものがこれであろうと推察される。

→カセイタ

〈配合〉

カリンの実………………………… 4 ～ 5 個
砂糖……… ゆでて裏ごししたカリンと同量
水………………………… 砂糖の重量の半量
レモン果汁………………………… 4 ～ 5 滴

〈製法〉

① 鍋にカリンと水を入れて、柔らかくなるまでゆでる。
② ①のカリンの皮をむく。
③ ②を裏ごしする。
④ ③と同量の砂糖とその半量の水、レモン果汁を一緒にして火にかけ、117℃まで煮る。
⑤ ③を火から降ろし、②に少しずつ加えて混ぜ合わせる。
⑥ ⑤を容器に入れるか、またはバットにあけて天日に干して固め、羊羹のように切って供する。

マルメラーダ

マルメロ　marmelo（ポルトガル）

▸quince（英）クインス / coing（仏）コワン / Quitte（独）クヴィッテ

耐寒性の果実で、甘い香りを持つ。日本では、かりんまたは西洋かりんと呼ばれている。酸味が強く渋みを伴うので、一般に生食しない。ただしアメリカ産の甘みのあるものもある。

ペクチンが多く、ママレード作りの発端になった果実である。ゼリー、ジャム、ママレード、リキュールなどを作ることに適している。

マルモアクーヘン　Marmorkuchen（独）

マルモアとはドイツ語でマーブル、クーヘンは菓子で、マーブル模様にした焼き菓子。白と黒（チョコレート入り）のバターケーキ種を大まかに混ぜて型に詰め焼き上げる。アメリカでは多くの場合パウンドケーキ型で作られるが、ドイツやオーストリアではクグロフ型で作られることが多い。

マルモアクーヘン

マロニエ　marronnier（仏）

ヘーゼルナッツのムラングとマロンのムース、ジェノワーズなどを組み合わせた 6 層のぜいたくなアントルメ。

このほかマロンを使ったアントルメやプティガトーによくこの名称を用いる。

〈ムラング・オ・ノワゼットの配合と製法〉

卵白……………………………… 5 個分
砂糖…………………………… 250 + 75g
粉乳……………………………… 13g
粉末ヘーゼルナッツ………………… 75g

① 卵白と砂糖 250g を混ぜて泡立て、ムラングを作る。
② 粉乳、粉末ヘーゼルナッツ、砂糖 75g を混ぜ、①に合わせる。
③ オーブンシートの上に丸口金で②を渦巻き

状に絞り、100℃くらいのオーブンで乾燥焼きにする。

〈ムース・オ・マロンの配合と製法〉

パート・ド・マロン（マロンペースト）……500g
バター……175g
生クリーム……200mℓ
ラム……50mℓ

① パート・ド・マロンにバターを混ぜ、ラムを加え、攪拌する。
② 生クリームを泡立て、①と合わせる。

〈ジェノワーズ・オ・ザマンドの配合と製法〉

全卵……250g
砂糖……200g
小麦粉……125g
粉末アーモンド……65g
バター……38g

① 卵と砂糖を泡立てる。
② 小麦粉と粉末アーモンドを一緒にしてふるい、①に混ぜる。
③ バターを溶かして②に混ぜ、型に流して焼く。

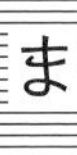

〈その他の配合〉

パート・ド・マロン……適量
ミルクチョコレート……適量
マジパン……適量
ラム……適量
シロップ（ボーメ20度）……適量

マロニエ

〈仕上げ〉

① セルクルの底に台紙を用意する。
② その上に乾燥焼きにしたムラング・オ・ノワゼットをのせる。
③ ムース・オ・マロンを渦巻き状に絞る。
④ 薄切りにしたジェノワーズ・オ・ザマンドをのせ、ラム入りシロップを打つ。
⑤ もう一度ムース・オ・マロンを絞り、その上にムラング・オ・ノワゼットをのせる。
⑥ セルクルの縁までムース・オ・マロンを絞り、パレットナイフで平らにし、冷やして固める。
⑦ セルクルをはずし、ミルクチョコレートで被覆する。
⑧ 同じチョコレートでmarronnierの文字を絞り出して描く。
⑨ パート・ド・マロンで作ったマロンをチョコレートで被覆して上面にのせ、マジパン製の葉を添える。

マロン　marron（仏）

→栗

マロン・グラッセ　marron glacé（仏）

栗の糖菓。

糖液に漬けて、糖衣する。大粒の形のいい栗を選び、やわらかく煮たのち、徐々に糖液をしみ込ませて、全体をフォンダンまたはグラス・ア・ローで被覆する。製造中に壊れやすく、完成に時間がかかるため、たいへん高価なグレードの高い菓子。近年は量産されるようになった。なお、これを作ったのはアントナン・カレームとされている。当時栗はあまり裕福ではない人々の食べ物とされていたが、それをあえて使い、珠玉の菓子に仕立てたところに彼の天才製菓人といわれる所以がある。なお製造途中で壊れたものを使ってマロン・ペーストができ、それを用いてモンブランが生まれた。

〈製法〉

① いがをむくと3粒の栗が出てくるが、中央のものは使わずに、左右の形のととのったものを使用する。
② 底の部分を残して鬼皮をむく（煮詰めてゆくときに形がくずれないため）。
③ 鍋に移し、栗が隠れるまで水を入れる。
④ 中火で約半日（12時間）煮る。渋が出るので、その間3～4回湯をとりかえる。
⑤ 指で押してへこむくらいまでやわらかくする。
⑥ 栗の底（鬼皮むきのとき残しておいた部分）からナイフで上のほうに向けて、薄くはぐように渋皮をむく（栗の表面に傷をつけないように注意する）。
⑦ 糸で栗をたすきがけに縛る（煮詰め工程中のこわれを防ぐため、ガーゼで包む方法もある）。
⑧ 糖液排出用のコックのついた容器を用意し、

その中に栗を入れる。

⑨ ヴァニラ・ビーンズとラムを入れたボーメ20度の糖液を入れ、100℃にして電源を切ったオーブンに一晩入れておく（殺菌と糖液を栗になじませるため）。

⑩ 一度糖液を抜く。グラニュー糖を加えてボーメ21度の糖液を作り、容器の栗に注ぐ。

⑪ この糖液を一度抜きとり、再び沸騰させてから注ぎ直す。

注：栗が冷めているので糖液の温度が下がり、新しい糖液が充分しみ込まないので、同じ作業を二度繰り返す。

⑫ 一昼夜放置する。

⑬ 毎回糖度を1度ずつ上げて、同じ作業を繰り返し、ボーメ32度まで上げる。

⑭ 次にこれを30度まで落として保存する（32度では製品が結晶化してしまう）。

〈仕上げ方法Ⅰ〉

① 漬け込みに使用したシロップに砂糖を加えて、111℃まで煮詰める。

② 漬け込んだ栗を入れ、中心まで熱が伝わるように弱火にかける。

③ 同じ液を攪拌して薄いフォンダンを作り、栗をフォークでこの中に通す。

④ 金網の上に置いて乾燥させる。

〈仕上げ方法Ⅱ〉

① 栗のシロップを切って金網の上に置き、オーブンの中に入れて、さっと熱をつける（焼かずに表面を乾かす程度でよい）。

② グラス・ア・ローを作り、栗を被覆する。

③ 網の上に置いて乾燥させる。

マンケ　manqué（仏）

フランス菓子。

→ビスキュイ（ビスキュイ・マンケ）

マンゴー　mango（英）

▶mangue（仏）マング / Mango（独）マンゴ

トロピカルフルーツの一種。

原産地は東インドで、インドや東南アジア、西インド諸島その他で広く栽培されている。

有史以前から栽培されており、果樹としては世界最古の歴史を持つもののひとつとされる。

生のままデザートに、またムース、シャーベットなどに用いるほか、ジャムなども作る。

マンゴスチン

▶mangosteen（英）マンゴスティーン / mangoustan（仏）マングースタン

トロピカルフルーツの一種。

インドやモルッカ諸島、東南アジアなどで栽培される。

みかん程の大きさの実の中に大きな種子があり、果肉はフランボワーズに似た香りを持つ。やや渋みを持つがさわやかな味で、果物の女王と呼ばれている。

生でデザートや各種アントルメにも利用される。

日本には、植物防疫法によって冷凍したものだけが輸入されている。

マンゴープリン（香港）

香港や横浜の中華街で親しまれているデザート菓子。プリンと呼んではいるもののゼリー状のもので、1995年に日本において全国的に流行した。

マンゴープリン

〈配合〉 直径7cmプリン型6個分

マンゴー	3～4個
粉ゼラチン	15g
水	75＋300mℓ
砂糖	60g
レモン果汁	8mℓ
プレーンヨーグルト	150g
生クリーム	適宜
砂糖	適宜
ミントの葉	適宜

〈製法〉

① マンゴーは皮と種をとって、飾り用に少し取り置き、残りはこし器で裏ごしして150g用意する。

② ゼラチンを水75mℓでふやかし、湯煎で溶かす。

③ 鍋に水300mℓと砂糖を入れて沸騰させ、火から降ろして①を加え、②も加えて裏ごしする。
④ ③を冷水につけてよく冷やし、レモン果汁を加える。
⑤ ④にヨーグルトを加えて混ぜる。
⑥ ⑤を型に流し入れ、冷蔵庫で冷やし固める。
⑦ ⑥の型を湯につけて中身を取り出し、皿にのせる。
⑧ 砂糖を加えて泡立てた生クリームを絞り袋に詰め、⑦の上に絞る。
⑨ ①のマンゴーの角切りをのせてミントの葉で飾る。

マンダリーネン・エッケン　Mandarinen-Ecken（独）

一口チョコレート菓子。

みかんの果汁入りガナッシュを平らに延ばし、抜き型で半円形に抜いて、チョコレートで被覆する。上面には三本歯フォークの跡をつけたり、オレンジピールをのせるなどして飾る。

マンダリン　mandarin（英）

▸mandarine（仏）マンダリーヌ / Mandarine（独）マンダリーネ

中国を原産地とする、みかんに似た柑橘類の一種。ヨーロッパではスペインやアルジェリアで多く栽培されている。製菓材料として広く使われ、糖菓、グラスなど、広い分野に利用されている。シロップ煮にした缶詰が作られ、アントルメ、シャーベット、アイスクリームなどに用いられる。

マンディアン　mendiant（仏）

マンディアン

「托鉢」という名のチョコレート菓子。5～6cmの平たく丸い形に流したチョコレートのプレートに4色のドライフルーツを乗せて固めたもの。この4色とは、カトリックの4つの会派を著したもので、アウグスチノ会の色に似たレーズン、カルメル会の色に似たヘーゼルナッツ、ドミニコ会のアーモンド、フランシスコ会の干しいちじくの4種をのせて作る。ただ近頃はこのことにこだわらず、彩りのよいものをのせることも多くなってきた。

マンテカード　mantecado（西）

香料やナッツ類をたっぷり使ったビスケット。パスタ・マンテカーダともいう。

マンデル・アイヴァイスマッセ　Mandel-Eiweißmasse（独）

卵白を充分泡立て、砂糖、粉末アーモンドを混ぜた生地の名。マンデルはアーモンドの意。

フランス菓子でシュクセまたはジャポネと呼ぶ系統のものである。

マンデルクレーム　Mandelcreme（独）

▸crème d'amandes（仏）クレーム・ダマンド / almond cream（英）アーモンドクリーム

粉末アーモンド、バター、砂糖、卵を混ぜたクリーム。

→クリーム（アーモンドクリーム）

マンデルケファーヒェン　Mandelköfferchen（オーストリア）

薄切りアーモンドを振りかけて焼き上げたフイユタージュに、生クリームとサワーチェリーをはさんだオーストリアの銘菓。マンデルはアーモンド、ケファーヒェンは小さなトランクの意味。

〈配合〉

生地
- フイユタージュ……適量
- 薄切りアーモンド……適量

フィリング
- サワーチェリー（缶詰）……200g
- 上記缶詰のシロップ……70mℓ
- 砂糖……30g
- 粉末ミックスパウダーまたはコーンスターチ……15g

クリーム
- 生クリーム……300mℓ
- 粉糖……30g

〈製法〉

① フイユタージュを厚さ5mmで14cm × 20cmに延ばし、4等分に切る。
② 表面に溶き卵を塗る。
③ 薄切りアーモンドを散らし、200 ～ 220℃のオーブンで約20分焼く。
④ サワーチェリーのシロップと砂糖を鍋に入れて沸騰させ、水15mℓで溶いたミックスパウダーを加え、とろみが出たら火から降ろす。
⑤ ④にサワーチェリーを入れ、冷ます。
⑥ ③をそれぞれ2枚にスライスする。
⑦ 下の1枚の上に、粉糖を入れて泡立てた生クリームを、縁に沿って絞る。
⑧ ⑦の内側に⑤を詰め、上の1枚をのせ、2枚を1組にする。
⑨ 粉糖を上から軽く振って供する。

マンデルコッホ　Mandelkoch（オーストリア）

オーストリアのレオポルト一世が好んだという、アーモンド風味のデザート菓子。

マンデルコッホ

〈配合〉

卵	8個
ゼンメル	40g
粉糖	80g
赤砂糖	120g
薄力粉	100g
刻みアーモンド	160g
レモン果皮	少々

注：ゼンメルとは白パンのことで、これの固くなったものを使用。

〈製法〉

① 卵を卵黄と卵白に分け、そのうちの卵黄と粉糖、レモン果皮を一緒にして攪拌する。
② 卵白を充分泡立て、赤砂糖を少しずつ加えてメレンゲを作る。
③ ②の1/3と薄力粉、刻みアーモンド、砕いたゼンメルを混ぜる。
④ ①と③を混ぜ、残りの②を合わせて容器に詰め、180℃のオーブンで約45分焼く。

マンデルシュニッテ　Mandelschnitte（オランダ）

マルツィパンローマッセ入りの生地をチョコレートで被覆した菓子。

マンデルシュニッテ

〈マンデルマッセの配合と製法〉

砂糖	250g
バター	250g
マルツィパンローマッセ	200g
全卵	180g
塩	少々
レモン果皮	適量
レモン果汁	適量
小麦粉	150g
コーンスターチ	150g

① マルツィパンローマッセ、バター、砂糖を混ぜる。
② 卵を溶いて少しずつ加える。
③ 塩、レモン果汁、レモン果皮を加える。
④ 小麦粉とコーンスターチを一緒にふるい、③と混ぜる。

〈ミュルベタイクの配合と製法〉

バター	150g
粉糖	75g
小麦粉	225g
塩	少々

① バターと粉糖を混ぜる。
② 小麦粉をふるい、塩を混ぜ、①に混ぜて冷蔵庫で休ませる。

〈仕上げ〉

① ミュルベタイクを厚さ3mmに延ばし、半焼きにする。2枚用意する。
② アプリコットジャムを塗る。
③ マンデルマッセを流し、180℃のオーブンで焼く。
④ 冷めたらラズベリージャムを塗って2枚重ねにする。
⑤ 10cm × 4cmに切り、溶かしたチョコレートでカヴァーする。
⑥ 表面に軽く焼いて刻んだアーモンドを振りかけて飾る。

マンデルシュプリッター　Mandelsplitter

（スイス）

アーモンド風味のクッキーの一種、あるいはアーモンドにチョコレートをかけた菓子。

〈クッキーの製法〉

① 薄切りアーモンド、粉糖、オレンジピール、チェリー、小麦粉、卵白などを全部一緒に混ぜて、軽くローストする。
② ①をスプーンでテンパンに小さく盛り、中火のオーブンで焼く。

〈一口チョコレート菓子の製法〉

① 細切りアーモンドに溶かしたチョコレートをからめる。
② ひとつまみずつまとめて紙の上に置き、固まらせる。

マンデル･ヌーガト　Mandel-Nugat（独）

製菓副材料の一つ。一口チョコレート菓子のセンターやスポンジケーキ類、あるいはクリームの風味づけなどに用いられる。砂糖を溶かし、同量のアーモンドを混ぜて、脂が出るまでローラーで挽いたものに、チョコレートまたはカカオバターを加えて、切り分けられるほどのかたさにしたもの。

マンデルベルク　Mandelberg（独）

飾り菓子。

マカロンの種を大小のリング型に絞って焼き、同サイズのものを積み上げる。スウェーデンやノルウェー、デンマーク等北欧の国々にあるクランセカーカに通じるものである。

マンデルホーニッヒシュニッテ　Mandelhonigschnitte（独・スイス）

蜂蜜とアーモンド入りの焼き菓子。切り菓子として供する。

ミュルベタイクに蜂蜜と生クリームで煮詰めた細切りアーモンドを広げ、焼いたあと長方形に切り分ける。下の面と側面をチョコレートで被覆することもある。

〈配合〉

ミュルベタイク……800g
蜂蜜……80g
砂糖……160g
バター……120g
生クリーム……200mℓ
細切りアーモンド……320g

〈製法〉

① ミュルベタイクを50cm × 30cmに延ばしてテンパンに敷き、空気抜きの穴をあけて半焼きにする。
② 蜂蜜、砂糖、バター、生クリームを一緒にして火にかけ、110℃まで煮る。
③ 細切りアーモンドを②に加える。
④ ミュルベタイクの上に平らに塗り、200℃のオーブンで焼く。
⑤ 冷めたら長方形に切り分ける。チョコレートをつける場合は溶かしたチョコレート液に一つずつ浸し、上面を残して下の面と側面にチョコレートをつける。

マンデルホーニッヒシュニッテ

マンデルマッセ　Mandelmasse（独）

マルツィパンともいう。マジパンのこと。

→マジパン

マンデルミルヒ　Mandelmilch（独）

▶ lait d'amande（仏）レ・ダマンド / almond milk（英）アーモンド・ミルク

→レ・ダマンド

マンナ　manna（英）

旧約聖書の「出エジプト記」に出てくる奇跡の食べ物。イスラエル人が荒野をさまよっている間、天から授かった食べものといわれる。マナともいう。

現在、中東イラクではこの名の菓子が売られている。黄色透明のルッバーン（乳香、カンラン科の樹脂）を原料にした、求肥（ぎゅうひ）に似た菓子である。3cmくらいに切り分けてあり、独特の香りが好まれている。

み　ミ

ミエ、ジャン　Millet, Jean

（1928-）フランスの製菓人。多くの製菓人同様、学業を修めた後菓業界に入り、カナダに渡って腕を振るった。帰国後、パリ20区に店を開いていた親友のジャン・ベッケルJean Beckerの助けを借りて、パリ7区の聖ドミニク通り（rue Saint Dominique）に「ミエMillet」を開業。伝統を踏まえた上でのより軽く口当たりよく、胃に負担をかけないという、いわば新しい流れに沿ったヌーヴェル・パティスリーを率先して実行。若手の旗手たるエルグァルシュやペルティエの理解者にして強力な後見人をも務めた。またスイスに遅れをとっていたチョコレートの技術を高め、機械化を押し進め、ひととき日本にまで輸出を行った。1977年、当時49歳の若さでフランス全土の製菓組合の会長に推されて就任。それまではこの世界も官僚的色彩が強く、歴代高齢の政府関係者がその地位に就いていた。全国に点在するさまざまな組織を統合し、また自らが会長を務めるモットドールMotte d'or（純良材料のみを使って作る菓子屋の店主の会）をレ・メートル・パティスィエ・ド・フランスと改称した後、これもフランス製菓組合（la Confédération National de la Pâtisserie - Confiserie - Glacerie - Chocolaterie de France）に統合して、ひとつにまとめ上げた。なお、モットドールにおいては、失われてしまった古き良きお菓子を発掘する提案をし、1800年代前半のタルト・シブーストtarte Chiboustを再び世に送り出した。1984年には、念願であったフランス国立製菓学校をリヨン近郊のイッサンジョーに、政府より譲り受けた古城を改築して開校。なお、同氏は大の親日家にして、来日は数十度に及び、日本の洋菓子技術の向上に大きく寄与する一方、日仏の文化交流と親善に深く貢献を果たしていった。

みかん

▶mandarin（英）マンダリン、satsuma（英）サツマ / clémentine（仏）クレマンティーヌ / Satsuma（独）ザツーマ

皮がやわらかく、中の袋が離れやすい柑橘類の一種。英名のマンダリンは本来中国みかんだが、温州みかんも同名で呼ばれている。種類は多く、他の柑橘類との交配種も多くつくられている。ちなみに温州みかんは江戸時代に薩摩の長島で中国の温州原産種の突然変異で生まれた。製菓面においては各種のアントルメ、ムース、氷菓に幅広く使われている。

ミキサー

▶electric food mixer（英）エレクトリック・フード・ミクサー / batteur-mélangeur（仏）バトゥール・メランジュール / Mixer（独）ミクサー

生地や種を混ぜたり、泡立てたりする器具。目的に応じて羽根をとりかえて使う。泡立てる場合にはワイヤーが何本も張ってあるホイッパーを、かための生地を混ぜるときには太い羽根のビーターを、パン生地のように混ぜながら切り、たたくものには一枚羽根のフックを用いる。回転速度は可変式で、大きさも卓上用から大型までさまざまある。

近年は、ボウルの下を温めながら攪拌する湯煎式、攪拌時間の効率のよい羽根の首振り式、あるいは手と同じ混ぜ方のできるもの、また異物が入らないようにフードが付いているものなど、いろいろなタイプのものが開発されている。少量の生地用には、ハンドミキサーと称する片手で持てるタイプのものもある。

みずあめ　水飴

▶glucose（仏）グリュコーズ / glucose（英）グルコース / Stärkesirup（独）シュテルケジルップ、Traubenzucker（独）トラオベンツッカー

デンプン質を糖化酵素または酸で分解し、糖化した半流動体の甘味。ぶどう糖、麦芽糖デキストリンなどの混合物である。

粘性と保水性があり、菓子などを長期にわ

たってやわらかく保つ効果がある。さらに糖化防止（シャリ止め）の働きもあり、キャンディー作りや飴細工などに使用する。使用目的によって、粘度、甘み、吸湿度などを調節する。なお、製菓用には夏用と冬用があり、夏用はかために、冬用はやわらかめに作られている。

みずだね　水種

小麦粉を用いた水様性の種。水のように上から流れ落ちるほどのやわらかい状態のもので、落とし種とも呼ばれる。ラング・ド・シャやデュシェス、シガレットといった、薄く広がって焼き上がるクッキー類、あるいはクレープなどの種がこれに該当する。小麦粉をほとんど用いず、卵主体の種で、タルトやタルトレットに流し込んで焼き上げるいわゆるフィリング用のものは流し種と呼び、微妙に使い分けている。

ミゼラブル　misérable（ベルギー）

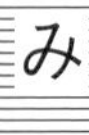

シュクセやプログレと呼ばれる粉末アーモンドを用いた生地にクレーム・ムスリーヌ（バタークリームとカスタードクリームの混合クリーム）をサンドした菓子。この菓子の開発当初、カスタードクリームを作る時に牛乳を買うお金が足りず、やむなく水を使って作ったので、悲惨ということからミゼラブルと名付けられたという。

みぞれとう　霙糖

南蛮菓子の一種。大田南畝（なんぽ）の書『半日閑話』に、これを三国一とほめ上げて「こりゃあ、あまい、あんけら、こんけら糖……」と歌いながら、壺を肩から下げて売り歩いていた様が記されている。この様子と表記から水飴の類とも思われるが、実体は分かっていない。

ミトション（日）

明治から大正時代にかけての日本の製菓用語で、マジパンを意味する。

マジパンはやわらかく可塑性があるため、動物や花などいろいろなものを形づくることができる。すなわちイミテーションを作るということで、フランス語のイミタシオンが転訛してミトションと呼ばれるようになったものである。

ミートパイ　meat pie（英）

牛、豚、鶏等の肉を種々に味付けしてフイユタージュで包み焼き上げたもの。

〈配合〉7cm 8個分

フイユタージュ

強力粉……100g
薄力粉……50g
バター……150g
塩……3g
水……60～70mℓ

フィリング

牛、豚または鶏肉……100g
玉ねぎ……1/2個
薄力粉……9g
トマトケチャップ……45mℓ
ウスターソース……15mℓ
塩……少々
胡椒……少々
水……50mℓ
サラダオイル……15mℓ
溶き卵……1個分

〈製法〉

フイユタージュ

① 強力粉と薄力粉を合わせてふるい、よく冷やしてサイコロ状に切ったバターをその中に入れ、カードで刻むようにし、そぼろ状にする。
② 中央にくぼみを作り、塩を溶かした水を加えて混ぜる。
③ ひとまとめにし、ラップで包んで冷蔵庫で1～2時間休ませる。
④ 打ち粉をしながら③を長方形に延ばして三つ折りにし、向きを変えて再び長方形にして三つ折りにし、ラップで包んで冷蔵庫で休ませる。
⑤ 再び三つ折りを2回行い、冷蔵庫で休ませる。

フィリング

① 肉類を細かく刻む（ミンチする）。
② 他の材料と合わせ、よく混ぜる。
③ 適度な大きさに手でまとめる。

仕上げ

① フイユタージュを厚さ3mmに延ばし、直径8cmの抜き型で16枚抜く。
② 1枚の中央にフィリングをのせ、周りに刷毛で水を塗って、もう1枚をかぶせるようにのせる。
③ 縁を上から軽く押さえ、周囲をナイフで押さえるようにして菊型にする。
④ 溶き卵を上面に塗り、ナイフで風車状に切れ目を入れて、数か所に空気抜きの穴をあける。
⑤ テンパンにのせ、170℃のオーブンで約20

分焼く。

みやざきじんざえもん　宮崎甚左衛門
→中川安五郎・宮崎甚左衛門

ミヤスー　millassou（仏）
フランス南西部で親しまれている、とうもろこしの粉をおかゆ状にして固めたデザート菓子。料理から派生した菓子の原点的なもののひとつといえよう。地域によってさまざまなタイプのものが作られ、呼び名も異なってつけられている。たとえばラングドック地方やガスコーニュ地方ではかぼちゃ入りのミヤスーmillassou、コニャック地方ではレーズン入りのミヤ milla またはミヤスー millassou、ミディ・ピレネー地方ではやや堅めの状態のミヤス millas またはミラスー milhassou などがある。

ミヤスー

ミヤール・ドーヴェルニャ　millard auvergnat（仏）
フランス・オーヴェルニュ地方のクラフティ。タルト型か陶製の器にさくらんぼを詰めて、牛乳、生クリーム、卵、砂糖等を混ぜた溶液を流し、焼き上げる。

〈配合〉

卵	小3個
薄力粉	100g
グラニュー糖	120g
牛乳	250mℓ
生クリーム	250mℓ
ヴァニラ	少々
塩	少々
さくらんぼ	適量
粉糖	適量

〈製法〉

① 薄力粉とグラニュー糖を合わせてふるい、溶いた卵と混ぜる。
② 生クリーム、牛乳、ヴァニラ、塩を一緒にして火にかけ、沸騰直前で火から降ろして①に少しずつ加え混ぜる。
③ 枝と種を取ったさくらんぼを容器の中に詰め、②を流し込む。
④ 180℃のオーブンに30分ほど入れ、表面に粉糖をふって、再びオーブンに入れて焼く。

ミヤール・ドーヴェルニャ

ミュゲ　muguet（仏）
すずらんの意。フランスでは5月1日は「すずらんの日 Fête de muguet」といい、愛する人にすずらんを贈る習慣がある。この日はすずらんをデザインしたアントルメやプティガトーなど、さまざまな菓子が店頭に並び、初夏の訪れを祝う。香り高いすずらんは、フランスでは「森のミュゲ」「五月のミュゲ」と呼ばれている。旧約聖書の雅歌の“私はシャロンのバラ、谷の百合です”という詩の“谷の百合”がヨーロッパの北国ではすずらんであると考えられていたことによるためだと思われる。ドイツでは「五月の花」「五月の小さな鐘」と呼ばれ、鈴のような花が段々に咲くので「天国への階段」という名前もつけられている。またすずらんは、春が戻ってきたことも表し、この花束を贈られた人に幸運が訪れるともいわれている。結婚式に花嫁がブーケとしてこの花を手に持つのもこうしたところに由来している。ちなみに花言葉は「幸運が戻ってくる」という意味や「意識しないやさしさ」「純粋」「デリカシー」となっている。

ミュルベゲベック　Mürbegebäck（独）
▸ four sec（仏）フール・セック / cookie（英・米）クッ

キー
焼き菓子。テーゲベックともいう。

ミュルベタイク　Mürbeteig（独）

▶pâte sucrée（仏）パート・シュクレ / sweet short paste（英）スウィート・ショート・ペイスト

甘みのあるビスケット生地の呼称。ミュルプタイク Mürbteig ともいう。絞り用のやわらかい生地はシュプリッツミュルベタイクという。

〈配合〉

バター	500g
砂糖	250g
レモン果皮	少々
塩	少々
ヴァニラ	少々
卵黄	50 ～ 100g
小麦粉	750g

〈製法〉

① バターに砂糖、レモン果皮、塩、ヴァニラを加えてすり合わせる。
② 卵黄を入れて混ぜる。
③ 小麦粉を混ぜ、生地をまとめる。
④ 冷蔵庫で休ませたあと、もんで均質の状態にする。求める菓子に応じて使う。

みょうばん

硫酸カリウムアルミニウム 12 水和物のことで、これを焼いたものが焼きみょうばん。食品添加物として認められた膨張剤の一種である。洋菓子ではあまり使わないが、和菓子界では伝統的に使われてきた。冷水に溶けにくく、50℃以上で反応するため、遅効性膨張剤として便利に使われる。漂白作用もあるため、蒸し饅頭などにも利用される。

ミラベル　mirabelle（仏）

▶mirabelle plum（英）ミラベル・プラム / Mirabelle（独）ミラベレ

西洋すももの一種。

梅の実くらいの大きさの黄色の果実で、やわらかく、高い香りと甘みがある。フランスのアルザスやロレーヌ地方が特産地として知られている。

菓子店では、収穫のシーズンは生のものを、それ以外にはシロップ煮の缶詰のものを使い、タルトやタルトレットにする。また、ジャムやフルーツブランデーなどに利用されている。

ミルク・ファッジ　milk fudge（英）

牛乳、砂糖、バターで作るキャンディー。イギリスの家庭菓子。

ミルク・ファッジ

〈配合〉 18cm 角 1 枚分

牛乳	150mℓ
グラニュー糖	450g
バター	60g

〈製法〉

① 鍋に全部の材料を一緒に入れて火にかけ、125℃まで煮つめる。
② 火から降ろして鍋底を冷水につけて温度の上昇を止め、そのまま混ぜながら温度を落とす。
③ 冷水からはずし、強く攪拌して、白濁したクリーム状にする。
④ 油を塗ったバットに流して、冷ます。
⑤ 固まり切らないうちに、好みの大きさに切り分ける。

ミルクレープ　mille-crêpes（仏）

→クレープ

ミルティーユ　myrtille（仏）

▶blueberry（英）ブルーベリー / Heidelbeere（独）ハイデルベーレ

→ブルーベリー

ミルヒクレーム　Milchcreme（独）

▶crème pâtissière（仏）クレーム・パティスィエール / custard cream（英）カスタード・クリーム

カスタードクリームのこと。ヴァニレクレームともいう。

→クリーム（カスタードクリーム）

ミルヒラームシュトゥルーデル
Milchrahmstrudel（オーストリア）
クリームテイストのシュトゥルーデル。
→シュトゥルーデル

ミルフイユ　mille-feuille（仏・英）
▶Cremeschnitte（独）クレームシュニッテ
フイユタージュ（通称パイ生地）にカスタードクリームをはさみ、表面に粉糖やフォンダンをかけたもの。ミルは千、フイユは葉、すなわち千枚の葉という意味である。フイユタージュ生地を焼き上げると、バターと小麦粉が層状になり、木の葉が重なったような状態になるところから、この名がついた。

ミルフイユ

ミルフイユはフランスの著名な製菓人、ルージェの得意とするものであったと伝えられ、また美食家のグリモ・ド・ラ・レイニエール（1758-1838）は、ミルフイユを「天才によって作られ、最も器用な手によってこねられたものに違いない」と言っている。そして1807年1月13日、彼の編集する『食通年鑑（Almanach des gourmands）』の食味鑑定委員会のもとに、ミルフイユは鑑定にかけられ、判定は「これをたとえるなら、幾重にも重ねられた葉のようだ」という内容であった。以後、パリでもてはやされた。
現在では、さまざまな形と名称を持つミルフイユがある。通常3枚のフイユタージュにクレーム・パティシエール（カスタード・クリーム）をはさみ、上面に粉糖を振りかけたものから、フォンダンがけにチョコレートの線で矢羽根模様に飾ったものなどが作られている。

■ **ミルフイユ・オ・フレーズ　mille-feuille aux fraises**
いちごを使ったミルフイユ。
〈製法〉
① 焼き上げたフイユタージュの上に、へたをとったいちごを並べる。
② 加糖して泡立てた生クリームを厚めに塗る。
③ フイユタージュをのせ、冷やして固める。
④ 上面に熱したラズベリージャムを塗る。
⑤ いちごとマジパンで作った葉をのせる。

■ **ミルフイユ・グラッセ　mille-feuille glacé**
フォンダンがけにしたミルフイユ。
〈製法〉
① フイユタージュを厚さ2mmに延ばす。
② テンパンに敷き、空気抜きの穴をあけて、200℃で焼く。
③ 3枚に切り、間にヴァニラ入りのカスタードクリームをはさんで重ねる。
④ 上面にフォンダンをかけ、チョコレートの線で矢羽根模様をつける。
⑤ 適宜な幅に切り分ける。

■ **ミルフイユ・ブラン　mille-feuille blanc**
白く仕上げたミルフイユ。ビスキュイやジェノワーズ生地を用いる。
〈製法〉
① 2枚のフイユタージュ生地と同サイズのビスキュイかジェノワーズ生地を用意する。ビスキュイ生地にはキルシュ入りシロップを打つ。
② バタークリームとカスタードクリームを半々にし、キルシュで風味づけしたクリームを作り、フイユタージュ1枚に塗り、ビスキュイを重ねる。
③ 同じクリームを塗り、フイユタージュを重ね、粉糖と刻んだピスタチオを振る。
④ 適宜に切り分ける。

■ **ミルフイユ・ロン　mille-feuille rond**
丸い形のミルフイユ。
〈製法〉
① 焼き上げたフイユタージュを丸く切り整え、3枚用意する。
② カスタードクリームを塗って積み重ねる。
③ 菊型と丸型の抜き型を使って抜いたフイユタージュの小さなリングを別に焼き、②の上面の周囲にぐるりと飾る。
④ 側面にカスタードクリームを塗り、刻んだフイユタージュをまぶす。上面に粉糖を振りかけて仕上げる。

ミルリトン・ド・ルアン　mirliton de Rouen（仏）
タルトレットの一種。ルアンの銘菓。ミルリトンとは葦笛をさす。コルネ型にクリームを詰めた同名の菓子もある。

〈配合〉

フイユタージュ……………………………… 適量
全卵……………………………………………100g
砂糖……………………………………………80g
生クリーム…………………………………100mℓ
ヴァニラ……………………………………少々
塩………………………………………………少々
粉糖……………………………………………少々

〈製法〉

① フイユタージュを厚さ2mmに延ばし、タルトレット型に敷く。
② 卵、砂糖、生クリーム、ヴァニラ、塩を混ぜて、型の高さの3/4まで流し入れる。
③ 上から粉糖を振り、中火のオーブンで焼く。

ミルリトン

ミロワール　miroir（仏）

クッキーの一種。鏡の意味。アーモンドクリームを絞って焼き、その中央にアプリコットジャムを塗り、フォンダンやグラス・ア・ローを塗り重ねて光沢をつける。この他にも表面に光沢のある菓子や料理によくこの名がつけられる。

〈配合〉

マルツィパンローマッセ……………………250g
卵白……………………………………………適量
刻みアーモンド………………………………適量
アーモンドクリーム…………………………適量
アプリコットジャム…………………………適量
フォンダン……………………………………適量

〈製法〉

① マルツィパンローマッセに適量の卵白を加え、絞れる程度のやわらかさにする。
② 紙の上に楕円に絞る。
③ 刻みアーモンドを振りかけ、一晩放置して乾かす。
④ 中央にアーモンドクリームを、縁を残して絞り、強火のオーブンで約10分間焼く。
⑤ 焼けたらすぐに紙とテンパンのすき間に水を流し込み、はがれやすいようにする。
⑥ はがして冷ましたら、中央のアーモンドクリームの上に、熱したアプリコットジャムを塗る。
⑦ ジャムの上にフォンダンを塗り重ねる。

ミロワール

ミンス・パイ　mince pie（英）

→ミンスミート・パイ

ミンスミート・パイ　mincemeat pie（英）

イギリスで親しまれている皿状の菓子。単にミンス・パイとも呼ばれている。特にクリスマス時には、プラム・プディング同様これを食卓に飾って祝う。イエス・キリストの誕生を祝うために東方から3人の博士が黄金、没薬、乳香をたずさえてやってきたとの話があるが、そのうちの没薬というのは、木の実や油を混ぜたミルラと呼ばれる香りのよい植物性の樹脂のことで、これがミンスミート・パイの起源といわれている。このパイは古くより果実類や肉にスパイスと甘味を加え、それをビスケット生地やパイ生地（フイユタージュ）で包み、ゆりかごの形に作られていた。そして上面に切り口をつけ、そこにイエス・キリストを表す小さな像を入れて焼き上げていた。すなわち美味なものを詰めたゆりかごの中に、自らの信ずる神の子を安置させ、その誕生を祝っていた。

ところが過激なピューリタン（清教徒）たちによる宗教改革により、偶像崇拝にあたるとして禁止されてしまう。ほどなく復活をとげるが、形はゆりかご形から丸い形に変わっていく。また中に詰める具も、果実類はそのまま引き継がれるが、肉は姿を消し、動物性のものはケンネ脂（牛の腎臓の周りの脂肪）のみになっていった。なお、かつてスパイスを多用したのは、材料に使った肉類などの保存用と思われるが、その習慣はそのまま残り今日に伝えられている。

ミンスミート・パイ

〈配合〉 18cm 1台分

フイユタージュ…………………………… 適量
ミンスミート
　レーズン………………………………… 200g
　カレンズ………………………………… 100g
　刻みアーモンド………………………… 50g
　レモンピール…………………………… 30g
　オレンジピール………………………… 30g
　細かく刻んだ乾燥いちじく…………… 30g
　細かく刻んだりんご…………………… 2個
　牛脂……………………………………… 50g
　砂糖……………………………………… 100g
　シナモン………………………………… 少々
　ナツメグ………………………………… 少々
　ブランデー……………………………… 80mℓ
　ラム……………………………………… 80mℓ

〈製法〉

① ブランデーとラム以外の材料を全部混ぜ、殺菌した密閉容器に入れる。
② ブランデーとラムを加えて混ぜ、冷暗所に3週間以上置く。
③ フイユタージュを厚さ3mmに延ばし、パイ皿に敷いて空気抜きの穴をフォークであける。
④ ③の中にミンスミートを詰め、フイユタージュをかぶせる。
⑤ 上面に卵黄を塗り、中央にナイフで十字の切り込みを入れて、200℃のオーブンで約30分焼く。
⑥ 上から粉糖（分量外）をふりかける。

ミント　mint（英）

シソ科ハッカ属の草木で、その種類は大きく分けて、ペパーミント、スペアミント、そして日本の薄荷の3種類がある。香料として多用されるのは前二者である。ペパーミントは別名メンタ・ピペリタ、和名では西洋はっかと呼ばれている。スペアミントはメンタ・スピカタまたは緑はっかと呼ばれている。このふたつを比べると、ペパーミントの方がやや大きく、また葉が茎から生えている。スペアミントは茎から出た柄の先に葉が生える。味はペパーミントはやや苦味を伴った清涼感があるのに対し、スペアミントは苦味がない。使い勝手はほぼ同じで、ミント味が似つかわしい駄菓子類やドロップ、チューインガム、チョコレートなどに使われる。ヨーロッパの菓子類にはミント味は少なく、ミントの葉が飾りに使われたりもするが、圧倒的に多用するのはアメリカで、ケーキ類、アイスクリーム、キャンディー、ゼリービーンズ等々枚挙にいとまがない。日本の薄荷については、前二者に比べて少々苦味が強く、質的にはやや劣るとされるが、用途は同様で、口中の消臭やキャンディーに使われる。

む　ム

ムース　mousse（仏・英）

▶Mousse（独）ムース

ムースは「こけ」という意味と「泡」という意味がある。こけのようにやわらかく、泡のように軽い菓子ということである。多くの気泡を持つムラングや泡立てた生クリームを主体として、種々の味つけをし、あくまでもやわらかく軽く仕上げる。

近年、冷凍技術が著しく進歩し、さまざまな冷菓が容易に作られるようになった。さらに現代の嗜好は、よりあっさりとした口当たりのよい食感、胃に負担をかけないものを求める傾向に移行した。ムースはこれらの好みに一致し、ヌーヴェル・パティスリーと呼ばれる一群の菓子類の主役を担うまでになっていった。

ムースとバヴァロワの違いは、バヴァロワは軽く泡立てた生クリームをベースに、水分の3%ほどのゼラチンで保形性を与えているのに対し、ムースは主にムラングの気泡を中心とするが、ときには泡立てた生クリーム、またはそれらの併用で作る。基本的には気泡で生地をやわらかく支えて保たせ、ゼラチンは混入しない。

しかし、容器なしの提供やテイクアウト用の場合には、最低限度内、水分全体量に対して上限1.5%くらいのゼラチンを混入している。
容器に詰めて凍結し、氷菓に仕立てたムースはムース・グラッセと呼ぶ。
基本的なムースについて記す。

■ **ムース・ア・ロランジュ　mousse a l'orange**
オレンジのムース。
〈製法〉
① オレンジのピューレをもとにムース・オ・フリュイ（Ⅰ、Ⅱ、Ⅲいずれかを参照）を作る。
② ジェノワーズを薄切りにして3枚用意し、それぞれにグランマルニエまたはコワントロー入りのシロップを刷毛で打つ。
③ セルクルにジェノワーズを敷き、ムースをはさんで重ね、上面にムースを詰める。
④ 上にオレンジの薄切りをのせ、冷やして固め、型から抜く。

■ **ムース・ヴァニーユ　mousse vanille**
〈配合〉
生クリーム……1000g
ヴァニラ……少々
ボーメ30度のシロップ……500mℓ
ゼラチン……15g
洋酒、コーヒー、チョコレート……いずれかを適量
〈製法〉
① シロップにゼラチンを加える。
② ヴァニラを入れて泡立てた生クリームと合わせる。洋酒などで風味づけする。
③ 型に流し、冷やして固める。

■ **ムース・オ・カシス　mousse au cassis**
カシスのムース。
〈配合〉
カシス（缶詰）……500g
粉乳……50g
砂糖……50g
卵黄……12個分
ゼラチン……16g
クレーム・ド・カシス……125mℓ
生クリーム……750mℓ
ムラング・イタリエンヌ（カシス風味）
卵白……2個分
砂糖……125g
上記缶詰のシロップ……40mℓ
浸し用シロップ
ボーメ23度のシロップ……300mℓ
上記缶詰のシロップ……100mℓ
クレーム・ド・カシス……50mℓ
その他
ビスキュイ・ア・ラ・キュイエール…3枚
カシスのピューレ……適量
砂糖……適量
クレーム・ド・カシス……適量
〈製法〉
① 缶詰のカシスと粉乳を混ぜて煮る。
② ふやかしたゼラチンを混ぜる。
③ 砂糖と卵黄を合わせ、湯煎にかけて泡立て、②に混ぜて裏ごしする。
④ 生クリームを泡立て、クレーム・ド・カシスを加えて③と合わせる。
⑤ カシスの缶詰のシロップと砂糖を煮詰め、泡立てた卵白と合わせてムラング・イタリエンヌを作る。
⑥ ④と⑤を合わせ、ムースを作る。
⑦ 浸し用シロップの材料を合わせておく。
⑧ シート状に焼いたビスキュイ・ア・ラ・キュイエールに⑦のシロップを打ち、ムースを塗る。
⑨ 同じ作業を繰り返し、3段重ねにして、冷やし固める。
⑩ カシスのピューレを1/3量の砂糖で煮詰め、冷めてからクレーム・ド・カシスでゆるめ、上面に塗る。カシスの実をのせて飾る場合もある。

■ **ムース・オ・シトロン　mousse au citron**
レモンのムース。
〈配合〉
レモン果汁……2個分
砂糖……100＋10＋40g
バター……100g
卵黄……2個分
ゼラチン……8g
水……40mℓ
生クリーム……200mℓ
卵白……2個分
薄切りジェノワーズ……1枚
ソース・オ・シトロン
レモン果汁……1個分
砂糖……50g
卵黄……1個分
ゼラチン……1.5g
バター……25g
〈製法〉
① 水にゼラチンを浸し、ふやかしておく。

② レモン果汁、砂糖100g、バター、卵黄を混ぜて火にかけ、泡立て器で混ぜながら沸騰させる。
③ 火から降ろし、①のゼラチンを入れて人肌まで冷ます。
④ 生クリームに砂糖10gを入れて八分立てにする。
⑤ ③と④を合わせる。
⑥ 卵白を充分泡立て、砂糖40gを加えてしっかりしたムラングを作り、⑤と合わせる。
⑦ 型の底に薄切りのジェノワーズを敷き、その上に⑥を流し、冷やして固める。
⑧ ソース・オ・シトロンを作る。鍋にレモン果汁、砂糖、卵黄、バターを入れ、泡立て器で混ぜて火にかける。混ぜながらとろみを出す。火から降ろし、水でふやかしたゼラチンを入れる。
⑨ ⑦のムースが固まったら、型の周りを手のひらで少し温め、全体を2～3mm下げ、型の上面に空間を作る。
⑩ その空間に冷めたソース・オ・シトロンを流して固める。
⑪ 型からはずす。周りにスポンジ生地の裏ごしをまぶしてもよい。

■ **ムース・オ・ショコラ　mousse au chocolat**

〈配合〉

バター……500g
卵黄……8個分
フォンダン……250g
ビターチョコレート……50g
ムラング台……2枚

ムラング・イタリエンヌ

卵白……8個分
砂糖……500g
水……150mℓ

〈製法〉

① バターをクリーム状にする。
② ①に卵黄、フォンダン、ビターチョコレートをだまにならないよう混ぜる。
③ 卵白、砂糖、水でムラング・イタリエンヌを作り、②と合わせる。
④ セルクルを用意し、ムラング台1枚を入れ、②のムース、ムラング台、ムースの順に重ねて詰める。
⑤ 冷やして固め、型から抜く。
⑥ 溶かしたチョコレートまたはガナッシュをかける。任意で上面に薄く大きく削ったチョコレートを花形に整えて飾る。

■ **ムース・オ・テ・ヴェール　mousse au thé vert**

抹茶のムース。

製品例

〈配合〉 7個分

牛乳……100mℓ
卵黄……1個分
グラニュー糖……20＋25g
抹茶……4g
ゼラチン……7g
水……35mℓ
生クリーム……100mℓ
卵白……1個分

ゼリー

水……75＋15mℓ
グラニュー糖……15g
ゼラチン……3g
抹茶リキュール……10mℓ

仕上げ

生クリーム……少々
砂糖……少々
ピスタチオ……少々

〈製法〉

① 少量の牛乳を卵黄に混ぜる。
② グラニュー糖20gと抹茶を混ぜ、①に加える。
③ 残りの牛乳を加熱し、沸騰直前で火から降ろして②を加える。
④ ③を鍋に移して火にかけ、しゃもじで鍋の底をこすりながらとろみをつける。
⑤ ゼラチンを水でふやかして湯煎で溶かし、④に加えて冷水につけ、冷やす。
⑥ 生クリームを六分立てにして⑤と合わせる。
⑦ 卵白にグラニュー糖25gを加えて泡立て、メレンゲを作る。
⑧ ⑦を⑥と合わせて、器に流し、冷やし固める。

ゼリー

① 水75mℓとグラニュー糖を混ぜて火にかけ、沸騰させて火から降ろす。
② ゼラチンを水15mℓでふやかし、①に加える。
③ 粗熱が取れたら抹茶リキュールを加える。

仕上げ

① ムースが固まったら、ゼリーを流す。
② ①が固まったら、加糖し泡立てた生クリームを絞り、ピスタチオをのせて飾る。

■ **ムース・オ・パッション　mousse au passion**

パッション・フルーツを使ったムース。

〈配合〉

スポンジ台……………………………… 適量
ラズベリージャム…………………… 適量
シロップ……………………………… 適量
キルシュ……………………………… 適量
パッション・ジュース……………… 100mℓ
卵黄………………………………… 2.5 個分
砂糖………………………………………… 25g
ゼラチン…………………………………… 4g
生クリーム………………………… 200mℓ
キルシュ………………………………… 25mℓ

ムラング・イタリエンヌ（パッション風味）
卵白………………………………… 1.5 個分
パッション・ジュース……………… 15mℓ
砂糖………………………………………… 30g

ジュレ・オ・パッション
パッション・ジュース……………… 50mℓ
砂糖………………………………………… 25g
ゼラチン………………………………… 1.5g
キルシュ………………………………… 5mℓ

〈製法〉

① スポンジ台を厚さ 5mm に切る。1 枚をセルクルより一回り小さく切っておく。
② 残りの薄切りスポンジの表面に、煮詰めたラズベリージャムを塗って 2 枚重ねる。
③ ②の周りを切り落として四角形にする。さらに端から 5mm 幅に切り、これを 4cm の長さに切りそろえる。
④ ③の棒状のスポンジをセルクルの内側に沿って縦に並べ、中に①のスポンジを敷いて、適量のキルシュを混ぜたシロップを打つ。
⑤ ゼラチンを水に浸してやわらかくしておく。
⑥ パッション・ジュースに卵黄と砂糖を入れ、弱火にかけてとろみがつくまで煮る。
⑦ 火から降ろし、⑤のゼラチンを入れ、固まる直前まで冷ましておく。
⑧ 生クリームをボウルに入れ、八分立てにしてキルシュを加える。
⑨ ムラングを作る卵白を泡立てる。砂糖とパッション・ジュースを入れて 120℃まで煮詰め、泡立てた卵白に注ぎ込んで、ムラング・イタリエンヌを作る。
⑩ ⑦の中に⑧を入れて混ぜ、続いて⑨と合わせる。
⑪ ⑩を④の中に流し込み、冷やして固める。
⑫ 次にジュレを作る。パッション・ジュースと砂糖を入れて火にかけ、沸騰したら火から降ろし、ふやかしておいたゼラチンを加え、キルシュを加えて冷ます。
⑬ ⑪のムースが固まったら、セルクルの周りを手で温めて全体を 2 ～ 3mm 下げ、⑫のジュレを上面に流し、冷蔵庫に入れる。
⑭ 全体が固まったら、セルクルから抜きとる。

■ ムース・オ・プラリーヌ　mousse aux praline

プラリネ（アーモンドと砂糖を焦がしてペーストにしたもの）のムース。

製品例

〈配合〉 直径 5.5cm のセルクル 10 個分

メレンゲ台
卵白………………………………………… 2 個分
グラニュー糖………………………………… 50g

ムース
バター………………………………………… 50g
卵黄………………………………………… 2 個分
プラリネ……………………………………… 60g
生クリーム………………………………… 50mℓ
卵白………………………………………… 2 個分
グラニュー糖……………………………… 100g

仕上げ
薄切りアーモンド………………………… 少々
粉糖………………………………………… 少々
シロップ（砂糖 2：水 1）…………… 少々

〈製法〉

メレンゲ台
① 卵白とグラニュー糖を一緒にして充分泡立てる。
② ①を丸口金をつけた絞り袋に詰めて、オーブンシートの上にうず巻き状に絞り、130℃のオーブンで約 35 分焼く。

ムース
① バターをクリーム状にし、卵黄とプラリネを混ぜる。
② 生クリームを泡立てて①に混ぜる。
③ 卵白にグラニュー糖を加え、充分泡立てて②と合わせる。

仕上げ
① セルクルにメレンゲ台を詰め、ムースを型の 1/2 まで詰める。
② ①の上に再びメレンゲ台を詰めて表面を平らにし、冷やし固めて型からはずす。
③ 薄切りアーモンドにシロップを塗り、きつね色になるまで焼いてムースの上にのせる。
④ 上から軽く粉糖をふりかける。

■ ムース・オ・フランボワーズ　mousse aux framboise

フランボワーズ使用のムース。

ムース・オ・フランボワーズ

〈配合〉 直径6cmのセルクル12個分

ムース

卵黄……………………………… 1個分
グラニュー糖……………………… 10g
フランボワーズのピュレ……………… 200g
レモン果汁………………………… 5mℓ
粉ゼラチン………………………… 10g
水………………………………… 50mℓ
生クリーム………………………… 150mℓ
ヴァニラエッセンス………………… 少々
フランボワーズリキュール…………… 40mℓ
卵白……………………………… 50g
砂糖……………………………… 65g

ゼリー

粉ゼラチン………………………… 1.5g
水………………………………… 8mℓ
フランボワーズのピュレ……………… 50g
水飴……………………………… 25g

仕上げ

薄切りスポンジケーキ……………… 適量
フランボワーズリキュール…………… 30mℓ
シロップ（水5：砂糖1）…………… 70mℓ
フランボワーズ……………………… 適量
セルフイユ………………………… 少々

〈製法〉

ムース

① 卵黄にグラニュー糖を加え、湯煎にかけてよく泡立てる。
② ①にフランボワーズのピュレとレモン果汁を加える。
③ ゼラチンを水でふやかし、湯煎で溶かして②と合わせる。
④ 生クリームを六分立てにし、ヴァニラエッセンス、フランボワーズリキュールを混ぜて③と合わせる。
⑤ 卵白に砂糖を3回に分けて加えながら泡立て、しっかりしたメレンゲを作り、④と合わせる。

ゼリー

① 粉ゼラチンを水でふやかし、湯煎で溶かす。
② フランボワーズのピュレと水飴を湯煎にかけて混ぜ、①と合わせる。

仕上げ

① スポンジケーキを厚さ5mmに切ってセルクル型で12個抜き、フランボワーズリキュールとシロップを混ぜたものを刷毛で浸す。
② ①をセルクル型に入れてムースを均等に流し、冷蔵庫で1〜2時間冷やす。
③ ②の上面にゼリーを流し、冷蔵庫で冷やし固めた後、セルクルから抜く。
④ ③の上面にフランボワーズ、セルフイユを飾る。

■ **ムース・オ・フリュイⅠ mousse aux fruits**

〈配合〉

生クリーム………………………… 600mℓ
ボーメ30度のシロップ……………… 250mℓ
フルーツピューレ…………………… 250g

〈製法〉

① フルーツピューレにシロップを加える。
② 泡立てた生クリームと合わせる。
③ 型に流し、冷やして固める。

■ **ムース・オ・フリュイⅡ mousse aux fruits**

〈配合〉

ヴァニラ入りカスタードクリーム… 1000g
フルーツピューレ…………………… 1000g
粉糖……………………………… 200g
ゼラチン…………………………… 10g
生クリーム………………………… 2000mℓ

〈製法〉

① フルーツピューレに粉糖を混ぜる。
② 温かいカスタードクリームに、水に浸しておいたゼラチンを加え、冷ます。
③ ①と②を混ぜる。
④ 泡立てた生クリームと合わせる。
⑤ 型に流し、冷やして固める。

■ **ムース・オ・フリュイⅢ mousse aux fruits**

〈配合〉

カスタードクリーム………………… 1000g
ゼラチン…………………………… 10g

ムラング・イタリエンヌ
卵白……………………………6 個分（180g）
砂糖………………………………………350g
水…………………………………………120mℓ
フルーツピューレ……………………800mℓ
生クリーム……………………………1500mℓ

〈製法〉
① フルーツピューレと、卵白、砂糖、水で作ったムラング・イタリエンヌを合わせる。
② 温かいカスタードクリームに、ふやかしたゼラチンを混ぜる。
③ ①と②を合わせる。
④ 泡立てた生クリームを混ぜる。
⑤ 型に流して冷やし固める。

■ **ムース・オ・フロマージュ　mousse au fromage**
クリームチーズを使ったムース状のレアチーズケーキ。
〈配合〉5 人分
クリームチーズ…………………………75g
生クリーム………………………………75g
レモン果汁………………………………10mℓ
卵白……………………………………1 個分
砂糖………………………………………20g
ソース
いちご……………………………………100g
砂糖………………………………………40g
レモン果汁………………………………10mℓ
いちごのリキュール……………………15mℓ
仕上げ
生クリーム………………………………適宜
いちご……………………………………適宜
ミントの葉………………………………適宜

〈製法〉
① クリームチーズを湯煎で柔らかくする。
② 生クリームを七分立てにし、①と合わせてレモン果汁を加える。
③ 卵白に砂糖を加えて泡立て、しっかりしたメレンゲを作る。
ソース
① いちごをこし器で裏ごしする。
② ①に砂糖、レモン果汁、いちごのリキュールを混ぜる。
仕上げ
① 器にいちごのソースを敷き、ソースと同じぐらいの固さに泡立てた生クリームで好みのデザインに絞る（例：スワン）。
② ムースを大きなスプーンですくい、①の上に盛っていちごの薄切りを添え、ミントの葉を飾る。

■ **ムース・オ・マロン　mousse aux marrons**
マロンのムース。
〈配合〉直径 5cm のセルクル 9 個分
メレンゲ
卵白…………………………1 個分（約 30g）
砂糖………………………………………30g
ムース
マロンペースト…………………………250g
バター……………………………………90g
ラム………………………………………25mℓ
生クリーム………………………………100mℓ
上がけゼリー
粉ゼラチン………………………………5g
水…………………………………25 + 60mℓ
砂糖………………………………………10g
仕上げ
マロンペースト…………………………少々
チョコレート……………………………少々

〈製法〉
① 卵白に砂糖を混ぜ、角が立つまで充分泡立てる。
② 絞り袋に丸口金をつけて①を詰め、うず巻き状に絞って、120 ～ 130℃のオーブンで約 25 分乾燥焼きにする。
ムース
① マロンペーストにバターを混ぜ、ラムを加えて攪拌する。
② 生クリームを七～八分立てにして①と合わせる。
上がけゼリー
① 粉ゼラチンを水 25mℓに入れてふやかし、湯煎で溶かす。
② ①に砂糖と水 60mℓを加えて混ぜる。
仕上げ
① セルクルにメレンゲを収め、ムースを少量詰めてメレンゲの小片を埋める。
② ①に残りのムースを詰め、表面を平らにして冷やし固め、上がけゼリーを塗る。
③ マロンペーストを栗の形にし、溶かしたチョコレートでカヴァーする。
④ チョコレートを細いうず巻き状に絞って固める。
⑤ チョコレートを薄く延ばして固め、小片に割る。
⑥ セルクルからムースをはずし、周囲に⑤を

貼って、③をのせ、④をわきに差す。

ムース・グラッセ　mousse glacée（仏）

▸Halbgefrorenes（独）ハルプゲフローレネス／iced mousse（英）アイスト・ムース

氷菓の一種で、型に詰めて凍結させたムース。→グラス（型に詰めて凍結）

ムスリーヌ　mousseline（仏）

なめらかで口当たりのよいクリーム、または口当たりのよい上等な種で焼いた菓子につける名称。

たとえばクレーム・ムスリーヌはカスタードクリームとバタークリームを半々ぐらいに混ぜたもの。ブリオッシュ・ムスリーヌはバターを多めにして焼いた円筒形のもの、さらに卵黄だけで作るジェノワーズを台にしたアントルメをさす。後者の場合､チョコレートや各種リキュールで香りをつけたフォンダンで仕上げる。

ちなみにムスリーヌは布地モスリン（メリンス）に由来するといわれる。

ムッツェン　Mutzen（独）

ドイツのライン地方の揚げ菓子。カーニヴァルのころよく作られる。アーモンド入りの生地を薄く延ばし、小さく切ってから油で揚げる。ムッツェンマンデルンとも呼ぶ。

〈配合〉

砂糖………………………………………350g
全卵………………………………………300g
卵黄………………………………………50g
炭酸アンモニウム…………………………5g
生クリーム………………………………200mℓ
ラム………………………………………40mℓ
ヴァニラ…………………………………少々
レモン果皮…………………………………5g
塩……………………………………………3g
溶かしバター……………………………120g
小麦粉…………………………………1000g
粉末アーモンド…………………………140g
まぶし用
グラニュー糖……………………………150g
シナモン………………………………2～5g

〈製法〉

① 砂糖、全卵、卵黄を温めながら泡立て、40℃になったら冷めるまで攪拌を続ける。
② 炭酸アンモニウムを生クリームに加えて溶かし、①に加える。
③ ラム、ヴァニラ、レモン果皮、塩、溶かしバターを加える。
④ ふるった小麦粉と粉末アーモンドを加え、よく混ぜる。
⑤ 厚さ8mmに延ばし、雨だれの形のムッツェンマンデルンの抜き型で抜きとる。
⑥ 熱した油で揚げる。
⑦ グラニュー糖にシナモンを加えた中に落としてまぶす。

ムッツェン

ムハッラビーヤ　muhallabiyah（アラブ圏）

アラブ、イスラム圏の菓子。

米粉やとうもろこしの粉でとろみをつけたミルククリームのプディング。花の香りをつけてナッツで飾る。

むらいげんさい　村井弦斎

（1863-1927）江戸文学の流れをくむ文筆家にして文化人。

1863年に現在の愛知県豊橋に生まれ、11歳でロシア語を学び、東京外国語大学に入学。体調を崩して退学後、独学で政治、経済、文学などを学ぶ。いくつもの著作を手がけるが、中でも1903（明治36）年に著した『食道楽』は春の巻、夏の巻、秋の巻、冬の巻の全4巻にわたる大書で、大ベストセラーとなった。その中にはシュークリームやアイスクリーム、プデン、ゼリー、スポンジケーキ、ビスケット等々、多くの洋菓子を登場させ、江戸文学の流れをくむごとく、色ごとにひっかけながら解説を加え、詳細に作り方を紹介している。

むらかみみつやす　村上光保

日本におけるフランス菓子の先駆けとされる製菓人。

京に生まれ、御所勤めをしていたが、維新の遷都とともに東京に移り、そのまま奉職を続けていた。1870（明治3）年、明治天皇により重要な宴席には西洋料理を採用との決定が下された。その方針に従い、大膳職という調理面での要職にあるまま、横浜のサミュエル・ペールというフランス人のもとに出向を命ぜられた。料理人にして製菓人である同氏は横浜84番館でホテルを、85番館で西洋菓子店を経営していたが、光保はここで3年間西洋菓子の製造法を学ぶ。研修を終えて、大膳職に復帰した彼は、1874（明治7）年、東京麹町に、文明開化をもじる開新堂（姓をつけて村上開新堂とも）という西洋菓子店を開業。当初は奉職しながらの兼業のため、正式には妻・茂登の名においての旗揚げであった。職を辞して製菓業に専念の後は一層の精進を重ね、その領域はデコレーションケーキから大がかりな洋風工芸菓子、氷彫刻にまで及び、名人の名をほしいままにした。

ムラージュ　moulage（仏）

▶moulding（英）モールディング / Formen（独）フォルメン

型抜き、型取りを表す製菓用語。

たとえばさまざまな型に、溶かしたチョコレートを流し込み、余分なチョコレートを払い、流し出して、固まったら型から取り出す。こうした型取りあるいは型抜きの作業をムラージュという。

ムラモロヴァー・バーボフカ　mramorová bábovka（チェコ）

クグロフ型で焼いたチョコレート味のバターケーキ。バーボフカとは背の低めのクグロフ型の名称。ムラモロヴァは「マーブル模様の」の意味。

〈配合〉

バター……240g
粉糖……240g
卵黄……14個分
レモン果皮……1個分
卵白……14個分
砂糖……240g
小麦粉……380g
ベーキングパウダー……6g
ココア……40g

〈製法〉

① バターに粉糖を加えてよく泡立て、卵黄、レモン果皮を加えて混ぜる。
② 卵白に砂糖を入れて泡立て、ムラングを作る。
③ ②を①に混ぜる。
④ 小麦粉とベーキングパウダーを混ぜてふるい、③に混ぜる。
⑤ ④の1/5に、少量の水で溶いたココアを混ぜる。
⑥ 白黒二色の種をマーブル模様になるように混ぜ、クグロフ型に詰めて焼く。
⑦ 粉糖を振りかける。

ムーラン　moulin（仏）

▶mill（英）ミル / Mühle（独）ミューレ

調理器具。粉ひき器（機）の意味。ナッツや果物、野菜を挽く。

ムーラン

ムーラン・ア・ヴァン　moulin à vent（仏）

風車の意味。デニッシュ・ペイストリーやクロワッサンなどの発酵折り生地を延ばして四角に切り、4か所にナイフを入れて内側に折り、風車のような形に仕上げる。

ムラング　meringue（仏）

▶meringue（英）マラング / Schaummasse（独）シャオムマッセ、Baisermasse（独）ベゼーマッセ、Meringenmasse（独）メリンゲンマッセ

卵白に砂糖を加えて泡立てたもの。通称メレンゲという。口金を使って絞り、乾燥焼きにすると、フール・セックになる。泡立てたものは、他の菓子の一部に使用したり、クリームとして、菓子のカヴァーなどに用いる。また多くの気泡を含んだ食感から、ムース系の種に欠かせない。

ムラングが初めて作られたのは1720年ごろで、一説によると発明したのは、ガスパリー

ムラング類の配合例

単位＝g

	砂糖	卵白	その他	
ムラング・オルディネール	500	180 ～ 360	レモン果汁	コールドの製法
ムラング・スイス	500	180 ～ 240	（微量の酢酸）	ホットの製法
ムラング・シュル・ル・フー	500	180		ホットの製法
ムラング・イタリエンヌ	500	240	水 150	ボイルドの製法
ムラング・オ・フリュイ	500	300	水、フルーツピューレ（アプリコット等）	ボイルドの製法。プティ・カッセ（125 度）まで煮詰めた糖液にピューレを加え、かたく泡立った卵白を合わせる。
ムランガージュ・ア・フロワ	500	300		コールドの製法
ムランガージュ・ア・レスパニョール	500	240		ホットの製法
ショコラーデン・ベゼー	500	180	水 250、チョコレート 50	ボイルドの製法。砂糖と水をプティ・ブーレ（115 度）まで煮詰め、かたく泡立てた卵白に加え、熱をとってから溶かしたチョコレートを混ぜる。
ジャポネ I	500	480	粉末アーモンド 300	40％の砂糖を卵白に加えて泡立て、残りの砂糖とナッツを混ぜ合わせて加える。
ジャポネ II	450	480	アーモンド、ヘーゼルナッツのタン・プール・タン 1000、小麦粉 100	卵白に 150g の砂糖を入れて泡立て、さらに 300g の砂糖を加え混ぜる。そこへふるったタン・プール・タンと粉を合わせる。
ジャポネ III	500	360	粉末アーモンド 215	1/3 の砂糖と卵白を泡立て、かたくなったら、さらに 1/3 の砂糖を加え、最後に残りの砂糖と粉末アーモンドを入れる。
パータ・シュクセ I	500	480	粉末アーモンド 500	ジャポネと同様に作る。
パータ・シュクセ II	400	720	タン・プール・タン 1000、小麦粉 250、卵黄 240、牛乳 250	タン・プール・タンと粉、卵黄と牛乳をよく混ぜ合わせる。卵白に砂糖を入れて泡立て、上記と合わせる。
パータ・シュクセ III	750	510	タン・プール・タン 500、牛乳 100	タン・プール・タンと牛乳を混ぜる。卵白に 150g の砂糖を入れて泡立て、さらに 600g の砂糖を加え、上記と合わせる。
パータ・プログレ	100	360	タン・プール・タン 500、小麦粉 50	卵白を泡立てて砂糖を入れる。タン・プール・タンと粉を合わせてふるい、これと合わせる。

ニというスイスの製菓人で、彼はメリニゲンMehrinyghenというところに住んでいたという。その地名が転訛してムラングになったと伝えられている。なおその場所は不明で、ドイツともスイスともいわれている。

ムラングで作る菓子

製法には、冷、温、糖液使用の3種の方法がある。

冷やしながら作るムラング（コールド）

卵白に少量の砂糖を加え、卵白が泡立ってきたら再び砂糖を加え、充分泡立ったら残りの砂糖を加える。ムラング・フランセーズやムラング・オルディネールと呼ぶ。

ドイツ語ではカルテ・シャオムマッセ、英語ではコールド・ムラングという。

温めながら作るムラング（ホット）

あらかじめ卵白と砂糖全部を一緒に混ぜておき、湯煎または弱火にかけて温めながら攪拌し、泡立てていく方法である。ムラング・スイスやムラング・シュル・ル・フーがこれにあたる。冷やして作る方法より、砂糖がよく溶けているので、よりなめらかなきめの細かいものができ、成形しやすい点に特徴がある。ただしコールドよりしっかりした状態にはなるが、コールドのほうが量は増大する。

糖液使用のムラング（ボイルド）

一方で卵白だけを充分泡立てておき、他方で砂糖に水を加えて煮詰めることを同時に進行させておく。卵白を攪拌しながら、120℃前後まで煮詰めたシロップを加えて作る。ムラング・イタリエンヌがその代表である。ドイツ語ではゲコホテ・シャオムマッセ、英語ではイタリアン・ムラングまたはボイルド・ムラングと呼ぶ。

また、フルーツのピューレを加えたムラング・オ・フリュイは、この製法の変形である。

〈ムラングの基本配合〉

卵白1に対して砂糖が2であるが、配合の許容量は卵白1につき、砂糖1.5～2.3まで幅を持たせることができる。卵白に対して砂糖が少なければ軽い仕上がりになり、多ければ重いものとなる。

ムラング・イタリエンヌなどを含めて、糖液を使う場合、水は砂糖の1/3量が基準となる。

ムラング・ア・ラ・シャンティーイ

meringue à la chantilly（仏）

生クリームをはさんだムラング菓子。

卵白1に対して砂糖2を加えながら充分泡立て、絞り袋で楕円などの形に絞って乾燥焼きにする。2枚の間に適量の砂糖を加えて泡立てた生クリームを絞ってはさむ。双方の持ち味を生かした軽くやわらかい小型菓子である。

ムール　moule（仏）

▶mould（英）モールド / Form（独）フォルム

型。さまざまな形や材質のものがある。

→型

め　メ

メイアシュ・ルーアシュ　meias luas（ポルトガル）

半月形という意味の揚げ菓子で、ポルトガルのヴィアナ・ド・カステロの銘菓。そもそもは同地のサンティアゴ修道院で作られていたという。この菓子の特徴は溶かしバターで揚げられるところにある。

〈配合〉直径9cmの半月形12個分

生地

薄力粉	200g
バター	50g
水	100～120mℓ

フィリング

グラニュー糖……………………………… 150g
水……………………………………… 100mℓ
刻みアーモンド………………………… 75g
コーンスターチ………………………… 50g
卵黄…………………………………… 6 個分
バター
サラダオイル｝…………………… 半々で適量
粉糖またはグラニュー糖……………… 適量

メイアシュ・ルーアシュ

〈製法〉
生地
① 薄力粉をふるい、その中にバターを入れてよく混ぜる。
② 水を少しずつ加えて混ぜ、生地をまとめてラップに包み、冷蔵庫で休ませる。

フィリング
① 水にグラニュー糖を混ぜて、115℃ほどに煮る。
② 火から降ろして刻みアーモンドを加え混ぜる。
③ コーンスターチを少量の水で溶き、卵黄と混ぜる。
④ ②を再び弱火にかけ、③を加えて焦げつかないように混ぜながらクリーム状にしてバットにあける。
⑤ 皮生地を薄く延ばし、丸く抜いて冷めたフィリングをのせ、二つ折りにして半月形に整える。
⑥ バターとサラダオイルをフライパンに入れ、バターが焦げない程度に熱して、その中に⑤を入れ揚げる。
⑦ 冷めたら上から粉糖またはグラニュー糖をふりかける。

メイド・オブ・オナー　maid of honour（英）

チーズ風味のタルトやタルトレットの一種。“花嫁の付き添い人”の意味。ヘンリー八世の命名によると伝えられる。

現在では、牛乳や生クリームにレンネット（凝乳酵素）を用いている。

〈配合〉
牛乳………………………………… 1135mℓ
レンネット（凝乳酵素）……………… 20g
卵黄………………………………… 285g
全卵………………………………… 285g
砂糖………………………………… 560g
バター……………………………… 455g
粉末アーモンド（粗挽き）………… 340g
レモン果皮……………………… 4 個分
レモン果汁……………………… 3 個分
ナツメグ…………………………… 3.5g
生クリーム……………………… 140mℓ
ブランデー………………………… 70mℓ
パート・シュクレ
　またはフイユタージュ……………… 適量

〈製法〉
① 牛乳とレンネットを混ぜ、温かいところに置いて凝固させる。
② ①の水気を切り、しばらくおく。
③ 全卵、卵黄、ナツメグ、砂糖を泡立て、溶かしバターを加えて攪拌する。
④ ③が固まりかけてきたら、温めて攪拌し、なめらかな状態にする。
⑤ レモン果皮と果汁、粉末アーモンド、水気を切った②を④に混ぜる。
⑥ 軽く泡立てた生クリームとブランデーを加える。
⑦ パート・シュクレまたはフイユタージュなどを敷いたタルトレットに⑥を流して、中火のオーブンで焼く。

メグリー　meghli（アラブ圏）

ライス・プディングの一種。

アニス、キャラウェイシーズ、フェンネルなどの香辛料で香りをつける。アラブ文化圏で男子の誕生を祝う菓子として広く親しまれている。

メース

▶ mace（英）メイス / macis（仏）マスィ / Macis（独）マツィス

スパイスの一種。ナツメグの木の実からはナツメグとメースの二種類のスパイスが採れる。この木は小さな桃のような形をした 5 ～ 6cm の実がなる。これが熟すと果肉が割れて、中から仮種皮と呼ばれる赤い網状の膜に包まれた種が表われる。この赤い膜を乾燥させたものがメース。またその中にある黒褐色の種子を乾燥させた後、外側の殻を砕くと出てくる仁がナツメグである。今日では原産地であるインドネシア近辺の他、西インド諸島やスリランカでも盛んに栽培されている。
→ナツメグ

メッジェス·ローラド　meggyes rólad（ハンガリー）

サワーチェリーを使ったロールケーキ。

〈配合〉

スポンジケーキ種…………………………適量
クリーム
サワーチェリー…………………400 ～ 500g
砂糖…………………………………………200g
ゼラチン……………………………………60g
キルシュ……………………………100 ～ 200mℓ
レモン果汁…………………………1/2 個分
生クリーム………………………………1500mℓ

〈製法〉

① サワーチェリー、砂糖、ふやかしたゼラチン、キルシュ、レモン果汁を一緒に混ぜる。
② 生クリームを泡立てて①と合わせる。
③ スポンジケーキ種をシート状に焼き、②のクリームを塗って巻く。
④ 適宜な長さに切り分ける。

メデンキ　меденки（ブルガリア）

庶民の菓子として親しまれている蜂蜜入りのビスケット。

〈配合〉

蜂蜜…………………………………………130mℓ
砂糖…………………………………………80g
全卵…………………………………………2 個
重曹…………………………………………5g
砕いたクローヴ……………………………1g
シナモン……………………………………5g
小麦粉……………………………………約 500g

〈製法〉

① 蜂蜜、砂糖、卵、重曹、砕いたクローヴ、シナモン、小麦粉を全部混ぜ、パン生地ぐらいのやわらかさにまとめる。小麦粉の量でかたさを調節する。
② ①を一口サイズにとり分けて丸め、平らにしてテンパンに並べ、短時間で焼く。

注：焼く前に上面にドレンドチェリーをのせたり、細切りのアーモンドを刺したり、刻みアーモンドを振りかけることもある。

メドック　Médoc（仏）

フランスのワインの産地、かつその地域で生産するワインの名称。赤ワインは軽い渋味とルビー色の美しさで知られている。

メートル·ドテル　maître d'hôtel（仏）

給仕長。レストランやホテルの食堂でサーヴィスするウエーターやウエートレスを統率する人。かつては、王侯貴族の家で、家事全般をとりしきる人を指していた。

メニュー　menu（英・米）

▶ menu（仏）ムニュ / Speisekarte（独）シュパイゼカルテ

献立表。お品書き。

準備の可能な、あるいは供されるべき料理の品目を記した表である。食事の始まりからデザートに至るまでを記したものと、一品料理も含むさまざまな料理を列挙したものなどがある。

時代によって、また宴会の形式によって内容は異なるが、現代のように客に見せるメニューの出現は、フランスの第一王政復古（1814）のころからといわれる。

メープル·シロップ

▶ maple syrup（英）メイプル・シラップ / sirop d'érable（仏）シロ・デラブル / Ahornsirup（独）アホルンジルップ

北アメリカ原産のサトウカエデから樹液をとって、製造するシロップ。独特の風味があり、パンケーキにかけたり、製菓面に広く用いている。

メリペクタ　melipecta（古代ギリシア）

蜂蜜入りの揚げ菓子。婚礼の宴席で配ったという。今日のドイツやオーストリアの発酵生地で作る揚げ菓子、クラップフェンの原形ともいわれている。

メリーレン　melieren（独）

さまざまな材料を混ぜ合わせること。必ず木杓子で行う。たとえば泡立てた卵と砂糖の中に、別に泡立てた卵白や、小麦粉、粉末アーモンド、あるいは溶かしバターなどを混ぜ合わせるような作業をいう。

メルヴェイユ　merveille（ベルギー）

乾燥焼きしたメレンゲを生クリームでカヴァーし、削ったチョコレートをまわりにまぶしたアントルメ。メルヴェイユとはフランス語で「すばらしい」の意味。なお、フランスでは全くタイプの異なるビューニュという揚げ菓子を同じメルヴェイユの名で呼んでいる。

→ビューニュ・リヨネーズ

メールシュパイゼ　Mehlspeise（独・オーストリア）

フランス菓子でいうアントルメに相当する言葉。広義では、穀粉を用いた食べ物。パスタやダンプリング、小麦粉を用いた菓子一般をさす。

メレンゲ

→ムラング

メーレンシュニッテ　Möhrenschnitte（チェコ・スロバキア）

にんじんを使ったチェコやスロバキアの菓子。にんじんのすりおろしたものを加えたパート・シュクレ2枚に、アプリコットジャムをはさんで焼き上げる。上から粉糖を振って切り分ける。

メロン　melon（英）

▶melon（仏）ムロン / Melone（独）メローネ

ウリ科で分類上は果実ではなく野菜に属す。すいかと同科目。原産地はインド、中近東、アフリカなどといわれている。現在は世界で広く栽培されている。種類は非常に多く、また交配によって新しいものが次々と生まれている。

製菓に用いるものは、マスクメロン、コサック、夕張キングメロン、アムスなど、いずれもネット（網目模様）でおおわれている。表面がつるりとしているものには、プリンスメロン、ハネデューなどがある。

生のままデザートに供するほか、ムース、シャーベット、その他各種のアントルメなど、多くの菓子に用いる。

メロンパン（日）

メロンを思わせる形や香味をもたせた日本独特のパン。1950～1960年代に作られていたものは、表面をマスクメロンに見立てて筋をいれただけであったが、2000年代になると中にメロンクリームを入れたものなどが作られ、新たなブームとなった。

〈配合〉5個分

メロンクリーム
- 牛乳…… 200mℓ
- 砂糖…… 70g
- 卵黄…… 80g
- 薄力粉…… 15g
- コーンスターチ…… 4g
- メロンシロップ（かき氷用）…… 5mℓ

内側の生地
- 牛乳…… 50mℓ
- ドライイースト…… 3g
- 強力粉…… 100g
- 砂糖…… 25g
- 溶き卵…… 15g
- 塩…… 1g
- バター…… 10g

外側の生地
- 砂糖…… 35g
- バター…… 15g
- 溶き卵…… 35g
- 牛乳…… 15mℓ
- 薄力粉…… 75g
- ベーキングパウダー…… 2g
- 緑の色素…… 少々

仕上げ
- グラニュー糖…… 適量

〈製法〉

メロンクリーム

① 鍋に牛乳と1/2量の砂糖を入れて火にかける。
② ボウルに卵黄を入れて、少量の①を混ぜ、残りの砂糖、薄力粉、コーンスターチを混ぜる。
③ 沸騰した①を少しずつ加えて鍋に戻し、火にかけてとろみをつけ、メロンシロップを混ぜる。

内側の生地

① 牛乳を人肌に温めてイーストを加え、1～2分おいて泡立器で混ぜる。
② ふるった強力粉と砂糖をよく混ぜる。
③ ①に溶き卵を混ぜ、②の1/2量を加えてよく混ぜる。
④ 塩と残りの②も少しずつ混ぜて粘り気を出し、べたつかなくなってきたらバターを混ぜて耳たぶくらいの柔らかさになるまでよく

練る。
⑤ 油（分量外）を塗ったボウルに③を入れ、ラップをかけて30℃の温度にしておき、約40分発酵させる。
⑥ 2倍に膨らんだら泡立器を突き刺してガス抜きをし、5等分する。
⑦ ⑥を丸めて表面が乾かないようにラップをかけ、10分休ませる。

外側の生地
① 砂糖とバターを泡立器で白っぽくなるまで混ぜ、溶き卵を少しずつ加えて牛乳も混ぜる。
② 薄力粉とベーキングパウダーを合わせて①にふるい入れる。
③ 少量の水で溶いた緑の色素を加えて5等分し、丸めてラップではさみ、手で押しつぶす。

仕上げ
① 外側の生地を内側の生地にかぶせる（底はかぶせない）。
② ①の表面に霧を吹いてグラニュー糖をまぶし、包丁の背で網目状の線をつけ、オーブンシートを敷いたテンパンに並べる。
③ 30℃の温度に置き、2倍に膨らんだら180℃のオーブンで約10分焼く。
④ ③の底に菜箸で奥まで穴をあけ、丸口金でメロンクリームを詰める。

めんじつゆ　綿実油

綿の実から採れる油。おだやかでやさしい風味を持ち、食用としても優良なレベルに属するもの。パルチミン酸が多く含まれているため、低温で置いておくと、固型の油脂ができてくる。よってこれをあらかじめ冷やし、固型化させて取り除いておく。この作業を、冷たくするというところからウィンタリングと呼び、こうして整えた油をウィンターオイル（冬油）と呼ぶ。これをもとにしてサラダオイルやマヨネーズが作られる。使い勝手としてはオリーヴオイルに似ており、何にでも利用できるクセのない油である。なおウィンタリングをしないものはサマーオイルと呼んでおり、揚げ油として便利に使われている。

めんだい　─台

▶gradin（仏）グラダン / bench（英）ベンチ / Tisch（独）ティッシュ

生地をこねたり、混ぜたりするための製菓および調理用の作業台。元々は木製であったが、今日ではマーブル（大理石）の台を含めて広い意味でこの語を使っている。

めんぼう　─棒

▶rouleau（仏）ルーロー / rolling pin（英）ローリング・ピン / Rollholz（独）ロールホルツ

生地などを平らに延ばしたり、成形するための丸い棒。主に木製だが、金属製のものもあり、太さもさまざまである。通常パート・シュクレやフイユタージュなどには木製が使われ、飴やヌガーなど、高温でべとつくものには、油が塗りやすく、素材がつきにくい金属製のものが使われる。力が必要な場合は、重い鉄製のめん棒もある。

マジパンやガムペイスト（パスティヤージュ）などの生地の表面に模様をつけたるめに、網目や筋などを施したプラスチック製のものもある。使いやすいように両端に持ち手があり、めん棒自体が車のように回転するものもある。

も　モ

モーア・イム・ヘムト　Mohr im Hemd（オーストリア）

「シャツを着たムーア人」という意味のオーストリアのアントルメ。

プディングの一種で、温かいうちに供する。黒いプディングにチョコレートと白い生クリームを添えるため、この名がついたといわれている。

〈配合〉

バター	280g
砂糖	140＋140g
牛乳に浸したパン（耳をとったもの）	200g
溶かしたチョコレート	200g
卵黄	16個分
卵白	16個分
粉末アーモンド	280g
チョコレートソース	適量
生クリーム	適量

〈製法〉
① バターに砂糖140gを加えて泡立て、牛乳に浸したパンを少しずつ加える。
② 溶かしたチョコレートと卵黄を加える。
③ 卵白に砂糖140gを混ぜながら泡立てて、②

に加え、粉末アーモンドも加えて混ぜる。
④ 型に詰め、湯煎にかけて蒸し焼きにする。
⑤ 型からはずし、上からチョコレートソースをかけ、さらに生クリームをかけて供する。

モカ　moka（仏）

▶mocha（英）モカ / Mokka（独）モッカ

モカ産のコーヒー豆。アラビア半島イエメンの港町「モカ港」から積み出されたことによる。おだやかな香りが特徴。他のコーヒー豆となじみやすく、ブレンドの一品種としてよく用いる。

製菓においてコーヒーの代名詞としても使われる。たとえばコーヒー風味のプティガトーやアントルメ、クリームや生地などに、豆の種類を問わず、モカという名をつけることがある。

モカティーヌ　mokatine（仏）

ジェノワーズ（コーヒー風味に焼く場合もある）に、コーヒー味のバタークリームをはさみ、切り分けたもの。セルクルで成形する場合もある。

またその他では、小さな一口菓子にコーヒー入りフォンダンをかけたプティフールや、コーヒー風味をつけたセンターで作る一口チョコレート菓子などにもこの名がつけられる。

モーツァルトトルテ　Mozarttorte（オーストリア）

モーツァルトの名をつけたチョコレートケーキ。ウィーンのシェーンブルン宮殿の名前をとってシェーンブルントルテともいう。

ザッハトルテよりやや軽い生地で作る。仕上げはさまざまで、周囲をチョコレートで被覆し、上にチョコレートコポーを振りかけたり、マジパン製のヴァイオリンやチョコレートで絞ったト音記号などを絞って飾る。

〈配合〉

生地
- バター……50g
- 砂糖……40 + 75g
- 溶かしたチョコレート……50g
- 卵黄……4 個分
- 卵白……4 個分
- 小麦粉……100g
- コニャック入りシロップ……適量

カラメルクリーム
- 砂糖……25g
- 生クリーム……150mℓ
- バター……20g

ガナッシュ
- スウィートチョコレート……40g
- ミルクチョコレート……40g
- 生クリーム……120mℓ

振りかけ用
- コポー……適量

〈製法〉

① バターと砂糖を 40g をすり合わせ、溶かしたチョコレートを加え、卵黄を入れて混ぜる。
② 卵白に砂糖 75g を少しずつ加えてムラングを作り、①と合わせる。
③ 小麦粉を加え、型に流して焼く。
④ 4 枚に切り、コニャック入りシロップをそれぞれに打つ。
⑤ カラメルクリームを作る。砂糖を火にかけてカラメル色に熱し、別に生クリームとバターを混ぜて熱したものと合わせる。
⑥ カラメルクリームを④の各段に塗って重ねる。
⑦ スウィートチョコレートとミルクチョコレートを刻み、沸騰した生クリームに加えてガナッシュを作り、全体に塗る。
⑧ チョコレートのコポーを上面に振りかける。チョコレートで絞ったト音記号や、マジパン製のヴァイオリンなどの飾りを適宜あしらう。

モーツァルトトルテ

モッペン　Moppen（独）

ドイツの乾き焼き菓子。

たっぷりとスパイスをきかせたホーニッヒタイク（蜂蜜入りの生地）を、円形に成形して焼く。上面にアイシングをかける。

もも　桃

▸peach（英）ピーチ / pêche（仏）ペーシュ / Pfirsich（独）プフィルズィッヒ

バラ科サクラ属の果実。

中国の黄河上流の、甘粛省と陝西省にかかる高原地帯が原産地といわれている。日本でも古事記に記されるなどし、平安時代から水菓子として親しまれてきた。ヨーロッパには、紀元前数世紀にすでにシルクロードを経てペルシャ経由で伝わっていた。よってそこが原産地と思われたらしく、その名残りが英語のピーチ、フランス語のペーシュ、ドイツ語のプフィルズィヒ等で、ともにペルシャを意味するものとなっている。

果肉の色で、白桃と黄桃がある。製菓用には、生とともにシロップ煮にした缶詰も用い、タルトやパイ、ピーチ・メルバなどの製品を作る。

モラセス　molasses（英）

▸mélasse（仏）メラス / Melasse（独）メラッセ

廃糖蜜。

砂糖製造の最終産物で、シロップ状の糖液。独特の芳香を持ち、菓子などに使うと特有の濃厚な風味を与える。

もりあきひろ　森秋廣

（1908-？）チューインガムで知られたハリスの創業者。

1908（明治 40）年香川県三豊郡荘内村で生まれた。1928（昭和 3）年、間借りしていた鐘ヶ淵紡績（後のカネボウ）の本社で、乏しい材料を工夫して代用チョコレートを開発。幕末に来日してアメリカ総領事になったタウンゼント・ハリスにちなみ、ハリスと名付けて売り出した。これは甘いものに飢えていた人々の間にたちまち広まっていった。1951（昭和 26）年酢酸ビニールを用いてチューインガムを作り出す。これも爆発的な人気を博し、「チューインガムのハリス」の名が一気に広まっていった。またテレビ草創期の当時、“名犬リンチンチン”という人気番組のスポンサーとなってコマーシャルを流し、その名は一流企業として定着していく。1966 年、同氏は会社を縁の深いカネボウに譲渡し、カネボウハリスの商標となる。同社はその後発展してカネボウ食品となり、カネボウフーズを経て今日のクラシエフーズにつながっていく。

チューインガムといえば、もう一方の雄はロッテだが、こちらも 1948（昭和 23）年に創業している。なおガムの販売会社としては 1916（大正 5）年にリグレーが創立され、モボやモガにもてはやされたが、ハリスは同時期のロッテとともにその下地を受け継ぎ、西のハリス、東のロッテとして成長し、一気にチューインガム市場を確立していった。

→重光武雄

もりながたいちろう　森永太一郎

（1865-1937）日本に甘味文化を行き渡らせた森永製菓の創業者。

1888（明治 21）年、単身アメリカに渡った。はじめはそれまで関わっていた九谷焼の販売を志したというが、それも能わず、悩んでいた折り、一粒のキャンディーの美味に打たれる。そこから菓子との縁ができ、修業研鑽を終えて 1899 年帰国。東京赤坂に住まいを借り、キャンディー、キャラメル、チョコレート、ナットケーキ等の製造に着手した。それらを既存の菓子店に置いてもらうべくチラシを持って回ったがなかなか相手にされなかったという。ある時アメリカでは駄菓子の部類に入るバナナマシュマロが輸入品のために高価で売られていることを知り、さっそくあちらで作っていた同じものを作り、各菓子店を回った。軒並み断わられる中、1 軒の店が彼の熱心さに折れ、試しにと置いてくれたところ、評判が立ち、日毎に得意先が増えていった。そのマシュマロは口当たりの優しさから別名エンジェルフードと呼ばれていたため、後年同社のシンボルマークにエンジェルが採用された。その後彼のもとに作り出されるキャラメル、ゼリビンズ、ウェファース、マシュマロといった製品群は、工業化されるやまたたく間に広がり、日本国中津々浦々に届けられるようになっていった。

モーレンコップフ　Mohrenkopf（独・スイス）

ドイツやスイスで親しまれているプティフール。「ムーア人の頭」という意味で、シェークスピアの悲劇の主人公オセロにちなんだ名である。

ビスキュイ・ア・ラ・キュイエールと同種の、卵白を別立てしたビスキュイ種を、丸口金で小さなドーム状に絞って焼く。ドイツやスイスには、小さな突起のついた専用のテンパンがあり、突起の上に生地を絞って焼く。

焼き上がると中が空洞になり、そこにカス

タードクリームや泡立てた生クリーム、あるいはバタークリームを絞る。専用のテンパンがない場合は、焼けたものの中身をナイフやスプーンでくりぬいて作る。

クリームを詰めたらもう一つの生地を合わせ、球状にする。この上からチョコレートフォンダンをかけたり、他の色のフォンダンをかけ、クリームやチョコレートを絞ったり、何かの飾りをのせるなど、さまざまに仕上げる。また薄く延ばしたマジパンで包んで、果物や野菜の形に仕上げるアレンジもある。

モーレンコップフ

〈種の配合〉

卵黄……………………………… 8個分
砂糖……………………………… 50 + 70g
コーンスターチ…………………… 50g
卵白……………………………… 12個分
小麦粉…………………………… 150g

〈製法〉

① 卵黄に砂糖50g、コーンスターチを入れて泡立てる。
② 卵白を泡立て、砂糖70gを少しずつ加えて、しっかりしたムラングを作り、①と合わせる。
③ 小麦粉を加えて、求める形に絞って焼く。詰めるクリームと仕上げは任意により変化をつける。

モロゾフ、ヒョードル＆ヴァレンティン

日本に本格的なコンフィズリーの世界を紹介したロシア人の製菓人父子。

ヒョードル・モロゾフ、正式名ヒョードル・ドミートリエヴィッチ・モロゾフはシンビルスク近郊のチェレンガという村の農民であったモロゾフ家に、1880年に生まれた。1917（大正6）年、一家はロシア革命で混乱する祖国を離れ、1925年神戸にたどり着く。多くのロシア人が羅紗屋を商う中、彼は日本にはまだ美味なチョコレートがないことを見て、それで身を立てることを決意する。トア・ロードに店を借り、Confectionery F・MOROZOFFの文字をガラスのショーウィンドウに描いた。日本初ともいえる本格的コンフィズリー・ショップの誕生である。手がける商品は得意のチョコレートやキャンディー、ゼリーに加え、ケーキやパンにまで及んだ。なお、客にリキュール・ボンボンを問われた折り、リキュールというものがまだ馴染まれていなかったことから“まあ、ウィスキーのようなものですよ”と答えた。この答えにより、以降、中にいかなる洋酒を入れたものでも、日本ではそれをウィスキー・ボンボンと呼ぶようになった。後、葛野友槌らと協同で神戸モロゾフ製菓株式会社を興すが、諸般の事情から同社を離れた父子は、息子の名からとったヴァレンティン洋菓子店を興す。ところが、それもほどなく始まった第二次世界大戦で灰燼に帰した。しかしながら父子は、三たびコスモポリタン製菓を興す。ヒョードルとヴァレンティン父子の築いた本格的なコンフィズリーの世界は、その後の日本の甘味文化に大きな足跡を残すこととなった。

モーンクーゲルフップフ　Mohnkugelhupf

（オーストリア）

モーンはけしの実のこと。それを使って作るオーストリアのクグロフ。オーストリアやドイツ、東欧ではけしの実が好まれ、菓子にも多用される。

モーンクーヘン　Mohnkuchen（独）

黒けしの実を使って作る、ドイツ語圏で好まれている焼き菓子。

モーンクーヘン

〈配合〉

牛乳……………………………… 250mℓ

砂糖……………………………………… 300g
バター…………………………………… 150g
ヴァニラ………………………………… 少々
塩………………………………………… 少々
けしの実………………………………… 500g
レーズン………………………………… 100g
ブルーゼル（ケーキクラム）………… 100g
レモン果皮……………………… 1/2 個分
卵………………………………………… 150g
ミュルベタイク………………………… 適量

〈製法〉

モーンマッセ

① 牛乳、ヴァニラ、砂糖、バター、塩を鍋に入れ、混ぜながら沸騰させる。
② ①を火から降ろして、レーズン、挽いたけしの実を加える。
③ ②にブルーゼル（ケーキクラム）、すり下ろしたレモン果皮を加え混ぜる。
④ ③に溶いた卵を混ぜる。

仕上げ

① ミュルベタイクを厚さ 2mm ほどに延ばし、その上に四角のセルクルを置き、モーンマッセを入れて表面を平らにする。
② ①の上にブッターシュトロイゼル（分量外）をふりかけ、40 ～ 45 分ほど焼く。
③ 粗熱がとれたら、適量の大きさに切り分ける。

→ブッターシュトロイゼル

モーンシュトゥルーデル　Mohnstrudel（オーストリア）

けしの実を使って作るシュトゥルーデル。

→シュトゥルーデル

モンタニェ、プロスペル　Montagné, Prosper（仏）

（1865-1948）フランスの料理人。

フランスのラングドック地方のホテルの息子に生まれ、はじめは建築家を志していたという。彼はモンテ・カルロのオテル・ド・パリで料理人になり、1900 年にパリに来た。別説では振り出しはパリのグラン・ドテルの見習いからで、1900 年に再びパリに戻ってきたという。パヴィヨン・ダルムノンヴィルやルドワイヤンといったレストランのシェフを務めた。

料理人としての腕前、技術は大いに評価され、カレーム以来の伝統を継承し、発展させた。当時の著名な料理研究家アルフレッド・ゴットシャルとともに、1938 年に『ラルース料理百科事典（Larousse gastronomique）』を出版した。そのほか多くの料理専門書を執筆している。

モンテ・ビアンコ　monte bianco（伊）

「白い山」の意味のイタリアのデザート菓子。フランス菓子でいうモンブランだが、フランスや日本のようなテイクアウト向きというよりは、店内サービスによる皿盛りデザートとして出されることが多い。発祥はイタリアのピエモンテ州やかつてイタリア領だったフランスのサヴォワ地方といわれているが、今日では広く親しまれるものとなっている。

〈配合〉

栗（皮をむいたもの）………………… 1.5kg
砂糖……………………………………… 150g
牛乳……………………………………… 少量
ヴァニラ………………………………… 少々
加糖し泡立てた生クリーム………… 200mℓ

〈製法〉

① 栗をゆでて皮をむく。
② ①の栗に牛乳、砂糖を混ぜて弱火にかけ、ヴァニラを加えて火から降ろし、冷ます。
③ いくつもの穴のあいた口金やおだ巻きなどを使って皿の上に山盛りに押し出す。
④ 加糖し泡立てた生クリームを、その上面にスプーンで置き、秀峰モンブランに見立てる。

モーントルテ　Mohntorte（オーストリア）

けしの実とヘーゼルナッツを使って作るオーストリアの菓子。

モーントルテ

〈配合〉

バター…………………………………… 150g
粉糖……………………………………… 50g

卵黄……………………………………… 100g
卵白……………………………………… 150g
グラニュー糖…………………………… 125g
粉末ヘーゼルナッツ…………………… 100g
けしの実………………………………… 175g
レモン果汁……………………………… 適量
ヴァニラ………………………………… 少々

仕上げ用
カシスジャム…………………………… 適量
フォンダン……………………………… 適量

〈製法〉

① やわらかくしたバターに、粉糖、レモン果汁、ヴァニラを加え、泡立てる。
② 卵黄を少しずつ加えてゆく。
③ 卵白にグラニュー糖を加えて泡立て、ムラングを作る。
④ ②に③の半量を加えて混ぜる。
⑤ 粉末ヘーゼルナッツ、けしの実を加える。
⑥ 残りのムラングを加えて混ぜる。
⑦ 型に流し込み、180℃のオーブンで焼く。
⑧ 型からはずして冷ます。
⑨ 上面に熱したカシスジャムを塗る。
⑩ フォンダンを熱しながらシロップでとき、上に薄く塗る。

モンブラン　mont-blanc（仏）

マロンのペーストを使ったフランス菓子。ヨーロッパの秀峰の名で、白い山という意味。正しくはモンブラン・オ・マロンという。

モンブラン

〈製法〉

① パート・シュクレやパート・ブリゼといった延ばし生地で作るタルトレット、あるいは薄いジェノワーズなどを台とする。
② ①の上にラムを打ち、乾燥焼きにしたムラングをのせ、加糖して泡立てた生クリームやカスタードクリームを絞る。
③ 裏ごししたマロンのペーストを、先の細い口金で渦巻き状に絞って山形にする。
④ 上から粉糖をふるって雪に見立てて仕上げる。
注：マロンにはラムが合うとされ、ベースとなる台やクリームにはラムをあしらう。

モーンボイゲル　Mohnbeugel（オーストリア）

ボイゲルタイクという発酵生地を小切りにして延ばし、中にけしの実を入れたフィリングを包む。これを「く」の字形に成形したり、クロワッサンのような形にし、卵黄を塗って焼く。

〈配合〉

生地
イースト………………………………… 20g
牛乳………………………… 120～130mℓ
小麦粉…………………………………… 500g
砂糖……………………………………… 60g
バター…………………………………… 100g
ラード…………………………………… 100g
卵黄……………………………………… 1個分
塩………………………………………… 少々
レモン果汁……………………………… 少々

フィリング
牛乳………………………… 120～130mℓ
砂糖……………………………………… 100g
蜂蜜……………………………………… 40g
すりつぶしたけしの実………………… 200g
ケーキクラム…………………………… 100g
バター…………………………………… 60g
シナモン………………………………… 適量
レモン果汁……………………………… 適量
ラム……………………………………… 適量

〈製法〉

① イーストを牛乳でとき、小麦粉、砂糖、バター、ラード、卵黄、塩、レモン果汁を加えて生地をまとめる。
② 15分ほどおいて発酵させる。
③ 棒状にして40等分し、楕円形に薄く延ばす。
④ フィリングを作る。牛乳、砂糖、蜂蜜を煮立て、すりつぶしたけしの実、ケーキクラム、バター、シナモン、レモン果汁、ラムを混ぜて練る。これを丸口金で生地の上に適当な長さに絞る。
⑤ 細長く包み込み、「く」の字に成形し、卵黄

を塗って中火のオーブンで焼く。

モンモランシー　montmorency（仏）

パリを中心とした地域で栽培されているさくらんぼの一品種。しかし現在は品種にとらわれず、さくらんぼを使ったアントルメ全般にこの名をつけている。

■ ガトー・モンモランシー　gâteau montmorency

ガトー・モンモランシー

〈製法〉

① ジェノワーズ台を2段に切り、上段の内側を小さな型で抜き、リング形にする。
② 下段のジェノワーズの上面と、リング形のジェノワーズの下面にキルシュ入りシロップを打つ。
③ 2段を重ね、くりぬいた部分にキルシュ入りカスタードクリームを詰める。
④ ③の上にサワーチェリーを並べる。
⑤ 上に①でくりぬいたジェノワーズをのせる。
⑥ 全体に粉糖を振りかける。
⑦ 上面中央にサワーチェリーやドレンドチェリーをのせる。

■ タルト・モンモランシー　tarte montmorency

〈フィリングの配合と製法〉

卵白……………………………… 450g
砂糖……………………………… 150 + 150g
粉末アーモンド………………… 150g
小麦粉…………………………… 60g
キルシュ………………………… 60mℓ
スウィートチョコレート……… 120g
キルシュ漬けさくらんぼ……… 適量

① 卵白と砂糖150gでムラングを作る。
② 粉末アーモンド、小麦粉、砂糖150gを混ぜ、①のムラングと合わせる。
③ キルシュを混ぜ、細かく刻んだチョコレートを混ぜる。

〈仕上げ〉

① パータ・フォンセ・プール・アントルメを厚さ3mmに延ばし、タルト型に敷いて縁をパンセ（ピンセットでつまんで模様をつけること）する。
② フィリングのキルシュ漬けさくらんぼを底に並べる。
③ ②の中に準備したフィリングを流し込む。
④ 軽く粉糖を振って中火のオーブンで焼く。

タルト・モンモランシー

や　ヤ

やきごて　焼―

▸caraméliseur（仏）キャラメリズール、fer a gratiner（仏）フェール・ア・グラティネ / hot iron（英）ホット・アイアン / Brenneisen（独）ブレンアイゼン

製菓用の器具。菓子の上面に砂糖を振り、その上に当てて砂糖を焦がし、キャラメル状にするための鉄製の道具。熱が抜けにくい厚手のものがよい。電気で熱するもの、ガスバーナーで熱するものがある。

やきりんご　焼―

製菓店や家庭でもよく作られるもの。果肉がかたく酸味の強い紅玉りんごがよいとされている。熱い焼きたてでも、冷やしても供される。

〈配合〉

りんご………………………………… 1個
砂糖………………………………… 26g
バター………………………………… 20g
シナモン………………………………… 少々

〈製法〉

① りんごの芯をとる。焼いている間に割れたり、形がくずれないように、りんごの皮にフォークの先を突き刺して穴をあける。
② くりぬいた穴に砂糖とバターを詰め、シナモンを振りかける。
③ テンパンにのせ、180 ～ 200℃のオーブンで焼く。冷やして供する場合は、加糖して泡立てた生クリームを添える。

焼きりんご

ヤシゆ　―油

▸huile de coco（仏）ユイル・ド・ココ / coconut oil（英）ココナット・オイル / Kokosöl（独）コーコスエール

ココヤシの実の核の油。ココナッツオイルともいう。

ココヤシの実は、直径12 ～ 15cm、長さ25 ～ 30cmくらいの大きさで、繊維質の果皮の中に、黒色のかたい球形の核がある。核の内側に脂肪を含んだ白い果肉があり、この白い果肉を絞ったものがヤシ油である。

同様のものにパーム油がある。これは品種の異なるヤシからとる。

ヤシ油とパーム油は、性質がカカオバターに似て口どけがよい。そのため洋生用チョコレートなどに用いる。

→パーム油

ヤーブロチナヤ・シャルロットカ

яблочная шарлотка（露）

りんごを用いたシャルロット。これをもとにロシア皇帝のアレクサンドル一世付きのシェフが、ビスキュイ生地の中にバヴァロワを流して固めたものを考案。それをフランスの巨匠アントナン・カレームがさらにアレンジし、シャルロット・ド・ポンムや洋梨を用いたシャルロット・リュス・オ・ポワールなどに進化させていく。

〈配合〉直径15cm 1台分

フィリング

りんご………………………………… 2個
レモン果汁………………………………… 15mℓ
バター………………………………… 25g
砂糖………………………………… 25g

スポンジケーキ

薄力粉………………………………… 100g
卵………………………………… 3個
砂糖………………………………… 100g
バター………………………………… 20g
ヴァニラ………………………………… 少々
コーンスターチ………………………………… 6g
粉糖………………………………… 適量
シナモンパウダー………………………………… 適量

〈製法〉

① フライパンにバターを入れて熱し、くし切りにしたりんご、砂糖、レモン果汁を加えて炒め、冷ます。
② 卵に砂糖、ヴァニラを加えて泡立て、ふるっ

た薄力粉を混ぜ、溶かしバターも混ぜる。
③ 型の高さ1/3まで②を流し入れ、①のりんごを並べてコーンスターチをふり、残りの種を流し入れる。
④ 180℃のオーブンで約40分焼き、冷めたら粉糖とシナモンパウダーをふる。

やまぐちていすけ　山口貞輔

日本におけるカステラ製造の始祖のひとり。伝えられるところによると、長崎の本大工町に山口屋という店を開いた山口貞輔が、1681（元和元）年、カステラを商いとして初めて手がけたという。文久年間（1861-1863）に屋号を松翁軒と改めたが、同店は創業以来の日本のカステラの祖と謳われ、同じ長崎の福砂屋と並び、日本の南蛮菓子文化を支えて今日に及んでいる。

ゆ　ユ

ゆうてん　融点

固まっているものが溶け出す温度のこと。製菓面では、素材の融点を知ることは大切である。たとえば、バター、マーガリン、ショートニングを混合する場合、あらかじめ、それぞれの適温で溶かしてから混合すると混ぜやすい。

ゆし　油脂

▸ graisse et huile（仏）グレース・エ・ユイル / fat and oil（英）ファット・アンド・オイル / Fett und Öl（独）フェット・ウント・エール

油脂とは常温で液状の油 oil と、固形状の脂肪 fat をさす。

洋菓子に用いる天然油脂には、バター、牛脂（タロー）、豚脂（ラード）、綿実油、コーン油、サフラワー油、大豆油、パーム核油、ヤシ油、カカオ脂などがある。

洋菓子類に用いる油脂の役割は、クッキー等の乾き焼き菓子類には、口に入れたときのもろさ、砕けやすさ、バタークリームなどではなめらかさ、スポンジケーキ類には乳化性、フイユタージュ（通称パイ生地）には延展性、チョコレート類には可塑性、長期保存するビスケットやクッキー類には安定性などを与えることである。目的に応じてそれぞれの油脂が菓子作りに利用されている。

ゆせんき　湯煎器

▸ tempéreuse（仏）タンペルーズ / bain-marie（仏・英）バン・マリー / tempering machine（英）テンパリング・マシーン / Wasserbad（独）ヴァッサーバート

溶かしたチョコレートやフォンダンなどを、ある一定の温度に保ちながら、被覆作業などを容易に短時間にすませるための器具。電気で温め、ダイヤルで温度を調節し、サーモスタットで一定の温度を保つように作られている。保温器ともいう。

ユーハイム、カール　Juchheim, Karl Joseph Wilhelm

（1886-1945）日本に初めて本格的なドイツ菓子を紹介した製菓人。

1908年よりドイツの租借地である中国の青島でお菓子と喫茶の店を開業していたカール・ユーハイムは、1914（大正6）年、第一次世界大戦で日本軍の捕虜となり、ほどなく夫人と幼い子供を残して単身大阪、広島と転送される。が、彼はそうした境遇にくじけることなく、収容所においても得意のバウムクーヘンを焼いたり、ケーキを作ってはまわりを喜ばせていたという。5年後に釈放され、明治屋銀座店開店に合わせて招かれた。

1919（大正8）年に明治屋が開店した「カフェ・ユーロップ」と契約を結んだカール・ユーハイムは、そこでバウムクーヘンや母国ドイツ流のバタークリームを使ったなめらかな口当たりのケーキを作り評判を呼ぶ。契約終了後の1922年、夫妻は横浜山下町の売り店と出合って念願の独立を果たす。だが直後の関東大震災ですべてが灰燼に帰す。あてもなくやってきた神戸で、かつて親しくしていた友人のロシア舞踏家と偶然巡り合い、励まされて再び同地で開業。ところがほどなく第二次世界大戦に襲われ、失意のうちに帰国することになる。しかしながら彼の撒いたドイツ菓子の種は脈々と受け継がれて今日に至っている。

ユーバーグス　Überguss（オーストリア）

オーストリアの製菓用語。ミルヒラームシュトゥルーデルやパン・プディングなどを作るときに使う流し込み用の種。ミルヒアイアー・ユーバーグスともいう。

〈配合〉

牛乳……………………………… 1000mℓ
砂糖………………………………… 100g
全卵………………………………… 4個

〈製法〉

牛乳、砂糖、卵を全部一緒に混ぜて、容器に流し込み、加熱する。80℃くらいで固まる。

よ ヨ

ようがし 洋菓子

欧米から伝えられた菓子類をさす呼称。

明治時代に入って西洋菓子と呼ばれ、続いて西洋料理を洋食と呼ぶようになったことにならい、洋菓子と呼ぶようになった。

食品衛生法を基準にすると洋生菓子、洋半生菓子、洋干菓子の3種類に分類される。

製菓技法に従うと次ページのように分類される。

ようしゅ 洋酒

欧米の酒類の総称。

酒類を菓子に利用することは古くから行われていたが、特に近代菓子の味覚はこの使い方が決め手になるほど重要な材料になる。

各種リキュール類のほか、ワインやウイスキー、ブランデーなどが広く使われている。

菓子の素材と各種リキュール類との組み合わせには、長い歴史をへた一定の決め事があり、これはフランスの菓子作りの特色の一つでもある。

酒類は醸造酒、蒸留酒、浸出酒に大別することができる。

■ **醸造酒**

果物や穀類をアルコール発酵させて造る酒。酒造りの原点ともいえるものである。果実を使ったものではワイン、穀類ではビールや日本酒などがこの類である。酵母の働きはアルコールの濃度が高まると弱くなるので、蒸留酒や浸出酒にくらべて一般にアルコール度数は低い。

ワイン、アルコール強化ワイン、シードルなどがある。

■ **蒸留酒**

果実や穀物を発酵させてから蒸留して得る酒で、アルコール度数が35～70度のもの。

ブランデー、カルヴァドス、キルシュ、ラム、ウイスキー、アラック、ウォッカなどがある。

■ **浸出酒（スピリッツ）**

各種の醸造酒や蒸留酒に果実やナッツ、ハーブ、スパイス等を漬け込んで、その味や香りを移させた酒で、一般にリキュールと呼ぶ。日本の梅酒やみりんなどもこの類である。

オレンジリキュール、コーヒーリキュール、ペアリキュール、マラスキーノ、アマレット、アニゼット、ベネディクティーヌなどがこの部類に入る。

ようなしのあかワインに 洋梨の赤ワイン煮

赤ワインで煮た洋梨のデザート。煮込み時間次第だが、内側が白く外側になるにしたがって赤色が強くなるという、グラデーションも楽しむことができる。洋梨の代わりにラフランスや日本種のもの、あるいはりんご等他のフルーツに置き換えてもよい。

〈配合〉

洋梨………………………………… 2個
赤ワイン……………………… 375mℓ
砂糖………………………………… 75g
蜂蜜………………………………… 25g
ヴァニラビーンズ……………… 1/2本
クローヴ…………………………… 3個
八角………………………………… 1個
シナモンスティック……………… 1本
レモン………………………………1/3個
オレンジの皮……………………1/4個

〈製法〉

① 洋梨の皮をむき、1/2または1/4に切って、種の部分を取り除く。
② 鍋に洋梨以外の材料を全部入れ、沸騰させて①を入れる。
③ 再び火にかけ、沸騰直前に火を止め、ふたをしてそのまま一晩おく。

ようなまがし 洋生菓子

和生（わなま）菓子に対する呼称で、水分量の多い日もちのしない洋菓子をさす。製造直後の水分が40％以上のもの、もしくはクリーム、寒天またはこれに類似したものを用いた菓子で、製造直後の水分が30％以上のものとされている。いわゆる「ケーキ」の概念にあるもので、ショートケーキ、モンブラン、シュークリーム、エク

洋菓子の分類

大分類	生地別または形態別分類	製法または使用法	製品例
生菓子・焼き菓子 パティスリー pâtisserie	スポンジ生地 ジェノワーズ génoise 又はビスキュイ biscuit	共立て法 別立法 ココア入り 応用　粉末アーモンド入り バター生地	ショートケーキ、デコレーションケーキ、ロールケーキ、小型生菓子、各種アントルメ ビスキュイ・ア・ラ・キュイエール チョコレートケーキ プラリネ・マスコット パウンドケーキ、マドレーヌ、フィナンシエ、パン・ド・ジェーヌ、カトル・カール
	シュー生地 パータ・シュー pâte à choux	焼く 煮る 揚げる	シュー・ア・ラ・クレール、エクレール、シーニュ（スワン）、パリ・ブレスト、ポン・ヌフ、ルリジューズ、サン・トノレ ニョッキ ベーニェ・スフレ、ペ・ド・ノンヌ
	ビスケット生地 パータ・フォンセ pâte à foncer	パートシュクレ（甘い） pâte à sucrée パータ・フォンセ（甘くない） pâte à foncer パート・ブリゼ（塩味） pâte à brisée 用法　共焼き 別焼き	 タルト、タルトレット、フラン タルト、タルトレット、フラン
	パイ生地 フイユタージュ feuilletage	フイユタージュ feuilletage フイユタージュ・ラピド（即席法） feuilletage rapide プレーン 共焼き 用法 別焼き 二番生地	 パルミエ、サクリスタン、パピヨン、リーフパイ ピティヴィエ、アップルパイ、タルト、タルトレット、コンヴェルサシオン、ショソン・オ・ポンム ブシェ、タルト、タルトレット、コルネ ミルフイユ、タルト、タルトレット、コルネ
	卵白生地 ムラング meringue	コールド（ムラング・オルディネール） meringue ordinaire ホット（ムラング・スイス） meringue suisse ボイルド（ムラング・イタリエンヌ） meringue italienne シュクセ succés 応用　ジャポネ japonais プログレ progrés	ヴァシュラン、ウ・ア・ラ・ネージュ、テート・ド・ネーグル、ムラング・シャンティーイ、小型生菓子やアントルメのベース ロシェ、ドワ・ド・フェ 小型生菓子やアントルメのクリーム 小型菓子、各種アントルメ、焼き菓子 小型菓子、各種アントルメ、焼き菓子 小型菓子、各種アントルメ、焼き菓子
	発酵生地 パート・ルヴェ pâte levée	折らない発酵生地　中種法 直接法 発酵折り生地	サヴァラン、ブリオッシュ、クグロフ サヴァラン、ババ クロワッサン、デニッシュ・ペイストリー
	温菓 アントルメ・ショー entremet chaud 冷菓 アントルメ・フロワ entremet froid		スフレ、ゴーフル、プディング、クレープ ゼリー、パヴァロワ、ムース、ブラン・マンジェ、プディング、クレープ

大分類	生地別または形態別分類	製法または使用法	製品例
	一口菓子 プティフール petits fours	プティ・フール・フレ（生物） petits fours freis	タルトレット・フール、プティシュー、カロリーヌ、ポンポネット
		プティフール・グラッセ（被覆） petits fours glacés	スポンジ生地、クリームあるいはフルーツそのものをフォンダンやチョコレートで被覆したもの
		フリュイ・デギゼ（糖衣） fruits déguisés	フルーツ、ナッツ、マジパン等を糖衣したもの 糖液による糖衣 砂糖の結晶による糖衣
		プティ・フール・セックまたはフール・セック（クッキー類）	
		延ばし生地	サブレ、ナンテ
		絞り生地	サブレ、モーレンコップフ
		アイスボックス	ジュー・ド・ダーム
		水種生地	ラング・ド・シャ、シガレット、テュイル、フロランタン
		マカロン	マカロン・リス、マカロン・ド・ナンシー、マカロン・クラシック、フール・ポッシュ
		フイユタージュ	パルミエ、サクリスタン、リーフパイ
		ムラング	ロシェ、ドワ・ド・フェ、シュクセ
		揚げ生地	シュネーバレン、ローゼンキュッヒリ
コンフィズリー（糖菓）	砂糖類の加工品		フォンダン、飴、ドロップ、リキュール・ボンボン、キャラメル、タフィー、コンペイ糖、ドラジェ、アラザン
	果実類の加工品		ピューレ、果汁、ジャム、ママレード、パート・ド・フリュイ、フルーツの缶詰
	堅果類の加工品		マジパン（フランス式、ドイツ式、ローマッセ）、ヌガー（ホワイトヌガー、ブラウンヌガー）、プラリネ、ジャンドゥヤ、ドラジェ
	チョコレート類		スウィートチョコレート、ミルクチョコレート、ホワイトチョコレート、カカオバター、パータ・グラッセ（洋生チョコレート）、ビターチョコレート
	砂糖・果実・堅果類とチョコレートの加工品		ボンボン・オ・ショコラ（一口チョコレート菓子）、ドラジェ
グラス（氷菓）	アイスクリーム	フリーザーで攪拌凍結	グラス・ア・ラ・クレーム、グラス・オ・フリュイ
		型詰めにして凍結	
		応用	パルフェ・グラッセ、ムース・グラッセ、スフレ・グラッセ ボンブ・グラッセ、カッサータ、ビスキュイ・グラッセ
	シャーベット	ソルベ類	ソルベ・オ・フリュイ、ソルベ・オ・ヴァン・ファン
		ソルベの仲間	マルキーズ・グラッセ、スプーム、グラニテ
工芸菓子	マジパン細工		
	パスティヤージュ細工		
	飴細工	シュクル・ティレ、シュクル・スフレ、シュクル・クーレ、シュクル・フィレ、シュクル・ロシェ	
	ヌガー細工	ヌガー・デュール 型取り	
	チョコレート細工	プラスチック・チョコレート	

よ

大分類	生地別または形態別分類	製法または使用法	製品例
工芸菓子（続き）	ムラング細工 クッキー細工 パン細工 バター細工 氷細工 ドラジェ細工 雲平細工		
トレトゥールまたはビュッフェ（出張料理または軽食）	調理		キシュ、ニョッキ、パテ、テリーヌ、ピッツァ、コキーユ・サン・ジャック、ブシェ・ア・ラ・レーヌ サンドウィッチ、クロック・ムッシュー、各種カナッペ
	飲み物		フルーツ・ジュース、カクテル、パフェ、ムース、コーヒー、紅茶
クリーム類と副材料	クリーム クレーム・オ・ブール（バタークリーム）	糖液使用 ソース・ア・ラングレーズ使用 ムラング使用	
	クレーム・パティシエール（カスタードクリーム） クレーム・シャンティーイ（ウィップト・クリーム） クレーム・ダマンド クレーム・レジェール クレーム・ムスリーヌ クレーム・サン・トノレ フランジパーヌ ムラング		
	ソース ソース・ア・ラングレーズ ソース・ア・ラ・ヴァニーユ ソース・オ・フリュイ ソース・オ・ショコラ ソース・オ・ロム ソース・オ・カラメル ソース・サバイヨン		
	ガナッシュ ガナッシュ・ヴァニーユ ガナッシュ・オ・レ ガナッシュ・オ・ズー ガナッシュ・オ・レ・オ・ズ ガナッシュ・ブランシュ ガナッシュ・カラメル ガナッシュ・モカ ガナッシュ・オ・テ		
	グラス・ロワイヤル グラス・ア・ロー シロップ パータ・ボンブ		

レール、カスタード・プディング、バヴァロワ、ゼリー、ムース、アップルパイ、サヴァラン、タルト、タルトレットなどをさす。

ようはんなまがし　洋半生菓子

製造直後の水分が10%以上、40%未満の洋菓子。ただし飴、クリーム、寒天またはこれに類似したもので、製造直後の水分が30%以上のものを除く。マドレーヌ、フィナンシエ、バウムクーヘン、パウンドケーキ、フルーツケーキなどがある。

ようひがし　洋干菓子

製造直後の水分が10%以下の、日もちのする洋菓子。クッキー、サブレ、チョコレート菓子、パルミエなどをさす。

ヨウルトルットゥ　joulutorttu（フィンランド）

フィンランドのクリスマス時に好んで食べられるパイ生地の焼き菓子。jouluはクリスマスの意味で、星を思わせる形に作られる。

〈配合〉約20個分

生地
- 水……………………………… 180mℓ
- 中力粉………………………… 375g
- バター………………………… 60g
- 塩……………………………… 3g
- ワインヴィネガー……………0.5mℓ

折り込みバター
- バター………………………… 300g
- 中力粉………………………… 65g

フィリング
- プラムジャム（またはりんごジャム）………… 300g

仕上げ
- 溶き卵………………………… 適量
- トッピング用粉糖…………… 適量

〈製法〉

① 生地を作る。水、中力粉、バター、塩、ワインヴィネガーを全部一緒にして、低速のミキサーで約5分、つやが出るまで混ぜる。
② 別のボウルに折り込み用のバターと中力粉を入れて混ぜる。
③ ②を①の生地で包み、板状にして2時間ほど休ませた後、再度薄く延ばし、冷蔵庫で一晩休ませる。

仕上げ

① 生地をローラーで厚さ2.5mmに延ばし、12cm × 12cmの四角形に切り取る。
② 生地の四隅から中心に向けて2cmの切り込みを入れる。
③ ②の中心にプラムジャムを絞る。
④ 向かい合う隅の生地を中心で重ねる。もう一方の向かい合う隅の生地をその上に重ね、中心で生地を重ねたら指で押しつける。
⑤ 表面に刷毛で溶き卵を塗るかスプレーをかける。
⑥ 210℃のオーブンで約14分焼く。
⑦ 冷ました後、粉糖をふりかける。
注：ジャムはプラム、りんごの他、好みのものを使ってもよい。

ヨウルトルットゥ

ヨークシャー·ティーケイク　Yorkshire teacake（英）

午後のティータイムなどに供されるパン菓子。イギリスのヨークシャー地方で親しまれている。

100gほどの発酵生地を丸めて、オーブンで焼く。かつては携帯食品であった。軽い食事としての糖分の少ないものと、ティータイム用のレーズン入りのものなどがある。

〈配合〉
- イースト……………………… 35g
- 牛乳…………………………… 400mℓ
- 小麦粉………………………… 750g
- 塩……………………………… 15g
- 砂糖…………………………… 45g
- バター………………………… 60g
- レーズン……………………… 175g

〈製法〉

① イーストを牛乳でとき、小麦粉、塩、砂糖、バターと混ぜる。
② レーズンを加えて生地をまとめる。
③ 発酵させてガス抜きし、100gに分割して丸

よ

める。
④ 油を塗ったテンパンに並べ、200 ～ 230℃のオーブンで焼く。

ヨークシャー・パーキン　Yorkshire parkin(英)

イギリスのヨークシャーに古くから伝わっているパン菓子。パーキンとは北イングランドのからす麦（オートミール）と糖蜜で作ったパン菓子をさし、ヨークシャー・パーキンもこれと同様のもの。ジンジャーやスパイスなどで風味をつける。11月5日のガイ・フォークス記念日の夜に、これを食べる習慣がある。

〈配合〉

小麦粉…………………………………… 680g
粉末ジンジャー…………………………… 28g
粉末スパイス……………………………… 28g
オートミール……………………………… 680g
バター………………………… 60 + 140g
重曹……………………………………… 43g
牛乳……………………………………… 60mℓ
シロップ…………………………………… 680mℓ
砂糖……………………………………… 285g
アーモンド………………………………… 適量

〈製法〉

① 小麦粉と粉末ジンジャー、粉末スパイスを一緒にしてふるい、オートミールと混ぜる。
② バター 60g を加えてすり合わせる。
③ 重曹を牛乳で溶いて②に混ぜる。
④ バター 140g、シロップ、砂糖を混ぜて、全体をまとめる。
⑤ 45g くらいずつに分け、丸めてテンパンに並べる。
⑥ 上から押して少し平らにし、表面に卵黄（分量外）を塗る。
⑦ 中央に二つ割りにしたアーモンドをのせ、170℃のオーブンで焼く。

ヨーグルト

▶yogurt（英）ヨグート / yaourt（仏）ヤウルト / Joghurt（独）ヨーグルト

牛乳や脱脂乳に乳酸菌または酵母を加えて培養し発酵させて作ったもの。日本の乳等省令においても同様に定めている。紀元前3～4世紀頃には、バルカン半島のあたりに住んでいた南スラブ人、現在のブルガリア人の祖先が、すでにこうした発酵乳を好んで飲んでいたという。その習慣は、次第にコーカサス地方や中近東へと伝わっていったようだ。しかし世界の各地で日常的に口にされるようになったのは、20世紀になってからであった。日本での販売は、1894（明治27）年になってからといい、本格的になじまれていったのは1950年代半ば以降のことである。

良質のたん白質、カルシウムに富み、またそのたん白質は乳酸菌によってほぼ分解されるため、消化が良好である。加えて脂肪が少ない故、ダイエット志向の感覚にあった食品としても大いに利用されている。製菓面でもムースやバヴァロワ、アイスクリーム、フローズンケーキ等に広く用いられている。

ヨーグルトケーキ

→アントルメ・ヤウール

よしだきくたろう・へいじろう　吉田菊太郎・平次郎

（1877-1945）吉田菊太郎
（1912-1973）吉田平次郎

率先して日本にパン及び洋菓子文化を取り入れ、同業他社と手を携えてそのレベル向上に努め、多くの技術者を輩出した父子。

1897（明治30）年、19歳になった菊太郎は渡米し、シアトルのタコマ等でカフェ及び洋菓子を学ぶ。帰国後、父・平三郎の興した東京本郷の近江屋パン店（後に神田に移転）に戻り家業を継ぐ。息子平次郎は銀座米津凮月堂二代目職長の娘と縁を持つ。平次郎は第二次世界大戦中及び戦後の混乱期を守り抜き、商いもパンから洋菓子へと軸足を移していった。進駐軍とも積極にコミュニケーションを持って良好な関係を結びつつ、GHQ（連合国軍最高司令官総司令部）の食糧監査官と非公式に接触を重ねる。そして製菓製パン業界の足かせとなっていた水飴、練粉乳、砂糖、小麦粉等の統制物質の解除を働きかけ、実現を早めせしめた。この早期の実現により、いくたの菓業人の早期復職が叶った。近江屋からは、後に日本洋菓子協会連合会会長を10年務め、日本の洋菓子文化を一挙に国際レベルにまで引き上げた安西松夫を始め、多くの技術者を輩出している。後、平次郎は息子のフランスからの帰国を待って東京銀座に新たにフランス菓子店を誕生させ、実家の東京神田の近江屋は弟の増蔵に引き継がれて後、その長男・太郎に受け継がれ、末弟の清一は銀座近江屋を興す。

よねづまつぞう・つねじろう　米津松造・恒次郎

米津松造（1838-1908）
米津恒次郎（1867～？）
日本の洋菓子文化向上に尽くした第一人者。

西洋菓子の技術を研究し、積極的に取り入れて日本にそれを定着させ、発展させた。後に松蔵と改め、晩年は松濤と号した。東京京橋の凬月堂当主五代目大住喜右衛門より独立を許された彼は、1873（明治6）年に東京日本橋区両国に米津凬月堂を開業し、本店にならって和菓子に加えて西洋菓子の製造販売を始めた。凬月堂本店の大住喜右衛門は、当時まだ番頭であった米津を横浜につかわし、早くより西洋菓子事情を見聞きさせていたが、1874年、彼はついにリコールド・ボンボンなるリキュール・ボンボンを完成。続いて1875年、本格的なビスケット製造に成功。そして1880年には、イギリスより蒸気エンジンによるビスケット製造機を輸入。日本で初めての製菓の機械化を試みた。同店のビスケットは一世を風靡するほどもてはやされ、かつ軍用ビスケットで軍部の大きな力となっていき、日清、日露の両戦争においては、フル稼働で軍に納入。1877年に行われた第一回内国博覧会では、凬月堂両店は多くの最新菓子を出品し、数々の栄誉に輝く。同1877年に南鍋町、今の銀座6丁目に米津凬月堂分店を出し、次男恒次郎を店主とする。

恒次郎は1884（明治17）年に渡米。在米3年の後ヨーロッパに渡り、1890年に帰国した。その間日本人として初めて本場の本格的フランス菓子、フランス料理を修め、お菓子についてはウェファース、サブレ、カルルス煎餅など、まだ日本に紹介されていなかったものも含めた数々の最新技術を持ち帰った。これらの新技術のうちのいくつかは、さらに手が加えられ、日本独特のお菓子に変身していった。例えばワッフルについていえば、本来パリッと焼きあがる生地を、柔らかい口当たりを好む日本人の嗜好に合わせたスポンジ状の生地に変え、折り曲げて間にジャムやクリームなどをはさんでみたりしている。

日本橋領国の米津凬月堂本店からはのれん分けを出さなかったが、この恒次郎の南鍋町（銀座）分店からは、神戸、麻布飯倉町、神田淡路町、今川小路、四谷、蠣殻町、横浜常磐町、大阪、長野、甲府、函館、東京自由ヶ丘等次々にのれんが分けられ、最新の洋菓子文化が各所に広がっていった。

ヨハニスベーア・ベゼートルテ
Johannisbeer-Baisertorte（独）

赤すぐりの実を混ぜたメレンゲを、スポンジケーキの上に盛り、高温のオーブンに入れて、さっと表面に焼き色をつけた菓子。

ヨハニスベーア・ベゼートルテ

ら　ラ

ライスチースケーキ（日）

1873（明治6）年の須藤時一郎著『万宝珍書』より復元。伝えられる当時の材料表記を現在のグラム表示に置き換えて作る。原書ではライスチースケーキとなっている。

〈配合〉

米……………………………… 4ヲンス 113g
（1ヲンス＝約28.35gと換算）
卵……………………………………… 4個
牛酪（バター）……………………半斤 300g
（1斤＝600gと換算）
乳脂（チーズ）…………… 1合3勺 234mℓ
（1合＝180mℓ、1勺＝18mℓと換算）
砂糖…………………………… 6ヲンス 170g
肉荳蔻（ナツメグ）…………………… 1粒
火酒（焼酎）……………… 1盃（約15mℓ）
注：火酒は焼酎などのアルコール分の強い蒸留酒を指し、ジン、ウォッカ、テキーラ、ラムといったものもこの語で表す。ここでは当時日本で一般的であった焼酎をもって再現する。

〈製法〉

① 米を柔らかく焚き、水気をよく切る。
② 卵をよくかき混ぜて①に加える。
③ バター、チーズ、砂糖を②に加え混ぜる。
④ ナツメグを細かく砕いて③に加え、焼酎を加える。
⑤ ④をよく混ぜて練り固め、適度の火力（180℃）のオーブンに入れて焼く。
注：材料中に油脂を留め置く小麦粉等の材料がないため、焼成後ほどなく油脂が溶けて流れ出てくる。当時はこれをよしとしていたのか、あるいは流れ出る前に賞味していたのか、あるいは小麦粉の書き落としかその辺りは不明。

ライス・プディング　rice pudding（英）

→プディング

ライチー　荔枝（中）

トロピカルフルーツの一種で荔枝と綴り、リーチー、あるいはライチーと読む。日本語では、れいしとも呼んでいる。

原産は中国で、当地では2000年以上も前より、すでに人工的に栽培されていたという。一説によると絶世の美女の誉れが高い楊貴妃がことのほか好んだと伝えられている。今日の主産地は福建省や広東省など中国南部や台湾で、その他東南アジア各地でも作られている。日本でもわずかだが、九州や沖縄でも栽培されている。

ライニッシャー・ケーニッヒスクーヘン　Rheinischer Königskuchen（独）

クリスマスから新年にかけて作る菓子。フランスのガレット・デ・ロワと同様、キリスト生誕を祝うために訪れた東方の三博士になぞらえた「王様の菓子」の意味を持つ。別立てのスポンジ種を、フイユタージュの上に流し、その上にフイユタージュの細く切った生地を網目状にかけて焼く。薄切りアーモンドを振り、上面にアプリコットジャムを塗ることもある。

→ガレット・デ・ロワ

ライプツィガー・レルヒェン　Leipziger Lerchen（独）

フイユタージュを小さな型に敷き、ラズベリーかすぐりのジャムを少量絞り、マカロン種を詰めて焼いた菓子。

ライム　lime（英）

▶lime（仏）リーム、limette（仏）リメット / Limette（独）リメッテ

柑橘類の一種。インド北東部原産。レモンより形が小さく、酸味が強い。

ビタミンCが豊富。芳香と酸味がありジュースやカクテルなどに多く用いる。菓子などにも広く利用されている。

ライむぎ　—麦

▶seigle（仏）セーグル / rye（英）ライ / Roggen（独）ロッゲン

黒麦または単にライともいう麦の一種。ライは英語名のryeからきた呼称。パン作りに多用されるが、小麦製のものより色が黒くなるため、黒パンとも称される。ただし黒くないライ麦パンもあるため、厳密にはライ麦パンイコール黒パンと決めつけることはできない。東欧、北欧、ドイツ、オーストリア、ロシアといった地域で好まれている。味覚的には麦の味が濃厚に感じられ、ソフト感はないが逆にかみ応えがある。また栄養的には、小麦パンに比べて各種ビタミ

ン、ミネラルを豊富に含んでいる。用途としてはサンドウィッチやカナッペ類に使われたり、またチーズとともにオードブルやデザートとしての利用もなされる。

ラ・ヴァレンヌ、フランソワ=ピエール・ド　La Varenne, François-Pierre de（仏）

17世紀の料理人。フランス王アンリ四世の妹のバール公爵夫人に仕えていた。

1651年『フランスの料理人（Le Cuisinier françois）』を出版、また1655年には『フランスの製菓人（Le Pastissier françois）』を著している。当時の菓子の様子をよく伝える数少ない製菓書として貴重な著作である。

ラヴィオリ・コン・ラ・リコッタ　ravioli con la ricotta（伊）

リコッタ入りのラヴィオリ。ラヴィオリは小型のギョーザに似たパスタ。リコッタはフレッシュチーズの一種。

ラウト・ビスキット　rout biscuit（英）

マジパンをベースにして作るイギリスのプティフール。ラウトとは夜の大宴会の意で、その席にこうした菓子が供されたという。

〈製法〉

① マジパンに卵白または全卵を少量加えてやわらかくもむ。
② ①に好みの香りや色をつけてもみ、少量を手にとって円形、四角形などいろいろな形に成形する。アーモンドなどのナッツや果物などをのせたり、刺し込んで飾ることもある。
③ 表面に卵黄を塗って、オーブンで焼く。冷めたら上にチョコレートの線描きなどをして飾ってもよい。

ラカン、ピエール　Lacam, Pierre（仏）

（1836-1902）フランスの料理、製菓人。

数多くの菓子、プティフールを製作。特にムラング・イタリエンヌを使ったアントルメを得意とした。

『フランスおよび異国の新しい菓子・氷菓（Nouveau pâtissier-glacier français et étranger）』（1865）、『菓子の歴史的地理的覚え書（Mémorial historique et géographique de la pâtisserie）』（1890）、『氷菓とアントルメの覚え書き（Le mémorial des Glaces et des Entremets de Cuisine）』などの著作を残した。

ラクトアイス

氷菓の名称の一つ。日本のアイスクリーム類の分類上、乳固形分が3～10%のものをラクトアイスとして表示している。
→アイスクリーム

ラコット・パラチンタ　rakott palacsinta（ハンガリー）

ハンガリーのデザート。

パラチンタは薄いパンケーキで、クレープの一種。フィリングによって変化をつける。家庭でのもてなし、パーティー、あるいは観劇後の軽食などに利用される。

〈配合〉

種
　小麦粉……430g
　塩……7g
　全卵……6個
　牛乳……300mℓ
　溶かしバター……90g
　ソーダ水……300mℓ
フィリング
　粉末くるみ……100g
　砂糖……90g
　牛乳……150mℓ
上塗り用
　ムラング……適量

〈製法〉

① 小麦粉と塩を混ぜてふるい、卵を加える。
② ①に牛乳を加えて冷蔵庫でねかせる。
③ 溶かしバターを加え、ソーダ水を入れてクレープ種を作る。
④ 熱したフライパンに流して薄く焼く。
⑤ 粉末くるみ、砂糖、牛乳を一緒に煮詰めてフィリングを作り、クレープの上に塗って数枚重ねる。
⑥ 全体にムラングを塗る。
⑦ 強火のオーブンに入れ、表面に焼き色がつく程度に焼く。

ラスク　rusk（英）

▶biscotte（仏）ビスコット / Zwieback（独）ツヴィーバック

薄切りパンの表面にグラス・ロワイヤルを塗り、オーブンで焼いた菓子。保存性が高い。甘みのないもの、無塩のものなどもある。フランス語の呼称であるビスコットは、「二度焼きしたパン」がもとになったもの。ドイツ語のツヴィーバックも同様の意味である。
→ビスキュイ

ラッドゥー　laddu（印）
豆の粉を用いた揚げ菓子。
豆の粉を水と砂糖で練り、油で揚げてシロップをかけたもの。

ラード　lard（英）
▶saindoux（仏）サンドゥー、graisse de porc（仏）グレース・ド・ポール / Schweineschmalz（独）シュヴァイネシュマルツ
豚の各部の脂肪組織から取り出した脂。よく比較されるヘットが牛脂と呼ばれるのに対し、こちらは豚脂とも呼ばれている。採取の仕方は、脂肪部から直接とる他、スチームなどの方法で加熱し、抽出する。そしてこれを精製し、脱色、脱臭、脱酸して作る。5 ～ 10℃という低温でも柔らかさを保つという使いやすさ、そしてショートニング性と呼ばれる“サク味”感に優れていて、クッキーなどに用いると、サクッとした口当たりになるという点に特性がある。不飽和脂肪酸を多分に含むために酸化しやすく、代用品として開発されたショートニングに取って代わられ、出番が少なくなっていった。ただ、そのショートニングの原料にラードもなっているゆえ、その特徴は生かされている。

ラバナーダシュ　rabanadas（ポルトガル）
ポルトガルにおいてクリスマスに家庭で作られるデザート菓子。同国北部では復活祭にも作られる。ポルトガル版フレンチトースト。
〈配合〉
バゲット（フランスパン）
…………………… 2cm に切ったもの 6 切れ
牛乳………………………………… 180mℓ
砂糖………………………………… 12g
レモン果皮………………………… 1/2 個分
卵…………………………………… 2 個
シナモンスティック……………… 1 本
サラダ油…………………………… 適量
シナモンシュガー………………… 適量
〈製法〉
① シナモンスティック、レモン果皮、砂糖を牛乳に入れて火にかけ、沸騰直前に火を止めて冷ます。
② バットに薄切りバゲットを並べ、上から①を流して水分を吸収させる。
③ ②を溶いた卵につけて、熱したサラダ油で揚げる。
④ 熱いうちにシナモンシュガーをまぶす。

ラバナーダシュ

ラ・フェート・ド・ラ・ヴァンダンジュ　la fête de la vendange（仏）
ぶどうの収穫感謝祭。
ワインの国フランスでは、秋（9 月～）になると各地でぶどうの収穫祭が行われる。菓子屋も、ぶどうをデザインしたり、文字を入れたアントルメ、グランガトー、パン菓子などを作り、ショーウインドーをにぎわす。なお、地域により収穫時期がことなるため、その日は各地一定ではない。

ラ・フランス
洋梨の一種。やや堅いがなめらかな食感を持ち、りんごや桃に似た香味を持つ。1864 年にフランスのクロード・ブランシュが発見した。日本へは 1903 年に、食用としてではなく受粉用として、静岡県にある農商務省農事試験場に導入された。フランスや他のヨーロッパ諸国では地質や気候が合わなかったために、ほとんど生産されなかったが、日本では東北地方や長野、静岡等各地において、大いに生産されるところとなった。

ラミントン　lamington（オーストラリア）
オーストラリアで親しまれている菓子。ダイス切りにしたスポンジケーキの上にチョコレートソースをしみ込ませ、ココナッツをまぶす。

〈配合〉
生地
バター……175g
グラニュー糖……140g
卵……3個
薄力粉……175g
ベーキングパウダー……4g
ヴァニラ……少々
アイシング
バター……12g
湯……90mℓ
粉糖……340g
ココアパウダー……18g
ココナッツ……200g

〈製法〉
生地
① バターを柔らかくし、グラニュー糖を混ぜ、卵とヴァニラを加えて攪拌する。
② 薄力粉とベーキングパウダーを一緒にしてふるい、①と混ぜてバットに流す。
③ 180℃のオーブンで約25分焼く。
アイシング
① 湯の中にバターを入れ混ぜる。
② 粉糖とココアを一緒にしてふるい、①に混ぜる。
仕上げ
サイコロ状に切った生地をアイシングの中にくぐらせ、細かく刻んだココナッツの中に落として全体にまぶす。

ラム　rum（英）

▶rhum（仏）ロム / Rum（独）ルム

さとうきびや糖蜜を原料とする蒸留酒で、スピリッツの類。インドを原産とするさとうきびが、コロンブスの新大陸到着とともにそうした地にも移植され、特に西インド諸島などはその主産地となっていく。17世紀の初め頃、その西インド諸島のひとつのバルバドス島に、蒸留酒を作る術を心得たひとりのイギリス人が移住した。彼はそこに密生しているさとうきびに着目し、これをもって蒸留酒を手がけた。それがラムの始まりと言われている。またこれとは別に、16世紀初頭、ポンセ・デ・レオンというスペイン人の探検家の一行の中にいた蒸留酒作りを修得している者がプエルトリコのさとうきびに目をつけ、それを使って酒を作ってみたのがラムであったという説もある。いずれにしろ、さとうきびをもって作られるラムの起こりは、西インド諸島、カリブ海のあたりであったようだ。

ラムは、風味の点から三つのタイプに分けられており、一番重いものはヘビーラム、軽いものがライトラム、中間がミディアムと呼ばれている。この他に色別の分け方もあり、濃い順にダーク、ゴールド、ホワイトとされ、香味もその順で、濃厚、中間、ライト感覚に仕立てられている。特にレーズンやマロンに合うとされている。

ラムカン　ramequin（スイス）

スイスで親しまれているチーズ風味のタルトまたはタルトレット。

〈配合〉
パート・ブリゼ……適量
卵黄……20g
生クリーム……400mℓ
牛乳……400mℓ
小麦粉……100g
パルメザンチーズ……150g

〈製法〉
① パート・ブリゼを厚さ2mmに延ばして、タルトやタルトレット型に敷く。
② 卵黄、生クリーム、牛乳、小麦粉、パルメザンチーズを混ぜた種を流し込む。
③ 200℃のオーブンで焼く。

ラームフラーデン　Rahmfladen（スイス）

スイスで親しまれている半生タイプの焼き菓子。

〈配合〉
生地
薄力粉……250g
生クリーム……45mℓ
塩……5g
卵……1個
バター……150g
フィリング
生クリーム……250mℓ
卵……2個
砂糖……30g
レモン果皮……5g
シナモン……3g
薄力粉……15g
レーズン……30g

〈製法〉

生地
① 薄力粉をふるってボウルに入れ、中央にくぼみをつける。
② 生クリーム、塩、溶き卵、溶かしバターを混ぜて、①のくぼみに入れ、全体をまとめてなめらかな生地を作る。
③ ②を冷蔵庫に入れて1時間休ませる。

フィリング
① 全卵、砂糖を泡立てる。
② ①にレモン果皮、シナモン、薄力粉を加え混ぜる。
③ 生クリームを泡立て、その中に②を入れて混ぜる。

仕上げ
① 生地を厚さ3mmに延ばし、オーブンシートに敷く。
② ①の生地に空気抜きの穴をたくさんあける。
③ ②の上にフィリングを流し、平らに延ばす。
④ 210℃のオーブンで約25分焼く。
⑤ 食べやすい任意の大きさに切り分ける。

ラムレーズンクッキー

→クッキー

ラング・ド・シャ　langue de chat（仏）

やわらかい種を丸口金で楕円に絞って焼いた薄いクッキー。薄い楕円の形と焼いた表面のザラつきが、猫の舌を思わせるというところからついた名称。

ラング・ド・シャ

〈配合〉

バター……500g
粉糖……500g
全卵……10個
小麦粉……600g

〈製法〉

① バターをクリーム状にし、軽く泡立てる。
② 粉糖を入れ、均質に混ぜる。
③ 卵を1個ずつ加える。
④ 小麦粉を加え合わせる。
⑤ テンパンに軽く油を引き、丸口金で少しつぶすようにして薄く絞る。
⑥ 強火のオーブンで周りがきつね色になるようにさっと焼く。

ランブータン

▶rambutan（英）ランブータン

ライチーやロンインと同じムクロジ科のトロピカルフルーツ。原産はマレーシアで、髪という意味のランブート rambut からきた呼び名という。その由来のとおり、球状の表面いっぱいに髪の毛を思わせるトゲのようなものが生えている。

り　リ

リ・ア・ラマンド　riz à l'amande（デンマーク）

名前はフランス語だが、デンマークのライス・プディング。

米のプディングに、泡立てた生クリームを絞り、薄切りアーモンドを飾って、チェリーソースを添えて供する。

〈配合〉

米……500g
牛乳……1000mℓ
ヴァニラ・ビーンズ……2本
砂糖……50g
生クリーム……250mℓ
薄切りアーモンド……25g

仕上げ用
薄切りアーモンド……適量
加糖し泡立てた生クリーム……適量

チェリーソース
ダークチェリー……200g
砂糖……150g
レモン果汁……20mℓ
コーンスターチ……10g
ピーター・ヒーリング（チェリーのリキュール）……100mℓ

〈製法〉

① 米、牛乳、ヴァニラ・ビーンズ、砂糖を合わ

せて、火にかける。

② 水気が少し引いたら、ヴァニラ・ビーンズをとり除き、しばらく煮る。

③ 水気が完全に引いたら、湯煎にしてオーブンに入れて、やわらかく煮る。

④ 取り出してボウルに移し、冷ます。

⑤ 生クリームを泡立てて④と合わせ、薄切りアーモンドを混ぜる。

⑥ ココットなどの容器に詰め、加糖して泡立てた生クリームを絞り込み、薄切りアーモンドを上面に散らす。

⑦ ダークチェリー、砂糖、レモン果汁を火にかけ、水20mℓで溶いたコーンスターチを加え、ピーター・ヒーリングを混ぜたチェリーソースを作り、⑥に添える。

リ・ア・ランペラトリス　riz à l'imperatrice(仏)

米を使ったバヴァロワ。「皇后風の米」の意味。伝えられるところによると、これが作られるようになったのはナポレオン三世の頃で、広めたのは、19世紀を代表するシェフのひとりのフィアレス・ジルベールだといわれている。ちなみに彼は、フランスの料理専門書の嚆矢とされる「アール・キュリネール」の編集長も務めていた。

〈配合〉

米……60g
牛乳……150＋200mℓ
粉糖……60g
卵黄……2個分
ゼラチン……4g
果物の砂糖漬け（アンゼリカ、チェリー、オレンジピール、パイナップルなど）……60g
キルシュ……適量
生クリーム……75mℓ

仕上げ用
果物……適量
生クリーム……適量
フルーツソース……適量

〈製法〉

① 米を洗い、水分を含ませる。

② 米と150mℓの牛乳を火にかけ、やわらかくなるまで煮る。

③ 粉糖、卵黄、残りの牛乳を合わせて煮立たせ、ゼラチンを加える。

④ 果物の砂糖漬けを粗く刻み、キルシュに浸して混ぜ合わせる。

⑤ ②③④を一緒に混ぜて冷まし、泡立てた生クリームを加えて合わせる。

⑥ 型に入れて冷蔵庫で冷やし固める。

⑦ 型からはずし、皿に移して果物をのせて飾り、生クリームを絞る。

⑧ 好みのフルーツソースを添えて供する。

リ・ア・ランペラトリス

リーヴァネチキ　lívanečky（チェコ）

チェコやスロバキアで好まれている焼き菓子。ベーキングパウダーまたはイーストを用いる。

〈配合〉

全卵……3個
牛乳……500mℓ
砂糖……50g
小麦粉……200g
ベーキングパウダー……3g
生クリーム……適量
ブルーベリー……適量
クリームチーズ……適量

〈製法〉

① 卵をほぐし、牛乳と砂糖を加えて泡立てないように混ぜる。

② 小麦粉とベーキングパウダーをふるってこれに加え、混ぜる。

③ 直径6cmほどの丸い型が12個並んだ専用の焼き型に流して焼く。

④ 冷めたら、泡立てた生クリームを縁にリング

状に絞り、中央にブルーベリーやチーズなどを盛る。

リーヴァネチキ

リヴィエラ　riviera（仏）

柑橘系のテイストで作るアントルメ。リヴィエラは、フランス南東部からイタリア北西部にかけての、地中海沿岸の総称。温暖な気候のために、オレンジやレモンの産地として名高く、それらを使ったアントルメ類に、よくこの名がつけられる。ジェノワーズを用いたものを記す。

〈製法〉

① ジェノワーズ生地を3枚に切り、それぞれにレモン果汁入りシロップを打つ。
② セルクルの中に台紙を敷いてジェノワーズの1枚をのせる。
③ セルクルの内側に、レモン果汁を混ぜたバタークリームを塗る。
④ レモン果汁を混ぜたカスタードクリームにムラング・イタリエンヌを1/3量混ぜて、ジェノワーズの上に塗る。
⑤ 2枚目のジェノワーズをのせ、もう一度同じ作業を繰り返す。
⑥ 上面にレモン入りバタークリームを塗り、冷やして固める。
⑦ セルクルの周りを温めて取り出し、上面に黄色のフォンダンを塗る。
⑧ レモンを表すデザインや文字を入れる。

リガテッレ　rigatelle（伊）

イタリアでクリスマスのときによく食べる焼き菓子。

〈配合〉

小麦粉……………………………… 500g
刻みアーモンド…………………… 50g
砂糖……………………………… 200g
ベーキングパウダー……………… 4g
粉末シナモン……………………… 6g
クローヴ…………………………… 少々
温湯……………………………… 適量
粉糖……………………………… 適量

〈製法〉

① 小麦粉をよくふるい、アーモンド、砂糖、ベーキングパウダーを混ぜる。
② 粉末シナモン、クローヴを加える。
③ 温湯を少しずつ加えて、ややかためにまとめる。
④ 薄く延ばし、直径4cmほどの円形に抜く。
⑤ 二つ折りの半月形にして、テンパンに並べ、中火のオーブンで焼く。
⑥ 上から軽く粉糖を振って供する。

リキュール　liqueur（仏）

▶liqueur（英）リカー / Likör（独）リケーア

蒸留酒（スピリッツ）に薬草や果物などの植物系香味成分、あるいは動物系の卵や乳などを配し、甘味料や着色料を添加した混成酒。スピリッツに果物やナッツ、ハーブ、スパイス等を漬け込んで、その味や香りを溶け込ませた浸出酒である。

菓子作りによく用いるものには、ベネディクティーヌ、アニゼット、マラスキーノ、コワントロー、グランマルニエ、アマレット、コーヒーリキュール、キュラソー、ペア・リキュールなどがある。

リキュール作りの歴史は古いが、特に中世、修道院において発達した。教会や修道院では、薬用として、菜園を作り、自給自足していた。また信者からも香草類が物納され、それらを使っていろいろなリキュールが作られた。

近代製菓法において、リキュールの果たす役割は非常に大きい。生菓子から焼き菓子、糖菓、氷菓の類まで、リキュールによって味覚の奥行きが広がりを持った。

リキュール・ボンボン

▶liqueur bonbon（英）リカー・ボンボン / bonbon à la liqueur（仏）ボンボン・ア・ラ・リキュール / Weinbrandbohne（独）ヴァインブラントボーネ、Likörpraline（独）リケーアプラリーネ

リキュール入りのシロップがセンターに入っている一口サイズの糖菓。

リキュール・ボンボンの原理は、シロップの

外側を糖化作用で固まらせる砂糖の再糖化現象を利用して作るもので、噛み砕くと中のシロップがあふれ出る。シロップにはいろいろな洋酒を加えて、それぞれの香りを楽しむ。

これに用いる糖液は、濃度を最終的にボーメ31度にする必要がある。それ以下の場合は、表面にできる糖膜が薄く、こわれやすくなる。ボーメ31度以上あると、砂糖の結晶はそれ相応に強くなる。

日本では、東京京橋の風月堂本店の店主である大住喜右衛門が、番頭の米津松造を横浜につかわし、洋菓子の技術を修業させ、1874（明治7）年、リコールド・ボンボンと称したリキュール・ボンボンを完成。口の中で砕けて露が飛び出すところから、宝露糖（ほうろとう）と名づけて売り出した。

〈配合例〉

グラニュー糖…………………………1000g
水……………………………………400mℓ
リキュール……………………………300mℓ

〈製法〉

① 乾燥したコーンスターチを30〜35℃に温め、目の細かいふるいに通し、箱いっぱいに敷き詰める。
② 表面を平らにし、好みの形の穴をあけておく。
③ グラニュー糖と水を118℃に煮詰め、ボーメ36〜38℃にする。
④ 火から降ろし、すぐにシロップの表面に霧を吹きつけて糖化の防止をする。
⑤ 鍋の底を水につけて粗熱をとる。
⑥ リキュールを静かに加えて混ぜ、ボーメ31度にする。これより高くなったら、リキュールをさらに加えて31度に調整する。
⑦ あらかじめ湯につけて温めておいた注入器（ドロッパー）に入れて、充分乾燥させたコーンスターチの穴に注入する。
⑧ シロップの表面に、30〜35℃に温めたコーンスターチを厚さ4mmほど振りかける。
⑨ 4〜5時間すると薄い糖膜ができるので、フォークで裏返し（糖膜の厚さを均一にするため）、再びコーンスターチを振りかける。
⑩ 一晩放置し、表面全体がしっかり固まったら取り出し、刷毛でコーンスターチを払い落とす。
注：チョコレートで被覆する場合は、中身が水溶液であることを知らせるために、銀紙などで包む。

リークニッツァー・ボンベ Liegnitzer Bombe（独）

マジパン、ジャム、果物のピューレ類などを塗ったレープクーヘン（ホーニッヒクーヘン）の生地をロール状に巻いて切り、リング型に入れて焼いた菓子。冷めてから全体にチョコレートをかける。

〈配合〉

レープクーヘン生地
蜂蜜………………………………1250g
砂糖………………………………500g
薄力粉……………………………925g
強力粉……………………………925g
クローヴ…………………………8g
粉末アニス………………………2.5g
パプリカ…………………………2.5g
コリアンダー……………………2.5g
炭酸アンモニウム………………25g

フィリング
マルツィパンローマッセ………200g
ラズベリージャム………………150g
卵白………………………………30g
くるみ……………………………適量
アーモンド………………………適量
オレンジピール…………………適量
レモンピール……………………適量

仕上げ用
コーンスターチ…………………少々
チョコレート……………………適量

〈製法〉

① 蜂蜜、砂糖を鍋に入れて火にかけ、沸騰させないように注意して、80℃に熱する。
② 薄力粉、強力粉を一緒にしてふるい、完全に冷ました①に加えて混ぜ合わせる。かたければ水を適量加える。
③ 木製または陶製の容器に入れ、発酵させる。
④ クローヴ、粉末アニス、パプリカ、コリアンダー、炭酸アンモニウムを③に混ぜ、レープクーヘンの生地を作る。
⑤ ④を薄く延ばす。
⑥ マルツィパンローマッセ、ラズベリージャムを混ぜ、さらに卵白を加え混ぜ、生地の上に塗る。
⑦ くるみ、アーモンド、オレンジピール、レモンピール等を刻み、上から散らす。
⑧ 細い棒状に巻き、幅3cmくらいに切り分け、リング型に入れて200℃のオーブンで焼く。

⑨ 熱いうちにコーンスターチと水少々を混ぜたものを塗る。
⑩ 冷めてから溶かしたチョコレートをかける。

リゴー・ヤンチ　rigó jancsi（ハンガリー）

ハンガリーのチョコレートケーキ。

〈配合〉

種
- 卵白……………………………… 6個分
- 卵黄……………………………… 6個分
- 塩……………………………………… 少々
- 砂糖…………………………………… 90g
- ヴァニラ……………………………… 少々
- ココア………………………………… 45g
- 小麦粉……………………………… 200g

クリーム
- 生クリーム…………………………… 400mℓ
- 砂糖…………………………………… 60g
- ココア………………………………… 60g

上塗り用
- チョコレート………………………… 120g
- バター………………………………… 15g

〈製法〉

① 卵白に塩を入れて泡立てる。
② 卵黄に砂糖とヴァニラを加えて、①の半分と合わせる。
③ ココアをふるって、②に加える。
④ 残った①の卵白に小麦粉を入れて混ぜ、③と合わせる。
⑤ テンパンに流し、平らにならして中火のオーブンで焼く。
⑥ 生クリームを泡立てる。
⑦ 砂糖とココアをふるい合わせ、⑥に入れる。
⑧ ⑤のスポンジ生地を厚さ半分に切り、⑦のクリームを塗って重ねる。
⑨ チョコレートを温め、バターを混ぜる。
⑩ ⑧の上に⑨を塗り、冷まして固める。
⑪ 適宜な大きさの四角に切り分ける。

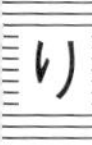

リシュリュー　richelieu（仏）

アーモンド風味のビスキュイで作るアントルメ。リシュリューは、ルイ十四世、十五世に仕えた元帥の名前。

粉末アーモンド入りビスキュイにマラスキーノを加えて焼き上げる。アプリコットジャムとフランジパーヌを交互にはさみ、表面はマラスキーノで香りをつけたフォンダンで糖衣し、アンゼリカなどを飾る。

リソ・ネロ　riso nero（伊）

黒いお米のデザート菓子。水、牛乳、塩、ヴァニラを火にかけて沸騰させ、米と砂糖を加えて柔らかくなるまで煮てココアを加える。冷めたらアーモンドとチョコレートを加え、ドーム型に入れて冷やし固める。上面にはオレンジピールなどをのせて飾る。米は少々芯の残るほどのアルデンテがよいとされている。

リソ・ネロ

リッソル・オ・プリュノー　rissoles aux pruneaux（仏）

フランス南西部アキテーヌ地方のスペシャリテで、乾燥プラムを用いた揚げ菓子。

同地はプラムの産地として名高く、それをブリオッシュ生地で包んで揚げ、グラニュー糖をまぶす。いわばプラム入りドーナッツである。

リッソル・オ・プリュノー

〈配合〉

- ブリオッシュ生地…………………… 450g
- 乾燥プラム…………………………… 160g
- りんごジャム………………………… 40g

アルマニャックまたはコニャック……　適量
グラニュー糖……………………………　適量

〈製法〉
① 乾燥プラムを水に漬けて戻し、フードプロセッサーで細かくする。
② ①にりんごジャムを入れて煮立たせ、アルマニャックまたはコニャックを入れる。
③ ブリオッシュ生地を棒状にまるめ、適宜な幅に切って、それぞれで適量の②を包む。
④ 熱した油で揚げ、グラニュー糖をまぶす。

リッチャレッリ　ricciarelli（伊）

粉末アーモンドの風味を生かしたイタリアのクッキー。リッチャレッリ・ディ・シエナというシエナ地方のものが名高い。

リッチャレッリ

〈配合〉
粉末アーモンド……………………… 300g
砂糖……………………………………… 250g
ヴァニラ………………………………… 少々
オレンジ果皮…………………………… 少々
シナモン………………………………… 少々
卵白………………………………… 5 個分
粉糖……………………………………… 適量
ウェファース…………………………… 適量

〈製法〉
① 粉末アーモンド、ヴァニラ、オレンジ果皮、シナモン、卵白を混ぜ合わせる。
② 砂糖を少しずつ加えてゆく。
③ マーブル台に粉糖を振り、この生地をスプーンですくって落とす。
④ 少し押しつぶしながらナイフまたはパレットナイフで一口サイズのひし形に成形する。
⑤ 一回り大きくひし形に切ったウェファースの上に置き、一晩おいて乾燥させる。
⑥ 100℃くらいのオーブンに入れ、乾燥焼きにする。
⑦ 白くてやわらかい状態に仕上げ、上から粉糖を振って供する。

リネツケー・コラーチキ　linecké koláčky

（チェコ・スロバキア）
チェコやスロバキアで好まれているクッキー。

〈配合〉
生地
バター…………………………………… 140g
砂糖……………………………………… 70g
卵黄………………………………… 2 個分
小麦粉…………………………………… 210g
ヴァニラ………………………………… 少々
レモン果皮……………………………… 少々
フィリング
ケーキクラム…………………………… 適量
粉末くるみ……………………………… 適量
アプリコットジャム…………………… 適量
マラスキーノ…………………………… 適量
チョコレート…………………………… 適量
ココナッツ……………………………… 適量

〈製法〉
① バターと砂糖をすり合わせ、卵黄を加える。
② 小麦粉、ヴァニラ、レモン果皮を加え、生地をまとめてからしばらく休ませる。
③ 薄く延ばし、タルトレット型に敷いてから焼きする。
④ 適量のケーキクラム、粉末くるみ、アプリコットジャム、マラスキーノを混ぜて、上に盛る。
⑤ 溶かしたチョコレートをかけ、ココナッツをのせて飾る。

リバースシート

▶laminoir（仏）ラミノワール / roller sheeter（英）ローラー・シーター / Teigausrollmaschine（独）タイクアオスロールマシーネ

パイ延ばし機。仕込んだパート・シュクレやフイユタージュを手早く、確実な厚さに延ばす機械。手動式、足踏み式がある。場所をとらない卓上式もある。

リーフパイ（日）

フイユタージュ（通称パイ生地）を薄く延ばして葉の形にして焼いた、日本独特のパイ菓子。

〈製法〉

① フイユタージュをやや厚めに延ばして、菊型で抜く。
② めん棒で一方の方向に楕円形に薄く延ばし、ナイフで葉脈の模様をつける。
③ 片面にグラニュー糖をまぶして、テンパンに並べ、やや強火のオーブンで焼く。

リュイファール·デュ·ヴァルボネ　ruifard du Valbonnais（仏）

フランスのドーフィネ地方やアルプス地方で親しまれているスペシャリテのひとつ。

シャルトルーズという緑色をした薬草系リキュールに漬けたりんごや洋梨を、ブリオッシュ生地に敷き込み、同じ生地でふたをして焼く。シャトルーズの緑がフルーツ類に移り、鮮やかな切り口となる。

リュイファール・デュ・ヴァルボネ

リューベッカー·マルツィパン　Lübecker Marzipan（独）

マジパンで作る焼き菓子。

浮き彫りになっている型を用い、円形やハート形に仕上げることが多く、縁周りはピンセットでつまみ模様をつける。

リューベッカーとはドイツの町「リューベックの」の意味で、この町はマジパン発祥の地ともいわれており、マジパン製の菓子が多い。

リュールクーヘン　Rührkuchen（独）

バターケーキの一種。イーストを用いる場合もある。ナップフクーヘンともいう。クグロフ型に詰めて焼く。イーストを用いる場合は、発酵を控えめにする。

りんご

▶apple（英）アップル / pomme（仏）ポンム / Apfel（独）アップフェル

最も古くから栽培されている果実のひとつ。バラ科。原産地は中央アジア。

世界におよそ2000種以上の品種があるという。日本には1000年頃に渡来したといわれるが、本格的な栽培が始まったのは明治時代以降である。品種改良がひんぱんに行われ、新種が次々に登場する。

生食、ジュース、ジャム、酒などに広く利用され、製菓面でも、タルト、パイ、ムース、またコンポートにしてクレープ、パイなど数多くの洋菓子、デザートに用いている。

リンツァー·トルテ　Linzer Torte（オーストリア・独）

▶tarte linzer（仏）タルト・リンゼル

オーストリアのリンツ地方の銘菓。トルテの名を持つが、形状はタルトであり、古くから伝わる菓子である。シナモンをきかせた練り粉生地をタルト型に敷き、ラズベリージャムを詰める。上に同じ生地を格子状におおって焼く。今日ではシナモン入りの色の濃い生地が多いが、昔は白い生地が多かったという。

練り粉生地の間にジャムなどをはさんで焼くところから、現在のトルテの始まりといえる。この練り粉生地が外国から伝わったやわらかい種（ジェノワーズやビスキュイなど）に入れかわり、現在のトルテが形成された。実際、トルテと呼ばれる菓子群は、そのほとんどがジャムやクリームなどをはさんだ形である。つまりこれはタルトとトルテの分岐点に位置する菓子といえる。

リンツァー・トルテ

〈配合〉

バター…………………………………………500g

砂糖……………………………………… 500g
全卵……………………………………… 4 個
粉末ヘーゼルナッツ…………………… 50g
粉末アーモンド………………………… 50g
小麦粉……………………………… 1000g
シナモン………………………………… 25g
ベーキングパウダー…………………… 10g
ラズベリージャム……………………… 適量

〈製法〉

① バターと砂糖をすり合わせる。
② 卵を少しずつ加え混ぜる。
③ 粉末ヘーゼルナッツとアーモンドを混ぜる。
④ 小麦粉、シナモン、ベーキングパウダーを一緒に混ぜ、③に加える。
⑤ 生地を冷蔵庫で休ませる。
⑥ 厚さ 3mm に延ばし、タルト型に敷く。
⑦ 空気抜きの穴をあけ、ラズベリージャムを詰める。
⑧ 帯状に切った同じ生地を格子状にかけ、縁にも帯を置く。
⑨ 200℃のオーブンで焼く。
⑩ 好みにより上面にさらにラズベリージャムを塗ったり、ピスタチオをのせて飾ることもある。

る　ル

ルカアオゲン　Lucca-Augen（独）

▸petit chou à la crème（仏）プティ・シュー・ア・ラ・クレーム

→シュー

ルクルクレーム　Lukullcreme（独）

バタークリームの一種。フレッシュバター以外の油脂を混入したもの。全体にやわらかく、ボリュームが出るのが特徴。バターのみを用いたバタークリームはブッタークレームという。

ルクルクレームには、フランス風とドイツ風と呼ぶ 2 種がある。

■ ドイツ風ルクルクレーム

〈配合と製法〉

牛乳…………………………………… 500mℓ
卵黄……………………………………… 25g
コーンスターチ………………………… 50g
砂糖…………………………………… 100g
塩……………………………………… 0.3g
ヴァニラ……………………………… 少々
バター………………………………… 280g
ショートニング……………………… 70g

① 牛乳少量、卵黄、コーンスターチを混ぜる。
② 残りの牛乳に砂糖と塩を入れ、温める。
③ 火から降ろし、①を入れて再び火にかける。
④ クリーム状になったら火から降ろし、ヴァニラを加える。
⑤ トレーなどにあけて粉糖を振って冷ます。
⑥ バターとショートニングを泡立て、冷めた⑤と合わせる。

■ フランス風ルクルクレーム

ドイツ風より日もちがしない。生地などの間に塗って用いる。

〈配合と製法〉

全卵…………………………………… 300g
砂糖…………………………………… 200g
塩……………………………………… 0.3g
バター………………………………… 300g
ショートニング……………………… 150g
ラム、キルシュなど………………… 適量

① 卵に砂糖、塩を入れ、湯煎にかけながら泡立てる。
② 冷めるまで攪拌する。
③ バターとショートニングを泡立て、②と合わせる。
④ ラムやキルシュなどで風味をつける。

ルコント、アンドレ　Lecomte, André

（1932-1999）

飾らない本場のフランス菓子を、そのまま日本に伝えたフランス人パティシエ。

フランス・ロワールに生まれ、13 歳で菓子の世界に入り、パリの四つ星レストランのジョルジュ・サンクでスー・シェフ（副工場長）を務め、1963 年に来日。

ホテル・オークラの製菓長を務めた後、1968 年東京六本木に「A. ルコント」を開業。小さなショーケースには、まぎれもないパティスリー・フランセーズが並べられた。フランス人が自分の国にあるものを、ごく当たり前に作ったものであったが、その印象はショートケーキやプリンを見慣れた目には新鮮に映った。このささやかな店の登場により、明らかに日本の洋菓子の流れが変わった。彼はその功績によりフランス本国からレジオン・ドヌールを叙勲。それほどに彼の日本に与えた影響は大きなものであった。

ルツェルナー·ビルネンヴェッゲン

Luzerner Birnenweggen（スイス）

スイスのルツェルン市のクリスマス菓子。洋梨を用いた古くから親しまれている菓子。

フイユタージュの生地に乾燥果実、砂糖、シナモンなどを混ぜたフィリングをのせて巻いて焼き、適宜な大きさに切り分ける。

〈配合〉

フイユタージュ……………………………… 適量

フィリング

乾燥プラム……………………………………300g

乾燥いちじく…………………………………100g

乾燥洋梨……………………………………1000g

レーズン………………………………………100g

砂糖……………………………………………150g

キルシュ……………………………………100mℓ

くるみ…………………………………………200g

シナモン…………………………………………6g

アニス……………………………………………3g

クローヴ……………………………………… 少々

卵白…………………………………………1個分

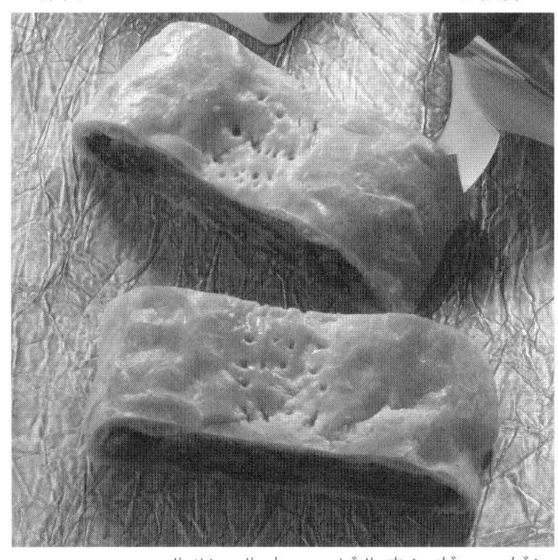

ルツェルナー・ビルネンヴェッゲン

〈製法〉

① 乾燥させたプラム、いちじく、洋梨を半日水につけてから煮て、水気を切って細かく刻む。

② レーズンを混ぜる。

③ 砂糖、キルシュ、くるみ、シナモン、アニス、クローヴ、卵白を加える。

④ フイユタージュを長方形に延ばし、③のフィリングを厚さ1cmにのせる。

⑤ ④を巻いて両端に卵白を塗り、フィリングがはみ出さないように押さえ、はりつける。

⑥ 表面に卵黄（分量外）を塗って空気抜きの穴をあけ、180℃のオーブンで約30～40分間焼く。

ルツェルナー·プフェットリ Luzerner Pfötli（スイス）

スイスのルツェルン市の銘菓とされているクッキー。粉末アーモンドを使った種を星型口金で絞って焼き、キルシュ入りのガナッシュをはさむ。

〈配合〉

種

アーモンド……………………………………500g

砂糖……………………………………………400g

全卵……………………………………………1個

蜂蜜……………………………………………100g

卵白…………………………………………… 適量

ガナッシュ

バター…………………………………………150g

粉糖……………………………………………150g

キルシュ………………………………………50mℓ

ミルクチョコレート…………………………300g

〈製法〉

① アーモンド、砂糖、卵をローラーで挽きつぶす。

② 蜂蜜を加え、卵白を混ぜて、絞れる程度のやわらかさにする。

③ 星型口金で雨だれ形に絞り、中火のオーブンで焼く。

④ バターに粉糖を加えて泡立て、キルシュを加えたミルクチョコレートと混ぜ、ガナッシュを作る。

⑤ 焼き上げた③を2枚1組にし、ガナッシュを塗って重ねる。

ルッシシャー·ザーネビスクヴィート

russischer Sahnebiskuit（チェコ・スロバキア）

チェコやスロバキアの、生クリームを使ったロシア風とされる半生風の菓子。

〈配合〉

卵黄………………………………………6個分

粉糖……………………………………………250g

生クリーム…………………………………400mℓ

ヴァニラシュガー…………………………… 少々

卵白………………………………………6個分

小麦粉……………………………… 400g
粉糖……………………………… 適量

〈製法〉

① 卵黄に粉糖を加えて泡立てる。
② 生クリームにヴァニラシュガーを加えて混ぜ、①に加える。
③ 卵白を充分泡立てて、小麦粉と混ぜ、②と混ぜ合わせる。
④ テンパンに紙を敷き、③を平らに流す。
⑤ 中火のオーブンで約25分焼く。
⑥ 冷めたら粉糖を軽く振りかけ、適宜な大きさに切り分ける。

ルッシシャー・ザーネビスクヴィート

ルッシシュ·クレンツヒェン russisch Kränzchen（ハンガリー）

ロシア風とされるハンガリーの揚げ菓子。

シナモン入りのこね粉生地を延ばし、小さなリング状に型抜きして、油で揚げ、粉糖を振って供する。

〈配合〉

バター……………………………… 14g
粉糖……………………………… 26g
全卵……………………………… 1個
牛乳……………………………… 100mℓ
アンモニア……………………………… 1g
小麦粉……………………………… 300g
シナモン……………………………… 6g
粉糖……………………………… 適量

〈製法〉

① バターに粉糖を加えて泡立てる。
② 卵を加え、アンモニアを混ぜた牛乳を入れてゆく。
③ 小麦粉とシナモンを加え混ぜて、生地をまとめる。
④ 延ばしてリング型で抜き、油で揚げる。
⑤ 粉糖を振って供する。

ルーネベルギントルットゥ

Runebergintorttu（フィンランド）

フィンランドの詩人ルーネベリ Runeberg が好んだと言われるお菓子で、同氏の誕生日の2月5日に食べられるもの。

ルーネベルギントルットゥ

〈配合〉5.5cm のセルクル8個分

生地

バター……………………………… 100g
砂糖……………………………… 80g
卵……………………………… 60g
薄力粉……………………………… 100g
刻みアーモンド……………………………… 80g
ベーキングパウダー……………………………… 3g
ビターアーモンドオイル……………………………… 1滴

ラム・シロップ

砂糖……………………………… 150g
水……………………………… 350mℓ
ダークラム……………………………… 50mℓ

仕上げ

ラズベリージャム……………………………… 80g
フォンダン……………………………… 200g

〈製法〉

① バターと砂糖をミキサーにかけてクリーム状になるまで混ぜる。
② 卵とビターアーモンドオイルを加え、よく混ぜる。
③ 別のボウルに薄力粉、刻みアーモンド、ベーキングパウダーを入れて混ぜ、②に入れて混ぜる。
④ 型に入れて170℃のオーブンで約10分焼く。
⑤ ④を冷ました後、型から取り出す。

⑥ 冷ましている間に、ラム・シロップの準備をする。砂糖と水を鍋に入れて沸騰させ、ラムを加えてから冷ます。（注：ラムを加えたら沸騰させない）
⑦ 冷めた生地に温かいラム・シロップをたっぷり浸み込ませる。
⑧ 生地の上部中央にジャムを絞り、まわりにゆるめに溶いたフォンダンをつけて飾る。

ルバーブ　rhubarb（英）

タデ科の植物で、和名は食用大黄（だいおう）。食用とされるのはその茎で、葉の方は食べられない。原産地はシベリア南部で、ヨーロッパでは16世紀頃からすでに食用に栽培されていた。茎は太さ2～3cmの半円筒形で長さは50～60cm、色はやや赤身を帯びている。一見ふきを思わせるものがあるが、酸味を含み、かつ独特の香りを持っている。日本における主産地は長野や愛媛のあたりで4～6月にかけて収穫される。また北米やオーストラリア等からの輸入もなされている。生のままスライスしてサラダに用いられたり、皮をむいてジャムやゼリーに加工されたり、またそうしたものを利用して各種のスイーツ類に利用されている。

ルバーブ・パイ　rhubarb pie（英）

色々の味を加えたルバーブを、詰めて焼き上げるパイ。

〈配合〉

パフペイストリー（フイユタージュ）　適量
卵白……………………………… 少々
グラニュー糖…………………… 少々

フィリング

ルバーブ………………………… 700g
赤砂糖…………………………… 90g
シナモン………………………… 少々
オレンジ果汁…………………… 1個分
しょうがの絞り汁……………… 5mℓ

〈製法〉

① ルバーブの筋を取り、長さ2cmに切って鍋に入れ、赤砂糖、シナモン、オレンジ果汁、しょうがの絞り汁を加え混ぜる。
② パイ皿にパフペイストリー生地を敷き、①を詰め、同じ生地でふたをする。
③ 上面に卵白を塗り、グラニュー糖をふりかけて、170℃のオーブンで約40分焼く。

ルリジューズ　religieuse（仏）

「修道女」の意味を持つシュー菓子。

丸いシューやエクレールのような細長いシューを幾つか組み合わせて仕上げる。形がヴェールをかぶった修道女に似ているところからの命名。1856年、パリのフラスカティという菓子店で作られたという。

詰めるクリームとフォンダンは同系統の風味のものを用いる。

グランド・ルリジューズ（上）と
通常のルリジューズ（左・中）

■ グランド・ルリジューズ　grande religieuse

細長いシューや丸いシューを積み重ねて仕上げる大型のもの。

〈製法〉

① シュー種を作り、約15cmの長さのエクレールを6個と、同じ口金で直径5cmと6cmのリングおよび大小のシューを1個ずつ絞り、表面に卵黄を塗って焼く。大きいシューは、その底を5cmのリングと同寸にそろえておく。
② ビターチョコレート入りとコーヒー入りのカスタードクリームをそれぞれ詰め、上面には、同系統のフォンダンをつける。
③ 直径10～15cmのパート・シュクレの台を作り、焼いておく。

④ 糖液を140℃に煮詰め、エクレールの端につけて台の周りに接着させて立て、上部をやや細めにした円筒形を作る。
⑤ ④の上にリング大、小を重ね、さらに丸いシュー大、小を重ねて、修道女に似せた形にする。
⑥ すべての継ぎ目と上部に、コーヒー入りバタークリームを星型口金で絞り出して飾る。
注：大型のため、全体をあまり重くしないように、中に詰めるクリームはクレーム・レジェールにすることもある。

■ **ルリジューズ・オ・カフェ　religieuse au café**

コーヒー風味のクリームを使い、大小の丸いシューを用いる。

〈製法〉

① シュー種を大小の丸に絞り、表面に卵黄を塗って焼く。
② 底に穴をあけ、中にコーヒー入りカスタードクリームを詰める。
③ コーヒー入りフォンダンをそれぞれの上につけ、大のシューの上に小をのせる。
④ コーヒー入りバタークリームを、重なっているシューの周りと上部に星型口金で絞って飾る。

■ **ルリジューズ・オ・ショコラ　religieuse au chocolat**

チョコレート味のルリジューズ。

〈製法〉

ルリジューズ・オ・カフェと同様に作る。中にはビターチョコレート入りのカスタードクリームを詰め、ビターチョコレート入りのフォンダンを塗る。飾るクリームにもビターチョコレートを加え混ぜる。

ルレ　roulé（仏）

▶roll（英）ロール / Roulade（独）ルラーデ、Biskuitrolle（独）ビスクヴィートロレ

ロールケーキ。スポンジ系統の生地にクリームやジャム類を塗って巻いた菓子。広義では巻き菓子をさす。

■ **ルレ・ア・ラナナ　roulé à l'ananas**

パイナップルの果汁を用いたロールケーキ。飾りもパイナップルを使う。

■ **ルレ・ア・ロランジュ　roulé à l'orange**

オレンジ風味のロールケーキ。

製法はルレ・オ・シトロンと同じ。風味づけのレモンをオレンジに変える。

■ **ルレ・オ・シトロン　roulé au citron**

レモン風味のクリームを塗って巻く。

ルレ・オ・シトロン

〈製法〉

① ジェノワーズを薄いシート状に焼き、紙からはがす。
② レモン果汁入りシロップを全体に打つ。
③ レモン果汁入りカスタードクリームを塗り、紙を利用してロール状に巻く。
④ 適宜な長さに切り分ける。
⑤ 切り口を上にして、渦巻きが見えるように並べ、上面に熱したアプリコットジャムを塗り、レモンの薄切り、チェリー、アンゼリカなどを飾る。

る

ルレート・ス・マーカム　рулет с маком（露）

ロシアや東欧で親しまれているけしの実を使ったロールケーキ。

ルレート・ス・マーカム

〈配合〉

強力粉……150g
薄力粉……150g
砂糖……50g
ドライイースト……5g
牛乳……150mℓ

卵黄……………………………………… 50g
塩………………………………………… 少々
バター…………………………………… 80g
フィリング
けしの実……………………………… 100g
バター…………………………………… 30g
砂糖……………………………………… 50g
蜂蜜……………………………………… 20g
卵白…………………………………… 1個分
レモン果皮すりおろし……………… 2個分
くるみ…………………………………… 20g
アーモンド……………………………… 20g
レーズン………………………………… 20g
グラス・ア・ロー
粉糖…………………………………… 100g
水……………………………………… 15mℓ
レモン果汁……………………………… 7mℓ

〈製法〉

① ふるった2種の小麦粉、ドライイースト、砂糖を混ぜる。
② 牛乳、卵黄、塩を一緒にしてこれに加えてよく混ぜる。
③ ②がまとまったらバターを加え、なめらかになるまでこね混ぜて、布巾をかけ、温かいところで発酵させる。
④ フィリングを作る。けしの実、バター、砂糖、蜂蜜を混ぜて弱火にかけ、もったりするまで練る。
⑤ くるみ、アーモンド、レーズン、レモン果皮を混ぜ、泡立てた卵白を混ぜる。
⑥ オーブンシート上で③の生地を25×30cmの四角に延ばし、まわり2cmを残して⑤の種を塗り広げて、手前から巻いていき、両端を閉じて下側に押し込む。
⑦ 表面に空気抜きの穴をあけ、布巾をかぶせて発酵させる。
⑧ 180℃のオーブンで約40分焼く。
⑨ 粉糖に水、レモン果汁を加えてグラス・ア・ローを作り、⑧の上に塗り、適宜な幅に切り分ける。

れ レ

レ lait（仏）

▶milk（英）ミルク / Milch（独）ミルヒ

牛乳。動物の乳をさすが、製菓では主に牛乳をいう。また、牛乳の状態に類似したものも、この言葉で表現する。たとえば、レ・ダマンド（アーモンドミルク）はアーモンドからとれる白い液、レ・ド・ココはココやしの実を細かくすりおろし、牛乳を加えて押すようにしながら布でこしたもの。英語でもココナッツ・ミルクと呼ばれている。

レアチーズケーキ

▶fromage blanc（仏）フロマージュ・ブラン

レアタイプのチーズケーキ。

〈配合例〉3～4個分

卵黄………………………………… 1/2個分
砂糖……………………………………… 15g
クリームチーズ……………………… 100g
ヨーグルト…………………………… 15mℓ
レモン果汁………………………… 1/2個分
粉ゼラチン……………………………… 3g
水……………………………………… 15mℓ
生クリーム…………………………… 100mℓ
卵白…………………………………… 1個分
砂糖……………………………………… 25g
仕上げ
生クリーム…………………………… 少々
砂糖…………………………………… 少々
ピスタチオ…………………………… 少々

〈製法〉

① 卵黄に砂糖を加え、湯煎にかけながら白っぽくなるまで混ぜる。
② クリームチーズをもんで湯煎にかけ、柔らかくする。
③ ②に①とヨーグルト、レモン果汁を加え混ぜる。
④ 粉ゼラチンを水に浸し、湯煎で溶かして③に加え、泡立てた生クリームを混ぜる。
⑤ 卵白に砂糖を加え、充分泡立てて④に加える。
⑥ ボンブ型に詰めて冷やし固め、湯につけて型からはずす。
⑦ 生クリームに砂糖を5%ほど加えて軽く泡立て、⑥の上にかけて、ピスタチオをのせる。

注：セルクルに流し入れ、冷やし固めた後、セルクルをはずし、大型のアントルメ状に作ってもよい。

レイニエール､グリモ･ド･ラ Reynière, Grimod de la（仏）

（1758-1838）フランスの有名な美食家。パリに生まれ、本業は弁護士だが、そちらはあまり熱心ではなかったという。

革命後の成り金たちに作法を守らせるために、1808年に『主人役必携（Manuel des amphitryons)』を出版。また1812年『食通年鑑（Almanachs des gourmands)』を出版し、世の食通たちの啓蒙をはかった。

また食味鑑定委員会を設立し、さまざまな料理や菓子を査定した。しかしこの委員会は商業目的に利用されている旨の抗議を受けて、中断せざるをえなくなった。

レイヤーケイク layer cake（英）

レイヤーlayerとは、重ねたもの、あるいは層という意味で、重ねて作る菓子のこと。特に何と何を重ねてこうあらねばこの名を付してはならないとした決まりはない。よって例えばパンケーキとクリームを重ねたものでもよく、ミルフイユやミルクレープなどもレイヤーケイクの仲間と見ることができる。

レイヤーケイクの例

レシチン

▶lecithin（英）レシシン / lécithine（仏）レシティーヌ / Lezithin（独）レツィティーン

リン脂質の一つ。製菓では乳化剤として用い、また浸透作用、消泡作用などの働きも利用している。卵黄では、約32%の脂肪分のうちの70%をレシチンが占めており、大豆油では1～3%含まれている。

浸透作用の働きを利用し、チョコレートの粘りけを弱めたり、加熱すると泡立つマーガリンのはね止めに用いる。

レーズン raisin（英）

▶raisin sec（仏）レザン・セック / Rosine（独）ロズィーネ

完熟したぶどうを乾燥させたもので、いわゆる干しぶどう一般をさすが、品種によって呼び名が異なる。干しぶどう専用種を用いたものをレーズン、小粒の黒っぽいものをカレンズ、いくぶんやわらかく、淡い茶色のものをサルタナと呼ぶ。

レーズンは特にラムと合うとされ、この組み合わせは生菓子やアイスクリームなど、いろいろな形で使われている。

レ･ダマンド lait d'amandes（仏）

▶almond milk（英）アーモンド・ミルク

薄皮をむいたアーモンドを、水とともにローラーにかけてすりつぶし、布でこして絞り出した白い液。ブラン・マンジェなどを作るときに用いる。粒アーモンドがない場合は、マルツィパンローマッセを水やミルクで溶いて使用する。

〈配合〉

アーモンド……………………………… 500g
水……………………………… 250＋900mℓ

〈製法〉

① アーモンドを細かく砕き、水250mℓと混ぜてローラーで挽く。
② さらに水900mℓを加えて混ぜる。
③ 三角の木綿の袋で絞り出す。
　この配合で普通1100mℓのアーモンドミルクがとれる。ローラーの挽き方次第では1300mℓくらいまでとれる。
　注：鉄製のローラーを使って、すべる場合は、砂糖を少し加えてすべり止めにするとよい。

レーチェ･フリタ leche frita（西）

牛乳をたっぷり使った揚げ菓子。刻みアーモンドや果物を入れることもある。生の果物を入れるときは、水分を少し減らすなどの調節をする。泡立てた生クリームを添えることが多い。

〈配合〉

コーンスターチ……………………………… 70g
牛乳……………………………………… 400mℓ
砂糖……………………………………… 100g
シナモン………………………………… 少々
全卵……………………………………… 2個
パン粉…………………………………… 適量
全卵……………………………………… 適量
生クリーム……………………………… 適量

〈製法〉

① コーンスターチ、牛乳、砂糖、シナモン、卵を合わせて、湯煎にかけながらよく混ぜ、火を通す。
② クリーム状になったら平らな型に流して、冷やし固める。
③ 適宜に切り、溶き卵、パン粉をつける。
④ フライパンにバターとオイルを同量ずつ入れて③を揚げる。泡立てた生クリームを添えて供する。

レッカービッセン　Leckerbissen（独）

「おいしい一口」の意味。ハムやチーズ、肉などを使って作る塩味の焼き菓子や甘い一口菓子等おいしいものに付けられる名称。

レッカリー　Leckerli（スイス）

蜂蜜、小麦粉、スパイス、果物などを入れて混ぜ、平らに延ばして焼き上げるスイスのバーゼル市の銘菓。伝統的な焼き菓子で、市の名をとり、バーゼラー・レッカリーとも呼ぶ。
→バーゼラー・レッカリー

レッフェルビスクヴィート　Löffelbiskuit（独）
→レディーフィンガー
→ビスキュイ（ビスキュイ・ア・ラ・キュイエール）

レディーフィンガー　ladyfinger（英）

▶biscuit à la cuillère（仏）ビスキュイ・ア・ラ・キュイエール

ビスキュイ種を細長く絞って焼いた菓子。焼き上がりは、表面がなめらかで、側面が割れていなければならない。上面に粉糖を振って仕上げる。
→ビスキュイ（ビスキュイ・ア・ラ・キュイエール）

レディー・ボルティモア・ケイク　lady Baltimore cake（米）

メレンゲベースにフルーツやナッツをあしらったケーキで、その名称は「レディー・ボルティモア」という小説に由来するという。

〈配合〉

ホワイトケーキ
薄力粉…………………………………… 120g
ベーキングパウダー……………………… 4g
グラニュー糖…………………………… 100g
卵白……………………………………… 2個分
牛乳……………………………………… 90mℓ

フィリング
卵白……………………………………… 2個分
グラニュー糖…………………………… 100g
水………………………………………… 35mℓ
ペカンナッツ…………………………… 30g
セミドライいちじく…………………… 30g
ラム漬けレーズン……………………… 25g

〈製法〉

① ホワイトケーキを作る。
バターをクリーム状にする。
② 薄力粉、ベーキングパウダーを一緒にしてふるい、①と合わせる。
③ グラニュー糖、卵白、牛乳を混ぜ、②と合わせて、型に流す。
④ 180℃のオーブンで約10分焼く。
⑤ フィリングを作る。
卵白を泡立てながら、一方ではグラニュー糖と水を火にかけ、120℃まで煮つめ、撹拌し続けている卵白の中に少しずつ注ぎ込む。
⑥ ⑤の半量の中に、ローストして粗刻みしたペカンナッツ、刻んだいちじく、ラム漬けレーズンを混ぜ、3枚に切ったホワイトケーキの間にサンドし、残りのメレンゲで全体をカヴァーする。

レディー・ボルティモア・ケイク

レーテシ　rétes（ハンガリー）

シュトゥルーデルと同様のもの。東欧圏の伝統的な菓子。透けて見えるほど薄く延ばした生地に、フルーツ、ナッツ、チーズなどのフィリングを包んで焼く。

〈配合〉

小麦粉……………………………… 260g
塩…………………………………… 4g
全卵………………………………… 1個
ワインヴィネガー………………… 22mℓ
温湯………………………………… 100mℓ
バター……………………………… 20g

フィリング

カッテージチーズ………………… 450g
砂糖………………………………… 120g
卵黄………………………………… 3個分
レモン果皮………………………… 5g
レーズン…………………………… 65g

〈製法〉

① 小麦粉と塩を一緒にしてふるい、卵を加えて混ぜる。
② ワインヴィネガーを温湯に混ぜて①に加え、バターを溶かして入れる。
③ よく練り合わせ、生地を100回ほどテーブルに打ちつける。
④ 生地を丸めて、溶かしバターを塗り、ボウルに入れて30分ほど休ませてから薄く延ばす。
⑤ およそ1m四方の布を広げ、小麦粉をふるい、④を移しのせる。
⑥ 溶かしバターを塗り、その上にレーズン以外のフィリングの材料を混ぜてのせる。
⑦ レーズンをばらまき、布を使ってロール状に巻き、型に収めて焼く。

レーヌ・ド・サバ　Reine de Saba（仏）

「シバの女王」という名のチョコレートケーキ。ショコラ・クラシックに似たチョコレートの焼き菓子だが、小麦粉量が多く、粉末アーモンドを使用しているため、しっかりとした口当たりとなっている。

レフォルマツィオーンスブロート
Reformationsbrot（独）

ドイツの宗教改革記念日である10月31日のための菓子。1517年ルターが宗教改革運動を始めた日を記念するもの。

果物のたっぷり入ったシュトレン生地を丸め、表面にはさみで十文字の切り目を入れてから焼く。

レープクーヘン　Lebkuchen（独・スイス・オーストリア）

蜂蜜入りのクッキーの一種。

蜂蜜は古くから使われ、蜂蜜を用いた菓子も長い歴史を持つが、この名で呼ばれるようになったのは14～15世紀からだといわれている。ホーニッヒクーヘンとも呼ばれる。ホーニッヒとは蜂蜜のこと。

小麦粉などの穀物の粉に甘みとして蜂蜜や果実を用いた菓子は、長い時代をへてさまざまに発達した。レープクーヘンもその典型の一つ。現在でも、小麦粉とほぼ同量の蜂蜜を混ぜ、しばらく貯蔵して焼くが、この製造法に関しては、昔の作り方をそのまま伝えている。

レープクーヘンは修道院でも発達した。修道院ではキャンドルでは最上級とされる蜜蠟作りが盛んであり、その際に副産物として入手できる蜂蜜を用いてレープクーヘンが作られた。すなわちこの菓子は製菓人のみならず、ろうそく職人の手によって作られていたのだ。そしてこの菓子は、修道院や寺院を訪れる人々に参拝記念として、一種の土産として親しまれ、広まっていった。

現在でもレープクーヘンの模様は、聖書にちなむもの、また聖人など、何かの記念になる刻印やデザインを施したものが多い。

呼び名についてはいくつかの説がある。

この菓子は、修道院ではリーブムと呼ばれていた。ラテン語で「供物用の菓子」という意味で、これが転じてレープクーヘンになった、という説がある。

また、スパイスなどを使い、体に活力を与え、生命をみなぎらせる力があるということでレーベンスクーヘン（生命の菓子）といっていたのが、レープクーヘンに変わったとの説もある。

近世に入って砂糖も入手しやすくなり、配合も工夫され、手が加えられて今に至っている。ちなみにグリム童話の『ヘンゼルとグレーテル』に出てくる魔女の家も、この菓子で作られている。

〈配合〉

蜂蜜………………………………… 1250g
砂糖………………………………… 500g
強力粉……………………………… 925g
薄力粉……………………………… 925g

クローヴ……………………………… 8g
アニス……………………………… 2.5g
オールスパイス…………………… 2.5g
コリアンダー……………………… 2.5g
アンモニア………………………… 25mℓ

〈製法〉

① 蜂蜜、砂糖を火にかけ、煮立つ直前の80℃ぐらいで溶かし混ぜる。
② ①を冷まし、一、二晩おく。
③ 強力粉、薄力粉を②に加えて混ぜる。かたい場合には少し水を加える。これを容器に入れ、1か月ほど保存する。
④ クローヴなどのスパイス類と、アンモニアを加え、よくもみ込む。炭酸カリウムを加える場合もある。
⑤ 大きさや目的（菓子の家など）に応じて延ばし、ときには型で模様をつけて焼成する。

レモネード　lemonade（英）

▸limonade（仏）リモナード / Zitronenlimonade（独）ツィトローネンリモナーデ

レモン果汁に砂糖と水を加えて作る清涼飲料。通常冷たくして供されるが、温かいものもある。炭酸ガスを混入して、炭酸飲料にする場合もある。

また、この言葉は、強い酸味を持つ果物で作る各種の飲料にも使われる。

レモン　lemon（英）

▸citron（仏）シトロン / Zitrone（独）ツィトローネ

さわやかな香りと酸味を持つミカン科の果物。原産地はインドといわれている。近縁種にライムがある。

普通の大きさのもの1個につき約50mgのビタミンCを含んでいる。

果汁や果皮は各種の生菓子、焼き菓子に用いる。特に果皮は、砂糖漬けにしてレモンピールが作られ、多くの菓子に利用される。

レモンカード　lemon curd（英）

レモンパイなどを作るときに詰める、レモンクリームのこと。カードは酸などの作用を受けて固まった状態をさす。砂糖、卵黄、レモン果汁などを混ぜて作る。同様のものにオレンジカードがある。

〈配合〉

砂糖………………………………… 240g
コーンスターチ…………………… 60g
卵黄……………………………… 5個分
水………………………………… 360mℓ
レモン果汁……………………… 1個分
レモン香料………………………… 少々

〈製法〉

① 砂糖とコーンスターチを一緒にしてふるいにかけ、卵黄を混ぜ、さらに水を加える。
② 火にかけながら、焦げつかないように混ぜる。
③ 固まってきたら火から降ろし、レモン果汁と香料を加えて混ぜる。

レモンパイ　lemon pie（英・米）

▸lemon tarte（米）レモン・タート

レモン味のクリームを詰めた平たい皿状の菓子。

ビスケット生地やフイユタージュなどを延ばして皿状の器に敷き込んで焼き、その上にレモンカードやレモン果汁入りのカスタードクリーム等のレモンクリームを盛る。上面には泡立てて加糖したムラングや、加糖し泡立てた生クリームなどを塗って仕上げる。

レモンパイ

〈配合〉

生地

小麦粉……………………………… 570g
バター……………………………… 230g
砂糖………………………………… 115g
卵黄……………………………… 2個分
牛乳………………………………… 少々
レモン果汁………………………… 少々

フィリング

レモンクリーム

砂糖………………………………… 240g
コーンスターチ…………………… 60g
卵黄…………………………5個分（100g）

水……………………………………… 360mℓ
レモン果汁………………………… 1/2個分
レモンリキュール……………………… 少々
レモンエッセンス……………………… 少々

メレンゲ
卵………………………………2個（約60g）
砂糖……………………………………… 120g

その他
薄切りスポンジ…………………………… 1枚
シロップ…………………………………… 少々
粉糖……………………………………… 少々

〈製法〉

① 小麦粉など生地の材料を混ぜ、ビスケット生地（ショート・ペイスト）を作る。
② 延ばしてパイ皿に敷き、から焼きする。
③ 砂糖とコーンスターチを一緒にしてふるう。
④ ③に卵黄と水を混ぜて火にかける。焦げないように混ぜ、固まってきたら火から降ろす。
⑤ ④にレモン果汁、レモンリキュール、レモンエッセンスを加え混ぜる。
⑥ ②の上に薄切りスポンジケーキを敷き、シロップを刷毛で塗る。
⑦ ⑥の上に⑤のクリームを盛る。
⑧ 卵白に砂糖を加えて泡立て、しっかりしたメレンゲを作る。
⑨ ⑥の上にメレンゲを塗り、その上に丸口金でメレンゲを格子状に絞る。
⑩ 上面に粉糖をふりかけ、200℃のオーブンに入れて、表面に軽く焼き色をつける。
⑪ 上面に軽く粉糖をふりかける。
注：フィリングはレモンカードに置き換えてもよい。

レモンピール

▶ candied lemon peel（英）キャンディード・レモン・ピール / écorce de citron confit（仏）エコルス・ド・シトロン・コンフィ / kandierte Zitronenschale（独）カンディエルテ・ツィトローネンシャーレ

レモン果皮の砂糖漬け。各種の製菓材料として用いる。

レモンの主要産地はイタリアで、シチリア島あたりでは年に2回結実する。北方に住む人々の間ではこれを「イタリアの皮」と呼んで親しんだという。

同様に、オレンジの皮も砂糖漬けにして、オレンジピールができる。果物は、砂糖漬けにすると腐敗せずに保存がきくため、さまざまなフルーツの砂糖漬けが生まれた。これらはフリュイ・コンフィと呼ばれ、菓子の一群としてとらえられている。

レーリュッケン Rehrücken（独）

「のろ鹿の背」という意味のバターケーキ。波形のトイ型を用いる。アーモンドの風味を生かしたマンデル・レーリュッケンやレーリュッケン・ヘルといわれるものなど、いろいろな配合のものがある。酒をしみ込ませ、風味づけしたものもある。

■ マンデル・レーリュッケン Mandel Rehrücken

〈配合〉

生地A
卵白……………………………………… 400g
砂糖……………………………………… 400g
ココア…………………………………… 80g
粉末アーモンド………………………… 300g

生地B
バター…………………………………… 400g
砂糖……………………………………… 400g
ベーキングパウダー…………………… 少々
全卵……………………………………… 200g
卵黄……………………………………… 70g
小麦粉…………………………………… 400g
刻みアーモンド………………………… 100g
ヴァニラ………………………………… 少々
レモン果汁……………………………… 10mℓ

仕上げ用
バタークリーム………………………… 適量
ココア…………………………………… 少々
粉糖……………………………………… 少々

マンデル・レーリュッケン

〈製法〉

① レーリュッケン型の内側にバターを塗って、

粉末アーモンド少々をまぶす。
② 生地Aを作る。卵白に砂糖を一度に加えてかたく泡立てる。
③ ココアと粉末アーモンドを加えて、①の型に入れ、中央を細長く、大きくくぼませておく。
④ 生地Bを作る。バターに砂糖とベーキングパウダーを加えて泡立てる。
⑤ 全卵と卵黄、小麦粉を交互に数回に分けて④に混ぜ入れる。
⑥ 刻みアーモンドなどその他の材料を⑤に混ぜ込む。
⑦ ⑥を③のくぼみの中に流し入れ、中火のオーブンで焼く。
⑧ 型からはずし、平らな面を上にしてV字形に切り目を入れ、とりはずす。バタークリームを塗って、はずしたものを元に収める。
⑨ 返して、片側にココア、他方に粉糖を振りかける。

■ レーリュッケン・ヘル　Rehrücken Hell

ヘルとは明るいとか澄んだという意味で、通常のレーリュッケンと比べた違いを示している。

〈配合〉

全卵……600g
卵黄……150g
砂糖……480g
水飴または蜂蜜……50g
レモン……少々
塩……少々
ヴァニラ……少々
小麦粉……360g
コーンスターチ……450g
溶かしバター……300g
粉末アーモンド……適量

仕上げ用
アプリコットジャム……適量
フォンダン……適量

〈製法〉

① 全卵と卵黄を混ぜて湯煎にかけ、泡立てる。湯煎からはずして砂糖、水飴、レモン、塩、ヴァニラを加えて、冷めるまで泡立てる。
② 小麦粉、コーンスターチを加えて、溶かしバターを混ぜる。
③ レーリュッケン型の内側にバターを塗り、粉末アーモンドをまぶし、②の種を流し込む。
④ 中火のオーブンで焼く。
⑤ 返して、冷めたら表面にアプリコットジャムを塗り、ゆるめたフォンダンで被覆する。

レルヒェン　Röllchen（スイス・ドイツ）

スイスやドイツでいう巻き菓子。

やわらかい流動状の種を、すり込み板を使って円形にすり込んで焼き、熱いうちに巻く。中にプラリネマッセその他のクリームを詰める。両端にチョコレートを塗ることもある。

ロールサンドウィッチ等の小型の巻いた料理全般を指す語でもある。

〈配合〉

生地
卵白……125g
粉糖……250g
粉末アーモンド……200g
卵黄……2個分
生クリーム……50mℓ
ヴァニラオイル……少々

フィリング
バタークリーム……適量
プラリネマッセ……適量
チョコレート……適量
ピスタチオ……適量

〈製法〉

① 卵白と粉糖の1/4を混ぜ合わせる。
② 生地の残りの材料を混ぜ、①と合わせる。
③ オーブンシートを敷いたテンパンに直径10cmくらいの円形のすり込み板を置き、丸口金をはめた絞り袋に②を詰めて絞り出し、パレットナイフですり込む。
④ 200～220℃のオーブンで焼く。
⑤ 焼き上がったら、熱いうちに直径2cmくらいの丸い棒に巻きとって形をつけ、棒を引き抜いて冷ます。
⑥ バタークリームに適量のプラリネマッセを混ぜ、⑤の中に絞り込む。両端に溶かしたチョコレートをつけ、刻んだピスタチオをチョコレートの上に振りかけることもある。

れんにゅう　練乳

→乳製品

ろ　ロ

ロクム　lokum（トルコ・ギリシア他）

トルコで好まれている菓子。英語圏ではターキッシュ・デライトと呼ばれる。砂糖にデンプンを加え、アーモンドやピスタチオ、ヘーゼルナッツ、くるみ、ココナッツ等を加えて作られる。トルコの他にもアルバニア、ブルガリア、マケドニア、セルビアといったバルカン半島地域やギリシア等で好まれている。赤やピンク等見た目もカラフルで、一見ゼリーやパート・ド・フリュイ、あるいは求肥を思わせるように作られ、サイコロ状に四角に切られて箱詰めにされる。

ロクム

〈配合〉

グラニュー糖	300g
水	95 + 230mℓ
レモン果汁	3mℓ
コーンスターチ	75g
クリームターター（酒石酸）	1g
ばら花水	5mℓ
食用色素（赤）	少々
粉糖	適量

〈製法〉

① 鍋にグラニュー糖、水95mℓ、レモン果汁を入れて火にかけ、115℃まで煮詰める。
② 別の鍋にコーンスターチ、クリームターターを入れ、混ぜながら水230mℓを少量ずつ入れていく。
③ ②を火にかけて沸騰させ、重い糊状になったらかき混ぜながら①を加え煮詰める。
④ 弱火にしてかき混ぜながら110℃まで煮つめ、とろみがついたら火から降ろし、すぐにばら花水と水溶きした赤の色素を混ぜる。
⑤ オーブンペーパーを敷いたバットに④を流し、冷まして固める。
⑥ サラダオイルを塗ったナイフで⑤をサイコロ状に切り、粉糖をまぶす。

ロザリンド

→オセロ

ロシアケーキ

→ピチェーニェ

ロシェ　rocher（仏）

岩の意味。岩のような形の菓子などによくこの名をつける。

■ シュクル・ロシェ　sucre rocher

工芸菓子などで、岩石やそれに類した形を作るときに使う手法。

→飴細工

■ ロシェ・オ・ザマンド　rocher aux amandes

ナッツ入りのムラング菓子。泡立てた卵白1に対し、砂糖2を加えて作ったムラングに、薄切りアーモンドなどを適量混ぜて、スプーンですくってテンパンの上に不定形に置いてゆく。低温のオーブンに入れて乾燥焼きにする。

ロシェ・オ・ザマンド

■ ロシェ・オ・プラリーヌ　rocher aux pralines

刻みアーモンド入りのチョコレートで被覆した一口菓子。

プラリネなどを入れたガナッシュのセンターを、刻みアーモンド入りのチョコレートで被覆する。表面が刻みアーモンドでごつごつした形になる。

ロスキージャ　rosquilla（西）

スペインで好まれている揚げドーナッツ。アニス風味に特徴がある。復活祭の1週間前の聖週間の折に大いに口にされる。

〈配合〉

オレンジ果皮	1/4個分
オリーブオイル	75mℓ
卵	1個
グラニュー糖	70g
白ワイン	75mℓ

アニスシード…………………………… 5g
薄力粉……………………………… 300g
ベーキングパウダー………………… 2g
サラダオイル………………………… 適量
薄力粉（打ち粉用）………………… 少々

仕上げ
グラニュー糖………………………… 適量

〈製法〉

① フライパンにオリーブオイルとオレンジ果皮を入れて火にかけ、オイルに香りを移した後冷ます。
② ボウルに卵、グラニュー糖、白ワイン、アニスシードを入れ、①を加えて混ぜる。
③ 薄力粉とベーキングパウダーを一緒にしてふるい、②と合わせて生地をまとめる。
④ めん台に打ち粉をして10等分し、細長く伸ばして両端をつなぎリング状にする。
⑤ 170℃の油できつね色になるまで揚げる。
⑥ 油を切り、グラニュー糖でまぶす。

ロスキージャ

ロスキージャ・デ・サンタ・クララ　rosquilla de Santa Clara（西）

「聖クララのロスキージャ」と呼ばれるスペイン風のドーナッツ。普通のロスキージャと同じように作るが、揚げた後、卵白と粉糖を混ぜて作った濃い目のアイシング、またはゆるく溶いたフォンダンを上からかけて固まらせる。

マドリッドの修道院で15世紀頃から作られていたといい、5月の聖イシドロ（マドリッドの守護聖人）の祭りに好んで食される。

ロスキーリャス　rosquilhas（ポルトガル）

アソーレス諸島のピコ島でエスピリット・サント祭の折に作られるリング状の焼き菓子。当日ひもを通したこれがトラックや荷車に山盛りに積まれ、教会に運ばれてくる。

〈配合〉

中力粉…………………………………… 500g
砂糖……………………………………… 75g
バター…………………………………… 50g
ラード…………………………………… 30g
卵………………………………………… 1/2個
ドライイースト………………………… 10g
牛乳…………………………………… 約200mℓ
塩………………………………………… 少々

〈製法〉

① 少量の砂糖を入れたぬるま湯にドライイーストを入れて発酵させる。
② ボウルにふるった中力粉を入れ、その中に溶かしたバターとラード、卵、砂糖、塩を入れて混ぜる。
③ ②に①を加え、牛乳を少しずつ加え混ぜる。
④ 手につかなくなるまで③をよくこねる。
⑤ 布巾をかけて約2倍程に発酵させる。
⑥ ガス抜きをして、リング状に成形し、テンパン上でさらに発酵させ、180℃のオーブンで約30分焼く。

ロスコン・ガジェゴ　roscón gallego（西）

スペインのガリシア地方の菓子。

イーストを加えた発酵生地に砂糖漬けのドライフルーツ、りんごを加えて焼く。ガリシア名産のりんごを利用している。

〈配合〉

牛乳……………………………………… 100mℓ
イースト………………………………… 12g
小麦粉…………………………………… 500g
砂糖……………………………………… 125g
バター…………………………………… 125g
ラム……………………………………… 30mℓ
りんご…………………………………… 適量
砂糖漬けドライフルーツ……………… 適量
シロップ………………………………… 適量

〈製法〉

① 牛乳を温めてイーストをとき、発酵させる。
② 小麦粉を①に入れ、砂糖と、クリーム状にしたバターを加えて練り込む。
③ 30℃くらいのところに置いて、1.5倍ほどにふくれてきたらガス抜きをし、ラムを加えて混ぜる。
④ リング型などに詰める。さらに発酵させてか

ら切り込みを入れ、りんごをくし形に切って刺し込んでゆく。
⑤ ドライフルーツの砂糖漬けを刻んで上から振りかけ、180℃のオーブンで焼く。
⑥ 型からはずし、表面にシロップを刷毛で塗る。

ロスコン·デ·レイエス roscón de reyes（西）

1月6日のエピファニー（公現節、主顕節）の折の祝い菓子。フランスのガレット・デ・ロワと同じ趣旨のもの。

〈配合〉

薄力粉…… 400g
牛乳…… 75mℓ
バター…… 30g
イースト…… 10g
グラニュー糖…… 60g
卵…… 2個
塩…… 1g
ブランデー…… 30mℓ
オレンジ花水…… 15mℓ
オレンジ果皮すりおろし…… 1/2個分
レモン果皮すりおろし…… 1/2個分
飾り用
薄切りアーモンド…… 適量
ドレンドチェリー…… 適量
砂糖漬けオレンジ薄切り…… 適量
砂糖…… 適量
卵黄（上塗り用）…… 1個分

〈製法〉

① 鍋に牛乳とバターを入れて火にかけ、バターを溶かす。
② ボウルにふるった薄力粉を入れ、イースト、グラニュー糖、卵、塩、ブランデー、オレンジ花水、オレンジとレモンの果皮すりおろしを混ぜる。
③ ②に①を加え、しっかり混ぜる。
④ ③をまるめてボウルに入れ、布をかけて2.5倍ほどまで発酵させる。
⑤ ④のガス抜きをして軽くこね、リング状に整形し､中にフェーブ（陶製の人形）を忍ばせ、再び発酵させる。
⑥ 溶いた卵黄を刷毛で塗り、薄切りアーモンド、ドレンドチェリー、薄切りオレンジ等をのせて飾り、水（分量外）でしめらせた砂糖を何か所かにつまんで置く。
⑦ 180℃のオーブンで約30分焼く。
切り分けた時にフェーブに当たった人は、その場で王様（女性は女王様）になって、紙製の王冠をかぶり、まわりの祝福を受ける。

→ガレット・デ・ロワ

ロスコン・デ・レイエス

ロゼット rosette（仏・英）

花結び、花模様の意味から、クリームなどの花絞りをさす。

絞り袋に星型口金をつけ、クリーム類を詰めて、花のように絞り出す。絞った形がばらの花のように見えるところからロゼットと呼ばれている。

ローゼンキュッヒリ Rosenchüechli（スイス）

古くからスイスで親しまれてきた、花の形にした揚げ菓子。ばらの花を型取った型を用いる。現在ではばら型のほかに、渦巻き型などもある。

ローゼンキュッヒリ

〈配合〉

全卵…… 100g
砂糖…… 20g
塩…… 少々
小麦粉…… 120g
牛乳…… 40mℓ
水…… 20mℓ

〈製法〉
① 卵と砂糖、塩を合わせて泡立て、小麦粉を加える。
② 温めた牛乳を混ぜ、さらに水を加えてゆるいなめらかな状態にする。
③ この中に専用の花型をつけて、型のまま揚げ油に入れ、きつね色に揚がったら型をはずす。
④ 上から軽く粉糖を振る。

ロートシルト·ビスコテン　Rothschild Biskotten（オーストリア）

「ロスチャイルド風のビスコテン」という名の乾き一口菓子。ビスコテンマッセ（ビスキュイ・ア・ラ・キュイエール）を絞り、上から刻みアーモンドを振りかけて焼く。下側にチョコレートを塗る。

〈配合〉
卵黄……10個分
砂糖……100g
ヴァニラ……少々
レモン果皮……少々
卵白……10個分
砂糖……200g
刻みアーモンド……適量
チョコレート……適量

〈製法〉
① 卵黄に砂糖、ヴァニラ、レモン果皮を加えて泡立てる。
② 卵白に砂糖を加えて泡立ててムラングを作り、①と合わせる。
③ 丸口金で細長く絞り、刻んだアーモンドを振りかける。
④ 180℃のオーブンで15～20分間焼く。
⑤ 冷めてから溶かしたチョコレートを下側に塗る。

ロトロ·ディ·ナターレ　rotolo di Natale（伊）

イタリアのクリスマス菓子、ロールケーキ。ロトロとは巻いたもの、ナターレはクリスマスの意味。

発酵生地に、くるみ、レーズン、松の実などのフィリングを混ぜ、ロール状にして焼く。

〈配合〉
生地
イースト……100g
牛乳……100mℓ
小麦粉……80＋420g
バター……100g
砂糖……100g
卵黄……2個分
オレンジ果皮……適量
レモン果皮……適量
ラム……50mℓ
フィリング
卵白……2個分
くるみ……250g
砂糖……120g
ココア……20g
レモン果皮……適量
オレンジ果皮……適量
レーズン……250g
牛乳……適量
松の実……100g
バター……100g

〈製法〉
① イーストを人肌に温めた牛乳でとき、小麦粉80gを加えて練る。
② およそ倍量に発酵させる。
③ 小麦粉420g、バター、砂糖、卵黄、すりおろしたレモンとオレンジの果皮、ラムを加える。
④ ③を練って生地をまとめる。
⑤ めん棒で厚さ5mmに延ばし、50cm × 40cmにする。
⑥ 卵白を泡立てて⑤に塗り、細かく挽いたくるみ、砂糖、ココア、果皮を混ぜてまき散らす。
⑦ さらに、牛乳でやわらかくしたレーズン、松の実、細かく刻んだバターを散らす。
⑧ 生地をロール状に整え、1～2時間発酵させ、150℃のオーブンで30～40分焼く。

ロドンクーヘン　Rodonkuchen（独）

クグロフ型を用いて焼いたリッチなタイプの発酵菓子。ナップフクーヘンともいう。
→ナップフクーヘン

ロボクープ　robot-coupe（仏）

フードプロセッサー。小型のステファン。切る、おろす、混ぜるなどの機能を持つ。鋭い刃が超高速で回転するため、少量のナッツを粉砕したり、さらにペースト状に近い状態まで細かくすることができる。またその他の野菜などにも用いられる。

ロボクープとはこの器具の商品名だったが、今やあまりに有名になり、一般名称になっている。

ローマジパン

→ローマッセ
→マジパン

ローマッセ　Rohmasse（独）

正式にはマルツィパンローマッセ。日本では、通称ローマジパンともいう。基本的にはアーモンドと砂糖を2:1で混ぜてローラーで挽き、ペースト状にする。

菓子の主材料、副材料としてさまざまに利用されている。

→マジパン

ロマノフ　Romanov（仏）

20世紀初頭のロシアのロマノフ家に献じた料理につけられた名称。たとえばロマノフ・フレーズというものがあるが、これはキュラソーに浸したいちごをクープに盛り、加糖し泡立てた生クリームで飾ったものである。

ローラー　roller（英）

▶broyeur（仏）ブロワイユール / Walze（独）ヴァルツェ

ナッツ類などを細かく砕いたり、さらに細かく挽いてペースト状にしたりする機械。石製と鉄製があり、2本ローラー、3本ローラー、それ以上のものがある。間隔を自由に変えることで、細かさの調節がつき、用途に応じて操作する。

ローリエ

→月桂樹の葉

ローリー･ポーリー　roly-poly（英）

古典的なプディングの一種。名は「巻き棒」が転訛したものという。その名の如く、薄く延ばした小麦粉生地でジャムを巻いて蒸し、ジャムを溶いたソースをかけて供する。

〈配合〉

薄力粉	110g
ベーキングパウダー	2g
バター	55g
牛乳	60mℓ
いちごジャム	125g
生地塗り用バター	25g
ラム	少々
熱湯	少々

〈製法〉

① 薄力粉とベーキングパウダーを一緒にしてふるい、バターを加えて刻みながら混ぜる。
② ①に牛乳を加え混ぜ、生地をまとめて冷蔵庫で休ませる。
③ 打ち粉をしながら②を厚さ5mmに延ばし、26 × 18cmに整える。
④ ③の上にジャムを周り1cmほど残して塗り、その周囲には溶かしバターを塗って、ジャムがはみ出ないように巻く。ジャムは少し残しておく。
⑤ 紙か布で巻き、ひもでしばる。
⑥ 約2時間蒸し器で蒸す。
⑦ 紙か布をはずし、適宜な幅に切り分ける。
⑧ 残りのジャムにラムと熱湯を加えて火にかけ、ひと煮立ちさせる。
⑨ ⑦の上に⑧をかけ、温かいうちに供する。

ローリー・ポーリー

ロールケーキ（日）

▶roulé（仏）ルレ / roll（英）ロール / Roulade（独）ルラーデ、Biskuitrolle（独）ビスクヴィートロレ

シート状に焼いたスポンジ生地に、クリームやジャムなどを塗って巻いた菓子。家庭で作るビュッシュ・ド・ノエルはロールケーキの形にすることが多い。

フランスにもルレ roulé、ドイツ語圏にもルーラーデ Roulade と呼ばれるものがあり、スペインにも例えばブラソ・デ・ヒターノ brazo de gitano（ジプシーの腕）という名の銘菓がある。

日本においても、ロールケーキと呼ぶ以前よりロール状のものは作られていた。例えば筆者の手元にある、十返舎一九著の『増補餅菓子手製集』1805（文化2）年には、恐らく当人自筆と思われるメモによる“かすてらまき”の文字が残されている。今日いうところのロールケーキの初見と思われる。1889（明治22）年刊の『和洋菓子製法独案内』(岡本半渓著）には“ロヲルフリン”として、煮上げる加熱凝固をもって作るロール状の菓子を紹介している。大正から昭和にかけては、多くの菓子店にて今日同様のロールケーキが作られるようになっていった。なおスポンジケーキに餡を塗って巻いた四国松山の銘菓“一六タルト”ができたのは、一六本舗の社主によれば昭和初期という。
→ルレ

ロンイン　龍眼（中）

ライチーと同じムクロジ科のトロピカルフルーツ。原産はインドだが、ライチーの産地と同じ地域で栽培されている。味もライチーによく似ている。日本ではりゅうがんと呼んでいる。ライチーは赤い皮だが、これは茶色っぽいつるっとした皮に包まれている。

わ　ワ

ワイン　wine（英）

▶vin（仏）ヴァン / Wein（独）ヴァイン

ぶどう酒。ぶどうの果汁を発酵させて造る醸造酒。起源は不詳だが、その発見は有史以前に遡る。

実は人類が最初に知ったアルコール飲料は、ビールよりワインの方が先だったのではないかといわれている。

古代エジプトではナイル川のデルタ地域でぶどうを栽培し、主神オシリスに捧げ、貴族や神官たちが飲用していた。古代ギリシア・ローマの神話には、ワインにまつわる数々のエピソードが語られている。紀元前500年には各地でワインが造られていたという。

紀元前後、現在のフランスのラングドック、ロワール河、セーヌ河の各流域、およびドイツのライン川流域でぶどうが栽培され、ワインは急速に広まっていった。

ワインには赤と白、そして中間的なロゼがあり、味わいではドライかスイートに分けられる。酒精分は8～16%。

製法上による分類では、スティルワイン（非発泡性）、スパークリングワイン（発泡性）、フォーティファイドワイン（酒精強化ワイン）、フレーバードワイン（香りづけワイン、ヴェルモットやサングリアなど）がある。

飲用のほか、料理、菓子、デザートなどに広く使われている。

わだやすはる　和田泰治

（1938-）日本にリキュール文化を広め定着させた功労者。殊に洋菓子作りに欠かせないこの酒類に力を入れ、洋菓子文化の幅を広げ奥行きを深めた。

1938（昭和13）年群馬県高崎市に生まれ、大学卒業後モロゾフ酒造に入社。後、1969（昭和44）年ドーバー洋酒貿易を興し、一貫して各種リキュール類の輸入及び開発に情熱を傾け、日本の料理界、製菓製パン業界の発展に尽力。加えて和テイストのリキュール類の開発により、日本の味覚文化の国際化に貢献した。会長職に就任後も、同業他社の貢献者の参加を得て軽井沢ブリュワリーを興してビール製造に着手するなど、酒類産業を通して地域社会に貢献。なお、業務用リキュールについては、世界各国の同業他社が撤退する中、現存するのは同氏率いる企業のみとなっており、その手腕は世界から注目を集めている。

ワッフル　waffle（英）

▶Waffel（独）ヴァッフェル / gaufre（仏）ゴーフル

模様のついた鉄板に種を流し、もう1枚の鉄板ではさんで焼いた菓子。間にクリームやジャムをはさむ。元々ドイツ語からきた言葉である。ウェファースもゴーフルも同系統の語で、ともに蜂の巣の形状にちなむ名称。

日本でワッフルとして親しまれているものは独自のもので、スポンジ種を長円形に焼いて二つ折りにし、クリームなどをはさんでいる。

1891（明治25）年、米津凮月堂当主の米津恒次郎が、7年間修業をしてヨーロッパから帰国する際、イギリスからウェファースの機械を購入して持ち帰ったのが始まりである。しかし当時はあまり売れなかったという。そこでカステラのような生地にして、餡を中にはさんでワッフルという名で売り出した。カスタードクリームをはさんだワッフルは、それから5年後の1896年に作られた。元々ウェファースとワッフルは同じものであったが、この時点から日本では別々の菓子をさすようになった。

■ 日本的なソフトタイプのワッフル

〈配合〉10個分

ワッフル

卵……2個
上白糖……70g
乳化剤……12g
蜂蜜……8g
ヴァニラオイル……少々
薄力粉……70g
ベーキングパウダー……0.6g
卵白……約2個分
塩……ひとつまみ

カスタードクリーム

卵黄……2個分
砂糖……45g
薄力粉……9g
コーンスターチ……6g
牛乳……200mℓ
グランマルニエ……10mℓ

注：乳化剤の代用としてマヨネーズも可。

〈製法〉

ワッフル

① ボウルに卵、上白糖、乳化剤（マヨネーズ）、蜂蜜を入れ湯煎にかけながら泡立てる。(2倍くらいのボリュームになるまで)

② ①にヴァニラオイルを加える。

③ 薄力粉とベーキングパウダーを合わせてふるい、②に加え混ぜる。

④ 卵白に塩少々を混ぜてから③に混ぜる。生地がかたいようであればさらに卵白を加える。

⑤ ワッフル型またはフライパンを温め、油（分量外）を薄くぬり､生地を大さじ 2 程度流す。

⑥ 表面がプツプツしてきたら裏返して火を通す。

⑦ 焼きあがったら二つ折りにして冷ます。乾燥しないように布巾等で覆っておく。

カスタードクリーム

① ボウルに卵黄、砂糖、少々の牛乳を加えてすり合わせる。

② 薄力粉、コーンスターチをあわせてふるってから①に加え混ぜる。

③ 牛乳を沸かし、沸騰したら少量ずつ②に混ぜながら加える。

④ 鍋に③を戻し、加熱しなめらかになったら火を止めてグランマルニエを加えて急冷する。

⑤ 冷めたら 1cm 丸口金をつけた絞り袋に入れる。

仕上げ

冷めたワッフルにカスタードクリームを絞り込む。

わ

■ **ベルギー風ハードタイプのワッフル**

〈配合〉

ドライイースト………………………… 6g
温水……………………………………… 30mℓ
砂糖……………………………… ひとつまみ

ワッフル生地

薄力粉………………………………… 200g
バター…………………………………… 60g
砂糖……………………………………… 20g
卵………………………………………… 1 個
塩………………………………………… 1g
牛乳……………………………………… 50mℓ
ヴァニラ………………………………… 少々
ワッフルシュガー……………………… 40g

〈製法〉

① 温水の中にイーストと砂糖を入れて溶かし、20 分置く。

② ボウルに室温に戻したバターを入れ、砂糖を混ぜる。

③ 卵、①、塩、牛乳、ヴァニラの順に加えて混ぜる。

④ 薄力粉を加え混ぜる。

⑤ ラップをかけて暖かい場所で 40 ～ 60 分置き、2 倍くらいの大きさになるまで発酵させる。

⑥ ボウルから取り出してワッフルシュガーをザッと混ぜ、8 等分する。

⑦ ワッフル型を温め､バター（分量外）をぬり、生地を入れて焼き色がつくまで焼く。

→ゴーフル

ワトルーシキ　ватрушки（露）

チーズやドライフルーツを使ったロシアの菓子パン。発酵生地でタルトレットのように作り、中にフィリングを詰める。

ワトルーシキ

〈配合〉8 個分

パン生地

強力粉………………………………… 300g
イースト……………………………… 3g
牛乳…………………………………… 180mℓ
卵……………………………………… 1/2 個
砂糖…………………………………… 25g
塩……………………………………… 2g
バター………………………………… 20g

フィリング

アプリコット………………………… 100g
蜂蜜…………………………… 40 ＋ 40g
レーズン……………………………… 100g
クリームチーズ……………………… 200g
塩……………………………………… 2g
胡椒…………………………………… 少々

その他

バター……………………………………… 適量

〈製法〉

① パン生地を作る:ボウルに強力粉、イースト、砂糖を入れて混ぜ、牛乳、溶き卵、塩を加えて混ぜる。
② ①をまとめてバターを加え、生地がなめらかになるまでよくこねる。
③ ②をまるめてボウルに移し、ラップをかけて温かい所に置き、倍ほどにふくらむまで発酵させる。
④ フィリングを作る:アプリコットを湯がいて水気を切り、蜂蜜40gと混ぜる。レーズンを湯がいて水気を切り、蜂蜜40gと混ぜる。クリームチーズに塩と胡椒を混ぜる。
⑤ ③を8等分し、直径15cmの円に延ばし、端を内側に巻き込み、縁の高いタルトレット状にする。
⑥ それぞれにフィリングを詰め、上にバターをのせてラップをかけ、温かい所で発酵させる。
⑦ パン生地のまわりに溶き卵を塗り、200℃のオーブンで約10分焼く。

わり 割

菓子作りにおいては、今日「配合」の意味でこの語を用いているが、本来は和菓子作りにおいて、一つの菓子に占める砂糖の「割合」を示す言葉であった。

たとえば、「割がいい」ということは、今日ではリッチな配合という概念でとらえているが、元々は砂糖の比率が高い、含有量が多いという意味で使われていた。

同割、三同割、四同割などといういい方もある。同割とは同比率、三同割とは、スポンジケーキなどの配合で、卵と小麦粉がそれぞれ砂糖と同量、四同割とは卵、小麦粉、バターがそれぞれ砂糖と同量という意味である。

を ヲ

ヲペリイ

→オペリイ

ヲベリヤス

→オベリヤス

西洋菓子の日本史

■ 神話時代

記紀によると神代の話として、伊奘諾尊（いざなぎのみこと）と伊奘冉尊（いざなみのみこと）により日本国が生まれたという。また保食神（うけもちのかみ）の体内より、家畜とともに米や魚といった食べ物が解き放たれ、われわれの生活に必要なものがこの世に満たされていったと伝えられている。

前 662 頃

- 『日本書紀』の第三巻によれば、神武天皇戊午 3 年 9 月（伝承に基づいての推量によると、前 662 年頃）、大和の丹生川のほとりにて神を祀る際のくだりに、「吾れ今、当に八十平瓮を以て、水無くして飴（たがね）を造らん。飴成らば則ち吾れ必ず鋒刃の威を仮らずして天下を平らげん。乃ち飴を造る。飴則ち自ら成る」とある。現代語に置き換えると「私は今、多数の平瓦を用いて、水を使わずに飴を作ってみよう。もしそのようなことで飴ができたなら、きっと武器を使うことなしに天下を平らげることもできよう。よって飴を作ろう。それができれば自らも成功する」となる。これが日本における菓子に関わる語の初見である。

前 660　皇紀元

- 『日本書紀』の紀年に従うなら、この年、神武天皇が天下を平定し、国を統一したという。このときをもって皇紀元年としている。

61　垂仁 90

- 第 11 代垂仁天皇の命を受けて田道間守は常世国（とこよのくに）つまり今の朝鮮に不老不死の仙薬果とされる非時香果（ときじくのかぐのこのみ）を求めてこの年旅に出る。10 年後、橘の実を持って帰国した時には天皇はすでになく、悲しみのあまり陵前で自らの命を絶つ。このことにより大正時代の初期、菓子の始まりを木の実すなわち果実とする考えと、彼を本邦初の文臣にして忠臣とする考えが相まって田道間守は菓祖神とされるに至った。現在では田道間守の出身地とされる兵庫県豊岡市の中島神社と、彼が持ち帰った橘の苗を初めて植えたとされる和歌山県海南市下津町の橘本神社に祀られている。

■ 大和時代

中国大陸より仏教を含めた先進文化が伝わった。お菓子も唐菓子、唐クダモノと称される、いわゆる加工されたものが親しまれていった。それらは八種唐菓子、十四種果餅として伝えられている。

538　欽明 7

- 『日本書紀』より古い材料によったと思われる『上宮聖徳法王帝説』や『元興寺縁起』によると、この年、公式に仏教が伝えられたという。

604　推古 12

- 聖徳太子によって憲法十七条が制定される。この中で仏教を信ずることを明記。それにつれおいしいものたるお菓子（果子）の奉納も盛んになっていった。

607　推古 15

- 小野妹子が中国に遣隋使として送られ、大陸の先進文化に直接触れ大いに触発される。

630-894　舒明 2- 寛平 6

- 都合十数回にわたり遣唐使が送られ、伝えられたものは唐菓子、唐クダモノと称して親しまれていった。なおその種類をもって八種唐菓子と呼ばれた。すなわち梅子（ばいし）、桃子（とうし）、餲餬（かっこ）、桂心（けいしん）、黏臍（てんせい）、饆饠（ひちら）、䭔子（ついし）、団喜（だんき）である。またこの他に十四種果餅と呼ばれたものもある。餢飳（ふと）、環餅（まがり）、結果（かくわな）、捻頭（むぎかた）、索餅（さくへい）、粉熟（ふづく）、餛飩（こんとん）、餅餤（へいたん）、餺飥（ほうとん）、魚形（ぎょけい）、椿餅（つばいもち）、餅餉（へいこう）、粔籹（こめ）、煎餅（いりもち）である。

奈良時代

中国大陸を通して砂糖が伝わり、それまでの甘味の主役であった甘葛煎（あまずらせん）にとって代わってくる。

712　和銅 5

- 太安万侶により、日本初の歴史書として『古事記』が著わされる。

720　養老 4

- 舎人（とねり）親王の編で『日本書紀』が完成した。この中で、神武天皇戊午年 3 月 9 日、大和の丹生川のほとりにて神を祀る際のくだりに、初めて飴の語が出てくる。これは本邦史初の菓子に関わりのある記述である。

754　天平勝宝 6

- 鑑真和上が唐より来朝を志した際の 2 度目の携行品目に、甘蔗、蜂蜜、石蜜、蔗糖の文字が確認されている。実際に来日となった時にはこれらは積み込まれていなかったというが、このことから察するに日本への砂糖の伝来は 8 世紀半ばをいくらか過ぎた頃と思われる。それ以前は人為的に作る甘味として、甘葛（あまかずら）を煎じた甘葛煎（あまずらせん）を用いていた。

797　延暦 16

- 『続日本紀』が著わされ、この中に蜂蜜が登場する。果実とともに甘味の原点がここにあることを示している。

平安時代

仏僧の留学が頻繁になり、中国大陸からの文物の流入も多くなる。菓子の分野では煎餅やおこしといった高度な技術を要する菓子ももたらされている。

805　延暦 24

- 唐より帰朝を果たした最澄は砂糖を持ち帰った。後に先輩格の空海に敬意を表すべく、その弟子の智泉に書状とともにそれを進呈している。

806　大同元

- 一説によるとこの年の夏、後に弘法大師と呼ばれた空海が唐より留学を終えて帰国する際に、彼の地より煎餅を持ち帰ったといわれ、これが日本における煎餅の初見とされている。彼はこの製法を山城小倉の里・和三郎に伝授。和三郎はこれを「亀の甲煎餅」と称してその製造にいそしむ。

927　延長 5

- 平安初期の律令の施行細則として『延喜式（えんぎしき）』が著わされた。この中に、蜂蜜やおこしといった甘い物及びその加工品が登場する。

931-937　承平年間

- この間に著わされたという、日本最初の分類体漢和辞典たる『倭名類聚秒（わみょうるいじゅしょう）』（略して倭名抄ともいう）に、あめは米糵（もやし）から作るとの記述がある。

?-1016　？ - 長和 5

- この時期に書かれた紫式部による『源氏物語』の鈴虫の巻に、蜂蜜を薫き物にする記述がある。賞味するだけでなく、香りも楽しんでいたことを示している。

▍鎌倉・南北朝時代

中国大陸より茶が伝わり、それとともに点心が発達し、砂糖との普及とともに和菓子が確立されてくる。一方、外の世界では、この極東に位置する島国・日本に対して意識の度合いを強めてくる。

1191　建久 2

- 禅宗の臨済宗を開いた栄西が宋より帰国。茶の樹を同国から移植する。これにより茶の湯趣味が流行り、これに付随して点心が菓子として発達する。

1192　建久 3

- 源頼朝により鎌倉幕府が開かれる。この時代、分りやすい教義として新しい仏教が興る。

1241　仁和 2

- 宋より帰国した僧侶・聖一国師が、留学先で習得した饅頭の製法を栗波吉右衛門に伝授。栗波吉右衛門は、虎屋と号する饅頭屋を開く。

1271　文永 8

- イタリア・ヴェネツィアの旅行家マルコ・ポーロがアジアを旅する。

1274　文永 11

- 中国大陸より元の大軍が押し寄せる（文永の役）。

1281　弘安 4

- 再び元が攻め寄せる（弘安の役）。

1298　永仁 6

- マルコ・ポーロはジェノヴァで入牢中、小説家のルスティケロに体験を筆録させた。これが『世界の叙述』、通称『東方見聞録』である。その起稿がこの年といわれている。

1307　徳治 2

- マルコ・ポーロの『世界の叙述』が出版される。それにより黄金の国ジパングの存在が広く世界に知られるところとなる。

1341　暦応 4/ 興国 2

- 龍山禅師が、弟子の林浄因を伴って宋より帰朝。林浄因は饅頭の製法を心得ており、奈良にてそれを手がけた。後、姓を塩瀬と改める。これが塩瀬饅頭の始まりという。
- 京都に菓子商組合が設けられる。菓子の需要も増え、商いとしての安定を見てきた証である。

▍室町時代

茶道が盛んになり、和菓子の種類も増え、その技術も飛躍的に向上する。他方、同期後半には大航海時代の訪れとともに、これまでとは全く別の世界から南蛮菓子が伝わってくる。

1436-90　永享 8- 長享 2

- 東山文化と称された足利義政の頃には、茶道が盛んになり、それとともに点心もさらに洗練されて茶の引き立て役を務めるようになっていった。京菓子が確立されていったのもこの頃である。

1488　長享 2

- バーソロミュー・ディアスが喜望峰を発見する。

1492　明応元

- コロンブスが新大陸を発見する。

1498　明応 7

- ヴァスコ・ダ・ガマが喜望峰を回航して、インドに到着する。

1519-21　永正 16- 大永元

- マジェラン（マガリャンイス）一行が世界一周をする。

1526　大永 6

- この頃「虎屋」が創業する。

1543　天文 12

- 8 月 25 日（西暦 9 月 23 日）ポルトガル船が種子島に漂着。鉄砲が伝来する。同時にビスケット、パン、ワインといった西欧の食べ物や飲み物も伝えられたと思われる。

1547　天文 16

- 薩摩武士で貿易にたずさわっていたヤジロー（またはアンジロー。ただしこれについては、一時期僧籍に身を置き、安西［あんせい］と名のっていたことによる混同と思われる。一説によると大隅半島根占の在の池端弥次郎重尚といわれている）が、取引上のトラブルから人を殺めて、鹿児島よりポルトガル船に乗り、従者 2 人とともにマラッカに逃亡する。11 月（西暦 12 月）そこで、キリスト教の東洋布教の拠点であるインドのゴアより赴いていたスペイン人宣教師フランシスコ・ザビエルと出会いを持つ。

1549　天文 18

- 洗礼を受けてキリスト教に帰依したヤジローの勧めと先導を渡りに舟としたザビエルは 7 月 22 日（西暦 8 月 15 日）鹿児島に渡来。キリスト教の伝道を始める。

1551　天文 20

- ザビエルは、日本名不詳ながら 5 人の日本人を伴ってインドのゴアに帰還。そのうちの鹿児島大友家の元家臣にして僧侶となり転宗したベルナルドと、山口県出身のマテオスをヨーロッパに留学させるべく計画する。マテオスは同地で病没したが、ベルナルドは南アフリカ回りで旅立った。

1553　天文 22

- 8 月（西暦 9 月）ベルナルドはポルトガルの首都リスボンに到着。コインブラの修練所に入所を果す。さらに 1555（弘治元）年から 1 年間をローマに過ごし、イエズス会会長イグナチウス・デ・ロヨラに面会し、一時コレジオ・ロマノ（現グレゴリアン大学）に籍を置いた。後コインブラに帰り、コインブラ大学に入学。1557 年没。彼こそが日本人としての初めての西欧式食生活体験者であり、また海外留学生第 1 号でもある。

1558　弘治 4/ 永禄元

- キリスト教関係の書『原城記事』に、南蛮菓子として初めて角寺鉄異老（カステイラ）、復烏留（ボウル）、革留滅比留（カルメイラ）、掩留皿（アルヘイ）、哥穴伊（コンペイ）の作り方が記される。

1563　永禄 6

- ポルトガル人宣教師ルイス・フロイスが来日。滞在中 140 余通の日本通信（耶蘇会士日本通信）を本国に送り、また 1543 年以降のキリスト教布教活動を『日本史』として執筆した。なおそれらの著述の中にコンペイトウの記載がある。“日本の洋菓子” が他国の文献に載った嚆矢である。

1569　永禄 12

- 4 月 3 日（西暦 4 月 19 日）ルイス・フロイスは将軍足利義昭に謁見を果す。また彼はそのおり、二条城の橋のたもとにて織田信長に、数本のろうそくとともにギヤマンの壺に入った金米糖を献上する。

1571　元亀 2

- 長崎に貿易港が造られ、西欧の文物の窓口となってゆく。

1573　天正元

- 足利義昭が京から追放され、織田信長が天下人となる。

安土・桃山時代

西欧文化の理解者たる織田信長の庇護のもと、室町時代に引き続き各種南蛮菓子の移入が続き、定着してゆく。キリスト教もその布教活動をますます強める。しかし天下が秀吉に代ると情勢もまた急変を告げてくる。

1576　天正 4

- 京都に南蛮寺が建立され、キリスト教もすっかり認知されるところとなる。

1581　天正 9

- 巡察使として来日した宣教師アレッシャンドロ・ヴァリニャーノが織田信長に謁見。

1582　天正 10

- 1 月 28 日（西暦 2 月 20 日）伊藤満所（マンショ）、千々石彌解留（ミゲル）、中浦寿理安（ジュリアン）、原丸知野（マルチノ）の 4 人の少年使節及び彼らを補佐するコンスタンチーノ・ドラード、アグスチーノの 2 少年と修道士ジョルジェ・ロヨラの計 7 人の日本人が、宣教師ヴァリニャーノに伴われ、長崎からローマに向け出発（天正遣欧少年使節）。
  - 1584 年 7 月 6 日（西暦 8 月 11 日）ポルトガルのリスボンに上陸。
  - 1584 年 10 月 9 日（西暦 11 月 11 日）スペイン皇太子宣誓式に参列。
  - 1584 年 10 月 12 日（西暦 11 月 14 日）スペイン・ポルトガル両国王フェリーペ二世の歓待を受ける。
  - 1585 年 2 月 1 日（西暦 3 月 2 日）トスカーナ大公の宮殿に宿泊。
  - 2 月 22 日（西暦 1585 年 3 月 23 日）ローマ法皇グレゴリオ十三世に公式謁見をはたし、ローマを後にする。
  - 1585 年 6 月 1 日（西暦 6 月 28 日）ベネツィア大統領に謁見。
  - 1585 年 8 月 21 日（西暦 9 月 14 日）再びフェリーペ二世の歓待を受ける。
  - 1590 年 6 月 20 日（西暦 7 月 21 日）過ぎ帰朝。彼らはその間に、先に渡欧したベルナルドも口にできなかったであろう洋酒やデザートにいたるまでの一連の、当時の西欧第一級のメニューに接した。いわば日本人として初めての西欧式文化的食生活体験者となったわけである。
- 織田信長が明智光秀による本能寺の変で倒れ、代って天下は豊臣秀吉の治めるところとなる。

1583　天正 11

- 宣教師ニェッキ・ソルド・オルガンチーノが秀吉の許可を得て、大坂に教会堂を建立。多くの大名が受洗し、キリシタンに帰依していく。教会堂においてはクリスマスが祝われたという。

1587 天正 15

- 6月19日（西暦7月24日）豊臣秀吉によってキリシタン追放令が発布される。

1591 天正 19

- 1月8日（西暦3月3日）天正遣欧少年使節、聚楽第において秀吉に謁見。

1592 天正 20

- 加藤清正が朝鮮より戻る折、同地の菓子製造工を伴ってきた。その彼らより朝鮮飴が伝えられ、以来熊本の名産品となる。

1596 文禄 5/ 慶長元

- 8月28日（西暦10月19日）サン·フェリーペ号事件発生。土佐に漂着した同船乗員が「スペインはまず宣教師を派遣して先住民を手なずけ、続いて軍隊を送り込んでその地を征服する」と口をすべらせた。このことにより秀吉はキリシタンに対する姿勢を硬化させる。
- 12月19日（西暦1597年2月5日）長崎において、宣教師及び信者26名が磔（はりつけ）にされるという、二十六聖人の大殉教が行なわれる。

1600 慶長 5

- オランダ商船リーフデ号が豊後に漂着。その後航海長ウィリアム・アダムスは日本人を妻にめとり、三浦安針と名のって家康の外交顧問を務める。彼は1614（慶長19）年中国沿岸で甘藷を発見する。
- 秀吉他界の後を受けて起こった関ヶ原の戦いによって徳川方が勝利し、天下は徳川家康の手によって掌握される。
- オランダのヤン·ヨーステンが漂着。幕府より厚遇を受け、江戸市中に住まいを与えられる。そこが現在の東京駅の地で、その地名は彼の名をもじって八重洲と名付けられた。

江戸時代

鎖国とともに情報の途絶えた南蛮菓子は、あるものはそのままに、あるものは独自の発展をとげ、それぞれに完成されてゆく。窓口がオランダに限られて後、それらは和蘭菓子とも称されるようになってくる。

1603 慶長 8

- 徳川家康、江戸に幕府を開く。
- 『日葡辞書』が著わされ、そこに多数の菓子名が記される。

1605 慶長 10

- この頃、トーマス荒木がローマにたどり着いたという。彼も先のベルナルドと同様コレジオ·ロマノに通い、司祭になった。1614（慶長19）年頃帰国。彼の地に行って学び帰還したという意味では、彼が真の留学生第1号といえる。彼もまた西欧式食生活体験者である。

1606 慶長 11

- 『南浦文集』が著わされる。同書上巻、「鉄炮記」によると、「天文12年8月25日（西暦1543年9月23日）、種子島沖に巨船を発見。外国人幹部が領主種子島時堯に火術を伝えた」由、記されている。

1609 慶長 14

- スペイン船の乗務員の仮長官ドン・ロドリゴ・デ・ビベロが家康に謁見した際に、「日本人はパンを果物扱いにしているが、江戸のパンは世界最高と信ず」と述べたという。

1610　慶長 15

- 三浦安針ことアダムスの造った船で田中勝介、後藤少（庄）三郎等京郡の商人 20 名余りがメキシコに貿易視察に行く。翌年無事帰国。太平洋を横断して同地の食生活に触れる。
- 奄美大島で、甘蔗（さとうきび）による砂糖製造開始。

1612　慶長 17

- 駿府の銀座が江戸に移される。
- 徳川家康により最初のキリシタン禁止令が出る。あわせて牛馬食も禁じられる。

1613　慶長 18

- 9 月 15 日（西暦 10 月 28 日）仙台の伊達正宗家臣・支倉六右衛門常長一行が出航。太平洋を渡り、メキシコを経由、大西洋を横断してヨーロッパに向かう。翌年渡欧に成功。
  - 1615 年 1 月 2 日（西暦 1 月 30 日）スペイン国王フェリーペ三世に謁見。
  - 1615 年 9 日 12 日（西暦 11 月 3 日）ローマ法皇パウロ五世に謁見。
  - 1620 年 8 月 26 日（西暦 9 月 22 日）帰国。彼もまた西欧の最高レベルの食卓の饗宴に浴したひとりである。

1615　慶長 19/ 元和元

- 大坂夏の陣にて豊臣氏滅亡。

1620　元和 6

- ペドロ・カスイ・岐部がインドのゴアから中近東をまわり、イスラエルからこの年ローマに入る。そしてコレジオ・ロマノに入学をはたし、1623 年帰途についた。彼もまた粗食ながら世界の食べものに接している。

1623　元和 9

- 琉球にて砂糖の生産が始まる。

1624　寛永元

- 長崎・福砂屋の 2 代目店主・殿村武八の祖は、ポルトガル人よりカステラの製法を伝授される。

1630　寛永 7

- 「千島屋」が創業。各種和菓子の他に、いち早く南蛮菓子を取り入れていく。

1633　寛永 10

- 天正遣欧少年使節の最後の一人、中浦寿理安（ジュリアン）が長崎にて処刑される。

1633-39　寛永 10-16

- 三代将軍家光によりこの間計 5 回の鎖国令が発令される。

1637-38　寛永 14-15

- 天草四郎時貞による島原の乱が起こる。この時宗教と貿易を分けて捉え、幕府を救援したオランダにだけ通商権が残された。以後西欧文化の窓口は長崎の同国機関のみとなる。これ以降南蛮物は和蘭物とも称され、同様に南蛮菓子は和蘭菓子とも呼ばれるようになる。

1638　寛永 15

- 『毛吹草』という俳諧書に京名物として菓子名の記述がある。
- 『日野資勝卿日記』にアルヘイタウの記述がある。

1639　寛永 16

- 鎖国が徹底される。最終的に西欧文化伝播の窓口は長崎を残すのみとなる。

1643　寛永 20

- 『料理物語』に玉子索麺、葛餅等の製法の記述がある。

1657　明暦 3

- 江戸で振袖火事とよばれる明暦の大火が発生。

1658-61　万治年間

- この頃寒天が作られる。このことにより後、羊羹は蒸し菓子から練り菓子への道を歩み始める。

1681　天和元

- 長崎の「山口屋」がカステラを製造販売する。後、文久年間に「松翁軒」と改称し、現在に至る。同店は先の福砂屋とともに日本のカステラの祖として名実ともに認められるところである。

1682　天和 2

- 京都·桔梗屋の製品目録に、かるめら、なんばん飴、あるへい糖、うんぺい糖、かすていら、はるてい、胡麻ぼうる、花ぼうる、丸ぼうるなどが記されている。このことからもこれらの南蛮菓子はすっかり日本のものとして定着していることがうかがわれる。

1688　貞享 5/ 元禄元

- 井原西鶴の著した『日本永代蔵』の中で、胡麻を核として金米糖を作る旨の記述がある。
- この頃、江戸の七兵衛という飴屋によって、千歳飴が考案されたという。

1688-1704　元禄元 -16

- この元禄年間に、オランダ商館長の江戸出向に備えて、日本橋に長崎屋なる宿泊施設が作られる。ホテルと呼べるほどのものではないにしろ、その種のものの初見とされている。

1695　元禄 8

- 大坂出身の伝兵衛がカムチャツカに流れつき、ロシアの食文化に触れる。

1700　元禄 13

- 柳沢吉保が日光・輪王寺門跡の弁法親王より阿留赫乙糖（あるへいとう）を贈り物として受けた旨、柳沢系図にしるされている。

1702　元禄 15

- 12 月 14 日赤穂浪士の討ち入り。

1707　宝永 4

- 11 月 23 日富士山が大噴火する。

1708　宝永 5

- 8 月 29 日（西暦 10 月 12 日）イタリア人宣教師ジョヴァンニ・バッティスタ・シドッティが屋久島に上陸。キリシタン弾圧下での最後の来日宣教師である。なお、後年新井白石がそのシドッティに尋ねて書いた『西洋紀聞』（1715）に、「カステリヤ、カステラともいう。漢に訳して加西郎（キャスライン）ともいう」と記されている。

1712　正徳 2

- 寺島良安により『倭漢三才圖會』が発刊される。同書は当時のいわば百科事典である。ここには各種の南蛮菓子が掲載されている。

1717　享保 2

- 山本屋が江戸長命寺の門前で桜餅を販売。以来名物となり今に続く。

1718　享保 3

- 『製菓集』に「はん仕様」としてパンの製法が記されている。著者は不明だが良く研究されており、かなりの細目にわたって述べられている。
- 『古今名物御前菓子秘伝抄』に各種南蛮菓子の記述がある。

1719　享保 4

- サニマと称される三右衛門がロシアに漂着。同地の食文化に触れる。

1720　享保 5

- 西川如見の著した『長崎夜話草』に南蛮菓子色々として 14 種が記されている。すなわちハルテ、ケジヤアド、カステラボウル、花ボウル、コンペイト、アルヘル、カルメル、ヲベリヤス、パアスリ、ヒリヨウス、ヲブダウス、タマゴソウメン、ビスカウト、パンである。

1724　享保 9

- 『和蘭問答』に、ぶどう酒やビールをはじめ、ハム（パン）、ボウトル（バター）、茶菓子として氷砂糖が記されている。

1729　享保 14

- ソウザとゴンザが鹿児島より漂流し、ロシアに行き着く。彼らは 1731 年ロシア宮廷を訪れ、また日露辞典を作るなどの活躍をした。ソウザは 1734 年、ゴンザは 1739（元文 4）年現地で没する。彼らもまたロシアの食生活体験者である。

1753　宝暦 3

- 大坂難波で初代小倉喜右衛門が菓子店を創業。後、江戸京橋に移り、「大坂屋」と称す。1789（寛政元）年大住姓を名のった二代目喜右衛門の時より「凮月堂」と改称。後々ここより多くの支店、分店を輩出し、日本の菓子業界をリードしていくこととなる。

1754　宝暦 4

- 『日本山海名物圖會』に道明寺糒等製菓材料の製造風景が記されている。

1761　宝暦 11

- 『古今名物御前菓子図式』が著される。

1763　宝暦 14

- 平賀源内の『物類品隲』に甘蔗の栽培及び砂糖の製法が記されている。

1771　明和 8

- 『宝暦現来集』によると、この年江戸で、寡婦おたよが餅（後の大福）を売り出す。

1775　安永 4

- 福砂屋では六代目大助の時、長崎の現在の地に移り今日に及んでいる。以来松翁軒とともに日本のカステラを育て上げていく。
- 京都で上菓子屋仲間が結成される。

1777　安永 6

- 谷川士清（ことすが）が『倭訓栞』を著す。同書の中で南蛮菓子として伝えられるヒリョウスを、料理としてとらえる記述をしている。また、「餅」の語の起源に関する記述もある。

1782　天明 2

- 天明の大飢饉が始まる。
- 『豆腐百珍』が著される。100 種の豆腐料理を記している。

1783　天明 3

- 大黒屋光太夫がロシアに漂着。ユーラシア大陸を横断してペテルブルクまで行き、エカチェリーナ二世に謁見。1792（寛政 4）年ロシア使節ラックスマンに伴われて根室に帰着。ロシアは通商を求めるが幕府はこれを拒否する。なお光太夫はその滞在中に食を含むロシア宮廷最盛期の模様を見聞する。
- 川越にて「龜屋」が創業。同地の名店として名を馳せていく。洋菓子は 1906（明治 39）年より手がける。

1787　天明 7

- 寛政の改革が行なわれる。

1788　天明 8

- 大坂に長崎屋、京都に海老屋という宿がオランダ人用に仕立てられる。

1789-1801　寛政年間

- この頃江戸で練羊羹が売り出される。

1793　寛政 5

- 仙台船・若宮丸の津太夫以下 4 名の乗組員が漂流。ロシアに漂着し、シベリアを横断して光太夫同様ペテルブルクに到着。この後ロシア船で喜望峰を回り、地球を一周の後長崎に送り届けられた。日本人として初めて世界一周をし、世界の食べものに触れる。

1797　寛政 9

- 長崎丸山の遊女のもらい品目に、「コオヒ豆一箱、チョクラート」の記載がある。

1803　享和 3

- 初代鶴屋伊兵衛が京で「鶴屋吉信」を創業。目で形と色彩を楽しむ京菓子文化を高めていく。

1804　文化元

- ロシアのレザノフが長崎に来航して通商を求めるが、幕府は拒否する。
- 山形に松倉台吉が和菓子舗として「十一屋」を創業。昭和初期に洋菓子部を併設。

1804-16　文化元 -13

- 間宮林蔵が樺太・沿海州の探検を行う。

1805　文化 2

- 十返舎一九が『餅菓子即席手製集』を著わす。
- 江戸の亀戸天神で船橋屋がくず餅を売り出す。

1813　文化 10

- 十返舎一九が『餅菓子即席増補手製集』を著わす。

1822　文政 5

- 江戸の料理屋・八百善が『料理通』の刊行を始める。

1824　文政 7

- 『江戸買物独案内』刊行。120 軒の菓子屋が紹介されている。

1830　文政 13/ 天保元

- 喜多村信節（のぶよ）により『喜遊笑覧』が発刊される。その中に、“ハルテイ、マガリ、ボウル、以下はみな花ボウルの類なり”とあり、またカルメイラやコンペイトウも含めて南蛮菓子類を記述している。また同書に「きんつば」「姫（おこし）」に関する記述がある。

1834　天保 5

- 「石川屋本舗」が創業。後の「花園万頭」である。

1836　天保 7

- 『浪花家都東』が刊行。菓子のイラストが彩色でなされている。

1840　天保 11

- 『古今新製菓子大全』が著わされる。

1841　天保 12

- 天保の改革が始まる。
- 兵庫の中村屋伊兵衛の持船・永住丸が漂流。そのうちの乗組員 5 人がアメリカに着き、1 年間をカリフォルニアに過ごした後、帰国。彼らはアメリカ本土にてアメリカ人と共に長期の日常食生活を体験している。
- 漁船員万次郎は 14 歳のおり嵐で漂流。アメリカの捕鯨船に救助されてアメリカ東海岸に着く。英語を学び、身につけた捕鯨術を生かして度々航海に出る。ジョン万次郎と呼ばれて信頼を得、1851（嘉永 4）年琉球に帰着。過去の誰よりも外国の衣食住生活に順応した人物といえる。
- 『菓子話船橋』が著される。

1842　天保 13

- 幕末の先覚者のひとり、伊豆韮山の代官・江川太郎左衛門英龍が、4 月 12 日に初めてパンを焼いたといわれている。現代ではこの日を記念して「パンの日」と定めている。なお、江川太郎左衛門英龍は、そのパンの製法を幕臣の柏木総蔵に伝授。その書面が残っている。

1852　嘉永 5

- 福島・郡山に「柏屋」が、薄皮饅頭をもって創業。後々東北の雄と成長を遂げていく。

1853　嘉永 6

- アメリカのペリー提督が浦賀に来航。またロシアからはプチャーチンも長崎に来航し、開国をせまる。
- 喜田川守貞により『守貞漫稿』が発刊される。その中に、金米糖を作る際に核としてけしの実を使用する旨、書きしるされている。

1854　嘉永 7/ 安政元

- 日米和親条約締結。長年続いた鎖国の扉が開かれる。

1855　安政 2

- 水戸の蘭方医·柴田方庵が、長崎において外国人よりパン、ビスケットの製法を教示される。

1857　安政 4

- 江戸日本橋西河岸町に、金つばを主製品として「榮太樓總本鋪」が創業。「榮太樓飴」として知られる「梅ぼ志飴」は、1858 年、初代細田安兵衛によって作られ発売される。

1858　安政 5

- 日米修好通商条約が調印され、続いてオランダ、ロシア、イギリス、フランスとも同様の条約を結ぶ（安政の五カ国条約）。

1859　安政 6

- 横浜港開港。
- 横浜に、オランダ人フーフナーゲルの手によって「横浜ホテル」が作られる。平屋の日本家屋であったそうだが、唯一のホテルということでかなり繁盛したという。またそこでは玉突台やバーも設けられていたと伝えられている。

1860　安政 7/ 万延元

- 3 月 3 日桜田門外の変がおこる。
- 250 トン、100 馬力とされる咸臨丸が 37 日かけて太平洋横断を果す。軍艦奉行として木村摂津守、従者に福沢諭吉、船将に勝麟太郎、そして通訳にはアメリカから帰国したジョン万次郎が乗り込んだ。彼らはサンフランシスコに到着後、ワシントンに向うためにアメリカ政府の出迎え船、フィラデルフィア号に移ったが、その中で新見正興ら幕府使節は初めてアイスクリームに出会う。石井研堂著『明治事物起源』の「柳川当清（まさきよ）の航海日誌」の文中、及び同書の「玉蟲誼の航海日誌」にその記述がある。なおこの中には帰国後これを手がけた町田房造も同乗していた。また一行は夏における氷、音の出る酒シャンパンにも驚きを表明している。
- 12 月出島松造が帆船ダイノウエルブ号でサンフランシスコに密航。アメリカで酪農技術を学び、1868（明治元）年 5 月に帰国。

1861　文久元

- 幕府のバタビア派遣使節団団員の沢太郎左衛門が船中でアイスクリームの饗応を受ける。

1862　文久 2

- イギリス人のロバート・クラークが「横浜ベーカリー」を創業。
- 横浜で「伊勢熊」が牛鍋屋を開業。
- 『古今新製名菓秘録』が著わされる。
- 幕府発注の軍艦を受け取るためにオランダに派遣された内田恒次郎が船中でアイスクリームを食す。
- 時計の勉強でオランダに留学した大野規周がアイスクリームを食す。

1863　文久 3

- 横浜にクラブホテルとアングロサクソンホテルが、共にイギリス人の手によって開かれる。
- 池田筑後守が渡仏し翌年帰国。彼はおそらく日本人として初めて近代フランス菓子を口にした人と思われる。
- 長崎に「良林亭」が開業。店主の草野丈吉が 24 歳の折、薩摩藩士五代才助のすすめによって、西洋料理の看板を出し、屋号を「良林亭」と名づけ、後に「自由亭」と改称した。西洋料理専門店の嚆矢といえる。

1865　慶応元

- 島津藩が西洋式の機械製白糖工場を設立。

1866　慶応 2

- 徳川慶喜が将軍職についた披露の宴として、米・英・仏・蘭の各国公使を、本格的フランス料理でもてなす。
- 大野谷蔵が横浜に西洋料理店開業。
- 松平春嶽が製氷機を入手する。

1867　慶応 3

- 1 月 9 日明治天皇が即位。10 月 14 日に大政奉還。長く続いた徳川時代は終りを告げる。
- 神戸港開港。
- 渋沢栄一と徳川昭武がパリ万博見学に渡仏の折､船中でグラス･オ･クレーム（アイスクリーム）を食す。その記述が『船西日記』にある。
- 横浜・元町の中川屋嘉兵衛が、当時の新聞に「パン、ビスケット、ボットル、右品、私店に御座候間、多少に寄らず御求め被成下度奉願候」と広告を出し、話題を集める。

- 千葉出身の前田留吉が、横浜・太田町（現在の山下町）に土地を求め、牧場経営に着手。牛乳の販売をはじめる。日本のこの種の販売店としては第1号ということになる。

明治時代

【初期】先進文化研究の方向がこれまでのポルトガル、スペイン、オランダから、イギリス、フランス、アメリカに移る。お菓子の世界の呼び名も南蛮菓子、和蘭菓子から西洋菓子、そして洋菓子へと変ってゆく。お菓子の種類も豊かになり、ライスケーキ、スポンジケーキ、ビスキット、シッガル（シュガー）・ビスキット、ウオッフルス（ワッフル）などに加え、チョコレートやアイスクリームも登場する。

【中期】ビスケットの機械化が試みられる。また鹿鳴館において最先端のデザート菓子が供されたり飾り菓子が作られる。街中においては洋菓子店が確立されてきた時代である。

【後期】ドロップやビスケットなどの量産研究が進む。後になる大企業の勃興期といえる。

1868　慶応4/明治元

- 明治維新。
- この年にはすでに横浜の外国人経営のパン屋が4軒あったという。
- 外国人居留地と定められた東京・築地に江戸築地ホテル館竣工。はじめは旅館を兼ねた貿易所であったが、外国人専用として大いに利用された。1872年に焼失。
- 凮月堂は薩摩藩に軍用ビスケットを納入。
- 中澤惣次郎が新橋に牧場を開き、牛乳の製産、販売に着手する。東京での牧場第1号である。
- 光岡兵蔵が砂糖販売店「越前屋」を開業する。砂糖専門の小売店の嚆矢といえる。

1869　明治2

- 都が京から江戸に移され東京となる。
- 東京・芝日陰町にパン店「文英堂」が開業。翌年、銀座に移転、屋号を「木村屋」と改める。
- 横浜・馬車道常盤町にて、町田房蔵が日本で初めてアイスクリームを金2歩（時価8000円）にて製造販売する。横浜沿革誌（1892年7月13日発行・大田久好著者兼発行者）に“立ち寄るは外国人ばかり”とある。

1870　明治3

- 明治天皇より、今後外国からの賓客をもてなすにあたっては、フランス料理をもって行う旨の指示が下される。そのことに従い京都の宮廷に勤めていた村上光保は、洋菓子の製法を学ぶべく横浜八十五番館のサムエル・ペールの店に出向する。
- 仮名垣魯文が『牛店雑談・安愚楽鍋』を著す。
- 北海道函館郊外の七重官園で乳牛飼育が始まる。
- 伊勢山皇大神宮の遷宮大祭の折、町田房蔵が氷水屋を再開業、大盛況を博す。
- 大学東校（現東京大学）の宇都宮教授が、慶應義塾の塾生に乞われ、闘病中の福沢諭吉のために国内で初めて実験用の氷を作る。

1871　明治4

- 廃藩置県が行なわれる。
- 東京・築地に西洋料理店兼ホテルの「精養軒」が創業される。日本で最初の本格的洋風ホテルである。ここでは各種のパンや料理を手がけ、後には洋菓子、清涼飲料水の製造販売も行なうようになる。

1872　明治5

- 新橋 - 横浜間に鉄道が開通。
- 明治天皇が初めて洋服をお召しになり、初めて肉を食される。

- ウィリアム・コプランドが横浜・山手にビール製造所「スプリング・ヴァレー・ブルワリー」を設立。
- 福原有信が銀座に日本初の洋風調剤薬局「資生堂」を設立。
- 成鴨柳北が香港からの帰途、アイスクリームを食す。渋沢栄一の『航西日記』にその記述がある。
- 仮名垣魯文が『西洋料理通』を著わす。この中に各種のプディングが、ポッディングの名で記されている。
- 築地入舟町の「文明堂満吉」の新聞広告に「洋菓子」の表記あり。
- 東京・京橋の南伝馬町の凮月堂が洋菓子の製造販売を始める。

1873　明治6

- 1月1日より太陽暦が使用される。
- 紀元節を制定。
- 日光に「金谷カッテージ・イン」が開業。1893年に「金谷ホテル」と改称。
- 「横浜グランドホテル」が開業。
- リンデの小型アンモニア圧縮冷凍機が日本で初めて輸入される。
- 1871年に渡欧した岩倉具視一行が、この年、パリに赴いたおりにチョコレート工場を視察している。
- 橋爪松園の『世界商売往来』にチョコレートが記載される。
- 須藤時一郎が『万宝珍書』を著わす。そこには9種類の洋菓子が記されている。すなわちライスチースケーキ、ライスケーキ、フラン子ルケーキ、ボックホウヰートケーキ、シッガル・ビスキット、ヅラード・ラスクス、スポンジ・ビスキット、ウヲッフルス、コムモンジャンブルスである。
- 米津松造が京橋南伝馬町凮月堂より独立して、日本橋両国に「米津凮月堂」を開業。和洋菓子の製造販売をはじめる。
- オーストリアのウィーンで開かれた万国博覧会に、三浦屋栄次郎が金米糖を出品して受賞の栄誉に輝く。

1874　明治7

- 木村屋の木村英三郎が、日本独特のあんパンを製作。この西洋と日本の味覚のコンビネーションは、たちまち大評判となる。
- 凮月堂本店がリコールド・ボンボンなるリキュール・ボンボンを完成。宝露糖と名づけて売り出す。またこの頃、米津凮月堂の方では、初めて本格的なビスケットの製造に成功する。
- 村上光保が東京・麹町に「開新堂」を開業。

1875　明治8

- 東京気象台開設。
- 木村屋の木村安兵衛・英三郎父子が、桜の花の塩漬けを埋め込んだ桜あんパンを明治天皇に献上（水戸家への行幸の際、侍従山岡鉄舟より献上）。
- 桐沢桝八が横浜・仲町に菓子店「新杵」を開業。
- 開新堂がアイスクリームを販売する。

1876　明治9

- 「札幌麦酒」設立。
- 岸田吟香が『東京日日新聞』にレモン水の広告を出す。
- 「上野精養軒」が開業。

1877　明治10

- 西南戦争が始まる。

- 陸軍、パン食を採用。木村屋等が西南戦役用のパンを製造。
- この頃、東京のパン店は約 10 軒ほどを数えた。
- 「鳥越製粉」創業。同社は後にフランスパン用小麦粉で評価を得ることになる。
- 南鍋町(現在の銀座)に米津凮月堂分店が開業。フランス料理を始める。同店は 1882 年より、米津松造次男･恒次郎にまかされるところとなり､後年ここより多くの新しい菓子が生まれ、技術者を輩出してゆく。
- 東京･本郷に吉田平三郎が「近江屋」を創業。後に神田に移転。当初は異業種としての発足だったが、しばし後パン屋に転業。第二次大戦後次第に洋菓子に比重が移されていく。
- 東京･水天宮に「三原堂」創業。ここより本郷等にのれん分けがなされる。なお同店は 1927（昭和 2）年より洋菓子を手がける。
- 第 1 回内国博覧会が開かれ、多数の洋菓子が出品される。凮月堂本店は各種洋菓子で、米津凮月堂はビスケットで共に受賞する。

1878　明治 11

- 箱根宮ノ下に「富士屋ホテル」が開業。
- 東京・京橋の「新富座」が新装開店で、アイスクリームを供す。
- 凮月堂本店、米津凮月堂共にバニラを使用。お菓子に香料を使用の嚆矢と思われる。
- 米津凮月堂は 12 月 24 日の「假名讀新聞」に貯古齢糖（チョコレート)、12 月 25 日の「郵便報知新聞」に猪口令糖（チョコレート）の広告を打つ。

1879　明治 12

- アメリカの前大統領のグラント将軍が来日し、工科大学での招宴の席上、アイスクリームを食す。
- 高野正誠と土屋助次郎がフランスよりワイン醸造の研修をおえて帰国。山梨県祝村醸造会社で、ワイン 30 石の醸造を開始する。
- 八丈島にてバターが作られる。
- 米津凮月堂がアイスクリームを発売。

1880　明治 13

- 北海道紋別村に政府直営の甜菜糖工場設立。
- 蒸気エンジンによるビスケットの製造機械が、米津凮月堂によってイギリスから輸入され、日本で初めての大規模な製菓の機械化が試みられる。
- 「岡常吉商店」が砂糖卸売業として東京・日本橋に開業。第二次世界大戦後には砂糖に加えて小麦粉類を扱うなど、日本の製菓、製パン業界の成長に多大な貢献を果たしていく。

1881　明治 14

- 長野県三岡村の塩川伊一郎がいちごジャム缶詰を製造。
- 北海道七重農業試験場でコンデンスミルクが製造される。

1882　明治 15

- 新橋 - 日本橋間の馬車鉄道が全通。
- 銀座に 2000 燭光の電気が灯る。
- 「赤堀割烹教場」が発足。日本における家庭料理教室の草分けとして、多く人材を養成し世に送り出す。後、「赤堀学園」として発展し、食文化の向上に多大な貢献を果していく。

1883　明治 16

- 東京･麹町区山下町（現・千代田区内幸町）に鹿鳴館が落成。当時の最先端の料理やデザートが賞味される。
- 四国･松山に玉置ムラが、饅頭をもって「一六本舗」を創業。昭和初期に発売された「一六タルト」は、全国にあまねく知れ渡る銘菓に育っていく。

- 東京・京橋の東京製氷が、日本で初めて機械製氷事業を始める。
- 高木第四郎が熊本市鷹匠町で搾乳業「弘乳舎」を設立。

1884　明治 17

- 同業組合法が成立する。
- 鹿鳴館の西洋舞踏会でアイスクリームが供される。ピエール・ロティ著『日本の秋』にその記述がある。
- 米津恒次郎が洋行する。

1885　明治 18

- 伊藤博文が初代の総理大臣となる。
- 菓子税制が公布され、製菓業界はその重圧に悩む。その後、撤廃運動をくり返す。
- 「ジャパン・ブルワリー・コンパニー」が設立される（キリンビールの前身）。
- 酒種あんパンの宣伝でチンドン屋があんパンを入れた籠を背負って町を練り歩く。パン宣伝の第 1 号といえる。
- 新宿に果物店として「高野」が創業。後々果実の瑞々しさを生かした洋菓子で広く展開してゆく。
- 磯野計が「明治屋」を創業。

1886　明治 19

- 東京に白熱灯がつく。
- 芥川鉄三郎が「芥川松風堂」（現・芥川製菓）を創業。

1887　明治 20

- 外国人の軽井沢避暑が始まる。
- 浜松に「春華堂」が創業。1961（昭和 36）年に「うなぎパイ」を発売し、それを柱として成長を遂げていく。
- 米津凬月堂が芋料理を発売。後、これがスイート・ポテトに進化していく。
- 岸田捨次郎が「洋菓子機械製造所」を設立。

1888　明治 21

- 皇居落成。
- 国礼歌君が代を制定。
- 「東京朝日新聞」、「大阪毎日新聞」刊行。
- フランス人のペトロ・レイが東京・小石川関口町にパン工場を作る。「関口フランスパン」のはじまりである。
- 東京･下谷黒門町に「可否茶館」が開業。純パリ風カフェとしての初見だが､時期尚早であったとみえ、間もなく閉店となる。
- 打木彦太郎が 1863（文久 3）年にイギリス人のクラークが興した「横浜ベーカリー」を引き継ぐ。後、「宇千喜製パン」、「ウチキパン」へと発展する。
- 森永太一郎が渡米。

1889　明治 22

- 大日本帝国憲法が発布される。
- 岡本半渓著『和洋菓子製法独案内』が発刊。当時の洋菓子とその製法が多数紹介される。

1890　明治 23

- 「帝国ホテル」開業。
- 雨宮伝吉が杏ジャム・杏シロップ漬の缶詰の製造を開始する。
- 欧米に修業すること 7 年の米津恒次郎帰国。本格的フランス料理を修め、ウェファース、サブレ、カルルス煎餅など数々の新技術を持ち帰る。

1891　明治 24

- 小野義貞（日本鉄道会社副社長）、岩崎彌之助（三菱社長）、井上勝（鉄道庁官）で小岩井農場を始める。
- 宇都宮仙太郎が、札幌でバターの製造を始める。
- 埼玉県川越から上京した長谷部新蔵は、東京･麻布霞町に和菓子店として「和泉屋」を創業。後に洋菓子専門店として「ランペルマイエ」を興し、最新フランス菓子をもって業界を啓蒙することになる。

1892　明治 25

- 米津凬月堂がマロングラッセを発売する。

1893　明治 26

- 日本郵船が初の外国航路としてボンベイ航路を開始する。3 年後の 1896 年 3 月には欧州航路、8 月には北米航路の運行も開始される。この船内のベーカリーはもっとも外国に近く接するところとなり、後に多くの製菓、調理技術の導入に貢献することになる。
- 東京綿商会が「鐘淵紡績」に改称。後の「カネボウ」「カネカ」に引き継がれていく。

1894　明治 27

- 日清戦争が始まる。この戦時にあってビスケットは大いに貢献するところとなる。

1895　明治 28

- 軽井沢に「万平ホテル」が開業。
- 東京博文館刊『實用料理法』で「洋食の心得」を掲載し、マナーの啓蒙を行なう。
- 銀座函館屋がアイスクリームを売り出す。

1896　明治 29

- 製菓業界の抗議が認められ、菓子税制が廃止となる。
- 「日本製粉」及び「日本製糖」が創業し、洋菓子作りの環境が整ってくる。
- 南鍋町米津凬月堂に門林弥太郎が入店する。その時点で同店はシュークリーム、エクレアを製造していたことを同氏は証言している。尚、彼の手によりスイートポテトが今日の形に整えられたという。後に彼のもとより多くの弟子が輩出される。

1897　明治 30

- 尾崎紅葉が『金色夜叉』を発表。高利貸を氷菓子にかけて、アイスの語が広まる。
- 東京・神田にミルクホールが開業。これを機に各地に広がる。
- 落花生の砂糖掛けや金米糖などのいわゆる掛け物といわれるものが全盛を極め、東京掛菓子製造組合が組織される。
- 東京･銀座の亀屋、明治屋、函館屋、本郷青木堂などがイギリスやフランスからチョコレートを輸入販売する。
- 南鍋町米津凬月堂よりのれん分けにて吉川市三が「神戸凬月堂」を創業する。主家とともに最新の菓子を世に出し、菓子文化の啓蒙に務める。

1898　明治 31

- 東京掛菓子問屋組合が組織される。

1899　明治 32

- 岩崎久彌（三菱合資会社社長）が、小岩井農場を継承する。
- 銀座富士屋がアイスクリームを売り出す。
- アメリカに渡り製菓技術を修めた森永太一郎が 11 年振りに帰国。8 月 15 日東京・赤坂に

「森永西洋菓子製造所」を創立する。その後の工業化された製品は日本の製菓業界をリードしていく。
- 岸田捨次郎は志村吉蔵及び広瀬長吉の二人と組み、「日本洋式製菓合資会社」を興す。記録の上ではおそらく日本の洋菓子業界における初の法人組織と思われる。ドロップとビスケットの製造を志したが、半年で解散する。

1900　明治 33
- 中国で義和団事件が発生。
- 「飲食物その他の物品取締に関する法律」(法律第 15 号) が制定、公布される (1947 年廃止)。
- 「有害性着色料取締規制」(内務省令第 17 号) が制定、公布される (1947 年廃止)。
- 「飲食物用器具取締規制」(内務省令第 50 号) が制定、公布される (1947 年廃止)。
- パリの万国博覧会にカステラをはじめ多くの菓子が出品される。
- 木村屋三代目儀四郎がジャムパンを新発売、大評判となる。
- 東京と横浜を中心とした当代一流の菓子屋が集い、ドロップとビスケットを生産すべく「東洋製菓」が設立される。
- 中川安五郎が「文明堂」を開業、カステラを広めていく。
- 三井財閥が「台湾製糖」を設立。
- 「日清製粉」創業。

1901　明治 34
- 「人工甘味質取締規制」(内務省令第 31 号) が制定、公布される (1948 年廃止)。
- 相馬愛蔵が東京・本郷に「中村屋」を開業。1907 年に新宿に移り、クリームパン、カリー、ピロシキ等で大をなしていく。

1902　明治 35
- 資生堂飲料部がソーダファウンテンを開設。ソーダ水とアイスクリームを発売する。資生堂パーラーの前身である。

1903　明治 36
- 第 5 回内国勧業博覧会に森永商店および凮月堂 (米津松造) がチョコレートを出品。凮月堂は名誉銀牌を受賞。
- この頃舟和がみつ豆を考案する。
- 村井弦斎が『食道楽』(春の巻、夏の巻、秋の巻、冬の巻の計 4 冊) を著わす。同書中に当時の料理、菓子、食にまつわる生活習慣を記す。

1904　明治 37
- 日露戦争が始まる。東京中の菓子屋が軍用ビスケットの製造に励む。
- 森永商店が、板チョコレートの製造販売を始める。

1905　明治 38
- 塩が専売となる。
- 凮月堂本店六代目大住喜右衛門の弟の省三郎がのれんを分けられ、「上野凮月堂」が創業。後、本店の直接の系譜を継承していくことになる。
- 「金方堂松本工業」が創業。後々菓子類の化粧缶の専業メーカーとして成長していく。
- 菓子用の袋メーカーとして「スーパーバッグ」が創業。流通業界、製菓業界等の発展に寄与していく。
- 森永商店が「エンゼルマーク」を登録。
- 「ドンク」が創業。後、フランスパンを始め最新フランス菓子等で製パン製菓業界をリードしていく。なお同社は藤井幸男の代に 1960 年後半より積極的にフランス人技術者を招聘し、日本の食文化向上に多大な貢献を果たしていくことになる。

1906　明治 39

- 12 月、「明治製糖」が創業する。

1907　明治 40

- 世界恐慌。
- 鹿児島から上京した水原嘉兵衛がこの年銀座に「清月堂」を開業。1 日に 13 舟しか作らない幻の水羊羹で評判となる。後、1946（昭和 21）年、息子の茂三は、本店とは別に銀座あづま通りに喫茶及び洋菓子の店を開き、さらに三代目麟太郎が「レストラン・リンタロウ」を開業と発展してゆく。
- 佐久間惣次郎が新杵より独立し、「三港堂」を開業、「サクマ式ドロップス」を発売する。

1908　明治 41

- 「東京菓子同業組合」が結成される。

1909　明治 42

- 浪花家が鯛焼きの販売を行なう。
- 宮崎甚左衛門が中川文明堂に入店、修業に入る。後の文明堂一家の隆盛がここより始まる。

1910　明治 43

- 森永が「森永商店」として株式会社組織となる。
- 藤井林右衛門が横浜・元町に洋菓子店を開業。藤井姓と日本一の山・富士山からの連想で、屋号を“ふたつとない家”とした「不二家」とする。
- 「伊藤景造商店」が開業。パッケージ関係で製菓業発展の大きな力となっていく。後に「伊藤景パック産業」と改称する。
- 長野県村上村に「丸三ジャム製造所」設立。
- ロンドン日英博覧会に森永と開新堂が出品し、共に入賞をはたす。

1911　明治 44

- 第 1 回帝都菓子飴大品評会が開催される。全国の製菓業者が一同に会しての催しである。1935（昭和 10）年の第 10 回大会より全国菓子大博覧会と名を変えて今日に続く。

大正時代

凮月堂一家が隆盛を極める。他方森永はますます発展し、大企業としての地歩を固める。また同時代後期には明治製菓が発足。グリコも創業した。総じて大企業が確立していった時代といえる。尚、一般洋菓子店にあっては、ケーキ類の仕上げはグラス・ロワイヤルという砂糖掛けが中心であったが、次第にレベルが向上し、1921 年（大正 10 年）頃よりバタークリームに置き換えられていった。徐々に今様のケーキ類に近づいていく。

1912　明治 45/ 大正元

- 明治天皇崩御。元号は大正と改まる。
- 米価高騰。
- 川島駒吉が「川島製作所」を創業。後、1947（昭和 22）年にキャラメル包装機、1959 年に饅頭類の自動包装機を開発し、その分野の第一人者として発展していく。
- 森永商店が「森永製菓」となる。

1913　大正 2

- 森永製菓は「ベルベット」、「コーフドロップス」を打ち出し、続いて一大ヒット商品となった「ミルクキャラメル」を発売する。

1914　大正 3

- 第一次世界大戦がはじまる。
- 上野公園にて東京府主宰の東京大正博覧会が開かれ、羊羹、カステラ、金米糖に次いでビスケット及び糖菓類が多くを占める。なおこれは 134 日にわたり、実に 746 万 8610 人の入場者があったという。
- 「日東製粉」創業。
- 芥川松風堂（現・芥川製菓）がチョコレート菓子の製造を開始。

1915　大正 4

- 森永製菓が第 2 工場を建設。いよいよ発展していく。
- 「桜井源喜知商店」が製菓材料問屋として創業（現・サクライ）。洋菓子文化の発展に多大な貢献を果たしていく。

1916　大正 5

- 「今日は三越、明日は帝劇」が流行語となる。
- チューインガムの販売会社として「リグレー」が創立。銀座を中心に都会人にもてはやされ、続いて全国に広がっていく。
- 宮崎甚左衛門が佐世保に「文明堂」を開業。後の東京進出の基点となる。
- 「東京菓子」が設立される。
- 明治製糖は「大正製菓」を設立する。

1917　大正 6

- 大正製菓は東京菓子と合併。社名は「東京菓子」となる。
- 札幌に古谷が工場を設立。フルヤ・キャラメルの基盤ができる。
- 森永製菓は愛国煉乳を吸収し、「日本煉乳」が創立される。後の森永乳業である。
- 「極東練乳会社」が設立される。同社は 1941 年に「明治乳業」と改称される。
- 「旭電化工業」設立。同社は 1929 年よりマーガリン、1952 年よりショートニングの製造を始める。
- 「ラクトー」設立。後に「カルピス」となる。

1918　大正 7

- 第一次世界大戦終結。
- 米騒動全国に波及する。
- 桐山政太郎が大阪に「神戸屋パン」を設立。
- 不二家がシュークリーム、エクレアなどを販売。
- 東京菓子がチョコレートを発売。
- 堀清之丞が東京・大井町に凮月堂を開業。1930 年に成城に移り「成城凮月堂」となって今日に至る。
- 菓子型作りをもって「林鋳造所」が創業。1929 年に「林鉄工所」となり、1949 年にミキサー専業メーカーとして「関東混合機工業」となる。これにより菓子作りの大きな障害となっていた力仕事のかなりの部分が解消された。
- 森永製菓は大阪にベーカリー工場を設立。同年、同社はカカオ豆よりのチョコレートの一貫製造システムを完成。また原料用ビターチョコレート 100 ポンド缶を発売、ミルクチョコレートを 1 個 15 銭で発売。
- スマトラ興行がスマトラ島にてカカオの栽培を始める。1927 年頃より収穫が始まり、国内にてチョコレート生産に使用され出す。

1919　大正 8

- 森永製菓は、日本で初めて工場従業員の労働時間を 8 時間制にする。

- 森永製菓は「森永ミルクココア」を発売。この年同社は7割4分の高配当を行なう。
- 日本煉乳が富士煉乳、駿東煉乳を合併。また同社は、同年「練乳森永ミルク」を発売。
- ラクトーが「カルピス」を発売。
- 森永製菓は、スイートチョコレート1/2ポンドを60銭、ミルクチョコレート1/2ポンドを10銭、バニラチョコレート1/2ポンドを15銭で発売。国内に加え満州、中国等に輸出。また、カカオ豆からココアパウダーを製造して発売、ミルクココア匁缶を40銭で発売。翌1920年ブレックファーストココア40匁缶を50銭で発売。
- 明治屋の磯野長蔵は、ドイツ人製菓技術者カール・ユーハイムを招聘し、東京・銀座に「明治屋食料」を設立して、「カフェ・ユーロップ」を開業。
- 「寺本製菓材料」が創業。
- 「敷島製パン」が創業。

1920　大正9

- 日本が国際連盟に加盟。
- 富士食品工業が「富士アイス」を発売。アメリカ製フリーザーを導入し、日本で初めて工業的にアイスクリームの製造を開始。
- 森永製菓が「ドライミルク」を発売。日本最初の機械装置による粉乳製造である。
- 尼崎のアングロスイス・コンフェクショナリー社（後の「日本カカオ工業」）はカカオ豆よりチョコレートを生産。
- ドイツ人フロインドリーブが敷島製パンに入社。
- 「更級杏ジャム」が創業。後に「壽食品工業」となる。
- 「高砂香料工業」が創業。後々菓子を含む食品関係全般に貢献し、その発展を支えていく。
- 森永製菓が日本煉乳を合併。

1921　大正10

- 「ミヨシ油脂」が創業。業務用油脂メーカーとして大をなしていく。
- 森永製菓は塚口工場を開設。「カルケット」を発売する。
- 泉園子は京都でクッキーを手がける。「泉屋」の始まりである。同店は1935年に東京に進出し、クッキーの泉屋の名声を博すことになる。
- 極東練乳の沖本佐一がアメリカ製横型フリーザーを導入してアイスクリームを製造。高脂肪の製品を三越、精養軒等高級店で販売する。
- 横浜・常盤町の馬車道凮月堂から東洋軒に移っていた門倉国輝が渡仏。パリのコロンバン菓子店で技術習得に励む。

1922　大正11

- 街にはカフェが増え、モボ、モガ（モダンボーイ、モダンガール）の登場により大いに流行する。
- 江崎利一は弟清六とともに「グリコ」を興す。
- 門倉国輝がパリより帰国。その直後より彼は清水製作所を興した清水利平と見よう見まねで電機オーブン「清水式ベスター号」を完成させ、多くの菓子屋がその恩恵を蒙る。また、この両氏の指導で、後に関東混合機工業を興した林正夫がミキサーを完成させる。
- この頃、若松があんみつを考案する。
- 江崎、及び開運堂製菓がチョコレートの生産を開始。
- 「文明堂」が東京・上野に開業。
- カール・ユーハイムがドイツ菓子店「E.ユーハイム」を開業。
- 「東京ジャム同業組合」が創立。
- 富士アイスが東京・上野平和博覧会にアイスクリームの売店を設置。また同社は三越、白木屋、松坂屋等の高級店に商品を納入。なお当時はレモンが香料として使われている。

- 明治製糖を背景に「大正製菓」が設立される。
- 菓子作りにたずさわる者の集まりとして「菓友会」が結成される。凮月堂本店の木村吉隆が取りまとめ、会長には門林弥太郎が就任。

1923　大正 12

- 関東大震災が発生。不二家、文明堂、凮月堂等主だったところが軒並み罹災。
- 東京の松風堂がチョコレート製造開始。
- 明治製菓は、初めて大連に商品を輸出。
- 不二家は銀座に出店。これを機に銀座の不二家、さらには日本の不二家へと飛躍していくことになる。
- 森永製菓は関西販売会社を設立し、さらに東京・丸ビル内に初めての自売店たる「森永キャンディーストア」を開設する。
- 東洋軒に復職した門倉国輝は、フランスでの見聞を生かして新店「リボン銀座」を手がけたが、震災で東洋軒が壊滅したため同店を退社。
- カール・ユーハイムが神戸に「ユーハイム」開店。
- ロシアから来日したマカロフ・ゴンチャロフが菓子製造に着手。リキュールチョコレート、フルーツチョコレートを販売。1932 年、合資会社「合資会社エム・ゴンチャロフ商会」設立。1947 年、「株式会社エム・ゴンチャロフ商会」と改組し、1953 年「ゴンチャロフ製菓株式会社」と称号変更する。

1924　大正 13

- 「合同酒精」が創業。ラム酒をはじめ多くの業務用洋酒を手がけていく。
- 東京菓子が「明治製菓」となる。
- 明治製菓は房総練乳を吸収。
- 門倉国輝は薬物化学研究所、「コロンバン商店」を設立。
- フロインドリーブがドイツ菓子店「フロインドリーブ」を開業。
- 製菓材料問屋として「竹内商店」が創業し、クリームチョコレート、テーブルチョコレートの製造を開始。なお同社は後、「大東製薬工業」となり、1962（昭和 37）年には「大東カカオ」に改称し、チョコレートの専業メーカーとなり、発展していく。
- 「北日本食品」（現・ブルボン）が創業。後々、「ルマンド」等で大をなしていく。
- この年から 1926 年頃の間に、国産初の電機オーブン「清水式ベスタ一号」が門倉国輝の指導のもと清水利平によって完成する。

1925　大正 14

- ラジオの本放送が開始される。
- ドライアイスの使用が開始される。
- 古川梅次郎が『あづま錦』を著わす。カラーの挿絵入りで、当時を代表する名店の和洋菓子とその製法を、各店の職長の作品として紹介している。
- 明治製菓は川崎工場を設立。「カルミン」「キングドロップス」などを発売する。
- 「新高バナナキャラメル」が東京に進出。後にドロップを手がけ「新高ドロップ」として名を上げていく。
- 「北海道製酪販売組合」が創立される。後の雪印乳業である。同年、同社はバターの製造を開始する。
- 「全国菓子業組合連合会」が創立される。
- 洋菓子関係の出版物として、菓友会より『菓友会報』が出版される。

■昭和・戦前

金融恐慌に明けて世界的な大恐慌に続き、暗い時勢のまま日本は戦争へと傾斜を深めていった。原材料の多くを輸入に依存する製菓業界は危機を察知し、結束を深める。

1926　大正 15/ 昭和元

- 大正天皇崩御。元号は昭和と改元される。
- 日本放送協会設立。
- 明治製菓がミルクチョコレートを発売する。
- ロシア人フョードル・モロゾフが神戸で洋菓子店を開業。同店は 1936 年に息子ヴァレンティンの名をとり、「ヴァレンタイン洋菓子店」となり、1951 年「コスモポリタン製菓」と社名変更する。創業以来一貫してチョコレート、キャンディーの技術で日本の洋菓子界を啓蒙。なお、同社創業当時にリキュール・ボンボンを日本人に分かりやすいようにと命名したウィスキー・ボンボンなる語は、その名称の日本流布の嚆矢である。
- 福岡にオーブンメーカーとして「小川電気工作所」が創業。1931 年に「久電舎」と改称。後、赤外線オーブンの開発等で発展していく。
- 山口県柳井市に「柳井製袋」が発足。1957 年に「柳井紙工」となり、広く製菓業界のパッケージを手がけるようになる。
- 「日本冷凍協会」設立。
- 北海道製酪販売組合は商標を「雪印」とする。
- 『菓友会報』は『菓友』と改め、洋生菓子職人の紹介斡旋もはじめる。

1927　昭和 2

- 金融恐慌が起こる。
- 東京の上野 - 浅草間に日本で初めての地下鉄が開通する。
- 「ホテル・ニューグランド」開業。
- グリコ商店がおもちゃのおまけを創案。
- 森永製菓より分離独立して、「森永練乳」が設立される。
- 東京・神田駿河台にて全国の業界関係者が代表者会議を開催。門倉国輝を会長とする「全国菓友連合会」を結成する。
- 菓友会は国粋製菓会社工場長金子倉吉の経営する「製菓と図案社」に引き継がれ、『菓友』を再び改題して『製菓と図案』として発行。金子倉吉は主幹として活躍し、業界ジャーナリストの先駆となる。この流れは製菓実験社による『製菓製パン』誌に引き継がれる。

1928　昭和 3

- 普通選挙制による初めての衆議院議員選挙が行なわれる。
- アイスキャンデー製造機登場。
- 北海道製酪組合がアイスクリームの製造販売を開始。
- 明治乳業が「明治コナミルク」を発売し、また「明治牛乳」が誕生した。
- 製粉 3 社協定により粉価を引き上げ、二等粉は 3 円 70 銭となる。
- 大手 6 社により「砂糖供給組合」が設立される。

1929　昭和 4

- 世界恐慌が起こる。
- 国産第 1 号ウイスキー、サントリー白札誕生。
- 帝国冷蔵がニューヨーク・ドライアイス・コーポレーションからドライアイスの製造販売機を買い取り、「日本ドライアイス」を設立して、ドライアイス製造販売を開始する。
- コロンバンが銀座に出店。「銀座コロンバン」として名を馳せていく。
- ラクトーが「カルピス」のキャッチフレーズとして「初恋の味」を用い、新聞広告に使用。
- 「日本イースト」が創立。
- 「オリエンタル」酵母工業が創立。

1930　昭和 5

- 特急つばめ運転開始。
- 電気冷蔵庫が作られる。
- 東京・麻布に製菓材料問屋として「東洋バター商会」が創業。1950 年、目黒に移り「日野商店」と改称する。
- 不二家が大森支店を開設。
- 「東京食パン卸同業組合」が創立される。
- 牛窪平作が「牛窪鉄工所」を創業。1950 年に「愛工舎」と改称。製菓用ミキサーのメーカーとして成長していく。
- 国産初の電動ミキサーが、清水利平と門倉国輝の指導のもと、林正夫によって完成する。

1931　昭和 6

- 満州事変が勃発。
- コロンバンの門倉国輝は『喫茶とケーキ通』を出版し、世に洋菓子の啓蒙を行なう。
- 東京スマック商会がチョコレートで包んだ「スマック・アイス」を製造。
- 「神戸モロゾフ製菓」が創立。後年、「モロゾフ」となる。
- 森永製菓が京都、名古屋にキャンディーストアを開設。
- 石上寿夫が札幌に製パン業をもって「石上商店」を創業。1950 年「ロバパン」に改称。北海道の食文化向上に貢献していく。
- 養蜂業をもって「クインビーガーデン」が創業。甘味文化及び製菓業界に広く貢献していく。

1932　昭和 7

- 上海事変、五・一五事件が起こる。
- この頃から森永、明治の二大製菓会社は競って関西に進出。続いて不二家のめざましい進出が続けられた。しかしその後は国政に準じて明るいニュースは少なくなっていく。
- 田中邦彦が「クローバー」を創業。
- 東京・本郷に「三原堂本郷店」が創業。1981 年に洋菓子部門として「ジャンヌトロワ」を開業。

1933　昭和 8

- 日本は国際連盟を脱退する。
- 北海道製酪販売組合がチーズの製造を開始。
- 江崎商店が酵母菓子「ビスコ」を発売。
- 「永渕製菓所」が福岡県久留米市に創業。1956 年に「丸永製菓」となり、1960 年アイスクリーム製造業に進出。「アイスまんじゅう」「白くま」といったヒットを飛ばし着実な成長を遂げていく。

1934　昭和 9

- 室戸台風が大きな被害をもたらす。
- 不二家が「フランスキャラメル」を発売。同年、明治製菓が「クリームキャラメル」を発売。
- 製菓材料問屋として「飯塚商店」が創業。後に社名変更して「イイヅカ」となる。

1935　昭和 10

- 芥川賞、直木賞設定。
- 北海道製酪販売組合がカップ入りアイスクリームの販売を開始。
- 1911（明治 44）年に始まった帝都菓子飴大品評会は、この年仙台における第 10 回大会より「全国菓子大博覧会」と名称を変更する。
- 迫田千万億が東京・自由ヶ丘に「モンブラン」を開業。都心から郊外に客を呼べる数少ない店として注目を集めるほどに成長していく。
- 「大宮商店」発足。「アイコクベーキングパウダー」の製造を開始する。後に「大宮糧食工業」

と社名変更する。

1936　昭和 11

- 二・二六事件発生。
- 日独防共協定成立。
- 木炭自動車登場。
- 「昭和産業」創立。小麦粉、油脂関係で大をなしてゆく。
- 横浜・鶴見に「有明製菓」が創業。和菓子による発足だったが、1951 年より洋菓子にも着手。後に銘菓「ハーバー」を開発し、発展してゆく。

1937　昭和 12

- 日中戦争始まる。
- 文化勲章制定、第 1 回授章に長岡半太郎ら 9 名選定。
- 森永製菓が乾パンを発売する。
- 国産イーストが 100 ポンドを突破する。
- 山下乳業がアイスキャンデーの製造を開始。

1938　昭和 13

- 国家総動員法公布。
- 皇紀 2600 年（1940 年）を記念すべく予定していた東京オリンピック大会、及び日本万国博覧会の開催延期を決定。
- ガソリン切符制実施。
- 砂糖消費税引上げ。
- チョコレート輸出助成金交付制度実施、1941 年に中止。
- 北海道製酪販売組合がマーガリンの製造販売を開始する。
- 「ナガサキヤ」が創業。カステラのみならず後々洋菓子全般をカバーし大をなしていくことになる。
- 日中戦争によりカカオ豆輸入制限。一次加工業者 13 社が「ココア豆加工業会」を結成。藤井林右衛門が会長に就任後に、日本チョコレート菓子工業組合に改組。
- 二次加工業者 24 社が「日本チョコレート協会」を結成。井上碌郎が理事長に就任後に日本チョコレート製造組合に改組。
- ココア豆加工業会及び日本チョコレート協会による「チョコレート原料配給統制組合」を結成、45 社加盟。山田弘隆が理事長に就任。
- 砂糖の配給統制施行のため、政府指導で「日本チョコレート菓子工業組合」を結成、32 社加盟。福島四一郎が理事長に就任、1944 年解散。

1939　昭和 14

- 第二次世界大戦始まる。
- 米穀配給統制法公布。
- パーマネント禁止。
- 国民徴用令公布。
- 日の丸弁当流行。
- 砂糖公定価格決定。
- 「服部高等栄養学校」設立。設立当初より料理に加え和洋中の菓子の講座が設けられた。1958 年に「服部栄養専門学校」となる。

1940　昭和 15

- 皇紀 2600 年祝典。
- 日独伊三国同盟調印。

- 菓子類の公定価格決定。
- パン類販売価格指定。
- ジャム価格統制。
- 砂糖及びマッチの配給制が実施される。
- アイスクリームの販売容器として魔法びんが登場。
- 時局は悪化し、12月の薬用ココアバター製造用のカカオ豆を最後に輸入は途絶。戦後1950年の再開まで10年間、輸入はされなくなる。
- 極東練乳が「明治乳業」と改称。
- 「東京生菓子工業組合」が結成され、製菓原材料の配給を行なう。
- 「日本菓子工業組合連合会」が結成される。後の「全国菓子工業組合連合会」である。

1941　昭和16

- 日ソ中立条約締結。
- 太平洋戦争始まる。
- 米穀、小麦粉、豆類、乾麵、菓子、食用油、酒類が配給制となる。
- 農林省がアイスクリームの公定価格を決定。乳脂肪分3%以上、砂糖分14%以上、その他固形分9%、80cc以上で10銭、乳脂肪分6%以上のもの80cc以上では12銭とされる。
- 「北海道酪興社」設立。
- 森永練乳が「森永乳業」に改称。
- 日本ココア豆加工組合と日本チョコレート菓子工業組合は共同で「ココア豆代用品研究会」を設置し、代用品の研究を行なう。

1942　昭和17

- 翼賛選挙が行なわれる。
- 食糧管理法公布。
- 菓子業の整理統合が行なわれる。また4月1日より9月末日まで、シュークリーム類及びカスタードクリーム使用の洋菓子の製造が禁止される。
- 「東京府食パン販売統制会社」設立。「主要食糧」と規定されたパンは「地方食糧営団」扱いとなり、パンと菓子は明確に区分けされた。砂糖はほとんど姿を消し、製菓業界は潰滅的打撃を受ける。
- 明治製菓・森永製菓・渡辺製菓は軍用乾パン工場として軍指定工場となって生産。
- 10月、森永乳業など4社が森永製菓に合併。
- 京都において「吉田商店」が製菓材料問屋として創業。1960年に「吉田産業」と社名を変更する。

1943　昭和18

- 学徒戦時動員体制確立要綱発表。
- 甘味嗜好品は全面的に禁止される。
- 『日本食糧新聞』が創刊。
- 森永製菓は「森永食糧工業」に改称。
- 「東京洋菓子工業組合」が設立され、門倉国輝が理事長に就任。戦後、「東京都洋菓子工業組合」と改称される。

1944　昭和19

- 戦局は不利にして時局はますます暗転。
- 東京、初の大空襲。以後全国主要都市の爆撃開始。
- 国民学校戦時特例公布。
- 学徒動員実施要綱決定を通牒。
- 砂糖の家庭用配布が中止される。

- 森永食糧工業は日本陸軍医学校と共同で、国産ペニシリン「碧素一号」を完成。

▍昭和・戦後

敗戦によってすべてが灰燼に帰した日本だが、混乱が一段落し、各種原材料の統制が解除されてくるにしたがって、洋菓子店や製菓会社も再び雄々しく立ち上ってくる。特に景品付きの紅梅キャラメルやカバヤキャラメル、ニイタカドロップ、品質を売り物にしたフルヤのウインターキャラメルなどが、甘い味覚と楽しみに飢えていた子供たちに、限りない夢を与えていったことが印象深い。

1945　昭和 20

- 広島、長崎に原爆投下。
- 多くの菓子店、製菓会社、関連産業が罹災。
- ポツダム宣言受諾。終戦。
- 政府、食糧 250 万トンの輸入を GHQ に懇請。
- 製粉工業の操業再開。
- 「栃木食糧品工業」設立。後に「フタバ食品」となる。

1946　昭和 21

- 農地改革。
- 日本国憲法公布。
- 通貨非常措置として新円切換えが行われる。
- 「人工甘味質取締規則」が改正される。
- 5 月、サッカリンの使用が許可される。
- 7 月、ズルチンの使用が許可される。
- 栃木食糧工業が鉄道弘済会にアイスクリームの納入を開始する。
- 明治製菓がペニシリンの製造を開始する。
- 横浜に「高梨畜産」が発足。後に「高梨乳業」として発展していく。
- 「全国菓子協会」設立。
- 「内外香料研究所」が発足。1955 年「内外香料」に改組し、菓子業界を支える大きな力となっていく。

1947　昭和 22

- パン類の切符制配給開始。
- 砂糖の一般配給開始。
- 第 1 回の参議院議員選挙が行なわれる。
- 法律第 23 号「食品衛生法」が制定される。
- サントリーがリキュール第 1 号としてペパーミントを発売。
- 服部高等栄養学校長・服部道政の尽力により栄養改善法が成立し、翌年から栄養士の養成が国家資格となる。
- 森永食糧工業が「森永アイスクリーム」を発売。
- 門倉国輝は輸出用マロングラッセの缶詰を作るため、「マロングラッセ食品工業会社」を設立する。
- 青島で製菓業を始めた石黒茂がこの年東京・新橋に洋菓子店を開業。3 年後の 1950 年に日本橋に移り「トロイカ」の看板を掲げる。息子の石黒莞治は後に日本洋菓子協会連合会の要職につき業界の発展に貢献をしていくことになる。
- 「岩瀬練乳大阪営業所」が設立。同社は 1955 年に「岩瀬商事」となり、製菓材料問屋として成長して洋菓子界発展に寄与してゆく。後に改称して「イワセ・エスタ」となる。
- 「銀座ウエスト」創業。後にリーフパイをもって成長を遂げてゆく。

- 田中實が仙台で「菓匠三全」を創業。後に銘菓「伊達絵巻」「萩の月」などで大をなしてゆく。
- 「横山香料」が創業。菓子作りの幅を広げる貢献を果していく。
- 富士乳業が「弘済会食品」を設立し、アイスクリーム等の製造を開始。関東地方のアイスクリーム販売を一手に引き受ける。
- 「東京都チョコレート工業協同組合」が発足、20社加盟。斉藤斉一が理事長に就任。その後、1949年に「全国国産チョコレート工業協同組合」へ合流。

1948　昭和23

- 「食糧品配給公団」新発足、小麦粉・パン・麵は公団扱いとなる。
- 厚生省令第23号「食品衛生法施行規則」が制定される。
- 厚生省告示第54号「食品、添加物、器具および容器包装の規格基準の告示」が制定される。
- 厚生省告示第106号「食品衛生試験法」が制定される。
- 森秋廣が「ハリス」と名付けた代用チョコレートを開発。大ヒットとなる。
- 同年より1950年頃にかけてアイスキャンディーが全盛を極める。
- 「日新化工」がマーガリンメーカーとして創業。同社は1956年に日本で最初の洋生チョコレートを開発し、後に業務用チョコレートメーカーとして成長していく。
- 池田傳三が製菓材料問屋として「池傳」を創業し、原材料調達で洋菓子店の成長を大いに助ける。1990年に「池伝」に改称。
- 「コージーコーナー」が創業。後年「ジャンボシュークリーム」などで成長を遂げてゆく。
- 「月島食品工業」が創業。業務用油脂などを手がけてゆく。
- 「ロッテ」が創業。チューインガムの製造を開始。後、幅広いジャルを手がけ、大手に成長していく。
- 飯島藤十郎により「ヤマザキ製パン」が創業。
- 「第一屋製パン」が創業。
- 「リボン食品」が創業。油脂関係で業界に寄与してゆく。
- 横浜に「横尾商事」が創業。1970年「プティフルール」洋菓子店開業。横浜の雄として発展していく。
- 高橋卯助が東京・目黒のモンブラン製菓に入社。1952年に代表となり、1959年に社名を「モンドール」に改称。1986年より日本洋菓子協会連合会会長に就任し、菓子業界の発展に尽力する。
- 「東京都チョコレート協会」が設立され、9社加盟。代用グルチョコ生産の業者団体を主としたもの。後に「全国国産チョコレート工業協同組合」に合流。
- 「大阪府洋菓子工業協同組合」が結成される。
- 「日本乳製品協会」が設立される。

1949　昭和24

- 湯川秀樹がノーベル物理学賞受賞。
- 黒澤明監督の映画「羅生門」が、ベネチア国際映画祭にて大賞を受賞。
- 水飴の統制が解除される。
- 菓子の公価改訂。
- ジャム・水飴・ブドウ糖が自由販売。
- キャラメルが自由販売となる。
- 廣田定一が神戸・元町に「洋菓子のヒロタ」を設立。シュークリームのオーソリティーとして大をなしていく。
- 「神田精養軒」が創業。後年、カップ型のマドレーヌケーキや胚芽パン等で広く展開していく。
- 熊本で副島梅太郎が和洋菓子両方をもって「お菓子の香梅」を創業。同地の名店に成長していく。
- 「西務良セルロイド工業」が発足。1965年「西務良」となり幅広くパッケージ関係を手がけてゆく。
- 和歌山で北谷市太郎が製菓材料専門商社として「北谷商会」を創業。平成9年に「キタタニ」に改称。
- 東京にて「加藤食品」が製菓材料専門商社として創業。
- 福岡の森榮松堂が洋菓子を始める。同店は1587（天正15）年に松永庄右衛門が神仏仏閣御供物調進所として「栄松堂」の屋号で創業。伝承によると同店の先祖が水飴、飴菓子、落雁などを手がけた後、「榮松堂」の屋号で菓子店を営むようになる。1877（明治10）年第12代より「森榮松堂」と改称し、1962年、第14代より「五十二萬石本舗」とし、1970年、第15代より「五十二萬石如水庵」となる。
- 森永食糧工業が乳業部を分離独立させ、「森永乳業」を設立。また、森永食糧工業は「森永製菓」と復称。
- 森永製菓より「森永商事」が分離独立。
- 「東京物産」創業。製菓製パン材料を扱う。
- 「日本油脂」設立。
- 「鐘淵化学工業」創立。
- 「全国国産チョコレート工業協同組合」が発足、103社が加盟する。藤井誠司が理事長に就任、戦後初の法的な団体組織で、後に「日本チョコレート工業協同組合」に改組し改称。
- 「全国パン協議会」設立。
- 京阪神洋菓子合同会合が開かれ、「関西洋菓子倶楽部」設立に向けて動き出す。

1950　昭和25
- 6月25日、朝鮮戦争勃発。
- 練粉乳の統制解除。
- 菓子類価格統制解除。
- 厚生省令第58号「乳製品及び類似乳製品の成分規格等に関する省令」が制定公布。
- 西川多紀子が「パンニュース社」を創業。製パン製菓業界の情報誌として『パンニュース』の発行を始める。
- 戦後初めて中南米とのバーター制貿易により、10年振りにカカオ豆を輸入。
- 不二家のアイドル「ペコちゃん」が誕生する。
- 三笠食品工業がアイスクリーム類の列車内及び駅売りを開始。
- 明治製菓がストレプトマイシンを発売。
- 仙台で「サトー商会」が、製菓材料を含む総合食品商社として創業。
- 「メリーチョコレート」が創業。1952年「メリーチョコレートカムパニー」設立。チョコレート専業メーカーとして成長をとげていく。
- 北海道酪農協同は「北海道バター」と「雪印乳業」に分割して発足。
- 林虎彦が金沢で「虎彦」を創業。後に発展して「レオン自動機」となる。
- 「大日本製糖」設立。
- 「日清製糖」設立。
- 「不二製油」設立。マーガリン、チョコレート類で業界の大きな力となっていく。
- 「全国国産チョコレート工業協同組合」は「日本チョコレート工業協同組合」に改組改称、122社が加盟。別にカカオ豆輸入促進の為、同組合と明治・森永で「チョコレート原料対策協議会」を設置。後に渡辺、大東が参加。1952年に発展解消して「日本チョコレート協会」となる。
- 「全国和菓子協会」が設立される。
- 「東京和生菓子商工業同業組合」が結成される。

1951　昭和26
- サンフランシスコ講和条約締結。
- 小学校のパン完全給食を、全国市制施行地域で実施。

- 小豆の統制の解除。
- 「需要者割当方式」による11万ドルのカカオ豆輸入外貨割当が認可される。
- 東京・渋谷の東横百貨店に東横のれん街が誕生。以降、この名店街の形体は全国に波及していく。
- 「乳及び乳製品の成分規格等に関する省令」が制定される（1950年の「厚生省令第58号」は廃止）。
- あんパン・ジャムパンが復活。
- 不二家が「ミルキー」を発売。またペコちゃんとコンビを組む「ポコちゃん」を誕生させる。
- 明治製菓がチョコレートの製造を再開。
- ハリスが国産初のチューインガムを開発。後、1966年同社は「カネボウハリス」となり、さらに「カネボウ食品」を経て「カネボウフーズ」に発展する。
- 大谷長吉が「エスワイル」を設立。1955年に東京・神田に同店を開業。ここより多くの弟子を全国に輩出していく。2004（平成16）年に文京区春日に移転。
- 岡山にて「平田商店」が創業。イーストの取扱いから始まり、製菓材料、機械器具を扱う総合商社に成長する。後に「ヒラタ」に社名変更する。
- 東京・渋谷に「北沢産業」が創業。フライヤー製造メーカーから出発し、後に厨房機器全般にわたる総合メーカーに成長していく。

1952　昭和27

- 砂糖、小麦粉の統制が解除される。洋菓子業界もいよいよ動きが活発になる。
- 麦類自由販売でパンも自由販売となる。
- 牛乳、乳製品の農林規格が設定される。
- 戦後初の博覧会として、第12回全国菓子大博覧会が、横浜で開催された。
- 不二家が国産第1号のソフトクリームを発売。また12月同社はクリスマスセールを開始。
- 雪印乳業がアイススティックの製造を開始する。
- 「ザ・パック」が創業。幅広くパッケージ類を手がけていく。
- 「中沢牛乳」が株式会社設立。製菓を含むフード業界に多大な貢献を果たしていく。後1964年「中沢乳業」と商号を変更、現在に至る。
- 「名古屋製酪」設立（1946年浜松で創業）。後、1975年「東京めいらく」、1977年「大阪めいらく」、1979年「九州めいらく」を設立し、めいらくグループとして大をなしていく。
- 「日本チョコレート協会」設立（1956年に「日本チョコレート・ココア協会」と改称）、国際ココア・チョコレート協会に加盟。
- 「日本洋菓子技術協会」設立。会長にトロイカ洋菓子店主石黒茂就任。同時に技術指導書としての機関誌『ガトー』を発刊する。
- 「関西洋菓子倶楽部」が結成され、全国的に洋菓子業界が息を吹き返してくる。

1953　昭和28

- テレビ放送開始。これ以降マスコミはあらゆる商業活動に多大な影響力を持ってくる。
- 大磯、高輪に「プリンスホテル」が開業。以後各地に同ホテルが展開されていく。
- 日本初のセルフサービスのスーパーマーケット「紀ノ国屋」が東京・青山に開店。
- 食品衛生法施行令が制定される。
- ソフトクリームの第一次ブームが起きる。
- 国産カップ使用により、カップアイスクリームの本格生産が開始される。
- 日世が日本で初めてアイスクリーム用のコーンの生産を始める。
- 酪農ブームが起り、全国的に牛乳の争奪戦が激化する。
- 冷凍機の各種応用製品（フロン系冷媒使用品等）の量産体制が整う。
- ビットリオ・トルトラーノが「ナポリアイスクリーム」を設立。
- 松田兼一の松田製菓は日本で初めてアーモンド・ドラジェを製品化。

- 「東京高等製菓学校」が開校。1977年に「東京製菓学校」と改称。
- 「大和貿易」が創業。同社は1970年にオーストリアのイベックス社と提携し、ショックフリーザーを導入する。
- 金沢に「能崎物産」が製菓材料、機器類総合商社として創業。
- 「大日本乳業」（現オハヨー乳業）が設立。
- 「協同乳業」が設立。
- 財団法人「日本パン科学会」誕生。
- 東京都食品健康保険組合が設立され、都内の多くの菓子店が加入する。

1954　昭和29

- 1月1日、円以下銭の単位の通貨が廃止される。
- 防衛庁発足。
- 洞爺丸台風が甚大な被害をもたらす。
- 学校給食法が制定される。
- 酪農振興法が制定される。
- 「鈴木製菓」創業。後に「モンテール」のブランドで大をなしていく。
- フランスよりレイモン･カルヴェル氏が来日し、バゲット等本格的なフランスパンを伝える。以後延べ30回を超えて来日し、日本の製パン技術の向上に寄与する。

▌昭和30年代

【前期】戦後の意識もだいぶ薄らぎ、平和の象徴として大いにクリスマスケーキがもてはやされる。また冷蔵ショーケースや冷蔵庫の充足とともにショートケーキ、シュークリーム、エクレア、プリン、モンブラン、サヴァランといった洋生菓子が充実していく。
【後期】百貨店の名店街ブームで、配送可能なお菓子がもてはやされる。特にバウムクーヘン、缶入りクッキー類が大流行し、時流にのった多くの洋菓子店が企業へと脱皮していく。

1955　昭和30

- 1月28日、炭坑、私鉄、電産などに民間6単産が賃上げ総決起。春闘の端緒となる。
- 9月10日、日本、ガット（国際関税協定）に正式加盟。
- 石原慎太郎著の『太陽の季節』刊行。
- 三種の神器と呼ばれたテレビ、洗濯機、冷蔵庫などが、家庭に普及。
- 江崎グリコが「アーモンドチョコレート」を発売。
- 保坂製作所などにより、洋生菓子専門の冷蔵ショーケースが開発される。これに伴い、生菓子の需要も飛躍的に向上した。
- 川勝三郎が京都に「バイカル洋菓子店」を創業。同市内を中心に手広く展開していく。
- 日本洋菓子技術協会は法人認可を得る。この年第1回日本洋菓子展示品評会を行なう。後年同協会は毎年のようにこれを行ない、業界の技術向上に務める。特に若い技術者にとってはこの上ない励みとなった。

1956　昭和31

- 日ソ国交回復（鳩山首相訪ソ）。
- 12月18日、日本、国際連合に加盟。
- この頃より神武景気が始まる。
- 日本道路公団発足。
- 日本マナスル登山隊、登頂に成功。
- 南極観測隊「宗谷」が国産ココアを携行。
- 告示改正（告示第135号）により、氷菓子及び冷凍乳業の定義（適用範囲）が改正される。

- 森永乳業及び森永製菓がアイスクリームの製造販売を開始。
- この頃、アイスクリーム販売容器として冷凍ストッカーが登場。
- 日本中に多数の弟子を輩出した門林弥太郎が米津凮月堂よりのれんを分けられ、息子の門林泰夫とともに東京・自由ヶ丘に「自由ヶ丘凮月堂」を開業。
- グリコ栄養食品が「グリコ共同乳業」を設立。1967年「プッチンプリン」を発売し世を席巻していく。
- 大分・別府に「菊屋」が創業。和洋菓子全般をもって成長を遂げていく。
- 全国パン協同組合連合会、日本パン協同組合連合会、全国学校給食パン協同組合が大同団結して、「全日本パン協同組合連合会」を結成。

1957　昭和32

- 南極に昭和基地が設営される。
- 3月25日、欧州共同市場（EEC）条約調印。
- 日本が国連安全保障理事会非常任理事国に当選する。
- 東海村に日本初の原子炉点火。
- 10月4日、ソ連が衛星打ち上げに成功。時代は大きく変ってゆく。
- 女子ヒマラヤ登山隊が国産ココアを携行。
- カカオバター、カカオ豆の輸入自由化実施。
- 告示改正（第14次告示第420号）、氷菓・冷凍乳業をまとめてアイスクリーム類として規格基準を整理。
- 服部道政の尽力もあり調理師法が制定され、翌年より調理師の養成が始まる。
- 大缶練乳の砂糖消費税戻税制が廃止される。
- 増田文彦が「新日本機械工業」を創業。ドラ焼き機から始まり、製菓全般にわたる総合機械メーカーに成長する。
- 三田高裕、高井二郎が共同で渋谷駅前に「フランセ」を創業。
- 「富士商事」がゲル化剤専門メーカーとして創業。
- 大日本乳業は「オハヨー乳業」と改称。

1958　昭和33

- 12月1日、一万円札発行。国民の生活はますます豊かになり、それにつれて洋菓子の需要もいよいよ増大していく。
- 東京・銀座に「西銀座デパート」が、根岸政明等の尽力により開業。世相がますます明るくなる。
- 12月23日、東京タワーが完成。
- 狩野川台風で静岡、近畿以西が被災。
- 告示第134号としてアイスクリーム類の試験法の一部が改正される。
- 『日本チョコレート工業史』発刊。
- この頃、アイスクリーム用電気冷凍ショーケースが登場。
- 明治製菓が「カナマイシン」を発売。
- 佐藤創が大阪・堺に「クラウンベーカリー」を創業。後、業界をまとめ、発展させる重責を担うことになる。
- 日本洋菓子技術協会は社団法人「日本洋菓子協会」となる。
- 1939年に設立された服部高等栄養学校が、この年「服部栄養専門学校」となる。

1959　昭和34

- 皇太子明仁親王（今上天皇）御成婚。
- 伊勢湾台風で九州を除く全国が被災。
- 岩戸景気。

- テレビ契約台数 200 万台突破。
- 国産の総合安定剤が誕生。
- 12 月 28 日、省令改正（第 22 次省令第 37 号）別表第 5 に、人口甘味料の他に合成甘味料が加わる。
- 12 月 28 日、「食品、添加物等の規格基準」制定（「食品、添加物、器具および容器包装の規格および基準」と「食品衛生試験法」を廃止してひとつにまとめられたもの）。
- この頃より主だった洋菓子店は競うように近代的店舗に改築を進め、洋菓子業界の先き行きも明るさを増していく。
- 札幌で「石屋製菓」が創業。でんぷん加工業から飴製造を経ての発展である。同社は 1976 年「白い恋人」を発売。北海道を代表する銘菓のひとつとなる。

1960　昭和 35

- 浩宮徳仁親王（現皇太子）御誕生。
- 日米新安保条約批准される。
- カラーテレビ放送が開始される。
- 第 1 回全国アイスクリーム類資材見本市開催（東京）。
- 森永製菓が日本ではじめてインスタントコーヒーを製造、発売。
- 池田文痴菴のもとに編纂が進められていた『日本洋菓子史』が、日本洋菓子協会より発行される。
- カカオバターとカカオ豆の輸入が自由化となる。
- 告示改正（第 1 次告示第 81 号）アイスクリーム類の製造基準および保存基準をあらたに設定。
- 東京アイスクリーム協会は販売容器に品質保証マークを標示。
- 大阪アイスクリーム協会は販売容器に品質保証マークを標示。
- 東京・世田谷区に「日本菓子専門学校」が開校。
- 大阪·阿倍野に「辻調理師学校」が開校。世に多くの調理人を輩出していく。1980 年に「辻調理師専門学校」と名称変更する。
- 安西松夫が東京・高円寺に「トリアノン」開業。なお同氏は後、1976 年より 10 年の長きにわたり日本洋菓子協会連合会々長を務め、日本の洋菓子業界の体質を強化し、技術力のみならず社会的地位の向上に務めた。
- 高井二郎が渋谷駅前店より分かれて、渋谷丸山町に新たに「フランセ」を設立。1963 年東京・原宿に移設。後、横浜に本拠を移す。

1961　昭和 36

- 農業基本法公布。
- カカオ豆、カカオバター、ココア粉、カカオマス等の関税が引下げられる。
- 畜産物の価格安定等に関する法律が公布される。
- 明治製菓が「マーブルチョコレート」発売、大ヒットとなる。
- トキワ産業がピロータイプ包装機を開発。
- 「宮城新世乳業」（現・新世フーズ）設立。
- 「赤城乳業」設立。
- 洋菓子を営む経営者団体として、「全日本洋菓子工業協同組合」が設立された。初代理事長に門倉国輝が就任。同氏の個人的友好をもとに、同組合はヨーロッパ主要諸国が母体となっている世界洋菓子連盟（UIPCG）に加盟。

1962　昭和 37

- 東京都の人口が 1000 万人を突破。
- 貿易自由化決定。

- 「ホテルオークラ」設立。
- キヤノンが日本ではじめて、週休2日制導入（1966年、完全週休2日制へ）。
- 冷凍庫付き家庭用冷蔵庫が普及し始める。
- 「不当景品類及び不当表示防止法」制定。
- 「畜産物価格安定等に関する法律」に基づき畜産振興事業団が発足。
- チョコレート製造機等菓子製造機の輸入が自由化され、業界はブームにわく。
- カカオマス、無糖、加糖のココア調整品、ココア粉（バルク）、ココアケーキ等の輸入自由化。
- 豊橋乳製品販売がアイスクリーム工場を新設、アイスクリーム生産開始。
- フタバ食品がアイスクリームの製造を開始。
- 東京・日本橋の榮太樓總本鋪より、開封簡便な缶入り水羊羹のテスト販売がなされ、1969年に本格的な発売に踏み切る。空前の大ヒットとなり、これを機に同形式のゼリーやプリンが夏季贈答品の主役となっていく。
- 中村屋、山崎パン、船橋食品が株式を公開。
- ショーケース物品税撤廃。

1963　昭和38

- 「ガット11条国への移行」を通告。
- 中小企業基本法公布。
- パン用機械外貨割当制廃止。
- チョコレートの年間生産量が8万トンを突破し、チョコレートが菓子全体の売上高の首位となる。
- チョコレート生産の設備投資が旺盛となる。
- 「レオン自動機」が創業。自動で餡を包む包餡機を開発し、和洋を問わぬ製菓業に一種の革命を起こす。
- オハヨー乳業がアイスクリーム生産を開始。
- 江崎グリコがアイスクリームへ本格進出。

1964　昭和39

- 東海道新幹線営業開始。日本も国際化と近代化が急ピッチに進む。
- 東京オリンピック開催。
- 「ホテル・ニューオータニ」開業。
- 東京アイスクリーム協会は5月9日を「アイスクリームの日」と決める。
- ココア粉（小缶入り）輸入自由化。
- 「アートキャンディー」が製菓用オーナメントの専業メーカーとして創業する。
- 鐘淵紡績は「カネボウハリス」を設立し、菓子事業に進出。
- 「日本リーバ」が創業。業務用油脂類で業界に寄与してゆく。

▌昭和40年代

【初期】消費活動も盛んになり生活にゆとりができると、菓子の傾向も変化を見せてくる。すなわち口にするだけでなく見て楽しむようになり、飾る技術が格段の進歩を遂げてくる。その顕れとしてマジパン細工やそれを利用したデコレーションケーキが人目を引くようになる。またオムレツケーキやブッセ、レモンの形をしたレモンケーキ等がはやり、チーズケーキも流行のきざしを見せてくる。

【中期】フランスパンが爆発的な大ヒットとなり、パリの地図入りの細長い袋を抱えて歩くことがファッションとなる。続いてデニッシュ・ペイストリーのブームにつながる。洋菓子の贈答用としては缶詰のプリンやシガレットタイプのフランス式巻きせんべい、北海道みやげとしてホワイトチョコレートなどが人気となる。また生菓子ではチーズケーキやチョコレートケーキに人気が集まり、更に本格的なフランス菓子も脚光をあびてくる。渡仏した若手技術者たちが帰国し、次々に喫茶付フランス菓子店を開いて、週刊誌をにぎわしていったのもこの頃である。同時に一粒チョコレート菓子の技術や、ヨーロッパで飾り菓子の主流を占めるあめ組工の技術なども新たに日本に持ち帰られた。
【後期】小型で瀟洒なフランス菓子とは対称的に、アメリカンタイプと称する大型のカットケーキが流行する。また夏季の贈答用として缶詰のゼリーが圧倒的なシェアを占めていく。

1965　昭和 40

- 朝永振一郎がノーベル物理学賞を受賞。
- 加工原料乳生産者補給金等暫定措置法が制定される。
- 糖価安定事業団が発足。
- 縦型アイスクリーム用ショーケースが登場。
- 鐘紡は立花製菓を吸収合併し、アイスクリーム業界に進出。
- 吉田清一が東京・銀座に「銀座近江屋」を開業。誠実な菓子作りで評判をとっていく。
- 「ナリヅカ香料」が創業。1989 年に「ナリヅカコーポレーション」に改称。
- 「ドーバー洋酒貿易」が創業。業務用の洋酒を幅広く手がけ、業界発展に寄与していく。
- フランスよりフィリップ・ビゴが来日。1972 年芦屋に「ビゴの店」開業。本格的なフランスパンの普及に尽力。

1966　昭和 41

- 比屋根毅が「エーデルワイス」を創業。後に総合菓子店として「アンテノール」、ベルギーのショコラティエと提携して「ヴィタメール」、パンの専門店「ルビアン」、レストランとして「アッシュ・ミレアン」等を立ち上げ、広く展開していく。
- 大阪・寝屋川に安政直良が「ボストンベーカリー」を創業。後、業界をまとめ、発展させる重責を担うこととなる。
- 弘済食品が東京・深川に「富士乳業」を設立。
- 社団法人「日本アイスクリーム協会」設立。

1967　昭和 42

- ベトナム戦争激化。
- 日本の人口が 1 億人を突破する。
- 製菓衛生師の初回の資格認定試験が行なわれる。
- 小麦粉、砂糖、油脂、パン、菓子を非自由化品目と決定。
- 和田泰治が「ドーバー洋酒貿易」を設立。リキュール及びブランデー類の輸入と開発に傾注。和テイストのリキュールを開発するなど、日本の味覚文化の向上及び国際化に貢献。
- 東京·小平に「東京割烹料理学院」が開校。1977 年に「西東京調理師専門学校」となり、それを母体として 1984 年に「国際製菓専門学校」を創立し、2000 年に立川に移転。また 1995 年にはフランスのエコール・ルノートルと姉妹校の提携を結ぶなど、広く発展していく。
- 日本洋菓子協会は第 1 回ヨーロッパ研修旅行を実施。以後毎年行ない、業界人の見聞を広め、研鑽を積むことに役立つ。
- 「日本パン技術者協会」設立。

1968　昭和 43

- 小笠原諸島が日本に復帰する。
- 川端康成がノーベル文学賞を受賞。
- 3 月、厚生省通達により、「みぞれ」はアイスクリーム類として取り扱われるようになる。
- 6 月、飲用乳の表示に関する公正競争規約告示。
- 学校給食パン用小麦粉の漂白全面中止。

- 5 月、消費者保護基本法成立。
- ソフトクリームのブーム再来（第 2 次ブーム）。
- 北海道・帯広の千秋庵はホワイトチョコレートを発売。一躍大人気となり、北海道を代表する銘菓となる。同社は 1977 年より、「六花亭」と改称する。
- 全日本洋菓子工業協同組合は、機関誌として『世界の菓子』を創刊。
- アンドレ・ルコントが東京・六本木に「ルコント」を開業。本格的現代フランス菓子店として一躍注目を集める。ここより日本の洋菓子の流れが変る。
- フランスよりピエール・プリジャンが来日。1973 年に東京・青山に「シェ・ピエール」を開業。本場フランスのパン、菓子、クレープ、料理の真髄を伝える。
- フランスよりセルジュ・フリボーが来日、後に日本における「ルノートル」のシェフとして腕を振るう。
- 東京・蒲田に「スマトラ洋菓子店」開業。同時に同社は日本で初めてマジパンカードを発売。全国の洋菓子店がその恩恵に浴す。なおこれを機に同社は 1970 年より「東美デコール」と改称し 1974 年よりオランダのコマ社と提携してショック・フリーザーを導入する。これは 1993 年設立の「コマ・ジャパン」に引き継がれ今日に至っている。
- 日新化工の洋生チョコレートがモンド・セレクション（世界食品質コンクール）で金賞受賞。同社は以後も同コンクールにおいてクーヴェルテュール・ショコラ等で毎年のように受賞を重ねていく。なお同社は、その後モンド・セレクションに出品する日本の各社を取りまとめる任を引き受け、業界のレベルアップに寄与していく。
- パリにおいてサンミッシェル製菓人協会設立 100 周年大会が行なわれ、パリの日本料理店さくら店主立松弘臣が工芸菓子コンクールに優勝。日本人として初めてレジオン・ドヌールの叙勲を受ける。

1969　昭和 44

- アポロ 11 号が月面に着陸する。
- コーンタイプの氷菓が流行。
- 人口甘味料「チクロ」の使用禁止。
- 高等職業訓練校「東京都菓子学園」開校。同校は 1977 年に職業訓練法人「東京都菓子学園」となる。
- 「大阪府洋菓子高等職業訓練校」開校。
- 「京都府菓子技術専門学校」開校。
- フランス政府派遣文化使節ジャン・ドラベーヌによる洋菓子技術講習会が開催される。
- 芦屋に「アンリ・シャルパンティエ」創業。ナショナルブランドに成長を遂げていく。
- ロリエット改め「ヨックモック」が設立される。「シガール」の伝説的なヒットと共に大成長を遂げていく。
- 霜辻忠知が大阪・西三国に「ボンヌール」を創業。意欲的に新しい菓子を取り入れ、高い評価を得ていく。
- 「日仏商事」設立。フランスの食材、製菓製パン用機器類の輸入販売を始める。筒井ベルナールの尽力により大きく発展、業界を支える力になっていく。

1970　昭和 45

- 大阪において万国博覧会が開催される。
- 廃棄物処理法が施行される。
- 食品衛生法が改正され、食品添加物規制の強化と表示の義務化が定められる。
- JAS 法が改正され「品質表示基準」の制度が導入される。
- 「愛知県菓子高等職業訓練校」開校。1990 年に「愛知県菓子技術専門学校」と改称。
- 東京・蒲田に「誠心調理師専門学校」開校。後、横浜に「国際フード製菓専門学校」も設立。
- 全日本洋菓子工業協同組合は「協同組合全日本洋菓子工業会」と改称。また機関誌『世界の菓子』は『パティスリー』誌と合併の上、『世界の菓子·PCG』と名を改めて発行。なお、同工業会は第1回ヨーロッパ研修旅行を実施。以後毎年行なうようになる。
- 日本アイスクリーム協会は、アイスクリームの自主規制を実施。
- 「東京都洋菓子健康保険組合」が、アルパインの谷長介、田原屋の内藤嘉保等の尽力のもとに設立される。
- 世界洋菓子連盟総会がスペインのバルセロナで行なわれ、例年通り門倉国輝が私費で参加したが、9月のマラガでの国際会議と作品展では、全日本洋菓子工業会が、同氏を含めて代表団を送り込み、立松弘臣が市長杯を受ける。

1971 昭和46
- ニクソンショック。金・ドル交換停止。
- 科学衛星第1号「しんせい」打ち上げ成功。
- 明治乳業が米レディーボーデン社と提携、「レディーボーデン」発売。
- 「兵庫県洋菓子技術専門学校」開校。
- 鐘淵紡績は「鐘紡」に改称。
- 平井政次が「日本ガストロノミー研究所」を設立。1975年東京・代官山に「シェ・リュイ」を開く礎となる。後年同氏は、東京都洋菓子協会会長として業界発展に尽力していく。
- 全日本洋菓子工業会は、マジパン細工では世界の第一人者といわれているオランダのカール・ヴァン・ラールを招き、全国講習会を行なう。全国の洋菓子店のデコレーションケーキにマジパン細工がいっそう増えてくる。
- 日本洋菓子協会は各県に洋菓子協会を作り、それらをまとめて「日本洋菓子協会連合会」となる。
- パリにて修業中の製菓人が集い、親睦と相互扶助を目的として「エトワール会」を結成。後、それぞれが最新の技術と情報を持ち帰り、その後の日本の製菓業界に新しい流れを作っていった。設立時のメンバーは、小山弘、井上教夫、河田勝彦、吉田菊次郎、神代明、富岡範夫、藤田公一郎、島田信夫、遠藤正俊、菅井悟の10人。
- 全日本洋菓子厚生年金基金がアルパインの谷長介、田原屋の内藤嘉保等の尽力のもとに設立される。
- フランスのアルパジョン・ガストロノミック・コンクールにて、工芸菓子部門で芳村敏夫が銀賞受賞。
- パリで行なわれた第1回菓子世界大会で吉田菊次郎銅賞受賞。作品はシャンゼリゼの日本航空のショーウィンドウに飾られる。

1972 昭和47
- 日中国交正常化。
- 沖縄が日本に返還され、沖縄県となる。
- 冬季オリンピックが札幌で開催される。
- 物価統制令廃止。
- 田中角栄が『日本列島改造論』を発表する。
- 家庭での冷凍冷蔵庫の普及率が97%になる。
- 小岩井農場は「小岩井食品」を設立し、アイスクリームの販売を開始する。
- 森永製菓が「チョコモナカ」を発売。「チョコモナカジャンボ」の原型となる。
- パリのサンミッシェル製菓人協会マルティノ事務局長が来日。
- 「マトファー・ジャパン」が創業。ヨーロッパの製菓器具類の輸入販売を行なう。
- 鐘紡は渡辺製菓を合併。
- カナダのグラン・キュリネール・ケベック大会で高島朗が優勝する。
- パリのシャルル・プルースト・コンクールで吉田菊次郎が名誉賞。その作品が邦人として初めて仏誌『ル・パティシィエ・モデルヌ』の表紙を飾る。

- パリで吉田菊次郎があめ細工の第一人者エティエンヌ・トロニアよりトロニア・アンテルナシオナルを受賞。
- パリのグランプリ・ド・フランスで井上教夫が銅賞受賞。なお同氏は帰国後コロンバンを絶頂期へと導き、日本の製菓業界のレベルアップに多大な貢献を果たしていく。また吉田菊次郎は名誉賞受賞。これを機にコンクールに対する邦人の出品意欲が高まる。

1973　昭和 48

- 中東戦争勃発により石油危機起こる。
- 第一次オイルショックと呼ばれるこの頃より灯油、チリ紙、洗剤が不足しパニックとなる。
- 「無果汁の清涼飲料等についての表示」告示。
- 「商品の原産国に関する不当な表示」告示。
- 不二家、「キットカット」発売。
- 明治乳業は、レディーボーデンで日本ではじめて「アイスクリームギフト券」発売。
- 東京・渋谷に吉田平次郎、菊次郎父子が「ブールミッシュ」を創業。広く展開を進め、2004 年に本店を銀座に移す。なお同社は後年、横浜・馬車道を本店とした「ガトー・ド・ボワイヤージュ」や、コンフィズリー専門店「シュクレ・ビジュウ」、「西洋菓匠きくじろう」等さまざまなブランドを立ち上げ展開していく。
- 大島陽二が東京・田園調布に「レピドール」を開業。新しい感覚の菓子屋として高い評価を得ていく。
- 1970 年にスイスから来日したポール・ゴッツェが「コンディトライ・アカデミー」を設立し、東京・吉祥寺に「スイス・ドイツ菓子ゴッツェ」開業。最新スイス菓子を紹介する。
- 「洋菓子のヒロタ」がパリに出店。日本の洋菓子屋の本場への初出店として大きなニュースとなる。
- 「七洋製作所」が創業。製菓製パン用のオーブン専業メーカーとして成長を遂げてゆく。
- 不二家は、アメリカのバスキン・ロビンスと合弁会社「BB/R ジャパン」を設立し、アイスクリームショップ「サーティワン」を展開。
- 雪印乳業はアイスクリームショップ「スノーピア」展開。
- 明治製菓は合弁会社「明治マクビティ」設立。

1974　昭和 49

- 日本経済が戦後初のマイナス成長となる。
- 小売価格が 30% ～ 50% アップし、100 円商品時代はじまる。
- 菓子類の年間生産額 1 兆円を超す。
- 東京・調布に原光雄が料理及び菓子をもって「スリジエ」を創業する。後年日本洋菓子協会連合会会長として業界の発展に寄与していく。
- 「宏洋」が創業。酒類販売等で製菓業界発展に寄与していく。
- 日本洋菓子協会連合会は、フランスよりクロード・ボンテを招き、「現代フランス菓子講習会」を開催。好評につき、1976 年に第 2 回、1978 年に第 3 回を同氏によって行なう。
- 全日本洋菓子工業会は「四大先生実演会」と称し、門倉国輝、高須八蔵、石黒茂、大谷長吉の 4 氏による講習会を開催。大盛況を呈す。
- フランスのアルパジョン・ガストロノミック・コンクールで大山栄蔵が銀賞受賞。
- フランスの美食の会「クラブ・ガストロノミック・プロスペール・モンタニェ」の日本支部が設立される。

昭和 50 年代

【初期】パティスリーにあきたりなくなった製菓業界はチョコレート菓子への傾斜をいっそう深め、トリュフを中心に一大ブームとなる。それとともにバレンタイン商戦もますますエスカレートし、義理チョコ、パロディーチョコが世をにぎわす。
【中期】フランス菓子の傾向が、ヌーヴェル・パティスリーと称される、ムースを中心とした軽いものに移行してくる。またトロピカルフルーツを使ったものも急増する。日本もそれにならい、またパリで流行ったシャルロットなども時を置かずに取り入れられていく。
【後期】トラディッショナルから最新のものまで、一応フランス及びヨーロッパ菓子の習得を終えた製菓業界は、新たな形態を求めて動いてゆく。そして従来のようにあらかじめ作って缶入りにするのではないアメリカンタイプの焼き立てクッキー、できたてをその場でオーダーする立食アイスクリームやシャーベット、きれいな器に盛ってソースや飾りを添えて供するデザート菓子と称するものなどが、次々と提案されブームとなっていく。

1975　昭和 50

- セブンイレブンが豊洲に 1 号店を開店。
- 公取委より、「アイスクリーム類及び氷菓の表示に関する公正競争規約」の認定をアイスクリーム及び氷菓公正取引協議会が受ける。
- 「アイスクリーム類及び氷菓公正取引協議会」が発足。
- 全日本洋菓子工業会は、西ドイツ・ヴォルフェンビュッテル国立製菓学校 G・フライ校長を招き「ドイツ菓子全国講習会」を行なう。洋菓子技術習得の目標がフランス一辺倒から脱却してくる。
- パリのシャルル・プルースト・コンクールで石本正敏がグランマルニエ杯、大山栄蔵が銀賞受賞。
- フランスのアルパジョン・ガストロノミック・コンクールで練田純三が銀賞受賞。

1976　昭和 51

- 日本、戦争賠償支払完了。
- ロッキード事件が発覚。
- 横浜・馬車道通りにアイスクリーム・モニュメント「太陽の母子像」が完成。
- アイスクリームに日本農林規格。
- アイスクリーム等の表示規約実施される。
- 「およげ！ たいやきくん」の歌のヒットとともにたい焼きに人気が集まる。
- めいらくがコーヒー用クリームとして「褐色の恋人スジャータ」を発売。
- 洋菓子技能検定の学科試験が全国で行なわれる。
- 「日本包装企画」が創業。パッケージと意匠企画で業界に貢献していく。
- 不二家は、米ペプシコと合弁会社「不二家フリトレー」を設立。
- カナダのグラン・キュリネール・ケベック大会で永井春男が 3 位入賞。

1977　昭和 52

- 公取委がアイスクリーム等の景品類の提供制限を規制告示。
- フローズンヨーグルト登場。
- 神戸に「ケーニヒスクローネ」が創業。
- 石村萬盛堂がヴァレンタインのお返しにマシュマロをとの提案をし、3 月 14 日をマシュマロデーとした。これがホワイトデーのきっかけとなった。
- 「フランス文化を識る会」では 1969 年より毎年 1 回「現代フランス料理技能講習会」を開催していたが、この年「現代フランス菓子講習会」として、フランス製菓組合ジャン・ミエ会長を招く。ミエは翌年も再来日し、日本洋菓子協会連合会の後援のもとに講習会を行なう。
- パリのシャルル・プルースト・コンクールで酒井雅夫が金賞受賞。
- フランスのアルパジョン・ガストロノミック・コンクールで永井春男が金賞受賞。

1978 昭和 53

- 王貞治、800 号ホームラン達成。
- 千葉県成田市に新国際空港が開港する。
- アイスクリームとアイスミルクの全製品に日本農林規格が告示される。
- 農林省がアイスクリームの品質標準を定め、告示される。
- 日本洋菓子協会連合会は、機関誌のひとつとして、新たに『洋菓子店経営』を創刊。
- 大阪･寝屋川に霜辻日出夫が「スイス菓子 バーゼル」を創業。1986 年に本社を枚方に移転し、同時にドイツ菓子とパンの店「リシャルツ」を開業。なお、同氏は 1991 年より 2 期 8 年にわたり枚方市議会議員を務めるなど、行政にもたずさわっていく。
- 東京・成城に大山栄蔵が「マルメゾン」を開業。ヨーロッパ修業で修得したものに個性を織り込んだ製品が評判を呼ぶ。
- 「全国牛乳普及協会」設立。

1979 昭和 54

- 第二次オイルショックが起こる。
- 先進国首脳会議（東京サミット）開催。
- 6 月 16 日を「和菓子の日」と制定する。
- アイスクリームに品質標示基準が適用される。
- パリにおけるアンテルシュック（国際菓子見本市）に和菓子が出品され、注目を集める。
- 「サンエイト貿易」が創業。製菓材料およびドラジェなどの輸入商社として業界発展に寄与していく。
- “食文化にたずさわる者が胸を張れる組織” を目的として「日本調理文化アカデミー」が設立される。

1980 昭和 55

- 全国飴菓子工業協同組合により、ホワイトデーが作られる。
- 日本洋菓子協会連合会は、フランス菓子の原点とされる『トレテ・デ・パティスリー・モデルヌ』を『近代製菓概論』の名で完訳刊行。業界あげての大事業であった。
- 和菓子の老舗、虎屋がパリに出店。日本の文化を知らしめる快挙といえる。
- 辻調理師専門学校はフランス・リヨンにフランス校を開校。
- 「アルカン」が食材輸入専門商社として創業。料理及び製菓製パン業界に寄与していく。
- 「ルーツ貿易」が創業。ヨーロッパから製菓機器の導入を始める。
- 「フレンチ・エフ・アンド・ビー・ジャパン」が創業。フランス食材輸入専門商社として菓子を含むフード業界に寄与していく。
- 日本調理文化アカデミーは文化庁所轄財団法人「日本食生活文化財団」と改称。
- パリのシャルル・プルースト・コンクールで金子芳弘が 10 位入賞。
- フランスのアルパジョン・ガストロノミック・コンクール工芸菓子部門で熊坂孝明が優勝。

1981 昭和 56

- 福井謙一がノーベル化学賞を受賞。
- 黒柳徹子著の『窓ぎわのトットちゃん』がベストセラーとなる。
- 赤城乳業が「ガリガリ君」を発売。
- ロッテが「雪見だいふく」を発売。
- 協同乳業が日本初のフローズンヨーグルトを発売。
- 富士乳業が営業部門を分離し、「東京エスキモー」を設立。
- サントリーが、アメリカのハーゲンダッツと提携、業界進出を表明する。
- 河田勝彦が東京・小山台に「オーボンヴュータン」を開業。日本を代表するフランス菓子の名店として名をはせ、後々日本製菓業界を背負っていく多くのパティシエを輩出する。

- 千葉好男がパリに「フォンドール・チバ」開店。邦人パティシエによるパリでの開業として注目を集める。1998年に「アンジェリック・チバ」と改称。
- 三嶋隆夫が福岡に「フランス菓子16区」開業。後にダッコワーズ等で業界を席巻してゆく。同氏は後年、福岡県洋菓子協会会長を務めるなど、業界の重責を担っていくことになる。

1982　昭和57

- 東北・上越新幹線開業。
- 雪印乳業、プレミアムアイスクリーム「リーベンデール」発売。
- 日本洋菓子協会連合会は、創立30周年を記念して大阪にて第1回全国洋菓子技術コンテストを行なう。
- パリの名店「ダロワイヨ」が不二家とタイアップし、日本での一号店を東京·自由が丘に開店。後、三越各店内等に出店を進めていく。

1983　昭和58

- 東京ディズニーランドが開園。
- コンビニエンス・ストアが台頭。全国で約2万店となる。
- 労働省による製パン技能者検定制度が始まる。
- チョコレートの関税が引き下げられ、国内対策として砂糖消費税軽減措置が実施される。

1984　昭和59

- 東京・神宮外苑にて第20回全国菓子大博覧会が行なわれる。全日本洋菓子工業会理事長・高井二郎プロデュースの「世界のお菓子館」では日毎に世界洋菓子連盟加盟国のスペシャルデーを催して、各国技術者によるデモンストレーションを行ない、連日大盛況を呈す。
- 公取委より、アイスクリーム類及び氷菓子業における景品類の提供の制限に関する公正競争規約の認定をアイスクリーム及び氷菓公正取引協議会が受ける。
- 高梨乳業、米ピルズベリー、サントリーの3社合弁で「ハーゲンダッツ・ジャパン」を設立。スーパープレミアムアイスクリーム「ハーゲンダッツ」を発売､ハーゲンダッツショップ一号店を青山に開店（現、ハーゲンダッツカフェ青山）。
- 大阪・阿倍野に「辻製菓技術学校」が開校。1986年に「辻製菓専門学校」と改称。
- フランス・イッサンジョーにフランス国立製菓学校が開校。全日本洋菓子工業会主催により吉田菊次郎の引率にて第1回の研修ツアーを実施。以後、日本の製菓業団体も同様のツアーを組み、毎年同校で研修を受けるようになる。

▌昭和60年代

生菓子、贈答用乾き菓子、チョコレート、アイスクリームと網羅していったところで、比較的手薄であった半生タイプの焼き菓子に注目が集まる。エージレス（脱酸素剤）やアンチモールド（粉末アルコール製剤）使用といった､新しい保存方法の開発を背景として、フィナンシエやマドレーヌ、ダッコワーズなどが、自家需要やギフト商品としてのシェアを拡大していく｡一方では､より瀟洒にと小型化し高級化していった反動と、食後の満足感の訴求から、大ぶりにして低価格を特徴とした、大型のシュークリームなどに人気が集まっていった。製菓業界全体としては国際化がさらに深められていく。

1985　昭和60

- 科学万博つくば’85開幕。
- 男女雇用機会均等法が成立。
- 「乳及び乳製品の成分規格等に関する省令に基づく表示について」通知。
- 東京・新宿の玉屋が「いちご大福」を発売。和と洋の融合として話題を集める。
- サントリーが家庭向き製菓用洋酒として､「ケーキマジック」と銘打ったブランデー、ラム、キルシュ、オレンジ・キュラソー等を発売する。
- イタリアのミラノで行なわれた国際ジェラート・コンクールで島川正利が銀賞を受賞し、商業観光大臣杯を受ける。
- 「ホブソンズ」が東京・西麻布に開業、客が行列をなして注目を集める。

1986　昭和 61
- 東京サミットが開催される。
- ソ連のチェルノブイリ原子力発電所で大事故が発生。
- 世界洋菓子連盟定時総会が、初めて日本で開催される。これに合わせて横浜において「ワールド・ケーキ・フェア」が開催される。
- 百有余年の歴史を持つ名古屋の丸信製粉が、当主安井健富のもと製菓会社として「プレジィール」を設立する。後に「グラマシーニューヨーク」「キース・マンハッタン」「ジョトォ」「バズサーチ」等のブランドでスイーツマーケットを席巻していくこととなる。
- 津曲孝が西宮市甲陽園に「ケーキハウス ツマガリ」を創業。誠実な味覚と手作りのすばらしさでたちまち人気を得ていく。

1987　昭和 62
- 国鉄が民営化され、JR が発足する。
- 第 1 回「世界の菓子まつり」が静岡で開催される。
- 二葉製菓学校で製菓製パン科が発足する。
- 菓子研究家として第一人者の森山サチ子が「おしゃれなお菓子展」を東急百貨店本店で開催。以後、同氏は毎年のごとく「ウエディングケーキ展」「お菓子でつづるウィーンの物語」「チャイルズ・パーティー・ケーキ展」「タカラヅカ愛のケーキ展」「ハッピーハッピーバースデーケーキ展」「お菓子十二ヶ月展」等を催し、お菓子文化の啓蒙に多大な貢献を果していく。
- 中沢乳業が製造部門を分社し、「中沢フーズ」を設立。次々と新製品を開発し、製菓、フード業界に広く貢献を果たしていく。
- 日本洋菓子協会連合会は創立 35 周年を記念して、名古屋において第 2 回全国洋菓子技術コンテストを行なう。
- 第 1 回「フランス食材を使ったプロのための全国料理コンクール」が、フランス食品振興会（SOPEXA・ソペクサ）の主催で行なわれ、渡辺芳一が優勝。以後、隔年で行なわれるようになる。
- パリ・サンミッシェル製菓人協会主催により毎年行なわれているシャルル・プルースト・コンクールの、第 1 回日本予選が行なわれる。1 位から 3 位までの安藤明、藤田可也、仲幸夫の 3 人がパリの本大会に参加。
- 門林秀昭がカナダのエドモントンで行なわれた調理協会コンクールにおいてデコレーションケーキ部門で金賞、工芸菓子部門で金賞受賞。続くバンクーバーでのカナダ調理協会コンクール工芸菓子部門で銀賞受賞。

1988　昭和 63
- 青函トンネルが開通。
- 瀬戸大橋が開通。日本列島の四島が結ばれる。
- 6 月、公取委、価格表示に「メーカー希望小売価格」の使用を指導。
- チョコレート菓子の関税が再度大幅に引下げられ、国内対策として輸入無糖ココア調整品関税割当制が導入される。
- オハヨー乳業がアイスクリーム分野に進出。
- ロッテ商事から冷菓部門が独立し、「ロッテ冷菓」設立。
- スイス、カナダ等で修業を積んだ山本次夫が、横浜市青葉区に「ベルグの 4 月」を開業。後年、アントルメグラッセ（冷凍ケーキ）の開発等で高い評価を得ていく。

- 世界洋菓子連盟では1982年より、2年毎に国際ジュニア製菓技術者コンクールを行なっていたが、この年の第4回デンマーク・リングステッド大会より日本も参加することになった。これに先立ち東京で第1回日本予選が行なわれ、新目晃司が優勝。本大会には小西清隆、岡本隆三が参加し、入賞。
- パリのシャルル・プルースト・コンクール第2回日本予選が行なわれ、後藤順一、及川太平、岡本匡生の上位3名がパリの本大会に参加が決まる。

▌平　成

日本の製菓業界の国際化が進み、海外でのコンクールの活躍の場もさらに増えてくる。国内においては、バブル絶頂期から崩壊へとその背景も急変し、銘店や大手といわれたところのいくつもがマーケットから撤退を余儀なくされていった。また諸々の事情に合わせて菓子の傾向もまた変化を遂げてゆく。たとえばギフトに重きを置いた商品構成もバブル崩壊後はひととき低価格帯中心に衣替えをして社会の動きに対応してゆく。それが落ち着くと一転してさらなる高級化路線に走ったりもする。またこれまでのフランス菓子主導からよりインターナショナルな感性へと切り口の幅が広がっていく。そしてマスコミの影響も強く受けながら、ほぼ毎年のように流行の菓子が作られていく。また、1998年以降にはパティシエという語が市民権を得るほどに製菓人がアート及び文化の担い手として認識されるようになってくる。

1989　昭和64/平成元

- 昭和天皇崩御。年号は平成と改元される。
- 消費税が導入され、3%の課税が実施される。
- 半生タイプの焼き菓子のひとつとして、ダッコワーズが広まっていく。また、チーズ蒸しパンも話題を集める。
- 第21回全国菓子大博覧会が小西連三を会長として松江市で行なわれる。同大会は松江市制100周年記念事業のひとつとして行なわれたもので、同博覧会の80年の歴史で初めての、自治体と菓子業界が合同で開催する大会となった。
- 遠藤正俊が神奈川県葉山に「サンルイ島」開業。同地に甘味デザート文化の新風を吹き込む。
- フィリップ・ビゴの薫陶を受けた藤森二郎が「ビゴ東京」を設立。横浜・鷺沼に一号店開業。田園調布、横浜・港南台等に展開を始める。
- 不二家が、「ダロワイヨジャポン」、ネッスルとの合弁会社「ネッスルマッキントッシュ」、ハーシー・フーズとの合弁会社「ハーシージャパン」を設立。
- 第1回グランプリ・ド・パティスリー・マンダリン・ナポレオン・コンクール日本予選が開催される。横田秀夫が優勝。ベルギー・ブリュッセルでの第17回の本大会では4位入賞。以後2003年まで毎年行なうようになる。
- 菓子業界における第1回クープ・デュ・モンド・ド・ラ・パティスリーがフランス・リヨンで行なわれ、日本からも加藤信、小林春夫、望月完次朗の3名がチームを組んで参加し健闘。
- パリのシャルル・プルースト・コンクールで岡本匡生が1位、後藤順一が2位、及川太平が4位。
- フランスのアルパジョン・ガストロノミック・コンクールで及川太平優勝。伊藤路春アルパジョン市長杯、蛭川ユウジ銀賞受賞。
- カナダのカルガリーで行なわれた調理協会コンクールで門林秀昭が工芸菓子部門で金賞、総合部門で金賞を受賞。

1990　平成2

- 湾岸戦争が始まる。

- 株価の暴落を機にバブル経済が崩壊する。
- イタリアのデザート菓子ティラミスが全国的に大流行する。
- 日本ソフトクリーム協議会は7月3日を「ソフトクリームの日」と制定する。
- アイスクリームとフローズンヨーグルトの輸入自由化。
- 「日本イタリアンジェラート協会」設立。それまでのイタリアンジェラートクラブとしての活動を継承。
- カリフォルニアいちご協会主催の第1回いちご洋菓子コンクール開催。ペストリー部門で寒原直樹、デザート部門で赤木康彦が優勝。以後、毎年行われていく。
- カリフォルニアくるみ協会主催の第1回カリフォルニア・ウォルナッツ・コンテスト開催。ドンク東京が大賞、東急フーズベーカリーが金賞。以後、毎年行われていく。
- 第18回グランプリ・ド・パティスリー・マンダリン・ナポレオン・コンクールがベルギー・ブリュッセルで行なわれ、鈴木芳男が4位入賞。
- 国際ジュニア製菓技術コンクール第2回日本予選が行なわれる。山本和秀が金賞、薬師丸俊秀が銀賞、桜井浩和が銅賞となり、上位2名山本と薬師丸がオーストリアのバーデンの第5回大会に参加し、健闘。
- パリのシャルル・プルースト・コンクール第2回日本予選が行なわれ、光井高士、横田秀夫、大森秀一の上位3名がパリの本大会に参加。

1991　平成3

- 経団連、「経団連地球環境憲章」を宣言。
- 牛肉、オレンジの輸入が自由化される。
- 雑誌『Hanako』の影響でクレーム・ブリュレが流行する。
- 大阪・難波に始まった焼きたてチーズケーキが評判となり、同様のものが全国に波及していく。またこの頃より業界大手はヘルシー指向からフローズン・ヨーグルトに力を入れる。
- アイスクリームの高級化が進む。
- 第2回「世界の菓子まつり」が静岡で行われる。
- パリに本校のある「ル・コルドン・ブルー」の東京校開校。
- 全日本洋菓子工業会は創立30周年を迎え、機関誌『P・C・G』の特別記念号を発刊する。
- 辻調理師専門学校は東京校として「エコール・キュリネール国立」を国立市に開校。製菓科も併設して人材育成を目指す。
- 「日本アイスクリーム流通協会」発足。
- 第19回グランプリ・ド・パティスリー・マンダリン・ナポレオン・コンクールがベルギー・ブリュッセルで行なわれ、鈴木芳男が4位入賞。
- 第2回クープ・デュ・モンド・ド・ラ・パティスリーがフランス・リヨンで行なわれ、杉野英実、安藤明、林雅彦の3名の日本チームが優勝する。
- パリのシャルル・プルースト・コンクールで横田秀夫2位、大森秀一3位、光井高士8位入賞。

1992　平成4

- 果汁自由化実施。
- 計量法が制定される。
- アメリカの映画「ツイン・ピークス」に登場するところからチェリーパイがもてはやされる。
- チーズ普及協会と日本輸入チーズ普及会は11月10日を「チーズの日」と制定する。
- 日本洋菓子協会連合会は、創立40周年を記念し、東京・池袋においてジャパン・ケーキ・ショーと題して、第3回全国洋菓子技術コンテストを行なう。
- 熊谷喜八が洋菓子ショップとして「パティスリー キハチ」を、ソフトクリーム専門店として「キハチソフト」を立ち上げる。これを機に料理人の製菓分野への参入が活発になる。
- 国際大会で活躍した杉野英実が、神戸・北野に「パティシエ・イデミ・スギノ」を開業。2002年に東京・京橋に移転開業。感性の高い菓子作りで盛況を呈する。

- 東京の日本菓子専門学校が、フランス・イッサンジョーのフランス国立製菓学校と姉妹校となる。
- フランス食品振興会（SOPEXA）主催による第1回「フランス食材を使った洋菓子コンクール」が全日本洋菓子工業会と日本洋菓子協会連合会の共催で開催される。以後隔年で行なわれるようになる。初回は川口行彦が優勝。
- 国際ジュニア製菓技術コンクール第3回日本予選が行なわれる。ポルトガル・リスボンの第6回本大会に参加した竹内貴江が「お国自慢のスペシャリテ」部門で優勝。
- 第20回グランプリ・ド・パティスリー・マンダリン・ナポレオン・コンクールがベルギー・ブリュッセルで行なわれ、及川太平が4位入賞。
- ドイツのフランクフルトでの世界料理オリンピック大会にて、菓子部門で新津智功が金賞受賞。

1993　平成5

- 皇太子徳仁親王御成婚。
- 「環境基本法」制定。
- 「特定商品の販売に係わる計量に関する政令」制定。
- フィリピンのデザート「ナタ・デ・ココ」、イタリアの「パンナコッタ」が流行する。
- 東京・日野に藤生義治が「パティスリー・ドゥ・シェフ・フジウ」を開業。地に足のついたフランス菓子が高い評価を受けていく。
- フランス、スイスで製菓修業を積んだ永井紀之が東京・世田谷に「ノリエット」を開業。感性高くかつ親しみやすいフランス菓子で人気を得ていく。
- 内海杯技術コンクール開催。山浦孝一が優勝。内海安雄の業績と教えを継承するもので、以後毎年行われるようになる。
- パリのシャルル・プルースト・コンクールで高木康政が3位入賞。
- クープ・ド・フランス・コンクールがパリで行なわれ、中川二郎が8位入賞。
- フランスのアルパジョン・ガストロノミック・コンクールで河島正吾が2位、山本光二が3位入賞。
- 第3回クープ・デュ・モンド・ド・ラ・パティスリーがフランス・リヨンで行われ、稲村省三、横田秀夫、大野龍男の日本チームが健闘。
- 第21回グランプリ・ド・パティスリー・マンダリン・ナポレオン・コンクールがベルギー・ブリュッセルで行なわれ、森保介が4位入賞。
- 第1回製菓技術者世界選手権が、ドイツ・シュトゥットガルトで開催され、霜辻日出夫、林繁和が健闘。以後メートル・ド・パティシエと名を改め隔年で行なわれるようになる。

1994　平成6

- 関西国際空港がオープン。菓子を含めた新しいショッピングゾーンとして注目を集める。
- 製造物責任法（PL法）が制定される。
- シフォンケーキが、改めて注目を集める。
- 第22回全国菓子大博覧会が日根野栄蔵を会長として金沢で開催される。青木直己と吉田菊次郎が「お菓子のテーマ館」及び「お菓子の歴史館」を監修。NHKが特別番組を組むなど大盛況を博す。
- 日本洋菓子協会連合会が東京・世田谷区に新たに洋菓子会館を建設。翌年記念式典を行ない、東京都洋菓子協会及び日本洋菓子工業協同組合も同会館内に移転。
- 「日本フードコーディネーター協会」設立。
- 新目晃司が山形に「白いくも」開業。同地に新しい風を送り込む。新目は1988年の国際ジュニア製菓技術者コンクール第1回国内大会の優勝者。
- カリフォルニア・レーズン協会によるサマーセミナーが開催され、第1回レーズン和菓子アイデアコンテストが行われる。塩芳軒の高塚昌昭がカリフォルニア・レーズン大賞を受賞。

- 「バター・生クリームを使ったプロによる洋菓子・パンコンクール」が、日本乳製品協会主催のもと、農水省、農畜産振興事業団、全国牛乳普及協会の後援を得て開催される。柳正司が優勝。
- 第1回ルクサルド・グラン・プレミオが東京で開催される。マラスキーノ・チェリーで知られるイタリアのルクサルド社の名を冠したコンクールで、山浦孝一が優勝。以後毎年行われていく。
- 第22回グランプリ・ド・パティスリー・マンダリン・ナポレオン・コンクールがベルギー・ブリュッセルで行なわれ、山本有高が4位入賞。
- 第7回国際ジュニア製菓技術者コンクールが、日本で初めて開催され、五十嵐宏がピエスモンテ部門で3位、アントルメ部門で2位、総合で3位、松尾文人がプラリネ·チョコレート部門で1位となる。
- パリのシャルル・プルースト・コンクールで辻口博啓が銀賞受賞。
- 第2回クープ・デュ・モンド・ド・ラ・ブランジュリー（パンのワールドカップ、フランスの国際製菓製パン見本市ユーロパンの催事として1992年より始まったもの）がパリで開催され、岡田重雄、河上洋一、古川明里、細田実の日本チームが、芸術的装飾パン部門で1位、総合で3位入賞。

1995　平成7

- 1月17日、阪神・淡路大震災。
- 羽田空港のターミナルビルがビッグバードとして新装オープン。菓子類を含めた新しいショッピングゾーンが誕生する。
- 乳等省令の改正、製造年月日表示を品質保持期限表示への変更を実施。
- マンゴープリンの名の冷製デザート菓子がブームとなる。
- ビッグサイズの紙カップアイスが大ブーム。
- カナダの国際コンクールで活躍した門林秀昭が宇都宮に「グリンデルベルグ」を開業。同地の人気店となる。
- 第23回グランプリ・ド・パティスリー・マンダリン・ナポレオン・コンクールがベルギー・ブリュッセルで行なわれ、横山知之が2位入賞。
- 第4回クープ・デュ・モンド・ド・ラ・パティスリーがリヨンで開催され、及川太平、柳正司、後藤順一の日本チームが2位入賞。プレゼンテーション部門ではあめ細工で後藤順一が1位、氷細工で及川太平が1位、チョコレートで柳正司が2位入賞。
- クープ・ド・フランス・コンクールがパリで行なわれ、辻口博啓が優勝。
- 製菓技術者世界選手権がメートル・ド・パティシエ世界選手権と改称され、第2回がイタリア・ミラノで開催される。浅見賢次、堀江靖彦の日本チームが健闘。
- フランスのアルパジョン・ガストロミック・コンクールのルシアン・ペルティエ杯で青木定治が2位入賞。

1996　平成8

- 病原性大腸菌O-157による食中毒が多発し社会問題となる。
- ココアに健康に優れた効果があるとして、市場から払底する程の人気となる。
- フランス・ボルドー地方の銘菓、カヌレ・ド・ボルドーが流行する。
- ソフトクリーム第3次ブーム。コンビニエンス・ストアの本格的取り扱いに加え、北海道の牧場自家製、ご当地、有名レストランチェーンなどのソフトクリームが話題となる。
- 「食パラダイス岩手96」が開催され、ケーキバイキングが人気を博す。
- 料理人の王と謳われたオーギュスト・エスコフィエの生誕150年記念食文化グルメフェアが高輪プリンスホテルで開催される。
- パリのシャルル・プルースト・コンクールで青木定治2位入賞。
- 第8回国際ジュニア製菓技術者コンクールがイタリア・ミラノで開催され、「お国自慢のスペシャリテ」で福井菜穂子が 1 位となる。
- パリで行われたチョコレートコンクールのジャン・マリー・シブナレー杯で辻口博啓がプレザンタシオン部門で 3 位入賞。
- 第 24 回グランプリ・ド・パティスリー・マンダリン・ナポレオン・コンクールがベルギー・ブリュッセルで行なわれ、安食雄二が 1 位入賞。
- 第 24 回美食コンクールが、フランス・ディジョンで開催され、太田秀樹が 2 位入賞。
- 第 3 回クープ・デュ・モンド・ド・ラ・ブランジュリーがパリで行なわれ、玉木潤、佐藤広樹、馬場正二の日本チームが芸術的装飾パン部門で優勝、総合で 4 位入賞。

1997　平成 9
- 4 月 1 日より消費税が 3% から 5% にアップ。
- 「京都議定書」議決。
- 経団連は「経団連環境自主行動計画」を制定（2010 年度を目標とする）。
- ベルギーワッフルや蒟蒻ゼリーが流行する。
- ロッテ「キシリトールガム」発売。
- フランス、リヨン等で製菓修業を修めた高木康裕が千葉県船橋の実家の「菓子工房アントレ」を引き継ぎ、次々と新食感の製品を打ち出し、高い評価を得ていく。
- 神戸凮月堂が創業 100 周年を迎え、翌 1998 年にその記念イベントを行う。
- 内海会ジュニア・コンクール開催。友末佐和が優勝。以後、毎年行なわれるようになる。
- 第 25 回グランプリ・ド・パティスリー・マンダリン・ナポレオン・コンクールがベルギー・ブリュッセルで行なわれ、松島義典が 2 位入賞。
- 第 5 回クープ・デュ・モンド・ド・ラ・パティスリーがリヨンで開催され、及川太平、花口庄太郎、辻口博啓の日本チームが総合 3 位。プレザンタシオン部門ではあめ細工で辻口博啓が 1 位、氷細工とデセールで及川太平が 1 位、チョコレートで花口庄太郎が 2 位。
- 第 3 回メートル・ド・パティシエ世界選手権がドイツのシュトゥットガルトで開催され、林雅彦、安藤明の日本チームが特別賞受賞。
- パリのシャルル・プルースト・コンクールで友田一人が 3 位、太田秀樹が 5 位入賞。
- 第 16 回クープ・ド・フランス・コンクールがパリで行なわれ、川村英樹がグランプリに、船橋和雄がクープ・ド・アンテルナシオナル部門で 1 位、田中由也が同 2 位となる。
- フランスのアルパジョン・ガストロノミック・コンクール 97 が開催され、工芸菓子部門で太田秀樹が 2 位、ルシアン・ペルティエ杯で中村忠史が 2 位に入賞。

1998　平成 10
- 冬季オリンピックが長野で開催される。
- フランス・ブルターニュ地方の銘菓クイニーアマンやファー・ブルトンが流行する。
- ポリフェノールの健康上の効果が注目を集め、それを多く含む、チョコレート、ワインの需要が大きく伸びる。
- 辻口博啓が東京・自由が丘「モンサンクレール」を開業。続いて 2002 年「自由が丘ロール屋」を開いてロールケーキブームの先鞭をつけ、さらに「ル ショコラ ドゥ アッシュ」「和楽紅屋」「マリアージュ ドゥ ファリーヌ」「コンフィチュール アッシュ」「ル ミュゼ ドゥ アッシュ」「フォルテシモ アッシュ」等を立ち上げていく。
- パリで製菓修業を積んだ柳正司が神奈川県海老名に「パティスリー タダシ ヤナギ」を開業。磨かれた高い感性の作品で評価を得ていく。
- パリで製菓修業を積んだ島田進が東京・麹町に「パティシエ・シマ」を開業。
- 数々の国際大会で活躍した神田広達が、東京・東村山市の実家の「ロートンヌ」を引き継ぎ、精力的な活動と新しい感覚の菓子作りで高い評価を得ていく。
- 大阪府洋菓子工業協同組合創立 50 周年記念式典が挙行される。
- 第 23 回全国菓子大博覧会が栃澤正一を会長として岩手盛岡で開催される。吉田菊次郎が総合アドバイザーを務め、またテーマ館と歴史館においては和菓子分野を虎屋文庫の青木直己が、洋菓子分野を吉田菊次郎が監修。盛岡のみにとどまらず、東北全体の催しとして大いに盛り上がる。

- ジャパン・ケーキ・グランプリ 98 が、フランス・パリのシャルル・プルースト・コンクール派遣選手選考会を兼ねて初めて開催され、横山知之が優勝。
- 第 9 回国際ジュニア製菓技術者コンクールがバルセロナで開催され、村田博が総合 1 位、「お国自慢のスペシャリテ」でも 1 位となる。
- モンテカルロ・インターナショナル・ペイストリー・コンテストが、モナコで開催され、後藤順一が 1 位となる。
- フランスのアルパジョン・ガストロノミック・コンクールの工芸菓子部門で、遠藤壽が 1 位となる。

1999　平成 11

- コンピュータ 2000 年問題が心配される。
- オーガニック、有機食品、減農薬食品といったことばが流通のキーワードとなってくる。
- 「だんご三兄弟」の歌のヒットとともにだんごに人気が集まる。
- カラメル風味が、さまざまな菓子を横断して流行っていく。
- ロッテのカップアイス「爽」が大ヒット。
- ポルトガルのパステル・デ・ナタが、エッグタルトの名でマカオ経由で日本に入り、また南仏のマジパン菓子・カリソンがもてはやされる。
- 全国菓子協会と全国菓子卸商業組合連合会共催によるお菓子フェスティバル 99 が東京で開催される。
- 数々のコンクールで活躍した及川太平が横浜市青葉区に「アン・プチ・パケ」を開業。豊かな菓子作りで高い評価を得ていく。
- 第 37 回技能五輪全国大会が静岡で開催され、洋菓子製造が初参加する。木下幸一が金賞、八城美枝子、匂坂雄一郎が銀賞、他 3 名が敢闘賞受賞。
- ジャパン・ケーキグランプリ 99 が、パリのシャルル・プルースト・コンクール派遣選手選考会を兼ねて開催され、中川二郎が 1 位となる。
- 第 27 回グランプリ・ド・パティスリー・マンダリン・ナポレオン・コンクールがベルギー・ブリュッセルで行なわれ、渡辺俊一が 2 位、宮本雅巳が 4 位入賞。
- 第 6 回クープ・デュ・モンド・ド・ラ・パティスリーがリヨンで開催され、堀江新、山本光二、五十嵐宏の日本チームが 4 位。個人では氷細工で堀江新が 1 位、あめ細工で五十嵐宏が 2 位入賞。
- パリのユーロパンで第 4 回クープ・デュ・モンド・ド・ラ・ブランジュリー（パンのワールドカップ）が開催され、江崎幸一、細田実、中山透の日本チームが 3 位入賞。
- 第 17 回クープ・ド・フランス・コンクールで野島茂が EEC 圏外最優秀者として、「クープ・ド・フランス」と「クープ・ド・アンテルナシオナル」のダブル受賞となる。
- 第 4 回メートル・ド・パティシエ世界選手権がチェコのブルノで開催され、日高宣博、飯村崇の日本チームが 4 位入賞。
- 第 35 回技能五輪国際大会が、カナダのモントリオールで開催され、菓子部門で神代昌樹が 2 位入賞。

2000　平成 12

- 「加工食品品質表示基準」制定。
- 「遺伝子組換え食品」に関する表示基準が告示される。
- 「容器包装リサイクル法」施行。
- 「循環型社会形成推進基本法」制定（2001 年 1 月施行）。
- 台北発のパールミルクティーが話題となり、メロンパンに行列ができる。また、ゴマ入りやソフトタイプのプリン、皮をパリパリに焼いたシュー、パイ生地とシューを組み合わせたパイカスターと称するものが人気を博す。
- シナモンテイストがいろいろな菓子やパンに用いられていく。
- 豆乳使用の商品が次々登場したり、穀物菜食中心の食生活・マクロビオティックが注目を集めるなど、健康指向がますます高まっていく。
- 世界のチョコレートが一同に会する「サロン・ド・ショコラ」が日本で初めて東京国際フォーラムで開催される。吉田菊次郎をプレゼンテーターに、イベントステージでのオークションやクイズショーを行い、新たなチョコレートブームに火をつける。1年置いた次回より新宿伊勢丹に場を移す。
- ジャパン・ケーキショーが開催される。東京都洋菓子協会主催によるもので、これまでの「東日本洋菓子作品展」を全国規模に発展させた、国内での業界最大のイベントとなる。以後毎年盛大に行われるようになっていく。
- 木村周一郎がパリのパンの名店カイザーとタイアップし、「カイザー・ジャポン」を創業。翌年、東京・白金に一号店を開設。パン業界に新風を吹き込む。
- 日本洋菓子協会連合会の支援のもとに、「台湾ガトー協会」が設立される。
- 日本洋菓子協会連合会発行の機関誌のひとつ、『洋菓子店経営』が、その使命を終えたとして終刊、22年の幕を閉じる。
- 全国牛乳協会、日本乳製品協会、日本乳業協議会の乳業3団体が統合し、「日本乳業協会」を設立。
- お菓子フェスティバル2000が東京ビッグサイトにおいて、全日本菓子協会と全国菓子卸商業組合連合会の共催で行なわれる。
- シュガークラフト・グランプリが行われる。スリランカの「クレメント」がグランプリとなる。以後毎年開催されていく。
- キュルノンスキー日本支部主催による、第1回アマチュア料理・デザートコンクール大会が東京のル・コルドン・ブルー料理学校で行なわれ、高橋教子がグランプリを獲得。
- 第38回技能五輪全国大会がさいたま市で開催される。洋菓子製造はこの年より正式種目となる。後藤輝子が金賞。
- 新宿三越で、森山サチ子と吉田菊次郎の監修および協力のもとに第1回スイート・パティシエ展が開催される。同会場にしつらえた両人による「スイート・ミュージアム」と「バースデーケーキ展」が好評を博し、これを機に三越・高島屋等全国の各百貨店で同様のものが次々に開催され、パティシエブームに拍車がかかっていく。
- 食材総合商社アルカンによる、第1回キリクリームチーズコンクールが開催される。大澤清志が最優秀賞、仲村千春、松本万里子が金賞受賞。以後、毎年行なわれていく。
- ジャパン・ケーキグランプリ2000が、パリのシャルル・プルースト・コンクール派遣選手選考会を兼ねて開催され、齊藤栄作が1位となる。
- 第7回クープ・デュ・モンド・ド・ラ・パティスリーの国内予選が、全日本洋菓子工業会と日本洋菓子協会連合会の共催で開催され、五十嵐宏、福田雅之、朝田晋平が選ばれる。
- 第28回グランプリ・ド・パティスリー・マンダリン・ナポレオン・コンクールがベルギー・ブリュッセルで行なわれ、山本誠児が1位。
- 第21回SIGEP（イタリアで行われる氷菓、製菓、製パン業者向けのエクスポジション）がリミニで開催される。日本デーで、稲村省三、堀江新、鎌田克彦があめ細工、チョコレート細工、和菓子のデモンストレーションを行い喝采を浴びる。

2001　平成13
- 敬宮愛子親王御誕生。
- アメリカ同時多発テロ事件発生。
- 循環型社会推進社会法施行。

- 資源有効利用促進法施行。
- 食品リサイクル法施行。
- 「乳等省令の一部を改正する省令の施行について（遺伝子組換えとアレルギー表示について）」通知。
- 「アレルギー物質を含む食品に関する表示について」通知。
- 「雪印冷凍食品」設立。後年「アクリフーズ」に改称。
- 8月8日を「パパイヤの日」と制定し、フィリピンの大使館で制定記念パーティーが開催される。
- 第3回「世界の菓子まつり」が静岡で開催される。
- ジンジャーテイストのお菓子に注目が集まる。
- 「日本オーストリア食文化協会」設立。初代会長に栢沼稔が就任。
- 第100回オーストリア菓子製造業者舞踏会がウィーンにおいて、「日本」をテーマに開催される。
- 東京都洋菓子協会主催の「ジャパン・ケーキ・ショー」が開催され、この年より“ラッピング部門”が初めて加わる。
- 第39回技能五輪全国大会が福島で開催され、洋菓子部門で猪狩智勝が1位となる。
- パリ在住の青木定治がパリに初のブティック「ヴォジラール」を開業。抹茶テイストの菓子で高い評価を得ていく。
- 第36回技能五輪国際大会が韓国・ソウルで開催され、菓子部門で後藤輝子が敢闘賞受賞。
- 第29回グランプリ・ド・パティスリー・マンダリン・ナポレオン・コンクールがベルギー・ブリュッセルで行なわれ、斉藤一樹が2位入賞。
- 第5回メートル・ド・パティシエ世界選手権が、ドイツのヴィースバーデンで開催され、武藤修司、本間淳の日本チームは4位となる。
- 第7回クープ・デュ・モンド・ド・ラ・パティスリーがフランス・リヨンで開催され、五十嵐宏、福田雅之、朝田晋平の日本チームが2位入賞。

2002　平成14

- ヨーロッパの主要国がEUとしてまとまり、通貨ユーロの導入が始まる。
- サッカーのワールドカップが日韓共同で開催される。
- 食品衛生法に基づく「アレルギー物質を含む食品に関する表示」の義務化がなされる。
- 「健康増進法」制定。
- トマトが改めて注目を集めて、それ使用の菓子が出回る。
- 果肉がゴールド色のキウイが人気を集める。
- 和テイストが注目を浴び、抹茶テイストの生菓子や焼き菓子などがもてはやされる。
- 「あいすまんじゅう」、「しろくま」など九州発の商品が全国的に人気となる。
- 黒糖、黒酢、黒豆、黒米といった「黒い食品」が、ビタミンやミネラルを豊富に含むとしてブームとなっていく。
- アレルギー対策の一環として、米粉が注目を集め、小麦粉をこれに置き換えた菓子が広がりをみせていく。
- チョコバブルといわれるほどに、手作りチョコレートが改めて見直され、高額なものに注目が集まる。
- 青木定治がパリに「パティスリー・サダハル・アオキ・パリ」を開店。
- 日本菓子専門学校は、ミュンヘン市立製パン製菓マイスター学校と姉妹校締結。
- 日本洋菓子協会連合会の創立50周年記念式典が開催され、功労者表彰式、祝賀会、チャリティーゴルフ大会などが行われる。また、それを記念して全国洋菓子技術コンテスト大会が開催された。以後毎年行われていく。
- 第24回全国菓子大博覧会・九州IN熊本が園田耕一を大会会長、副島隆を協賛会会長として熊本で開催される。熊本のみにとどまらず、九州全体の催事として位置付けられ、大成功を収める。

- 北海道製菓製パン倶楽部旭川大会が村本洋、石上敬三等のコーディネートのもとに開催される。
- 第1回小学生のための味覚教室が東京私立初等学校連盟・家庭科研究部の主催により成蹊小学校で開催。山本益博と11名のパティシエ（稲村省三、工藤暢也、齋藤毅、横田秀夫、近藤冬子、寺井則彦、河合重久、五十嵐宏、安藤明、西原金蔵、小代智紀）が講師を務めた。
- 東京ドームでテーブルウェア・フェスティバルが開催され、ドーム内ステージで三浦秀一、吉田菊次郎による「究極のスイーツアート」と題する造形ショー及びトークショーが行なわれる。
- 第40回技能五輪全国大会が熊本で開催され、洋菓子部門で宮崎理恵が金賞受賞。
- 第1回ボワロン杯パティシエール・コンテストが開催される。女性製菓人を対象としたもので、石村智美が優勝。
- 第11回国際ジュニア製菓技術者コンクールがポーランドのポズナン市で開催され、林尚佳が7位、吉岡浩太が11位となる。
- 第30回グランプリ・ド・ラ・グルマンディーズ・コンクールがフランス・ディジョンで開催され、鎌田琢弥が2位。
- 第1回ワールド・ペイストリー・チーム・チャンピオンシップが、アメリカのコロラド州ビーバークリークで開催され、望月完次郎、中島眞介、喜島立也の日本チームがあめ細工部門で最優秀賞、総合で5位となる。
- インターガストロノミーがドイツ・シュトゥットガルトで開催され、浅見欣則があめ細工部門と総合で1位となる。
- 第5回クープ・デュ・モンド・ド・ラ・ブランジュリー（パンのワールドカップ）がパリで開催され、山崎隆二、菊谷尚宏、渡辺明生の日本チームが優勝。

2003　平成15

- イラク戦争が始まる。
- ナムコが池袋ナンジャタウンに吉田菊次郎等の協力のもと、「アイスクリームシティ」をオープン。続いて、東京・自由が丘に大山栄蔵等の協力を得て「自由が丘スイーツフォレスト」を開き、スイーツブームの一端を担う。
- 「クラブ・ドゥ・ラ・ガレット・デ・ロワ」が設立され、初代会長に島田進就任。これに伴い、ガレット・デ・ロワのコンクールが毎年行なわれていく。
- スイス、フランス、ベルギー等で修業を積んだ鎧塚俊彦が「アトリエ・サンセール」を設立。翌年、恵比寿に「トシ・ヨロイヅカ」を開業。感性の高いお菓子で人気を得、マスコミの寵児となっていく。
- 小山進が兵庫県三田市で「パティシエ エス コヤマ」を開業。さまざまなイベントのプロデュース等でも活躍していく。
- 第41回技能五輪全国大会が新潟で開催され、洋菓子部門で川上菜奈が金賞受賞。
- フィリップ・ピゴがフランス政府より、レジオン・ドヌール・シュヴァリエを受勲。
- 第9回ボキューズ・ドール国際料理コンクールがリヨンで開催され、川端清生が健闘。
- 第8回クープ・デュ・モンド・ド・ラ・パティスリーがフランス・リヨンで開催され、寺井則彦、松島義典、野島茂の日本チームが2位入賞。
- 第37回技能五輪国際大会がスイス・ザンクトガレンで開催され、菓子部門で宮崎理恵が銅賞受賞。
- 第19回クープ・ド・フランス・コンクールがパリで開催され、吉田泰光が3位入賞。
- 第31回グランプリ・ド・パティスリー・マンダリン・ナポレオン・コンクールがベルギー・ブリュッセルで行なわれ、喜島立也が2位、櫻智行が4位となる。

2004　平成 16

- 4 月 1 日、消費税総額表示（税込価格）が義務化される。
- アワ、ヒエ、キビ、ハトムギといった雑穀類の消費が、健康指向を背景に高い伸びを示す。
- 赤唐辛子、赤大豆、トマト、アセロラ、クランベリーといった「赤い食品」が、健康効果が高いとされ、人気を集める。
- 天然バニラが品薄となり、高騰する。
- キユーピーが卵黄の色の薄い卵を開発し、製菓業界も高い関心を示す。
- ジャムがフランス語のコンフィテュールの名で人気を集める。
- 手作りキャラメルが流行する。
- ナムコが池袋ナンジャタウンでチーズケーキ博覧会及びロールケーキ博覧会を開催。また同所に「東京シュークリーム畑」をオープン。
- フランス食品振興会の推進で、6 月の第 1 木曜日が「アペリティフの日」とされる。
- ナムコが神戸に日本最大のスイーツテーマパーク「神戸スイーツハーバー」をフィリップ・ビゴ、吉田菊次郎、大山栄蔵等の協力を得てオープンする。
- 全日本洋菓子工業会理事長・高井和明が世界洋菓子連盟副会長に推挙される。
- さまざまなコンクールで活躍した横田秀夫が埼玉県春日部に「菓子工房オークウッド」を開業。
- パリ製菓修業を積んだ寺井則彦が東京・目白に「エーグルドゥース」を開業。感性の細やかなスイーツで人気を博していく。
- フランス農事功労章受賞者協会（MOMAJ）が設立される。
- 第 42 回技能五輪全国大会が岩手で行なわれ、洋菓子部門で谷崎雄一が金賞受賞。
- 第 6 回洋菓子マイスタークラス世界選手権がイタリア・リミニで開催され、齊藤栄作、飯盛久志の日本チームは総合で 4 位、氷菓で部門賞となる。なお、同大会は世界洋菓子連盟（UIPCG）の主催により、1993 年に第 1 回が行われ、その後ほぼ隔年で実施されている。
- 第 2 回ワールド・ペイストリー・チーム・チャンピオンシップが、アメリカのネバダ州ラスベガスで開催され、後藤順一、朝田晋平、武藤修司の日本チームは 4 位となる。

2005　平成 17

- 京都議定書（温暖化ガス削減）発効。
- 服部幸應の尽力により、食育基本法が制定される。1947 年の栄養改善法及び 1957 年の調理師法は同氏父・服部道政によるものであり、食の分野における親子 2 代にわたっての法制化への貢献は、極めて異例のこととして高い評価を受ける。
- アスベスト使用のオーブンが問題となる。
- 消費の新しいキーワードとして「ロハス」が注目を集める。これはアメリカ発のマーケティング用語で、「健康と環境を志向するライフスタイル」の意味。
- マーガリンが身体に与える影響についてさまざまな取り沙汰がなされる。
- コンビニの大型デザート菓子が男性客の人気を集める。
- マンゴーを使った製品が流行する。
- 静岡で「2005 世界の菓子まつり」が開催される。
- 万国博覧会が「愛・地球博」として名古屋で開催される。日本最大のチョコレート輸入国たるガーナのブースのあるアフリカ館や会場内ステージ等で駐日ガーナ大使とともに吉田菊次郎、粟元聡子、後藤香苗、伊藤真由、高橋章子及び、フードコーディネーターの村松周がデモンストレーション、クイズ、トークショー等を行なう。
- 上野凮月堂が創業 100 年を迎える。
- 和歌山の製菓材料商社のキタタニ（代表·北谷英市）が、神戸に洋菓子店「モンテ·オ·プリュ·オー·デュ·スィエル」略して「モンプリュ」を開業し、製菓材料店「パティス」を併設する。原材料商社の川下産業への進出として注目を集める。

- 「新潟中越地震被災地への料理ボランティア」が山本益博の呼びかけで行われ、料理人、製菓人がジャンルを超えて集結する。
- 小中学校を対象とした「お菓子の作文コンクール」が、全日本菓子協会、地域商圏事業者委員会を中心として行われる。応募作品は全国から836点に及んだ。
- 「ハッピー・アペリティフ・イン東京」が開催される。フランス農務省の発案で、毎年6月第1木曜日が「アペリティフの日」とされたことを受けて行われたもの。
- 第1回「若者の人間力を高めるための国民会議」が厚生労働省を中心として開催される。日本経団連奥田碩会長を議長とし、マスコミ、教育、芸術等の各分野の代表に加えて菓子業界から吉田菊次郎が選出され、計22名の委員で発足。
- ナムコが千葉船橋のららぽーと内にパンのテーマパークとしては初めての「東京パン屋ストリート」をオープン。
- フランス人パティシエ、アンドレ・ルコント氏の偉業をたたえるためのアンドレ・ルコント杯コンクールが行われる。以後隔年で開催されていく。第1回は鈴木久美子が優勝。
- 旭川菓子商組合が創立100周年を迎え、村本洋会長をはじめ会員全員の協力のもとに記念イベントが行われる。
- カリフォルニアくるみ協会による「第1回カリフォルニアくるみコンベンション」が東京のキャピトル東急で開催され、熊谷喜八によるそれを使った料理の試食やくるみのデザートの幅広い可能性がアピールされる。以後毎年行なわれていく。
- 第1回小学生パティシエ選手権が東京・代官山のル・コルドン・ブルーの日本校でフランス大使館後援のもとに開催される。
- 森山サチ子が、日本食生活文化財団において制定された第1回の教育功労章を受章。同氏の主催する「森山サチ子お菓子教室」からあまたの菓子愛好家の輩出がなされ、また百有余冊にものぼる著作やテレビ等のマスコミ媒体を通して、長きにわたり広く食文化の啓蒙がなされてきたことが評価されたもの。
- 第43回技能五輪全国大会が山口で行なわれ、洋菓子部門で菅原聡子が金賞受賞。
- 第9回クープ・デュ・モンド・ド・ラ・パティスリーがフランス・リヨンで開催され、金子浩、栗本佳夫、櫻智行の日本チームは総合4位、氷細工で特別賞を受賞。
- 第38回技能五輪国際大会がフィンランドのヘルシンキで開催され、菓子部門で萬歳あゆはが敢闘賞を受賞。

2006　平成18

- 「食品に残留する農薬等のポジティブリスト制度」施行。
- 厚生労働省の「若者の人間力を高めるための国民会議」では、吉田菊次郎を講師としてニートを対象とした合宿セミナーを行なう。
- バウムクーヘン、揚げパンが流行。
- ソラナカ・スイーツとして、羽田空港の土産菓子が人気を集める。
- 三越本店で「子供博·私の夢·僕の夢·小さなパティシエ誕生·こんなケーキを食べてみたい」を開催。吉田菊次郎とブールミッシュスタッフが、子供たちが絵に描いた夢のお菓子を実現。
- アメリカのコールド・ストーン・クリーマリーが、アジア初のアイスクリームショップを東京・六本木に展開。
- アメリカの「クリスピー・クリーム・ドーナツ」の日本第一号店が東京・新宿にオープン。
- 「日本アイスクリーム協会」が公益性の高い特定法人としてスタート。
- カネボウはカネボウレインボーハットを売却し、食品事業は「カネボウフーズ」として運営開始。
- カリフォルニア・フィグ・アドバイザリー・ボード主催の第1回カリフォルニア・フィグ・レシピコンテストが行なわれる。ベーカリー部門は高江直樹、デザート部門は中野賢太が優勝。
- 第44回技能五輪全国大会が香川で行なわれ、洋菓子部門で大島千奈が金賞受賞。

- 第 1 回米国産はちみつレシピコンクール開催。デザート部門で徳永純司が優勝。小林正人が最優秀賞となる。
- 第 1 回メープルスイーツコンテストがクインビーガーデン（代表·小田忠信）の主催により、東京・華調理師専門学校で行なわれる。尾形剛平が優勝。以後毎年開催されていく。
- オーストラリア・マカダミア協会が「オーストラリア産マカダミアナッツを使った美味しいパンとお菓子のコンテスト」を開催。製菓部門で西田一巳が、パン部門で新井蔵史が優勝。
- パリのシャルル・プルースト・コンクールで浅見欣則が準優勝。
- 第 12 回国際ジュニア製菓技術者コンクールがドイツのシュトゥットガルトで開催され、東久美子が 1 位、原田香織が 2 位となる。
- 第 3 回ワールド・ペイストリー・チーム・チャンピオンシップがアメリカ・アリゾナ州フェニックスで開催され、和泉光一、武藤修司、林正明の日本チームがベストチョコレートショーピース部門で 2 位となる。
- 第 7 回洋菓子マイスタークラス世界選手権ドイツ大会がベルリンで行なわれ、水野直己が 4 位となる。
- 「ジャン・ルイ・ベルトロ杯」がフランス・ニースで行われ、岡田哲次が準優勝。

2007　平成 19

- ガソリン価格急騰に始まり、食材の価格が急上昇する。
- 製菓業を含めた食品業界の不祥事が取沙汰される。
- 商社系食品卸業界は、日本アクセス（伊藤忠商事）、菱食（三菱商事）、国分·三井食品（三井物産）の 3 社の大競争時代に突入。
- 『ミシュランガイド東京』が発行される。
- バターの不足が業界を揺るがす。
- 塩キャラメルを含む塩のテイストがブレイクする。
- カネボウフーズは「クラシエフーズ」に改称。
- NHK 朝の連続テレビ小説「どんど晴れ」で、吉田菊次郎がパティシエのモデルとなり、収録に協力。
- 厚生労働省の「若者の人間力を高めるための国民会議」は、吉田菊次郎を講師として「若チャレ・おやじトークセッション〜おやじに聞こう仕事のこと」を開催。
- 「キッズ食育体験フェスティバル 2007」が東京のル·コルドン·ブルー料理学校で行なわれ、子供を対象としたお菓子作り教室が開かれる。以後毎年行われていく。
- 「日本シュガーアートコンペティション 2007」が、日本シュガーアート協会により開催される。以後毎年行われていく。
- 川崎市溝口に「ブールミッシュ製菓アカデミー」が開校。
- フランス人パティシエ、ローラン·ポワルヴェが南青山に製菓学校「ポワルヴェ·エコール·ドゥ・パティスリー」を開校。
- アメリカンフットボール・ワールドカップ 2007 が川崎で行われ、麻生外務大臣や各国大使が列席。中西昭生と吉田菊次郎がアメフトにちなんだピエスモンテを披露して会場を盛り上げる。
- 「オーストリアの伝統菓子・実技と食文化講演」が、ドーバー洋酒貿易主催、オーストリア大使館後援で行われ、栢沼稔が実技とトークを行う。
- 「第 4 回デザート・スイーツ＆ドリンク展」が日本食糧新聞社と全日本洋菓子工業会の共催で行われる。そのイベントのひとつとして第 1 回グラス（氷菓）を使ったアシエットデセール・コンテストが行われた。後藤信之が優勝。
- 世界洋菓子連盟総会が東京で行なわれる。
- 第 39 回技能五輪国際大会（2007 ユニバーサル技能五輪国際大会）が静岡県沼津市で行われ、菓子部門で大島千奈が優勝。

- ワールド・チョコレート・マスターズ日本予選を開催。水野直己が優勝。
- フランス・リヨンの「SIRHA」(国際外食産業見本市) 内で開催された「第2回シャンピオン・ド・ユーロップ・グラシエ」で浅見欣則が準優勝。
- 第10回クープ・デュ・モンド・ド・ラ・パティスリーがフランス・リヨンで行なわれ、市川幸雄、藤本智美、長田和也の日本チームが優勝。
- フランスの第56回アルパジョン・ガストロノミック・コンクールで上村卓也がピエスモンテ部門で1位。併せてセーブル杯を受賞。
- パリで第2回ワールド・チョコレート・マスターズが行われ、水野直己が優勝。
- アメリカ・テネシー州ナッシュビルで「2007ナショナル・ペイストリー・チーム・チャンピオンシップ」が開催され、川村英樹、和泉光一、喜島立也の日本チームが総合2位。

近　年

百年に一度といわれるリーマンショックにより世界経済が大混乱に陥る。そして続けておきた千年に一度とされる東日本大震災とそれにともなう原発事故により、日本中が大きく揺れ動く。そうしたなかにも東京スカイツリー等の新しいホットスポットも次々と生まれていく。甘き世界もまたしかり、多くの困難を乗り越えこれまで以上にエキサイティングな展開を見せていく。

2008　平成20

- アメリカのサブプライムローン問題が引き金となり、日本も含めた世界経済が、百年に一度といわれる混乱に陥る（リーマンショック)。
- デンプンの老化や生クリームの離水を防ぐトレハロースが話題を呼ぶ。
- 生キャラメルの名でソフトタイプのキャラメルがブレイクする。
- 「キッズ食育体験フェスティバル2008・お菓子を作ろう！ 食べもののこと、もっと知ろう！」が東京・渋谷のル・コルドン・ブルーで行なわれ、永井紀之と西原金蔵が講師を務める。
- NHK連続テレビ小説「瞳」、フジテレビの連続ドラマ「絶対彼氏」、「多摩南署たたき上げ刑事・近松丙吉 最期のメッセージ」等お菓子がらみや、菓子の世界を舞台にしたドラマを、吉田菊次郎が監修及び協力。お菓子がマス・メディアの中に深く入り込んでいく。
- 第25回全国菓子大博覧会が下村俊子実行委員長、比屋根毅副委員長のもとに姫路で行われる。津曲孝製作によるお菓子の姫路城が大評判となる。過去最高の92万2000人の入場者を数え大盛況のうちに幕を閉じる。
- 「旅フェア2008」のイベント「おやつ博覧会」が横浜パシフィコで開催され、3日間で20万人を動員。吉田菊次郎がトークショーを行うなど、甘味文化の啓蒙活動を行なう。
- 東京で行われた全国市町村会議で吉田菊次郎が「若者の人材育成について」の講演をする。
- 北米ワイルドブルーベリー協会が「ブルーベリーサミット」を開催。
- 「アメリカンエッグボード・トレードセミナー2008」をアメリカ家禽鶏卵輸出協会が開催。
- トルコ・ヘーゼルナッツ協会がトークセッションイベントを開催。小山進と安食雄二が若手パティシエたちの悩みに答えるイベントを行う。
- “お菓子とファッション”の融合として、13名の人気パティシエ（高木康政、川村英樹、白鳥裕一、安食雄二、辻口博啓、朝田晋平、林正明、高木康裕、鎧塚俊彦、大橋圭、神田広達、藤本智美、藤本美弥）と人気ファッションブランドのツモリチサトとのコラボレーションによる「TOKYO SWEETS COLLECTION 2008」が東京・品川プリンスホテルで開催される。
- アメリカ乳製品輸出協会によるアメリカ産チーズを使った新製品開発のコンテストが東京・九段のホテルグランドパレスで行なわれる。豊島重義がグランプリとなる。
- 第46回技能五輪全国大会が千葉県幕張メッセで行なわれ、「洋菓子製造」職種で、神谷春美が金賞。

- 第1回「BUKOクリームチーズコンテスト」がアーラフーズ主催で開催され平野綾が最優秀賞となる。以降毎年開催されていく。
- 第57回フランスのアルパジョン・ガストロノミック・コンクールのあめ細工部門で菊地賢一が優勝。
- 第13回国際ジュニア製菓技術者コンクールがポルトガルのリスボンで行われ、赤羽目健悟が優勝。
- フランスのトゥールで行なわれた「サロン・デュ・ショコラ」でのコンクールで今野留美がショコラ・ピエスモンテのプロフェショナル部門で優勝。
- パリの国際製菓製パン見本市「ユーロパン」は、新たに「ル・モンディアル・デ・ザール・シュクレ2008」を開催。保坂茂、藤本美弥の日本チームは2位となる。
- アメリカ・テネシー州ナッシュビルで第4回ワールド・ペイストリー・チーム・チャンピオンシップが行なわれ、川村英樹、藤田浩司、和泉光一の日本チームが総合2位、及びベストチョコレート・ショーピースとベストプレゼンテーションを受賞。

2009　平成21

- オバマ氏がアメリカで初めての黒人大統領となる。
- デンプンから製造される糖質食品原料のトレハロースが、食品添加物に指定される。
- バレンタインデーに男性から女性へ贈る“逆チョコ”、友達同士での“友チョコ”、自分へのごほうびの“自分チョコ”が話題となる。
- 健康的なイメージを強調した脂肪ゼロの食品が注目を集める。ノンカロリー、ノンアルコールのビール風味飲料に始まり、ヨーグルト市場でも無脂肪商品の投入が相次ぎ、他の加工食品にも広がる動きを見せる。
- 「愛媛スイーツフォーラム」が、官･民･学さまざまな団体の後援を得て、松山市総合コミュニティーセンターで行なわれる。
- 社会福祉法人プロップ・ステーションが、精神、知的障害を持つ人たちを対象としたお菓子作りの講習会を、「神戸スウィーツ・コンソーシアム（KSC）in 東京」で開催する。
- 中沢フーズ主催により、吉田菊次郎とお笑いコンビのジャルジャルがスイーツ男子応援イベントを開催。
- 日本菓子教育センターは「働くよろこび」の小論文募集を行なう。お菓子作りの楽しさや喜びを多くの若者に知ってもらい、お菓子作りを職業として選択してもらう事の役に立ちたい、との願いからこのコンテストを実施。本田順子が最優秀賞。
- パンにまつわるさまざまな知識を判定する第1回「パンシェルジュ検定」が、東京・文京区の東洋大学及び全国のホームメード協会で行われる。これは手作り総合教室「ホームメード協会」を展開するサンリッチが、関係企業の協力を得て発足させたもの。
- 東京ドームでテーブルウェア･フェスティバルが開催され、ドーム内ステージで、中西昭生、吉田菊次郎、斉藤めぐみによる「バレンタイン･愛の祭典」と題する造形及びトークショーが行なわれる。
- 服部幸應のコーディネートによる「世界料理サミット2009」が東京で開催される。ジョエル･ロビュション、ピエール・ガニェール、フェラン・アドリア、松久信幸、クリスティアン・エスクリーバといった世界の料理界、製菓界をリードする著名シェフが一同に会し、技を披露する。
- アジア初の国際的コンクール「世界パティスリー2009」が東京ドームシティホールで開催される。エコロジーをテーマとして各国チームが競い、秋城俊徳、鍋田幸宏、野田朋宏の日本チームが優勝。2位がフランス、3位アメリカ。あめ細工ピエスモンテ賞と最優秀チョコレートピエスモンテ賞が日本、最優秀味覚賞がフランス、最優勝チームワーク賞がシンガポールに贈られた。
- 第40回技能五輪国際大会がカナダのカルガリーで行なわれる。前年の全国大会「洋菓子製造」職種で金賞を受賞した神谷春美が 11 位と健闘。
- 第 47 回技能五輪全国大会が茨城県日立市で行なわれ、洋菓子製造で切替椿が金賞及び構成労働大臣賞を受賞。黒澤奈菜、山村慶、佐藤彩菜が銀賞受賞。
- 第 1 回 2009 パングランプリ東京が、東京・八重洲富士屋ホテルで行なわれる。最高賞に当たる東京都知事賞は塩田一善の珈琲あんぱんが受賞。
- 第 3 回ワールド・チョコレート・マスターズが、パリのサロン・デュ・ショコラ・プロフェショナル会場で行なわれ、平井茂雄がベスト・ピエスモンテ賞及びベスト・プレス賞を獲得して優勝。今大会のテーマはオートクチュール。2 位はアメリカ、3 位はドイツ。
- フランス・リヨンの SIRHA（国際外食産業見本市）内で開催された第 11 回クープ・デュ・モンド・ド・ラ・パティスリー 2009 で、若林繁、林正明、山本健の日本チームは 4 位。

2010　平成 22

- ドーナツに人気が集まり、本来の油で揚げたものの他、揚げずに焼いたもの、生菓子タイプのものなどが次々に市場をにぎわす。
- 生クリームをそのまま丸く巻き込んだロールケーキが、百貨店でブレイク、続いてそのカット版がコンビニスイーツを席巻する。
- 「ハイチ・チリ地震被災者支援トークショウ、試食会＆チャリティースイーツ販売」が関西空港で行なわれる。関西空港と関西エアポートエージェンシーの主催によるもので、関西空港限定スイーツを手がけているガトー・ド・ボワ、オ・グルニエ・ドール、シェ・アオタニ、デリチュース、プティトゥ・ペッシュ、ラ・ピエール・ブランシュの各店が協力。
- オハヨー乳業の申請により、毎月 25 日が「プリンの日」となる。ニッコリと 25 の語呂合わせから。
- 金子みすゞ没後 85 年を記念し、毎日新聞社主催により「金子みすゞ展」を開催。吉田菊次郎と中西昭生が「星とたんぽぽ」の詩をイメージしたあめ細工作品の製作等を含めて全面的に協力。第 1 回の大丸心斎橋店を皮切りに、名古屋松坂屋、日本橋三越、京都大丸、横浜そごう、金子みすゞの郷里の山口県長門市、仙台三越、姫路、広島等々、2 年かけて全国を巡る。
- 「東京ガス食育クラブ」(東京ガス) が発足。記念シンポジウムが東京･千代田区の丸ビルホールで開催される。第 1 部は MOMAJ（フランス農事功労章受賞者協会）による「味覚レッスンの取り組みについて」のテーマで、帝国ホテルの田中健一郎総料理長の講演。続いて服部幸應服部学園理事長と柏原卓司前農水省・消費安全局消費者情報官との対談。
- 東京・自由が丘のスイーツフォレストは、5 月のゴールデンウィーク限定特別イベントとして、高さ 2、3 メートルのお菓子の家を公開。東京・目黒の観光プロジェクトである「自由が丘スイーツフェスタ！ 2010」に協賛して行われたもので、女優の内山理名が自由が丘スイーツ大使として参加。
- 第 1 回神戸スイーツサミット 2011 が神戸国際展示場で行なわれる。「スイーツの伝統と革新が融合する神戸から極上のスイーツを全国へ世界へ発信する」ことを掲げて開催されたもの。
- テーブルウェア・フェスティバルが東京ドームで開催。黒柳徹子等とともに、吉田菊次郎、中西昭生､斉藤めぐみ､村松周による､バレンタイン＆がんばれ五輪バンクーバー」と銘うったトーク＆チョコレートショーが行なわれる。
- ロッテが東京･錦糸町のロッテシティホテル内にチョコレートをテーマにした､「シャルロッテ･チョコレート･ファクトリー」を開店。各種のチョコレート菓子からチョコレートを使ったカレーやハンバーガーといったチョコめしを提供するカフェとミュージアムスペースを設ける。
- 数々の国際大会で活躍した安食雄二が横浜市都筑区に「スイーツガーデンユウジアジキ」を開業。たちまち高い評価を得ていく。

- 第 48 回技能五輪全国大会が横浜で行われ、上野実里菜が金賞、正木辰宜、山崎夏実、奥田さおりが銀賞、阿部由香、岸弘和が銅賞を受賞。
- カルピジャーニ・ジャパンが創立 30 周年を記念してジェラートコンクールを開催。栗崎敦史がトロピカルマンゴーの作品で優勝。2 位に宮崎瑶子、3 位は中塚有紀、特別賞は石井祐里絵が受賞。
- 第 3 回全国高校生スイーツ選手権・貝印スイーツ甲子園決勝戦が東京・台場で行なわれる。324 校、843 チームが参加し、3 人 1 組で食べたいスイーツを作る。中部代表の名古屋調理師専門学校チームが優勝。
- イタリアのリミニで毎年開かれる、氷菓、製菓、製パン業者向けのエクスポジション SIGEP でイタリアンジェラート協会主催のイタリアンジェラートコンテストが行なわれ、京都の新八茶屋が課題部門「ピスタチオのジェラート」で、抹茶を融合させたプレミオ・ピスタチオを出品。3 位に入賞。
- 第 14 回世界ジュニア製菓技術者コンクールがハンガリーで行なわれ、遠藤泰介が準優勝、正木辰宜が 3 位入賞。
- パリ国際製パン菓子見本市・ユーロパン＆アンテルシュック 2010 が、パリ・ノール見本市会場で行なわれ、その一環として男女混合チームによる製菓の国際コンクール「ル・モンディアル・デ・ザール・シュクレ 2010」が行なわれる。勝間建次と谷道理絵のペアが優勝。
- 第 5 回ワールド・ペイストリー・チーム・チャンピオンシップ（W・P・T・C）が、アメリカ・アリゾナ州フェニックスで行われ、チーム・ジャパン（チョコレートピース担当・チームリーダー山本隆夫、シュガーピース担当三宅善秋、五十嵐宏）が優勝。テーマは「幼少期 childhood」で、日本チームはピーターパンをモチーフにした。部門賞としては、日本がベストシュガーピース及びベストデギュステーションを受賞。2 位イタリア、3 位アメリカ。

2011　平成 23

- 3 月 11 日の東日本大震災により東北地方及び太平洋岸の地域が多大な被害を蒙る。またそれに伴う原子力発電所の事故が社会に大きな不安を与える。
- 東日本大震災により東北の酪農事業が大打撃を受け、全国的にバターが不足し、製菓業を含む食品業界がパニック状態に陥る。
- 東日本大震災に際し、中澤康浩、吉田菊次郎、辻口博啓等々多くの菓子業界人、関連企業人、及び関連団体が直接被災地に赴き、支援を行なう。
- 「食べて応援しましょう！　がんばろう東北復興応援フェア」が、埼玉県越谷市のイオンレイクタウンで開催され、東北の 12 の菓子店（青森・ラグノオささき、岩手・さいとう製菓、グランバー釜石ラスク、秋田・かおる堂、宮城・菓匠三全、ケーキハウスフレーズ、寿の三色最中本舗、山形・杵屋本店、木村屋、十一屋、福島・柏屋、三万石）が一同に会す。
- フランス大使館主催による「パリ祭」が福島県郡山市で開催。フィリップ・フォール・フランス大使を始め、フランス本国から文化相もかけつけ、大盛況を呈す。約 1000 人の来場者に対し、アンドレ・パッション、田中健一郎帝国ホテル総料理長、三國清三、吉田菊次郎、島田進、藤森二郎等、日仏の料理人製菓人が料理やデザートをサービスし、被災地の人々を勇気付ける。
- 東日本大震災被災地支援を目的として、「ラボ・ラブ・ジャパン Labo Love Japan」と題したチャリティー販売会が、フランスのサロン・デュ・ショコラ内で、在仏邦人パティシエ達によって行われる。
- 一切れサイズのロールケーキがコンビニを席巻する。
- レトロ感覚の豆菓子及びかりんとうが装いを新たに人気となる。
- 胃のピロリ菌を消滅させる効果ありとしたヨーグルトが大ブレイクする。
- 「エクレール・お菓子放浪記」のロードショーが新宿からスタートする。東日本大震災前の石巻の風景を記録した映像が話題となる。

- 「地域資源を活用した農林漁業者等による新事業の創出等及び地域の農林水産物利用促進に関する法律」(6次産業化法) が施行される。国の政策として、農林漁業生産と加工・販売の一体化や、農山漁村の6次産業化の推進を目的としたもの。
- 第1回「職場のいじめ嫌がらせ問題に関する円卓会議」が厚生労働省で行われ、吉田菊次郎が委員を拝命。堀田力さわやか福祉財団理事長が座長を務め、小宮山洋子厚生労働副大臣(当時) も参加。
- 農研機構シンポジウム「6次産業化で果樹農業はどう変わる?」が、独立行政法人・農業食品産業技術総合研究機構果樹研究所の主催で行われる。
- 「米国産ソルガムの食用としての可能性を考えるシンポジウム及びレシピコンテスト」がアメリカ穀物協会の主催で行われる。ソルガムとは日本で「モロコシ」「タカキビ」の名で紀元前より栽培されているイネ科の穀物。小麦アレルギー患者の代替食品として注目を集めている。
- フランス農水省が提唱する「アペリティフの日」のイベントが全国で展開される。フランス農事功労章受勲者が集まり、東京・六本木ヒルズアリーナ及びテレビ朝日umuで、この時のために特別に創作されたアミューズブシェを振るまう。
- 3月4日がバウムクーヘンの日となる。ユーハイムの創始者カール・ユーハイムが1919年3月4日に、広島県物産陳列館(現在の原爆ドーム) で開かれた、ドイツ捕虜製作品の展示会にバウムクーヘンを出品。これが日本で初めて焼かれたバウムクーヘンとなるところから、この日をバウムクーヘンの日としたもの。
- 辻口博啓が「日本スイーツ協会」を立ち上げ、同協会による第1回スイーツ検定が行なわれる。合格者はスイーツコンシェルジュに認定される。
- 全日本ヴァンドゥーズ協会(会長・稲村省三) が、第1回プロフェッショナル・ヴァンドゥーズ認定試験を行なう。第1次試験は筆記試験及びラッピング実技試験、第2次試験は接客技術。来店客の出迎えから見送りまでの基本動作及び、とっさの事態の対応、笑顔、身だしなみ、ホスピタリティ等の修得を目的とするもの。
- 農林水産省「料理マスター」の授与式が行なわれ、青木定治がパティシエとして初めて選ばれる。
- 第49回技能五輪全国大会が静岡で行なわれ、岩橋瞳が金賞を受賞。
- 第41回技能五輪国際大会が、ロンドンで行なわれ、洋菓子製造部門で上野実里菜が金賞受賞。
- 第17回サロン・デュ・ショコラ・パリがラ・パティスリーをテーマとしてパリのポルト・ド・ヴェルサイユで行なわれる。会期中に行なわれたClub des Croqueurs de Chocolat(通称C・C・C) の品評会で、Les 150 meilleurs chocolatiers de France(フランスのショコラティエ・ベスト150) に選ばれた小山進が、C・C・Cデギュスタシオン No.5にエントリーし、最高位のタブレット5枚を獲得。さらにそのC・C・Cとサロン・デュ・ショコラの合同審査による2011 Salon du chocolatで、同氏はフランス人以外の最優秀ショコラティエに与えられる外国人部門最優秀賞を受賞。
- バリーカレボー社主催の「第4回ワールド・チョコレート・マスターズ」が、パリの「第3回サロン・デュ・ショコラ・プロフェッショナル」内特設会場で行われ、植崎義明が準優勝。

2012　平成24

- 東京スカイツリーが開業。
- クリーム等をのせたふわふわパンケーキ、ウーピーパイが流行のきざしを見せる。
- クープ・デュ・モンド日本実行委員会は、フランスのクープ・デュ・モンド・ド・ラ・パティスリーから寄贈された義援金をもとに、第1回義援金イベントを開催。郡山市の「ニコニコこども館」で子供たちにお菓子をプレゼントする。
- 食育推進全国大会・食育&復興支援フェスティバル横浜が内閣府主催のもとにパシフィコ

横浜で開かれる。服部幸應、田中健一郎の講演、吉田菊次郎の協力等で被災地の食材の PR 活動が行なわれる。

- 東北 6 県の菓子のメーカーが、共同開発のお菓子セット「みちのく州」を発売。“東北はひとつ”をテーマに、お菓子で実現する心の復興を願ったもの。
- 協同組合全日本洋菓子工業会が創立 50 周年を迎え、高円宮妃久子殿下のご臨席を賜わり、盛大に式典が行なわれる。
- 兵庫県洋菓子協会は神戸市と共同で、神戸市北野の地区の「北野工房のまち」内に、神戸洋菓子パティシエ広場を展開。洋菓子文化の啓蒙に務める。
- さまざまなコンクールで活躍した和泉光一が東京・代々木上原に「アステリスク」を開業。たちまち人気店となる。
- 「コッパ・デル・モンド・デラ・ジェラテリア 2012」と題するジェラートコンクールが、「第 33 回手作りジェラート・製菓製パン国際展示会」の一環として、イタリアのリミニで行われる。今回のテーマは「海の恵みと大地の恵み」で、横田秀夫を監督とした日本人 5 人のチームが初出場し、6 位と健闘。氷彫刻部門で肥田野雄紀、前菜部門イタリア在住の藤田明生が特別賞を受賞。
- 「ル・モンディアル・デ・ザール・シュクレ 2012」(男女混合チームによる製菓コンクール)がパリ国際製パン・菓子見本市ユーロパンで開催され、岡崎正輝と芋生玲子が優勝。
- 世界料理サミット G9・東京テイスト 2012 が、世界料理サミット実行委員会(委員長・服部幸應)のもとに開催される。世界 9 か国から 9 人の著名料理人が集結して、被災地視察や復興支援交流会を行い、また国際会議では、日本や世界の食についての課題を討議し、東京宣言が発表された。
- 第 15 回世界ジュニア製菓技術者コンクールがブラジル・サンパウロで行なわれ、上野実里菜が優勝。
- 第 6 回 WPTC2012(ワールド・ペストリー・チーム・チャンピオン・シップ 2012)が、アメリカ・ネヴァダ州ラスベガスで行なわれ、妹尾徹也、小野林範、藤田浩司の日本チームが優勝。テーマはホロスコープ(星占い)。
- 第 7 回食育推進全国大会「食育&復興支援フェスティバル横浜」が内閣府、横浜市及び第 7 回食育推進全国大会横浜実行委員会の主催により、横浜パシフィコで行なわれた。服部幸應等によるパネルディスカッションが行なわれ、吉田菊次郎等の協力により、復興支援活動が行なわれた。
- 第 1 回ロールワン・グランプリ・スイーツコンテストがホテル日航東京で行われ、中嶋万規子が優勝。
- 吉田菊次郎著作 100 冊及び中沢「クリームドリームズ」開設 10 周年記念パーティの開催。中沢フーズのプロデュース『岩手・宮城・福島　東北新スイーツ紀行』が 100 冊目となる。
- ピュラトス・ジャパンのチョコレートコンテスト「ジャパン・ベルコラーデ・アワード 2012」が開催され、赤羽目健悟が優勝。以降毎年開催されていく。
- サロン・デュ・ショコラ・パリ 2012 がパリのヴェルサイユで開催され、小山進が 2 年連続ダブル受賞。チョコレート版ミシュランと呼ばれる C・C・C(Club de Croqueurs de Chocolat・ショコラ愛好家)の品評会で「5 タブレット+☆」と、「最優秀ショコラティエ賞(外国人部門)を受賞。
- 2012 クープ・デュ・モンド・ド・ラ・ブランジュリーがパリで開催され、畑仲尉夫、長田有起、佐々木卓也の日本チームが優勝。
- グリコのソフトタイプのポッキー・バトンドール、亀田製菓のハッピーターンといった大手流通製菓業の製品が、百貨店名店街でブレイクする。
- 第 3 回農林水産省料理人顕彰制度「料理人マスターズ」で、西原金蔵が「料理人マスターズ」を受賞。パティシエとして最初の受賞者となる。
- トック・ブランシュ国際倶楽部 2012 年度総会が東京・品川のグランドプリンスホテル高

輪で行なわれ、加藤信が2012年度功労賞を受賞。
- 第50回技能五輪全国大会が長野県松本市、諏訪市で開催。佐々木明日香が金賞・厚生労働大臣賞。増澤梨紗子、上原理絵が銀賞、山根希歩、北澤嘉奈恵、松本汀央が銅賞。

2013　平成25

- トロトロチーズケーキに注目が集まる。
- 第32回食品ヒット大賞の優秀ヒット賞にロッテの「ショコランタン」、明治の「大人のきのこの山」「大人のたけのこの里」、湖池屋の「ポテのん」、カンロの「金のミルクキャンディ」が選ばれる。
- 世界洋菓子連盟（UIPCG）が世界パン連盟と合併し、世界洋菓子・パン連盟（UIBC）となる。全日本洋菓子工業会もUIPCGからUIBCの加盟団体となる。
- 第26回全国菓子大博覧会「ひろしま菓子博2013」が三笠宮彬子女王殿下を大会名誉総裁に仰ぎ、広島市で開催される。
- オランド・フランス共和国大統領が来日。フランス大使館で、MOMAJ（フランス農事功労章受章者協会）の会員である日仏のキュイジニエとパティシエが一堂に会して大統領をお迎えする。
- シュゼット（代表取締役社長・蟻田剛毅）が、パティシエへの夢を持つ子供たちへのプログラム、「マジパンがっこう」を開設。
- テーブルウェア・フェスティバルが東京ドームで行なわれ、吉田菊次郎が各時代の食器に合わせたお菓子の展示を行ない、高円宮妃久子殿下をお迎えする。続いて同会場特設ステージにおいて、ノリタケの安藤忠治氏とトークショーを行なう。
- イマージュの技術専門誌『シェフ』が100号特別記念号を、創刊25周年記念号として出版。
- 第51回技能五輪全国大会が千葉・幕張メッセで開催され、洋菓子製造部門で高野歩が金、藤原友香、野崎茜、寺屋敷雄平が銀、北澤嘉奈恵、岡村拓弥、水田雅恵が銅を受賞。
- 第1回チョコレートフェスティバルが、水戸で開催される。テーマは“チョコレートで水戸から世界に元気を発信”。
- 第16回世界ジュニア製菓技術コンクール台湾大会・日本予選が行なわれ、松田みどりが優勝。
- パリで開催された「サロン・デュ・ショコラ・パリ2013」において、外国人部門で辻口博啓が最優秀賞。青木定治は3年連続のAWARD受賞。小山進は5タブレット、土屋公二は4タブレット、トーキョーチョコレートが4タブレット受賞。
- 第7回ワールド・ペイストリー・チーム・チャンピオンシップ国内予選が行なわれ、あめ細工部門で田中二朗、チョコレート細工部門で赤羽目健悟が優勝。
- 第13回クープ・デュ・モンド・ド・ラ・パティスリー2013がフランス・リヨンで開催され、寺井則彦率いる赤崎哲朗、冨田大介、森山康の日本チームが2位。
- 第34回氷菓、製菓、製パン業者向けのエクスポジションがイタリア・リミニで開催され、そのイベントのひとつとして、2年に一度行なわれるCampionato Mondiale Pasticceria Juniores 2013（2013ジュニア・ペイストリー・ワールド・チャンピオン）において望月完次郎監督、南部成俊、田端友裕の日本チームが準優勝。

2014　平成26

- クロワッサンたい焼き、クロナッツ（クロワッサンドーナッツの略）、キャラメル味のポップコーンが注目を浴びる。
- 料理ボランティアの会（代表理事・中村勝宏）がチャリティ食事会「Party for Philippine 頑張れフィリピン」を帝国ホテルで開催。前年台風で被害を受けたフィリピン支援のための催しで、駐日フィリピン大使夫妻も出席し、日比の友好を深めた。
- 料理ボランティアの会（代表理事・田中健一郎）、チャリティ食事会「ホテルカレーと懐しい洋食の数々」を東京・品川のグランドプリンスホテル高輪で開催。岩手県大船渡市役所の職員が、被災地の復興状況や課題を説明。

- 第14回クープ・デュ・モンド・ド・ラ・パティスリー国内選考会が開かれ、アントルメ・ショコラとあめ細工部門で中山和大、アシエット・デセールとチョコレート細工部門で徳永純司、アントルメ・グラッセと氷彫刻部門で杉田晋一が金賞受賞。
- パリのユーロパン2014の特設会場で行なわれた「第4回ル・モンディアル・デ・ザール・シュクレ2014」において、佐藤裕子、山下貴弘の日本チームが準優勝。
- 第16回世界ジュニア製菓技術コンクール台湾大会で、松田みどりが優勝。水田雅恵が5位入賞。
- イタリアのリミニで開催された第35回氷菓、製菓、製パン業者向けのエクスポジションのイベントのひとつとして、2年に一度行なわれる洋菓子の国際大会THE PASTRY QUEEN 2014（ザ・ペストリー・クイーン）が行なわれた。日本チームは準優勝となり、二上友美は5部門中デザートカップ部門、アントルメ・ショコラ部門、作業・衛生部門の3部門で1位となる。
- 8月27日を「ジェラートの日」と日本ジェラート協会が制定。オードリー・ヘップバーンがジェラートを食べるシーンで有名な映画「ローマの休日」が1958年の同日に公開されたことにちなんでの制定。
- 第20回サロン・デュ・ショコラ・パリ2014がパリで開催される。各アワードの最高受賞者としては小山進が外国人部門で、吉田守弘がフランスにおける外国人部門で受賞。青木定治が「避けて通れない栄誉ある20のフランスのショコラティエ」を受賞。
- 第52回技能五輪全国大会が愛知県で開催され、洋菓子製造職種は伊藤美緒が金賞。

2015　平成27

- 第14回クープ・デュ・モンド・ド・ラ・パティスリーが、フランス・リヨンで開催される。中山和大、徳永純司、杉田晋一の三選手及び寺井則彦団長の日本チームは二位の準優勝。また中山和大のアントルメ・ショコラがプレス特別賞。
- 第36回氷菓、製菓、製パン業者向けのエクスポジションSIGEPが、イタリアのリミニで開催され、各エリアで様々なコンテストが行なわれる。ペイストリーエリアでは、各年で行なわれているThe star of sugar（あめ細工のコンクール）が行なわれ、永宗善昭が優勝。
- 同SIGEPにおいて隔年で行なわれるCampionato Mondiale Pasticceria Juniore 2015（ジュニア・ワールド・ペイストリー・チャンピオンシップ2015）が開催される。望月完次郎団長、秋城俊徳コーチ率いる大山航志、吉田和正の日本チームが優勝。アワード賞として日本チームがボンボン・ショコラ、あめ細工ピエスモンテ、作業・衛生の各部門で受賞。
- 農林水産省主催「日本食文化・食産業交流フォーラム in ベトナム」で、吉田菊次郎（ブールミッシュ）、林公司（関東混合機工業）、戸田顕司（日経ビジネス編集長）が講演とシンポジウムを、ベトナム・ハノイで行なう。アベノミクスによるクールジャパン政策の一環で、テーマは「安心、安全、美味しい日本初の洋菓子とそれを支える高度な設備」。
- ドンクがイタリアで「伊日食文化賞」受賞。パネットーネを30年以上にわたって日本に伝え続けた功績が評価されたもの。
- 「フランスパンの日」を、日本フランスパン友の会（会長・友近史夫）が11月28日に制定。“いいフランスパン”をもじったもの。
- 第43回技能五輪国際大会がブラジル・サンパウロで開催。洋菓子製造部門で伊藤美緒が3位入賞。
- 「ザ・ワールド・トロフィー・オブ・ペイストリー・アイスクリーム・アンド・チョコレート」がイタリア・ミラノで行なわれ、江森宏之、津田励祐、中野賢太の日本チームが優勝。

※尚、本書刊行にあたり記載漏れが多々あることと思いますが、その点に関しましては平にご容赦下さいますようお願い申し上げます。

西洋菓子の世界史

▍先史時代

旧石器、中石器、新石器時代のいわゆる有史前期

- 甘味の原点は、蜂蜜と果実であった。紀元前6000年頃の洞窟壁画に、蜂蜜採集のデッサンがある。人々は採取した果実などを蜂蜜に漬けることにより、おいしさをより長く保たせることを覚えた。いわゆるコンフィズリーの始まりである。
- 麦については、アビニシア（現・エチオピア）が原産といわれている。初期のものは穂先に一粒しか実をつけないものであったが、時とともに多くの実をつけるようになり、さらに柔らかく食しやすいものが現れてくる。こうした麦を蒔くなどして、定住生活に入る。
- 犬、山羊、羊、次いで牛等の乳を凝乳の状態で利用。後に発酵させ、チーズへとつながる。

前4000頃・シュメール人がメソポタミア地方に進出。人工的な塔を建てた。“天への接近は神への接近”の思想が、今日のウェディングケーキの形に引き継がれたという。

▍古代エジプト

前3500年から前500年までの約3000年間。1～11王朝までを古王国（前2850-前2050）、12～17王朝を中王国（前2050-前1570）、18～30王朝を新王国（前1570-前525）と呼んでいる。

- 同時代に栄えたエジプト文明、メソポタミア文明、インド文明、中国文明のいわゆる4大文明は、人類繁栄の礎となった。それらはまた菓子の発祥の地でもある。

古王国時代（前2850-前2050）

- ぶどうからワインができることが、すでに知られていたと思われる。
- 小麦を石でつぶして粉にし、かゆ状のものを食していた。これが濃い状態に作られ、焼かれてパンが生まれ、今日のパティスリーの原形へとつながってくる。一方かゆ状のものが発酵してビールの原形が誕生する。すなわちパンとビールは麦から生まれた兄弟というわけである。

中王国時代（前2050-前1570）

- エジプトの記録に、甘味源としてなつめやしの木が財産目録に登場。

新王国時代（前1570-前525）

前1175頃・首都テーベのラムセス三世の宮殿壁画にパン作りの模様がある。その中のウテン・トuten-tという揚げ菓子はフイユタージュ（通称パイ生地）の原形ともいえるものである。その他とぐろを巻いたへび等さまざまな形をしたパンが出土している。

▍古代ギリシア

前2000年頃、クレタ島を中心にエーゲ文明が成立。前1600年以降ミケーネを中心に栄え、前 1000 年頃までにギリシア世界を成立させた。ポリスと呼ばれる都市国家が成立し、市民社会が成長。菓子をはじめ多くの進歩的な食べものが生まれた。

- この時代以前より、遊牧民はすでに山羊や羊からチーズを作っていたといわれている。
- パン焼きの技術は、エジプト文明が頂点に達する以前に、ギリシアに足がかりをもっていたともいわれている。
- ギリシア神話の中に豊穣の女神デメテール、ぶどう酒の神ディオニュソスなどが登場する。

前 500- 前 400 頃

- 牧童たちは切ったばかりのいちじくの枝で山羊や羊の乳をかき混ぜ、あざみの花やその種を入れて凝固させ、チーズを作っていた。

前 400 頃
- エンクリス encris（小麦粉、そば粉、蜂蜜入りの揚げ菓子）、ディスピリュス dispyrus（ワインに漬けて食す平たい菓子）、トリヨン tryon または thryon（プディングの原形）、オボリオス obolios（ウーブリという巻きせんべいの原形）、鉄板ではさんで焼くせんべいの類などが楽しまれていた。なお同時代の一般市民は、練った小麦粉を膨らませず、灰にくべて焼いたマゼス mazes というものを主食としていた。

前 4 世紀
- アレクサンドロス大王がパレスチナの南東ペトラに 30 の穴倉を作り、氷雪を詰めて食べものを冷やしていた。これが氷菓へとつながってゆく。

前 327
- アレクサンドロス大王の遠征軍がインドで砂糖きびと出会う。

前 4- 前 3 世紀

- バルカン半島に住んでいた南スラブ人（現ブルガリア人の祖先）が、すでにヨーグルトを摂っていたという。

前 200 頃
- この頃にはバターが作られていた。
- フォトイス photois やグロムス glomus という円錐形の焼き菓子（シューの原形）、エピダイトロン epidaitron（小形デザート菓子）、セサミーティス sesamitis（ゴマとピスタチオ入りの菓子）、アルトロガノン artologanon（酸化発酵させたパン菓子）、コプテ kopte またはコプタリオン koptarion（ハニーケーキの一種）、アポテガノイ apoteganoy（焙り焼きした菓子）、アポピリアス apopyrias（炭焼きした菓子）等が楽しまれていた。その他、テッサリアやエピルスといった地域や、クレタ、ロドス、エギナ、サモス、テラといった島々はそれぞれ特産の菓子をもち、交易品として使われていた。この時期 100 種類近い菓子が現れている。
- バースデーケーキや婚礼菓子が作られていた。婚礼の席ではエントリプタ enthrypta（鍋の中で砕いた香ばしい菓子）、エントリプトン enthrypton（ゴマをつぶした蜂蜜入り焼き菓子）などが配られた。

古代ローマ

一般にいう古代ローマとは前 7 世紀頃の建国期から、王制、共和制、帝政を経て、後 395 年の東西分裂、あるいは 476 年の西ローマ帝国滅亡までをいう。ちなみに東ローマ帝国は 1453 年、オスマン帝国に敗れるまで続いた。

前 177
- ローマの貴族ファビウス Fabius 家で世継ぎが生まれ、歓びを分かつべく市民に蜜をからめたナッツが配られる。これが今日のドラジェ dragée の祖となっている。

前 171
- パンやお菓子作りが職業として法的に承認される。パン屋はピストレス pistores、菓子屋はピストレス・プラケンタリイ pistores placentarii、供え物菓子屋はフィクトレス

fictores と呼ばれた。

紀元前後 • 紀元直前のシーザーや紀元直後のネロがアルプスから氷雪を取り寄せ、動物の乳や蜜、酒などを混ぜたり、冷やして飲んだという。氷菓の始まりである。中国やアラビアでも天然の氷雪で氷菓らしきものを作っていたという。アラビア語のシャルバート（冷たい飲みものの意）が、英語のシャーベットやフランス語のソルベの語源になった。

• プラケンタ placenta（小麦粉、山羊のチーズ、蜜で作る焼き菓子）、今でいうタルトの原形、干菓子の一種、その他フランの原形や揚げ菓子などが楽しまれた。またクルストゥルム crustulum という甘い菓子が売り歩かれ、アディパタ adipata（ソフトなビスキュイ）、アルトクレアス artocreas（パイ菓子）などが人気を集めた。また合わせ型の菓子型が頻繁に用いられ、技術水準の高さがしのばれる。

紀元直後 • キリスト教が成立。のち、それにまつわるさまざまな菓子が生まれる、お菓子がかかわる主な行事としては、クリスマス、主顕節（公現節）、聖燭祭、カーニバル、バレンタインデー、イースター（復活祭）、ポワソン・ダヴリル（4 月の魚）、ミュゲ（すずらん祭り）、母の日、ハロウィーンなどがある。

• デコレーションの技法が発達。スクリブリタ scriblita という皿状の菓子には絵が描かれ、エンキトゥム encytum という菓子には、いろいろな色調のグラッセ（被覆）がなされたという。

3 世紀 • 現在のイタリアのミラノでパネットーネ panettone の祖形が作られたという。

269 • 176年に現在のイタリアのテルニに生まれたヴァレンティノは、269年2月14日に殉教。のちに愛の守護聖人を務める聖ヴァレンティノとなり、その殉教の日が今日の聖バレンタインデー（2 月 14 日）の起源となる。

4 世紀 • パスティラリウス pastillarius という製菓業者の技術組合が作られる。

312 • ローマ市内には、パン屋と菓子屋の数は合わせて 254 軒あった。

古代ローマ後期

• 飾り菓子や工芸菓子的なものが食卓をにぎわす。食べるだけではない、感性の高さがしのばれる。

▌中　世

ローマ帝国衰亡の 4 世紀後半からルネッサンス期に至る 14 世紀頃までの、約 1000 年間を指す。戦争、疫病、飢餓の暗い時代であったがゆえに宗教に傾斜し、教会や修道院が力をつけていった。

6 世紀 • インドを発祥とする砂糖がペルシャやアラビアに伝わり、8 世紀には地中海諸国に行き渡っていく。10 世紀にはエジプトでの生産が盛んになる。

7 世紀 • イスラム教が成立。西洋菓子に大きな影響を与える。フランス・ランド地方のトゥールティエール tourtière、ケルシー地方のパスティス pastis、あるいは他の地のクルースタード croustade と呼ばれる折り生地焼き菓子、ドイツのシュトゥルーデル Strudel 等は、モロッコのパスティーヤ pastilla につながりをもつ。またトルコのバクラヴァ bakrava はフイユタージュ（通称パイ生地）へのプロセスととらえることができる。

8 世紀 • グレゴリウス三世（在位 731-741）によって、11 月 1 日を諸聖人祭（万聖節）とすることに決められた。ハロウィーンはケルト人の収穫祭とともに、諸聖人祭の前夜祭の意味も併せ持つ。

- アントルメ entremets という言葉が現れ、料理の終わりのデザートを指す語として使われるようになる。

9 世紀 • ギルド（同業組合）が確立。13 〜 14 世紀には政治的影響力を及ぼすまでになるが、18 世紀に力を失う。パンや菓子の世界には今に至るもそのシステムが残っている。

10 世紀 • 現在のフランスで菓子による王様選びの遊びが行われていた。これがのちのガレット・デ・ロワ galette des Rois に引き継がれていく。

960-1060 頃
- ザンクト・ガレン修道院の院長エックハルト四世の『食卓の祝辞集』の中に、「卵により浮き上がらせるパン」の記述がある。これが“ビスキュイの祖”との説がある。

1096-1270 • 十字軍が組織され、イスラム世界に対し計 8 回の遠征が行われる。その軍用路により東方の砂糖や香辛料が西方にもたらされ、果実の砂糖漬けが作られるなど、コンフィズリー（糖菓）の分野が確立をみてくる。

1179 • ラテラノ公会議において「異教徒との砂糖に関する商取引の禁止」、および「その取引きは教会の高位聖職者のみに限定する」との決議がなされ、一時期砂糖は教会の専有物となる。教会の許可を得た場合に限り、商人も取り扱うことができた。

13 世紀 • 宗教菓子としてのガレット galette、ゴーフル gaufre、ニウリュール nielule、オスティ hostie、ウーブリ oublie など、教会独自のものが作られるようになる。またのちのピュイ・ダムール puits d’amour という器ごと食べられるクリーム菓子やブラン・マンジェ blanc-manger の原形、フランの原形が好んで食べられた。
- 菓子屋の世界では、サン・ミッシェル（聖ミカエル）を自分たちの職業の守護聖人と定め、その祝日を 9 月 29 日とする。
- フランスでゴーフルのギルド（同業組合）が作られ、それを街頭で呼び売りする権利を独占していた。

1260 • 吟遊詩人タンホイザーは、地中海の船旅の折、「わが水は濁り、わがビスコットは堅し」と言っているが、このビスコットは、今日のラスクか乾パンの類と思われる。

1271-1295 • マルコ・ポーロが東方を旅する。訪れた中国に砂糖工場があり、ジャムの前身の果実の砂糖煮が作られていたことを知る。

1281 • 現在のオランダやベルギーで、菓子による王様選びの遊びが行われた。今日の主顕節（公現節）のガレット・デ・ロワの習慣につながってゆく。

近　世

14 世紀頃から 17、8 世紀までの、いわゆるルネッサンスから始まる時代でバロック、ロココを含むとの解釈もある。暗かった中世を乗り越え、ヨーロッパは自由尊重の時代を迎えて、経済的にも豊かになり、多くの学問が起こり、科学技術も著しく進歩した。食文化も一気に成長してゆく。

近世初期 • いろいろなクリームを使ったフラン flan、フイユタージュの元ともいうべきガトー・フイユテ gâteau feuilleté、エショーデ échaudé というゆで菓子、タルトの原形のトゥールト tourte、マカロン、マジパンなどが食され、洗礼用の菓子としてボンボンやドラジェが広まっていった。

14 世紀 • ヴュルツブルクの羊皮紙文書にブラン・マンジュの元たる Blamenser の語が見られる。
- 蜂蜜を使ったクッキーの一種レープクーヘン Lebkuchen は、みつろうを作るろうそく職人の手によっても作られていた。
- ドイツ語圏でシュトレン Stollen という発酵菓子が現れる。

1307 • マルコ・ポーロがルスティケロという小説家に筆記させた『東方見聞録』ただしくは『世界の叙述』が出版され、ジパング（日本）の存在が西欧諸国に知られる。

1311 • フランスのアミアンの司教であったロベールがこの年書いた書の中に、すでにフイユタージュらしきものを使ったお菓子が出てくる。

1316 • 現在のイギリスで豆をもってする王様選びの遊びが初めて行われる。

1329 • ナウムブルクの大司教ハインリッヒがパン屋に対し、新たなギルド（同業組合）結成の許可を与えたが、その代償として毎年クリスマスにはシュトレンを2個納めるという条件がつけられる。この時期すでにシュトレンがクリスマスに食べられる菓子であったことがわかる。

1390 • スイスで、菓子による王様選びの遊びが行われる。

1421 • フランクフルト・アン・デア・オーダーで初めて菓子による王様選びの遊びが行われる。

1425-1430 • リーヒェンタールのウルリッヒが書き残しているコンスタンツでの公会議の記録の中に、手押し車に積んだオーブンで、パステーテン Pasteten（パテ）やブレーツェル Brezel を売り歩く図が付けられている。

1438 • ドレスデンでシュトレンが作られていたといい、今日でもこれは同市の銘菓として引き継がれている。

1440 • フランスで、製パン職人から離れて菓子作り専門のギルド（同業組合）が結成される。

1440 頃 • フランスの料理人タイユヴァン Taillevent 本名ギョーム・ティレル Guillaume Tirel（1312?-1395）の『Le viandier ル・ヴィアンディエ』が印刷される。同書は今日のフランス料理の祖といわれ、またフランスで印刷されたもっとも古い料理書といわれている。

1467 • ニュルンベルクで帝国議会が開かれた折、皇帝フリードリッヒ三世がこの町の4000人の子供たちに、ワインと彼の肖像を描いた菱形のレープクーヘンを分け与えたという記録がある。同地ではそれをカイザーライン（小さな皇帝）と呼び、1679年頃まで作っていた。

1479 • カスティーリャの女王イサベラとアラゴンの王子フェルナンド二世が結婚し、スペイン王国が誕生。そのしばらくのち、同地にビスコッチョ bizcocho と呼ばれるスポンジケーキが生まれる。それは隣国ポルトガルに伝わり、カスティーリャ・ボーロ（カスティーリャの菓子）と呼ばれた。

15 世紀後半
- 現在のイタリアの地で、ロドヴィコ・イル・モロ（1469-1494）の時代に、ミラノのデラ・グラッツィアにあった製菓所のウゲットが、今日的なパネットーネを初めて焼いたといわれている。製菓所の主人の名であるトーネのパンという意味で呼んだパネ・ディ・トーネがパネットーネの語源とされている。

1492 • コロンブスが西インド諸島に到着。アメリカ大陸を発見する。

1499 • スイスが13州を組織してハプスブルク家より独立を果し、共和国となる。後年伝統にしばられない自由で進歩的な発想による菓子作りで世界をリードしていく。

15-16 世紀

- このあたりからタルトよりトルテが分かれる。その後さまざまな形に発展してゆく。その分岐点にタルト・リンゼル tarte Linzer（リンツァートルテ Linzertorte）がある。

16 世紀頃

- 2 月 2 日の聖燭祭の折、初めてクレープ crêpe が焼かれたという。なお語源的には中世の英国のクレスプ cresp、またはクリスプ crisp から転じたとされる。
- 現在のイタリアのジャン・パスティーリャという製菓人によって、パスティヤージュが考案されたという。

16 世紀初頭

- ヴェネツィア近くのパドヴァのマルクス・アントニウス・ジマラ教授が、水に硝石を入れると温度が著しく低下することを発見。このことによりワインや各種の飲みものを思いのまま冷やせるようになった。

1502
- コロンブスが 4 回目の航海の折、この年の 7 月 30 日ニカラグアで、カカオ豆が貨幣の代わりをしていたり、それが飲みものになっていることを知る。しかし、彼はその貴重さがわからぬまま通り過ぎている。

1506
- フランスのオルレアネ地方ロワレ県ピティヴィエ Pithivier の町のプロヴァンスィエール Provencière という菓子屋が、初めてクレーム・ダマンド（crème d'amande アーモンド・クリーム）を作り、これをもってひとつのお菓子を作った。これが後にフイユタージュに包まれ、今も同市で親しまれているピティヴィエという銘菓になる。

1508
- スイスのルツェルンとバーゼルで行われた民族祭で、アーベントブロート・ミット・コンフェクト Abendbrot mit Konfekt と呼ばれたコンフェクト（クッキー）付きのパンがふるまわれる。

1510
- ベネディクト派の修道院で 27 種の香草を混ぜたリキュール、ベネディクティーヌ bénédictine が作られる。

1519
- エルナン・コルテス率いるスペイン軍が、南米アステカの王・モンテズマと戦い、勝利する。のち、アステカ人の好むショコラトルなる飲みものを知る。この語は今日のチョコレートやショコラの語源となる。

1526
- ショコラトルがスペイン王カルロス一世に献上される。この後、スペイン人はこれに蜂蜜やバニラなどを入れ、自分たちに合う飲みものに変えていく。

16 世紀前半頃

- フィレンツェのベルナルド・ブオンタレンティが、氷に硝石を入れて冷却する技術を開発。本格的に食べものを凍らせることに成功。氷菓の技術が促進された。

1533
- フィレンツェのメディチ家のカトリーヌが、のちのフランス王アンリ二世となるオルレアン公に嫁いだ。このときナイフとフォークによる食事の作法をはじめ、シャーベット、マカロン、プティ・フール、ビスキュイ・ア・ラ・キュイエール biscuit à la cuillère（フィンガー・ビスケット）等がフランスに伝わる。

1535
- フランドル地方（旧フランドル伯領。オランダ南部、ベルギー西部、フランス北部にかけての地域）でチョコレートが飲まれていた記録がある。

1543
- ポルトガル船が種子島に漂着。鉄砲などとともにカスティーリャ・ボーロやビスケット、パン、ワインなどを伝える。日本の西洋菓子史はこのあたりより始まる。

1547 ・バルタザール・シュタインドルの書いた料理書に、バウムクーヘンの祖ともいえるシュピースクーヘン Spießkuchen（ひも状にしたパン生地を巻いたもの）の作り方が記されている。

1564 ・シャルル九世の発令により、それまでの1月1日を4月1日に変更。人々は4月1日にも冗談として正月の祝賀を述べ合ったという。このことが軽いうそならついていいというエイプリル・フールやフランスのポワソン・ダヴリール（4月の魚）という催事につながったともいわれている。

1569 ・教皇ピウス五世は、このようなまずいものは習慣になるはずがない、との判断からチョコレートの禁止令を解く。

1570 ・教皇ピウス四世の秘書兼大膳職だったバルトロメオ・スカッピが『オペラ』という名の料理書を著す。のち各国語に翻訳され、ヨーロッパの料理界に大きな影響を与える。

1581 ・マルクス・ルンポルト Marx Rumpolt の書いた『Ein new Kochbuch アイン・ノイ・コッホブーフ（新しい料理法）』にシューの原形のクラップフェン Krapfen という揚げ菓子、バウムクーヘンの元たるシュピースクーヘン Spießkuchen、シュピースクラップフェン Spießkrapfen、プリューゲル Prügel（ルー状の種をかけて焼いたもの）などが述べられている。

1582 ・グレゴリウス十三世のもとに、この年の10月5日を10月15日と改める。以後、グレゴリオ暦として今に至っている。

1588 ・英西戦争でイギリスがスペインの無敵艦隊を破る。英艦隊は積んでいたビスケットにより、食糧に不安なく戦えたという。スペインに代わって七つの海を制覇していくイギリスは、船上の余り物をまとめて蒸し焼きにして作るプディングを考案する。

1598 ・ロンツェールの書いた料理書の中に、“Hispanisch”、すなわちスペイン風の生地として、今日のフイユタージュ（パイ生地）の祖ともいえる生地の作り方を記している。

17世紀 ・この時代の美味としては、プララン公爵 Duc de Choiseul-Pralin（1598-1674）が女性のためにいつも忍ばせていたという砂糖がけのアーモンド（プラリーヌと命名）、ベシャメイユ公爵 Louis de Béchameil（生没年不詳）が開発したというソース・ベシャメル sauce béchamel、イースト菌の働きを利用したブリオッシュ brioche、ヌガー、ドラジェ等がある。またフイユタージュやクリーム類が出回ってくると、それらで組み立てられるパリ地方のガレット・デ・ロワなども今日の形に完成されてくる。
・アイスクリームが正式の食事のアントルメとして定着する。
・フランスのディドロ・ダランベールの書いた『料理全書』の中にゴーフルの配合が記されており、レモンの皮やチョコレート、スペイン産のワイン入りなど、さまざまなバリエーションができるとある。
・イタリアの画家ヤコポ・キメンティの描いた『食料置き場』という絵の中に、王冠状に焼かれたシュー菓子が見られる。この時期、同生地は揚げるだけでなく、オーブンでも焼かれていたことがわかる。
・フランス・ロレーヌ地方ナンシーの修道院のマカロンが、スール・マカロン sœur macaron として人々に好評を得てくる。のち、ムランの聖母マリア修道院、コルメリ修道院等各地の修道院でもマカロンを作るようになった。
・イタリア人のフランジパーニが、カスタードクリームに粉末アーモンドやバターを加えたフランジパーヌというクリームを考案する。
・フランスのコンデ家のシェフをしていたヴァテル Vatel という料理人がクレーム・シャンティーイ crème chantilly（泡立てた生クリーム）を創作する。

- 通称パイ生地と呼ばれるフイユタージュが現れてくる。一説によると画家のクロード・ジュレがバターを入れ忘れ、後から加えてできたという。別説ではコンデ家の製菓長のフイエの手になるものという。

1600 • オリヴィエ Olivier が『Théâtre d'agriculture テアトル・ダグリキュルテュール（農業経営論)』を著す。アンリ四世に招かれてパリに赴いた彼は、養蚕業に尽力後、1004 ページにも及ぶ同書を上梓。17 世紀中に 19 版を重ねたフランスの代表的な農業に関する書である。

1603 • イギリスの文献に初めてシャーベットという言葉が出てくる。

1606 • スペインの宮廷に仕えていたイタリア人のアントニオ・カルレッティによって、チョコレートが本格的にイタリアに伝えられる。

1609 • ポーランド王スタニスワフ・レシチンスキ付きのシェフ、シュヴリオ Chevriot が、フランスのランベールという町で作られていたクグロフの新しい食べ方としてババを考案したという。スタニスワフ王は愛読書の『千夜一夜物語』の主人公のアリ・ババの名をこの菓子に与えた。また、コルクの栓に似ているところからババ・ブション baba bouchon ともいわれるようになった。なお、マドレーヌも同じくシュヴリオの考案によるとの説がある。なおこれについては、タレイラン公の家で働いていたアヴィス Avice という製菓人、あるいは同家の女性料理人によってともいわれている。

1615 • スペインのアンヌ・ドートリッシュがフランス王ルイ十三世に嫁いだ時に、その輿入れとともにチョコレートが初めてピレネーを越えてフランスに入る。

1615-1617 • オランダの画家 J・アルベルト・ローティウスの描いた「果実のある静物画」の中に、パネットーネが見られる。イタリアに始まったこの菓子が、この時期広くヨーロッパに広がっていたことがわかる。

1624 • フランス王ルイ十三世の妹のアンリエッタ・マリアがイギリス王チャールズ一世に嫁いだとき、シャーベットが正式にイギリスに伝わる。一説によるとド・ミレオという料理人が、チャールズ一世の宴席でこの冷たい飲みものを出して高い評価を得、製法をもらさないとの約束のもとに 20 ポンドの年金が与えられたという。

1636 • オーストリア・ハンガリー帝国がトルコ軍と対峙したとき、トルコ軍の攻撃を察知した早起きのパン屋の通報でこれを撃破することができた。この勝利を記念して、トルコの国旗にある三日月形のパン、すなわちクロワッサンが作られたという。

1651 • フランスの料理人フランソワ・ピエール・ド・ラ・ヴァレンヌ François Pierre de la Varenne（アンリ四世の妹のバール公爵夫人に仕えていたといわれる）が、『Le Cvisinier françois ル・キュイズィニエ・フランセ（フランスの料理人)』を著した。

1652 • イギリスにコーヒーハウスができる。

1655 • フランソワ・ピエール・ド・ラ・ヴァレンヌが『Le Pastissier françois ル・パティスィエ・フランセ（フランスの製菓人)』を著す。この中に初めてシュー choux、クレーム・パティスィエール（カスタードクリーム）の語が出てくる。またミルフイユ mille-feuille の製法も記されている。

1657 • イギリスにチョコレートハウスができる。

1660 • スペインのマリア・テレサがフランス王ルイ十四世に嫁ぐとき、チョコレート作り専門の侍女たちも同行している。

1660 頃 • イタリアのクートゥによって攪拌凍結の方法がとられ、口当たりの良いシャーベットができるようになる。

1662 • ブランカッチョ枢機卿が、チョコレートは液体ゆえ、断食を破ることにはならないとの判断を下す。
• フランソワ・ピエール・ド・ラ・ヴァレンヌが『Le Cvisinier methodique ル・キュイズィニエ・メトディック（料理法)』を著す。

1667 • フランソワ・ピエール・ド・ラ・ヴァレンヌが『Le Parfaict Confiturier ル・パルフェクト・コンフィテュリエ（完全なるジャム製造人)』を著す。

1681 • フランソワ・ピエール・ド・ラ・ヴァレンヌが、『Le Confiturier françois ル・コンフィテュリエ・フランセ（フランスのジャム製造人)』を著す。

1683 頃 • クロワッサンがオーストリアからフランスに伝わったという。

1686 • シチリア出身のフランチェスコ・プロコピオ・デイ・コルテルリが、パリでカフェ・プロコプを開業。今でいうムース・グラッセやパルフェ・グラッセにあたる静置凍結の評価を提供、大好評を博す。

1692-1740 • マシアロ Massialot が『Nouvelles instructions pour les confitures ヌーヴェル・アンストリュクシオン・プール・レ・コンフィテュール（ジャム作りのための新指南書)』を著す。

1699 • ドイツの『Konfekt Tisch コンフェクト・ティッシュ』という本に、共立て法（全卵で作る方法）のビスクヴィートマッセ Biskuitmasse（スポンジ生地）の製法が記されている。これは“フランス風の砂糖入りのパン”と呼ばれたという。

近　代

18 世紀から 20 世紀にかけての時代で、近代社会が開かれていく過程である。

18 世紀 • バウムクーヘンが今日のような形に完成されてくる。
• フランスの菓子屋においてトレトゥール traiteur（仕出し料理）のジャンルが確立される。

1700 • アメリカのメリーランド州知事ブレーデンを訪ねた客の書いた手紙にアイスクリームの文字が記されている。

1701 • フランスのブルゴーニュ侯が南仏モンテリマールの町を通ったときに、市民から白いソフトなヌガーを贈られた。以来、それをヌガー・ド・モンテリマール nougat de Montélimar と呼ぶようになった。

1703 • フランスのコメルシーで有名になったマドレーヌが、この年ヴェルサイユで流行り、次いでパリで流行していく。

1710 • ビスキュイやマカロンを作るために、受け口のある注射器のような器具が開発される。

1719 • ザルツブルク大司教の料理人コンラッド・ハガー Conrad Hagger の書いた『Neues Saltzburgisches Kochbuch ノイエス・ザルツブルギッシェス・コッホブーフ（新ザルツブルク料理書・2 巻)』に、今日のバウムクーヘンに近いプリューゲルやシュピースクラップフェンが見られる。

1720 頃 • 卵白を泡立てたムラング（メレンゲ）が、この頃作られたという。『ラルース料理百科事典』によると、発明したのは、ガスパリーニ Gasparini というスイスの製菓人で、彼はメリニゲン Mehrinyghen というところに住んでいた由。その地名が転訛してメリンゲンマッセ、メリング、ムラングになったという。なおその場所は不明でドイツともスイスともいわれている。

1739
- フランスの料理人、ムノン Menon が『Nouveau traité de la cuisine ヌーヴォー・トレテ・ド・ラ・キュイズィーヌ（新しい料理法）』を著す。

1742
- ムノンが『La Nouvelle cuisine avec de nouveaux menus ラ・ヌーヴェル・キュイズィーヌ・アヴェック・ド・ヌーヴォー・ムニュ（新メニューで綴る新しい料理）』を著す。

1745
- ドイツの化学者、アンドレアス・ジギスムント・マルクグラーフ Andreas Sigismund Marggraf（1709-1782）が、飼料用のビートから砂糖を分離することに成功。甜菜糖製造への道を示した。

1746
- ムノンが『La Cuisinière bourgeoise, suive d'office à l'usage de ... ラ・キュイズィニエール・ブルジョワーズ・スュイーヴ・ドフィス・ア・リュサージュ・ド……（ブルジョワ家庭の女料理人）』を著す。

1747
- ドイツのマルクグラーフが、甜菜（砂糖大根）の中に甘味成分（砂糖）があることをベルリンのアカデミーに報告したが、このときは無視される。

18 世紀中頃
- ルイ十五世（1715-1774）に嫁いだマリア・レシチンスキと、愛妾ポンパドゥール夫人の葛藤を知るスタニスワフ・レシチンスキは娘マリアのために、ヴォローヴァン vol-au-vent という、パイ生地の器にソースベシャメルを詰めた料理を開発。王妃はシェフに命じてその小型のブシェ・ア・ラ・レーヌ bouchée à la Reine を作らせる。

1750
- ムノンが『La Science de maître d'hôtel, Confiseur ラ・スィアンス・デュ・メートル・ドテル・コンフィズール（給仕と糖菓の知識）』を著す。

1750 頃
- イタリアのプトソンという人によって、シャーベットが一年中売られるようになり、急速に一般化していく。

1751
- ギリエ Gilliers が『Le cannaméliste français ル・カンナメリスト・フランセ（フランスの砂糖業）』を著す。

1755
- ムノンが『Les Soupers de la Cour レ・スーペ・ド・ラ・クール（宮廷の夕食）』を著す。

1758
- ムノンが『Traité historique et pratique de la cuisine トレテ・イストリック・エ・プラティック・ド・ラ・キュイズィーヌ（歴史概論と実践的料理）』を著す。

1759
- ムノンが『Le manuel des officiers de bouche ル・マニュエル・デ・ゾフィスィエ・ド・ブシュ（食通の功労者概要）』を著す。

1760
- フランス王室チョコレート製造所が作られる。

1761
- ムノンが、『Almanach de Cuisine M DCC LXI（食通年鑑 1761）』を著す。

1762
- フランスのシャルトル会の修道院・シャルトルーズ chartreuse で、同名のシャルトルーズという名のリキュールが作られる。これは 130 種の香草及び薬草類から香味を抽出したもの。

1765
- マシアロ Massialot が『Le Confiturier royal ル・コンフィテュリエ・ロワイヤル（王室ジャム製造人）』を著す。

- イギリスからボストンに来たジョン·ハノンがドクター·ベイカーとともに、初めてチョコレートの商いを始める。

1769
- ドイツのマルクス・ローフトが書いた『ブラウンシュヴァイクの料理書』の中に、今日のタイプのバウムクーヘンの作り方が記されている。18世紀半ば過ぎには今日的なものがほぼ完成されていたと言っていい。

1770
- オーストリアのハプスブルク家よりマリー・アントワネットが、フランス王ルイ十六世に嫁ぐ。彼女の輿入れを機にフランスにクグロフやクロワッサンが広まっていく。また同妃はヴェルサイユ宮殿の中のプティ·トリアノンの別棟の田舎家で、ムラング（メレンゲ）菓子作りを楽しんだという。

1774
- フランスのシャルトルの大公が、列席した人々にデザートとして、表面を紋章で飾ったアーティスティックな氷菓を供する。中身はボンブ（砲弾）型に生クリームを使ったパルフェやムースの類を詰めたものであった。

1775
- イギリスのウィリアム・コール博士により、フリーザーが開発され、氷菓の技術がまた一歩前進する。

1778
- フランスのドレがチョコレートの混合練り機を開発する。これ以降その加工技術が進歩していく。

1779
- ハイクオリティの氷菓として、フランスでリキュール入りのパルフェ・グラッセが作られる。

1783
- アメリカ合衆国が独立する。これに先立ち、イギリスを出てアメリカに向かった清教徒の一行が、途中オランダに寄り、同地に伝わるオリーケイクあるいはフェトクッカと呼ばれる揚げ菓子を学んだ。これがドーナッツの始まりという。

1784
- アメリカ大統領ジョージ・ワシントンの帳簿に5月17日付けで、アイスクリームの機械の購入の記録がある。同国の氷菓の機械化の第一歩である。

1789
- フランス革命が起きる。この革命によって、ブラン・マンジェ blanc-manger の作り方が失われないかと、美食家のグリモ・ド・ラ・レイニエール Grimod de la Reynière が心配したという。

1792
- ル・コワント・ジュールダン Le Cointe Jourdan が、2冊構成の『La Pâtisserie de santé ラ・パティスリー・ド・サンテ（健康的な菓子）』を著す。

1796
- イザボー Isabeau が『Le Manuel de la friandise ル·マニュエル·ド·ラ·フリアンディーズ（美食概論）』を著す。

1800頃
- シャーベットの技術がドイツに伝わり、次いでイギリス、アメリカにも波及していく。

1801
- ユトレヒト·フリデル Utrecht-Fridel が『L'art du confiseur ラール·デュ·コンフィズール（糖菓の芸術）』を著す。

1802
- ドイツの化学者、アンドレアス・マルクグラーフの弟子フランツ・カール・アシャード Franz Karl Achard（1753-1821）が、甜菜から砂糖を作り出すテストに成功し、この年に製造工場を作り、甜菜糖の工業化への道を開く。

1803
- フランスのヴォードヴィル座の「ヴィエル弾きのファンション」でヒロインを演じた歌手ベルモンに敬意を表してファンショネット fanchonette というお菓子が作られる。

1803-1812
- グリモ·ド·ラ·レイニエールが「食味鑑定委員会」を作り、この期間『食通年鑑』を刊行。

多くの料理、菓子、食品について論評を与える。

1804-1814• ナポレオン第一帝政時代。ナポレオンが甜菜（砂糖大根）栽培の一大奨励策を打ち出した。これを機に、砂糖が広く行き渡るようになる。

1807 • 1月13日、ミルフイユ mille-feuille が、グリモ・ド・ラ・レイニエールの主催する食味鑑定委員会の鑑定にかけられ、「それをたとえるなら、幾重にも重ねられた葉のようだ」とたたえられる。

1808 • フランスのボルドー地方ラルサで、絞り袋の元となる円錐形の紙袋が考案される。破れやすく特に先端の切り口の合わせ目ののり付け部分が弱く、まだ使いづらいものだったという。

1811 • 一説によると、この年、アントナン・カレームが絞り袋を考案したという。彼は仕えていたシャルル・モーリス（ナポレオン一世の外務大臣を務めた人）やタレイラン・ペリゴール公爵に、もっと細長く美しいビスキュイ・ア・ラ・キュイエールを作るように命じられ、絞り袋をつかうことを思いついたという。

1814 • フランスの料理人 Antoine Beauvilliers アントワーヌ・ボーヴィリエが『Art de cuisine アール・ド・キュイズィーヌ（料理の芸術）』を上梓。フランスだけでなくイギリス料理も取り入れるなど、意欲的な本として評価されている。

1815 • フランスのアントナン・カレーム Antonin Carême（正式名はマリー・アントワーヌ・カレーム Marie-Antoine Carême 1784-1833）が、『Le Pâtissier Royal Parisien ル・パティスィエ・ロワイヤル・パリズィアン（パリの王室製菓人・2巻本）』及び『Le Pâtissier Pittoresque ル・パティスィエ・ピトレスク（製菓図案集）』を著す。

1816 • ユトレヒト・フリデルが『Le confiseur impériall ル・コンフィズール・アンペリアル（皇室糖菓製造人）』と『Le confiseur royal ル・コンフィズール・ロワイヤル（王室糖菓製造人）』を著す。

1819 • フランソワ・ルイ・カイエがスイスで初めてチョコレートを手がける。

1820 • スイスのルドルフ・リントが、チョコレートを長時間攪拌することによって口当たりをなめらかにすることに成功し、彼によって初めて今日の一口チョコレート菓子の元となるフォンダン・ショコラが作られた。
• アントナン・カレームが絞り袋を紙製から布製に改良したといわれている。またフランスのランド地方の菓子職人のロルサが、いろいろなシュー菓子を作るために今様に近い絞り袋を考えついたともいわれている。

1821 • アントナン・カレームがパリ市の美化のための改造計画として、『Projets d'architecture Dédiés à Alexandre 1er プロジェ・ダルシテクテュール・デディエ・ア・アレクサンドル・プルミエ（アレクサンドル一世に捧げる建築計画）』を著す。

1822 • アントナン・カレームが『Le maître d'hôtel français ル・メートル・ドテル・フランセ（フランスの給仕長）』を著す。

1823 • 糖液を結晶化させたフォンダン fondant が作られる。この発明により、お菓子の上に甘さをとどめるとともに、つややかさとカラフルな装いを与えることができるようになった。

1824 • パリのブルダルー通りに店を構えていたファスケルという製菓人が、洋梨入りの焼いたタルトを作り、タルト・ブルダルー tarte Bourdalou と名付ける。

1825 • ブリア＝サヴァラン Brillat-Savarin（正式名ジャン・アンテルム・ブリア＝サヴァラン Jean Anthelme Brillat-Savarin 1755-1826）が『Physiologie du goût フィズィオロジ・デュ・グー（味覚の生理学）』を著す。司法官にして政治家の彼は、これにより希代の美食家として名を残すことになった。

1826 • アントナン・カレームが『projets d'architecture pour l'embillissement de Paris プロジェ・ダルシテクテュール・プール・ランビリスマン・ド・パリ（パリ市の美化のための改造計画）』を著す。
• ガコン・デュフール Gacon-Dufour が『Manuel du pâtissier et de la pâtissière マニュエル・デュ・パティスィエ・エ・ド・ラ・パティスィエール（製菓人概論）』を著す。

1828 • オランダのヴァン・ホーテンが、カカオ豆を絞り器にかけて、カカオバターを抽出することに成功。この搾りかすを粉砕したカカオパウダーを湯に溶き、ココアドリンクが作られる。
• アントナン・カレームが『Le Cuisinier Parisien ル・キュイズィニエ・パリズィアン（パリの料理人）』を著す。
• リオネ＝クレマンド Lionnet-Clémandot が『Le Nouveau Confiseur moderne ル・ヌーヴォー・コンフィズール・モデルヌ（最新糖菓）』を著す。

1831 • シモナン Simonin が『Le Pâtissier usurpateur ル・パティスィエ・ユズュルパトゥール（進出する製菓人）』を著す。

1832 • ウィーンの製菓人フランツ・ザッハー Franz Sacher が重厚な味覚のチョコレートケーキを考案。自分の名をつけてザッハートルテ Sachertorte とした。後、世界の銘菓として名を馳せていく。

1833 • アントナン・カレームが『L'Art de la CUISINE FRANÇAISE au 19me siècle ラール・ド・ラ・キュイズィーヌ・フランセーズ・オ・ディズヌヴィエーム・スィエークル（19世紀のフランス芸術料理・全5巻）』を著す。全5巻のうち第3巻は娘のマダム・デュパルクの口述筆記、4、5巻は弟子のプリュムレ Plumerey によって2年後の1835年書き継がれた。
• ルブラン Leblanc が『Manuel du pâtissier マニュエル・デュ・パティスィエ（製菓人概論）』を著す。

1834 • アメリカのジェイコブ・パーキンスが、マイナス20℃まで下げることが可能な機械を開発。氷菓の発展に拍車がかかる。

1836 • ヴィルト Wirthe が『Le Confiseur national et Universel ル・コンフィズール・ナシオナル・エ・ユニヴェルセール（国内と世界の糖菓）』を著す。
• ブロン Belon が『Le Pâtissier universel et national ル・パティスィエ・ユニヴェルセール・エ・ナシオナル（世界と国内の製菓人）』を著す。

1840 • ブロンが『Nouveau manuel du pâtissier ヌーヴォー・マニュエル・デュ・パティスィエ（新製菓人概論）』を著す。

1840 頃 • ボルドーでフリブールと呼ばれるババ baba が作られていた。シブースト Chiboust の店に勤めていた製菓人オーギュスト・ジュリアン Auguste Jurien が、これにレーズンを加え、リング型にして、美食家として名高いブリア＝サヴァラン Brillat-Savarin の名を与えた。

1842 • イギリスのキャドバリーの定価表に、イーティング・チョコレートの名称が登場する。
• アラゴ Arago が『Physiologie du bonbon フィズィオロジ・デュ・ボンボン（ボンボン

の生理学)』を著す。

1843
- フイユタージュの器にクレーム・パティスィエール（カスタードクリーム）を詰め、表面にかけた砂糖をコテで焼いたピュイ・ダムール puits d'amour（愛の井戸）という菓子が、オペラ・コミック座で上演された「ピュイ・ダムール」にちなんで作られたといわれている。なお別の説では、18 世紀のパリのグランド・トリュアンドリー通りに、人々が小銭を投げ込んでいたその名の井戸があり、それにちなむともいわれている。

1844
- ベルナルディ Bernardi が『Le Glacier royal ル・グラスィエ・ロワイヤル（王室氷菓人)』を著す。

1845
- フランス・ボルドーの製菓人によって、タン・プール・タン tant pour tant（砂糖と粉末のアーモンドを同量に混ぜた製菓副材料）が考案される。

1846
- アメリカのナンシー・ジョーンズ夫人が、溶液を密封できる容器に入れて、ハンドルを回して作る氷菓の製造器具を発明。さらにウィリアム・ヤングが、その容器の中に攪拌器を取り付け、家庭でも爆発的にアイスクリーム作りが普及する。
- パリのサン・トノレ通り（今のものではなく昔の通り）に店を構えていたシブーストが今までにない軽いクリームを作り、自分の名を付してクレーム・シブーストと名付ける。
- マシェ Machet が『Le Confiseur moderne ル・コンフィズール・モデルヌ（近代糖菓)』を著す。

1847
- ニューイングランドの輸送船の船長ハンセン・クロケット・グレゴリーが、嵐に遭遇した際、手にしていたドーナッツを舵の棒に突き差し、懸命に操縦して難を乗り切った。これを記念して、以来ドーナッツは穴をあけて作るようになったという。
- フランスのオブリオ Aubriod という製菓人が、生地を袋に詰めて絞ることを思いついたとの説がある。
- トロッティエ Trottier が口金を考案したと伝えられている。

1848
- イギリスのフライ・アンド・サン社が「chocolat délicieux à manger ショコラ・デリシウー・ア・マンジェ」と名付けた板チョコのはしりを作る。
- ボストン Boston が『Le Manuel du pâtissier anglais ル・マニュエル・デュ・パティスィエ・アングレ（英国製菓人概論)』を著す。

19 世紀中頃
- フランスのイル・エ・ヴィレーヌ県ディナールに住むスイス出身のプランタという製菓人がフイユタージュにグラスロワイヤルを塗ってアリュメット allumette という菓子を作る。
- その他同時期、フイユタージュを使ったものとして、サクリスタン sacristain、パルミエ palmier、タルト・オランデーズ tarte hollandaise、ピティヴィエ pithiviers などが作られた。シュー生地を使ったものとして、ペ・ド・ノンヌ pet de nonne という揚げ菓子、ニョッキ gnocchi という料理菓子、あるいはシュー・ア・ラ・クレーム chou à la crème、エクレール éclair、セーヌにかかる新橋の意味のポン・ヌフ pont neuf、シューにチーズをふりかけたラムカン ramequin、砂糖をふりかけたパン・ド・ラ・メック pain de la Meque などが作られた。その他口当たりの良いものとして、現在のドイツのバイエルン地方に起源を持つバヴァロワ bavarois、あるいはガトー・ブルトン gâteau breton、ガトー・ド・ジェーヌ gâteau de Gênes などもこの頃登場してくる。
- ドミンゴ・ギラルデリがサンフランシスコにチョコレート工場を作り、大成功を収めた。

1851
- アメリカ・ボルチモアのジェイコブ・ファッセルという乳製品販売業者が、アンモニア利用の技術をもって、アイスクリームの大量生産に踏み出す。彼は今に至るも“アイスクリーム産業の父”と称されている。
- ドイツのロッテンヘファー Rottenhöfer 著の『Kochbuch コッホブーフ（料理書）』に今日的なバウムクーヘンがイラスト入りで記されている。

1856
- パリのフラスカティという菓子屋が、修道女をイメージしたシュー菓子ルリジューズ religieuse を作る。
- フランスの料理人ユルバン・（フランソワ）・デュボワ Urbain(-François) Dubois（1818-1901）とエミール・ベルナール Emile Bernard（1826-1897）が共著で『La Cuisinier classique ラ・キュイズィニエ・クラスィック（古典料理・1864 年から 2 部になった）』を著す。デュボワはアントナン・カレームと同様、一皿ずつのサービスに力を注いだ。
- ベイユー Bailleux が『Le Pâtissier moderne ル・パティスィエ・モデルヌ（近代製菓人）』を著す。

1860
- マンガン Mangin が『Le Cacao et le chocolat ル・カカオ・エ・ル・ショコラ（カカオとチョコレート）』を著す。

1862
- カルデリ Cardeli が『Nouveau manuel du confiseur chocolatier ヌーヴォー・マニュエル・デュ・コンフィズール・ショコラティエ（糖菓とチョコレートの新技法）』を著す。

1863
- パリのサン・トノレ Saint-honoré 通りにあった菓子屋のシブーストが、1846 年にクリーム・シーブストと名付けられた柔らかいクリームを開発したが、一説によるとそのクリームをもって、その店のオーギュスト・ジュリアンが、サン・トノレと名付けるお菓子を、この年に作ったといわれている。なお別説ではこのお菓子もシブーストの考案とされてもいる。

1865
- この前年の 1864 年、ジャック・オッフェンバックによる全 3 幕のオペレッタ「ベル・エレーヌ Belle-Hélène（美しきエレーヌ）」が上演される。それにちなんで洋梨にチョコレートをあしらったデザートが作られ、その名をとってベル・エレーヌ、または洋梨を使うところから、ポワール・ベル・エレーヌ Poire Belle-Hélène と名付けられた。
- キエ Quillet というフランス人の製菓人がバタークリームを考案した。
- フランスの製菓人ピエール・ラカン Pierre Lacam（1836-1902）が『Nouveau Pâtissier-glacier français et étranger ヌーヴォー・パティスィエ・グラスィエ・フランセ・エ・エトランジェ（フランス及び海外の新しい製菓人と氷菓職人）』を著す。
- フランスの製菓人ピエール・ラカンが『Le Pâtissier, Gracier ル・パティスィエ・グラスィエ（製菓人・糖菓職人）』を著す。なお彼はムラング・イタリエンヌを使ったアントルメを得意とした。

1866
- タルディウー Tardieu が『La Pâtisserie et le Dessert à la maison ラ・パティスリー・エ・ル・デセール・ア・ラ・メゾン（家庭における菓子とデザート）』を著す。

1867
- フランスの製菓人にして料理人のジュール・グフェ Jules Gouffé（1807-1877）が『Le Livre de Cuisine ル・リーヴル・ド・キュイズィーヌ（料理書）』を著す。彼はピエス・モンテ（工芸菓子）の飾り付けや料理の盛り付けに才能を発揮した。

1868
- ドイツで製氷機が発明され、氷菓の進展にはずみがつく。
- ユルバン・デュボワが『La Cuisine de tout les pays ラ・キュイズィーヌ・ド・トゥー・レ・ペイ（すべての国の料理）』を著す。
- デスディエ Desdier が『Physiologie du pâtissier par un pâtissier フィズィオロジ・デュ・パティスィエ・パール・アン・パティスィエ（製菓人による製菓人の生理学）』を著す。

1869
- ゴスラン Gosselin が『Le manuel des chocolatiers ル・マニュエル・デ・ショコラティエ（チョコレート製造人概論）』を著す。
- ジュール・グフェが『Le Livre des Conserves ル・リーヴル・デ・コンセルヴ（貯蔵法）』を著す。

1870
- カール・クラックハルトが、ドイツで最初の近代製菓専門書といえる『Das Konditorbuch（製菓全書）』を著す。彼は 1837 年、ヴァルメスキュルヒェに生まれ、14 歳で菓子の見習いになり、ヨーロッパ各地で修業を積み、のちアメリカに渡っている。なお同書はドイツ菓子のバイブルとして同国製菓業界に大きな影響を与えた。

1872
- ユルバン・デュボワとエミール・ベルナールが共著で『La Cuisine artistique ラ・キュイズィーヌ・アルティスティック（芸術料理）』を著す。

1873
- アメリカのミカエル・ファラディが液化アンモニアを用いて、より強力に冷却する方法を思いつく。これにより大量のアイスクリームを製造することが可能になった。
- ジュール・グフェが『Le Livre des Soupes et des Potages ル・リーヴル・デ・スープ・エ・デ・ポタージュ（スープとポタージュ書）』を著す。
- ジュール・グフェが『Le Livre de Pâtisserie ル・リーヴル・デ・パティスリー（製菓書）』を著す。
- カンタン Quentin が、『La Pâtisserie de la campagne et de la ville ラ・パティスリー・ド・ラ・カンパーニュ・エ・ド・ラ・ヴィル（都市と地方の菓子）』を著す。

1874
- ブルドン Bourdon が『La Pâtisserie pour tous ラ・パティスリー・プール・トゥー（すべての人のための菓子）』を著す。

1875
- スイスのダニエル・ピーターが、アンリ・ネスレの協力を得て、初めて固形のミルクチョコレートを作る。
- ヴィエット Viette が『Les Confiseurs devant l'histoire et la politique レ・コンフィズール・ドゥヴァン・リストワール・エ・ラ・ポリティック（先史時代の糖菓）』を著す。
- ドイツの料理人ヘンリエッテ・ダヴィディス Henriette Davidis が『Praktisches Kochbuch プラクティシェス・コッホブーフ（実用的料理書）』を出版。家庭用も含めた料理を解説。

1876
- ベルトゥ Berthe が『Traité de L'office (confiserie) トレテ・ド・ロフィス（コンフィズリー）（糖菓の職務概論）』を著す。
- エドヴァルト・ザッハーがウィーンにザッハーホテルを開業。父フランツ・ザッハーの創作したザッハートルテをホテルの名物とした。

1878
- ユルバン・デュボワが『La Nouvelle Cuisine bourgeoise ラ・ヌーヴェル・キュイズィーヌ・ブルジョワーズ」（ブルジョワの新しい料理）を著す。
- デュムーラン Dumoulin が『L'art de faire toutes les pâtisserie ラール・ド・フェール・トゥート・レ・パティスリー（芸術的製菓全書）』を著す。
- ブランケ Blanquet が『La Pâtissier des ménages ル・パティスィエ・デ・メナージュ（家庭菓子）』を著す。
- ピエール・ラカンが『Le Nouveau Pâtisseier-Glacier Français ル・ヌーヴォー・パティスィエ・グラスィエ・フランセ（フランスの新しい菓子と氷菓）』を著す。

1879
- シャラブー charabout というパリの菓子店に、ビュッシュ・ド・ノエル bûche de Noël という薪型のクリスマスケーキがお目見得する。
- バルビエ゠デュヴァル Barbier-Duval が『L'art du confiseur moderne ラール・デュ・コンフィズール・モデルヌ（近代糖菓芸術）』を著す。

1880 • この年上演されたオドランのオペレッタ「ラ･マスコット」にちなみ､プラリネとカフェ風味のアントルメ「マスコット mascotte」が作られる。

1883 • ジョゼフ・ファーブル Joseph Favre（1849-1903）によって、フランス料理アカデミー Académie Culinaire de France が創立される。
• ユルバン・デュボワが『Le Grand Livre des Pâtissiers et des Confiseurs ル・グラン・リーヴル・デ・パティスィエ・エ・デ・コンフィズール（製菓及び糖菓大全）を著す。

1884 • コーデルリエ Cauderlier が『La Pâtisserie et les Confitures ラ・パティスリー・エ・レ・コンフィテュール（菓子と果実の砂糖煮)』を著す。

1885 • ランドリー Landry が『L'art de filer et de couler le sucre ラール・ド・フィレ・エ・ド・クーレ・ル・シュクル（糸状と流し飴の芸術)』を著す。

1886頃 • カリフォルニアのカーター兄弟が、自社製のアイスクリームを大量に遠隔地に輸送することに成功。これによりアイスクリームはアメリカの国民食といわれるほどに成長を遂げていく。

1887 • ベルナール Bernard が『Le Pâtissier Français ル・パティスィエ・フランセ（フランスの製菓人)』を著す。
• ユルバン・デュボワが『L'École des Cuisinière レコール・デ・キュイズィニエール（料理学校)』を著す。
• フランスの料理人ギュスターヴ･ギャルラン Gustave Garlin が『La Cuisine Moderne ラ･キュイズィーヌ・モデルヌ（近代料理)』を著す。

1888 • フランスのラモット・ブーブロンという町で旅館屋を営んでいたステファニー・タタンとカロリーヌ･タタンという老姉妹が、客である狩人たちのためにアップルパイを作った。オーブンから出すときにひっくり返してしまったが、それがかえって香ばしい味となり、以来わざわざ裏返して焼き、タルト･タタン tarte Tatin と呼ばれるようになる。
• ギュスターヴ・ギャルランが『Le Pâtissier Moderne ル・パティスィエ・モデルヌ（近代菓子)』を著す。

1889 • ユルバン・デュボワが『La Cuisine d'Aujourd'hui ラ・キュイズィーヌ・ドージュルデュイ（今日の料理)』を著す。
• ガルドラ Gardrat が『Le Pâtissier rustique ル･パティスィエ･リュスティック(地方菓子)』を著す。
• デュモン Dumond が『Le Parfait Pâtissier ル･パルフェ･パティスィエ(完全なる製菓人)』を著す。

1890年代 • パリのオペラ座近くに店を構えていた製菓人がコーヒー風味を効かせたチョコレートケーキを創作し、上面にオペラ座のイメージをもって金箔をあしらって、オペラの名を付す。

1890 • フロベールの小説をもとにしたエルネスト・レイエ Ernest Reyer という作曲家のオペラ「サランボ」にちなみ、あめ掛けしたシュー菓子・サランボ salammbo が作られる。
• ピエール・ラカンが『Mémorial historique et géographique de la Pâtisserie メモリアル・イストリック・エ・ジェオグラフィック・ド・ラ・パティスリー（菓子の歴史的地理的覚え書き)』を著す。

1891 • パリ市とブレスト市を結ぶ第1回の自転車競技が行われた。これを記念してコース沿いのロングイユ通りのメゾン・ラフィットという菓子屋の製菓人、ルイ・デュランが自転車のリングに模したリング型のシュー菓子を作り、パリ・ブレスト Paris-Brest と名付ける。

1892 • オーストラリアの歌手ヘレン・ミッチェル（芸名ネリー・メルバ）に敬意を表して、オーギュスト・エスコフィエが、ペーシュ・メルバ pêche Melba（ピーチ・メルバ）という名の桃を使ったデザートを作る。

1893 • ピエール・ラカンとシャラボ Charabot が『La Pâtissierie à travers les âges ラ・パティスリー・ア・トラベル・レ・ザージュ（時代を横断する菓子）』を著す。

1894 • ユルバン・デュボワが『La Pâtisserie d'aujourd'hui ラ・パティスリー・ドージュルデュイ（現代菓子）』を著す。

1896 • 後のエドワード七世となるイギリスの皇太子がシュゼット嬢と食事をしたおりにクレープ・シュゼット crêpe Suzette が誕生した。

1898 • ドイツの料理人ヘンリエッテ・ダヴィディスが『Praktisches Kochbuch プラクティシェス・コッホブーフ（実用的料理書）』の改訂版を出版。家庭用も含めた料理を解説。

1898-1955 • フェルナン・ポワン Fernand Point が、20世紀前半の料理界をリードするひとりとして活躍。現代フランス料理の流れを、洗練されたものへと変えた立役者であり、多くの弟子を輩出した。

1900 • フランスのタイヤメーカーのミシュランが、ドライバーのための宿泊施設とレストランのガイドブックを作り、無料で配布を始める。1931年から第二次世界大戦中を除いて、星印、ナイフ、フォーク、ホテルの館形といったものでランク付けを行った。
• ミルトン・スネイブリー・ハーシーが、ペンシルベニア州デリー・チャーチにチョコレート工場を作り、翌年より生産を開始。急成長する。
• ジュール・グフェの弟子にしてフランスを代表する料理人のギュスターヴ・ギャルランが、万国博覧会運営委員に選出される。彼は料理を装飾ととらえ、"宮廷用料理"と評された。
• フランスの料理人プロスペル・モンタニェ Prosper Montagné（1865-1948）がプロスペル・サール Prosper Salles との共著で『La Grande Cuisine Illustrée ラ・グランド・キュイズィーヌ・イリュストレ（挿し絵入り料理大全）』を著す。

▌現　代

20世紀に入り、世界は2度にわたる大戦を経験したが、第二次世界大戦以降は経済も飛躍的に発展し、食生活も豊かになった。嗜好品としての菓子も大きく成長、発展してゆく。

1903 • オーギュスト・エスコフィエ Auguste Escoffier（1847-1935）が、最初の書『Le guide Culinaire ル・ギド・キュリネール（料理の手引き）』を著す。彼はセザール・リッツと力を合わせてパリにホテル・リッツ、ロンドンにリッツ・カールトン・ホテルを立ち上げた。またレストランに初めてコースメニューを導入するなど、デザートを含めた現代フランス料理の基礎を確立した。

1905 • ギラルダン Girardin が『Le Nouveau Confiseur Pâtissier Glacier ル・ヌーヴォー・コンフィズール・パティスィエ・グラスィエ（新しい糖菓・菓子・氷菓）』を著す。
• ジョゼフ・ファーヴルが『Dictionaire Universel de Cuisine pratique ディクスィオネール・ユニヴェルセール・ド・キュイズィーヌ・プラティック（実用料理百科全書）』を著す。

1906 • エミール・デュヴァル Emil Duval が『Traité de confiserie moderne トレテ・ド・コンフィ

ズリー・モデルヌ（近代糖菓概論）』を著す。

1908
- プロスペル・モンタニェとフィレアス・ジルベールが共著で『La Cuisine militaire ラ・キュイズィーヌ・ミリテール（軍隊料理）』を著す。

1909
- ドゥスレ Decelet が『Crême, Pâtisserie, bonbon クレーム・パティスリー・ボンボン（クリーム、菓子、ボンボン）』を著す。

1910
- プロスペル・モンタニェがルニョール博士 Dr. Regnault との共著で『La Cuisine diététique ラ・キュイズィーヌ・ディエテティック（食養法の料理）』を著す。
- スペ Spay が『L'Idéal du pâtissier moderne リデアル・デュ・パティスィエ・モデルヌ（近代製菓考査）』を著す。
- ロティ Roty が『Le Glacier Limonadier ル・グラスィエ・リモナディエ（飲食店における氷菓）』を著す。

1911
- ピエール・ラカンが『Le mémorial des glaces et entremets de cuisine et pâtisserie ル・メモリアル・デ・グラス・エ・アントルメ・ド・キュイジーヌ・エ・パティスリー（氷菓と料理とパティスリーのアントルメの覚え書き）』を著す。この中にマロングラッセ及びモンブランの記述が見られる。

1913
- ジル・B Gille. B が、『La Pâtisserie en chambre ラ・パティスリー・アン・シャンブル（家庭における菓子）』を著す。

1914-1918
- 第一次世界大戦。菓子を含む世界の食文化は、ひとときその歩みをゆるめざるを得なかった。

1914
- パリ地方において、パン屋の専売であったガレット・デ・ロワが解放され、お菓子屋でもその製造と販売が可能になる。
- アメリカのウィルソン大統領によって、5月第2日曜日が母の日に制定される。イギリスがこれに続き、1928年にフランスが、1932年にドイツがそれにならった。日本は第二次世界大戦後になって行われるようになった。ちなみにフランスは5月の最終日曜日、そして同日が聖霊降臨祭と重なる年は、6月の第1日曜日となる。

1915
- ジップレール Zipperer が『La fabrication du chocolat ラ・ファブリカスィオン・デュ・ショコラ（チョコレート製造）』を著す。

1916
- プランク Plancke が『Manuel des Pâtisseries et des glaces マニュエル・デ・パティスリー・エ・デ・グラス（菓子と氷菓概論）』を著す。
- ドイツで出版された『Praktische Konditoreikunst プラクティッシェ・コンディトライクンスト（実用的製菓技術）』にトリュフチョコレートが姿を見せる。

1917
- ギヨ Guyot が『La Pâtisserie des petits ménages ラ・パティスリー・デ・プティ・メナージュ（少人数家庭の菓子）』を著す。

1918
- プロスペル・モンタニェがプロスペル・サール Prosper Salles との共著で『La Bonne chère pas chère sans viande ラ・ボンヌ・シェール・パ・シェール・サン・ヴィアンド（肉なしのリーズナブルな逸品）』を著す。

1919
- フランスの料理人エドゥアール・ニニョン Edouard Nignon（1865-1934）が『Héptameron des Gourmets エプタムロン・デ・グルメ（食通の七日物語）』を著す。彼はパリやロンドンの著名レストランを歴任し、ロシア皇帝ニコライ二世、オーストリア皇帝フランツ・ヨーゼフ、アメリカのウィルソン大統領に仕えている。

1920
- エミール・ダレンヌ Emile Darenne とエミール・デュヴァル Emile Duval の共著による『Traité de Pâtisserie Moderne トレテ・ド・パティスリー・モデルヌ（近代製菓概論）』が刊行される。当時の製菓業の最先端を行く書で、長きにわたり甘味世界のバイブルとして扱われていく。なお同書に、最高級の扱いで一粒チョコレートが列記されている。
- ルヴェール Louvert が『75 recettes pour faire des glaces 75 ルセット・プール・フェール・デ・グラス（氷菓作りの 75 レシピ）』を著す。

1921
- ボジャール Beaugeart が『Faites votre pâtisserie vous-même フェト・ヴォトル・パティスリー・ヴー・メーム（あなた自身によるあなたの菓子作り）』を著す。
- イタリアの製菓人チョッカ G. Ciocca が『Il Pasticciere e confetiere moderno イル・パスティッチェーレ・エ・コンフェティエーレ・モデルノ（近代的菓子及び糖菓）』を著す。巻末のカラーのアントルメの図案に、明るいイタリアらしさが表われている秀作。

1923
- オーストリアの料理人ルイーゼ・セレスコヴィッツ Louise Seleskowitz が『Wiener Kochbuch ヴィーナー・コッホブーフ（ウィーン料理）』を出版。フランス料理の影響も受け止めているウィーン料理を解説している力作。
- ペラプラ Pellaprat が『La Pâtisserie pratique ラ・パティスリー・プラティック（実用菓子）』を著す。
- オードラン Audran が『Les Mille Meilleures Recettes de la pâtisserie bourgeoise レ・ミル・メイユール・ルセット・ド・ラ・パティスリー・ブルジョワーズ（ブルジョワの菓子の最良 1000 レシピ）』を著す。
- マダム・ド・マルガル Mme de Margal が『La Pâtisserie et la Confiserie pour tous ラ・パティスリー・エ・ラ・コンフィズリー・プール・トゥース（すべての人のための菓子と糖菓）』を著す。
- フランスのフリッシュ・シミスト J. Frisch Chimiste が『Fabrication du Chocolat ファブリカシオン・デュ・ショコラ』を著す。20 世紀初頭のチョコレート製造機械及びチョコレート製品等、当時の最先端技術を記載。

1925
- ピゴ Pigot が『Mémorandum du pâtissier entremetier メモランドゥム・デュ・パティスィエ・アントルメティエ（製菓人の忘備録）』を著す。
- バンノー Banneaut が『Le Répertoire de la pâtisserie ル・レペルトワール・ド・ラ・パティスリー（製菓一覧）』を著す。

1926
- エドゥアール・ニニョンとベルナール・ゲガン Bernard Guégan が共著で『Les Plaisirs de la table レ・プレズィール・ド・ラ・ターブル（食卓の歓び）』を著す。
- フランスの H・Rousset ルーセが『Bonbons ボンボン』を著す。一口チョコレート菓子の製法を詳細に記す。
- バラート Barate が『Manuel de biscuiterie マニュエル・ド・ビスキュイトリー（ビスケット製造）』を著す。

1928
- ロン Long が『L'art du glacier français ラール・デュ・グラスィエ・フランセ（フランスの氷菓芸術）』を著す。
- フアスィエ Fouassier が『Pour le confiseur プール・ル・コンフィズール（糖菓のために）』を著す。

1929
- プロスペル・モンタニェが『Le grand Livre de la Cuisine ル・グラン・リーヴル・ド・ラ・キュイズィーヌ（料理全書）』を著す。

1930
- ブラン Blin が『Manuel du confiseur マニュエル・デュ・コンフィズール（糖菓概論）』を著す。

- コロンビ Colombie が『Cent entremets サン・タントルメ（100のデザート菓子）』を著す。

1931
- プロスペル・モンタニェが『Les Délices de la table レ・デリース・ド・ラ・ターブル（食卓の美味）』を著す。

1932
- シャミノ Chaminod が『103 recettes pour faire des entremets 103ルセット・プール・フェール・デ・ザントルメ（アントルメを作るための103のレシピ）』を著す。
- ルヴェール Louvert が『215 recettes pour faire ses bonbons 215ルセット・プール・フェール・セ・ボンボン（ボンボンを作るための215のレシピ）』を著す。
- ゴードフロワ Gaudefroy が『Guide pratique de la pâtisserie et des glaces ギド・プラティック・ド・ラ・パティスリー・エ・デ・グラス（菓子と氷菓の実用案内書）』を著す。

1933
- エドゥアール・ニニョンが『Eloges de la Cuisine française エロージュ・ド・ラ・キュイズィーヌ・フランセーズ（フランス料理賛歌）』を著す。

1934
- ニートリシュパッハ Nietlispach が『Tourte, pâtissrie, mets sucre トゥールト・パティスリー・メ・シュクル（トゥールト、菓子、甘味デザート）』を著す。

1935
- オーストラリアを公演旅行したロシア人バレリーナに対して、この年オーストリア人の製菓人がムラングにパッションフルーツやマンゴー、キウイをあしらった創作菓子をプレゼントし、彼女の名をとってパヴロヴァ Pavlova と名付ける。

1936
- プロスペル・モンタニェがゴットシャルク博士と共著で『Mon menu モン・ムニュ（私のメニュー）』を著す。

1937
- ペラプラ Pellaprat が『Les Desserts レ・デセール（デザート）』を著す。

1938
- ドゥジュリーヌ Degerine が『Pour le pâtissier プール・ル・パティスィエ（製菓人のために）』を著す。
- プロスペル・モンタニェとゴットシャルク博士の共著で、ラルース料理百科事典 Larousse Gastronomique を刊行した。料理、食品、及びそれらの歴史をまとめた大書として、今に至るも利用され続け、各国語に翻訳されている。

1939-1945
- 第二次世界大戦。世界は食文化どころではなかったが、戦後、急速に復興するに伴い、菓子の分野もめざましい発展を遂げていく。

1939
- バルト Barth が『Le Livre du confiseur-pâtissier ル・リーヴル・デュ・コンフィズール・パティスィエ（糖菓・製菓人の書）』を著す。

1946
- フランソワ François が『La Confiserie-pâtisserie-dragerie ラ・コンフィズリー・パティスリー・ドラジェリー（糖菓、菓子、ドラジェ）』を著す。
- アルヌー Arnou が『Manuel du confiseur-liquoriste マニュエル・デュ・コンフィズール・リクォリスト（酒類業における糖菓概論）』を著す。

1947
- プロスト Prost が『Traité de pâtisserie et de confisserie トレテ・ド・パティスリー・エ・ド・コンフィズリー（菓子と糖菓概論）』を著す。

1948
- キジェール Kiger が『Les Pains d'épices レ・パン・デピス（パン・デピス）』を著す。

1950
- デュモン・レスピーヌ Dumon-Lespine が『Les Recettes de pâtisserie レ・ルセット・ド・パティスリー（菓子のレシピ）』を著す。

1952
- マティオ Mathiot が『Je sais faire la pâtisserie ジュ・セ・フェール・ラ・パティスリー（私はお菓子の作り方を知っている）』を著す。

1954 • コプカ Kopka が『Le sucre cuit ル・シュクル・キュイ（砂糖の煮詰め）』を著す。
• フランチオーロ Franchioloが『Le pâtissier-confiseur-glacier face au décor ル・パティスィエ・コンフィズール・グラスィエ・ファース・オ・デコール（菓子・糖菓・氷菓の表面飾り）』を著す。

1958 • フランチオーロ Franchiolo が『L'art chez le pâtissier-confiseur-glacier ラール・シェ・ル・パティスィエ・コンフィズール・グラスィエ（菓子・糖菓・氷菓店の芸術）』を著す。

1960 年代 • 世界が平和を取り戻すと、菓子の世界にも落ち着きと明るさが戻ってくる。
• 電気冷蔵庫、冷蔵ショーケースの普及で、生菓子類も安心して作られ、また求められるようになった。
• パティスリー（生菓子、焼き菓子類）の分野ではフランスがリードし、チョコレート類では、ハンドメイドとしてはスイスが、量産分野ではアメリカ、ベルギーがリードしていく。
• 氷菓類は手作りの良さを活かしたイタリア式がヨーロッパ各地に行き渡り、量産方式はアメリカによって確立されていく。

1970 年代 • 世界全体が豊かになり、各国間の渡航もこれまでにないほど自由に行われるようになる。結果、業界人やパティシエたちの交流も盛んになり、パティスリー（生菓子、焼き菓子）、コンフィズリー（糖菓）、グラス（氷菓）を問わず、ハイレベルな菓子作りの技術がくまなく行き渡るようになってきた。

1980 年代 • ショック・フリーザーの研究が進み、瞬間凍結による生菓子の可能性の広がりなど、製菓業における商品アイテムの構成に大きな変化をもたらす。また労働時間の平均化にも大いに貢献することになる。
• 同じ頃、フランスの巨匠ポール・ボキューズ等の提唱により、ヌーヴェル・キュイズィーヌ（新しい料理）の流れが、料理の世界を席巻していく。この流れを受けて菓子の世界、特に生菓子の分野ではヌーヴェル・パティスリー（新しい菓子）が、同じく世を席巻していく。すなわち、口当たりよく口溶けよく、胃に負担をかけないものとして、ムース等を中心とした商品構成になっていった。

1989 • 11 月 10 日、ベルリンの壁が崩壊。東西の冷戦が事実上終結し、翌年東西のドイツが統一される。これを機に東ヨーロッパに組み入れられていた国々も、順次体制の変革が行なわれていく。

1990 年代 • チョコレートの分野で後れを取っていたフランスは、1980 年代後半からビターテイストを打ち出し、1990 年代には一気にマイルドテイストのスイスやベルギーと肩を並べるチョコレート界の一方の主役に躍り出てくる。
• パティスリーに関しては、ナパージュ関連や各種副材料の充実とともに、感性もより高まっていく。

2000 以降 • 安全、安心、そしてアレルギー問題も含めた健康が世界的なテーマとなり、原材料の遺伝子組み換えや添加物の見直しを含め、よりナチュラルな方向に向かっていく。製パン業界なども天然酵母による自然発酵のものに注目が集まるなど、食品業界全体が大きく BIO と称される自然食をテーマに動き出す。

参考文献

寺島良安（1713）『倭漢三才図会』
梅村市郎兵衛（1718）『古今名物御前菓子秘傳抄』
西川如見（1720）『長崎夜話草』
十返舎一九（1813）『餅菓子即席増補手製集』
仮名垣魯文（1872）『西洋料理通』
岡本半渓（1889）『和洋菓子製法独案内』
村井弦斎（1903）『食道楽』（春の巻・夏の巻・秋の巻・冬の巻）報知社出版部
古川梅次郎（1925）『あづま錦』あづま錦発行所
ルイス・フロイス（1932）『日本史・前篇』（高市慶雄訳）日本評論社
日本洋菓子協会連合会（1952-2014）『ガトー』
安達巌（1958）『パンの日本史』ジャパン・タイムズ
日本チョコレート・ココア協会（1958）『日本チョコレート工業史』
山下晃四郎（1958）『上古の倭菓子』日菓加糖新聞社
池田文痴菴（1960）『日本洋菓子史』日本洋菓子協会
ブリア・サヴァラン（1963）『美味礼賛』（関根秀雄訳）白水社
柴崎勝弥（1963）『お菓子の百科』光琳書院
増田義郎（1963）『古代アステカ王国』中公新書
アレッサンドロ・ヴァリニャーニ（1965）『日本巡察記』（松田毅一・佐久間正訳）桃源社
吉岡力（1967）『世界史の研究』旺文社
フランソワ・ルリ（1967）『フランス料理』（小松妙子訳）白水社
全日本洋菓子工業会（1969）『製菓法・洋菓子編』
全日本洋菓子工業会（1970-2014）『世界の菓子 P・C・G』
締木信太郎（1971）『菓子の文化史』光琳書院
半沢啓二（1972）『アイスクリームハンドブック』光琳書院
辻静雄（1975）『フランス料理を築いた人びと』鎌倉書房
プロスペル・モンタニェ（1975）『ラルース料理百科事典』三洋出版貿易
吉田菊次郎（1976）『あめ細工』柴田書店
W. J. ファンス編（1977）『現代洋菓子全書』（辻静雄監修、小野村正敏訳）三洋出版貿易
吉田菊次郎（1977）『チョコレート菓子』柴田書店
明治製菓編（1978）『お菓子読本』明治製菓
吉田菊次郎（1980）『おかしな話』江ノ電沿線新聞社
吉田菊次郎（1980）『パティスリー』柴田書店
アンヌ・ウィラン（1981）『西洋料理の巨匠とその料理』（辻静雄監修、坂東三郎訳）鎌倉書房
大木吉浦編訳（1981）『美食の手帖　くらしっく・ど・ら・たあぶる』三洋出版貿易
内野昌久、押野見喜八郎（1981）『チョコレート・ココア技術講座』柴田書店
春名徹（1981）『世界を見てしまった男たち』文藝春秋
ジョルジュ・ブロン、ジュルメース・ブロン（1982）『フランス料理の歴史』（杉富士雄、杉文子、松田照敏訳）三洋出版貿易
横溝春雄（1982）『ウィーン菓子』中央公論社
吉田菊次郎（1982）『洋菓子の工芸技法』柴田書店
植田重雄（1983）『ヨーロッパ歳時記』岩波書店
松田毅一、エンゲルベルト・ヨリッセン（1983）『フロイスの日本覚書』中央公論社
吉田菊次郎（1983）『母と子のケーキ・ブック』中央公論社
松永伍一（1984）『ペトロ岐部』中央公論社
吉田菊次郎（1984）『チョコレート物語』中央公論社

大原照子（1985）『私の英国菓子』柴田書店
森永製菓編（1985）『チョコレート百科』東洋経済新報社
吉田菊次郎（1985）『クッキーブック』中央公論社
森永乳業編（1986）『アイスクリームの本』東洋経済新報社
吉田菊次郎（1986）『洋菓子の世界史』製菓実験社
吉田菊次郎（1987）『お菓子物語』雄鶏社
吉田菊次郎（1987）『洋菓子づくりの器具と材料』柴田書店
宇治谷孟（1988）『日本書紀　全現代語訳』講談社
吉田菊次郎（1988）『世界のギフトスタイルのナッツ菓子』シック
吉田菊次郎（1989）『洋菓子の基礎』トーエイ出版
川又一英（1990）『コスモポリタン物語』コスモポリタン製菓
中村孝也（1990）『和菓子の系譜』国書刊行会
松田毅一（1991）『天正遣欧使節』朝文社
松田毅一（1991）『南蛮資料の発見』中央公論社
松田毅一（1991）『南蛮のバテレン』朝文社
吉田菊次郎、清水喜平、長谷部新三、長谷川明共訳（1991）『洋菓子概論』日本菓子教育センター
吉田菊次郎（1991）『洋菓子事典』主婦の友社
遠藤周作（1992）『切支丹時代』小学館
大塚滋（1992）『食の文化史』中央公論社
笠原一男（1992）『詳説日本史研究』山川出版社
熊崎覧三著、合同酒精・製菓研究室編（1992）『菓子たちの道しるべ』合同酒精製菓研究室
日本ホテル協会編（1992）『思い思いのホテル思い。』日本ホテル協会
松田毅一（1992）『慶長遣欧使節』朝文社
梅北道夫（1993）『ザビエルを連れてきた男』新潮社
加藤九祚（1993）『初めて世界一周した日本人』新潮社
津山千恵（1993）『フランシスコ・ザビエル』三一書房
中山圭子（1993）『和菓子ものがたり』新人物往来社
田中英道（1994）『支倉六右衛門と西欧使節』丸善ライブラリー
アイスクリーム流通新聞社編（1995）『Ice Cream Data Book』アイスクリーム流通新聞社
角幡春雄（1995）『ぽるとがる遊記』新潮社
藤野真紀子（1995）『きょうの3時はイタリアのお菓子』学習研究社
中公文庫編集部編（1997）『チーズ読本』中央公論社
レトーナ・プレータ調理指導・調理、木村浩子調理・文（1997）『マリオのイタリア料理』草思社
吉田菊次郎（1997）『お菓子レッスン』婦人生活社
高木康政、永井紀之（1998）『シェフのフランス地方菓子』PARCO事業局出版部
吉田菊次郎（1998）『万国お菓子物語』晶文社
智子ドゥアルテ（1999）『ポルトガルのお菓子工房』成星出版
ニナ・バルビエ、エマニュエル・ペレ（1999）『名前が語るお菓子の歴史』（北代美和子訳）白水社
吉田菊次郎（2000）『お菓子を彩る』晶文社
吉田菊次郎（2001）『おしゃべりなお菓子』トウ・キユーピー
吉田菊次郎（2001）『洋菓子はじめて物語』平凡社
日本チョコレート・ココア協会編（2002）『日本チョコレート・ココア協会50年の歩み』日本チョコレート・ココア協会
日本洋菓子協会連合会（2002）『ガトー誌にみる連合会と洋菓子業界50年のあゆみ』
吉田菊次郎（2002）『お菓子名人、100の抽き出し』平凡社
加賀和子（2003）『イタリアンデザート』グラフ社
虎屋編（2003）『虎屋の五世紀』虎屋

吉田菊次郎（2004）『お菓子な歳時記』時事通信出版局
クリームドリームズ編（2005）『童話の中のお菓子たち』時事通信出版局
イアン・ケリー（2005）『宮廷料理人アントナン・カレーム』（村上彩訳）ランダムハウス講談社
吉田菊次郎（2006）『ヨーロッパスイーツ街道』時事通信出版局
関田淳子（2007）『ハプスブルクプリンセスの宮廷菓子』新人物往来社
吉田菊次郎（2007）『お菓子を巡る冒険』時事通信出版局
猫井登（2008）『お菓子の由来物語』幻冬舎ルネッサンス
吉田菊次郎（2009）『お菓子は世につれ世は菓子につれ』朝文社
吉田菊次郎（2009）『世界のフェスティバル＆スイーツ』時事通信出版局
宮崎正勝（2010）『世界の歴史』ナツメ社
吉田菊次郎（2010）『映画の中のお菓子たち』時事通信出版局
吉田菊次郎（2010）『東西六ヵ国製菓用語対訳辞典　日中韓仏英独』イマージュ
吉田菊次郎（2011）『スイーツカレンダー　世界のお菓子』朝文社
吉田菊次郎（2011）『スイーツ検定教本・ベーシック講座』日本スイーツ協会
千石玲子、千石禎子、吉田菊次郎編（2012）『仏英独＝和［新］洋菓子辞典』白水社
柴田書店編（2012）『ドイツ菓子大全』（安藤明技術監修）柴田書店
ニコラ・ハンブル（2012）『ケーキの歴史物語』（堤理華訳）原書房
丸山久美（2012）『修道院のお菓子　スペイン修道女のレシピ』地球丸
吉田菊次郎（2012）『西洋菓子　日本のあゆみ』朝文社
吉田菊次郎（2012）『物語に出てくる楽しいお菓子の作り方』朝文社
ローラ・ワイス（2012）『アイスクリームの歴史物語』（竹田円訳）原書房
大森由紀子（2013）『フランス菓子図鑑　お菓子の名前と由来』世界文化社
小田忠信、吉田菊次郎（2013）『はちみつとチーズ読本』朝文社
福田淳子（2013）『アメリカのホームメイドお菓子』河出書房新社
荻野恭子（2014）『ロシアのパンとお菓子』東洋書店
原亜樹子（2014）『アメリカ郷土菓子』PARCO 出版
吉田菊次郎（2014）『スイーツ検定教本・アドバンス講座』日本スイーツ協会
吉田菊次郎（2014）『スイーツクルーズ世界一周おやつ旅』クルーズトラベラーズカンパニー

Rumpolt, Marx (1581): *Ein new Kochbuch*
Anna F. Wecker (1598): *Ein Köstlich new Kochbuch*, Heimeran
De Varenne, François Pierre (1655): *Le pastissier françois*
Hagger, Conrad (1719): *Neues Salzburgisches Kochbuch*
Försten, J. Chr. & Knopf, J.D. (1789): *Braunschweigisches Kochbuch*, Olms Presse
Brillat-Savarin & Anthelne, Jean (1828): *Physiologie du Goût ou Méditation de Gastronomie*
Carême, Antonin (1828): *Le Cuisinier Parisien*
Carême, Antonin (1841): *Le Pâtissier Royal Parisien*
Carême, Antonin (1847): *L'art de la cuisine française au XIXe siècle*
Rottenhöfer, J. (1851): *Anweisung in der feinen Kochkunst*
Carême, Antonin (1854): *Le Pâtissier Pittoresque*
Dubois, Urbain & Bernard, Emile (1872): *La Cuisine Artistique*
Davidis, Henriette (1875): *Praktisches Kochbuch*
Dubois, Urbain (1883): *Le Grand livre des Pâtissiers et des Confiseurs*
Garlin, Gustave (1889): *Le Pâtissier Moderne*
Seifert, Traudl & Sametschek, Ute (1900): *Die Kochkunst in zwei Jahrtausenden*
Lacam, Pierre (1911): *Le Mémorial des Glaces*
J. M. Erich Weber (1916): *Praktische Konditoreikunst*

Darenne, Emile & Duval, Emile (1920): *Traité de Pâtissier Moderne*
Duval, Emile (1920): *Traité général de Confiserie*
Ciocca, Giuseppe (1921): *Il Pasticciere e Confettiere Moderno*
Rousset, Henri (1922): *Bonbons*
Seleskowitz, Louise (1923): *Wiener Kochbuch*
Banneau, Jean-Louis (1925): *Le Répertoire de la Pâtisserie*
Louvert, J. (1940): *Bonbons et sucrerie*
Grimod de la Reynière (1940): *Calendrier gastronomique*
Domingo de Fuenmayor (1958): *Guía del Goloso*, PAUTA
Kolpas, Norman (1977): *The chocolate lover's companion*
Thuriès, Ives (1977): *Le livre de recette d'un compagnon du tour de France*
Chirac, Jacques (1984): *L'art culinaire au XIXe siècle Antonin Carême*
Sender, S. G. & Derrien, Marcel (2003): *La grande histoire de la pâtisserie-confiserie française,* Minerva

その他、自著を含む内外諸文献

あとがき

稿を終え、改めて顧みますと、最善を尽くしたつもりではありますが、これまでの多くの書物同様、反省の思いばかりが心の募ります。情報不足による記述の不備、浅学菲才な著者個人の力の限界等々、数え上げたら際限がありません。皆様のご助言、ご教示を重ねてお願い申し上げます。

かつてこの業界の大先輩に「吉田君、何にだって完璧は有り得ない。現在わかる範囲のことでいいから書き留め、まとめてくれないか。将来その情報より正しい事実が判明したら、その時訂正されるだろう。それよりもその元となるものすら充分でない現状を、少しでも前進させることの方が今は大事なんだ」と言われました。本書がその意に沿うものであるか否かはさておき、気持ちだけは他書の実名をあげて恐縮ですが、製菓業界の『広辞苑』（岩波書店）を目指させていただきました。不遜及び不十分は元より承知の上ですが、こうしたたたき台となる一書があれば、後の方がここに不足分を加え、また正しい情報、新しいニュースが入れば、ここに手を加えていただける。そんな想い胸に秘めながら筆を進ませていただきました。

終わりに当たって、この手間のかかる編集、出版に際し刊行のきっかけをお与え下さった朝文社の渡部純子社長、それを受け継ぎ、刊行までお導き下さった白水社の及川直志社長、編集の労をお取り下さった同社の鈴木裕子様、多大なる労苦をおかけした方々、素晴らしい写真を撮影下さった尾田学様、今井清文様、内田保様、工藤正志様、早川哲様、高橋栄一様、野尻博様、坂野則幸様、吉岡貞明様、栗原潔様、斎藤浩様、佐藤貴佳様及び作品の製作等に力を貸してくれた中西昭生君、村松周さんはじめブールミッシュ製菓アカデミーのスタッフ諸氏諸嬢、並びに本書上梓に関わりをもたれたすべての方々に衷心より深く謝意を表せていただきます。

平成二十八年　　如月

吉田菊次郎

著者略歴
吉田菊次郎（よしだ きくじろう）
俳号・南舟子（なんしゅうし）
1944年東京生まれ。明治大学商学部卒業後渡欧し、フランス、スイスで製菓修業。その間、第一回菓子世界大会銅賞（1971年於パリ）他、数々の国際賞を受賞する。
帰国後、「ブールミッシュ」を開業（本店・銀座）。
現在、同社社長の他、製菓フード業界のさまざまな要職を兼ねる。文筆、テレビ、ラジオ、講演などでも活躍。
2004年、フランス共和国より農事功労章シュヴァリエ受章および厚生労働省より「現代の名工・卓越した技能者」受章。2005年厚生労働省より「若者の人間力を高めるための国民会議」委員拝命。同年、天皇・皇后両陛下より秋の園遊会のお招きにあずかる。2007年日本食生活文化賞金賞受賞。2011年厚生労働省より「職場のいじめ、嫌がらせ問題に関する円卓会議」委員拝命。2012年大手前大学客員教授に就任。2014年フランス料理アカデミー・フランス本部会員に推挙される。同年、果実王国やまなし大使に任命される。
主な著書に、『あめ細工』『チョコレート菓子』『パティスリー』（柴田書店）、『洋菓子事典』（主婦の友社）、『デパートB1物語』（平凡社）、『お菓子漫遊記』『お菓子な歳時記』『父の後ろ姿』（時事通信社）、『万国お菓子物語』（晶文社）、『西洋菓子彷徨始末』『東北新スイーツ紀行』『左見右見』（朝文社）、『スイーツクルーズ世界一周おやつ旅』（クルーズトラベラーカンパニー）、『今までにないスイーツの発想と組み立て』（誠文堂新光社）他多数。

洋菓子百科事典

2016年 4月15日 印刷
2016年 5月10日 発行

著　　者© 吉田菊次郎
発 行 者 及川直志
印刷・製本 図書印刷株式会社

発行所 101-0052 東京都千代田区神田小川町3の24
電話 03-3291-7811（営業部），7821（編集部）
http://www.hakusuisha.co.jp
株式会社 白水社
乱丁・落丁本は、送料小社負担にてお取り替えいたします。

振替 00190-5-33228 Printed in Japan

ISBN978-4-560-09231-6